falstaff

WEIN GUIDE

DEUTSCHLAND

2021

550 Weingüter
4500 Weinempfehlungen
225 Gasthäuser in den Weinregionen

DER FALSTAFF WEINGUIDE DEUTSCHLAND 2021

Geschmack
ist eine Frage der Temperatur
WineExclusive 180 Smart
falstaff SPECIAL EDITION
WineExclusive 38 Smart
WineExclusive 66 Smart
WineExclusive 126 Smart
CASO Design
falstaff.caso-design.de

LIEBE LESERINNEN UND LESER!

Wolfgang M. Rosam, Herausgeber Falstaff

Ulrich Sautter, Chefredakteur Falstaff Weinguide Deutschland

Sie halten Deutschlands vielfältigsten und Deutschlands wichtigsten Weinguide in Händen! Unsere kompetente und engagierte Jury aus Journalisten, Sommeliers und Master of Wine Anne Krebiehl hat in zehn Wochen rund 4500 Weine aus 550 Weingütern verkostet. Das Resultat ist überwältigend. Sage und schreibe 125 Weine bekamen eine Bewertung von 95 Punkten oder mehr. Das gab es noch nie.
Dabei wurde der Enthusiasmus unserer Verkosterinnen und Verkoster zum einen von der wahrhaft gigantischen Dynamik des deutschen Weinbaus befeuert. Welch große stilstische Bandbreite unsere Winzer heute erzeugen! Von »konventionell« bis »experimentell« findet man Spitzenergebnisse. Zum anderen bilden die Weißweine aus 2019 und die Roten aus 2018 ein furioses Jahrgangsduo. Was die 2019er an geschliffener Eleganz ins Glas bringen, füllen die 2018er mit Körperreichtum und praller Frucht. So ideal das eine für die Weißen ist, so genussstiftend ist das andere bei den Roten.
Das führt uns zu dem Plädoyer: Lassen Sie sich diese Weine nicht entgehen! Falls der eine oder andere Spitzenwein ab Weingut bereits ausverkauft sein sollte, werden Sie sicher noch im gut sortierten Fachhandel fündig. Das Suchen lohnt sich. Und auch die eher alltäglichen Weine waren noch nie so gut wie heute.

Viel Spaß bei der Lektüre dieses Guides und ebenso beim Nachverkosten!

WOLFGANG M. ROSAM
Herausgeber Falstaff Deutschland

ULRICH SAUTTER
Chefredakteur Falstaff Weinguide Deutschland

RHÖN SPRUDEL
SEIT 1781
Der Genuss reiner Natur
aus den Tiefen des Biosphärenreservats
Der ideale Begleiter für unverfälschten Weingenuss
Besonders leicht, weich und harmonisch im Geschmack
Ausgewogen mineralisiert und natriumarm
RHÖN SPRUDEL
NATURELL
ein Stück unberührter
Natur - ausgewogen
mineralisiert und
unwiderstehlich sanft.
DAS MINERALWASSER AUS DEM BIOSPHÄRENRESERVAT RHÖN
OHNE KOHLENSÄURE
www.rhoensprudel.de/wasser-wein

SO LESEN SIE DIESEN GUIDE

Ein Weinführer hat eine prinzipielle Ähnlichkeit zu einem Wandkalender: Für einen überschaubaren Zeitraum dient er einem als täglicher Begleiter. Doch irgendwann hat sich sein Nutzen erschöpft. Wenn das letzte Kalenderblatt umgedreht ist – oder die meisten der im Guide empfohlenen Weine ausverkauft sind, dann heißt es Abschied nehmen und den Nachfolger ins Regal zu stellen.

Damit Sie, geschätzte Leserinnen und Leser, in den zwölf kommenden Monaten den größtmöglichen Nutzen von diesem Guide haben, möchten wir Ihnen hier einige Hinweise zu seinem Gebrauch mitgeben. Zuerst gilt es zu beachten, dass wir auf den Betriebsseiten ein neues Element eingeführt haben: die Bewertung der Betriebe mit (maximal fünf) Sternen. Dabei haben die einzelnen Gruppen folgende Bedeutung:

* Betrieb, der regelmäßig Weine hervorbringt, die typisch für Sorte und Herkunftsregion sind.

** Betrieb, der für verlässliche Weinqualität bekannt ist und die Weine seiner Region auf hohem Niveau repräsentiert.

*** Betrieb, der für individuelle Weine von kontinuierlich hervorragender Qualität bekannt ist und bundesweit sowie auch auf einzelnen Exportmärkten hohes Ansehen genießt.

**** Betrieb, der kontinuierlich für Spitzenleistungen bekannt ist und dessen stilistische Ausrichtung im In- und Ausland hohes Ansehen besitzt.

***** Betrieb, der seit langer Zeit kontinuierlich für Spitzenleistungen bekannt ist und im In- und Ausland für seine stilistische Eigenständigkeit höchstes Ansehen genießt.

Zusätzlich zu den Betriebsbewertungen finden Sie zu jedem verkosteten Wein eine Bewertung im Hundert-Punkte-System. Als drittes Element sind die besten Weine ausführlich beschrieben. Auf diese sensorischen Beschreibungen legt das Falstaff-Team großen Wert: Denn je nach Anlass und je nach kulinarischer Begleitung kann auch ein weniger hoch bewerteter Wein – sagen wir ein mit soliden 88 Punkten bewerteter, ideal ausgereifter Basiswein eines Zwei-Sterne-Weinguts – besser schmecken als der noch jugendlich-verschlossene 94-Punkte-Wein eines Fünf-Sterne-Betriebs. Um sich hier zurechtzufinden, empfiehlt es sich, die Probennotiz zu Rate zu ziehen. Und ebenso zur Beantwortung der Frage: Könnte dieser Wein *mir persönlich* schmecken?

Zudem haben wir jeweils einen Wein pro Betrieb als »Falstaff-Tipp« ausgezeichnet. Dabei handelt es sich in der Regel um Weine mit ausgezeichnetem Preis-Genuss-Verhältnis, manchmal auch um besondere Spezialitäten oder Kuriositäten, die das betreffende Weingut erzeugt.

Weitere Informationen zu den einzelnen Weingütern, für deren Abdruck hier im Guide kein Platz war, finden Sie auf www.falstaff.de, am einfachsten mithilfe der Suchfunktion auf der Website.

Zurück zum Vergleich mit einem Wandkalender. Ein Wandkalender mit schönen Fotografien lohnt die Aufbewahrung, verdient es, auch später noch einmal hervorgeholt zu werden. Wir hoffen, dass es sich mit diesem Buch ähnlich verhält. Denn nach ein paar Jahren schaut man vieles mit anderen Augen an, aus der Erinnerung gewinnt das alte Buch neuen Wert. Umso mehr, wenn man auch noch ein paar Flaschen aus dieser Zeit im Keller hat.

WEINBAUREGIONEN DEUTSCHLAND

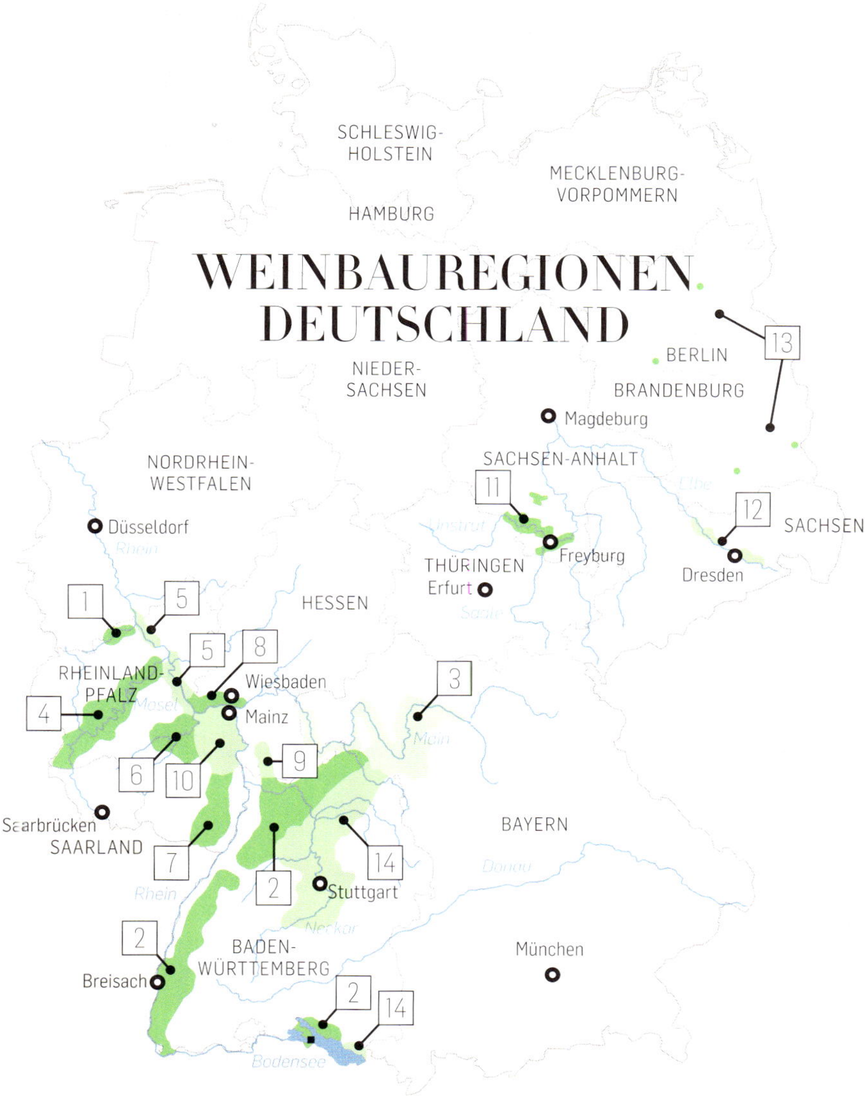

- 1 Ahr, Seite **30**
- 2 Baden, Seite **54**
- 3 Franken, Seite **138**
- 4 Mosel, Seite **214**
- 5 Mittelrhein, Seite **194**
- 6 Nahe, Seite **282**
- 7 Pfalz, Seite **320**
- 8 Rheingau, Seite **436**
- 9 Hessische Bergstraße, Seite **436**
- 10 Rheinhessen, Seite **498**
- 11 Saale-Unstrut, Seite **584**
- 12 Sachsen, Seite **584**
- 13 Brandenburg, Seite **584**
- 14 Württemberg, Seite **606**

BEWERTUNGSÜBERSICHT UND VERZEICHNIS DER ABKÜRZUNGEN

LEGENDE WEINGÜTER

WEINBEWERTUNGEN

100	nicht zu übertreffen
95–99	absolute Weltklasse
90–94	ausgezeichneter Wein, unter den besten Weinen des Jahrgangs
85–89	gut bis sehr gut

PREISKATEGORIEN

€	bis 9,99 Euro
€€	10 bis 19,99 Euro
€€€	20 bis 49,99 Euro
€€€€	50 Euro oder mehr

ABKÜRZUNGEN

EG	Erstes Gewächs
GG	Großes Gewächs
NK	Naturkork
KK	Kunststoffstöpsel
VL	VinoLok (Glas)
DV	Drehverschluss
DIAM	Verschluss aus gepresstem Korkgranulat

WEISSWEINSORTEN

AFS	Alter Fränkischer Satz
AU	Auxerrois
BC	Bacchus
BS	Blauer Silvaner
CAL	VB Cal 6-04
CB	Cabernet Blanc
CB2	Chenin Blanc
CH	Chardonnay
EL	Elbling
FR	Faber
GE	Gutedel
GM	Gelber Muskateller
GMA	Gelber Malinger
GM6	Goldmuskateller
GS	Silvaner
GV	Veltliner
HD	Hölder
HX	Huxelrebe
JO	Johanniter
KR	Kerner
MM	Morio Muskat
MO	Muskat-Ottonel
MS	Muscaris
MT	Müller-Thurgau/Rivaner
OR	Orleans
PG	Grauburgunder
PH	Phönix
RL	Rieslaner
RM	Roter Muskateller
ROR	Roter Riesling
RR	Riesling/Rheinriesling
SÄ	Scheurebe
SB	Sauvignon Blanc
SC	Sauvignac
SG	Sauvignon Gris
SO	Solaris
SOG	Souvignier Gris
TR	Traminer/ Gewürztraminer
VI	Viognier
WH	Weißer Heunisch
WB	Weißburgunder

ROTWEINSORTEN

AC	Acolon
BA	Barbera
BB	Blauburger
BF	Blaufränkisch
BP	Portugieser
CA	Carmenére
CAC	Cabernet Carbon
CC	Cabernet Cortis
CD	Cabernet Dorsa
CDo	Cabernet Dorlo
CF	Cabernet Franc
CI	Cabernet Mitos
CO	Domina
CS	Cabernet Sauvignon
CT	Cabertin
CU	Cabernet Cubin
DF	Dornfelder
DU	Dunkelfelder
FB	Frühburgunder
GN	Grenache
MA	Malbec
ME	Merlot
MON	Monarch
MTR	Muskattrollinger
MV	Mourvédre
NE	Nebbiolo
PI	Pinotage
PM	Pinot Meunier
PN	Spätburgunder
PO	Prior
PV	Petit Verdot
RE	Regent
RMT	Rosenmuskateller
RTL	Rotling
SL	St. Laurent
SN	Sangiovese
SW	Schwarzriesling
SY	Syrah
TE	Tempranillo
TL	Trollinger
TS	Taubenschwarz
ZW	Blauer Zweigelt

LEGENDE GASTHÄUSER

SYMBOLIK

- Garten/Terrasse
- Übernachtungsmöglichkeit
- P Parkplätze vorhanden
- Kinderfreundlich
- Hunde nicht erwünscht
- Behindertengerecht
- Kreditkarte wird akzeptiert

PREISKATEGORIEN

- € Günstige Preiskategorie
- €€ Mittlere Preiskategorie
- €€€ Gehobene Preiskategorie

enomatic
THE SPLASH
MOSEL-RIESLING
ALTE REBEN
MADE IN GERMANY
THE SPLASH
Riesling
by Nik Weis
Enomatic
Special Edition
THE SPLASH
Nase voll
vom Standard?
Steile Lage! Steiler Wein!
www.the-splash.de · www.eno-wine.com

MIT HERZ & WEINVERSTAND

Diese Mitglieder der Falstaff-Verkostungsjury degustierten und diskutierten – mit der richtigen Mischung aus Begeisterungsfähigkeit und kritischer Distanz.

ULRICH SAUTTER
Wein-Chefredakteur
Falstaff Deutschland

Ulrich Sautter wuchs am Bodensee auf und legte bereits im Alter von zehn Jahren seine erste Weinsammlung an. Während des Studiums begann er, über Wein zu schreiben, nach seiner Promotion war er als Redakteur und Autor tätig. Sautter ist Mitautor des Weinatlas Deutschland und Chefredakteur für Wein bei Falstaff Deutschland.

RAINER SCHÄFER
Freischaffender Autor, Chef vom Dienst
Falstaff Weinguide Deutschland

Der renommierte deutsche Weinkenner Rainer Schäfer wuchs in Oberschwaben auf und lebt seit über 20 Jahren als Journalist in Hamburg. Schäfer schreibt über das, was er am meisten schätzt – Wein, Essen und Fußball – und war zuletzt Chefredakteur des Fußballmagazins RUND.

AXEL BODE

Fotograf und Sommelier, Hamburg

Der gelernte Fotograf Axel Bode hängte 2003 seine Kamera an den Nagel und eröffnete in Hamburg (Ottensen) DAS KNUTH. Dem nicht genug, hob er 2013 mit seiner Frau Julia das Wein-Restaurant Witwenball aus der Taufe. Dieses gastronomische Allrounderlebnis besticht im urbanen Ambiente durch allerfeinste Speisen und Weine aus handwerklicher Produktion. Auch als Ort für Weinproben und Präsentationen hat sich die Location einen Namen gemacht.

PHILIPP ELSBROCK

Kulinarik-Chefredakteur
Falstaff Deutschland

Philipp Elsbrock kümmert sich als Chefredakteur Gourmet zwar hauptsächlich um die kulinarischen Themen der deutschen Falstaff-Ausgabe. Seine Verkostungserfahrung, die er durch einige Jahre als Weinredakteur gewonnen hat, kam jedoch auch diesem Guide zugute. Elsbrock wurde in Duisburg geboren und erkundete schon während seines Studiums in Düsseldorf die Weinberge – im Rheingau und anderswo.

ELISABETH FÜNGERS

Freischaffende Autorin und Kolumnistin,
Inhaberin Restaurant Nil, Hamburg

Elisabeth Füngers stammt aus einer Familie von Fisch- und Feinkosthändlern, Metzgern und Gastronomen. Selbst liegt ihr die Gastronomie im Blut, seit 30 Jahren ist sie Inhaberin und gute Seele des weinaffinen Hamburger Restaurants Nil. Die wenige Zeit, die Füngers nicht im Restaurant bei der Fürsorge für Gäste und Personal verbringt, nützt sie als Kochbuchautorin, Verkosterin und Kolumnistin.

ANNE KREBIEHL MW

Freischaffende Weinjournalistin, London

Anne Krebiehl MW begann ihre berufliche Laufbahn in der Londoner Bankenwelt. Doch schon früh folgte sie ihrer Berufung zum Thema Wein, 2010 erhielt sie ihr WSET-Diplom, 2014 wurde sie Master of Wine. Seither war Krebiehl für eine Vielzahl von Publikationen tätig, unter anderem The World of Fine Wine und den Wine Enthusiast. Ab Januar 2021 wird Krebiehl das Falstaff-Team dauerhaft verstärken, als Chefredakteurin für das englischsprachige Tochtermagazin Falstaff International.

MICHAEL KUTEJ
Geschäftsführender Gesellschafter
der Hanse Lounge, Hamburg

Michael Kutej, geboren in Klagenfurt als Sohn einer Gastronomenfamilie, kam weit herum: Über Salzburg, Berlin, die USA und Jamaika gelangte er an den Neuen Wall nach Hamburg, wo er den privaten Wirtschaftsclub Hanse Lounge führt – und zu einer beliebten Location für Weinevents machte. Kutej ist überdies als Berater tätig und organisiert Weinreisen und Themenverkostungen.

SOPHIE LEHMANN
Sommelière und Musikerin,
Hamburg

Sophie Lehmann beeindruckt zur Zeit nicht nur an der Seite ihres Ehemanns Thomas Imbusch als Restaurantleiterin und Sommelière im Restaurant 100/200 (Hamburg), sondern stand auch schon als Pianistin und Saxofonistin auf der Bühne. Umso weniger erstaunt es, dass die Frau mit den vielen Talenten auch in der Falstaff-Jury Expertise einbringen und viele wertvolle Beiträge leisten konnte.

JOHANNES LEUSCH
Geschäftsführer wineBANK,
Hamburg

Johannes Leusch, geboren in Mainz, half schon als Kind bei der Weinlese. Er studierte BWL und Politikwissenschaften in seiner Heimatstadt und in Alicante. Nach dem Studium verantwortete er die Kooperationen der Luxusschiffe MS Europa und MS Europa 2 bei Hapag-Lloyd Cruises. Sein Herz für genussorientierte Themen führte ihn schließlich dazu, seit April 2016 die wineBANK Hamburg zu betreiben.

MATTHIAS NESKE
Autor und Blogger, Betreiber des Blogs
Chez Matze, Nürnberg

Als gebürtigem Harzer wurde Matthias Neske die Weinliebe nicht gerade in die Wiege gelegt. Als er jedoch seine Diplomarbeit in Südfrankreich schrieb, überall von Weinorten und Weinwesen umgeben, war es auch um ihn geschehen. Seit neun Jahren betreibt der promovierte Geograf seinen Blog Chez Matze. Dort betätigt er sich gern als Dénicheur, erkundet also Nischen, starke Charaktere und die wunderbare Vielfalt der Weinwelt.

PETER PROEBSTL
Warenbereichsleiter Wein
Edeka Zentralhandelsgesellschaft, Hamburg

Peter Pröbstl studierte Volkswirtschaftslehre an der Universität Regensburg und ist seit seinem Studium im Lebensmitteleinzelhandel tätig. Nach einer Vertriebstätigkeit bei einem deutschen Discounter wechselte er 2011 in den Zentraleinkauf von Edeka und verantwortet dort seit 2012 den Weineinkauf. Als Warenbereichsleiter Wein bei Edeka kann er Beruf, Expertise und Genuss bestens vereinen.

CLAUDIA RETTER
Sommelier-Legende
München und Berlin

Claudia Retters Wirken fand an einigen namhaften Stätten in der Gastronomie statt, nachdem sie 2004 in München die Ausbildung zur IHK-Sommelière absolvierte. Seit 2009 leitet sie den über 100 Jahre alten Traditionsbetrieb ihrer Familie, das Restaurant und Hotel Zur Fischerklause am Lütjensee in der Stormarnschen Schweiz unweit Hamburgs. Vom Busche-Verlag wurde Sie bereits mehrfach unter die 50 Top-Sommeliers Deutschlands gewählt.

ELENA SCHEER
Gastronomischer Wirbelwind und angehende Sommelière, Geisenheim

Elena Scheer, geboren 1998, macht nach eigenem Bekunden »ziemlich viel«: Sie studiert internationale Weinwirtschaft in Geisenheim, ist auf dem Weg zur geprüften IHK-Sommelière und arbeitet nebenbei im zweifach besternten Sosein in Nürnberg. In der verbleibenden Zeit absolviert sie Praktika – etwa im Noma in Kopenhagen oder in der Falstaff-Redaktion. Nur »hochdeutsch Sprechen« gehört nicht zu den Disziplinen, deren Beherrschung die Bayerin anstrebt.

THOMAS SCHWITALLA
Freischaffender Autor,
Hamburg

Thomas Schwitalla beschäftigt sich seit mehr als drei Jahrzehnten intensiv mit Wein und freut sich, immer wieder neue, großartige Weiß- und Rotweine zu entdecken. Der in Freiburg geborene Journalist lebt mit seiner Familie in der Nähe von Hamburg.

DANIELA STUBBE
Freischaffende Autorin,
Hamburg

Bereits ihr Jurastudium mit Schwerpunkt Information und Kommunikation hatte sich die Hamburgerin Daniela Stubbe mit journalistischen Texten und Tätigkeiten in der Weinbranche finanziert. Nach einigen Jahren in Mexiko, wo sie im Tourismus und Naturschutz arbeitete, zog es sie zurück zu alten Wurzeln und zum Thema Wein. Heute berichtet sie für diverse Publikationen »mit großer Begeisterung für den Wein und die Menschen dahinter« über Winzer, Verkostungseindrücke, Land- und Leidenschaften.

HEIKO TAUDIEN
Pressesprecher, Dienstleiter im Bereich
Sachwerte und Autor, Hamburg

Neben seiner Aktivität für WSET in Wines and Spirits, London, betreut Heiko-T. Taudien die Standorte Deutschland und Großbritannien für die CW Wine Group. Des Weiteren arbeitet er an einer Publikation zum Thema Wein als Wert und begleitet als Autor und Verkoster die Weinregionen Frankreich, USA und Deutschland.

RAKHSHAN ZHOULEH
Freischaffender Sommelier und Berater,
München

Rakhshan Zhouleh, geboren in Teheran, begann seine Laufbahn als Fußballprofi. Dann packte ihn das Weinvirus – und führte ihn in die Top-Gastronomie: Zhouleh wirkte in Wiesbadens Ente im Lehel, im Haerlin in Hamburg, im Margaux in Berlin und im Münchner Tantris, ehe er sich 2009 als freischaffender Sommelier und Berater selbstständig machte.

KOLLEKTION DES JAHRES

»Jeder Weinberg hat für sich ein eigenes Talent, das ist auch der Grund warum wir uns immer weiter vergrößert haben. Für mich ist es das Tolle, dass ich mit ein- und derselben Rebsorte die Unterschiede zeigen kann.«

CORNELIUS DÖNNHOFF

MEHR ALS HOHE BEWERTUNGEN

Eine Kollektion des Jahres muss viele verschiedene Eigenschaften vereinen: Individualität, Stil, innere Geschlossenheit, Verlässlichkeit. Ein paar außerordentlich gelungene Weine alleine reichen nicht aus. Cornelius Dönnhoff entspricht mit seinem Jahrgang 2019 allen Kriterien in herausragender Weise.

TEXT ULRICH SAUTTER

Schon das erste Merkmal erfüllen Dönnhoffs aktuelle Weine mit Bravour. Denn individuell sind sie so sehr wie die Lagen, aus denen sie stammen. In diesem Punkt knöpft Dönnhoff an das an, was sein Vater Helmut schon immer vorlebte: den Weinen nichts aufzuzwingen, sondern durch eine aufmerksame Weinbergarbeit die Grundlagen dafür zu schaffen, dass ein unverfälschter Ausdruck entstehen kann, ein individueller. Cornelius Dönnhoff hat es aber auch auf beispielgebende Weise geschafft, nicht in den großen Fußstapfen zu verschwinden, die Helmut Dönnhoff hinterlassen hat. Damit kommen wir zum Thema Stil: Cornelius Dönnhoffs aktuelle Rieslinge setzen in puncto Frische, Eleganz und mineralischer Tiefe einen neuen Standard, weit über die Nahe hinaus. Die ersten Jahre, die er dem Oberhäuser Familienbetrieb vorstand, hätte man denken können, seine Versionen von Dellchen, Felsenberg und Hermannshöhle seien einfach nur etwas trockener als früher. Doch spätestens mit dem Jahrgang 2019 zeigt sich: trockener ja, aber zugleich pointierter, noch reicher an Details, von schier unglaublicher Spannkraft. Helmut Dönnhoff wird diese Aussage gut verkraften können, denn dass seine eigenen Weine Ausnahmeklasse besaßen und besitzen, bleibt davon unberührt, dass sein Sohn nun auf diese furiose Weise den Brückenschlag in ein neues Zeitalter geschafft hat.

Zum nächsten Kriterium: innere Geschlossenheit. In Cornelius Dönnhoffs 2019er Kollektion bekommt man den Eindruck, dass jeder Wein genau dort steht, wo er hin-

Helmut und Cornelius Dönnhoff gelang der Brückenschlag in ein neues Zeitalter

gehört. Die Großen Gewächse setzen sich von den »Ersten Lagen« ab, und das nicht, indem sie sich primär über Kraft und Muskeln definieren, sondern über Differenzierung. Die »Ersten Lagen« selbst wiederum sind keine Zweitweine, sondern eigene Persönlichkeiten. Der Kabinett aus der Oberhäuser Klamm ist ein wirklicher Kabinett und keine abgestufte Spätlese. Stellt man die beiden Spätlesen aus Brücke und Hermannshöhle nebeneinander, bilden sich die Lagen ebenso stark ab wie das Prädikat. Ja, man kommt sogar kaum umhin festzustellen, wie nebensächlich letztlich die Süße solcher Weine ist. Mit dem »Tonschiefer« kommen wir zur Verlässlichkeit: Auch der Wein mit dem niedrigsten Preis unter allen uns vorgestellten hat 91 Punkte erzielt. Das belegt: Selbst dieser Basiswein gibt die Individualität und den Stil des Hauses wieder und er steht in größter Kohärenz zu den Spitzen des Sortiments.

Letztere setzen der Kollektion zahlreiche Glanzlichter auf: Die Falstaff-Jury vergab siebenmal 95 Punkte und mehr. Die Großen Gewächse haben allesamt ein Potenzial für 10 oder 20 Jahre Flaschenreife. Die beiden Auslesen – Brücke und die auktionierte »Einzelpfahl«-Selektion aus der Hermannshöhle – zeigen eine skrupulöse Selektionsarbeit, die auf diesem Niveau selbst in Top-Betrieben außergewöhnlich ist. Die Botrytis dieser Auslesen ist wahre Haute Couture: Abermals geht es nicht um die größte Viskosität und die größte Wucht, sondern um die delikateste Aromatik und um die Vielfalt an Zwischentönen.

Wir ziehen den Hut und gratulieren Cornelius Dönnhoff zu dieser wahrlich sensationellen Kollektion des Jahres.

Naturkorken bester Qualität sind Standard im Weingut Dönnhoff

Vincent Eymann in den Gönnheimer Weinbergen

DIE ALTMEISTER VON MORGEN

Auch dieses Jahr fielen dem Falstaff-Team wieder zahlreiche junge Talente auf. Stellvertretend für viele andere porträtieren wir hier drei von ihnen.

Stefanie und Fabian Lassak betreiben auf nur drei Hektar Rebfläche seit 2016 ein kleines, feines Manufaktur-Weingut

WEINGUT LASSAK | HESSIGHEIM, WÜRTTEMBERG

LANGFRISTIGKEIT IM BLICK

TEXT MATTHIAS NESKE

»Vielfalt.« Nur kurz muss Fabian Lassak über die Frage nachdenken, was bei ihnen im Weinberg das wichtigste Element ist. »Wir glauben an die Artenvielfalt, nicht nur bei der Begrünung, sondern auch bei den Reben.« Seit Stefanie und Fabian Lassak im Jahr 2016 aus dem Stand ihr kleines Weingut in Hessigheim am Mittleren Neckar aufgebaut haben, weht ein frischer Wind durchs Tal.

Spektakuläre Weinterrassen an den Prallhängen des Neckars werden in dieser alten Kulturlandschaft von sanfteren, aber ebenfalls nicht flurbereinigten Parzellen begrenzt. »Eigentlich müsste man hier alles manuell machen, alles Small Scale«, sagt Lassak und lässt seinen Blick ringsherum schweifen. »Die Bedingungen für den Qualitätsweinbau sind eigentlich großartig. Aber es ist halt ein Gelände, bei dem Massenproduktion an ihre wirtschaftlichen Grenzen stößt.«

3,4 Hektar Rebfläche besitzen die Lassaks mittlerweile, einen Teil davon als Brache, damit sich die Weinberge vor der Neuanpflanzung wieder erholen können. »Vier bis fünf Hektar, davon könnte man zu zweit schon leben«, meint er. Die ersten beiden Jahre seien allerdings schwierig gewesen. »Wir sind zwar an tolle Parzellen gekommen, aber dann haben die Leute schon skeptisch geschaut ... So dicht bepflanzt, die schiefen Holzpfähle drin, das ganze Unkraut im Weinberg, und dann noch so einen spröden Wein mit wenig Schwefel und ohne Restzucker«, erinnert er sich. »Als wir den 2018er Jahrgang im Keller hatten, habe ich auf einmal Panik bekommen und gedacht, wie sollen wir das ganze Zeug bloß verkaufen?«, entsinnt er sich und lacht. »Jetzt ist der Keller leer, auch ein interessantes Gefühl.«

Die Lagen des Weinguts Lassak am Besigheimer Wurmberg

Neben Riesling und Lemberger gilt die Liebe der Lassaks besonders dem Spätburgunder. Und da kommt dann auch das Thema Vielfalt zum Tragen. »Wir pflanzen eigentlich nur noch Massenselektionen«, erläutert Lassak. »Die Vielfalt in der Genetik erhöht die Qualität und macht den Weinberg robuster.« Über Fabian Lassaks Bruder Tobias, der in Frankreich arbeitet, seien sie mit Rebschulen in Kontakt gekommen, die solche hochwertigen Massenselektionen anbieten, sogar biodynamisch. »Da hat ein Stock mal viele Trauben, ein anderer wenige, wieder ein anderer kleinere ... Das ist so unsere Idee von Balance, dass wir letztlich im Weinberg nicht mehr eingreifen müssen.«
Wenn man den Lassaks und ihren Plänen zuhört, wird schnell klar, dass es um Langfristigkeit geht – um bewusstes Handeln, schonenden Umgang, Harmonie. Wenn das die württembergische Postmoderne im Weinbau ist, dann darf man auf alles Kommende sehr gespannt sein.

»Wir pflanzen eigentlich nur noch Massenselektionen. Die Vielfalt in der Genetik erhöht die Qualität und macht den Weinberg robuster.«

FABIAN LASSAK, WEINGUT LASSAK

Die verkosteten Weine und weitere Infos über dieses Weingut finden Sie auf Seite 647.

VINCENT EYMANN | GÖNNHEIM, PFALZ

REALIST MIT EHRGEIZ UND ERDUNG

TEXT RAINER SCHÄFER

Gönnheim«, sagt Vincent Eymann in schonungsloser Offenheit, »ist für gar nichts bekannt.« Eine Diagnose, die sich auch auf die Lage seines Heimatdorfes bezieht, das etwas abseits der gut frequentierten Anlaufstellen der Pfälzer Weinstraße und Genusskultur liegt. Denn der 29 Jahre alte Winzer neigt nicht zur Selbstzerfleischung und verfügt auch über ein intaktes Selbstvertrauen. Aber er weiß die lokalen Verhältnisse sachlich einzuschätzen: In und um Gönnheim, wo Eymann rund 15 Hektar Weinberge kultiviert, stehen die Reben auf tiefgründigem Lehm-Löss mit Kalkanteilen. Auch wenn sich die Böden gut für Burgundersorten eigneten, seien sie im Vergleich zu den berühmten Lagen am Haardt-Rand doch »eher Ackerland«. Deshalb war Eymann »ziemlich scharf darauf« 2017 zweieinhalb Hektar im Bad Dürkheimer Fuchsmantel und Wachenheimer Schlossberg zu übernehmen, als sich die seltene Gelegenheit bot. Dort stehen auf Buntsandstein bis zu 90 Jahre alte wurzelechte Rieslingreben.

Vincent Eymann geht die Dinge zielstrebig an. 2015 kam er direkt nach dem Önologiestudium in Geisenheim auf das Demeter-zertifizierte Weingut der Eltern zurück, obwohl er noch gerne Erfahrungen im Ausland gesammelt hätte. Aber sein Vater Rainer Eymann sei »am Limit gewesen«, also packte der Junior entschlossen an, wie es seine Art ist. Seine Eltern hatten sich schon 1982 für den ökologischen Weinbau entschieden und 2003 begonnen, biodynamisch zu arbeiten. Rainer Eymann, ein »Idealist« und unerschrockener Vorreiter für den alternativen Weinbau, musste sich deswegen einiges anhören, »auch von seinem eigenen Vater«, weiß der Junior. Der Seniorchef hatte seine Premiumweine »Toreye« getauft, so lautete der Familienname im Mittelhochdeutschen. In den 1980er-Jahren hatte er schon »illegal«

Fotos: Weingut Lassak, Lucie Greiner Medienagenten

Weingut und Weinstube Eymann in Gönnheim

Chardonnay angepflanzt, den er noch als Weißburgunder deklarieren musste. Von den alten Weinbergen, die in natürlicher Balance stehen, profitiert Vincent Eymann heute.
Der junge Winzer entwickelte schnell seine eigene Weinstilistik: Die Weine lässt er »trüber und wärmer« vergären und baut sie gerne in Stück- und Doppelstück-Fässern aus. Die Anzahl der Rebsorten will Eymann reduzieren, St. Laurent und Muskateller sollen Platz machen für Riesling und Spätburgunder, für die sein »Herz ziemlich krass schlägt«.

Auch die Sekterzeugung nach traditioneller Flaschengärung will er ausbauen, dafür schaute er Volker Raumland, einem der besten deutschen Sektmacher, einige Monate über die Schulter und sah sich auch in der Champagne um. Da Vincent Eymann auch einen maischevergorenen Gewürztraminer im Solera-Verfahren macht, der nur minimal geschwefelt und unfiltriert gefüllt wird, ordnet man ihn gerne dem Naturweinspektrum zu, das er aber durchaus kritisch sieht: Diesen »zeitgeistigen Hipster-Weinen« kann er nicht viel abgewinnen, sie seien ihm oft zu fehlerhaft. Er arbeite eher »rückbesinnend« und in handwerklicher Tradition. Vincent Eymann ist ein Realist mit Ehrgeiz und Erdung zugleich – und auch mit der nötigen Lockerheit und Fantasie. In den Wachenheimer Schlossberg, einen »magischen Platz mit einem besonderen Spirit«, hat er eine gelbe Hängematte gespannt, in der er nach getaner Arbeit gerne über weitere Taten und Ziele sinniert. In wenigen Jahren hat er schon einiges erreicht, sein Vater kocht inzwischen in der familieneigenen Weinstube, »das ist seine wahre Berufung«, sagt Eymann, dem man nur in einem widersprechen möchte: Gönnheim und sein Weingut sind längst ein Begriff für mineralische Rieslinge und packende, elegante Spätburgunder.

»Meine Rieslinge durchlaufen keinen biologischen Säureabbau mehr, ich lege viel Wert auf eine selbst startende Spontangärung, die sich ohne die Hilfe künstlicher Hefestämme vollziehen muss.«

VINCENT EYMANN

Die verkosteten Weine und weitere Infos über dieses Weingut finden Sie auf Seite 349.

Christian und Alexandra Ehrlich – von 3 Rebzeilen zum 4-Hektar-Garagenweingut

WEINMANUFAKTUR 3 ZEILEN | RÖDELSEE, FRANKEN

IMPROVISATIONSKÜNSTLER MIT EIGENEM KOPF

TEXT RAINER SCHÄFER

Seinen Riesling aus dem Jahr 2018 hat Christian Ehrlich »Dachschaden« genannt, er kann auch als Symbol für die Geschichte der Weinmanufaktur 3 Zeilen in Rödelsee stehen: Die ist geprägt von vielen kleinen Schritten nach vorne, zahlreichen Bauchentscheidungen und auch Rückschlägen. Denn Ehrlich und seine Frau Alexandra betreiben ihr Weingut im Nebenerwerb und der letzte Impuls zur Selbstständigkeit war der Kauf eines 100 Jahre alten Winzerhofs vor zwei Jahren. Der wird nebenbei renoviert und mit jeder verkauften Flasche »Dachschaden« soll ein Quadratmeter des maroden Daches erneuert werden. »Inzwischen sind wir Meister der Improvisation«, sagt der 38-Jährige, der noch in Vollzeit für einen Kellereimaschinenhersteller in Kitzingen arbeitet.

Zum Weinbau kam der Franke über Umwege: Ursprünglich wollte er Elektriker werden, aber stellte bald fest, dass »Kabel ankleben nicht meine Welt ist«. Er absolvierte die Ausbildung zum Weinbautechniker und arbeitete dann für das Weingut Manincor und die Kellerei Terlan in Südtirol sowie den fränkischen Ökowinzer Gerhard Roth. »Das hat mich geprägt«, sagt er. 2006 fing Ehrlich zunächst an, von drei Zeilen Silvanerwein zu keltern. Er strich die Waschküche der Oma und stellte die ersten Fässer hinein. Weil ihm »keine Bank einen Kredit geben wollte«, diente ein Bausparvertrag als Startkapital: »Ich hatte keine Leseschere und keinen Eimer«, erinnert sich Ehrlich. Später teilte er sich einen größeren Keller mit einem Winzer in Iphofen, »aber es war immer zu eng«. Die Rebfläche ist inzwischen auf vier Hektar angewachsen, Fässer, Tanks und Maschinen sind auf vier Standorte verteilt, zwischen denen die Ehrlichs hin und her pendeln.

Ihre Weinberge bearbeitet das Winzerpaar biologisch, die Weinmanufaktur ist Mit-

Fotos: Lucie Greiner Medienagenten, Weinmanufaktur 3 Zeilen

»Naturweine müssen bei mir fehlerfrei sein, ich akzeptiere keinen Böckser, da ist der Spaß vorbei, da renne ich lieber einmal zu oft in den Keller, um nach meinen Weinen zu schauen.«

CHRISTIAN EHRLICH
WEINMANUFAKTUR 3 ZEILEN

Die verkosteten Weine und weitere Infos über dieses Weingut finden Sie auf Seite 186.

glied bei Bioland. »Wir experimentieren gerne, wir wachsen mit und an unseren Reben«, konstatiert Christian Ehrlich, der auf Gipskeuper ein breites Sortenspektrum anbaut, darunter auch rare Reben wie Adelfränkisch – auch weil er den Gemischten Satz in Franken wieder beleben möchte. »Die alte Machart finde ich gut«, sagt er. Von Trends lässt er sich nicht leiten, Wein habe er »nie nach dem Markt produziert, immer nur nach meinem eigenen Gusto«. Dazu gehört der Ausbau in Tonneaux, die er aus Steigerwälder Eiche anfertigen lässt. Wenn er über seine Weine redet, ist Ehrlich kaum zu bremsen, mit seiner Meinung hält er dabei nicht hinterm Berg. Als ihn ein Radiosender nach einem Orangewein-Seminar interviewte, sprach er ins Mikrofon: »Die Weine schmecken so wie sie mein Onkel Heiner schon seit 20 Jahren macht.« Seitdem heißt sein maischevergorener und unfiltrierter Silvaner »Onkel Heiner Seiner«.

Die Tage können lang werden bei Christian Ehrlich, erst wenn er abends aus Kitzingen zurückkehrt, wird er endlich zum Winzer. Eine Konstellation, die sich bald ändern soll: Er wolle sich »seinen Lebenstraum erfüllen« und von seinem Wein leben können: »Es wird langsam Zeit, dass es klappt.« Aber Rückschläge bleiben dabei nicht aus, der Frühjahrsfrost in Franken hat ihn mehr als die Hälfte der gewöhnlichen Erntemenge gekostet. »Aber wir lassen uns nicht unterkriegen«, betont der ideenreiche Improvisationskünstler, der jede freie Minute in den Ausbau des Winzerhofs steckt und dabei möglichst viel mit den eigenen Händen leisten will. »Es gibt keine Aufgabe mehr, vor der ich zurückschrecke«, sagt Ehrlich. Denn die nächste Ernte soll im eigenen Weingut verarbeitet werden – und zwar mit runderneuertem Dach.

3 Zeilen:
Blaue, Platin- und Natur-Linie

Fotos: Weinmanufaktur 3 Zeilen

AHR

PROTAGONIST*INNEN NEUEN STILS

Kloster Kalvarienberg, Bad Neuenahr-Ahrweiler

ZUR RICHTIGEN ZEIT AM RICHTIGEN ORT

Global Warming hat uns gelehrt, Sonnenlicht und Trockenheit zu fürchten. Doch der Ahr-Jahrgang 2018 zeigt: Ein intelligenter Umgang mit der Wärme ermöglicht Spitzenweine.

TEXT ULRICH SAUTTER

Es war im Herbst 2011, so erinnert sich der Winzer Paul Schumacher, als er mal wieder seine Kontakte nach Burgund pflegen wollte und zur Lese hinfuhr. »Ich habe mich ja immer gefragt: Was machen die anders als wir? Alte Reben, geringe Erträge, das haben wir ja auch alles.« Und dann fiel ihm auf, dass die Trauben an der Côte d'Or mitten in der Lese gar nicht wirklich reifer waren als zum selben Zeitpunkt bei ihm zu Hause an der Ahr. »Als ich wieder daheim war, habe ich zu meiner Frau gesagt: »Ich glaube, wir lesen gleich morgen den Kräuterberg.«
Ursprünglich hatte Schumacher vorgehabt, länger zu warten, um die Reife auszureizen. Doch dann folgte er seinem inneren Antrieb. »Zwölf Monate lang war ich mir nicht sicher, ob die Entscheidung gut war.« Denn zu Beginn seien die so gewonnenen Weine ziemlich verschlossen gewesen. »Erst nach einem Jahr etwa war ich dann überzeugt, dass der frühe Lesezeitpunkt der richtige war. Man braucht nur etwas mehr Geduld mit diesen Weinen.«

DIE REFLEXION

Seither haben sich Schumachers Weine immer weiter an die Spitze des Gebietes geschoben. Das behutsame Herantasten an einen veränderten weinbaulichen Blick, das der Marienthaler Winzer schildert, muss sich so oder ähnlich auch bei anderen Betrieben abgespielt haben. Auch manch ein Weingut, das früher eher dem klassisch-kraftvollen Stil zuneigte, legt seine Weine inzwischen so an, dass sie 13,5 oder 13 Volumenprozent Alkohol besitzen und nicht mehr 14 oder mehr. Dabei entstehen auch harmonische Mischformen aus dem »alten«, etwas molligeren Ahr-Weinstil und der Suche nach Frische. Der gerade in neue Hände gekommene Deutzerhof ist ein ausgezeichnetes Beispiel für eine Stilistik, die den Brückenschlag zwischen beiden Motiven sucht und findet.

Die beiden überregional wohl bekanntesten Betriebe der Ahr definieren ihren jeweiligen stilistischen Knackpunkt ohnehin schon seit Längerem über eine sehr individuelle Balance zwischen Reife auf der einen Seite und Struktur und Frische auf der anderen. Wenn in den Weinen von Meike und Dörte Näkel heute die mineralische Saftigkeit im Zentrum steht, dann spitzen die Schwestern letztlich zu, was auch ihrem Vater Werner schon immer am Herzen lag: die Pikanz der Frucht und deren Strahlkraft. Für Alexander Stodden wiederum geht es um Finesse – um den Nachweis, dass der Ahr-Pinot dazu in der Lage ist, das Stoffliche in Ätherik aufzulösen und dennoch ausdrucksstark zu sein.

Paul Schumachers Anliegen ist es, aus jeder Traube das Beste herauszuholen und dem Wein Zeit zu geben

Weingut Deutzerhof – der Ursprung des traditionsreichen Weinguts geht auf das 16. Jahrhundert zurück

All diese Reflexionsstufen standen bereits im Raum, als der Jahrgang 2018 mit seiner opulenten Wärme kam. Als das Falstaff-Team die Weine dieses Jahrgangs verkostete, drängte sich uns ein Gedanke förmlich auf: Für die Winzer des Ahrtals muss dieser Jahrgang genau zur rechten Zeit gekommen sein, er traf sie in einer Phase großer geistiger Beweglichkeit. Gleich, an welchem Punkt des Spektrums zwischen Reife und Frische der einzelne Betrieb seine Präferenz setzte, die Weine sind keine Zufallsprodukte geworden. Selbst die reiferen 2018er sind keine 2003er mit brandiger Marmeladigkeit, nicht einmal die Frühburgunder. Stattdessen verfügt dieser Jahrgang über eine außergewöhnliche, ja spektakuläre Intensität der Frucht. Daran lässt sich die Wärme ablesen und vermutlich auch eine besonders homogene Reife. Aber gleichzeitig besitzen die Weine jene Tiefe, jene starke Ausgeprägtheit und jenen Extrakt, den nur eine kluge und wachsame Bewirtschaftung hervorzubringen vermag.

DER PARADIGMENWECHSEL

Eine der Protagonistinnen des neuen Stils ist Julia Baltes, geborene Bertram, die zur jungen Generation im Ahrtal gehört und

Fotos: schmidtchen & partner werbeagentur GmbH, Bernd Schreiner

Die Näkel-Schwestern führen mit Erfolg fort, was die Großeltern und Vater Werner aufgebaut haben

gemeinsam mit ihrem Ehemann Benedikt Baltes im neu gegründeten eigenen Weingut mächtig Gas gibt. Auch sie hat eine hohe Meinung von den 2018ern: »Die sind schon besonders. Schon jetzt in ihrer Jugend haben sie diese tolle Saftigkeit! Aber ich bin auch fest davon überzeugt, dass sie sehr lange und sehr gut reifen können.«

Auf die Frage, was sie dazu gebracht hat, ihre Pinots so beispielgebend straff zu keltern, mit so viel Spannung und Kühle, ist die 30-Jährige bemüht tiefzustapeln: »Wir wollen sicher nicht das Rad neu erfinden. Aber ich denke, dass unser Klima und unsere Topografie das gut hergeben. Die Ahr ist eines der nördlichsten Anbaugebiete für Spätburgunder, da liegt es nahe, Frische und niedrigen Alkohol zu suchen.«

Das gelingt dem Ehepaar bereits jetzt so gut, dass die Falstaff-Jury sich dafür entschied, dem Weingut einen vierten Stern zu verleihen. Und die nächsten Schritte sind schon in Vorbereitung. Bis zum Herbst 2022 soll in Dernau ein Neubau mit eigenem Keller entstehen: »Wir sind in der finalen Phase der Planung. Wir nehmen uns bewusst viel Zeit, damit es dann so wird, wie wir es wirklich brauchen.« Es soll sich bewähren für die Jahre und Jahrzehnte, die da kommen. Ganz so wie der stilistische Umbau des Spätburgunders aus dem Ahrtal.

INFO

Nähere Infos über den Autor finden Sie im Kapitel »Verkostungsteam« auf S. 12.

WEINBAUGEBIET AHR

Anbaufläche
ca. 540 Hektar
Aufteilung
1 Bereich, 1 Großlage, 40 Einzellagen
Böden
Löss, Vulkangestein, Schiefer
Wichtigste Rebsorten
Spätburgunder, Frühburgunder

Verbände
Ahrwein e. V., Hauptstraße 80
53474 Bad Neuenahr-Ahrweiler
www.ahrwein.de

Rech, Herrenberg – hervorragende Bedingungen zur optimalen Ausnutzung der Sonnenenergie

GRANDS CRUS – AHR

TOP-WEINE AUS PRIVILEGIERTEN WEINLAGEN DER REGION

RECH | HERRENBERG

Der Herrenberg hat Lagen mit südlicher bis Ostausrichtung auf 130 bis 260 Metern. Die klassische Kernlage von 4 Hektar ist heute auf 17 Hektar gewachsen. Löss, Lösslehm und im Kerngebiet Grauwacke bemustern die Böden, in denen teils noch wurzelechter Spätburgunder wächst.

94 2018 Spätburgunder GG
93 2018 Frühburgunder GG
Weingut Jean Stodden, Info siehe Seite 51
92 2017 Spätburgunder
Maibachfarm, Info siehe Seite 43
90 2018 Spätburgunder
O. Schell, www.weingutschell.de

ALTENAHR | ECK

Die Lage erstreckt sich von der Burgruine Are bis zum Ravenley bei Reimerzhoven. Sie ist die steilste Einzellage der Ahr mit Südsüdostausrichtung auf Höhen von 150 bis 260 Metern mit 40 bis 60 Prozent Steigung. Weinbau seit 1249. Die rund 8 Hektar Rebfläche haben nur eine sehr dünne Humusauflage und bestehen aus Grauwacke und Schieferverwitterungsgestein. Die steilen Terrassen verfügen über die erste Monorackbahn der Ahr.

94 2018 Spätburgunder GG
Deutzerhof, Info siehe Seite 41
92 2019 »Alte Reben 1939« Riesling trocken
91 2017 Spätburgunder Goldkapsel trocken
Weingut Sermann, Info siehe Seite 50

DERNAU | PFARRWINGERT

Der Name dieser Einzellage ist vom Wort Wingert (Weingarten) abgeleitet. Tatsächlich handelt es sich beim Pfarrwingert um einen ehemaligen Besitz der katholischen Pfarrkirche von Dernau. Die nach Süden ausgerichtete Steillage umfasst knapp 10 Hektar Rebfläche mit bis zu 60 Prozent Hangneigung auf 125 bis 220 Metern. Nur 10 Prozent dieser Fläche sind hängig, der Rest steil. Die

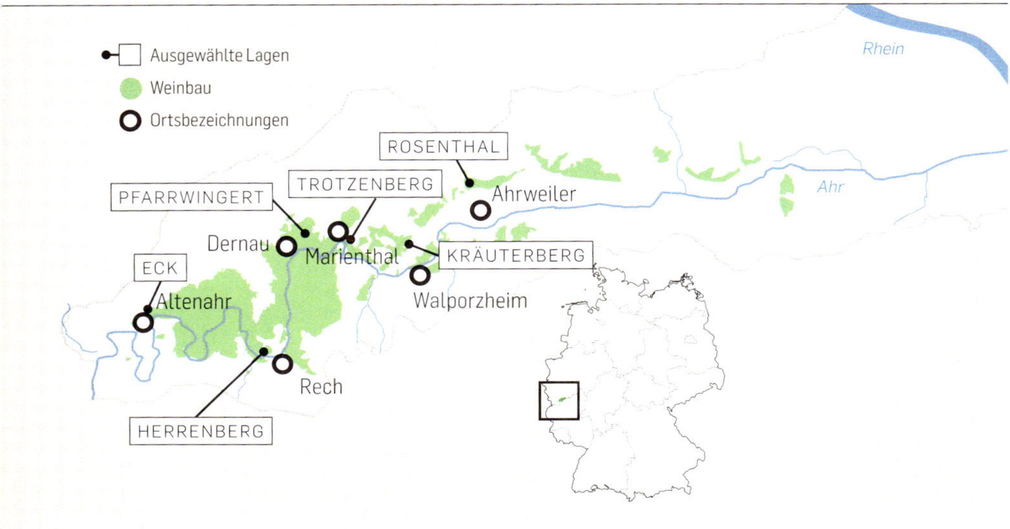

Grauwacke- und Schieferwitterungsböden gehören zu den besten des gesamten Ahrtals.

94 **2018 Spätburgunder GG**
Weingut Meyer-Näkel, Info siehe Seite 45

93 **2018 Spätburgunder trocken**
Weingut Bertram-Baltes, Info siehe Seite 38

92 **2018 Spätburgunder trocken**
Weingut Sermann, Info siehe Seite 50

92 **2018 Spätburgunder trocken »R«**

91 **2018 Spätburgunder trocken**
Weingut Erwin Riske, Info siehe Seite 47

MARIENTHAL | TROTZENBERG

Einer der steilsten Hänge des Ahrtals blickt in Form eines Hohlspiegels nach Westen bis Südwesten, durch das Fehlen rein südlicher Ausrichtungen gehört der Trotzenberg zu den im Zeichen von Global Warming immer gesuchteren Weinbergslagen mit moderater Wärmeeinstrahlung. Der Boden besteht aus Schiefer und Grauwacke. Von der namensgebenden Trutzburg, die einst auf dem Kamm des kleinen Bergrückens gestanden haben soll, ist nichts erhalten. Der Trotzenberg ist klein, er misst lediglich 3,35 Hektar. Sein Weinstil betont die kernige, mineralische Dichte bis hin zu einer gewissen Bissigkeit.

94 **2018 Spätburgunder trocken**
Weingut Bertram-Baltes, Info siehe Seite 38

93 **2018 Spätburgunder trocken**
Weingut Paul Schumacher, Info siehe Seite 49

93 **2011 Pinot noir Grand Réserve**
O. Schell, www.weingutschell.de

92 **2018 Spätburgunder trocken**
Weingut Sermann, Info siehe Seite 50

WALPORZHEIM | KRÄUTERBERG

Südlich exponierte Terassenlage in Walporzheim auf 110 bis 180 Metern. Mit 15 bis 60 Prozent Steigung umfasst sie 5 Hektar Rebfläche, die zu 90 Prozent von Spätburgunder vereinnahmt wird. Die Böden bestehen aus Verwitterungsschiefer und Grauwacke mit sandigem Lehm und teils sehr geringer Auflage.

96 **2009 Spätburgunder trocken**
Weingut Paul Schumacher, Info siehe Seite 49

96 **2018 Spätburgunder GG**

95 **2013 Spätburgunder GG**
Weingut Meyer-Näkel, Info siehe Seite 45

95 **2017 Spätburgunder GG**
Weingut Adeneuer, www.adeneuer.de

94 **2018 Spätburgunder trocken**

94 **2017 Spätburgunder trocken**
Weingut Paul Schumacher, Info siehe Seite 49

94 **2018 Spätburgunder trocken**
Weingut Burggarten, Info siehe Seite 40

94 **2016 Spätburgunder Goldkapsel trocken**
Weingut Kriechel, www.weingut-kriechel.de

92 **2018 »Hommage GG« Spätburgunder**
Weingut Brogsitter, Info siehe Seite 39

91 **2018 Spätburgunder trocken**
WG Mayschoss-Altenahr, Info siehe Seite 44

91 **2018 Spätburgunder unfiltriert**
O. Schell, www.weingutschell.de

Deutzerhof, Steillage Altenahr

AHRWEILER | ROSENTHAL

Von den 50 eingetragenen Hektar dieser Lage vis-à-vis der Altstadt Ahrweilers stehen nur 21 Hektar unter Reben. Südwest- bis südöstliche Ausrichtung, entlang eines Viadukts einer nicht fertiggestellten Bahnlinie auf 110 bis 180 Metern. Sie ist unterteilt in einen östlichen (Grauwacke) und westlichen Teil (Lehm, Löss, Lösslehm).

95 **2018 »Magna Essentia« Spätburgunder trocken**
Weingut Paul Schumacher, Info siehe Seite 49

94 **2018 Spätburgunder GG**
Weingut Jean Stodden, Info siehe Seite 51

94 **2018 Spätburgunder trocken**
Weingut Bertram-Baltes, Info siehe Seite 38

93 **2018 Spätburgunder trocken**
Weingut Paul Schumacher, Info siehe Seite 49

92 **2011 Spätburgunder trocken**
Weinmanufaktur Heiner, weinmanufaktur-heiner.de

92 **2018 Spätburgunder GG**
Weingut Adeneuer, www.adeneuer.de

92 **2018 »Grand Max« Spätburgunder tr.**

92 **2016 »Grand Max S« Spätburgunder tr.**

91 **2017 Spätburgunder trocken**
Weingut Max Schell, Info siehe Seite 48

Blick auf den Walporzheimer Kräuterberg

★★★★

WEINGUT BERTRAM-BALTES

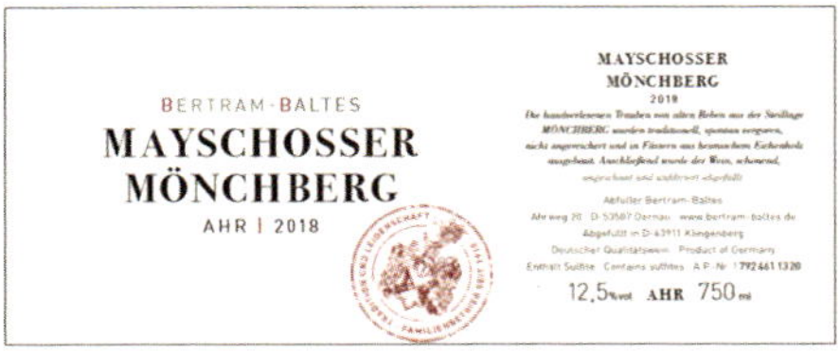

Ahrweg 20, 53507 Dernau, T: +49 (2643) 903312
spaetburgunder@bertram-baltes.de
www.bertram-baltes.de
Ab-Hof-Verkauf: Vinothek Hardtbergstr. 5, Dernau: Mo bis Fr 14–18 Uhr, Sa 10–17 Uhr
Kellermeister: Julia und Benedikt Baltes
Ansprechpartner: Julia und Benedikt Baltes
Hektar: 7 ha
Anbauweise: Biologisch zertifiziert

Julia Bertram und Benedikt Baltes avancieren langsam aber sicher zum Pinot-Power-Paar Deutschlands. Es gibt nicht viele, die solch deutliche Akzente setzen und so geradlinig einen Weg einschlagen. Alles ist auf Reinheit, Frische, Bekömmlichkeit – und man könnte auch meinen Ewigkeit – gesetzt. Der Charakter jeder Lage wird herausgearbeitet und sogar in 2018 ist es den beiden gelungen, unheimliche Frische einzufangen. Es wird zunehmend ökologisch gearbeitet – aus Erfahrung und Überzeugung heraus. Hier wird ein neues Kapitel der deutschen Pinotgeschichte geschrieben. Gratulation zum vierten Stern.

96 2018 Mayschoß Mönchberg Spätburgunder trocken
Eine feine Feuersteinnote weist auf die Jugendlichkeit und Reduktion des Weines. Am Gaumen sind Holunderbeere und schwarze Kirsche dunkelfruchtig zu erkennen. Tiefe, Würze und Reife wirken durch straffe Tannine, während feinste Säure alles im Zaum hält. 12,5 Vol.-%, NK, €€€

95 2018 Dernau Goldkaul Spätburgunder tr.
Rauch und Feuerstein weisen auf jugendliche Reduktion. Am Gaumen wirken diese Feuersteinnoten ebenfalls, befinden sich aber in einer Sphäre der absoluten Frische, der reinen, knackigen Frucht, belebender, magischer Säure und feiner Schieferwürze. Einfach wunderbar. 12,5 Vol.-%, NK, €€€

94 2018 Marienthal Trotzenberg Spätburgunder trocken
Feuerstein und leichter Rauch sprechen noch von Hefe und Reduktion an der Nase. Aber dann kommt feine, reine, nahezu cremige Kirschfrucht, begleitet von etwas Holunderbeerenduft. Die Frische ist erstaunlich für 2018, die Reinheit der Frucht beispielhaft. 12,5 Vol.-%, NK, €€€

94 2018 Ahrweiler Rosenthal Spätburgunder trocken
Rauchiges Holz, viel Hefe, dahinter, schiefermineralisch, Minze. Im Mund saftig, relativ adstringierender Gerbstoff, lebendiges Säurerückgrat, intensive mineralische Definition, insgesamt noch sehr verschlossen, früh gelesen, braucht Zeit. 12 Vol.-%, NK, €€€

93 2018 Dernau Pfarrwingert Spätburgunder trocken

93 2019 »Blanc de Noir Alte Reben« Spätburgunder trocken
Rauchige Eiche zeigt sofort, dass es sich nicht um einen 08/15-Blanc-de-Noir handelt. Derzeit dominiert die Eiche, aber sprühende, durchwirkende Frische ist vielversprechend. Frische und Textur verlangen nach Flaschenreife. Untypisch, aber wunderbar. 12,5 Vol.-%, NK, €€€

★★★

WEINGUT BROGSITTER

Max-Planck-Straße 1, 53501 Grafschaft-Gelsdorf
T: +49 (2225) 918111, verkauf@brogsitter.de
www.brogsitter.de

Ab-Hof-Verkauf: Vinothek, Mo bis Fr 8–20 Uhr, Sa 9–20 Uhr, So 13–19 Uhr
Kellermeister: Elmar Sermann, Markus Hallerbach
Ansprechpartner: Hans-Joachim Brogsitter
Flaschen/Hektar: 190.000 (5 % weiß, 95 % rot)/33 ha

Die Kernkompetenz des alteingesessenen Familienweinguts und Weingroßhandels Brogsitter liegt ganz klar bei den Rotweinen. Dementsprechend nehmen auch jeweils ein Spät- und ein Frühburgunder die Spitzenplätze ein. Hier wird die Kraft dieser Steillagen zum Ausdruck gebracht und erscheint in den Weinen wieder, mit mehr oder weniger Eiche – aber immer mit Ausgewogenheit und voller, ausdrucksstarker Frucht. Den weißen Weinen wohnt allesamt eine sanfte Cremigkeit inne, die sie für den Esstisch bestimmt. Säurefrische ist allerdings nicht unbedingt ihre größte Tugend.

93 2018 »Homage Großes Gewächs« Walporzheim Alte Lay Spätburgunder tr.
Leder, sanfter Rauch, Stein und Kirsche vereinen sich zu einem ätherischen Aroma, das wirksam in die Nase steigt. Der Gaumen ist trotz des Jahrgangs von feiner Konzentration und einer grazilen, festen und eleganten Struktur geprägt. Kühle Frische trifft auf volle Reife. 13,5 Vol.-%, NK, €€€

93 2018 »Homage Großes Gewächs« Walporzheim Pfaffenberg Frühburgunder trocken
Etwas Ätherisches und etwas Erdiges vermischt sich mit der aromatischen, reifen Kirschfrucht an der Nase. Am Gaumen ist es cremig und sanft, aber auch frisch und behände. Konzentration und feine Tannine vereinen sich zur grazilen Struktur. Wunderschön. 13,5 Vol.-%, NK, €€€

92 2018 »Homage Großes Gewächs« Walporzheim Kräuterberg Spätburgunder trocken
Nahezu etwas Pflaumiges mischt sich in die reife Kirschfrucht an der Nase, die Reife und Großzügigkeit verspricht. Der Gaumen ist vollfruchtig und strotzt vor Reife. Dieser Saftigkeit stehen sanfte Frische und samtiges Tannin entgegen, die alles abrunden. 14,5 Vol.-%, NK, €€€

91 2018 »Private Edition« Spätburgunder tr.
Reife schwarze Kirsche hat nahezu schon etwas Ätherisches an der Nase, das an Amarena und Kirschwasser erinnert. Am Gaumen ist alles konzentriert und durch das Prisma der Frische refraktiert. Ein feiner, ausdrucksstarker, kräftiger Spätburgunder mit wuchtiger Kirscharomatik. 13,5 Vol.-%, NK, €

91 2018 »Homage Großes Gewächs« Walporzheim Alte Lay Riesling trocken

90 2019 Ahrweiler Klosterberg Weißburgunder trocken

90 2018 »Ad Aram Blanc de Noir« Spätburgunder trocken

89 2019 Ahrweiler Klosterberg Grauburgunder trocken

88 2019 »Brogsitter No. 1 Blanc de Noir« Spätburgunder trocken

91 2018 »Edition B« Spätburgunder trocken

90 2018 »Ad Aram« Spätburgunder trocken

90 2018 »Schiefer« Pinot Noir trocken
Schwarzkirsche und Rauch erfüllen die Nase mit ihrem offenen Duft. Am Gaumen geht es rauchig und kirschig weiter und feine Tannine ziehen alles in ihren elastischen Bann. Die Reife des Jahrgangs kommt gut zur Geltung, ist aber von wunderbarer Frische gekontert. 13,5 Vol.-%, NK, €

★ ★ ★

WEINGUT BURGGARTEN

Landskroner Straße 61, 53474 Heppingen
T: +49 (2641) 21280, burggarten@t-online.de
www.weingut-burggarten.de

Ab-Hof-Verkauf: ja
Kellermeister: Paul-Michael Schäfer
Ansprechpartner: Gitta und Paul-Josef Schäfer
Flaschen/Hektar: 120.000 (20 % weiß, 80 % rot)/15 ha

Beim Weingut Burggarten geht es Schlag auf Schlag: Nachdem Paul-Michael Schäfer und sein Bruder Heiko 2018 die Betriebsleitung übernommen haben, folgte ein Jahr später die Aufnahme in den VDP. Während sich Heiko Schäfer um die Weinberge kümmert, ist Paul-Michael Schäfer für die Kellerarbeit zuständig. Das Weingut liegt in Heppingen im wärmeren Teil der Ahr, in dem sich auch die schwereren Böden finden. Das prägt auch die Burgunder: Es sind keine Leichtgewichte, sie verknüpfen Substanz mit Herkunftscharakter wie das füllige GG aus dem Walporzheimer Kräuterberg. Starke Performance!

94 2018 Walporzheim Kräuterberg Spätburgunder GG
Verschlossen im Duft, etwas Tabak, Schwarze Johannisbeere. Mollig und weich, extrem feines, mürbes Tannin, zarter Säurefaden, fast schon lasziv in seiner plüschigen Gaumenstruktur, das warme Jahr ist konserviert in süßer Frucht und ausladender Fülle. 13,5 Vol.-%, NK, €€€€

93 2018 Bad Neuenahr Sonnenberg Spätburgunder GG
Noch etwas Neuholz in der Nase, reife Kirsche und auch Zwetschge, etwas Süßholz. Am Gaumen mit saftiger Kirschfrucht, die von einer reifen, entspannten Säure unterlegt wird, zeigt die Opulenz des Jahres, hält aber auch Balance, würzig, fruchtig, großzügig, elegant. 13,5 Vol.-%, NK, €€€

93 2018 Bad Neuenahr Schieferlay Spätburgunder GG
Kräutrige Aromen und Kirsche im würzigen Duftbild, feine Holzwürze, etwas Veilchen und Liebstöckel. Zunächst weich am Gaumen, dann mit schöner Bündelung und mit Zug, Würze, feine Schärfe, eine selbstbewusste Säure führt Regie, viel Substanz, mineralisch und jung. 13,5 Vol.-%, NK, €€€

93 2018 Bad Neuenahr Sonnenberg Frühburgunder GG
Rauchig, kleine rote Beeren, dezentes Holz, etwas Minze. Im Mund äußerst elegant angelegt, viel Saftigkeit, reife, aber hinreichend stützende Säure, sehr feines Tannin, ein Frühburgunder voller Frucht, fein gewoben und in großer Balance. Langer Abklang. 13,5 Vol.-%, NK, €€€

92 2018 Heimersheim Burggarten Spätburgunder GG

91 2018 Walporzheim Spätburgunder tr.
Kräftige und fleischige Nase mit reifer Herzkirsche und Mandelkern, balsamische und würzige Anklänge. In der kräftigen Textur zeigt sich eine selbstbewusste Säure, die weiß, wo es langgeht. Konzentriert und mit klar herausgestellter Frucht, reifes Tannin, viel Pinot. 13,5 Vol.-%, NK, €€

★★★

WEINGUT DEUTZERHOF

Deutzerwiese 2, 53508 Mayschoß
T: +49 (2643) 7264, info@deutzerhof.de
www.deutzerhof.de

Ab-Hof-Verkauf: Mo, Di, Do und Fr 10–12 Uhr und 13–17 Uhr, Sa 10–16 Uhr
Kellermeister: Hans-Jörg Lüchau
Ansprechpartner: Hans-Jörg Lüchau
Flaschen/Hektar: 37.000 (12 % weiß, 88 % rot)/7 ha

Sehr erfreulich: Mit neuem Inhaber und altem Betriebsleiter scheint der Deutzerhof richtig durchzustarten: majestätisch der Spätburgunder vom Altenahrer Eck, duftig und würzig das Pendant vom Neuenahrer Kirchtürmchen. Wie man hört, investiert der neue Besitzer Jürgen Doetsch kräftig, dazu kommen die Erfahrung und Expertise von Hans-Jörg Lüchau und seinem Team. Es sieht ganz so aus, als sei das namhafte Mayschoßer Weingut auf bestem Weg, an den Ruhm der Neunziger- und Nullerjahre anzuknüpfen. Wenn sich dieser Trend verstetigt, ist der vierte Stern nur eine Frage der Zeit.

94 2018 Neuenahr Kirchtürmchen Spätburgunder GG
Burgunderartiger Duft nach Kirschwasser und Baumharz, sehr zurückhaltender Holzeinsatz, im Mund mit geschmeidiger, sogar leicht viskoser Grundierung und einem trockenen, körnigen Tannin in mittelhoher Menge, mit eindringlicher Mineralität, die den Wein lange begleitet. 13 Vol.-%, NK, €€€

94 2018 Altenahr Eck Spätburgunder GG
Niedriger Schwefel, ein Hauch von Marsala und Boskop über der kirschigen Frucht. Im Glas erfrischt sich die Frucht eher als oxidativer zu werden. Im Mund cremig, mit sehr dichtem, körnigem Tannin, kräftiger Mineralität, fester Säure. Experimentell und spannend. 13,5 Vol.-%, NK, €€€€

94 2018 Mayschoß Mönchberg Spätburgunder GG
Holunder und Bienenwachs, nachgerade Tannenhonig, lebkuchenartiges Holz. Am Gaumen viel Druck aus feinsten Mitteln, mürb, mehlig, reife, aber ausreichend tragende Säure, klare Gaumenfrucht, integrierter Alkohol, ein Maul voll Burgunder mit bester Perspektive. 13,5 Vol.-%, NK, €€€

93 2018 Mayschoß Mönchberg Frühburgunder GG
Üppiger Duft nach Pflaume und Pflaumenmus, im Mund cremig grundiert, mürbes Gerbstoffkorn, reife Säure, präsente Mineralität. Ein Frühburgunder, der sich genüsslich in die Molligkeit der Sorte plumpsen lässt, mit viel Frucht und Saftigkeit im Hintergrund. 13,5 Vol.-%, NK, €€€

92 2017 »Grand Duc Reserve« Spätburgunder trocken

92 2018 Heimersheim Landskrone Spätburgunder GG

91 2009 »Melchior C.« Spätburgunder tr.

90 2018 »Alpha & Omega« Frühburgunder tr.

90 2018 »Purpur Alte Reben« Dornfelder tr.

89 2017 Mayschoß Spätburgunder trocken

88 2016 Riesling & Chardonnay brut

90 2018 »Alfred C. Alte Reben« Portugieser trocken
Geschmeidig, klar und fest verwoben in der Nase. Rote Johannisbeere, kühler Stein, etwas Wilderdbeere, Himbeere, zarte Rauchigkeit, florale Anklänge. Frische Beerenfrucht am Gaumen, saftig mit lebendigem Säurezug, dunkler Würze und feinem Grip sowie Mineralik. 13 Vol.-%, NK, €€

★★★

WEINGUT JOSTEN & KLEIN

Ringofenstraße 3, 53424 Remagen
T: +49 (2643) 902550, info@josten-klein.com
www.josten-klein.com

Ab-Hof-Verkauf: nach Vereinbarung
Kellermeister: Marc Josten
Ansprechpartner: Marc Josten
Flaschen/Hektar: 40.000 (50 % weiß, 50 % rot)/5 ha

Dieses Jahr bietet uns Marc Josten großes Kino. Die Kollektion ist kompakt, aber beeindruckend. Seit der ehemalige Kompagnon Klein nicht mehr mit von der Partie ist, wurde hier entschleunigt – mit positiven Folgen. Die präsentierten Weine sind ein Jahr reifer, und das tut besonders den Spätburgundern mit ihrer dichten und von Frische durchwirkten Reife gut. Besonders hervorzuheben ist der spektakuläre Sauvignon Blanc, vom Mittelrhein wohlgemerkt, und der wirklich berührende Spätburgunder Mönchberg von 2011. Er beweist, wie sehr Sorte und Lage füreinander bestimmt sind. Grandios!

94 2017 Leutesdorf Gartenlay Sauvignon Blanc trocken
Feinwürzig mit beginnender Entfaltung, kandierter Ingwer, Stachelbeere und Aprikose, cremig ansetzend, gute Holzfassung, stoffige Gaumenmitte, lebendige Säure, sehr viel Saftigkeit hinter der dichten Struktur, kraftvoll, kompakt und noch weiter potenzialreich. 13,5 Vol.-%, NK, €€€

95 2011 Mayschoß Mönchberg Spätburgunder trocken
Ätherische Heublumen, Herbstlaub und Eiche, Erde, Stein und verblassende Frucht sind unabdingbare Zeichen der wirklichen Pinotnatur dieses Weines. Am Gaumen ist noch mehr Frucht und auch ein Echo von voller Reife da, wunderbare Fülle. Super. 13,5 Vol.-%, NK

94 2017 »Privatedition Prof. Dr. Max Otte« Mayschoß Mönchberg Spätburgunder tr.
Die Nase ist noch verschlossen, erst langsam kommt etwas Kerzenwachs dazu. Am Gaumen spielt etwas Salziges und steinige Würze durchwirkt alles. Die Dichte und Feinheit der Frucht ist unbestritten und wird dieser absoluten Paradelage der Ahr gerecht. 13 Vol.-%, NK, €€€

93 2017 Mayschoß Mönchberg Spätburgunder trocken
Zimt und sehr reife Kirschfrucht erscheinen zuerst mit voller Reife auf der Nase, dann aber kommt steinige Frische. Diese Frische, viel mehr noch eine kühle, pfeffrige Würze ziehen sich durch diesen Wein, der Klarheit, Tiefe und Eleganz verkörpert. 13,5 Vol.-%, NK, €€€

92 2017 Mayschoß Laacherberg Spätburgunder trocken

91 2013 »Blanc de Noir« brut
Reife Gelbfrucht, Hefe, Lindenblüte und Butter. Knackige Säure am Gaumen, dynamisches, aber feines Mousseux, kräftiger Körper mit merklich mineralischem Hintergrund. Ein frischer, ungekünstelter Sekt mit zurückhaltender Dosage. Sehr gute Balance. 12,5 Vol.-%, NK, €€€

★★★

MAIBACHFARM

Im Maibachtal 100, 53474 Bad Neuenahr-Ahrweiler
T: +49 (2641) 36679, info@maibachfarm.de
www.maibachfarm.de

Ab-Hof-Verkauf: Mo bis Fr 10–16 Uhr, Sa, So 11–17 Uhr
Kellermeister: Alexander Weber
Ansprechpartner: Alexander Weber
Flaschen/Hektar: 30.000 (20 % weiß, 80 % rot)/9 ha
Anbauweise: Biologisch zertifiziert

Es sind nicht wenige Zweifler, die behaupten, dass ökologischer Weinbau in den Steillagen der Ahr nicht konsequent machbar sei. Die Maibachfarm in Ahrweiler belegt eindrucksvoll das Gegenteil, auch wenn es mit großen Herausforderungen und entsprechendem Mehraufwand verbunden ist, die neun Hektar biologisch zu kultivieren. Das nötigt uns großen Respekt ab, wie auch die Leistung von Kellermeister Alexander Weber, der zur jungen, ambitionierten Generation an der Ahr zählt. Er arbeitet den Terroirausdruck der einzelnen Lagen präzise heraus. Ein richtungsweisender Betrieb an der Ahr!

93 2017 »Glanzstück« Spätburgunder trocken
Zur Schwarzen Johannisbeere und Kirsche gesellt sich Holz und ein Hauch Liebstöckel. In der kräftigen Statur zeigen sich eine feine Säure und gefühlvoll extrahierte Gerbstoffe, gute Balance, Kraft, Geschmeidigkeit, zeigt die Mineralik der Ahr mit burgundischem Gefühl. 13 Vol.-%, NK, €€€

92 2017 Rech Herrenberg Spätburgunder tr.
Holzwürze in der Nase, dunkle Kirschen und Cassis, Blutorange und Gewürze wie Wacholderbeere. Kräutrig in der Nase mit reifer Frucht, viel Würze und auch Wucht in einem kräftigen Körper, feine Säureader, gekochte Brombeere, viel Substanz, die lebendig inszeniert wird. 13,5 Vol.-%, NK, €€€

91 2017 Heimersheim Burggarten Spätburgunder trocken
Kirsche, Schwarze Johannisbeere in der Nase, Toffee, Rauch und gerösteter Kaffee, gemahlener Ingwer und Piment, auch Minze. Die kräftige Substanz wird von einer feinen Säureader durchzogen, dunkle Schokolade, dunkle Beeren, mineralische Tönung, auch so schmeckt die Ahr. 13,5 Vol.-%, NK, €€€

91 2017 Ahrweiler Silberberg Spätburgunder trocken
Konzentriertes Bukett mit viel Cassis und auch schwarzer Kirsche, flankiert von Holzwürze, Kaffeebohnen und dunkler Schokolade; saftig und fleischig am Gaumen mit süßlicher Frucht, viel Substanz, dunkelbeerig, reife Säure und mineralische Würze. 13 Vol.-%, NK, €€€

88 2019 Blanc de Noir trocken

90 2018 Spätburgunder trocken
Üppiges Bukett mit reifen Kirschen und Johannisbeeren, Holzwürze und Wacholderbeere. Kräftig gebaut im Mund mit Kraft, Volumen und Würze, der reife, aber präsente Säurefaden sorgt für Gleichgewicht, eine ordentliche Portion reifes Tannin, vollmundig im Abgang, viel Wein. 13 Vol.-%, NK, €€

★★

WINZERGENOSSENSCHAFT MAYSCHOSS-ALTENAHR

Ahrrotweinstraße 42, 53508 Mayschoß
T: +49 (2643) 93600, info@wg-mayschoss.de
www.wg-mayschoss.de

Ab-Hof-Verkauf: Mo bis Fr 8–18 Uhr, Sa, So 10–18 Uhr
Kellermeister: Rolf Münster
Ansprechpartner: Matthias Baltes
Flaschen/Hektar: 1.400.000 (25 % weiß, 75 % rot)
150 ha

Alle Achtung davor, was die Winzergenossenschaft Mayschoß-Altenahr wieder an Qualität vorgelegt hat! Die Spätburgunder aus dem warmen Jahrgang zeigen viel Substanz, aber auch Tiefe und mineralische Würze wie die Weine aus der Walporzheimer Alte Lay und dem Mayschoßer Laacherberg. Geschäftsführer Matthias Baltes und sein Team verstehen es, ihre über 430 Mitglieder zu beeindruckenden Leistungen anzuhalten und das bei 150 Hektar Rebfläche und 1.400.000 produzierten Flaschen Wein im Jahr. So hat die älteste Winzergenossenschaft Deutschlands auch über die Ahr hinaus Vorbildcharakter.

92 2018 Walporzheim Alte Lay Spätburgunder trocken
Weiches, würziges und fruchtiges Duftbild mit Brombeere, Cassis und mineralischem Anklang. Mächtig und monumental am Gaumen, breit angelegt und breit fließend mit einer reifen, präsenten Säure, klare Frucht. Kraftvolle Gerbstoffe, mineralische Tönung, jung und begabt. 14 Vol.-%, NK, €€€

92 2018 Mayschoß Laacherberg Spätburgunder trocken
In der Nase etwas Holz und reife Frucht, Herzkirsche, Schwarze Johannisbeere, Kräuter, Gewürze wie Piment. Viel Substanz, Volumen und Kraft zeugen von einem warmen Jahr, großzügig in allen Dimensionen, viel Würze, reifer Gerbstoff in großer Dosis, Mineralik, Potenzial! 14,5 Vol.-%, NK, €€€

91 2018 Walporzheim Kräuterberg Spätburgunder trocken
Rauchiges Holz, hefige Noten, Wermut und Minze, im Mund von feinem Gerbstoff, allerdings auch sehr wuchtig im Alkohol, vergleichsweise forsche Säure, cremiger Hintergrund, ein Wein mit schöner Gaumenfrucht und edlen Phenolen, der am Ende etwas feurig ausklingt. 15 Vol.-%, NK, €€€

91 2017 Mayschoß Mönchberg Spätburgunder trocken
Hagebutte in der attraktiven Nase, feiner Rauch, Johannisbeere, Veilchen, Kräuter und Kirsche. Am Gaumen mit guter Frische und einer lebendigen Säure, gut gebaut, leicht adstringierendes Tannin, mit Pinotausdruck und geschmeidiger Balance. Elegant, würzig. 14 Vol.-%, NK, €€€

89 2019 Weißburgunder trocken

91 2016 Mayschoß Laacherberg Spätburgunder trocken

91 2018 »R« Pinot Noir trocken

90 2018 »XII Trauben« Spätburgunder trocken

90 2018 »Goldkapsel« Frühburgunder trocken

88 2018 »Gründerwein« Spätburgunder tr.

90 2018 »Edition Ponsart« Spätburgunder tr.
Schwarze Johannisbeere und Schwarzkirsche in der vollmundigen Nase, auch präsente Holzwürze. Zeigt am Gaumen eine gute Balance von Frucht und Kraft, die Gerbstoffe sind reif, das Holz gut eingebunden, die Säure sorgt für Gleichgewicht, auch Sauerkirsche. 14 Vol.-%, NK, €€

★★★★★

WEINGUT MEYER-NÄKEL

Friedenstraße 15, 53507 Dernau
T: +49 (2643) 1628, weingut@meyer-naekel.de
www.meyer-naekel.de

Ab-Hof-Verkauf: Mo bis Fr 9–12 Uhr und 14–17 Uhr, Sa 11–16 Uhr
Kellermeister: Meike, Dörte und Werner Näkel
Ansprechpartner: Meike, Dörte und Werner Näkel
Flaschen/Hektar: 135.000 (8 % weiß, 92 % rot)/22 ha

Meike und Dörte Näkel stehen für Kontinuität im Dernauer Spitzenbetrieb. Frischfruchtigkeit, Dichte und mineralische Definition – das ist der Stil, den Werner Näkel vor rund 30 Jahren an die Ahr brachte, damals geradezu revolutionär. Die Töchter polieren heute noch feiner am Gerbstoff und achten darauf, dass sich die Mimose Spätburgunder auch unter den Bedingungen der Erderwärmung in den Steillagen des Ahrtals noch wohlfühlt. Was sie an 2018ern im Keller haben, ist einfach brillant. Es sind Burgunder, die diesen Namen verdienen: Weltklasse, verwurzelt im Lokalkolorit.

96 2018 Walporzheim Kräuterberg Spätburgunder GG

Veilchen, Brombeere und Holunder, frisch und glockenklar. Auch am Gaumen fruchtgetragen, geradezu fruchtsaftartig in seiner Intensität. Seidiger, dichter Gerbstoff und eine immens eindringliche taktile Mineralität. Die Sublimation eines Pinot vom Schiefer! 13,5 Vol.-%, NK, €€€€

94 2018 Dernau Pfarrwingert Spätburgunder GG

Mineralisch im Duft, Baumharz, Grüntee, mineralische Kirsche, Cassis, mit Reife in allen Komponenten, aber dennoch frisch. Mürbes Tannin, gutes Volumen, mit Druck, jedoch auch mit Großzügigkeit, reife Säure, mineralisch, endet fruchtgetragen und mollig-geschmeidig. 13,5 Vol.-%, NK, €€€€

94 2018 Ahrweiler Silberberg Spätburgunder GG

Verschlossen, dunkle Beeren und Bitterschokolade, auch Grüntee, und mineralisch-brenzlige Noten. Cremiger Fond, fast süß in der Gaumenmitte, mürb-körniges Tannin, dicht, sehr kräftiger Extrakt, ein Brocken von Wein mit sehr langer Lebenserwartung. 13,5 Vol.-%, NK, €€€

93 2018 »S« Spätburgunder trocken

Ansprechende Nase mit sehr feiner Frucht, Holunderbeere, Herzkirsche, Zwetschge und Johannisbeere. Am Gaumen mit seidig extrahiertem Gerbstoff, feiner Saft und Fluss, trotzdem dem Jahrgang gemäß prall, würzig, feine Herbe, fein gefächerte Säure, präzise und sinnlich. 13,5 Vol.-%, NK, €€€

93 2018 Neuenahr Sonnenberg Spätburgunder GG

91 2019 »Illusion« Blanc de Noir trocken

Zart cremefarben. Traubig im Duft, sehr pur Pinot. Im Mund frisch und saftig, feiner Säurenerv, leicht salzig, schlank und dennoch ausdrucksstark, eine natürliche, ungeschminkte Frucht von größter Delikatesse. 12,5 Vol.-%, DV, €€

WEINGUT NELLES

Göppinger Straße 13a,
53474 Bad Neuenahr-Heimersheim
T: +49 (2641) 24349, info@weingut-nelles.de
www.weingut-nelles.de

Ab-Hof-Verkauf: Mo bis Fr 9–12 Uhr und 14–18 Uhr, Sa 10–14 Uhr
Kellermeister: Philip Nelles
Ansprechpartner: Philip Nelles
Hektar: 9 ha

Wenngleich das Jahr 1479 auf allen Etiketten und Korken prangt – erinnernd an die erste Erwähnung eines Peter Nelis, Pächter des »wyngartz an der buysch portzen« –, hat das Vater-Sohn-Team Thomas und Philip Nelles die Kurve in die herausfordernde klimatische Gegenwart geschafft. Frische bezeichnet die Spätburgunder, die es schaffen, Steinigkeit und Eleganz mit Reife zu vereinen. Die Großen Gewächse sind wirklich groß und verdienen Flaschenreife. Die Einstiegsweine hingegen sprühen vor Energie und Frucht und versprechen knackigen Spaß, auch gekühlt.

94 2017 »SL« Bad Neuenahr Schieferlay Spätburgunder GG

Dezent rauchiges Holz, dunkle Himbeere, Herzkirsche, schieferwürzige Noten. Im Mund getragen, viskos grundiert, darauf saftige Frucht und feiner, aber auch griffiger Gerbstoff, verbindet Druck mit Finesse, übersetzt die Wärme des Jahres in Inhaltsreichtum. 13,5 Vol.-%, NK, €€€€

94 2018 »B-52« Heimersheim Burggarten Spätburgunder GG

Rauch und etwas Ledriges bestimmen zunächst die Nase. Am Gaumen kommt dann geschmeidigste, reife Kirsche zum Vorschein, von Frische geprägt. Dahinter schimmern steinige Würze und resonante Eiche. Der Wein hat Tiefe, Reife, aber vor allem Eleganz. 13,5 Vol.-%, NK, €€€

93 2018 »B-48« Heimersheim Landskrone Spätburgunder GG

Sanfter Eichenrauch rankt sich um Brombeer- und Schwarzkirscharomen. Am Gaumen fangen sanfte, reife geschmeidige Tannine diese aromatische Frucht auf, während feine Säure der Reife entgegenwirkt. Ein rauchiger Wein, der den Jahrgang gut vertritt. 13,5 Vol.-%, NK, €€€

89 2018 »Ruber« Spätburgunder trocken

Rauch und zerstoßene Brombeeren haben etwas angenehm Ungestümes an der Nase. Da ist eine Frische, eine Energie, die geradezu von reifer, aber frischer Frucht strotzt. Das ist ein Burgunder, der auch gekühlt Spaß macht. Die Beerenaromatik trumpft. 12,5 Vol.-%, DV, €€

88 2019 »Blanc de Noir« Spätburgunder trocken

91 2018 »1Ahr« Spätburgunder trocken

Reife, schwarze Kirschen und Rauch sind an der Nase kaum zu bändigen. Am Gaumen gibt jedoch konzentrierte Frische den Ton an und umrahmt die Fruchtfülle von 2018. Sanfte Tannine umspannen alles im elastischen Netz. Genussbereit, aber auch reifefähig. 13,5 Vol.-%, NK, €€€

★★

WEINGUT ERWIN RISKE

Wingertstraße 26–28, 53507 Dernau
T: +49 (2643) 8406, weingut-riske@t-online.de
www.weingut-riske.de

Ab-Hof-Verkauf: Mo bis Fr nach Vereinbarung, Sa 10–18 Uhr, So 15–18 Uhr
Kellermeister: Jan Riske
Ansprechpartner: Jan Riske
Flaschen/Hektar: 40.000 (20 % weiß, 80 % rot)/8 ha

Eindeutig: Es weht ein neuer stilistischer Wind im Weingut Erwin Riske. Frische und Dichte sind gegeben, und die Reinheit der Frucht ist eine Errungenschaft. Die jungen Weine stützen sich noch auf Eiche – obwohl die Frucht das mitunter gar nicht unbedingt braucht. Aber Jan Riske und sein Vater drehen an der Qualität und die Weine haben durchaus die Dichte, mit der Eiche umzugehen. Sie brauchen nur ein bisschen Alter und Flaschenreife. Die Frische im heißen Jahrgang 2018 weist ebenfalls auf eine vielversprechende Zukunft für dieses alteingesessene Dernauer Weingut.

92 2018 Dernau Hardtberg Frühburgunder tr.
Rauch und Holunderbeere an der Nase gehen in etwas nahezu Ätherisches. Am Gaumen herrschen Frische, Konzentration, Aromatik. Feinfühlig und sanft schmiegen sich reife, feine Tannine an die kirschige Frucht. Dezent schimmert etwas angenehm Bitteres. 13 Vol.-%, NK, €€

92 2018 »R« Dernau Pfarrwingert Spätburgunder trocken
Eiche, Toast, Rauch und reife Kirsche geben einen reichhaltigen Ton an. Am Gaumen scheint feine, reife Fruchtreinheit durch, die auch viel Frische in sich birgt. Es braucht Flaschenreife, um die vorhandene Eleganz zum Vorschein zu bringen. 13 Vol.-%, NK, €€€

92 2018 Dernau Hardtberg Spätburgunder tr.
Tiefe, resonante Eichentöne fördern etwas Herbstliches zutage, kür den einen Winterwein an. Der Gaumen kommt frischer daher, hat aber eine schöne Dichte von reifer, feiner Kirschfrucht und ebenso reife Tannine. Der Abgang ist frisch und animierend. 13 Vol.-%, NK, €€€

91 2018 Dernau Pfarrwingert Spätburgunder trocken
Etwas dunkle, schwere Eiche legt sich auf die Kirschfrucht an der Nase. Mit Luft kommt auch mehr Frische. Am Gaumen verbinden sich dann cremige, reife, aber wirklich aromatisch ausdrucksstarke Kirschnoten mit samtigen Tanninen. Rund und geschmeidig. 13 Vol.-%, NK, €€€

91 2018 »R« Bad Neuenahr Sonnenberg Spätburgunder trocken

89 2018 »Schieferturm« Spätburgunder tr.
Cassis und Holunderbeere sind duftig und aromatisch auf der Nase. Am Gaumen sammelt sich noch mehr Fruchtfülle: beerig und rund, beinahe schon breit, so viel Reife und Sonne ist eingefangen. Aber Frische und Aromatik fangen sich wieder am Abgang. 13 Vol.-%, DV, €€

★★

WEINGUT MAX SCHELL

Rotweinstraße 41, 53506 Rech
T: +49 (2643) 3580, info@max-schell.de
www.max-schell.de

Ab-Hof-Verkauf: Vinothek Mo bis Sc 10–18 Uhr
Kellermeister: Wolfgang Schulze-Icking
Ansprechpartner: Wolfgang Schulze-Icking
Flaschen/Hektar: 22.000 (15 % weiß, 85 % rot)/3 ha

Selbst an der kleinen Ahr gibt es noch Geheimtipps! Das Weingut Max Schell wird in dritter Generation von Wolfgang Schulze-Icking, dem Enkel des Gründers, und seiner Ehefrau Katarina geführt. Aus Top-Lagen wie Ahrweiler Silberberg und Ahrweiler Rosenthal keltert Wolfgang Schulze-Icking Burgunder, die Stoff mit Fülle verbinden. Und jetzt macht sich schon die vierte Generation bereit: Tochter Annika hat gerade ihre Winzerlehre abgeschlossen und ein Önologiestudium aufgenommen. Auch ein zusätzlicher Hektar Reben wurde gepflanzt. Ganz gewiss wird man von diesem Betrieb noch hören.

93 2018 Ahrweiler Silberberg Spätburgunder trocken

Weiche kirschige und fröhliche, nur zart duftende Nase, Stroh und getrocknete Blätter, im Mund weich und füllig, auch hier Kirschen, Brombeeren, zartes Cassis, schön eingebundene saftige Säure, wirkt sehr flüssig, erdiger Nachhall, der lange bleibt. 14,5 Vol.-%, NK, €€

92 2018 »Pulsahr« Frühburgunder trocken

Der Farbe nach zu schließen vermutlich unfiltriert. Eine zarte Nase nach roten Beeren, Veilchen, dicht und auch weich, im Mund erdig, erwachsen, zart herb mit spannender Adstringenz, wirkt noch sehr jung, ungeheuer langer Nachall. 13,5 Vol.-%, NK, €€

92 2017 »Alte Reben« Frühburgunder trocken

Duftige, animierende Nase nach Kräutern und ganz zart Nelke, auch Rauch und Grafit, Leder, im Mund jung und zart, dann beerenfruchtig mit Frische und Saftigkeit, enormer Nachhall. 13,5 Vol.-%, NK, €€

92 2016 »Grand Max S« Ahrweiler Rosenthal Spätburgunder trocken

Waldbeeren, Kandiszucker, deutliches Neuholz. Im Mund mit präsenter Gaumenfrucht, feinkörnigem Tannin, viel Saftigkeit bei geschmeidigem Hintergrund. Nahtlos eingebundene Säure. Im Abklang mit etwas Pflaume, sehr reifes Lesegut anzeigend, kompakter Extrakt. 14 Vol.-%, NK, €€€

91 2017 Ahrweiler Rosenthal Spätburgunder trocken

92 2018 »Grand Max« Ahrweiler Rosenthal Spätburgunder trocken

Neuholz, Brombeere und Schokolade. Eine sehr reife Frucht, im Mund geschmeidig, cremig geradezu, präsente Säure und körniges Tannin in recht dichter, sich im Abgang zu Adstringenz verstärkender Menge. Dazu eine leichte Süße in der Frucht. Gute Anlagen, benötigt Zeit. 13,5 Vol.-%, NK, €€

★★★★

WEINGUT PAUL SCHUMACHER

Marienthaler Straße 6, 53474 Marienthal
T: +49 (2641) 4345, ps-info@weingut-ps.de
www.weingut-ps.de

Ab-Hof-Verkauf: ja
Kellermeister: Paul Schumacher
Ansprechpartner: Paul Schumacher
Flaschen/Hektar: 25.000 (15 % weiß, 85 % rot)/4 ha

Dass Paul Schumacher 2016 beschloss, keine neuen Eichenfässer mehr zu verwenden, setzt in seinen Weinen nicht nur die Frucht besser in Szene. Es wirft auch ein Licht auf seine Persönlichkeit: Der Winzer ist der ruhende Pol unter den Winzern an der Ahr, der mit unaufgeregter Art seine Arbeit verrichtet und lieber seine Weine sprechen lässt. Den Jahrgang 2018 hat er gekonnt interpretiert und es geschafft, die für Pinot Noir essenzielle Balance von Substanz, Würze, Mineralität und Eleganz auszutarieren. Zu den großen Burgundern der Ahr zählt sein majestätischer »Magna Essentia«.

95 2018 »Magna Essentia« Ahrweiler Rosenthal Spätburgunder trocken
Dunkelbeerig und kräuterwürzig im Duft, sehr klar und frisch. Waldheidelbeere. Im Mund saftig und fruchtgetragen ansetzend, geschmeidiger Fond, feinkörniges Tannin, reife Säure, ein ganz unforcierter Bau, der aber ungemein inhalts- und potenzialreich ist. 13 Vol.-%, NK, €€€€

94 2018 Walporzheim Kräuterberg Spätburgunder trocken
Cassis, Waldheidelbeere, warmer Schiefer, am Gaumen dicht und kompakt gebaut mit festem Kern, der sich noch erschließen lassen muss. Geschmeidigkeit zeigt sich. Klare mineralische Definition, feinnervige Säure. Feiner Gerbstoff, Burgunder mit großem Potenzial. 13 Vol.-%, NK, €€€

93 2018 Marienthal Trotzenberg Spätburgunder trocken
Schön verwobene Pinotnase mit Kräutern, Veilchen, feiner Kirschfrucht, Cassis und Vorfreude. Auch eng verwobene Struktur am Gaumen, ungemein dicht und mineralisch durchwirkt, immanente Kraft, die zugleich Eleganz und Spannung transportiert, großer Sport. 13 Vol.-%, NK, €€€

93 2018 Ahrweiler Rosenthal Spätburgunder trocken
Duftig, floral, Veilchen, sehr dezenter Holzeinsatz, dazu eine animierende beerige Pikanz. Im Mund mit mehligem Gerbstoffdruck, straffes Tannin, noch fordernd, aber auch sehr mineralisch und in seiner straffen Form lange anhaltend und potenzialreich. 13 Vol.-%, NK, €€€

91 2017 »PurPinot« Spätburgunder trocken

92 2018 »Alegria« Frühburgunder trocken
Kirsche und feine Pflaume in der Nase, kräutrige und steinige Anklänge, feiner Rauch. Kräutrig akzentuiert am Gaumen mit markantem Gerbstoff, nicht weich gespült wie viele Frühburgunder, sondern mit Eigenleben und eigenem Profil. Mineralisch und begabt. 13 Vol.-%, NK, €€€

★★

WEINGUT SERMANN

Seilbahnstraße 22, 53505 Altenahr
T: +49 (2643) 7105, info@sermann.de
www.sermann.de

Ab-Hof-Verkauf: Do bis Di 10–18 Uhr sowie nach Vereinbarung
Kellermeister: Lukas Sermann
Ansprechpartner: Lukas Sermann
Flaschen/Hektar: 60.000 (40 % weiß, 60 % rot)/8 ha

Lukas Sermann gibt Gas. Die Flächen wurden um neue Parzellen im Recher Herrenberg, Neuenahrer Sonnenberg und Altenahrer Eck erweitert; letztere sind sogar mit wurzelechten, alten Reben bestockt. Aber auch eine klare Entscheidung zu geradlinigen, schnörkellosen Weinen ist zu erkennen, ebenso die Absicht, Lagen klar herauszuarbeiten – insbesondere das Kühle der oberen Ahr. Die 1939er-Rieslingreben haben unheimlichen Charme, die Dernauer Schieferlay tiefste Eleganz und der Ahr-Kabi zwinkert spielerisch, aber gekonnt. Wir dürfen uns in Zukunft auch noch auf Lagensekte freuen.

92 2019 »Alte Reben 1939« Altenahr Eck Riesling trocken
Manchmal ist es so, als könne man Textur riechen. Hier zeichnet sich die überaus zestige, frische Art mit Aromen von frischen und getrockneten Zitronenschalen schon an der Nase aus. Am Gaumen ist es etwas runder, auch cremiger, aber wunderbar markig. Der Abgang ist reinste Zitrone. 12,5 Vol.-%, NK, €€

90 2019 »Auf Graben« Altenahr Übigberg Weißburgunder trocken
Ein Hauch von reduktivem Feuerstein vermischt sich verführerisch mit dem sanften Rauch von Eichenholz. Am Gaumen kommt dann taufrisches, aber saftig-reifes Steinobst dazu. Der Schluss ist etwas verhalten, die Frische jedoch wunderbar. 12,5 Vol.-%, NK, €€

92 2018 Dernau Pfarrwingert Spätburgunder trocken
Etwas getrocknete Frucht, etwas Bitterschokolade, aber auch reife, frische Schwarzkirschen spielen an der Nase. Am Gaumen gesellt sich Frische dazu, die die Reife des Jahrgangs noch mehr zur Geltung bringt. Samtige Textur und wirkliche Dichte wappnen den Wein für die Reife. 13,5 Vol.-%, NK, €€€

92 2019 »Wurzelecht« Altenahr Eck Riesling Auslese
Brillante zartrosa-goldene Farbe, Duft nach weißen Blüten und auch rauchig, etwas Feuerstein, mineralisch, am Gaumen blond gebrannter Zucker, knackig erfrischende Säure, sehr langer animierender Nachhall, toller Trinkfluss. 8,5 Vol.-%, NK, €€€

89 2019 »Von den Terrassen« Altenahr Eck Riesling Kabinett trocken

89 2019 »Gypsy One« Spätburgunder Blanc de Noir Landwein trocken

92 2018 Marienthal Trotzenberg Spätburgunder trocken

90 2018 Frühburgunder trocken

89 2018 Ahrweiler Spätburgunder trocken

91 2019 Altenahr Eck Riesling Spätlese

93 2018 Dernau Schieferlay Spätburgunder trocken
Reife Kirschfrucht kommt durch rauchige Intensität richtig zur Geltung, ein Hauch Lakritze ist auch dabei. Die Reife des Jahrgangs ist gut eingefangen, aber von wirklicher Frische durchwirkt. Sehr feine Tannine sind seidig und dicht und geben dem Abgang wirkliche Klasse. 12,5 Vol.-%, NK, €€

★★★★★

WEINGUT JEAN STODDEN

Rotweinstraße 7–9, 53506 Rech
T: +49 (2643) 3001, info@stodden.de
www.stodden.de

Ab-Hof-Verkauf: Mo bis Fr 9–12 und 13–18 Uhr, Sa 10–13 Uhr
Kellermeister: Alexander Stodden
Ansprechpartner: Alexander Stodden
Flaschen/Hektar: 45.000 (5 % weiß, 95 % rot)/7 ha

Falls jemand vor den Pinots des warmen Jahres 2018 Angst haben sollte: Bei Alexander Stodden sind sie so leichtfüßig und präzise ausgefallen, als habe der Wettergott es genau so eingerichtet, wie es den Reben genützt hat. Selbst der Frühburgunder, der doch am meisten unter warmer Witterung leiden müsste, hat neben einer Extraportion Dichte auch wahre Delikatesse, und bei den Spätburgundern steigert sich der terroirgeprägte Genuss mit jeder Lage, die man ins Glas nimmt. Die Krönung sind der Mönchberg Versteigerungswein und die Alten Reben aus dem Herrenberg – subtile Größe!

96 2018 »Alte Reben« Spätburgunder trocken
Rote Kirsche im komplexen Duft, Johannisbeere und kräutriger Eintrag, Rosmarin, Gewürznelke. Am Gaumen schlanker Bau mit guter Bündelung und Konzentration, die nahezu schwerelos wirkt, Sauerkirsche, fein gewobenes Tannin und gefühlvoller Säurefaden, präzise, elaboriert. 12,5 Vol.-%, NK, €€€€

95 2018 Mayschoß Mönchberg Spätburgunder GG
Mineralwürzig im Duft, kleine rote Beeren, Mandel, Minze, Baumharz. Im Mund zeigt sich eine äußerst feine Extraktion, feinstes, fast schwereloses Tannin, lebendiger Säurefaden, mineralische Färbung, subtiler Ahr-Burgunder mit großer innerer Festigkeit. 13 Vol.-%, NK

94 2018 Ahrweiler Rosenthal Spätburgunder GG
Komplex: etwas Neuholz, Karamell, Mandel, dunkle Beeren, Herzkirsche, ein Hauch von Kräutern, nach Luftkontakt auch »wild« mit Spontangärungsnoten. Weich ansetzend, dann ein dichter, mürber Gerbstoffdruck, feste Säure, Mineralität, kompakter Abklang. Braucht Zeit! 13 Vol.-%, NK

94 2018 Rech Herrenberg Spätburgunder GG
Delikat und duftig: mineralisch getönte Süßkirsche, kräuterwürzige Noten, Berglorbeer, Wacholder. Im Mund dicht und griffig, tolle Substanz, makellos reifes, mürb-körniges Tannin, hat eine ätherische und eine stoffige Seite, begleitet von mineralischer Spannung. 13 Vol.-%, NK, €€€€

93 2018 Bad Neuenahr Sonnenberg Spätburgunder GG

93 2018 Rech Herrenberg Frühburgunder GG
Blaubeere in der Nase, Teriyaki-Sauce und Kirschkompott, frisches Lorbeerblatt und Orangenzeste. Setzt am Gaumen mit milder Säure und feiner Frucht cremig an, die kräftigen Gerbstoffe sorgen für Kontur, hat die Substanz und Würze des Jahrgangs, aber auch Eleganz und Tiefe. 13 Vol.-%, NK, €€€

GASTGEBER AUS LEIDENSCHAFT

GEMEINSAM MIT DEN WINZERN DER REGION – ALS UNEINGESCHRÄNKTEN EXPERTEN, WAS DAS LEIBLICHE WOHL ANBELANGT – HAT FALSTAFF DIE BESTEN GENUSSADRESSEN IN SACHEN KULINARIK SORGFÄLTIG AUSGEWÄHLT UND ZUSAMMENGESTELLT.

53505 Altenahr

Ruland

Das Hotelrestaurant offeriert eine kreative und ländliche Küche, zubereitet aus frischen Produkten der Region. Dazu werden Spitzenweine aus dem Ahrtal serviert. Das alles lässt sich bei schönem Wetter auch auf der Sonnenterrasse und im Biergarten genießen.

Brückenstraße 6
+49 (2643) 8318
www.hotel-ruland.de

Empfohlen von: **Weingut Erwin Riske**

53474 Bad Neuenahr-Ahrweiler

Eifelstube

Die Eifelstube findet sich mitten in dert historischen Altstadt, das urige Ambiente in der gemütlichen Gaststube passt gut zur Küche, die Klassiker wie Ochsenbäckchen oder Hirschgulasch auf die Teller bringt. Jeden Monat werden die Weine eines Winzers besonders in den Fokus gestellt.

Ahrhutstraße 26
+49 (2641) 34850
www.eifelstube-ahrweiler.de

Empfohlen von: **Weingut Max Schell**

Steinheuers Poststuben

53474 Bad Neuenahr-Ahrweiler

Die Poststuben überzeugen auf allen Linien: Patron Stefan Steinheuer und Küchenchef und Schwiegersohn Christian Binder beeindrucken mit feinem Gespür für die Harmonie der Aromen. Auch der Weinkeller ist Familiensache: Sommelière Désirée Steinheuer schöpft hier aus dem Vollen.

Landskroner Straße 110
+49 (2641) 94860
www.steinheuers.de

Essen:	46	50
Service:	18	20
Getränke:	19	20
Ambiente:	8	10
Gesamt:	91	100

P €€

Bahnsteig 1

53508 Mayschoß

Thorsten Rech hat den historischen Bahnhof zu einer Haltestelle für die gutbürgerliche Küche gemacht. Die Speisekarte bietet viele bodenständige Gerichte, darunter in Spätburgunder geschmorte Ochsenbäckchen und der Klassiker »Himmel un Äd«. Große Auswahl an deutschen Weinen.

Eurodeplatz 1
+49 (2643) 9022435
www.genussbahnhof.de

Essen:	43	50
Service:	18	20
Getränke:	17	20
Ambiente:	8	10
Gesamt:	86	100

€

Hofgarten

53507 Dernau

Der renommierte Familienbetrieb hat nicht nur exzellente Rotweine zu bieten. Auch die Gutsküche hat Klasse und serviert schmackhafte Vesper-Gerichte für den kleinen und großen Hunger. Alles selbstverständlich hausgemacht und aus regionalen Produkten zubereitet.

Bachstraße 26
+49 (2643) 1540
www.hofgarten-dernau.de

Essen:	43	50
Service:	18	20
Getränke:	18	20
Ambiente:	7	10
Gesamt:	86	100

P €€

Weinhaus Kläs & Sohn

53508 Mayschoß

Das sympathische Familienhotel ist auch eine gute Adresse, wenn es um Gaumenfreuden geht. Sebastian Kläs ist für das schmucke Restaurant verantwortlich und hält es mit seinen fein gemachten, bodenständigen Gerichten auf kulinarischem Erfolgskurs. Dazu passt die gute Weinauswahl.

Ahr-Rotweinstraße 50
+49 (2643) 1657
www.weinhaus-klaes.de

Essen:	43	50
Service:	17	20
Getränke:	17	20
Ambiente:	8	10
Gesamt:	85	100

P €€

BADEN

ERHALTUNG DER BIODIVERSITÄT

Foto: Tourist Info Durbach/Florian Vogt

Blick in das Schambachtal: das Zuhause des Weinguts Höfflin

ARTENSCHUTZ

Baden – das ist Burgunderland. Oder war da sonst noch was?

TEXT ULRICH SAUTTER

Es ist mehr oder weniger immer das Gleiche: Bei Veranstaltungen wie der Mainzer Weinbörse, bei der Winzer aus allen deutschen Anbaugebieten einem Fachpublikum ihre Weine präsentieren, sind die Spätburgunder aus Baden heiß begehrt. Und natürlich fachsimpeln die meisten Gäste an den Ständen badischer Winzer auch gerne über einen Chardonnay und probieren rasch noch einen Weißburgunder. Vielleicht noch einen Grauburgunder? Hm, jo. Und dann hätten wir auch noch Riesling! Och nö, danke. Meine Zeit is' eh grade rum …

Offen beschweren wird sich kaum jemand über dieses Verhaltensmuster, schließlich ist jeder badische Winzer in erster Linie froh, dass die Burgunder eine so gute Nachfrage erleben. Aber insgeheim sitzt der Frust doch tief. Denn Baden, dieses lang gestreckte Anbaugebiet, das 260 Kilometer von Laudenbach an der Badischen Bergstraße bis nach Haltingen ins Markgräflerland und 270 Kilometer von Reicholzheim im Taubertal bis nach Immenstaad am Bodensee überspannt, hat eine Fülle örtlicher Traditionen, die sich in der Geschichte des Anbaugebiets stets mit dem vorherrschenden Burgunderparadigma vertragen haben, aber niemals völlig in ihm aufgegangen sind.

Um einen kleinen Beitrag zur Erhaltung der Biodiversität zu leisten, haben wir uns nach Abschluss der Verkostungen für diesen Weinguide einmal angeschaut, welche nicht aus der Burgunderfamilie stammenden Sorten unter den besten 200 badischen Weinen auftauchen. Verkostet haben wir insgesamt 597 Weine aus Baden, wir sprechen nachfolgend also über das obere Drittel.

Da wären zunächst mit 94 Punkten zwei wirkliche Exoten: ein edelsüßer Muskateller aus getrockneten Trauben vom Weingut Moosmann aus dem Breisgau und der knochentrockene Gutedel »Jaspis 10hoch4« von Hanspeter Ziereisen aus dem Markgräflerland.

Mit 93 Punkten sind vier Nichtburgunder bewertet, zwei experimentelle und zwei klassische: In die erste Gruppe fallen der maischevergorene Souvignier Gris – eine pilzwiderstandsfähige Sorte – vom Kaiserstühler Weingut Höfflin und der Syrah von Martin Waßmer aus dem Markgräflerland.
Zur Klassiker-Gruppe gehören zum einen der Blaufränkisch Dicker Franz von Burg Ravensburg aus dem Kraichgau. Dazu muss man wissen, dass in Sichtweite Württembergs im östlichen Kraichgau der Lemberger, auch bekannt als Blaufränkisch, schon lange zu den angestammten Sorten gehört. Dasselbe lässt sich natürlich auch für den Riesling in der Ortenau sagen, der durch den Varnhalter Klosterbergfelsen vom Weingut Nägelsförst in dieser Spitzengruppe vertreten ist.
Um mit dem Riesling fortzufahren: In der 92-Punkte-Gruppe zählen wir vier Vertreter, nämlich drei Weine abermals aus der Ortenau: »Georg Arbogast« von Freiherr zu Franckenstein, »Klingelberger K« des Markgrafen von Baden und die »Terrassenlage« vom Weingut Kopp. Das Quartett wird komplettiert durch den Klimawandel-Profiteur Meersburg Rieschen vom Staatsweingut Meersburg (Bodensee).

Konrad und Monika Schlör – Weingut Schlör

Julius und Matthias Höfflin im Keller ihres Weingutes

Des Weiteren zählen wir drei Traminer oder Gewürztraminer, einmal Markgräflerland (Weingut Rieger), einmal Kaiserstuhl (Höfflin, als Orange gekeltert), einmal Bodensee (Staatsweingut Meersburg). Dreimal Gutedel aus dem Markgräflerland: zweimal vom Weingut Blankenhorn (»Courage« und »Le Clocher«) sowie der Orange »El Fayoum« von Claus Schneider. Weiter zweimal Müller-Thurgau (und zwar der »Belemnit Wildfang« von Berthold Clauß/Bodensee sowie der maischevergorene vom Weingut Höfflin/Kaiserstuhl), zwei Muskateller (Bercher/Kaiserstuhl und Wöhrle/Breisgau), einmal Sauvignon (Schlumberger-Bernhart/Markgräflerland) und last, not least ein gemischter Satz (Weingut Trautwein/Kaiserstuhl).
Im Prinzip müsste man auch noch den Schwarzriesling zu jenen Sorten zählen, die nicht für den badische Burgundermainstream stehen, auch wenn diese Sorte streng genommen zur Burgunderfamilie gehört. Mit dem Schwarzriesling steckt ein weiteres Teilgebiet Badens seine Claims ab: das Taubertal. Dreimal 92 Punkte legen beredtes Zeugnis ab, einmal erhielt sie Konrad Schlör, zweimal die Becksteiner Winzer.
Nun kann man natürlich sagen: Aha, 25 der 200 bestbewerteten badischen Weine sind

Fotos: Mauritius Images/Travel Collection/Georg Knott, beigestellt

Anne-Christin und Christoph Trautwein vom gleichnamigen Weingut Trautwein

keine Burgunder, also gerade mal ein Achtel. Welch ein erdrückender Beweis für den Vorrang von Weiß, Grau-, Spätburgunder und Chardonnay. Also weg mit den anderen Sorten! Die Mosel zum Beispiel begründet ihren Weltruhm ja auch nur auf einer einzigen Sorte, dem Riesling. Und in Burgund wachsen ausschließlich Pinot-Noir- und Chardonnay-Trauben, also machen wir es doch auch so! Dieser Gedanke hat natürlich einiges für sich: Ein klares Profil schafft Ansehen und dieses wiederum hilft, mit einer gestärkten ökonomischen Basis das Profil weiter zu schärfen. Andererseits ist der Verweis auf die Vorbilder auch nicht ganz einwandfrei. Denn an der Mosel beträgt der Rieslinganteil in den Weinbergen nur gerade einmal 62,2 Prozent (Zahlen des DWI von Juli 2019). Und in Burgund reifen außer Pinot Noir und Chardonnay sehr wohl andere Sorten: Die historische weiße Sorte Aligoté hat an der Côte Chalonnaise sogar eine eigene AOC (Bouzeron). Im Norden Burgunds an der Grenze zum Loiretal gedeihen Sauvignon Blanc und Fié Gris. Und letztlich gehört auch das Beaujolais zu Burgund, dort wächst auf annähernd 20.000 Hektar Gamay. Die schärfste Profilierung besteht zweifellos nicht in der Imitation, sondern darin, die lokalen Bedingungen zur Blüte zu bringen. Baden hat guten Grund, seine geografische, klimatische, soziale, teils auch stilistische Nähe zum Burgund weiter zu verfolgen. Doch das sollte, das jedenfalls wäre unsere Hoffnung, auch in Zukunft Raum lassen für Genuss versprechende Nischen.

INFO

Nähere Infos über den Autor finden Sie im Kapitel »Verkostungsteam« auf S. 12.

WEINBAUGEBIET BADEN

Anbaufläche
ca. 15.800 Hektar

Aufteilung
9 Bereiche, 16 Großlagen, 306 Einzellagen
Böden: Löss, Vulkangestein, Muschelkalk

Wichtigste Rebsorten
Spätburgunder, Weißburgunder, Grauburgunder, Riesling, Gutedel, Müller-Thurgau

Verbände
Badischer Wein GmbH, Basler Landstraße 28b, 79111 Freiburg, www.badischerwein.de
Badischer Weinbauverband, Merzhauser Straße 115, 79100 Freiburg
www.badischer-weinbauverband.de

Das Durbachtal besticht durch seine Granitverwitterungsböden und sein mildes Klima

GRANDS CRUS – BADEN

TOP-WEINE AUS PRIVLEGIERTEN WEINLAGEN DER REGION

NEUWEIER | MAUERBERG

Porphyrverwitterung bestimmt die Böden in der heute 40 Hektar großen, fast ausschließlich mit Riesling bepflanzten Lage. Die ursprünglichen fünf Hektar Steillage weisen Querterrassen auf, die von Trockenmauern in Form gehalten werden. Mit einer Steilheit von 50 bis 75 Prozent sind sie nach Südwesten bis Süden orientiert. Die Parzellen der Erweiterung blicken überwiegend nach Südosten, einzelne Flurstücke auch nach Westen und sogar nach Nordwesten.

92 **2016 »Mauerwein« Riesling GG**
92 **2014 »Mauerwein« Riesling GG**
Weingut Schloss Neuweier
www.weingut-schloss-neuweier.de

91 **2018 »Tradition« Riesling trocken**
Weingut Holger Dütsch, Info siehe Seite 76

90 **2018 Riesling trocken**
Weingut Knapp, Info siehe Seite 98

90 **2018 »SI« Riesling trocken**
Bio Weingut Maier , Info siehe Seite 102

DURBACH | PLAUELRAIN

Der Plauelrain liegt auf der Südseite des Durbachtals, das sich von Osten her 15 Kilometer lang in Richtung Rhein hinzieht. Bis 1971 umfasste die Lage 17 Hektar, seither ist sie auf 190 Hektar gewachsen. Bei der Erweiterung gelangten auch Ost- und Westlagen und weitgehend ebene Flächen zu dieser Spitzenlage, deren beste Teilstücke am nordwestlichen Ortsrand Durbachs bis zu 80 Prozent steil und nach Süden bis Südsüdosten geneigt sind. Ein durchgängiger Waldsaum schützt den Weinberg gegen kalte Winde. Der Boden ist grusige Granitverwitterung, an manchen Stellen ist man bereits nach 40 Zentimetern auf dem Fels. Höhe: 200 bis 320 Meter.

93 **2019 »Am Bühl« Riesling GG**
Weingut Andreas Laible, www.andreas-laible.com

91 **2019 Klingelberger (Riesling) Spätlese trocken**
WG Durbach, www.durbacher.de

Eine der klimatisch begünstigsten Lagen Deutschlands ist der Ihringer Winklerberg

OBERROTWEIL | KIRCHBERG

Die beste Lage des inneren Kaiserstuhls ist nur 3,3 Hektar groß und mit Steigungen von 10 bis 30 Prozent auch nicht ausgesprochen steil. Einzigartig ist jedoch der Vulkanverwitterungsboden des Kirchbergs: Er ist mit zahlreichen nussgroßen Steinen übersät, die der Kaiserstuhlvulkan in seiner aktiven Periode ausgeworfen hat. Zudem weist das Vulkangestein – auch dies sehr ungewöhnlich – an vielen Stellen Kalkeinschlüsse auf. Höhe: 200 bis 260 Meter.

95 **2018 Spätburgunder GG**
Weingut Salwey, Info siehe Seite 114

94 **2018 Spätburgunder GG**
Weingut Franz Keller – Schwarzer Adler, Seite 93

94 **2018 Chardonnay GG**
Weingut Franz Keller – Schwarzer Adler, Seite 93

94 **2017 Weißburgunder GG**
Weingut Salwey, Info siehe Seite 114

ACHKARREN | SCHLOSSBERG

Eine Serie von vier spektakulären Amphitheatern, die sich mit insgesamt 79 Hektar auf Höhen von 190 bis 320 Metern von westlichen bis zu südlichen Richtungen ziehen, an den flachsten Stellen 20 Prozent, an den steilsten 80 Prozent geneigt. Der stellenweise extrem flachgründige Boden besteht aus verwittertem Vulkangestein, teils mit einer Lössauflage, die von Winzern herbeigeschafft wurde, um den mageren Boden zu verbessern.

94 **2018 Grauburgunder GG**
Weingut Dr. Heger, Info siehe Seite 83

93 **2018 »GC« Grauburgunder Spätlese trocken**
Weingut Martin Waßmer, Info siehe Seite 125

92 **2018 Grauburgunder GG**
Weingut Franz Keller – Schwarzer Adler, Info siehe Seite 93

92 **2017 Grauer Burgunder trocken**
Weingut Peter Wagner, Info siehe Seite 123

92 **2019 Grauburgunder GG**
Weingut Michel, www.weingutmichel.com

92 **2015 Grauburgunder trocken**
Weingut Freiherr von Gleichenstein, www.gleichenstein.com

91 **2018 »Vulkangestein« Grauer Burgunder trocken**
WG Achkarren, Info siehe Seite 62

90 **2018 »Edition A« Grauer Burgunder trocken**
WG Achkarren, Info siehe Seite 62

IHRINGEN | WINKLERBERG

Der ursprüngliche Winklerberg besteht aus Steilterrassen und aus steilen Amphitheatern mit schwarzen Böden aus verwittertem Vulkangestein. Die Steilterrassen erreichen Steigungen von bis zu 80 Prozent und sind überwiegend nach Südwesten ausgerichtet. Zum erweiterten Winklerberg zählen auch Lössterrassen und topfebene Tallagen mit Flusssedimentböden. Heutige Größe: 117 Hektar. Höhe: 190 bis 290 Meter.

95 **2017 »Häusleboden« Wanne Spätburgunder GG**

95 **2016 Vorderer Winklerberg Spätburgunder GG**
Weingut Dr. Heger, Info siehe Seite 83

95 **2016 Vorderer Winklerberg Spätburgunder trocken**
Konstanzer, www.weingut-konstanzer.de

94 **2016 »Pur« Winklen Spätburgunder trocken,**
Konstanzer, www.weingut-konstanzer.de

93 **2016 »Backöfele« Vorderer Winklerberg Spätburgunder GG**
Weingut Stigler, www.weingut-stigler.de

92 **2018 Spätburgunder trocken**
Weingut Freiherr von Gleichenstein, www.gleichenstein.com

BALLRECHTEN-DOTTINGEN CASTELLBERG

Die von Südost nach West drehende Steilkuppe (mit Steigungen bis zu 70 Prozent) wird in ihren besten Partien von Trockenmauern gegliedert, die über 200 Jahre alt sind. Der Boden ist kalkhaltig, mit verwittertem Kalkmergel und Konglomeratgesteinen im Untergrund. Oben auf der Kuppe liegen die Reste eines römischen Kastells. Die beträchtliche Höhenlage (350 bis 420 Meter) wird – zumal unter den Bedingungen der Erderwärmung – durch den mild temperierten Rheingraben sowie durch die südlichen Expositionen und die Wärme speichernden Eigenschaften der Weinbergterrassen mehr als wettgemacht.

93 **2018 »GC« Pinot noir trocken**
93 **2018 Syrah trocken**
93 **2018 »GC« Weissburgunder trocken**
93 **2018 »GC« Chardonnay trocken**
Weingut Martin Waßmer, Info siehe Seite 125

91 **2018 Viognier trocken**
Weingut Zähringer, Info siehe Seite 127

91 **2018 Spätburgunder Spätlese trocken**
Weingut Steinle, www.weingut-steinle.des

90 **2015 Spätburgunder Rotwein trocken**
Weingut Matthias Kiefer, www.kiefer-weingut.de

89 **2018 Grauburgunder trocken**
Markgräfler Winzer, Info siehe Seite 105

89 **2018 Weissburgunder Kabinett trocken**
Weingut Matthias Kiefer, www.kiefer-weingut.de

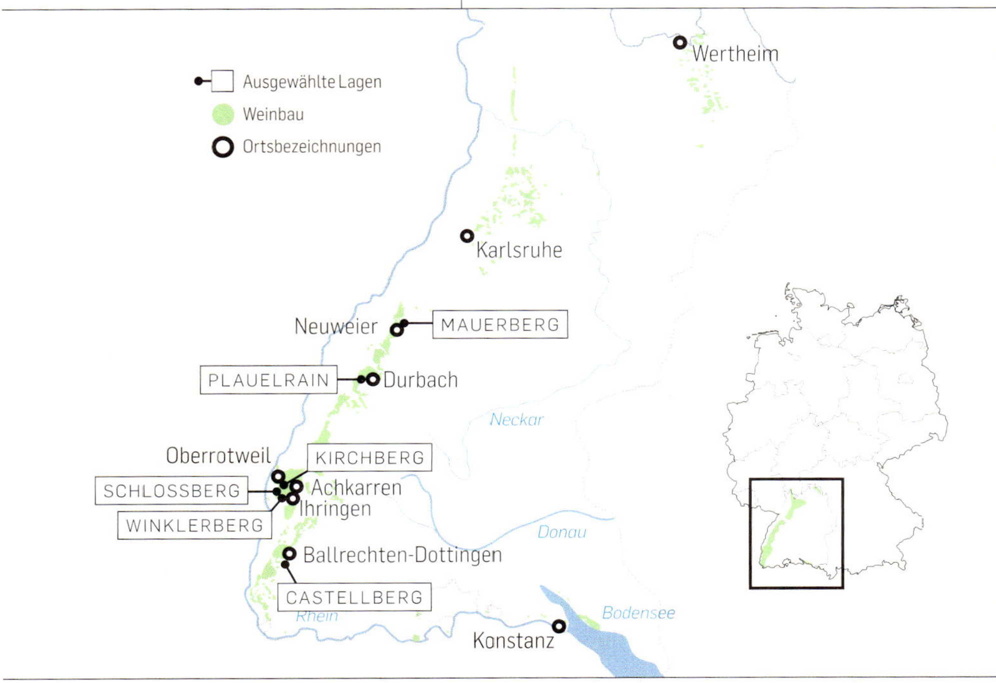

★★

WINZERGENOSSENSCHAFT ACHKARREN IM KAISERSTUHL EG

Schloßbergstraße 2, 79235 Vogtsburg-Achkarren
T: +49 (7662) 9304 0
info@winzergenossenschaft-achkarren.de
www.achkarrerwein.com

Ab-Hof-Verkauf: ja
Kellermeister: Christoph Rombach
Ansprechpartner: Denis Kirstein
Hektar: 186 ha

Der Ort Achkarren ist Weinkennern ein Begriff, ist doch der Schlossberg eine der besten Burgunderlagen hierzulande. Im Boden kommt man spätestens nach einem Meter auf das pure Vulkangestein und Reben (und Winzer) schwitzen im Steilhang. Die Wärme des Berges zu bändigen ist gar keine leichte Aufgabe – doch den Genossenschaftswinzern gelingt es immer besser, elegante, mineralische und dennoch stoffige Weine zu lesen. Spitzenweine wie der Spätburgunder »Edition A« und der Grauburgunder-Jubiläumswein sind des gerade eben begangenen 90. Gründungsjubiläums mehr als nur würdig.

90 2018 »Edition A« Achkarren Schlossberg Grauburgunder trocken
Hellgolden. Kräftiges Neuholz. Banane, Rosine, Aprikose, buttrige Töne. Im Mund mächtig, kraftvoller und etwas isoliert stehender Alkohol, konzentrierte Säure, eine Rosinenanmutung in Frucht und Extrakt, merklich holzaromatisch unterlegt. 14 Vol.-%, DV, €€€

90 2019 »Edition Bestes Fass« Achkarren Schlossberg Gewürztraminer trocken
Buttrige Noten im Duft, Wachs, Rose, Litschi. Im Mund kraftvoll und voluminös, mit fester Säure und einer Spur von Süße, die die Würze hervorhebt, kräftiger, aber eingebundener Alkohol, eine Spur Kohlensäure, und ein Abgang von kandierten Früchten. 14 Vol.-%, DV, €€

90 2019 »Edition Bestes Fass« Achkarren Schlossberg Gelber Muskateller trocken
Zitrusfruchtig und leicht reduktiv, nur zurückhaltend muskatwürzig, Melisse, Blattgrün. Im Mund mit guter Saftigkeit, schlank und gebündelt, leicht hefebeeinflusst, reife Säure, mineralische Färbung, ein eleganter Speisenbegleiter zu Austern und Krustentieren. 6,2 Vol.-%, DV, €€

91 2018 »Edition A« Achkarren Schlossberg Spätburgunder trocken
Rauchig-röstig im Duft, Holunder und Preiselbeere, dunkelbeerige Noten. Im Mund mit voller Frucht, reifem, festem, nachgerade fleischigem Gerbstoff, dezenter, aber ausreichend stützender Säure, mit hoher Gaumenpräsenz und deutlich mineralischem Hintergrund. 14 Vol.-%, DV, €€€

89 2019 Achkarren Castellberg Grauer Burgunder Kabinett trocken

89 2019 Achkarren Castellberg Weißburgunder Kabinett trocken

89 2019 »Edition Bestes Fass« Achkarren Schlossberg Müller-Thurgau trocken

88 2017 Achkarren Riesling brut

88 2019 Achkarren Sauvignon Blanc trocken

89 2019 Achkarren Spätburgunder Rosé tr.

89 2017 »Edition Bestes Fass« Achkarren Schlossberg Spätburgunder trocken

91 2018 »Vulkanstein« Achkarren Schlossberg Grauburgunder trocken
Ein leichter Ruländertouch im Duft, Apfel, Spontangärung, würzige Noten, Kümmel, geschmeidig und getragen im Mund, seidig mit zartem Holzeinfluss, gut integrierte Säure, viel Schmelz und Sortenfrucht, ein Hauch von Süße, elegant inszenierter Reichtum. 13,5 Vol.-%, DV, €€

★★

ALDE GOTT WINZER SCHWARZWALD

Talstraße 2, 77887 Sasbachwalden
T: +49 (7841) 2029 0, info@aldegott.de
www.aldegott.de

Ab-Hof-Verkauf: Mo bis Fr 9–18 Uhr, Sa 9–17 Uhr, So 11–17 Uhr
Kellermeister: Michael Huber
Ansprechpartner: Günter Lehmann
Hektar: 265 ha

Sasbachwalden liegt am Rande des kühlen Schwarzwalds. Damit hier Weinbau überhaupt möglich wird, braucht es zum einen Steilhänge, zum anderen fleißige Winzer. Beides findet sich in den Reihen der Winzergenossenschaft »Alde Gott«. So entstehen Weine, die aus den Granitböden der Region eine pralle Frucht herausholen, begleitet von mächtig Dampf, beim Grauburgunder können es schon mal 15 Volumenprozent sein. Doch man versteht es auch, die Wucht zu balancieren. Schließlich hat man im Schwarzwald ein Faible für Kraftnahrung – der nächste Winter kommt bestimmt.

90 2018 Grauburgunder Spätlese trocken im Eichenfass gereift
Kräftig goldgelb in der Farbe. Üppige kandierte Frucht, Holz, Cassata, Rhabarber, sehr reife Charentaismelone. Im Mund wuchtig, etwas Holztannin und früh präsente holzbedingte Röstaromen, konzentrierte Säure, molliger Körper, kräftiger Alkohol, ein massiver Bau. 15 Vol.-%, DV, €€

90 2018 »Weitblick« Grauburgunder trocken
Kräftiger Holzeinsatz, zurückhaltende beerige und vor allem nussige Aromen. Am Gaumen viskos, sehr mollig, reife Säure, ganz rund und seidig texturiert, alle Komponenten wirken nahtlos miteinander verschmolzen, auch der Alkohol ist integriert – ein Charmeur. 14,5 Vol.-%, NK, €€

90 2016 »Weitblick« Spätburgunder trocken
Sauerkirsche und Pflaumenmus. Erste Reifenoten, Rote Johannisbeere, getrocknete Tomate, Malz. Dezente Karamellnoten vom Holz. Druckvoll im Mund, geradezu ölig grundiert, darauf ein körniges Tannin mit einiger Spannkraft, eher milde Säure, noch kompakt im Abklang. 14 Vol.-%, NK, €€

90 2017 »Alte Rebe« Spätburgunder Spätlese trocken
Dunkelbeerig, Rote Bete, dazu buttrige Noten. Im Mund sehr saftig, zurückhaltend extrahiertes Tannin, erfüllt das Spätleseprädikat mit Volumen, Fruchtbetonung und Geschmeidigkeit, taktilmineralische Wahrnehmungen und seidige Gerbstoffe ergänzen sich. 14 Vol.-%, NK, €€

89 2018 »Granit« Riesling trocken

89 2018 »Weitblick« Weißburgunder trocken

89 2019 Gewürztraminer trocken

88 2019 Grauburgunder Kabinett trocken

88 2019 »R & R« trocken MT/RR

90 2017 »Weitblick« Spätburgunder trocken APNr. 068/20

89 2018 Spätburgunder Kabinett trocken

90 2019 Sauvignon Blanc trocken
Rote Stachelbeere im Duft, leicht pfeffrig, Pfefferminze, mineralische Untertöne. Am Gaumen ausgewogen, mittelgewichtig im Alkohol, seidige Textur mit zarter Süße und Geschmeidigkeit, lebendige Säure, deutlich mineralischer Extrakt, würziger Abklang. 12,5 Vol.-%, DV, €€

★

BÄRMANN

Kirchgasse 38, 79291 Merdingen
T: +49 (7668) 2570160, info@weingut-baermann.com
www.weingut-baermann.com

Ab-Hof-Verkauf: nach Vereinbarung
Kellermeister: Frank Bärmann
Ansprechpartner: Frank Bärmann
Hektar: 2 ha

Im Jahr 2013 kehrte Frank Bärmann auf den 1814 gegründeten Winzerhof seiner Vorfahren in Merdingen am Tuniberg zurück, »mit dem Traum, dieses Weingut aufzubauen«, wie er uns schreibt. 2014 kelterte der Quereinsteiger seinen ersten Jahrgang aus »Leidenschaft zum Wein, aus Liebe und Begeisterung für meine Heimat«. Diese Passion spürt man in Frank Bärmanns Weinen, besonders in den Spätburgundern, die die Wärme des Jahrgangs 2018 in Potenzial umsetzen. Aber auch die Weißweine sind klar und sauber gearbeitet, der Weißburgunder aus dem Merdinger Bühl unterstreicht den Ehrgeiz des Winzers.

89 2018 Merdingen Bühl Weißburgunder tr.
Würzige Noten in der Nase, Rauch und Röstaromen, etwas Lakritze und Kräuter, reife Mirabelle und Apfel. Am Gaumen kräftig gebaut und stoffig mit guter Substanz, viel Würze und Schmelz. Geizt nicht mit seinen Reizen und zeigt das warme Jahr 2018, zu kräftigen Gerichten. 13,5 Vol.-%, NK

88 2018 »Pinot Rosé« brut
Eine leicht orangetönige Roséfarbe. Blutorange, Erdbeere im Duft. Am Gaumen saftig ansetzend, dann kernig, deutlich phenolisch, leichte Süße, frisches Mousseux, hat gute Ansätze, die Komponenten müssen sich noch verbinden. 12,5 Vol.-%, NK

90 2018 »Reserve« Merdingen Bühl Pinot Noir trocken
Minze in der Nase, Pfefferminzpastille, reife Kirsche und Waldbeeren, Holzwürze und schwarze Lakritze. Am Gaumen mit reifer Säure und Himbeere und etwas Lavendel, kräftig ausgebaute Muskulatur, gute Substanz und Würze, wuchtiges Exemplar der Spezies Pinot Noir. 14,5 Vol.-%, NK

89 2018 Merdingen Bühl Pinot Noir trocken
Reife Brombeere und Schwarzkirsche im Duft, Tabak, Orangenschale und Blutorange, Gewürze. Geizt am Gaumen nicht mit seinen Pfunden, viel Substanz, Kraft und Würze, der Alkohol ist gut eingebunden, süßlicher Extrakt. Pinot Noir für den Kaminabend und zu kräftigen Speisen. 14,5 Vol.-%, NK

88 2019 Gelber Muskateller trocken

88 2019 Merdingen Gewürztraminer trocken

88 2019 Weißburgunder trocken

88 2019 Müller-Thurgau trocken

88 2019 Grauburgunder trocken

86 2019 »Secco Blanc«

88 2018 Merdingen Spätburgunder trocken

90 2018 Ihringen Fohrenberg Pinot Noir trocken
In der üppigen Nase Schwarzkirsche, Brombeere, Blutorange und Rote Bete, kräutrig, Thymian. Opulenter, wuchtiger Pinot Noir mit balsamischer Würze, viel Substanz und Wucht, hält aber genug Frische und Balance. Süßlicher Extrakt, braucht große Gläser und kalte Abende. 15 Vol.-%, NK

★

WEINGUT AXEL BAUER

Erlenstraße 38, 77815 Bühl
T: +49 (179) 2994838
torsten.klein@weingut-axel-bauer.de
www.weingut-axel-bauer.de

Ab-Hof-Verkauf: nach Vereinbarung
Kellermeister: Torsten Klein
Ansprechpartner: Axel Bauer
Hektar: 16 ha

Was 2013 zunächst als Hobby von Axel Bauer begann, entwickelte sich zu einem ansehnlichen Weingut, das heute 16 Hektar Rebfläche bewirtschaftet. Seit 2019 ist Torsten Klein für den Weinausbau verantwortlich, damit will Betriebsleiter Axel Bauer »einen klaren Schnitt vollziehen in der bisherigen Weinstilistik hin zu mehr Eleganz und Feinheiten«, wie er schreibt. Das Potenzial der Lagen rund um das Bühler Tal soll exakter ausgelotet dargestellt werden: Niedrige Erträge, Spontangärung und langes Hefelager sollen dazu beitragen. Ein gelungener Einstieg, der noch einiges erwarten lässt.

91 2019 »Grand Vin« Sauvignon Blanc Landwein trocken

Die Balance zwischen steiniger Mineralik und frischer Gelbfrucht ist bei diesem Sauvignon Blanc wirklich spannend. Ein Hauch gewürziger Aromen schwingt noch mit. Ein Wein, der im Gesamtbild leicht und doch vielfältig ist. Ein ganz eigener Charakter, spannend. 12,5 Vol.-%, NK, €€€

90 2019 »Blacklist« Goldmuskateller Landwein trocken

Der Name ist Programm, schon die Farbe ist gelbgold. Das intensive Aroma ist von Rosenblüten und einem Hauch Bittermandel geprägt. Im Mund schlank und straff gebaut, zeigt Grip und eine leicht herbe Note. Spannender Muskateller mit Eigenheit. 12,5 Vol.-%, NK, €€

89 2019 »Meisterstück« Gewürztraminer Landwein trocken

In diesem Gewürztraminer finden sich im Duft frische Pfingstrosen par excellence. Auch am Gaumen zieht sich die Floralität durch. Gute Substanz, die Säure des Weines ist sehr zurückhalten, was ihn zu einem vielfältigen Speisenbegleiter macht. Auch zu scharfen Gerichten. 14 Vol.-%, NK, €€€

89 2019 »Maison Blanc« Landwein trocken WB/CH/SB

Cuvée aus Weißburgunder, Chardonnay und ein klein wenig Sauvignon Blanc. In der Nase dezent tropische Aromatik nach Maracuja und Honigmelone, auch leichte Nussnoten. Am Gaumen zeigt er sich weich mit einem Hauch mineralischer Frische, kräftiger Bau, gute Balance. 14 Vol.-%, NK, €€

88 2019 »Alte Reben« Grauer Burgunder Landwein trocken

89 2019 »Handwerk« Weißburgunder Landwein trocken

Ein sehr saftiger Weißburgunder, der im Duft an Maracuja und grüne Banane erinnert. Sein Körper hat eine eher mittlere Intensität, aber es steht alles in guter Balance. Ein schöner und ausgewogener Wein, den man gerne mit Freunden aufmacht und am Tisch einschenkt. 13 Vol.-%, DV, €

★★

REINER BAUMANN WEINBAU

Kopernikusstraße 6, 68519 Viernheim
T: +49 (6204) 7086313, info@baumann-weinbau.de
www.baumann-weinbau.de

Ab-Hof-Verkauf: nach Vereinbarung
Kellermeister: Kurt Ratgeber, Reiner Baumann
Ansprechpartner: Reiner Baumann
Hektar: 2 ha

Reiner Baumann begann 2010 mit dem Weinbau, als er im Schriesheimer Madonnenberg an der Badischen Bergstraße anderthalb Hektar Reben pflanzte. Inzwischen bearbeitet er auch Weinberge in Deidesheim in der Pfalz, was auch damit zu tun hat, dass die Weine mit Unterstützung des Pfälzer Weinguts von Winning ausgebaut werden. Die trockenen Weißweine sind vom Holzausbau geprägt und zeigen wie die Rieslinge und der Sauvignon Blanc aus dem Madonnenberg gutes Potenzial. Auch der Pinot Noir aus derselben Lage hat Volumen und Mineralität. Ein vielversprechendes Debüt!

91 2019 Schriesheim Madonnenberg Riesling trocken
Die würzige Nase zeigt Noten vom Holzausbau, Röstaromen, Quittenschale und Steinobst. Am Gaumen mit einer präsenten Säurestruktur, auch salzige Unternoten, saftig, mit guter Substanz und auch Dichte, kein vordergründiger Charme, zeigt seine Herkunft. 13 Vol.-%, NK, €€

90 2019 Schriesheim Madonnenberg Sauvignon Blanc trocken
Kräftige und würzige Nase nach reifer Mango und Cassis, dazu Holzaromen, viel Würze. Am Gaumen saftig und mit reifer Säure, zitrische Noten, betont trocken, etwas Salz, kräftiger und konsistenter Bau, vielschichtig und mit guter Substanz, jung, gutes Potenzial. 12,5 Vol.-%, NK, €€

91 2018 Schriesheim Madonnenberg Pinot Noir trocken
Reife schwarze Kirschen in der Nase, Orangeat und Zitronat, schwarze Oliven, Rauch und Wacholderbeere. Kraftvoll am Gaumen mit gutem Volumen und Substanz, gut korrelierende Säure, die für Balance sorgt, reife und kräftige Gerbstoffe, mineralische Grundierung, schön. 14,5 Vol.-%, NK, €€

91 2019 Deidesheim Mäushöhle Riesling
In der Nase getrocknete Früchte, Orangeat, Limettenschale, Papaya, Mango, mit Kräutern unterlegt, ausladend und animierend. Am Gaumen feine Säure und mundfüllende Süße, reife Zitrusfrüchte, Pfirsichsaft, Aprikosengelee, gute Balance, schöne Spannung. 8 Vol.-%, NK, €€

90 2019 Ruppertsberg Spiess Riesling trocken

90 2019 »Jäger« Schriesheim Madonnenberg Riesling trocken
Würzige und kräutrige Nase, Röstaromen, Limette und Aprikose, Apfelschale, und auch Brotkruste. Am Gaumen mit Apfel und etwas Zitronensaft, Guave, kräftig gebaut mit klaren und festen Konturen, saftig und mit feiner phenolischer Schicht, gute Länge. 13,5 Vol.-%, DV, €

★★

BECKSTEINER WINZER

Weinstraße 30, 97922 Beckstein
T: +49 (9343) 500 0, info@becksteiner-winzer.de
www.becksteiner-winzer.de

Ab-Hof-Verkauf: Mo bis Sa 9–18 Uhr, So 10–16 Uhr
Kellermeister: Manfred Braun
Ansprechpartner: Michael Braun
Hektar: 260 ha

Es macht Freude, die Weine dieser Taubertäler Genossenschaft zu probieren: Schon für kleines Geld bekommt man einen ausgesprochen erwachsenen Müller-Thurgau »Freihand« oder einen trockenen Silvaner Kabinett, der so richtig Lust auf den nächsten Schluck macht. Viel kulinarische Fantasie erweckt die schnörkellose, ungemein gut balancierte »Selektion« vom Weißburgunder. Die roten Burgundersorten schließlich zünden ein Feuerwerk nach dem anderen: mit sehniger Cool-Climate-Pikanz beim Spätburgunder und mit einer wunderbar opulenten Frucht beim Schwarzriesling.

92 2018 »Kilian« Beckstein Kirchberg Schwarzriesling Selektion trocken
Etwas Milchschokolade, Süßkirsche, Himbeere. Im Mund mit stattlichem Körper, stoffig, körnig, ein leicht viskoser Hintergrund, satt fruchtig in der Gaumenmitte, aber noch lange nicht voll entfaltet, eindrückliche Dichte, dennoch auch nuanciert. 13,5 Vol.-%, DV, €€

92 2017 »Reserve« Gerlachsheim Herrenberg Schwarzriesling Spätlese Selektion tr.
Dezent rauchig, aber auch dunkelbeerige Frucht, Holunder, Walderdbeere. Im Mund stoffig, sehr dicht, eine noble, noch sehr jugendliche Adstringenz, lebendige, sich im Gaumenverlauf steigernde Säure, kalkmineralische Empfindungen, feinfruchtig abklingend. 13,5 Vol.-%, DV, €€€

92 2018 »Alte Reben« Gerlachsheim Herrenberg Spätburgunder Spätlese Selektion trocken
Himbeere, dezentes Boisée, florale Noten, feinfruchtig. Im Mund körnig, dicht, mit viel Saftigkeit hinter dem Gerbstoff, reife Säure, kräftige taktile Mineralität, kalkig, salzig, hat eine schöne handwerkliche Anmutung und großes Potenzial. 14 Vol.-%, NK, €€

92 2017 »Alte Reben« Gerlachsheim Herrenberg Spätburgunder Spätlese Selektion trocken
Frisch und duftig, Rote Johannisbeere, zurückhaltender Holzeinsatz, ein sehr feiner Burgunderduft. Im Mund feingliedrig, aber das mit Dichte, frisches Tannin, große Saftigkeit, und eine belebende Säure. Ausgezeichnete Eleganz! Gute Länge und Mineralik. 13,5 Vol.-%, DV, €€

90 2019 »Freihand« Müller-Thurgau trocken

90 2019 »Kilian« Gerlachsheim Herrenberg Silvaner Kabinett trocken

90 2018 »Reserve« Gerlachsheim Herrenberg Chardonnay Spätlese Selektion trocken

89 2019 »Kilian« Gerlachsheim Herrenberg Chardonnay Kabinett trocken

89 2019 »Kilian« Gerlachsheim Herrenberg Weißburgunder Kabinett trocken

89 2019 »Kilian« Gerlachsheim Herrenberg Grauer Burgunder Spätlese Selektion tr.

89 2019 »Kilian« Gerlachsheim Herrenberg Chardonnay Spätlese Selektion trocken

90 2019 »Kilian« Gerlachsheimer Herrenberg Weißburgunder Spätlese Selektion tr.
Duft von Wiesenkräutern, Zitrus und Heu. Geradlinig am Gaumen, geschmeidiger Fond, leicht sämige Phenole, eine jahrgangstypische lebendige Säure, die dem Wein Frische und Dynamik verleiht, ein wunderbar schmatziger Weißburgunder, kulinarisch vielseitig einsetzbar. 13 Vol.-%, DV, €€

★★★★

WEINGUT BERCHER

Mittelstadt 13, 79235 Vogtsburg
T: +49 (7662) 212, info@weingutbercher.de
www.weingutbercher.de

Ab-Hof-Verkauf: Mo bis Sa 9–11.30 und 13.30–17 Uhr
Kellermeister: Arne Bercher, Werner Rehbein
Ansprechpartner: Arne und Martin Bercher
Flaschen/Hektar: 200.000 (55 % weiß, 45 % rot)/27 ha

Nehmen wir den Weißburgunder aus dem Sasbacher Limburg, um das Konzept von Arne und Martin Bercher zu erläutern: Dieser Wein, der mit 15,50 Euro zu Buche schlägt, tritt so eigenständig auf in einer Art, wie es manches Große Gewächs nicht erreicht. Was als Understatement wirken mag, ist vielmehr Betriebsphilosophie: Bei den Berchers werden hohe Ansprüche an jeden Wein gelegt, von den Gutsweinen über den (im Übrigen großartigen) Rosé bis zu spannungsgeladenen und komplexen Spitzengewächsen. Die Folgen sind äußerst erfreulich: Hier kann man unbesehen jedem Wein vertrauen.

93 2019 Burkheim Feuerberg Haslen Grauburgunder GG
Dezente Holzwürze, beerige Sortenaromen, gut in Reife und Klarheit. Im Mund mit einigem Volumen, aber auch mit feinnerviger und stoffiger Begleitung, mineralisch durchwirkt, dabei nie die Fülle der Sorte aus dem Auge verlierend und dennoch mit superber Balance. 13 Vol.-%, NK, €€€

93 2019 Burkheim Feuerberg Grauburgunder Erste Lage trocken
Wunderschöne Brillanz im Glas, elegante, sehr zarte duftige Nase nach Zitrusnoten, im Mund kräftige Säure mit verhaltener Frucht, aber enorm dichtes Mundgefühl mit viel Länge und Schmelz und Mineralität, der Wein wirkt rappeljung und also mit viel Zukunft. 13,5 Vol.-%, NK, €€

92 2019 Burkheim Feuerberg Spätburgunder Rosé trocken
Spannend: die blickdichte Flasche schützt den Rosé, im Glas zartes Erdbeerrot mit kupfergoldenen Reflexen, weinige Nase mit feingliedriger Frucht und auch rauchigen Noten, im Mund saftige Opulenz mit Frische und Tiefe, eleganter Rosé für Erwachsene 13,5 Vol.-%, NK, €€

94 2018 Burkheim Feuerberg Kesselberg Spätburgunder GG
Nuancenreich: florale Noten, Baumharz, Walderdbeere. Mehliger Gerbstoffdruck auf geschmeidigem Fond, süße Gaumenfrucht, gut ausgeprägte taktile Mineralität und dann im Abgang bei der Auflösung der Extraktspannung viel Saftigkeit. Viel Substanz in sanftem Gewand! 13 Vol.-%, NK, €€€

92 2019 Burkheim Feuerberg Gelber Muskateller Erste Lage trocken

91 2019 Burkheim Schlossgarten Villinger Grauburgunder GG

90 2019 Burkheim Weißburgunder trocken

90 2019 Burkheim Grauburgunder trocken

91 2016 Burkheim Feuerberg Spätburgunder Erste Lage trocken

90 2017 Burkheim Spätburgunder trocken

89 2017 Jechtingen Eichert Spätburgunder Erste Lage trocken

93 2019 Sasbach Limburg Weißburgunder Erste Lage trocken
Auch dieser Wein zeigt sich noch verschlossen, aber die köstliche Nase, gepaart mit der schönen Viskosität des Weines im Glas lässt das große Potenzial durchschimmern, im Mund verbindet sich die Säure herrlich mit der opulenten Fülle, sehr langer Nachhall. 13,5 Vol.-%, NK, €€

★

BICKENSOHLER WEINVOGTEI

Neunlindenstraße 25, 79235 Vogtsburg-Bickensohl
T: +49 (7662) 9311 0, wein@bickensohler.de
www.bickensohler.de

Ab-Hof-Verkauf: Nov. bis Mrz Mo bis Fr 9–12 u. 13–17 Uhr
Kellermeister: Michael Jäger
Ansprechpartner: Patrick Chelaifa
Flaschen/Hektar: 1.000.000 (67 % weiß, 33 % rot)/100 ha

»Ist Herkunft das, woher wir kommen, oder das, wohin wir wollen?«, fragen die Winzer der Bickensohler Weinvogtei und geben gleich die Antwort darauf: »Für uns ist es beides: Unser Ursprung ist das Herz des Kaiserstuhls, hier ist unsere Heimat, sind unsere Wurzeln.« Es fällt offensichtlich einfacher, Weine mit Profil und Herkunftscharakter zu erzeugen, wenn man solche grundlegenden Fragen für sich geklärt hat: Wir verkosteten ein interessantes Spektrum an Weinen, die – wie die Gewürztraminer Auslese – Substanz, natürliche Fülle und auch Charme bieten. Die sollte man sich nicht entgehen lassen.

90 2018 »SK-Selektion« Bickensohl Herrenstück Chardonnay Spätlese Barrique trocken
Goldgelb in der Farbe, kräftige Röstaromen und Holzwürze, Birne in der Nase, Gewürze, auch reife Johannisbeere. Zeigt viel am Gaumen, Substanz und Volumen, Saft, Schmelz und Würze, fließt geschmeidig und beinahe viskos, die reife Säure sorgt für Balance. 14,5 Vol.-%, DV, €€

90 2017 »Mysterious Red« Bickensohl trocken
Schwarzkirsche und auch Schwarze Johannisbeere in der Nase, etwas Minze und Holzwürze. Am Gaumen mit guter Frische und einer lebendigen Säure, die den Charakter des Weines prägt, Kirsche und auch Sauerkirsche, wieder Schwarze Johannisbeere und Würze, stimmig. 13 Vol.-%, DV, €€

90 2018 »SK-Selektion« Bickensohl Herrenstück Spätburgunder Barrique tr.
Die Nase zeigt an, wo es langgeht: Opulenz, reife und gekochte Frucht, Aromen von Portwein und Rumtopf. Am Gaumen geht es mit viel Substanz und Wucht in die Vollen, ordentlich Würze und auch Alkohol, der gut eingebunden ist. Ein Wein, an dem man sich wärmen kann. 15 Vol.-%, DV, €€

91 2018 Bickensohl Herrenstück Gewürztraminer Auslese
Sattes klares Gelb, Honiggelb. In der Nase getrocknete Aprikose, etwas Blütenhonig, Quitte, Pfirsich, etwas Rose, reichhaltig und würzig. Am Gaumen schmelzende Süße, Rosenwasser, Honig, griffig, kandierte Orange, Pfirsichsaft, gut balanciert, schöne Länge. 8,5 Vol.-%, DV, €

89 2019 Bickensohl Herrenstück Grauer Burgunder trocken

88 2019 »SK-Selektion« Bickensohl Steinfelsen Weißburgunder Kabinett tr.

88 2019 Bickensohl Herrenstück Muskateller Kabinett

87 2019 Bickensohl Vulkanfelsen Scheurebe Kabinett

87 2019 »M-T fresh« Bickensohl Müller-Thurgau trocken

88 2019 »Blanc de Noir« Bickensohl Kühler Morgen Pinot Noir trocken

87 2019 Bickensohl Kühler Morgen Rosé tr.

89 2017 »SK-Selektion« Bickensohl Steinfelsen Grauer Burgunder Kabinett trocken
Reifer Apfel und Birne in der Nase, Honigmelone und Gartenkräuter. Saftig am Gaumen mit Apfelnoten und feiner Würze, die Säure ist präsent und ausgewogen, gute Substanz, mineralisch getönt. Grauburgunder, der sich auch gerne in den Dienst einer Mahlzeit stellt. 13 Vol.-%, DV, €

★★

WEINGUT BIMMERLE

Kirchstr. 4, 77871 Renchen-Erlach
T: +49 (7843) 654, info@wein-bimmerle.de
www.wein-bimmerle.de

Ab-Hof-Verkauf: Mo bis Fr 9–12 u 13–18, Sa 9–14 Uhr
Kellermeister: Philipp Milke
Ansprechpartner: Siegbert Bimmerle
Flaschen/Hektar: 1.000.000 (40 % weiß, 60 % rot)
135 ha

Siegbert Bimmerle übernahm 1986 das Familienweingut mit sechs Hektar Rebfläche, aktuell werden rund 135 Hektar bewirtschaftet. Die Weinberge erstrecken sich über eine Fläche von rund 90 Kilometern, beginnend in der nördlichen Ortenau über das Renchtal, Durbachtal bis in die südliche Ortenau und den nördlichen Breisgau. Diese Ausdehnung der Lagen mit verschiedenen Böden ermöglicht eine Vielfalt an Geschmack: Kellermeister Philipp Milke erzeugt frische und präzise Weine, die »Réserve«-Linie punktet mit Substanz und Komplexität. Eine ansprechende Kollektion!

90 2018 »Réserve« Grauburgunder trocken
In der Nase zu Beginn verhalten. Nach wenigen Minuten ein reifer Duft nach gelbem Pfirsich, Mandarine und Zitronenschale. Am Gaumen Haselnuss, weißer Pfirsich und Geißblatt. Spannender Wein im einem mittelgewichtigen Körper, frischer Säure und gutem Nachhall. 13,5 Vol.-%, NK

91 2017 »Cuvée Pinot Noir Merlot Cabernet Sauvignon« trocken
Mittleres Rubin. Im Bukett ein klarer Duft von reifer Kirsche, Brombeere und Gewürznelke. Am Gaumen balanciert die gut integrierte Säure diese Aromen sowie Schokolade im mittelgewichtigen Körper. Reifes und feines Tannin begleitet den Wein in einen langen Nachhall. 14 Vol.-%, DIAM

90 2017 »Réserve« Spätburgunder trocken
Rubin mit leichter Randaufhellung. Im Duft eine leichte Kräuternote, Himbeere und Preiselbeere. Am Gaumen sowohl Gewürznelke vom Holzeinsatz als auch weitere Aromen von Hibiskus und dunkler Kirsche. Reifes Tannin, fein abgestimmte Säure und guter Nachhall. 13,5 Vol.-%, NK

90 2018 Gewürztraminer Spätlese
Goldgelb im Glas mit einem Duft von Rosenblatt, Mandarine und Litschi. Am Gaumen auch Aromen von Grapefruit, Zitrone, Bienenhonig und Veilchen. Die exotische Furchtsüße wird von guter Säure balanciert und der Abgang ist lang. Ausgewogener Wein, zum Essen. 12 Vol.-%, DV

89 2018 »Réserve« Chardonnay trocken

89 2019 Auxerrois Kabinett trocken

89 2018 »Réserve« Riesling Spätlese

88 2019 Sauvignon Blanc trocken

88 2019 Weißburgunder Kabinett trocken

88 2019 Grauer Burgunder Kabinett trocken

89 2018 Spätburgunder trocken

90 2019 Riesling Kabinett trocken
Blasses Zitronengelb. In der Nase eine mittlere Intensität von reifem gelbem Apfel und Ananas. Am Gaumen eine sehr feine Säure, die die oben genannten Aromen sowie Zitronenzeste, Limette und reife Grapefruit sehr gut trägt. Ein schlanker Repräsentant seiner Rebsorte. 12 Vol.-%, DV

★ ★ ★

WEINGUT BLANKENHORN

Basler Straße 2, 79418 Schliengen
T: +49 (7635) 82000, info@gutedel.de
www.weingut-blankenhorn.de

Ab-Hof-Verkauf: Mo bis Fr 9–12 Uhr und Mo, Di, Do, Fr 14–18 Uhr, Sa 10–13 Uhr
Kellermeister: Yvonne Kessler
Ansprechpartner: Martin Männer
Flaschen/Hektar: 110.000 (55 % weiß, 45 % rot)/24 ha

Das Markgräflerland ist bekannt für Gutedel – eine Rebsorte, die oft unterschätzt wird, weil sie nicht auf pralle Frucht, sondern elegante, leichtfüßige Struktur setzt. Yvonne Kessler und Martin Männer, die das Weingut Blankenhorn 2014 übernommen haben, widmen diesem Klassiker ein besonderes Augenmerk, und es ist eine Freude zu sehen, welch wunderbare Mineralität sie ihren Gutedel verleihen. Darüber hinaus ist natürlich das Große Gewächs vom Chardonnay aus dem Schliengener Sonnenstück genauso eine Wucht wie der Spätburgunder aus dieser Lage – aber: Probieren Sie unbedingt auch die Gutedel!

93 2018 Schliengen Sonnenstück Chardonnay GG
In der Nase feine Vanille, etwas Rauch, Toast, Quitte, Birne, reifer Apfel, zarte Mandel, ansprechend. Am Gaumen Schmelz, Quitte, feine Säure, schöne Balance und Spannung, elegant, fein gewobene, dichte Struktur, endet lang. Weiteres Potenzial. 13 Vol.-%, NK, €€€

92 2018 »Le Clocher« Chasselas trocken
Nach Belüftung zarter Rauch, Gesteinsmehl, Melisse, Apfelschale, zarte Würze, etwas Birne. Am Gaumen feine Säure, griffig, phenolisch, Schmelz, helle Früchte, untypischer Gutedel mit feiner Struktur und guter Länge, elegant, hat weiteres Potenzial, toll zum Essen. 11,5 Vol.-%, DIAM, €€

92 2017 »Courage« Chasselas trocken
In der Nase Duft nach Vanille und zartem Rauch, Apfel, Pfirsichblüte, Honigmelone, mineralisch unterlegt, etwas Mandarine – eher Chardonnay als Gutedel. Am Gaumen viel Zug, feine helle Früchte, phenolisch, Quitte, Apfelschale, Potenzial, mineralischer Zug, Spannung. 12,5 Vol.-%, NK, €€

92 2017 Schliengen Sonnenstück Spätburgunder GG
In der Nase Kirsche, Schlehe, Maulbeere, Rauch, Holzwürze, Kräuter, vielschichtig, mineralisch unterlegt. Am Gaumen griffige, reife Gerbstoffe, rote Früchte, balancierende Säure, elegant und kraftvoll, dicht gewoben, schöne Länge, toller Speisebegleiter. 13 Vol.-%, NK, €€€

91 2018 Schliengen Ölacker Weißburgunder Erste Lage trocken

90 2019 Schliengen Chardonnay trocken

89 2019 »Markgräfler« Gutedel trocken

89 2019 »Markgräfler« Grauburgunder trocken

91 2018 »Postillon« Schliengen tr. CS/ME

91 2018 »Bravour« Schliengen Syrah trocken

90 2017 Spätburgunder trocken

91 2018 Schliengen Gutedel trocken
Nach Belüftung Duft nach knackigen hellen Früchten (grüner Apfel, Birne), Pfirsichblüte, etwas Gesteinsmehl und zartem Rauch. Am Gaumen ausgewogene Säurestruktur, Grip, zarte Frucht, Melisse, zarte Phenole, gute Struktur, vielseitig einsetzbar. 11,1 Vol.-%, DV, €€

★★★

WEINGUT BRENNEISEN

Am Weiler Weg 2, 79588 Egringen
T: +49 (7628) 800987, info@weingut-brenneisen.de
www.weingut-brenneisen.de

Ab-Hof-Verkauf: ja
Kellermeister: Dirk Brenneisen
Ansprechpartner: Dirk Brenneisen
Flaschen/Hektar: 30.000 (70 % weiß, 30 % rot)/8 ha

Die Weine, die Dirk Brenneisen keltert, sind allesamt Meisterstücke in Sachen Understatement. Ach, wie hübsch, denkt man sich, so ein adretter, zurückhaltend duftender Weißburgunder und dann überrascht einen spätestens beim zweiten Schluck ein Geschmack von beträchtlicher Tiefe. Da es diesen Wein auch noch für 7 Euro die Flasche gibt, können wir nicht anders, als hier einen Falstaff-Tipp auszusprechen. Weiter oben im Preisgefüge sattelt Brenneisen noch mehr Mineralität und Komplexität drauf, ohne dass die Weine ihren puristischen Stil und ihre kulinarische Ader verlieren. Bravo!

93 2017 »Molassefels« Grauburgunder tr.
Hellgolden in der Farbe. Apfelring, großes Holzfass, jodige Töne. Im Mund reich und leicht viskos, dazu ein feiner, aber auch fester Säurefaden, intensiv mineralisch im Mund, dicht, zarte Phenole, schöne Fülle, beeindruckend homogen in der Struktur, in den Abgangsaromen subtil würzig. 14 Vol.-%, NK, €€

93 2016 »Molassefels« Chardonnay trocken
Kräutertöne und Jod, Apfel, etwas Holz, Nougat. Im Mund cremig ansetzend, ganz großzügig und geschmeidig, aber auch mit betonter Stoffigkeit, spannungsvollem Säurebogen und intensiver taktiler Mineralität. Druckvoll und dicht, kulinarisch. 13 Vol.-%, NK, €€

93 2017 »Chätsch« Pinot Noir trocken
Beerig und floral, feine Holzwürze, verspielt und intensiv. Im Mund ganz rund und seidig, auch kräftig salzig, reife, anhaltende Säure, ist auf eine raffinierte Weise zugleich druckvoll und fein, verjüngt sich dann in eine ganz feine Kalkmineralität. 13,5 Vol.-%, NK, €€

93 »HerrReos« Pinot Noir trocken
Hagebutte, etwas Holz, Himbeere, rotbeerig, nuanciert, aber noch jung und unentfaltet. Im Tannin fest und fein zugleich, mit einer früh präsenten, vibrierenden Mineralik, feinnervig auf cremigem Fond, eine eiserne Faust im Samthandschuh, wird sich jahrelang verfeinern. 12,5 Vol.-%, NK, €€€

92 2019 Chardonnay trocken

90 2019 Grauer Burgunder trocken

90 2014 »Musketier« brut

90 2013 »17 Hippies« Grauburgunder trocken

89 2019 Gutedel trocken

92 2017 »Molassefels« Pinot Noir trocken

89 2018 Blauer Burgunder trocken

91 2019 Weißburgunder trocken
Eine nuancierte, zurückhaltende Burgunderfrucht, etwas Hefe, ganz leicht floral, Heu. Im Mund viel dichter und stoffiger, als die Nase erwarten ließe, mineralisch geprägt, frisch und spannungsvoll, lebendiger Säurenerv, ganz trocken, kulinarischer Wein. 12,5 Vol.-%, DV, €

★★

BURKHEIMER WINZER AM KAISERSTUHL

Winzerstraße 8, 79235 Vogtsburg-Burkheim
T: +49 (7662) 9393 0, info@burkheimerwinzer.de
www.burkheimerwinzer.de

Ab-Hof-Verkauf: Mo bis Fr 9–12 Uhr und 13.30–18 Uhr, Sa 9–16 Uhr, So 10–16 Uhr
Kellermeister: Dominik Schweizer
Ansprechpartner: Gert Schmidt
Flaschen/Hektar: 840.000 (60 % weiß, 40 % rot)/108 ha

»Vini Grande« nennen die Burkheimer Winzer ihre besten Weine, und das zu Recht: Diese Weine werden aus den besten Trauben der Kooperative und von immerhin 108 Hektar Rebbergen am Kaiserstuhl gewonnen. Sie sind auf Substanz und Reifevermögen vinifiziert, zeigen eine exakt austarierte Balance wie der hervorragende Chardonnay aus dem Burkheimer Schlossgarten und der stoffig-würzige Spätburgunder aus dem Burkheimer Feuerberg. Die Kabinettweine zeigen gute Sortentypizität und die Beerenauslese von der Scheurebe stellt auch hohe Ansprüche an das edelsüße Genre zufrieden. Gut gelungen!

92 2018 »Vini Grande« Burkheim Schlossgarten Chardonnay trocken
Kräftige und vielschichtige Nase mit Ananas, Birne, reifer Aprikose, Lorbeerblatt und feiner Holzwürze. Am Gaumen getragen mit guter Substanz, körper- und extraktreich, gut eingewobene Säure und maritime Noten wie Auster, würzig, gute Balance, gutes Reifepotenzial. 14 Vol.-%, NK, €€

88 2019 Burkheim Schlossgarten Chardonnay Kabinett trocken
Schon im Duft kräftig mit Noten von reifer Ananas und Würze. Im Mund breit angelegt für einen Kabinett, saftig und geschmeidig in einem eher gemächlichen Fluß, Würze und die präsente Säure sorgen für Akzente und Balance, zitrische Noten im Ausklang, selbstbewusst. 13,5 Vol.-%, DV, €

88 2019 Burkheim Schlossgarten Weißburgunder Kabinett trocken
Im kräftigen Duft reife Aprikose und Orangenzesten, auch zitrische Noten. Saftig am Gaumen mit einer ausgewogenen Säure, die von reifer Gelbfrucht begleitet wird, zeigt Schmelz und Würze, lässt das Potenzial des Burkheimer Potenzials anklingen, guter Sortentyp. 13 Vol.-%, DV, €

91 2018 Burkheim Feuerberg Scheurebe Beerenauslese
In der Nase getrocknete Früchte, Datteln, Aprikosen, Blütenhonig, Holundersirup, Quittengelee, eingekochte Schwarze Johannisbeere. Am Gaumen schmelzende Süße, verhaltene Säure, konzentrierte helle Frucht, Honigsüße, mittlere Struktur und Länge, zum Mandelgebäck. 8,5 Vol.-%, NK, €€

87 2019 Burkheim Feuerberg Grauer Burgunder Kabinett trocken

90 2017 »Vini Grande« Burkheim Feuerberg Spätburgunder trocken
Walderbeeren in der Nase, Kirsche und Brombeere, auch Schokolade und Pflaume. Am Gaumen mit kräftigen Gerbstoffen und viel Extrakt, Substanz und Dichte. Geizt nicht mit seinen Reizen, reife Säure, markante Würze und auch Wucht. Zeigt sich gut zu Wildgerichten. 14,5 Vol.-%, NK, €€

★★★

WEINGUT CLAUSS

Obere Dorfstraße 39, 79807 Nack
T: +49 (7745) 5492, info@weingutclauss.de
www.weingutclauss.de

Ab-Hof-Verkauf: Mo, Di, Do und Fr 10–12 Uhr und 14–18 Uhr, Sa 9–13 Uhr
Kellermeister: Berthold Clauß
Ansprechpartner: Susanne und Berthold Clauß
Flaschen/Hektar: 120.000 (45 % weiß, 55 % rot)/18 ha

Im Weingut Clauß wird viel Wert auf Details bei der Handarbeit im Weinberg und im Keller gelegt. Alle Trauben werden von Hand gelesen und in »Südtiroler Kisten« schonend transportiert. Auch die Versektung findet im Weingut statt, die Sekte werden handgerüttelt, »so identifizieren wir uns beim Abrütteln der Hefe noch mehr mit dem Sekt«, schreibt uns Berthold Clauß, der richtig trockene und charaktervolle Weine erzeugt, selbst die Trauben vom Muskateller lässt er durchgären, »das ist meine Handschrift«. Starke Kollektion. Man hat das Gefühl, dass es in Nack immer weiter vorangeht. Gut so!

92 2019 »Belemnit Wildfang« Müller-Thurgau Deutscher Wein trocken Réserve
Ein Terroir-Müller-Thurgau, dessen Nase an Holunderblüten und schwarzen Pfeffer erinnert. Diese Würzigkeit setzt sich im Mund fort. Die Säure kräftig, der Körper mit viel Struktur. Ein tiefer und komplexer Müller-Thurgau der etwas anderen Art. Probierenswert! 13,5 Vol.-%, NK, €€

91 2019 »Urbanus« Weißburgunder trocken
In der Nase der Duft von Vanille und junger Ananas. Gute Substanz am Gaumen, kräftiger und holzgestützter Bau, trocken in der Anmutung, die Säure im Mund wird begleitet von einem sanft-herben Geschmack. Insgesamt sehr elegant und eine schöne eigene Stilistik. Potenzial. 13,5 Vol.-%, NK, €€

92 2016 »Urbanus« Spätburgunder trocken
In der Nase dezente Vanillenoten und ein Hauch Minze. Die Frucht erinnert an Himbeere. Im Mund zeigt sich der Pinot mit guter Textur, klarer Frucht, einer intensiven Säurestruktur und noch leicht rustikalen Gerbstoffen, die sich weiter einbinden werden. 13,5 Vol.-%, NK, €€€

92 2015 »Urbanus« Spätburgunder trocken
Süßlich, fruchtige Noten nach Süßholz und Kirschen in der Nase. Dazu kommen noch dezente Tabaknoten. Am Gaumen mit kräftiger Statur, weiche Tannine werden ergänzt durch eine frische Säure. Rundum ein ausbalancierter Wein mit Eigenheit und zunehmender Finesse. 14 Vol.-%, NK, €€€

91 2019 »Urbanus« Pinot Gris trocken

91 2018 »Belemnit« Chardonnay trocken

90 2019 »Réserve« Nack Sauvignon Blanc trocken

89 2019 »Belemnit« Grauburgunder trocken

89 2019 Gelber Muskateller trocken

89 2019 Nack Weißburgunder trocken

91 2018 »Belemnit Grand Réserve« Frühburgunder trocken

91 »Pinot Rosé« brut
Himbeere, Kirsche und Hagebutte in der Nase, Pinotfrucht, direkt und unverstellt, auch rauchig. Am Gaumen mit schöner Frucht, prägnanter Säure und viel Schwung, charmant, mit klarer Frucht und Schmelz, gut austarierter Sekt, der solo und beim Essen wirkt. 12,5 Vol.-%, NK, €€

★★★★

WEINGUT DÖRFLINGER

Mühlenstraße 7, 79379 Müllheim
T: +49 (7631) 2207, mail@weingut-doerflinger.de
www.weingut-doerflinger.de

Ab-Hof-Verkauf: Mo bis Fr 8–12.30 Uhr und 13.30–18.30 Uhr, Sa 9–16 Uhr
Kellermeister: Hermann Dörflinger
Ansprechpartner: Hermann Dörflinger
Hektar: 20 ha

Das Weingut in Müllheims malerischer Mühlenstraße, Kenner wissen es, ist eine Hochburg des wirklich trockenen, sprich: durchgegorenen Weins. Hermann Dörflinger senior und Hermann Dörflinger junior essen gerne badisch mit frankophilem Drall, dazu passen Gutedel und Burgunderweine in Weiß und Rot wunderbar, und das Markgräflerland mit seinen frischen Kalkterroirs bietet die besten Grundlagen, um genau solch kulinarische Weine zu erzeugen. Auch das Jahrgangsdouble 2019 für die Weißweine und 2018 für die Roten ist eine Steilvorlage: Man kann blind reingreifen ins Sortiment.

92 2019 Badenweiler Römerberg Weißburgunder Spätlese trocken
Klee und Löwenzahn im Duft, Kräuterwürze, zitrische Noten, zurückhaltendes Holz. Im Mund mit einer perfekten Integration von Geschmeidigkeit und Stoff, die Gaumenmitte ist extraktsüß (bei 0,4 Gramm Restzucker!), hat Fülle, Mineralik und Eündelung – sehr kulinarisch. 13 Vol.-%, NK, €€

92 2019 Müllheim Sonnhalde Grauer Burgunder Spätlese trocken
Hellgolden in der Farbe. Ein üppiger Sortenduft, barock nach pürierter Esskastanie und türkischem Honig duftend. Im Mund wuchtig, cremig, stoffig, badische Klassik pur, unbedingt zum Essen gemacht. Beispielsweise Kalbsbries, Trüffel, etwa die Richtung. 13,5 Vol.-%, NK, €€

94 2018 Müllheim Pfaffenstück Spätburgunder trocken
Holunder und Menthol im Duft, sehr komplex, sehr reife Frucht, dennoch frisch und nicht gekocht, Lakritze, dezentes Neuholz. Geschmeidig ansetzend im Mund, cremig grundiert, aber auch mit einer satten Ladung mürben Tannins, feinem Säurespiel und fruchtigem Abklang. 13 Vol.-%, NK, €€

92 2018 »Aus alten Reben« Müllheim Sonnhalde Spätburgunder trocken
Eine Spur »wild« in der Nase, dunkelbeerig, Holunder, ätherische Waldheidelbeere. Deutliches, aber integriertes Boisée. Im Mund ein ultrafeiner Gerbstoff, ein molliger Körper mit opulenter Gaumenfrucht, reife Säure, präsente taktile Mineralität, komplexe Abgangswürze. 13 Vol.-%, NK, €€

91 2019 Müllheim Reggenhag Chardonnay Spätlese trocken

90 2019 Müllheim Reggenhag Gutedel tr.
Intensiv traubig im Duft. Mandarine. Pfeffer. Feuchter Kalk. Geschmeidig ansetzend im Mund, dann mit gutem stoffigem Kern, reife, aber Länge gebende Säure, deutliche taktile Mineralität, ganz trocken, aber nicht hart oder bissig, ein sehr kultivierter Wein. 11,5 Vol.-%, DV, €

★★

WEINGUT HOLGER DÜTSCH

Sankt-Michael-Straße 39, 76534 Baden-Baden, Neuweier
T: +49 (7223) 959739, info@weingut-duetsch.de
www.weingut-duetsch.de

Ab-Hof-Verkauf: Di, Do und Fr, 15–18 Uhr, Sa 10–13 Uhr
Kellermeister: Holger Dütsch
Ansprechpartner: Holger Dütsch, Hannelore Dütsch-Weiß
Flaschen/Hektar: 20.000 (80 % weiß, 20 % rot)/4 ha

Die Freude am Wein als Lohn des täglichen Lebens« hat Holger Dütsch und Hannelore Dütsch-Weiß 2004 bewegt, im Rebland von Baden-Baden ihr Weingut zu gründen. In Neuweier kultivieren sie auf vier Hektar ihre Reben, die tief in Arkosesandsteinen, Schiefertonen und Quarzporphyr verwurzelt sind. Die Weinberge werden begrünt und ausschließlich organisch gedüngt. Wir verkosteten Weine mit Charakter und Profil, die sich lange entwickeln können – wie der mineralische Riesling »Tradition« aus dem Mauerberg oder der würzige Blaufränkisch. Mit diesen Weinen belohnt man sich gerne täglich!

91 2018 »Tradition« Neuweier Mauerberg Riesling trocken
Etwas Hefe, Zitronenschale und Apfel im Duft, auch feiner Rauch. Im Mund mit einiger Stoffigkeit und mit reifer Säure, gute Dichte, wieder etwas Zitrusfrucht und grüner Apfel, mit guter Saftigkeit im Abklang, elegant und mineralisch grundiert, kann sich entwickeln. 13,5 Vol.-%, KK, €€

90 2018 Neuweier Mauerberg Chardonnay tr.
Feine Holznoten in der Nase, Würze, etwas Vanille, Apfel und Birne, Aprikose und Blüten. Am Gaumen kompakt und eher breit angelegt, körper- und extraktreich, das Holz und die Säure sind gut eingebunden, Würze zeigt sich, trocken und mit feiner Mineralik, jung, Potenzial. 13 Vol.-%, KK, €€

90 2019 Baden-Baden Sauvignon Blanc tr.
Ausdrucksstarker Duft mit Holzwürze, Cassis sowie reifer Mango und Passionsfrucht. Mit ordentlich Kraft am Gaumen und opulenter reifer Frucht, Würze und Saft, guter Extrakt, gekonnter Holzeinsatz, zeigt den Charakter der Rebsorte und die badische Handschrift. Reifepotenzial. 14 Vol.-%, DV, €€

90 2017 Steinbach Stich den Buben Blaufränkisch trocken
Schwarzkirsche und Brombeere in der Nase, etwas Preiselbeere, feine Holzwürze. Am Gaumen kompakt gebaut mit schöner Würze, Sauerkirsche, griffiger Gerbstoff, die Säure ist lebendig und führt kompetent, nicht zu üppig, leichte Adstringenz, zu Wild mit Preiselbeeren. 13 Vol.-%, DIAM, €€

89 2018 Neuweier Mauerberg Riesling Spätlese feinherb

90 2019 »Urgestein« Neuweier Riesling tr.
Mirabelle, Reneklode und Aprikose im feinfruchtigen Duft, auch florale Noten, etwas Blattgrün. Würzig und mit gut dosierter Stoffigkeit am Gaumen, die reife Frucht wie Maracuja wird von einer lebendigen und ausgewogenen Säure begleitet, mineralische Tönung. 13 Vol.-%, DV, €€

★★★

FREIHERR VON UND ZU FRANCKENSTEIN

Weingartenstraße 66, 77654 Offenburg
T: +49 (781) 34973, weingut@weingut-franckenstein.de
www.weingut-franckenstein.de

Ab-Hof-Verkauf: Mo bis Fr 9–12 Uhr und 14–18 Uhr, Sa 9–13 Uhr
Kellermeister: Stefan Huschle
Ansprechpartner: Stefan Huschle
Flaschen/Hektar: 100.000 (65 % weiß, 35 % rot)/18 ha

Vor mehr als zehn Jahren hat sich Stefan Huschle seinen Traum vom eigenen Weingut erfüllt und den Traditionsbetrieb mit dem wohlklingenden Namen in der Ortenau übernommen. Wie es sich für diese Gegend gehört, kümmert er sich um den Riesling, vernachlässigt aber die Burgundersorten keinesfalls. Vor allem die Spätburgunder machen uns Jahr für Jahr viel Spaß. Das beginnt bereits beim ausgezeichnet gelungenen »Granit« aus Zell-Weierbach, der für verhältnismäßig kleines Geld tolles Trinkvergnügen mit feiner Aromatik und hintergründiger Mineralik bietet.

92 2019 Zell-Weierbach Neugesetz Georg Arbogast Riesling GG
Klare Pfirsicharomatik. Sehr frisch und spritzig. Dazu kommen dezente Zitrusnoten und Marillengelee. Im Mund hat der Wein einen vollen Körper mit komplexer Säurestruktur und langem Nachhall. Ein stämmiger, auch für die Lagerung interessanter Lagencharakter. 12,5 Vol.-%, NK, €€

91 2019 Berghaupten Schützenberg Zum Himmelreich Weißburgunder GG
Das Aroma vielschichtig von grünem Apfel bis Zitrusfrucht und Eichenlaub. Dezente Vanille. Die Säure hat Biss und macht den saftigen Wein frisch. Durch und durch ein komplexer und potenzialreicher, aber auch bereits zugänglicher Wein. 13 Vol.-%, NK, €€

91 Chardonnay brut
Wunderbare Briochearomatik mit präziser und saftiger Fruchtigkeit. Ein Hauch gebackener Apfel. Die Perlage ist sehr weich und im Mund bleibt sowohl eine steinige Mineralik als auch die Frucht erhalten. 12,5 Vol.-%, NK, €€

91 2016 Lauf Gut Alsenhof Spätburgunder Erste Lage trocken
Mazerationsfruchtig, Tabak und Pflaumenmus, dunkle Beeren, dezent rauchiger Holzeinfluss. Im Mund saftig ansetzend, mit lebendiger Säure, beginnend mürbem Tannin, ein kerniger Steillagenburgunder, der die geschmeidigen, »warmen« Motive zurückdrängt. 12,5 Vol.-%, NK, €€

91 2019 Zell-Weierbach Abtsberg Grauburgunder Erste Lage trocken

91 2019 Berghaupten Schützenberg Chardonnay Erste Lage trocken

91 2019 Lauf Gut Alsenhof Grauburgunder Erste Lage trocken

91 2019 Zell-Weierbach Abtsberg Tannweg Grauer Burgunder GG

90 2019 Berghaupten Schützenberg Riesling Erste Lage trocken

88 2019 Berghaupten Schützenberg Weißburgunder Erste Lage trocken

88 2019 »Granit« Zell-Weierbach Riesling tr.

91 2017 »Granit« Zell-Weierbach Spätburgunder trocken
Üppig kirschfruchtig, süße Rübe und getrocknete Tomate, auch »wilde« Spontangärungsnoten. Seidig im Mund, saftig mit mineralischer Tönung, mittelgewichtige Gaumenfrucht, tabakartige Aromen im Abklang. Guter, substantieller Ortswein. 13 Vol.-%, DV, €

★★★

STAATSWEINGUT FREIBURG

Merzhauser Straße 119, 79100 Freiburg
T: +49 (761) 40165 4320, staatsweingut@wbi.bwl.de
www.staatsweingut-freiburg.de

Ab-Hof-Verkauf: Vinothek Freiburg Mo bis Fr 10–19 Uhr, Sa 10–16 Uhr; Vinothek Ihringen Mo bis Fr 12–17 Uhr
Kellermeister: Werner Scheffelt und Benedikt Jehle
Ansprechpartner: Bernhard Huber
Hektar: 37 ha

Das Staatsweingut Freiburg stellt gleich vier weiße Große Gewächse aus dem Jahrgang 2018 vor, flankiert von den Spätburgunder-GGs aus den Jahren 2018, 2017 und 2013. Mit dem Jahrgang 2018 ist das Team um Betriebsleiter Bernhard Huber bestens zurechtgekommen. Die Weine sind geprägt von Dichte, Spannung und Volumen, das Spätburgunder-GG aus dem Blankenhornsberger Doktorgarten ist der beste und bemerkenswerte Ausdruck dafür. Der 2013er Spätburgunder aus derselben Lage gibt einen Ausblick, wie delikat diese Weine reifen können. Wenn das keine großartigen Perspektiven sind!

92 2018 Blankenhornsberg Doktorgarten Chardonnay GG
Duftige und leicht parfümierte Nase: Birne, Aprikose und weiße Blüten. Am Gaumen mit einer festen Struktur anpackend, feiner Gerbstoff und Phenolik, würzig und mit guter Dichte und Spannung, trocken und ohne Anbiederung, gutes Potenzial zur Reifung. 14 Vol.-%, DV, €€€

92 2018 Blankenhornsberg Doktorgarten Grauburgunder GG
Dezent würziges Holz, beerige Burgundernoten und reif-fruchtig-zitrische Aromen: Mandarine. Im Mund eine recht präsente Schicht Phenole, dazu ein spannungsreicher Säurenerv auf dem Hintergrund eines kräftigen Körpers. Braucht Zeit, hat beste Anlagen zur Würze. 14 Vol.-%, DV, €€€

93 2018 Blankenhornsberg Doktorgarten Spätburgunder GG
Kräuterwürzig im Duft, Saurkirsche, Pinotbeeren. Nachgerade Menthol. Mollig und geschmeidig im Ansatz, mürber Tannindruck, reife Säure, setzt den Jahrgang in Volumen um, aber das durchaus mit Saftigkeit und guter Fruchtbegleitung. Cremiger Abklang. 13,5 Vol.-%, DV, €€€

93 2013 Blankenhornsberg Doktorgarten Spätburgunder GG
Etwas Sauerkirsche, Kakaopulver, dezentes Holz, erste würzige Anklänge. Im Mund saftig ansetzend, mürbes Tannin, süße Gaumenfrucht, webt sehr schön Geschmeidigkeit und Stoff ineinander, die taktile Mineralität trägt ganz lange und gibt dem Bau noch mehr Eleganz. 13,5 Vol.-%, DV

92 2018 Blankenhornsberg Doktorgarten Weißburgunder GG

91 2014 »dosage zéro« Pinot Noir Chardonnay brut nature

91 2018 Freiburg Schloßberg Chardonnay GG

89 2019 Blankenhornsberg Gelber Muskateller trocken

88 2019 Freiburg Gutedel trocken

92 2017 Blankenhornsberg Doktorgarten Spätburgunder GG

91 2018 Solaris Beerenauslese

91 2018 Freiburg Jesuitenschloß Spätburgunder Erste Lage trocken
Riecht nach Blaubeermuffin, Lakritze, Waldheidelbeere, intensiv dunkelbeerig, dezentes Holz. Feiner, frischer Gerbstoff, unmittelbar präsente taktile Mineralität, cremiger Hintergrund, milde Säure, die aber im Abklang doch Frische spendet. 13,5 Vol.-%, DV, €€

★★★

OTTO UND MARTIN FREY

Im Brühl 1, 79211 Denzlingen
T: +49 (7666) 5253, info@frey-weine.de
www.frey-weine.de

Ab-Hof-Verkauf: Do und Fr 9–12 Uhr und 14–19 Uhr, Sa 9–16 Uhr
Kellermeister: Martin Frey
Ansprechpartner: Martin und Barbara Frey
Flaschen/Hektar: 100.000 (60 % weiß, 40 % rot)/18 ha

Es gibt Weine, die würde man am liebsten auf der Stelle bei einem guten Essen leer trinken, weil sie einen natürlichen, unwiderstehlichen Schluckreflex auslösen. Der Grauburgunder »Gneis« vom Weingut Frey gehört zu dieser Spezies, er ist unsere Empfehlung. Dabei bildet er das Fundament einer anspruchsvollen Kollektion mit kraftvollen, packenden und mineralisch durchwirkten Burgundern in Weiß und Rot. Denen hat sich die Familie mit Hingabe verschrieben – und einer klaren Arbeitsaufteilung: Während Otto Frey sich um die Reben kümmert, hat sein Sohn Martin im Keller das Sagen. Kompliment!

92 2018 Glottertal Eichberg Chardonnay tr.
Geröstete Haselnuss in der Nase, reife Aprikose, Birne und auch Maracuja, rauchiges Ambiente. Am Gaumen würzig ansetzend, feiner Saft und Schmelz, guter Extrakt, viel Würze, der kräftige Körper wird von einer reifen, aber aktiven Säure durchzogen, wird noch zulegen. 13 Vol.-%, NK, €€€

92 2019 Glottertal Eichberg Grauer Burgunder trocken
Holzwürze in der Nase, Fumé, auch Kamille und Birne, ausdrucksstarke und doch feine Nase. Zeigt Kraft, Spannung und Würze im Mund und eine feste Struktur, aber ebenso Eleganz und Frische. Gut balanciert, gekonnter Holzeinsatz, mineralisch, lang und jung. 13 Vol.-%, NK, €€€

91 2019 »Aigi« Weißburgunder Chardonnay * trocken**
Mirabelle, Apfel und Birne in der Nase, gelbe Blüten, feiner Rauch. Kräftig und fest strukturiert am Gaumen mit guter Dichte, betont trocken, ausgewogene Säure und mineralische Grundierung, die feine Frucht steuert Eleganz bei, am Anfang seiner Entwicklung. 12,5 Vol.-%, NK, €€

93 2018 Glottertal Eichberg Spätburgunder trocken
Konzentrierter Duft nach Kirsche, Gewürze wie Anis und feine Röstaromen. Stoffig am Gaumen mit gutem Extrakt, pointierte Säure, feine Frucht und fein polierte, saftige Gerbstoffe, die zur eleganten Art beitragen, mineralischer Schliff, gute Spannung am Ende. Potenzial. 13,5 Vol.-%, NK, €€€

90 2018 »Aigi« Spätburgunder * trocken**

90 2019 »Gneis« Grauer Burgunder ** tr.
Mehr steinige Komponenten und Mineralität in der Nase als Primärfrucht, nussige Aromen und feine Birne. Griffig am Gaumen mit einer reifen, aber lebhaften Säure, gute Dichte und Spannung, kräftiger Bau, großzügig ausgestaltet mit eleganter Frucht und würziger Mineralik. 13 Vol.-%, DV, €€

★★

MAX GEITLINGER WEIN

Am Neuweg 2, 79400 Egerten
T: +49 (7626) 388, max@max-wein.de
www.max-wein.de

Ab-Hof-Verkauf: ja
Kellermeister: Max Geitlinger
Ansprechpartner: Max Geitlinger
Hektar: 2 ha

Zum ersten Mal stellt Max Geitlinger seine Weine vor und erweist sich auf Anhieb als Bereicherung. Auf zwei Hektar baut er naturnah vor allem Spätburgunder-, Gutedel- und Müller-Thurgau-Reben an. »Meine Weine entstehen durch ein Miteinander von Tradition und Innovation, von Leidenschaft und Zeit«, schreibt uns der Winzer. Die sorgfältig von Hand gelesenen Trauben vergären mit der natürlichen Hefeflora, bekommen Zeit zum Reifen und werden unfiltriert abgefüllt. So entstehen bodenständige und doch filigrane Weine mit viel Charakter. Probieren! Am besten im dazugehörigen Gasthof Hirschen.

91 2018 Sauvignon Blanc Landwein trocken
Etwas Dill in der expressiven Nase, Rauch, Blüten, Stein und helle Frucht, feine Aprikose, die sich auch am Gaumen findet. Kräftig und mit guter Substanz, die Säure ist gut eingewoben, gekonnt balanciert, Orangenblüte und auch vegetabile Noten, spezieller Charakter. 13 Vol.-%, DV, €€

90 2016 Pinot Noir extra brut
Orangetöniges Rosa. Im Duft rotbeerig, Quitte, dezenter Hefebeitrag. Im Mund mit einem recht forschen Mousseux, mit knackiger Säure bei erfreulich geringer Dosage. Herzhaft und weinig, in der Dichte mittel, ein Rosé für die Terrasse oder als Speisenbegleiter. 12,5 Vol.-%, NK, €€

92 2017 »maximal« Spätburgunder Landwein trocken
Kraftvoll, dunkel und würzig in der Nase, Schwarzkirsche, Rauch und Waldboden, auch ein ätherischer Ton, Mineralität deutet sich an. Dicht am Gaumen mit viel Substanz und Würze, viel Konzentration, noch verschlossen, deutliche mineralische Tönung, viel Potenzial. 12,5 Vol.-%, DV, €€€

90 2018 Spätburgunder Landwein trocken
Rauchig und kräutrig im Duft, Räucherbrot, schon in der Nase seidige Anklänge, feine Kräuter. Kräftige Struktur am Gaumen, präsente und selbstbewusste Säure, feiner fließender Saft, harter mineralischer Grip, helle Kirsche, klare Handschrift, klares Profil. 13,5 Vol.-%, DV, €€

88 2019 »Müller« Müller-Thurgau Landwein trocken

90 2018 »Gut&Edel« Gutedel Landwein tr.
Deutliche Spontinase mit viel Würze und Kräutern, etwas Nelke, Hopfenblüten, auch Cidre und Hefe. Am Gaumen straff und schlank, trotzdem auch Substanz, an der Gaumenmitte phenolischer Grip, die Säure ist präsent und gut eingebunden, feine Adstringenz im Finale. Schön! 11,5 Vol.-% DV, €

★

GELDERMANN PRIVATSEKTKELLEREI

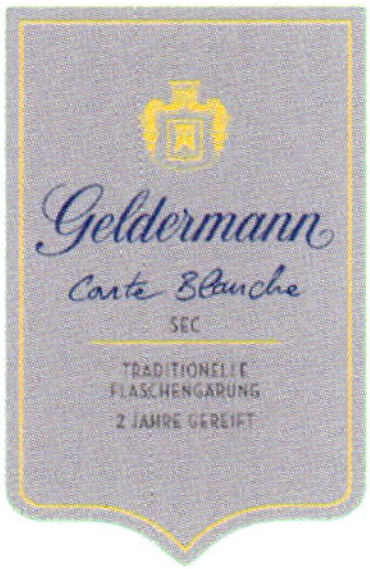

Am Schlossberg 1, 79206 Breisach am Rhein
T +49 (7667) 8340, info@geldermann.de
www.geldermann.de

Ab-Hof-Verkauf: Mo bis Fr 10–17 Uhr, Sa 10–14 Uhr, So 13–17 Uhr
Kellermeister: Marc Gauchey
Ansprechpartner: Marc Gauchey

Viel wird über das neue deutsche Sektwunder geredet und über die junge Generation deutscher Schaumweinerzeuger. Dabei rücken die großen Namen der Sektgeschichte gerne in den Hintergrund: Die Geldermann Privatsektkellerei in Breisach etwa kann auf eine Sekttradition seit 1838 zurückblicken. Am Anspruch freilich hat sich nichts geändert: »Bei der Herstellung unserer Premiumsekte überlassen wir nichts dem Zufall«, schreibt uns Kellermeister Marc Gauchey, das beginne bereits bei der Auswahl der Trauben und setze sich in der Flaschengärung nach traditioneller Art fort – und das schmeckt man.

91 2016 »Geldermann Jahrgangssekt« brut
Eine champagnerhafte Hefewürze, dazu traubige Noten, im Mund mittelfeines Mousseux, eher neutrale Frucht, reife, harmonische Säure, nicht zu süß abgerundet, ein appetitlicher, leicht mineralisch getönter Sekt, der auch als Speisenbegleiter funktionieren wird. 12 Vol.-%, NK, €€

89 NV »Les Premiers« brut
Zitronengelb, eine Perlage entwickelt sich im Glas. In der Nase ein Duft von Heu, Brioche, Honigmelone und Quitte. Am Gaumen balanciert die gute Säure die leicht süße Aromatik, ergänzt von reifer Ananas, Nektarine und Zitronenzeste. Guter Nachhall. 12 Vol.-%, NK, €

89 NV »Grand Rosé« Sekt trocken
Im Glas ein mittleres Orange. In der Nase ein feiner Duft von Himbeere, reife Erdbeere und Mandarinentarte. Am Gaumen auch reife Aprikose und getrockneter Apfel, balanciert von lebendiger Säure. Ein Schaumwein mit mittlerem Körper und guter Perlage. 12 Vol.-%, NK, €€

89 2016 Rosé brut
Hellrosa mit orangetönigen Reflexen. Intensive Frucht im Duft: Hagebuttenkonfitüre, Walderdbeere, im Mund sehr süß, eher extra dry als brut, lebendiges Säurerückgrat, mittelfeines Mousseux, ein zugänglich abgestimmter Schaumwein, der so fruchtig abklingt, wie er duftet. 12 Vol.-%, NK, €€

88 NV »Carte Blanche« Sekt trocken

90 NV »Geldermann Grand« brut
Goldgelb mit sich elegant entwickelnder Perlage im Glas. Ein eher kühler Duft von Aromen wie Zitrone, Aprikose und Brioche. Auch am Gaumen zeigt sich diese Aromatik sowie Orangenzeste und Holunderblüte. Der Schaumwein ist fein balanciert und mit gutem Trinkfluss. 12 Vol.-%, NK, €€

★★

WEINGUT GREINER

Bürglerstraße 48, 79418 Schliengen-Obereggenen
T: +49 (1763) 2776202, info@weingut-greiner.com
www.weingut-greiner.com

Ab-Hof-Verkauf: nach Vereinbarung
Kellermeister: Maximilian Greiner
Ansprechpartner: Maximilian Greiner
Hektar: 1 ha
Anbauweise: in Umstellung auf Bio

Maximilian Greiner arbeitete nach dem Studium in Geisenheim im In- und Ausland, 2017 zog er »aus Überzeugung« wieder in das Markgräflerland, wo er sein eigenes Weingut gründete. Seinen Hektar Rebfläche bearbeitet er biodynamisch, weil diese Wirtschaftsweise »der Ursprung großer Weine« sei. »Wein ist nicht nur ein Ergebnis der Natur, sondern der Ausdruck unserer geistigen Haltung und des Terroirs«, teilt uns der Winzer mit. Seinen Weinen lässt der Greiner genügend Zeit und Ruhe im Holzfass, damit sie »sich aus eigenen Kräften heraus entwickeln«. Spannende Weine, eine echte Entdeckung!

92 2018 Weißburgunder Badischer Landwein trocken
Beerig, kräutrig im Duft, buttrig, Frühlingswiese, sortentypisch, und das mit etwas Holz. Im Mund eine tolle Verbindung von Substanz und Eleganz, mit Saftigkeit und einer ganz feinen Säure, sehr burgundisch und mineralisch. Kulinarisch gedachter Wein. 13 Vol.-%, NK, €€€

89 2018 Chardonnay Badischer Landwein tr.
In der Nase mit Noten von Apfel, Apfelschale, nussig, Sesam, kräutrige Akzente von der Spontangärung. Im Mund mit einigem Schmelz, seidigen Phenolen, viel Saftigkeit und einer Spur Süße bei mittlerer Substanz und Länge. Ausgewogener Chardonnay. 13 Vol.-%, NK, €€€

92 2017 »Vulkan« Feuerbach Steingässle Spätburgunder Badischer Landwein tr.
Riecht ungeschwefelt, etwas Dörrfeige, Pflaume und Cassis. Im Mund mit sehr feinem, dennoch griffigem, körnigem Tannin, gute Dichte und auch Druck, cremiger Hintergrund und mineralische Tönung, reife Würze im Abklang. Ein spannender Entwurf mit Potenzial. 12,5 Vol.-%, NK, €€€

91 2017 »Steinkreuz« Obereggenen Sonnenstück Spätburgunder Landwein tr.
Ein ganz traditioneller Spätburgunderduft, Mandel, Süßkirsche und etwas Milchschokolade. Im Mund herzhaft in seiner Art, handwerkliches Tannin in mittelhoher Menge, leichte Adstringenz, vergleichsweise gut fruchtbegleitet, ein substanzreicher Wein. 12,5 Vol.-%, NK, €€€

88 2018 Spätburgunder Rosé Saignée Badischer Landwein trocken

90 2018 »Chasselas« Badischer Landwein trocken
Spontangärungsgeprägt, Kräuter, Apfelschale und Brotrinde, traubig und mineralwürzig, etwas Hefe. Im Mund mit guter Spannung, weitmaschige Phenole, trocken, aber nicht herb, ganz linear gebaut, hat jedoch Druck und Volumen, individueller Wein, auch zum Essen. 12 Vol.-%, DV, €

★★★★★

WEINGUT DR. HEGER

Bachenstraße 19, 79241 Ihringen
T: +49 (7668) 995110, info@heger-weine.de
www.heger-weine.de

Ab-Hof-Verkauf: Mo bis Fr 9–12 Uhr und 13.30–17.30 Uhr, Sa 10–14 Uhr
Kellermeister: Team Dr. Heger
Ansprechpartner: Joachim Heger
Flaschen/Hektar: 180.000 (70 % weiß, 30 % rot)/28 ha

Das Ihringer Weingut hält Kurs und ist zugleich offen dafür, Altbekanntem neue Perspektiven zu erschließen: So tritt einem der Winklerberg Silvaner in seiner 2019er Version mit so viel Biss und Crunch gegenüber, dass er mit dem bräsigen Silvanerklischee früherer Tage nichts mehr gemein hat. Wir glauben an eine Renaissance dieser oft geschmähten Rebsorte, die vor nicht allzu langer Zeit noch die wichtigste in Ihringen war. Ansonsten bewegt sich das Weingut auf gewohnt hohem Niveau, mit einem 2017er Spätburgunder Häusleboden an der Spitze, der mit feinsten Mitteln unglaublich viel Druck macht.

94 2018 Ihringen Winklerberg Hinter Winklen Gras im Ofen Grauburgunder GG

Im Duft Feuerstein. Honigmelone, noch verschlossen. Im Mund reif und getragen, zarte Phenole, mineralischer Extrakt, reich und dennoch differenziert, dabei ganz rund und ausgeglichen, leicht wärmend, aber auch mit innerer Kühle, raffinierter Wein. 1 Vol.-%, NK, €€€

94 2018 Ihringen Winklerberg Hinter Winklen Gras im Ofen Chardonnay GG

Jasmintee in der Nase, Aprikose, reifer gelber Apfel, Kräuter und rauchige Elemente, Feuerstein; am Gaumen rauchig, stoffig, aber auch mit Säure, die getragen, aber präsent ist. Viel Substanz und auch Wucht, aber balanciert und mineralisch unterbaut. Langes Leben. 1 Vol.-%, NK, €€€

95 2017 Ihringen Winklerberg Wanne Häusleboden Spätburgunder GG

Sauerkirsche, Kirschkern, Süßmandel, kräuterwürzige Noten. Im Mund unglaublich viel Druck, und das auf unglaublich feine Weise. Intensiv taktilmineralisch unterlegt. Strukturell sehr lange bleibend, in der Frucht frisch und saftig, der Fokus liegt auf Stein. 13,5 Vol.-%, NK, €€€€

94 2017 Achkarren Schlossberg Spätburgunder GG

Eine frische, klare Kirschfrucht, Kirschkern, dazu etwas Kokos, rauchige Holznoten. Straff und stramm am Gaumen, dichtes, fast schon forderndes Tannin, eingebettet in Geschmeidigkeit und Fülle, kraftvoll mineralisch unterlegt, noch sehr kompakt und jung. 13,5 Vol.-%, NK, €€€€

92 2018 Ihringen Winklerberg Hinter Winklen Gras im Ofen Weißburgunder GG

91 2019 Ihringen Winklerberg Silvaner Erste Lage trocken

Leicht zitrisch im Duft, und deutlich kräuterwürzig. Im Mund mit viel Saftigkeit bei fester Säure und durchaus stattlichem, geschmeidig unterlegtem Körper. Intensive taktile Mineralität. Ein strukturgeprägter, frischer Silvaner, der gut reifen wird. 1 Vol.-%, NK, €€

★★★

WEINGUT HEINEMANN

Mengener Straße 4, 79238 Scherzingen
T: +49 (7664) 6351, weingut-heinemann@t-online.de
www.weingut-heinemann.de

Ab-Hof-Verkauf: Mo bis Fr 10–18 Uhr, Sa 10–16 Uhr
Kellermeister: Lothar Heinemann
Ansprechpartner: Lothar Heinemann
Flaschen/Hektar: 120.000 (65 % weiß, 35 % rot)/18 ha

Manchmal möchte man sich am liebsten wiederholen: »Lothar Heinemann bleibt seiner Philosophie treu und keltert durchweg elegante, ausgewogene Weine. Ihm geht es nicht um Kraft, sondern um vielschichtige Eleganz« schrieben wir im letzten Jahr. Tja, und das stimmt zu unserer großen Freude immer noch. Und der Winzer keltert auch immer noch einen wunderbar leichtfüßigen, gerade einmal 10,5 Volumenprozent starken Gutedel, der sehr große Freude bereitet. Bei den Top-Weinen glänzt der Weißburgunder »Selection SL Alte Reben« aus dem Ehrenstetter Ölberg mit seiner mineralischen Stringenz.

93 2019 »Selection SL Alte Reben« Ehrenstetter Oelberg Weißburgunder tr.
Feiner, kräuterwürziger Duft, etwas Rauch und zarte Vanille, Quitte, reife Birne, Apfelschale, mineralisch unterlegt. Am Gaumen konzentriert und fest, feine Säure, helle Früchte, mineralisch und stringent, gute Struktur, elegant, burgundische Art. Viel Potenzial. 12,5 Vol.-%, DV, €€€€

93 2019 »Selection SL Alte Reben« Scherzinger Batzenberg Chardonnay tr.
Nach Belüftung feiner mineralischer Duft, Apfel, etwas Quitte, Melisse, Mandel, dazu Gesteinsmehl und ein Hauch Vanille. Am Gaumen feine Säure, elegante Struktur, helle Früchte, Apfel, mineralischer Zug, unterlegt mit Limette, dicht gewoben, braucht Zeit. 12,5 Vol.-%, NK, €€€€

93 2017 »Selection SL Alte Reben« Scherzinger Batzenberg Spätburgunder
Tiefgründiger Duft nach roten Früchten, Schlehe, Kirsche, Kräuterwürze, frische Brombeere, mineralisch unterlegt. Am Gaumen fein ziselierte Gerbstoffe, rote Früchte, Kirsche, viel Würze und Zug, Eleganz und Kraft, dicht gewoben, burgundische Art, Potenzial. 13 Vol.-%, NK, €€€€

92 2017 »Selection SR Reserve« Scherzinger Batzenberg Spätburgunder trocken
Duft nach Kirsche, Schlehe, Brombeere und etwas Rauch, würzig unterlegt, zarte Johannisbeere. Am Gaumen feine Gerbstoffe, reif und mit Grip, Kirschfrucht, Johannisbeere, Brombeere, gute Struktur und Länge, endet lang und elegant, wird gut reifen. 13,5 Vol.-%, NK, €€€

91 2019 »Selection SR Reserve« Scherzinger Batzenberg Chardonnay trocken

90 2019 »Alte Reben« Scherzinger Batzenberg Gutedel Kabinett trocken
Duft nach feinen weißen Blüten, etwas Birne und Apfel, Anflug von frisch gemähter Wiese, frisch. Am Gaumen feine Säure, balanciert, wieder Apfel und Birne, zart, feingliedrig, unaufgeregter, klassisch trockener Gutedel, vielseitig einsetzbar. 10,5 Vol.-%, DV, €

★★★

WEINGUT HEITLINGER

Am Mühlberg 3, 76684 Östringen-Tiefenbach
T: +49 (7259) 9112 0, info@weingut-heitlinger.de
www.weingut-heitlinger.de

Ab-Hof-Verkauf: nach Vereinbarung
Kellermeister: Daniel Rupp
Ansprechpartner: Claus Burmeister
Flaschen/Hektar: 580.000 (60 % weiß, 40 % rot)/80 ha
Anbauweise: Biologisch zertifiziert

Weingut Heitlinger beweist insbesondere mit den Rotweinen konstant gute Form. Der Trend, Große Gewächse noch eine Weile zurückzuhalten und in etwas fortgeschrittenem Alter auf den Markt zu bringen, erweist sich in diesem Fall als äußerst gewinnbringend für Weingenießer. Denn wie der Königsbecher aus dem Jahr 2016 zeigt, schlummert in der Champions League großes Potenzial. Keine Spur von Müdigkeit, sondern Eleganz und Komplexität belohnen die Geduld. Gut gefallen haben uns auch die weißen Burgundersorten, von denen insbesondere die brillanten Chardonnays hervorstechen.

92 2018 Tiefenbach Heinberg Chardonnay GG
Rauchige Noten in der Nase, Birne und Melone, feiner Rauchspeck, auch Gelbfrucht und Kräuter. Mit guter Substanz am Gaumen, saftig, elegant, würzig und trocken, Gerbstoff und phenolische Herbe, die sich zeigen, reife Säure, gutes Potenzial, kann zulegen. 13 Vol.-%, NK, €€€

92 2018 Hilsbach Eichelberg Weißburgunder GG
Im Duft Mirabellen, Mandel und zarte Orangenblüte, dazu leicht rauchige Noten. Stoffig und mit viel Mineralität am Gaumen, in die sich subtile Fruchtaromatik mischt. Griffig, sehnig-muskulöser Körper. Wunderbare Salzigkeit im Abgang, mittlere Länge. 13 Vol.-%, DV, €€€

91 2018 Tiefenbach Hassapfel Auxerrois tr.
Relativ verschlossen, Nuancen von Pfirsich und frischer Ananas. Am Gaumen weich und cremig, straffe Mineralität übertrumpft die Frucht bei Weitem – das findet man bei dieser Rebsorte nicht oft. Ein sehniger Abgang komplettiert den guten Eindruck. 13 Vol.-%, DV, €€€

93 2016 Odenheim Königsbecher Spätburgunder GG
Großes Aromenspektrum von Brom- über Himbeere bis hin zu leicht rauchigen Holznoten. Sanfte Extraktion, feinbeeriges Tannin und präsente, aber gut eingebundene Säure. Ein vielschichtiger Pinot, der gerade erst dabei ist, sein Potenzial zu zeigen. 13 Vol.-%, DV, €€€

91 2018 Tiefenbach Schellenbrunnen Riesling GG

91 2018 Tiefenbach Spiegelberg Grauburgunder GG

90 2018 »Reserve« Weißburgunder trocken

90 2018 »Reserve« Grauburgunder trocken

89 2019 Weißburgunder trocken

89 2019 »Gemeinsam Seite an Seite im Weinberg« trocken CH/PG/AU/WB

88 2018 »Reserve« Spätburgunder trocken

90 2018 »Reserve« Chardonnay trocken
Typischer Sortenduft mit leichter Exotik, am Gaumen wild, nicht eingehegt. Präsente Frucht und markante Säure, mittellanger, harmonischer Abgang mit Würze und Kraft. Empfiehlt sich als Begleiter zu Hähnchenkeule mit knusprig gebratener Haut. 13 Vol.-%, DV, €€

★★

WEINGUT HISS

Hauptstraße 31, 79356 Eichstetten am Kaiserstuhl
T: +49 (7663) 1236, info@weingut-hiss.de
www.weingut-hiss.de

Ab-Hof-Verkauf: ja
Kellermeister: Manuel Mößner
Ansprechpartner: Andreas Hiss
Hektar: 27 ha

Im Weingut Hiss läuft nichts nach Schema F: Die moderne Architektur des Weinguts sticht hervor, die Weinlinien tragen Namen wie »Unanständig«, auf den Etiketten sind Wissenschaftler und Entdecker wie Johannes Kepler, der nach den Sternen greift, zu sehen. Zum ersten Mal vorgestellt wurde die ambitionierte Serie »Unlimited«, und die geht gleich in die Vollen: Abgesehen vom individuellen und mineralisch getönten Müller-Thurgau zeigen die Weine die Wärme des Jahres 2018, die sie in Substanz und auch Wucht übersetzen. Es sind Prototypen, die das Weingut auf eine höhere Ebene hieven könnten.

92 2018 »Unlimited« Chardonnay trocken
Dezente Holznote, Birne und reife Aprikose, karamellisierte Walnüsse, Zitrusfrucht und Wacholderbeere, Hefe. Am Gaumen weich und würzig mit einer vornehmen und kühlen Art, feine und dabei präsente Säureader, kräftig proportioniert, mineralisch durchwirkt. Potenzial! 14,5 Vol.-%, DV, €€€€

91 2018 »Unlimited« Müller-Thurgau trocken
Feine Holznote in der Nase, Apfel und Kräuter, Nussaromen, etwas Weihrauch. Am Gaumen eher breit angelegt, saftig und geschmeidig, das Holz ist sehr gut eingebunden, etwas Pfirsich zeigt sich, fein zisielierte Säure, mineralische Tönung, ambitionierter Müller-Thurgau. 13,5 Vol.-%, DV, €€€€

90 2018 »Unlimited« Grauer Burgunder tr.
Pastellfarben im Glas, beerige Pinotnase, feine Holzwürze, etwas Hagebutte, grüne Walnuss, Lakritze. Würzig am Gaumen, etwas Vanille, merkliche Restsüße bei mittlerem Extrakt, die feine Säure sorgt für Balance, spezieller Burgunder, Sommelierwein. 15 Vol.-%, DV, €€€€

91 2017 »Unlimited« Pinot Noir trocken
In der Nase mit reifer Frucht, Pflaume und auch Feige, dazu kommt Holzwürze. Am Gaumen mit weitem Horizont, reifer Säure, die mit reifer Frucht korrespondiert, sehr reife und weiche Gerbstoffe, auch dunkle Schokolade, trocken, schon relativ weit in der Entwicklung. 14,5 Vol.-%, DV, €€€€

90 2018 »Unlimited« Weißburgunder trocken

89 2018 »Unanständig« Eichstetten Herrenbuck Eigenacker Weißburgunder tr.

89 2018 Eichstetten Herrenbuck Wannenberg Müller-Thurgau trocken (Magnum)

88 2019 »Eigenständig« Sauvignon Blanc tr.

88 2019 »Eigenständig« Scheurebe trocken

89 2017 »Unanständig« Eichstetten Herrenbuck Eichenlaub Spätburgunder tr.

88 2018 »Bodenständig« Spätburgunder tro.

90 2018 »Unanständig« Eichstetten Herrenbuck Hasen Grauburgunder tr.
Gold mit rötlichen Tönen im Glas, Birne und Quitte im Duft, geröstete Nüsse, reife Aprikose, Rauch. Am Gaumen mit Saft, Schmelz und Würze, etwas Karamell, süßlicher Extrakt im kräftigen Bau, weiche, gut eingewobene Säure, gute Perspektive, auch zum Essen. 13,5 Vol.-%, DV, €€

★★★★

WEINGUT HÖFFLIN SCHAMBACHHOF

Schambachhof, 79268 Bötzingen
T: +49 (7663) 1474, info@weingut-hoefflin.de
www.weingut-hoefflin.de
Ab-Hof-Verkauf: Mo bis Mi 8.30–12 Uhr, Do, Fr 14–17 Uhr, Sa 10–16 Uhr und nach Vereinbarung
Kellermeister: Matthias Höfflin
Ansprechpartner: Matthias Höfflin
Flaschen/Hektar: 70.000 (75 % weiß, 25 % rot)/13 ha
Anbauweise: Biologisch zertifiziert

Es gibt Weine von Matthias Höfflin, da kommt es einem vor, als ob die Geschmackspapillen zum Bungeesprung ansetzten: So packend und aufregend ziehen sie den Gaumen entlang, phenolisch beschichtet und mineralisch aufgeladen. Gleichzeitig aber strahlen diese Weine die meditative Gelassenheit eines Zen-Priesters aus. Zwischen diesen Energiepolen changieren die Weine, die der Ausdruck eines intelligenten und die Natur in den Mittelpunkt stellenden Weinbaus sind. Bei Matthias Höfflin geraten auch maischevergorene Naturweine extrem sauber. Dafür vergeben wir gerne den vierten Stern. Glückwunsch!

93 2018 »Prestige« Grauburgunder trocken
Quittenkompott und Birne in Pfeffer eingelegt, rauchige Noten, dichte Nase. Am Gaumen saftig und fruchtig, kräftig gebaut, extraktreich und mit guter Dichte und Spannung; als Sortentyp erkennbar, trotzdem individuell interpretiert, auch mineralische Tönung. Potenzial. 14,5 Vol.-%, NK, €€€

93 2018 »Prestige Orange Wine« Souvignier Gris Landwein trocken
Getrocknete Aprikose, etwas Schwarztee und Kräuter, pfeffrig und Apfelschale. Am Gaumen druckvoll und mit guter Substanz, auch wuchtig, aber immer im Sinne der Dynamik, guter Extrakt, die Phenole sind schön in Schmelz eingebettet, sauber, klar und individuell. 14,5 Vol.-%, NK, €€€

92 2019 »Prestige« Gewürztraminer Landwein trocken
In der Nase erkennbar als Bukettsorte, Rosenblätter, Tee, Kamille, Aprikose, auch Salbei. Setzt am Gaumen mit glockenklarer Aromatik an, mittlere Dichte, Saft und Tiefe, feine Phenole, etwas Gerbstoff, aber nicht zu ungestüm, sehr sauber vinifiziert. 13 Vol.-%, NK, €€€

94 2017 „Schwarzkehlchen Prestige« Spätburgunder Landwein trocken
Kirschfrucht mit Würze in der Nase, etwas Blutorange, Lorbeerblatt mit gutem Säurezug am Gaumen, kompakt, straff und auch dicht, respektiert die Frucht, mit Spannung und Zug, trocken und unverstellt mit griffigem Tannin, schöner Fluss, enorme taktile Mineralität. 12 Vol.-%, NK, €€€

92 2018 »Weinschwärmer Prestige« Chardonnay Landwein trocken

92 2019 »Prestige Maischevergoren« Müller-Thurgau Landwein trocken

91 2018 »Bienenfresser Prestige« Sauvignon Blanc Landwein trocken

90 2019 »Löss« Grauer Burgunder Landwein

90 2017 »Löss/Lehm« Grauer Burgunder Landwein trocken

92 2017 »Rotkehlchen Prestige« Spätburgunder Landwein trocken

90 2017 »Rufus Prestige« Landwein trocken ME/CS/CF

90 2019 »Löss« Weißburgunder Landwein tr.
Blüten in der Nase, Apfel und Mandarine, auch Kräuter; dicht am Gaumen und in gutem Einklang, würzig und saftig am Gaumen, klar im Ausdruck, phenolische Schicht, feine Gerbstoffe, fein eingewobene Säure, eleganter Weißburgunder, auch mit inneren Werten. 13 Vol.-%, DV, €€

★

WEINGUT HONOLD

Am Hummelberg 1, 76684 Östringen
T: +49 (7253) 278627, info@weingut-honold.de
www.weingut-honold.de

Ab-Hof-Verkauf: Mi bis Fr 10–12 Uhr und 15–18 Uhr, Sa 9–13 Uhr
Kellermeister: Ludwig Honold
Ansprechpartner: Ludwig Honold
Flaschen/Hektar: 50.000 (70 % weiß, 30 % rot)/8 ha

Schon seit 1985 führt Ludwig Honold das 1938 gegründete Weingut in Östringen im Kraichgau mit acht Hektar Rebfläche. Schon 2003 begann der Winzer mit dem Anbau von pilzresistenten Rebsorten und war damit seiner Zeit weit voraus. Diese Erfahrung im Umgang mit PiWis zeigt sich auch in der weißen Cuvée »Ludwig's Leidenschaft« aus Cabernet Blanc und Sauvignac, die mit ihrer üppigen Aromatik gefallen kann. Sehr gut gelungen ist der gut gebaute und schmelzige Auxerrois, den man sich gerne zum Risotto mit Pilzen oder Maronen vorstellt. Zum Weingut gehören auch eine Vinothek und ein Weinbistro.

89 2019 »Ludwig´s Leidenschaft« tr. CB/CAL
»Ludwigs Leidenschaft« aus Cabernet Blanc und Sauvignac, die nach Schwarzer Johannisbeere riecht und reifer exotischer Frucht. Lebhafte Säure trifft am Gaumen auf einen Schuss Süße und reife Frucht, großzügig in der Aromatik, kandierte Orangenschale im Ausklang. 13 Vol.-%, DV, €

88 2018 «Pinot« trocken WB/CH/PG
Cuvée von Weißburgunder, Chardonnay und Grauburgunder, zeigt in der Nase, dass sie im Holz ausgebaut wurde, Birne, geröstete Kastanie und Quitte. Im Mund kräftig und mit viel Würze, ebenso Holzwürze, trocken und auch fest in seiner Struktur. Braucht noch Zeit. 14 Vol.-%, DV, €

89 2018 »Reserve« Östringen Rosenkranzweg Lemberger Spätlese trocken
Brombeere und Holunder in der Nase, auch Schwarzkirsche, kräftige Holzwürze und auch ein leicht ätherischer Ton, nasses Leder. Zeigt ein großes Volumen am Gaumen mit eher verhaltener Extraktfülle, präsente Säure und wieder rotfruchtig, gut zu Fleischgerichten. 14,5 Vol.-%, DV, €€

89 2018 Östringen Ulrichsberg Merlot trocken
Würzige und großzügige Nase mit Brombeere und Kirsche, Schwarzkirschen, auch gekochte Frucht, Holznoten, Wacholderbeere, nasser Waldboden. Füllig am Gaumen, trocken im Ausdruck, mittlerer Extrakt, reife Säure, die Gerbstoffe sind etwas adstringierend, zu Fleisch. 13,5 Vol.-%, DV, €€

89 2019 Auxerrois trocken
Würzige Nase mit Kräutern und reifer Birne, auch Gelbfrucht und etwas Hopfenblüte. Kräftig am Gaumen mit guter Struktur und schöner Saftigkeit, Schmelz. Die ausgewogene Säure fügt sich gut ein, leichte phenolische Andeutung. Hat man gerne zum Maronenrisotto im Glas. 13,5 Vol.-%, DV, €

★★★★★

WEINGUT BERNHARD HUBER

Heimbacher Weg 19, 79364 Malterdingen
T: +49 (7644) 929722 0, info@weingut-huber.com
www.weingut-huber.com

Ab-Hof-Verkauf: Mo bis Fr 14–18 Uhr, Sa 10–12 Uhr
Kellermeister: Julian Huber
Ansprechpartner: Barbara und Julian Huber
Flaschen/Hektar: 145.000 (30 % weiß, 70 % rot)/28 ha

Julian Huber hat seine Stilistik innerhalb weniger Jahre zu großer Prägnanz und zu verlässlichem Wiedererkennungswert geführt: Die Rotweine bewahren sich in der Spontangärung eine pralle und ungemein frische Frucht, die Weißen zeigen eine nachgerade bissige Frische und Spannung. So wird jedes Vorurteil vom angeblich bräsigen badischen Wein pulverisiert. Basis von Hubers Arbeit ist nicht nur vertrauensvolles Teamwork, ebenso wichtig ist, dass die Reben in den besten Kalkinseln des lössbedeckten Breisgaus stehen. Und auch der gekonnte Umgang mit dem Barriquefass ist wesentlich.

94 2018 »Alte Reben« Malterdingen Chardonnay trocken
Dezent im Duft, leicht röstiges Holz, nussige Noten, gerösteter Sesam, Ringelblume, Orangenblüte. Im Mund mit straffem Säuregerüst, kräftiger taktiler Mineralität und einem Spannungsbogen, der die durchaus vorhandenen geschmeidigen Motive ins zweite Glied verweist. 12,5 Vol.-%, NK, €€€

95 2018 »Alte Reben« Malterdingen Spätburgunder trocken
Duftig, rote Grütze, Herzkirsche, kalkwürzige Untertöne. Im Mund druckvoll und tief, kraftvolle taktile Mineralität, lebendige Säure, feines, aber auch frisches Gerbstoffkorn, feste Säure, ein für die Langstrecke gemachter, vielschichtiger Burgunder. 13 Vol.-%, NK, €€€

94 2018 Malterdingen Bienenberg Spätburgunder GG
Wildkirsche und erdige Noten im Duft, kandierte Kirsche. Am Gaumen seidig bis feinkörnig im Gerbstoff, griffig, saftig, straffes Säuregerüst, im Extrakt etwas dichter als mittelgewichtig, pointiert verdichteter Abklang mit guter Länge. 13 Vol.-% NK, €€€

93 2018 Malterdingen Spätburgunder trocken
Animalische Würze und Spontangärungsnoten, Sauerkirsche. Im Mund mit zartem seidigem Ansatz, feiner Säure und früh präsenter taktiler Mineralität. In der Dichte mittel, im Stil ausgesprochen burgundisch, eine große Schnittmenge aus Würze, Frucht und Mineralik. 13 Vol.-%, NK, €€

92 2018 Köndringen Alte Burg Spätburgunder trocken

93 2018 »Malterdinger« trocken CH/WB
Rauchiges Holz, dezente Sortenaromatik, ganz leicht buttrig, ganz leicht zitrusfruchtig und kräuterwürzig, im Mund kalkmineralisch geprägt, kernig, mit einer Spur von Grüntönen, aber ohne Aggression, Extrakt bindet die Säure ein. Viel Drive, ausgezeichnete Länge. 12,5 Vol.-%, NK, €€

★ ★ ★

WEIN- UND SEKTGUT HUMMEL INHABER DANIEL RHEIN

Oberer Mühlweg 5, 69254 Malsch
T: +49 (7253) 27148, info@weingut-hummel.de
www.weingut-hummel.de

Ab-Hof-Verkauf: Mo bis Fr 17–19 Uhr, Sa 10–14 Uhr und nach Vereinbarung
Kellermeister: Daniel Rhein
Ansprechpartner: Daniel Rhein
Flaschen/Hektar: 48.000 (45 % weiß, 55 % rot)/8 ha

Viel hat sich verändert und entwickelt, seit sich Daniel Rhein im Wein- und Sektgut Hummel engagiert. 2015 begann er dort als Kellermeister zu arbeiten, wenig später übernahm er den Betrieb. Neue Rebsorten wurden gepflanzt, die Sektproduktion erweitert, die Weinberge begrünt, die selektive Lese eingeführt, den Weinen im Keller die notwendige Zeit gegeben, um Tiefe und Langlebigkeit zu fördern. Ein ganzes Bündel an Maßnahmen, das sich in der gestiegenen Güte der Weine spiegelt. Neben der substanzreichen »Reserve« vom Chardonnay überzeugen vor allem die kraftvollen und würzigen Rotweine.

91 2017 »Reserve« Malsch Ölbaum Chardonnay trocken
Reife Aprikose in der Nase, auch getrocknete Aprikose und kandierte Walnüsse, Honigwaffel. Am Gaumen kräftig und buttrig mit schönem feinwürzigem Fond, etwas Zimt, kandierte Orangenschale, die Wucht und der Alkohol sind gut eingebunden, kann reifen und zum Essen. 15 Vol.-%, NK, €€€

92 2017 »RR« Malsch Rotsteig Spätburgunder Auslese trocken
Rubinrot mit leichter Randaufhellung, würzige und rauchige Nase, Himbeere, Walderdbeere und Hagebutte, etwas Rauchspeck; am Gaumen kräftig und breit angelegt mit gutem Extrakt und reifer Säure, die sich ihren Weg bahnt, monumentale Auslese mit viel Wucht. 14 Vol.-%, NK, €€€€

91 2017 »Reserve« Malsch Rotsteig Lemberger trocken
Brombeere und Maulbeere in der intensiven Nase, balsamische Würze, frische rote Beete und gemahlener Ingwer, Rauch. Trocken, würzig und kräftig am Gaumen, Noten von Tabak, reifer Gerbstoff, die Säure ist da und bleibt, Holunderbeere, herbe Frische, zum Schmorbraten. 13 Vol.-%, NK, €€€

90 2017 »Cuvée Rouge« Malsch Rotsteig Spätlese trocken PN/ME/SY/RE
Cuvée von Merlot, Pinot Noir, Syrah und Regent, die würzig nach reifer roter Frucht riecht, Schwarzkirsche und Brombeere mit würzigen und rauchigen Noten. Am Gaumen mir guter Frische und präsentem Gerbstoff, der die Frische unterstützt, feine Herbe, zu Fleisch. 13 Vol.-%, NK, €€

89 NV »Auguste« Riesling brut

89 2019 Malsch Ölbaum Auxerrois Kabinett trocken

89 2019 Malsch Ölbaum Grauburgunder Kabinett trocken

88 2019 Malsch Ölbaum Sauvignon Blanc Kabinett trocken

88 2019 Malsch Ölbaum Weißburgunder Kabinett trocken

89 2017 Malsch Ölbaum Spätburgunder tr.

88 2019 »Pineau de Muscat« Gelber Muskateller

89 2019 »Saignée Rosé« Malsch Rotsteig Kabinett trocken
Rosé von Cabernet Sauvignon, Merlot, Cabernet Franc und Syrah, leichtes Lachsrosa im Glas, riecht beerig nach Him- und Johannisbeere. Am Gaumen gut abgestimmt, saftig, fruchtig und auch frisch, dezente Fruchtsüße und auch Schmelz, feine Tanninherbe. 12,5 Vol.-%, DV, €

★★

WEINGUT KILIAN HUNN

Rathausstraße 2, 79288 Gottenheim
T: +49 (7665) 6207, mail@weingut-hunn.de
www.weingut-hunn.de

Ab-Hof-Verkauf: Mo bis Fr 9–12.30 Uhr und 14.30–19 Uhr, Sa 9–16 Uhr
Kellermeister: Kilian Hunn
Ansprechpartner: Martina und Kilian Hunn
Flaschen/Hektar: 190.000 (75 % weiß, 25 % rot)/24 ha

Es sind Weine mit Substanz, Würze und Schmelz, die Kilian und Martina Hunn präsentieren und die gekonnten Holzeinsatz demonstrieren wie etwa die »Reserve«-Weine vom originellen Viognier und vom vielschichtigen Sauvignon Blanc Fumé. Wer die Geduld aufbringt und sie eine Weile weglegt, wird dafür belohnt. Auch der Pinot Noir zeigt Kraft und Druck und seine besondere Eignung als Begleiter für kräftige Gerichte. Der würzige und elegante Auxerrois »Junge Wilde« ist unsere Empfehlung. Die beiden Söhne Jonas und Patrick stehen übrigens schon in den Startlöchern – die Nachfolge ist gesichert.

91 2017 »Reserve« Viognier trocken
Expressives Duftbild mit reifer Zitrusfrucht, Maracuja, Papaya, Apfelkompott und viel Röstaromen. Saftig am Gaumen mit viel Schmelz und Würze, kein Mangel an Kraft und Substanz, die ausgewogene Säure trägt in ein langes Finale. Noch nicht am Ende seiner Möglichkeiten. 14 Vol.-%, DV, €€

91 2017 »Reserve« Fumé Blanc trocken
Intensiver und würziger Duft nach Schwarzer Johannisbeere und reifer, exotischer Frucht, von kräftigen Röstaromen und auch Vanille unterlegt. Vollmundig am Gaumen und extraktreich, viel Würze und ein Schuss Süße, reife Säure, konzentriert und vielschichtig. 13,5 Vol.-%, DV, €€

89 2019 »Junge Wilde« Weißburgunder tr.
Mandarine und gelbe Blüten im aromatischen Duft, auch Apfel und Maracuja. Am Gaumen mit fester Struktur und gutem Extrakt kompakt gebaut, die reife Frucht bereichert auch den Gaumen, dazu Würze ausgewogene Säure, Saft und Schmelz, vielschichtig, zu Gemüse und Fisch. 13 Vol.-%, DV, €

90 2016 Pinot Noir trocken
Beerige Nase, Kirsche Himbeere, rauchige Noten, Lorbeerblatt, etwas Pfeffer. Großes Volumen am Gaumen, breit angelegt, mit ordentlich Kraft und Druck, saftig und mit balsamischer Würze, von reifer Säure unterlegt. Zeigt alle Vorzüge, um kräftige Gerichte zu begleiten. 14 Vol.-%, DV, €€

89 2019 »Junge Wilde« Grauburgunder tr.

90 2018 »Junge Wilde« Auxerrois trocken
Birne und Reneklode im Duft, auch röstige Noten, feine Holzwürze und geröstete Nüsse. Eröffnet saftig und weich am Gaumen, dazu kommt eine präsente Würze, kräftiger Bau und ausgewogene Säure, feine Fruchtsüße im Hintergrund. Mit Substanz und auch Eleganz. 13,5 Vol.-%, DV, €

★★

WEINGUT GEBR. MATHIS KALKBÖDELE

Enggasse 21, 79291 Merdingen
T: +49 (7668) 334010, weingut@kalkboedele.de
www.kalkboedele.de

Ab-Hof-Verkauf: Di bis Fr 10–12 Uhr und 14–17 Uhr, Sa 10–13 Uhr, und nach Vereinbarung
Kellermeister: Manfred Zimmermann
Ansprechpartner: Sonja Mathis
Flaschen/Hektar: 100.000 (40 % weiß, 60 % rot)/15 ha

Das 1978 von den Mathis-Brüdern gegründete Weingut Kalkbödele wird heute von Sonja Mathis geführt, Betriebsleiter und Kellermeister ist Manfred Zimmermann, der die lange Tradition des Barriqueausbaus gekonnt weiterführt: Das Weingut gehörte schließlich zu den badischen Pionieren der Vinifizierung im kleinen Eichenfass. Kalkbödele – der Name bezieht sich auf die Kalkscholle des Tunibergs – ist aber auch seit den Gründertragen ein Spezialist für Burgundersorten in Weiß und Rot: Wer hier nach substanzreichen und kalkmineralisch grundierten Weinen sucht, wird nie enttäuscht.

90 2018 »Réserve« Chardonnay trocken
Kräftiges Zitronengelb, intensive und würzige Nase, Röstaromen vermengt mit reifer Frucht, Birne und Steinobst. Breit und tief angelegt am Gaumen, zeigt das warme Jahr mit Wucht und Substanz, der Alkohol bindet sich gut ein, charmantes Schwergewicht, zu kräftigen Speisen. 15 Vol.-%, NK, €€

90 2018 Pinot Gris trocken
Kräftiger Duft mit Eichenwürze, Wacholderbeere, Birne und Quitte, Heidelbeere, reifer Ananas, etwas Currypulver. Am Gaumen mit ordentlich Substanz und Power breit angelegt, die reife und gegenwärtige Säure sorgt für Gleichgewicht, trocken und würzig, kein Leichtgewicht. 13,5 Vol.-%, DV, €€

89 2017 »Mathis Cuvée Pinot Blanc« brut
Brioche, Hefegebäck, Aprikose und weiße Blüten in der Nase, auch ein wenig Rose. Im Mund verbinden sich Frische, Schmelz und Süße zu einer stimmigen Formel, saftig, nicht zu komplex in seiner Struktur. Patenter Aperitif, der auch zu Vorspeisen performt. 12,5 Vol.-%, NK, €€

90 2016 »Tradition« Spätburgunder trocken
Rauchiges Ambiente, Hagebutte, Erdbeere und Holzwürze. Kräftiger Bau am Gaumen mit Substanz und Kraft, gut eingewobene Säure, wieder Erdbeere, leicht marmeladig, die Gerbstoffe sind prägnant, markant, trocken und ungeschminkt, zum Sonntagsbraten. 14 Vol.-%, NK, €€

89 2016 Pinot Noir trocken

90 2018 Pinot Blanc trocken
Reife Aprikose zeigt sich begleitet von feinen Kräutern und Holzwürze in vollem Duft. Auch am Gaumen mit reifer Frucht und Intensität, gute Substanz, die lebendige Säure sorgt für Bewegung, mineralische Würze grundiert die Gaumenmitte, vielschichtig. 13,5 Vol.-%, DV, €€

★★★★

WEINGUT FRANZ KELLER

Badbergstraße 44, 79235 Vogtsburg-Oberbergen
T: +49 (7662) 93300, keller@franz-keller.de
www.franz-keller.de

Ab-Hof-Verkauf: Mo bis Fr 9–18 Uhr, Sa 10–18 Uhr, So 10–16 Uhr
Kellermeister: Uwe Barnickel
Ansprechpartner: Fritz Keller
Flaschen/Hektar: 200.000 (65 % weiß, 35 % rot)/35 ha

Wenn Analogien zum Fußball in diesem Weinguide erlaubt sein sollten, dann im Zusammenhang mit dem Weingut von Fritz Keller, dem langjährigen Präsidenten des SC Freiburg und derzeitigen DFB-Präsidenten. Als der famose Spätburgunder Steinriese aus 2018 im Glas aufzuspielen begann, wanderten unsere Gedanken zu jenem sensationellen Heber aus stolzen 40 Metern, den der Freiburger Stürmer Nils Petersen am 27. Januar 2018 in der 68. Spielminute ins Tor der Dortmunder Borussia zauberte. Dieser Geniestreich wurde zum Tor des Jahres 2018 gekürt. Müssen wir noch mehr dazu sagen?

94 2018 Oberrotweil Kirchberg Chardonnay GG

Rauch und Feuerstein in der Nase, Birne und Melone, etwas Kürbischutney, am Gaumen fokussiert und geradlinig, meidet das Üppige, dicht und auch phenolisch, auf Langlebigkeit vinifiziert und nicht auf Gefälligkeit und schnelle Effekte, auf Sicht elegant und geschmeidig. 12,5 Vol.-%, NK, €€€

96 2018 Oberbergen Steinriese Spätburgunder trocken

Huch. Eine Nase an der man stundenlang riechen kann. Nicht alltäglich. Walderdbeere, Kapuzinerkresse und etwas Eisen. Man könnte noch einiges aufzählen. Im Mund eine kräftige Säure und elegantes Tannin, komplex verwoben, mineralisch durchwirkt. Sehr eigen. Mögen wir. 12,5 Vol.-%, NK, €€€€

94 2018 Achkarren Schlossberg Spätburgunder GG

Rauchiges Neuholz, Rote Johannisbeere, pikante Frischfrucht. Am Gaumen zunächst lagentypisch geschmeidig und mollig, dann sich aber verschlankend, viel Saftigkeit, feiner Säurenerv, sehr gute taktile Mineralität. Im Abklang mittelgewichtig in der Frucht. 12,5 Vol.-%, NK, €€€€

94 2018 Jechtingen Enselberg Spätburgunder GG

Rauchiges Holz. Getrocknete Tomate, Kirsche, brenzlig-mineralwürzige Noten. Im Mund mit klassischer Proportion: festes Tannin in mittelhoher Menge, gut integrierte Säure, taktilmineralisches Spiel, in den Aromen noch verschlossen, prägnanter Lagenwein. 12,5 Vol.-%, NK, €€€

92 2018 Achkarren Schlossberg Grauburgunder GG

92 2018 Oberbergen Bassgeige Chardonnay Erste Lage trocken

92 2018 Oberbergen Pulverbuck Weißburgunder Erste Lage trocken

91 2019 Oberbergen Bassgeige Weißburgunder Erste Lage trocken

88 2019 »vom Löss« Grauburgunder trocken

93 2018 Oberrotweil Eichberg Spätburgunder GG

93 2018 Oberbergen Bassgeige Spätburgunder Erste Lage trocken

93 2016 »Pinot Rosé« brut

Schöne fruchtige und direkte Nase mit Himbeere, rotem Apfel, feiner Hefe und Rauch. Am Gaumen verweben sich Frische, reine Frucht, Schmelz und Eleganz zu einer genussvollen Liaison, dicht und auch komplex strukturiert. Herausragender Sekt in seiner Preisklasse! 12 Vol.-%, NK, €€

★

WEINGUT HARALD KEMPF

Oberer Mühlweg 9C, 69254 Malsch
T: +49 (07253) 278500, info@weingut-kempf.de
www.weingut-kempf.de

Ab-Hof-Verkauf: nach Vereinbarung
Kellermeister: Harald Kempf
Ansprechpartner: Harald Kempf
Hektar: 2 ha

Harald Kempf gründete 2001 sein kleines »Bonsai-Weingut« in Malsch mit rund zwei Hektar Reben im Malscher Ölbaum. Die erste Rebsorte, die er anpflanzte, war St. Laurent, danach folgten Pinot Noir und Blaufränkisch. »Qualität wird im Weinberg erzeugt und weniger ist mehr«, schreibt der Winzer. Dabei steht vor allem Handarbeit im Vordergrund. Harald Kempf gilt im Kraichau als Rotweinspezialist, das stellt er vor allem mit seiner Cuvée »Grand Malheur« von Pinot Noir, Blaufränkisch und St. Laurent eindrucksvoll unter Beweis. Wenn nur jedes Missgeschick so viel Vergnügen bereiten würde.

89 2017 Malsch Ölbaum St. Laurent trocken
Riecht nach Mandelkern und Maulbeere, Kirsche und Johannisbeere, würzige Holznote, auch Pfeffer. Würzig und pfeffrig geht es am Gaumen weiter, reife Säure, kompakter Bau, die Gerbstoffe sind reif und tragen gut, aromatisch schön, feine Herbe, etwas Zimt. 13,5 Vol.-%, NK, €

89 2017 Malsch Ölbaum Blaufränkisch tr.
Kräftige Nase mit Schwarzkirsche, Pflaume und würzigen Komponenten, Rauch und Röstaromen, Wacholderbeere und Pfeffer. Kompakt und kräftig gebaut am Gaumen, die reife dunkle Frucht wird von viel Würze begleitet, ausgewogene Säure, die Gerbstoffe pelzen noch leicht. 13,5 Vol.-%, NK, €€

89 2017 Pinot Noir trocken
Kirsche in der Nase, Mandelkern und Marzipan, Schlehe, auch etwas Hagebutte und Blutorange. Eröffnet am Gaumen würzig und mit guter Frische, die reife Säure ist gut eingebunden, kompakte Struktur, die Gerbstoffe sind präsent mit feiner Adstringenz, würziges Finish. 13 Vol.-%, NK, €€

89 2019 Malsch Ölbaum Weißburgunder Spätlese trocken
Mirabelle und Apfel in der Nase, Kräuter. Im Mund zeigt sich die Charakteristik einer klassischen Spätlese mit kräftigem Bau, reifer Frucht und Säure, süßlichem Extrakt und etwas Restsüße. Fein abgerundet, zu Jakobsmuschel und Nudeln mit Pilz-Rahm-Soße. 13 Vol.-%, DV, €

89 2019 Malsch Ölbaum Chardonnay Spätlese trocken

90 2017 »Cuveé Grand Malheur« Malsch Ölbaum trocken PN/BF/SL
Cuvée von Pinot Noir, Blaufränkisch und St. Laurent, die nach Kirsche, Blutorange und Blaubeere riecht, Holzwürze und Mokka. Saftig und würzig am Gaumen mit präsenter, reifer Säure, geschmeidige Gerbstoffe, gut balanciert. Schön, wenn ein Grand Malheur so schmeckt. 13 Vol.-%, NK, €€

★★

WEINGUT AM KLOTZ

Auf der Festung 2, 79588 Efringen-Kirchen
info@weingut-am-klotz.de
www.weingut-am-klotz.de

Ab-Hof-Verkauf: nach Vereinbarung
Kellermeister: Team Weingut am Klotz
Ansprechpartner: Friedrich Keller und Herbert Reinecker
Hektar: 4 ha

Der Isteiner Klotz gilt als einer der spektakulärsten Kalkfelsen Deutschlands, die Reben stehen dort in nächster Nähe auf purem weißem Korallenkalk, der geologisch dem Jura zugerechnet wird. Die Familien Keller aus Oberbergen und Reinecker aus Auggen erwarben 2019 das Weingut am Klotz, das seither gemeinsam betrieben wird. »Das Terroir lässt uns immer wieder vor Begeisterung staunen«, sagt Friedrich Keller. Neue Weinberge sollen angelegt und neben Stillweinen auch Sekt erzeugt werden. Schon der erste Jahrgang zeigt, dass hier etwas Großes entstehen kann.

90 2018 »Kalk & Löss Weiss« Landwein trocken WB/PG/CH
Ein intensiv würziger Geruch steigt in die Nase. Geröstete Mandel und getrocknete Feige. Dazu kommt noch etwas Orangenzeste. Mineralik und Säure im Mund sind in etwa gleichauf. Der Nachhall ist recht lang und von einer kalkigen Mineralität geprägt. 12 Vol.-%, DV, €€

91 2018 Istein Spätburgunder trocken
Einladende Nase mit Sauerkirsche, Kardamom, etwas pfeffrig, reduktiv und frisch, macht Spaß. Am Gaumen könnte er fast ein bisschen mehr Extrakt haben. Der Gerbstoff dezent, die Säure ein wenig im Hintergrund. Cooler Wein, da freut man sich auf das, was noch kommt. 12,5 Vol.-%, NK, €€€

91 2018 »Kalk & Löss« Spätburgunder Landwein trocken
Ein Duft von reifen Himbeeren mit intensiver Salbeiaromatik. Im Mund hat er eine leicht rustikale Bitterness und eher mittlere Säurestruktur. Ein charakterstarker und doch durchaus schlanker Spätburgunder mit klarer mineralischer Definition. 12,5 Vol.-%, DV, €€

90 2018 Istein Cabernet Sauvignon trocken
Riecht, als ob man rote Paprika im Ofen röstet und einen Saft daraus macht. Süßlich, würzig plus ein Hauch Balsamicoessig und Schwarze Johannisbeere. Feine Gerbstoffe, schlank. Allerdings würde ein bisschen mehr Dichte am Gaumen nicht schaden. 12,5 Vol.-%, NK, €€

90 2019 »Kalk & Löss« Gutedel Landwein trocken
Erinnert in der Nase an Akazienhonig mit einem Hauch Weinbergpfirsich, hintergründig auch würzig und mineralische Andeutungen. Am Gaumen schlank und straff gebaut, betont trocken und geradlinig mit einer recht intensiven Säure und kalkigem Geschmack. Stark. 11,5 Vol.-%, DV, €

★★★

WEINGUT KLUMPP

Heidelberger Straße 100, 76646 Bruchsal
T: +49 (7251) 16719, info@weingut-klumpp.com
www.weingut-klumpp.com

Ab-Hof-Verkauf: Mo bis Fr 9–12 u. 14–18, Sa 9–13 Uhr
Kellermeister: Markus Klumpp
Ansprechpartner: Andreas und Markus Klumpp
Flaschen/Hektar: 180.000 (75 % weiß, 25 % rot)/32 ha
Anbauweise: Biologisch zertifiziert

Andreas und Markus Klumpp haben uns nochmals die weißen Lagenweine aus dem Jahrgang 2018 geschickt, denen die weitere Reifezeit gut bekommen ist, wie etwa dem feinwürzigen, mineralischen Chardonnay aus dem Kirchberg. Neu dazugekommen ist mit dem Jahrgang 2019 eine Ortswein-Linie, die auf die typischen Böden der Region hinweisen soll und betont trocken ausgebaut wird. Der Chardonnay »Muschelkalk« mit Frische und kalkigem Schmelz hat uns auf Anhieb gefallen. Die beiden roten Burgunder aus 2017 mit klarer Frucht und feinem Gerbstoff sind famos gelungen. Sie machen Lust auf mehr!

92 2018 Unteröwisheim Kirchberg Chardonnay trocken
Im Duft feine Würze, Apfelschalen, Blüten und etwas Rauch. Am Gaumen gut balanciert mit unaufgeregtem Fluss und reifer Säure, gelber Apfel und Mandarine als Fruchtbeitrag, etwas Limettensaft, feine Würze, die sich bis in den Ausklang hält, mineralischer Schliff. 13 Vol.-%, NK, €€€

91 2018 Bruchsal Rothenberg Grauburgunder trocken
Würzige und beerige Nase, Honigmelone, Birnenschale und nussige Noten. Zeigt Schmelz und Saft am Gaumen in Kombination mit Würze, die Säure ist präsent und transportiert zitrische Noten, kein Blockbuster, fein gearbeitet und mit eleganten Facetten, lebendig. 13 Vol.-%, NK, €€

93 2017 Bruchsal Weiherberg Pinot Noir trocken
Rauchige Nase, die von Kirsche begleitet wird, kräutrig, Röstaromen. Am Gaumen mit guter Balance, präsente Frucht und die präzise Säure gehen gut zusammen, delikate Würze, zeigt Spannung und griffige, reife Gerbstoffe, auch Kante und Profil, burgundisches Flair. 13 Vol.-%, NK, €€

92 2017 Bruchsal Rothenberg Spätburgunder trocken
Feinwürzige Nase mit Rauch und Röstaromen, Kirsche und etwas Brombeere; am Gaumen gut balanciert mit präsenter Frucht, fein ziselierter Säure und reifen, feinkörnigen Gerbstoffen, die von saftiger Frucht ummantelt sind, gute Struktur, eleganter Burgunder. 13,5 Vol.-%, NK, €€€

90 2019 »Muschelkalk« Bruchsal Chardonnay trocken

91 2018 Unteröwisheim Kirchberg Weißburgunder trocken
Klar gefasste Nase mit feiner Würze, Blüten, nussige Aromen, Mirabelle und Gewürze, etwas Piment. Weicher und saftiger Fluss am Gaumen, Apfel zeigt sich, feine Würze, das Holz ist eingebunden, gute Substanz, klar gefasst und elegant, ausgewogene Säure, zitrischer Ton. 13 Vol.-%, NK, €€

★★★

WEINGUT KNAB

Hennengärtle 1a, 79346 Endingen
T: +49 (7642) 6155, info@knabweingut.de
www.knabweingut.de

Ab-Hof-Verkauf: Mo bis Fr 17–18.30 Uhr, Sa 10–14 Uhr
Kellermeister: Johannes Rinker
Ansprechpartner: Johannes Rinker
Flaschen/Hektar: 150.000 (70 % weiß, 30 % rot)/23 ha

Gute Weine gab es vom Weingut Knab schon immer. Aber es macht Freude zu beobachten, wie Johannes Rinker ständig stärkere Akzente setzt, seit er 2016 nach dem Studium und Auslandsaufenthalten nach Endingen zurückgekehrt ist und im Keller die Verantwortung übernommen hat. Die weißen und roten Burgunder haben an Spannung, Intensität und Finesse zugenommen, sie zeigen am warmen Kaiserstuhl kühle Mineralik wie der Weißburgunder Wihlbach und der Grauburgunder Steinhalde. Es sind Weine, die wie die beiden hervorragenden Spätburgunder lange reifen können. Weiter im Aufschwung!

92 2019 Endingen Wihlbach Weißburgunder * trocken**
Mittleres Zitronengelb. Sehr klarer und feiner Duft von Geißblatt, weißem Pfirsich und Ztronenschale. Diese Aromen sowie Tomatenblatt werden von feiner Säure ideal eingebunden. In den langen Nachhall fügen sich dezenter Holzausbau und Mineralität sehr gut ein. 13,5 Vol.-%, NK, €€

92 2019 Amoltern Steinhalde Grauburgunder * trocken**
Definierter Duft von Veilchen, Holunderblüte, gelbem Pfirsich und Zitrone. Am Gaumen auch Aromen von Walnuss und Johannisbeere. Alles von sehr feiner Säure balanciert. Aus leichter Phenolik und mineralischen Noten heraus entwickelt sich ein sehr langer Nachhall. 13,5 Vol.-%, NK, €€

93 2018 Endingen Wihlbach Spätburgunder * trocken**
Dunkle Kirsche, Brombeere, Blaubeere und Gewürznelke in der Nase. Am Gaumen mit gutem Zug, guter Säure und weiteren Aromen von Wacholder, Rosenblatt und Speck. Reifes Tannin, feiner Ausbau und Struktur geben Potenzial. Bedeutender Nachhall. 13,5 Vol.-%, NK, €€€

92 2018 »R« Amoltern Steinhalde Spätburgunder * trocken**
Mittleres Rubin. Präziser Duft von Schwarzkirsche, reifer roter Kirsche, Zeder und Rauch. Am Gaumen ein mittelgewichter Körper, lebendige Säure und wiederum sehr saubere weitere Aromen von Hibiskus und Himbeere. Junges feines Tannin, guter Holzeinsatz und langer Nachhall.
13,5 Vol.-%, NK, €€€

90 2018 »Quintessenz« Endingen Engelsberg Spätburgunder Beerenauslese

89 2019 Endingen Engelsberg Weißburgunder Kabinett trocken
Ein reiner Duft von Zitronenzeste, Pfirsich und nassem Stein. Am Gaumen auch Aromen von schwarzem Johannisbeerblatt, Walnuss und Limone. Mit feiner Säure balanciert. Im spannenden Abgang kommen eine leicht salzige Note und etwas Rauch hinzu. Ein vielseitiger Speisenbegleiter. 13 Vol.-%, DV, €

★

WEINGUT KNAPP

Gunzenbachstraße 17b, 76530 Baden-Baden
T: +49 (7221) 28080, info@weingut-knapp.de
www.weingut-knapp.de

Ab-Hof-Verkauf: Mo bis Fr 9.30–12.30 Uhr, Do und Fr 14.30–17 Uhr
Kellermeister: Urban Jung
Ansprechpartner: Heinz Knapp
Hektar: 8 ha

Es tut sich was in Baden-Baden: 2012 gab die Stadt sechs Hektar der städtischen Rebflächen am Silberbuckel, Eckberg und Schafberg in die Obhut des Weinguts Knapp. Die Früchte der seither geleisteten Aufbau- und Erhaltungsarbeit – ein Hekar an alten Rieslingreben konnte sorgsam saniert werden – machen schon jetzt Freude. Der Riesling vom Mauerberg ist ein Wonneproppen, der die badische Gemütlichkeit im Herzen trägt. Und mit Sorten wie Merlot, Sauvignon Blanc und Grünem Veltliner unterstreichen Heinz Knapp und sein Kellermeister Urban Jung, dass die Zukunft bereits begonnen hat.

90 2018 Neuweier Mauerberg Riesling trocken
Ein würziger, bereits voll entfalteter Rieslingduft, Melisse, Limette, Pfirsich und Aprikose. Im Mund mit milder, runder Anmutung, präsente Extraktsüße, feste Säure, kräftiger Körper, dezent mineralisch gefärbt, Gelbfrucht im Abklang. Man schmeckt den Süden. 13 Vol.-%, DV

89 2018 Veltliner trocken
Kräftige und würzige Nase mit Apfel, Zitrusfrucht und Birne, auch etwas weißem Pfeffer. Auch im Mund von guter Intensität, kraftvoll, mit Schmelz, Saft und Würze, zeigt eine opulente Seite, behält aber das Maß und die Struktur. Etwas Maracuja, gute Länge, konsistent. 13,5 Vol.-%, DV

89 2018 Pinot Blanc trocken
Blüten in der kräftigen Nase, etwas Lavendel, Apfel und Reneklode. Am Gaumen mit viel Würze und guter Substanz, reife Frucht und reife Säure verstärken den großzügigen Auftritt, leichte phenolische Herbe sorgt für eine weitere Facette, saftiger Ausklang. 13,5 Vol.-%, DV

89 2018 Merlot trocken
Würzige und kräutrige Nase mit reifer, dunkler Frucht, Schwarze Johannisbeere und Schwarzkirsche, Piment und gemahlener Ingwer. Am Gaumen griffig mit präsenter Säure und markanten Gerbstoffen, gute Substanz und die Großzügigkeit des Jahres 2018, Mokka und Holunder im Ausklang. 13,5 Vol.-%, NK

88 2019 Spätburgunder Rosé trocken

90 2018 Sauvignon Blanc trocken
Maracuja und grüne Paprika in der kräftigen Nase, flankiert von Schwarzer Johannisbeere. Kräftiger Bau am Gaumen mit gutem Extrakt, ausgeprägter Würze und einer selbstbewussten Säure, die reife Frucht unterstützt den vollmundigen Eindruck, gute Länge. 13 Vol.-%, DV

★★★

WEINGUT KOPP

Ebenunger Straße 21, 76547 Sinzheim
T: +49 (7221) 803601, info@weingut-kopp.com
www.weingut-kopp.com

Ab-Hof-Verkauf: Mo bis Fr 14–18 Uhr, Sa 10–13 Uhr
Kellermeister: Johannes Kopp
Ansprechpartner: Johannes Kopp
Flaschen/Hektar: 150.000 (50 % weiß, 50 % rot)/30 ha

Johannes Kopp plant zielstrebig die Zukunft: Das Weingut mit 30 Hektar Rebfläche befindet sich in der Umstellung zum biologischen Weinbau. Im September 2020 begann der Winzer mit dem Bau des neuen Weingutgebäudes mit moderner Vinothek, eigener Gastronomie und begehbarem Bariquekeller – und das alles mit freiem Blick auf die Rheintalebene. Über all den Neuerungen sollte man jedoch die Weine nicht vernachlässigen: Die Spätburgunder sind markant und auf Zukunft vinifiziert, die Rieslinge feinsinnig und charaktervoll, der Chardonnay »Altenberg« dicht und phenolisch. Kompliment!

92 2018 »Terrassenlage« Sinzheim Klostergut Fremersberg Feigenwäldchen Riesling tr.
Individuelle Nase mit Noten von Apfelschale, würzigem Holz und Gewürzen wie Kümmel und Anis. Am Gaumen schlank und straff gebaut mit gutem Extrakt, phenolischen und mineralischen Elementen. Eigenwillig und mit Charakter, gute Anlagen zur weiteren Entfaltung. 13 Vol.-%, NK, €€€

92 2018 Sinzheim Altenberg Chardonnay tr.
Die Nase zeugt noch vom Holzausbau, etwas Holzparfum und Röstaromen, dazu Gelbfrucht, Quitte und etwas Kürbis. Kräftige und bündige Struktur am Gaumen, zeigt Dichte und Volumen, aber auch phenolische und mineralische Noten. Kann weiter zulegen, gute Substanz. 13 Vol.-%, NK, €€

93 2017 Varnhalt Sommerhalde Spätburgunder trocken
Viel Pinot Noir in der Nase, Kirsche, feine Röstaromen, etwas Blutorange und Wald. Am Gaumen mit sehr guter Balance, Kraft und Frische halten das Gegengewicht, fein ziselierte Säure, forderndes Tannin, das sich entwickeln wird, mineralisch und jugendlich. 13 Vol.-%, NK, €€€

93 2017 Sinzheim Klostergut Fremersberg Feigenwäldchen Spätburgunder trocken
Kirsche in der verschlossenen Nase, Rauch und mineralische Anklänge. Setzt mit feiner Saftigkeit geschmeidig am Gaumen an, schlank gebaut mit guter Frische und fein eingewobener Säure, deutliche Mineralik. Potenzial! Nur in Magnum- und Doppelmagnum-Flasche erhältlich. 12 Vol.-%, NK, €€€

91 2018 Varnhalt Röderswald Weißburgunder trocken

90 2018 »Buntsandstein« Sinzheim Klostergut Fremersberg Feigenwäldchen Riesling feinherb

89 2019 Chardonnay trocken

89 2019 »Lösslehm« Weißburgunder trocken

88 2019 Grauburgunder trocken

91 2017 Varnhalt Sonnenberg Spätburgunder trocken

90 2017 »Roter Porphyr« Spätburgunder tr.

90 2017 Spätburgunder trocken
Kirsche und Gewürze in der Nase, Kräuter, weckt Erwartungen. Mit klarer Frucht am Gaumen, schlank, straff und bündig, wirkt naturbelassen und ein wenig wild, auch gute Dichte und markante, griffige Gerbstoffe. Viel Pinot fürs Geld und eine Bereicherung bei Tisch! 12,5 Vol.-%, DV, €€

★★★

LÄMMLIN-SCHINDLER

Müllheimer Straße 4, 79418 Schliengen-Mauchen
T: +49 (7635) 440, weingut@laemmlin-schindler.de
www.laemmlin-schindler.de
Ab-Hof-Verkauf: Mo bis Fr 9–12 Uhr und 14–18 Uhr, Sa 9–12 Uhr und 14–16.30 Uhr
Kellermeister: Gerd Schindler, Friedhelm Maier
Ansprechpartner: Gerd Schindler
Hektar: 19 ha
Anbauweise: Biologisch zertifiziert

Das Bioweingut aus Schliengen-Mauchen steht für exzellentes Handwerk und im besten Sinn unaufgeregte Weine, die über Balance und Struktur verfügen sowie sehr gut reifen, wie die teilweise älteren Jahrgänge zeigen, die dieses Mal angestellt wurden. Aus dem warmen Jahr 2018 überzeugt das spannungsreiche Große Gewächs vom Chardonnay aus dem Mauchener Frauenberg, dem die Hitze nichts anhaben konnten. Der 2016er Spätburgunder »Alte Reben« offenbart feine Mineralität. Übrigens: Wenn Sie in der Nähe sind, bitte unbedingt das zum Weingut gehörende Gasthaus besuchen!

93 2018 Mauchen Frauenberg Chardonnay GG

Klares, sattes Gelb. In der Nase frische Birne, Apfel, etwas Rosenwasser, helle Blüten, zarte Vanille und ein Hauch Brioche. Am Gaumen schöner Schmelz, Quitte, feine Phenole, Zug, Fruchtextrakt, belebende Säure, voll Spannung und Zug, hat weiteres Potenzial. 13,5 Vol.-%, NK, €€€

91 2018 »Selektion« Mauchen Sonnenstück Grauburgunder Erste Lage trocken

Sattes, klares Gelb. In der Nase reife Birne, Mandelmus, Apfelschale, etwas Quitte und Rauch, reichhaltig. Am Gaumen schöner Schmelz, Brioche, wieder Birne, schöne Spannung, viel Extrakt, etwas Melone, gute Struktur und Länge, zum Kalb mit Pilzsoße. 13 Vol.-%, NK, €€

91 2016 »Alte Reben« Mauchen Spätburgunder trocken

Sattes, dunkles Rot. In der Nase Schlehe, Sauerkirsche, Rauch, etwas Johannisbeere und Brombeere, mineralisch unterlegt, würzig. Am Gaumen fein geschliffene Gerbstoffe, griffig, rote Früchte, Johannisbeere, Kirsche, gute Struktur, schöne Länge. 13 Vol.-%, NK, €€

91 2017 »FRAUenFELS« trocken CU/ME

Sattes dunkles Rot. Dunkle, rote Frucht in der Nase, Brombeere, Pflaume, reife rote Früchte, dahinter etwas Rauch. Am Gaumen satte, reife Gerbstoffe, rote Frucht, Brombeere, ausgewogene Säure, reichhaltig, Spannung und Kraft, saftig, zu einem Stück Fleisch. 13,5 Vol.-%, NK, €€

90 2019 Mauchen Weißburgunder trocken

89 2019 Mauchen Rosé trocken

Lachsfarben. In der Nase pikante Himbeere, Erdbeere, etwas Johannisbeere, dahinter Kräuterwürze. Am Gaumen zarte, rote Frucht, belebende Säure, wieder Himbeere, harmonisch mit schöner Spannung, endet auf frischen Früchten, gastronomisch gut einsetzbar. 13 Vol.-%, DV, €

★★

WEINGUT LANDMANN

Umkircher Straße 29, 79112 Freiburg im Breisgau
T: +49 (7665) 6756, info@weingut-landmann.de
www.weingut-landmann.de

Ab-Hof-Verkauf: Mo bis Fr 8.30–18.30 Uhr, Sa 8–18 Uhr
Kellermeister: Tino Scholz
Ansprechpartner: Jürgen Landmann
Flaschen/Hektar: 150.000 (55 % weiß, 45 % rot)/29 ha
Anbauweise: Biologisch zertifiziert

Hier gilt es mal eine Lanze für das Genre der leisen Weine zu brechen, die nicht mit wuchtigen und lauten Argumenten punkten, sondern mit feinen Nuancen und feinfühlig austarierter Balance, klarer Fruchtausprägung und gering dosiertem Alkoholgehalt. Zu dieser Gattung zählen die Erzeugnisse des biozertifizierten Weinguts Landmann, damit sind sie ziemlich untypisch für badische Verhältnisse. Hinter dieser Stilistik steht Kellermeister Tino Scholz, der 2019 den ersten Jahrgang vinifiziert und verantwortet hat. Die Weine sind aus einem Guss, da kann man noch einiges erwarten.

90 2019 Chardonnay trocken

Würzige Noten in der Nase, Zitrusfrucht, gelber Apfel und Birne, auch Blüten und Wiesenkräuter. Schlank gebaut am Gaumen mit gutem Extrakt, leicht salzige und zitrische Anklänge, ausgewogene Säurestruktur. Keine laute Stilistik, in sich stimmig und bündig. 12,5 Vol.-%, NK, €€

89 2019 Pinot Blanc trocken

Gelbe Blüten in der Nase, Mirabelle, Aprikose und nussige Aromen, florale Noten. Am Gaumen fruchtig und saftig, gelbe Frucht und auch feiner Zitronensaft. Milde Säure, feingliedrig in der Struktur, mit schöner Würze in der Gaumenmitte, unaufgeregt und stimmig. 12,5 Vol.-%, NK, €

89 2019 Riesling

Ein traubiger, fruchtiger Duft, Ananas und Weiße Johannisbeere. Im Mund leichtgewichtig, recht frische Säure, zurückhaltende Süße im feinherben Stil, saftiger Abklang, ein sehr adretter Sortentyp, ausgewogen und ausdrucksstark mit guter Länge. 11,5 Vol.-%, DIAM, €

89 2019 »Cuvée La Tuni« tr. WB/MT/CH/SB/PG

Cuvée von fünf Rebsorten, die für ein feinfruchtiges Duftbild sorgen, Apfel und Noten von Zitrusfrucht, Blüten und Aprikose. Saftig und fein gearbeitet am Gaumen mit Apfelnoten und ausgewogener, milder Säure. Kein Draufgänger, leiser und würziger Wein. 11,5 Vol.-%, DIAM, €

89 2019 »Pinot Noir Rosé« trocken

89 2019 Pinot Gris trocken

Birne und ein Schuss frischer Ananassaft in der Nase, würzige Noten, frisches Lorbeerblatt, Apfelpüree. Am Gaumen saftig und mit feiner Würze unterlegt, leichte Herbe von Apfelschalen, schlank gebaut mit milder Säure, leichte Phenolik, patenter Speisenbegleiter. 13 Vol.-%, NK, €

★

MAIER BIO WEINGUT BADEN

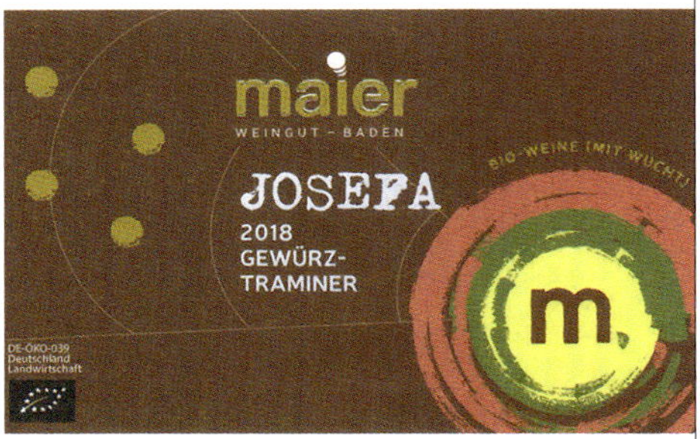

Karlsruher Straße 8, 76532 Baden-Baden
T: +49 (7221) 64197, info@weingutmaier.de
www.weingutmaier.de

Ab-Hof-Verkauf: Di bis Fr 9–12 u. 15–18 Uhr, Sa 9–13 Uhr
Kellermeister: Volker Maier
Ansprechpartner: Volker Maier
Flaschen/Hektar: 55.000 (70 % weiß, 30 % rot)/8 ha
Anbauweise: Biologisch zertifiziert

Der frühere Kugelstoßer und Zwei-Meter-Mann Volker Maier, der zwischen Baden-Baden und Bühlertal acht Hektar Weinberge bewirtschaftet, hat einen feinen Sinn für Humor: »Bio-Weine (mit Wucht)« steht auf seinen Etiketten und tatsächlich sind auch Weine mit schlagenden Argumenten dabei wie die rote »Re(d)volution« aus Prior, Monarch, Cabernet Cortis und Cabernet Carbon, die man sich gut zu einem Grillteller vorstellen kann. Aber Maier kann auch anders: Die Scheurebe verbreitet spielerischen Charme. Ein stimmiges Sortiment mit Weinen, die mit ihrem ungekünstelten Charakter überzeugen.

90 2018 »SI« Neuweier Mauerberg Riesling trocken

Kandierte Ananas im Duft, reifes Steinobst kommt dazu. Geschmeidig und rund im Gaumen, sehr getragen, die Säure kommt spät auf und bleibt dezent, intensive Gelbfrucht, reifer Pfirsich und Aprikose, ein zugänglicher und charmanter Typus mit betonter Frucht. 13 Vol.-%, DV, €€

90 2018 »HF« Grauer Burgunder trocken

Rauchige Noten zunächst in der Nase, etwas Lakritze und Wacholderbeere, dahinter auch Birne und Quitte. Saftig und geschmeidig am Gaumen mit reifer Säure, unterlegt von kräftiger Würze, kompakt und fest gebaut. Substanzreicher Grauburgunder, zu Perlhuhn mit Sahnesauce.
13,5 Vol.-%, DV, €€

89 2018 »Josefa« Gewürztraminer trocken

Rauch und Rosenblätter in der Nase, auch Mango kommt dazu. Am Gaumen trocken mit einer lebhaften Säure und etwas Kohlensäure, intensive Fruchtaromen, Schmelz, wieder zeigen sich reife Mango und das Aromenspektrum des Gewürztraminers, zum Essen! 13 Vol.-%, DV, €€

90 2018 »Re(d)volution« tr. CC/MON/CAC/PO

Cuvée aus Prior, Monarch, Cabernet Cortis und Cabernet Cabon. Ziemlich dunkel im Glas, in der Nase Brombeere, Holunder und Pflaume, auch Tee und Tinte. Am Gaumen mit viel Frucht, die im Vordergrund steht, Kraft, Substanz und Würze. Zu Schmorgerichten und Beef. 13,5 Vol.-%, NK, €€

88 2019 Weißburgunder trocken

89 2019 Scheurebe

Fruchtige und intensive Aromen nach Schwarzer Johannisbeere und Maracuja, viel Rebsortentypizität; im Mund schlank gebaut mit einer selbstbewussten Säure, die von feiner Süße ummantelt wird, charmantes Spiel, zu der die polierte Frucht beiträgt, feine Würze. 11 Vol.-%, DV, €

★★★

MARKGRAF VON BADEN - GUTSBETRIEB SCHLOSS STAUFENBERG

77770 Durbach
T: +49 (781) 42778
weinverkauf@schloss-staufenberg.de
www.schloss-staufenberg.de

Ab-Hof-Verkauf: Di bis So 11–19 Uhr
Kellermeister: Martin Kölble und Frédéric Kirch
Ansprechpartner: Volker Faust
Flaschen/Hektar: 140.000/21 ha

Der majestätische Staufenberg ist eine Landmarke, von der aus badische Weinbaugeschichte geschrieben wurde. Hier war es, wo die Markgrafen von Baden erstmals in ihrem Hoheitsgebiet reinsortigen Riesling anbauen ließen, immerhin schon 1782. Der »Klingelberger K« aus eben jenem historischen Gewann zeigt sich der damaligen Großtat würdig: mit reicher Würze und einer südlich-großzügigen, fast könnte man sagen: badisch-gemütlichen Anlage. Insgesamt ist ein Aufwärtstrend im markgräflichen Weingut unübersehbar. Die Spätburgunder sind bereits in die absolute Top-Liga vorgedrungen.

92 2018 »Klingelberger K« Durbach Schloss Staufenberg Riesling GG
Traubig im Duft, Reneklode, Apfelkompott, aber auch dezent balsamische und pfeffrige Terroirnoten. Geschmeidig im Ansatz, weit ausgreifend und getragen, das Volumen ist mit Schmelz, einer zarten Schicht Phenolik und einer reifen Säure gefüllt. Terpenwürziger Abklang. 13 Vol.-%, NK, €€€

91 2018 Durbach Schloss Staufenberg Chardonnay Erste Lage trocken
Reduktive Aromen und rauchiges Holz. Braucht etwas Luft. Im Mund geschmeidig, von mineralischem Extrakt getragen, zarte Phenole, reife Säure und Cremigkeit gehen gut Hand in Hand, klingt rund und mit Schmelz ab, aber auch mit Saftigkeit und feiner Mineralik. 14 Vol.-%, NK, €€

93 2017 Durbach Schloss Staufenberg Sophienberg Spätburgunder GG
Kleine rote Beeren, Mandel, Preiselbeere, etwas Minze, Thymian, dezentes Holz, Beifuß. Öliger Hintergrund, zarte fruchtige Süße und ein ganz feiner Extrakt, seidig und mit einer zusätzlichen Dimension der Griffigkeit, viel Saft und mineralische Eleganz, delikate Abgangsfrucht. 13 Vol.-%, NK, €€€

92 2018 Durbach Schloss Staufenberg Spätburgunder Erste Lage trocken
Eine frische Kirschfrucht im Duft. Im Mund mit mürbem Gerbstoffdruck, geschmeidig grundiert, reife, aber ausreichend tragende Säure, präsente Gaumenfrucht, angesichts von Lage und Jahr erfreulich »kühl«, deutlich mineralisch geprägt im Abklang. 13,5 Vol.-%, NK, €€

91 2019 Durbach Schloss Staufenberg Grauburgunder Erste Lage trocken

90 2019 Durbach Grauburgunder trocken

90 2019 Durbach Schloss Staufenberg Sauvignon Blanc Erste Lage trocken

90 Riesling extra brut

89 2019 »Klingelberger« Riesling trocken

91 2017 Durbach Spätburgunder trocken
Eine würzige Kirschfrucht, etwas Hefe, Kräuter, Kirschkern, Marzipan. Straff gebaut am Gaumen, gute Dichte, körniges Tannin, viel Saftigkeit, lebendiger Säurenerv, intensiv taktilmineralischer Hintergrund, ein recht kompletter Ortswein mit weiterer Reifeperspektive. 12,5 Vol.-%, DV, €€

★★

WEINGUT MARKGRAF VON BADEN

Schloss Salem, 88682 Salem
T: +49 (7553) 81284, weingut@mbweinhaus.de
www.markgraf-von-baden.de

Ab-Hof-Verkauf: ja
Kellermeister: Martin Kölble und Frédéric Kirch
Ansprechpartner: Volker Faust
Flaschen/Hektar: 1.200.000 (55 % weiß, 45 % rot)/135 ha

Die am Bodensee gelegenen Weinberge des Markgrafen von Baden gehören zu den höchstgelegenen Deutschlands, sie ziehen sich bis auf 460 Meter hoch und wurden von eiszeitlichen Gletschern geformt. Die alpine Herkunft verleiht den Weinen Frische und Ausdrucksstärke, der See fördert ihre Frucht und Eleganz. Es sind allesamt Weine, die mit Feinheit, Schmelz und Würze überzeugen wollen, wie zum Beispiel die beiden hervorragenden Spätburgunder aus dem Bermatinger Leopoldsberg. Auch der saftige und glockenklare Müller-Thurgau zeigt alle Vorzüge eines typischen Seeweins!

89 2019 Birnau Weißburgunder trocken
In der Nase Reneklode mit Kräutern und reifem, gelbem Apfel, auch zitrische Noten. Setzt am Gaumen saftig an, Schmelz, der durch Würze ergänzt wird, die Säure ist lebhaft und wird wieder von zitrischen Noten begleitet, schlank und bündig gebaut, auch gut bei Tisch. 12,5 Vol.-%, DV, €€

89 2019 Birnau Grauburgunder trocken
Reife Birne und etwas Quitte im Duft, Blüten und Mandeln. Am Gaumen mit einer schlank gefassten Statur, trocken und mit feiner Würze und Saft, etwas Zitrusfrucht bringt sich ein, die präsente Säure sorgt für Fluss, zeigt Profil und Lage, auch gut zu Pasta und Huhn. 12,5 Vol.-%, DV, €€

91 2016 »B« Bermatingen Leopoldsberg Spätburgunder GG
Rote Frucht im beerigen Duft, Kirsche und Himbeere, dazu ein bisschen Rauch und Gewürze. Ein fein extrahierter, eleganter Spätburgunder mit Lokalkolorit, der mit eher leise vorgetragenen Argumenten überzeugt, es geht nicht um Wucht, sondern um Feinheit und Nuancen.
13 Vol.-%, NK, €€€

91 2018 Bermatingen Leopoldsberg Spätburgunder Erste Lage trocken
Würziges Bukett mit Kirsche, Johannisbeere und Hagebutte, Gewürze und floralen Noten. Fruchtig und saftig am Gaumen mit klarem Ausdruck, kräftig gebaut, mit Substanz, ausgewogener Säure und gepflegten Gerbstoffen, eleganter und fein gearbeiteter Burgunder. 13,5 Vol.-%, NK, €€

88 2019 Weißburgunder trocken

88 2019 Grauburgunder trocken

87 2019 Spätburgunder Rosé trocken

89 2018 Bermatingen Spätburgunder trocken

89 2018 Spätburgunder trocken

89 2019 Birnau Müller-Thurgau trocken
Kräutrige und würzige Nase mit Apfel und Blüten, auch Mirabelle. Schlank und filigran in der Textur, wieder mit fruchtigen und klaren Apfelnoten, präzise Säure die nach vorne strebt, saftig, würzig und mit Schmelz. Müller-Thurgau, der viel Bodensee zeigt. 11,5 Vol.-%, DV, €

★★

MARKGRÄFLER WINZER

Winzerstraße 2, 79588 Efringen-Kirchen
☎: +49 (7628) 91140, h.ruedlin@markgraeflerwinzer.de
www.markgraeflerwinzer.de

Ab-Hof-Verkauf: Mo bis Fr 9–18 Uhr, Sa 9–13 Uhr
Kellermeister: Martin Leyh und Rainer Müller
Ansprechpartner: Hagen H. Rüdlin
Hektar: 940 ha

Nachdem wir im vergangenen Jahr lediglich die gereifte Prestigeserie der Markgräfler Winzer verkosten konnten, bietet sich jetzt auch ein Blick in die Breite des Sortiments, das sehr erfreulich ausfällt: Seit die frühere »Bezirkskellerei« der Vergangenheit angehört, hat hier die Zukunft Einzug gehalten. Unter der Leitung von Hagen H. Rüdlin werden von 940 Hektar Reben Weine zu sehr fair kalkulierten Preisen erzeugt, die sich vor der privaten Konkurrenz nicht fürchten müssen. Ein intelligentes und anspruchsvolles Modell für eine Genossenschaft – nicht nur für Baden. Großes Kompliment!

92 2018 »DER« Chardonnay trocken
Noch hefegeprägt im Duft, dezente Sortenaromen, Getreide. Etwas Kalk. Im Mund sehr gut ausgewogen, druckvoll, reife Säure, leicht salzig, leicht geschmeidig, hat von allem etwas und wahrt dabei große Balance. Ein äußerst kultivierter Chardonnay. 13 Vol.-%, NK, €€

90 2018 »DER« Chardonnay Landwein trocken
Etwas Zitrusfrucht, Kräuter, etwas Holz, ein klein wenig Spontangärung, aber nicht zu fordernd. Geschmeidig ansetzend, reife Säure, ein Anflug von Phenolen, viel Saftigkeit, mittlere Extraktdichte, ein eher braver Landwein, nahe am konventionellen Modell. 13 Vol.-%, DV, €€

91 2017 »Kunstwerk« Feuerbach Steingässle Spätburgunder trocken
Deutliches Neuholz, dunkelbeerig, Holunder, Wacholder, Reisig, Pfeffer. Voll im Mund, feinkörniges Tannin in kräftiger Menge, leicht rappig, taktilmineralische Töne, gut zum Körper passende Säure, aromatisch noch verschlossen, für die Flaschenreife gebaut. 13 Vol.-%, NK, €€

91 2018 »DER« Spätburgunder Landwein tr.
Reiffruchtig, Rosine, sehr reife Himbeere und Walderdbeere, Malz. Im Mund ganz entspannt und seidig bis sämig im Gerbstoff, reife Säure, feinfruchtig begleitet, die Wärme des Jahres ist spürbar, wird jedoch durch milden Fluss recht elegant in Szene gesetzt. 13,5 Vol.-%, NK, €€

90 2016 Pinot Blanc brut

89 2019 »Kunstwerk« Istein Kirchberg Gutedel trocken

89 2019 »Handwerk« Ötlingen Sonnhole Chardonnay trocken

89 2018 »Kunstwerk« Ehrenstetten Oelberg Weißburgunder trocken

89 2019 »Kunstwerk« Ballrechten-Dottingen Castellberg Grauburgunder trocken

89 2019 »Handwerk« Blansingen Wolfer Weißburgunder trocken

88 2019 »Handwerk« Ehrenstetten Rosenberg Sauvignon Blanc trocken

91 2015 »Kunstwerk« Grenzach Hornfelsen Rotwein trocken PN/CC
Erste Entwicklung im Duft: schokoladig, Milchkaffee, deutlicher Holzeinsatz, Mandelnoten, Rote Johannisbeere, Kräuter, eher »deutsch« und eher Spätburgunder als Pinot Noir, aber komplex. Am Gaumen fein geschmolzenes Tannin, reife Säure, geschmeidig grundiert. 13,5 Vol.-%, NK, €€

★★

STAATSWEINGUT MEERSBURG

Seminarstraße 6, 88709 Meersburg
T: +49 (7532) 446744
info@staatsweingut-meersburg.de
www.staatsweingut-meersburg.de

Ab-Hof-Verkauf: Mo bis Fr 9–18 Uhr, Sa 9–16 Uhr
Kellermeister: Johannes Brückner
Ansprechpartner: Marion Schäfer
Flaschen/Hektar: 400.000 (50 % weiß, 50 % rot)/63 ha

Majestätisch thront der frühere Reithof, in dem das Meersburger Staatsweingut residiert, über Reben und See. Eine ebenso erhabene Position nimmt auch das Lagenportfolio des Weinguts ein. In den letzten Jahren hat man diese privilegierten Bedingungen immer besser im Glas wiedergefunden, und wir hatten bereits einmal einen dritten Stern in Aussicht gestellt. Der junge Kellermeister Johannes Brückner, der nun mit dem Jahrgang 2019 die Leitung beim Weinausbau übernahm, hat sich mit auffallend guten Rieslingen eingeführt. Bravo! Wir behalten den Betrieb auf unserer Drei-Sterne-Watchlist.

92 2019 Meersburg Rieschen Riesling trocken
Pfirsich, Mandarine und traubige, leicht muskatierende Aromen, reife Zitrusfrucht, dazu ein Bodenton wie von warmem Sandstein. Im Mund saftig und salzig, reife, tragende Säure und eine fruchtunterstützte Süße, deutliche taktile Mineralität, eigenständig. 12,5 Vol.-%, DV, €€

92 2019 Meersburg Bengel Riesling feinherb
Zitrusfruchtig, frischer Zitrusabrieb, Melisse, dazu auch feuchter Stein und warmer Ziegel. Ein saftiger, spannungsreicher Gaumen mit sehr gutem Süße-Säure-Spiel, mit großer Eleganz und einer kristallinen Leichtigkeit in allem, Seewein auf höchstem Niveau. 11 Vol.-%, DV, €€

92 2018 Meersburg Rieschen Traminer feinherb
Rose und rauchige Noten, frischfruchtig-traubig, kandierte Früchte, Cassata. Im Mund cremig, viskos, vergleichsweise kräftige Süße, gutes Säurerückgrat, hoch in der Intensität, mittelgewichtig in der Länge, leicht mineralisch getönt. Eleganter Gewürztraminer. 12,5 Vol.-%, DV, €€

91 2018 »Großes Gewächs« Meersburg Lerchenberg Spätburgunder
Noch zurückhaltend im Duft, dunkelbeerig, Holunder, Tabak, schokoladige und buttrige Töne. Am Gaumen seidig und sehr rund, druckvoll mit feinen Mitteln, kräftiger, aber integrierter Alkohol, präsente taktile Mineralität, »warme« Gaumenfrucht, gute Länge. 14 Vol.-%, DV, €€€

91 2019 Meersburg Rieschen Grauburgunder trocken

91 2019 »Großes Gewächs« Meersburg Chorherrnhalde Chardonnay

89 2019 Hohentwiel Olgaberg Müller-Thurgau trocken

89 2019 Meersburg Chorherrnhalde Chardonnay & Weißburgunder trocken

89 2019 Spätburgunder Weißherbst trocken

89 2018 Hohentwiel Olgaberg Spätburgunder trocken

90 2019 Meersburg Bengel Spätburgunder Weißherbst trocken
Dunkel lachsfarben mit orangetönigen Reflexen. Im Duft wirklich Weißherbst im Stil, ein Touch von Überreife, etwas Quitte und Bienenwachs, Apfelschale. Im Mund mit pfeilgerader Säure auf geschmeidigem Hintergrund, ein Hauch Phenole, gute Substanz. 13 Vol.-%, DV, €

★

WINZERVEREIN MEERSBURG

Kronenstraße 19, 88709 Meersburg
T: +49 (7532) 4316 0, info@meersburger.de
www.meersburger.de

Ab-Hof-Verkauf: ja
Kellermeister: Valentin Wagner
Ansprechpartner: Martin Frank
Hektar: 57 ha

Die traditionsreiche Genossenschaft am Bodensee vermag zu überraschen: Mit der Serie »Winzerstolz« ist dem Team um Martin Frank und Valentin Wagner ein Wurf gelungen. Die Weine bestechen mit klarer Frucht und Akkuratesse, zeigen viel Substanz wie beim holzunterstützten Grauburgunder, gut kanalisierte Power wie beim üppigen Weißburgunder oder geschmeidige Zugänglichkeit wie beim beerigen Spätburgunder. Der See in goldener Farbe prangt – zu Recht – auch auf dem Etikett des Muskatellers, der die Sorte von ihrer eleganten, kabinettartigen Seite zeigt. So fein kann Seewein sein!

91 2018 »Winzerstolz« Meersburg Sängerhalde Grauer Burgunder trocken
Eine Spur Holz, komplex und klar in der Frucht, beerig und zitrisch, Charentaismelone. Im Mund mit Kraft und Stoff, lebendige Säure, konzentrierte Frucht, gute Substanz, viel Geschmeidigkeit, ein sehr kompletter, potenzialreicher Grauburgunder. 13,5 Vol.-%, DV, €€€

90 2019 Meersburg Sängerhalde Riesling tr.
Eine feine, nuancierte Rieslingfrucht, Pfirsich, ein Hauch von Honig, Zitronenmelisse. Im Mund mit guter Balance, zarte Süße, kultivierte Säure, leichtgewichtig im Alkohol, mit dezent spritziger Frische, nicht zu süß abgestimmt, ein ganz kompletter, saftiger Riesling. 12 Vol.-%, DV, €

90 2018 »Winzerstolz« Meersburg Sonnenufer Weißburgunder trocken
Duftig, würzig: Heu, Frühlingswiese, Anisbrötchen, etwas Hefe. Im Mund recht wuchtig, satter Körper, reif und zart schmelzend, lebendige Säure, ein dicker Brummer, aber durchaus im Lot und wie gemacht für die Begleitung hochwertiger Kulinarik. 14,5 Vol.-%, DV, €€€

90 2018 »Winzerstolz« Meeersburg Fohrenberg Spätburgunder trocken
Brombeere und Holunder, ein Anflug von Holz, dezent kräuterwürzige Noten. Im Mund saftig und seidig, eine klare, volle Gaumenfrucht, verbindet Schmelz und Struktur, hat dabei eine elegante Anlage und ist deutlich mineralisch gefärbt, homogene Länge, guter Wein. 14,5 Vol.-%, DV, €€€

89 2019 Meersburg Sängerhalde Müller-Thurgau trocken

88 2019 Meersburg Sonnenufer Grauer Burgunder trocken

88 2019 Meersburg Sonnenufer Chardonnay trocken

88 2019 »Pinot Noir Blanc de Noirs« Meersburg Sonnenufer trocken

87 2019 Müller-Thurgau feinfruchtig

88 2019 Meersburg Sängerhalde Spätburgunder Weissherbst feinherb

87 2019 Meersburg Sonnenufer Spätburgunder Rosé trocken

90 2019 Meersburg Fohrenberg Gelber Muskateller
Üppige Würze im Duft, frisch geriebene Muskatnuss, zitrische Töne, etwas Hefe. Im Mund saftig, gebündelt, rassige Säure, fein die Würze unterstützende Süße, gute Substanz und dennoch leichtfüßig und elegant, schöner Muskateller. 11,5 Vol.-%, DV, €

★★

WEINGUT MOOSMANN

Schwarzwaldstraße 78, 79183 Waldkirch-Buchholz
T: +49 (7681) 7574, genuss@weingut-moosmann.de
www.weingut-moosmann.com

Ab-Hof-Verkauf: Mo bis Fr 8–18.30 Uhr, Sa 8–18.30 Uhr
Kellermeister: Georg Moosmann und Marco Hammer
Ansprechpartner: Mathias Hall
Flaschen/Hektar: 190.000 (50 % weiß, 50 % rot)/25 ha

Siegfried Moosmann begann 1986 seine Weine selbst auszubauen, seit 1994 ist Sohn Georg Moosmann für die Kellerarbeit verantwortlich, 2014 hat er den Betrieb übernommen. Die Rebfläche ist auf 25 Hektar angewachsen, die Reben stehen am Fuße des Schwarzwalds in Buchholz, Mundingen und Herbolzheim. Der Fokus liegt zwar auf den Burgundersorten, aber Riesling, Sauvignon Blanc und Muskateller kommen hier nicht zu kurz. In den letzten Jahren wurde kräftig in moderne Kellertechnik investiert, um die Trauben noch sorgfältiger verarbeiten zu können. Ein überaus gelungenes Debüt in diesem Guide!

92 2018 Buchholz Sonnhalde Riddele Grauer Burgunder Spätlese trocken
»Gris« in der Farbe, leuchtende Reflexe, im Duft Dörrobst, aber auch Feuerstein, Funkenschlag. Im Mund geschmeidig, seidig, weit gefasst mit reifer Säure und kräftigem, aber integriertem Alkohol sowie früh präsenter, intensiver und lange anhaltender taktiler Mineralität. 14,5 Vol.-%, NK, €€

93 2018 »Alte Reben« Buchholz Sonnhalde Spätburgunder trocken
Holunder und Apfel, dezent nussige Holznoten, Obertöne von Thymian und Lakritze. Im Mund mit enormem Druck aus feinsten Mitteln, die seidigen Phenole sind an intensive taktile Mineralität gekoppelt, der cremige Hintergrund trägt Säure, Frucht und Extrakt. Hat Tiefe! 14 Vol.-%, NK, €

92 2017 Buchholz Sonnhalde Am Rebhäusle Spätburgunder trocken
Bitterschokolade, röstige Noten, Mokka, Kräuterbitter. Sehr reifes Lesegut. Cremig und ölig ansetzend, straffes, körniges Tannin, präsenter, sich im Gaumenverlauf leicht steigernder Säurenerv, ein stoffiger Kern für Jahre kommender Flaschenreife. 14 Vol.-%, NK, €€

94 2018 Opal S »Aus eingetrockneten Trauben« Gelber Muskateller Deutscher Wein
Golden in der Farbe mit goldgelben Reflexen. Im Duft eine delikate Mukatellerfrucht, kandierter Pfirsich, Mango, Muskat, viskos ansetzend, intensiv stoffige Gaumenmitte, konzentrierte Säure, großzügige Süße und ein salziger Abklang. Große Länge. 9,5 Vol.-%, DV, €€€

91 2019 Herbolzheim Kaiserberg Gelber Muskateller trocken

90 2018 Buchholz Sonnhalde Reichenbächle Riesling Spätlese trocken

90 2018 Buchholz Sonnhalde Reichenbächle Chardonnay Spätlese trocken

90 2018 Buchholz Sonnhalde Riddele Weißburgunder Spätlese trocken

90 2019 Buchholz Sonnhalde Gewürztraminer Spätlese

89 2019 Buchholz Sonnhalde Grauer Burgunder Kabinett trocken

90 2018 Buchholz Sonnhalde Spätburgunder Spätlese trocken

90 2017 »Pinot« brut
In der Nase zeigen sich reife Mirabelle und Pinotfrucht, Himbeere, auch Zitrusfrucht, würzige und florale Noten. Direkte und lebhafte Säure, die am Gaumen für ordentlich Betrieb sorgt. Straff und würzig, aber auch Saft und Schmelz. Trocken und animierend. 12,5 Vol.-%, NK, €€

★★★

WEINGUT NÄGELSFÖRST

Nägelsförst 1, 76534 Baden-Baden
T: +49 (7223) 35550, info@naegelsfoerst.de
www.naegelsfoerst.de

Ab-Hof-Verkauf: ja
Kellermeister: Annette Bähr
Ansprechpartner: Steffen Röll
Flaschen/Hektar: 185.000 (75 % weiß, 25 % rot)/33 ha

Die stilistische Souveränität im Weingut Nägelsförst wächst stetig. 2016 wurde das Weingut von einer fränkischen Unternehmerfamilie übernommen, seitdem feilen Betriebsleiter Steffen Röll und Kellermeisterin Annette Bähr an ihrer ganz eigenen Weinstilistik. Das Weingut hält 33 Hektar Rebfläche in hochwertigen Steillagen wie dem Neuweierer Mauerberg oder dem Varnhalter Klosterbergfelsen. Das Terroir dieser Lagen findet vor allem Ausdruck in den mineralisch definierten Rieslingen und spannungsreichen Spätburgundern, die vom gekonnten Holzeinsatz profitieren. Starke Performance!

93 2019 »Steilflug« Varnhalt Klosterbergfelsen Riesling trocken
Pfirsich in der Nase Minze und auch Basilikum, kandierte Orangenschale. Am Gaumen mit gutem Volumen und Extrakt kräftig gebaut, die Säure ist pointiert und trägt gut, nicht zu süß, saftig, Schmelz und mit klarer mineralischer Definition, zeigt Stil und Charakter. 12,5 Vol.-%, DV, €€

91 2018 »Luft & Liebe« Steinbach Stich den Buben Weißburgunder trocken
Feine Holzwürze, rauchige Note, Honigmelone, Blüten, Nüsse und Kräuter. Zeigt am Gaumen einen weiten Horizont, Schmelz und Saft, gefühlvoll integriertes Holz, die Säure ist reif und gegenwärtig, gute Substanz, elegant und noch nicht am Ende seiner Möglichkeiten. 13,5 Vol.-%, NK, €€

93 2017 »Engelstaub« Bühlertal Engelsfelsen Spätburgunder trocken
Minze in der Nase mit Kräuterwürze, florale Noten, Blaubeere, Holzwürze, etwas Schwarztee. Am Gaumen kräftig und straff gebaut mit Zug und Spannung, gut eingewobene, nervige Säure, trocken, die Gerbstoffe sind markant und reif, deutliche mineralische Prägung. 13,5 Vol.-%, NK, €€€

92 2017 »Herzenslust« Varnhalt Klosterbergfelsen Spätburgunder trocken
Kräuterwürzige Noten in der Nase, Holzwürze, Tinte und Gewürze, Piment und Wacholderbeere, florale Noten, Blaubeere. Am Gaumen mit gutem Druck und Spannung, guter Extrakt, trocken und ohne Kitsch, mineralisch grundiert, die vitale Säure sorgt für Bewegung, charaktervoll. 13,5 Vol.-%, NK, €€€

91 2019 »Umweg zum Glück« Chardonnay trocken

91 2019 »Steinwurf« Riesling trocken
Pfirsich und Aprikose in der fruchtigen Nase, etwas Blattgrün und auch Maracuja, würzige Anklänge. Am Gaumen schlank gefasst mit einer selbstbewussten Säure, mineralische Unterfütterung, feinfruchtig, wieder Steinobst, auch feine Fruchtsüße, vielschichtig. 12,5 Vol.-%, DV, €€

★

KAISERSTÜHLER WINZERVEREIN OBERROTWEIL

Bahnhofstraße 31, 79235 Oberrotweil
T: +49 (7662) 93200, info@winzerverein-oberrotweil.de
www.winzerverein-oberrotweil.de

Ab-Hof-Verkauf: Mo bis Fr 8–12.30 Uhr und 13.30–17.30 Uhr, Sa 8.30–12.30 Uhr
Kellermeister: Leopold Laible
Ansprechpartner: Roland Leininger
Hektar: 420 ha

Der Kaiserstühler Winzerverein Oberrotweil wurde 1935 gegründet, um den Winzern eine Zukunftsperspektive zu geben. Heute sind es gut 220 Winzer, die mit viel Engagement eine Rebfläche von 420 Hektar in Lagen wie Käsleberg, Henkenberg und Eichberg bewirtschaften. Unterschiedliche Terroirs – neben dunklen Vulkan-Verwitterungsböden finden sich auch Löss- und Lehmböden – sind das Fundament für die Vielfalt der Weine. Aber der Winzerverein kann nicht nur auf eine lange Tradition zurückblicken, er kann auf seine jungen Winzer bauen, die mit ihrer Linie »557 m ü. NN.« überzeugen. Probieren!

90 2019 Oberrrotweil Käsleberg Grauer Burgunder Spätlese trocken
Fruchtige Nase nach Birnen und Äpfeln, auch reifes Steinobst wie Pfirsich, getrocknete Kräuter. Am Gaumen saftig und mit einer guten Dosis Süße, klare, charmante Frucht, harmonisch und ausgewogen, mit guter Substanz, würziges Finale, solo und zum Essen. 13,5 Vol.-%, DV, €

89 2019 »Junge Winzer Oberrotweil 557 m ü. NN.« Grauburgunder trocken
Sortentypisches Bukett mit Birne, Apfel, Walnuss und Kräutern. Am Gaumen saftig und würzig mit Schmelz und Saft, klare Kontur, geht nicht in die Breite, kein Grauburgunder der alten badischen Art, präzise und mit reifer sowie ausgewogener Säure, gerne zum Essen. 12,5 Vol.-%, DV, €

89 2018 Oberrotweil Eichberg Spätburgunder trocken
Etwas Trockenfleisch, Sauerkirsche und Kräutertöne. Im Gaumen wuchtig, feinkörniges, reifes Tannin, leichte Süße, aber auch ein sehr präsenter Alkohol, der im Abgang etwas den Mund trocknet. Zuletzt eine schöne, betonte Beerenfrucht. 14,5 Vol.-%, DV, €

92 2018 Oberrotweil Henkenberg Ruländer Trockenbeerenauslese
Klar bernsteinfarben. In der Nase Waldhonig, getrocknete Früchte, Aprikose, Pfirsich, Quitte, kandierte Orange. Am Gaumen druckvolle Süße, Honig, eher verhaltene Säure, feine Phenole, Pfirsichsaft, gebrannte Mandel, viel Kraft und Länge, Potenzial. 10 Vol.-%, NK, €€€

88 2019 Oberrotweil Käsleberg Grauburgunder Kabinett trocken

90 2019 »Junge Winzer Oberrotweil 557 m ü. NN.« Weißburgunder trocken
Reife Gelbfrucht am Gaumen, Aprikose und gelber Apfel, kräuterwürzige Noten. Am Gaumen saftig und würzig mit einer feinnervigen Säure, schlanker Bau mit stimmiger Stoffigkeit, man spürt die Frische der hohen Lage, nicht zu süß abgestimmt, solo und zu Fisch. 12,5 Vol.-%, DV, €

★★★

WEINGUT BURG RAVENSBURG

75056 Sulzfeld
T: +49 (7259) 91120, weingut@burg-ravensburg.de
www.weingut-burg-ravensburg.de

Ab-Hof-Verkauf: Vinothek in Tiefenbach
Kellermeister: Daniel Rupp
Ansprechpartner: Claus Burmeister
Flaschen/Hektar: 300.000 (50 % weiß, 50 % rot)/38 ha
Anbauweise: Biologisch zertifiziert

Wiederum zeigt Claus Burmeister, wie facettenreich sein Können ist. Burmeister, der sein Handwerk auch auf dem Schwestergut Heitlinger versieht, hat für die meist geringfügig traditionelleren Weine der Burg Ravensburg eine kantige, charakterstarke Kollektion vorgelegt. Beeindruckt hat uns vor allem das immer noch topfrische, seidig-elegante Große Gewächs vom Lemberger (Blaufränkisch). Er trägt zwar den Namen »Dicker Franz«, ist aber in keinster Weise pomadig oder gar behäbig. Ebenfalls gelungen sind die Weißweine, von denen der Kapellenberg am besten gefiel.

92 2018 Eichelberg Kapellenberg Riesling GG
Transparent blassgelb in der Farbe, im Duft offener als sein Pendant von der Husarenkappe. Interessant: Am Gaumen empfängt breit angelegte Frucht, dennoch wenig Extraktsüße. Die Säure ist markant, im weiteren Verlauf auch deutliche (Kräuter-)Würze. 12 Vol.-%, NK, €€€

91 2018 Sulzfeld Löchle Weißburgunder GG
In der Nase komplex: leicht buttrig, zitrische Aromen und zarte Holzanklänge. Am Gaumen karg, Mineralität und filigrane Frucht halten sich in Balance. Wirkt noch sehr jung, dürfte sich in den nächsten Jahren weiter öffnen. Schon jetzt zur Dekantierung empfohlen. 13 Vol.-%, NK, €€€

91 2018 Sulzfeld Löchle Grauburgunder GG
Herrliches, transparentes Kupfer im Glas. Leichte Grüntöne am Gaumen. Trotz der geschützten, etwas wärmeren Lage entwickelt sich keine Spur von Molligkeit, sehr straff und fast schon kernig. Gut gefällt, wie zart die Frucht eingebunden ist. Mit Potenzial. 13 Vol.-%, NK, €€€

93 2015 Sulzfeld Dicker Franz Blaufränkisch GG
Feinwürziger Duft mit Anklängen von Schwarzkirsche, Weihrauch und Vanille. Am Gaumen verbindet sich Kraft mit animierender Säure. Eleganz schöpft dieser Wein zudem aus seinem seidigen Gerbstoff und dem bemerkenswert langen, harmonischen Finish. 13,5 Vol.-%, NK, €€€

90 2018 Sulzfeld Husarenkappe Riesling GG

92 2016 Sulzfeld Löchle Spätburgunder GG
Dieser Wein hat sich mit der Zeit geöffnet: am Gaumen eine Melange aus Schwarzkirsche, Brombeere und Roter Johannisbeere, ein Hauch von Vanille. Gut eingebundenes Holz. Zurückhaltende Gerbstoffe. Saftig und dennoch mineralisch, markante, angenehme Säure. 13 Vol.-%, NK, €€€

★ ★ ★

PRIVAT-SEKTKELLEREI REINECKER

Kleinmattweg 1, 79424 Auggen
T: +49 (7631) 3441, info@sektkellerei-reinecker.de
www.sektkellerei-reinecker.de

Ab-Hof-Verkauf: Mo bis Fr 9–12 Uhr und 14–18 Uhr, Sa 11–14 Uhr
Kellermeister: Herbert und Steffen Reinecker
Ansprechpartner: Familie Reinecker
Flaschen/Hektar: 40.000 (100 % weiß)/5 ha

Herbert und Steffen Reinecker wissen wie es geht: Seit 1987 werden in der Privat-Sektkellerei alle Trauben zu Schaumweinen verarbeitet. Die Familie ist fest in Auggen im Markgräflerland verwurzelt, der Horizont ist aber viel weiter gefasst, von Anfang an diente die Champagne als stilistischer Orientierungspunkt. Zuletzt haben die Sekte noch einmal an Strahlkraft und Präzision gewonnen: Famos ist das »3-Lagen«-Set, in dem die Terroirs des Badenweiler Römerbergs, des Auggener Schäfs und des Feuerbacher Steingässles gegeneinander antreten: ein spannender und grandioser Wettkampf.

93 2016 Feuerbach Steingässle Pinot Noir extra brut
Burgunderbeerig mit etwas Patina, jodig-würzig, Apfelschale. Sehr feines Mousseux, stoffig, festes Säuregerüst, profundes mineralisches Fundament, ein Pinotsekt mit mineralischer Tiefe, sehr gut im Lesezeitpunkt getroffen und sehr gut mit Reserveweinen abgestimmt. 12 Vol.-%, NK, €€

93 2016 »3 Lagen« Badenweiler Römerberg Pinot Noir extra brut
Kräftig hefegeprägt, zurückhaltende Frucht. Vergleichsweise körperreich im Mund, feines, anhaltendes Mousseux, lebendige, aber auch reife Säure, außergewöhnlich kräftig taktilmineralisch, hintergründig, wird sehr gut reifen. Erste Würze im Abklang. 12 Vol.-%, NK

93 2016 »3 Lagen« Feuerbach Steingässle Pinot Noir extra brut
Ein Hauch Farbe, sogar ein ganz leicht rötlicher Schimmer und mehr Beerigkeit im Duft. Très Pinot. Geschmeidigkeit, aber auch Frische. Eher zurückhaltende Säure, feines, cremig verklingendes Mousseux, dazu etwas Stoff, strukturherb, dann aber zuletzt auch etwas Süße. 12 Vol.-%, NK

92 2016 »3 Lagen« Auggen Schäf Pinot Noir extra brut
Apfelschale, Rote Johannisbeere, zarte Hefe, im Mund unmittelbar kreidig, frisches Mousseux, zarte Süße, leichte Anmutung, lebendige Säure, mittelgewichtig in Extrakt und Körper, wirkt ziseliert und geschliffen, kompakt im Abklang mit saftiger Beerenfrucht. 12 Vol.-%, NK

91 2015 »Cuvée Classic Réserve« brut

90 2018 Crémant brut

89 2016 »Blanc de Blancs« Chardonnay brut

89 2016 Rosé brut

91 2016 »Pinot Blanc de Noirs« extra brut
Ein beeriger Burgunderduft, Apfel, sehr feines Mousseux, kultivierter Säurenerv, schlank und dennoch aromatisch, ein feiner Apéro, nur gerade so dosiert, dass die Frucht etwas Untermalung erhält. 12 Vol.-%, NK, €€

★★★

WEINGUT RIEGER

BETTE
BURA
Spätburgunder
2018
RIEGER

Noblingstraße 13b, 79426 Buggingen
T: +49 (7634) 2013, info@weingutrieger.de
www.weingutrieger.de

Ab-Hof-Verkauf: Mo bis Fr 9–12 u. 14–18, Sa 9–15 Uhr
Kellermeister: Markus Brauchle und Philipp Rieger
Ansprechpartner: Philipp Rieger
Hektar: 19 ha
Anbauweise: Biologisch zertifiziert

Im vergangenen Jahr vergaben wir den dritten Stern an das Bioweingut Rieger und mit der aktuellen Kollektion konnte es diese Einstufung vollauf bestätigen. 19 Hektar werden seit 2010 nach biodynamischen Richtlinien bewirtschaftet, das Weingut wird von Philipp Rieger geleitet, der es 2013 von seinen Eltern übernahm. Alle Weine sind aus einem Guss und zeigen ein natürliches Gleichgewicht und Ebenmaß, unsere besondere Empfehlung ist dieses Mal der ungeschminkte und würzige »Chasselas Steinig«. Wir sind davon überzeugt, dass die Entwicklung in diesem Weingut noch längst nicht abgeschlossen ist.

92 2019 »Betberg« Gewürztraminer trocken
Rosenblätter, Mango und Kümmel in der Nase. Saftig und weich ansetzend am Gaumen, zeigt bald seine Substanz, dicht, guter Extrakt, der sich geschmeidig entfaltet, feinnervige Säure und präzise Frucht, von feiner mineralischer Würze unterlegt, vielschichtig, nuanciert. 13 Vol.-%, NK, €€

92 2018 »SR Alte Rebe« Grauer Burgunder trocken
Grauburgunder von 1966 gepflanzten Reben, lachsfarben, Birne und Johannisbeere in der beerigen Nase, Jod, feine Holznoten. Stoffig am Gaumen mit guter Dichte, viel Zug und gute Spannung, leicht cremiger Hintergrund, kühle Aura, beinahe fordernde Mineralität. Eindrucksvoll. 13 Vol.-%, NK, €€

92 2018 »SR Alte Rebe« Weißburgunder trocken
Pflanzjahr 1964, pinotbeerige Nase, Johannisbeere, feine Holzwürze und Blüten. Setzt am Gaumen cremig an, viel Substanz baut sich auf, dicht und mit eingewobener, reifer Säure, gut balanciert, Würze und burgundische Tiefe, mit einer auf Reife angelegten Struktur. 13,5 Vol.-%, NK, €€

91 2013 »Bettebura« Spätburgunder trocken
Vielschichtiges Bukett mit feinem Holzeintrag, Kirsche, Wacholderbeere und Blutorange, Tannennadeln. Mächtiger und breit angelegter Körper, dicht und kraftvoll, mit ausgebildeter Muskulatur, viel Würze, intensiv in allen Bereichen und dabei gut balanciert. Kaminwein. 15 Vol.-%, NK, €€€

91 2017 »SR Alte Rebe« Weißer Burgunder brut

91 2018 »SR« Chardonnay trocken

90 2019 Grauer Burgunder trocken

91 2017 »Padaperc« trocken ME/CS

91 2017 »SR Alte Rebe« Spätburgunder tr.

89 2018 Spätburgunder trocken im Holzfass gereift

91 2018 »Chasselas Steinig« trocken
Kräftiges Zitronengelb im Glas, reifer grüner Apfel und Limettenzesten in der Nase, feiner Rauch, reife Mirabelle. Setzt im Mund saftig und würzig an, schlanker und fester Körper, cremige Kalkmineralik bildet den Hintergrund, guter Zug, endet mit schöner Würze. 12,5 Vol.-%, DV, €

★★★★★

WEINGUT SALWEY

SALWEY

GG
HENKENBERG
GRAUBURGUNDER

Hauptstraße 2, 79235 Oberrotweil
T: +49 (7662) 384, weingut@salwey.de
www.salwey.de

Ab-Hof-Verkauf: Mo bis Fr 14–18 Uhr, Sa 11–17 Uhr
Kellermeister: Konrad Salwey
Ansprechpartner: Philipp Hettich
Flaschen/Hektar: 150.000 (60 % weiß, 40 % rot)/23 ha

Der warme 2018er Jahrgang scheint Konrad Salwey wenig Mühe bereitet zu haben. Die roten Lagenweine haben eine Frucht, die Intensität mit Nuancenreichtum verbindet, ihre Anlage bleibt frisch und kühl. Mit dem Großen Gewächs aus dem Oberrotweiler Henkenberg hat Salwey einen der besten Spätburgunder im Land hingelegt: packend, mit großem Spannungsbogen und fulminanter Mineralität! Absolut beeindruckend, wie der Winzer detailversessen an der Qualität seiner Weine feilt, die alle für ein langes Leben ausgestattet sind: Die weißen GGs aus 2017 wirken noch taufrisch. Weglegen!

94 2017 Oberrotweil Henkenberg Grauburgunder GG
Würze beginnt sich zu entfalten: etwas Anis, Kreuzkümmel, dezenter Holzeinsatz. Im Mund geschmeidig grundiert und fein texturiert phenolisch, mit druckvollem Körper und prägnanter Säure, sehr lange auf homogene Weise geschmeidig und aromatisch bleibend. 13 Vol.-%, NK, €€€

96 2018 Oberrotweil Henkenberg Spätburgunder GG
Sauerkirsche, dezentes Boisée, dunkle Himbeere, etwas Waldboden, Reisig. Im Mund mit großem Spannungsbogen, festes Tannin, fulminante taktile Mineralität, lebendige Säure, ein packender, reifer Extrakt, dem frische Frucht und Saftigkeit zur Seite stehen. Groß! 13,5 Vol.-%, NK, €€€

95 2018 Oberrotweil Eichberg Spätburgunder GG
Mineralisch gewürzte Herzkirsche, Minze, Veilchenpastille. Geschmeidig ansetzend, dann ein langsam anrollender Extrakt, bei dem griffiges Tannin und kräftig taktilmineralische Noten um die Vorherrschaft ringen. Ultrapure Frucht am Gaumen. Länge. 13,5 Vol.-%, NK, €€€

95 2018 Oberrotweil Kirchberg Spätburgunder GG
Waldheidelbeere, Brombeere, Grüntee, Feuerstein und warmer Kies, florale Untertöne. Molliger Fond, leichte Süße, kräftiger Alkohol, kräftiger, aber nicht massiver Gerbstoffdruck, viel Saftigkeit im Hintergrund, mineralisch durchwirkt, noch verschlossen im Abklang. 13,5 Vol.-%, NK, €€€€

94 2017 Oberrotweil Kirchberg Weißburgunder GG

94 2017 Oberrotweil Eichberg Grauburgunder GG

92 2017 Oberrotweil Henkenberg Weißburgunder GG

92 2018 »RS« Oberrotweil Spätburgunder trocken

93 2017 »RS« Oberrotweil Spätburgunder tr.
Vergleichsweise helle, aber frische Farbe. Himbeere und Süßkirsche im Duft, auch Süßmandel. Im Mund straff und saftig, feinkörniges bis festes, sehr frisches Tannin. Packend geradlinig im Mund, hat Biss und Saftigkeit sowie eine delikate Fruchtbegleitung. 13 Vol.-%, NK, €€

★★★

WEINGUT KONRAD SCHLÖR

Martin-Schlör-Straße 22
97877 Wertheim-Reicholzheim
T: +49 (9342) 4976, info@weingut-schloer.de
www.weingut-schloer.de

Ab-Hof-Verkauf: ja
Kellermeister: Konrad Schlör
Ansprechpartner: Konrad und Monika Schlör
Hektar: 7 ha

Konrad und Monika Schlör bauten ihr Weingut im Taubertal 1984 mit drei Hektar Rebfläche auf, dazu gehörte auch eine Besenwirtschaft. In den 1990er-Jahren begann Schlör an der Qualität zu feilen, vom Alltagswein bis zu den Spitzenweinen sollte jeder Wein seinen hohen Ansprüchen genügen. 2010 wurde das Weingut in den VDP aufgenommen, inzwischen kultiviert es beinahe sieben Hektar Rebfläche im Cool Climate des Taubertals. Kaum ein Winzer versteht so viel vom Schwarzriesling wie Konrad Schlör, aber auch Spätburgunder gelingt ihm ganz hervorragend. Starkes Debüt in diesem Weinguide!

91 2019 Reicholzheim Oberer First Weißburgunder GG
Aromen von gelben Kiwis und Mirabellen machen sich in der Nase breit, die von einem Hauch Muskatwürze begleitet werden. Am Gaumen ist der Weißburgunder leicht herb, hat eine kräftige Säurestruktur und einen vollen Körper. Vielschichtiger Burgunder. 13,5 Vol.-%, NK, €€€

93 2018 Reicholzheim Oberer First Spätburgunder GG
Leicht rauchig, dunkle Kirschfrucht und ein Hauch von Lavendel. Im Mund ist er noch ein bisschen kantig. Die kräftige Säure und feinen Tannine machen den Wein zu einem guten Kandidaten für Flaschenreifung. Jetzt charakterstark, in ein paar Jahren ein purer Genuss. 13,5 Vol.-%, NK, €€€

92 2018 »R« Reicholzheim First Schwarzriesling trocken
Himbeergelee und frische Schwarze Johannisbeere im Duft. Im Mund ein zartbitteres Tanningerüst. Gleichauf die Säure, die im Nachhall lange bleibt. Insgesamt ein vielschichtiger Wein, den Schwarzriesling hat man so nicht oft auf diesem Niveau im Glas. 14 Vol.-%, NK, €€€

91 2018 »R« Reicholzheim First Spätburgunder trocken
Rote Kirschen und ein leicht ätherischer Duft nach Thymian und ein Aroma nach frischem Nadelholz in der Nase. Der Körper zeigt eine mittlere Intensität und eine feine Säure. Am Gaumen ist der Wein samtig und leicht herb, schöner Burgundertyp. 13,5 Vol.-%, NK, €€€

89 2019 Reicholzheim First Weißburgunder trocken

90 2019 Reicholzheim First Riesling trocken
In der Nase besticht der Riesling durch seine ausgeprägte Limettennote, die durch einen Zitronengrasduft ergänzt wird. Mit guter Balance am Gaumen, die Säure tritt selbstbewusst auf und es bleibt ein kalkiger Nachhall, was ihn zu einem charakterstarken Wein macht. 13 Vol.-%, DV, €€

★★★

PRIVAT-WEINGUT SCHLUMBERGER-BERNHART

Weinstraße 19, 79295 Sulzburg-Laufen
T: +49 (7634) 8992, info@schlumbergerwein.de
schlumberger-bernhart.de

Ab-Hof-Verkauf: Mo bis Fr 10–12 und 14–18 Uhr, Sa 10–14 Uhr
Kellermeister: Ulrich Bernhart
Ansprechpartner: Ulrich Bernhart
Flaschen/Hektar: 50.000 (70 % weiß, 30 % rot)/9 ha

Auf seinen neun Hektar Rebfläche im Markgräflerland erzeugt Ulrich Bernhart tiefgründige und elegant-balancierte Weine, die durch ihre subtile Komplexität gefallen. Das gilt für die stoffigen Weißweine genauso wie für die gut strukturierten Rotweine, die sich allesamt als exzellente Speisenbegleiter eignen. Exemplarisch möchten wir den Spätburgunder aus dem Laufener Wingerte mit seiner kühlen Stilistik nennen. Und abseits des Weinbaus sei hier noch etwas erwähnt: Die Familie führt in Sulzburg mit dem »Dormitorium« ein kleines, äußerst reizendes Hotel, das einen Besuch unbedingt lohnt.

91 2018 Laufen Wingerte Chardonnay GG

Würzig, mineralische Noten steigen in die Nase. Ergänzt wird der Geruch noch durch ein leichtes Apfelaroma. Am Gaumen eine belebende Säure, viel Kraft und Körper. Wein mit gutem Potenzial, der aber auch jetzt schon ein guter Speisenbegleiter ist. 13,5 Vol.-%, NK, €€€

91 2018 Laufen Wingerte Grauburgunder GG

In der Nase dezente Vanille und etwas Birnenduft. Am Gaumen dann mit feiner Säure, eine fast knackige Anmutung, geradlinig mit feiner Phenolik und schöner Mineralität, wieder Birne, dazu etwas Apfel. Ein schlanker, durchweg anspruchsvoller Grauburgunder. 13 Vol.-%, NK, €€€

91 2019 Muggardt Berg Riesling Erste Lage trocken

In der Nase Duft nach getrockneter Mango, dazu etwas Honigmelone, reif und reichhaltig. Am Gaumen eine gut eingebundene Säure, griffig, Anklänge von exotischer Frucht. Durchweg harmonisch gestaltet, endet frisch und konzentriert. 13 Vol.-%, NK, €€

92 2017 Laufen Wingerte Spätburgunder GG

Im Duft prägnante Kirschfrucht und schwarzer Pfeffer, durchweg animierend. Am Gaumen feine Gerbstoffe, elegant und präzise mit gut eingebauter Säure, wieder Kirsche, zarte Mineralität. Mit eher kühler Stilistik ausgestatteter Spätburgunder, der Spaß macht. 13 Vol.-%, NK, €€€

89 2019 »vom Löss« Weißburgunder trocken

92 2019 »fumé« Sauvignon Blanc trocken

Ein Duftbild, das sehr fein die Balance zwischen reifer Frucht (Nektarine, Stachelbeere) und pikanter Würze (Holunderblüte) hält. Auch am Gaumen ist die Waagschale im Gleichgewicht: Schmelz und Volumen treffen auf feinen Säurenerv und mineralische Prägung. 13 Vol.-%, DV, €€

★★★★

WEINGUT CLAUS SCHNEIDER

Schneider

WEILER SCHLIPF
SPÄTBURGUNDER
2015

Lörracher Straße 4, 79576 Weil am Rhein
T: +49 (7621) 72817, info@schneiderweingut.de
www.schneiderweingut.de

Ab-Hof-Verkauf: Di bis Fr 9–12 Uhr und 14.30–18.30 Uhr, Sa 9–14 Uhr
Kellermeister: Johannes Schneider
Ansprechpartner: Christoph Schneider
Hektar: 12 ha

Interessante Dinge gehen am Dreiländereck gegenüber von Basel vor sich. Johannes und Christoph Schneider beherrschen einerseits die klassische Burgunderstilistik, wie sie etwa mit dem wunderbar eleganten »Kapf« beweisen. Auch die leisen, filigranen Gutedel zeugen seit Jahren von hoher Winzerkunst. Zugleich wagen sich die Brüder auch an unkonventionellere Weine – zum Glück! Der maischevergorene »El Fayoum« zeigt exemplarisch, wie hochklassig kaum geschwefelte Weine geraten können. Wir setzen auf weitere Ideen und sind gespannt auf die nächsten Entwicklungen.

91 2018 Haltingen Stiege Gutedel trocken
Spritzige Frische und Aromen von Birnen, grünen Äpfeln und Mandeln verbinden sich hier sehr harmonisch. Der Ausbau im Stahltank macht den Wein zu einem vielseitigen, unaufdringlicher Speisenbegleiter. Zurückhaltende Säure, leichte Phenolik im Abgang. 11 Vol.-%, NK, €€€

92 2019 »El Fayoum« Gutedel trocken
Schon die intensive Farbe deutet auf lange Maischestandzeit hin. Die Nase bestätigt die Vermutung: ein wilder Aromenmix aus malzigen und hefigen Noten, etwas Pfeffer, deutliche Spontinoten. Zugleich ist der Wein extrem sauber, ein großes Trinkvergnügen. 9,5 Vol.-%, NK, €€€

91 2019 »gres rose« trocken
Ein hochinteressanter Rosé, der weit von konventioneller Spätburgunderstilistik entfernt ist. Ein Naturwein mit wenig Schwefeleinsatz, trotzdem nicht animalisch, sondern prononciert und sehr sauber in der ungewöhnlichen Aromatik. Spannend! 11,5 Vol.-%, NK, €€€

93 2017 Weil Schlipf Kapf Spätburgunder tr.
Pure Eleganz am Gaumen: filigrane Beerenfrucht, seidiger Gerbstoff. Dennoch kein Zärtling, die Struktur ist präzise definiert. Deutlich präsente Mineralität, die vom Kalk stammt. Hochfeines Extrakt, eine hervorragende Länge mit formvollendetem Abgang. 12,5 Vol.-%, NK, €€€

90 2018 »Le Blanc vom Kalkstein« trocken WB/CH

91 2017 Weil Spätburgunder trocken
Blaubeeren und ein wenig Preiselbeere am Gaumen. Geschliffene Tannine, milde Säure. Gut strukturierter Körper, passable Länge, ein gutes Lagerpotenzial ist wahrscheinlich. Gelungen und sehr dezent: der Holzeinsatz. Ein Beleg für die Klasse deutscher Spätburgunder. 12,5 Vol.-%, NK, €€

★★

WEINGUT SCHNEIDER-PFEFFERLE

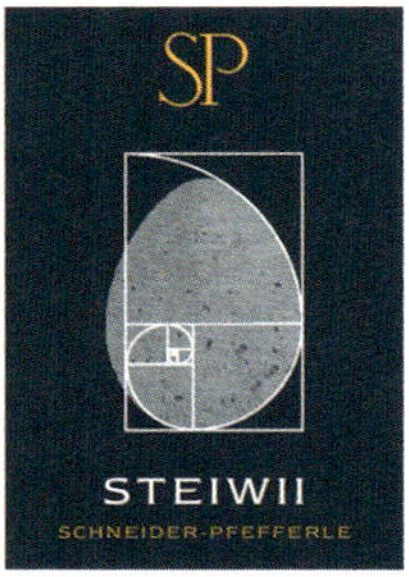

Kolpingstraße 7, 79423 Heitersheim
T: +49 (7634) 2836, info@weingut-schneider-pfefferle.de
www.weingut-schneider-pfefferle.de

Ab-Hof-Verkauf: ja
Kellermeister: Katharina Pfefferle
Ansprechpartner: Katharina Pfefferle
Hektar: 8 ha
Anbauweise: Biologisch zertifiziert

Katharina Pfefferle führt das Weingut Schneider-Pfefferle gemeinsam mit ihrem Mann Mathias. Während sie sich um den Ausbau der Weine kümmert, ist er für den Außenbetrieb und die acht Hektar Reben zuständig, die biologisch bewirtschaftet werden. Die Weinberge liegen in den Heitersheimer Lagen Maltesergarten und Sonnhohle. Besonders gut gefallen uns der mineralische, im Betonei ausgebaute »Steiwii« und der würzige, geschmeidige Weißburgunder »Pur«. Zum Weingut gehört auch eine »Straußi«, in der man die ungekünstelten Weine genießen kann. Eine lohnenswerte Adresse im Markgräflerland!

92 2018 »Pur« Weißburgunder trocken
Viel Hefe in der Nase, Apfelschale und Cidre mit Kümmelnoten und getrockneter Aprikose. Packend am Gaumen mit gutem Zug und Dichte, aber auch geschmeidig mit Saft und gewisser Fülle, phenolische Schichtung, würzig und pfeffrig, noch jugendlich, Potenzial. 13,5 Vol.-%, DV, €€

91 2016 »Selektion« Grauer Burgunder tr.
Honigmelone im intensiven Duft, kandierte Walnüsse und reife Birne, eingelegte Tannennadeln. Entspannt, würzig und saftig am Gaumen, wo sich eine immanente und unaufgeregte Spannung entwickelt, guter Extrakt, der sich geschmeidig entfaltet, ungekünstelt. 13,5 Vol.-%, DV, €€

89 2019 »Fumé« Sauvignon Blanc trocken
Keine laute und internationale Sauvignonnase, reife Stachelbeere, Aprikose, auch Johannisbeere, würzige Aromen. Trocken im Mund mit präsenter Säure, kein überladener Fruchtkitsch, fest gefügte Struktur, feine Würze, leicht adstringierendes Tannin, lokale Handschrift. 13 Vol.-%, DV, €€

89 2017 »Red!Red!Red!« trocken ME/PI/CS/CI
Cuvée aus Merlot, Spätburgunder und Cabernet Sauvignon, beerige und rauchige Nase, Schwarze Johannisbeere, Schwarzkirsche und Mon Chérie, etwas Marzipan. Kräftig, trocken und ungekünstelt am Gaumen, kräftige Struktur und mit Substanz, herbe Frische. 14 Vol.-%, DV, €

88 2019 »Rosa Markgräfler« Rosé vom Spätburgunder trocken

91 2017 »Steiwii« Gutedel trocken
Mirabelle, Apfel in der anziehenden Nase mit zitrischer Begleitung, nasser Stein, jodig. Am Gaumen schlank und straff gebaut, eng verwoben, mit guter Dichte und Zug, prägnante mineralische Unterfütterung und mit dem gewissen Etwas, das man nicht erklären muss. 12,5 Vol.-%, DV, €€

★★

WEINGUT LOTHAR SCHWÖRER

Waldstraße 6, 77971 Kippenheim
T: +49 (7825) 7411, mail@weingut-lothar-schwoerer.de
www.weingut-lothar-schwoerer.de

Ab-Hof-Verkauf: Mo bis Fr 16–19 Uhr, Sa 9–15 Uhr
Kellermeister: Lothar Schwörer
Ansprechpartner: Lothar Schwörer
Flaschen/Hektar: 70.000 (50 % weiß, 50 % rot)/10 ha

Lothar Schwörer zählt zu den Winzern, die sich auf das Wesentliche konzentrieren, nämlich die Arbeit im Weinberg und im Keller. Marketinggags und aufwendiges Design sucht man bei ihm vergebens. Er pflegt eine unaufgeregte und gelassene Weinstilistik, die darauf abzielt, die Kalkböden in Schmieheim in Szene zu setzen. Jeder seiner Weine ist klar strukturiert und in guter Balance, die kalkmineralische Würze steht seinen Weißweinen wie dem cremigen Chardonnay »Kalksteinfels« genauso gut wie den Rotweinen; von denen imponiert der Spätburgunder »Vulcano« mit Kraft und Würze.

91 2018 »Kalksteinfels« Chardonnay trocken
In der Nase Aromen von Zitrusfrucht, Holznoten und kalkmineralische Würze, Sonnenblumen, Kamille. Eröffnet mit Saft und Würze im Mund, kräftiger Bau, dicht, wieder kalkmineralische Würze und Cremigkeit, präsente und gut eingewobene Säure, gute Anlagen zur weiteren Reife. 13,5 Vol.-%, NK, €€

91 2016 »Vulcano« Mahlberg Schlossberg Spätburgunder trocken
Würzige Nase mit balsamischen Noten, Kirsche und Kräutern, auch Holzwürze, Lorbeerblatt und Wacholderbeere. Mit feiner Reife am Gaumen, vielschichtig, würzig in einer kräftigen Struktur, gut balanciert mit einer reifen, präsenten Säure, reifes Tannin, mineralisch. Zu Wild. 13,5 Vol.-%, NK, €€€

90 2017 »Alte Reben« Schmieheim Kirchberg Spätburgunder trocken
Kirsche in der Nase, Schwarze Johannisbeere, etwas Salbei und Kamille, balsamische Würze kommt dazu. Zeigt badische Tugenden mit einem kräftigen Bau und viel Würze, süßlicher Extrakt, kräftiges Tannin und eine reife Säure, gut balanciert und ausgewogen. 13,5 Vol.-%, NK, €€

90 2017 »Salome« trocken ME/CI
Cuvée von Merlot und Cabernet Mitos, Schwarzkirsche und Cassis in der Nase, Tinte und geröstete Kaffeebohnen, dunkle Schokolade. Am Gaumen mit Zug und guter Frische, kräftig gebaut, ohne dass es in die Breite geht, dicht und auch komplex, Reifepotenzial. 13 Vol.-%, NK, €€

89 2019 Schmieheim Kirchberg Weißburgunder trocken

90 2019 Schmieheim Kirchberg Grauburgunder trocken
Nussige Aromen im Duft, Haselnuss, Birne und auch leichte Holzwürze. Im Mund kräftig und kompakt gebaut, mittleres Volumen, guter Extrakt, gute Sortentypizität mit Birne, etwas Quitte und schöner Würze, reife Säurestruktur, Schmelz und Saftigkeit, patent am Tisch. 13 Vol.-%, DV, €

★★★

SHELTER WINERY

Salzmatten 1, 79341 Kenzingen
T: +49 (7644) 927663, espe@shelterwinery.de
www.shelterwinery.de

Ab-Hof-Verkauf: nach Vereinbarung
Kellermeister: Hans-Bert Espe und Silke Wolf
Ansprechpartner: Hans-Bert Espe und Silke Wolf
Flaschen/Hektar: 20.000 (5 % weiß, 95 % rot)/5 ha

Dass die von Silke Wolf und Hans-Bert Espe geführte Shelter Winery ausgezeichnete Pinot Noirs erzeugt, hat sich auch über Baden hinaus herumgesprochen. Aber mit den Burgundern aus dem Jahrgang 2018 ist ihnen ein echter Coup gelungen: Der famose Pinot Noir »N114« demonstriert Spannung und feinste Gerbstoffe hoher Güte. Er kann zu den besten Spätburgundern im Land gezählt werden! Aber auch sonst gibt es an dieser feinen Kollektion nichts zu mäkeln, schon der Einstiegs-Spätburgunder zeigt Klasse und Stil, der »Sparkling« aus dem Jahr 2013 superbe Cremigkeit. Großes Kompliment!

92 2018 Chardonnay trocken
Die Nase ist geprägt von leicht buttrigen Aromen, Marille und Pomelo. Hat aber auch jodige Töne. Am Gaumen spürt man etwas Extraktsüße und eine frische Säure. Außerdem bleibt eine steinige Mineralität. Ein spannender und gleichzeitig leichtfüßiger Chardonnay. 13 Vol.-%, DV, €€

92 2013 »Sparkling« brut
Reife rauchige Pinotnase mit Himbeere, Rauch und Hefe. Am Gaumen mit sehr feinem Mousseux und reifer Säure weich ansetzend, aristokratisch und mit feiner Würze, zeigt im reifen Alter Milde und weniger Spannung, dafür weise Entspanntheit. Superbe Cremigkeit. 12,5 Vol.-%, NK, €€

96 2018 »N114« Pinot Noir trocken
Fruchtige Noten und kühle Mineralik im präzisen Duft, Blaubeere und Kirsche, auch Kräuter und etwas feine Tinte. Griffig und mit guter Spannung am Gaumen, guter Extrakt und treffliche Balance der Elemente, Gerbstoffe hoher Güte, druckvoll und dabei sehr elegant. Famos. 13 Vol.-%, DV, €€€€

93 2018 Pinot Noir trocken
Kirsche in der Nase mit etwas Ingwer, Rosenblättern und feinem Rauch; verhehlt das warme Jahr 2018 am Gaumen nicht, reife Frucht, Saft und Würze, guter Extrakt, der sich auf kraftvolle und auch charmante Art entfaltet, viel Würze und ein treffliches Gerbstoffgerüst. 13 Vol.-%, DV, €€€

89 2019 »Rosé de Noir« trocken

90 2018 Spätburgunder trocken
Kirsche und Heidelbeere zeigen sich in der feinen und leicht rauchigen Nase, frisches Lorbeerblatt und eine Messerspitze Piment. Saftig und weich am Gaumen ansetzend, bald kommt Würze dazu, die reife Säure übernimmt die Regie, stoffig und mit reifem Gerbstoff. 13 Vol.-%, DV, €€

★★

WEINGUT TRAUTWEIN

Riegeler Straße 2, 79353 Bahlingen
T: +49 (7663) 2650, info@trautweingut.com
www.trautweingut.com
Ab-Hof-Verkauf: Mo bis Fr 16–18 Uhr, Sa 10–14 Uhr und nach Vereinbarung
Kellermeister: Anne-Christin Trautwein
Ansprechpartner: Familie Trautwein
Flaschen/Hektar: 60.000 (60 % weiß, 40 % rot)/12 ha
Anbauweise: Biologisch zertifiziert

Das Familienweingut Trautwein in Bahlingen begann 1980 die Weinberge biologisch zu bewirtschaften, seit 2002 wird biodynamisch gearbeitet. 2019 übernahm Anne-Christin Trautwein, die auch für den Ausbau der Weine verantwortlich ist, das Weingut und führt es gemeinsam mit ihrem Mann Christoph Trautwein. Der Schwerpunkt liegt bei den Burgundersorten, die am Kaiserstuhl auf optimale Voraussetzungen treffen. Die Weine werden spontan vergoren und bleiben lange auf der Hefe. Es sind lebendige, präzise, natürliche und bekömmliche Weine, die einen zufrieden und ausgeglichen zurücklassen.

92 2018 »Gemischter Satz« Bahlingen Urkäsenthal trocken
Acht Rebsorten ergeben den Gemischten Satz vom Bahlinger Urkäsenthal, gelbfruchtig in der Nase, mit Aprikose und Birne. Der kräftige Bau am Gaumen wird mit viel Frucht und Würze gefüllt, selbstbewusste Säure, phenolischer Grip, mineralisch, besonders. 13,5 Vol.-%, NK, €€

91 2018 Bahlingen Fohberg Grauer Burgunder trocken
Im Duft mit Honigmelone, Birne und Walnuss, auch reife gelbe Frucht kommt dazu. Verbindet am Gaumen Kraft und saftigen Schmelz mit intensiver Frucht und Würze, reife Säure und mineralische Grundierung, trocken und auch mit Zug, geht nicht in die Breite. 13 Vol.-%, NK, €€

90 2018 Bahlingen Fohberg Chardonnay tr.
Würzige und auch rauchige Nase mit Birne und Birnenschale, Quitte und auch pfeffrige Anklänge. Setzt am Gaumen weich und saftig an, der süßliche Extrakt unterstützt diesen runden Eindruck, aber auch Dichte, Würze und Mineralik, die für Komplexität sorgen. 13,5 Vol.-%, NK, €€€

92 2015 »Grand« Bahlingen Käsenthal Spätburgunder trocken
Duftet nach Cassis und Waldbeeren, auch dunkelwürzige Noten, Wacholderbeere und Holzwürze. Kräftig gebauter Pinot Noir mit guter Balance und natürlichem Charakter, trocken und ungekünstelt, feine Säureader, geschmeidiger Gerbstoff von hoher Qualität, mineralisch. 13,5 Vol.-%, NK, €€€

89 2016 Bahlingen Käsenthal Spätburgunder trocken

89 2019 Weißburgunder trocken
Steinobst in der saftigen und würzigen Nase, Aprikose und Mandarinenschale. Am Gaumen mit Substanz, guter Frische und einer lebendigen Säure, die von Schmelz begleitet wird. Saftig und feine Würze, wieder etwas Aprikose, feiner Grip, natürlicher Charakter. 13 Vol.-%, DV, €€

★★★

DEMETER WEINGUT KLAUS VORGRIMMLER

Sankt-Erentrusis-Straße 63, 79112 Freiburg im Breisgau
T: +49 (7664) 2489, weingut@vorgrimmler.de
www.vorgrimmler.de

Ab-Hof-Verkauf: nach Vereinbarung
Kellermeister: Klaus Vorgrimmler
Ansprechpartner: Maj Britt Vorgrimmler
Hektar: 3 ha
Anbauweise: Biologisch zertifiziert

Klaus und Maj Britt Vorgrimmler führen gemeinsam ihr Demeter-Weingut vor den Toren Freiburgs. An der Südspitze des Tunibergs liegen die drei Hektar Rebberge, die sie biodynamisch kultivieren. Der fruchtbare, wärmende Lössboden verleiht den Weinen Mineralität, Kraft und Feinheit. »Seit 30 Jahren beschäftigen wir uns mit dem Spiel der Elemente im Weinberg außerhalb ausgetretener Pfade und im Zusammenwirken von Mensch, Natur und Geist«, schreibt uns das Winzerpaar. Diese Erfahrung zeigt sich vor allem bei den famosen, charakterstarken Spätburgundern. Eine ganz besondere Kollektion!

91 2019 Chardonnay Landwein trocken
In der Nase der Duft von Yuzu-Zitrone und weißem Pfeffer, auch Apfel und Noten von gelber Frucht. Eine Stilistik mit Charakter und feiner Würze, aber nicht überladen. Die Säure am Gaumen ist fein und gut eingebunden. Sehr pur und ehrlich in seinem Charakter. 12,5 Vol.-%, NK, €€

93 2016 »Petite Chapelle« Spätburgunder Landwein trocken
Pure Schwarze Johannisbeere im vielschichtigen Duft, dazu kommt ein süßlicher Duft von Schwarzkirsche und ein etwas ätherischer Duft nach Eukalyptus. Im Mund macht sich der Ausbau im Barrique bemerkbar. Weich, nicht aufdringlich, bestens ausbalanciert und mit Tiefgang. 13 Vol.-%, NK, €€€€

92 2017 »SR« Spätburgunder Landwein tr.
Pfeffrige Noten und Johannisbeergelee: Der Geruch ist sehr frisch und doch mit einer gewissen Komplexität. Am Gaumen kompakt und fest gebaut, trocken und puristisch, kein Schmeichler, leichte Bitterkeit, steht zu seinen Ecken und Kanten, interessanter Burgunder. 13 Vol.-%, NK, €€€

91 2017 »Dachsberg« Spätburgunder Landwein trocken
Leicht animalische und wilde Note, dunkle Frucht, Waldbeeren, Leder und rauchige Noten; am Gaumen kräftig gebaut, mit guter Substanz und gegenwärtiger Säure, die auch die stilistische Linie vorgibt. Der Gerbstoff ist griffig, ungestüm, etwas wild und genau richtig. 13 Vol.-%, NK, €€€

91 2017 Spätburgunder Landwein trocken

91 2019 Grauburgunder Landwein trocken
Ein sehr schlanker Grauburgunder, meidet jegliche Opulenz, zeigt Frische und Präsenz. In der Nase weißer Pfirsich und ein bisschen Kamille. Im Mund sehr filigran mit einem Hauch Würze und fein austarierter Balance. Leise und natürlich, aber aufregend. 12,5 Vol.-%, NK, €€

★★★

WEINGUT PETER WAGNER

Hauptstraße 32, 79235 Vogtsburg im Kaiserstuhl
T: +49 (176) 64013967, info@wagner-weingut.de
www.wagner-weingut.de

Ab-Hof-Verkauf: nach Vereinbarung
Kellermeister: Peter Wagner
Ansprechpartner: Peter Wagner
Hektar: 4 ha

Peter Wagner keltert im Familienweingut in Oberrotweil auf gerade einmal vier Hektar betont schlanke und elegante Weine, die kein Gramm Fett zu viel haben, dafür aber einen klaren Terroirausdruck sowie Eleganz und Frische bieten. Wagner arbeitet biodynamisch, sein Fokus liegt auf Spätburgunder und Chardonnay, dazu kommt Grauburgunder sowie etwas Müller-Thurgau, der ihm wunderbar frisch gelingt. Wagners Grauer Burgunder vom Henkenberg bietet großartige Spannung und Tiefe, genau wie der fein gewobene Spätburgunder aus der gleichen Lage. Ein Weingut, das man im Auge behalten sollte.

92 2018 Oberrotweil Henkenberg Grauburgunder trocken
Klares, mittleres Gelb. In der Nase Brioche, Quitte, Rauch, etwas Jasmin, Apfelschale. Am Gaumen schöner Schmelz, fließende Säure, griffig, feine Phenole, wieder Apfel, Quitte, Mandel, unterlegt mit Mineralik, viel Spannung, schöne Länge, toll zum Essen, Potenzial. 12,5 Vol.-%, NK, €€€

92 2017 Achkarren Schlossberg Grauburgunder trocken
Klares, mittleres Gelb. In der Nase reife helle Früchte, etwas Rauch, Mandel, heißer Stein, Kräuterwürze. Am Gaumen eine feine Textur, Grip, feine Phenole, Melisse, Nuss, reife Zitrusfrucht, eleganter Schlossberg mit Zug und Tiefe, unaufgeregt und lang. 12,5 Vol.-%, NK, €€€

93 2018 Oberrotweil Henkenberg Spätburgunder trocken
Sattes Kirschrot, klar. In der Nase feine rote Früchte, Rauch, Kirsche, Würze, Gesteinsmehl, Holunderbeere, tiefgründig. Am Gaumen viel Würze und Spannung, feine Gerbstoffe, differenziert, rote Früchte, balancierende Säure, gute Strukur, lang, Potenzial. 13 Vol.-%, NK, €€€

92 2018 »Alte Reben« Oberrotweil Spätburgunder trocken
Klares, sattes Rot. In der Nase Rauch, Holzfass deutlich spürbar, Schlehe, Kirsche, Brombeere, etwas Tabak und dunkle Schokolade. Am Gaumen griffige Gerbstoffe, balancierte Säure, Zug und Kraft, dunkle Früchte, Kirsche, Rauch, Zug und Spannung, braucht noch Zeit 13 Vol.-%, NK, €€€

90 2018 Oberrotweil Chardonnay trocken

90 2018 Oberrotweil Grauburgunder trocken

89 2018 Grauburgunder trocken

91 2018 Oberrotweil Spätburgunder trocken

90 2018 Spätburgunder trocken

88 2019 Müller-Thurgau trocken
Helles, klares Gelb. In der frischen Nase Duft nach Limonenzeste mit Muskatblüte, dazu helle Blüten. Am Gaumen belebende Säure, Zitrus, Aprikosenkern, Muskat. Leichter, komplett trockener Müller-Thurgau, insgesamt absolut stimmig. 11,5 Vol.-%, DV, €

★★★★

WEINGUT FRITZ WASSMER

Lazariter Straße 2, 79189 Bad Krozingen-Schlatt
T: +49 (7633) 3965, mail@weingutfritzwassmer.de
www.weingutfritzwassmer.de

Ab-Hof-Verkauf: Mo bis Fr 9–18 Uhr, Sa 10–16 Uhr
Kellermeister: Fritz Waßmer
Ansprechpartner: Fritz Waßmer
Flaschen/Hektar: 186.000 (35 % weiß, 65 % rot)/38 ha

Wie man weiß, befinden sich Fritz und Martin Waßmer in einem gesunden und natürlich freundschaftlich ausgetragenen Duell: Wenn der eine Bruder eine patente Lage erwerben konnte, dauert es nicht lange, bis der andere nachzieht und seinen neuesten Coup präsentiert. So stieg auch stetig das Niveau der Weine in beiden Weingütern an, die als Erdbeer- und Spargelbetriebe begonnen haben und längst zur badischen Spitze zählen. Die Weinkonsumenten profitieren am meisten von diesem Wettkampf in der Burgunderhochburg Schlatt, der noch lange andauern kann. Ein starker Auftritt der Familie Waßmer!

93 2018 Herbolzheim Kaiserberg Chardonnay trocken
Sehr feiner Duft von gelbem Apfel, Sternfrucht, Zitrone und Ananas. Am Gaumen werden diese Aromen sowie Aprikose und Bourbonvanille von sehr lebendiger Säure balanciert. Ein Wein mit bedeutendem Nachhall und einer ideal integrierten Ausbaukomponente. 12,5 Vol.-%, NK, €€€€

93 2018 Kenzingen Roter Berg Chardonnay trocken
Mittleres Goldgelb. Bourbonvanille, Zitronenzeste, reifer Apfel und Birne sowohl in der Nase als auch am Gaumen. Bei sehr guter Textur von feiner Säure getragen. Ein Wein mit guter Komplexität und Konzentration in der Aromatik bei langem Nachhall. 13 Vol.-%, NK, €€€

93 2018 Bombach Sommerhalde Grauburgunder trocken
Komplexer Duft in der Nase: Vanille, Melone, reifer weißer Pfirsich und auch Zitronenschale. Am Gaumen kommt zur präzisen Aromatik eine sehr gute Textur hinzu. Alles von lebendiger Säure getragen und in guter Balance der Elemente. Sehr langer Nachhall. 13 Vol.-%, NK, €€€

94 2018 Herbolzheim Kaiserberg Spätburgunder trocken
Die komplexe Aromatik von reifer Kirsche, Gewürznelke, geräuchertem Tiroler Speck und etwas Peffer wird von sehr lebendiger Säure getragen. Konzentriert und komplex bei guter Struktur. Der reife Gerbstoff und die leichte Mineralik führen in einen langen Nachhall. 13,5 Vol.-%, NK, €€€€

90 2018 Staufen Schlossberg Chardonnay trocken

90 2018 Staufen Schlossberg Weißburgunder trocken

92 2018 »CCL« Spätburgunder trocken

92 2018 »XXL« Spätburgunder trocken

91 2018 Bombach Sommerhalde Spätburgunder trocken

90 2018 Merlot trocken

90 2018 »Alte Reben« Spätburgunder trocken

90 2018 Spätburgunder trocken
Mittleres Rubin im Glas. Ein klassisches Aromenprofil der Rebsorte von Himbeere, Rauch, Erdbeere und Hibiskus in der Nase. Auch am Gaumen finden sich diese Aromen, ein mittlerer Körper, erkennbare Struktur, reifes Tannin, balancierende Säure und ein guter Nachhall. 13 Vol.-%, DV, €

★★★★

WEINGUT MARTIN WASSMER

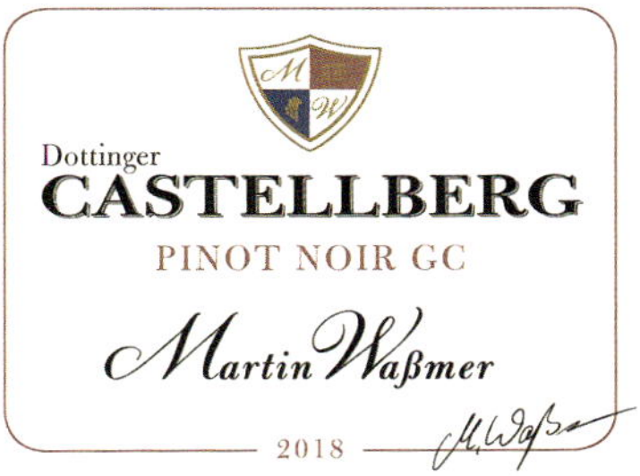

Am Sportplatz 3, 79189 Bad Krozingen-Schlatt
T: +49 (7633) 15292, info@weingut-wassmer.com
www.weingut-wassmer.de

Ab-Hof-Verkauf: Mo bis Sa 9–18 Uhr, April bis Juni auch So 10–17 Uhr
Kellermeister: Martin Waßmer, Stefan Beck
Ansprechpartner: Martin Waßmer
Flaschen/Hektar: 190.000 (40 % weiß, 60 % rot)/38 ha

Ein burgundischer Bauplan mit Markgräfler Inhalten«, notierte einer unserer Verkoster zum hoch verdichteten und kalkmineralisch grundierten Chardonnay »GC« aus dem Dottinger Castellberg – das ist ein Befund, der sich auf die hervorragende Kollektion von Martin Waßmer ausdehnen lässt: Der Winzer versucht nicht, das große Leitbild zu imitieren, er schafft eine eigenständige Interpretation der heimischen Bedingungen mit seinen unterschiedlichen Terroirs und Böden wie Muschelkalk und Vulkangestein. Burgund im Blick und Markgräfler Boden fest unter den Füßen: So kann man weit nach vorne kommen.

93 2018 »GC« Dottingen Castellberg Chardonnay trocken
Würziges Holz. Dezente Gelbfrucht. Sesam. Im Mund mit einer kräftigen Dosis feiner Phenole, mit stringent begleitender Säure und einer trotz der hohen Dichte verspielten Anmutung. Kalkmineralischer Abklang. Ein burgundischer Bauplan mit Markgräfler Inhalten. 13,5 Vol.-%, NK, €€€€

93 2018 »GC« Achkarren Schlossberg Grauburgunder trocken
Golden in der Farbe. Üppiger Duft, türkischer Honig, reife Gelbfrucht, Maronipüree. Am Gaumen mit sehr großem Volumen, opulent und getragen, mollig-geschmeidig, aber auch mit einer fast rosinenartig anmutenden, verdichteten, dennoch feinen Säure. Ein Brocken! 13,5 Vol.-%, NK, €€€

93 2018 »GC« Dottingen Castellberg Pinot Noir trocken
Einiges Neuholz, Leder, Blaubeere, frischfruchtig, mineralische Kirsche. Im Mund mit weichem Fond und einem festen, deutlich kalkmineralisch geprägten Kern. Gut integrierte, aber auch lange anhaltende Säure, sehr viel Saft und Eleganz, pikanter, mineralischer Pinot. 13 Vol.-%, NK, €€€€

93 2018 Dottingen Castellberg Syrah trocken
Beginnt mit den Aromen dunkler Schokolade, dann kommen Kräuternoten, Amarenakirsche und Rosine. Im Mund mit massivem Gerbstoff, reifes, leicht trockenes Tannin, wuchtiger Gaumen, aber auch große Extraktfülle, reife Säure, geschmeidiger Fond, beeindruckend. 13,5 Vol.-%, NK

92 2018 »GC« Dottingen Castellberg Grauer Burgunder trocken

92 2017 Staufen Schlossberg Weißburgunder Spätlese trocken

92 2018 »GC« Schlatt Maltesergarten Pinot Noir trocken

91 2016 »Chapelle« Ehrenstetten Ölberg trocken CF/ME/CS

91 2018 »GC« Glottertal Roter Bur Spätburgunder trocken

91 2018 »GC« Ehrenstetten Ölberg Spätburgunder trocken

91 2017 »GC« Schlatt Maltesergarten Pinot Noir trocken

93 2018 »GC« Dottingen Castellberg Weißburgunder trocken
Feinwürziges Holz, weiße Blüten, im Mund eine wunderbare Integration von Fülle und Stofflichkeit, reife, feste Säure und taktile Mineralität geben dem Körper Spannung und Frische, der Abklang ist aromatisch und auf eine unverkitschte Weise geschmeidig. 13,5 Vol.-%, NK, €€€

★★★★

WEINGUT WÖHRLE

Weinbergstraße 3, 77933 Lahr
T: +49 (7821) 25332, info@woehrle-wein.de
www.woehrle-wein.de

Ab-Hof-Verkauf: Mo bis Fr 17–19 Uhr, Sa 10–14 Uhr
Kellermeister: Markus Wöhrle
Ansprechpartner: Tanja und Markus Wöhrle
Flaschen/Hektar: 100.000 (75 % weiß, 25 % rot)/15 ha
Anbauweise: Biologisch zertifiziert

Laute Töne kennt man im Weingut Wöhrle in Lahr nicht, die haben Markus und Tanja Wöhrle auch gar nicht nötig: Seit Jahren bieten sie Kollektionen an, die über Baden hinaus zu den besten gehören und die für sich sprechen. Markus Wöhrle schafft es meisterhaft, auf die Bedingungen der verschiedenen Jahrgänge einzugehen. Hatte er 2018 die Wärme in balancierte Substanz überführt, so zeigen die 2019er wieder etwas mehr Kante, Schliff und Zug. Die Spätburgunder aus 2018 freilich sind eine Klasse für sich. Auch in Abwesenheit der weißen Großen Gewächse eine großartige Kollektion!

91 2019 Lahr Kronenbühl Weißburgunder Erste Lage trocken
Feiner Duft von Johannisbeerblatt, Veilchen, gelbem Pfirisch und Limettenschale. Am Gaumen trägt die sehr lebendige Säure die gelbe Frucht sowie eine leichte Mandelnote. Im mittelgewichtigen Körper entwickelt sich in einem gutem Abgang auch eine rauchige Note. 13 Vol.-%, NK, €€

91 2019 Lahr Kronenbühl Grauburgunder Erste Lage trocken
Mittlere Intensität in der Nase mit einem Duft von Gewürznelke, Pfirsich, Zitronenzeste und einer leichten Mandelnote. Am Gaumen balanciert die lebendige Säure diese Aromatik. Es folgen eine angenehme Aromatik von Johannisbeerblatt sowie rauchige Mineralik. 13 Vol.-%, NK, €€

94 2018 Lahr Kirchgasse Spätburgunder GG
Mandel und Lorbeer im Duft, dezente Holzwürze. Fülliger Gaumen, dicht mit sandigem, makellos reifem Gerbstoff gefüllt, integrierte Säure, mineralischer Fond, alle Komponenten natürlich proportioniert, derzeit verschlossen, aber mit ausgezeichnetem Potenzial. Lang! 13 Vol.-%, NK, €€€

93 2018 Lahr Kronenbühl Spätburgunder Erste Lage trocken
Würziges Neuholz, zitrische Noten, Süßkirsche, florale Noten. Im Mund eine dichte Verbindung aus Geschmeidigkeit, griffigem Tannin und feinem Säurenerv. Viel Saft, wunderbare Proportion, satte Frucht, ein echtes Maul voll Burgunder. 13,5 Vol.-%, NK, €€€

89 2019 Lahr Auxerrois trocken

92 2019 Lahr Gelber Muskateller trocken
Etwas Hefe und eine intensive Würze von frisch geriebener Muskatnuss. Auch leicht pfeffrig. Im Mund mit saftigem Säurezug, einer feinen Säure als Gegengewicht, einer schlanken, aber dennoch intensiven Anmutung und large anhaltener, traubiger Abgangswürze. 12 Vol.-%, DV, €€

★★★

WEINGUT ZÄHRINGER

ZÄHRINGER
Seit 1844

WEISSBURGUNDER
SONNHOHLE
2017

Johanniterstraße 61, 79423 Heitersheim
T: +49 (7634) 504890, info@weingut-zaehringer.de
www.weingut-zaehringer.de

Ab-Hof-Verkauf: Mo bis Mi 9–12, 14–17 Uhr, Do bis Fr 9–12 Uhr und 14–18 Uhr, Sa 10–13 Uhr
Kellermeister: Burkhard Schopferer
Ansprechpartner: Fabian Zähringer
Hektar: 50 ha

Wolfgang Zähringer zählte in den 1980er-Jahren zu den Pionieren des ökologischen Weinbaus in Baden, sein Sohn Fabian Zähringer arbeitet seit 2010 biodynamisch mit Demeter-Zertifikat. Im Weingut Zähringer sind schon die Basisweine auf hohem Niveau, alle Weine sind lebendig und in sich stimmig, in der gehobeneren Klasse kommen Substanz, Balance und mineralische Tönung dazu. Der hervorragende Weißburgunder »Orange« verknüpft Spannung und Geschmeidigkeit, der Grauburgunder »Vierlig« Fülle und Präzision. Auch die Rotweine zeigen Format. Spannende Kollektion!

93 2018 »Orange« Weißburgunder Landwein trocken
Orangenschale, Quittengelee, Kümmel und Malz in der expressiven Nase. Am Gaumen mit herber, präsenter Phenolik, die für Frische sorgt, zitrische Noten, schöne, kraftvolle Frucht, kräftiger und kompakter Bau mit Zug und Spannung, dabei nie die Geschmeidigkeit verlierend. 13 Vol.-%, NK, €€€

92 2019 »Vierlig« Grauburgunder trocken
Feinwürzige Sortenfrucht mit Birne und Apfel, gerösteter Haselnuss, Sesam und feinem Rauch. Eröffnet mit saftiger und herber Frucht am Gaumen, trocken und mit feiner Phenolik, verbindet Fülle und Extrakt auf charmante und animierende Art, raffiniert und präzise, natürlich. 13,5 Vol.-%, DIAM, €€

92 2018 Heitersheim Sonnhohle Weißburgunder trocken
Kräftig gebauter Weißburgunder, der nach Wiesenkräutern und Mirabelle, etwas Minze, Orangenzeste und Vanille riecht. Mit fester Struktur und guter Dichte, gut vom Holz eingefasst integrierte Säure mit salzigem Unterton, entfaltet auch Geschmeidigkeit und Schmelz. 13,5 Vol.-%, NK, €€

92 2018 »SZ« Chardonnay trocken
Etwas Gelbfrucht in der fein gewobenen Nase, Apfel und Aprikose, feiner Rauch, frisches Lorbeerblatt. Am Gaumen geschmeidig ansetzend, bald öffnet sich ein weiter Horizont mit Würze, reifer Frucht und mineralischer Tönung in einem kräftig gebauten Körper. Jung und begabt. 13,5 Vol.-%, NK, €€€

91 2018 Dottingen Castellberg Viognier tr.

90 2016 Crémant extra brut

89 2019 Gutedel trocken

89 2019 Cabernet Blanc trocken

89 2019 Weißburgunder trocken

90 2017 Spätburgunder trocken

89 2018 Cabernet Franc trocken

90 2018 Spätburgunder trocken
Schattenmorelle und rote Kirsche, Waldbeeren und etwas Holzwürze. Im Mund gut gebaut mit reifem und mehligem Tannin, die feine Säure geht ihren Weg, leichte pikante Würze, reife Kirsche, auch Brombeere und Tabak, großzügig und lebendig, endet würzig. 14 Vol.-%, DV, €

★★★★★

WEINGUT HANSPETER ZIEREISEN

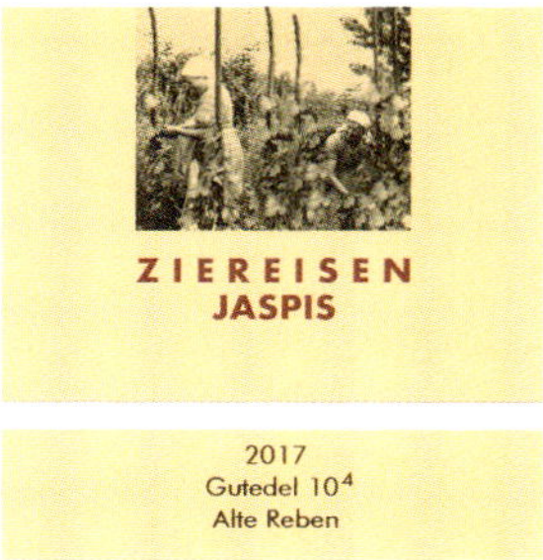

Markgrafenstraße 17, 79588 Efringen-Kirchen
T: +49 (7628) 2848, kontakt@ziereisen.de
www.ziereisen.de

Ab-Hof-Verkauf: Do bis Fr 8–12.30 und 14–18.30, Sa 8–12.30 und 14–16 Uhr
Kellermeister: Hanspeter Ziereisen
Ansprechpartner: Edeltraud Ziereisen
Flaschen/Hektar: 100.000 (50 % weiß, 50 % rot)/17 ha

Hanspeter Ziereisen ist eines der größten Originale des deutschen Weinbaus, das hat sich inzwischen herumgesprochen. Doch es bleibt nicht bei Originalität alleine: Ziereisens weinbaulicher und kellerwirtschaftlicher Stil trägt Züge des Genialen. Er kann es sich erlauben, einen Grauburgunder bis zum Bersten mit Extrakt – und sogar mit Farbe! – vollzupacken, ohne dass es plump wird. Er schafft es, einen Gutedel wie einen bissig konzentrierten Meursault aussehen zu lassen. Und nebst all diesen Kunststücken gelingen ihm auch wunderbar geerdete und dazu noch preisgünstige Basisweine.

95 2018 »Jaspis« Grauer Burgunder unfiltriert trocken
Lachsrosa mit orangefarbenen Reflexen. Etwas Holz, grüne Walnuss, Apfelschalentee. Kalk. Auch zitrische Noten. Pinotbeeren. Im Mund ein Brocken, aber aus feinsten Elementen aufgebaut. Immens jung. Tief und komplex, konzentriert, dichte Säure, immenses Potenzial. 13,5 Vol.-%, NK, €€€€

94 2018 »Jaspis 10hoch4« Gutedel unfiltriert trocken
Kalkwürzig, Apfel, etwas Holz, im Mund hoch verdichtet, sehr mineralisch, sehr phenolisch, feste Säure, immens jung, mit Tiefe und Substanz für 20 Jahre der Reife. Enormer Extrakt, und das mit höchster Feinheit. Im Abgang fast nur von taktiler Mineralität geprägt. 12 Vol.-%, NK, €€€€

95 2016 »Jaspis« Spätburgunder unfiltriert trocken
Eine noch immer jugendlich wirkende Kirschfrucht, etwas Holz, Kokos und Zimt, aber auch pfeffrig, Baumharz, Orangeat, kräuterwürzig, Tinte. Im Mund mit lebendigem Säurenerv, weit gefasst, feinkörniges Tannin in mittelhoher Menge, dicht, lang, kalkmineralisch zuletzt. 0,6 Vol.-%, NK, €€€€

93 2017 »Gestad« Syrah unfiltriert trocken
Zwetschgenkern, röstig-teerige Noten, Brombeere, Holundermark, dabei sehr frisch, etwas Holz, im Mund dicht, straffes, adstringierendes Tannin und ein vitaler Säurebogen, pfeffrige Noten, im Alkohol diszipliniert, straff und spannungsvoll. Zukunft! 12,5 Vol.-%, NK, €€€

92 2017 »Musbrugger« Grauburgunder unfiltriert trocken

91 2018 »Steingrügle« Gutedel unfiltriert tr.

90 2018 »Lügle« Weißburgunder unfiltriert tr.

93 2017 »Rhini« Spätburgunder unfiltriert tr.

92 2017 »Schulen« Spätburgunder unfiltriert trocken

92 2017 »Talrain« Spätburgunder unfiltriert tr.

89 2017 »Tschuppen« Spätburgunder unfiltriert trocken

90 2018 »Heugumber« Gutedel trocken
Relativ kräftig in der Farbe. Reifes Steinobst, Reneklode, Aprikose, Malz. Im Mund recht gehaltvoll, wie man es vom Jahr erwarten kann, eine Schichte Phenole, lebendige Säure, trocken und stoffig mit Kante und Großzügigkeit. Extrem hohes Niveau für einen Basiswein. 11 Vol.-%, DV, €

★

WEINGUT ZIMMERMANN

Bürgelnblick 1, 79418 Schliengen
T: +49 (7635) 665, info@zimmermann-wein.de
www.zimmermann-wein.de

Ab-Hof-Verkauf: Mo bis Fr 9–14 Uhr
Kellermeister: Karl-Ernst Zimmermann
Ansprechpartner: Karl-Ernst Zimmermann
Flaschen/Hektar: 55.000 (75 % weiß, 25 % rot)/11 ha

Verlässlich pflegt Karl-Ernst Zimmermann einen zugänglichen Weinstil. Bei den Weißweinen steht eine klare Frucht und Frische im Vordergrund, die wie beim trinkfreudigen Gutedel, dem Lokalmatadoren im Markgräflerland, gerne auch von einem Schuss Süße unterlegt wird. Aber der Winzer versteht sich auch auf den Ausbau im kleinen Holzfass: Der Grauburgunder »Reserve Rhine Hill« ist würzig und fest in der Struktur. Die Rotweine zeigen wie der großzügige Merlot »Angel Hill« gute Substanz und Sortencharakter. Die Weine lassen sich übrigens auch in der gutseigenen Weinschenke genießen.

89 2017 »Reserve Rhine Hill« Grauburgunder trocken
Mittleres Gold in der Farbe, Karamell in der Nase, Honigmelone, kandierte Walnüsse und reife Birne. Am Gaumen saftig und weich ansetzend, die reife Säure unterstützt den ausgewogenen Charakter, feine Würze und Schmelz, nicht zu süß, gutes Volumen, mittlerer Extrakt. 13 Vol.-%, NK, €€€

88 2019 »BB« Bad Bellingen Sonnenstück Gutedel trocken
In der Nase roter Apfel und Wiesenkräuter, auch Birnenschale. Am Gaumen mit präsenter Frucht schlank und filigran gebaut, Frische und Lebendigkeit, animierende Säure, saftig und mit einer charmanten Portion Süße. Eine fröhliche und unbeschwerte Natur. 11,5 Vol.-%, DV, €

90 2017 »Angel Hill« Syrah trocken
Dunkle Schokolade, Kampfer und schwarzer Pfeffer, dazu buttrige Noten, Eiche. Weich und geschmeidig ansetzend, getragen mit sandigem Gerbstoff in eher mittlerer Menge, süße Gaumenfrucht, cremiger Hintergrund, karamellartige Holzaromen zuletzt. 14 Vol.-%, DV, €€€

89 2017 »Angel Hill« Merlot trocken
Waldhimbeere im Duft, Halbbitterschokolade, etwas Kräuter. Im Mund »warm« und voll, mürbes Tannin in mittlerer Menge, reife Säure, integrierter Alkohol, etwas Kirsche als Gaumenfrucht, ein recht kraftvoller Merlot mit einem Hauch von Süße in der Frucht. 14 Vol.-%, DV, €€

89 2019 »Happy Hill« Sauvignon Blanc tr.
In der expressiven Nase finden sich typische Merkmale der Rebsorte wie Schwarze Johannisbeere, Mango und Passionsfrucht, auch grüne Paprika und Würze. Am Gaumen süße, reintönige Frucht, die von einer lebendigen Säure flankiert wird, wieder Mango, gut balanciert, elegant. 12 Vol.-%, DV, €

★★

WEINGUT JULIUS ZOTZ

Staufener Straße 3, 79423 Heitersheim
T: +49 (7634) 508220, info@weingut-zotz.de
www.weingut-zotz.de

Ab-Hof-Verkauf: Mo bis Fr 8–12.30 und 13.30–18 Uhr, Sa 9–16 Uhr
Kellermeister: Dennis Meindl
Ansprechpartner: Martin, Michael und Julian Zotz
Flaschen/Hektar: 585.000 (60 % weiß, 40 % rot)/95 ha

Der Heitersheimer Betrieb gehört zu den größten Badens, bei 95 Hektar Reben ist es ein ziemlich weitläufiger Garten, den es zu bestellen gilt. Trotzdem hat Familie Zotz den Nerv, auch an (scheinbaren) Kleinigkeiten zu feilen und Weine aus eng definierter Herkunft zu entwickeln, wie etwa den Pinot Noir »Hohlgässle«, der im Falstaff-Team ob seiner durch und durch kultivierten Dichte sehr viel Beifall erhielt. Er wird ausgezeichnet reifen! Bei den Weißen hat uns dieses Jahr der Flight der drei Chardonnays vollauf überzeugt, da ist für jeden Geschmack (und jede Speise!) etwas dabei.

92 2018 »500« Heitersheim Maltesergarten Chardonnay trocken
Holz und Hefe, aber auch Hopfen, Sesam und pflanzliche Noten. Im Mund mit einiger Wucht, aber Fülle und Kern harmonieren gut miteinander, auf die stoffige Gaumenmitte folgt ein stringenter saftiger Abklang, fein mineralische Tönung über allem. 13,5 Vol.-%, NK, €€

91 2018 »Terrassen« Badenweiler Römerberg Chardonnay trocken
Eine leichte Vanillenote vom Holz, Lindenblüte und ein reiffruchtiger zitrischer Anklang, eher Orange als Zitrone. Geschmeidiger Ansatz, Schmelz und Holzsüße leiten in einen straffen, stoffigen Bau mit fester, stabiler Säure, kreidiger, salziger Kalk im Abklang. 13,5 Vol.-%, NK, €€€

93 2018 »Hohlgässle« Pinot Noir trocken
Konzentriert dunkelbeerig im Duft, Holundermark und Blaubeere, diskret bleibendes Holz, erdige Noten. Im Mund mit hoher Verdichtung, festes, reifes, handwerklich anmutendes Tannin, fleischig, Respekt gebietend und potenzialreich, feste Säure, frisch und kultiviert. Kräftig mineralisch. 13,5 Vol.-%, NK, €€€

91 2018 »Terrassen« Badenweiler Römerberg Pinot Noir trocken
Würzig im Duft, zurückhaltender Holzakzent, dazu ein »deutscher« Spätburgunderduft mit Noten von Pneu, Berglorbeer, Holunder. Im Mund mit straffem Gerbstoff, dichtes Tannin auf kräftigem Fond, lebendiger Säurenerv, viel Saftigkeit und mineralische Töne im Hintergrund. 14 Vol.-%, NK, €€€

89 2019 »Alte Reben« Grauburgunder trocken

89 2019 Chardonnay trocken

89 2019 »Uff de Hefe« Gutedel trocken

89 Pinot & Chardonnay Brut

88 2019 Heitersheim Maltesergarten Chasselas trocken

90 2018 Heitersheim Maltesergarten Pinot Noir trocken

89 2018 »Alte Reben« Spätburgunder trocken

90 2019 »Alte Reben« Weißburgunder tr.
Strohblumen, Spreu, etwas Hopfen, im Mund schon im Auftakt unmittelbar salzig, mittelgewichtig in Körper und Extrakt, festes Säurerückgrat, ein recht eleganter, kulinarischer Bau, gut in sich ruhend und im Stil mineralisch-elegant gehalten. 13 Vol.-%, DV, €

Blick auf Heidelberg im Herbst

GASTGEBER AUS LEIDENSCHAFT

GEMEINSAM MIT DEN WINZERN DER REGION – ALS UNEINGESCHRÄNKTEN EXPERTEN, WAS DAS LEIBLICHE WOHL ANBELANGT – HAT FALSTAFF DIE BESTEN GENUSSADRESSEN IN SACHEN KULINARIK SORGFÄLTIG AUSGEWÄHLT UND ZUSAMMENGESTELLT.

heimat im Malerhaus

77855 Achern

Küchenchef Marcel Göpper und Restaurantleiterin Luisa Ioannidis bieten in ihrer Brasserie französisch inspirierte Gerichte mit Charme und Pfiff. Die Atmosphäre im historischen Gebäude ist bezaubernd. Im Sommer genießen die Gäste den schönen Garten samt Außenküche.

Hauptstraße 104
+49 (7841) 6668870
www.heimat-malerhaus.de

Essen:	43	50
Service:	18	20
Getränke:	17	20
Ambiente:	9	10
Gesamt:	87	100

€€

Storchen

79189 Bad Krozingen - Schmidhofen

Der familiengeführte Landgasthof überzeugt mit Köstlichkeiten aus der Region, die mit ausgesuchten Produkten in bester Qualität einen unverfälschten Geschmack garantieren. Dazu erlesene Weine hiesiger und überregionaler Winzer. Im Sommer sitzt man im grünen Garten am Teich.

Felix-und-Nabor-Straße 2
+49 (7633) 5329
www.storchen-schmidhofen.de

Empfohlen von: **Weingut Fritz Waßmer**

80–84 | 85–89 | 90–94 | 95–100 Punkte

Die Klosterschänke

76530 Baden-Baden

Zwischen Weinbergen und Wald gelegen bietet das Restaurant Klosterschänke einen herrlichen Blick in die Rheinebene. Familie Racciatti sorgt mit ihrer italienisch-badischen Küche fürs leibliche Wohl. Der Schwerpunkt der Weinkarte liegt auf badischen und italienischen Tropfen.

Klosterschänke 1
+49 (7221) 25854
www.restaurant-klosterschaenke.de

Essen:	42	50
Service:	18	20
Getränke:	17	20
Ambiente:	8	10
Gesamt:	85	100

P €€€

Heiligenstein

76534 Baden-Baden

Die Weinauswahl von mehr als 400 Positionen hält auch einige Raritäten und Überraschungen bereit und wird von der umsichtigen Gastgeberfamilie Beck stets erweitert. Im Restaurant wird die Tradition einer gut bürgerlichen Küche hochgehalten und mit feiner Klinge gepflegt.

Heiligensteinstraße 19a
+49 (7223) 96140
www.hotel-heiligenstein.de

Empfohlen von: **Weingut Holger Dütsch**

Straußwirtschaft im Weingut Maier

76532 Baden-Baden

Gute Stimmung ist hier garantiert, dafür sorgen schon die saftigen Weine aus eigenem Anbau. Dazu serviert die Küche im rustikalen Ambiente herzhafte Brotzeiten, frische Flammkuchen aus dem Holzofen, gekochte Schälripple und natürlich klassische Maultaschen mit Kartoffelsalat.

Karlsruher Straße 8
+49 (7221) 64197
www.weingutmaier.de

Empfohlen von: **Falstaff-Redaktion**

Restaurant im Golf Club

76530 Baden-Baden

Wenn der offene Kamin im Restaurant knistert, dann ist das Ambiente noch mal so gemütlich. Für gute Stimmung sorgt auch das Küchenteam um Uli Krause und Sascha Zeiger, die ein buntes Angebot aus internationalen Küchenklassikern und regionalen Spezialitäten bereithalten.

Fremersbergstraße 127
+49 (7221) 23527
www.restaurant-im-golfclub.de

Empfohlen von: **Falstaff-Redaktion**

Traube

79588 Blansingen

Brian Wawryk in der Küche und Daniela Hasse im Service sind ein tolles Gespann. Beide bringen eine Menge Erfahrung aus den besten Restaurants der Welt mit. Hier in der »Traube« im kleinen Weindorf Blansingen haben sie nun selbst einen Höhenflug gestartet.

Alemannenstraße 19
+49 (7628) 9423780
www.traube-blansingen.de

Empfohlen von: **Max Geitlinger Wein, Weingut Brenneisen**

79211 Denzlingen

Rebstock-Stube

Gänseleberterrine, Froschschenkel »provencale« oder Elsässer Rebhuhn »Winzerin Art« – zu jedem Gericht der badisch und französisch geprägten Küche gibt es den passenden Weinbegleiter. Der in siebter Generation von der Familie Frey geführte Landgasthof macht es möglich.

Hauptstraße 74
+49 (7666) 900990
www.rebstock-stube.de

Empfohlen von: **Weingut Moosmann, Otto und Martin Frey**

79346 Endingen

Merkles Restaurant

Die Küche im elegant-modernen Restaurant im einstigen Pfarrhaus ist bekannt für ihre weltoffenen Gerichte. Thomas Merkle kombiniert gekonnt asiatische Gewürze und Zubereitungsarten mit regionalen Produkten und heimischen Küchentraditionen. Eine verührerische Liaison.

Hauptstraße 2
+49 (7642) 7900
www.merkles-restaurant.de

P €€€

Essen:	46	50
Service:	18	20
Getränke:	18	20
Ambiente:	9	10
Gesamt:	91	100

79591 Eimeldingen

Zum Löwen

Das ganzjährig geöffnete Hotel ist der ideale Ausgangspunkt für Ausflüge ins nahe Elsass oder die Schweiz. Nicht weniger attraktiv ist das hoteleigene Restaurant, im heimeligen Ambiente werden bodenständige hausgemachte Gerichte für jeden Geschmack serviert.

Hauptstraße 23
+49 (7621) 62588
www.loewen-eimeldingen.de

Empfohlen von: **Privat-Sektkellerei Reinecker**

79098 Freiburg

Wolfshöhle

Schon zur Mittagszeit bekommt man in dem schicken Restaurant ein abwechslungsreiches Menü serviert oder wählt aus der Karte eines der Gerichte aus, die mit viel Sorgfalt und Können zubereitet sind. Auch für Vegetarier hält die Küche einfallsreiche Kreationen bereit.

Konviktstraße 8
+49 (761) 30303
www.wolfshoehle-freiburg.de

€€€

Essen:	45	50
Service:	18	20
Getränke:	18	20
Ambiente:	9	10
Gesamt:	90	100

79215 Elzach

Schäcks Adler

Ein Landgasthof wie aus dem Bilderbuch. In den gemütlichen Gasträumen spürt man die Bodenständigkeit und Heimatliebe, die sich auch in der Küche wiederfindet. Gekocht wird vorwiegend mit Produkten aus der Region, fein gemachte Schwarzwälder Klassiker mit kreativem Pfiff.

Waldkircher Straße 2
+49 (7682) 1291
www.schaecks-adler.de

Empfohlen von: **Weingut Kilian Hunn**

79104 Freiburg im Breisgau

Chez Eric

Weinbauregionen wie Schlossberg, Kaiserstuhl und Markgräferland sind in unmittelbarer Nähe und so finden sich im Weinkeller die Schätze der großen Winzer aus der Region. Auch die Champagner-Auswahl prickelt. Auf den Tellern wird mediterrane Leichtigkeit geboten.

Wintererstrasse 89
+49 (761) 51030
www.chez-eric.de

Empfohlen von: **Staatsweingut Freiburg**

80–84 85–89 90–94 95–100 Punkte

Ponyhof Stammhaus

77723 Gengenbach

Tradition heißt für Familie Wussler keineswegs Stillstand, ganz im Gegenteil. Kontinuierlich, aber behutsam feilt man an der badischen Wirtshausküche, verfeinert Schwarzwald-Klassiker und gibt den regionalen Gerichten hier und da einen kreativen und modernen Touch.

Mattenhofweg 6
+49 (7803) 1469
www.ponyhof.co

Essen:	43	50
Service:	16	20
Getränke:	18	20
Ambiente:	8	10

€€

Gesamt: 85 | 100

Zur Sonne

79241 Ihringen

Die auffällige sonnenblumengelbe Fassade animiert zur fröhlichen Einkehr in das traditionsreiche Gasthaus und Weinhotel. Die Küche ist herzhaft unkompliziert und bietet internationale Klassiker ebenso wie badische Spezialitäten und Wildgerichte aus heimischer Jagd.

Hauptstraße 21
+49 (7668) 229
www.sonne-wasenweiler.de

Essen:	43	50
Service:	18	20
Getränke:	18	20
Ambiente:	8	10

€€

Gesamt: 87 | 100

Rührberger Hof

79639 Grenzach-Wyhlen

Wir starten mit einem Winzersekt vom Rhein und staunen über die Leichtigkeit der Speisekarte, in der internationale Köstlichkeiten neben regionalen Klassikern stehen. Und genau so zeigt es sich auch bei den Weinen: tolle Auswahl von großen Namen und neuen Entdeckungen.

Inzlinger Straße 1
+49 (7624) 9161
www.ruehrbergerhof.com

Empfohlen von: **Weingut Claus Schneider**

Holzöfele

79241 Ihringen

Wo früher Brot gebacken wurde, wird heute eine herzhafte Heimatküche aufgetischt, für die Thassilo Eyrainer verantwortlich ist. Das heimelige Restaurant in der ehemaligen Bäckerei bietet vorwiegend badische Klassiker, die gekonnt mit mediterranen Akzenten verfeinert sind.

Bachenstraße 46
+49 (7668) 207
www.holzoefele.de

Essen:	43	50
Service:	17	20
Getränke:	18	20
Ambiente:	8	10

€€

Gesamt: 86 | 100

Rebstock

77876 Kappelrodeck-Waldulm

Karl Hodapp hat ein Faible für das Elsass und Baden und lässt sich davon kulinarisch inspirieren. Ein großartiger Mix, der in der mit Gänseleber, Apfel und Blutwurst gefüllten Wachtel auf Rahmsauerkraut seinen schönsten Ausdruck findet. Tolle Weinauswahl mit 400 Positionen.

Kutzendorf 1
+49 (7842) 9480
www.rebstock-waldulm.de

Essen:	43	50
Service:	17	20
Getränke:	18	20
Ambiente:	9	10

€€

Gesamt: 87 | 100

76131 Karlsruhe

Cantina Majolika

Schlichte moderne Eleganz dominiert das Restaurant, das sich über zwei Ebenen erstreckt. In der offenen Küche kann man der Crew beim Kochen zuschauen, die frisch zubereiteten Speisen bieten einen gelungenen Querschnitt durch internationale und nationale Kochstile.

Ahaweg 6-8
+49 (721) 1611492
www.cantinamajolika.de

Empfohlen von: **Weingut Schweder**

77933 Lahr

Adler Restaurant

Hier ist bereits die vierte Generation am Werk. Daniel Fehrenbacher gelingt im Restaurant eine weltoffene Küche mit klassisch-französischen Wurzeln. Seine Frau Kerstin zeigt als umsichtige Sommelière ein gutes Gespür für den Gast und eine sichere Hand bei der Weinempfehlung.

Reichenbacher Hauptstraße 18
+49 (7821) 906390
www.adler-lahr.de

Essen:	**43**	50
Service:	**17**	20
Getränke:	**17**	20
Ambiente:	**8**	10
Gesamt:	**85**	100

P €€

79341 Kenzingen

Scheidels Restaurant zum Kranz

Das mehrfach ausgezeichnete badische Restaurant ist bekannt für seine hervorragende schnörkellose Küche. Gekocht wird klassisch mit französisch-mediterranen Akzenten, Spezialität sind die Wildgerichte aus heimischer Jagd oder Zanderfilet und Heilbutt in Rieslingsauce.

Offenburger Straße 18
+49 (7644) 6855
www.scheidels-kranz.de

Empfohlen von: **Falstaff-Redaktion**

79379 Müllheim

Alte Post – Hebelstube

In dem familiengeführten Landhotel zwischen den Weinbergen nahe dem Rhein verbindet man Nachhaltigkeit, ökologische Erzeugung und Regionalität mit kreativ-ambitioniertem Kochhandwerk. Die Speisen in bester Bioqualität werden begleitet von einer großen Auswahl exzellenter Weine.

Posthalterweg / An der B 3
+49 (7631) 17870
www.alte-post.net

Empfohlen von: **Weingut Fritz Waßmer**

80–84 85–89 90–94 95–100 Punkte

79244 Münstertal

Spielweg

Der saisonalen badischen Küche gehört das Augenmerk von Viki Fuchs, die in die kulinarischen Fußstapfen ihres Vaters getreten ist. Die junge Köchin bringt neue Ideen mit, ihr Dim-Sum vom Wildschwein gehört schon jetzt zu den Spezialitäten des sympathischen Familienbetriebes.

Spielweg 61
+49 (7636) 709
www.spielweg.com

Empfohlen von: **Max Geitlinger Wein**

79859 Schluchsee

Oxalis

Das historische Landhaus verspricht nicht nur Ruhe und Entspannung, neben dem Boutique-Hotel ist auch das Restaurant besonders empfehlenswert. Die ambitionierte Küche bedient sich vorwiegend regionaler und saisonaler Produkte, die durchdachte Weinkarte lässt kaum Wünsche offen.

Unterer Mühlenweg 13
+49 (7656) 209
www.muehle-schluchsee.de

Empfohlen von: **Weingut Hanspeter Ziereisen**

76777 Neupotz

Zur Krone

Mit seinem Tasting-Menü schickt Faycal Bettioui seine Gäste auf eine spannende kulinarische Reise durch die vielfältige und facettenreiche Aromawelt. Die passenden Weine offeriert der freundliche Service, immer begleitet von kleinen Geschichten rund um das Thema Genuss.

Hauptstraße 25
+49 (7272) 9337845
www.zurkroneneupotz.de

Essen:	**45**	50
Service:	**18**	20
Getränke:	**18**	20
Ambiente:	**8**	10
Gesamt:	**89**	100

P €€

79263 Simonswald

Grüner Baum

Der beste Einstieg in die regionale Küche des schönen Restaurants ist die Schwarzwälder Vorspeisenvariation. Heimische Produkte und Zutaten verwendet die ambitionierte Küche auch in den Hauptgängen, hier und da gekonnt gespickt mit aromatischen mediterranen Zwischentönen.

Neuenweg 1
+49 (7683) 264
www.gruenerbaum-simonswald.de

Essen:	**43**	50
Service:	**17**	20
Getränke:	**17**	20
Ambiente:	**9**	10
Gesamt:	**86**	100

P €€

79292 Pfaffenweiler

Zehner's Stube

Gänseleber, Steinbutt, Taubenbrust – Fritz Zehner ist ein Meister der zeitlosen Küche, die er mit immer neuen Impulsen belebt. Seine Saucen verzücken die Gaumen seit Jahrzehnten. Und das Beste: Die Weinkarte kann hier anstandslos mithalten. Familiäre Atmosphäre.

Weinstraße 39
+49 (7664) 6225
www.zehnersstube.de

Empfohlen von: **Weingut Brenneisen**

79295 Sulzburg

Rebstock

Christoph Keller verbindet in seinem Restaurant badische Hausmannskost mit den feinen Klassikern der badischen Küche. Dazu serviert werden Weine aus dem Markgräflerland. Als Vertreter der Slow-Food Vereinigung legt Keller Wert auf den Genuss regionaler Lebensmittel.

Hauptstraße 77
+49 (7634) 503140
www.rebstock-in-sulzburg.de

Empfohlen von: **Weingut Zähringer**

79183 Waldkirch

Löwen

Das familiengeführte Gasthaus hat sich zwar der badischen Küche verschrieben, dennoch blickt man auch gekonnt über den Tellerrand hinaus. Basis der traditionellen Gerichte sind regionale und saisonale Produkte, auch die saftigen Steaks stammen von deutschen Rindern.

Schwarzwaldstraße 34
+49 (7681) 9868
www.loewen-buchholz.com

Essen:	42 | 50
Service:	17 | 20
Getränke:	17 | 20
Ambiente:	7 | 10
Gesamt:	83 | 100

€€

79235 Vogtsburg

Köpfers Steinbuck

Schickes Ambiente, unkomplizierte Küche und liebenswerte Gastgeber: Das Konzept des engagierten Familienbetriebes ist attraktiv, genussvolle Stunden und Tage sind hier garantiert. Als passende Begleitung zur Küche von Stephan Köpfer liegen rund 250 verschiedene Weine im Keller.

Steinbuckstraße 20
+49 (7662) 9494650
www.koepfers-steinbuck.de

Essen:	44 | 50
Service:	18 | 20
Getränke:	18 | 20
Ambiente:	9 | 10
Gesamt:	89 | 100

€€

79576 Weil am Rhein

Zur Krone

In dem Familienbetrieb verbinden sich auf sympathische Weise Tradition und moderne Lebensart. Auch im schicken Restaurant, das mittags und abends geöffnet hat, gelingt dieser Spagat und die regional angehauchten Gerichte haben immer einen spürbar modernen Touch.

Hauptstraße 58
+49 (7621) 71164
www.kroneweil.de

Empfohlen von: **Weingut Claus Schneider**

79235 Vogtsburg

Rebstock

Wenn wie hier einer der größten Winzer Deutschlands der Gastgeber ist, dann kann man sich mit Spannung in die Weinkarte vertiefen. Die Küche im Winzerhaus tischt Bodenständiges und Traditionelles aus der Region auf. Herrlich urig mutet die holzgetäfelte Gaststube an.

Badbergstraße 22
+49 (7662) 933011
www.franz-keller.de

Essen:	44 | 50
Service:	18 | 20
Getränke:	19 | 20
Ambiente:	8 | 10
Gesamt:	89 | 100

€

FRANKEN

KUNTERBUNTE WINZERVIELFALT

Festung Marienberg: eindrucksvolles Baudenkmal aus alter Zeit, an dessen Berghängen sich Weinberge hochranken

FRANKEN IST ZIEMLICH COOL

Ist der Frankenwein nur etwas für alte Männer mit Hut? Pah, sagt unsere 1998 geborene Autorin, überhaupt nicht! Und lässt eine Liebeserklärung folgen an das Weinbaugebiet und seine sturköpfigen Winzer.

TEXT ELENA SCHEER

In Würzburg habe ich angefangen, Psychologie zu studieren. Darum habe ich von meinem wunderbaren Heimatort, dem Freistaat Bayern, Abschied genommen. Mutig. Nicht dass die Leser im Norden was missverstehen: Franken ist nicht Bayern.

Verlassen habe ich Würzburg als Weinwirtschaftsstudentin und Sommelierschülerin. Tja, Franken macht's möglich. Vor allem das Weinbaugebiet Franken. Genau über dieses möchte ich jetzt mehr schreiben.

Denn es ist herrlich. Wie man schon an meinen einleitenden Worten sehen kann, finde ich Franken ziemlich cool. Okay, die Weinbauern dort sind nicht immer so einfach. Und ab und zu auch ein bisschen garstig.

Aber hey, ein Silvaner ohne gewisse Ernsthaftigkeit macht ja auch keinen Sinn. Womit wir beim Wein angelangt sind. Beim Wein ist das Frankenland wohl das unterschätzteste Gebiet, das es so gibt. Ich sag's euch: Da tut sich was! Von alteingesessenen Superproduzenten bis zu vielen Verrückten, die ziemlich abgefahrene Sachen machen, ist alles dabei. Kunterbunte Winzervielfalt, und schon schwirren mir Namen im Kopf rum. Zu den ersten gehören sicherlich die Sauers, die Schmitts, Fürst, Castell, Wirsching. Die Liste ist lang. Auf unsere Spitäler kann man sich immer verlassen, wenn man einen salzigen, fränkisch trockenen Silvaner oder spritzigen, frischen Riesling möchte.

Wer die »verrückte« Kategorie sucht, wird bei einem Irren wie Andi Weigand, bei einer Anarchistin wie Laura Seufert oder auch bei Experimentierfreudigen wie den Krämers

fündig. Alle diese Attribute sind für mich supergut, by the way.
Aber egal, wo man sie einordnen will, in die erste oder zweite Gruppe oder irgendwo dazwischen. Einen Sturkopf haben sie alle. Und genau deswegen sind die Weine ja so gut!

PLAUDEREI AUS DEM WEINBERG

Steinig sind sie, diese Weinberge. Toll, wenn man bei gefühlten 50 Grad Celsius im Wingert steht. Noch besser, wenn der auch noch mordssteil ist. Am schönsten, wenn man dann noch ordentlich ausrutscht, wie es mir passiert ist, als ich bei den »Trockenen Schmitts« im Randersackerer Pfülben gearbeitet hab.
Aber bei aller Jammerei ... Es macht Spaß mit unseren Winzern und Winzerinnen im Weinberg zu stehen. Es ist großartig mitzuerleben, mit wie viel Leidenschaft die Reben aufgezogen werden. Wie Kinder. Wie kleine Silvaner-Babys. Oder so ähnlich.
Auf jeden Fall wird auch im Weinberg der fränkische Sturkopf durchgezogen. Es wird immer nach dem Rechten geschaut. Ein Blatt zu viel beim Entblättern bedeutet einen groben Fehler der Praktikantin und eine erneute Einführung in die Kunst der Laubwandbearbeitung. Es muss eben stimmen. Denn genau das macht am Ende einen tollen Wein aus. Die Rebe und ihre Früchte. Am Ende steht und fällt alles mit dem Lesegut.
Aber es gilt auch: »Man muss seinen Reben vertrauen«, so sagte mir einer der Winzer. Trotzdem kenne ich keinen größeren Technik- und Maschinenfreak als Benni May. Man könnte sagen: Er ist der MacGyver unter den Weinbauern.

Die Masterminds hinter dem Weingut Trockene Schmitts: die Brüder Bruno und Paul Schmitt sowie dessen Sohn Lothar

Weingut Juliusspital – das größte Silvaner-Weingut der Welt

Weinbau lebt die Familie May bereits seit 300 Jahren, 1998 gründeten sie ihr erstes eigenes Weingut

TACHELES

Kommen wir nochmal aufs Wetter zurück. Bei aller Heiterkeit. Leider muss ich das jetzt auch erwähnen. »Eine Vollkatastrophe«, »Ein Jahr der Extreme«. Zitate von Nina Bunzelt aus Nordheim. Thema 2011, 2020 und teils auch 2019. Diese Jahre hatten eines gemeinsam: den Spätfrost. Das verdammte Biest, das unseren Winzern in Franken das Leben schwer macht. Mir blutet auf jeden Fall das Herz, wenn ich von gravierenden Ernteausfällen höre. 30 Prozent, 90 Prozent. Dahinter stehen Menschen, die Jahr um Jahr für ihre Reben schuften. Und dann macht eine einzige Nacht einen ganzen Jahrgang zunichte!

Kein schönes Thema, aber eines, das man nicht unerwähnt lassen kann. 2019 hatte

Maria im Weingarten

WEINBAUGEBIET FRANKEN

Anbaufläche
ca. 6100 Hektar

Aufteilung
3 Bereiche, 23 Großlagen, 216 Einzellagen

Böden
Muschelkalk, Keuper, Buntsandstein

Wichtigste Rebsorten
Silvaner, Riesling, Müller-Thurgau, Spätburgunder

Verband
Frankenland GmbH, Hertzstraße 12
97076 Würzburg
www.frankenwein-aktuell.de

beispielsweise Rudi May aus Retzstadt den geringsten Ertrag in seiner gesamten Weingutgeschichte. Allerdings, und das ist die kleine, feine Entschädigung dabei, waren die übrig gebliebenen Trauben extrem gut und die Weine haben eine hohe Komplexität. Ertragsbegrenzung extrem sozusagen. Und zu den 2020ern meinte auch Nina Bunzelt: »Was den Frost überlebt hat, wird eine tolle Qualität haben.«
Grundsätzlich war 2019 übrigens ein sehr trockenes und heißes Jahr. Das Lesegut war durchweg kerngesund, hat eine feine Aromantik und besitzt gegenüber 2018 mehr Säure.
Obacht, ich schwenke jetzt wieder zu Spaß. Vermutlich gibt mir mein ehemaliger Deutschlehrer noch nachträglich schlechtere Noten, wenn er liest, wie oft ich das Wort »trocken« in diesem Text verwendet habe. Egal! Trocken, trocken, trocken! Das ist Franken.
Doch nanu ..., was tut sich denn da auf. Das Schloss Sommerhausen treibt wieder seine Faxen. Martin Steinmann ergänzt seine grandiosen knochentrockenen Sekte jetzt durch einen mit sanfter Restsüße. Seien wir mal ehrlich: Wer trinkt nicht

Was darf es sein? Das Weingut Rainer Sauer bietet klassisch ausgebaute Weine von Vater Rainer sowie moderne Kreationen von Sohn Daniel

gerne mal einen schönen Kabi. Und dann noch mit Blubber. Voll gut. Das dann noch zu leicht scharfem Essen. Auch das kann Franken! Der Abend ist gerettet.

INFO

Nähere Infos über die Autorin finden Sie im Kapitel »Verkostungsteam« auf S. 12.

Martin Steinmann – der Generalist und Alleskönner auf Schloss Sommerhausen

Eine der bekanntesten Weinlagen in Franken: der Escherndorfer Lump

GRANDS CRUS – FRANKEN

TOP-WEINE AUS PRIVILEGIERTEN WEINLAGEN DER REGION

CASTELL | SCHLOSSBERG

Der 4,5 Hektar große Alleinbesitz des Fürstlich Castell'schen Domänenamts liegt auf Höhen von 300 bis 390 Metern. Der Wärme speichernde Untergrund aus graublauem, grusigem Tonstein und Gipskeuper sorgt für ein mildes Mikroklima. Im Boden findet man zudem auch Adern aus Alabaster. Der Schlossberg erreicht Steigungen von 40 bis 60 Prozent.

95 **2015 Silvaner GG**
92 **2008 Silvaner GG**
Fürstlich Castell'sches Domänenamt, Seite 151

ESCHERNDORF | LUMP

Der Name des sichelförmig an den Main geschmiegten Steilhangs geht auf die extrem kleinen Flurstücke zurück, die im Laufe der Zeit durch dauernde Erbteilungen entstanden sind. Trotz seiner 37 Hektar großen Fläche ist der Lump in fast allen Eigenschaften recht homogen, die Steigung beträgt 60 bis 70 Prozent, die Höhenlage 190 bis 270 Meter.

95 **2019 »Am Lumpen 1655« Silvaner GG**
Weingut Rainer Sauer, Info siehe Seite 175
94 **2019 »Am Lumpen 1655« Riesling GG**
Weingut Rainer Sauer, Info siehe Seite 175
93 **2018 »Am Lumpen 1655« Silvaner GG**
Weingut Egon Schäffer, www.weingut-schaeffer.de
93 **2019 »Am Lumpen 1655« Riesling GG**
92 **2019 »Am Lumpen 1655« Silvaner GG**
Weingut Horst Sauer, Info siehe Seite 174
92 **2018 Riesling Erste Lage trocken**
Weingut Rainer Sauer, Info siehe Seite 175
92 **2018 »Grosses Gewächs« Silvaner trocken**
Weingut Meier-Schmidt, Info siehe Seite 165
92 **2018 »Am Lumpen 1655« Riesling GG**
Weingut Egon Schäffer, www.weingut-schaeffer.de
92 **2019 »Am Lumpen 1655« Silvaner GG**
Michael Fröhlich, www.weingut-michael-froehlich.de
92 **2018 »Am Lumpen 1655« Riesling GG**
91 **2017 »Am Lumpen 1655« Riesling GG**
Michael Fröhlich, www.weingut-michael-froehlich.de

91 2018 Sylvaner trocken
Weingut Römmert, Info siehe Seite 171

91 2019 Riesling Erste Lage trocken »S«,
Weingut Horst Sauer, Info siehe Seite 174

91 2018 »Stairway to Heaven« Silvaner tr.

91 2018 Silvaner erste Lage trocken
Weingut Egon Schäffer, www.weingut-schaeffer.de

91 2019 »Am Lumpen 1655« Silvaner GG

91 2019 »Am Lumpen 1655« Riesling GG
Weingut Zur Schwane, www.schwane.de

90 2019 Silvaner Erste Lage trocken
Weingut Rainer Sauer, Info siehe Seite 175

90 2019 Riesling trocken
Weingut Römmert, Info siehe Seite 171

90 2018 »Am Lumpen 1655« Silvaner GG
Michael Fröhlich, www.weingut-michael-froehlich.de

89 2019 Silvaner Erste Lage trocken »S«
Weingut Horst Sauer, Info siehe Seite 174

IPHOFEN | JULIUS-ECHTER-BERG

Der sich an der Südflanke des Schwanbergs von 270 bis auf 370 Meter hochziehende Julius-Echter-Berg ist von einem graubraunen Keuperboden mit fossilen Anreicherungen geprägt. Die nahezu 47 Hektar große Lage teilt sich in einen flacheren Hangfuß in ausgeprägter Kessellage und in gesteinsreiche Steillagen mit Steigungen bis zu 65 Prozent.

95 2015 Silvaner GG
Weingut Hans Wirsching, Info siehe Seite 187

94 1990 Silvaner Auslese feinherb
Weingut Johann Arnold, www.weingut-arnold.de

93 2018 Silvaner GG
Weingut Hans Wirsching, Info siehe Seite 187

93 2019 Silvaner GG

93 2017 Silvaner GG
Weingut Johann Ruck, www.ruckwein.de

93 2019 Silvaner »I« Spätlese trocken
Weingut Popp, www.weingut-popp.de

92 2018 Silvaner GG
Weingut Juliusspital, Info siehe Seite 161

92 2019 Silvaner Kabinett trocken
Weingut Popp, www.weingut-popp.de

92 2018 Silvaner »No.5« trocken

92 2016 Silvaner »Martins Meisterstück No.3« trocken
Weingut Emmerich, www.weingut-emmerich.de

91 2019 Silvaner Erste Lage trocken,
Weingut Hans Wirsching, Info siehe Seite 187

91 2019 Silvaner Spätlese trocken
Weingut Dorsch, www.weingut-dorsch.de

Randersacker, Pfülben

WÜRZBURG STEIN / WÜRZBURG STEIN-HARFE

Umfasst heute 71 plus 7,7 Hektar (Harfe). Der gute, klassische Teil des Weinberges ist bis zu 75 Prozent steil, wobei die Harfe, ein Alleinbesitz des Bürgerspitals, Steigungen von 50 bis 60 Prozent erreicht. Der Boden ist aus dem Unteren Muschelkalk verwittert und weist einen hohen Gesteinsanteil auf.

95 **2019 Stein-Harfe Silvaner GG**
Bürgerspital zum Hl. Geist, Info siehe Seite 150
94 **2018 Silvaner GG**
Weingut Juliusspital, Info siehe Seite 161
94 **2019 Silvaner Spätlese trocken R**
Weingut Reiss, www.weingut-reiss.com
92 **2019 Silvaner Erste Lage trocken**
Bürgerspital zum Hl. Geist, Info siehe Seite 150
92 **2019 Silvaner GG**
91 **2018 Silvaner GG**
Staatlicher Hofkeller Würzburg, Info siehe Seite 158

KLINGENBERG | SCHLOSSBERG

Der 27 Hektar umfassende, fast durchgehend terrassierte Steilhang ist Churfrankens emblematischer Weinberg und mit seiner vergleichsweise tiefen Lage (120 bis 230 Meter Höhe), der südsüdwestlichen bis südwestlichen Ausrichtung und der extremen, bis zu 85 Prozent betragenden Steilheit eine der wärmsten in ganz Franken.

95 **2018 Spätburgunder GG,**
Weingut Rudolf Fürst, Info siehe Seite 155
94 **2018 Spätburgunder GG**
Weingut Steintal, Info siehe Seite 182
93 **2018 Spätburgunder Auslese trocken**
Anja Stritzinger, www.weinbau-stritzinger.de

RANDERSACKER | PFÜLBEN

Das »Pfülben«, ergo Kopfkissen, schmiegt sich als klassischer Prallhang an den Main, vor allem die Südwestlagen profitieren von ihm als Lichtspiegel und Wärmespeicher. Der Hang dreht nach Süden und Südsüdosten in ein Seitental, entfernt sich dabei jedoch nicht weiter als etwa 400 Meter vom Fluss. Die Lage umfasst 19 Hektar, weist Hangneigungen von 30 bis 70 Prozent auf und liegt auf Höhen von 185 bis 270 Metern.

93 **2019 Silvaner GG**
92 **2018 Riesling GG**
Weingut Schmitt's Kinder, Info siehe Seite 176
90 **2019 Riesling GG**
Staatlicher Hofkeller Würzburg, Info siehe Seite 158

HOMBURG | KALLMUTH

Insgesamt umfasst diese Lage heute 43 Hektar mit Steigungen bis zu 75 Prozent. Der Hang mit seinen unzähligen, insgesamt 12 Kilometer langen Weinbergmauern ist ein geologisches Unikat: Quer durch den Weinberg verläuft die Grenze zwischen Buntsandstein und Unterem Muschelkalk.

93 **2018 »Asphodill« Fürstlicher Kallmuth Silvaner GG**
91 **2015 Silvaner »S« trocken**
91 **2019 Silvaner Erste Lage trocken**
90 **2019 Silvaner »S« trocken**
Weingut Fürst Löwenstein, Info siehe Seite 163
90 **2019 Silvaner »Luna« trocken**
89 **2019 Silvaner Alte Reben Spätlese tr.**
Weingut Huller, Info siehe Seite 160

★★

WEINGUT STEFAN BARDORF BACCHUSSTUBE

Ochsenfurter Straße 4, Weinguteingang im Hof
97236 Randersacker, T: +49 ((170) 4020159
info@weingut-bardorf.com, www.weingut-bardorf.com

Ab-Hof-Verkauf: täglich 9–20 Uhr nach Vereinbarung
Kellermeister: Stefan Bardorf
Ansprechpartner: Stefan Bardorf
Flaschen/Hektar: 23.000 (85 % weiß, 15 % rot)/3 ha
Anbauweise: Biologisch zertifiziert

Es ist aller Ehren wert, was Stefan Bardorf jedes Jahr seinen drei Hektar Reben abgewinnt, die er seit 2015 nach biologischen Richtlinien mit viel Engagement bewirtschaftet. Bardorf lässt sein Talent nicht nur in eine Richtung fließen, er erzeugt nicht nur fränkisch trockene Weißweine wie Silvaner oder Weißburgunder, die sich trefflich zum Essen eignen und auch in seinem Gasthaus Löwen in Randersacker genießen lassen. Der Winzer keltert auch famose Süßweine wie die Riesling-TBA aus dem Randersacker Marsberg. In dieser Form ein Kandidat für den dritten Stern!

91 2018 »Alte Reben RR« Randersacker Ewig Leben Silvaner trocken
Hier gewinnt die Würze im Duft die Oberhand – wie schön. Dabei aber eher zisiliert und verwoben. Komplex auch im Geschmack, cremig und vital. Die Säure ist passgenau. Im Geschmack auch exotische Früchte und etwas Gerbstoffe und angenehme Ruppigkeit. 13,5 Vol.-%, DV, €€€

90 2018 »RR« Randersacker Ewig Leben Weißburgunder trocken
Präsente Aromatik nach weißen Blüten, Birne, Pfirsich und Kräuter, aber auch etwas Reifenoten. Alles sehr verhalten und vielschichtig. Am Gaumen mit viel Schmelz sowie leichten Gerbstoffen in Balance zu Säure und Frucht. Gute Länge, trinkanimierender Burgunder. 13,5 Vol.-%, DV

93 2019 Randesacker Marsberg Riesling Trockenbeerenauslese
Schwarze Johannisbeere, Holunder und Bergamotte in der attraktiven Nase. Am Gaumen konzentriert mit deutlicher Viskosität. Viel Kraft, aber auch tänzelnde Frucht. Harmonisch und mit Spannung, verbindet beide Pole gekonnt und auf köstliche Art und Weise. 6 Vol.-%, DV, €€€€

91 2019 Randesacker Marsberg Riesling Auslese
Sehr frische Aromatik, reife Früchte, Pfirsich und auch exotische Fruchtaromen von Ananas. Aber auch hier wie bei den trockenen Weinen nicht allzu laut. Facettenreich und kühl. Tolle Säure begleitet die außerordentliche Süße, sehr gute Balance der Elemente. 7 Vol.-%, DV, €€

88 2019 »Blanc de Noir« Randersacker Ewig Leben Spätburgunder trocken

90 2019 »Fumé« Randersacker Ewig Leben Sauvignon Blanc trocken
Rebsortentypische Aromatik. Mit Luft wird es ruhiger: Stachelbeere, Cassis, etwas Tomatenblätter und feiner Rauch. Exzellente Balance aus Frucht und Säure sowie Schmelz und Mineralität. Viel Grip und animierende Spannung, Sauvignon Blanc mit Anspruch. 12,5 Vol.-%, DV, €€

★★

WEINHAUS BOESSNECK

Lange Gasse 26/28, 97346 Iphofen
T: +49 (175) 8225394, Weinhaus@boessneck.com
www.boessneck.com

Ab-Hof-Verkauf: nach Vereinbarung
Kellermeister: Mathias Meimberg
Ansprechpartner: Mathias Meimberg und Johannes Arnold
Hektar: 1 ha

Hinter dem Weinhaus Boessneck stehen Mathias Meimberg und Johannes Arnold, die es sich zum Ziel gesetzt haben, auf gerade einmal 0,89 Hektar Weine und Sekte im Premiumbereich zu erzeugen. Es ist eine kleine und exquisite Kollektion, die das Duo vorstellt und die es in sich hat: Der Sekt »resolut« zeigt nach siebenjähriger Hefereifung Komplexität und Größe, der knochentrockene »black« steht ihm in keiner Hinsicht nach. Der kompromisslose Sylvaner schert sich nicht um Konventionen, der kraftvoll-geschmeidige Spätburgunder setzt Akzente in Rot. Überraschende Entdeckung aus Franken!

92 »black« brut nature

Kräftiges Gelb, in der Nase reifer gelber Apfel, Waldhimbeere, Anisbrötchen, Brioche und Safran, etwas malzig, leichte Oxidationsnote. Am Gaumen stoffig und komplex, betont trocken und auch fordernd, feine Würze, dezente Frucht, eigener Charakter, lang. 12,5 Vol.-%, NK, €€€€

92 2013 »resolut« brut nature

Kardamom und Piment in der Nase, Apfelschale, Anisbrötchen und Brioche, florale Noten, Tannenhonig. Am Gaumen mit sehr feinem Mousseux, relativ milder Säure und auch guter Frische und Spannung, betont trocken, etwas salzig. Reduziert und geradlinig. 12,5 Vol.-%, NK, €€€€

92 2016 Spätburgunder trocken

Reife Kirsche und Cassis im vollen Duftbild, Rauch, etwas Tang und Teer, Schwarztee, Blutorange und Rosinen. Am Gaumen zunächst weich ansetzend, etwas Rote Bete, dann baut sich Spannung und Druck auf, markantes Tannin, Kraft und Geschmeidigkeit, gutes Potenzial. 13,5 Vol.-%, NK, €€€

91 2017 Sylvaner trocken

Rauchige, würzige Nase mit Holzaromen, Birne und Quitte, etwas Pfeffer, Primärfrucht wird nicht angestrebt. Straff gebaut im Mund, betont trocken, phenolisch, gute Dichte und auch Konzentration, kompromisslos, ohne Zugeständnisse an Konventionen, kann weiter zulegen.
12,5 Vol.-%, DV, €€€

★

WEINGUT BRÖNNER & HEILMANN

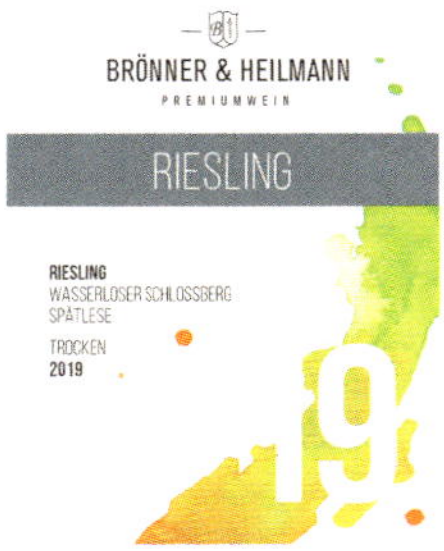

Am Sportplatz 9, 63791 Karlstein am Main
T: +49 (6188) 9595231
tr@weingut-broenner-heilmann.de
www.weingut-broenner-heilmann.de

Ab-Hof-Verkauf: Mo bis Fr 8–17 Uhr
Kellermeister: Simon Quass
Ansprechpartner: Tatiana Römischer
Flaschen/Hektar: 50.000 (85 % weiß, 15 % rot)/14 ha

Das noch relativ neue Weingut – erst im Januar 2018 fusionierten das Weingut Heilmann und der Weinanbau Brönner zum Weingut Heilmann & Brönner – schafft den Spagat zwischen zugänglichen Alltagsschoppen und anspruchsvollen Lagenweinen sehr gut. So steht dem herzhaft-raubeinigen Basisriesling »Heilmännchen« ein veritabler Terroirriesling aus dem Wasserloser Schloßberg zur Seite, und den raffiniert abgestimmten »Summertime«-Cuvées ein stilvoll angelegter, bestens extrahierter St. Laurent. Auf diesem Niveau ist der Aufstieg in die Zwei-Sterne-Kategorie nicht mehr weit.

91 2019 Wasserlos Schloßberg Riesling Spätlese trocken
Im Duft Mandarine, Hefe, mit einem brenzlig-mineralwürzigen Unterton. Saftig und dezent im Mund, mehlige Phenole, reife Säure, gute Dichte, zuletzt kräftig taktilmineralische Noten. Ein recht kompletter, gut ausgearbeiteter Lagenwein. 12,5 Vol.-%, DV, €€

89 2019 »Heilmännchen« Riesling trocken
Passionsfrucht und Weinbergpfirsich, fein nuanciert im Duft. Straff ansetzend, feste Rieslingsäure, stoffig in der Gaumenmitte, kompakt und verschlossen im Abgang. In Dichte und Länge eher mittelgewichtig. Ein burschikoser, naturbelassener, echter Riesling. 12 Vol.-%, DV, €

92 2017 Michelbach Steinberg St. Laurent tr.
Im Duft Bitterschokolade, Rumrosine, dezentes Holz. Am Gaumen ein feines Gerbstoffkorn auf geschmeidigem, aber nicht im Übermaß weichem Fond, mittlere Dichte, gute Proportionen, gut eingebundene, reife Säure. 14 Vol.-%, NK, €€

89 2018 Michelbach Steinberg Spätburgunder Spätlese trocken
Etwas Kräuter, Süßkirsche, Milchschokolade. Feinkörniges Tannin, bereits relativ mürb, reife Säure, gute Fülle und Dichte, der Alkohol ist gut eingebunden, ein kräftiger Spätburgunder, der die Wärme des Jahres auf charmante Weise zeigt. 15 Vol.-%, NK, €€

89 2019 Bacchus halbtrocken

89 2019 »Summertime Weiß« trocken MT/KR/SB/BC/TR/RR

88 2019 Wasserlos Pinot Grigio feinherb

88 2019 Sauvignon Blanc trocken

88 2019 Wasserlos Gewürztraminer feinherb

87 2019 Müller-Thurgau halbtrocken

88 2019 »Summertime Ice« feinherb

90 2018 Wasserlos Schloßberg Domina tr.
Fruchtbetont im Duft: Schwarzkirsche und Milchschokolade, dazu etwas Wildkräuter und auch noch leicht hefige Noten. Im Mund mit geschmeidigem Fond und einer satten Gerbstofffüllung, mild in der Säure, mit leichter Süße in der Frucht. Frankens Antwort auf Primitivo. 14 Vol.-%, NK, €€

★★★★

BÜRGERSPITAL ZUM HL. GEIST

Theaterstraße 19, 97070 Würzburg
T: +49 (931) 3503441, weingut@buergerspital.de
www.buergerspital.de
Ab-Hof-Verkauf: Weinhaus: Mo 9–18 Uhr, Di bis Sa 9–24 Uhr und So 11–18 Uhr
Kellermeister: Robert Haller, Karl Brand, Elmar Nun
Ansprechpartner: Robert Haller
Flaschen/Hektar: 820.000 (85 % weiß, 10 % rot, 5 % süß)/120 ha

Mit dem Großen Gewächs »Stein-Harfe« stellt das Bürgerspital wieder einen der besten Silvaner Deutschlands, eine Ikone und ein Sinnbild dieser Rebsorte, dem einer der Verkoster eine »unaufgeregte, mineralische Spiritualität« attestiert, »die den Stein durchscheinen lässt«. Das Team um Gutsdirektor Robert Haller hat einmal mehr eine famose Kollektion vorgelegt, in der neben den Silvanern auch die Rieslinge stärker in den Vordergrund treten: Der »Hagemann« aus dem Würzburger Stein zeigt Konzentration und Lagenausdruck auf eine geschmeidige Art. Das ist Franken von seiner allerbesten Seite!

95 2019 Würzburg Stein-Harfe Silvaner GG
In der Nase Bienenwachs, Kräuter und Aprikosenkern, auch dunklere Aromen, Hagebutte, Tee und Miso. Gute Dichte und Bündelung am Gaumen, entspannt und seidig, dabei druckvoll und präzise, eine unaufgeregte, mineralische Spiritualität, die den Stein durchscheinen lässt. 13,5 Vol.-%, DV, €€€

93 2019 Würzburg Stein Hagemann Riesling GG
Noch verschlossen im Duft, öffnet sich mit Aromen von Aprikose, Amalfizitrone, Blattgrün und Gesteinsmehl, Terpene, etwas Malz. Auf eine geschmeidige und beinahe samtene Art konzentriert, eine Kraft, die weich ummantelt und mineralisch durchwirkt ist, tief und lang. 13 Vol.-%, DV, €€€

92 2019 Würzburg Stein Silvaner Erste Lage tr.
Apfel und Birne in der Nase und auch gelbe Frucht, feine rauchige und mineralische Anklänge, warmer Stein, Muskatnuss. Saftig und würzig am Gaumen mit präsenter und kultivierter Säure, gut dosierte Kraft, dicht und mineralisch, gute Balance und Potenzial. 13 Vol.-%, DV, €€

92 2019 Würzburg Innere Leiste Silvaner Erste Lage trocken
Tropische Frucht in der Nase, Papaya und reife Mango bestimmen das Geschehen, auch Ananas mischt mit. Kräftiger Bau mit reifer Säure und ordentlich Schmelz und Cremigkeit mit Muschelkalknoten, mineralisch, geschmeidig mit guter Tiefe und auch Länge. 13,5 Vol.-%, DV, €€

92 2019 Würzburg Stein-Harfe Riesling GG

91 2019 Randersacker Teufelskeller Riesling Erste Lage trocken

91 2019 Würzburg Stein Riesling Erste Lage trocken

90 2019 Würzburg Stein Weißburgunder Erste Lage trocken

90 2019 Würzburg Silvaner trocken

89 2019 Würzburg Riesling trocken

91 2018 »R« Würzburg Stein Blaufränkisch Erste Lage trocken

91 2019 Würzburg Pfaffenberg Silvaner Erste Lage trocken
Mirabelle und reifer Apfel im Duft und in einem kräutrigen Ambiente. Schmelz und reife Säure im Mund, dazu kräutrige Noten und Würze, saftig, mit Schmelz und auch vom Terroir geprägt, dazu phenolische Akzente, vielschichtig und konsistent, gute Länge. 12,5 Vol.-%, DV, €€

★★★★

FÜRSTLICH CASTELL'SCHES DOMÄNENAMT

Schlossplatz 5, 97355 Castell
T: +49 (9325) 60160, weingut@castell.de
www.castell.de

Ab-Hof-Verkauf: Mo bis Fr 8–18 Uhr, Sa 10–16 Uhr
Kellermeister: Christian Frieß
Ansprechpartner: Peter Geil
Flaschen/Hektar: 450.000 (86 % weiß, 14 % rot)/70 ha

Ferdinand Fürst Castell weiß, dass man eine Treppe von oben kehrt, und geht mit größter Konsequenz und bestem Beispiel voran: Denn ab sofort erzeugt das Weingut nur noch ein einziges Großes Gewächs, den Schlossberg-Silvaner. Und dieser Wein darf künftig fünf Jahre reifen, bevor er in den Verkauf kommt. Das fulminante 2015er Exemplar ist schon einmal ein Kronzeuge dafür, wie gut den Weinen die Reife tut. Wir sind gespannt auf die nächsten Jahrgänge. Und honorieren sowohl den gedanklichen Weitblick als auch die quer durch alle Preisklassen makellose Kollektion mit dem vierten Stern.

95 2015 Castell Schlossberg Silvaner GG
Im Duft Lindenblüte und Wiesenkräuter – nuanciert, aber noch nicht voll entfaltet. Im Mund mit großem Volumen, dichter mineralischer Extrakt, eine Schicht Phenole, der kräftige Alkohol ist komplett abgedeckt von Stoff und Säure. Eine Eisenfaust mit Anlagen zur Samtigkeit. 14,5 Vol.-%, DV, €€€

93 2016 »6. Apriles Anno 1659« Silvaner tr.
Dezente Holzwürze. Geschmeidiger Ansatz, betont stoffige Fortsetzung, festes Säurerückgrat und pfeffrige Terroirnoten geben Schwung und Spannung. Der Holzeinsatz bleibt unaufdringlich, der gehaltvolle und apart herbe Wein gewinnt durch ihn an Fassung. 13 Vol.-%, DV, €€€

92 2012 Schloss Castell Silvaner Brut
Helles Grüngelb mit eleganter Briochearomatik, mineralisch-salziger Auftakt mit Raucharomen und feiner Perlage. Gelbfruchtig. Cremigkeit. Sehr ausgewogen und balanciert. Feingliedrig. 12,5 Vol.-%, NK, €€€

92 2008 Castell Schlossberg Silvaner GG
Reife Würze im Duft, gerösteter Sesam, Wiesenkräuter, im Mund mit einigem Volumen, fester Säure, dichtem Extrakt und mineralischem Hintergrund. Wirkt in der Gaumenstruktur noch geradezu unverwüstlich kernig und fest – und hat weitere Jahre vor sich 13,5 Vol.-%, DV, €€€

91 2019 Schloss Castell Weißburgunder tr.

91 2017 »Granit« trocken

90 2019 Castell Kugelspiel Silvaner Erste Lage trocken

90 2019 Castell Hohnart Silvaner Erste Lage trocken

90 2019 Schloss Castell Scheurebe trocken

89 2019 Schloss Castell Silvaner trocken

90 2015 »Cuvée C« trocken ME/CO/PN/CS

90 2019 »Fürstin Marie-Louise« Weiß- und Grauburgunder trocken
Heu und Hefe, dezenter Feuerstein, aber auch beerige Burgundernoten. Geschmeidig am Gaumen, viel Saft, gut integrierte Säure, ein in seinen Aromen und in seinem Aufbau sehr klarer Wein, stilvoll, ungekünstelt, und gerade kulinarisch vielseitig einsetzbar. 13 Vol.-%, DV, €€

WEINGUT DAHMS

August-Borsig-Straße 8, 97526 Sennfeld
T: +49 (9721) 69123, info@weingut-dahms.de
www.weingut-dahms.de
Ab-Hof-Verkauf: Weinladen – der Winzer Dahms, Brückenstraße 23, 97421 Schweinfurt, Di bis Fr 10–18 Uhr und Sa 10–16 Uhr
Kellermeister: Jürgen Dahms
Ansprechpartner: Alexander und Jürgen Dahms
Flaschen/Hektar: 150.000 (85 % weiß, 15 % rot)/10 ha

Im Weingut Dahms, das von Jürgen und Alexander Dahms in dritter Generation im Schweinfurter Vorort Sennfeld geführt hat, vollzieht sich ein Stilwechsel, der uns gut gefällt: Ein Teil der Weißweine wurde auf der Maische vergoren und im Halbstück aus Spessarteiche ausgebaut, die Weine sind weniger harmonisch abgestimmt und zeigen Profil und Charakter wie der Silvaner »Fass N°1« oder der gut verwobene Weißburgunder »Fass N°2«. Auch der druckvolle und elegante Spätburgunder präsentiert sich auf hohem Niveau und die »Domina« macht Freude mit ihrer direkten und saftigen Art. Gerne mehr davon!

91 2018 »Fass N°1« Silvaner trocken
Nussige Noten in der Nase, Aprikosentarte, Röstaromen, Wacholderbeere, leicht ätherischer Ton. Fest in seiner Struktur, straff gebaut und auch mit guter Dichte vom Holzausbau, die Säure ist reif und gleitet raffiniert über den Gaumen, feine Salzigkeit. 12,5 Vol.-%, NK, €€

90 2018 »Fass N°2« Weißburgunder trocken
Helle Blüten in der Nase, Maiglöckchen, Apfel und etwas Malz, rauchige Noten. Klar gefasste und feste Struktur durch den Holzausbau, feine Frucht und etwas süßlicher Extrakt, gut verwoben in seinen Elementen, gut eingebundene Säure, konsistent und auch elegant. 12,5 Vol.-%, NK, €€

90 2018 Mainberg Schloßberg Silvaner Spätlese trocken
Apfel in der Nase, Apfelschale, Hefewürze und Kräuter, etwas Hopfen und Malz, Lakritze. Setzt am Gaumen mit Saft, Schmelz und Extraktsüße an, kräftig in der Struktur und mit Substanz und auch Dichte, schöne Würze, konsistent und mit Länge, gutes Potenzial. 13 Vol.-%, DV, €€

91 2018 Spätburgunder trocken
Zur feinen Holzwürze kommen Kirsche, Schwarze Johannisbeere und Lorbeerblatt, saftig und mit guter Spannung am Gaumen, zeigt Dichte und Druck, die Gerbstoffe sind prägnant und von guter Qualität, die feine Säure ist gut eingebunden, mehr Pinot als Spätburgunder. 12,5 Vol.-%, NK, €€€

88 2019 Silvaner trocken

89 2018 Domina trocken
Dunkle Farbe, Holunder in der fruchtigen Nase, Brombeere und auch dunkle Schokolade. Saftig und mit klarer Frucht am Gaumen, wieder Holunder, auch würzige und pfeffrige Noten, schlanker, straffer Bau, mittlere Komplexität guter Zug, direkter Charakter. 12,5 Vol.-%, DV, €

★

WEINGUT FISCHER

Erweinstraße 6, 97353 Wiesentheid
T: +49 (9383) 377, post@fischer-wein.de
www.fischer-wein.de

Ab-Hof-Verkauf: Mo bis Fr 10–12 Uhr und 13.30–18 Uhr, Sa 10–12 Uhr und 13.30–16 Uhr, So 10–12.30 Uhr
Kellermeister: Thomas Fischer
Ansprechpartner: Familie Fischer
Flaschen/Hektar: 37.500 (85 % weiß, 15 % rot)/6 ha

Bei Thomas Fischer müssen die Weine nicht unbedingt fränkisch trocken sein – unter seinen kundigen Händen gelingen Bacchus und Silvaner auch in halbtrockener bis edelsüßer Geschmacksrichtung. Sehr schön etwa, wie der halbtrockene Bacchus Kabinett die Süße einsetzt, um die würzigen Sortenaromen ein wenig zu kitzeln. Trotzdem bleibt die kabinetttypische Feinheit erhalten. Unser Falstaff-Tipp ist dann aber doch ein fränkisch trockener: Der Rödelsee Schloßberg Silvaner zeigt sich keupertypisch kräuterwürzig und muskulös – ein idealer Tischgeselle für viele Gelegenheiten.

90 2019 Kammerforst Teufel Bacchus Kabinett halbtrocken
Wasser- und Honigmelone in der Nase. Am Gaumen ist dann zunächst die feine Süße spürbar, gefolgt von Noten reifer Stachelbeere und Melone. Eine angenehme Dichte mit gutem Säurespiel und feiner Struktur. 12 Vol.-%, DV, €

90 2019 Handthal Stollberg Bacchus Spätlese
Ein schöner erster Eindruck von Melone, gelbem Apfel und weißen Blüten. Am Gaumen dann in feinherber Manier abgestimmt, gutes Süße-Säure-Spiel, wobei die Süße mehr nachklingt. Ein saftig-fruchtiges Beispiel von Bacchus mit schönem Trinkfluss und feinem Bukett. 11,5 Vol.-%, DV, €

89 2018 Kammerforst Teufel Gewürztraminer Spätlese trocken
Überraschend feine Nase mit Tönen von rosa Pfeffer und Litschi. Am Gaumen dann mehr Rose. Ein mittlerer Körper mit gut eingebundener, positiv wahrnehmbarer Säure. Die Aromatik bleibt lange am Gaumen. 13,5 Vol.-%, DV, €

88 2019 Rödelsee Schloßberg Silvaner Auslese
Sattes, klares Gelb. In der Nase Bienenwachs und kandierte Früchte, Maracuja, getrocknete Aprikose. Am Gaumen verhaltene Säure, spürbare Süße, Birnensaft, Mango, mittlere Struktur, endet auf Orangenzeste, zur Tarte. 12 Vol.-%, DV, €€

88 2019 Oberschwarzach Herrenberg Silvaner Spätlese trocken

88 2019 Rödelsee Schloßberg Riesling Kabinett trocken

88 2019 Oberschwarzach Herrenberg Sauvignon Blanc Kabinett trocken

87 2019 Weißburgunder Kabinett trocken

86 2019 »Blanc de Noir« Spätburgunder Kabinett trocken

86 2019 Scheurebe Kabinett trocken

89 2018 Wiesenbronn Wachhügel Pinot Noir Spätlese trocken

89 2019 Rödelsee Schloßberg Silvaner Kabinett trocken
Ein deutlich ausgeprägtes Duftbild mit Birne, Kräutern und einer feinen Nussigkeit. Am Gaumen kompakt mit angenehmem Schmelz. Töne von Brioche. Kraft und Dichte machen diesen Silvaner zu einem angenehmen Speisenbegleiter. 13,5 Vol.-%, DV, €

★★

SCHLOSS FRANKENBERG

Schloß Frankenberg 1, 97215 Weigenheim
T: +49 (9339) 97140, info@schloss-frankenberg.com
www.schloss-frankenberg.de

Ab-Hof-Verkauf: nach Vereinbarung
Kellermeister: Maximilian Czeppel
Ansprechpartner: Remo Letrari, Maximilian Czeppel
Hektar: 20 ha

Schloß Frankenberg ist ein Kleinod, das erst 2014 aus seinem Dornröschenschlaf geweckt wurde. Wie man hört, wird eine zweistellige Millionensumme erforderlich sein, um Gebäude und Landwirtschaft wieder auf Vordermann zu bringen. Weinbau und Kellerwirtschaft sind bereits wieder in Schuss – und belegen mit ihrem sehr ansprechenden Debüt in unserem Guide, dass die zum Schloss gehörigen Lagen Potenzial besitzen. Dafür zielen die Weine nicht auf den kurzfristigen Effekt, sondern wirken stilistisch durchdacht: fränkisch trocken mit akzentuierten Terroirtönen.

92 2019 »Selection Florian Löw« Riesling trocken

Hefige Noten, Bittermandel, Strohblumen, mit Luftkontakt dann zitrusfruchtig, Bergamotte, etwas Feuerstein. Dezente Phenolik im Gaumen, feste Säure, feinfruchtig ohne jeden Primärkitsch, lange homogen bleibend im Mund, Aromen und Struktur gehen Hand in Hand. 13 Vol.-%, DV, €€

91 2019 »Sylvaner Alte Reben« trocken

Reife, tiefgründige Sortenaromen, erdig, Sesam und Baldrian, im Mund geradezu kreidig in seiner Textur, mit feinem, Länge gebendem Säuregerüst, einer Schicht milder Phenole und kompaktem, noch verschlossenem Abklang. Grundsolider Bau, ausgezeichnetes Potenzial. 13,5 Vol.-%, DV, €€

90 2019 Weißburgunder trocken

Weiße Blüten, Frühlingswiese, rauchige Terroirnoten. Im Mund recht kraftvoll, gutes Volumen, festes Säurerückgrat, ganz trocken, aber dennoch extraktsüß, ein kulinarischer Typus Weißburgunder, der gut zu Geflügel und zu Fisch passen wird. 13 Vol.-%, DV, €€

89 2019 Roter Traminer trocken

Ein sehr klarer, Frucht und Würze in Balance bringender Gewürztraminer. Rose, Birne, kandierte Früchte. Im Mund füllig und geschmeidig, lebendige Säure, mittelgewichtiger Extrakt, trockene Abstimmung. 13 Vol.-%, DV, €€

88 2019 »Secco Selection Amalie Löw« feinherb

89 2019 Silvaner trocken

Sehr viel Kalk im Duft. Zurückhaltende Sortenwürze mit leicht balsamischen Noten im Hintergrund. Im Mund geschmeidig und voll mit festem Säurerückgrat und einer fränkisch trockenen Abstimmung. Ein herzhafter Charakterschoppen. 12,5 Vol.-%, DV, €

★★★★★

WEINGUT RUDOLF FÜRST

Hohenlindenweg 46, 63927 Bürgstadt
T: +49 (9371) 8642, info@weingut-rudolf-fuerst.de
www.weingut-rudolf-fuerst.de

Ab-Hof-Verkauf: Mo bis Fr 9–12 Uhr und 14–17 Uhr, Sa 10–15 Uhr
Kellermeister: Sebastian Fürst
Ansprechpartner: Paul und Sebastian Fürst
Flaschen/Hektar: 120.000 (40 % weiß, 60 % rot)/21 ha

Unsere Erwartungen wurden mehr als erfüllt: Mit den Spätburgundern aus dem Jahrgang 2018 ist Sebastian und Paul Fürst ein großer Coup gelungen, mit dem Großen Gewächs aus dem Bürgstadter Hundsrück ein Wein, der emblematisch für die hohe Burgunderkunst in Churfranken stehen kann. Von diesem Spätburgunder mit enormem Reifepotenzial dürfte man noch eine Weile reden, er belegt auch, was man kaum für möglich halten mag: dass sich die Fürsts immer noch zu steigern vermögen. Die anderen Burgunder sind ebenfalls von hoher Güte, auch die Weißweine überzeugen auf ganzer Linie. Großartig!

97 2018 Bürgstadt Hundsrück Spätburgunder GG
In der dichten Nase zeigt sich schon neben Frucht und Würze viel mineralischer Schwung; im Mund auf eine unaufgeregte Art viel Spannung, Druck und auch Eleganz, hohe mineralische Durchdringung, delikate und bestens eingebundene Säureader, groß, auch in der Perspektive. 13 Vol.-%, NK, €€€€

96 2018 Bürgstadt Centgrafenberg Spätburgunder GG
Floral und auch blumig in der Nase, Veilchen, Krokus, Mandel, feine Kräuter und Rauch. Setzt am Gaumen weich an, mit saftiger Säure und delikater Würze, aber auch sich steigerndem Druck, Dichte und Spannung, mineralisch unterlegt, zunehmende Komplexität, lang und jung. 13,5 Vol.-%, NK, €€€€

95 2018 Klingenberg Schlossberg Spätburgunder GG
Hagebutte, Kirsche und Himbeere in einem steinigen, mineralischen Ambiente, Kräuter und Rauch. Am Gaumen dicht und eng verwoben, Kraft, Würze und Intensität gehen auf in einem eleganten Fond, kraftvoll auf eine unaufgeregte Weise, mineralisch und nuanciert, hohe Kunst. 13 Vol.-%, NK, €€€€

94 2018 Bürgstadt Berg Spätburgunder Erste Lage trocken
In der Nase ein intensiver Duft von reifer Kirsche, Himbeere, Geißblatt und feinen Röstaromen, am Gaumen reifes und intensives Tannin, perfekte Struktur, mittlerer Körper, lebendige Säure und wiederum intensive Aromatik. Großer Nachhall. Nahe am Großen Gewächs. 13 Vol.-%, NK, €€€

93 2019 Bürgstadt Centgrafenberg Riesling GG

93 2018 »R« Chardonnay trocken

92 2018 Astheim Chardonnay trocken

92 2018 »R« Weißburgunder trocken

89 2019 »pur mineral« Riesling trocken

94 2018 Klingenberg Spätburgunder trocken

93 2018 »R« Frühburgunder trocken

92 2018 »Tradition« Spätburgunder trocken
Mittleres Rubin. Definierte Nase von dunkler Frucht: Brombeere und Schwarze Johannisbeere. Am Gaumen intensive Aromen von roter Kirsche und Tomatenblatt, balanciert von expressiver Säure in einem mittelgewichtigen Körper, im Abgang mineralisch. 13 Vol.-%, NK, €€

★★

WEINGUT DR. HEIGEL

Haßfurter Straße 30, 97475 Zeil am Main
T: +49 (9524) 3110, info@weingutdrheigel.de
www.weingutdrheigel.de

Ab-Hof-Verkauf: ja
Kellermeister: Philipp Wagner
Ansprechpartner: Christoph Hinderfeld
Flaschen/Hektar: 70.000 (60 % weiß, 40 % rot)/10 ha

Das Weingut Dr. Heigel stellt ein kleines, feines Potpourri seiner Weine vor, das die Jahrgänge 2018 und 2015 umfasst, der Jahrgang 2019 wurde noch nicht berücksichtigt. Alle Weine sind kräftig gebaut und zeigen Substanz, sie liefern Futter für kulinarische Gedankenspiele und Kombinationsmöglichkeiten. Der kraftvolle Merlot zeigt sich gut gereift und ist noch nicht am Ende seiner Entwicklung angekommen; der Weißburgunder aus dem Hofstück verbindet Kraft und Würze. Und der intensive Gelbe Muskateller ist ein Plädoyer für diese Rebsorte. Wir sind neugierig auf den Jahrgang 2019.

91 2015 Mainstockheim Hofstück Weißburgunder trocken

Blüten in der Nase, florale Noten, gelbe Blüten, Kastanienmehl und fein gegrillter Lauch. Am Gaumen entfaltet sich auf einem weichen Fond Kraft und Würze, reife und selbstbewusste Säure, salzige Noten, wirkt präsent, gutes Potenzial zur weiteren Reife. 14 Vol.-%, DV, €€€

90 2018 Silvaner trocken

Apfel und Apfelschale in der Nase, Kräuter und Gewürze wie Koriandersaat, florale Noten. Kräftiger und kompakt gebauter Silvaner mit Würze und Saft, die Säure ist reif und trägt, feine Phenole, zeigt Herkunft und Profil. Ein Silvaner, der an den gedeckten Tisch passt. 12 Vol.-%, DV, €

89 2018 Riesling trocken

Intensive Nase nach reifer gelber Frucht, Pfirsich und auch Ananas, würzige Noten. Das warme Jahr zeigt sich auch in der Struktur, kräftig und kompakt gebaut, zeigt Saft, Schmelz und feine Würze, reife Säure, gute Länge, gerne am gedeckten Tisch gesehen. 13 Vol.-%, DV, €

92 2015 Mainstockheim Hofstück Merlot trocken

Süßkirsche und feuchtes Laub, Salbei, ein reifer Sortentyp mit dezentem Holzeintrag. Im Mund kraftvoll, geschmeidig grundiert, aber mit einer satten Ladung Gerbstoff im Vordergrund, reife Säure, ein Merlot mit traditionell handwerklicher Anmutung und weiterem Potenzial. 14,5 Vol.-%, DV, €€€

89 2018 Weißburgunder trocken

90 2018 Mainstockheim Hofstück Gelber Muskateller trocken

Kräftige und sortentypische Nase nach gelber Frucht und Muskatblüte, Papaya, Litschi und reifer gelber Stachelbeere. Stoffig und saftig mit viel Würze und Intensität am Gaumen, kräftiger Bau, reife Säurestruktur. Sommelierwein, der kulinarische Fantasien weckt. 13,5 Vol.-%, DV, €€

★★★

WEINGUT HILLABRAND

Hüttenheim 96, 97348 Hüttenheim
☎: +49 (9326) 1765, info@weingut-hillabrand.de
www.weingut-hillabrand.de

Ab-Hof-Verkauf: nach Vereinbarung
Kellermeister: Markus Hillabrand
Ansprechpartner: Markus Hillabrand
Flaschen/Hektar: 40.000 (80 % weiß, 20 % rot)/9 ha

Auf Markus Hillabrand ist Verlass: Seine Weine künden von einem verständigen Rebbau und von solider Weinbereitung im Keller. Es sind keine Show-Weine, und Hillabrand lässt ihnen auch die eine oder andere Ecke und Kante. Das prädestiniert sie für den Esstisch – und für die Fortgeschrittenen unter den Weintrinkerinnnen und Weintrinkern. Unser Favorit im diesjährigen Sortiment ist die Scheurebe aus der Lage Bullenheimer Paradies – eher ein Terroir- als ein Sortentyp, und das voller Tiefgang. Im Frühling und Sommer öffnet die Heckenwirtschaft für jeweils acht Wochen.

92 2019 »Alte Reben« Bullenheim Paradies Scheurebe trocken
Rauchig, Grapefruit, eine sehr volle und dabei frische Sortenwürze. Reife Säure am Gaumen, nobler Extrakt und intensive takt le Mineralität. Eine Scheurebe mit beträchtlicher Tiefe, Länge, und von großer natürlicher Balance. 13,5 Vol.-%, DV, €€

91 2019 »Steiler Südhang« Hüttenheim Tannenberg Silvaner trocken
Etwas Bienenwachs, Apfel, Kräuternoten. Am Gaumen gehaltvoll, trocken, stoffig, ganz schnörkellos, feste, aber reife Säure, ein druckvoller Silvaner, dessen Balance aus Extrakt und Mineralik kommt. Wird sicher ausgezeichnet reifen. 14 Vol.-%, DV, €€

90 2019 »Steiler Südhang« Hüttenheim Tannenberg Riesling trocken
Eine Rieslingfrucht, die verschlossen beginnt und im Glas immer mehr Weite und Strahlkraft gewinnt: Pfirsich, Ananas, Weiße Johannisbeere, hefige und würzige Aromen, ein Hauch Bienenwachs. Am Gaumen voll, fast wuchtig, viel Stoff, kernige Säure, mineralische Töne. 14 Vol.-%, DV, €€

90 2019 »Steiler Südhang« Hüttenheim Tannenberg Scheurebe trocken
Eine sehr klare Frucht, kandierte Ananas, Weinbergpfirsich. Mispel. Im Mund mit feinem Fluss, rund und geschmeidig, mit gut in den Körper integrierter Säure, und mit einer »kühlen«, noch verschlossenen Abgangsfrucht. 13 Vol.-%, DV, €€

89 2019 Hüttenheim Tannenberg Bacchus trocken

90 2019 Hüttenheim Tannenberg Goldmuskateller trocken
Würziger Duft von Muskatnuss mit etwas Kräutern im Hintergrund, Feuerstein, Hefe, komplex, und durchaus intensiv, aber nicht kitschig. Im Mund geschmeidig ansetzend, im Alkohol diszipliniert und ganz trocken, fest in der Säure und reich an Körper. 12 Vol.-%, DV, €

★★★

STAATLICHER HOFKELLER WÜRZBURG

Residenzplatz 3, 97070 Würzburg
T: +49 (931) 3050923, hofkeller@hofkeller.bayern.de
www.hofkeller.de

Ab-Hof-Verkauf: Mo bis Fr 9–18 Uhr, Sa 10–14 Uhr
Kellermeister: Stefan Schäfer, Klaus Kuhn, Norbert Winkler
Ansprechpartner: Thilo Heuft
Flaschen/Hektar: 800.000 (87 % weiß, 13 % rot)/120 ha

Mit den Weinen des Staatlichen Hofkellers lässt sich so langsam wieder Staat machen. Nach mehreren Wechseln auf der Brücke ist der Kurs des riesigen Tankers jetzt wieder klar definiert: auf kürzestem Weg hin zu einem Lagenausdruck, der der Vielfalt Frankens gerecht wird. Mit dem Ertrag von 120 Hektar an Bord lassen sich selbstredend keine Pirouetten drehen wie beim Schlepperballett im Hamburger Hafen. Aber zu einer Main-Kreuzfahrt taugt es allemal, was aus den Kellern unter der Würzburger Residenz kommt – Entdeckungen wie der Riesling vom Hörsteiner Abtsberg inklusive.

92 2019 Würzburg Stein Riesling GG
Verschlossen im Duft, leicht rauchig, zitrisch und kräuterwürzig in Anklängen. Im Mund kraftvoll, dicht, präsente, aber reife Säure, ruht gut in sich, mit nuancierten Extrakten, guter Gehalt und gute aromatische Länge, ein feinwürziger Abklang. 13,5 Vol.-%, DV, €€€

92 2019 Würzburg Stein Silvaner GG
Gerbiger Apfel in der Nase, auch Birne und gedörrte Aprikose, dazu Wiesenkräuter. Am Gaumen kräftig gebaut mit guter Substanz und auch Extrakt, milde, zurückgenommene Säure, wieder reife Frucht und gute Würze, ist konsistent und in sich stimmig, kann reifen. 13 Vol.-%, DV, €€€

91 2019 Würzburg Stein Weißburgunder GG
Reife Mirabelle in der Nase, Blüten und Mandeln, etwas Mango und rauchige Noten. Am Gaumen mit guter Substanz, setzt stoffig an, reife Säure, mittlere Komplexität, etwas vegetabil, trocken und stimmig strukturiert, mittlere Dichte und Länge. 13,5 Vol.-%, DV, €€€

91 2018 Großheubach Bischofsberg Spätburgunder GG
Kräuter, Schattenmorelle und Amarenakirsche, Rauch und Kaffeenoten. Stoffig am Gaumen mit guter Substanz, auch Saft und Schmelz, aber auch das Trockene und Puristische im Fokus, die Gerbstoffe sind kräftig und derzeit etwas adstringierend, wirkt noch jung, kann reifen. 13,5 Vol.-%, NK, €€€

91 2019 Würzburg Stein Riesling Erste Lage trocken

91 2019 Würzburg Innere Leiste Silvaner Erste Lage trocken

90 2019 Würzburg Innere Leiste Riesling Erste Lage trocken

90 2019 Randersacker Pfülben Riesling GG

89 2019 Würzburg Silvaner trocken

89 2019 Würzburg Stein Weißburgunder Erste Lage trocken

89 2019 Würzburg Stein Silvaner Erste Lage trocken

90 2019 Hörstein Abtsberg Riesling Erste Lage trocken
Verschlossen im Duft, Melisse, Pfirsichkern, mineralisch-brenzlige Untertöne. Straffer Auftakt, gute stoffige Dichte, kernige Säure, ein herzhafter, sehr trocken abgestimmter Riesling, der gut die Mineralität der Hörsteiner Lagen aufblitzen lässt. 13 Vol.-%, DV, €€

★★

WEINGUT HOFMANN

Schulgasse 2, 97355 Wiesenbronn
T: +49 (9325) 6871, info@weinbau-hofmann.de
www.weinbau-hofmann.de

Ab-Hof-Verkauf: Mo bis Sa 8–19 Uhr, So 9–12 Uhr und 13–18 Uhr
Kellermeister: Mario Hofmann
Ansprechpartner: Familie Hofmann
Hektar: 3 ha

Wer hätte gedacht, dass im schönen Wiesenbronn so guter Grauburgunder wachsen kann? Mario Hofmann formt ihn in Weinberg und Keller zu einem beerigen Sortentyp, der die Burgundergene zeigt und dennoch auch Steigerwälder Lokalkolorit anklingen lässt. Sehr gut hat uns auch der Silvaner »1712« gefallen, der das Gründungsjahr des Familienbetriebs im Namen führt und dabei zeitgemäß und frisch im Glas steht. Ob ältere Generationen auch schon Spätburgunder wie den stoffigen 2015er keltern konnten, daran hegen wir Zweifel. Aber Global Warming darf ja auch etwas Gutes haben.

90 2019 Wiesenbronn Geisberg Grauer Burgunder Spätlese trocken
Hellgolden in der Farbe. Im Duft recht klar, beerige Sortenaromen, Quitte, Heidelbeere, Karamellbonbon. Korpulenter Gaumen, lebendige Säure, ganz trocken abgestimmt, der kräftige Alkohol ist nahtlos von Extrakt abgedeckt. Ein stoffiger Sortentyp. 14 Vol.-%, DV, €

90 2019 »anno 1712« Silvaner trocken
Reife Banane, Haselnuss, türkischer Honig, mit Luftkontakt immer stärker kräuterwürzig. Kraftvoll am Gaumen, festes Säuregerüst, stoffig, noch verschlossen, aber mit deutlich mineralischem Hintergrund und guter Substanz, ein stämmiger Bau. 13,5 Vol.-%, DV, €

89 2015 »Weinart« Pinot Noir trocken
Ein Duft von Milchschokolade, Preiselbeere, Feigenkompott. Im Mund mit körnigem, erst ansatzweise mürb gewordenem Gerbstoff, mit kraftvollem Alkohol und gut integrierter Säure. Gute taktilmineralische Komponenten, hintergründige Saftigkeit. 13 Vol.-%, DV, €€

90 2019 Silvaner Auslese
Frisch und Kräuerwürzig im Duft, dazu Mirabelle, eine reife Gelbfrucht ohne allzu viel Botrytis. Im Mund mit gutem Süße-Säure-Spiel, jahrgangstypischer Nerv trifft liebliche Cremigkeit, das Ganze gut stoffig begleitet, keine überladene Auslese. 11,5 Vol.-%, DV, €

88 2016 Wiesenbronn Wachhügel Blauburger trocken

89 2019 »Sommerfrischler« Riesling Kabinett trocken
Duftig, Noten von Pfirsichkern und frischem Zitrusabrieb mit einer balsamischen Kräuterwürze zur Begleitung. Im Mund leichtgewichtig, saftig, feinnervig in der Säure und recht präsent in der Süße, ein niveauvoller Sommerwein, der auch im Winter erfrischen wird. 12,5 Vol.-%, DV, €

★

WEINGUT HULLER

Maintalstraße 11, 97855 Homburg am Main
T: +49 (9395) 7809520, info@weingut-huller.de
www.weingut-huller.de

Ab-Hof-Verkauf: Mo, Mi und Fr 13–18 Uhr und nach Vereinbarung
Kellermeister: Michael Huller
Ansprechpartner: Isabella und Michael Huller
Hektar: 8 ha

Im Jahr 2010 erfüllte sich Michael Huller den Traum vom eigenen Weingut in seinem Heimatort Homburg. Gemeinsam mit Ehefrau Isabella baute Huller mit Tatendrang und Herzblut einen alten Gutshof mit Scheune zum Weingut um, die Rebflächen konnte er auf mittlerweile acht Hektar erweitern. In den Weinen spürt man die Liebe zum Detail, zur fränkischen Tradition, aber auch die Erfahrungen aus dem Ausland, die beide auf unterschiedlichste Weise gesammelt haben. Seinen Kunden bietet das Paar zudem mit Weinproben und einer Kulturbühne Weinerlebnisse in allen Facetten.

89 2018 »Alte Reben« Homburg Kallmuth Silvaner Spätlese trocken

Helles Zitrusgrün im Glas, in der Nase kühl, fast jodig und an Meeresbrise erinnernd, im Mund frisch, aber auch geschmeidig, cremig, saftiger Nachhall, fröhlich und leicht abklingend.
13 Vol.-%, DV, €

89 2018 »Alma Blanc de Noir« Spätburgunder trocken

Schöne strohgelbe Farbe, kühle duftverhaltene Nase, dann weiße Beeren, im Mund beeindruckt zuerst die Harmonie zwischen Säure und Frucht, ein kleines restsüßes Schwänzchen macht den Wein zu einem guten Speisenbegleiter.
13 Vol.-%, DV, €€

88 2019 Homburg Kallmuth Weißburgunder Kabinett trocken

Zart hellblasser Wein, frische kräutrige Nase, auch Noten von Quitte, weich und harmonisch im Mund, saftig, eine feine Süße im Nachhall, unkompliziert und gut ausgewogen.
13 Vol.-%, DV, €

90 2018 Spätburgunder trocken

Fließt mit dunklem Granatrot ins Glas, beerige würzige Nase, Piment, Pfeffer, Heu, im Mund rote Früchte, etwas Leder, zartes Tannin, gewinnende Frische, langer, saftiger Nachhall.
12,5 Vol.-%, DV, €€

88 2019 Spätburgunder Rosé trocken

90 2017 »Luna« Homburg Kallmuth Silvaner trocken

Fließt goldgelb und fast ölig ins Glas, in der Nase rauchige Nuancen und reifes Steinobst, im Mund köstlich frisch mit molligem Tiefgang, eine saftige Säure erhöht den Trinkfluss und lässt den Wein lange nachklingen. 13 Vol.-%, DV, €€

★★★★

WEINGUT JULIUSSPITAL

Klinikstraße 1, 97070 Würzburg
T: +49 (931) 3931400, weingut@juliusspital.de
www.juliusspital-weingut.de

Ab-Hof-Verkauf: Mo bis Fr 9.30–18.30 Uhr, Sa 9–16 Uhr
Kellermeister: Nicolas Frauer
Ansprechpartner: Kordula Geier
Flaschen/Hektar: 1.300.000 (86 % weiß, 14 % rot)/ 180 ha

Das Weingut der traditionsreichen Stiftung zählt zu den größten und besten in Franken. In den Weinbergen wird seit Jahren ein sanfter Rebschnitt praktiziert, was sich gerade in trockenen Jahren bewährt – genau wie das sorgfältige Ertragsmanagement inklusive Traubenhalbierung und Grünlese. Im Keller spielt Spontanvergärung eine immer größere Rolle, speziell bei den Ersten Lagen und den Großen Gewächsen. Auch abseits des Weins tut sich mit neuem Onlineauftritt einiges. Wieder herausragend: die komplexen Top-Silvaner mit tollem Potenzial – die Rieslinge stehen diesen allerdings kaum nach.

94 2018 Würzburg Stein Silvaner GG
Sehr saftig aussehende zarte hellgrüne Farbe im Glas, erst duftarm, dann schön kräutrig, fast mediterran anmutend, auch Erotrinde, Flieder, ungemein komplex in der Nase, was sich im Mund herrlich fortsetzt! Ein schön erwachsener Wein, der weiter zulegen wird. 13,5 Vol.-%, DV, €€€

94 2018 Würzburg Stein Riesling GG
Helle strohgelbe Farbe, kühle Nase, zarter Blütenduft gepaart mit Steinobst, zarte Würze von Anis und Ginster, auch frisches Heu, im Mund schmelzige, fein cremige und dabei auch frische Säure mit ungemein saftigem, sehr langem Nachhall, gekonnt! 13,5 Vol.-%, DV, €€€

92 2018 Iphofen Julius-Echter-Berg Silvaner GG
Helles Strohgelb mit zart grünen Reflexen im Glas, sehr mineralische Nase, auch Flintstein, Rauch und Jod, im Mund kraftvoll mit positivem Druck, kühle rauchige und lange anhaltende Säure, außerordentlich animierend und ungemein jung wirkend, braucht Essen und kann gut reifen. 13,5 Vol.-%, DV, €€€

96 2018 Randersacker Pfülben Rieslaner Trockenbeerenauslese
Golden mit grünlichen Reflexen. Weihrauch, Muschelkalkwürze, Flieder, Flachs, komplex blumig und exotisch. Im Mund mit enormer Extraktspannung, pikante Säure, eindringlich, mit fruchtgetragener Süße gepuffert, ganz klar in allen Komponenten. 7 Vol.-%, DV, €€€€

92 2019 Würzburg Stein Riesling Erste Lage trocken

90 2018 Volkach Karthäuser Weißburgunder GG

90 2019 Würzburg Stein Weißburgunder Erste Lage trocken

89 2018 Sauvignon Blanc trocken

89 2019 Riesling trocken

89 2019 Silvaner trocken

88 2019 Würzburg Silvaner trocken

90 2019 Iphofen Kronsberg Silvaner Erste Lage trocken
Auffallend grüngoldene Reflexe im Glas, zarte, fast kräutrige Nase, auch Mirabellen und Mimose, im Mund schöner saftiger Trinkfluss, gut eingebettete Säure, fein cremiges Mundgefühl, erfrischend langer Nachhall. 13 Vol.-%, DV, €€

★★

BIO-WEINGUT LAUDENS BACH

Segnitzer Straße 35, 97252 Frickenhausen am Main
T: +49 (9331) 3286, wein@laudensbach.de
www.laudensbach.de

Ab-Hof-Verkauf: nach Vereinbarung
Kellermeister: Stefanie Fröhlich
Ansprechpartner: Reiner und Rolf Laudenbach
Hektar: 4 ha
Anbauweise: Biologisch zertifiziert

Hinter dem Bioweingut Laudens Bach in Frickenhausen stehen die Brüder Reiner und Rolf Laudenbach. Der eine ist Unternehmer in Hessen, der andere Bürgermeister, Architekt und Kälteanlagenbauer. »Nachdem wir als Kinder so gut wie alles teilten«, so schreiben sie, »sitzen wir wieder gemeinsam im Sandkasten, diesmal in einem etwas größeren: im Weinberg.« Betriebsleiterin und Kellermeisterin ist Stefanie Fröhlich, die ein ganze Menge von ihrem Handwerk versteht: Alle Weine schmecken natürlich und ungekünstelt wie etwa der unaufgeregte Weißburgunder oder die saftigen Silvaner. Absolut stimmig!

91 2019 »Flurstück« Weißburgunder trocken
In der Nase würzige und florale Noten, etwas Blattgrün, Gewächshaus, Mirabelle und gelber Apfel, Gewürze. Zeigt sich am Gaumen natürlich und unaufgeregt, in der bündigen Textur fließen Saft und eine weiche Säure; fein verwoben, Zitrusfrucht und mineralischer Ausklang. 13 Vol.-%, DV, €€

91 2019 »Flurstück Alte Rebe« Silvaner trocken
Braucht etwas Luft, um sich zu öffnen: Kräuterwürze, Blüten und Apfel, etwas Hefe. Im Mund auf eine elegante und saftige Art konzentriert, reifer Apfel, weiche und auch saftige Säure, klarer Fruchtausdruck, würzig und ungeschminkt, dabei elegant und tiefgründig. 13,5 Vol.-%, DV, €€

90 2019 »Flurstück« Riesling trocken
Dichte und würzige Nase mit gelbem Steinobst, reifer Aprikose, auch blumig und floral, etwas Holunderblüte. Am Gaumen kräftig und straff, gute Bündelung, saftig und würzig mit reifer Zitrusfrucht; saftige, reife Säure, salziger, mineralischer Grip, mit Stil und Charakter. 13 Vol.-%, DV, €€

90 2019 »Flurstück« Blauer Silvaner trocken
Reife Mirabelle, Apfel und Birne in der Nase, kräutrig, Apfelschale und feiner Kümmel. Blauer Silvaner, der seine Vorzüge ausspielt: viel Saft, cremige Säure, Kräuterwürze und Stilsicherheit. Kräftige Struktur, die sofort kulinarische Assoziationen weckt. 13,5 Vol.-%, DV, €€

★★★

WEINGUT FÜRST LÖWENSTEIN

Schlosspark 3, 63924 Kleinheubach
T: +49 (9371) 9486600, weingut@loewenstein.de
www.loewenstein-wein.de

Ab-Hof-Verkauf: ja
Kellermeister: Peter Arnold
Ansprechpartner: Andrea Paul
Flaschen/Hektar: 100.000 (80 % weiß, 20 % rot)/22 ha

Auch in Abwesenheit der Großen Gewächse hinterlassen die aktuellen Weine des Fürstlichen Weinguts einen sehr guten Eindruck. Dabei ist die majestätische Weinberglage Kallmuth mit ihren steil zum Main hin abfallenden Weinbergterrassen groß und vielseitig genug, um mindestens zwei unterschiedliche Stile zu gestatten: einen straffen, auf die Mineralik fokussierten wie bei den »Erste Lage«-Weinen, und einen opulenten, vollfruchtigen wie bei der spätlesehaften »S«-Linie. Naturkundeunterricht in flüssiger Form sind diese Weine alle und dabei kein bisschen langweilig.

91 2019 Homburg Kallmuth Silvaner Erste Lage trocken
Feinwürzig, deutlich terroirgeprägt im Duft mit balsamischen Untertönen und Noten von Gesteinsmehl. Im Mund geradlinig, guter Extrakt, eine zarte Schicht Phenole, ein Hauch Extraktsüße, insgesamt eher reduktiv angelegt, ideal für eine mittlere Reifezeit. 13 Vol.-%, DV, €€

91 2015 »S« Homburg Kallmuth Silvaner tr.
Satt gelbfarben. Kandierter Pfirsich, Ingwer und Baldrian im Duft, etwas Reifepatina. Im Mund sehr viel Schmelz und Geschmeidigkeit, ganz nahtlos rund, reife Säure, konzentrierte Gaumenaromen, ein Vollgas-Silvaner, der es mit pikanten Saucen (z. B. Soja) aufnehmen kann. 14 Vol.-%, DV, €€

90 2019 »S« Homburg Kallmuth Silvaner tr.
Kandierte Ananas, hochreife Gelbfrucht, auch noch etwas primärfruchtig. Im Mund mollig und voll, beinahe etwas viskos, kräftiger Alkohol, reife Säure, schon fast ein Auslesetypus, wuchtig und dabei fruchtbetont, wird etwas Zeit benötigen. 13,5 Vol.-%, DV, €€

90 2019 »R« Homburg Kallmuth Riesling tr.
Verschlossen im Duft mit etwas Gelbfrucht und rauchig-kreidigen Untertönen. Im Mund seidig und getragen, eine trockene Spätlesestilistik mit Betonung auf der Frucht, lebendige Säure und ein Hauch Süße umspielen einander. Wird mit Flaschenreife sehr zugänglich sein. 13,5 Vol.-%, DV, €€

89 2019 »Genuss« Sauvignon Blanc trocken

91 2019 Homburg Kallmuth Riesling Erste Lage trocken
Verschlossen im Duft, ein klein wenig traubig, Bergamotte. Im Mund geschmeidig ansetzend, dann dicht stoffig, noch sehr kompakt und komplett in sich gekehrt, birgt Ladungen von Extrakt unter seiner noch unnahbar wirkenden Schale – doch die Tiefe ist erkennbar! 13,5 Vol.-%, DV, €€

★ ★ ★ ★

WEINGUT RUDOLF MAY

Im Eberstal 1, 97282 Retzstadt
T: +49 (9364) 5760, info@weingut-may.de
www.weingut-may.de

Ab-Hof-Verkauf: Sa 10–15 Uhr
Kellermeister: Rudolf May
Ansprechpartner: Petra May
Flaschen/Hektar: 87.000 (88 % weiß, 12 % rot)/15 ha
Anbauweise: Biologisch zertifiziert

Rudolf May hat gleich eine ganze Phalanx erstklassiger Silvaner-Unikate vorgelegt, die seinen Status unter den besten Winzern Frankens weiter verfestigt. Was schon die Erste Lage aus dem Retzstadter Langenberg an Dichte und mineralischem Verve auf die Waage bringt, gelingt woanders nicht einmal den Großen Gewächsen. Die beiden Schäfer sind noch vom Holzausbau geprägt und zeigen in diesem Genre Modellcharakter. Und die beiden Großen Gewächse erfüllen höchste Ansprüche, was Lagenausdruck, Extrakt und Mineralität angeht. Die Nase vorne hat dabei der »Himmelspfad«. Meisterlich.

95 2019 Retzstadt Himmelspfad Silvaner GG

Im Duft Raucharomen, Birne und Quitte, röstige Noten und Kräuter. Kräftig und fest strukturiert im Mund, gutes Volumen, das mit Extrakt angereichert ist, dicht und konsistent, phenolisch und mit Noten vom Muschelkalk, komplex, vielschichtig, langlebig und echt. 13 Vol.-%, DV, €€€

94 2019 Thüngersheim Rothlauf Silvaner GG

Kastanie und Brotrinde in der Nase, blumige Noten, Apfel und Birne, etwas Lavendel. Am Gaumen mit genau taxierter Kraft und guter Dichte, zeigt Substanz, schafft die Balance zwischen Wucht und Präsenz, Saft und Extrakt, der eine lange Perspektive vorgibt. 13 Vol.-%, DV, €€€

93 2018 »Reserve« Retzstadt Der Schäfer Silvaner Erste Lage trocken

Feiner Rauch und etwas Vanille in der Nase, Birne und Quitte im Duett, dunkle Würze, etwas Schwarztee. Am Gaumen mit Substanz und kräftigem Bau, dicht und substanziell; großzügig mit Saft und Schmelz, an der Gaumenmitte mit ausgeprägter Mineralität, am Beginn der Entfaltung.
13 Vol.-%, DV, €€€

92 2019 Retzstadt Der Schäfer Silvaner Erste Lage trocken

Blüten in der Nase, Apfel, auch gelbe Frucht, gelber Apfel, Rauch und ein Hauch Vanille. Feste Struktur baut sich am Gaumen auf, saftig, kompakt und mit Spannung, Zug und Mineralik; wirkt noch etwas streng und jung, hat alle Eigenschaften, um gut zu performen. 13,5 Vol.-%, DV, €€€

92 2019 Stetten Roßthalberg Silvaner Erste Lage trocken

92 2019 Retzstadt Langenberg Silvaner Erste Lage trocken

Vielschichtige Nase, die neben reifer Birne auch Sonnenblumen und Rapsblüten, Quitte und auch dunkle Aromen zeigt. Entfaltet im Mund zunächst plakative Salzigkeit, reife Säure und Saft von Zitrusfrucht, trocken und beinahe provozierend auf Mineralität aus, wird kommen. 13 Vol.-%, DV, €€

★★★

WEINGUT MEIER SCHMIDT

Ulsenheim 114, 91478 Ulsenheim
T: +49 (9842) 2479, weingut@meier-schmidt.de
www.meier-schmidt.de

Ab-Hof-Verkauf: Mo bis Fr 13–19 Uhr, Sa 10–18 Uhr
Kellermeister: Markus Meier, Lukas Schmidt und Oliver Six
Ansprechpartner: Markus Meier und Lukas Schmidt
Flaschen/Hektar: 240.000 (90 % weiß, 10 % rot)/35 ha

Das Weingut Meier Schmidt, das erst im März 2019 durch die Fusion der Betriebe Meier aus Ulsenheim und Schmidt aus Bullenheim entstanden ist, drückt mächtig aufs Gaspedal: Wir verkosteten eine Kollektion ohne Fehl und Tadel, in der jeder einzelne Wein Profil und Charakter zeigt. Das stoffige und mineralisch grundierte »Große Gewächs« vom Silvaner aus dem Escherndorfer Lump kann exemplarisch für diese Entwicklung stehen. Im edelsüßen Bereich glänzt die bestens balancierte Rieslaner-Beerenauslese. Das Weingut ist auch Mitglied beim Verband Ethos, der Weinbau mit Haltung betreibt.

92 2018 »Großes Gewächs« Escherndorf Lump Silvaner trocken
Kräftiges Gelb im Glas, Gelbfrucht und vegetabile Noten, etwas Erbsenlaub, frisches Lorbeerblatt, feine Würze. Am Gaumen straff und mit Zug, reife Aprikose, Orange, Maracuja, saftige Säure, kräftig und fest gebaut, mineralisch grundiert, kräftige Würze, gute Länge. 13,5 Vol.-%, DV, €€€

92 2018 »Großes Gewächs« Sommerhausen Steinbach Riesling trocken
Reifes Steinobst in der Nase, Pfirsich, etwas Mango und Papaya, auch ein leichter Petrolton. am Gaumen gut und stimmig gebaut, gute Substanz, Dichte und Charme, feiner Rauch, Würze und Mineralität, reifer Säurefächer; lang und Potenzial zur weiteren Reifung. 13 Vol.-%, DV, €€€

91 2017 »Großes Gewächs« Sommerhausen Steinbach Chardonnay trocken
Mächtige Nase mit kräftigen Holzaromen, Vanille, reifer Melone und Birne, auch Weihrauch. Geschmeidiger und weicher Start am Gaumen mit Würze und auch Schärfe, Kraft und Alkohol sind gut eingebunden; wirkt international und nicht unbedingt fränkisch, gutes Potenzial. 14 Vol.-%, DV, €€€

93 2019 Sommerhausen Steinbach Rieslaner Beerenauslese
Sattes, klares Gelb. Pikante Würze und reife Zitrusfrucht in der Nase, dazu getrocknetes Steinobst. Am Gaumen Blütenhonig, kandierte Orange und Zitrone, nussig, feine Säure und enormer Zug, dennoch balanciert, endet lang und würzig, viel Potenzial. 6,5 Vol.-%, DV, €€€

91 2018 »Großes Gewächs« Sommerhausen Reifenstein Weißburgunder trocken

90 2019 »Aus dem Paradies« Sauvignon Blanc trocken

90 2019 Sommerhausen Steinbach Riesling tr.

89 2019 Sommerhausen Reifenstein Weißburgunder trocken

89 2019 Bullenheim Paradies Scheurebe tr.

91 2018 »Großes Gewächs« Frankenberg Schlossstück Cabernet Dorsa trocken

90 2019 Sommerhausen Reifenstein Traminer Spätlese

90 2019 Marktbreit Sonnenberg Silvaner tr.
Apfel und Birne in der Nase, auch Birnenschale, Wiesenkräuter und Bananenschale. Am Gaumen stoffig und würzig, die Säure ist reif und gut eingebunden, trocken im Ausdruck und ungeschminkt, feine mineralische Grundierung. Gute Substanz, zeigt Charakter. 13 Vol.-%, DV, €

MATHIAS MEIMBERG

MEIMBERG WEINKELLEREI
Bacchus

Ahlintel 51, 48282 Emsdetten
T: +49 (175) 8225394, info@weinkellerei-meimberg.de
www.weinkellerei-meimberg.de

Ab-Hof-Verkauf: nach Vereinbarung
Kellermeister: Mathias Meimberg
Ansprechpartner: Mathias Meimberg
Hektar: 3 ha

Mathias Meimberg betreibt in Franken zwei Weinprojekte: Das Weinhaus Boessneck in Iphofen und die 2013 gegründete Weinkellerei Meimberg. Insgesamt bewirtschaftet der junge Winzer drei Hektar Weinberge, die sich von Escherndorf über Wiesenbronn bis nach Iphofen erstrecken. Die Weine zeigen mitunter einen kernigen Charakter und passen dadurch gut zu rustikalen Speisen. Da Meimberg aus einer westfälischen Familie stammt, verlegte er seinen Wohnsitz nach Emsdetten ins Münsterland. Dort betreibt er die Winzerwirtschaft »Das Meimbergs«, in der seine Weine ausgeschenkt werden.

89 2018 »aus der Perle« Wiesenbronn Wachhügel Silvaner trocken
Rauchige Nase, Kastanie, Walnuss, geröstete Kaffeebohnen, Birne und Quitte. Am Gaumen kräftig gebaut und fordernd, fränkisch trocken, keine dienliche Restsüße, fest in der Struktur, guter Holzeinsatz, reife Säure und salzige Noten, noch leicht adstringierend. 14 Vol.-%, NK, €€

88 2019 Escherndorf Fürstenberg Silvaner tr.
Birne, Birnenschale und Quitte in der Nase, Kräuterbeet und Würze, auch ätherisch. Saftig am Gaumen mit weicher Säure, etwas Süße, Saft und auch mineralischem Ton; gute Substanz, Würze, auch rustikale Noten, zeigt Herkunft auf handfeste Art, zum Essen. 13,5 Vol.-%, DV, €€

90 2018 Müller-Thurgau Auslese
Sattes, klares Gelb. In der Nase Rosine, Muskatnuss, Aprikosenmarmelade, kandierte Orange. Am Gaumen dicht, üppige Süße, viel Schmelz und Druck, eher verhaltene Säure. Wieder Aprikose, getrocknete Frucht. Gut strukturiert, mittlere Länge. 12,5 Vol.-%, DV, €€€

89 2019 Riesling Auslese
Sattes Gelb. In der Nase konzentrierte Zitrusfrucht, Melisse, Minze, heißer Stein, etwas Rauch. Am Gaumen straffe Säure, viel Zitrusfrucht, etwas Rauch, Würze, fordernd am Gaumen, durchaus mit Struktur, sehr individueller Wein. 14,5 Vol.-%, DV, €€

86 2019 Wiesenbronn Wachhügel Silvaner trocken

86 2019 »Secco Somi« halbtrocken

88 2019 Rotling Rosé trocken

86 2019 »Secco Somi Pink« halbtrocken

88 2018 »Hektor MMXVII« Wiesenbronn Wachhügel Portugieser trocken

89 2019 Müller-Thurgau trocken
Intensiver Duft nach reifem Apfel und Wiesenkräutern, auch Mirabelle und florale Noten, Gewürze. Selbstbewusster, kräftig gebauter Müller-Thurgau, der nicht geizt: saftig, mit viel Würze und feiner Süße; hat genug Substanz, um kräftige fränkische Speisen zu begleiten. 13,5 Vol.-%, VL, €

★

WEINGUT MEINTZINGER

Babenbergplatz 4, 97252 Frickenhausen
T: +49 (9331) 87110, info@weingut-meintzinger.de
www.weingut-meintzinger.de

Ab-Hof-Verkauf: Mo bis Fr 8–22 Uhr, Sa 9–20 Uhr, So 10–20 Uhr
Kellermeister: Jochen Meintzinger
Ansprechpartner: Jochen Meintzinger
Flaschen/Hektar: 280.000 (80 % weiß, 20 % rot)/35 ha

Die Familie Meintzinger betreibt nicht nur ein Weingut, sondern auch ein Hotel, das in einem historischen Gutshof aus dem Jahr 1475 untergebracht ist. Das Haus diente einst als Sommerresidenz für Bischöfe – die wussten immer schon, wo es besonders schön ist. Weinmacher Jochen Meintzinger bekennt sich klar zum Silvaner. Ihm widmet er viel Aufmerksamkeit, verschiedene Ausbaustile inklusive. Auch der Riesling gelingt ihm gut, mit feiner Säure und schöner Balance glänzt der »Süd-Süd« aus dem Kapellenberg. Interessant auch der aromatische Rotwein aus der robusten Dominarebe.

90 2018 »Süd-Süd« Frickenhausen Kapellenberg Riesling trocken
Blasses Goldgelb. In der Nase intensiver Duft nach reifem Pfirsich, Aprikose, Zitronenzeste und Jasmin. Am Gaumen dann mit einem ausgewogenen mittelgewichtigen Körper sowie lebendiger Säure, die den deutlichen Extrakt gut balanciert, schöne Länge. 14,5 Vol.-%, DV, €€

90 2018 »Noch Fragen« Silvaner trocken
Mittleres Zitronengelb im Glas. Feiner Duft von reifem Pfirsich, Mandarinenblüte, Passionsfrucht und nassem Stein. Am Gaumen eine sehr lebendige Säure, präzise Fruchtaromatik, wieder von Pfirsich, stattlicher Körper mit feiner Textur und guter Länge. 13,5 Vol.-%, DV, €€€

90 2017 »Novemberlese I« Frickenhausen Kapellenberg Silvaner trocken
Goldgelb. Vanille, Honig, sehr reifer Pfirsich und schwarzes Johannisbeerblatt am Gaumen und in der Nase. Diese intensiven Aromen werden begleitet von einem vollen Körper, Phenolik, Textur, kompensierender Säure und langem Nachhall, viel Druck. Für Powerfans. 15 Vol.-%, DV, €€€

90 2018 »Süd-Süd« Frickenhausen Kapellenberg Domina trocken
Mittleres Purpur im Glas. In der Nase Duft von reifer Pflaume, gekochter Brombeere und auch etwas Rauch. Am Gaumen eine mittlere Säure, moderates Tannin, mittelgewichtiger Körper, belebende Säure, Kirsche und Zartbitterschokolade, feine Länge. Gut gelungen. 14 Vol.-%, DV, €€

90 2019 »Süd-Süd« Würzburg Stein Silvaner tr.

90 2019 Frickenhausen Grauburgunder tr.

89 2019 Frickenhausen Silvaner trocken

89 2019 Frickenhausen Weißburgunder trocken

89 2019 Frickenhausen Blauer Silvaner trocken

88 2019 »Weiss« Weißburgunder trocken

88 2019 »Mein'z« Riesling trocken

89 2019 Frickenhausen Riesling feinherb
Mittleres Goldgelb. In der Nase ein Duft von grünem Apfel, Limette, Zitrone und Grapefruit. Am Gaumen mit lebendiger Säure, die Aromen von Apfel und Grapefruit sowie Mango, Melone und Passionsfrucht gut balanciert. Elegant, ideal zum direkten Genuss. 13 Vol.-%, DV, €

★★

WEINGUT NEDER

Urbanusweg 9, 97729 Ramsthal
T: +49 (9704) 5692, wein@weingut-neder.de
www.weingut-neder.de

Ab-Hof-Verkauf: Mo bis Fr 14–18 Uhr, Sa 9–16 Uhr
Kellermeister: Lorenz Neder
Ansprechpartner: Ewald Neder
Flaschen/Hektar: 50.000 (85 % weiß, 15 % rot)/11 ha

In Ramsthal, ganz im Norden Frankens, bewirtschaftet Familie Neder elf Hektar Weinberge, die beinahe ausschließlich in Steillagen liegen. »Weine müssen leben und dürfen auch etwas Ecken und Kanten haben«, sagt Kellermeister Lorenz Neder und setzt diese Devise konsequent um: Es sind ungekünstelte, handwerklich erzeugte Weine mit puristischem Charakter, die wie der Silvaner »Ethos Klassik« vollauf überzeugen können. Neder ist auch Mitglied von Ethos, einer Gruppe junger Winzerinnen und Winzer in Franken, die ressourcenschonenden Weinbau betreibt. Zum Weingut gehört auch eine Vinothek.

90 2018 Ramsthal St. Klausen Am Urban Silvaner trocken
Opulente, kräftige Nase mit reifem Apfel, Apfelschale, Cidre, Rauch, Kräutern und Hagebutte. Setzt am Gaumen mit viel Schmelz und auch etwas Süße weich und geschmeidig an, zeigt Kraft und Wucht, der Alkohol ist gut eingebunden. Viel Wein, eher der barocke Typ. 14,5 Vol.-%, DV, €€

90 2016 Ramsthal St. Klausen Weißburgunder Barrique trocken
Die Nase ist noch etwas vom Ausbau im Barrique geprägt, Röstaromen finden zu reifer gelber Frucht; im Mund mit Kraft und auch Wucht, die sich auf einem geschmeidigen Hintergrund entfalten, Würze und auch etwas Schärfe, leicht grünliche Noten; jugendlich. 14 Vol.-%, DV, €€

89 2018 Wirmsthal Scheinberg Silvaner tr.
In der Nase Noten von Kräutern, Apfelschale, Malz, etwas Kümmel und Hefe. Am Gaumen schlank und straff gehalten, mit guter Substanz fränkisch trocken, dabei mit Saft und Schmelz, vitale Säure, feine mineralische Ader. Unaufgeregt, mit inneren Werten. 12,5 Vol.-%, DV, €

89 2018 Ramsthal St. Klausen Weißburgunder trocken
Reife Zitrusfrucht und Akazienblüten in der Nase, Mirabelle und reifer Apfel. Kräftig gebaut und mit reifer Säure am Gaumen, feine Würze sowie auch leichte Pikanz, die für Akzente sorgt; gute Substanz, mittlere Komplexität, zeigt am Tisch seine Qualitäten. 13,5 Vol.-%, DV, €€

89 2019 Westheim Längberg Bacchus feinherb

91 2019 »Ethos Klassik« Silvaner trocken
Kräutrige Nase mit Apfel, Blüten und Blumenwiese, feiner Malzton, mineralisch. Schlank und geradlinig gebaut im Mund, dicht und mit Substanz, betont trocken, wirkt sehr natürlich, wieder Kräuternoten und Apfel, feine, herbe Phenolik. Ungeschminkt, Silvaner pur. 12,5 Vol.-%, DV, €

★

WEINGUT NEUBERGER

Freudenberger Straße 7, 63927 Bürgstadt
T: +49 (9371) 2562, info@weingut-neuberger.de
www.weingut-neuberger.de

Ab-Hof-Verkauf: Di bis Fr 9–12 Uhr und 14–18.30 Uhr, Sa 9–15 Uhr
Kellermeister: Burkhard und Lukas Neuberger
Ansprechpartner: Burkhard Neuberger
Hektar: 10 ha

Das Weingut Neuberger liegt in Bürgstadt in Churfranken und bewirtschaftet in den Lagen Centgrafenberg und Hundsrück eine Rebfläche von zehn Hektar. Etwa die Hälfte der Weinberge sind mit Rotweinsorten bestockt, die Hauptrolle spielt dabei der Spätburgunder. Ihre Guts- und Ortsweine bauen Burkhard Neuberger und sein Sohn Lukas im Edelstahl aus, für die Lagenweine kommen Barrique- und Halbstückfässer aus heimischer Spessarteiche zum Einsatz. Die Spät- und Frühburgunder zeigen Komplexität und Terroir, der Silvaner ist saftig und kräutrig. Hier bekommt man viel Wein fürs Geld!

89 2017 »Halbstück« Bürgstadt Centgrafenberg Weißburgunder trocken
Melone in der Nase, saftiger Apfel, rauchige Aromen, Blüten und Haselnuss. Am Gaumen kräftig gebaut, feste Struktur vom Holzausbau, cremig und mit Substanz, die dezente Süße ist gut integriert, reife und tragende Säurestruktur. Kulinarisch gedachter Burgunder. 13 Vol.-%, DV, €€

91 2015 Bürgstadt Hundsrück Spätburgunder trocken
Im kräftigen Duft Holzaromen und auch Noten vom Bürgstadter Hundsrück, Cassis, Blutorange und Hagebutte, Preiselbeere, mineralische Grundierung und Kraft auf weichem Fond, mittlere Dichte und Substanz, in der Gaumenmitte große Intensität, ist lang und hat einiges vor sich. 13,5 Vol.-%, DV, €€

90 2018 Bürgstadt Centgrafenberg Frühburgunder trocken
Schöne, fruchtige Nase, Sauerkirsche, Johannisbeere, Brombeere, Würze, etwas Pfeffer und Rauch. Am Gaumen weich und würzig, reifes, trotzdem prägnantes Tannin, elegant, mit feiner Säure und auch Mineralität, stimmige Struktur, wird weiter zulegen. 13,5 Vol.-%, DV, €€

90 2017 Bürgstadt Centgrafenberg Spätburgunder trocken
Volle Nase mit Amarenakirsche, schöner Pinotwürze, etwas Zimt und auch Rauch. Auf weichem Hintergrund kräftig gebaut, würzig und rauchig, kräftiges Tannin, noch etwas anhaftend, viel Substanz und auch Wucht, ein Spätburgunder, der reifen kann, zum Essen. 14 Vol.-%, DV, €€

88 2019 Bürgstadt Centgrafenberg Muscaris

89 2019 Bürgstadt Silvaner trocken
Reifer Apfel im Duft, Birne, gelbe Frucht, Heublumen und Wiesenkräuter. Im Mund saftig, mit klarer Frucht und Schmelz, schlanker Bau, fränkisch trocken und ohne Kitsch, guter Trinkfluss, kräutrig im Finale; solo und auch zu Vorspeisen eine gute Wahl. 12 Vol.-%, DV, €

★★

WEINGUT AM ÖLSPIEL

Schleifweg 13, 97286 Sommerhausen
T: +49 (9333) 221, info@weingut-am-oelspiel.de
www.weingut-am-ölspiel.de

Ab-Hof-Verkauf: ja
Kellermeister: Christian Schwarz
Ansprechpartner: Reinhold Schwarz
Flaschen/Hektar: 55.000 (80 % weiß, 20 % rot)/8 ha

Das Weingut am Ölspiel, in dem drei Generationen miteinander leben und arbeiten, bewirtschaftet seit 1651 die besten Steillagen Sommerhausens. Der Betrieb liegt am Fuß der Lage Ölspiel, deren Muschelkalkboden die meisten Weine prägt. »Wir verwenden ausnahmslos Trauben, die mit größter handwerklicher Sorgfalt und Respekt vor der Natur angebaut werden«, lässt uns Familie Schwarz wissen. Alle Weine überzeugen mit ihrer stimmigen, natürlichen Art. Im Weingut kann man auch ohne Voranmeldung vorbeikommen: »Bei uns ist immer jemand da« – das ist das Selbstverständnis der Winzerfamilie.

90 2018 Sommerhausen Ölspiel Silvaner Spätlese trocken
Kräftige und fränkisch trockene Spätlese, die nach Apfel und gelben Blumen riecht. Das warme Jahr 2018 zeigt sich mit guter Substanz und auch Wucht am Gaumen, wo Saft und Schmelz aufeinandertreffen, begleitet von würzigen Kräuternoten. In seiner Opulenz stimmig. 13,5 Vol.-%, DV, €€

90 2018 Sommerhausen Ölspiel Weißburgunder Spätlese trocken
Gelbe Blüten in der Nase, reife Aprikose, Orangenzeste und Rauchnoten; am Gaumen mit Kraft und Schmelz, breit angelegt mit fester Struktur, Substanz und weichem Fond, feine Würze; zeigt Konsistenz, Länge und auch Charme, gutes Potenzial zur weiteren Reifung. 14 Vol.-%, DV, €€

90 2019 Sommerhausen Ölspiel Scheurebe Spätlese feinherb
Grapefruit, Weiße Johannisbeere, Hefe und getrocknete Orangenschale im Duft. Viel Volumen am Gaumen, straffe Säure, in der Süße nicht zu großzügig dimensioniert, kräftige taktilmineralische Noten, fruchtgetragener, zitrischer Abklang. 12 Vol.-%, DV, €

91 2015 Sommerhausen Ölspiel Frühburgunder Auslese trocken
Intensive und würzige Nase, Röstaromen, Kaffee, Schwarzkirsche, ebenso Zwetschge und Kräutergarten; auch am Gaumen intensiv in der Würze und im Alkohol, der gut eingefügt ist. Verbindet Weichheit, Opulenz mit Kraft und Würze gute Substanz, die sich weiterentwickelt. 14 Vol.-%, NK, €€€

88 2019 Sommerhausen Ölspiel Riesling Kabinett trocken

89 2019 Sommerhausen Ölspiel Scheurebe Kabinett trocken
Schöner sortentypischer Duft nach reifer Stachelbeere, Mirabelle, gelbem Apfel, gelben Blüten und auch Kräutern. Am Gaumen mit klarer, reintöniger Frucht, saftig und betont trocken, schlanker Bau mit frischer, lebendiger Säure. Animierend und verspielt. 12 Vol.-%, DV, €

★★

WEINGUT RÖMMERT

Erlachhof 1, 97332 Volkach
T: +49 (9381) 7183200, info@weingut-roemmert.de
www.weingut-roemmert.de

Ab-Hof-Verkauf: Vinothek Mo bis Fr 10–18 Uhr, Sa und So 10–16 Uhr
Kellermeister: Team Weingut Römmert
Ansprechpartner: Christoph Ruck
Hektar: 24 ha

Die »Römmerts WeinWelt« liegt in Volkach an der Mainschleife, nur wenige Kilometer von Würzburg entfernt. Zu ihr gehört das Weingut mit 100-jähriger Tradition, 24 Hektar Rebfläche und ein »Wein-Hotel«. Nicht entgehen lassen sollten sich Besucher das »WeinSensorikum«, in dem man Wein mit all seinen Sinnen begegnen und kennenlernen kann. Überzeugend präsentieren sich die beiden mineralisch definierten Silvaner und der raffinierte Riesling aus dem Escherndorfer Lump. Wir sind gespannt, wie der neue Weingutsleiter Christoph Ruck dieses Lagenpotenzial weiter erschließen und interpretieren wird.

91 2019 Escherndorf Lump Silvaner trocken
Kräftiger und würziger Duft, reifer Apfel, Birne, auch Kräuter und Quitte, Gesteinsmehl. Mit guter Konsistenz am Gaumen, gute Dichte und kräftige Struktur, feine phenolische Schicht und gekonnt eingewobene Säurestruktur, klare mineralische Definition, gutes Potenzial. 13 Vol.-%, DV, €€

91 2018 Escherndorf Lump Sylvaner trocken
Reifer Apfel mit Kräutern in der kräftigen Nase, auch mineralische Anklänge, heißer Weinberg mit Muschelkalk. Kräftige Struktur mit viel Substanz und viel Würze, auch mit Wucht, viel Extrakt und Dichte und mit intensiver Mineralik, eindrucksvoll in seinen Dimensionen. 14 Vol.-%, DV, €€€

90 2019 Escherndorf Lump Riesling trocken
Feiner Duft nach Steinobst, Pfirsich und Aprikose, Papaya, etwas Blattgrün und feine Würze. Finessenreicher Riesling mit schlankem Bau und reifer, delikater Säure, klare, saftige Frucht, guter Extrakt, auch zitrische Note, mineralische Tönung, aus einem Guss. 12,5 Vol.-%, DV, €€

89 2019 »Junge Edition« Müller-Thurgau tr.
Riecht nach Apfel und Zitrusfrucht, Kräuterwiese und Mirabelle. Am Gaumen schlank und geradlinig gebaut, mit schöner Würze und Saftigkeit, sortentypischer Vertreter und klar im Ausdruck, ein Müller-Thurgau, den man solo und auch gerne zum Essen trinkt. 12 Vol.-%, DV, €

88 2019 Scheurebe halbtrocken

89 2019 »Junge Edition« Silvaner trocken
Apfel und Birne in der geradlinigen und fruchtigen Nase, Blüten und feine Würze, Reneklode. Saftig und mit feiner Süße am Gaumen, die von reifer Säure begleitet wird, zugänglicher Typ, der mit seiner Würze fränkisches Ambiente verbreitet, mineralisches Finish. 12,5 Vol.-%, DV, €

WEINGUT ROTH

Büttnergasse 11, 97355 Wiesenbronn
T: +49 (9325) 902004, info@weingut-roth.de
www.weingut-roth.de

Ab-Hof-Verkauf: Mo bis Fr 9–17 Uhr und Sa 10–16 Uhr
Kellermeister: Andreas Hopfengart, Nicole Roth
Ansprechpartner: Nicole Roth
Flaschen/Hektar: 150.000 (55 % weiß, 45 % rot)/24 ha
Anbauweise: Biologisch zertifiziert

Das Familienweingut gehört zu den Vorreitern des biologischen Weinbaus in Franken. Senior Gerhard Roth begann damit bereits im Jahr 1974. Inzwischen hat er die Verantwortung für den Betrieb an seine Tochter Nicole übertragen, aber er ist mit seiner großen Erfahrung noch immer in den Weinbergen aktiv. Das Zusammenspiel zwischen Jung und Alt funktioniert bei Roths offenbar erstklassig, wie die aktuellen Weine zeigen, die sich durchweg ausgeruht und balanciert präsentieren. Besonders gut hat uns der sehr saftige Silvaner »Alte Reben« gefallen, der viel Kraft und Würze bietet – ein idealer Speisenbegleiter.

91 2018 »Alte Reben« Silvaner trocken
Sattes, klares Gelb. In der Nase anfangs noch etwas verhalten, dann Mandel, Birne, Heuwürze. Am Gaumen viel Schmelz, etwas phenolisch, Extrakt und Kraft, helle Früchte sind mit Würze unterlegt, viel Saft, dichte Struktur und Länge. Zu hellem Fleisch. 14 Vol.-%, DV, €€

91 2018 »All Nature« trocken AU/TR
Trübes Orange. In der Nase Quitte und Apfelschale, dazu Rose und Muskatnuss, etwas Sternanis, sehr aromatisch. Am Gaumen feine Gerbstoffe, zupackend, mittlere Säure, wieder Quitte, dazu etwas Mandel. Gute Struktur und Länge, interessanter Orangewein. 13 Vol.-%, NK, €€€

91 2016 »G« Wiesenbronn Heller Berg Spätburgunder trocken
Mittleres Rot mit Reflexen von Granat. In der Nase Schlehe, dunkle Kirsche, Tabak, Waldboden, Würze, etwas Rauch. Am Gaumen reife Gerbstoffe, dunkle Früchte, Sauerkirsche, Rauch und Schmelz, fein balanciert, gute Struktur und Länge, zum Rehrücken. 13,5 Vol.-%, NK, €€€

90 2017 »G« Wiesenbronner Heller Berg Blaufränkisch
Klares Kirschrot. In der Nase viel Würze, Nelke, Kirsche, Brombeere, würzig. Am Gaumen reifer Gerbstoff, stimmige Säure, am Gaumen auskleidend mit Würze und Kirsche, dazu Schlehe, Waldboden. Mittlere Struktur und Länge. 13,5 Vol.-%, NK, €€

90 2019 Wiesenbronn Geißberg Grauer Burgunder trocken

89 2019 Wiesenbronn Geißberg Silvaner tr.

89 2019 Rödelsee Küchenmeister Weißburgunder trocken

88 2019 Wiesenbronn Silvaner trocken

90 2017 »G« Rotweincuvée trocken CI/CD

89 2017 Wiesenbronn Wachhügel Spätburgunder trocken

89 2017 »Purpur« trocken PN/BF/CO

90 2015 Burgunder brut
Sattes, klares Gelb. In der Nase Toast, etwas Rauch, Brioche, reifer Apfel, nobel gereifte Art. Feines Mousseux, reichhaltig, stimmige Säure, Mandel und Apfel, Birne, mittlere Struktur, aber eine schöne Länge, ruhige Art auch als Speisenbegleiter geeignet. 13 Vol.-%, NK, €€

★★★

WEINGUT ROTHE

Heerweg 6, 97334 Nordheim
T: +49 (9381) 8479530, info@weingut-rothe.de
www.weingut-rothe.de
Ab-Hof-Verkauf: Mo bis Sa 9–12 und 13–18 Uhr, So 9–12 Uhr
Kellermeister: Manfred Rothe
Ansprechpartner: Manfred Rothe
Flaschen/Hektar: 80.000 (70 % weiß, 30 % rot)/12 ha
Anbauweise: Biologisch zertifiziert

Manfred Rothe ist auch im nicht mehr ganz jugendlichen Alter ein neugieriger Geist geblieben, der den Dingen auf den Grund geht. Seine maischevergorenen Weißweine aus Kvevri und Holzfass sind ein Geschmackserlebnis der besonderen Art. Schon seine Gutsweine zeigen die Mineralität, die er dem Muschelkalk zu entlocken versteht – es sind Weine, die sich gerne in den Dienst der kulinarischen Aufgabe stellen. So ist es eine logische Fortschreibung, dass das Weingut um ein Bistro mit Weingarten ergänzt wurde. Ein Genussort eben, wie Rothe sagt: Natur auf feinste Art und in Bioqualität.

93 2018 »Indigenius« Silvaner trocken
Etwas Holz, dazu würzige Noten, Menthol, Apfel, Piment. Im Mund mit großem Volumen, präsenten, hochwertigen Phenolen und reifer, tragender Säure. Wirkt sehr in sich ruhend und ausgeglichen, jung, eine Maischegärung mit Verstand, hat großes Potenzial. 13,5 Vol.-%, DV, €€€

92 2014 »Indigenius« Silvaner trocken
Kräftige Farbe. Im Duft Holz, intensiv gelbfruchtige Aromen, Mirabelle und balsamische Würze. Auf einen geschmeidigen, fast cremigen Auftakt folgt ein trockenes Phenolgerüst, mehlig in der Tanninstrukur, den Alkohol sehr gut zügelnd. Noch immer jung! 13 Vol.-%, DV, €€€

91 2018 »Grande« Silvaner trocken
Hefegeprägt im Duft, der sich noch sehr verschlossen zeigt. Im Mund weit gefasst und getragen mit sehr feiner phenolischer Textur, reifer Säure, mit Fülle und zugleich mit Feinheit und Frische. Im Abklang ein schönes taktilmineralisches Spiel. 13,5 Vol.-%, DV, €€

91 2018 »Grande« Spätburgunder trocken
Ein beeriger Burgunderduft mit würziger Tiefe, wirklich burgundisch im Stil, mit integriertem, dezentem Holzeinsatz. Saftiger Gaumen, feines Tanninkorn, rund und geschmeidig im Hintergrund, reife Säure, am Gaumen noch kompakt, zuletzt mit Saftigkeit und Mineralität. 13 Vol.-%, DV, €€€

91 2019 Grauer Burgunder trocken

90 2018 »Grande« Scheurebe trocken

90 2019 Weißburgunder trocken

89 2019 »Grande« Müller-Thurgau trocken

89 2017 Muscaris brut nature

89 2018 Spätburgunder trocken

89 2018 »Grande« Schwarzriesling trocken

90 2019 Silvaner trocken
Frisch im Duft, pflanzlich, ein klein wenig Hefe und Feuerstein. Im Mund geschmeidig mit feinem Säurespiel und leicht salzigen Wahrnehmungen. Ein saftiger, in allen Komponenten akkurater Silvaner mit deutlich mineralischer Tönung. 12,5 Vol.-%, DV, €

• Rotwein • Roséwein • Weißwein • Orange-Wein • Süßwein ☐ falstaff-Tipp

★★★★★

WEINGUT HORST SAUER

Bocksbeutelstraße 14, 97332 Escherndorf
T: +49 (9381) 4364, mail@weingut-horst-sauer.de
www.weingut-horst-sauer.de

Ab-Hof-Verkauf: Mo bis Fr 9–12 und 13–18, Sa 11–17 Uhr
Kellermeister: Sandra Sauer
Ansprechpartner: Sandra Sauer
Hektar: 20 ha

Es mag sein, dass das trockene Segment von Sandra und Horst Sauer schon etwas balancierter und stimmiger ausgefallen ist, gerade was die Ortsweine angeht. Aber was die edelsüßen Weine anbelangt, müssen wir den Sauers hohen Respekt zollen, die Silvaner-TBA verknüpft Komplexität, Intensität und federleichte Sinnlichkeit auf famose Art und Weise. Ähnlich brillant treten auch die beiden Beerenauslesen vom Silvaner und Riesling in Erscheinung, immer getragen vom mineralischen Verve des Escherndorfer Lumps: Auch sie sind eine Hommage an dieses großartige Terroir. Dafür Applaus!

93 2019 Escherndorf am Lumpen 1655 Riesling GG

Etwas Holz, dazu leicht krautige und esterfruchtige Noten, kandierte Ananas, Banane. Im Mund druckvoll extraktreich, ein Hauch Grüntöne, straffe Säure, kräftig taktilmineralische Noten, fruchtige Süße, ein ziemlich muskulöser Riesling, der noch Zeit braucht. 13,5 Vol.-%, DV, €€€

98 2019 Escherndorf Lump Silvaner Trockenbeerenauslese

Kandierte Früchte sind mit feiner Botrytiswürze unterlegt, Guave, Passionsfrucht, Rosine, alles klar und sehr komplex. Im Mund sirupartig dick in der Konsistenz, in der Säure eindringlich, in der Süße stimmig. Große Extraktreserven für ein ewiges Leben. 6,5 Vol.-%, DV, €€€€

95 2019 Escherndorf Lump Riesling Beerenauslese

Kräftige, ganz leicht kippelnde Botrytis, zitrische Noten, etwas Spargel, ein bisschen rauchig, Muschelkalk, im Mund mit immenser Spannung, eine durchdringende Säure, gute Süße, sehr lange anhaltend, mit geradezu adstringierendem Extrakt im Abgang. 7 Vol.-%, DV, €€€

95 2019 Escherndorf Lump Silvaner Beerenauslese

In der klaren Nase reifer Pfirsich und auch grüne Frucht, grüner Apfel und Apfelschale, Kräuterwürze, warmer Stein. Am Gaumen mit sehr guter Balance, klares Volumen, gute Dichte und Verwobenheit, gefühlvoll ausgewogen, feiner, geradliniger Säurezug, mineralisch. 7 Vol.-%, DV, €€€

92 2019 Escherndorf am Lumpen 1655 Silvaner GG

90 2019 »S.« Escherndorf Fürstenberg Sauvignon Blanc trocken

90 2019 Escherndorf Lump Scheurebe Spätlese

89 2019 »S.« Escherndorf Lump Silvaner tr.

89 2019 Escherndorf Silvaner trocken

88 2019 Escherndorf Riesling trocken

91 2016 »S.« Escherndorf Fürstenberg Spätburgunder trocken

91 2019 »S.« Escherndorf Lump Riesling tr.

Intensiv fruchtig im Duft, Pfirsich und Aprikose, im Mund geschmeidig ansetzend, dann erst frisch, etwas Kohlensäure, nervig, dezent stoffig und mineralisch, etwas süß im Übergang zum Abgang, der saftig ausfällt, eleganter Riesling mit Stil. 13,5 Vol.-%, DV, €€

★★★★

WEINGUT RAINER SAUER

Bocksbeutelstraße 15, 97332 Escherndorf
T: +49 (9381) 2527, info@weingut-rainer-sauer.de
www.weingut-rainer-sauer.de

Ab-Hof-Verkauf: Mo bis Fr 9–12 und 13– 18, Sa 10–17 Uhr
Kellermeister: Rainer und Daniel Sauer
Ansprechpartner: Rainer, Helga und Daniel Sauer
Flaschen/Hektar: 124.000 (98 % weiß, 2 % rot)/15 ha

Hut ab vor Rainer und Daniel Sauer: Die Weine sind substanzhaltig und dicht, ohne im Geringsten forciert oder beschwerlich zu wirken. Im hausinternen Wettkampf zwischen dem »offiziellen« Silvaner-GG und dem »L« sehen wir dieses Jahr das GG vorn, aber wir wissen natürlich, dass der »L« ein Langläufer ist, der seine Antrittsschnelle eher spät im Rennen als schon in der ersten Kurve zeigt. Volltreffer sind auch die 2019er Rieslinge, die »Erste Lage« ist so animierend, dass wir sie nach der Probe schnell vom Tisch wegstellen mussten, um unsere Arbeitsdisziplin nicht zu gefährden.

95 2019 Escherndorf am Lumpen 1655 Silvaner GG

Reife Birne in der Nase, Apfelschale, Brotrinde, nussige Aromen und auch Holunderblüten. Dicht und extraktreich am Gaumen, fränkisch trocken und mineralisch durchwirkt, monumental, dabei sind Kraft und Substanz immer in gutem Gleichmaß. Gelassen und beeindruckend! 13 Vol.-%, DV, €€€

94 2019 Escherndorf am Lumpen 1655 Riesling GG

Ein Hauch von Hefe, verschlossene zitrusfruchtige Noten, Feuerstein. Im Mund dicht und kompakt, extraktreich und gebündelt, kein Gramm Fett zu viel, stramme Säure, mehr Extraktsüße als Zucker, sehr gute Länge, ausgezeichnetes Reifepotenzial. 12,5 Vol.-%, DV, €€€

93 2019 »Rainer Sauer L« Silvaner trocken

Verschlossene, dichte Nase, Apfel und Kräuter, auch heißer Stein. Konzentriert und mit innerer Spannung am Gaumen, guter Extrakt und auch Saftigkeit, eng verwoben, dabei nuanciert in seiner Schichtung, griffige Mineralität, salzige Note, feinherbe Kräuter im Finish. 13 Vol.-%, DV, €€

90 2019 Escherndorf Lump Silvaner Erste Lage trocken

Kräutrig in der klaren Nase, Birne und Apfel, auch gelbe Frucht und Würze. Am Gaumen präsent und auch mineralisch, kräftiger und athletischer Bau, dabei mit klarer Kontur; guter Extrakt, frischer und lebendiger Säurezug, natürlich im Charakter. 13 Vol.-%, DV, €€

89 2019 »Muschelkalk« Escherndorf Silvaner trocken

92 2019 Escherndorf Lump Riesling Erste Lage trocken

Mineralisch getönte, blumige Rieslingnoten, Jasmin, Pfirsich und Orangenblüte. Auch am Gaumen mineralisch geprägt spannungsreich und frisch, saftig, eine Spur Kohlensäure, ein rassiger Riesling, perfekt proportioniert und sehr trinkanimierend. 12,5 Vol.-%, DV, €€

★★★★

WEINGUT SCHMITT'S KINDER

Am Sonnenstuhl 45, 97236 Randersacker
T: +49 (931) 7059197, info@schmitts-kinder.de
www.schmitts-kinder.de

Ab-Hof-Verkauf: Mo bis Fr 8–18 Uhr, Sa 9–17 Uhr
Kellermeister: Martin Schmitt
Ansprechpartner: Martin, Karl und Renate Schmitt
Hektar: 14 ha

Manchmal ist es am eindrucksvollsten, wenn man einfach mal Punkte sprechen lässt: 95, zweimal 94, zweimal 93 und 92 Punkte, das ist die satte Bewertung, die sich das Weingut Schmitt's Kinder mit einer hervorragenden Kollektion verdient hat. Dass Martin Schmitt famose trockene Silvaner und Rieslinge erzeugen kann, wussten wir. Aber jetzt präsentiert er auch noch einen spannungsreichen und hintergründigen Pinot Noir, der in Franken mit zu den besten zählt. Und die formidable Beerenauslese vom Rieslaner dürfen wir keinesfalls unterschlagen. Schmitt's Kinder in brillanter Form!

95 2018 »Große Reserve« Randersacker Spielberg Riesling trocken
Plattpfirsich und gelbe Pflaume, dezente Hefe, leicht brenzlig-mineralwürzige Untertöne. Mit Luftkontakt auch floral, ein wahrer Strauß von Aromen. Fest und immens mineralisch im Gaumen, salzig geradezu und zudem von brillantem Säurezug. Sehr lang. 13 Vol.-%, DV, €€€

94 2018 »Große Reserve« Randersacker Silvaner trocken
Etwas Holzwürze im Duft, dazu eine sich gerade öffnende Sortenwürze mit etwas Sesam, Heu, Lindenblüte. Im Mund unmittelbar präsent durch intensive taktile Mineralität, fein phenolisch begleitet, viel Saftigkeit im Hintergrund, alles in völliger Balance. 14 Vol.-%, DV, €€€

94 2018 Randersacker Hohenroth Spätburgunder GG
Dezent nussiges Boisée, Süßkirsche, mineralische und kräuterwürzige Untertöne. Im Mund straff, festes, ein klein wenig grünliches Tannin, dadurch spannungsreich wirkend, dicht, von reifer Säure begleitet. Sehr viel Extrakt, hintergündiger Pinot mit großer Zukunft. 14 Vol.-%, NK, €€€

93 2019 Randersacker Sonnenstuhl Rieslaner Beerenauslese
Apfel, Steinstaub. Dörrobst, Aprikose und Pfirsich, auch etwas Mandarine. Die findet sich auch am Gaumen wieder, konzentrierte Süße, schönes Spiel mit der klaren Säure, etwas Salz, klar und präzise, wirkt noch jung und braucht noch Zeit, um sich weiter zu verknüpfen. 8 Vol.-%, NK, €€€

92 2019 Randersacker Pfülben Riesling GG

93 2019 Randersacker Pfülben Silvaner GG
Frühlingswiese, Sesam, Sauerampfer, frisch und würzig, vielschichtig. Im Mund mit Saft und Seidigkeit, fast burgunderhaft texturiert, ein Hauch von Holzfass, fein ziselierte Säure, dazu eine feste mineralische Basis, vereint Silvanerliebreiz mit Spannung. 14 Vol.-%, DV, €€€

★★

WEINGUT TROCKENE SCHMITTS

Maingasse 14a/Flecken 1, 97236 Randersacker
T: +49 (931) 700490, info@naturreine-weine.de
www.durchgegorene-weine.de

Ab-Hof-Verkauf: Mo bis Fr 8–18 Uhr und Sa 9.30–16 Uhr
Kellermeister: Bruno und Lothar Schmitt
Ansprechpartner: Bruno Schmitt
Flaschen/Hektar: 125.000 (90 % weiß, 10 % rot)/17 ha

Dass der am höchsten bewertete Wein der Trockenen Schmitts mit der Rieslaner Beerenauslese ein Süßwein ist, mag kurios erscheinen, muss aber kein Anlass für eine Namensänderung des Weinguts sein: Zum einen sind die trockenen Weine von hoher Güte, zum anderen sind sie in der Tat richtig trocken. So, wie es gerade Familie Schmitt Jahr für Jahr hinbekommt. Besonders gefallen haben uns die charakterstarken »Grossen Gewächse« vom Riesling und Silvaner. Die würzige Silvanerspätlese ist unsere Empfehlung und die betont trockene Spätlese vom Gewürztraminer sollte man unbedingt probieren!

92 2018 »R Grosses Gewächs« Randersacker Sonnenstuhl Riesling trocken
Kräuterwürze im Duft, auch Walnuss, reife Aprikose und etwas Rauch und Lakritze. Dicht und konzentriert am Gaumen mit fester Struktur und viel Substanz, weiche, geschmeidige Säure. Saft und salzige Noten, Zitrusfrucht; gutes Gleichmaß der Elemente, viel Wein. Potenzial. 13,5 Vol.-%, DV, €€€

91 2018 »R Grosses Gewächs« Randersacker Sonnenstuhl Silvaner trocken
Intensive Kräuterwürze im Duft, dunkle, röstige Aromen, Wacholderbeere, reife Birne und Blüten. Setzt am Gaumen saftig an mit Schmelz, bald zeigen sich Substanz und auch Wucht, dichter Kern und austrainierte Muskulatur, ein Silvaner, der kräftige Gerichte begleitet. 14 Vol.-%, DV, €€€

91 2019 Randersacker Lämmerberg Gewürztraminer Spätlese trocken
Sortentypischer Duft nach Rosenblättern und reifer, gelber Frucht, Litschi und Mango. Am Gaumen mit Kraft und guter Substanz und Dichte, würzig, saftig und lang. Zeigt die Vorzüge des Gewürztraminers in betont trockener Form; ideal zu scharfem Curry. 13,5 Vol.-%, DV, €€

93 2018 Randersacker Sonnenstuhl Rieslaner Beerenauslese
Grapefruit im Duft, im Mund hoch verdichtet, eine durchdringende Säure, nachgerade bissig, mächtige Süße, immens jung und verschlossen, derzeit noch nicht komplex, aber mit allerbesten Anlagen. 8,5 Vol.-%, DV, €€€

88 2019 Randersacker Ewig Leben Sauvignon Blanc Kabinett trocken

91 2019 Randersacker Sonnenstuhl Silvaner Spätlese trocken
In der kräftigen Nase Aromen von reifer Birne und auch gelber Frucht, Blüten, Würze und florale Noten. Zeigt sich im Mund stoffig und saftig, kräftiger Bau mit gut dosierter Kraft, gut eingebundene Säure, Würze und auch mineralischer Grip, handfest und echt. 13,5 Vol.-%, DV, €

★★

WEINGUT NICO SCHOLTENS

Rieneckstraße 6, 97514 Oberaurach
T: +49 (9529) 326, info@weingut-scholtens.com
weingut-scholtens.com

Ab-Hof-Verkauf: ja
Kellermeister: Nico Scholtens
Ansprechpartner: Nico Scholtens
Flaschen/Hektar: 30.000 (70 % weiß, 30 % rot)/5 ha

Jazzer und Rebsorten-Archivar – Nico Scholtens hat viele Talente. Ganz im Osten des fränkischen Weinbergs, schon beinahe bei Bamberg, hütet der passionierte Winzer einen großen Schatz: einen im gemischten Satz angelegten Weinberg aus dem Jahr 1910. Dort stehen verschiedene Sorten bunt durcheinander gemixt, mutmaßlich ein gutes Dutzend. Was Scholtens daraus keltert, sind flüssige Kulturdenkmäler, etwas gegen den Zeitgeist gebürstet, aber schmackhaft und in ihrer unverfälscht handwerklichen Anmutung eine Entdeckung wert. Solch echte Charaktere sind auch alle anderen Weine.

90 2017 »['drai]« Zell Schloßberg Alter Fränkischer Satz trocken
Neben den Honignoten im Glas das feine Glitzern des Weines. Im Mund frisches Heu und weiße Beeren, ein saftiger Trinkfluss, der Wein ist weich und herb zugleich, auf jeden Fall ungemein eigenwillig und eigenständig, wirkt jung und positiv speziell 10,5 Vol.-%, NK, €€

89 2017 »['drai]« Riesling brut nature
Helle Blüten und Aprikose in der Nase, floral, auch Minze. Am Gaumen zupackend mit frischer Säure, schlank und geradlinig, auch mit einer Portion Charme. Natürlich wirkender Sekt, der als Aperitif und als Speisenbegleiter seine Qualitäten hat. 12 Vol.-%, VK, €€

89 2018 »['drai]« Zell Schloßberg Kerner tr.
Auch hier auffallend das feine Glitzern des Weines im Glas, verhalten duftig, kräutrige Sortenwürze, harmonische feine herbe Säure mit einem kleinen restsüßen Schwänzchen, im Nachhall Pampelmusenschale, es bleibt ein saftiger Eindruck. 14 Vol.-%, VK, €

89 2017 »['drai]« Zell Schloßberg Spätburgunder Weißherbst trocken
Sehr schöne hellkupferne Farbe, in der Nase weißer Honig, Kapuzienerkresse und Raps, im Mund leicht und saftig, etwas herb und eher nicht der Terrassenwein, sondern schon ein etwas speziell gemachter Wein, dem man Aufmerksamkeit schenken sollte. 10,5 Vol.-%, VK, €

88 2017 »['drai]« Zell Schloßberg Perle trocken

91 2018 »['drai]« Zell Schloßberg Alter Fränkischer Satz Landwein trocken
Typisch alter Satz: keine Duftgranate, und der Traubensatz sagt auch nicht viel, aber man ahnt so etwas wie Kümmel, was Reifes und was Grünes, im Mund dann eine Wuchtbrumme mit kerniger Säure, dabei ungemein saftig, sehr spannend und polarisierend, außergewöhnlich! 12,5 Vol.-%, NK, €€€

★★★

WEINGUT SCHWAB

Bühlstraße 17, 97291 Thüngersheim
T: +49 (9364) 89183, info@weingut-schwab-franken.de
www.weingut-schwab-franken.de

Ab-Hof-Verkauf: Mo bis Fr 9–12 Uhr und 13–18 Uhr, Sa 9–12 Uhr
Kellermeister: Thomas Schwab
Ansprechpartner: Andrea Schwab
Flaschen/Hektar: 80.000 (85 % weiß, 15 % rot)/13 ha

Das Weingut Schwab ist eine Bank, auf die Qualität der Weine ist Jahrgang für Jahrgang Verlass: Die Einstiegsweine sind klassische Sortenvertreter mit Frische, Frucht, Saft und Ausgewogenheit. Im oberen Segment zeigen die Weine Komplexität, Stil und Herkunft wie zum Beispiel das kraftvolle Große Gewächs »Rothlauf« vom Silvaner oder der substanzielle Riesling vom Scharlachberg. Auch die Süßweine gelingen hervorragend, wie etwa die elegante Rieslingauslese. Und die Rotweine wie der würzige und mineralische Spätburgunder vom Johannisberg zeigen Format!

92 2018 Thüngersheim Johannisberg Rothlauf Silvaner GG
Birne und Apfel zeigen sich neben Röstaromen in der Nase, auch Quitte und Nussaromen. Am Gaumen mit guter Kraft und Dichte, feste Struktur, auch vom Holzausbau; reife Säure und dezente Süße fügen sich zusammen, noch jungendlich, gute Anlagen zur weiteren Entfaltung. 13,5 Vol.-%, DV, €€€

91 2019 Thüngersheim Scharlachberg Riesling Erste Lage trocken
Apfel und Apfelschale in der Nase, reifes Steinobst, Grapefruit, kräutrig, auch steinige Noten. Am Gaumen saftig ansetzend, mit reifer Säure und feiner Würze in einer kräftigen und festen Textur; viel Wein und Substanz, kein Leichtgewicht, in sich stimmig. 13,5 Vol.-%, DV, €€

90 2019 Thüngersheim Johannisberg Silvaner Erste Lage trocken
Apfel, Melone und Birne im kräftigen Duft, weiße Blüten, Hopfen, feiner Rauch und auch Karamellbonbon. Am Gaumen kräftig gebaut mit Muskeln, gutes Volumen und mittlere Dichte, eindringliche Frucht, die von Würze begleitet wird, konsistent und mit guter Länge. 14 Vol.-%, DV, €€

91 2018 Thüngersheim Riesling Auslese
Sattes, klares Gelb. In der Nase etwas Zündholz, Limette, heißer Stein, eingekochte Birne, Kräuterwürze und Honig. Am Gaumen viel Schmelz, gut integrierte Säure, wieder Zitrus, Papaya. Gute Struktur mit Potenzial. Schöne Länge, zur Birnentarte. 9 Vol.-%, DV, €€

89 2019 Thüngersheim Silvaner trocken

89 2019 Thüngersheim Riesling trocken

88 2019 Thüngersheim Scheurebe trocken

88 2019 Thüngersheim Müller-Thurgau tr.

88 2019 Thüngersheim Weißburgunder tr.

87 2019 »enjoy white« trocken GS/BC/SÄ/MT

89 2018 Thüngersheim Spätburgunder tr.

90 2018 Thüngersheim Johannisberg Spätburgunder Erste Lage trocken
Rauch und Kirsche in der Nase, Walderdbeere und auch Himbeere. Ein gut balancierter Spätburgunder mit kräftiger und dabei eleganter Struktur, wieder Kirsche am Gaumen, reifes Tannin, feine Würze und auch mineralisches Timbre, klassisch schön, gute Länge. 13,5 Vol.-%, DV, €€

★ ★ ★

WEINGUT SCHLOSS SOMMERHAUSEN

Hauptstraße 25, 97286 Sommerhausen
T: +49 (9333) 260, info@sommerhausen.com
www.sommerhausen.com

Ab-Hof-Verkauf: Di bis Fr 10–18 Uhr, Sa 10–16 Uhr und So 10–14 Uhr
Kellermeister: Martin Steinmann
Ansprechpartner: Martin Steinmann
Flaschen/Hektar: 120.000 (90 % weiß, 10 % rot)/20 ha
Anbauweise: Biologisch zertifiziert

Gleich drei exzellente, gereifte Schaumweine aus den Jahrgängen 2008, 2012 und 2013 präsentiert Martin Steinmann vom Weingut Schloss Sommerhausen und zeigt einmal mehr, dass er alle Genres gekonnt beherrscht: Silvaner, Rieslinge und die Burgundersorten gelingen hier genauso gut wie die Bukettsorten. Der gelbe Muskateller kommt ohne jeglichen Kitsch aus, der geschmeidige Muskatsilvaner ist uns eine besondere Empfehlung wert. Die Großen Gewächse vom Silvaner und Riesling aus dem Jahr 2018 zeigen die Kraft des warmen Jahrgangs, aber auch den klug in Szene gesetzten Herkunftsgedanken.

93 2008 »avec pläsier Le Grand Blanc dégorgement tardif« brut nature

Hellgolden mit grünlichen Reflexen. Nuancenreich im Duft, leicht tertiär, Rote Johannisbeere, Apfel, im Mund sehr weich und getragen beginnend, ein ganz fein ziseliertes Mousseux, reife Säure, ein stoffiger, zu großer Geschmeidigkeit gereifter Sekt. 12,5 Vol.-%, NK

93 2013 »avec pläsier Le Grand Blanc« brut nature

Feinwürzig im Duft mit einem Hauch tertiärer Noten. Orangenkonfitüre, Pomeranze. Im Mund straff in der Säure, reif und fast cremig rund im Mousseux, zarte Extraktsüße, eine Spur Mineralität, viel Saftigkeit zuletzt. Gut komponiert, nuanciert gereift. 12,5 Vol.-%, NK, €€€

93 2012 »avec pläsier Le Grand Riesling« brut

Dezente Reifepatina, Apfel, Leder, getrocknete Zitronenschale und Gartenkräuter. Feste Säure, zurückhaltende Dosage, sehr feines und dabei doch Volumen gebendes Mousseux, ein ganz in sich ruhender Sortentyp mit schöner Frische in der Reife. 12 Vol.-%, NK, €€€

92 2018 Sommerhausen Steinbach-Alttenberg 1172 Silvaner GG

Etwas Lindenblüte, leicht nussige Töne, noch zurückhaltend im Duft. Im Mund gehaltvoll und getragen, eher milde Säure, Geschmeidigkeit und Kraft zeigen den Jahrgang, aber der Wein hat dennoch auch Spiel und eine feine mineralische Anlage. Substanz und Länge. 13 Vol.-%, DV, €€€

92 2018 Sommerhausen Steinbach-Alttenberg 1172 Riesling GG

90 2019 Sommerhausen Steinbach Silvaner Erste Lage trocken

90 2019 Sommerhausen Steinbach Riesling Erste Lage trocken

90 2019 Gelber Muskateller trocken

89 2018 Sommerhausen Steinbach Weißburgunder Erste Lage trocken

90 2015 »avec pläsier Le Grand Rosé« extra brut

90 2019 »Rosé de Provinz« trocken

91 2019 Muskatsilvaner trocken

Zurückhaltend im Duft: Stachelbeere, Brennnessel, auch etwas pfeffrig. Weich und geschmeidig im Ansatz, gute Fülle in der Gaumenmitte mit lebendiger Säurebegleitung. Im Abgang einige Stoffigkeit, ein ernsthafter Wein, solide gebaut, inhaltsreich, unaufdringlich. 13,5 Vol.-%, DV, €

★★★

WINZERHOF STAHL

Lange Dorfstraße 21, 97215 Auernhofen
T: +49 (9848) 96896, mail@winzerhof-stahl.de
www.winzerhof-stahl.de

Ab-Hof-Verkauf: ja
Kellermeister: Christian Stahl
Ansprechpartner: Christian Stahl
Flaschen/Hektar: 200.000 (90 % weiß, 10 % rot)/30 ha

Christian Stahl gilt in Franken und darüber hinaus als umtriebiger Tausendsassa, der immer neue Ideen und Projekte verfolgt: Neben Grünem Veltliner hat er inzwischen auch Chenin Blanc angebaut. Aus einem Bauernhof, der nebenbei etwas Weinbau betrieb, hat der Winzer ein Weingut mit Profil und nunmehr 30 Hektar Reben entwickelt, die sich über das Taubertal hinaus erstrecken. Seine gekonnt im Holz veredelten Weine sind immer auch kulinarisch mitdefiniert – kein Wunder, Stahl ist ein hervorragender Koch, der in seinem Weingut ambitionierte Menüs anbietet. Starke Kollektion!

92 2018 »Fass 500« Sauvignon Blanc trocken
Vanille und Karamell, dazu eine intensive und delikate Frucht: Nektarine, Weinbergpfirsich und Orangenschale. Im Mund wuchtig, sehr feine Phenole, stabiles Säurerückgrat, nach gerade monumental in seiner Fülle und in seinem Extraktreichtum. Sehr gute Länge. 14 Vol.-%, DV/DV, €€€

91 2019 »Best of« Silvaner trocken
Mittleres Zitronengelb. Im Duft: Pfirsich, Zitrone und Veilchen. Am Gaumen saubere Pfirsichfrucht sowie neue zitrische Aromen wie Limette und Zitronenschale. Somit entwickelt sich auch aus einer eher moderaten Säure ein sehr feines und frisches Trinkerlebnis. 13,5 Vol.-%, DV, €€

91 2019 Randersacker Marsberg Riesling tr.
Mittleres Zitronengelb. Anfangs fast dezent im Duft von Apfel, Mango und Limette. Am Gaumen mit konzentrierter, feiner Frucht von Apfel und Mango sowie Zitronenzeste, Mirabelle und Grapefruit. Gut eingebunden von lebendiger Säure in einem mittelgewichtigen Körper. 13,5 Vol.-%, DV, €€

90 2018 »Fass 500« Chardonnay trocken
In der Nase entfaltet sich ein Duft von gelbem Apfel, Zitronenzeste, Ananas und Butter. Am Gaumen eine sehr saubere Aromatik von Apfel und Ananas sowie Gewürznelke, Vanille und Birne. Alles fein balanciert von lebendiger Säure und in einem langen Nachhall. 13,5 Vol.-%, DV, €€€

90 2018 Sulzfeld Cyriakusberg Scheurebe trocken

90 2019 Veltliner trocken
Zitronengelb und fast klar im Glas. In der Nase ein Duft von grünem Apfel, Zitrone und Johannisbeerblatt. Am Gaumen mit einer leicht süßen Fruchtaromatik, die von lebendiger Säure getragen wird. Der Nachhall wird begleitet von weißem Pfeffer und Sternfrucht. 13,5 Vol.-%, DV, €€

★★★★

WEINGUT STEINTAL

Wilhelmstraße 107, 63911 Klingenberg
T: +49 (9372) 2438, info@weingut-steintal.de
www.weingut-steintal.de

Ab-Hof-Verkauf: Mo bis Fr 10–16 Uhr, Sa 10–17 Uhr
Kellermeister: Benedikt Baltes
Ansprechpartner: Carl-Julius Cromme
Hektar: 12 ha
Anbauweise: Biologisch zertifiziert

Auch wenn Benedikt Baltes nach zehn Jahren an die Ahr zurückgekehrt ist und das ehemalige Weingut der Stadt Klingenberg in Steintal umbenannt wurde, bleibt die Kontinuität erhalten: Baltes ist nach wie vor für den Ausbau der Weine zuständig. Aber natürlich gibt es auch Neuerungen: Der jetzige Name Steintal nimmt Bezug auf das Terroir: den roten Buntsandstein in den denkmalgeschützten Terrassen in Klingenberg. Der Eisvogel als Wappentier steht für einen ökologischen Weinbau in Einklang mit der Natur. Mit dem Hundsrück verkosteten wir einen der besten fränkischen und deutschen Spätburgunder.

96 2018 Bürgstadt Hundsrück Spätburgunder GG

Vielschichtige und würzige Nase mit Aromen von Kirsche, Lebkuchen, Liebstöckel, feiner Würze und rauchigen Noten. Gute Balance am Gaumen mit feinnerviger Säure, punktet nicht mit Wucht und Kraft, sondern mit gut verpackter Intensität, mineralisch und lang. 12,5 Vol.-%, NK, €€€€

94 2018 Großheubach Bischofsberg Spätburgunder GG

Noch viel Rauch, Holzwürze und Hefe in der Nase, Kräuter wie Liebstöckel zeigen sich, dunkle Kirschen, Maulbeere. Druckvoll am Gaumen mit Dichte und Spannung, ein klar definiertes Kraftpaket, kompromisslos in der Jugend, mineralisch durchwirkt, großes Potenzial. 12,5 Vol.-%, NK, €€€€

94 2018 Klingenberg Schlossberg Spätburgunder GG

Rauchig im Duft, Kräuter, Röstaromen, Kirsche und Hagebutte. Geradlinig am Gaumen mit guter Frische und selbstbewusster Säure, puristisch und trocken, mit griffigem Tannin, leichte Adstringenz, Sauerkirsche zeigt sich, mineralisch bei guter Substanz und Perspektive. 12,5 Vol.-%, NK, €€€€

92 2018 »Alte Reben« Klingenberg Spätburgunder trocken

Etwas Hefe in der Nase, dunkelbeerige Frucht, Holundermark, reiffruchtige, röstige Töne. Druckvoll im Mund, fleischiger Gerbstoff, kräftig taktilmineralische Komponenten, reife Säure, gute Fülle und intensiv saftige Abgangsfrucht. Ausgezeichneter Ortswein. 12,5 Vol.-%, NK, €€€

92 2018 »Alte Reben« Großheubach Spätburgunder trocken

91 2018 »Buntsandstein« Spätburgunder tr.

Wildkirsche und Milchschokolade, duftig, reiffruchtig, aber nicht gekocht. Im Mund mit Schwung in mittlerer Gewichtsklasse, mürb-körniges Tannin, reife Säure, mineralische Noten, zeigt genau das, was auf dem Etikett steht: Spätburgunder vom Buntsandstein. 12,5 Vol.-%, DV, €€

★★★

WEINGUT STÖRRLEIN KRENIG

Schulstraße 14, 97236 Randersacker
T: +49 (931) 708281, info@stoerrlein.de
www.stoerrlein.de

Ab-Hof-Verkauf: Mo bis Fr 9–18 Uhr, Sa 9–18 Uhr
Kellermeister: Armin Störrlein, Martin Krenig
Ansprechpartner: Armin Störrlein
Flaschen/Hektar: 80.000 (80 % weiß, 20 % rot)/12 ha

In dieser Kollektion hat man wirklich die Qual der Wahl, da zeigt sich die ganze Vielfalt der fränkischen Weinwelt, die Tradition mit innovativen Ideen verbindet: Die erst jetzt präsentierten Großen Gewächse zeigen sich ausgeruht und mit guter Konzentration, der »Frentsch« setzt die Idee des Gemischten Satzes überzeugend um und die Edition »Pure Grapes«, für die ganze Beeren vergoren werden, unterstreicht den experimentellen Charakter der beiden Kellermeister Armin Störrlein und Martin Krenig. Die superbe Silvaner-TBA aus dem Sonnenstuhl ist die Krönung dieses eindrucksvollen Ensembles!

92 2018 Randersacker Sonnenstuhl Hohenroth Silvaner GG
Duftet im Glas nach Mirabellen und zarten weißen Blüten, Steinobst, im Mund anregende Pampelmusenschale, feine und präsente Säurestruktur, auch mit Saft und Kraft, gute Konzentration, mit positivem Druck und mit langem Nachhall, bleibt lange präsent. 14 Vol.-%, DV, €€€

92 2018 Randersacker Sonnenstuhl Hohenroth Riesling GG
Köstliche kühle Nase nach weißen Blüten und gebranntem Zucker, dazu kommen Aprikose und etwas Pannacotta. Im Mund knackige Säure und animierendes Süße-Säure-Spiel, saftig und elegant, mit feiner Würze und Mineralität, fein gearbeitet, langer Nachhall. 13,5 Vol.-%, DV, €€€

92 2018 »Pure Grapes FR« Frühburgunder tr.
Schönes Granatrot, beerige leicht rauchige Nase, Kirsche zeigt sich, auch Gewürze wie Zimt und Nelke. Im Mund elegant und geschmeidig, viel Saft und Frische mit harmonischer Säure, die Elemente sind ausgewogen und fein balanciert, ungemeiner Trinkfluss, eleganter Wein! 14 Vol.-%, DV, €€€

95 2018 Randersacker Sonnenstuhl Silvaner Trockenbeerenauslese
Eine blumige Sortenwürze, sehr klar, Brotrinde, rauchiger Muschelkalk, Steinobst und Kräuternoten. Im Mund vibrierend mineralisch, von durchdringender Säure getragen, dazu sehr süß und auch sehr viskos, gebrannte Mandel im Abklang. Großartige Trockenbeerenauslese. 7,5 Vol.-%, DV, €€€€

92 2018 »Pure Grapes WB« Weißburgunder tr.

90 2018 »Frentsch« Randersacker trocken GS/WB/GM/TR/RR

90 2011 Randersacker Sonnenstuhl Weißburgunder GG

90 2017 Randersacker Sauvignon Blanc trocken unfiltriert

89 2019 »Alte Reben« Randersacker Marsberg Silvaner Erste Lage trocken

89 2019 »vom Muschelkalk« Silvaner trocken

91 2017 »Casparus« trocken unfiltriert PN/CS

91 2019 Randersacker Sonnenstuhl Silvaner Erste Lage trocken
Sehr zarte Nase nach frisch aufgeschnittenem grünem Apfel und feinen Wiesenkräutern. Im Mund schmelzig mit guter Balance, schlanker Bau, trocken in der Anmutung, die leichte mineralische Note sorgt für Akzente, kühl und duftig, wieder kräutrig, purer Charakter! 12,5 Vol.-%, DV, €€

WEINGUT VON DER TANN

Birklinger Straße 1, 97346 Iphofen
T: +49 (9323) 89970, info@weingut-vondertann.de
www.weingut-vondertann.de

Ab-Hof-Verkauf: Do und Fr 8–18 Uhr, Sa 9–18 Uhr
Kellermeister: Steffen von der Tann
Ansprechpartner: Maggie Schauner und Steffen von der Tann
Hektar: 3 ha

Steffen von der Tann und Margarete Schauner widmen sich mit besonders viel Herzblut dem Müller-Thurgau, einer Rebsorte, die oft unterschätzt wird. Steffen von der Tann keltert einen saftigen »OMG« Müller-Thurgau, dem die lange Maischestandzeit und das sechsmonatige Hefelager offenbar richtig gut getan haben. Ein Wein, der auch genau dem Anspruch der beiden entspricht, auf dem Familienweingut – aktuell ist die dritte Generation in der Verantwortung – mit einem Augenzwinkern Weinbau mit Ecken und Kanten zu betreiben. Eine sehr sympathische Haltung.

91 2019 »Black Silvaner« trocken
Auffallend hellgrün im Glas, duftige Nase nach weißen Blüten und Zitronat, am Gaumen dann eine knackige Säure mit Frische, aber auch mit Geschmeidigkeit, leicht salzig am Gaumen, gute Länge, spannender Wein. 12 Vol.-%, DV, €€

90 2018 »OMG« Müller-Thurgau Landwein tr.
Die Nase ist kühl und frisch, am Gaumen zeigt sich der Wein saftig mit etwas Quitte, leicht rauchig, gute Säure, zart animierend bitter. Die lange Maischestandzeit und das sechsmonatige Hefelager lassen einen sehr individuellen Müller-Thurgau entstehen. 12 Vol.-%, DV, €

90 2016 Iphofen Kronsberg Müller-Thurgau Spätlese
Eine fast zärtliche Nase, duftig und weich, etwas Apfel, im Mund eine feine und auch frische Süße mit viel Saft und Trinkfluss, fester Kern, dazu ein kraftvoller Nachhall, sehr guter Speisenbegleiter, immer noch jugendlich. 12 Vol.-%, DV, €

90 2018 »Rotbart« Domina Landwein trocken
Fließt tief brombeerrot blickdicht ins Glas, saftige Nase nach Heidelbeeren und Heublumen, am Gaumen sehr dicht und saftig, feine weiche, reife Gerbstoffe, Schwarzkirsche und Mandel, gute Struktur und schöne Länge, macht Spaß. 12 Vol.-%, NK, €€

89 2018 Bacchus Kabinett trocken

89 2019 »efach Müller« Müller-Thurgau trocken
Zarte hellgrüne Farbe, feine frische Nase nach weißen Beeren, etwas Muskat, am Gaumen eine delikate Cremigkeit, harmonisch mit feiner Säure, gewisse Mineralität und ein erfrischender Nachhall. Ideal zum Vesper und als Viertele. 12 Vol.-%, DV, €

★★

WEINGUT THEN

Hauptstraße 1, 97334 Sommerach
T: +49 (9381) 9268, info@weingut-then.de
www.weingut-then.de

Ab-Hof-Verkauf: Mo bis Fr 8–18 Uhr, Sa 9–15 Uhr, So 10–12 Uhr und nach Vereinbarung
Kellermeister: Daniel Then
Ansprechpartner: Daniel Then
Hektar: 7 ha

Daniel Then macht das seit fünf Generationen bestehende Weingut in Sommerach für die Zukunft fit: Der Betrieb befindet sich in Umstellung zum ökologischen Weinbau. »Für uns ist das die Zukunft. Unsere Muschelkalkböden sind der Grundstock für unsere Weine, und das gilt es zu erhalten und so der nächsten Generation gesund und vital weiterzugeben«, schreibt uns der Winzer, der eine rundum gelungene Kollektion vorstellt: Alle Weine zeigen Saft und Kraft im richtigen Maß, der im Betonei ausgebaute Silvaner »Ovum« auch Dichte und Mineralität. Die verspielte Scheurebe animiert. Kompliment!

92 2018 »Ovum« Volkach Ratsherr Silvaner tr.
Silvaner aus dem Betonei, in der Nase feine Hefewürze, Apfel, Kümmel, gelbe Frucht und Kräuter. Zeigt sich am Gaumen klar gefasst mit dosierter Kraft, Saft und feiner Mineralität, mit phenolischer Herbe geht es ins Finale. Unaufgeregte Besonderheit, innere Werte. 13 Vol.-%, DV, €€€

91 2019 »Alte Reben« Silvaner Spätlese tr.
Reifer roter Apfel in der Nase, Kräuter, Birnenschale und Würze, etwas Hefe. Gut gebaut am Gaumen mit ordentlich Extrakt, kräftig und dabei mit klar definierter Muskulatur, trocken, auch phenolische Herbe, saftig, mit Würze und mineralischer Grundierung. 13 Vol.-%, DV, €

89 2019 Sommerach Katzenkopf Silvaner Kabinett trocken
Apfel und Apfelschale im Duft, Wiesenkräuter kommen dazu, etwas Malzbonbon. Stoffig und würzig am Gaumen, dabei klar und schlank gefasst, zeigt für einen Kabinett gute Dichte, Saft, Schmelz und klare mineralische Grundierung vom Muschelkalk. Stimmig. 12,5 Vol.-%, DV, €

90 2016 »R« Spätburgunder trocken
In der Nase mit Wacholderbeere, Röstaromen und Rauch, dunkle Frucht, Maulbeere und Kirsche, Gewürze, etwas Currypulver. Am Gaumen mit guter Substanz und Struktur, entfaltet sich in einem weiten Körper weich und würzig, die Gerbstoffe sind präsent und weich, Potenzial. 13,5 Vol.-%, NK, €€€

90 2019 Sommerach Katzenkopf Am Tiefental Weißburgunder Kabinett trocken

88 2019 Riesling trocken

88 2019 »Oskar 4.0« Kabinett trocken FR/SB

87 2019 Silvaner trocken

88 2019 Rosé trocken

89 2017 »Tradition« Spätburgunder trocken

89 2017 Sommerach Katzenkopf Spätburgunder trocken

89 2019 Sommerach Katzenkopf Scheurebe Kabinett trocken
Riecht nach reifer Stachelbeere und Mirabelle, feine Kräuter. Saftig am Gaumen mit klarem Ausdruck und guter Frische, die Säure animiert, schöne Würze und etwas weißer Pfeffer. Scheurebe, die vom ersten Schluck an Freude bereitet, als Aperitif und zu Vorspeisen. 12,5 Vol.-%, DV, €

★★

WEINMANUFAKTUR 3 ZEILEN

Heinrich-Wiegand-Straße 2, 97348 Rödelsee
T: +49 (9323) 876454, 3zeilen@web.de
www.3-zeilen.de

Ab-Hof-Verkauf: nach Vereinbarung
Kellermeister: Christian Ehrlich
Ansprechpartner: Alexandra und Christian Ehrlich
Hektar: 3 ha
Anbauweise: Biologisch zertifiziert

Alexandra und Christian Ehrlich gründeten vor zwölf Jahren mit drei Zeilen ihre Bioweinmanufaktur. Inzwischen bewirtschaften sie drei Hektar Reben und bauen ein altes Haus zum Weingut um: Ihr Riesling heißt »Dachschaden«, weil mit jeder verkauften Flasche ein Quadratmeter des neuen Daches finanziert wird. Wir verkosteten eine feine Kollektion handwerklich erzeugter Weine mit subtiler Lebendigkeit und feiner Balance, die sich vom Gros der oft etwas ruppigen Naturweine abheben. Die Falstaff-Jury war begeistert und nominierte das Winzerpaar als einen von drei Newcomern (siehe S. 22). Glückwunsch!

93 2018 »Onkel Heiner Seiner« Rödelsee Küchenmeister Silvaner Landwein trocken

Reife Aprikose in der komplexen Nase, auch in gedörrter Form, Apfelschale, Kräuter und Gewürze, Koriandersaat, Kümmel und Brioche. Am Gaumen kräftig strukturiert und mit gutem Extrakt und Dichte, packend, Tannin und phenolisch aufgeladen, noch jugendlich, klares Profil. 13 Vol.-%, KR, €€€

91 2018 »Dachschaden« Rödelsee Küchenmeister Riesling

Butter und Rauch in der Nase, Kräuter, Aprikose und auch Kümmel. Am Gaumen weicher Fond, saftig und cremig, aber auch würzig und pfeffrig, die feine Säure ist gut eingebunden, gut balanciert, hat Kraft, die aber elegant in Szene gesetzt wird. Gute Länge, Potenzial. 13 Vol.-%, DIAM, €€€

90 2017 »Reserve Platin« Rödelsee Küchenmeister Landwein tr. GS/WB/SB

Reife Stachelbeere und Pfeffer in der Nase, auch etwas Mango und Birne, ebenso Kräuter. Zeigt am Gaumen Geschmeidigkeit und Kraft sowie Spannung, gutes Volumen und gut eingebundene Säure, kräutrig und pfeffrig, schön ausbalanciert, mittlere Komplexität. 13,5 Vol.-%, NK, €€€

89 2018 »Platin« Rödelsee Küchenmeister Silvaner trocken

Buttrig und pfeffrig in der Nase, weißer Pfeffer, rauchig, dunkle Aromen, Wacholderbeere, Dörrobst, getrocknete Aprikose und grüne Banane. Am Gaumen kräftig gebaut mit gutem Extrakt und einer Schicht feiner Phenole, wieder buttrig, fein extrahiert, elegant. 13 Vol.-%, DIAM, €€

89 2018 »Platin« Rödelsee Küchenmeister Spätburgunder trocken

91 2018 »Blanc Platin« Rödelsee Küchenmeister Sauvignon Blanc trocken

Saftige Renekloden in der Nase, beinahe überreif, kräutrig, Würze und etwas Minze. Im Mund phenolisch und mit fester Struktur, die Säure ist gut eingebunden, auch die Frucht zeigt sich klar, Saft und guter Extrakt, sauber gearbeitet, gute Länge, noch jung. 13,5 Vol.-%, DIAM, €€

★★★★

WEINGUT HANS WIRSCHING

Ludwigstraße 16, 97346 Iphofen
T: +49 (9323) 87330, info@wirsching.de
www.wirsching.de

Ab-Hof-Verkauf: Mo bis Fr 8–18, Sa 9–18, So 10–12.30 Uhr
Kellermeister: Dr. Klaus-Peter Heigel
Ansprechpartner: Andrea Wirsching
Flaschen/Hektar: 650.000 (85 % weiß, 15 % rot)/90 ha

Das Iphöfer Traditionsgut hält seine Reiseflughöhe und – um im Bild zu bleiben – die Bordverpflegung ist ausgezeichnet. Wir konnten uns dieses Jahr nicht entscheiden, was uns besser gefällt: die klassischen Lagenweine im Bocksbeutel oder die etwas frecheren »Sister.Act«-Versionen, die Andrea und Lena Wirsching in Spontangärungen zu Wein werden lassen. Eine besonders nachdrückliche Empfehlung verdienen dieses Jahr auch die »Ersten Lagen«, die großes Terroir zum mittleren Preis bieten und dabei früher trinkreif sind als die großen Brüder und Schwestern.

93 2018 Iphofen Julius-Echter-Berg Silvaner GG
Birne und Apfel in der Nase in einem kräutrigen Ambiente, auch etwas Schwarztee und Aprikose. Am Gaumen mit kräftiger und klar gefasster Textur, stabile Säurestruktur, genug Substanz und Dichte, um gut reifen zu können, mineralische Grundierung, auch Schmelz. 13,5 Vol.-%, NK, €€€

93 2018 »Sister.Act« Silvaner trocken
Feiner Duft von Akazie, Zeder, Limette und Madarinenschale. Am Gaumen ergänzt durch eine leicht rauchige Note. Weiche Textur, dichter mittelgewichtiger Körper, erkennbare Phenolik, lebendige Säure und ein langer Nachhall. Ein Wein mit Potenzial. 13,5 Vol.-%, NK, €€

93 2018 Iphofen Julius-Echter-Berg Riesling GG
Blumig und in Untertönen fast parfümiert, Lavendel, Moschus, Hefe, Passionsfrucht. Saftig ansetzend, weitmaschige Phenole, im Gaumenverlauf an Intensität gewinnende Säure, kräftig kalkmineralischer Hintergrund, hat ziemlich Power, aber auch Zukunft. 13 Vol.-%, NK, €€€

96 2019 Iphofen Julius-Echter-Berg Riesling Trockenbeerenauslese
Mittleres Goldgelb. Elegante Nase von fermentierter Aprikose, Feige und sehr reifem Apfel. Am Gaumen ein voller Körper mit sehr feinen Aromen von Melisse, Mirabelle und Bienenhonig. Präzises Süße-Säure-Spiel und ein sehr bedeutender Nachhall. 6,5 Vol.-%, NK, €€€€

93 2018 »Sister.Act« Riesling trocken

92 2019 »Alte Reben« Iphofen Kronsberg Silvaner Erste Lage trocken

91 2019 Iphofen Julius-Echter-Berg Silvaner Erste Lage trocken

90 2019 »Alte Reben« Iphofen Kronsberg Riesling Erste Lage trocken

90 2019 »Alte Reben« Iphofen Kronsberg Scheurebe Erste Lage trocken

89 2019 »Alte Reben« Iphofen Kronsberg Weißburgunder Erste Lage trocken

88 2019 Iphofen Müller-Thurgau trocken

92 2019 Iphofen Julius-Echter-Berg Riesling Erste Lage trocken
Elegante Nase mit Duft nach Zitrone, Limette, Orangenschale und Kamille. Im Mund mit leicht kohlensäurefrischem Auftakt, lebendigem Säurebogen, der den Alkohol gut balanciert, mit salzigen Noten und pointierter Mineralität im Abklang. 13 Vol.-%, DV, €€

★★★

WEINGUT ZEHNTHOF FAMILIE WEICKERT

Hauptstraße 17, 97334 Sommerach
T: +49 (9381) 2830, info@zehnthof-weickert.de
www.zehnthof-weickert.de

Ab-Hof-Verkauf: Mo bis So 8–20 Uhr
Kellermeister: Tobias Weickert
Ansprechpartner: Gertrud Weickert
Flaschen/Hektar: 50.000 (90 % weiß, 10 % rot)/7 ha

Tobias Weickert kann es mit den Bukettsorten wie kaum ein anderer: Jetzt sind es schon fünf trockene Scheureben, die er vorstellt. Und jede einzelne ist ein Charakter mit eigenem Kopf und eigenen Talenten. Die Krönung der diesjährigen Kollektion aber stellt für uns der Katzenkopf Traminer dar: ein Wein, der Ausdrucksstärke mit nobler Zurückhaltung verbindet und durch die Sortenwürze hindurch den Muschelkalk zum Klingen bringt. Zum Stil der Weine passt auch die neue Flaschenausstattung, die dezent bleibt und die wesentlichen Informationen betont – so, wie es auch die Weine tun.

92 2019 Astheim Karthäuser Scheurebe Spätlese trocken
Rauchig-reduktiv im Duft, dazu Zitrusabrieb, Mandarine, leichte Kräuternoten. Im Mund geschmeidig ansetzend, voll, leicht viskos, sehr kultivierte Säure, im Abgang seidig, mit hintergründig taktilmineralischen Noten. 13 Vol.-%, DV, €€

92 2019 »Stettenburg« Obervolkach Landsknecht Scheurebe Spätlese trocken
Grapefruit, reife Traube und Feuerstein im Duft: sehr klar und nuanciert. Im Mund geschmeidig fließend, noch sehr verschlossen, elegante Säure, mit unforciertem Extrakt. Mineralischer Hintergrund, zarte Süße. Wird ausgezeichnet reifen! 13 Vol.-%, DV, €€

91 2019 Sommerach Katzenkopf Scheurebe Spätlese trocken
Ein Duft von feuchtem Sand, mit Zitrusfrucht im Hintergrund, kandierte Zitronenschale, im Mund schnörkellos, durchaus mit Körper und leichter Geschmeidigkeit, aber in den Aromen vorrangig vom Boden geprägt, rauchige Noten, zarte Süße im Abklang. 13 Vol.-%, DV, €€

91 2019 Obervolkach Landsknecht Scheurebe Spätlese trocken
Blumig, Grapefruit, aber auch Lavendel, Zitronengras, im Mund getragen und geschmeidig, dabei auch fein phenolisch texturiert, reife Säure, zarte Süße, frisch, mit viskosen Extraktschichten im Abklang. Die offenste aller trockenen Scheureben des Betriebs. 13 Vol.-%, DV, €€

90 2019 Volkach Kirchberg Scheurebe Spätlese trocken

90 2019 »Alte Rebe« Volkach Kirchberg Riesling Spätlese trocken

89 2019 »Alte Rebe« Sommerach Katzenkopf Silvaner Spätlese trocken

89 2019 »Alte Rebe« Volkach Kirchberg Kerner Spätlese trocken

90 2019 Sommerach Katzenkopf Traminer Spätlese feinherb

89 2019 Volkach Kirchberg Scheurebe Spätlese feinherb

89 2019 Volkach Kirchberg Kerner Spätlese feinherb

93 2019 Sommerach Katzenkopf Traminer Spätlese trocken
Im Duft ebenso viel Muschelkalk wie Traminer (Rose, Rauch und Blutorange). Sehr klar in den Aromen. Geschmeidger Fond, dazu eine ganz zarte Schicht ultrafeiner Phenole, festes Säurerückgrat, mineralische Noten, ein völlig kitschfreier Terroir-Traminer! 13,5 Vol.-%, DV, €€

Die Weingärten von Escherndorf im Frühling

GASTGEBER AUS LEIDENSCHAFT

GEMEINSAM MIT DEN WINZERN DER REGION – ALS UNEINGESCHRÄNKTEN EXPERTEN, WAS DAS LEIBLICHE WOHL ANBELANGT – HAT FALSTAFF DIE BESTEN GENUSSADRESSEN IN SACHEN KULINARIK SORGFÄLTIG AUSGEWÄHLT UND ZUSAMMENGESTELLT.

97215 Auernhofen

Stahl Winzerhof

Die Auswahl an empfehlenswerten Weinen ist groß, Christian Stahl hat sogar Grünen Veltliner im Portfolio. Die preisgekrönten Gewächse passen bestens zur fränkischen Haute Cusine, hinter der sich fein gemachte Klassiker verbergen. Ein gastfreundliches Konzept im schicken Ambiente.

Lange Dorfstraße 21
+49 (9848) 96896
www.winzerhof-stahl.de

P | €€

Essen:	44	50
Service:	17	20
Getränke:	18	20
Ambiente:	9	10
Gesamt:	88	100

63927 Bürgstadt

Stern

Zum familiengeführten Hotel gehört auch ein Restaurant, das vor allem mit Produkten aus der Region arbeitet. Die herzhaften Gerichte werden frisch zubereitet, Spezialitäten sind die geschmorte Wildhasenkeule, der gesottene Rindertafelspitz und die halbe Bauernente aus dem Rohr.

Hauptstraße 23/25
+49 (9371) 40350
www.hotel-weinhaus-stern.de

Empfohlen von: **Weingut Neuberger**

80–84 | 85–89 | 90–94 | 95–100 Punkte

97355 Castell

Weinstall Castell

Aus dem ehemaligen Pferdestall wurde ein stimmungsvolles, charmantes Weinrestaurant. Die sympathischen Gastgeber Martin und Anuschka Schulze setzen auf eine fein gemachte und modern interpretierte fränkische Regionalküche, alles hausgemacht und von bester Qualität.

Schlossplatz 3
+49 (9325) 9809949
www.weinstall-castell.de

Essen:	43	50
Service:	18	20
Getränke:	17	20
Ambiente:	9	10
Gesamt:	87	100

63927 Bürgstadt

Adler

Herzliche Gastlichkeit ist Trumpf in dem gediegenen fränkischen Landhotel, zu dem auch ein schönes Restaurant gehört. Hier arbeitet die ambitionierte Küche nach der Philosophie von Slow Food, entsprechend saisonal und regional ist die attraktive Speisekarte.

Hauptstraße 30
+49 (9371) 97880
www.adler-buergstadt.de

Empfohlen von: **Weingut Neuberger**

97705 Burkardroth

Zum Weißen Rössl

Der in vierter Generation familiengeführte Landgasthof ist eines der ältesten durchgehend bewirtschafteten Gasthäuser. Die Speisekarte bietet Rhöner Regionalküche mit internationalem Einschlag, ergänzt durch Weine aus der Region und Obstbrände aus der hauseigenen Brennerei.

Von-Henneberg-Straße 15
+49 (9734) 9734201
www.weisses-roessl-rhoen.de

Essen:	44	50
Service:	17	20
Getränke:	17	20
Ambiente:	8	10
Gesamt:	86	100

97332 Fahr am Main

Brauner Bär & Weiße Taube

Ein Familienbetrieb mit Hotel, Weingut und einer Gastwirtschaft, die zünftige fränkische Spezialitäten anbietet. Natürlich hausgemacht, herzhaft zubereitet und in handfesten Portionen serviert. Probieren sollte man den Hirschbraten mit Wirsing nach Omas Art.

Blütenstraße 22
+49 (9381) 80730
www.weingut-braun.de

Empfohlen von: **Falstaff-Redaktion**

Foto: Philip Eichler

97999 Igersheim

Grünes Stüble

Der Name ist hier das Konzept: Nachhaltigkeit wird großgeschrieben, ein besonderes Augenmerk gilt Menschen mit Unverträglichkeiten. Bei den Produzenten wird Bioqualität bevorzugt. Katharina Weiß ist umsichtige Gastgeberin und in puncto Weinberatung die richtige Ansprechperson.

Bergstraße 18
+49 (7931) 477882
www.gruenes-stueble.de

Empfohlen von: **Weingut Ehrmann**

97340 Marktbreit

Michels Stern

Feine Regionalküche mit fränkischem Einschlag wird im dem heimeligen Gasthaus von Stefan und Wolfgang Michel in handfesten Portionen serviert. Sauerbraten und Schwabentopf gehören zu den Spezialitäten des Hauses, die gut sortierte Weinkarte umfasst rund 150 Positionen.

Bahnhofstraße 9
+49 (9332) 1316
www.michelsstern.de

€

Essen:	43	50
Service:	18	20
Getränke:	18	20
Ambiente:	7	10
Gesamt:	86	100

91477 Markt Bibart

Zur Traube

Zu dem gemütlichen Gasthaus gehört auch ein kleiner Bauernhof, aus dem ein Großteil der Produkte kommen, die in der Küche zu herzhaften Gerichten verarbeitet werden. Immer eine Empfehlung wert sind das Schweinekotelett und die würzigen Bratwürste mit Kartoffelsalat.

Ziegenbach 8
+49 (9167) 783
www.gasthaus-zur-traube-ziegenbach.de

Empfohlen von: **Weingut von der Tann**

90489 Nürnberg

Entenstuben

Fabian Denninger hat sich mit seiner optisch aufwendigen und geschmacklich zuverlässigen Küche in der bayrischen Spitzengastronomie etabliert. Seine Kreationen wandern geschickt zwischen Modern Style und Tradition, ohne dabei ihre Präzision und Klasse zu verlieren.

Schranke 9
+49 (911) 5209128
www.entenstuben.de

Empfohlen von: **Weingut Meier Schmidt**

97340 Marktbreit

Alter Esel

In der gemütlich eingerichteten Gaststube pflegt Familie Söder eine Küche, die nach den Richtlinien von Slow Food zubereitet wird. Was hier auf die Teller kommt, sind marktfrische regionale und saisonale Produkte, entsprechend abwechslungsreich ist die Speisekarte.

Marktstraße 10
+49 (9332) 5949477
www.alteresel-marktbreit.de

Empfohlen von: **Weingut Meintzinger**

90419 Nürnberg

Würzhaus

Gemütlich ist das Ambiente, gastfreundlich die Atmosphäre und immer gut die Stimmung. Das liegt vor allem an der erstklassigen traditionellen fränkischen Küche, die Diana Burkel mittags und abends serviert. Die Weinkarte ist gut sortiert und hält die passenden Tropfen bereit.

Kirchenweg 3a
+49 (911) 9373455
www.wuerzhaus.info

€€

Essen:	43	50
Service:	18	20
Getränke:	17	20
Ambiente:	9	10
Gesamt:	87	100

Weinstube Körner

97236 Randersacker

Wild aus den umliegenden Wäldern, Gemüse vom Demeterhof, Forellen aus heimischen Gewässern: Gastgeber Benedikt Schmidt liebt es, mit den Zutaten aus seiner Heimat zu kochen. Das setzt sich auch im Weinkeller fort: Ausschließlich Weine von Randersackerer Winzern finden sich hier.

Würzburgerstraße 12
+49 (931) 708393
www.weinstube-koerner.de

Essen:	42	50
Service:	18	20
Getränke:	16	20
Ambiente:	8	10
Gesamt:	84	100

€

Waldhaus

97228 Rottendorf

Vor den Toren Würzburgs gelegen, ist das Waldhaus seit Jahrzehnten ein beliebtes Ausflugsziel. Die gutbürgerliche Küche orientiert sich weitgehend an den Jahreszeiten, neben den Klassikern gibt es täglich wechselnde Gerichte und Menüs. Tipp: Zwiebelrostbraten vom Hirschrücken.

Waldhaus 1
+49 (9302) 92290
www.waldhaus-leonhardt.de

Essen:	42	50
Service:	17	20
Getränke:	16	20
Ambiente:	7	10
Gesamt:	82	100

P €

Philipp

97286 Sommerhausen

Michael und Heike Philipp haben ihr Restaurant zu einem Hort gepflegter Gastlichkeit gemacht. Die Küche bietet modern interpretierte Klassik, bei der Produkt und handwerkliche Qualität immer im Vordergrund stehen. Die Weinkarte umfasst eine gute Auswahl regionaler Gewächse.

Hauptstraße 12
+49 (9333) 1406
www.restaurant-philipp.de

Essen:	45	50
Service:	18	20
Getränke:	18	20
Ambiente:	9	10
Gesamt:	90	100

€€€

Gasthaus Winzerstube

97348 Rödelsee

Die Winzerstube befindet sich im Ortskern von Rödelsee, mitten im Herzen der fränkischen Weinregion. Hier liebt man das Ursprüngliche – ein Versprechen, das die fränkische Küche gerne einlöst. Serviert werden zudem regionale Biere und natürlich fränkische Weine.

Wiesenbronner Straße 2-4
+49 (9323) 5222
www.gasthaus-winzerstube.de

Empfohlen von: **Weinmanufaktur 3 Zeilen**

Weinstock

97332 Volkach

Das traditionsreiche Gasthaus trägt eine 600-jährige Geschichte, doch die Küche von Sternekoch Steffen Szabo ist erfrischend modern und auf der Höhe der Zeit. Seine Kreationen überzeugen bis ins Detail und erlangten im Falstaff Magazin 07/2020 eine Sixpack-Bewertung von 91 Punkten.

Hauptstraße 12
+49 (9381) 80660
www.schwane.de

Empfohlen von: **Falstaff-Redaktion**

Foto: Unspecified

97877 Wertheim

Orangerie Kloster Bronnbach

In der ehemaligen Zisterzienserabtei wird die Gastfreundschaft der Mönche im Hotel und Restaurant fortgeführt. Die bodenständige Landhausküche bietet herzhafte Gerichte wie Wildfleischpflanzerl, Rostbraten, Wiener Schnitzel und verschiedene Flammkuchen-Variationen.

Bronnbach 10
+49 (0) 9 342 935210
www.hotel-kloster-bronnbach.de

Empfohlen von: **Weingut Konrad Schlör**

97070 Würzburg

Ratskeller

Der Ratskeller liegt im Herzen der Domstadt, herzlich begrüßt wird man von den Wirtsleuten Monika und Kurt Schubert, die das Traditionslokal seit mehr als einem Vierteljahrhundert betreiben. Im Keller lagern Raritäten aus Franken und zahlreiche internationale Weine.

Langgasse 1
+49 (931) 13021
www.wuerzburger-ratskeller.de

Empfohlen von: **Staatlicher Hofkeller Würzburg**

97070 Würzburg

Alte Mainmühle

Direkt an der alten Mainbrücke gelegen, wird in stimmungsvoller Atmosphäre fränkisch aufgetischt. Herzstück der Küche sind regionale Spezialitäten wie geschmorte Schweineschäufele, gesottener Kalbstafelspitz und Rindersauerbraten, begleitet von fränkischen Weinen und Bieren.

Mainkai 1
+49 (931) 16777
www.alte-mainmuehle.de

Empfohlen von: **Staatlicher Hofkeller Würzburg**

97080 Würzburg

Reisers am Stein

Seit vielen Jahren bietet Bernhard Reiser in seinem geschmackvoll dekorierten Restaurant im Weingut Knoll eine kreative Wohlfühlküche mit Pfiff. Seine ausgetüffelten aromastarken Gerichte sind von besonderer Klasse, dazu gibt es Weine aus besten Würzburger Lagen.

Mittlerer Steinbergweg 5
+49 (931) 286901
www.der-reiser.de

P €€€

Essen:	45	50
Service:	18	20
Getränke:	18	20
Ambiente:	9	10
Gesamt:	90	100

Foto: Poby, USA

MITTELRHEIN

ZUFRIEDENHEIT UND ZUVERSICHT

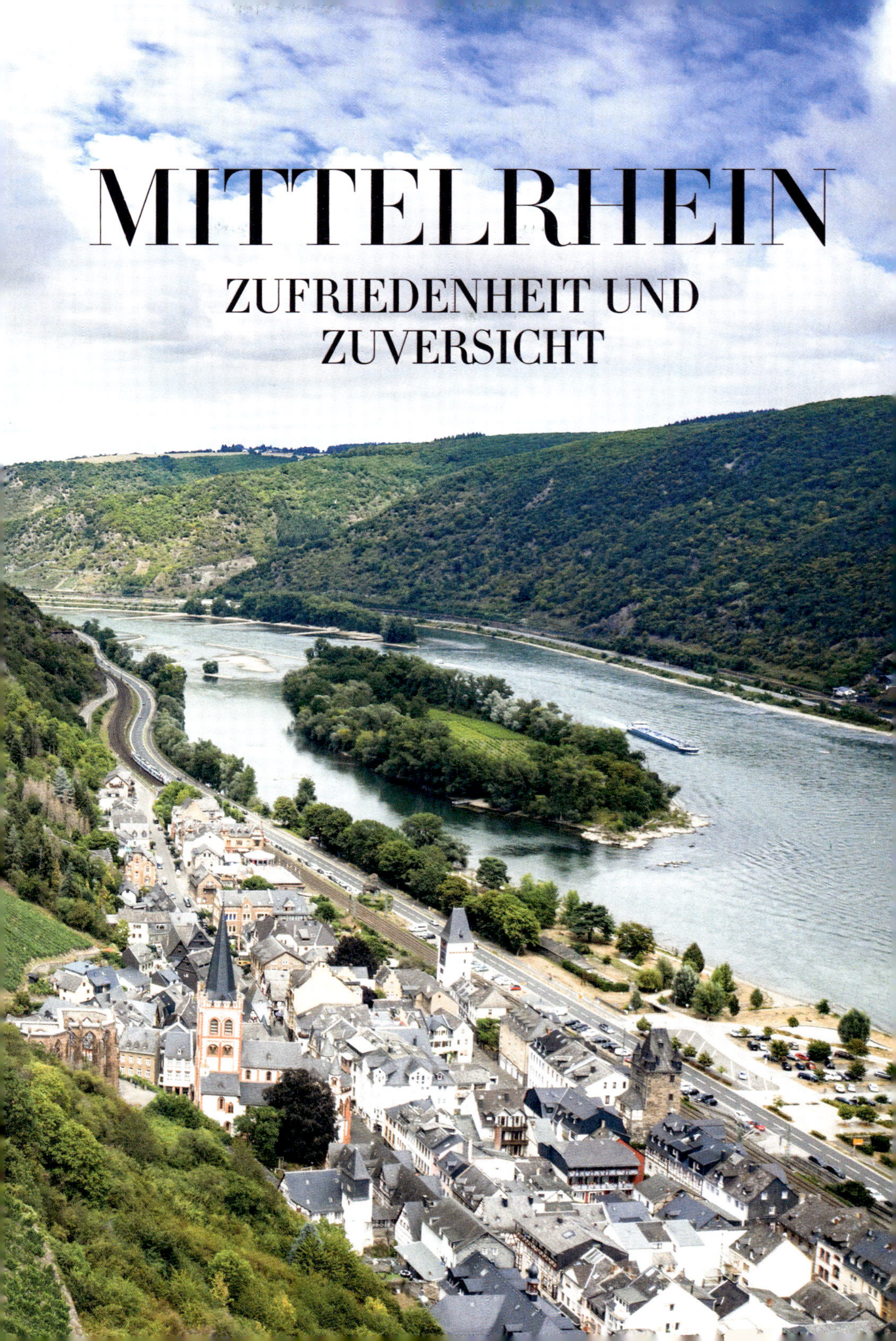

Burg Gutenfels – Einzellage benannt nach der gleichnamingen Burg mit 45 bis 60 Prozent Hangneigung

ELDORADO FÜR WEINFREAKS

Am Mittelrhein herrscht Aufbruchstimmung wie nie zuvor. Quereinsteiger begeistern sich für Wein, die etablierten Weingüter setzen bedingungslos auf Qualität. Aber in mancher Lage wird es dem Riesling schon zu heiß.

TEXT RAINER SCHÄFER

Jörg Lanius ist im Steilhang unterwegs, sein Team befindet sich mitten in der Rieslinglese. Unten im Tal bahnt sich der Rhein seinen Weg durch eine Bilderbuchlandschaft. Der Winzer verbreitet Zufriedenheit und Zuversicht, und das liegt nicht nur an den makellosen Trauben in den Leseboxen. Die Entwicklung am Mittelrhein sei in den letzten Jahren sehr erfreulich, sagt der Winzer. Lanius, 53, betreibt das Weingut Lanius-Knab in Oberwesel, er kennt die Konjunkturen des Weinbaus und hat auch die Tiefen miterlebt. »Bei meinen Großeltern und Eltern ist der Weinbau noch vor sich hingeplätschert«, sagt er, »die Weine von damals wollte man nicht mehr trinken.« Er erinnert sich noch gut daran, dass die heimischen Genossenschaften ihre Trauben immer bei Regen gelesen haben, um noch ein paar Liter mehr Ertrag zu bekommen. »Das hat das schlechte Image der ganzen Region geprägt«, sagt Lanius. »Mir hat das überhaupt nicht gefallen.« Deshalb habe er schon mit 13 Jahren versucht, die Qualität der Weine zu steigern.

Jörg Lanius hat am Mittelrhein einen durchschlagenden Strukturwandel erlebt: Die Zahl der Nebenerwerbswinzer ist stark geschrumpft, die verbliebenen Weingüter »haben sich gefestigt«. Es sind Namen wie Cecilia Jost vom Weingut Toni Jost oder Jochen Ratzenberger, die man weit über die Grenzen des Anbaugebiets hinaus kennt. In vielen Weingütern sei schon die Nachfolge geregelt, weil es auch die junge Generation wieder als attraktiv empfinde, im Steilhang zu arbeiten. »Jetzt sind nur noch die übrig, die wirklich wollen«, konstatiert Lanius, es seien Winzer, die Leidenschaft für den Weinbau empfänden. Das hat zwischen Königswinter und Bacharach auch zu einer nie gekannten Aufbruchstimmung geführt: In den letzten Jahren sind einige Quereinsteiger dazugekommen, wie etwa Kay Thiele in Königswinter oder Sarah Hulten, die ihren ersten Weinberg in Leutesdorf über Crowdfunding finanzierte. Junge Winzer wie Felix Pieper und Christos Christian Theodoropoulos vom Weingut Líthos konnten sich mittlerweile etablieren. Dass der Mittelrhein einmal ein Eldorado für Weinfreaks werden könnte, wer hätte sich das träumen lassen?

Lanius hat auch beobachtet, dass die Landschaft wieder grüner geworden ist, weil einige der vielen Brachflächen rekultiviert wurden. »Wir haben Weinberge mit immensen Möglichkeiten, die kaum einer kennt«, sagt er und denkt dabei an Lagen wie Engehöller Bernstein Am Lauerbaum. Lange Zeit wurde der Mittelrhein als rückständiger und abgehängter Landstrich belächelt. Wurde von deutschem Riesling gesprochen, dann schwärmte man von den berühmten Lagen an der Mosel und im Rheingau. »Der Mittelrhein wird immer noch verkannt«, glaubt Lanius, obwohl in der Gegend der Rieslinganteil höher sei als an der Mosel und im Rheingau. »Wir haben ein großartiges Potenzial für mineralische und langlebige Rieslinge«, sagt er, auch wenn sich das noch nicht überall herumgesprochen habe. »Wir müssen uns nicht mehr verstecken«, meint Jörg Lanius zum Abschied. »Und Minderwertigkeitsgefühle müssen wir erst recht nicht haben.«

Auch Christiane Lambrich-Henrich vom Weingut Goswin Lambrich in Oberwesel-Dellhofen stimmt erst einmal ein in den Chor der zufriedenen und zuversichtlichen Winzer am Mittelrhein. Gerade die junge Generation halte zusammen. Wenn jemand Probleme habe, werde kurzerhand über digitale Medien Hilfe angeboten. Das sei eine neue Form der Zusammenarbeit und des Zusammenhalts, wie es das in früheren Generationen nicht gegeben habe. Aber zu viel Euphorie, warnt die Winzerin, dürfe auch nicht den Blick

Jörg und Anja Lanius, Weingut Lanius-Knab

Biowinzer und Autodidakt Kay Thiele

Christiane Lambrich-Henrich führt mit Bruder Matthias das Weingut in der dritten Generation

auf die Probleme verschleiern: Auch der Mittelrhein habe mit Trockenstress und Wassermangel zu kämpfen. »In manchen Lagen wird es dem Riesling schon zu heiß«, sagt die 44-Jährige. Deshalb hat sie vor wenigen Jahren Roten Riesling angepflanzt, der sich nach ihren Beobachtungen mit den veränderten Bedingungen besser zurechtfindet.

Die Winzerin, die das Weingut gemeinsam mit ihrem Bruder Matthias Lambrich führt, macht sich viele Gedanken über die Zukunft. »Wir überlegen, was wir langfristig in den heißen Lagen auspflanzen können.« Merlot oder Cabernet Sauvignon könne reizvoll sein, aber erst einmal versuche man, dem Riesling so gute Bedingungen wie möglich zu schaffen: Dessen Zukunft liege »in den Seitentälern, wo die Trauben nicht der prallen Mittagssonne ausgesetzt sind«. Denn am Mittelrhein habe man aus den Fehlern der Vergangenheit gelernt: Es sei noch gar nicht so lange her, dass man den »Riesling weggeschoben und durch weniger wertige Rebsorten ersetzt hat«. Masse statt Klasse, diesen Fehler dürfe man auf keinen Fall wiederholen. Denn in einem Punkt herrsche Einigkeit am Mittelrhein: »Riesling wird unsere große Stärke bleiben.«

INFO

Nähere Infos über den Autor finden Sie im Kapitel »Verkostungsteam« auf S. 12.

WEINBAUGEBIET MITTELRHEIN

Anbaufläche
ca. 460 Hektar
Aufteilung
2 Bereiche, 10 Großlagen, 111 Einzellagen
Böden
Schiefer, Grauwacke
Wichtigste Rebsorte
Riesling

Verband
Mittelrhein-Wein e. V.
Am Hafen 2, 56329 Sankt Goar
www.mittelrhein-wein.com

Bopparder Hamm – seit dem 7. Jahrhundert werden die natürlichen Vorzüge dieser majestätischen Lagen für den Weinbau genutzt

GRANDS CRUS – MITTELRHEIN

TOP-WEINE AUS PRIVILEGIERTEN WEINLAGEN DER REGION

BACHARACH | HAHN

Der von Devonschiefer geprägte, knapp sechs Hektar große Alleinbesitz des Weinguts Toni Jost erstreckt sich kuppenförmig vom Rhein aus in ein kleines Seitental. Die direkt zum Rhein schauenden Parzellen haben eine Ausrichtung nach Ostsüdosten, der größte Teil des Hanges blickt nach Süden und Südsüdosten. Die Höhe des Berges reicht von 80 bis 210 Metern, die Steigungsraten am Hang liegen zwischen 55 und 70 Prozent. Wegen des hohen Gesteinanteils und des flachgründigen, trockenen Bodens wird Tröpfchenbewässerung durchgeführt.

94 2019 » Im Hahn« Riesling GG
93 2019 Riesling Auslese
92 2019 Riesling Erste Lage trocken
90 2019 Riesling Kabinett feinherb
Weingut Toni Jost, Info siehe Seite 201

BOPPARD | HAMM

Hamm ist nicht nur eine Weinbergbezeichnung sondern auch ein Ortsteil von Boppard. Der majestätische Weinberg spaltet sich in die Teillagen Feuerlay, Ohlenberg, Engelstein, Mandelstein und Fässerlay auf. Das Muttergestein ist in allen Lagen Devonschiefer, die Bodenauflage variiert von verwittertem Tonschiefer grauer bis grünlicher und rötlicher Farbe bis zu tiefgründigem, kalkhaltigem Lehm. Auch Bims und Quarzit finden sich unter der Oberfläche.

92 2019 Ohlenberg Riesling Spätlese* tr.
92 2019 Feuerlay Riesling Spätlese* trocken
Weingut Weingart, www.weingut-weingart.de

92 2019 Feuerlay Riesling Spätlese trocken
Weinhaus Heilig Grab, www.heiliggrab.de

91 2019 Fässerlay Riesling Kabinett halbtrocken
Weingut August Perll, Info siehe Seite 206

Fotos: Katharina Bach, DWI, beigestellt

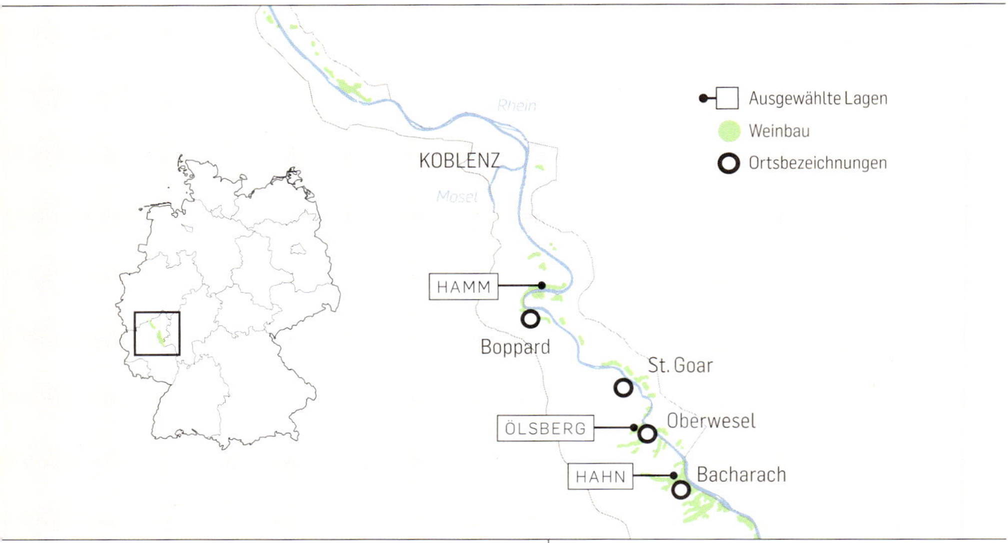

91 **2019 Ohlenberg Riesling Spätlese trocken**
Weingut Weingart, www.weingut-weingart.de

91 **2019 Fässerlay Riesling Spätlese**
Weinhaus Heilig Grab, www.heiliggrab.de

OBERWESEL | OELSBERG

Der Oelsberg liegt nördlich von Oberwesel in einer Biegung des Rheins. Die 5,8 Hektar große Lage hat reiche Böden: Durch eine geologische Verwerfung gelangt hier Buntsandstein an die Oberfläche, der mit verwittertem Schiefer und Löss vermengt ist. Die nach Südosten orientierte Lage hat eine homogene Steilheit von 60 bis 70 Prozent. Sie profitiert klimatisch von der Nähe zum an dieser Stelle besonders breiten Fluss.

93 **2019 Riesling GG**

93 **2018 Riesling GG**
Weingut Lanius-Knab, Info siehe Seite 204

Weinbau am Oelsberg bei Oberwesel

★★★★

WEINGUT TONI JOST – HAHNENHOF

Oberstraße 14, 55422 Bacharach
T: +49 (6743) 1216, weingut@tonijost.de
www.tonijost.de

Ab-Hof-Verkauf: ja
Kellermeister: Cecilia Jost
Ansprechpartner: Cecilia und Peter Jost
Flaschen/Hektar: 100.000 (80 % weiß, 20 % rot)/15 ha

Das Vater-Tochter-Team aus Cecilia und Peter Jost – fünfte und sechste Generation des Familienbetriebs – arbeitet wie ein Uhrwerk. Kristallklar im Ausdruck, intensiv im Extrakt, aber auch feingliedrig im Stil – so sind die Weine, die man aus diesem Keller erwarten darf, und diese Erwartung enttäuschen auch die neuen Weine nicht. Selbst ohne Großes Gewächs und Spätburgunder ist der von uns verkostete Sortimentsquerschnitt für Spitzenbewertungen gut. So viel Riesling fürs Geld wie bei der preislichen Mittelklasse der Josts à la »Jodokus« und »Devon S« findet man nicht so schnell woanders!

92 2019 Bacharach Hahn Riesling trocken
Präsente Frucht in der Nase. Etwas Mandarine, auch tropische Anklänge, rotgrüne Frucht, Würze. Am Gaumen dicht, aber frisch und lebendig. Saftig, konzentriert, dann griffig und mineralisch, fokussierter werdend mit lebendiger Säurestruktur und zitrischem Zug. 13 Vol.-%, DV, €€

91 2019 »Devon S« Riesling trocken
Mineralisch, klar, dabei auch tief. Zitrusnoten, ein Hauch heller Pfirsich, zarte Blüte, Stein und etwas Kräuter. Am Gaumen klar, dann konzentrierte zartsüße Zitrusfrucht, steinige Mineralik und frische Saftigkeit. Sich nach hinten raus immer salziger und feinsaftig zentrierend. 12 Vol.-%, DV, €€

90 2019 Bacharach Riesling Kabinett feinherb
Reifer roter Apfel im Duft, im Mund schlank und frisch, angesichts der saftigen Jahrgangssäure bleibt das Spiel der Süße verhalten, aber seine Stoffigkeit gibt dem Wein ein ausgezeichnetes Potenzial. Gute, substanzielle Länge.
12 Vol.-%, DV, €

93 2019 Bacharach Riesling Auslese
Gelbfrucht, feine Honignoten, helle Blüte. Am Gaumen Steinobst, sämig-verwoben, mit zartem, aber straightem, zitrischem Säurezug. Ein Guss mit lebendigem, animierenden Säurestrahl in der Mitte. Eine ungemein stilvolle Auslese.
9 Vol.-%, DV, €€

89 2019 Riesling trocken

90 2019 »Jodocus« Riesling trocken
Eine gehaltvolle, saftige Nase, gelbgrüne Frucht, Würze. Am Gaumen vollmundig ohne Schwere. Animierend bei viel Frische und lebendiger, feinsalziger Säure. Beerige Noten, frisches Kernobst, etwas herbe Kräuter und reife Zitrusfrucht. Großes Trinkvergnügen! 13 Vol.-%, DV, €

★★

KAY WEINE

Bergstraße 45, 53639 Königswinter
T: +49 (170) 4173317, hallo@kay-weine.de
www.kay-weine.de

Ab-Hof-Verkauf: ja
Kellermeister: Kay Thiel
Ansprechpartner: Kay Thiel
Hektar: 2 ha
Anbauweise: Biologisch zertifiziert

Sein Weingut, so schreibt uns Kay Thiel, sei »von winzig auf klein gewachsen«: Immerhin verdoppelte der Winzer aus Königswinter seine inzwischen biologisch zertifizierte Rebfläche auf nunmehr rund zwei Hektar. Seine Steillagen mit den Bodenarten Ton, Grauwacke und Schiefer erstrecken sich über 35 Rheinkilometer in den Gemarkungen Niederdollendorf, Dattenberg und Leutesdorf. Nach dem gelungenen Debüt im vergangenen Jahr haben seine Weine noch mehr an Stilsicherheit und individuellem Ausdruck gewonnen. In dieser Form eine echte Bereicherung für die Weinszene am Mittelrhein!

91 2019 Riesling trocken
Noten von Spontangärung in der vielschichtigen Nase, Kräuter, gelbe Frucht, Aprikose und Apfel, auch etwas Malz und gelbe Blumen. Am Gaumen mit einer unternehmungslustigen Säure, die von salzigen Noten flankiert wird, schlanker Bau, viel Inhalt, straff und jung. 12 Vol.-%, DV, €€

89 2018 »Cuvee Henry« brut
Schaumwein mit den kuriosen Partnern Elbling, Riesling und Gelber Malinger. Reife gelbe Frucht wird von Apfelnoten und feinen Hefetönen begleitet. Saftig am Gaumen mit frischer Säure und guter Würze. Schmelz und süßliche Frucht fügen sich ein zu guter Balance. 11,5 Vol.-%, VK, €€

91 2018 Spätburgunder trocken
Kirsche und Walderdbeere im Duft, Kräuter, Veilchen und ein Hauch Lavendel, röstige Aromen. Am Gaumen kräftig und betont trocken, fast fordernd im Ausdruck, die reife Säure sorgt für Balance, würzig und auch feine Schärfe, präzise Gerbstoffe, elegant und lang. 13,5 Vol.-%, DV, €€

90 2019 Frühburgunder trocken
Herzkirsche und Himbeere in der Nase, florale Noten, etwas Veilchen, nasses Leder und auch Hagebutte. Am Gaumen mit geschmeidigem Ansatz und weichem Fond, fein ziselierte, reife Säure, klar und unverstellt, fein extrahiertes Tannin, eleganter Stil. 12,5 Vol.-%, DV, €€

89 2019 Elbling Landwein feinherb

89 2019 Gelber Malinger trocken
Aprikose, Apfel, Hefegebäck und etwas Vanille zeigen sich in der Nase. Im Mund saftig und von feiner Würze getragen, wieder Apfel, klar, beinahe kristallin mit einer gut integrierten Säureader in einem schlank gefassten Körper, feine Phenole. Natürlicher Charakter. 12,5 Vol.-%, DV, €€

★★

WEIN- UND SEKTGUT GOSWIN LAMBRICH

Auf der Kripp 3, 55430 Oberwesel-Dellhofen
T: +49 (6744) 8066, info@weingut-lambrich.de
www.weingut-lambrich.de
Ab-Hof-Verkauf: Mo bis Fr 8.30–12.30 Uhr und 14–18 Uhr, Sa 9 Uhr–12.30 Uhr
Kellermeister: Christiane Lambrich-Henrich
Ansprechpartner: Matthias Lambrich und Christiane Lambrich-Henrich
Hektar: 16 ha

Alle Achtung! Das Weingut der Geschwister Christiane Lambrich-Henrich und Matthias Lambrich punktet mit trockenem Ortsriesling, der trotz 14 Volumenprozent keinerlei Brandigkeit zeigt, mit saftig-mineralischer Auslese und sogar mit einer stoffig-würzigen roten Cuvée. Solche Vielseitigkeit hätte man noch vor ein paar Jahren für unmöglich gehalten, am allerwenigsten hätte man sie am Mittelrhein gesucht. Umso besser, wenn trotz des Abwechslungsreichtums auch die Kernkompetenz beim Riesling in den leichteren Gewichtsklassen nicht verloren geht. Wir sind gespannt auf nächstes Jahr.

89 2019 Oberwesel Sauvignon Blanc trocken
Reduktiv im Duft, etwas Katze. Belüftet sich aber positiv. Im Mund saftig, straff, knackige Säure, gute Dichte, kratzig-vegetale Abgangsaromen. Ein frischer, leicht grünlich angelegter, aber dabei substanzreicher Sortentyp. 12,5 Vol.-%, DV, €€

91 2015 »Cuvee Gowin« trocken CD/PN
Dunkelbeerig im Duft, Halbbitterschokolade, Pflaume. Im Mund dicht, füllig und geschmeidig, gut integriertes Holz, Saftigkeit, gut kontrollierte Wucht, der Wein behält trotz seiner Dichte eine Mittelrheinkühle. Tolle Länge. Kann sogar noch weiter reifen. 14 Vol.-%, DV, €€

93 2019 Oberwesel St. Martinsberg Riesling Auslese
Dezent schieferwürzig, zarte Botrytis mit Rosinennoten und kandierten Früchten, Birne, Cassata, im Mund geschmeidig ansetzend, leicht viskos, dann von saftiger Säure und vergleichsweise defensiver Süße getragen, mineralisch- saftiger Abklang mittlerer Dichte. 8 Vol.-%, DV, €€

92 2019 Dellhofen St. Wernerberg Riesling Spätlese
Ein Spätleseduft mit viel tropischer Frucht, Ananas, Banane und Mango. Im Mund dann etwas schlanker, als der Duft erwarten ließe, intensiv in der Säure, intensiv in der Süße, etwas Kohlensäure, mineralisch, noch etwas Schwefel, braucht Zeit und wird brillant. 7,5 Vol.-%, DV, €€

90 2019 »Hochgewächs« Oberwesel Riesling halbtrocken

90 2019 »Vollsteil« Oberwesel Riesling feinherb

90 2019 Oberwesel St. Martinsberg Roter Riesling trocken

89 2019 »Hochgewächs« Oberwesel Riesling trocken

89 2018 »Im Barrique gereift« Oberwesel Weißburgunder trocken

87 2019 »Cuvee Gowin« feinherb TR/RR

88 2018 Oberwesel Spätburgunder trocken

90 2019 »Blauschiefer« Oberwesel Riesling trocken
Balsamisch im Duft, Aprikosenkern, Mandarine. Im Mund mit einigem Druck, vollmundig, extraktreich, leichte Süße, deutlich mineralische Untertöne. Ein feister Bau, der aber gut zusammenhält. Frucht und Würze in Balance. Gute Länge. 14 Vol.-%, DV, €

★★★

WEINGUT LANIUS-KNAB

Mainzer Straße 38, 55430 Oberwesel
T: +49 (6744) 8104, weingut@lanius-knab.de
www.lanius-knab.de

Ab-Hof-Verkauf: täglich 9–18 Uhr
Kellermeister: Jörg Lanius
Ansprechpartner: Jörg Lanius
Flaschen/Hektar: 55.000 (90 % weiß, 10 % rot)/11 ha

Jörg Lanius ist 53 Jahre alt und arbeitet schon seit vier Jahrzehnten im Weingut mit. »Am Mittelrhein bin ich der jüngste von den älteren Winzern«, sagt er. Dass er sich schon mit 13 Jahren im elterlichen Weingut einbrachte, lag an der damals bescheidenen Weinqualität der Region. Seitdem versucht der Winzer, »immer besser zu werden«. Dieses Qualitätsstreben bildet sich in seinen Weinen ab: Das Große Gewächs aus dem Lauerbaum überzeugt durch Frische, Volumen und Mineralik, die Auslese aus dem Bernstein ist fokussiert und seidig verwoben. Ganz stark vom jung gebliebenen Altmeister!

93 2018 Engehöll Bernstein Am Lauerbaum Riesling GG
Feinwürzige Nase, helle gelbe Frucht, etwas Kräuter. Am Gaumen zarte Fruchtsüße, dabei lebendig mit klarem Volumen und Saftigkeit. Frische, konzentrierte Steinobstfrucht, steinige Mineralik. Herbe Anklänge, feine Schärfe, ergänzt von zitrisch-frischer Säurestruktur. 14 Vol.-%, DV, €€€

93 2018 Oberwesel Oelsberg Riesling GG
Tief, würzig, klar, mineralisch in der Nase. Am Gaumen mundfüllend, saftig-konzentriert, dann fließend. In der Mitte fruchtsüßer Apfel, etwas herbe Kräuter. Die Säure ist integriert, aber dezent im Zug. Feine Schärfe und mehr dunkle Mineralik dann im Nachhall. 14 Vol.-%, DV, €€€

94 2019 Engehöll Bernstein Riesling Auslese
Verwoben, sämig, hellfruchtig und steinig in der Nase. Orangenblüte, Noten von Pfirsich. Am Gaumen konzentriert und fokussiert. Frisch, feine Süße, seidige Verwobenheit, dabei lebendig, mineralisch, frisch mit straffem, feinsalzigem, saftigem Säurezug. 9 Vol.-%, DV, €€€

92 2019 Oberwesel In der Rheinhell Riesling Auslese
In der Nase Noten von Birne und Stein. Am Gaumen fokussiert mit immanentem Zug und feiner Würzigkeit. Fein verwoben im Mundgefühl, gefolgt von feinem Grip und zitrisch-saftigem Säurezug. Frische Birne, schöner Fluss, feine Mineralik und Nuanciertheit. 10 Vol.-%, DV, €€€

91 2019 Engehöll Bernstein Riesling trocken

90 2019 Engehöll Bernstein Riesling feinherb

89 2019 Riesling trocken

89 2019 Riesling feinherb

89 2019 »Rheingold« Oberwesel Riesling feinherb

87 2019 Oberwesel Spätburgunder Rosé trocken

92 2019 Engehöll Bernstein Riesling Spätlese

91 2019 »Rheinschiefer« Oberwesel Riesling trocken
Rund und klar in der Nase. Volle Frucht ohne zu viel Wärme, vielmehr ergänzt von feinwürziger Schiefermineralik, ein Hauch Blüte, frischer, saftiger Apfel, etwas Steinobst, feiner zitrischer Säurezug, dezente Schärfe und herbe Anklänge nach hinten raus. 14 Vol.-%, DV, €

★★

WEINGUT LITHOS

Am Weinberg 78, 55430 Oberwesel-Weilerboppard
T: +49 (6744) 9491031, info@weingutlithos.de
www.weingutlithos.de

Ab-Hof-Verkauf: ja
Kellermeister: Christos Christian Theodoropoulos
Ansprechpartner: Christos Christian Theodoropoulos
Flaschen/Hektar: 10.000 (80 % weiß, 20 % rot)/3 ha

In den Weinen von Christos Christian Theodoropoulos sieht man Jahr für Jahr kleine, aber bedeutsame Fortschritte: Der Fokus der Weine wird immer klarer, der Mut zum Handwerk immer größer. Wir Genießer profitieren von Weinen wie dem glasklaren Rosé, dem saftig-feinen »Roten« (aus Spätburgunder und Schwarzriesling) sowie dem auf den Punkt der maximalen Eleganz gesetzten halbtrockenen Riesling. Und all das für Preise unter zehn Euro: Dabei sind wir doch am Mittelrhein, wo die Reben im Steilhang stehen und alles von Hand gemacht werden muss. Wer hier nicht kauft, ist selbst schuld.

89 2019 »Der Weisse« trocken MT/KR

Frisch aufgeschnittene Williams Christbirne im Duft. Im Mund mit einem Anflug von Schiefer-Pfeffrigkeit, aber insgesamt nicht zu kompliziert, gute Dichte, festes Säuregerüst, eine inhaltsreiche Struktur für einen Basiswein, und dies mit »Trinkigkeit«. 12,5 Vol.-%, DV, €

90 2019 Rosé trocken

Pastellfarben. Apfelschale. Hagebutte. Zwetschge. Saftig und frisch im Gaumen, süße Frucht, gute Dichte, leichte Mandeltöne im Abgang, ein sehr klarer Rosé, ganz akkurat in seiner Frucht, mit schöner, ungekünstelter Frische. 11,5 Vol.-%, DV, €

92 2018 Engehöll Bernstein Spätburgunder Barrique trocken

Lebkuchenwürze, Amarenakirsche, Brombeere. Niedriger Schwefel. Etwas Schieferwürze. Im Mund stoffig, körnig, fleischig, sehr dicht, fast schon massiv, mit süßer Frucht und kräftigem Körper, geschmeidig grundiert und saftig-fruchtig abklingend. Wucht! 13,5 Vol.-%, DV, €€

90 2019 »Der Rote« trocken PN/SW

Süßkirsche, Kirschkern, leichte Spontangärungsnoten. Im Mund mit eleganter Struktur: viel Saft, feinkörniges Tannin in eher zurückhaltend extrahierter Menge, schöne Burgunderfrucht. Ein einfacher Pinot ohne viel Tamtam und gerade darum wirklich edel. 12 Vol.-%, DV, €

89 2019 Riesling feinherb

91 2019 Riesling halbtrocken

Verschlossen im Duft, Zitronenschale, rauchig-mineralisch, wirkt sehr klar, aber auch noch sehr jung. Im Mund mit gutem Extrakt und guter Spannung, frische Säure, zurückhaltend eingesetzte Süße, deutlich taktilmineralisch. Halbtrocken auf puristische Art! 12,5 Vol.-%, DV, €

★

WEINGUT AUGUST PERLL

Oberstraße 81, 56154 Boppard
T: +49 (6742) 3906, post@perll.de
www.perll.de

Ab-Hof-Verkauf: nach Vereinbarung
Kellermeister: Thomas August Perll
Ansprechpartner: Thomas August Perll
Hektar: 9 ha

Im hochbegabten Mittelrheintal sind Familienbetriebe wie derjenige von Thomas August Perll die Garanten dafür, dass der Weinbau in den mühsam zu bewirtschaftenden Steillagen weitergeht. Jedes Träubchen will in diesen schweißtreibenden Weinbergen hart erkämpft sein. Dennoch haben die so entstehenden Weine auch die Großzügigkeit, zu großen Schlücken einzuladen – etwa der animierende halbtrockene Kabinett aus der Fässerlay. Im Jahr 2019 sind indes auch trockene und halbtrockene Auslesetypen entstanden: ein neues Bild vom Mittelrhein im Zeichen der Erderwärmung.

91 2019 Boppard Hamm Fässerlay Riesling Kabinett halbtrocken
Blasses Goldgelb. In der Nase eine mittlere Intensität von reifem Apfel, Grapefruit und Zitronenzeste. Am Gaumen durchaus intensive Aromen von Geißblatt, Zitrone, leichter Kräuterwürze und eine sehr lebendige Säure mit mittlerem Körper und gutem Nachhall. 12,5 Vol.-%, KK, €

89 2019 Boppard Hamm Fässerlay Riesling Spätlese trocken
Gelbfruchtig, Auslesenoten, wuchtig im Mund, hintergründige Säure, im Abgang an Intensität gewinnend, nicht zuletzt durch stärker angreifende Phenole, ein stämmiger, inhaltsreicher und beinahe untypisch kraftvoller Mittelrheinriesling. 13 Vol.-%, KK, €

89 2019 Boppard Hamm Feuerlay Riesling Spätlese halbtrocken
Etwas Botrytis im Duft, Honignoten, Kleehonig, Schiefernoten, gelbfruchtig, etwas Bergamotte. Im Mund sehr süß, elegante, aber im Vergleich zur intensiven Süße doch eher zurückhaltend wirkende Säure, wird viel Zeit benötigen. 12,5 Vol.-%, KK, €

91 2019 Boppard Hamm Mandelstein Riesling Auslese
Mittleres Zitronengelb. In der Nase dezent und fast kühl im Duft von Rosenblüten, Zitronenzeste und grünem Apfel. Am Gaumen kraftvoll, würzig mit frischer Primärfrucht bei lebendiger Säure. Ausreichende Struktur und guter Nachhall. 8 Vol.-%, KK, €€

88 2019 Boppard Hamm Mandelstein Riesling Auslese trocken

89 2019 Boppard Hamm Feuerlay Riesling Kabinett
Mittleres Zitronengelb, sehr reife Nase mit Aromen von gelbem Apfel, Mango, Ananas und etwas Campino. Am Gaumen mit mittelgewichtigem Körper, erkennbarer Struktur und viel primärer, süßer Frucht ausreichend balanciert von jahrgangstypischer saftiger Säure. 9,5 Vol.-%, KK, €

★★★

WEINGUT PIEPER

Hauptstraße 458, 53639 Königswinter
T: +49 (22 23) 22650, info@weingut-pieper.de
www.weingut-pieper.de

Ab-Hof-Verkauf: Di, Mi, Fr und Sa 16.30–23 Uhr, So 12–22 Uhr und nach Vereinbarung
Kellermeister: Felix Pieper
Ansprechpartner: Adolf Wilhelm Pieper
Hektar: 9 ha

Wenn Rieslinge mit so viel Substanz, Mineralik und Feinschliff für teils deutlich unter zehn Euro angeboten werden, dann kann man darauf schließen, dass den Winzer eine Extraportion Passion und Herzblut antreibt. Anders ist es auch kaum zu erklären, dass die Weine vom nördlichsten Teil des Mittelrheins, bereits auf dem Boden des Bundeslandes Nordrhein-Westfalen, so reif und gehaltvoll, zuweilen nachgerade nach Süden schmecken. Die Arbeit in den Steillagen ist eine Plackerei, Felix Pieper bewirtschaftet gemeinsam mit Familie und Team gute neun Hektar davon. Chapeau!

93 2019 »Domkaule« Rhöndorf Riesling tr.
Geriebener Apfel, balsamische Spontangärungsaromen. Im Mund salzig, gute Dichte, dezente Phenole, straffe Säure, ein pikanter Riesling mit beträchtlicher Extrakttiefe, mit markanter taktiler Mineralität und mit ausgezeichnetem Potenzial. 12,5 Vol.-%, DV, €

92 2019 »Fumé« Leutesdorf Gartenlay Sauvignon Blanc trocken
Balsamische, kreidige Töne neben einer pikanten Sortenfrucht, rote Stachelbeere, Kiwi, schwarzer Pfeffer und Kräuteraromen. Süße Gaumenfrucht, lebendige, aber kultivierte Säure, ein gehaltvoller und zugleich frischer, eleganter Sauvignon Blanc. 13 Vol.-%, DV, €€

92 2019 »Septimontium« Königswinter Drachenfels Riesling trocken
Mandarine und frisch geriebene Zitronenschale, Blutorange, Zitronenmelisse. Geschmeidiger Ansatz, ganz rund und von süßer Frucht getragen, sehr gute Dichte, nahtlos eingebundene Säure, ein Riesling als Wonneproppen, lang und komplex im Abklang. 12,5 Vol.-%, DV, €€

92 2019 Königswinter Drachenfels Riesling Spätlese
Leicht petrolig, Aprikosenjoghurt, im Mund recht korpulent, seidige Phenole, markante Süße und eine langsam im Gaumenverlauf sich konzentrierende Säure, druckvoll und kompakt, gute Anlagen zur Komplexität, braucht Zeit. 8,5 Vol.-%, DV, €€

91 2019 Königswinter Drachenfels Chardonnay trocken

91 2019 »Drachenlay« Königswinter Drachenfels Riesling Kabinett

91 2019 »Rüdenet« Königswinter Riesling trocken

90 2019 Königswinter Drachenfels Grüner Veltliner trocken

90 2019 »Trachyt« Riesling trocken

90 2017 »Mönchenberg« Rhöndorf Drachenfels Spätburgunder trocken

90 2019 Rhöndorf Drachenfels Ehrenfelser Spätlese

92 2019 Königswinter Drachenfels Gewürztraminer & Riesling
Eine nuancenreiche, unaufdringliche Würze, Rose, Anis, aber auch Rieslingfrucht, sehr klar in allen Komponenten. Im Mund fein ausgewogen: Rieslingsäure und Gewürztraminerkörper, gute stoffige Dichte, aromatisch intensiv, aber auch mineralisch gut definiert. 11,5 Vol.-%, DV, €

● Rotwein ● Roséwein ● Weißwein ● Orange-Wein ● Süßwein ▭ falstaff-Tipp

★★★★

WEINGUT RATZENBERGER

Blücherstraße 167, 55422 Bacharach
T: +49 (6743) 1337, weingut-ratzenberger@t-online.de
www.weingut-ratzenberger.de

Ab-Hof-Verkauf: ja
Kellermeister: Jochen Ratzenberger
Ansprechpartner: Jochen Ratzenberger
Hektar: 23 ha

Jochen Ratzenberger erweist sich auch im Jahrgang 2019 als Meister aller Klassen und Rieslingtypen: Vom beschwingten feinherben Kabinett über ausdrucksstarke, trockene Rieslinge bis zu den edelsüßen Preziosen reicht sein eindrucksvolles Spektrum – und den animierenden Sekt »Pinot« aus 2015 sollte man keineswegs unterschlagen. Der großartige trockene Riesling St. Jost weist eine wunderbare Dichte auf und bleibt schlank gefasst. Er wird nur noch übertroffen von der famosen Beerenauslese aus derselben Lage, die konzentriert und doch auf subtile und raffinierte Art begeistern kann. Klasse!

93 2019 Steeg St. Jost Riesling trocken

Etwas feuchter Stein und reifer gelber Apfel in der Nase. Am Gaumen dann ein schöner, mineralischer Zug. Aromatische Dichte mit Tönen von Mirabelle und getrockneter Aprikose. Die Säure trägt zu einem wunderbaren, dichten Gesamteindruck bei. 12,5 Vol.-%, NK, €€

91 2015 Bacharach »Pinot« brut

Rauchige Noten im Duft mit Steinobst und Apfel. Am Gaumen mit cremiger Substanz straff und bündig gebaut, vollmundig und saftig im schlank gehaltenen Körper. Die reife Säure trägt, das Mousseux ist fein, zeigt das Terroir von Bacharach und feine Schiefernoten. 13 Vol.-%, NK, €€

95 2019 Steeg St. Jost Riesling Beerenauslese

Konzentrierte Zitrusfrucht, kandierte Zitronenschale, Quitte, etwas Schiefer, weißer Pfeffer, deutliche, aber klare Botrytis. Im Mund schlank und saftig, ganz auf Eleganz gebaut, Birne, Weiße Johannisbeere, ein ganz subtiler und sehr raffinierter Wein. 7,5 Vol.-%, NK, €€€

93 2019 Bacharach Wolfshöhle Riesling Auslese

Mittleres Rubin. Spannende Nase von kühlem Rauch, edler Kirsche und reifer Himbeere. Am Gaumen federt die perfekt eingebundene Säure die genannten Aromen ab, ergänzt um eine helle Kräuternote. Der mittlere Körper endet im einem langen Nachhall, fein gearbeitet. 8 Vol.-%, NK, €€€

90 2019 Bacharach Riesling Kabinett feinherb

91 2019 Bacharach Riesling trocken

In der Nase sehr zarte Töne von grünem Apfel. Wunderbar frische, animierende Säure, die sehr gut zu der dezenten Aromatik passt. Die ortstypische Mineralik bindet sich wunderbar ein. Ein Ortswein mit wunderbarem Trinkfluss, der einfach Freude macht. 12 Vol.-%, NK, €

Burg Oberwesel mit Blick auf das Mittelrhein-Tal

GASTGEBER AUS LEIDENSCHAFT

GEMEINSAM MIT DEN WINZERN DER REGION – ALS UNEINGESCHRÄNKTEN EXPERTEN, WAS DAS LEIBLICHE WOHL ANBELANGT – HAT FALSTAFF DIE BESTEN GENUSSADRESSEN IN SACHEN KULINARIK SORGFÄLTIG AUSGEWÄHLT UND ZUSAMMENGESTELLT.

56626 Andernach

Purs

Im mit viel Sinn für Ästhetik und Stil ausstaffierten Restaurant bieten Christian Eckhardt und sein Team souveräne Gourmetküche auf höchstem Niveau. Jedes Gericht des durchdachten Menüs ist ein aromatisches Highlight, die umfangreiche Weinkarte lässt keine Wünsche offen.

Steinweg 30-32
+49 (2632) 9586750
www.purs.com

Empfohlen von: **Weingut Josten & Klein**

56626 Andernach

Yoso

Modern gestyltes Bistro mit fernöstlichem Flair. Aus der einsehbaren Küche von Sarah Henke kommen facettenreiche asiatische Gerichte, jedes für sich ein kleines aromatisches Meisterwerk. Man sollte sich nicht auf Sushi beschränken, sondern den Empfehlungen des Service folgen.

Schafbachstraße 14
+49 (2632) 4998643
www.yoso-restaurant.de

Empfohlen von: **Weingut Josten & Klein**

55422 Bacharach

Altkölnischer Hof

Im stattlichen Fachwerkhaus kann man nicht nur in bequemen Zimmern übernachten, sondern auch vortrefflich essen. Im sehenswerten historischen Ambiente sind Wildgerichte, rheinischer Sauerbraten, Rinderroulade und Lachs vom Grill die hauseigenen Spezialitäten.

Blücherstraße 2
+49 (6743) 94778
www.altkoelnischer-hof.de

Empfohlen von: **Falstaff-Redaktion**

56154 Boppard

Waidblick

Das Restaurant, eine gelungene Symbiose aus traditionellem Ambiente und moderner Einrichtung, bietet neben internationalen Klassikern und regionalen Gerichten auch herzhafte Wildspezialitäten aus heimischem Jagdrevier. Dazu werden Kreszenzen aus dem hauseigenen Weinberg kredenzt.

Im Tal der Loreley
+49 (6742) 8080
www.jakobsberg.de

Empfohlen von: **Falstaff-Redaktion**

56154 Boppard

Le Chopin

Da Le Chopin ist das Gourmetrestaurant des Hotels. Das Jugendstil-Ambiente fügt sich ausgezeichnet in die beeindruckende Architektur des Hauses. Die Weinkarte glänzt mit einem Schwerpunkt aus der Region Mittelrhein, dazu Gewächse aus nationalen und internationalen Anbaugebieten.

Rheinallee 41
+49 (6742) 1020
www.bellevue-boppard.de

Empfohlen von: **Weingut Ratzenberger**

56068 Koblenz

Altes Brauhaus

Zum frisch gezapften Bier passt die unkomplizierte Küche, die im stimmungsvollen Ambiente auf die blanken Tische kommt. Die Schnitzel-Parade ist dabei ebenso beliebt wie Mutters Kartoffeleintopf mit Blutwurst, die knusprige Grillhaxe oder die riesige Bratwurst.

Braugasse 4
+49 (261) 1330377
www.altesbrauhaus-koblenz.de

Empfohlen von: **Falstaff-Redaktion**

56068 Koblenz

Augusta

Das schöne und gemütliche Ambiente ist nur ein Pluspunkt des Restaurants, das nicht weit vom Deutschen Eck entfernt liegt. Die vielen Stammgäste schätzen vor allem die qualitativ verlässliche und saisonale Frischeküche, die nach Slow-Food Richtlinien zubereitet wird.

Rheinstraße 2a
+49 (261) 91446822
www.augusta-koblenz.de

Essen:	43	50
Service:	18	20
Getränke:	18	20
Ambiente:	8	10
Gesamt:	87	100

€€

55413 Oberheimbach

Weinberg-Schlösschen

Regionale Frischeküche mit Pfiff und hochwertige Weine vom Mittelrhein bieten die Brüder Marc und Florian Lambrich im Restaurant des malerisch im Rheintal gelegenen Familienhotels. Die Spezialität des Hauses sind Wildgerichte aus der Umgebung. Landgenuss pur.

Hauptstraße 2
+49 (6743) 9471840
www.weinberg-schloesschen.de

Empfohlen von: Weingut Weber

56068 Koblenz

Im Süden

Ab in den Süden? In der kleinen Kochbar wird das mediterrane Lebensgefühl schmeckbar! Neben einer guten Auswahl an Feinkost bietet das junge Team in familiärer Atmosphäre leckere Salatvariationen, Pizza-Ideen mit Toppings und frische hausgemachte Pasta vom Feinsten.

Markenbildchenweg 30
+49 (261) 29670990
www.imsüden-feinkost-kochbar.de

Essen:	42	50
Service:	16	20
Getränke:	16	20
Ambiente:	9	10
Gesamt:	83	100

€

53639 Königswinter

Jesuiter Hof

Süffige Weine vom Drachenfels sind das Aushängeschild des Familienweingutes auf dem Jesuiter Hof, zu dem auch eine gemütliche Weinstube gehört. Hier genießt man eine abwechslungsreiche Gutsküche mit hausgemachten bodenständigen Gerichten mit handfesten Portionen.

Hauptstraße 458
+49 (2223) 22650

Empfohlen von: Weingut Pieper

55430 Oberwesel

Auf Schönburg

Wer Rheinromatik von ihrer schönsten Seite sucht, wird auf der heimeligen Burg fündig. Im einzigartigen Ambiente der liebevoll dekorierten Stuben genießt man eine abwechslungsreiche Landhausküche. Dazu bestellt man beim freundlichen Service am besten einen Wein vom Mittelrhein.

Auf Schönburg
+49 (6744) 93930
www.hotel-schoenburg.com

Empfohlen von: Falstaff-Redaktion

80–84 85–89 90–94 95–100 Punkte

55430 Oberwesel

Zum Kronprinzen

Das romantische Mittelrheintal ist die ideale Kulisse für das schöne Landhotel, eingebettet in idyllischer Natur. Im hoteleigenen Restaurant können nicht nur Hausgäste eine herzhafte und bodenständige Küche genießen, die auch internationale Klassiker beinhaltet.

Rheinhöhenstraße 45
+49 (6744) 94319
www.hotel-kronprinzen.de

Essen:	42	50
Service:	17	20
Getränke:	17	20
Ambiente:	7	10
Gesamt:	83	100

€€

55413 Trechtingshausen

Puricelli

Die vorbildlich restaurierte Burg beherbert neben modernen Hotelzimmern auch ein schickes Restaurant mit ambitionierter Küche. Serviert werden feingemachte Klassiker ebenso wie bodenständige Gerichte mit Pfiff. Auf der Weinkarte stehen beste Tropfen vom Mittelrhein.

Burgweg 24
+49 (6721) 6117
www.burg-reichenstein.com

Empfohlen von: **Falstaff-Redaktion**

53424 Remagen

Interieur No. 253

Eine außergewöhnliche Mischung aus Weinbar, Bistro und Restaurant sowie eines der schönsten Cafés des Landes mit bunten und fröhlichen Elementen. Viele offene Weine, Sekte und Champagner. Das passt ganz gut ins Konzept mit Austern, Hummersüppchen und Seeteufel.

Hans-Arp-Allee 1
+49 (2228) 911111
www.interieur-no253.de

Empfohlen von: **Weingut Nikolaus Köwerich**

56333 Winningen

Klein's Fronhof

Das geschmackvoll eingerichtete Restaurant ist ein Hort der guten deutschen Küche. Da darf natürlich die Kraftbrühe mit Markklößchen nicht fehlen, ebenso wenig die klassischen Schnitzel-Varianten und geschmorten Ochsenbäckchen. Alles von bester Qualität und perfekt zubereitet.

Fronstraße 2
+49 (2606) 435
www.fronhof-stuben.de

Essen:	43	50
Service:	17	20
Getränke:	16	20
Ambiente:	8	10
Gesamt:	84	100

€€

MOSEL

QUALITÄTSORIENTIERTE INDIVIDUALISTEN

Die Moselschleife mit der Pündericher Marienburg (heute Bildungsstätte des Bistums Trier)

MEHR ALS SCHIEFER, STEIL UND SÜSS

Die Weine von Mosel, Saar und Ruwer sind international für viele Verbraucher noch immer ein Synonym für deutschen Riesling. Doch das Bild der Region hat sich in den Augen vieler Einkäufer, Sommeliers und Konsumenten außerhalb von Deutschland in den vergangenen Jahren gewandelt – wenn auch eher im Sinn einer Evolution als einer Revolution.

TEXT THOMAS CURTIUS MW

Was haben Spitzenrieslinge von Mosel, Saar und Ruwer mit Top-Pinots von der Côte d'Or im Burgund gemeinsam? Beide sind so etwas wie der internationale Goldstandard für die jeweilige Rebsorte. Ihr Stil und Ausdruck sind einzigartig, unkopierbar und Referenz für viele Winzer, Sommeliers und Weinautoren auf der ganzen Welt, wenn es um Riesling und Pinot Noir geht.

Egal, ob ich im australischen Clare Valley, in Washington State, in London oder Hongkong unterwegs bin: Wenn wir unsere prägendsten Rieslingerlebnisse austauschen, schwärmen meine Gegenüber immer wieder von Lagen wie Nies'chen, Scharzhofberg, Prälat, Sonnenuhr oder Uhlen. »Die Magie von Frische, Zartheit und diesem perfekt balancierten Süße-Säure-Spiel macht die Top-Weine von Mosel, Saar und Ruwer unglaublich spannend«, so Corinne Mui, Chief-Operating-Officer des Asian Wine Service and Education Centre aus Honkong. Top-Rieslinge von der Mosel hätten dort ihr Potenzial noch lange nicht ausgeschöpft, betont sie. Viele dieser Weine seien durch ihr Reifevermögen erstklassige Sammelobjekte. Das müsse möglichen

Käufern noch viel besser vermittelt werden. Weltweit betrachtet bevorzugen die meisten Kunden – vor allem in China – noch immer fruchtige und süße Moselweine. So werden gerade die »Kabinette« aus dem 2019er-Jahrgang mit ihrer kristallklaren Säure, Mineralik und feinen Frucht im Export punkten. Doch in den vergangenen Jahren hat sich die Außensicht auf die Region begonnen zu verändern. Die Formel »Mosel = süß, steil, Schiefer« hat sich längst um Begriffe wie »trocken«, »innovativ« und »unkonventionell« erweitert. Das gilt zumindest für das Spitzensegment.

Spricht man heute mit Sommeliers, Einkäufern und Händlern in London, New York oder Tokio, betonen viele von ihnen eine steigende Bedeutung für trockene Rieslinge. »Vor zehn Jahren haben unsere Kunden vor allem die Prädikate von der Mosel gekauft«, erzählt Zigmars Grinbergs, Salesmanager für das Gastronomiegeschäft beim Londoner Rieslingspezialisten Howard Ripley Wines. »Jetzt sind es die trockenen Rieslinge, die von der jungen Generation der Sommeliers nachgefragt werden.«

Eine Entwicklung, die auch Winzer Ernie Loosen bestätigt. Bei den Großen Gewächsen habe sich zum Beispiel unglaublich viel getan, auch wenn der große internationale

Winzer Gernot Kollmann in den steilen Hängen des Weinguts Immich-Batterieberg

Durchbruch noch nicht geschafft sei. Weiteres Potenzial sei aber definitiv da. »Wenn die Konsumenten erleben, wie frisch beispielsweise ein 15 Jahre lang gereiftes Großes Gewächs schmeckt«, so Loosen.

Gernot Kollmann, Betriebsleiter bei Immrich-Batterieberg, sieht neben einer zugänglicheren »hedonistischeren« Stilistik der trockenen Weine einen weiteren wichtigen Faktor für die gewandelte Außenwahrnehmung des Anbaugebietes: die Winzer. Neben den bekannten Namen wie Haag, Grünhaus, Löwenstein, Müller, Molitor, Zilliken und anderen sind es die jungen und unkonventionellen Produzenten, die zunehmend das Bild der Mosel bei neuen Käufer- und Konsumentengruppen prägen. Julian Haart etwa sorgt mit seinen fokussierten und mineralischen Weinen nicht nur in der Londoner Weinszene für Aufmerksamkeit. Weitere Beispiele für qualitätsorientierte Individualisten, die mit Herzblut und eigenständigen Weinen ihren Weg gehen: der biodynamisch arbeitende Steillagenwinzer Thorsten Melsheimer aus Reil sowie der Ayler Florian Lauer. Letzterer verzichtet unter anderem ganz auf Kupfer im Weinberg. Viele Ressourcen in Sachen Bio verspricht sich auch Mosel-Neuzugang Richard Gro-

Einer der Top-Winzer Deutschlands: Ernst Loosen vom Weingut Dr. Loosen

Fotos: Shutterstock, Bergstedt, Hans Georg Merkel Landau

Das neue Team auf dem Karthäuserhof: Richard Grosche (li.) und Mathieu Kauffmann

sche, der erst Anfang des Jahres gemeinsam mit Mathieu Kauffmann die Führung des Weinguts Karthäuserhof übernommen hat. Im nächsten Jahr soll die Umstellung beginnen.

Doch es ist nicht nur der Riesling, mit dem die Mosel international punkten kann. Auch beim Spätburgunder zeigen sich interessante Möglichkeiten, gerade im Zeichen der Klimaerwärmung. »Elegante Mosel-Pinots von den wärmeren Lagen sind eine spannende Ergänzung vieler Weinkarten«, bringt es Zigmars Grinbergs auf den Punkt. Niemand kann voraussagen, was die Zukunft bringt. Gerade nicht in diesen bewegten pandemischen Zeiten. Eines aber ist klar: An Mosel, Saar und Ruwer geht international noch viel mehr, auch wenn die Weine wohl nicht mehr die Preise wie vor 120 Jahren erzielen werden. Denn: Die Weinszene ist hier so vielfältig wie nie zuvor, der Jahrgang 2019 in der Spitze unglaublich spannend. Und die internationalen Märkte haben erst begonnen, das Gebiet (neu) zu entdecken. Diese Chancen gilt es jetzt zu ergreifen. Ich bin gespannt.

INFO

Thomas Curtius ist im Erstberuf Journalist und in dieser Funktion als Leiter für Projekte und digitale Kommunikation bei der Daimler AG tätig. 2019 bestand er die Prüfungen zum Master of Wine und erhielt zugleich den Outstanding Achievement Award des Insitute of Master of Wine.

Zell an der Mosel

WEINBAUGEBIET MOSEL

Anbaufläche
ca. 8.800 Hektar
Aufteilung
6 Bereiche, 18 Großlagen, 524 Einzellagen
Böden
Muschelkalk, Schiefer
Wichtigste Rebsorten
Riesling, Weißburgunder, Spätburgunder

Verbände
Mosel-Wein e. V., Gartenfeldstraße 12a
54295 Trier
www.weinland-mosel.de
Bernkasteler Ring e. V., Auf der Trift 29
54470 Bernkastel-Kues
www.bernkasteler-ring.de

GRANDS CRUS – MOSEL

TOP-WEINE AUS PRIVILEGIERTEN WEINLAGEN DER REGION

ÜRZIG | WÜRZGARTEN

Der Lagennamen könnte sich auf die Würze der hiesigen Rieslinge, auf einen alten Brauch, Weine mit Kräutern zu würzen, oder auf einen einstigen Gewürzgarten an selber Stelle beziehen. Die Lage umfasst 53 Hektar und ist bis zu 65 Prozent steil, wobei sie vom Moselufer aus bis zu 180 Höhenmeter überwindet. Charakteristisch sind die Felsvorsprünge im Weinberg sowie ein hoher Bestand an alten, noch in Einzelpfahlerziehung gepflanzten Reben. Der rote Vulkan- und Schieferboden (auch Rotliegendes genannt) macht den Ürziger Würzgarten einmalig an der Mosel.

93 **2019 Riesling Alte Reben GG**
Weingut Dr. Loosen, Info siehe Seite 252

91 **2019 »furztrocken« Riesling trocken**
Weingut Reis, Info siehe Seite 264

90 **2019 Riesling »von wurzelechten Reben« Kabinett trocken**
Riesling-Manufaktur Rebenhof, Info siehe Seite 262

94 **2019 Riesling Spätlese**
Joh.Jos. Christoffel Erben, www.moenchhof.de

93 **2019 Riesling Spätlese**
Weingut Dr. Loosen, Info siehe Seite 252

93 **2019 »Grand Ley« Riesling Spätlese**
92 **2019 »Urglück« Riesling Spätlese**
Riesling-Manufaktur Rebenhof, Info siehe Seite 262

92 **2013 Riesling Spätlese**
Mönchhof Eymael, www.moenchhof.de

90 **2017 Riesling Spätlese »Alte Reben«**
90 **2009 Riesling Spätlese »Alte Reben«**
Weingut Benedict Loosen,
benedict-loosen-erben.de

ERDEN | PRÄLAT

Verwitterter roter Tonschiefer prägt diese 65 Prozent steile, geradewegs südlich exponierte Lage. Das warme Mikroklima in diesem ohnehin warmen Flussabschnitt bringt einige der opulentesten Moselweine hervor. Der nur 1,5 Hektar große Prälat ist das gewissermaßen ehrenhalber hervorgehobene Herzstück der größeren Erdener Lage

Treppchen – ganz so, wie ein verdienter Priester zum Prälaten ernannt und dadurch mit weitreichenden repräsentativen Befugnissen ausgestattet werden kann.

98 **2019 Riesling Auslese Goldkapsel**
Weingut Dr. Loosen, Info siehe Seite 252

94 **2018 Riesling Auslese**
Mönchhof Eymael, www.moenchhof.de

WEHLEN | SONNENUHR

Der Name Wehlener Sonnenuhr findet sich im Jahr 1868 erstmals in einer offiziellen Lagenkarte. Doch schon 1842 errichtete Jodocus Prüm an den steilen Hängen inmitten der besten Wehlener Weinberge eine Sonnenuhr. Die bis zu 70 Prozent steile Südlage erstreckt sich über 44 Hektar, der Untergrund besteht aus grauem Devonschiefer, dessen Verwitterungsmaterial und Steingeröll eine weder zu flache noch zu tiefgründige Auflage bilden. Der Weinberg steigt vom Moselufer aus etwa 100 Höhenmeter an. Er ist bekannt dafür, fruchtige und edelsüße Prädikate in idealtypischen Facetten hervorzubringen.

94 **2019 Riesling Spätlese Goldene Kapsel**
Weingut Markus Molitor, Info siehe Seite 255

94 **2019 Riesling Spätlese**
Weingüter Wegeler, Info siehe Seite 275

94 **2019 Riesling Spätlese***
Weingut Selbach-Oster, www.selbach-oster.de

93 **2019 Riesling Spätlese**
Weingut Dr. Loosen, Info siehe Seite 252

93 **2016 Riesling Spätlese**
Weingut Joh. Jos. Prüm, www.jjpruem.com

92 **2019 Riesling Spätlese**
S. A. Prüm, Info siehe Seite 261

92 **2019 Riesling Spätlese**
Weingut Pauly-Bergweiler, Info siehe Seite 260

92 **2019 Riesling Spätlese**
Sankt Nikolaus Hospital, www.drk-sozialwerk.de

92 **2019 Riesling Spätlese**
Weingut Max. Ferd. Richter, www.maxferdrichter.de

91 **2019 Riesling Spätlese**
Weingut Studert-Prüm, www.studert-pruem.de

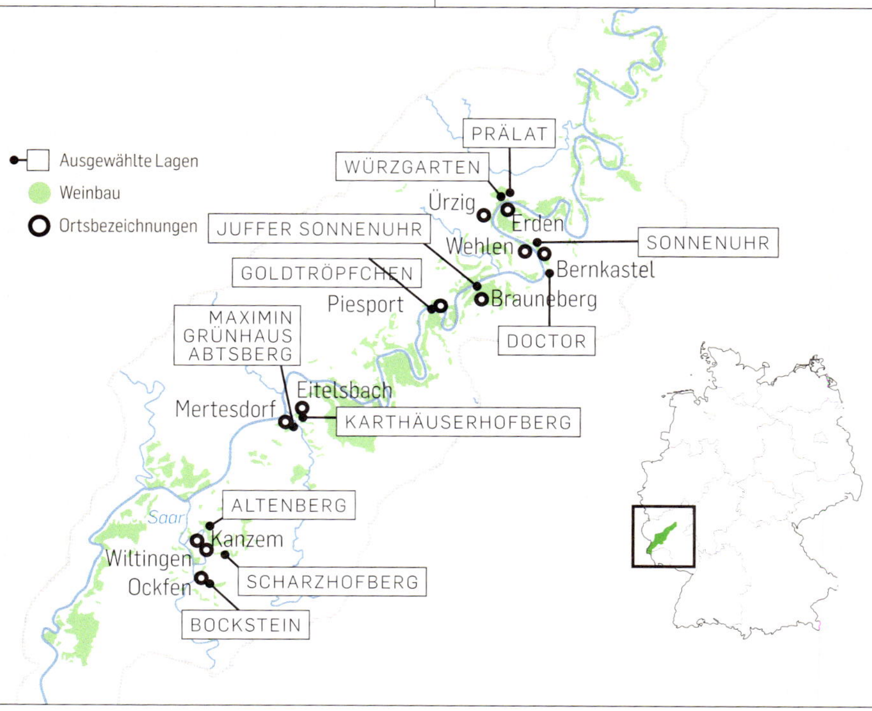

94 **2018 Riesling Spätlese**
Weingut Selbach-Oster, www.selbach-oster.de

95 **2019 Riesling Auslese »Fass 8«**
S. A. Prüm, Info siehe Seite 261

95 **2019 Riesling Auslese*** No. 42**
Weingut Max. Ferd. Richter, www.maxferdrichter.de

94 **2016 Riesling Auslese**
Weingut Joh. Jos. Prüm, www.jjpruem.com

94 **2019 Riesling Auslese*****
Weingut Studert-Prüm, www.studert-pruem.de

93 **2019 Riesling Auslese**
Weingut Dr. Loosen, Info siehe Seite 252

93 **2017 Riesling Auslese**
Weingut Dr. Thanisch, Erben Müller-Burggraef
Info siehe Seite 270

93 **2019 Riesling Auslese**
Weingut Pauly-Bergweiler, Info siehe Seite 260

93 **2019 Riesling Auslese***
93 **2018 Riesling Auslese*****
Weingut Studert-Prüm, www.studert-pruem.de

93 **2019 Riesling Auslese****
Weingut Kerpen, www.weingut-kerpen.de

BERNKASTEL | DOCTOR

Seit Jahrhunderten gilt die Mosellage Bernkasteler Doctor als Riesling-Berühmtheit. Angeblich hat der hier erzeugte Wein schon Könige geheilt und politische Wunder vollbracht. Der Weinberg umfasst eine Fläche von 3,2 Hektar, profitiert vom Kleinklima der nahen Stadt, ist aber auch durch seinen steinigen Schieferverwitterungsboden und den ausgeglichenen Wasserhaushalt besonders. Wundersame Heilkräfte, wie es die Legende will, sind den strahlend aromatischen und langlebigen Weinen durchaus zuzutrauen.

95 **2016 Riesling Kabinett (Auktion)**
92 **2019 Riesling Kabinett**
Weingut Dr. Thanisch, Erben Müller-Burggraef
Info siehe Seite 270

97 **2019 Riesling Spätlese**
Weingut Schloss Lieser, Info siehe Seite 250

96 **2007 Riesling Spätlese**
Weingut Dr. Thanisch, Erben Thanisch,
www.thanisch-vdp.de

92 **2019 Riesling Spätlese**
Weingüter Wegeler, Info siehe Seite 275

Die Steillage Erdener Prälat wird von roten Schieferböden geprägt

92 **2018 Riesling Auslese**
Weingut Dr. Thanisch Erben Müller-Burggraef
Info siehe Seite 270

95 **2004 Riesling Auslese**
Weingut Dr. Thanisch, Erben Thanisch,
www. thanisch-vdp.de

94 **2019 Riesling Auslese**
Weingüter Wegeler, Info siehe Seite 275

94 **2006 Riesling Auslese**
Weingut Lauerburg, www.weingut-lauerburg.de

BRAUNEBERG | JUFFER-SONNENUHR

Das beste und bis zu 70 Prozent steile und nach Süden bis Südwesten ausgerichtete Teilstück der Brauneberger Lage Juffer trägt den Zusatz Sonnenuhr – mit 10,5 Hektar genau ein Viertel des insgesamt 42 Hektar großen Hangs. Den Boden prägt Schieferverwitterung mit einem besonders hohen Gesteinsanteil. Steht man an der Sonnenuhr, genießt man den imposanten Blick über die umliegenden Weinberge dieser Steilstlage.

94 **2019 Riesling Spätlese**
Sankt Nikolaus Hospital, www.drk-sozialwerk.de

93 **2019 Riesling Spätlese**
Weingut Schloss Lieser, Info siehe Seite 250

92 **2017 Riesling Spätlese**
Weingut Dr. Thanisch, Erben Müller-Burggraef
Info siehe Seite 270

92 **2019 Riesling Spätlese**
Weingut Max. Ferd. Richter, www.maxferdrichter.de

91 **2018 Riesling Spätlese**
Reichsgraf von Kesselstatt, Info siehe Seite 248

91 **2019 Riesling Spätlese**
Weingut Karp-Schreiber, www.karp-schreiber.de

89 **2019 Riesling Spätlese**
Weingut Bauer, Info siehe Seite 225

95 **2019 Riesling Auslese Goldkapsel**
Weingut Schloss Lieser, Info siehe Seite 250

94 **2019 Riesling Auslese**
Weingut Max. Ferd. Richter, www.maxferdrichter.de

93 **2019 Riesling Auslese Goldkapsel**
Weingut Martin Conrad, Info siehe Seite 235

92 **2016 Riesling Auslese**
Weingut Dr. Thanisch, Erben Müller-Burggraef
Info siehe Seite 270

92 **2018 Riesling Auslese**
Weingut Karp-Schreiber, www.karp-schreiber.de

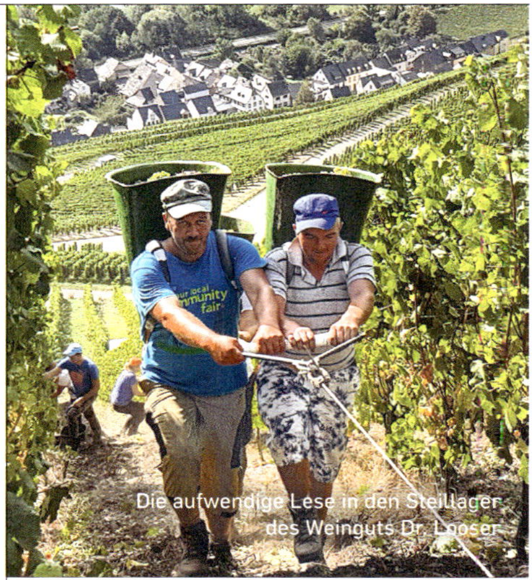

Die aufwendige Lese in den Steillagen des Weinguts Dr. Loosen

PIESPORT | GOLDTRÖPFCHEN

Die nahezu 70 Hektar grosse Lage schmiegt sich als Amphitheater an die Mosel, wobei die Orientierung des Hangs von gradewegs Süd über Südwest bis West dreht. Einige extrem steile Parzellen erreichen eine Steigung von 90 Prozent, verbreitet kommen jedoch Gradienten von 40 bis 60 Prozent vor. Der stellenweise tiefgründige Boden besteht aus stark verwittertem Devonschiefer – eine Kombination, die in den Weinen intensive mineralische Komponenten hervorbingt.

96 **2019 Riesling GG**
Weingut Schloss Lieser, Info siehe Seite 250

93 **2019 Riesling GG**
Weingut Grans-Fassian, Info siehe Seite 240

93 **2019 Riesling GG**
Weingut Haart, www.haart.de

91 **2019 Riesling GG**
Sankt Urbans-Hof, Info siehe Seite 256

Schon 1868 wurde die Lage Piesport Goldtröpfchen erstmalig in einem Dokument erwähnt

91 **2018 Riesling GG**
Reichsgraf von Kesselstatt, Info siehe Seite 248

91 **2019 Riesling GG**
90 **2019 Riesling trocken**
Weingut Hain, Info siehe Seite 241

95 **2019 Riesling Auslese**
Weingut Schloss Lieser, Info siehe Seite 250

93 **2019 Riesling Auslese**
93 **2017 Riesling Auslese**
Sankt Urbans-Hof, Info siehe Seite 256

93 **2019 Riesling Auslese No. 5**
Reichsgraf von Kesselstatt, Info siehe Seite 248

93 **2019 Riesling Auslese**
Weingut Hain, Info siehe Seite 241

93 **2019 Riesling Auslese**
Weingut Haart, www.haart.de

MAXIMIN GRÜNHÄUSER | ABTSBERG

Familie von Schubert pflegt die 13,9 Hektar Reben des Abtsbergs (sowie die rund 20 Hektar der beiden Nachbarlagen) an einem Ort, an dem vermutlich seit dem 4. Jahrhundert Weinbau betrieben wird. Die Bedingungen auf dem kuppenartig gewölbten, bis zu 70 Prozent steilen Hang sind gut, der Schieferverwitterungsboden ist nicht zu flachgründig, sodass die Wasserversorgung der Reben auch in trockenen Sommern gesichert ist. Die von Süd bis Südost reichende Exposition sorgt für ausreichend Sonne.

94 **2018 Riesling GG**
92 **2018 Riesling Spätlese**
92 **2019 Riesling GG**
92 **2019 Riesling Kabinett**
Maximin Grünhaus, Familie von Schubert, Seite 254

EITELSBACH | KARTHÄUSERHOFBERG

Der Alleinbesitz ist seit 1811 in den Händen derselben Familie. Die Lage ist 17,2 Hektar groß und weist eine Steilheit zwischen 40 und 50 Prozent auf. Der Weinberg bildet eine Kuppe, die sich von vorherrschenden südlichen und südöstlichen Expositionen bis zu Westlagen erstreckt. Die Höhe beträgt 170 bis 270 Meter. Im Boden,

Der Kanzemer Altenberg: die wärmste Lage an der Saar

der aus verwittertem Devonschiefer besteht, befinden sich zahlreiche Eisenadern. Die Karthäuserhof-Weine mit ihrem berühmten Halsetikett sind Ruwer-Klassiker mit rassiger Säure.

93 **2019 Riesling Spätlese**
93 **2018 Riesling Auslese**
91 **2018 Riesling GG**
Weingut Karthäuserhof, www.karthaeuserhof.com

KANZEM | ALTENBERG

Der atemberaubend steile Altenberg (bis 80 Prozent Steigung) hat einen Boden aus grünlichem Schiefer, teils auch aus verwittertem Rotliegendem. In seiner Südsüdostlage direkt an der Saar sammelt der Hang ausreichend Licht und Wärme, um kraftvolle und langlebige Weine hervorzubringen, die oft im Prädikat Spätlese ihren prägnantesten Ausdruck finden. Glücklicherweise konnten im Altenberg noch zahlreiche Parzellen mit alten, wurzelechten Reben erhalten werden. Die Kanzemer Lage Hörecker ist eine Enklave im Altenberg.

94 **2019 Riesling Alte Reben GG**
Weingut Van Volxem, Info siehe Seite 273

94 **2019 Hörecker Riesling Spätlese**
93 **2019 Hörecker Riesling (feinherb)**
Weingut von Hövel, Info siehe Seite 244

93 **2018 Riesling GG**

Der Karthäuserhofberg ist nun schon in der siebten Generation die Monopollage des Weingutes Karthäuserhof

93 **2019 Riesling GG**
93 **2019 Riesling Alte Reben Spätlese**
Weingut von Othegraven, Info siehe Seite 258

89 **2018 Riesling »Grosses Gewächs«**
89 **2018 Riesling trocken**
Bischöfliche Weingüter Trier,
www.bischoeflicheweingueter.de

WILTINGEN | SCHARZHOFBERG

Die Ursprünge des Scharzhofberges gehen auf eine Schenkung an das Kloster St. Marien im Jahr 700 zurück. Das Besondere am Mikroklima der Lage sind die enormen Temperaturschwankungen. Der 28-Hektar-Hang ist eine Legende: Gelegen abseits des Flusses in einem windoffenen Seitental und in 190 bis 310 Metern Höhe, ist das Kleinklima keinesfalls überdurchschnittlich warm. Doch die bis zu 60 Prozent steilen Hänge in Süd- bis Südsüdostlage schaffen ideale Bedingnungen für ein langsames Ausreifen der Trauben. Zudem sorgt der stark verwitterte Grauschiefer für Weine mit markanten mineralischen Aromen.

92 **2018 Riesling Kabinett**
Weingut von Hövel, Info siehe Seite 244

90 **2019 Riesling Kabinett feinherb**
Reichsgraf von Kesselstatt, Info siehe Seite 248

95 **2019 Riesling GG**

95 **2019 »Pergentsknopp« Riesling GG**
Weingut Van Volxem, Info siehe Seite 273

93 **2019 Riesling GG**
Weingut von Hövel, Info siehe Seite 244

92 **2019 Riesling GG**
92 **2019 »Pergentsknopp« Riesling GG**
Reichsgraf von Kesselstatt, Info siehe Seite 248

OCKFEN | BOCKSTEIN

Die annähernd 60 Hektar große Lage bringt die kraftvollsten Weine des Saartals hervor. Der gesteinsreiche, aber auch lehmig gebundene Boden aus Grauwacke und Schiefer dient als Wärmespeicher und reguliert den Wasserhaushalt gut, zudem sorgt die Topografie der Lage für ein warmes Mikroklima. Die steilsten Teile des Hangs weisen eine Steigung von 80 Prozent auf, zudem besitzt der zentrale Hang die Form eines Wärme speichernden Amphitheaters. In seiner Gänze umfängt der Bockstein den Ort Ockfen halbkreisförmig mit südwestlichen bis südöstlichen Ausrichtungen.

92 **2016 Riesling Spätlese**
Weingut Nik Weis – St. Urbans-Hof, Info siehe Seite 256

92 **2019 Riesling Spätlese**
Weingut Van Volxem, Info siehe Seite 273

★★

WEINGUT BAUER

Moselstraße 3, 54486 Mülheim an der Mosel
T: +49 (6534) 571, info@weingut-bauer.de
www.weingut-bauer.de

Ab-Hof-Verkauf: Mo bis Sa 8–12 Uhr und 13–18 Uhr
Kellermeister: Thomas Bauer
Ansprechpartner: Jörg und Thomas Bauer
Hektar: 8 ha

Mit seiner Beerenauslese vom Riesling aus dem Mülheimer Elisenberg ist Thomas Bauer ein großer Wurf gelungen, der uns satte 94 Punkte wert war. Das ist der Höhepunkt in einer stimmigen Kollektion, in der auch der gut balancierte Riesling »GG« aus dem Elisenberg hervorsticht. Gemeinsam mit seinem Vater Jörg bewirtschaftet Thomas Bauer acht Hektar Rebfläche in hervorragenden Lagen wie dem Mülheimer Elisenberg. Dieses Potenzial in den Weinen zu zeigen, gelingt dem Vater-Sohn-Duo mit regelmäßiger Zuverlässigkeit. Wir freuen uns auf weitere große Weine aus Mülheim an der Mosel.

91 2017 »GG« Mülheim Elisenberg Riesling tr.
Rosenblätter und Melisse im ansprechenden Duftbild, reifer Apfel und Steinobst, auch Saft von der reifen Ananas. Kompakt gebaut am Gaumen mit guter Dichte und Extrakt, die Säure ist reif, wieder reife Frucht, unterlegt von Schieferwürze, gut balanciert, mit Potenzial. 12,5 Vol.-%, NK, €€€

89 2019 Weißburgunder trocken
Weiße und gelbe Blüten in der Nase, sehr reife Aprikose und auch Mango, Gewürze. Weißburgunder mit Fülle und Kraft und etwas breiten Hüften, wieder sehr reife Frucht am Gaumen, viel Saft und Schmelz, die Trauben müssen schön reif gewesen sein. Zum Essen eine gute Wahl. 13,5 Vol.-%, DV, €

94 2018 Mülheim Elisenberg Riesling Beerenauslese
Karamell im Duft, Dattel, Rosine, rauchig, steinig, Apfel, Tabak, große Konzentration, viel Stoff, große Saftigkeit, mineralische Töne, knackig und vielleicht nicht immens komplex, aber geradezu animierend in seiner spannungsvollen Art. Beeindruckend. 7,5 Vol.-%, NK

89 2019 Brauneberg Juffer Sonnenuhr Riesling Spätlese
Tiefes Gelb in der Farbe. In der Nase reife Äpfel, Steinobst, Steinpilz, Laub und Tannenhonig. Am Gaumen mit tiefer Süße und verhaltener Säurestruktur, dadurch geschmeidige und cremige Saftigkeit, im Ausklang ein Hauch Minze, auch getrocknete Aprikosen. 9 Vol.-%, NK, €€

89 2019 Brauneberg Juffer Riesling Auslese

90 2019 Brauneberg Juffer Riesling Spätlese trocken
Reife Aprikose zeigt sich in der Nase, bald kommen auch Kräuter dazu und Schieferwürze, Gesteinsmehl. Am Gaumen mit süßer und saftiger Frucht (wieder Aprikose), die reife Säure führt galant durch den klar gefassten Körper, der schieferwürzig getönt ist. Gut balanciert. 12,5 Vol.-%, NK, €€

★ ★ ★

WEINGUT BEFORT

Schulstraße 17, 54453 Nittel
T: +49 (6584) 422, weingut@befort.de
www.befort.de

Ab-Hof-Verkauf: Sa 10–17 Uhr
Kellermeister: Hans-Jörg Befort
Ansprechpartner: Ruth und Marcel Befort
Hektar: 5 ha

Es sind Muster harmonischer Zugänglichkeit, die Ruth, Marcel und Hans-Jörg Befort in Nittel am Oberlauf der Mosel keltern. Nach dem Brauch der Region werden hier auch die Burgundersorten immer mit einer Prise Restzucker gewürzt. Dass diese Abrundung nicht ermüdend wirkt, liegt zum einen an den Muschelkalkböden, die den Weinen innere Kühle und viel Festigkeit mitgeben. Zum anderen besitzen die Weine eine bewundernswerte aromatische Klarheit. Hervorheben möchten wir dieses Jahr den Spätburgunder »S«, der reifes Tannin und eine sehr erwachsene Würze zeigt.

90 2019 Nittel Rochusfels Grauer Burgunder trocken

Intensiv Kalk-würzig im Duft, etwas Holz, dazu eine beerige, reife Sortenfrucht mit einem leisen Hauch Ester. Im Mund mit konzentrierter Säure, aber auch mit dichter Stoffigkeit, mit kräftig Kalk-mineralischen Wahrnehmungen, und passender Süße zuletzt. Sehr lang. 12,5 Vol.-%, DIAM, €

90 2019 Nittel Leiterchen Sauvignon Blanc trocken

Eine vielschichte, feinwürzige Nase: mit Noten von Kreuzkümmel, Holunderblüte, roter Stachelbeere. Im Mund ganz rund und schmelzig, leicht viskos, feingliedrige Säure, recht präsente Süße, gute Aromatik, betont milder Gaumen, völlig in sich geschlossen. 12 Vol.-%, DIAM, €

91 2018 »S« Nittel Leiterchen Spätburgunder trocken

Konzentrierte und würzige Nase mit reifer Kirsche, Cassis, Wacholderbeere und präsentem Eichenholz. Dichter Burgunder mit viel Würze, Frucht und auch Lebendigkeit, der kräftige Körper wird von einer reifen Säureader durchzogen, prägnantes Tannin, noch jung. 13,5 Vol.-%, NK, €€

90 2018 Nittel Leiterchen Pinot Noir & Cabernet Sauvignon trocken

Zeigt den Charakter beider Rebsorten in der Nase: Cassis und Kirsche, auch feines Pinotparfum und Holzwürze. Lebendige Säure am Gaumen, würzig und mit reifem, präsentem Gerbstoff, kräftiger Bau, elegant und auch markant. Gelungene Liaison, zu Fleisch. 13,5 Vol.-%, NK, €€

89 2019 Nittel Blümchen Chardonnay trocken

89 2018 Crémant brut

Eine komplexe und intensive Burgunderfrucht, kleine rote Beeren, pfeffrige Kalkaromen. Und auch etwas tropische Frucht, Ananas. Präsente Süße, Schmelz und Stoff in guter Harmonie, reife Säure, mittelfeines Mousseux, ein gehaltvoller und harmonischer Sektgenuss. 12,5 Vol.-%, DIAM, €€

★ ★ ★

ERBEN VON BEULWITZ

Eitelsbacher Weg 4, 54318 Mertesdorf
T: +49 (651) 95610, info@von-beulwitz.de
www.von-beulwitz.de

Ab-Hof-Verkauf: Mo bis So 8–20 Uhr
Kellermeister: Herbert Weis
Ansprechpartner: Herbert Weis
Flaschen/Hektar: 50.000 (95 % weiß, 5 % rot)/8 ha

Da wir die Weingüter stets ermutigen, uns auch etwas Gereiftes vorzustellen, hat uns Herbert Weis dieses Jahr eine 2005er Auslese aus dem Kaseler Nies'chen zur Verkostung geschickt: ein Wein, der die Glorie reifen Ruwer-Rieslings aufs Schönste ins Glas bringt und uns ermahnt, nicht zu früh ranzugehen an die Flaschen im Keller. Überzeugen konnten indes auch die neuen Weine, mit dem Nies'chen Im Taubenberg von 2019 an der Spitze, einem völlig auf den Schiefer fokussierten trockenen »Großen Gewächs«. Zum Weingut gehören auch das Hotel Weis und dessen Restaurant »Vinum«.

93 2019 »Großes Gewächs« Kasel Nies'chen Im Taubenberg Riesling trocken
Im Duft stark auf die Mineralität fokussiert, viel Schiefer, nur wenig (aber doch etwas) Gelbfrucht. Im Mund getragen und voll, feine Substanz, ganz nahtlos mit dem Körper verbundene Säure, auch die Süße ist völlig verschmolzen mit dem seidigen Extrakt. Superb! 12 Vol.-%, NK, €€

92 2019 »Großes Gewächs« Kasel Nies'chen Auf den Mauern Riesling trocken
Etwas Überreife im Duft, Aprikose, Rosine, Panettone. Im Mund sehr präsent, zarte Phenole, geschmeidiger Fond, salzige Noten, rund mit Tiefgang, Süße und Säure harmonieren zueinander, gute Körperfülle, aber auch Bündelung. 13 Vol.-%, NK, €€€

93 2005 »Alte Reben« Kasel Nies'chen Riesling Auslese
Dottergelbe Farbe, köstlich gereifte Nase nach weißen Beeren und auch gebranntem Zucker, im Mund fast wie Rauchtee mit frischer Säure und eleganter Süße, auch wie eingelegter Kürbis, ungemein vielschichtig, spannend, reif, aber nicht alt. 7 Vol.-%, NK, €€€

92 2019 »Alte Reben Faß Nr. 4« Kasel Nies'chen Riesling Auslese ***
Schöne helle goldgelbe Reflexe im Glas, weiche Nase wie kühler Tau am Morgen mit zarten Kräutern, im Mund eine elegante Süße mit feinen Crème-brûlée-Noten und einer saftigen, lange anhaltenden, frischen Säure im Nachhall, sehr animierend! 8,5 Vol.-%, NK, €€€

90 2019 Kasel Nies'chen Riesling Spätlese feinherb

89 2019 Kasel Nies'chen Im Steingarten Riesling Spätlese trocken

88 2019 Kasel Nies'chen Riesling Kabinett feinherb

88 2018 Weißburgunder trocken

88 2019 Riesling trocken

90 2019 »Alte Reben Faß Nr. 6« Kasel Nies'chen Riesling Spätlese

88 2019 »Faß Nr. 8« Kasel Nies'chen Riesling Kabinett

91 2019 Kasel Kehrnagel Riesling Spätlese trocken Fass Nr. 14
Pfirsich, Aprikose, duftig und fruchtig. Auch mineralwürzig mit jodigen Untertönen. Am Gaumen seidig und fein ziseliert, die Süße ist wunderbar in den Bau integriert, die reife Säure trägt die Frucht, ein harmonischer, inhaltsreicher Lagenwein. 12 Vol.-%, NK, €€

★★

WEINGUT BLESIUS

Hauptstraße 75, 54470 Graach
T: +49 (6531) 2227, weingut@blesius.com
www.weingut.blesius.com

Ab-Hof-Verkauf: Mo bis Sa 10–18 Uhr und nach Vereinbarung
Kellermeister: Florian Blesius
Ansprechpartner: Florian Blesius
Hektar: 5 ha

Das Weingut lässt sich bis zum Jahr 1750 zurückverfolgen. Doch Familie Blesius blickt nach vorn: »Herkunft hat Zukunft«, so schreibt sie uns, sei ihr Motto. In der Tat: Wenn die Herkunft so privilegiert ist, wie es die Steillagen Graachs und Bernkastels sind: Wie könnte man dann an diesem Glaubenssatz etwas Falsches finden? Von einer viereinhalb Hektar großen Rebfläche erzeugt Florian Blesius Rieslinge mit Saft und Frische. Weine, die nicht verkopft sind und Lust auf den nächsten Schluck machen – wie etwa der Graacher Ortswein »Tacheles«, der unser Falstaff-Tipp ist.

91 2019 »BB« Graach Himmelreich Riesling
Schöne animierende Farbe im Glas, eine feine frische Frühlingsnase weht heraus, zarte weiße Blüten, im Mund erfrischend und zugleich auch ölig, opulent und lange anhaltend, ohne satt zu machen, langer mineralischer Nachhall mit köstlicher Süße. 13 Vol.-%, NK, €€

90 2019 »BB« Graach Domprobst Riesling tr.
Sehr schöne, auffallend goldgelbe Farbe. Duftig und mollig in der Nase, beginnt bereits sich zu entwickeln, Herbstblumen. Am Gaumen mineralisch und saftig, dezente Süße, eine feine Adstringenz macht den kraftvollen Wein zu einem guten Speisenbegleiter. 13,5 Vol.-%, NK, €€

90 2019 Graach Domprobst Riesling trocken
Schöne goldgelbe Farbe. In der Nase ein feiner Blütenduft, leicht gebrannte Mandeln, schieferwürzig und frisch. Im Mund eine kräftige und markante Säure, die von einem zarten Schmelz und passender Süße abgepuffert wird. Saftiger Nachhall guter Länge. 13 Vol.-%, NK, €

92 2019 Graach Domprobst Riesling Spätlese
Zuerst im Glas etwas duftarm, dann kommen langsam Zitrusnoten zum Ausdruck, auch Zitronenmelisse. Im Mund dann eine köstliche Frische und fast prickelnde Säure, die sich perfekt mit der Süße paart, der Wein zeigt sich ungemein saftig mit Tiefe, herrliches Spiel. 8,5 Vol.-%, NK, €

89 2019 Graach Himmelreich Riesling Kabinett

90 2019 »Tacheles« Graach Riesling feinherb
So rebellisch, wie das mit einer Karikatur versehene Etikett vermuten lässt, ist dieser Wein zwar nicht. Aber ein gelungenes Tröpfchen ist er schon: ungemein trinkiges Weinvergnügen, frisch und saftig, die feine, zarte Süße unterstützt den Körper und macht Lust auf mehr! 11 Vol.-%, DV, €

★★

WEINGUT RICHARD BÖCKING

Schottstraße 12–14, 56841 Traben-Trarbach
T: +49 (6541) 9385, riesling@weingut-boecking.de
www.weingut-boecking.de

Ab-Hof-Verkauf: Mo bis Fr 8.30–12.30 Uhr
Kellermeister: Philipp Buchkremer
Ansprechpartner: Sandra Weber-Westphal
Hektar: 7 ha

Riesling ist das, wofür wir seit Generationen an der Mosel leben und arbeiten«, schreibt das Weingut Böcking mit Kellermeister Philipp Buchkremer. Die sieben Hektar Rebfläche verteilen sich hauptsächlich auf die Trarbacher Spitzen- und Steillagen Ungsberg, Burgberg, Schlossberg und Taubenhaus, wo nur Handlese möglich ist. Gerade der Riesling aus dem Ungsberg belegt das große Potenzial dieser Lagen mit Eleganz, mineralischer Tiefe und beinahe burgundischer Anmut. Der feinherbe Riesling Taubenhaus zeigt das typische filigrane Spiel von Süße und Säure. Da schenkt man gerne nach.

92 2018 Trarbach Ungsberg Riesling trocken
Apfel, Minze und Steinobst in der sich langsam öffnenden Nase, Zitronenmelisse. Weich ansetzend am Gaumen mit fein zieselierter Säure und samtiger Eleganz, auch stoffig und phenolisch geschichtet, zeigt mit Luft beinahe burgundische Anmutung und mineralische Tiefe. 13,5 Vol.-%, NK, €€€

91 2018 Trarbach Burgberg Riesling trocken
In der Nase Aprikose, feiner Rauch, Lakritze und Karamell. Im Mund mit guter Dichte und gutem Extrakt kräftig gebaut, strukturgeprägt und mit mineralischem Flair, wirkt durch den Barriqueausbau fest und noch verschlossen, braucht Zeit, um sein großes Potenzial auszureizen.
13,5 Vol.-%, NK, €€

90 2018 Trarbach Schlossberg Riesling halbtrocken
Reife und würzige Nase, reifer Pfirsich, Apfel, Blüten, auch etwas Ananas und Holznoten, Lorbeerblatt. Am Gaumen mit feiner phenolischer Schichtung, schlank und fest gebaut, saftig, würzig und abgerundet, die schiefermineralische Tönung sorgt für Akzente. 11,5 Vol.-%, NK, €€

89 2018 Spätburgunder Rosé trocken
Riecht nach Waldfrüchten, Erd- und Himbeere, auch Muskatblüte und Vanille. Am Gaumen saftig und weich, die milde Säure fügt sich gut ein, fest in seiner Struktur, nicht zu süße, feine Salzigkeit und Würze. Für die Terrasse und zu Vorspeisen, kulinarisch vielseitig. 12 Vol.-%, DV, €

88 2019 Pinot Blanc trocken

89 2018 Trarbach Taubenhaus Riesling feinherb
Apfel in der Nase, Mirabelle und Limettenschale, auch Noten aus dem Kräutergarten. Ein fröhlich fließender Riesling mit lebendiger Säure und guter Frische, fein abgerundet durch die fruchtige Süße, wieder Kräuter und Zitrusnoten, auch herbe und mineralische Noten. 11 Vol.-%, DV, €

WEINGUT BOLLIG

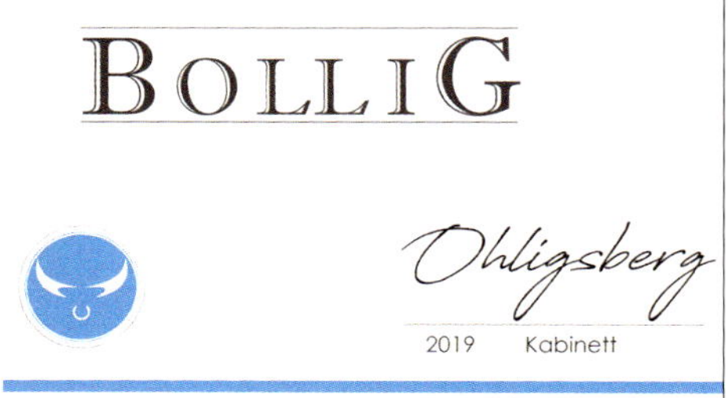

Am Triesch 4, 54487 Wintrich
T: +49 (152) 33897472, post@bollig-weingut.de
www.bollig-weingut.de

Ab-Hof-Verkauf: nach Vereinbarung
Kellermeister: Lukas Bollig
Ansprechpartner: Lukas Bollig
Flaschen/Hektar: 30.000 (90 % weiß, 10 % rot)/4 ha

Das Weingut Bollig baut in und um Wintrich dreieinhalb Hektar Reben an, die besten Weine kommen aus der warmen Steillage Ohligsberg. Neben Riesling werden auch Weiß- und Spätburgunder kultiviert, auch Chardonnay soll künftig eine Rolle spielen. Lukas Bollig hat erst 2018 das Weingut seines Onkels übernommen. »Für mich steht die Fokussierung auf die Herkunftsprägung der Weine im Vordergrund«, schreibt uns der junge Winzer. Und das schmeckt man jetzt schon in seinen ungekünstelten und feinwürzigen Rieslingen, die von Schiefermineralität und Holzfudern erzählen. Da hören wir gerne zu.

89 2019 »Urgestein« Riesling trocken
Holzaromen mengen sich mit reifer Aprikose, auch Kumquats. Am Gaumen zeigt sich zunächst süße, saftige Frucht, die Platz einnimmt und mit der reifen Säurestruktur harmoniert. Dahinter baut sich in einer schlanken, festen Struktur vielschichtiger Gehalt auf, Potenzial. 12 Vol.-%, DV, €

89 2018 »Kreuz« Weißburgunder trocken
Reifer Apfel in der Nase, auch Steinobst, Mandarine und Kräuterbeet, leichte Röstaromen. Am Gaumen mit gut dosierter Kraft fest und bündig gebaut, hat Dichte und Spannung, auch Saft und fruchtige Eleganz. Aus einem Guss, macht solo Freude und bei Tisch. 12,5 Vol.-%, DIAM, €

89 2019 »Urgestein« Riesling feinherb
Typischer Duft nach reifem gelbem Steinobst, Weinbergpfirsich und warmen Schiefer, auch sommerliche Kräuter im Weinberg. Im Mund ein schönes Spiel von Frucht, Süße und Säure, auch feine Würze und Mineralität, schlank gebaut und doch von guter Intensität. Jung. 11 Vol.-%, DV, €

90 2019 Wintrich Ohligsberg Riesling Auslese
Mandarine und reifer Apfel in der Nase, Aprikose, auch etwas Papaya und Guave. Die kräftige Säure sorgt für Betrieb in einer entspannten und fülligen Textur, mittlere Spannung, weicher Fluss von süßem Saft und Säure, charmant und mit feiner Mineralwürze. 8 Vol.-%, DIAM, €€

89 2019 Wintrich Ohligsberg Riesling Kabinett

89 2019 »Tradition« Riesling trocken
Riecht nach gelbem Apfel, Mandarine, Zitronengras und Kräutern. Im Mund macht er seinem Namen alle Ehre: fruchtig, präsente Säure, schönes Spiel der beiden Elemente, würzig und präsent, schlank gebaut und mit feiner phenolischer Herbe. So macht Tradition Spaß. 12,5 Vol.-%, DV, €

★★★★★

WEINGUT CLEMENS BUSCH

Kirchstraße 37, 56862 Pünderich
weingut@clemens-busch.de
www.clemens-busch.de

Ab-Hof-Verkauf: ja
Kellermeister: Johannes und Clemens Busch
Ansprechpartner: Clemens Busch
Flaschen/Hektar: 12.000 (100 % weiß)/16 ha

Über die trockenen Weine, die Clemens Busch und sein Sohn Johannes erzeugen, muss man kaum noch Worte verlieren: Man kann blind hineingreifen ins Sortiment und hat einen Wein von außergewöhnlicher Tiefe vor sich, von präzise ausgearbeitetem Parzellencharakter und mit einem Reifepotenzial, das die Delikatesse für Jahre und Jahrzehnte festhalten wird. Wir möchten dieses Jahr aber auch ganz besonders auf die fruchtigen und edelsüßen Weine hinweisen, die mühelos auf dem Niveau der trockenen mitspielen. Dabei sind diese angesichts ihrer großen Klasse ausgesprochen preiswert.

97 2018 Pündericher Marienburg Fahrlay Terrassen GG Riesling
Warmer Schiefer und Feuerstein in der Nase, reife Aprikose, Kräuter, etwas Schwarztee und Tang. Zunächst zugänglich mit feiner Süße, Schicht für Schicht bauen sich Komplexität, Typizität und Charakter auf. Feine Phenolik, die sich erhaben steigert, großes Format. 13,5 Vol.-%, NK, €€€

97 2018 Pünderich Marienburg Raffes Riesling
Sehr balsamisch im Duft und filigran schieferwürzig. Roter Apfel, Blütenhonig. Im Mund mit großem Volumen, viel Druck aber zugleich auch ungemein sachte, feinste Phenole, zart süß unterlegte Substanz, rosinenartige Aromen, lang, tief, rund, eine Wonne. 13,5 Vol.-%, NK, €€€€

96 2017 »Reserve« Pünderich Marienburg Rothenpfad Riesling trocken
Ein Griff in die Gewürzkiste, Curry Anapurna, Weihrauch, dann auch frischfruchtig: Ananas. Im Mund straff und vertikal, festes Säurerückgrat, dezenter Schmelz, keine isolierte Süße, intensiv mineralisch und sehr hintergründig, und immens jung. 12,5 Vol.-%, NK, €€€

96 2019 »Goldkapsel« Pünderich Marienburg Riesling Auslese
Feinwürzig, delikate Botrytis, nachgerade staubige Schiefernoten, feuchter Asphalt, große Dichte am Gaumen, elektrisierende Säure, defensiv bleibende Süße, sehr intensive Mineralität, fast schmerzhaft eindringlich in der Gaumenmitte. 7,5 Vol.-%, NK, €€€

96 2018 Pünderich Marienburg Felsterrasse Riesling

96 2018 Pünderich Marienburg Falkenlay Riesling GG

95 2018 Pünderich Marienburg Fahrlay Riesling GG

94 2018 Pünderich Marienburg Rothenpfad Riesling GG

94 2017 »Reserve« Pündericher Marienburg Fahrlay Riesling trocken

93 2018 Pünderich Marienburg GG Riesling

93 2019 Pünderich Marienburg Riesling Kabinett

95 2019 »Goldkapsel« Pünderich Marienburg Riesling Spätlese
Balsamisch im Duft mit zurückhaltender Gelbfrucht und etwas Dörrfeige, aber auch Kräuter. Im Mund mit einer molligsüßen und geschmeidigen Verpackung um einen eisenharten Kern aus taktiler Mineralität und konzentrierter Säure. Potenzial für 20 Jahre oder länger. 7,5 Vol.-%, NK, €€€

C.A. HAUSSMANN

Bernkasteler-Weg 15, 56841 Traben-Trarbach
T: +49 (6541) 1543, weingut@ca-haussmann.de
www.ca-haussmann.de

Ab-Hof-Verkauf: Nach Vereinbarung
Kellermeister: Karsten Schwaab
Ansprechpartner: Stefan Stassen
Hektar: 5 ha

Es kommt nicht häufig vor, dass ein ehemaliger Lehrling ein Weingut übernimmt: Stefan Stassen erwarb 2014 das Weingut C.A. Haussmann, das auf eine Weinbautradition seit 1559 zurückblicken kann. Dort hatte er 1982 seine Winzerlehre absolviert. Die fünf Hektar Rebfläche verteilen sich auf die Traben-Trarbacher Lagen Taubenhaus, Königsberg, Kräuterhaus und Würzgarten sowie den Ürziger Würzgarten. Eindruck hinterlassen vor allem die trockene Auslese »Schieferjuwel« mit viel mineralischer Würze und die edelsüße Auslese »Schieferjuwel« mit großzügigem Ausdruck. Gutes Debüt!

90 2019 »Schieferjuwel« Traben-Trarbach Kräuterhaus Riesling Auslese trocken
Kräutrige und würzige Noten in der etwas verschlossenen Nase, Hefe, Apfelschale und Hagebutte, auch reifes Steinobst. Saftig und mit gut dosierter Fruchtsüße am Gaumen, reife Säurestruktur, etwas Ananassaft, viel Inhalt in einem schlanken und mineralwürzigen Format. 13 Vol.-%, DV, €€

89 2019 Traben-Trarbach Taubenhaus Riesling Spätlese feinherb
Sehr zarte Nase nach Aprikose und Weinbergpfirsich, Heu und Getreide, fein nach Zuckerstange und weißen Blüten. Am Gaumen mit viel Saft, einer klaren Süße mit zarter Säure und positiv feinherben Anklängen, die animierend wirken und zum nächsten Schluck anregen. 11,5 Vol.-%, DV, €

88 2019 »Kayser Wingert Alte Rebe« Traben-Trarbach Würzgarten Riesling Kabinett tr.
Reifer Apfel und Zitrusfrucht in der Nase, Kräuter und steinige Noten. Schlank gebauter Riesling, der mit seiner filigranen Struktur das Prädikat Kabinett verdient, saftig und mit Fruchtsüße, die mit der frischen Säure gut korrespondiert. Feine Würze im Ausklang. 11 Vol.-%, DV, €

91 2019 »Schieferjuwel« Traben-Trabach Kräuterhaus Riesling Auslese
Feine Nase nach blondem Pfeifentabak, Steinobst, Klee und Hopfen, am Gaumen eine zarte Süße mit saftiger Säure, frisch und leicht mollig mit gutem Trinkfluss. Schöner, fast markanter Nachhall mit Noten von kühlen Kieselsteinen. Großzügig und stilvoll. 8 Vol.-%, NK, €€

88 2019 »Club Rosé« trocken

89 2019 »Schieferjuwel« Riesling trocken
Kräutrig in der Nase, in der sich Apfel und Steinobst sowie schiefrige Würze zeigen. Im Mund mit reifer und saftiger Säure schlank gebaut, feines Spiel von Süße und Säure, wieder steinige Noten und auch phenolischer Eintrag, zeigt seine Herkunft auf unaufgeregte Art. 12 Vol.-%, DV, €

★

WEINGUT CASPARI-KAPPEL

Am Steffenberg 29, 56850 Enkirch
T: +49 (6541) 6348, info@caspariwein.de
www.caspariwein.de

Ab-Hof-Verkauf: ja
Kellermeister: Uwe Jostock
Ansprechpartner: Nico Caspari und Uwe Jostock
Flaschen/Hektar: 85.000 (90 % weiß, 10 % rot)/12 ha
Anbauweise: Biologisch zertifiziert

Hinter dem Weingut Caspari-Kappel in Enkirch stehen Nico Caspari und Uwe Jostock, der als Kellermeister auch für den Ausbau der Weine verantwortlich ist. Auf zwölf Hektar Schieferböden in besten Lagen wie Enkircher Ellergrub, Enkircher Monteneubel oder Trabener Gaispfad werden vor allem Rieslinge, aber auch Weißburgunder und Roséweine erzeugt. »Wir stehen für animierende Bioweine von den steilsten Hängen der Mosel. Dabei steht der Terroirgedanke im Mittelpunkt unserer Philosophie«, schreibt uns das Weingut. Das wird durch die anspruchsvolle Kollektion eindrucksvoll unterstrichen!

91 2019 Enkirch Ellergrub Riesling Spätlese tr.
Reife Aprikose und Nektarine in der Nase, auch roter Apfel und Zitronenabrieb. Am Gaumen saftig und mit feiner Frucht, gute Komplexität, im kräftig gefassten Körper treffen reife Säure auf guten Extrakt, tiefgründigen Charakter und Schieferwürze. Viel Substanz und Charme. 13 Vol.-%, NK, €€

90 2019 Enkirch Monteneubel Riesling Spätlese feinherb
Lichte hellgrüne Reflexe im Glas, anfänglich duftarm, dann entwickeln sich rauchige Noten mit Grafit und Blütenwiese, kühl im Duft, im Mund anfänglich zart und fast weich, dann dicht und mollig, ein facettenreicher Wein mit gut integrierter Süße. 12,5 Vol.-%, NK, €€

91 2019 »von alten Reben« Traben Gaispfad Riesling Spätlese
Blitzblanker Wein mit Noten von weißem Honig und Mirabellen in der Nase. Im Mund eine köstliche Paarung von Süße mit frischer Säure, die Mirabellen setzen sich auch im Geschmack fort, der knackige Eindruck bleibt lange erhalten. Frisch und elegant zugleich. 8,5 Vol.-%, NK, €€

91 2019 Enkirch Steffensberg Riesling Auslese
Fließt glitzernd mit hellgrünen Reflexen ins Glas, zarte Rauchnoten und weiße Blüten in der Nase, im Mund dann eine runde Saftigkeit, eingebettet in frischer animierender Säure, fein ausgewogen mit guter Balance und leicht mineralisch. 7 Vol.-%, NK, €€€

89 2019 »100« Traben Gaispfad Riesling Spätlese feinherb

89 2019 Riesling Kabinett trocken
Feine Nase mit Aromen von Apfel, Zitrusfrucht und Nektarine, auch Wiesenkräuter. Am Gaumen mit schlankem Bau und einer Balance, die vom Süße-Säure-Spiel geprägt wird, die lebhafte Säure ist präzise. Wieder Apfel und Gelbfrucht, feine Mineralität vom Schieferboden. 12,5 Vol.-%, DV, €

★★★★

WEINGUT ANSGAR CLÜSSERATH

Spielesstraße 4, 54349 Trittenheim
T: +49 (6507) 2290, weingut@ansgar-cluesserath.de
www.ansgar-cluesserath.de

Ab-Hof-Verkauf: nach Vereinbarung
Kellermeister: Eva Clüsserath-Wittmann
Ansprechpartner: Eva Clüsserath-Wittmann
Hektar: 5 ha

Schon der Gutsriesling »Vom Schiefer« brachte auch die berufsbedingt Zurückhaltenden in der Verkostungsgruppe zum Schwelgen: Was dieser laserschlank gebündelte Wein anbietet, ist mitreißend – und er kostet keine zehn Euro! Es ist eine famose Kollektion von Eva Clüsserath-Wittmann, die fünf Hektar Steillagen in und um Trittenheim kultiviert und dabei gekonnt die verschiedenen Spielarten des Rieslings herausstellt: von animierend, schieferwürzig, tiefgründig bis zur spannungsreichen und köstlichen Noblesse der Auslese aus der Trittenheimer Apotheke. Das ist Weltklasse!

93 2019 Trittenheim Apotheke Riesling tr.

Noch verschlossene Nase mit etwas Hefe, Zitrusfrucht, Kräutern und heißem Stein. Im Mund mit reifem, süßlichem Steinobst, straffer Zug, gute Verdichtung und Konzentration in einem schlanken Format, prägende Mineralität, wird sich gut und lange entfalten. 12 Vol.-%, NK, €€€

92 2019 »Steinreich« Riesling trocken

Auf Primärfrucht kommt es hier nicht groß an, feine Holzwürze und viel Schieferwürze, etwas Pfirsich und Apfel, zitrische Anklänge. Am Gaumen zunächst saftig, weich und mit Salzzitrone, dann gute Verdichtung mit phenolischer Schichtung, mineralisch durchdrungen. 11,5 Vol.-%, NK, €€

92 2019 Trittenheim Apotheke Riesling Kabinett

Klares, helles Gelb mit leicht grünlichen Reflexen. In der Nase viel Kräuterwürze, Limonenzeste, Gesteinsmehl. Am Gaumen Spannung, Würze und Balance, reife Zitrusfrüchte, getragen von feiner Mineralik, gute Struktur und Länge, exzellent gelungen. 8,5 Vol.-%, DV, €€

95 2019 Trittenheim Apotheke Riesling Auslese

Klares, mittleres Gelb. In der Nase Blütenhonig, kandierte Orange, Kräuterwürze, heißer Stein, reichhaltig. Am Gaumen Spannung und Rasse, süßer Limettensaft, mineralischer Zug, dicht, kraftvoll, aber voller Eleganz. Tolle Länge, großes Potenzial, köstlich. 8,5 Vol.-%, NK, €€€

92 2019 Trittenheim Apotheke Riesling Spätlese

91 2019 »Vom Schiefer« Riesling trocken

Apfel, Lindenblüten, Mirabelle und feine Holznote. Am Gaumen schlank gefasst, mit trefflicher Klarheit und Geradlinigkeit, saftig, laserschlank gebündelt und dabei intensiv, frisch, Salzzitrone, adstringierend, den nächsten Schluck fordernd, schiefermineralisch. Wow! 11 Vol.-%, DV, €

★★★

WEINGUT MARTIN CONRAD

Moselweinstraße 133, 54472 Brauneberg
T: +49 (6534) 9398 0, info@martinconrad.de
www.martinconrad.de

Ab-Hof-Verkauf: nach Vereinbarung
Kellermeister: Martin Conrad
Ansprechpartner: Martin Conrad
Hektar: 6 ha

Sehr stark! Martin Conrad hat uns trockene und feinherbe Weine vorgestellt, die mit seidigem Extraktreichtum und ruhiger Ausgeglichenheit bestechen. Den Grand-Cru-Status der Brauneberger Lagen bringt Conrad auf genussvolle Weise zum Ausdruck. »Schiefer«, schreibt der Winzer uns dazu, »das ist der Stoff, der unseren Weinen Charakter gibt.« Mit dem Jahrgang 2019 begann das Weingut die Umstellung auf Biostandard, ab dem Jahrgang 2022 werden die Weine dann zertifiziert sein. Wir sind gespannt auf die weitere Entwicklung, auf diesem Niveau ist ein vierter Stern in Reichweite.

94 2019 »Goldkapsel« Brauneberg Juffer Riesling trocken
Etwas Holz und reife, klare Gelbfrucht. Kräuter. Brenzlig-mineralische Untertöne. Im Mund dicht und druckvoll, leicht viskos aber auch mit festem Säurenerv und mit sehr feinen Phenolen, wie aus einem Guss, sehr mineralisch, noch immens jung. 13 Vol.-%, NK, €€

94 2018 »GG« Brauneberg Juffer Riesling tr.
Mandarine, Apfel. Schieferwürze. Im Mund seidig und geschmeidig, ganz mollig grundiert, viskos, feinste Phenole, reife, ganz nahtlos mit dem Körper verschmolzene Säure, intensive und lange anhaltende taktile Mineralität, subtile Fülle. 13 Vol.-%, NK, €€€

93 2019 »GG« Brauneberg Juffer-Sonnenuhr Riesling trocken
Intensiv gelbfruchtig, kräuterwürzig. Schiefer. Im Mund mit großem Spannungsbogen, knackig dicht, feste Säure, komplett trocken und unverkitscht. Zum Kauen dicht, fast schon adstringierend. Packender Extrakt. Intensive Mineralität. 13 Vol.-%, NK, €€€

93 2019 »Goldkapsel« Brauneberg Juffer Sonnenuhr Riesling Auslese
Klares, sattes Gelb. In der Nase pikante Würze, reife Zitrusfrucht, Papaya, Mango, mineralische Würze. Am Gaumen griffige Säure, reicher Fruchtextrakt, Orange, etwas heller Honig, dicht gewoben, schöne Länge. Elegant und klar, kontemplativer Genuss. 8 Vol.-%, NK, €€€

93 2019 »GG« Brauneberg Juffer Riesling tr.

92 2018 »Goldkapsel« Brauneberg Juffer Riesling feinherb

92 2018 »Alte Reben« Veldenz Kirchberg Riesling trocken

91 2019 »Alte Reben« Veldenz Kirchberg Riesling trocken

91 2019 »Goldkapsel« Brauneberg Juffer Riesling feinherb

91 2018 »GG« Brauneberg Juffer Sonnenuhr Riesling trocken

90 2019 Brauneberg Juffer Riesling trocken

91 2019 »Conradus« Riesling Kabinett
Schieferwürzig, brenzlig, rauchig, ganz aufs Gestein fokussiert. Im Mund mit archetypischer Kabinettrassigkeit, knackige Säure, gut integrierte Süße, pikante Anmutung, sehr gute Dichte, zuletzt taktilmineralisch, nachgerade trinkanimierend. 9 Vol.-%, DV, €€

★★★★

WEINGUT FORSTMEISTER GELTZ-ZILLIKEN

Heckingstraße 20, 54439 Saarburg
T: +49 (6581) 2456, info@zilliken-vdp.de
www.zilliken-vdp.de

Ab-Hof-Verkauf: ja
Kellermeister: Hans-Joachim und Philipp Zilliken
Ansprechpartner: Dorothee Zilliken
Flaschen/Hektar: 80.000 (100 % weiß)/13 ha

Wir ziehen den Hut vor Dorothee Zilliken, die im sympathischen Saarburger Familienbetrieb die Reiseflughöhe hält und das Sortiment sogar behutsam weiterentwickelt. Letztes Jahr durften wir eine Trockenbeerenauslese verkosten, die man kaum anders als mit 100 Punkten bewerten kann. Dieses Jahr hat uns der Gutsriesling verblüfft: Ein Wein mit so viel Rasse und Klasse würde mühelos als Orts- oder Lagenwein durchgehen. Auch das erstmals im Reservestil mit 18 Monaten Hefelager produzierte GG aus der Parzelle »Auf der Rausch« hat mit Bravour überzeugt: wahrhaft subtil!

94 2019 Saarburg Rausch Riesling GG
Klar gefasste Nase mit Aprikose, Pfirsich und Mirabelle, auch dezente Würze. Zeigt sich im Mund mit Saft und süßlicher Frucht, ganz klar im Ausdruck, gute Balance, die Säure ist reif und delikat, in Nuancen und unaufgeregt zeigen sich Mineralität und Format. 12 Vol.-%, NK, €€€

94 2018 Saarburg Auf der Rausch Riesling GG
Klares, helles Gelb. In der Nase rassige Mineralik, Gesteinsmehl, Pfirsichblüte, Limone, vielschichtig und frisch. Am Gaumen saftige Zitrusfrucht, feine Phenole, balanciert und dicht, mineralischer Zug, ausgewogene Säure, Eleganz und Kraft, Potenzial! 11 Vol.-%, NK, €€€€

93 2019 Saarburg Rausch Riesling Auslese
Klares, mittleres Gelb. In der Nase Blütenhonig, Rosinen, Datteln, Würze aus dem Kräutergarten, reife Zitrusfrüchte, reichhaltig. Am Gaumen balanciert, druckvoll, reife Säure, Pfirsichnektar, mineralischer Zug, sehr dichte Struktur, große Länge. Potenzial für Jahrzehnte. 8 Vol.-%, NK, €€€€

93 2019 Saarburg Rausch Riesling Spätlese
Klares, mittleres Gelb. In der Nase sehr reife, helle Frucht, etwas Blütenhonig und getrocknete Aprikosen. Am Gaumen druckvolle Spannung, Schmelz, Pfirsich und Madarine, mineralisch unterlegt, sehr fein gewoben, tolle Länge, viel Potenzial. 8 Vol.-%, NK, €€€

92 2019 »Alte Reben« Saarburg Riesling tr.

91 2019 Saarburg Riesling trocken

90 2019 »Butterfly« Riesling feinherb

89 2019 Saarburg Riesling feinherb

91 2019 Saarburg Riesling Kabinett

91 2019 Ockfen Bockstein Riesling Kabinett

90 2019 Saarburg Rausch Riesling Kabinett

91 2019 Riesling trocken
Sehr klar und aufgeräumt im Duft, zitrisch, dezente Schiefernoten, Calendula. Im Mund saftig, säurefrisch, ganz delikat und feinsinnig, aber auch mit fester Saar-Rieslingart, ungemein ausgewogen und nuancenreich, frisch, deliziös. 12 Vol.-%, DV, €€

★★★

WEINGUT REINHOLD FRANZEN

Gartenstraße 14, 56814 Bremm
T: +49 (2675) 412, info@weingut-franzen.de
www.weingut-franzen.de

Ab-Hof-Verkauf: nach Vereinbarung
Kellermeister: Kilian Franzen
Ansprechpartner: Kilian und Angelina Franzen
Flaschen/Hektar: 80.000 (98 % weiß, 2 % rot)/10 ha

Der Bremmer Calmont, Europas steilster Weinberg, ist das Habitat von Angelina und Kilian Franzen. Dass die beiden mit dem monumentalen Berg umgehen können, war schon klar, als sie die Falstaff-Jury 2018 zu »Newcomern des Jahres« wählte. Inzwischen hat das Paar nichts von seinem jugendlichen Elan eingebüßt, aber die Weine gewinnen an Abgeklärtheit und Feinschliff. Beispielhaft subtil ist die Parzellenselektion »Fachkaul«, die die Auflösung der für den Calmont typischen Reichhaltigkeit ins Ätherische vollbringt. Um in der gutseigenen Diktion zu bleiben: Die Begeisterung war sehr groß.

94 2018 Bremmer Calmont Fachkaul Riesling

Reife würzige Töne, aber auch noch reduktive Reste eines jugendlichen Zustands. Im Mund getragen und mollig mit weichem Fond und einer ganz ausladenden, großzügigen Struktur. Elegante, lange anhaltende Säure, mineralischer Extrakt, ein sehr ernsthafter Bau. 12 Vol.-%, NK, €€€€

93 2018 »Großes Gewächs« Bremm Calmont Riesling trocken

Einiges Neuholz, aber auch eine nuancierte Rieslingwürze, Curry, Kreuzkümmel, getrocknete Chilischote, Apfel und reife Nektarine. Im Mund nahtlos rund und mollig, Süße und Säure sind eins mit dem Körper, die Mineralität stützt, aber dominiert nicht. Hat Feuer! 12 Vol.-%, NK, €€€

92 2019 Neef Frauenberg Riesling trocken

Schieferwürzig im Duft, Gesteinsmehl, im Mund mit großem Volumen, aber auch mit viel Stoff und Druck, noch kompakt zusammengeballt, reife Säure und fruchtig begleitete Süße, ein sehr charaktervoller, die Wärme der Lage in Dichte umsetzender Wein. 12 Vol.-%, DV, €€

89 2019 »Der Sommer war sehr groß« Riesling trocken

Pfirsich im Duft, pfeffrige und balsamische Noten, ein Hauch Überreife, am Gaumen mit feinkörnigen Phenolen auf betont weichem Hintergrund, ein runder Fluss, der hefewürzig begleitet ist und Körperkraft und Mineralität zusammenführt. 12 Vol.-%, DV, €€

89 2018 »Zeit« Riesling

90 2019 »Quarzit Schiefer« Riesling trocken

Im Duft Feuerstein und Hefe, etwas Bergamotte. Im Mund mittelgewichtig mit präsentem Süße-Säure-Spiel, leicht reduktiv getönt, viel Saftigkeit und eine gute Balance, mit lange präsent bleibenden mineralischen Wahrnehmungen 12 Vol.-%, DV, €

★★

WEINGUT LEO FUCHS

Hauptstraße 3, 56829 Pommern
T: +49 (2672) 1326, wein@leo-fuchs.de
www.leo-fuchs.de

Ab-Hof-Verkauf: Mo bis Do 17–19, Fr 13–19, Sa 10–17 Uhr
Kellermeister: Ulrich und Bruno Fuchs
Ansprechpartner: Ulrich und Bruno Fuchs
Flaschen/Hektar: 80.000 (100 % weiß)/11 ha

Das Weingut Leo Fuchs ist eines der ältesten und traditionsreichsten Weingüter Pommerns an der Terrassenmosel, seit 1624 ist es in Familienhand und wird heute von Weinbauingenieur Ulrich Fuchs geführt. Auf elf Hektar entstehen in den markanten Steillagen der Region kraftvolle, fruchtbetonte Moselrieslinge, die sich geschmacklich gerne auf der etwas süßeren Seite des Spektrums bewegen. Uns gefällt, wie dabei hinter der Süße stets auch die Salzigkeit der Weine zutage tritt – der Schiefer der Mosel ist schmeckbar. Ein vinophiler Treffpunkt vor Ort ist die hauseigene Vinothek »Pomaria«.

91 2019 Pommern Zeisel Riesling Spätlese trocken
In der Nase Birne, etwas Gelbfrucht und Pfirsich, gehaltvoll und feinwürzig. Am Gaumen frisch mit klarem, feinsämigem Volumen. Konzentrierte Frucht, getrocknete Wildaprikose, Agrumenabrieb, viel Saft. Zuletzt immer fokussierter mit zitrisch-salzigem Säurezug. 12,5 Vol.-%, DV, €€

90 2018 »Großes Gewächs« Pommern Rosenberg Riesling trocken
Im Bukett recht tief, mit reifer und voller (Gelb-)Frucht. Auch süßer Apfel und gelbe Birne. Wärme und herbe Anklänge, ein kraftvoller Bau mit gut eingebundener Säure und präsenter, ja sogar betonter Süße, zuletzt dann Kräuterwürze im Nachhall. 14 Vol.-%, DV, €€€

90 2019 »Von Alten Reben« Klotten Brauneberg Riesling Auslese feinherb
Mineralische Würze im Duft, Schiefer, dazu ausgeprägt florale Nuancen, Orangenblüte, Zeste. Am Gaumen rund und reif, deutliche Süße, auch in den Aromen süß und gelbfruchtig, dezenter Säurezug. Im Abgang Noten von Bitterorange, Kumquat und herben Kräutern. 12 Vol.-%, DV, €€

92 2019 Pommern Zeisel Riesling Auslese
Hell und dabei tief in der Nase. Pfirsich, getrocknete Aprikose. Am Gaumen saftig mit sonnengereiftem Steinobst, Amalfizitrone, feinem Säurezug. Konzentriert, frisch mit feinem Spiel sonnensüßer Südfrucht und zitrischer Säure. 8,5 Vol.-%, DV, €€

89 2019 Pommern Rosenberg Gewürztraminer Auslese feinherb

91 2019 Pommern Rosenberg Riesling Spätlese feinherb
Feine Würze im Duft, etwas Mirabelle, gelbe Frucht, ein Hauch Orangeat und Kräuterwiese. Rund fließend am Gaumen, balancierte Süße, saftig mit Grip und Gleichmaß. Zuletzt steinig-mineralisch mit gut konzentriertem Zug und einem Aroma von Salzzitrone. 11 Vol.-%, DV, €€

★★

WEINGUT GEIERSLAY

Moselweinstraße 1, 54487 Wintrich
T: +49 (6534) 18211, Weingut-geierslay@t-online.de
www.geierslay.de

Ab-Hof-Verkauf: täglich 9–18 Uhr
Kellermeister: Max Kilburg
Ansprechpartner: Max Kilburg
Hektar: 15 ha

Im Familienweingut Geierslay in Wintrich dreht Max Kilburg, der 15 Hektar Rebfläche bewirtschaftet, ganz schön auf: Die Weißweine aus dem Jahrgang 2019 und die Rotweine aus 2018 ergeben zusammen die beste Kollektion, die der junge Kellermeister bisher vorgestellt hat. Im Vergleich zu den Vorjahren wirken die Weine eine Spur erwachsener und abgeklärter, sie sind insgesamt in sich stimmiger. Max Kilburg versteht sich auf fruchtige und edelsüße Rieslinge, er hat Gespür für Spätburgunder und der trockene Riesling aus dem Ohligsberg ist ein richtiges Statement und eine Aussicht auf das, was noch kommen könnte.

94 2019 Wintrich Ohligsberg Riesling trocken
Kühle Mineralik in der Nase, Gesteinsmehl und nasser Stein, Steinobst, weißer Pfirsich und Apfel, Schiefer. Straff und schlank gebaut mit guter Dichte, hat Spannung und Zug, phenolische Schichten, trocken und mit feiner Herbe, gute Balance, jung und talentiert. 12,5 Vol.-%, NK, €€

92 2017 Wintrich Ohligsberg Spätburgunder trocken
Vielschichtige Pinotnase mit Cassis, Kirsche, feiner Holzwürze, Salbei, Orangenblüte und Veilchen. Am Gaumen dicht und spannungsgeladen, mit gutem Extrakt und Balance der Elemente, kompakte Struktur, die Gerbstoffe sind präsent, der Schiefer bildet die würzige Grundlage. 12,5 Vol.-%, NK, €€

91 2019 »Alte Reben« Wintrich Riesling trochen
Riecht nach Steinobst, Weinbergpfirsich und Mirabelle, nach reifem Apfel, Schieferwürze und Wiesenblumen. Zeigt sich tiefgründig in einem schlank gefassten Körper, nasser Schiefer, würziger Apfel, phenolische Schichten, mineralisch und elegant, unaufgeregter Herkunftswein. 12 Vol.-%, DV/NK, €

92 2019 Piesport Goldtröpfchen Riesling Spätlese
Mittleres, klares Gelb. In der Nase belebende Zitrusfrucht, mineralisch unterlegt, Mandarine, Kräuterwürze, etwas Blütenhonig. Am Gaumen vibrierende Frucht, Zitrus, lebendige Säure, gute Balance, viel Spannung, dicht gewoben, endet lang und frisch. 7,5 Vol.-%, NK, €€

89 2019 Riesling trocken

89 2019 »Alte Reben« Wintrich Riesling feinherb

89 2018 »Sax« Spätburgunder trocken

89 2019 Spätburgunder Rosè trocken

88 2018 Spätburgunder trocken

90 2019 Piesport Goldtröpfchen Riesling Kabinett

90 2019 Wintrich Ohligsberg Riesling Kabinett

91 2019 »Alte Reben« Piesport Riesling tr.
Gelbfruchtiges Ambiente in der Nase, Weinbergpfirsich, Maracauja, Tee, deutliche Schiefernoten. Auch am Gaumen deutlich herkunftsgeprägt, man meint im warmen Schieferweinberg zu stehen, ausgeprägte Mineralität, Apfel und phenolische Herbe, Tiefe und Länge. 12 Vol.-%, DV/NK, €

★★★★

WEINGUT GRANS-FASSIAN

Römerstrasse 28, 54340 Leiwen
T: +49 (6507) 3170, weingut@grans-fassian.de
www.grans-fassian.de

Ab-Hof-Verkauf: ja
Kellermeister: Catherina Grans, Kilian Klein
Ansprechpartner: Catherina Grans
Hektar: 13 ha

Der Jahrgang 2019 mit seinen lebendigen Säuren lud zum Spielen ein – und Catharina Grans hat die Einladung dankend angenommen. Süße und Säure schaffen schon bei den GGs einen feinen Spannungsbogen – betont salzig beim Dhroner Hofberg, floral und getragen beim Piesporter Goldtröpfchen, würzig und dicht in der Trittenheimer Apotheke und reichhaltig gelbfruchtig in der Leiwener Laurentiuslay. Auch bei den frucht- und edelsüßen Weinen finden wir die Balance bestens getroffen, sodass wir ein zufriedenes Fazit ziehen können: Guter Jahrgang plus gute Winzerin macht gute Weine.

93 2019 Dhron Hofberg Riesling GG
Konzentrierte Frucht, Aprikose, auch gelbe Blüten und Würze, florale Noten, warmes Gewächshaus. Startet mit einer lebendigen und kultivierten Säure, leichte Salzigkeit, gute Substanz, reife gelbe Frucht, dazu phenolische Anklänge, weich und dicht, passt. 12,5 Vol.-%, NK, €€€

93 2019 Piesport Goldtröpfchen Riesling GG
Glockenblume in der Nase, Steinobst wie Pfirsich und Mirabelle, florale und würzige Noten. Am Gaumen mit pointierter und straffer Säure, die feine Extraktsüße ist gut eingebunden, phenolische Herbe, hat Substanz und gute Länge, gutes Potenzial. 12,5 Vol.-%, NK, €€€

93 2019 Trittenheim Apotheke Riesling GG
Klassische Moselnase, aber würziger und verdichteter, da zeichnet sich einiges ab. Zeigt die Opulenz und Großzügigkeit der Apotheke, aber auch die Stilistik, das Überbordende zu vermeiden. Gut balanciert und ein Mix aus Klassik und Moderne, der gut gelingt. 12,5 Vol.-%, NK, €€€

94 2019 »Goldkapsel« Trittenheim Apotheke Riesling Auslese
Gelb und Weißgold in der Farbe. In der Nase Sommerbirne, dazu Honigmelone, Würze, subtile Kräuter, fein. Am Gaumen reife Mispeln, kandierte Limettenschale, feine, dichte Süße. Attraktive Balance im Fluss. Sehr ausdrucksstark und lang, viel Potenzial. 8 Vol.-%, NK, €€€

92 2019 Leiwen Laurentiuslay Riesling GG

90 2019 Trittenheim Riesling Kabinett

90 2019 »Alte Reben« Leiwen Riesling trocken

89 2019 »Mineralschiefer« Riesling trocken

93 2019 Trittenheim Apotheke Riesling Spätlese

93 2019 Trittenheim Apotheke Riesling Auslese

89 2019 »Flussterrassen« Riesling
Aprikose und weißer Pfirsich im Duft, im Mund mit feinem Süße-Säure-Spiel, geschmacklich auf der trockeneren Seite des Spektrums »halbtrocken«, geschliffen und saftig mit guter Länge und deutlich mineralischen Wahrnehmungen zuletzt. 12 Vol.-%, DV, €

★★★

WEINGUT HAIN

Am Domhof 5, 54498 Piesport
T: +49 (6507) 2442, info@weingut-hain.de
www.weingut-hain.de

Ab-Hof-Verkauf: Mo bis Fr 9–18 Uhr
Kellermeister: Gernot Hain
Ansprechpartner: Gernot und Susanne Hain
Flaschen/Hektar: 80.000 (95 % weiß, 5 % rot)/10 ha

Manchmal ist es eben gut, wenn man sich auf eine Sache konzentriert – so wie Gernot Hain auf die Mosel Top-Lage Goldtröpfchen in Piespoort. Auf dem stark vom Schiefer geprägten Boden gelingen ihm, der die bis ins 17. Jahrhundert zurückreichende Familientradition mit Leidenschaft und Können fortführt, würzige, spannungsreiche Weine mit einem schönen Lagenausdruck, und das gilt für die trockenen Weine genauso wie für die restsüßen, die uns dieses Jahr besonders imponiert haben. Das Paradestück ist dabei die druckvolle und balancierte Auslese, die ein langes Leben vor sich hat.

91 2019 Piesport Goldtröpfchen Riesling GG
Klares, mittleres Gelb. In der Nase Feuerstein, Limonenzeste, Melisse, Kräuterwürze. Am Gaumen mineralischer Zug, dazu feine Phenole, Zitrusfrüchte, rote Grapefruit, insgesamt gute Spannung, mittlerer Körper und Länge. 12,5 Vol.-%, NK, €€€

90 2019 »Alte Reben« Piesport Goldtröpfchen Riesling feinherb
Klares, schönes Gelb. Feine Zitrusfrucht, Orangenblüte, Pfirsich, Limone. Am Gaumen feine Säure, dezente Süße, balanciert, etwas phenolisch, wieder reife Zitrusfrucht, Melisse und Holunder, schöne Struktur und Länge, perfekt zu asiatischen Gerichten. 11,5 Vol.-%, NK, €€

93 2019 Piesport Goldtröpfchen Riesling Auslese
Klares, mittleres Gelb. In der Nase satte, reife Zitrusfrüchte, Mango, Pfirsich, kandierte Orangenschale, etwas Blütenhonig. Am Gaumen viel Schmelz, reife Zitrusfrucht, Honigmelone, etwas Honig, feine Balance. Gute Struktur und Länge. 7,5 Vol.-%, NK, €€€

91 2019 »Felsterrassen« Piesport Goldtröpfchen Riesling Spätlese
Klares, mittleres Gelb. In der Nase Feuerstein, rote Grapefruit, reife Aprikose, etwas Ananas. Am Gaumen Schmelz und feine Süße, Pfirsichsaft, getrocknete Früchte, gute Struktur, mittlere Länge, endet auf reifen Früchten. 8 Vol.-%, NK, €€

90 2019 Piesport Goldtröpfchen Riesling trocken

91 2018 Piesport Falkenberg Spätburgunder trocken
Viel Cassis und Holzwürze im Duft, auch Brombeere und Schwarzkirsche, schwarzer Pfeffer. Gute Konzentration am Gaumen mit geradliniger Kraft, zupackendem Grip und hochwertigem Tannin, dunkle Frucht, leichte Herbe und Adstringenz, gutes Potenzial zur Reife. 13,5 Vol.-%, NK, €€

★★

WEINGUT HEINRICHSHOF

Chur-Kölner-Straße 23, 54492 Zeltingen-Rachtig
T: +49 (6532) 3151, Mosel@Weingut-Heinrichshof.de
www.weingut-heinrichshof.de

Ab-Hof-Verkauf: Mi bis Sa 14–18 Uhr
Kellermeister: Peter und Ulrich Griebeler
Ansprechpartner: Peter Griebeler
Flaschen/Hektar: 70.000 (95 % weiß, 5 % rot)/8 ha

Die Entwicklung der Brüder Griebeler geht weiter. 2014 übernahmen Peter und Ulrich den Heinrichshof, seitdem haben sie die Rebfläche auf insgesamt acht Hektar fast verdreifacht. Die beiden keltern unaufgeregte Weine, die wunderbar balanciert sind. Sie experimentieren mit dem Holzausbau von Riesling – beim 2018er »Zulast«, der im 500-Liter-Fass reifte, ist das exzellent gelungen. Neben der Rieslingfrische hat der Wein einen fast burgundischen Schmelz. Aber natürlich beherrschen die Brüder auch die Moselklassik, sei es bei der trockenen Zeltinger Sonnenuhr Rotlay oder der cremigen Beerenauslese.

91 2018 »Zulast« Zeltingen Sonnenuhr Riesling trocken
Klares, mittleres Gelb. In der Nase Rauch, etwas Vanille, Aprikose und Pfirsich, etwas Mango, Ausbau im 500-Liter-Fass. Am Gaumen druckvoll, feine Säure, Zitrusfrucht, Mineralik, Schmelz, auch hier wieder vom Fass geprägt, gute Struktur, individuell. 12 Vol.-%, NK, €€

90 2018 »Fass #73« Weißburgunder trocken
Klares, mittleres Gelb. In der Nase Vanille und Toast, etwas Rauch, dazu Apfelschale, Birne, helle Blüten. Am Gaumen ausgewogene Säure, saftig, mit Schmelz, wieder Apfel und Birne, etwas Haselnuss dazu, gut gewobene Struktur, mittlere bis gute Länge. 13 Vol.-%, NK, €€

94 2019 Zeltingen Sonnenuhr Riesling Beerenauslese
In der Nase Passionsfrucht, grüner Apfel, Toffee, dicht und intensiv. Beginnt am Gaumen sehr cremig, dann schöne Konzentration, guter Extrakt, präziser Säurenerv, insgesamt mit einer guten Balance sowie einer angenehmen Herbe in der druckvollen Süße. 7,5 Vol.-%, NK, €€€

91 2019 Zeltingen Sonnenuhr Riesling Auslese
Klares, mittleres Gelb. Noch verhaltene Nase mit reifer Orange, Mango, kandierte Limone, nach Belüftung etwas Blütenhonig. Am Gaumen schöner Schmelz, Honig, Aprikose, reife Zitrusfrucht, griffige Säure, eher elegante Struktur, endet würzig. 8 Vol.-%, NK, €€

89 2019 Zeltingen Sonnenuhr Rotlay Riesling trocken

89 2019 Zeltingen Schlossberg Riesling tr.

89 2019 Zeltingen Sonnenuhr Riesling Spätlese feinherb

88 2019 »Römische Kapelle« Riesling trocken

88 2019 Weißburgunder trocken

88 2019 Sauvignon Blanc trocken

89 2018 Spätburgunder trocken

91 2018 »Réserve« Spätburgunder trocken
Kirsche und feines Holz treffen im Duft aufeinander, das Holz ist nicht dominant und gut eingebunden. Am Gaumen mit süßlichem Extrakt und feinem Säurefluss, kräftig gebaut, dabei nie die Eleganz verlierend, saftig und mit feinfühlig eingebundenem Holz, Pinotgefühl. 13,5 Vol.-%, NK, €€

★★

CLASSISCHES WEINGUT HOFFRANZEN

Schulstraße 22, 54346 Mehring
T: +49 (6502) 8441, www.weingut-hoffranzen.com
www.weingut-hoffranzen.com

Ab-Hof-Verkauf: ja
Kellermeister: Hans Hoffranzen und Carolin Hoffranzen
Ansprechpartner: Carolin Hoffranzen
Hektar: 10 ha

Hatten wir Carolin Hoffranzen im vergangenen Jahr eine starke Leistung bescheinigt, können wir nun eine weitere Steigerung feststellen: Die Weine wie der vielschichtige und stilvolle Riesling »Layterrassen« oder der feinherbe, eng verwobene Riesling »Contur«, der Charme und Tiefe verknüpft, zeigen Profil und Charakter. Auch die schieferwürzigen »Alten Reben« wollen wir keineswegs unterschlagen. Erst 2019 übernahm Carolin Hoffranzen das »Classische Weingut Hoffranzen« in Mehring von ihren Eltern Gertrud und Hans Hoffranzen. Da scheint eine gute Entwicklung ihren Lauf zu nehmen!

91 2019 »Layterrassen« Mehring Blattenberg Layet Riesling trocken
Rauchige Noten in der Nase, Röstaromen, Holzkohle, dazu kommt reife Gelbfrucht, Thymian im Sommerbeet. Klar und schlank gefasst, feste Struktur, auch durch den Holzausbau, feiner Zitronensaft und süße Aprikose, feine Phenole, vielschichtig, mit Stil und Charakter. 12 Vol.-%, NK, €€

91 2019 »Contur« Mehring Blattenberg Riesling
Steinobst in der Nase, frisches Lorbeerblatt, Aprikose und Mandarine, auch reife Grapefruit. Am Gaumen saftig und mit charmant eingebundener Süße, präsente, gut eingewobene Säure, feine mineralische Würze; schlank, klar und aus einem Guss, fein gearbeitet, elegant, lang. 12 Vol.-%, NK, €€

90 2018 »Reserve« Mehring Goldkupp Weißer Burgunder trocken
Maiglöckchen in der Nase, frischer Mais, Röst- und Raucharomen, reife Melone und auch Quitte. Stoffig und voluminös am Gaumen mit reifer Säure und süßlichem Extrakt, weicher Fond, zeigt die Wärme und Großzügigkeit des warmen Jahres, jung, braucht noch Zeit. 14 Vol.-%, NK, €€

91 2019 »Caro« Mehring Blattenberg Riesling Spätlese
Zarte Nase nach Mandeln, Verbene und weißem Pfirsich, im Mund frisch und saftig mit knackiger Säure und einer feinen, ausgewogenen Süße wie weißer Kandis, gute Balance und mineralischer Unterton, schön aromatischer Nachhall. Elegant und finessenreich. 8 Vol.-%, DV, €

88 2019 Mehring Riesling trocken

89 2019 »Alte Reben« Mehring Blattenberg Riesling trocken
Apfel und Apfelschale in der Nase, Kräuter, der Geruch von Weinberg im Sommer, warmer Schiefer, etwas Rosmarin und Kümmel. Vielschichtig am Gaumen, Frucht, Schieferwürze, getragene Säure und zitrische Herbe verbinden sich zu einem stimmigen Ensemble, facettenreich. 11,5 Vol.-%, DV, €

★★★★

WEINGUT VON HÖVEL

Agritiusstraße 5–6, 54329 Konz-Oberemmel
T: +49 (6501) 15384, info@weingut-vonhoevel.de
www.weingut-vonhoevel.de

Ab-Hof-Verkauf: ja
Kellermeister: Maximilian von Kunow
Ansprechpartner: Maximilian von Kunow
Flaschen/Hektar: 180.000 (100 % weiß)/20 ha

Der quirlige Max von Kunow hat abermals einen sehr guten Jahrgang im Keller. Den Jahrgang 2019 hat er genützt, um sein Ideal vom leichten, aber dennoch konzentrierten Saar-Riesling weiter zu perfektionieren. Dabei scheinen uns dieses Jahr die wärmeren Lagen ein klein wenig die Nase vorn zu haben: Der Kanzemer Hörecker – eine Enklave mitten im Altenberg – brilliert im fordernd extraktreichen »Große Lage«-Wein (der nur eine Prise zu viel Restzucker hat, um als GG etikettiert zu werden) ebenso wie in der tiefgründigen Spätlese. Ähnliche Extraklasse hat auch der Scharzhofberger Kabinett.

93 2019 Wiltingen Scharzhofberg Riesling GG
In der verschlossenen Nase Aromen von Blüten und Apfel, Zitronenschale und feiner Rauch, auch warmer Stein. Am Gaumen straff und bündig gebaut, Zug und Spannung, klar definierte Muskulatur, auch Schmelz und Saftigkeit, feine Mineralität, zeigt die Größe der Lage. 12,5 Vol.-%, NK, €€€

93 2019 Oberemmel Hütte Riesling GG
In der kräftigen Nase Steinobst, Grapefruit, Aprikose und Pfirsich, auch gelber Apfel, Blüten und Kräuter. Gut gebaut am Gaumen mit athletischer Kraft, Saft und Schmelz, gute Substanz und Dichte, wieder Grapefruit, in der Gaumenmitte gute Bündelung, mineralisches Finish. 12,5 Vol.-%, NK, €€€

93 2019 Kanzem Hörecker Riesling Große Lage
Verwobene, wildseidige Textur, zur Zeit präsente Rauchigkeit, pflanzliche Nuancen, Steinstaub, helle Frucht, Kräuter. Am Gaumen noch leicht adstringent und phenolisch mit herben Anklängen und Bitternoten. Daneben feinsüße Frucht, tiefe Mineralik. Braucht Zeit. 12,5 Vol.-%, NK

94 2019 Kanzem Hörecker Riesling Spätlese
Im Duft helle Frucht, süße Birne, Blüte. Feine Würze. Am Gaumen eng gewoben, unaufgeregtes Gleichmaß, wirkt tief ohne Schwere. Sämigkeit und subtile Kraft verbunden mit rauchiger Mineralik. Zart ziselierte Säurestruktur, die sich in delikate Süße einwebt. 7,5 Vol.-%, NK

91 2019 Oberemmel Riesling trocken

89 2019 »Saar« Riesling feinherb

92 2019 Wiltingen Scharzhofberg Riesling Kabinett

91 2019 Oberemmel Hütte Riesling Spätlese

89 2019 »Saar S« Riesling Kabinett

92 2019 Niedermennig Riesling trocken
Etwas Kräuter und helle Gelbfrucht, feinwürzige, rauchige Mineralik. Am Gaumen klar und dicht verwoben, viel Saft und feine Phenolik, im Abgang Steinstaub und Noten von Apfel und etwas Steinobst, pflanzliche Nuancen und ein aparter, zarter Bitterton. 12 Vol.-%, NK, €€

★

BIOWEINGUT HUBERTUSHOF

Paulsstraße 88, 54470 Lieser
T: +49 (6531) 6356, info@weingut-hubertushof.de
www.weingut-hubertushof.de

Ab-Hof-Verkauf: Mo bis Fr 9–19 Uhr
Kellermeister: Hubert Botzet
Ansprechpartner: Hubert Botzet
Hektar: 10 ha
Anbauweise: Biologisch zertifiziert

Unser Bioweingut steht seit Generationen für 100 Prozent Leidenschaft und Respekt vor der Natur. So schaffen wir die Grundlage für hochwertige Weine«, lässt uns die Winzerfamilie Botzet wissen. Rund zehn Hektar Rebfläche werden in Lagen wie Lieser Niederberg und Lieser Schloßberg kultiviert. Der Devonschieferboden der Steillagen verleiht den Trauben ihre Mineralität und Würze. Mit Hubert Botzet hat die junge Generation im Weingut die Verantwortung übernommen, der ambitionierte und natürlich wirkende Rieslinge vorstellt. Alle Weine sind vegan, es soll nur die »reine Traube« ins Glas.

90 2018 »X-treme« Maring-Noviand Sonnenuhr Riesling Auslese trocken
Reife Aprikose im Duft, Apfel und auch Abrieb von Zitronenschale. Am Gaumen schlank und straff gebaut mit gutem Extrakt und Spannung, die Säure ist reif und lebhaft, salziger Unterton, wieder reifes, saftiges Steinobst, mineralische Untermalung, klassischer Stil. 12 Vol.-%, DV, €€

90 2017 »Prestige« Lieser Niederberg Helden Riesling Auslese trocken
Mineralische Anklänge im Duft, Funkenschlag, reifes Steinobst, Papaya und Maracuja; saftig und mit süßer Frucht am Gaumen, die reife Säure ist gut eingebunden, schlanker Bau. Charmante Auslese, die ihre Spannung durch die mineralische Würze erhält. 12,5 Vol.-%, DV, €€

90 2016 »Premium« Bernkastel Kurfürstlay Riesling Spätlese feinherb
Im Duft Holzwürze und reifes Steinobst, steht eher auf der rauchigen und würzigen Seite. Traditionelle, handwerkliche Moselstilistik, die sich in der schlanken, straffen Form zeigt, mit Frucht, Süße, Holzwürze und Schiefermineralität der Lagen. Schöne Klassik, Potenzial. 11 Vol.-%, DV, €€

91 2018 »Engelstropfen« Lieser Niederberg Helden Riesling Auslese
Karamellisierte Aprikose und Pfirsich, Honigwabe, Rosenblätter, feine Schieferwürze und Kräuter in der Nase. Am Gaumen sorgt eine prononcierte Säure für Balance, die Süße wird von mineralischer Würze begleitet, wieder honigsüßes Steinobst, fein gearbeitet. 9 Vol.-%, DV, €€

89 2018 »Elite« Riesling halbtrocken

89 2016 »Urgestein« Lieser Schloßberg Riesling Kabinett halbtrocken

88 2019 »Leichtsinn« Maring-Noviand Sonnenuhr Riesling Kabinett feinherb

87 2019 Rivaner trocken

87 2019 Pinot Noir Rosé trocken

89 2018 »Prestige« Lieser Niederberg Helden Spätburgunder trocken

89 2018 »Mythos« Dornfelder trocken

89 2017 Bernkastel-Kues Weisenstein Riesling Spätlese trocken
Reifer Pfirsich, Mango, Noten von reifem gelbem Apfel, Zitrusfrucht und Würze. Im Mund mit einer reifen Säurestruktur und saftigen Frucht, Aprikose und wieder Apfel, weich und leicht viskos, mit schiefrigen Noten, schlank und charmant, im Finish feiner Zitronensaft. 12 Vol.-%, DV, €€

★★★

WEINGUT C.A. IMMICH-BATTERIEBERG

Im Alten Tal 2, 56850 Enkirch
T: +49 (6541) 815907, info@batterieberg.com
www.batterieberg.com

Ab-Hof-Verkauf: ja
Kellermeister: Gernot Kollmann
Ansprechpartner: Gernot Kollmann
Flaschen/Hektar: 50.000 (100 % weiß)/13 ha

Das einprägsame Etikett dieses Weinguts erinnert daran, dass die Monopollage Batterieberg Mitte des 19. Jahrhunderts mithilfe zahlreicher Ladungen Dynamit (»Sprengbatterien«) aus dem Fels gesprengt wurde. Man kann sich vorstellen, dass die Reben hier auf ziemlich steinigem Grund wachsen. Aber auch die anderen Lagen besitzen bestes Schieferterroir – allen voran der schon zu Napoleons Zeiten bekannte Zeppwingert. Aus zwei Terrassen mit wurzelechten, über hundert Jahre alten Reben bereitet Betriebsleiter Gernot Kollmann eine Réserve, die zwei Jahre auf der Feinhefe reifen darf. Superb!

94 2018 »Réserve« Enkirch Zeppwingert Riesling trocken

Brillantes Goldgelb. Komplexer Duft von reifem Apfel, Johannisbeerblatt, weißem Pfirsich und Zitonensorbet. Am Gaumen mit feiner Stilistik in idealer Balance, Tiefe und langem Nachhall. Im Abgang treten Kräuternoten und ein Aroma von Brioche hinzu. 13 Vol.-%, NK, €€€€

93 2019 Enkirch Zeppwingert Riesling

Intensiv in der Nase mit wunderbarer Tiefe. Ein Duft von sehr reifer Birne, gelbem Apfel, Zitronenzeste. Am Gaumen feine Säure, von passender Süße balanciert. Langer Nachhall bei mittelgewichtigem Körper, zuletzt eine Note von getrockneter Aprikose. 12,5 Vol.-%, NK, €€€

92 2019 Enkirch Batterieberg Riesling Monopollage

Goldgelb im Glas. Sehr reif in der Nase mit einem Duft von Mandarine, Grapefruit, Zitronenzeste und sehr reifer Litschi. Am Gaumen entwickeln sich Aromen von Lavendel, Zitrone, reifer Aprikose und Grafit. Gut getragen von feiner Säure mit langem Nachhall. 12,5 Vol.-%, NK, €€€

92 2019 »Escheburg« Riesling

Mittleres Goldgelb. Komplex in der Nase mit Aromen von Aprikose, Grapefruit, Zitronenschale und nachgerade Garrigue. Am Gaumen mit feiner Säure und sehr gutem Extrakt, alles wirkt ideal balanciert. Ein präziser Wein mit langem Nachhall. 12 Vol.-%, NK, €€

92 2019 »Enkirch Ellergrub« Riesling

90 2019 »CAI« Riesling Kabinett trocken

Intensiv im Duft von reifem gelbem Pfirsich, Zitrone und Birne. Am Gaumen treten Aromen von grünem Apfel, Orangenzeste und Limette hinzu. Lebendige Säure, zurückhaltende Süße. Schöne Kabinettleichtigkeit und dennoch ein guter Nachhall. 11,5 Vol.-%, DV, €€

★★★★

WEINGUT KARTHÄUSERHOF

Karthäuserhof 1, 54292 Trier
T: +49 (651) 5121, mail@karthaeuserhof.com
www.karthaeuserhof.com

Ab-Hof-Verkauf: Mo bis Fr 8.30–17 Uhr
Kellermeister: Mathieu Kauffmann
Ansprechpartner: Richard Grosche
Hektar: 26 ha

Das nach eigener Auskunft »achtälteste Weingut der Welt« wurde 1335 gegründet und blieb seit der Säkularisierung im Besitz der gleichen Familie. Die Flaschen mit der schmalen Halsschleife als Etikett stehen für knackig-herben, ungemein gut reifenden Ruwer-Riesling. Zuletzt war es etwas ruhig geworden um den hochbegabten Monopolweinberg mit seinen eisenhaltigen Schieferböden. Doch im Frühjahr 2020 kam dann der Paukenschlag: Mit Richard Grosche als Geschäftsführer und Mathieu Kauffmann als technischem Direktor übernimmt das frühere Buhl-Team das Ruder. Wir sind gespannt!

91 2018 Eitelsbach Karthäuserhofberg Riesling GG
Etwas Birnbrot im Duft, merkliche Botrytis, Pfirsich, im Mund mit seidigem Ansatz, konzentrierter Gaumenfrucht und recht präsenter Süße. Hat von allem viel, wirkt dabei aber auch etwas konstruiert. Wenig Mineralität.
13,5 Vol.-%, NK, €€€

89 2019 Eitelsbach Karthäuserhofberg Riesling Kabinett
Im Duft: Kandis, Zitronat und Orangeat und ebenso leicht florale Noten, Veilchenpastille, dazu ein nachgerade medizinaler Unterton. Am Gaumen: angesichts des Jahrgangs vergleichsweise weich in der Säure, seidige Süße, guter, mittelgewichtiger Extrakt. 10,5 Vol.-%, NK, €€

93 2019 Eitelsbach Karthäuserhofberg Riesling Auslese
Frische, brenzlig-würzige Nase nach Heu, Weißen Johannisbeeren, knospigem weißem Flieder, Seebrise. Auch im Mund aromatisch, frisches Heu und Aprikosen, flotte Säure ergänzt großartig die saftige Süße, ungemein langer Nachhall, toll ausbalanciert. 8,5 Vol.-%, NK, €€€

93 2019 Eitelsbach Karthäuserhofberg Riesling Spätlese
Schieferwürzig im Duft mit balsamischen und leicht zitrischen Untertönen. Im Mund mit leichtgewichtiger Anmutung, schlanker und eleganter als vielerorts ein Kabinett, fein und homogen abklingend, eine ganz delikate Struktur, die dennoch viel Potenzial zeigt. 9 Vol.-%, NK, €€€

89 2019 »Schieferkristall« Riesling trocken

91 2019 »Alte Reben« Eitelsbach Riesling tr.
Intensiv mineralisch im Duft. Zeigt auch im Mund einige mineralische Tiefe, dazu eine getragene, seidige Struktur mit einem Anflug von Phenolen, reife Säure, gute Homogenität und gute Länge, ein gehaltvoller Ortswein mit sehr gutem Potenzial. 12 Vol.-%, NK, €€

★★★

REICHSGRAF VON KESSELSTATT

Schlossgut Marienlay, 54317 Morscheid
T: +49 (6500) 91690, info@kesselstatt.de
www.kesselstatt.com

Ab-Hof-Verkauf: Mo bis Do 8–16.30 Uhr und Fr 8–11 Uhr
Kellermeister: Wolfgang Mertes
Ansprechpartner: Dr. Karsten Weyand
Flaschen/Hektar: 300.000 (100 % weiß)/46 ha

Stattliche 46 Hektar an Mosel, Saar und Ruwer – das Weingut Reichsgraf von Kesselstatt bewirtschaftet eine außergewöhnliche Bandbreite an Spitzenlagen in den drei Flusstälern des Anbaugebietes. Die unverwechselbare Persönlichkeit dieser großen Lagen in einzigartige Rieslingweine zu fassen ist seit 650 Jahren der Anspruch des Weinguts, dem es auch mit dem aktuellen Jahrgang gerecht wird: Die trockenen Rieslinge demonstrieren unaufgeregte Tiefgründigkeit und Würze, die edelsüßen Spitzen wie die Beerenauslese aus der Brauneberger Juffer-Sonnenuhr die Unverwechselbarkeit ihres Terroirs.

91 2019 »Alte Reben« Riesling trocken

Feinwürziger Duft nach Kräutern und gelbem Steinobst, frisch aufgeschnittene Ananas, nasser Stein. Setzt am Gaumen mit Schmelz und mineralischer Würze unaufgeregt und saftig an, schlanker Bau und doch geschmackliche Intensität, phenolisch, beinahe etwas pfeffrig, jung.
11,5 Vol.-%, DV, €€

93 2019 »#30« Brauneberg Juffer-Sonnenuhr Riesling Beerenauslese

Kandiszucker und Limettenschale, zeigt sich recht primärfruchtig im Duft. Im Mund vergleichsweise süß, aber nicht sehr viskos. Extrem dichte Säure, beinahe etwas adstringierend. Mittlere Tiefe und Länge, schönes und raffiniertes Zusammenspiel der Elemente. 7,5 Vol.-%, NK

92 2019 Graach Josephshöfer Monopol Riesling Spätlese

Kandierte Aprikose in der Nase, Blütenhonig und karamellisierte Nüsse, auch Orangenblüte. Großzügig am Gaumen, schönes Gleichgewicht von feiner Säure und saftiger Süße, feine phenolische Herbe, leicht viskos, aber angenehmer Fluss, fein und charmant. 7,5 Vol.-%, NK, €€€

91 2019 Piesport Goldtröpfchen Riesling Kabinett

Kräutrige Noten mit schiefriger Würze, Aprikose, Blütenhonig und reifem Apfel. Gut balancierter Kabinett mit der nötigen Frische und reifer Säurestruktur, in der Gaumenmitte mit ausgeprägter Schieferwürze, Potenzial für viele Jahre. Da lohnt sich Geduld. 10 Vol.-%, NK, €€

90 2019 Wiltingen Scharzhofberg Riesling Kabinett feinherb

90 2019 Kasel Riesling trocken

Feinfruchtige Nase mit Aromen von gelbem Steinobst, Apfel, hellen Blüten und auch Abrieb von der Zitronenschale. Schlank gebauter, delikater Riesling im Stil eines trockenen Kabinetts, fein zieselierte Säure, kühle Mineralik, etwas Zitronensaft, eleganter Fluss. 11,5 Vol.-%, DV, €€

★★★

WEINGUT NIKOLAUS KÖWERICH

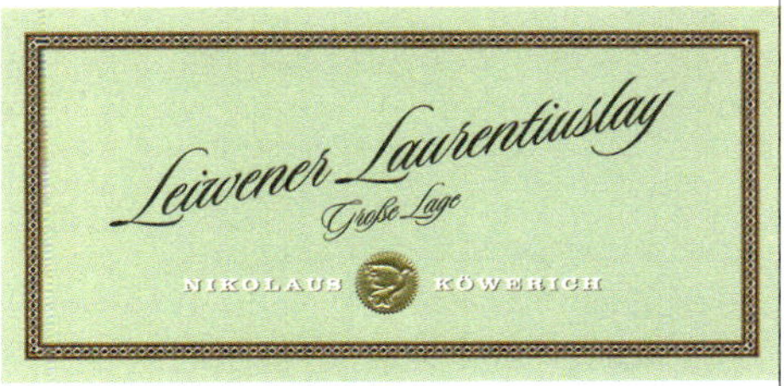

Maximinstraße 11, 54340 Leiwen
T: +49 (6507) 4282, info@weingutkoewerich.de
www.weingutkoewerich.de

Ab-Hof-Verkauf: nach Vereinbarung
Kellermeister: Nick Köwerich
Ansprechpartner: Nick Köwerich
Flaschen/Hektar: 90.000 (100 % weiß)/10 ha

Es ist bereits eine lieb gewordene Tradition, dass uns Nick Köwerich jedes Jahr auch etwas Gereiftes zusendet. Diesmal fiel seine Wahl auf die Beerenauslese vom Laurentiuslay aus dem Jahrgang 2009. Welch ein Gedicht! Wer warme Jahre – wie 2009 – misstrauisch beäugt, wird schnell eines Besseren belehrt. Ein Riesling vom Schiefer ergibt immer etwas Edles, wenn er von einem verständigen Winzer gekeltert wird. Damit leiten wir zu den aktuellen Weinen über, die die mineralische Frische des Jahrgangs betonen und trotzdem – wie ein Verkoster schrieb – »gemütlichen Charme« vermitteln. Wunderbar!

92 2019 »GG« Leiwen Laurentiuslay Riesling trocken

Kräftig mineralisch im Duft, dazu nur eine Ahnung von Gelbfrucht. Im Mund sehr geschmeidig vom Auftakt bis zum Abklang, dazu eine Schicht ganz feiner, mehliger Phenole, viel Saftigkeit, guter Nerv, dicht und dennoch unbeschwerlich, rund und ohne isolierte Süße. 12,5 Vol.-%, NK, €€€

95 2009 Leiwen Laurentiuslay Riesling Beerenauslese

Kräuterwürzig. Wermut, Beifuß, ein Hauch Petrol, nur wenig Gelbfrucht, etwas Aprikose, karamellisierte Noten, Bratenjus. Im Mund cremig und schmelzig, intensive Süße, reife Säure, komplex und dicht, salzig. Mit der Fülle eines reifen Jahres, aber auch mit Balance. 8,5 Vol.-%, NK, €€€€

93 2019 Leiwen Laurentiuslay Riesling Auslese

Zur reifen Aprikose gesellen sich feine kräutrige Noten, Maracuja, Karamell. Im Mund mit guter Konzentration und Dichte, die präsente Säure sorgt für Balance und Leben, gute Komplexität und Dichte. Etwas Jod, phenolischer Eintrag und feine mineralische Prägung. 8 Vol.-%, NK, €€€

91 2019 Leiwen Laurentiuslay Riesling Spätlese

Konzentrierte Nase nach Aprikose und Papaya, auch Honig. Weicher und konzentrierter Hintergrund am Gaumen, leichte Viskosität und reife Säure, eine Portion mehliger Phenole, eine geschmeidige und unaufgeregte Spätlese, die gemütlichen Charme vermittelt. 8,5 Vol.-%, NK, €€€

90 2019 »Fräulein Mosel« Leiwen Laurentiuslay Riesling Kabinett

90 2019 »Herr Mosel« Köwerich Laurentiuslay Riesling trocken

Im Duft zitrisch, schieferwürzig-rauchig, kräutertönig: aufgeräumt und komplex. Im Mund mit Spannung, aber auch mit Inhalt: Frucht, Mineralik, Saftigkeit. Nicht zu süß. Herr Mosel trägt Anzug und hält sich gerade, zeigt aber auch nonchalante Eleganz. 12 Vol.-%, DV, €€

★★★★★

WEINGUT SCHLOSS LIESER

Am Markt 1, 54470 Lieser
T: +49 (6531) 6431, info@weingut-schloss-lieser.de
www.weingut-schloss-lieser.de

Ab-Hof-Verkauf: Mo bis Fr 10–17 Uhr, Sa 10–15 Uhr
Kellermeister: Thomas Haag
Ansprechpartner: Thomas Haag
Flaschen/Hektar: 130.000 (100 % weiß)/23 ha

Thomas Haag hält seit Jahren ein atemberaubendes Niveau, der Jahrgang 2019 fügt dieser Saga ein weiteres Ruhmesblatt hinzu. Ein solch brillanter Zug wie im Himmelreich GG, begleitet von solch vielschichtiger Würze, ein dermaßen raffiniert angelegtes mineralisches Spiel wie in der Doctor Spätlese und eine solch komplexe Aromenexplosion wie in der »Lange Goldkapsel« Helden Auslese – das ist großes, großes Handwerk, durchdacht bis ins Kleinste und durchgeführt mit geübter Präzision und gigantischer Leidenschaft. Und natürlich haben auch die »einfacheren« Etiketten Klasse!

96 2019 Graach Himmelreich Riesling GG

Reife und auch erhabene Nase mit Reneklode und Pfirsich, Würze, Lorbeerblatt, asiatische Gewürze sogar. Ziemlich brillante Säure mit Zug und Eleganz, die lustvoll durch die makellos konturierte Textur führt, geradlinig und elegant, gute Komplexität. 12,5 Vol.-%, NK, €€€

94 2019 Brauneberg Juffer Sonnenuhr Riesling GG

Rauchige Nase, konzentriert, auch Streichholz, im Hintergrund formieren sich gelbe Frucht und Kräuter, immer noch verschlossene Nase. Straff, saftig, dicht und elegant am Gaumen, zielstrebig und geradlinig, keine Rieslingklassik, aber viel Klasse. Jung und talentiert. 12,5 Vol.-%, NK, €€€

97 2019 Bernkastel Doctor Riesling Spätlese

Mineralwürzig, dicht im Duft, Pfirsich und Ananas, Toffee, im Mund mit cremigen Spätlesemotiven und sehr viel mineralischem Spiel, Saftigkeit, große Energie und eine Länge, die sich wieder ganz in Mineralität kleidet. Groß, nobel, langlebig. 7 Vol.-%, NK

96 2019 »Lange Goldkapsel« Lieser Niederberg Helden Riesling Auslese

Klares, sattes Gelb. In der Nase Honigwürze, reife Früchte, getrocknete Aprikose, Datteln, Feigen, etwas Karamell. Am Gaumen dichte, schmelzende Süße, Würze, Honig, Limonensaft, dicht und reichhaltig, sehr dicht gewoben, sehr lang, enormes Potenzial. 7 Vol.-%, NK, €€€€

91 2019 Brauneberg Juffer Riesling Kabinett

92 2019 »Heldenstück« Lieser Riesling tr.

Leicht floral, Orangenblüte, schieferwürzige und jodige Noten. Ein stattlicher Körper im Mund, ganz homogen und balanciert, reife, aber auch feste Säure, dezente Süße, extraktgetragen, strukturiert ohne Härte oder Adstringenz, aber mit Substanz. Lang. 12,5 Vol.-%, NK, €€

★★★★

WEINGUT CARL LOEWEN

Matthiasstraße 30, 54340 Leiwen
T: +49 (6507) 3094, mail@weingut-loewen.de
www.weingut-loewen.de

Ab-Hof-Verkauf: Sa 13–16 Uhr und nach Vereinbarung
Kellermeister: Karl Josef und Christopher Loewen
Ansprechpartner: Karl Josef und Christopher Loewen
Hektar: 16 ha

Karl Josef und Christopher Loewen liefern auch mit den 2019ern verlässlich, wofür das Weingut bekannt ist: Moselrieslinge, die den Bogenschlag von der Feinheit zur Ausdrucksstärke hinbekommen. Beispielhaft schafft der trockene »1896«-Riesling mit dem weißen Etikett dieses Kunststück: Dieser subtile Riesling ist dieses Jahr unser Tipp. Die feinherbe Variante aus dem 1896 gepflanzten Weinberg (rotes Etikett) hat mehr Druck und Dichte, wird aber deshalb noch lange kein Bolide. Das Protzen liegt den Loewens fern – hier geht es um solides Handwerk und um Authentizität.

94 2019 »1896« Riesling
Intensiv würzig im Duft, Kräuter, Zitrus, balsamisch schieferwürzig. Im Mund cremig im Ansatz, dann straff in Säure und phenolischem Gehalt, kräftig und sehr lange anhaltend taktilmineralisch, spektakulär extraktreich, und das auf sehr feine Weise umgesetzt. 12,5 Vol.-%, NK, €€€

93 2019 Longuich Maximin Herrenberg Riesling GG
Blütenhonig und Gesteinsmehl, Mirabelle, Kräuternoten, schieferwürzig. Im Mund dicht mit sehr feinen Phenolen besetzt, intensiv mineralisch am Gaumen, ziseliert und druckvoll in einem, große Länge, eleganter Säurenerv. 12,5 Vol.-%, NK, €€€

93 2019 Thörnich Ritsch Riesling GG
Spontangärungsgeprägter erster Duftkontakt, dann rasch aufklarend: kandierte Zitronenschale, Rauch, Mandarine. Im Mund seidig und getragen, ganz ruhig und ausgeglichen, geradezu vornehm in seiner feinen, aber inhaltsreichen Textur. Feine Säure, terpengeprägter Abklang. 13 Vol.-%, NK, €€€

94 2018 »-8 ° Celsius« Leiwen Klostergarten Riesling Beerenauslese
Im Duft mineralische Noten, Pfirsich, Weihrauch. Am Gaumen Safran, gelbe Frucht, sehr konzentriert, viel Extrakt, zurückgenommene Säure, rauchige Mineralik, Steinstaub als kleine Kante, feiner Grip, sämig, Karamell, mineralischer Ausklang, bleibt lange am Gaumen. 7 Vol.-%, NK, €€€€

89 2019 »Varidor« Riesling trocken

93 2019 »1896« Longuich Maximin Herrenberg Riesling trocken
Eine Würze von großer Komplexität im Duft, reife zitrische Noten, getrocknete Orangenschale, Gewürzkiste, eine Spur Überreife. Im Mund saftig, feingliedrig, aber mit großer innerer Festigkeit, delikate Säure, ein wunderbar verspielter, mineralischer Gaumen. 12,5 Vol.-%, NK, €€€

★★★★★

WEINGUT DR. LOOSEN

St. Johannishof, 54470 Bernkastel-Kues
T: +49 (6531) 3426, michael.bergmann@drloosen.de
www.drloosen.de

Ab-Hof-Verkauf: ja
Kellermeister: Bernhard Schug
Ansprechpartner: Ernst F. Loosen
Flaschen/Hektar: 400.000 (100 % weiß)/55 ha

Um mit der Tür ins Haus zu fallen: Erni Loosens 2019er sind große Klasse. Schon der »Blauschiefer« ist eine Wucht oder vielmehr: Er hat eine Finesse, die man bei einem Gutsriesling normalerweise nicht erwartet. Dem Würzgarten Kabinett bescheinigte unsere Jury, eine »Stilikone« zu sein. Bei den Spät- und Auslesen konnten wir punktemäßig kaum differenzieren: Das ist alles dermaßen in sich stimmig, dass Zahlen nur Schall und Rauch sind. Und so schreitet das Sortiment weiter voran zur Größe – bis zu den furiosen trockenen und edelsüßen Weinen aus dem Erdener Prälat.

95 2014 »Réserve« Erden Prälat Riesling GG
Zitronengelb mit grünlichen Reflexen. Komplexe Würze im Duft: warmer Ziegelstein, Kreuzkümmel, Tikka Masala, im Mund geschmeidig und voll, aber auch mit einer eisernen Faust im Samthandschuh, fein abklingend, mit delikatem Säurefaden und subtiler mineralischer Würze.
12,5 Vol.-%, NK, €€€€

93 2019 »Alte Reben« Wehlen Sonnenuhr Riesling GG
Gelbfrucht wie Aprikose und Pfirsich treffen auf Schieferwürze und Zitrusfrucht, Amalfizitrone, weiße Blüten, sogar Zimt. Gediegene Säure, leicht salzig und zitrisch unterlegt, trifft auf feine gelbe Frucht, Saft und Geschmeidigkeit, klares Profil, das die Lage zeigt. 12,5 Vol.-%, NK, €€€

93 2019 »Alte Reben« Ürzig Würzgarten Riesling GG
Wo Würzgarten drauf steht, ist er bei Erni Loosen auch drin: intensive kräutrige Nase, die von gelber Frucht und mineralischen Anklängen untermalt wird. Stoffig, saftig und dezent süß am Gaumen, feine Pfeffrigkeit und Ingwer, mineralisch, wird gut reifen. Gutes Potenzial. 12,5 Vol.-%, NK, €€€

98 2019 »Goldkapsel« Erden Prälat Riesling Auslese
Frische duftige Nase nach Honig und Heu, Zitrusfrucht, Lindenblüten, auch nach Kräutern wie Thymian, im Mund ein wunderbar tiefes Säurespiel, mollig und federleicht in einem, hoch elegante Cremigkeit, exotische Früchte wie Passionsfrucht, ungemein kühl, zarte Süße. 8 Vol.-%, NK, €€€€

92 2019 »Alte Reben« Erden Treppchen Riesling GG

92 2019 »Alte Reben« Graach Himmelreich Riesling GG

93 2019 Wehlen Sonnenuhr Riesling Auslese

93 2019 Ürzig Würzgarten Riesling Auslese

93 2019 Ürzig Würzgarten Riesling Spätlese

93 2019 Wehlen Sonnenuhr Riesling Spätlese

92 2019 Ürzig Würzgarten Riesling Kabinett

91 2019 »Blauschiefer« Riesling trocken
Zitrisch im Duft, Zitrusabrieb, Schieferwürze. Im Mund saftig, leichtgewichtig, aber ausdrucksstark, schöne Frische, lebendige, archetypische Moselsäure, geschmeidiger Hintergrund, präsente taktile Mineralität. Ein ausgesprochen feiner Moselriesling. 12 Vol.-%, DV, €€

★★

WEINGUT LORENZ

Neustraße 6, 54340 Detzem
T: +49 (6507) 3802, mail@lorenz-weine.com
www.lorenz-weine.com

Ab-Hof-Verkauf: ja
Kellermeister: Tobias Lorenz
Ansprechpartner: Tobias Lorenz
Hektar: 10 ha

Tobias Lorenz versteht es bestens, die würzige Schiefermineralität der von ihm mit viel mühsamer Handarbeit bearbeiteten Steillagen in seine Weine zu transportieren. Das schafft er in allen Gewichtsklassen: vom filigranen Kabinett »Blauschiefer« über das substanzreiche trockene »Alte Reben GG« bis zu den faszinierenden edelsüßen Spitzen wie der Auslese »Alte Reben« aus dem Pfarrwingert. In jedem dieser Weine ist förmlich die Leidenschaft des Winzers für seine vom Schiefer geprägten Steilhänge zu spüren, zu riechen und zu schmecken. Das sind Heimatrieslinge auf hohem Niveau.

91 2019 »Alte Reben GG« Pölich Held Riesling trocken
Reifer Apfel und Aprikose in der Nase, ein Hauch Minze, auch etwas Cidre und Kräuter. Am Gaumen mit guter Dichte und Substanz kräftig gebaut, fest gewoben, reife und würzige Säure, salziger Unterton. Strukturgeprägter Wein mit gutem Potenzial zur Reife. 13 Vol.-%, NK, €€

90 2019 »Am Horizont« Trittenheim Apotheke Riesling trocken
Noten von Spontangärung, Kräutern, Mandarine und Aprikose in der Nase, etwas Malz. Schlank gebaut am Gaumen mit guter Fülle, saftige Frucht, weißer Pfirsich, kultivierte Säure und feine Schieferwürze. Vielschichtig, klassische Moseleleganz, langer Nachhall. 12 Vol.-%, DV, €€

93 2019 »Alte Reben« Detzem Maximiner Klosterlay Pfarrwingert Riesling Auslese
Fließt schön sonnengelb ins Glas, frische Nase nach weißen Blüten und gerupftem Grün, ein wenig Cassis, im Mund eine knackige Säure mit köstlich spritziger Süße, Klaräpfeln und weißen Beeren, kühler und lange anhaltender Nachhall, elegant und mit Stil. 7 Vol.-%, DV, €€

92 2019 »Alte Reben« Thörnich Ritsch Riesling Spätlese
Frische, von Zitrusnoten geprägte Nase, dann leichte Anklänge von Tabak und Kräutern. Im Mund eine elegante Süße mit frischer und wunderbar eingebundener Säure, der Trinkfluss und Trinkgenuss wird von der Saftigkeit nahezu herausgefordert. Kann man schwer widerstehen. 8,5 Vol.-%, DV, €€

89 2019 »Zusammensein« Riesling trocken

90 2019 «Blauschiefer« Riesling Kabinett feinherb
Helle grünliche Lichtreflexe im Glas, Duft nach feinem Steinobst, Pfirsich und Aprikose, weißen Blüten und Limettenabrieb. Im Mund schlank gebaut mit angenehmer cremiger Säure und klarer Frucht, duftiger frischer Nachhall, ein guter Speisenbegleiter. 11 Vol.-%, DV, €

★★★★★

MAXIMIN GRÜNHAUS WEINGUT DER FAMILIE VON SCHUBERT

Maximin Grünhaus 1, 54318 Mertesdorf
T: +49 (651) 5111, info@maximingruenhaus.de
www.maximingruenhaus.de

Ab-Hof-Verkauf: ja
Kellermeister: Stefan Kraml
Ansprechpartner: Maximin von Schubert
Flaschen/Hektar: 150.000 (96 % weiß, 4 % rot)/34 ha

Wer hätte noch vor ein paar Jahren gedacht, dass man einmal bei einem Weißburgunder aus dem Weingut Maximin Grünhaus ins Schwärmen geraten würde? Doch genau das ist uns dieses Jahr beim ungemein feinen, mit großem stilistischem Fingerspitzengefühl entlang der Schiefereleganz zu Burgunderfülle geführten Pinot Blanc geschehen. Maximin von Schubert, der inzwischen beim traditionsreichen Familienbetrieb auf der Brücke steht, vernachlässigt aber natürlich auch die Kernkompetenz des Weinguts nicht: den Riesling. Hier haben die trockenen Weine überzeugt, die fruchtigen begeistert.

92 2019 Maximin Grünhaus Abtsberg Riesling GG

Noch verschlossen im Duft, Schieferwürze, Kräuternoten, getrocknete Zitronenschale. Balsamische Obertöne. Geschmeidig ansetzend, recht weit gefasst, eine zarte Schicht Phenole, reife Säure, wirkt noch reserviert, hat gute Perspektiven zur würzigen Entfaltung. 12 Vol.-%, NK, €€€

92 2018 »Réserve« Maximin Grünhaus Pinot Blanc trocken

Ein feiner, floraler Sortenduft, etwas Hefe und eine Ahnung von Holz. Auch nussige Noten, etwas Zitrus und Kräuter. Im Mund rund fließend, zarte Phenole, feingliedrige, sehr kultivierte Säure, ein taktilmineralisches Oszillieren im Abgang. Pure Delikatesse. 13,5 Vol.-%, NK, €€€

95 2019 Maximin Grünhaus Herrenberg Riesling Auslese

Grandiose Aromenfülle von Honigmelone über reifen Pfirsich und Mirabelle, dabei nahezu frei von Botrytis und in keinster Weise plump. Subtilstes Säurespiel, scheinbar unendlicher Abgang. Ein Wein mit Lagerpotenzial für etliche Jahrzehnte, fast schon ein Kunstwerk. 7,5 Vol.-%, NK, €€€

92 2019 Maximin Grünhaus Abtsberg Riesling Kabinett

Die ungewöhnlich kräftige Farbe, ein blasses Goldgelb, deutet schon an, dass hier mehr drin steckt als auf dem Etikett steht. Im Duft Feuerstein, vollreife Ananas und Zitrusfrüchte, am Gaumen dann die volle Wucht mit exotischem Fruchtreigen, viskos. Eher eine Spätlese. 7,5 Vol.-%, NK, €€

90 2019 »Alte Reben« Maximin Grünhaus Riesling trocken

90 2019 »Monopol« Maximin Grünhaus Riesling trocken

Frisch und mineralisch im Duft, kräuterwürzig, Limette, geschmeidig ansetzend, gute Saftigkeit, lebendiges Süße-Säure-Spiel, beides recht intensiv, aber dennoch mit innerer Harmonie, terpengetragener Abklang, gehaltvoller, für das Label »trocken« ein eher milder Riesling. 12 Vol.-%, DV, €€

★ ★ ★ ★ ★

WEINGUT MARKUS MOLITOR

Haus Klosterberg, 54470 Bernkastel-Wehlen
T: +49 (6532) 954000, info@markusmolitor.com
www.markusmolitor.com

Ab-Hof-Verkauf: Mo bis Fr 10–17 Uhr sowie nach Vereinbarung
Kellermeister: Markus Molitor
Ansprechpartner: Markus Molitor
Flaschen/Hektar: 450.000 (97 % weiß, 3 % rot)/120 ha

Der erste Einblick in den Jahrgang 2019 zeigt bereits, dass ein weiterer gigantischer Jahrgang in den Kellern von Haus Klosterberg schlummert. Feine Säuren und gut ausdifferenzierte Lagencharaktere ziehen sich durch die Kollektion. Wie stets bei Molitor, schwebt über den Gläsern ein Hauch von Fuder und eine Aura von Handwerklichkeit, die man irgendwie nicht richtig zu greifen bekommt und die den Weinen trotzdem (oder gerade darum) etwas ausgesprochen unschuldig Reines gibt. Einige 2019er Granden waren zum Zeitpunkt unserer Probe noch nicht freigegeben – man darf gespannt sein.

94 2019 Kinheim Rosenberg Riesling Auslese * Weiße Kapsel**
Floral, Hagebutte, Orangenblüte, Schiefer. Im Glas immer balsamischer werdend. Im Mund druckvoll, geschmeidig, leichter Holzeinfluss, sämige Phenole, konzentrierte Säure, in allen Komponenten reich und reif, verbindet Spannung und Volumen. 12 Vol.-%, NK, €€€€

94 2019 Bernkastel Lay Riesling Auslese ** Weiße Kapsel
Komplex im Duft und komplett: balsamisch, kräuterwürzig, Schiefer, Weihrauch, floral und zitrisch. Im Mund weit gefasst, zarte Phenole und eine durchdringende taktile Mineralität setzen den Gaumen unter Hochspannung, kernige Säure, präsentes süßes Gegengewicht. 12 Vol.-%, NK, €€€

94 2019 Bernkastel Badstube Riesling Auslese * Grüne Kapsel**
Eine komplexe, dichte Frucht: Cassata, Cocktailkirsche, reife exotische Frucht. Im Mund geschmeidig, fast viskos, weit gefasst, konzentriert, ganz rund mit präsenter Süße, der füllige Stil Bernkastels endet ebenso geschmeidig, wie er beginnt. 12 Vol.-%, NK, €€€€

94 2019 Wehlen Sonnenuhr Riesling Spätlese Goldene Kapsel
Sehr viel Schieferwürze, Funkenschlag, im Duft ganz auf den Stein fokussiert. Präsente, fast üppige Süße im Auftakt, straffe Säure, großes Spiel in der Gaumenmitte, gerundet im Abgang, zarte mineralische Spur. Sehr delikat, fein. 7,5 Vol.-%, NK, €€

93 2019 Wehlen Klosterberg Riesling Spätlese Grüne Kapsel

93 2019 Graach Domprobst Riesling Auslese ** Weiße Kapsel

92 2019 »Alte Reben Mosel« Riesling Weiße Kapsel

92 2019 Saarburg Rausch Riesling Spätlese Weiße Kapsel

91 2019 Zeltingen Himmelreich Riesling Kabinett Grüne Kapsel

93 2019 Ürzig Würzgarten Riesling Auslese ** Goldene Kapsel

92 2019 Kinheim Hubertuslay Riesling Auslese * Goldene Kapsel**

91 2019 Erden Treppchen Riesling Kabinett Weiße Kapsel
Zitronenmelisse und balsamisch-schiefrige Noten, rauchig, frischer Zitronenabrieb, ein Hauch von Bienenwachs. Im Mund saftig, schlank, reife Säure, zarte Süße, delikate Mineralik, Kabinetteleganz par excellence. 11 Vol.-%, NK, €€

★★★★

WEINGUT NIK WEIS ST. URBANS-HOF

Urbanusstraße 16, 54340 Leiwen
T: +49 (6507) 9377 0, info@nikweis.com
www.nikweis.com

Ab-Hof-Verkauf: Mo bis Fr 8–12 und 13–17 Uhr, Sa nach Vereinbarung
Kellermeister: Kai Hausen
Ansprechpartner: Nik Weis
Flaschen/Hektar: 250.000 (100 % weiß)/42 ha

Der Sankt-Urbanshof steht mit einem Bein an der Saar und mit einem an der Mittelmosel. Das gibt dem 42-Hektar-Weingut eine außergewöhnliche Standfestigkeit – und uns Genießern die Wahl zwischen der fruchtigen Großzügigkeit etwa einer Leiwener Laurentiuslay und dem salzig-pikanten Nerv eines Ockfener Bockstein. Um diesen Zweiklang zu erleben, muss man aber erfreulicherweise auch gar nicht in die höchste Preiskategorie greifen, auch die »Alte Reben«-Ortsweine vermitteln die Weingeografie auf die genussreichste Weise: Nik Weis und sein Team haben auch in 2019 beste Arbeit geleistet.

93 2019 Ockfen Bockstein Riesling GG
Schöner Rieslingduft mit Aprikose, Pfirsich und auch floralen Noten, heißer Stein. Am Gaumen zeigen sich gute Substanz und Eleganz, die Elemente sind im Einklang, reife Säure, klare Frucht und feine Mineralität, salzige Nuancen. Zeigt Moselklassik auf hohem Niveau. 12,5 Vol.-%, NK, €€€

93 2019 Leiwen Laurentiuslay Riesling GG
Eine würzige Nase, von Rauch fein unterlegt, am Gaumen gut gebaut mit intensivem, klarem Fruchtausdruck, großzügig, mit Substanz und dabei auch elegant, viel Terroir und sehr gute Entwicklungsperspektive, lange anhaltend, noch sehr jung. 13 Vol.-%, NK, €€€

94 2019 Ockfen Bockstein Riesling Beerenauslese
Sehr feine, reife Botrytis im Duft, kandierte Gelbfrucht, Rosine, ein Hauch von Steinpilz, Dattel. Im Mund viskos mit konzentrierter Säure bei mächtigem Extrakt und eindringlicher Süße, eine betont reiche Beerenauslese, üppig, großes Potenzial. 6,5 Vol.-%, NK, €€€€

94 2019 »Goldkapsel« Ockfen Bockstein Riesling Auslese
In der Farbe klares Gelb. In der Nase reife Frucht, mineralischer Faden, Rosinen, Honig, getrocknete Aprikose. Am Gaumen dichter Schmelz, Würze, getrocknete Frucht, feiner Säurefaden, prächtige Struktur und Länge, bereit für den Marathonlauf. 7,5 Vol.-%, NK, €€€€

93 2019 Mehring Layet Riesling GG

91 2019 »Alte Reben« Mehring Riesling tr.

90 2019 »Mosel« Riesling trocken

89 2019 »Saar« Riesling

92 2019 Piesport Goldtröpfchen Riesling Auslese

92 2019 Mehring Layet Riesling Spätlese

91 2019 Ockfen Bockstein Riesling Kabinett

91 2019 »Alte Reben« Wiltingen Riesling
Balsamisch, roter Apfel, Nektarine, mineralisch, brenzlig. Im Mund reich und rund, die Tiefe der alten Reben ist spürbar, geschmeidige Grundierung, reife Säure, nahtlos mit dem Körper verschmolzene, dezente Süße, mineralisch getönter Abklang. Eleganz! 11,5 Vol.-%, NK, €€

★

WEIN+GUT OSTER

Bachstraße 11, 56814 Ediger-Eller
T: +49 (2675) 220, info@weingut-oster.de
www.weingut-oster.de

Ab-Hof-Verkauf: nach Vereinbarung
Kellermeister: Daniel Oster
Ansprechpartner: Daniel Oster
Hektar: 5 ha

Wer eigenständige Weine sucht, ist beim Wein+Gut Oster an der richtigen Adresse: Juniorchef Daniel Oster hat keine Scheu davor, seinen Weinen einen Schuss Süße zu belassen, wenn er es für angemessen hält. Der im Barrique ausgebaute Weißburgunder »Schnüssbomb« etwa, der in einem Bombenkrater wächst, ist ein formidabler Sommelierwein. Der Riesling »Fine« riecht wie nach einem Sommerregen und regt die Sinne an. »Bei uns kommen altes Wissen, junge Ideen, traditionelle Verfahren und innovative Ansätze zusammen«, schreibt uns Daniel Oster. Gut so!

90 2018 »Schnüssbomb« Weißburgunder

Der Duft wird vom Ausbau im Barrique geprägt, Röstaromen, gelbe Blüten, reifer Apfel. Kräftig gebaut am Gaumen mit guter Substanz und merklicher Süße, feste Struktur, die reife Säure sorgt für Stabilität und Bewegung. Spezieller Charakter Sommelierwein, Garnele vom Grill. 13,5 Vol.-%, KK

90 2019 »Fine« Riesling

Zart würzige Nase wie nach einem Sommerregen, nach Kieselsteinen mit erdigen Noten, auch feines Steinobst. Am Gaumen schlank und feingliedrig gebaut, feine Fruchtsüße und appetitliche Säure, animierend bittersüßer Nachhall, ein fein anregender Riesling. 12 Vol.-%, KK

90 2018 Pinot Meunier trocken

Sauerkirsche und Pflaume in der Nase, auch etwas Maulbeere. Am Gaumen mit klarer Kirschfrucht und auch Pflaume mit guter Frische und Säurezug, mittelkräftig in der Statur und elegant im Ausdruck, fein extrahiertes Tannin und gefühlvoller Holzeinsatz. Gut gelungen! 13 Vol.-%, KK

90 2019 Eller Pfirsichgarten Riesling Auslese

Rauchige, fast maskuline Nase nach gebranntem Zucker und frisch gerupften grünen Blättern, im Mund zusammen mit Zitrusfrische süß und auch salzig, ein sehr spannender und animierender Ausdruck, positiv feinherber Nachhall. Ein Wein mit Stil und Eleganz. 11,5 Vol.-%, KK

89 2019 »Paul« Riesling

89 2019 »Vereinte Vielfalt Gemischter Satz« RR/WB/MT

In der »Vereinten Vielfalt« verbinden sich Riesling, weißer Burgunder und Rivaner zu einem kompetenten und genussvollen Trio. Würzig und fruchtig im Duft, am Gaumen schlank gebaut und von fröhlich-feinherber Natur, Saft, Süße, Schmelz und Würze passen gut zusammen. 12,5 Vol.-%, DV

★★★★

WEINGUT VON OTHEGRAVEN

Weinstraße 1, 54441 Kanzem
T: +49 (6501) 150042, info@von-othegraven.de
www.von-othegraven.de

Ab-Hof-Verkauf: Mo bis Fr 9–17 Uhr, Sa 11–17 Uhr
Kellermeister: Andreas Barth
Ansprechpartner: Andreas Barth
Flaschen/Hektar: 100.000 (100 % weiß)/16 ha

Von Othegraven ist für Lagenweine bekannt, die markante Persönlichkeiten sind. Auch die drei 2019er Kabinettweine, die uns das traditionsreiche Gut dieses Jahr übersandt hat, bekräftigen das. Da sich einer unserer Verkoster angesichts des Wawerner Herrenberg an Mozart erinnert fühlte, fragten wir uns: Was wäre wohl die Assoziation zum Altenberg Kabinett? Der gravitätische und etwas wilde Beethoven? Und die Wiltinger Kupp gliche Bach? Logische Strenge, aufgelöst in höchste Musikalität! Neu: die Vinothek im Park für Weinproben und Feierlichkeiten mit bis zu 60 Personen.

93 2018 Kanzem Altenberg Riesling GG
Weiches Gelb mit grünen Schattierungen. In der Nase Eisenkraut, Lorbeerblatt, süße Zitronen, Koriandersamen, dazu ein feinwürziger, balsamischer Schieferton: Am Gaumen feine Süße, Körper und Säure in Gleichgewicht, im Nachhall Aprikose, Trockenobst. 13 Vol.-%, NK, €€€

92 2018 Ockfen Bockstein Riesling GG
Weißgold in der Farbe. In der Nase Brotrinde, ein Hauch Calvados, reife Äpfel, rauchig, subtile Champagnernase, am Gaumen tiefe, dichte Süße-Säure. Animierend im Nachhall. 12,5 Vol.-%, NK, €€€

90 2019 Kanzem Altenberg Riesling Kabinett
Mittleres, klares Gelb. Schieferwürzige Nase, Zündholz, Feuerstein, Melisse, Minze, reichhaltig und frisch zugleich. Am Gaumen etwas phenolisch, Pfirsich, Aprikose, mineralisch unterlegt, gute Harmonie, ausgeruht und stimmig, mittlere Länge. 8,5 Vol.-%, NK, €€

93 2019 »Alte Reben« Kanzem Altenberg Riesling Spätlese
In der Nase Zitrus, getrocknete Früchte, Aprikose ist dabei, kandierte Orange, Rosine, dazu Schieferwürze. Am Gaumen sehr viel Schmelz, feine Phenole, reife Zitrusfrucht, Pfirsichsaft, balanciert und würzig, dabei mit gewisser Leichtigkeit, sehr gutes Potenzial. 8 Vol.-%, NK, €€€

90 2019 Wawern Herrenberg Riesling Kabinett

91 2019 Wiltingen Kupp Riesling Kabinett
Mittleres, klares Gelb. In der Nase rassige Schieferwürze, Feuerstein, Grapefruit, Zündholz. Pikant. Am Gaumen feine Balance zwischen Süße und Säure, etwas phenolisch, Pfirsich, Aprikose, dicht gewoben, wieder viel Würze, schöne Länge. 8 Vol.-%, NK, €€

★ ★ ★

WEINGUT PAULINSHOF

Paulinstraße 14, 54518 Kesten
☎: +49 (6535) 544, info@paulinshof.de
www.paulinshof.de

Ab-Hof-Verkauf: Mo bis Fr 9–18 Uhr, Sa 9–17 Uhr
Kellermeister: Oliver Jüngling
Ansprechpartner: Familie Jüngling
Flaschen/Hektar: 75.000 (100 % weiß)/9 ha

Es geht weiter aufwärts im Paulinshof: Oliver Jüngling feilt an der Dynamik der Weine, die in besten Schiefersteillagen der Mittelmosel heranwachsen. Lagen wie Brauneberger Juffer-Sonnenuhr muss man nicht vorstellen, aber auch die weniger bekannten wie Brauneberger Kammer oder Kestener Paulinshofberg haben es in sich: Aus der nur 38 Ar großen Kammer beispielsweise kommt ein »Großes Gewächs«, das die Reife der Trauben in Druck und Länge umsetzt. Schon Thomas Jefferson hat den Wein dieses Weinbergs auf einer Europareise 1788 gekostet und gelobt: »first quality, without any comparision«.

92 2019 Brauneberg Juffer-Sonnenuhr Riesling Spätlese trocken
Würzig im Duft, leicht balsamisch, im Mund sehr dicht, terpeniger Extrakt, reife Säure, alle Komponenten dicht miteinander verwoben, ein kraftvoller, aber dabei auch nuancierter Wein, im Abgang zeigt sich die süße Frucht des Spätleseprädikats. 12,5 Vol.-%, NK, €€

92 2019 »Großes Gewächs« Brauneberg Kammer Riesling trocken
Zitrusaromen und Gelbfrucht mit einer Spur von Überreife, im Mund druckvoll, voll und leicht sämig, reife Säure, zurückhaltende Süße, trotz seiner Kraft ganz dezent, ungemein homogen bis in den sehr langen, leicht rosinigen Abgang hinein. 12,5 Vol.-%, NK, €€€

94 2019 Brauneberg Juffer Riesling Auslese
Elegante und leicht jodige Nase mit warmem Fellgeruch, auch weiße Blüten wie Jasmin, weißer Honig, im Mund setzt sich das Meerige fort, appetitanregend die Süße und feine Säure, saftiges und zugleich molliges Mundgefühl mit herrlicher Länge, zarte Adstringenz. 9 Vol.-%, NK, €€€

92 2019 Brauneberg Juffer Riesling Spätlese
Kühle duftige Nase, erst Rosen, dann weiße Beeren und junger Apfel, blond gebrannter Zucker, im Mund paart sich ideal die feine Süße mit der knackigen, lange anhaltenden frischen Säure, ungemein saftiges Mundgefühl mit köstlicher Fülle und Frische. 9,5 Vol.-%, NK, €€

92 2019 »Großes Gewächs« Kesten Paulinshofberger Riesling trocken

91 2019 »Von der Ley« Riesling Kabinett tr.

90 2019 Brauneberg Juffer Riesling Kabinett trocken

90 2019 Brauneberg Kammer Riesling Spätlese feinherb

89 2019 Kesten Paulinshofberger Riesling feinherb

88 2019 Brauneberg Juffer Riesling Kabinett

91 2019 Kesten Paulinsberg Riesling Spätlese

90 2019 »Vom roten Schiefer« Riesling
Apfel und Apfelmus, Passionsfrucht, würzig, fast leicht medizinal. Im Mund homogen und substanzreich, lebendige Säure, feines mineralisches Spiel, die Süße bleibt zurückhaltend, trägt aber gut zu Harmonie und Spannung bei. 12 Vol.-%, DV, €

★★★

WEINGUT DR. PAULY-BERGWEILER

Gestade 15, 54470 Bernkastel-Kues
T: +49 (6531) 3002, info@pauly-bergweiler.com
www.pauly-bergweiler.com

Ab-Hof-Verkauf: Mo bis Sa 14–18 Uhr
Kellermeister: Carl Debus
Ansprechpartner: Stefan Pauly
Flaschen/Hektar: 130.000 (99 % weiß, 1 % rot)/16 ha

Mit einem Schatz bester Bernkasteler Lagen und ebensolcher entlang der ganzen Mittelmosel ausgestattet, kann Stefan Pauly aus dem Vollen schöpfen: So punktet sein Sortiment im trockenen Genre, wo sich die Weine durch kraftvolle Fülle auszeichnen, ebenso wie mit feinwürzigem Kabinett, extraktreicher Spätlese und mit Auslesen, die den Hochseilakt zwischen Power und Eleganz schaffen. Dass dabei immer wieder die »alte Badstube am Doctorberg« weit vorne auftaucht, kann nicht erstaunen: Dieser Weinberg im Rücken des legendären Doctors wurde von der Natur ähnlich privilegiert.

93 2019 »Großes Gewächs« Bernkastel Alte Badstube am Doctorberg Riesling trocken
Frischer Duft mit feiner Honigsüße, dann Chrysanthemen und Laub, im Mund satt und füllig, man ahnt das hohe Potenzial, sehr schön ausgeprägte stützende Säure, toller Speisenbegleiter! 12 Vol.-%, DV, €€€

93 2019 Bernkastel Alte Badstube am Doctorberg Riesling Auslese Alte Reben
Florale Nase nach weißen Blüten und frischem Heu, mineralisch, kühl und duftig, Mirabellen und Rosenblätter, Zitrus. Im Mund gekonnte Balance zwischen frischer Süße und saftiger Säure, blond gebrannter Zucker, feinherber Limettenabrieb, sehr eleganter Nachhall. 8,5 Vol.-%, DV, €€€

93 2019 Wehlen Sonnenuhr Riesling Auslese
Klares, helles Gelb. In der Nase reife Zitrusfrüchte, kandierte Orange, Blütenhonig, Limone, Minze, Würze, mineralischer Zug. Am Gaumen vielschichtige Frucht, Zitrus, Aprikose, alles hochreif, aber elegant tänzelnd, lang und dicht, Potenzial. 8 Vol.-%, DV, €€€

92 2019 Bernkastel Alte Badstube am Doctorberg Riesling Spätlese
Verschlossen im Duft, leicht schieferwürzig, balsamisch. Im Mund mit kräftigem Extrakt, druckvoll und sehr kompakt: Mineralität, Säure und Süße sind eng miteinander verwoben, der stoffige Kern hat Substanz für ein oder zwei Jahrzehnte der Entfaltung. 8,5 Vol.-%, DV, €€

91 2019 »Großes Gewächs« Ürzig Goldwingert Riesling trocken

90 2019 Bernkastel Alte Badstube am Doctorberg Riesling trocken

89 2019 Ürzig Würzgarten Riesling trocken

89 2019 Wehlen Klosterberg Riesling feinherb

92 2019 Wehlen Sonnenuhr Riesling Spätlese

90 2019 Bernkastel Badstube Riesling Spätlese

88 2019 Bernkastel Badstube Riesling Kabinett

91 2019 Bernkastel Alte Badstube am Doctorberg Riesling Kabinett
Eisbonbon, Schieferwürze und kandierte Zitronenschale im Duft. Am Gaumen mit einigem Druck, intensivem, aber auch feinem Säurenerv und mit einer Süße, die von Extrakt getragen wird. Gute Dichte und eine Auflösung der Spannung in ätherische Leichtigkeit. 10 Vol.-%, DV, €€

★ ★ ★

WEINGUT S. A. PRÜM

Uferallee 25–26, 54470 Bernkastel-Wehlen
T: +49 (6531) 3110, info@sapruem.com
www.sapruem.com

Ab-Hof-Verkauf: Mo bis Fr 8–12 Uhr und 13–17 Uhr, Sa 10–16 Uhr
Ansprechpartner: Saskia A. Prüm
Flaschen/Hektar: 100.000 (100 % weiß)/14 ha

Der Umbau des namhaften Wehlener Familienbetriebs geht weiter und er zeitigt erfreuliche Resultate. Der Dreierflight der Großen Gewächse aus Wehlener Sonnenuhr, Graacher Domprobst und Bernkasteler Lay bildet nicht nur ein zusammenhängendes Band an Schiefersteillagen ab, er gibt auch eine naturgetreue Idee von den Gemeinsamkeiten und Unterschieden dieser drei Lagen. Dass diesen Weinen zudem etwas Poetisches innewohnt, zeigen die Beschreibungen, auf die unsere Verkoster kamen: »warmherzig und fröhlich«, »charmant und erfahren«, »geheimnisvolle Süße«. Nachschenken, bitte!

93 2019 Wehlen Sonnenuhr Riesling GG

Weißgold, kräuterwürzig, ätherisch, Tannenhonig. Am Gaumen mit eindringlicher Säure, aber auch viskoser Fülle, Grapeftuitkonfitüre, Weizenfelder, Heu, ausdrucksstark. Dieser Wein ist charmant und zugleich erfahren. Ein Wein mit Dimension und Zukunft. Und appetitanregend!
12,5 Vol.-%, NK, €€€

92 2019 Bernkastel Lay Riesling GG

Frühlingsgrüne Reflexe. Im Duft weißer Pfirsich, Kardamom, Zitrusschale, Calvados. Ein Mundgefühl wie schwere Seide, dichte Süße, cremig unterlegte Säure, sehr animierend und dynamisch im Nachhall. Ein zugleich warmherziger und fröhlicher Wein. 12 Vol.-%, NK, €€€

92 2019 Graach Domprobst Riesling GG

Grünliche Schattierungen. In der Nase Wiesenkräuer, subtile florale Noten, Rose. Am Gaumen eine Komposition aus zarter Seidigkeit und geheimnisvoller Süße. Im Abgang sehr reife Äpfel. Der Wein braucht noch ein paar Jahre Zeit, um sich voll auszuprägen. 12,5 Vol.-%, NK, €€€

93 2019 Bernkastel Lay Riesling Auslese

Weiches Gelb. In der Nase »dunkel«-würzig, Minze, Verbene, Akazienhonig. Am Gaumen reife Boskopäpfel, Rhabarber, Mispel. Eine ganz klassische Auslese mit klarem Charakter, ausdrucksstark, facettenreich, präzise – und lagerfähig.
7,5 Vol.-%, NK, €€

90 2019 Graach Domprobst Riesling Spätlese

89 2019 Erden Riesling Kabinett feinherb

Grüne Reflexe in der Farbe. Im Duft eine subtile Kräuterwürze dezente Frucht nach Steinobst, ein Hauch Zitrus. Am Gaumen spielerisch abgestimmt, die feine Säure trägt, die Süße bleibt so dezent, dass sie nicht isoliert steht, sondern der Frucht Resonanz verleiht. 10,5 Vol.-%, DV, €€

★★★

REBENHOF, JOHANNES SCHMITZ

Hüwel 2–3, 54539 Ürzig
T: +49 (6532) 4546, info@rebenhof.de
www.rebenhof-schmitz.de

Ab-Hof-Verkauf: Mo bis Sa 10–18 Uhr, So 10–12 Uhr, sowie nach Vereinbarung
Kellermeister: Johannes Schmitz
Ansprechpartner: Johannes Schmitz
Flaschen/Hektar: 50.000 (100 % weiß)/6 ha

Johannes Schmitz ist so etwas wie der Chefgärtner im Ürziger Würzgarten, ganze sechs Hektar dieses eindrücklichen Steilhangs bewirtschaftet er mit seinem Team. Der Hausstil stellt die Frucht in den Vordergrund, lässt aber auch der Mineralik dieses einzigartigen Weinbergs mit seinen roten Böden Raum. Bei den 2019ern führen zwei fruchtige Spätlesen unser Ranking an: Das »Urglück« stammt aus einer windgeschützten Parzelle und zeigt sich dicht und dabei auch verspielt, während die Spätlese »Grand Ley« aus der Nachbarschaft des großen Schieferfelsens tiefer und kräftiger ausfällt.

91 2019 Erden Treppchen Riesling Spätlese trocken

Klar, gehaltvoll, fester und dabei fließend. Feinwürzig mit heller Frucht, rotem Apfel, Kräutern und Stein. Saftig, feine Phenolik und mineralischer Grip, dann wieder fließend und mit feiner Pikanz im Nachhall. 12 Vol.-%, DV, €€

90 2019 »Von Wurzelechten Reben« Ürzig Würzgarten Riesling Kabinett trocken

Gelbgrüne Frucht, feine Kräuterwürze und Mineralik. Am Gaumen saftige Frucht und verwobene Textur, Zitrusfrische, Birne, helle Blüte und etwas Zeste, herbe Kräuter, animierender Säurezug. 11,5 Vol.-%, DV, €€

93 2019 »Grand Ley« Ürzig Würzgarten Riesling Spätlese

Kräutrig, würzig, tief mit dunklerer Mineralik, Apfel, Gelbfrucht, etwas Blüte. Konzentriert und dabei feinsaftig am Gaumen. Pfirsich, herbe Anklänge, Zitruszeste und mineralische Würze. Schönes Spiel zwischen Fruchtsüße und feinem Säurezug. 8,5 Vol.-%, DV, €€

92 2019 »Urglück« Ürzig Würzgarten Riesling Spätlese

Gutes Volumen im Duft, eine steinige Würze, auch Aprikose, dunkle Gelbfrucht, ganz dezente Ätherik. Am Gaumen fokussiert mit frischer Frucht, Noten von Orange, mit passender, nicht im Übermaß reicher Spätlesesüße und zitrischem Säurezug. Schöne Balance! 7,5 Vol.-%, DV, €€

90 2019 Ürzig Würzgarten Riesling Spätlese feinherb

90 2019 »Vom Roten Schiefer« Ürzig Würzgarten Riesling Kabinett feinherb

Im Duft roter Apfel, Kräuter, und würzige Schiefermineralik, Steinstaub. Im Mund saftig mit herben Anklängen, mit dezenter Süße und frischer, zitrischer Säurestruktur. Ein rassiger Kabinett mit feiner Kräutrigkeit im Abgang. 10,5 Vol.-%, DV, €€

★★★

WEINGUT F. J. REGNERY

Mittelstraße 39, 54340 Klüsserath
T: +49 (6507) 4636, mail@weingut-regnery.de
www.weingut-regnery.de

Ab-Hof-Verkauf: Mo bis Fr nach Vereinbarung, Sa 10–18 Uhr
Kellermeister: Peter Regnery
Ansprechpartner: Peter Regnery
Flaschen/Hektar: 50.000 (70 % weiß, 30 % rot)/9 ha

Auch wenn Peter Regnery an der Mosel als Spätburgunderspezialist gilt und 30 Prozent seiner Fläche mit der Rebe bestockt hat, sind es dieses Mal seine Rieslinge, die uns in den Bann gezogen haben: Die trockene Auslese aus der Klüsserather Bruderschaft weist nur 11,5 Prozent Alkohol auf und ist trotzdem intensiv und feinmineralisch. Das »Grosse Gewächs« aus dem Jahr 2018 steht der Auslese wenig nach und das Pendant aus dem Jahr 2008 wirkt fein gereift und aristokratisch. Famos! Auch die Spätburgunder sind wieder gut gelungen. Die Vinothek zählt zu den architektonisch auffälligsten!

93 2019 »Alte Reben« Klüsserath Bruderschaft Riesling Auslese trocken
In der Nase zeigt sich intensive Mineralität und die Noblesse von beinahe 100 Jahre alten Reben, feine Ananas. Am Gaumen unaufgeregt vorgetragene Intensität mit feiner Frucht und mineralischem Timbre, etwas Jod, dabei schlank in der Textur, fein ziselierte Säure, groß. 11,5 Vol.-%, NK, €€

92 2018 »Grosses Gewächs« Klüsserath Bruderschaft Riesling trocken
Kräftiger Duft nach Spontangärung, Kräutern, Apfelschale, Kümmel, roter Apfel, auch Gelbfrucht. Gut dosierte Stoffigkeit in einer kräftig gehaltenen Struktur, reife Säure und feine Süße kommen zusammen, etwas weißer Pfeffer, mineralisch und schieferwürzig unterlegt, jung. 13 Vol.-%, NK, €€€

92 2008 »Grosses Gewächs« Klüsserath Bruderschaft Riesling
Reifes Duftbild mit Rosinen, getrockneter Aprikose und Petrol, Tee, Heu und Kräutern. Fein und samtig am Gaumen, noch präsent mit fein ziselierter Säure, gut gereift, schlank und samtig, von Schieferwürze unterlegt, Aprikose, wirkt aristokratisch in seinem feinen Fluss. 12 Vol.-%, NK, €€€

91 2015 »Reserve« Klüsserath Bruderschaft Spätburgunder trocken
Kraftvolle Nase mit Röstaromen, reifer Kirsche, Blutorange, Tabakpfeife, Cassis und nassem Waldboden. Im Mund mit guter Konzentration und präsenter Säure, mittelkräftige Struktur, reife Gerbstoffe. Für 2015 eher schlank interpretiert, trotzdem mit Substanz. 12,5 Vol.-%, NK, €€€

90 2017 Klüsserath Bruderschaft Spätburgunder im Barrique gereift trocken

91 2019 »Edition Michelskirch« Klüsserath Bruderschaft Riesling Spätlese feinherb
Würzige Nase mit Noten von reifer gelber Frucht und Schieferwürze, Kräuter im warmen Weinberg, Pfirsich, auch Maracuja. Die feinherbe Süße ist gut integriert im schlanken Körper mit frischer Säure und schieferwürzigem Ambiente, saftige Tiefgründigkeit. 12,5 Vol.-%, DV, €€

★★

REIS – FEINE WEINE!

Hauptstraße 225, 56867 Briedel
T: +49 (6542) 41188, info@reisfeineweine.de
www.reisfeineweine.de

Ab-Hof-Verkauf: ja
Kellermeister: Achim Reis
Ansprechpartner: Achim Reis
Flaschen/Hektar: 60.000 (95 % weiß, 5 % rot)/8 ha

Der Riesling »Furztrocken!« aus dem Ürziger Würzgarten sorgt jedes Jahr wieder für Aufmerksamkeit in der Redaktionsstube, und das liegt nicht nur an seinem plakativen und einprägsamen Namen: Er zeigt auch im Jahr 2019 Verve und phenolische Griffigkeit und ist längst zu einem Markenzeichen von Achim Reis geworden. Der 2017er Riesling aus dem Winninger Uhlen zeigt sich gut entwickelt und bildet mit seiner Konzentration und Tiefgründigkeit einen Kontrast dazu. Die famose TBA aus dem Würzgarten schließlich belegt, dass Achim Reis alle Spielarten des Rieslings beherrscht. Großer Sport!

91 2017 Winningen Uhlen Riesling trocken
Kräftiges Gelb im Glas, reife Aprikose im konzentrierten Duft, auch Mandarine und etwas Guave. Mit guter Konzentration am Gaumen, leicht viskos mit einer feinen, reifen Säure, wieder reife Frucht, ein Hauch Petrol, elegant und tiefgründig, mineralisch. 13 Vol.-%, NK, €€

90 2018 Bremm Calmont Riesling
Kräftiges Gelb im Glas, konzentriert in der Nase, Apfel und karamellisierte Aprikose, Blütenhonig und warmer Stein. Geschmeidig am Gaumen, saftig und mit Schmelz, wieder etwas Honig, präzise Säure auf einem eher weichen Fond mit schöner mineralischer Würze. 12,5 Vol.-%, NK, €€

96 2018 Ürzig Würzgarten Riesling Trockenbeerenauslese
Im Duft Rosine, Apfel, Dörrapfel, auch etwas Minze, nur wenig Botrytis. Im Mund hoch konzentriert, intensiv fruchtbegleitete Süße, knackige Säure, großer Spannungsbogen, mineralische Prägung, sehr gute Balance und auch Länge, substanzreicher Wein mit Finesse. 7,5 Vol.-%, NK, €€€

92 2017 »Von Alten Reben« Riesling
Fließt herrlich ölig mit sonnengelber Farbe ins Glas, in der Nase zarte reife Noten mit kühl anmutenden Kräuternoten, Steinobst, dunkler Honig und Rübenkraut, reife Quitten, köstliche Frische im Mund mit quicklebendiger Süße, ungemein trinkig. 8 Vol.-%, NK, €€

89 2016 »Noir Nat« trocken

91 2019 »Furztrocken!« Ürzig Würzgarten Riesling trocken
Wildhonig in der Nase, reife Aprikose, satte Nase, etwas Biskuit und Mineralik. Am Gaumen straff und kräftig gebaut mit betonter Trockenheit, frisch und mit Verve, zupackend mit geradliniger Säure. Phenolische Herbe, ungeschminkt und mit mineralischer Grundierung. 13 Vol.-%, NK, €€

★★

WEINGUT REVERCHON

Saartalstraße 2–3, 54329 Konz
T: +49 (6501) 923500, kontakt@weingut-reverchon.de
www.weingut-reverchon.de

Ab-Hof-Verkauf: Mo bis Fr 8.30–16 Uhr
Kellermeister: Ralph Herke
Ansprechpartner: Hans Maret
Flaschen/Hektar: 105.000 (94 % weiß, 6 % rot)/19 ha

Als eines der großen Traditionsweingüter der Saar«, schreibt uns das Weingut, »werden wir der Verantwortung zum Erhalt der Kulturlandschaft mit ihren Steillagen durch naturnahe Bearbeitung gerecht, dazu gehört neben der Praxis des sanften Rebschnitts vor allem der Verzicht auf Insektizide, Pestizide und Herbizide.« Wir konstatieren ein erfreulich komplettes Sortiment, sogar mit Spätburgunder kann das Weingut umgehen, und die Rieslinge überzeugen vom Literwein angefangen bis zu den Lagenweinen aus dem Filzener Herrenberg, dem Hausberg des Weinguts, und aus dem ruhmreichen Ockfener Bockstein.

90 2018 Ockfen Bockstein Riesling Kabinett tr.
Bergamotte, Orangenkonfitüre, auch florale und mineralisch-steinige Töne. Seidiger Fluss im Mund, dezente Süße, präsente, aber nicht harsche Säure, Leichtigkeit mit Ausdruck, etwas Kohlensäure, schöne Eleganz in einem ganz zurückhaltenden Stil. 12,5 Vol.-%, DV, €€

90 2018 Filzen Herrenberg Spätburgunder tr.
Blutorange und Veilchen zeigen sich im Duft mit reifer Kirsche und Rauch, Rote Bete. Setzt am Gaumen weich an, die lebendige Säure sorgt für Schwung, feines Tannin von guter Qualität, das noch leicht pelzt. Sauerkirsche und feine Herbe im Ausklang, hat Stil. 13,5 Vol.-%, NK, €€

93 2019 Ockfen Bockstein Riesling Auslese
Frisches Apfelkompott, Kandiszucker und Rosine, feuchter Stein. Im Mund mit feiner Delikatesse, mineralisch durchwirkte seidige Süße, dabei weder extrem viskos noch wirklich isoliert »süß«, eine straffe, »kühle« Auslese mit einer der Saar typischen Leichtigkeit. 7,5 Vol.-%, NK, €€

91 2019 Filzen Herrenberg Riesling Spätlese
Eine pikante Schieferwürze im Duft, Zitrus, Bergamotte, Weinbergpfirsich. Im Mund geschmeidig, zarte Süße, mittelgewichtig in Druck und Extrakt, eher in der leichten Saar-Art gehalten, mit gutem mineralischem Profil und schönem Spiel. 8 Vol.-%, NK, €€

90 2019 Ockfen Bockstein Riesling Kabinett feinherb

89 2018 Ockfen Bockstein Riesling Kabinett feinherb

89 2019 »Mineral« Riesling feinherb

88 Riesling brut

88 2019 »Liter« Riesling trocken

88 2019 Weißburgunder trocken

88 2019 Chardonnay trocken

89 2019 Riesling trocken
Etwas Pfirsich, Orange, Mandarine. Nicht laut. Im Mund mit seidigem Ansatz, leichte Süße, saftige Säure, dezentes mineralisches Spiel, ein schlanker Wein mit Pfiff, der seine Herkunft auf sehr typische Weise zeigt. 11 Vol.-%, DV, €

★★

WEINGUT RÖMERHOF

Burgstraße 2, 54340 Riol
T: +49 (6502) 2189, mail@weingut-roemerhof.de
www.weingut-roemerhof.de

Ab-Hof-Verkauf: ja
Kellermeister: Franz-Peter und Daniel Schmitz
Ansprechpartner: Franz-Peter und Daniel Schmitz
Flaschen/Hektar: 65.000 (80 % weiß, 20 % rot)/11 ha

Es gibt einige Neuigkeiten im Römerhof zu Riol: Zunächst wäre da die neue Vinothek, die Architektur und Weingenuss zu einem begeisternden sinnlichen Erlebnis zusammenführt. Dann führt das Weingut eine neue Sorte im Sortiment: Erstmals konnte ein Sauvignon Blanc gekeltert werden. Und der Wein aus dem Jungfernertrag ist gleich so gut gelungen, dass wir ihn zu unserem Falstaff-Tipp gewählt haben. Last, not least brachte der Jahrgang 2019 reife, schmackhafte Rieslingtrauben – eine Steilvorlage für einen Vollblüter wie die trockene Auslese oder die furiose Beerenauslese.

92 2019 »Constantin« Mehringen Zellerberg Riesling Auslese trocken

Reife Gelbfrucht, Aprikose und Pfirsich, Mango, etwas Holz. Eine satte Auslesefrucht. Im Mund getragen, viel Volumen bei gutem Extrakt, einige Phenole, aber auch Saftigkeit, reife und feste Säure, ein Vollblutriesling mit besten Perspektiven. 13 Vol.-%, NK, €€

92 2019 »131°« Mehringen Zellerberg Riesling Beerenauslese

Helles Steinobst in der Nase, auch Minze, Kräuter, Blattgrün und Melisse, Zitrusnoten, schon verspielt im Duft. Gute Frische am Gaumen mit großem Süße-Säure-Spiel, Komplexität und Konzentration, saftig und animierend in guter Balance, zuletzt frische Zitrusfrucht. 7,5 Vol.-%, NK, €€€

91 2019 »Alte Reben« Mehringen Zellerberg Riesling Spätlese

Pfirsich und Mango, eine pralle, reife, aber sehr klare Frucht. Im Mund ein dichter Spätlesekörper mit guter stoffiger Füllung, getragen, der lebendige Säurenerv erfrischt die Frucht, kompakt und saftig, die Tiefe der Alten Reben ist gut transportiert. 13 Vol.-%, DIAM, €€

91 2019 Longuich Maximiner Herrenberg Riesling Auslese

Zuerst duftarm, dann eine rauchige und kühle Nase, auch weiße Blüten und warmes Fell, im Mund eine schöne Frische mit Noten von Dill und molliger Säure, schöner Geschmack nach hellbraun geflämmtem Zucker bildet den langen Nachhall. 8,5 Vol.-%, DIAM, €€

89 2019 »vom grauen Tonschiefer« Mehringen Zellerberg Riesling Spätlese feinherb

90 2019 Sauvignon Blanc trocken

Im Duft pfeffrig und schieferwürzig, fast mehr Schiefer als Sauvignon Blanc! Im Mund gehaltvoll, leicht salzig, guter Körper, reife, frische Säure, nur dezent in der Süße, geschmeidig grundiert, guter Speisenbegleiter. 12,5 Vol.-%, DV, €

★★★

WEINGUT SCHLOSS SAARSTEIN

54455 Serrig
T: +49 (6581) 2324, weingut@saarstein.de
www.saarstein.de

Ab-Hof-Verkauf: ja
Kellermeister: Christian Ebert
Ansprechpartner: Christian Ebert
Hektar: 10 ha

Hoch über der Saar liegt inmitten einer arrondierten Weinlage Schloss Saarstein. Die Ausrichtung nach Südsüdwest gewährleistet die perfekte Sonneneinstrahlung; der Grauschiefer erwärmt sich leicht und speichert die Hitze des Tages, er ist der perfekte Untergrund für den Riesling, der mehr als 90 Prozent der zehn Hektar Rebfläche ausmacht. Christian Ebert, der das Gut in zweiter Generation führt, präsentiert eine überzeugende Kollektion mit eleganten, feingliedrigen und mineralwürzigen Rieslingen mit edelsüßen Spitzen und einem gut balancierten Großen Gewächs. Klassisch gut!

91 2018 Serrig Schloss Saarsteiner Riesling GG
Reife Rieslingnase mit Steinobst, vor allem Pfirsich, Mango, Kräuter und Schieferwürze. Am Gaumen mit reifer Frucht und gut eingebundener Restsüße kräftig und kompakt gebaut, dazu reife Säure und eine mineralische, schieferwürzige Grundierung. Klassisch und schön. 13 Vol.-%, NK, €€€

93 2019 Serrig Schloss Saarsteiner Riesling Beerenauslese
Steinige Kühle in der Nase, helle Gelbfrucht, auch Minze und Steinstaub, wirkt klar im Duft. Am Gaumen mit guter Konzentration und feinem Saft, präzise Frucht, schöne Klassik, mit präsenter Säurestruktur und zitrischer Frische, leicht salzig, guter Zug, feines Spiel. 6,5 Vol.-%, NK

92 2019 Serrig Schloss Saarsteiner Riesling Auslese
Fließt zart hell mit grünlichen Reflexen blitzblank ins Glas, feine kräutrige Nase, duftig nach weißen Blüten, auch rauchig, am Gaumen eine spritzige Säure mit herrlich gut ausbalancierter und eingebundener Süße, ein richtig erfrischender Wein! 7 Vol.-%, NK, €€€

91 2019 Serrig Schloss Saarsteiner Riesling Kabinett
Im Glas ein sehr zart blasser und auch eher duftarmer Wein, der aber am Gaumen richtig auftaut: Dort bietet er köstliche Frische mit prickelnder Säure und feiner ausbalancierter Süße, im saftigen Nachhall zeigen sich feine Pfirsichnoten. 7,5 Vol.-%, NK, €€

89 2019 Riesling Kabinett feinherb

88 2019 Saarstein Riesling trocken

88 2019 Pinot Blanc trocken

90 2019 »Grauschiefer« Riesling trocken
Viel Weinberg und Saar in der Nase, Kräuter, Gelbfrucht, Apfel und schiefrige Akzente. Präsent am Gaumen mit seiner Schieferwürze, die von fruchtigen Noten begleitet wird, gute Balance, saftig und würzig, zeigt in einem schlanken Format Terroir und Herkunft. 11,5 Vol.-%, DV, €€

★★

WEINGUT VON SCHLEINITZ

Kirchstraße 15–17, 56330 Kobern-Gondorf
T: +49 (2607) 972020, info@vonschleinitz.de
www.vonschleinitz.de

Ab-Hof-Verkauf: nach Vereinbarung
Kellermeister: Martin Gerlach
Ansprechpartner: Martin Gerlach
Flaschen/Hektar: 130.000 (80 % weiß, 20 % rot)/22 ha

Im Jahr 2018 aus einer Fusion der Betriebe »Gerlachs Mühle« und »von Schleinitz« entstanden, stellt das Weingut erst den zweiten Jahrgang in dieser neuen Konstellation vor. Dabei gefällt uns, wie fein ausgearbeitet die Frucht der Weine ist – allen voran gilt das für die Rieslinge, die das aromatische Potenzial der Sorte mit großer Präzision zutage fördern, beim Lagenwein aus dem Uhlen dazu mineralwürzig bereichert. Am Gaumen haben die Weine jene liebreizende (und nicht bloß liebliche) Seidigkeit, die die Unterscheidung »trocken« / »halbtrocken« aufhebt. Absolut stimmig!

91 2019 Kobern Uhlen Riesling

Balsamische Noten, eher Kalk als Schiefer? Reife, aber nicht überreif-kandierte Gelbfrucht, Aprikose und Ananas. Im Mund fein texturiert, seidig und geschmeidig, rund fließende, nahtlos mit der reifen Säure verbundene Süße, hat Substanz und Schmelz. 12 Vol.-%, DV, €€

89 2019 »Apollo« Riesling

Frisch und zitrusfruchtig im Duft, auch etwas Kräuter und ein Hauch von Aprikose, ja sogar Rosine. Im Mund getragen und weit gefasst, seidige Phenole, präsente Süße, milde Säure, leichte Botrytiscremigkeit und zuletzt schieferpfeffrige Noten. 12 Vol.-%, DV, €

89 2019 Grauburgunder

Marronipüree und Waldbeeren, Pinotbeeren und Hefe. Süß im Ansatz, reife Säure, rund und füllig, in der Gaumenmitte und im Übergang zum Abgang gut stoffig, ein recht gehaltvoller Sortentyp mit präsenter Süße im Mund. 12,5 Vol.-%, DV, €

89 2019 Spätburgunder Rosé trocken

Lachsrosa mit orangetönigen Reflexen. Im Duft Apfelschalentee, Erdbeere, eine Spur pfeffrige Aromen. Kräftiger Körper, etwas Süße, reife Säure, eine Spur Gerbstoff. Mittlere Intensität und Länge der pinottypischen Gaumenfrucht, dazu ein mineralischer Unterton. 11,5 Vol.-%, DV, €

88 2019 Weißburgunder

89 2019 »Nitor« Riesling trocken

Schöne Klarheit im Duft, Weinbergpfirsich, florale Untertöne. Seidig im Mund, zarte Süße, eher zurückhaltende Säure, geschmeidiger, nachgerade cremiger Hintergrund, dezent schiefertönige Abgangswürze. Ein sehr runder, fein gewirkter Riesling. 12,5 Vol.-%, DV, €

★★★

STUDERT-PRÜM-MAXIMINHOF

Uferallee 22, 54470 Bernkastel-Wehlen
T: +49 (6531) 2487, info@studert-pruem.de
www.studert-pruem.com

Ab-Hof-Verkauf: nach Vereinbarung
Kellermeister: Michael Studert
Ansprechpartner: Michael Studert
Flaschen/Hektar: 20.000 (100 % weiß)/3 ha

Wäre das Weingut Studert-Prüm in Bordeaux zuhause, würde es möglicherweise als »Garagenbetrieb« oder »Mikro-Château« Kultstatus genießen. An der Mosel ist alles etwas weniger aufgeregt, was nichts daran ändert, dass Michael Studert auf gerade einmal drei Hektar exzellente Rieslinge erzeugt. Die Weinbautradition der Familie reicht lange zurück, bis ins Jahr 1581. Michael Studert ist in der 14. Generation aktiv. In den Lagen Wehlener Sonnenuhr, Graacher Himmelreich, Bernkasteler Graben und Wehlener Nonnenberg schafft er von trocken bis edelsüß eine wunderbar ausgewogene Kollektion.

90 2019 Wehlen Sonnenuhr Riesling Kabinett trocken
Mittleres, klares Gelb. In der Nase feine Würze, Schiefer, schöne Mineralik, sehr würzig, pikante Zitrusfrucht. Am Gaumen belebend, Würze, mineralisch, Zitrusfrische, sehr balanciert, elegante Struktur, idealtypischer trockener Kabinett. 11,5 Vol.-%, DV, €

90 2019 Wehlen Sonnenuhr Riesling Kabinett
Mittleres, klares Gelb. In der Nase feine Würze, Aprikose, etwas Ananas, reife Zitrusfrucht, Grapefruit. Am Gaumen gute Balance zwischen Säure und Fruchtsüße, phenolisch, Aprikose, Pfirsich, harmonisch, unaufgeregt, elegante Struktur. 9 Vol.-%, DV, €

94 2017 Wehlen Sonnenuhr Riesling Trockenbeerenauslese
Klares, sattes Gelb. In der Nase konzentrierte Würze, heißer Stein, Rosinen, Waldhonig, kandierte Orange und Aprikose. Am Gaumen Schmelz und feine Säure, dicht, druckvoll, dabei aber auch frisch bleibend. Gute Struktur und Länge, Potenzial. 6 Vol.-%, NK, €€€€

94 2019 Graach Himmelreich Riesling Auslese ***
Sattes, klares Gelb. In der Nase eingetrocknete Früchte, viel Rosine, Waldhonig, Melisse und Minze, mit Mineralik unterlegt. Am Gaumen sehr viel Druck und Schmelz, würzig, Waldboden, Honig, getrocknete Aprikose, dicht verwoben, viel Potenzial. Bei aller Kraft auch elegant. 8 Vol.-%, NK, €€€

91 2019 Wehlen Sonnenuhr Riesling Spätlese

90 2018 »Maximiner Cabinet« Sekt trocken
Klares, mittleres Gelb. In der Nase Brioche, Apfelschale, Birne, etwas mineralisch unterlegt, Schiefer. Feines Mousseux, packende Säure, Würze, Apfel, harmonische Süße, Muskatnuss, sehr kulinarisch, gute Struktur, durchweg individuell. Wenn süßer Sekt, dann so. 12,5 Vol.-%, NK, €€

★★★★

WEINGUT WWE. DR. H. THANISCH ERBEN MÜLLER-BURGGRAEF

Junkerland 14, 54470 Bernkastel-Kues / Andel
T: +49 (6531) 9179010, office@dr-thanisch.de
www.dr-thanisch.de

Ab-Hof-Verkauf: ja
Kellermeister: Maximilian Ferger, Edgar Schneider
Ansprechpartner: Maximilian Ferger
Flaschen/Hektar: 90.000 (95 % weiß, 5 % rot)/16 ha

Viel mehr Historie geht kaum. Beim Weingut Wwe. Dr. Thanisch – Erben Müller-Burggraef verbindet sich eine fast 400 Jahre alte Familientradition mit der Geschichte des berühmtesten Weinbergs in Bernkastel, dem Doctor: Als im 14. Jahrhundert ein kranker Kurfürst nach Genuss eines Weines aus der Lage gesundete, wurde das Gewann zum Doctor ernannt. Die Steillage gehört immer noch zu den besten an der Mosel. Kellermeister Maximilian Ferger nutzt das Potenzial und keltert saftige, spannungsreiche Rieslinge, die Eleganz und Kraft vereinen; die besten kommen, na klar, aus dem Doctor.

93 2018 »GG« Berncastel Doctor Riesling tr.
Mittleres, klares Gelb. In der Nase mineralische Würze, Gesteinsmehl, dazu Papaya und Limonenzeste. Am Gaumen dicht und komplex gewoben, feine Phenole, Zitrus, Spannung, mineralischer Zug, gute Struktur und Länge, noch sehr jung, viel Potenzial. 12,5 Vol.-%, NK, €€€

92 2018 »GG« Bernkastel Lay Riesling trocken
Sattes, klares Gelb. Noch eher verhaltene Nase, tiefgründige Zitrusfrucht, Gesteinswürze, Kräuter, dichter werdend mit Belüftung. Am Gaumen dicht, kompakt, feine Säure, mineralischer Zug, reife Zitrusfrucht, gute Struktur und Länge, viel Potenzial. Edel. 13 Vol.-%, NK, €€€

92 2017 Lieser Niederberg Helden Pinot Noir trocken
Helles Rot mit deutlichen bräunlichen Reflexen, gereift. In der Nase Unterholz, Rosenblätter, Schlehe, Süßkirsche, edel gereift. Am Gaumen fein geschmolzene Gerbstoffe, Tabakblatt, edle Säure, hat Zug, elegant, gute Struktur und Länge, sehr individuell, toller Speisebegleiter. 13,5 Vol.-%, NK, €€€

92 2019 Berncastel Doctor Riesling Kabinett
Klares, mittleres Gelb. In der Nase feine Schieferwürze, etwas Rauch, Melisse, reife Zitrusfrucht, rote Grapefruit. Am Gaumen Schmelz, spürbare Süße, feine Phenole, viel Kraft und Druck, satte Statur, alles andere als ein leichter Kabinett, Potenzial! 9 Vol.-%, NK, €€€

92 2019 Bernkastel Graben Riesling Spätlese

92 2018 Berncastel Doctor Riesling Spätlese

91 2019 »Alte Reben« Bernkastel Lay Riesling Spätlese feinherb

90 2019 Bernkastel Badstube Riesling Kabinett trocken

89 2019 Bernkastel Riesling Kabinett trocken

89 2019 Bernkastel Riesling Kabinett feinherb

88 2019 Riesling

92 2019 Bernkastel Badstube Riesling Kabinett
Klares, mittleres Gelb. Am Gaumen Pfirsich, Aprikose, Zitronensaft, Gesteinswürze, animierend. Am Gaumen viel Schmelz, feine Phenole, stimmige Säure, Pfirsichsaft, Limonenschale, mineralischer Faden, balanciert, gute Struktur und Länge, elegant. 8,5 Vol.-%, DV, €€

★★

WEINGUT MICHAEL TROSSEN

Jesuitenhofstraße 42, 54536 Kröv
T: +49 (6541) 812005, mt@das-weingut.com
www.das-weingut.com

Ab-Hof-Verkauf: ja
Kellermeister: Michael Trossen
Ansprechpartner: Michael Trossen
Flaschen/Hektar: 35.000 (91 % weiß, 9 % rot)/4 ha

Es ist grundsolides Winzerhandwerk, das wir im Sortiment von Michael Trossen verkosten konnten: Die Schieferwürze der Weine ist prägnant herausgearbeitet, die Weine haben ausdrucksvolle Aromen und halten in der Gaumenstruktur die Balance zwischen Dichte und moseltypischer Beschwingtheit. Den Jahrgang 2019 behält Michael Trossen in bester Erinnerung, denn es gab sogar eine Trockenbeerenauslese. Zudem sei aufgrund der guten Wasserverfügbarkeit in der Hauptreifezeit die Mineralik der Weine kräftig wie selten ausgefallen. Mit so viel Rückgrat ist den Weinen ein langes Leben gewiss!

91 2019 »Bergblüter« Kröv Letterlay Riesling Spätlese trocken
Blutorange und Weinbergpfirsich, rauchige Noten und fast etwas Rose. Im Mund cremig und druckvoll ansetzend, präsente Süße, dann langsam an Pikanz gewinnende Säure, stoffig und taktilmineralisch zuletzt. Viel Extrakt, eingebettet in einen kraftvollen Körper. 14 Vol.-%, DV, €

90 2019 Kröv Kirchlay Riesling Kabinett tr.
Zitrusfrisch im Duft, dazu etwas Hefe und Schiefer, mit Luftkontakt auch gelbfruchtig, Mirabelle. Ein sehr klares, gebündeltes Duftbild. Im Mund vergleichsweise reich für einen Kabinett, reife Säure, geschmeidiger Hintergrund, zurückhaltende Süße. 12,5 Vol.-%, DV, €

93 2019 »Bergblüter« Kröv Letterlay Riesling Auslese
Sehr fein ausgelesene Botrytis im Duft, ein Spektrum von Zitrus- über Gelbfrucht bis Rosine. Im Mund mit saftiger Säure und dezent viskoser Süße, ein großer Spannungsbogen, mineralisch unterlegt und homogen mit Frucht begleitet. Potenzial für 20 Jahre+. 8 Vol.-%, NK, €€

90 2019 Kröv Kirchlay Riesling Kabinett
Frischer Zitrusabrieb und Lavendel, duftig, schiefermineralisch gewürzt. Im Mund mit viel Saft, weichem Fond, die Süße-Säure-Schere steht nicht extrem weit offen, der Wein hat eher eine runde, kompakte und dabei kabinettfrische Anmutung. Gutes Potenzial. 9,5 Vol.-%, DV, €

89 2019 Riesling feinherb

90 2019 »Bergblüter« Kröv Letterlay Riesling Spätlese feinherb
Mineralisch im Duft, balsamisch, aber auch intensiv gelbfruchtig, spätlesetypisch opulent, Mirabelle und gelbfleischiger Pfirsich, Passionsfrucht. Am Gaumen mit einigem Volumen, fruchtgetragene Süße, kultivierte Säure, zart mineralische Tönung. 13,5 Vol.-%, DV, €

★ ★ ★

WEINGUT DANIEL TWARDOWSKI

Folzerweg 20, 54347 Neumagen-Dhron
T: +49 (160) 97766714, info@pinot-noix.com
www.pinot-noix.com

Ab-Hof-Verkauf: ja
Kellermeister: Daniel Twardowski
Ansprechpartner: Daniel Twardowski
Flaschen/Hektar: 5000 (100 % rot)/3 ha

Die Reben sind noch jung, die älteste Pflanzung stammt aus dem Jahr 2006. Doch der Ertrag dieser vergleichsweise neuen Anlagen bringt schon einige Tiefe: Daniel Twardowski ist der Shootingstar unter den Pinotwinzern der Mosel. Dabei hat er seine Weinberge am Dhroner Hofberg sogar komplett zur rieslingfreien Zone erklärt und setzt ausschließlich auf Spätburgunder. Dass dieser keine Mühe hat, hier reif zu werden, zeigen beide 2018er, von denen uns die fleischig-frische Basisversion ohne Lagenbezeichnung sogar ein My besser gefallen hat als der etwas breitere Lagenwein.

92 2018 »Pinot Noix Reserve« Dhron Hofberg Spätburgunder trocken
Konzentrierte Pinotnase, reife Blaubeere, etwas Wachs und Neuholz. Im Mund kräutrig, setzt geschmeidig an, ausgeprägter Weichteil, cremig, relativ trockener, aber reifer Gerbstoff, etwas weniger Frucht am Gaumen als in der Nase, reife Säure, breiter Abklang. 12,5 Vol.-%, NK, €€€€

92 2017 »Pinot Noix« Spätburgunder trocken
Im Duft Himbeere, Kirsche, Trockenfleisch und diskretes Holz. Am Gaumen lebendige Säure, gute Frische, sehnige Art, relativ viel Gerbstoff guter Qualität für die mittelgewichtige Fruchtdecke, reifes Tannin, klare mineralische Definition, burgundischer Stil. 12,5 Vol.-%, NK, €€€€

93 2018 »Pinot Noix« Spätburgunder tr.
Beeriger Pinotduft, Neuholz, Kirsche, Mandelkern, nasser Kalk. Am Gaumen fruchtbetont, Kirsche und Sauerkirsche, feiner, geschmeidig eingebetteter Gerbstoff, sehr reife Phenole, gute Proportionen und gute Frische, recht kompletter Burgunder, kreidige Noten im Abgang. 12,5 Vol.-%, NK, €€€€

★★★★★

VAN VOLXEM

Zum Schlossberg 347, 54459 Wiltingen
T +49 (6501) 802290, office@vanvolxem.com
www.vanvolxem.com

Ab-Hof-Verkauf: ja
Kellermeister: Dominik Völk
Ansprechpartner: Roman Niewodniczanski
Flaschen/Hektar: 450.000 (100 % weiß)/80 ha

Dieses Jahr müssen wir die Besprechung der aktuellen Weine mit dem Lobpreis der süßen beginnen, denn die Beerenauslese, die Roman Niewodniczanski und Dominik Völk aus dem Kanzemer Altenberg gewonnen haben, hat unsere Jury fast sprachlos gemacht: ein so ätherisch-subtiles Wesen mit einer solchen inneren Kraft und Dynamik und mit einer solch kristallinen Klarheit ... Wow! Die trockenen Weine stehen nicht nach, wobei wir in 2019 den Scharzhofberger Tout-Court dem Pergentsknopp gleichberechtigt zur Seite stellen. Aber das ist natürlich eine Momentaufnahme. Und groß ist das sowieso alles!

95 2019 Wiltingen Volz Riesling GG
Steinobst im Duft, Aprikose, Apfel, Zitrusfrucht, florale Noten, Kräuter. Am Gaumen straff gebaut, dicht und eng verwoben, reife, gut eingebundene Säure, feine Süße und auch Herbe, phenolische Anklänge, intensiv und mit mineralischer Grundierung, gutes Potenzial. 12 Vol.-%, NK, €€€

95 2019 Wiltingen Scharzhofberg Pergentsknopp Riesling GG
Kräuterwürze im kräftigen Duft, feiner Rauch, Apfel und Steinobst, auch nasser Schiefer. Im Mund mit einer kristallinen Säure, die wohlig durch die straffe Textur verläuft, dezente Süße und Frische vertragen sich, gute Abrundung, herbe Noten kommen dazu, konsistent und lang.
12 Vol.-%, NK, €€€€

95 2019 Wiltingen Scharzhofberg Riesling GG
Noten von Spontangärung in der Nase, Kräuter, Apfel und Malz, auch würzige Noten, pfeffrig. Am Gaumen mit guter Balance, dicht und gebündelt auf eine unaufgeregte und doch eindringliche Art, kultivierte Säureader, würzig und mineralisch, dabei nobel und mit Profil. 12,5 Vol.-%, NK, €€€

98 2018 »Alte Reben« Kanzem Altenberg Riesling Beerenauslese
Eine sehr delikate Botrytis, zitrisch, frischfruchtig, kristallin, sehr klar im Duft. Im Mund mit brillanter Frische und Mineralität, nicht im Übermaß viskos, in der Säure lebendig und kultiviert, aber ohne jede Aggression, eine Beerenauslese voller Finesse. 5,5 Vol.-%, NK, €€€€

94 2019 »Alte Reben« Kanzem Altenberg Riesling GG

90 2019 »Rotschiefer« Riesling Kabinett feinherb

90 2019 Saarburg Riesling trocken

89 2019 »Saar« Riesling trocken

94 2019 »Alte Reben« Kanzem Altenberg Riesling Auslese

92 2019 Ockfen Bockstein Riesling Spätlese

91 2019 Wawern Ritterpfad Riesling Kabinett

91 2019 »Alte Reben« Riesling trocken
Duftige Nase nach frischem Heu, brenzliger Schieferwürze und Limettenabrieb. Im Mund ein erwachsenes Säurespiel mit schöner Tiefe, Substanz und extrem langem, saftigem Nachhall, feine würzige Mineralität zuletzt, ein toller Speisenbegleiter! 12 Vol.-%, NK, €€

★★★★

WEINGUT DR. HEINZ WAGNER

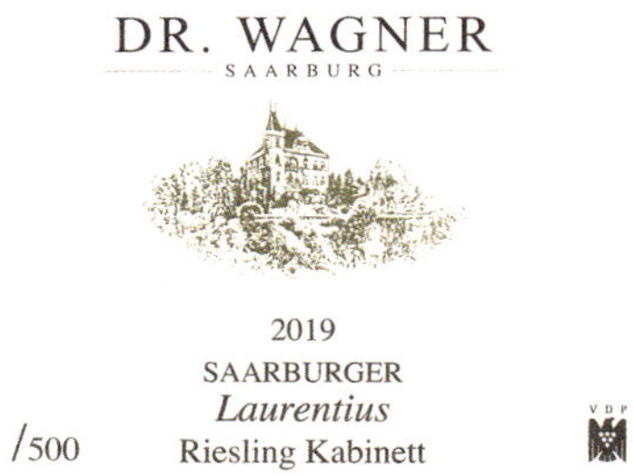

Bahnhofstraße 3, 54439 Saarburg
T: +49 (6581) 2457, info@weingutdrwagner.de
www.weingutdrwagner.de

Ab-Hof-Verkauf: Mo bis Fr 9.30–12 Uhr und 13.30–17 Uhr, Sa 9.30–13 Uhr
Kellermeister: Christiane Wagner
Ansprechpartner: Christiane Wagner
Flaschen/Hektar: 60.000 (100 % weiß)/7 ha

Christiane Wagner ist weiterhin in bestechender Form. Was die Kellermeisterin und aktuelle Generation des Familienguts präsentiert, hat nicht nur Klasse, sondern bietet auch jede Menge Trinkfreude. Die Kabinette sind ihr hervorragend gelungen, insbesondere die Säurebalance hat die sympathische Winzerin optimal im Begriff. Von den Lagenweinen haben uns sowohl das trockene Große Gewächs als auch die restsüßen Rieslinge gefallen. Nie werden die Weine mollig, stets bleiben sie schlank und rassig, auch die Auslese vom Ockfener Bockstein. So liebt die Welt deutschen Riesling.

93 2018 Saarburg Rausch Riesling GG

Filigranes, zurückhaltendes Bukett. Öffnet sich am Gaumen sehr schön, ohne in die Breite zu gehen. Die präsente Fruchtsüße wird durch griffige Säure und Schieferwürze abgefedert. Mit Potenzial für viele weitere Jahre. Bisher noch leicht grünliche Töne im Abgang. 12,5 Vol.-%, NK, €€€

89 2019 »Alte Reben« Saarburg Riesling trocken

Blassgrün im Glas, in der Nase Schieferwürze, Papaya und Spuren von Hefe. Am Gaumen ebenfalls feine Fruchtakzente von Maracuja bis reifer Pfirsich und Aprikose, aber auch Mengen an Mineralität. Auch Schmelz und zupackende Säure, ein im besten Sinne unkomplizierter Wein. 10 Vol.-%, DV, €€

92 2019 Ockfen Bockstein Riesling Auslese

Feine Ananasnoten, Marille und Papaya im Bukett. Am Gaumen präsentiert sich die Frucht wunderschön poliert und sauber. Trotz 70 Gramm Restzucker nur vergleichsweise dezente Süße, die mit moderater Säure abgepuffert ist. Erhöhte Viskosität. Exzellentes, köstliches Finish. 8 Vol.-%, NK, €€

91 2019 Saarburg Laurentiusberg Riesling Kabinett

Noch ein Wein, der eine Menge Spaß macht, hochpräzise und klar definiert. Die filigranen Fruchtaromen im Bukett lassen nur erahnen, welche geradezu rauschhafte Fülle am Gaumen nachkommt. Süffig und trotzdem anspruchsvoll, absolut sauberer, erstaunlich langer Abgang. 8,5 Vol.-%, NK, €€

91 2019 »Josef Heinrich« Saarburg Rausch Riesling Spätlese

91 2019 Riesling Kabinett feinherb

Dass Kabinette zur Paradedisziplin der Saar gehören, stellt das Weingut mit diesem feinherben Vertreter glänzend unter Beweis. Der Restzucker ist nicht im Ansatz zu spüren, sondern steht in idealer Balance mit Säure und schiefriger Würze. Lagerpotenzial für Jahrzehnte! 9 Vol.-%, DV, €€

★★★★

WEINGÜTER WEGELER GUTSHAUS MOSEL

Martertal 2, 54470 Bernkastel-Kues
T: +49 (6531) 2493, info@wegeler.com
www.wegeler.com

Ab-Hof-Verkauf: ja
Kellermeister: Norbert Breit
Ansprechpartner: Tom Drieseberg
Flaschen/Hektar: 80.000 (100 % weiß)/13 ha

Es läuft rund im schiefergedeckten Bernkasteler Gutshaus: Das Team um Dr. Tom Drieseberg und Kellermeister Norbert Breit hat die Steilvorlage des Jahrgangs 2019 für Weine voller Schliff und mineralischer Verdichtung genützt. Dabei bleibt es dem persönlichen Geschmack überlassen, ob man die fruchtigen und edelsüßen oder die trockenen Weine höher schätzt. Zum Glück ist das ganze Sortiment so fair kalkuliert, dass man selbst dann keinen Kleinkredit benötigt, wenn man sich nicht zwischen Spätlese und GG entscheiden kann. Wer klug ist, legt sich einen Vorrat zur Seite!

95 2019 Bernkastel Doctor Riesling GG
Gut verdichtete Moselnase mit gelber Frucht, Würze und Mineralität, auch dunklere Noten, leicht ätherisch. Am Gaumen mit sehr guter Balance der Elemente, die reife Säure sitzt da, wo sie sitzen muss. Gute Substanz, elegant und würzige Mineralität, gute Perspektive. 13 Vol.-%, NK, €€€€

95 2019 Wehlen Sonnenuhr Riesling GG
Würzige Nase, Piment und Koriander, reife gelbe Frucht, Papaya und Pfirsich, stoffig und dicht am Gaumen mit Würze und einer aristokratischen Säure, zeigt die Sonnenuhr in einer schönen klassischen Interpretation, die Format und Größe vermittelt. Viel Substanz. 13 Vol.-%, NK, €€€

98 2019 Bernkastel Doctor Riesling Trockenbeerenauslese Große Lage
Kräftige Botrytis, intensiv mineralische Noten dabei, Kumquat, karamellisiert, im Mund mit zwei Polen: Viskosität und taktile Mineralität. Eindringliche, aber reife Säure. Alles sehr fein ziseliert, salzig, trotz des immensen Extrakts klar und frisch. 6 Vol.-%, NK, €€€€

96 2019 Bernkastel Doctor Riesling Beerenauslese Große Lage
Dattel, feinwürzige Botrytis, rauchig, im Mund hoch aufgelöst, frische Gelbfrucht, Kräuter, Süße und Säure in großer Harmonie, auch im Mund wieder eine mineralische Tönung, guter Extrakt und sehr gute Balance. Fein ziseliert und nicht laut, stilvoll. 7 Vol.-%, NK, €€€€

93 2019 Bernkastel Lay Riesling Große Lage feinherb

92 2019 Graach Riesling feinherb

89 2019 Riesling feinherb

88 2019 Bernkastel Riesling trocken

94 2019 Bernkastel Doctor Riesling Auslese Große Lage

92 2019 Bernkastel Doctor Riesling Spätlese Große Lage

92 2019 Bernkastel Badstube Riesling Kabinett Große Lage

94 2019 Wehlen Sonnenuhr Riesling Spätlese Große Lage
Klares, mittleres Gelb. Feine mineralische Würze, reife Zitrusfrucht, ziseliert, Papaya, Melisse, edler Honig. Am Gaumen feiner Schmelz, reife Frucht, Zitrus, edle Phenole, Apfelschale, dicht gewoben, sehr balanciert, Kraft und Eleganz, tolle Länge und Würze. 8,5 Vol.-%, NK, €€€

★★★

WEINGUT WILLEMS-WILLEMS

Mühlenstraße 13, 54329 Konz-Oberemmel
T: +49 (6501) 15816
info@schiefer-trifft-muschelkalk.de
www.schiefer-trifft-muschelkalk.de

Ab-Hof-Verkauf: Mo bis Sa 9–17 Uhr
Kellermeister: Peter Thelen
Ansprechpartner: Carolin Hofmann
Flaschen/Hektar: 50.000 (90 % weiß, 10 % rot)/7 ha

Schon im vergangenen Jahr konstatierten wir einen Aufwärtstrend im Oberemmeler Familienbetrieb, und dieses Jahr scheinen uns die Weine nochmal an Kontur gewonnen zu haben: Quer durchs Sortiment sind sie so knackig und spannungsreich, dass wir mit Freuden einen dritten Stern vergeben. Wenn einer unserer Verkoster angesichts des vor Energie vibrierenden Niedermenniger Herrenbergs schreibt, dieser Wein habe »etwas von Ewigkeit«, dann sagt das viel über den zeitlos puristischen Stil im Hause Willems-Willems. Trotz der Anrufung der Ewigkeit freuen wir uns aber auch schon auf nächstes Jahr!

94 2019 Niedermennig Herrenberg Riesling trocken
Steinige Würze, Blutwurz auf heißem Stein, Eisenoxid: Die Nase ist betörend. Am Gaumen herrscht geballte, kristalline Frische. Genau das, was man von einem Riesling will. Jetzt schon aufregend, aber diese Konzentration hat etwas von Ewigkeit. 12 Vol.-%, DV, €€€

91 2019 Oberemmel Karlsberg Riesling trocken
Frische ist sofort spürbar. Aus dem Glas sprühen regelrecht Apfel- und Grapefruitaromen. Eine steinige, kräutrige Note kommt dazu. Am Gaumen herrscht gebündelte, geschmeidige Frische, eine Sehne, die sich köstlich durch den Wein zieht. 12 Vol.-%, DV, €€€

94 2019 Oberemmel Altenberg Riesling Spätlese
Beerig und floral, fast rotbeerig, im Mund mit knackiger Säure und einer vergleichsweise defensiv bleibenden Süße. Gehaltvoll, stoffig, der Tisch ist bereitet für eine Flaschenreife im nahezu trockenen Stil. Aber man braucht die Disziplin, das nicht zu früh anzurühren! 8 Vol.-%, DV, €€

92 2019 Oberemmel Altenberg Riesling Auslese
Klares, sattes Gelb. In der Nase reife Zitrusfrucht, getrocknete Limettenschale, Kräuterwürze, mineralisch unterlegt. Am Gaumen schöne Balance zwischen Säure und schmelzender Süße, Limone, Melisse, etwas phenolisch, sehr apart, mineralischer Faden. Potenzial. 8 Vol.-%, DV, €€

90 2019 Krettnach Euchariusberg Riesling Kabinett

94 2019 Niedermennig Herrenberg Riesling Kabinett
Limette und Schiefer, dazu eine balsamische Mineralwürze ganz am Beginn ihrer Entfaltung. Im Mund stoffig, kernig, defensive Säure hinter eindringlichem Säurezug. Intensiv taktilmineralisch, hat jede Menge Extrakt, bleibt aber kabinetttypisch. Ausgezeichnet! 9 Vol.-%, DV, €€

★★

WEINGUT WÜRTZBERG

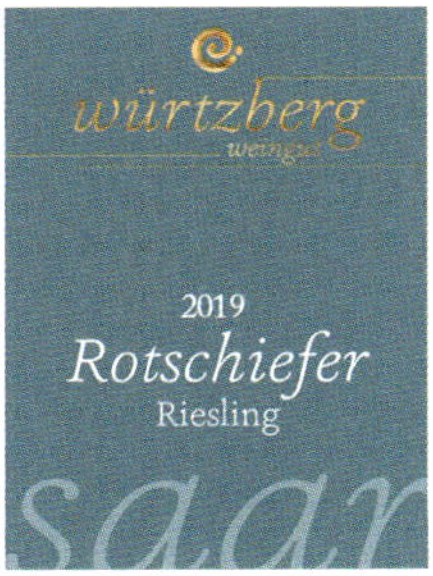

Würtzberg 1, 54455 Serrig
T: +49 (06581) 9200992, office@weingut-wuertzberg.de
weingut-wuertzberg.de

Ab-Hof-Verkauf: Do und Fr 14–18 Uhr, Sa 10–16 Uhr und nach Vereinbarung
Kellermeister: Felix Heimes
Ansprechpartner: Felix Heimes
Flaschen/Hektar: 80.000 (95 % weiß, 5 % rot)/17 ha

Es waren vor allem die frucht- und edelsüßen Rieslinge des Weinguts Würtzberg, die dieses Mal am Verkostungstisch in den Bann zogen. Ein weit gereister Sommelier notierte begeistert: »Für mich eine große Entdeckung, das sind Weine mit unglaublich viel Potenzial.« Aber auch die trockenen Weine wie das intensive »Grosse Gewächs« aus dem Würtzberg oder der schieferwürzige »Scivaro« überzeugen. Inzwischen wird Jungwinzer Felix Heimes von seiner Schwester Annalena unterstützt, die nach abgeschlossenem Studium in Geisenheim nach Serrig zurückgekehrt ist. Geballte Power an der Saar!

91 2019 »Grosses Gewächs« Serrig Würtzberg Riesling Spätlese trocken
Kräutrige Noten in der vielschichtigen Nase, Steinobst und zitrische Aromen mit Schieferwürze. Am Gaumen schlank gebaut, aber mit guter Intensität, Fülle und auch Dichte, klar definierte Opulenz, die von schieferwürziger Mineralität geerdet wird. Zeigt seine Herkunft. 12 Vol.-%, NK, €€

94 2019 Serrig Herrenberg Riesling Auslese
Authentisches Gelb vom Riesling im Jungstadium. In der Nase maritim und Steinobstcharakter. Rauchig, steinige Nuancen, sogar ein Hauch Rheingau in diesem Wein. Apfeltarte auf Marzipan-Blätterteigboden. Am Gaumen kompakte Fruchtsüße und variationsreiche Akzente. Gut gelungen! 9,5 Vol.-%, NK, €€€

93 2019 Serrig Herrenberg Riesling Spätlese
Helles Gelb mit fast unsichtbarem Grün. In der Nase subtile Zitronenschale und Blätter. Am Gaumen mit guter Konzentration und einem superben Spiel und Verhältnis von Süße und Säure. Strahlender Riesling mit enormem Potenzial, der sich über lange Jahre entwickeln kann. 10 Vol.-%, DV, €€

91 2019 Serrig Würtzberg Riesling Kabinett
Weißgold und pastellfarbener Grund. Grüne Äpfel mit einem Hauch Zitronenblüte und Koriandersamen. Sensibel und zugleich authentisch, feine Süße mit reifer Säure. Ein Wein mit Zartheit und Feinheit, ehrlich, selbstständig und mit einem sanften, aber verbindlichen Händedruck. 10 Vol.-%, DV, €€

90 2019 »Rotschiefer« Serrig Würtzberg Riesling trocken

90 2019 »Blauschiefer« Serrig Herrenberg Riesling

89 2019 »Goldstück« Serrig Würtzberg Riesling Kabinett feinherb

89 2019 Auxerrois trocken

89 2019 Pinot Blanc trocken

89 2019 Ockfen Bockstein Riesling Kabinett

90 2019 »Alte Reben« Serrig Würtzberg Riesling Spätlese

91 2019 »Scivaro« Riesling
In der Nase Noten von Spontangärung, Kräutern und Apfelschale, etwas Kümmel und frisches Heu, dazu Apfel und Aprikose. Am Gaumen schlank und straff gebaut mit gutem Extrakt, feinherbe Süße trifft auf Saft und Schieferwürze, zeigt Zug, mineralische Definition und Eleganz. 12 Vol.-%, DV, €

Blick von der Mosel auf Bernkastel-Kues, vorne die Kirche St. Michael und St. Sebastian

GASTGEBER AUS LEIDENSCHAFT

GEMEINSAM MIT DEN WINZERN DER REGION – ALS UNEINGESCHRÄNKTEN EXPERTEN, WAS DAS LEIBLICHE WOHL ANBELANGT – HAT FALSTAFF DIE BESTEN GENUSSADRESSEN IN SACHEN KULINARIK SORGFÄLTIG AUSGEWÄHLT UND ZUSAMMENGESTELLT.

56859 Alf

Burg Arras

Seit über 1000 Jahren thront die Burg über dem Moseltal, heute kann man hier in gemütlichen Zimmern übernachten und im Burgrestaurant gut essen. Die Küche setzt auf heimische Produkte und Zutaten, immer eine gute Wahl sind der zarte Rehbraten und die Moselwürste »blau«.

Burg Arras
+49 (6542) 22275
www.arras.de

Empfohlen von: **Reis – feine Weine!**

56814 Bremm

Weinhaus Berg

Wer inmitten einer der besten Weinregionen beheimatet ist, hat es leicht, eine gute Auswahl an besten Tropfen zu treffen: Präsentiert werden Gewächse von Winzern aus den umliegenden Weinlagen, wie zum Beispiel aus dem Bremmer Calmont, dem steilsten Weinberg Europas.

Moselstraße 39
+49 (2675) 301
www.weinhausberg.de

Empfohlen von: **Falstaff-Redaktion**

54470 Bernkastel-Kues

Graacher Tor - Leckerbissen Restaurant

Mit Leckerbissen kennt sich die Küche des kleinen Restaurants bestens aus. Im gemütlichen familiären Ambiente wird herzhaft und bodenständig aufgetischt, Michael und Michaela Mast wissen ihre Gäste mit kulinarischen Leckerbissen nach alten Rezepten rundum zu verwöhnen.

Graacher Straße 3
+49 (6531) 4659
www.graacher-tor.de

Empfohlen von: **Falstaff-Redaktion**

54426 Naurath

Rüssels Landhaus

In der ehemaligen alten Mühle liegt dieses Refugium des guten Geschmacks. Sternekoch Harald Rüssel, selbst passionierter Jäger, ist für die gehobene Küche verantwortlich. Die Weine kommen von bewährten Winzern aus Europa, vor allem aus den nahe gelegenen Weingütern der Mosel.

Büdlicherbrück 1
+49 (6509) 91400
www.landhaus-st-urban.de

Empfohlen von: **Weingut Ansgar Clüsserath**

56814 Ediger-Eller

Wein+Raum

Typische Moselrieslinge sind das Aushängeschild des Betriebes, der ganz auf naturnahen Weinbau setzt. Daneben stehen noch Pinot Noir, Auxerrois und Weißburgunder im Anbau. Von Mai bis August werden in Hof und Halle hausgemachte Köstlichkeiten zum Wein serviert.

Bachstraße 11
+49 (2675) 220
www.weingut-oster.de

Empfohlen von: **Wein+Gut Oster**

54439 Palzem

Straußwirtschaft Weingut Boesen

Süffige Moselweine spielen die Hauptrolle in dem sympathischen Familienbetrieb. Probieren kann man die vielfältigen Gewächse am besten in der rustikalen Straußwirtschaft zur klassischen Winzerplatte, dem herzhaften Wildragout oder dem saftigen Schweinerückensteak.

Auerstraße 2
+49 (6583) 453
www.weingut-boesen.de

Empfohlen von: **Falstaff-Redaktion**

54498 **Piesport**

Piesporter Goldtröpfchen

Das Weinhotel befindet sich unmittelbar am Fuß der weltberühmten Weinlage »Piesporter Goldtröpfchen«. Von der Terrasse genießt man einen schönen Blick auf die Mosel. Die Küche ist regional geprägt mit internationalen Einflüssen. Weine aus dem eigenen Anbau.

Am Domhof 4-5
+49 (6507) 2442
www.weingut-hain.de

Empfohlen von: **Falstaff-Redaktion**

54498 **Piesport**

Schanz

Hotel und Restaurant des kleinen Familienbetriebes erstrahlen in einem geschmackvollen Ambiente, in dem man sich rundum wohlfühlt. Die französisch inspirierte Küche von Thomas Schanz ist ohnehin eine Reise wert, Gastgeberin Adrienn Pasztusics sorgt für den perfekten Service.

Bahnhofstraße 8a
+49 (6507) 92520
www.schanz-restaurant.de

Empfohlen von: **Weingut Fischborn Bergeshof, Weingut Daniel Twardowski, Weingut Hain**

56861 **Reil**

Heim's Restaurant im Hotel Reiler Hof

Zum schick ausgestatteten Hotel gehört auch ein schönes Restaurant, das Christoph Heim zu einem Hotspot des guten Geschmacks gemacht hat. Seine Gerichte spannen gekonnt den kulinarischen Bogen von klassisch bis modern, dazu gibt es eine gute Auswahl an Moselweinen.

Moselstraße 27
+49 (6542) 2629
www.reiler-hof.de

€€€

Essen:	**44**	I 50
Service:	**17**	I 20
Getränke:	**18**	I 20
Ambiente:	**8**	I 10
Gesamt:	**87**	I 100

56841 **Traben-Trarbach**

Belle Epoque

Im reinsten Jugendstil erstrahlt das Restaurant im Hotel an der Mosel. Ein einzigartiges Ambiente, um die Küche von Matthias Meurer zu genießen, die gekonnt zwischen klassisch-modern und französisch inspiriert wandelt. Dazu gibt es eine gute Auswahl passender Weine.

An der Mosel 11
+49 (6541) 7030
www.bellevue-hotel.de

Empfohlen von: **Falstaff-Redaktion**

56253 Treis-Karden

Petry

Die Familie Bell betreibt das wunderschön an der Mosel gelegene Schloss bereits in dritter Generation. Der Weinkeller hält Frisches sowie Große Gewächse bereit. Küchenmeister Oliver Bell serviert dazu zwei Menüs, die eindrucksvoll die Aromenvielfalt der Region zeigen.

St.-Castor-Straße 80
+49 (2672) 9340
www.schloss-hotel-petry.de

Empfohlen von: **Weingut von Schleinitz**

54293 Trier

Klosterschenke

Die Klosterschenke ist wunderbar gelegen, umgeben von vielen Wein- und Winzerdörfern entlang der Mosel. Das junge Küchenteam unter der Leitung von Christian Zenner setzt auf frische, raffinierte Speisen. Es gibt ein gehobenes Restaurant und eines, das auf Regionalküche setzt.

Klosterstraße 10
+49 (651) 968440
www.hotel-klosterschenke.de

Empfohlen von: **Weingut F. J. Regnery**

54290 Trier

Das Weinhaus

In das bekannte Weinhaus kommen die Gäste nicht nur wegen der bestens sortierten Auswahl an Weinen. Auch die Küche lohnt mittags und abends einen Abstecher. Immer empfehlenswert sind das Cordon bleu und die Trierer Spezialität Teerdisch mit Blut- und Leberwurst.

Brückenstraße 7
+49 (651) 1704924
www.weinhaus-trier.de

Essen:	**42**	50
Service:	**17**	20
Getränke:	**18**	20
Ambiente:	**8**	10
Gesamt:	**85**	100

54487 Wintrich

Straußwirtschaft Matthiashof

Im liebenswerten Familienbetrieb wird Gastfreundschaft großgeschrieben. Wer im Gästehaus übernachtet, sollte auch die Straußwirtschaft nicht verpassen. Denn hier werden nicht nur alle Weine des Betriebes kredenzt, auch die herzhafte Küche sorgt für zufriedene Gesichter.

Eergstraße 12-13
+49 (6534) 93250
www.matthiashof.de

Empfohlen von: **Falstaff-Redaktion**

80–84 | 85–89 | 90–94 | 95–100 Punkte

NAHE

DYNAMIK UND VIELFALT

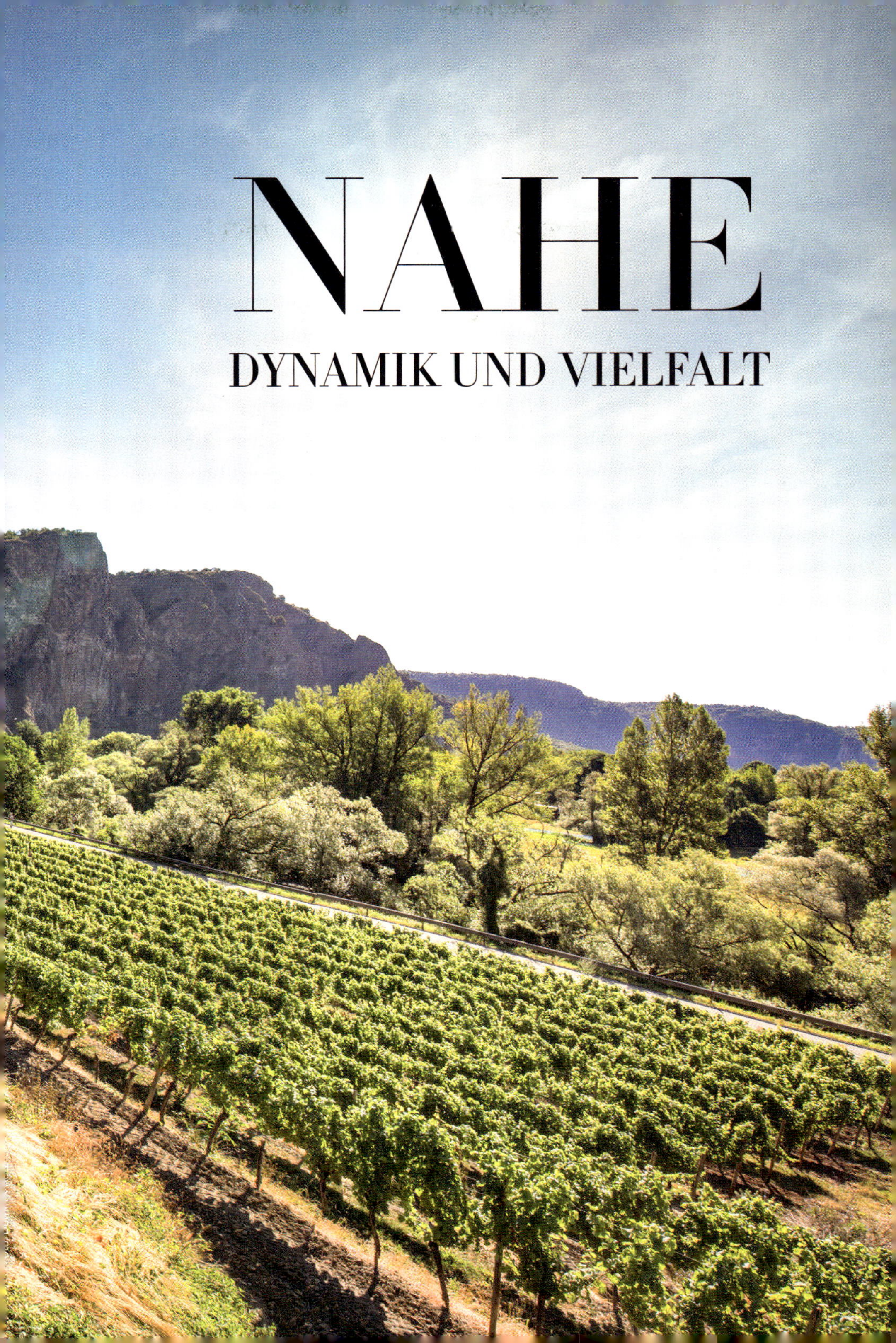

Blick auf die Traiser Bastei

MEHR XYLOFON ALS PAUKE

Wer einmal an der Nahe Wein probiert hat, will immer wieder hin. Der Erfahrungsbericht eines Wiederholungstäters.

TEXT HEINZ KIRCHHOFF

Manchmal scheint es im Leben geradezu wie verhext. In diesem Falle hat es natürlich etwas mit Wein zu tun. Wer nämlich einmal an der Nahe Wein probiert hat, will danach immer wieder hin. Wie kann das sein? Und wie landet man als Weinfreund ausgerechnet an der Nahe?
Nun, die Wege zum Wein sind meist verschlungen. Meine Version geht so: Früher habe ich mich durch die Weißweine aus der Bourgogne inspirieren lassen, erst viel später habe ich mich auf die Suche nach dem passenden deutschen Riesling gemacht. Habe die einschlägigen Anbaugebiete bereist, probiert, diskutiert, verglichen. Und wurde schließlich an der Nahe fündig. Aber warum gerade dort? Was macht die Nahe so einzigartig?

GEOLOGISCHER FLICKENTEPPICH

Die Mutter des Weines ist der Boden. Und da glänzt die Nahe mit einer geologischen Besonderheit, die man auf der einen Seite als chaotisch bezeichnen kann, die aber auf der anderen Seite für eine fantastische Vielfalt unterschiedlicher Stilausprägungen sorgt. Ein derartiger »Flickenteppich« existiert in keinem anderen deutschen Anbaugebiet. Oft mit geringem Abstand wechseln Grauschiefer, roter Schiefer, Tonschiefer mit Gestein vulkanischen Ursprungs wie Porphyr und Melaphyr. Während anderswo Gesteinsschichten übereinander und tief in der Erde verborgen sind, liegen sie an der Nahe an der Oberfläche nebeneinander. Jakob Schneider, Winzer in Niederhausen, zählt mehr als 50 Gesteinsformationen auf wenigen Kilometern. Geradezu exemplarisch lässt sich diese Besonderheit bei Martin Tesch in Langenlonsheim anhand der geradlinigen Rieslinge aus den Lagen Löhrer Berg, Krone, Königsschild, Karthäuser und Sankt Remigiusberg erschmecken. Der Riesling ist prädestiniert dafür, die Mineralstoffe zu »übersetzen«. Auch wenn ein Wein sicher keine auf den Geruch bezogenen aktiven Bestandteile des Gesteins enthält: Es steht fest, dass es je nach Bodenart Unterschiede in der geruchlichen und geschmacklichen Wahrnehmung gibt. Und eben das macht die Naheregion aufgrund der Vielfalt der Böden so interessant und spannend.

WILDE MÖHREN IM WEINBERG

Am besten nähert man sich dem Nahewein zu Fuß. Etwa auf dem Weinwanderweg von Niederhausen zur ehemaligen königlich-preußischen Weinbaudomäne, dem heutigen Gut Hermannsberg. Auf dem Weg gewinnt man unmittelbare Eindrücke über das imponierende Gefälle der Steillagen, den Aufbau von Trockenmauern, essbare Wurzeln (Wilde Möhre) am Weinberg und den Verlauf der Sukzession bei brachliegenden Weinbergen (mit seltenen heimischen Orchideen). Oder man beobachtet, wie das Weingut Dönnhoff mit immensem Aufwand Stroh in der weltberühmten Lage Hermannshöhle aufbringt, um Witterungskapriolen wie Starkregen zu trotzen.
Auf Gut Hermannsberg geht Karsten Peter (ein Pfälzer) eigene Wege: Verringerung der

Weingut Dönnhoff – Familienbetrieb in der vierten Generation

Standzeiten, sanfter Druck bei der Pressung, reduktiver Ausbau, Einsatz von Holz und Stahl. Die »Kupfergrube« aus 2015 kommt erst fünf Jahre später in den Verkauf.
Dass aber nicht nur Große Gewächse Zeit zum Reifen brauchen, um ihr Potenzial voll auszuschöpfen, habe ich gerade jüngst wieder an zwei Funden aus dem eigenen Keller gesehen: Schäfer-Fröhlichs Gutsriesling (!) und der Traiser Rotenfels Riesling (eine Ers-

Eines der Riesling-Epizentren im deutschen Weinbau: Gut Hermannsberg

Frischer Wind am Weingut Dr. Crusius durch die Töchter Judith und Rebecca

te Lage, also preisliche Mittelklasse) vom Weingut Dr. Crusius, beide aus 2015, hatten immer noch eine präzise Frucht, animierende Säure und einen sehr angenehmen Trinkfluss.
Vom Weingut Dr. Crusius in Traisen ist es dann übrigens nur noch ein kurzer Weg zur Aussichtsplattform auf dem Rotenfels – Europas höchste Steilwand nördlich der Alpen – mit atemberaubendem Blick auf das mittlere Nahetal.

WEIN UND KULINARIK VERBINDEN

Eine weitere Annäherung an den Wein gelingt nahezu perfekt mit dem Fahrrad entlang der beschaulichen Nahe und darüber hinaus. So ist das Weingut Hexamer in Meddersheim ein lohnendes Ziel, denn Harald Hexamer überzeugt immer wieder durch eine beeindruckende Kollektion, aus der die Rieslinge mit einem gekonnten Süße-Säure-Spiel hervorzuheben sind. Positiver Nebeneffekt: Direkt gegenüber kreiert Herbert Langendorf in dem Bilderbuch-Landgasthof »Zur Traube« Gerichte mit perfekter Garung und süffiger Aromatik. Auf dem Weg nach Meddersheim sollte man es nicht versäumen, einen Stopp im Restaurant »Hermannshöhle« in Niederhausen einzulegen. In eleganter Umgebung findet man ein breites und tiefes Angebot an Naheweinen. Noch tiefere Eindrücke vermittelt eine Teilnahme an einem der regelmäßig stattfinden Winzerstammtische. Patron Wigbert Weck präsentiert dazu eine schnörkellose, ambitionierte Küche aus vorwiegend heimischen Produkten.
Unbedingt empfehlenswert zur Erweiterung des Weinhorizonts ist auch ein Besuch der »Nahe.Wein.Vinothek« in Bad Kreuznach.

WEINBAUGEBIET NAHE

Anbaufläche
ca. 4150 Hektar
Aufteilung
1 Bereich, 6 Großlagen, 310 Einzellagen
Böden
Porphyr, Melaphyr, Schiefer, Löss, Rotliegend
Wichtigste Rebsorten
Riesling, Weißburgunder, Spätburgunder

Verband
Weinland Nahe e. V.
Burgenlandstraße 7
55543 Bad Kreuznach
www.weinland-nahe.de

Das Weingut Schäfer-Fröhlich ist bekannt für seine unverwechselbaren, authentischen Rieslinge

Hier findet man 150 Weine der Weinbauregion Nahe und kann zum Probieren unter 50 offenen Weinen auswählen.
Eine komfortable Art, die Naheregion zu erkunden, bietet der 130 Kilometer lange Rundkurs der Nahe-Weinstraße. Auf dem Weg befindet sich im Naturpark Soonwald abseits des Mainstreams das Weingut Hees in Auen. Eine entspannte Verkostung der Weine erfolgt im Landgasthof »Zum Jäger aus Kurpfalz« mit der bezeichnenden Adresse „Zur feuchten Ecke". Und das Weingut Schäfer-Fröhlich in Bockenau befindet sich gleich nebenan. Und wo Wein, da auch Kultur. Ein Besuch auf dem Disibodenberg mit den Ruinen des ehemaligen Klosters, in dem die heilige Hildegard von Bingen etwa 40 Jahre lang lebte und arbeitete. Abstand von der Hektik des Alltags bietet ein Meditationsweg – Weg der Stille.

AUSBALANCIERTE FEINHEIT

Zurück zum Wein. Was also ist das Faszinierende an den Nahe-Rieslingen? Nun, es ist einfach dieser unverwechselbare, ausbalancierte Stil aus Feinheit, reifer Säure, einer Frucht mit aromatischer Intensität, einem komplexen, nicht mächtigen Körper, und das alles verbunden mit einer trinkanimierenden Leichtigkeit. Das hat nichts mit Hexerei zu tun, sondern entspricht im Ergebnis der gelungenen Symbiose aus den Gaben der Natur und überragendem Winzerhandwerk. Wo in anderen Anbaugebieten gern mal auf die Pauke gehauen und kräftig in die Tuba geblasen wird, herrschen an der Nahe leisere, subtilere Töne vor: eher Xylofon und Fagott oder anders gesagt: eher feiner Pinselstrich statt grobem Quast.
Dann ist da noch diese Gelassenheit der Weinmacher, verbunden mit einer ihnen eigenen natürlichen Autorität und Souveränität. Denn sie wissen, was sie können. Sie stören sich nicht daran, dass die Nahe zu den oft unterschätzten Weinregionen in dieser Republik gehört. Gilt etwa der Prophet nichts im eigenen Lande? Cornelius Dönnhoff kann jedenfalls in Bad Sobernheim unbehelligt durch die Stadt schlendern – in New York allerdings wird er bei Präsentationen seiner Weine wie ein Popstar gefeiert.

INFO

Heinz Kirchhoff, geboren 1945, war im Berufsleben Diplom-Handelslehrer. Er bezeichnet sich selbst als »bekennenden Weinfreund«. Überdies ist er, wenn er nicht gerade die deutschen Anbaugebiete bereist, Hobbykoch mit Ambition und weitem kulinarischem Horizont.

Niederhausen, Hermannshöhle – Weine dieser großartigen Lage haben viel zum weltweit guten Ruf deutscher Weine beigetragen

GRANDS CRUS – NAHE

TOP-WEINE AUS PRIVILEGIERTEN WEINLAGEN DER REGION

DORSHEIM | BURGBERG

Die nur knapp vier Hektar große Spitzenlage ist ein bis zu 60 Prozent steiler Hohlspiegel in südlicher bis südöstlicher Exposition. Die Höhenlage beträgt 190 bis 290 Meter. Der Boden ist gesteinsreich mit Schiefergeröll, Taunusquarzit und Kieseln, besitzt aber auch einen hohen Lehmanteil und garantiert daher eine ausgeglichene Wasserversorgung. Der Name der Lage bezieht sich auf die Burg Layen.

95 **2018 Riesling GG**
Schlossgut Diel, Info siehe Seite 294

93 **2019 Riesling Alte Reben trocke n**
Weingut Schömehl, www.schoemehl-wein.de

NORHEIM | DELLCHEN

Die Schieferböden der nur 2,6 Hektar umfassenden, teils terrassierten Lage enthalten auch verwittertes Material der angrenzenden Vulkanfelsen – der Boden mit seinem hohen Gesteinsanteil, die reine Südlage, die Steilheit von 50 bis 70 Prozent machen das Dellchen zu einem qualitativ herausragenden, aber auch besonders schwer zu bewirtschaftenden Weinberg. Der Name rührt daher, dass die Reben in Mulden (»Dellchen«) zwischen steil aufragenden Felsen wachsen.

95 **2019 Riesling GG**
Weingut Dönnhoff, Info siehe Seite 296

92 **2019 Riesling trocken**
Weingut Mathern, www.weingut-mathern.de

NIEDERHAUSEN | HERMANNSHÖHLE

Diese acht Hektar große Lage wird wegen ihrer delikat würzigen Weine weltweit als Synonym für großen Riesling angesehen. Zu diesem Ruf haben die gesteinsreichen Schieferböden, die stellenweise auch Kalk enthalten, ebenso beigetragen wie die kuppelförmige Südost-, Süd- und Südwestlage sowie der bis zu 60 Prozent steile Hang. Mit einer Höhe

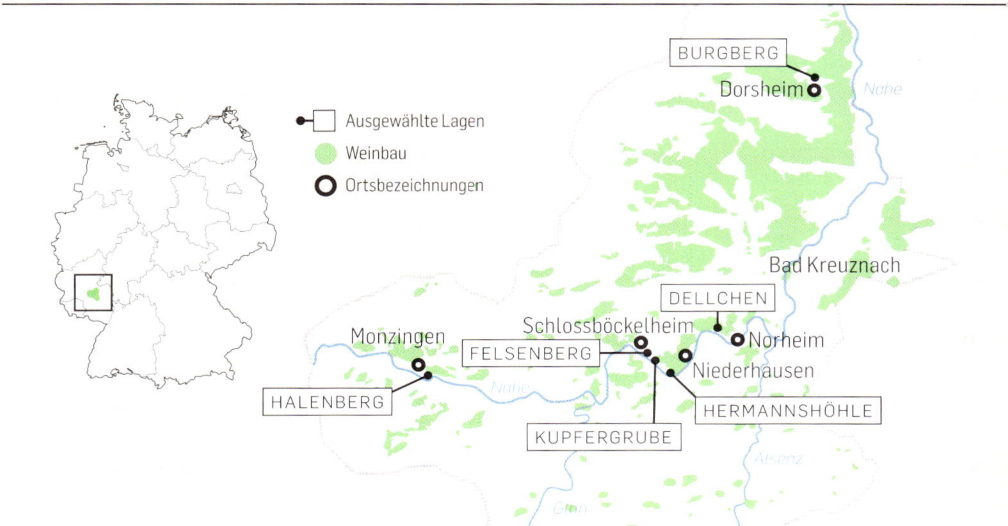

von 130 bis 175 Metern wachsen die Reben in ihrer Wohlfühlzone. Die Bezeichnung »Höhle« ist auf einen kleinen Bergwerkstollen zurückzuführen, der Name »Hermann« erweist dem Götterboten Hermes die Referenz, dem in spätrömischer Zeit ein Schrein auf dem direkt gegenüber dem Weinberg gelegenen Lemberg gewidmet war.

97 2019 Riesling GG
97 2012 Riesling GG
Weingut Dönnhoff, Info siehe Seite 296

94 2019 »Magnus« Riesling trocken
Weingut Jakob Schneider, schneider-wein.com

93 2019 Riesling Spätlese trocken
Weingut Mathern, www.weingut-mathern.de

93 2016 Riesling Spätlese trocken S
Weingut Sitzius, www.sitzius.com

SCHLOSSBÖCKELHEIM | FELSENBERG

Ein Boden vulkanischen Ursprungs prägt diese Lage und ihre Weine: Im bis zu 60 Prozent steilen Hang liegt das Geröll der Felsen, die den Weinberg überblicken und die Reben gegen Norden schützen, der Untergrund besteht aus dunkel gefärbtem, leicht grusigem Lehm. Die Süd- bis Südwestlage zieht sich vom Ufer der Nahe auf eine Höhe von 125 bis 200 Meter.

95 2019 Riesling GG
Weingut Schäfer-Fröhlich, Info siehe Seite 298

98 2019 »Felsentürmchen« Riesling GG
Weingut Dönnhoff, Info siehe Seite 296

93 2019 Riesling GG
Gut Hermannsberg, Info siehe Seite 299

92 2019 Riesling GG
Weingut Dr. Crusius, www.weingut-crusius.de

90 2019 Riesling trocken
90 2017 Riesling trocken
Weingut K.H. Schneider, Info siehe Seite 311

Norheim, Dellchen

Schlossböckelheimer Kupfergrube – legendäre Spitzenlage an der Nahe

SCHLOSSBÖCKELHEIM | KUPFERGRUBE

Die Lage liegt auf Höhen von 140 bis 265 Metern. Die Steilheit des Hanges erreicht 60 Prozent, die Exposition reicht von Süd bis Südwest, der Boden ist ausgesprochen mager. Der ganze, nahezu 13 Hektar große Weinberg wurde erst Anfang des 20. Jahrhunderts angelegt, als eine stillgelegte Kupfergrube – teils mit Sprengungen – umgestaltet wurde. Oberhalb des Weinbergs kann man an den Felsen grünliche Stellen bemerken: Grünspan.

96 2019 Riesling GG
Weingut Schäfer-Fröhlich, Info siehe Seite 310

94 2015 Riesling »Réserve« GG
Gut Hermannsberg, Info siehe Seite 299

94 2019 Riesling GG
Weingut Dr. Crusius, www.weingut-crusius.de

MONZINGEN | HALENBERG

Ein vielschichtiger, der Tendenz nach trockener Boden kennzeichnet die 7,7 Hektar große Lage an der oberen Nahe: Einzig am Hangfuß weist der Boden nennenswerte Lehmgehalte auf, im Steilhang (der bis zu 60 Prozent Neigung aufweist) findet man Rotliegendes, grauen Schiefer, Quarzit und Kies. Die Höhenlage von 160 bis 240 Metern, die Süd- bis Südwestausrichtung der Reben und die sich im Sommer regelmäßig einstellende warme Thermik erlauben den Trauben, lange auszureifen und dabei gesund zu bleiben, Botrytis entwickelt sich erst sehr spät.

94 2019 Riesling GG
Weingut Schäfer-Fröhlich, Info siehe Seite 310

93 2019 Riesling GG
Emrich-Schönleber, www.emrich-schoenleber.de

91 2019 Riesling trocken »Großer Genuss«
Weingut Udo Weber, Info siehe Seite 315

★★★

WEINGUT CHRISTIAN BAMBERGER STEINHARDTER HOF

Kreuznacher Straße 2
55566 Bad Sobernheim-Steinhardt
T: +49 (6751) 6048, info@cb-wein.de, www.cb-wein.de

Ab-Hof-Verkauf: Mo bis Fr 8–12 Uhr und 14–18 Uhr, Sa 8–14 Uhr
Kellermeister: Christian Bamberger
Ansprechpartner: Christian Bamberger
Flaschen/Hektar: 200.000 (50 % weiß, 50 % rot)/21 ha

Ohne Christian Bamberger wäre die Nahe nicht so bunt, vielfältig und originell wie sie derzeit ist: Auch mit seinen aktuellen Weinen macht der Winzer keinen Hehl daraus, dass er schon immer gerne über den Tellerrand hinausgeschaut hat; auch hier fließen wieder stilistische Anregungen von Auslandsaufenthalten wie in Kalifornien ein. Der aufgeschlossene Winzer hat sich mit kräftigen, holzwürzigen Spätburgundern wie dem »QX« und kreativen Schöpfungen wie dem weiß gekelterten Merlot einen Namen gemacht. Neu dabei ist der würzige Silvaner »Ü30« aus einem 36 Jahre alten Weinberg. Zu empfehlen!

90 2018 »Vulkangestein« Grauburgunder tr.
Tief, komplex in der Nase. Noten von Birne, gelber würziger Apfel, pflanzliche Nuancen, Stein und feine Rauchigkeit. Am Gaumen klar, tief, rund mit mineralischen Anklängen, feinem Gerbstoff, Noten von Blatt, saftiger Birne und sich aufbauendem Säurezug. 13,5 Vol.-%, NK, €€

92 2018 »QX« Spätburgunder trocken
Würzig-erdige Noten mit Kirsche, Blutorange und Roter Bete, kräftige Röstaromen, Veilchen und Laub. Am Gaumen mit reifer, tragender Säurestruktur, konzentriert, hochwertiges Tannin, gute Substanz, Volumen, Würze und auch Pinot-Noir-Gefühl. Jugendlich, viel Potenzial. 13,5 Vol.-%, NK, €€€

92 2018 »R Réserve« Cuvée trocken CD/ME
Cuvée von Cabernet Dorsa und Merlot. Konzentrierter Duft nach Cassis und Brombeere, Schwarzkirsche, Zigarrenkiste und dunkler Schokolade. Gutes Volumen und Komplexität am Gaumen mit satter Frucht, viel Würze, kräftigen und weichen Gerbstoffen. Kalifornien an der Nahe.
14 Vol.-%, NK, €€€

91 2018 »Vulkangestein« Spätburgunder tr.
Amarenakirsche im kräftigen Duft, kräftige Röstaromen, etwas Leder, Zigarrenrauch, Maulbeere, Veilchen und Liebstöckel. Burgunder, der seine Qualitäten zum einen aus seiner Substanz und Kraft schöpft, zum anderen aus seinem vulkanischen Boden. Pinot Noir mit Signatur. 13,5 Vol.-%, NK, €€

88 2018 »Fumé« Sauvignon Blanc trocken

88 2019 »Don't be shy« Scheurebe trocken

88 2019 »Sorgenfrei« trocken RR/WB

89 2019 »Merlot ist Weiss« trocken

88 2019 »Lichtblick« trocken

90 2018 »S Superior« Cuvée trocken CD/ME/CS

90 2018 Schlossböckelheim Spätburgunder trocken

89 2019 »Ü30 Alte Reben« Silvaner trocken
Apfel, Birne und Haselnuss, feine Würzigkeit, etwas Minzeblatt, ein Hauch Netzmelone. Saftig, mit feinwürzigem Grip, reife Säure, die gut eingewoben ist, pflanzliche Noten, zitrische Anklänge, Frische, Würze und Saftigkeit, endet mit kräutriger Würze. 12,5 Vol.-%, DV, €

★★★

WEIN- UND SEKTGUT BAMBERGER

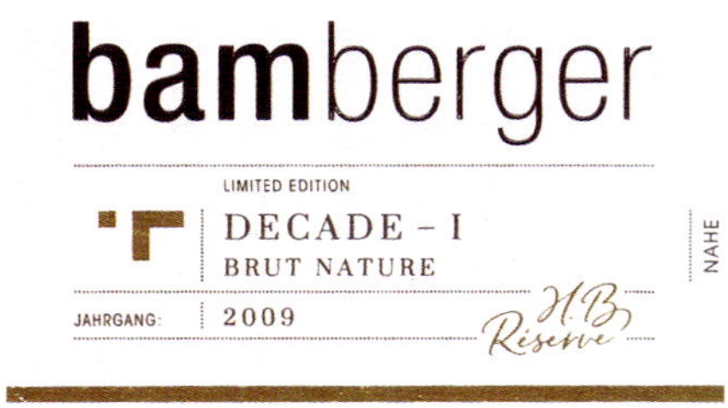

Römerstraße 10, 55566 Meddersheim
T: +49 (6751) 2624, kontakt@weingut-bamberger.de
www.weingut-bamberger.de

Ab-Hof-Verkauf: Mo bis Fr 8–12 und 14–18, Sa 9–16 Uhr
Kellermeister: Heiko Bamberger
Ansprechpartner: Familie Bamberger
Flaschen/Hektar: 100.000 (80 % weiß, 20 % rot)/15 + 1 ha

Heiko Bamberger hat ein richtiges Feuerwerk abgebrannt – wir gratulieren zum dritten Stern! Seine Weine überzeugen mit einer fokussierten, nuancierten und eleganten Art, die ohne laute Töne auskommt und niemals »gemacht« wirkt. Stattdessen zeigen sie ihr natürliches Habitat und Terroir, etwa der feinsinnige Riesling aus dem Monzinger Frühlingslätzchen oder der mineralische Weißburgunder aus dem Meddersheimer Rheingrafenberg. Für Begeisterung sorgten Bambergers Sekte, allen voran der aristokratische Riesling »Decade - I« aus dem Jahrgang 2009: feinperlende Sinnlichkeit aus der Zeitkapsel.

94 2009 »Decade - I Riesling« brut nature
Etwas Weihrauch gesellt sich zum reifen Steinobst, Aprikose, Mirabelle und Orangenzeste, Mandel, feine Hefewürze. Am Gaumen schlank gebaut mit viel Würze, prägnante Säure, griffig und mit enormer Mundfülle, elaborierte Perlage, nahtlos gebunden, lange im Mund. 12 Vol.-%, NK, €€€€

92 2019 »Réserve« Monzingen Frühlingsplätzchen Riesling trocken
Im Duft klar, rund, feine Mineralik und Tiefe, helle Gelbfrucht, Orange, etwas Weinbergpfirsich, Aprikose, Stein, feiner Grip. Am Gaumen Fluss mit immanentem Säurezug, fein konzentrierte zitrische Frucht, mittig leicht trocknende Phenolik, zentriert und frisch im Ausklang. 12,5 Vol.-%, NK, €€

91 2019 Monzingen Frühlingsplätzchen Riesling trocken
Helle Frucht im Duft, steinig, Kräuterwiese, roter Apfel, grüne Banane, florale Noten und zarte Würze. Saftig und frisch am Gaumen, helle Orange und süße Zitrone, griffiger Säurezug und feine Phenolik. Charmant, mineralisch, feinsaftig und fokussiert. 12 Vol.-%, DV, €€

91 2019 Monzingen Frühlingsplätzchen Riesling Spätlese
In der Nase verwoben, dicht, dabei leicht und mineralische Noten, auch feine Fruchtnoten von Pfirsich. Helle Frucht mit feinem Zug und Konzentration am Gaumen. Dezente Fruchtsüße, filigrane, aber straighte Säure, fein und nuanciert mit gewisser Tiefe. 7,5 Vol.-%, DV, €€

91 2019 Meddersheim Altenberg Riesling trocken

91 2012 »Cuvée Pinot Réserve« brut nature

91 2016 »Cuvée Pinot« brut

91 2019 »Réserve« Meddersheim Altenberg Riesling trocken

91 2019 Meddersheim Rheingrafenberg Grauburgunder trocken

89 2018 Meddersheim Altenberg Spätburgunder trocken

90 2019 Meddersheim Altenberg Riesling Kabinett

92 2019 Meddersheim Rheingrafenberg Weißburgunder trocken
In der Nase tief und klar mit feiner Mineralik, verwoben, gut gereifte Frucht, Zitrusnoten, feiner Grip, Stein. Elegant, tiefgründig, mit lebendiger Frische und Mineralik am Gaumen. Unaufgeregt und tiefgründig mit gleichzeitigem Fokus und salzig-ziseliertem Säurezug. 12,5 Vol.-%, NK, €€

★

WEINGUT BICKING & BICKING

Hauptstraße 33, 55595 Wallhausen
T: +49 (6706) 279, weingut@bickingundbicking.de
www.bickingundbicking.com

Ab-Hof-Verkauf: Mo bis Fr 9–11 Uhr und 13–17 Uhr, Sa 11–17 Uhr
Kellermeister: Lukas Bicking
Ansprechpartner: Achim und Lukas Bicking
Hektar: 10 ha

Ihre ersten Weine haben die Brüder Achim und Lukas Bicking im Zellertal im Norden der Pfalz gekeltert. 2016 übersiedelten sie an die Nahe ins Gräfenbachtal, das am Südrand des Hunsrück liegt. Dort bewirtschaften sie naturnah zehn Hektar Reben auf den unterschiedlichen Bodentypen der Nahe, im Fokus stehen dabei Riesling und die Burgundersorten. Uns gefallen vor allem die vielschichtigen und mineralischen Rieslinge, die Struktur und Finesse verbinden und einen gekonnten Holzeinsatz belegen. Die Weine zeigen Charakter und animieren zum nächsten Schluck. Starker Start in diesem Weinguide!

91 2018 Wallhausen Pastorenberg Riesling tr.
Kraftvolles Goldgelb mit grünen Reflexen. Der erste Eindruck in der Nase: als ob man mitten im Weinkeller stünde. Etwas hefig, grüner Apfel und Pfirsich. Am Gaumen dann druckvoll mit balanciertem Holzeinsatz und Noten von reifer Kiwi. Sicheres Reifepotenzial. 13 Vol.-%, NK, €€

91 2018 »alte Reben« Riesling trocken
Duftet frisch und fruchtig nach Mandarine, Zitronenzeste und Roter Johannisbeere. Am Gaumen folgt saftiger Kronprinzapfel vereint in einer seidig-feingliedrigen Textur mit geschliffener Säure. Am Ende mit angenehm haftender Extraktsüße, nuancenreicher Riesling. 13 Vol.-%, DV, €€

90 2015 Zell Riesling trocken
Opulente Frucht mit erkennbarer Exotik, Kapstachelbeere, Sternfrucht in der Nase. Am Gaumen mit schöner, kraftvoller Säure und harmonischer Süße. Ein filigraner Riesling, der mit der Reife an Komplexität zulegen wird und noch einige Jahre vor sich hat. 12 Vol.-%, DV, €€

89 2018 »vom Schiefer« Riesling trocken
Klassische Schiefernase, dazu exotische Früchte wie Maracuja und Ananas. Auf der Zunge dann eher zurückhaltend und noch verschlossen. Kompakt und griffig, phenolisch und auch mit schieferwürziger Mineralität, zeigt gute Anlagen, die sich weiter entfalten werden. 13 Vol.-%, DV, €€

88 2018 »Blanc de Blanc« trocken SB/PG/WB

89 2019 Riesling trocken
Anfangs noch etwas verschlossene Nase mit ein bisschen Curry und Fenchelsamen, dann zeigt sich gelbe Frucht. Am Gaumen geradlinig und klar, Aprikose, Apfelmus mit Gewürznelke. Leicht und beschwingt als Ganzes mit gut eingebundener Säure. Elegant, viel Riesling fürs Geld. 12 Vol.-%, DV/DV, €

★★★★★

SCHLOSSGUT DIEL

DIEL

GG
2018 RIESLING
BURGBERG

Burg Layen 16, 55452 Rümmelsheim
T: +49 (6721) 96950, info@diel.eu
www.diel.eu

Ab-Hof-Verkauf: Mo bis Do 8–17 Uhr, Fr 8–14 Uhr
Kellermeister: Caroline Diel und Christoph Friedrich
Ansprechpartner: Familie Diel
Flaschen/Hektar: 180.000 (90 % weiß, 10 % rot)/25 ha

Die Beschreibung des Großen Gewächses vom Riesling Dorsheimer Goldloch liest sich wie ein Stakkato von atemlos gehauchten Superlativen: »Feinsaftige Säure, perfekt gereifte Frucht, Würze, Mineralität, Vielschichtigkeit, Finesse.« Wie anders soll man auch in Worte fassen, was einem zuweilen beinahe wie Magie vorkommen könnte? Caroline Diel jedenfalls erreicht bei ihren Spitzenweinen ein selten erlebtes Zusammenspiel von Dichte, Finesse und Strahlkraft, und das in mühelos wirkender Natürlichkeit. Man könnte endlos weiter dichten. Machen wir es kurz: einen langen Applaus für diese Leistung!

96 2019 Dorsheim Goldloch Riesling GG
Tiefe, Substanz, saftige gelbe Frucht, Mandarine, süße Nektarine, Pfirsich, würzige Mineralik. Verwoben mit klarem Volumen, sich tief einarbeitende Griffigkeit. Feinsaftige Säure, perfekt gereifte Frucht, Würze, Mineralität, Vielschichtigkeit, Finesse. 12,5 Vol.-%, NK, €€€

95 2018 Dorsheim Burgberg Riesling GG
Mineralische Würze, Stein, helle Frucht, Fenchelsamen. Gleichmäßig fließend am Gaumen mit eingewobener fein konzentrierter Säure und mineralischem Grip, Zitruszeste, Steinstaub. Dabei zart saftig. Feiner Zug bis in den langen Nachhall. Puristisch und tief. 12,5 Vol.-%, NK, €€€

93 2009 Dorsheim Goldloch Riesling extra brut
111 Monate Hefe. Subtil gereift im Duft. Dennoch erkennbar Riesling mit Kräuterwürze und zitrischen Tönen. Sehr trocken im Mund, aber ohne Aggression, das feine Mousseux strahlt Frische aus. Mineralisches Fundament, subtile Abgangswürze. Extraktreserven! 12 Vol.-%, NK, €€€

95 2019 Dorsheim Pittermännchen Riesling Auslese
Sattes, klares Gelb. Pikante Würze in der Nase, reife Früchte, Pfirsich, Mango, Papaya, dazu eine Spur heller Blütenhonig. Am Gaumen balancierter Schmelz, feine Phenole, reife, aber tänzelnde Frucht, dicht gewobene Struktur und Länge, Potenzial. 8,5 Vol.-%, NK, €€€

93 2019 »Eierfels« Dorsheim Riesling trocken

93 2013 »Riesling Réserve« extra brut

91 2019 Burg Layen Schlossberg Riesling trocken

91 2019 Dorsheim Goldloch Riesling Kabinett

90 2017 »Réserve« Grauer Burgunder trocken

89 2019 Dorsheim Pittermännchen Riesling Kabinett

90 2017 »Caroline« Spätburgunder trocken

91 2019 Burg Layen Riesling trocken
Mineralisch und feinwürzig in der Nase. Helle und rote Früchte, blühende Wiesenkräuter, Steinstaub, Saft. Verwoben, fest und fließend am Gaumen. Sehr ausgewogen, feinfruchtig, mit immanentem Säurezug, Frische und zarter Salzigkeit im Nachhall. 12,5 Vol.-%, DV, €€

★★

WEINGUT DISIBODENBERG

Am Disibodenberg 1, 55571 Odernheim
T: +49 (170) 8150150, mail@weingut-disibodenberg.de
www.weingut-disibodenberg.de

Ab-Hof-Verkauf: Mi bis Sa 11–18 Uhr, So 9–16 Uhr, Adresse siehe Homepage
Kellermeister: Thomas Zenz
Ansprechpartner: Uta Armbruster-Held
Flaschen/Hektar: 110.000 (75 % weiß, 25 % rot)/21 ha

Das Weingut Disibodenberg hat bewegte Zeiten hinter sich: Erst im letzten Jahr erfolgte die Umbenennung des ehemaligen Weinguts Klostermühle, außerdem wurde in die Modernisierung der Kellerei investiert; auch der Riesling nimmt eine wichtigere Rolle ein, da man durch den Zukauf der Lage Kloster Disibodenberg über hervorragendes Rieslingterroir verfügt. Das weiß Kellermeister Thomas Zenz auszureizen: Gerade die edelsüßen Rieslinge bereichern schon eine facettenreiche Kollektion mit substanzreichen Burgundern in Weiß und Rot; auch die Sekte zeigen Format. Da bewegt sich noch einiges!

91 2018 »Alte Reben« Odernheim Kapellenberg Grauburgunder trocken
Feiner Rauch begleitet die kräftige Nase mit Quitte, reifer Birne und mediterranem Kräuterbeet. Wuchtiger Burgunder aus dem warmen Jahr 2018, der stolz und mächtig seine Bahn zieht, ohne rechts und links zu blicken. Am Ende landet er im Restaurant in einem großen Glas. 14,5 Vol.-%, NK, €€€

92 2019 »Rosenzeit« Gewürztraminer Auslese
Mango und viel Rosenduft im Bukett, auch Rosinen und asiatische Gewürze. Saftig und cremig am Gaumen, leichte Viskosität, Honig und etwas Safran, großzügig und dabei nie die Eleganz vernachlässigend, milde, hintergründige Säure, harmonisch und vielschichtig. 8 Vol.-%, NK, €€

92 2019 Odernheim Kloster Disibodenberg Riesling Auslese
Anfänglich etwas duftarm, zeigt der Wein dann eine zarte Nase nach weißen Blüten, auch nach Limettenabrieb und frischem Grasschnitt, im Mund eine ungemein saftige Säure, die die Süße perfekt trägt und lange nachhallen lässt, ein köstlicher Nachmittagswein! 8 Vol.-%, NK, €€

91 2019 Odernheim Kloster Disibodenberg Riesling Spätlese
Kandierter Pfirsich, Aprikosentarte, Honig und feine Kräuter in der Nase. Süße Frucht am Gaumen, Aprikose und auch Mango, die von der reifen und präsenten Säure begleitet werden, elegant, gut verwoben, feine Herbe und mineralische Würze, schöner Fluss. 8,5 Vol.-%, NK, €€

90 2018 Odernheim Montfort Chardonnay trocken

90 2018 Chardonnay & Weißburgunder Odernheim Montfort trocken

89 2017 Odernheim Montfort »Pinot weiß« brut

88 2019 »W19« Weißburgunder trocken

90 2017 Odernheim Montfort Spätburgunder Rosé brut

90 2018 »Alte Reben« Odernheim Montfort Spätburgunder trocken

90 2017 Odernheim Langenberg Spätburgunder trocken

89 2019 »R19« Riesling trocken
Reife Aprikose in der fruchtigen und frischen Nase, auch florale Noten, der feine Duft von Tomatenrispen. Am Gaumen schlank und geradlinig gebaut, bewusst filigran mit geschmeidiger Säure und Zitrusfrucht. Ohne Ballast kommt man auch leichter ins Ziel. 11 Vol.-%, DV, €

★★★★★

WEINGUT DÖNNHOFF

Bahnhofstraße 11, 55585 Oberhausen an der Nahe
T: +49 (6755) 263, weingut@doennhoff.com
www.doennhoff.com

Ab-Hof-Verkauf: ja
Kellermeister: Cornelius Dönnhoff
Ansprechpartner: Cornelius Dönnhoff
Hektar: 28 ha

Der Jahrgang 2019 muss in Niederhausen und Umgebung ideale Bedingungen vorgefunden haben – und Cornelius Dönnhoff und sein Team haben diese Basics offenbar ebenso ideal umgesetzt. Wir verkosteten Große Gewächse, die vor mineralischem Extrakt bersten. Kabinette und Spätlesen, die als Idealtypen ihres Prädikats gelten können, und Edelsüßes voller Präzision und Tiefe. So viel Dichte und Brillanz, eine solch bestechende Klarheit und ein solch famoses Gleichgewicht – das ist selbst für ein Weingut dieser Klasse sensationell. Wir gratulieren zum Titel »Kollektion des Jahres« (siehe auch S. 18).

98 2019 Schloßböckelheim Felsenberg Felsentürmchen Riesling GG

Noch verschlossen, etwas Zitrus und recht intensive Gesteinsnoten. Reich texturiert mit ganz feinen Phenolen, ein Druck ohne Kraftanstrengung, ultrafeine Säure und keinen Moment isoliert in Erscheinung tretende Süße, vornehm und hintergründig. 13 Vol.-%, , €€€

97 2019 Niederhausen Hermannshöhle Riesling GG

Kandierte Zitronenschale, florale Noten, Feuerstein. Im Mund mit reicher, geschmeidiger Grundierung, mit immensem Extrakt und einer feinen Auflösung aller Komponenten. Phenolischer und mineralischer Extrakt gehen Hand in Hand, alles zart und dennoch druckvoll. Groß! 13 Vol.-%,

98 2019 »Einzelpfahl« Niederhausen Hermannshöhle Riesling Auslese

Rosine, kandierte Zitrone, Ingwerstäbchen, ultrafeine Botrytis, mineralische Gesteinsnoten, gedörrte Feige und Dattel. Im Mund zu Beginn süß und viskos, dann von fulminanter taktiler Mineralität, feine Säure, große Länge. Alles dicht, aber ganz im Zeichen der Finesse. 8 Vol.-%,

97 2019 Oberhausen Brücke Riesling Auslese

Delikate, sehr feine und sehr klare Botrytis, kandierte Zitrusfrucht im Duft. Am Gaumen mit fast schmerzhafter Dichte und einem vibrierenden Spannungsbogen, viskos, aber auch stoffig, hoch verdichtet auch im mineralischen Extrakt, packender Wein. 7,5 Vol.-%, , €€€

95 2019 Norheim Dellchen Riesling GG

95 2019 Roxheim Höllenpfad im Mühlenberg Riesling GG

93 2019 Bad Kreuznach Krötenpfuhl Riesling GG trocken

91 2019 Bad Kreuznach Kahlenberg Riesling Erste Lage trocken

91 2019 »Tonschiefer« Riesling trocken

95 2019 Niederhausen Hermannshöhle Riesling Spätlese

93 2019 Oberhausen Brücke Riesling Spätlese

94 2019 Niederhausen Klamm Riesling Kabinett

Schieferwürzig im Duft, Gesteinsmehl. Zitrus. Im Mund sehr komplett und trotzdem ein Kabinett mit Typizität: reiche Extraktschichten, knackige Säure, eher zurückhaltend eingesetzte Süße, im Körper kein Leichtgewicht, dennoch »kühl« in der Anmutung. Potenzial! 9 Vol.-%, , €€

★★

WEINGUT FORSTER

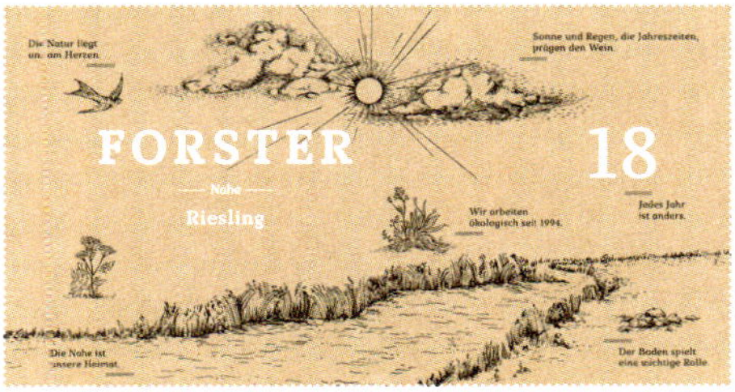

Burg-Layer-Straße 20, 55452 Rümmelsheim
T: +49 (6721) 45123, mail@weingutforster.de
www.weingutforster.de

Ab-Hof-Verkauf: Do und Fr 14–18 Uhr, Sa 10–15 Uhr
Kellermeister: Johannes Forster
Ansprechpartner: Georg, Margit und Johannes Forster
Hektar: 25 ha
Anbauweise: Biologisch zertifiziert

Das Weingut Forster betreibt schon seit 1994 ökologischen Weinbau. »Wir bereiten unseren eigenen aerophoben Kompost, der den Reben eine gute Ernährung sicherstellt und mit dem wir sogar CO_2 im Boden einbinden«, lässt uns die Familie wissen. Seit Kellermeister Johannes Forster seine Eltern Margit und Georg Forster unterstützt, haben die Weine an Kontur gewonnen. Sie zeichnen sich durch Reife, Balance und Ruhe aus, sie sind ausgewogen und unaufgeregt, zeigen aber auch Tiefe wie der Riesling Schlossberg. Zuletzt wurde auch die Vinothek erweitert, es tut sich was in Rümmelsheim!

91 2018 Burg Layen Schlossberg Riesling tr.
Tiefe und reife Frucht, süßer, mürber Apfel, dunkle Würze, ohne Schwere. Auch am Gaumen gereifte Frucht, jedoch sehr gut ergänzt von ziselierter, tiefer Säurestruktur, feiner, lebendiger Saftigkeit und Phenolik. Nach hinten raus fokussiert mit feinem Zug. 13,5 Vol.-%, NK, €€

89 2018 »vom Kies« Riesling trocken
Warme Noten in der Nase, reife Gelbfrucht, Pfirsich und Aprikose zeigen sich, feine Süße mit karamelligen Nuancen. Am Gaumen schlank gebaut, saftige, süße Frucht, etwas Orange und Limettenabrieb. Fließend mit reifem Säurezug und feinem Grip im Finish. 12 Vol.-%, NK, €

90 2018 Burg Layen Johannisberg Frühburgunder trocken
Tief, mineralische und pflanzliche Anklänge, Brombeere, dunkle Würze und etwas wilde Himbeere, pflanzliche Noten, florale Nuancen, Kräuter. Kräftig gebaut am Gaumen, feinkörniges Tannin in guter Menge, balanciert verwoben und fließend mit feinem Säurezug. 14 Vol.-%, NK, €€

91 2018 Riesling Auslese
Sattes, klares Gelb. In der Nase Waldhonig, getrocknete Aprikose, Rosine, Würze. Am Gaumen griffige Süße, balanciert mit Säure, Datteln, Honigwürze, etwas Karamell und gebrannte Mandel. Schöne Struktur und Länge, perfekt zur Apfeltarte. Potenzial. 8,5 Vol.-%, NK, €€

89 2019 Riesling feinherb

89 2018 »Reserve« Grauburgunder trocken

88 2019 Riesling trocken

88 2019 Scheurebe

88 2019 Weißburgunder trocken

88 2019 Spätburgunder Rosé trocken

89 2018 »vom Quarzit« Frühburgunder trocken

90 2018 »vom roten Schiefer« Riesling trocken
Feinwürzige Mineralik, tief, klar, reifer roter Apfel, Gelbfrucht, dunkle Anklänge, aber auch präsent. In sich ruhend, subtile Kraft. Saftig am Gaumen mit gut gereifter Frucht und sich einwebendem mineralischem Grip sowie feinsalziger reifer Säurestruktur. 13 Vol.-%, NK, €

WEINGUT GROSSARTH

Staudernheimer Straße 8, 55571 Odernheim am Glan
T: +49 (6755) 223, weingut@grossarth.de
www.grossarth.de

Ab-Hof-Verkauf: Mo bis Fr 8–12 Uhr und 13–18 Uhr, Sa 9–12 Uhr und nach Vereinbarung
Kellermeister: Daniel Grossarth
Ansprechpartner: Daniel Grossarth
Hektar: 8 ha

Daniel Grossarth hat ein kleines, aber stimmiges Sortiment an Weinen aus den Jahrgängen 2018 und 2019 eingereicht, aus dem der saftige Riesling »S« heraussticht, der gekonnt das Terroir der bekannten Lage Kloster Disibodenberg abbildet. Aber auch der feinwürzige Weißburgunder aus 2018 und die vergnügliche, feinherbe »Sommercreation« vom Gewürztraminer aus dem Jahr 2019 zeigen, dass der Winzer sein Handwerk versteht. Seine acht Hektar Rebfläche in Steillagen und auf Schieferböden bewirtschaftet das Weingut Grossarth nach den Richtlinien des kontrolliert umweltschonenden Weinbaus.

88 2018 Weißburgunder trocken
In der Nase saftige Mandarine, Blüten, Apfel und Zitrusfrucht, auch Reneklode. Schlanker Bau am Gaumen mit harmonischer Balance und feiner Süße, saftig und geradlinig mit feiner Würze. Guter Sortenvertreter, der nicht nur als Solist, sondern auch zu Vorspeisen passt. 12,5 Vol.-%, DV, €

88 2019 »Sommercreation« feinherb
Feinherber Gewürztraminer, der genau weiß, welche Tastatur er zu bedienen hat: Rosenblätter, Litschi, Papaya und reife Mango bestimmen den Duft, am Gaumen schlank, klar und transparent, feines Süße-Säure-Spiel, durchaus delikat, ein schöner Aperitif, aber auch zur Leber. 12 Vol.-%, DV, €

87 2019 »S« Grauburgunder trocken
Neben Birne mit kräutrigen Noten, Gewürzen, etwas Piment und auch floralen Anklängen in der Nase.. Würzig und saftig am Gaumen mit reifer und würziger Säure und geradliniger Struktur, gute Sortentypizität, nicht zu kompliziert, patenter Begleiter zu Vorspeisen. 12,5 Vol.-%, DV, €

87 2019 Spätburgunder trocken
Himbeere und Walderdbeere in der Nase, auch Rosenblätter und rote Kirsche. Am Gaumen saftig und mit klaren Fruchtnoten, Kirschen und Walderdbeere, gute Frische in einem bündigen, mittelkräftigen Körper, eher wenig Extrakt und Dichte, aber Pinotflair 13 Vol.-%, DV, €

89 2018 »S« Kloster Disibodenberg Riesling trocken
Reife, exotische Frucht, Mango, Papaya, auch eingelegter Pfirsich und etwas Stachelbeere, auch dunklere Aromen. Am Gaumen schlank gebaut mit reifer, saftiger Säure, die sich vergnügt nach vorne bewegt, reife Aprikose, etwas Safran, zeigt das Terroir des Disibodenbergs. 12,5 Vol.-%, DV, €

★★★★

GUT HERMANNSBERG

Ehemalige Weinbaudomäne, 55585 Niederhausen
T: +49 (6758) 92500, info@gut-hermannsberg.de
www.gut-hermannsberg.de

Ab-Hof-Verkauf: Nov. bis Febr.: Di bis Sa 10–18 Uhr
Kellermeister: Karsten Peter
Ansprechpartner: Achim Kirchner
Flaschen/Hektar: 150.000 (100 % weiß)/30 ha

Es gibt Spötter, die den Terminus Großes Gewächs gleichsetzen mit: der zu früh gekommene Wein. Man mag dieser Argumentation ein Stück weit folgen können, wenn man die unbeschwert in Szene gesetzte Substanz und Tiefe der »Reserve« aus der Schlossböckelheimer Kupfergrube aus dem Jahr 2015 wahrnimmt. Da lässt sich erahnen, wie sich das enorme Potenzial entfalten kann, das die jetzt angestellten Großen Gewächse aus den Jahrgängen 2019 und 2018 zeigen. Im Moment bewerten wir nur die Gegenwart und die ist strahlend genug: Karsten Peter hat eine ganze Reihe großartiger Rieslinge vorgelegt.

94 2015 »Reserve« Schlossböckelheim Kupfergrube Riesling GG
Tiefe, klare Nase mit reifer Gelbfrucht, feiner Mineralik, dahinter dunkelwürzige Noten, etwas Karamell und Petrol. Am Gaumen Substanz und Tiefe ohne jegliche Schwere. Nuanciert mit feinsaftigem, straightem Säurezug und mineralischer Salzigkeit, große Präsenz. 12,5 Vol.-%, NK, €€€€

93 2019 Schlossböckelheim Felsenberg Riesling GG
Leicht reduktiv, nussige Noten, ein Hauch laktisch, aber auch intensive Gesteinsmehlnoten. Im Mund mit sehr fein aufgelöstem Extrakt, homogener Dichte, in der Süße-Säure-Balance mit leichtem Übergewicht bei der Süße, in sich komplett stimmig und potenzialreich. 13 Vol.-%, NK, €€€

93 2019 Niederhausen Steinberg Riesling GG
Getrocknete Zitronenschale und frische zitrische Noten. Ingwer. Auch etwas Mandel. Fein texturierter Gaumen, zarte Phenole, lebendige Säure, vergleichsweise kräftiger Alkohol, gut zum Körper und zur Säure passende Süße, wird mit Flaschenreife ein schönes Amalgam. 13 Vol.-%, NK, €€€

94 2019 Niederhausen Steinberg Riesling Spätlese
Nuanciert, fein, mineralisch, vielschichtig. Etwas Stein, dezente Rauchigkeit, etwas Aprikose. Feines Volumen am Gaumen, fein verwoben. Fein konzentrierte Frucht, zitrisch-saftiger, straighter Säurezug. Schwerelos, dicht, mineralisch, tief, auf dem Punkt. 8,5 Vol.-%, NK, €€

93 2018 Niederhausen Hermannsberg Riesling GG

93 2018 Traisen Bastei Riesling GG

92 2019 Altenbamberg Rotenberg Riesling GG

92 2019 »Vom Vulkan« Schlossböckelheim Riesling trocken

91 2019 »Steinterrassen« Riesling trocken

90 2019 »Vom Schiefer« Niederhausen Riesling trocken

93 2019 Altenbamberg Rotenberg Riesling Spätlese

90 2019 »7 Terroirs« Riesling trocken
Frisch, helle Gelbfrucht, Weinbergpfirsich und würzige Mineralik. Am Gaumen ausdrucksstark, saftig, klar mit lebendiger Säurestruktur. Noten von Orange, Stein, feinen Kräutern und etwas Zitrusabrieb. Toller Einstiegsriesling mit Terroircharakter, Saft und Finesse. 12,5 Vol.-%, NK, €€

★★★

WEINGUT IN DEN ZEHN MORGEN

In den Zehn Morgen 41, 55559 Bretzenheim
T: +49 (671) 48313040, info@indenzehnmorgen.de
www.indenzehnmorgen.de

Ab-Hof-Verkauf: Mo bis Fr 8–17 Uhr und auf Anfrage
Kellermeister: Stefan Schmidt
Ansprechpartner: Steffen Monigny, Stephan Pompejus
Hektar: 15 ha
Anbauweise: in Umstellung auf Bio

Ein mehr als nur respektables Debüt! Erst im vergangenen Jahr ist aus dem Weingut S. J. Montigny in Bretzenheim das Weingut »In den zehn Morgen« entstanden, das auch über den vormaligen Lagenbesitz des Weinguts August E. Anheuser verfügen kann. Das Team um Steffen Montigny geht zielstrebig voran: Seit 2019 befinden sich die Weinberge in Umstellung auf zertifizierten ökologischen Weinbau. Uns haben in der aktuellen Kollektion nicht nur die Lagenrieslinge imponiert, aber die ganz besonders: Der Kahlenberg ist von erhabener Ruhe, der Steinberg von großem Potenzial. Eine Bereicherung!

93 2019 »Monopol« Bad Kreuznach Steinberg Riesling trocken
Mandarine, Weinbergpfirsich, deutlich mineralische Noten. Im Mund mit einiger Wucht, aber auch mit intensiver Mineralik, druckvoll, kräftiger terpeniger Extrakt, ganz nahtlos eingebundene Säure, noch verschlossen, mit gutem Potenzial. 12 Vol.-%, NK

92 2019 Bad Kreuznach Kahlenberg Riesling trocken
Kräuterwürzig, geriebene Zitronenschale, recht pur und straff im Duft. Auch im Mund mit schöner Ruhe, ganz ausgewogen, mittlere Stoffigkeit, reife Säure, kompakt mit guter Länge, erfreulich trocken und unverkitscht, fein nuanciert und leicht mineralisch im Abklang. 13 Vol.-%, NK

91 2019 Bad Kreuznach Rosenheck Riesling Kabinett feinherb
Rauchig-mineralisch und nuanciert zitrusfruchtig im Duft. Leicht kohlensäurefrisch, auch im Auftakt, saftig und salzig mit feinem Säurezug in leicht- bis mittelgewichtigem Körper. Ein gut abgestimmter Kabinett, nicht zu süß, nicht zu schwer, mit toller Mineralik. 10 Vol.-%, DV, €

91 2019 Bad Kreuznach Krötenpfuhl Riesling
Orangenkonfitüre, Rosine, roter Apfel, im Mund mit sehr guter Dichte, humorlos phenolisch und trocken, feste Säure, zurückhaltend eingesetzte Süße, ein puristisch angelegter, markant kerniger Lagenriesling mit gutem Reifepotenzial. 13 Vol.-%, NK

90 2019 Bad Kreuznach Riesling trocken

89 2019 Bad Kreuznach Grauer Burgunder trocken

89 2019 »Sand & Kalkstein« trocken CH/WB

88 2019 Bretzenheim Pastorei Chardonnay trocken

90 2019 Bad Kreuznach »Pinot Noir Rosé« tr.
Zarte Pastellfarbe. Himbeere und Apfelblüte im Duft, am Gaumen saftig und sehnig, geradeaus gebaut, ein Hauch von Stoffigkeit, feiner Säurenerv, wirkt klar und pur, mit ungekünstelter Frische und pointiertem, kompaktem Abklang. Kulinarisch. 12,5 Vol.-%, DV, €

★★★

KORRELL

Görzstraße 7, 55545 Bad Kreuznach-Bosenheim
T: +49 (671) 63630, weingut@korrell.com
www.korrell.com

Ab-Hof-Verkauf: Mo, Di, Do, Fr 14–18 Uhr, Sa 10–15 Uhr
Kellermeister: Martin Korrell
Ansprechpartner: Martin Korrell
Flaschen/Hektar: 180.000 (80 % weiß, 20 % rot)/29 ha

Seit Jahren zählt das von Weingut Korrell zu den sicheren Werten an der Nahe – von den Einstiegsqualitäten bis zu den Top-Weinen ist Zuverlässigkeit Trumpf. Dabei ist Martin Korrell ständig auf der Suche nach Verfeinerungen, etwa durch längere Maischestandzeiten, mehr Feinhefekontakt, eine intensivere Selektion bei der Lese und Kleebegrünung im Weinberg. Die Mühe lohnt sich! Der trockene Riesling »Von den großen Lagen« vereint Eleganz und Kraft, die »Étape XXII« ist druckvoll und vielschichtig, die balancierte Auslese besticht wiederum durch ihre Saftigkeit – sie hat ein langes Leben vor sich.

93 2017 »Étape XXII« Riesling trocken
Sattes, klares Gelb. In der Nase heißer Stein, etwas Rauch, reifer Pfirsich, Minze, Mandarine, reichhaltig und animierend. Am Gaumen fest, feine Säure, viel Schmelz, balanciert, gewisse Fruchtsüße, saftig, dicht gewobene Struktur, lang und druckvoll, braucht noch Zeit. 13 Vol.-%, NK, €€€€

92 2019 Bad Kreuznach Paradies Riesling trocken
Klares, mittleres Gelb. In der Nase rassige Zitrusfrucht, etwas Maracuja, Limonensaft, etwas Minze. Am Gaumen rassige, reife Säure, wieder Zitrusfrucht, viel Spannung und Zug, etwas abgerundet, feine Struktur, gute Länge, Wein mit Potenzial. 13 Vol.-%, DV, €€€

91 2019 »Von den großen Lagen« Riesling trocken
Klares, mittleres Gelb. In der Nase animierende Zitrusfrucht, schöne Reife, Aprikose, Pfirsich, rote Grapefruit. Am Gaumen reife, belebende Säure, etwas phenolisch, Zitrusfrüchte, schöner, fester Kern, mineralischer Zug, mit Spannung und Eleganz. 13 Vol.-%, DV, €€

90 2019 »Steinmauer Burgunder-Cuvée« trocken PG/WB/CH
Sattes, klares Gelb. In der Nase Rauch, helle Früchte, etwas Haselnuss, Melisse und Minze, ein wenig Grapefruit. Am Gaumen wieder Haselnuss, Säure und cremiger Schmelz gut verbunden, schöne Struktur und mittlere Länge, guter Speisenbegleiter. 13,5 Vol.-%, DV, €€

89 2019 Riesling trocken

92 2019 Bad Kreuznach Paradies Riesling Auslese
Klares, sattes Gelb. In der Nase Mango, Maracuja, unterlegt mit getrockneten Früchten, Aprikose, reichhaltig und frisch. Am Gaumen saftig, gute Balance zwischen Säure und Süße, zupackend, kandierte Limonenschale, gute Struktur und Länge, braucht Zeit. 7,5 Vol.-%, DV, €€

WEINGUT LINDENHOF MARTIN REIMANN

Lindenhof, 55452 Windesheim
T: +49 (6707) 330, info@weingutlindenhof.de
www.weingutlindenhof.de

Ab-Hof-Verkauf: ja
Kellermeister: Martin Reimann
Ansprechpartner: Martin Reimann
Flaschen/Hektar: 70.000 (80 % weiß, 20 % rot)/10 ha

Martin und Ulrike Reimann bewirtschaften den Lindenhof mit zehn Hektar Weinbergen in der vierten Generation, ihr Schwerpunkt liegt auf Riesling, Chardonnay und Spätburgunder, dazu wird noch etwas Chardonnay, Frühburgunder und Gewürztraminer gekeltert. Die Weinberge sind in der Umstellung zum ökologischen Weinbau und werden 2021 zertifiziert. Martin Reimann macht mit seiner aktuellen Kollektion seinem Ruf als Burgunderspezialist alle Ehre, aber er versteht sich auch bestens auf Riesling, wie die dichte und spannungsgeladene »Reserve« eindrucksvoll zeigt. Stark!

92 2019 »Reserve« Windesheim Fels Riesling trocken
Feinfruchtiger Duft nach Steinobst, Aprikose und Pfirsich, Papaya, helle Blüten und ein Hauch Safran und Holzwürze. Schlank und straff gebaut am Gaumen mit Zug, Spannung und gutem Extrakt, Frucht, Säure und Mineralik sind gut verwoben, die feine Süße sorgt für Charme. 12,5 Vol.-%, NK, €€€

91 2017 »Reserve« Windesheim Saukopf Chardonnay trocken
Schöne burgundische Nase mit feinem Rauch, Melone, Butternutkürbis, Birne und gerösteten Walnüssen. Setzt am Gaumen entspannt und geschmeidig an, feine Säureader, elegant in Szene gesetzes Volumen und Fülle, gut eingebundenes Holz, saftige Salzzitrone, lang. 13,5 Vol.-%, NK, €€€

90 2018 »Reserve« Windesheim Sonnenmorgen Weißburgunder trocken
Vielschichtige Nase mit Blüten, Vanille, Aprikose, Apfel, Quitte und auch rauchigen Noten. Kräftig gebaut mit viel Volumen und Substanz, guter, süßlicher Extrakt, Saft und viel Würze, tragende, reife Säurestruktur, stützende phenolische Struktur, harmonisch balanciert. 13,5 Vol.-%, NK, €€€

91 2017 »Reserve« Windesheim Rosenberg Spätburgunder trocken
Kräftiger Geruch nach Holzausbau und neuem Barrique, das die Nase bestimmt. Dahinter rote Frucht und Kräuter, Liebstöckel. Am Gaumen breit angelegt mit Substanz und Volumen, dicht und eng verwoben, reife Säure, süßer Extrakt, die opulente Pinotvariante. 13,5 Vol.-%, NK, €€€

89 2019 Windesheim Weißburgunder trocken

90 2019 Windesheim Fels Riesling trocken
Reifes Steinobst zeigt sich in der Nase, Aprikose und Reneklode, feiner Apfel, Tomatenrispe und auch mineralisches Flimmern. Saftig, würzig und mit Fruchtsüße am Gaumen, phenolische Anklänge mit feiner Herbe schaffen einen Kontrast, guter Extrakt, Potenzial. 12,5 Vol.-%, NK, €€

★

WEINGUT MEES

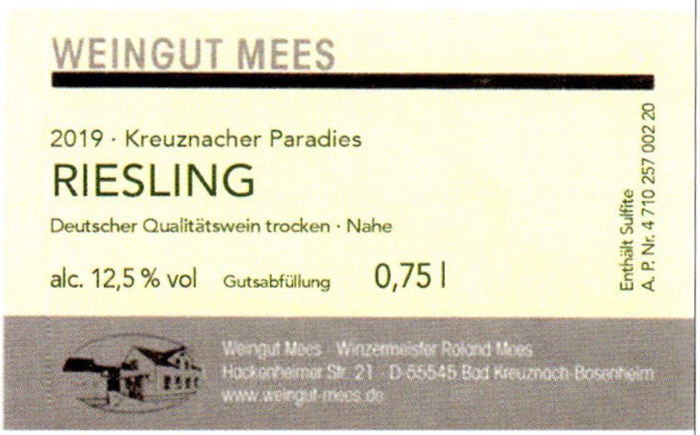

Hackenheimer Straße 21, 55545 Bad Kreuznach
T: +49 (671) 73244, info@weingut-mees.de
www.weingut-mees.de

Ab-Hof-Verkauf: ja
Kellermeister: Roland und Lukas Mees
Ansprechpartner: Dagmar Mees
Hektar: 15 ha

An der Nahe und in Bad Kreuznach tut sich einiges und daran hat auch das Weingut Mees seinen Anteil. Seit 2003 führen Winzermeister Roland Mees und seine Frau Dagmar das Weingut mit 15 Hektar Reben, inzwischen werden sie in den Weinbergen und im Keller von Sohn Lukas unterstützt. »Die unterschiedlichen Böden an der Nahe bieten ideale Voraussetzungen für den Anbau verschiedenster Rebsorten und hoher Weinqualitäten«, lässt uns die Winzerfamilie wissen. Wir verkosteten elegante, präzise Weißweine und einen körperreichen, würzigen Spätburgunder. Eine Bereicherung für diesen Weinguide!

90 2019 Bad Kreuznach Rosenberg Grauer Burgunder trocken
Zeigt den Charakter der Rebsorte schon in der Nase: reife Birne und nussige Aromen, Apfel und Kräuter. Stoffig am Gaumen in einer athletischen Kontur, nicht zu üppig, phenolische Anklänge, trocken und markant, saftige Säurestruktur, herbe, saftige Birne. Zum Essen. 13 Vol.-%, DV, €

89 2019 Bad Kreuznach Paradies Riesling trocken
Apfel, kandierte Zitrusfrucht und feine Aprikose, Guave. Klassischer Rieslingtyp mit präsenter, reifer Säure und fruchtiger Süße, schlanker Bau, die mineralische Würze sorgt für Akzente, zeigt Rebsortentypizität und seine Lagenherkunft, saftig und präzise. 12,5 Vol.-%, DV, €

89 2019 Bad Kreuznach Rosenberg Weißburgunder trocken
Weiße Blüten, Apfel und Mirabelle in der Nase, Blumenwiese. Geradlinig am Gaumen mit Saft und klarer Frucht, schöne Würze und Schmelz, milde Säurestruktur, verknüpft in einer ziemlich schlanken Form Intensität und Eleganz, phenolische Herbe im Ausklang, zum Essen. 12,5 Vol.-%, DV, €

90 2018 Bad Kreuznach Paradies Spätburgunder Auslese trocken
Herzkirsche in der Nase, Kräuter, florale Noten, Lorbeerblatt und Holzwürze. Am Gaumen kommen feine Süße und reife Säure in einer kräftigen, vom Holzausbau geprägten Struktur zusammen. Seidene, würzige und pfeffrige Noten sorgen für Akzente, viel Wein. 13,5 Vol.-%, NK, €€

88 2019 Bad Kreuznach Rosenberg Chardonnay trocken

90 2019 Bad Kreuznach Rosenberg Sauvignon Blanc trocken
In der kräftigen Nase kommen kräftige Stachelbeere, Litschi und etwas Papaya gut zusammen klar, feine malzige Würze. Hat am Gaumen einiges zu bieten, volle Aromatik, kräftig gefasste Struktur mit viel Würze und auch Eleganz, saftige Säure, feinherbes Finale. 13 Vol.-%, DV, €

★

WEINGUT MICHEL

Kreuznacher Straße 32, 55566 Bad Sobernheim
T: +49 (6751) 99139 9, info@weingut-michel-nahe.de
www.michel-wein.com

Ab-Hof-Verkauf: ja
Kellermeister: Peter Michel
Ansprechpartner: Peter Michel
Flaschen/Hektar: 280.000 (90 % weiß, 10 % rot)/21 ha

Im Jahr 2015 übernahm der damals 24-jährige Peter Michel die Verantwortung im elterlichen Weingut, sein Vater Thomas Michel unterstützt ihn bei der Bewirtschaftung der 21 Hektar Weinberge. Der Winzer möchte eine »Balance zwischen überlieferten Werten und einem modernen Weinstil«, ein Anspruch, den er mit den eingereichten Weinen gut umsetzt. Gerade die Lagenweine wie der großzügige und mineralische Riesling »S« aus dem Steinhardter Liebelen und der stoffig-würzige Grauburgunder »S« aus dem Bad Sobernheimer Domberg vom Jahrgang 2018 zeigen gute Substanz. Gelungene Performance!

91 2018 »S« Steinhardt Liebelen Riesling trocken

Kräftiges Gelb im Glas, reife Aprikose, auch Pfirsich und Apfel, würzige Anklänge, Blüten, etwas Rauch. Am Gaumen großzügig mit reifer Frucht, Kraft, Schmelz und Saft, kräftiger und fester Bau; tragende und saftige Säurestruktur, dicht und mineralisch, viel Wein. 13,5 Vol.-%, NK, €€

90 2018 »S« Bad Sobernheim Domberg Grauburgunder trocken

Kräftiger, stoffiger Grauburgunder aus warmem Jahr, der nach karamellisierter Birne, Quitte, Walnuss und feiner Holzwürze riecht. Trotz seiner Substanz und Opulenz zeigt er eine klare Kontur und auch eleganten Schmelz, gute Dichte, reife, würzige Säure, gutes Potenzial. 14 Vol.-%, NK, €€

89 2018 »S« Bad Sobernheim Domberg Chardonnay trocken

Ordentliches Gelb im Glas, zur gelben Frucht (Aprikose) kommen feine Rauchnoten, auch florale Anklänge und reife Ananas. Am Gaumen auch mit reifer gelber Frucht, fester, kräftiger Bau, zeigt Saft und Schmelz, guter Extrakt, reife Säure und Würze, solo und zum Essen. 13 Vol.-%, NK, €€

88 2019 »vom Vulkangestein« Niederhausen Pfaffenstein Riesling feinherb

Reife Gelbfrucht in der Nase, Aprikose zeigt sich. Am Gaumen ein filigranes und unkompliziertes Spiel von Süße und Säure, lebendig und beschwingt mit klarer Frucht und Würze, beerige und klare Frucht, feiner Tannineintrag, schöner Aperitif und zur Pfirsichtarte. 12 Vol.-%, DV, €

88 2019 Bad Sobernheim Domberg Rosé trocken

89 2019 Bad Sobernheim Marbach Spätburgunder trocken

Duftet nach roten Kirschen, Blaubeere, Schokolade, Kräutern und Vanillemark. Zeigt auf weichem Fond gute Konzentration und Kraft, wieder rote Kirsche, die Gerbstoffe sind markant und gegenwärtig, Mokka und auch herbe Noten im Ausklang, zu Fleisch. 12,5 Vol.-%, DV, €

★★★

WEINGUT SASCHA MONTIGNY

Weidenpfad 46, 55452 Laubenheim
T: +49 (6704) 1468, sascha.montigny@montigny.de
www.montigny.de

Ab-Hof-Verkauf: Mo bis Fr 10–12 Uhr und 14–18 Uhr, Sa 10–14 Uhr, nach Vereinbarung
Kellermeister: Sascha Montigny
Ansprechpartner: Sascha Montigny
Flaschen/Hektar: 55.000 (50 % weiß, 50 % rot)/8 ha

Hatten wir im letzten Jahr die famosen roten Burgunder von Sascha Montigny in den Mittelpunkt unserer Betrachtung gestellt, dann müssen sich die Rotweine nun die Aufmerksamkeit mit den Rieslingen teilen: Begeistert hat uns nicht nur der druckvolle Riesling aus der Laubenheimer Krone, der bestens ausgewogene Kollege aus dem Laubenheimer Karthäuser steht ihm in nichts nach. Er bietet viel Riesling zum kleinen Tarif! Nicht vergessen wollen wir, dass der Winzer auch ein Händchen für Sekt hat, sein »Blanc de Noir« aus 2014 sorgt unweigerlich für gute Laune. Auch da zeigt Montigny Ambitionen.

92 2019 Laubenheim Krone Riesling trocken
Noch verschlossen, Andeutungen von Ananas, balsamisch-mineralische Noten, Nektarine. Im Mund getragen und weit, mit feiner Phenolik und terpenwürzigem Extrakt, gut eingebundene, feste Säure, zarte mineralische Tönung. Lagenriesling mit Druck und Volumen. 12,5 Vol.-%, NK, €€

92 2018 Laubenheim Krone Spätburgunder trocken
Leicht rauchig, Holunder, Kräuter, minzige Töne, Thymianöl. Süßmandel. Leicht trockener, aber reifer Gerbstoff, hintergründige Geschmeidigkeit, gute Dichte, eher reife Säure, aber dennoch völlig in Balance durch die Phenole und die Saftigkeit. 13,5 Vol.-%, NK, €€€

92 2018 Laubenheim Krone Frühburgunder trocken
Kleine rote Beeren, buttrige Noten und Kampfer. Im Mund mit feinkörnigem, reifem Gerbstoff, in den Proportionen und in der Frucht sehr natürlich anmutend. Reife Säure, ein Anflug der jahrgangstypischen Cremigkeit, aber keine Breite, tolle Eleganz. 13,5 Vol.-%, NK/NK, €€

92 2018 »Cuvée Mariage« Laubenheim Krone trocken PN/SL/DU
Dunkle Schokolade, Holunder, Crème de Cassis. Im Mund mit straffem Gerbstoff, ganz trocken, hintergründige Saftigkeit, aber vor allem ein auf Lagerfähigkeit angelegter Bau, kraftvoller, aber von Extrakt abgedeckter Alkohol, im Abgang blitzt die Frucht auf. 13,5 Vol.-%, NK, €€

90 2014 »Blanc de Noir« Pinot Noir brut

90 2019 Laubenheim Karthäuser Grauburgunder trocken

89 2016 Riesling brut

89 2019 Laubenheim Weißburgunder trocken

89 2019 Laubenheim Riesling trocken

90 2018 »R« Laubenheim Krone St. Laurent trocken

90 2018 Merlot & St. Laurent Laubenheim trocken

92 2019 Laubenheim Karthäuser Riesling trocken
Zitrone und Orange im Duft, dazu rauchig-mineralische Untertöne. Strammer Gaumen, dicht und kompakt, viel Stoff, große Frische, mineralische Spannung, aber auch süße Abgangsfrucht, ein sehr kompletter, bestens ausgewogener Lagenriesling für kleines Geld. 13 Vol.-%, DV, €

★★

REICHSGRAF VON PLETTENBERG

Im Wingert 2, 55545 Bad Kreuznach
T: +49 (671) 2251, falk@weingutplettenberg.de
www.weingutplettenberg.de

Ab-Hof-Verkauf: ja
Kellermeister: Falk Albrecht Graf von Plettenberg
Ansprechpartner: Falk Albrecht Reichsgraf von Plettenberg
Hektar: 20 ha

Falk Albrecht Reichsgraf von Plettenberg ist studierter Geisenheimer und führt das Bad Kreuznacher Weingut in vierter Generation. Es war 1911, als sein Urgroßvater eine Puricelli heiratete – so kam die Verbindung des alten westfälischen Adelsgeschlechts mit einer im Weinbau der Nahe reich begüterten Industriellenfamilie zustande. Die Weine der Jetztzeit sind auf Frische und Zugänglichkeit gearbeitet, wobei uns der in sich ruhende Riesling aus der Kreuznacher Narrenkappe noch ein My besser gefällt als die mächtige, aber auch beeindruckende trockene Hinkelstein Auslese.

90 2019 Bad Kreuznach Hinkelstein Riesling Auslese trocken
Aprikose, Pfirsich, rote Pflaume, vollfruchtig im Duft. Im Mund nachgerade wuchtig, aber im Alkohol nicht übers Ziel hinausschießend, straffe Säure, gute Stoffigkeit, mineralische Untertöne, eine Schicht Viskosität im langen, fruchtgetragenen Abgang. 13,5 Vol.-%, DV, €€

89 2019 Winzenheim Rosenheck Grauburgunder Spätlese trocken
Ein nussiger Sortenduft, Esskastanie, etwas Hefe. Am Gaumen geradeaus gebaut, stoffig, sogar mit leichter Adstringenz auf einem geschmeidigen und leicht süßen Hintergrund. Leicht mineralisch. Mittlere Dichte, kann sich gut entwickeln. 12,5 Vol.-%, DV, €

88 2019 Weißburgunder trocken
Verschlossen, noch etwas Hefe, Strohblumen, im Mund saftig, seidig, reife Säure, gut ausgewogen und harmonisch in einer mitteleren bis leichten Gewichtsklasse, mit leichter Süße im Abgang. 12,5 Vol.-%, DV, €

89 2019 Winzenheim Rosenheck Gewürztraminer Auslese
Klares, mittleres Gelb. In der Nase Rosenblätter, Rosinen und getrocknete Zitronenschale. Am Gaumen Rosenwasser, milde Säure, schöner Fluss, mit reifen Zitrusfrüchten unterlegt. Gute Struktur und Länge, zum Gugelhupf bestimmt sehr schön. 9 Vol.-%, DV, €€

88 2019 »Blanc de Noir« Spätburgunder trocken

90 2018 Bad Kreuznach Narrenkappe Riesling Spätlese trocken
Zurückhaltend im Duft, etwas Kräuter, Limette, Hefe Pfirsich. Im Mund mit guter Textur, seidige Phenole auf frischem, saftigem Fond, zarte Fruchtsüße, ein sehr ausgewogener, feingliedriger Lagenriesling, dezent mineralisch getönt. Wirkt wie aus einem Guss. 12,5 Vol.-%, DV, €

★★★

POSS

Goldgrube 20–22, 55452 Windesheim
T: +49 (6707) 342, info@weingut-poss.de
www.weingut-poss.de

Ab-Hof-Verkauf: Mo bis Sa 10–17 Uhr und nach Vereinbarung
Kellermeister: Karl-Hans Poss
Ansprechpartner: Karl-Hans und Harald Poss
Flaschen/Hektar: 70.000 (90 % weiß, 10 % rot)/13 ha

Familie Poss hat sich den Burgundersorten verschrieben. Aus diesen erzeugt sie Weine mit Harmonie und Tiefgang, egal, ob der klassische Stil im Vordergrund steht und von Phenolik flankiert wird wie bei den Lagenweinen, oder ob ein Anflug Klassik die experimentellen Maischegärungen der »Vogelfrei«-Serie bereichert. Das Schöne gerade an den Weinen dieser Serie ist, dass sie Liebhaber des Konventionellen nicht verschrecken, hier bleibt stets die Harmonie im Blick, und das ganz offenkundig mit Trauben voller Substanz. Zudem sind diese Weine vielseitige Speisenbegleiter.

92 2016 Windesheim Fels Grauer Burgunder trocken
Hellgolden. Beerig im Duft, reif, komplex, mit Ruländerianklang. Im Mund geschmeidig ansetzend, mollig, ein runder Spätlesekörper mit ein klein wenig Holzeintrag, dazu mehlige Phenole. Die charmante Seite der Sorte mit einer extra Prise Spannung. 14 Vol.-%, NK, €€€

91 2018 Windesheim Römerberg Weißburgunder trocken
Frisch im Duft, Salzlakritze, knackige Birne, jedoch auch Burgunderbeeren. Im Mund seidig und getragen, mild fließend, reife, aber doch Festigkeit gebende Säure, ein charmanter Weißburgunder voller Schmelz und Extraktsüße, tolle Länge. 14 Vol.-%, NK, €€

91 2018 »vogelfrei« Grauer Burgunder Landwein trocken
Eine Schwarzteefarbe mit bräunlichen Untertönen. Duftig, durchaus burgunderhaft beerig. Hagebutte, mehlige Phenole in hoher Menge, druckvoll, auch cremig grundiert, milde Säure, getragen, reif und rund, sehr gute Gaumenstruktur, zupackend gerbiger Abklang. 14 Vol.-%, NK, €€€

91 2016 »S« Spätburgunder trocken
Intensiv schokoladig im Duft, etwas Brombeere. Zimt. Cremiger Fond, feinkörniges Tannin, ganz rund und saftig, kraftvoller Alkohol, aber sehr gut von Extrakt abgedeckt, milde Säure, voll und lang, mit erster Reife, aber auch mit weiterem Potenzial. 14 Vol.-%, NK, €€€

91 2019 »vogelfrei« Grauer Burgunder Landwein trocken

91 2016 »Euphoros« Chardonnay trocken

90 2019 »vogelfrei« Weißburgunder Landwein trocken

88 2019 Weißburgunder trocken

89 2019 Grauer Burgunder trocken
Kräuterwürzig im Duft, aber auch kandierte Ananas, im Mund fast schon schlank, mit viel Saftigkeit, feingliedrige, vitale Säure, ein eleganter, unbeschwerlicher Grauburgunder mit zart mineralischer Tönung. 12,5 Vol.-%, DV, €

★★★

WEINGUT PRINZ SALM

Schlossstraße 3, 55595 Wallhausen
T: +49 (6706) 944411, weingut@prinzsalm.de
www.prinzsalm.de

Ab-Hof-Verkauf: Mo bis Fr 9–17 Uhr, Sa 12–16 Uhr
Kellermeister: Felix Prinz zu Salm-Salm
Ansprechpartner: Felix Prinz zu Salm-Salm
Flaschen/Hektar: 100.000 (90 % weiß, 10 % rot)/18 ha

Das Weingut Prinz Salm, das in der 32. Generation von Felix Prinz zu Salm-Salm geführt wird, ist das älteste Weingut in Deutschland, das ununterbrochen im Besitz einer Familie ist. Wer daraus allerdings auf verknöcherte Traditionen schließt, liegt völlig verkehrt: Das Weingut, das über 18 Hektar bester Lagen zwischen Wallhausen, Dalberg und Bingen verfügt, wartet mit einer ausgeschlafenen Kollektion exzellenter Rieslinge auf – von den komplexen und tiefgründigen Großen Gewächsen über den fruchtigen und unbeschwerten Kabinett bis zu den fein gearbeiteten und balancierten Süßweinen.

93 2017 Wallhausen Johannisberg Riesling GG
Dunkelwürzig und gelbfruchtig, Steinstaub, etwas karamellige Nuancen. Am Gaumen reife Zitrus- und Gelbfrucht, dabei saftiger Säurezug, herbe und kräutrige Anklänge, würzige Mineralik. Immanente Kraft, Fluss, Würze, Tiefe, saftige Frucht, Gesteinsstaub. 12,5 Vol.-%, NK

93 2017 Bingen Scharlachberg Riesling GG
Dunkelwürzige Mineralik, Gelbfrucht, Orangenabrieb. Am Gaumen fließend und seidig verwoben. Leicht und doch auch fest und komplex, Steinstaub, dunkle Töne, straighter Säurezug. Saftige Zitrone, reife Gelbfrucht, dunkle Würze und salzig-kräutrige Mineralik im Abgang. 13 Vol.-%, NK, €€€

93 2019 Roxheim Berg Riesling Spätlese
Duftiger, blass heller Wein mit zarter Nase nach Schwarzen Johannisbeeren und weißen Blüten. Im Mund sehr harmonische Balance zwischen Süße und Säure, ungemein saftig und appetitanregend, langer, frischer Nachhall, passt toll zum Essen oder auch einfach nur so! 8 Vol.-%, NK, €€€

92 2019 Bingen Scharlachberg Riesling Auslese
Bienenstich, Honigwabe, helles Karamell, kandierte Mandeln und reifer Pfirsich in der Nase, feiner Ingwer kommt dazu. Am Gaumen mit guter Konzentration, die Süße wird elegant von ausgewogener Säure begleitet, mineralisch, großzügig, mit Schmelz und Charme. 7 Vol.-%, NK, €€€

92 2017 Dalberg Ritterhölle Riesling Erste Lage trocken

91 2017 Wallhausen Felseneck Riesling GG

91 2017 Bingen Kirchberg Riesling GG

90 2019 »Grünschiefer« Riesling trocken

90 2017 Sommerloch Steinrossel Riesling Erste Lage trocken

90 2019 »vom roten Schiefer« Riesling trocken

90 2019 Wallhausen Felseneck Riesling Kabinett

92 2019 Bingen Riesling trocken
Klar in der Nase, feine Fruchtkonzentration, duftig-florale Nuancen, dabei auch steinige Kühle mit Noten von Eisen und Quarzit. Am Gaumen schlanker und straffer Bau, fokussierter, feinsaftiger Säurezug, Zitrus- und Kräuterwürze, mineralisch und lang. 12,5 Vol.-%, NK, €€

★★★★

WEINGUT JOH. BAPT. SCHÄFER

Burg Layen 8, 55452 Rümmelsheim
T. +49 (6721) 43552, schaefer@jbs-wein.de
www.jbs-wein.de

Ab-Hof-Verkauf: nach Vereinbarung
Kellermeister: Sebastian Schäfer
Ansprechpartner: Sebastian Schäfer
Flaschen/Hektar: 60.000 (100 % weiß)/8 ha

Es gibt einiges zu loben bei Sebastian Schäfers sehr gut gelungenem Jahrgang 2019: Da wäre das vielschichtige Große Gewächs aus dem Goldloch, das mit etwas Luft immer neue Facetten zeigt. Und der Riesling vom Schlossberg mit seiner packenden Art und klirrenden Mineralität. Oder der verspielte, leichtfüßige und zugleich ernsthafte Kabinett aus dem Pittermännchen, dem man schnell verfallen kann. Und auch die Ortsrieslinge aus Dorsheim und Rümmelsheim wissen zu überzeugen, wie auch das Große Gewächs Pittermännchen, das noch jugendlich wirkt. Es lohnt sich, geduldig zu sein.

93 2019 Dorsheim Goldloch Riesling GG

Vielschichtiges Bukett mit Steinobst, feiner Aprikose, Johannisbeere, Apfel, Kreuzkümmel, etwas Zitrusfrucht. Am Gaumen mit feinem Saft und feiner phenolischer Herbe, kräutrig, kräftig und klar konturiert, unaufgeregter Zug, Mandarine und Grapefruitsaft, feiner Grip. 13 Vol.-%, NK, €€€

93 2019 Burg Layen Schlossberg Riesling trocken

Mirabelle und Melisse im ersten Duft, steinige und florale Noten, auch Papaya im Hintergrund. Am Gaumen stoffig mit Würze und reifer Frucht, vielschichtig, hinter klassischem Rieslingausdruck zeigt sich schöne Mineralität und griffige Spannung. Weglegen, das wird groß. 13 Vol.-%, NK, €€

92 2019 Dorsheim Pittermännchen Riesling GG

Hefewürzig im Duft, Noten von großem Holzfass, noch sehr verschlossen. Im Mund mit prägnanter Dichte, in der Gaumenmitte weit und breit, reife Säure, ein klein wenig Kohlensäure, terpenherber, recht trocken abgestimmter Abklang. 13 Vol.-%, NK, €€€

92 2019 Dorsheim Pittermännchen Riesling Kabinett

Schöne Nase, Blüten, Zitrusabrieb, Pfirsich, Aprikose und Johannisbeere. Am Gaumen mit perfektem Tempowechsel von geschmeidig und druckvoll, würzig, saftig und dynamisch, auch phenolisch, konzentriert und doch leichtfüßig, ernsthaft und verspielt. Mineralisch, superb. 8 Vol.-%, NK, €€

90 2019 »Kieselstein« Rümmelsheim Riesling trocken

90 2019 Dorsheim Riesling trocken

Zum Pfirsich gesellt sich in der Nase auch ein feiner Holzton, würziger und traditioneller Ausbau im Fuder. Würzig akzentuierter Gaumen mit lebendiger und auch fein pikanter Säure, bodenständig und handwerklich auf einem hohen Niveau, so geht Nahe. 12,5 Vol.-%, DV, €€

★★★★★

WEINGUT SCHÄFER-FRÖHLICH

Schulstraße 6, 55595 Bockenau
T: +49 (6758) 6521, info@weingut-schaefer-froehlich.de
www.weingut-schaefer-froehlich.de

Ab-Hof-Verkauf: ja
Kellermeister: Tim Fröhlich
Ansprechpartner: Familie Fröhlich
Flaschen/Hektar: 120.000 (99 % weiß, 1 % rot)/20 ha

Tim Fröhlich hat eine ausgezeichnete 2019er Kollektion vorgelegt. Sicher war der Jahrgang an sich eine Steilvorlage. Doch dazu kommt, dass Fröhlich die früher für seinen Betriebsstil typischen betonten Spontangärungsaromen inzwischen mit größerer Zurückhaltung einsetzt. Das gefällt uns so gut, dass wir dafür einen fünften Stern ausgeben. Im Übrigen brilliert das Weingut schon seit Langem nicht nur mit seiner stolzen Serie Großer Gewächse – auch die fruchtigen und edelsüßen Weine haben Klasse, und die preisliche Mittelklasse bietet hohes Niveau zu fairem Preis.

96 2019 Schlossböckelheim Kupfergrube Riesling GG
Komplex mineralisch im Duft, Gesteinsmehl mit jodigen Untertönen, jugendlich verschlossene Sortenwürze. Hagebutte. Im Mund mit homogener Präsenz, sehr feine Phenole in einem vielschichtig gestaffelten Körper, markanter Säurebogen. Dicht und packend, immens jung. 12 Vol.-%, DV, €€

95 2019 Bockenau Felseneck Riesling GG
Balsamische Spontangärungswürze, zitrische und florale Noten, noch wenig Öffnung. Im Mund dicht und unmittelbar taktilmineralisch, bockelhart in seiner Textur, ein Monolith, der sicherlich zu großer Würze reifen wird. Im Abklang mit zarter Süße. 13 Vol.-%, NK, €€€€

95 2019 Schlossböckelheim Felsenberg Riesling GG
Blumig, terpenwürzig, schon im Duft dicht und verheißungsvoll, im Mund dann mit süßlich unterlegter Stoffigkeit, mit markanter Säure und hoher Konzentration, nachgerade zum Kauen, im Abklang dominiert der taktilmineralische Teil des Extrakts. 13 Vol.-%, NK, €€€

94 2019 »Goldkapsel« Bockenau Felseneck Riesling Spätlese
Nuanciert, klar, tief und mit zartwürziger, steiniger Mineralik und eleganter Frucht. Ziselierte Säurestruktur trifft auf zarte Fruchtsüße. Klar und fließend mit der kühlen Mineralik eines Gebirgsbachs. Energetisch, fein konzentriert und lang im Abgang. 8 Vol.-%, NK, €€€

94 2019 Monzingen Halenberg Riesling GG

94 2019 Bockenau Stromberg Riesling GG

93 2019 Monzingen Frühlingsplätzchen Riesling GG

91 2019 »Vulkangestein« Riesling trocken

90 2019 »S« Weißburgunder trocken

92 2019 Bockenau Felseneck Riesling Spätlese

90 2019 Bockenau Felseneck Riesling Kabinett

92 2019 »Schiefergestein« Riesling trocken
Ein Spontangärungston, dazu nuancierte Schiefermineralik, helle Frucht. Am Gaumen dicht verwoben, mit mineralischer Würze. Helles Steinobst, frischer Apfel, Orangenzeste. Im Finish herbwürzige Anklänge, zitrische Saftigkeit und salzige Mineralik. 12,5 Vol.-%, NK, €€

★★

WEINGUT K.H. SCHNEIDER

Meddersheimer Straße 29, 55566 Bad Sobernheim
T: +49 (6751) 2505, info@weingut-schneider.com
www.weingut-schneider.com

Ab-Hof-Verkauf: Mo bis Fr 10–12 Uhr und 13–18 Uhr, Sa 10–16 Uhr
Kellermeister: Andi Schneider
Ansprechpartner: Andi Schneider
Flaschen/Hektar: 70.000 (90 % weiß, 10 % rot)/15 ha

Es ist schon sehr beachtlich, welche Entwicklung das Weingut K.H. Schneider genommen hat. Mit der aktuellen Kollektion kann es seine Position unter den ambitionierten Weingütern an der Nahe weiter festigen. Christoph und Andi Schneider, der auch für den Ausbau der Weine zuständig ist, führen heute das 1956 gegründete Weingut gemeinsam mit ihren Eltern Marion und Bernd. 15 Hektar Weinberge werden bewirtschaftet, darunter Lagen in Schlossböckelheim, die erst in den letzten Jahren erworben wurden. Die mineralischen und gut proportionierten Rieslinge sind ein Aushängeschild der Nahe!

91 2019 Schlossböckelheim Königsfels Riesling trocken
Schöne Gelbfrucht im Glas, Mirabelle, Kräuter und Obstwiese, auch feiner Rauch dazu, etwas Banane und nasser Stein. Saftig und cremig am Gaumen ansetzend, weicher Fond, die Säure ist gut eingebunden, rauchige, mineralische Grundierung, lang, gutes Potenzial. 13 Vol.-%, NK, €€

91 2019 Bad Sobernheim Domberg Riesling trocken
Konzentrierte Nase, die aber Zeit braucht. Gelbe Frucht wie Mirabelle, auch blumige Anklänge, würzig und kräutrig, leicht rauchig, warmer Stein. Im Mund setzt er cremig und saftig an, guter Extrakt, hat Dichte und Spannung, gute Balance, mineralisch grundiert. 12,5 Vol.-%, NK, €€

90 2017 Schlossböckelheim Felsenberg Riesling trocken
Kräftige Noten von Spontangärung in der Nase, malzig, etwas Hopfen, Würze und Kümmel, Steinobst. Am Gaumen mit kräftiger Säure, die von feiner Süße begleitet wird; guter Extrakt, athletisch gebaut und mit guter Balance. Hat eine gute Länge, Potenzial. 12,5 Vol.-%, NK, €€

91 2019 Schlossböckelheim Felsenberg Riesling Auslese
Sattes, mittleres Gelb. In der Nase getrocknete Früchte, darunter Aprikose und Feige, kandierte Zitrusfrucht, frisch und klar. Am Gaumen viel Schmelz und Zug, satte, reife Zitrusfrucht, belebende Säure, würzig und dicht, Kraft und Potenzial. Liegen lassen. 8,5 Vol.-%, NK, €€

90 2019 »Roter Tonschiefer« Bad Sobernheim Riesling trocken

90 2019 Schlossböckelheim Felsenberg Riesling trocken

90 2019 »Vulkanstein« Schlossböckelheim Riesling trocken

89 2019 Bad Sobernheim Marbach Riesling tr.

89 2019 Bad Sobernheim Sauvignon Blanc tr.

89 2019 Bad Sobernheim Riesling Kabinett

88 2019 Riesling trocken

90 2019 Bad Sobernheim Marbach Riesling Spätlese
Klares, mittleres Gelb. In der Nase reife, exotische Früchte, Mango und Maracuja, Orangenzeste, frisch, Melisse. Am Gaumen pikante Säure, spürbare Süße, saftig, Pfirsichsaft, Limone, noch jung, aber mit guter Struktur, saftig und animierend. 8,5 Vol.-%, NK, €€

★

SM SEKTMANUFAKTUR

Große Heide 2, 55444 Waldlaubersheim
T: +49 (6707) 9141820, info@sm-sektmanufaktur.de
sm-sektmanufaktur.de

Ab-Hof-Verkauf: nach Vereinbarung
Kellermeister: Kai Maschtschenko und Matthias Schreml
Ansprechpartner: Kai Maschtschenko und Matthias Schreml

»Wir bündeln über 40 Jahre Knowhow in der Sektbereitung«, schreiben uns Kai Maschtschenko und Matthias Schreml, die in Waldlaubersheim ihre »SM Sektmanufaktur« führen, das einzige Sekthaus an der Nahe, das sich ausschließlich der Herstellung von Sekt nach traditioneller Flaschengärung verschrieben hat. Die beiden bieten nebenbei auch ihre Dienste als Lohnversekter an, schließlich arbeitete Kai Maschtschenko auch schon für die mobile Sektkellerei von Volker Raumland. Diese Erfahrung zeigt sich auch in den vorgestellten Sekten, gerade in der komplexen »Grand Cuvée Reserve«.

90 2016 »Grande Cuvée Reserve« brut nature
In der Nase in die Tiefe gehend, fein komplex, dezente Frucht, rauchig-mineralische Noten, Steinstaub. Am Gaumen helle, saftig-süße Frucht, feine Holznoten, frische Säure, feine Würze und leichte Bitternoten von Zitruszeste. Ungeschminkt und auch mit Tiefgang. 12,5 Vol.-%, DIAM, €€€

89 NV Chardonnay brut
Im Duft rund, fein, etwas pudrig, Steinstaub, ein bisschen Rauch und etwas heller Pfirsich. Am Gaumen frisch mit präsenter Süße und feiner Perlage. Roter Apfel, ein wenig Steinobst, Orangenblüten und Zeste. Feinsaftige Säurestruktur, ausgewogen. 12,5 Vol.-%, DIAM, €€

88 NV Pinot Meunier brut
Helle Frucht, feine Würze und Steinstaub in der Nase, Blüte und etwas Kümmel. Am Gaumen komplex, leicht cremig, dabei aber frisch und saftig. Herbe, kräutrige Noten, dezente Süße, Zitrusfrucht, etwas Kernobst, feiner Bitterton und Saftigkeit bis in den Nachhall. 12,5 Vol.-%, DIAM, €€

88 NV Pinot Blanc brut
Eher zurückhaltender Duft mit Blüten, heller Frucht und auch Würze. Im Mund mit feiner Perlage, cremige Anklänge, aber nichts Üppiges dabei. Feine Fruchtsüße, herbe Kräuter, feinsaftig, geschmeidig, dezente Säure. Ausgewogen und in sich stimmig. 12,5 Vol.-%, DIAM, €€

89 »Pinot Blanc de Noir« brut NV
Gehaltvolle Nase mit Blüten, Gelbfrucht, Aprikose und auch etwas Steinstaub. Am Gaumen cremig, reife gelbe Frucht und Noten von Bitterorange. Straighte Perlage, sich gleichmäßig einarbeitende moderate Säure. Rund mit feiner Frucht und Würzigkeit. 12,5 Vol.-%, DIAM, €€

★

WEINGUT ST. MEINHARD

Kirchstraße 13, 55545 Bad Kreuznach
T. +49 (671) 43030, info@weingut-meinhard.de
www.weingut-meinhard.de

Ab-Hof-Verkauf: Sa 10–13 Uhr und nach Vereinbarung
Kellermeister: Steffen Meinhard und Matthias Schabler
Ansprechpartner: Steffen Meinhard
Hektar: 8 ha

In Winzenheim bei Bad Kreuznach liegt das 1885 gegründete Weingut Meinhard. Seit 1990 wird es von Steffen Meinhard geführt, sein Neffe Matthias Schabler unterstützt ihn in den Weinbergen und im Keller, er soll den Betrieb übernehmen. Meinhards Sohn David hat die gutseigene Weinstube übernommen, in der es neben regionalen Gerichten auch die eigenen Weine zu trinken gibt: Die sind – wie die saftigen und feinfruchtigen Rieslinge – sehr sauber vinifiziert und zeigen den unverstellten Charakter der Rebsorten. Auch die Burgunder gelingen hier gut, und das alles zu kundenfreundlichen Tarifen!

90 2019 »S« Winzenheim Berg Grauburgunder trocken
Kompakte Nase mit reifer Birne, Apfel und Quittenkompott sowie feiner Holzwürze. Kräftig und fest gebaut im Mund und mit schöner Würzigkeit, Saft, Schmelz sowie leichte Pikanz und Salzigkeit, gut proportioniert. Grauburgunder mit Substanz, Charme, zum Essen. 13,5 Vol.-%, DV, €

90 2013 »Triplex« brut
Gleichmaß in der Nase mit etwas Gelbfrucht, Birne, Quitte und einem Hauch gemüsiger Noten. In sich ruhend und dabei doch animierend. Runder, etwas kompakter, dabei saftig am Gaumen, die Säure webt sich dezent in die Frucht, ergänzt von herben Anklängen. 12 Vol.-%, DIAM, €€

89 2019 »S« Bretzenheim Pastorei Riesling trocken
Würzige und florale Noten eröffnen in der Nase, Zitrusfrucht, Apfel und Steinobst. Am Gaumen wieder Noten von Zitrusfrucht, von feiner Süße unterlegt, präsente und reife Säure, die für gute Balance sorgt. Auch salzige Nuancen, vielschichtig und charmant. 12,5 Vol.-%, DV, €

90 2015 »R« Bretzenheim Pastorei Spätburgunder trocken
Holzwürze, Minze, rote Frucht wie Kirsche und Waldbeeren vermengen sich im Duft, Hagebutte will auch dabei sein. Kräftige Statur am Gaumen mit markanten Gerbstoffen, die noch zulegen werden, der Alkohol sitzt da, wo er hingehört, saftige Frucht, gutes Potenzial. 14 Vol.-%, NK, €€

89 2019 Winzenheim Honigberg Chardonnay trocken

89 2019 »S« Winzenheim Berg Weißburgunder trocken

88 2019 Riesling trocken

88 2019 Weißburgunder trocken

88 2019 Grauburgunder trocken

89 2017 »Pinot« brut

89 2016 »S« Bretzenheim Pastorei Spätburgunder trocken

90 2019 »Beste Lagen S« Riesling trocken
Reifer Pfirsich im kompakten Duft, Apfel, Zitrusfrucht, Guave und Blattgrün. Am Gaumen schlank und straff gebaut, guter Extrakt und auch Dichte, saftig und mit Schmelz und der passenden Frische, feine gelbe Frucht und Würze; Riesling mit Ausdruck und Anspruch. 12,5 Vol.-%, DV, €

WEINGUT KARL STEIN

Auf dem Stiel 12, 55585 Oberhausen
T: +49 (6755) 242, info@steinwein.de
www.steinwein.de

Ab-Hof-Verkauf: Mo bis Fr 8–17 Uhr
Kellermeister: Edith und Rainer Schneider
Ansprechpartner: Edith und Rainer Schneider
Hektar: 13 ha

Das 1801 gegründete Weingut Karl Stein in Oberhausen an der Nahe wird von Edith und Rainer Schneider geführt. Riesling dominiert mit 65 Prozent Anteil den Rebsortenspiegel, ein Drittel der 13 Hektar Weinberge befindet sich in Steillagen mit alten Rebstöcken. Zu den besten Lagen zählen Niederhäuser Klamm und Felsensteyer, Oberhäuser Leistenberg, Kieselberg und Felsenberg. Beeindruckt hat uns in einer homogenen Kollektion der extraktreiche und mineralische Riesling Felstensteyer. Künftig soll die Sekterzeugung noch stärker in den Mittelpunkt rücken. In Oberhausen tut sich was!

91 2019 Niederhausen Felsensteyer Riesling trocken
Reifer Pfirsich und Papaya zeigen sich im fruchtigen Duft, mineralische Noten, leicht ätherisch, auch roter Apfel. Im Mund kräftig gebaut mit saftiger Stoffigkeit und guter Substanz. Dicht und extraktreich, dabei samtig, eher milde Säure, durchdrungen von Mineralik, jung. 13,5 Vol.-%, DV, €€

89 2019 »Blitz« Silvaner trocken
Reifer Apfel und Kräuter zeigen sich in der Nase, auch Birne und herbe Birnenschale, etwas Hagebutte. Auch am Gaumen mit aparter Herbe und saftiger Säure in einem schlanken und kompakten Körper, klare, saftige Apfelnoten, leicht mehlige Phenole, zum Essen! 12 Vol.-%, DV, €

91 2019 Niederhausen Klamm Riesling Spätlese
Feine Mirabelle und Aprikose, Karamell und etwas Bratapfel; feinstoffig am Gaumen, leicht viskos, cremig und süßer, konzentrierter Saft, wieder Aprikose und auch Apfel, etwas Salzkaramell, reife Säure, gute Balance und feiner, geschmeidiger Fluss, mineralisch, charmant. 8 Vol.-%, DV, €

90 2019 Niederhausen Felsensteyer Riesling Auslese
Feine Nase mit Mandarine und Nektarine, etwas Minze und mineralische Anklänge, warmer Stein. Gute Konzentration am Gaumen, großzügig in seinen Portionen, die eher milde Säure bindet sich gut ein, mürbe Phenole an der Gaumenmitte, mineralische Finesse im Finish. 8 Vol.-%, DV, €€

89 2017 »Cuvee Stein« brut

89 2019 »#stayhome« Riesling trocken
Zum Apfel und etwas Blattgrün kommen auch gelbfruchtige und würzige Noten. Süße Frucht und reife Säure eröffnen im Zusammenspiel am Gaumen, schlanker und geradliniger Bau, bietet viel Trinkfreude und zeigt die Typizität und Vorzüge der Rebsorte im Einstiegsbereich. 12,5 Vol.-%, DV, €

★★

UDO WEBER

Soonwaldstraße 41, 55569 Monzingen
T: +49 (6751) 3278, info@weingut-udo-weber.de
www.weingut-udo-weber.de

Ab-Hof-Verkauf: Mo bis So 8–12.30 und 13.30–19 Uhr
Kellermeister: Laura und Udo Weber
Ansprechpartner: Sabine Weber
Hektar: 13 ha

Es ist eine facettenreiche Kollektion, die Laura Weber und ihr Vater Udo präsentieren: Da ist zum einen die Cuvée »Duo Surprise No. 1« aus Sauvignon Blanc und Scheurebe, die eine explosive Fruchtattacke auf den Geschmackspapillen reitet. Da sind zum anderen die gut balancierten und vielschichtigen Rieslinge aus den Spitzenlagen Halenberg und Frühlingsplätzchen, die Stil und Ambitionen unterstreichen. Mineralisch und urwüchsig zeigt sich der Rote Riesling »Bienengärtchen«. Beeindruckend! Wir lassen uns gerne überraschen, was das kreative Tochter-Vater-Duo als Nächstes austüftelt.

91 2018 Monzingen Frühlingsplätzchen Riesling trocken

Der Duft ist nicht auf Primärfrucht aus, rauchige Noten, dahinter Apfel und auch reifes Steinobst, mineralische Anklänge. Saftig am Gaumen mit reifer, delikater Säure, fruchtiger Extrakt, gute Balance, mittlere Komplexität, gute Länge, Potenzial. Wird gut reifen. 13 Vol.-%, DV, €€

91 2019 »Bienengärtchen« Monzingen Rosenberg Roter Riesling trocken

Roter Apfel in der Nase, Grapefruit, Aprikose, auch feine, herbe Noten, Blüten, etwas Rosenduft. Viel Stoff und Substanz am Gaumen, bildet die Geschichte des alten Weinbergs auf ungeschminkte und urwüchsige Art ab. Saftig, herb und salzige Mineralität. 14 Vol.-%, NK

91 2018 »Großer Genuss« Monzingen Halenberg Riesling trocken

Kräutrige Note zu reifer Frucht, Pfirsich, Aprikose und Apfel, auch feiner Rauch und Feuerstein. Kompakt und straff gebaut am Gaumen, guter Extrakt, feine Phenole, reife Säure, salzig, wieder Noten vom Apfel, mineralische Grundierung, gutes Potenzial. 12,5 Vol.-%, NK

91 2019 Monzingen Frühlingsplätzchen Riesling Auslese

Klares, mittleres Gelb. In der Nase viel Würze, Gesteinsmehl und reife, exotische Frucht, Maracuja. Am Gaumen feine Struktur, Süße und Säure in Balance, etwas phenolisch, Traubensaft, Aprikose, Würze, schöne, tänzelnde Eleganz. Potenzial. 9 Vol.-%, DV, €€

89 2018 Monzingen Frühlingsplätzchen Chardonnay trocken

90 2019 »Duo Surprise No. 1« trocken SB/SÄ

Kleiner Aromenüberfall in der Nase, Stachelbeere, Grapefruit, Litschi und Mango formieren sich zur fruchtigen und lustvollen Attacke. Auch am Gaumen mit Schwung und auch Substanz, wieder viel Frucht, lebendige Säure, Saft und Würze, gern genommene Überraschung. 13 Vol.-%, DV, €

Mit dem Boot hat man den besten Blick auf die Brückenhäuser Bad Kreuznachs.

GASTGEBER AUS LEIDENSCHAFT

GEMEINSAM MIT DEN WINZERN DER REGION – ALS UNEINGESCHRÄNKTEN EXPERTEN, WAS DAS LEIBLICHE WOHL ANBELANGT – HAT FALSTAFF DIE BESTEN GENUSSADRESSEN IN SACHEN KULINARIK SORGFÄLTIG AUSGEWÄHLT UND ZUSAMMENGESTELLT.

55543 Bad Kreuznach

Auszeit

Vom Quinoasalat bis hin zur großen Burger-Auswahl – die Auszeit in Bad Kreuznach bietet ein breites kulinarisches Spektrum. Im Sommer genießt man die Speisen und den immer gut gelaunten Service auf der Terrasse mit Blick ins Grüne. Kompetente Weinberatung.

Eugen-Kramb-Straße 2
+49 (671) 92005665
www.auszeit-salinental.com

Empfohlen von: **Falstaff-Redaktion**

55545 Bad Kreuznach

Im Gütchen

Außen klassisches Barock, innen klassische Moderne: Das Gütchen ist ein Ort des guten Geschmacks, in dem Chefkoch Jan Treutle mit seiner ambitionierten Gourmetküche punktet. Auf der Weinkarte finden sich rund 180 Positionen aus der Naheregion und der ganzen Welt.

Hüffelsheimer Straße 1
+49 (671) 42626
www.im-guetchen.com

Empfohlen von: **Weingut Mees, Weingut Karl Stein, Wein- und Sektgut Bamberger**

55545 Bad Kreuznach

Im Kittchen

Das kleine charmante Restaurant liegt mitten in der Altstadt von Bad Kreuznach. Ob Fischsuppe im Safransud oder klassisches Wiener Schnitzel, die frische saisonale Küche passt bestens zu den erlesenen Weinen, die vornehmlich aus der Naheregion kommen.

Alte Poststraße 2
+49 (671) 9200811

Empfohlen von: **Weingut Lindenhof – Martin Reimann, Korrell, Weingut Karl Stein**

55566 Bad Sobernheim

Kupferkanne

Der Familienbetrieb am Stadtrand von Bad Sobernheim setzt auf saisonale, regionale Landhausküche, die in modernem stilvollen Ambiente serviert wird. Die guten Weine kommen aus der Region. Bei schönem Wetter sitzt man lauschig auf der gepflegten Sommerterrasse.

Berliner Straße 2
+49 (6751) 2858
www.restaurant-kupferkanne.de

Essen:	**43**	50
Service:	**17**	20
Getränke:	**16**	20
Ambiente:	**8**	10
Gesamt:	**84**	100

P €€

55543 Bad Kreuznach

Mühlentor

Küchenmeister Frank Hilgert und sein Team bieten eine raffinierte Regionalküche mit frischen Zutaten. Das Ergebnis ist eine Kombination aus Klassischem und Neuem: gesottener Tafelspitz, Hausmacher-Bratwurst oder gebratenes Buntbarschfilet. Auch die Weine kommen aus der Region.

Mühlenstraße 10
+49 (671) 838200
www.hotel-muehlentor.de

Empfohlen von: **Weingut Mees**

55452 Guldental

Der Kaiserhof

Markus Buchholz überzeugt mit seinen kreativen kulinarischen Konzepten. Hier werden regionale und saisonale Zutaten innovativ verarbeitet. Das Ergebnis ist eine moderne Küche, die überrascht. Und im Weinkeller lässt sich die Vielfalt und Qualität der Nahe-Weine kennenlernen.

Hauptstraße 2-4
+49 (6707) 94440
www.k-guldental.de

Empfohlen von: **Falstaff-Redaktion**

55583 Bad Münster am Stein-Ebernburg

Ebernburger Hof

Das familiengeführte Drei-Sterne-Haus liegt im Erholungsgebiet Rheingrafenstein und bewegt sich mit seiner empfehlenswerten regionalen und saisonalen Küche gekonnt zwischen Tradition und Moderne. Das Restaurant ist seit 2020 nur noch für Hotelgäste geöffnet.

Triftstraße 1
+49 (6708) 62950
www.ebernburgerhof.de

Empfohlen von: **Falstaff-Redaktion**

55566 Meddersheim

Lohmühle

In der historischen Mühle kommen alle Gäste auf ihre Kosten, die ein gemütliches Ambiente genauso schätzen wie eine einfallsreiche, regional und saisonal ausgerichtete Küche. Der freundliche Service hilft bei der Weinberatung, die aus einem gut sortierten Keller schöpft.

An der Straße nach Meisenheim 1
+49 (6751) 4574
www.restaurant-lohmuehle.de

Empfohlen von: **Falstaff-Redaktion**

55566 Meddersheim

Zur Traube

Der schmucke Landgasthof von Herbert Langendorf ist eine der besten Adressen, wenn es um feingemachte bodenständige Gerichte geht. Langendorfs Rinderrücken in grüner Pfefferbutter ist dabei genauso ein guter Tipp wie seine Hummersuppe und die hausgemachten Gänsemaultaschen.

Sobernheimer Straße 2
+49 (6751) 950382
www.langendorfstraube.de

Empfohlen von: **Falstaff-Redaktion**

55585 Niederhausen

Hermannshöhle

Wigbert Weck kocht in seinem gemütlichen Restaurants vor allem bodenständige Klassiker wie gebratene Blutwurst auf Kartoffelpüree, Kalbsrücken mit hausgemachten Spätzle oder Zanderfilet auf Rieslingkraut. Begleitet wird die empfehlenswerte Küche von ausgesuchten Nahe-Weinen.

Hermannshöhle 1
+49 (6758) 6486
www.hermannshoehle-weck.de

€€

Essen:	44	50
Service:	17	20
Getränke:	18	20
Ambiente:	8	10
Gesamt:	87	100

55596 Oberstreit

Zum Dorfkrug

Montags flattern frisch gebratene Hähnchen aus der Küche und freitags wird die Angel ausgeworfen, da werden herrliche Fischmenüs aufgetischt. Das alles im Ambiente eines typischen Landgasthauses, im Sommer auf der Terrasse. Die Weinkarte zeigt die Stärken der Region.

Nahestraße 5
+49 (6758) 9699375
www.landgasthof-messer.de

Empfohlen von: **Falstaff-Redaktion**

55590 Meisenheim

Meisenheimer Hof

Das stattliche Barockhaus beherbergt ein schickes Restaurant, das Markus Pape zu einer Pilgerstätte für Feinschmecker gemacht hat. Was der gebürtige Sauerländer kocht, ist von herausragender Qualität und nachhaltig orientiert an Jahreszeiten und regionalen Gefilden.

Obergasse 33
+49 (6753) 1237780
www.meisenheimer-hof.de

€€€

Essen:	44	50
Service:	19	20
Getränke:	18	20
Ambiente:	9	10
Gesamt:	90	100

55452 Windesheim

Stempel

Koch Jens Stempel interpretiert die klassische Landhausküche neu und kreativ. Grundlage dafür sind ausgewählte, frische, regionale Produkte. Dazu offeriert er eine erlesene Auswahl an heimischen Weinen aus der Naheregion. Jeden Monat wechselndes siebengängiges Menü.

Hauptstraße 32-33
+49 (6707) 9131
www.stempel-windesheim.de

€€

Essen:	43	50
Service:	18	20
Getränke:	18	20
Ambiente:	8	10
Gesamt:	87	100

PFALZ

MAGNET FÜR WEINGENIESSER

Dürkheimer Fuchsmantel unterhalb des Flaggenturms

WECK, WORSCHT UN WOI – ABER BITTE MIT MUNDSCHUTZ

Die Pfälzer wissen trotz Corona zu genießen. Lassen wir uns von ihrer Lebensfreude anstecken!

TEXT ULRICH SAUTTER

Das Halbliterfläschchen mit dem aufgesetzten Dosierspender trägt das Etikett eines Forster Kirchenstücks, Großes Gewächs 2012. Wer sich im Vorbeigehen aus dem Plastikgefäß zwei Spritzer in die Handflächen gibt, um dann die Vinothek Bürklin-Wolf in Wachenheim betreten zu können, muss beim Verreiben der Flüssigkeit schmunzeln: Nach Kirchenstück-Riesling duftet das natürlich nicht. Ein klein wenig wie Grappa aber schon – eine Alkoholschwade durchdringt die Zellstoffschichten des obligaten Mund-Nasen-Schutzes. Wir schreiben den Sommer 2020, Corona ist allgegenwärtig, und selbst die lebensfrohe Pfalz ächzt unter der Angst vor Ansteckung und unter den Hygieneauflagen.

Immerhin haben die Pfälzer den Humor nicht verloren, wie der mit einem Augenzwinkern etikettierte Desinfektionsmittelspender beweist. Doch in einer Region, die normalerweise 300 Weinfeste pro Jahr veranstaltet, erweist sich das Virus in ganz besonderem Maß als Spaßbremse. Auch der stolze Dürkheimer Wurstmakt, der als größtes Weinfest der Welt gilt und in den letzten Jahren jeweils bis zu 600.000 Feiernde angezogen hat, fiel im Jahr 2020 aus, zum ersten Mal seit Ende des Zweiten Weltkrieges.

Und natürlich kam und kommt auch die Pfälzer Gastronomie nicht ungeschoren durch die Krise. Im angesagten Zellertal musste das gerade eben frisch renovierte Hotel »Schwarzer Herrgott« bis Ende August warten, ehe alle Sicherheitsvorkehrungen so installiert waren, dass der Biergarten, der Weinstand und das Hofcafé öffnen konnten. Inhaberin Karin Hellert berichtet aber dennoch von zwei »super Monaten« September und Oktober, die Stimmung der Gäste sei gelöst gewesen und erleichtert, viele hätten gesagt: »Wie schön, dass ihr da seid und dass hier was los ist«. Bevor Anfang November erneut der Lockdown über die Gastronomie kam, fand am letzten Oktoberwochenende sogar noch ein besonderes Highlight statt: »Beim ›Treffen der Götter‹, wie wir es genannt haben«, so Hellert, »hatten wir fünf Betriebe im Hof, die Zeller Schwarzen Herrgott erzeugen. Die Winzer waren alle persönlich da und haben ihre Weine präsentiert«. Das sei bei den Gästen auf begeistertes Echo gestoßen. Dass nun der erneute Lockdown das Geschäft im November und möglicherweise dasjenige des ganzen Winters ruiniert, nimmt die junge Gastronomin mit »Galgenhumor«. »Man kann die Zeit aber auch nützen, um an Konzepten zu arbeiten, Ideen haben wir genug in der Schublade.«

Draußen in den Weinbergen ging die Natur auch im Coronajahr unbeirrt ihren Gang – und das sogar auf besonders erfreuliche Weise. »Wir können wirklich zufrieden sein, es gab in der Pfalz kaum Frost und Hagel«, sagt mit Katrin Wind aus Arzheim eine der erfolgreichsten Winzerinnen der Südpfalz. »Und als Ende März der Lockdown kam, war es ja wochenlang extrem sonnig. Was ein Glück für die Psyche! Die Luft war so klar, so gut konnt' ich noch nie vom Kalmit in den Schwarzwald sehen.« Auch der

Unter der Federführung von Stephan Attmann ist das Weingut Von Winning ganz oben angekommen

weitere Jahresverlauf sei für die Reben fast ideal gewesen: »Die Temperaturen waren gemäßigt und erreichten nicht die Spitzen von 2018 und 2019. Gut, bei den Burgundern gab es eine Turbolese, aber ich bin megahappy über die 2020er Rieslinge. Der Kalmit hat eine Säure von 8,5 und einen pH von 2,9. Perfekt!«

Die Corona-Einschränkungen hätten zumindest im Weinberg kaum Schwierigkeiten bereitet, führt Wind weiter aus. »Bei den Weinbergarbeiten und in der Lese ist es ja

Sophie Christmanns Spätburgunder, den sie im elterlichen Weingut verantwortet, hat bei der diesjährigen Verkostung für ein Ausrufezeichen gesorgt

Katrin Wind, junges Weintalent und feste Größe am Pfälzer Weinfirmament

nicht so schwer, Abstand zu halten«. Einzig beim Transport der Lesehelfer hätten sie umstellen müssen. Dass acht Personen im Bus gemeinsam in den Weinberg fahren, sei ja nicht möglich gewesen. Und auch das Mittagessen der Lesehelferinnen und -helfer musste anders organisiert werden als üblich.

Der Mangel an Geselligkeit ist sicher die größte Entbehrung, die die Coronakrise mit sich bringt. Gerade dieser Aspekt macht die Pfalz als einen Ort, der die Akkus aufladen kann, zu einem noch größeren Magneten für Erholungssuchende, als sie es ohnehin schon immer war. Wer Ende Juli durch Deidesheim oder einen anderen Ort der Mittelhaardt schlenderte, konnte sich des Eindrucks nicht erwehren, dass die Autokennzeichen aus ganz Deutschland auf den Parkplätzen noch zahlreicher waren als in anderen Sommern, mit B und HH, D und K, HB, natürlich F und MA sowie aus allen anderen Himmelsrichtungen. Vor der Metzgerei Hambel standen die Kunden bis zur nächsten Straßenecke, brav im Abstand von einem Meter fünfzig – und kamen ins Gespräch darüber, was ihre Lieblingswurst oder ihr Lieblings-Saumagen ist. Und sie haben alle bekommen, wonach sie anstanden, denn die Auslage war gefüllt wie immer. Ein Pfälzer Metzger lässt sich von Schwierigkeiten nicht so schnell einschüchtern, ebenso wenig wie ein Pfälzer Winzer. Wie gut, dass es die Pfalz gibt. Wie gut, dass sie einfach da ist mit ihren Genüssen und ihrer Lebensfreude – gerade dann, wenn man sie am nötigsten braucht.

INFO

Nähere Infos über den Autor finden Sie im Kapitel »Verkostungsteam« auf S. 12.

WEINBAUGEBIET PALZ

Anbaufläche
ca. 23.400 Hektar
Aufteilung
2 Bereiche, 25 Großlagen, 323 Einzellagen
Böden
Granit, Buntsandstein, Muschelkalk
Wichtigste Rebsorten
Riesling, Weißburgunder, Spätburgunder

Verband
Pfalzwein e. V., Martin-Luther-Straße 69
67433 Neustadt an der Weinstraße
www.pfalz.de

Deidesheim, Kalkofen und Hohenmorgen

GRANDS CRUS – PFALZ

TOP-WEINE AUS PRIVILEGIERTEN WEINLAGEN DER REGION

ZELL | SCHWARZER HERRGOTT

Die elf Hektar große Lage liegt für Pfälzer Verhältnisse hoch: auf 170 bis 250 Metern. Das namensgebende Kreuz im Weinberg wurde von den Mönchen des Zeller Klosters errichtet, durch Verwitterung nahm es eine schwarze Farbe an. Um das Jahr 1900 gehörten die Weine der Lage zu den angesehensten der Pfalz, in der letzten Dekade führte nicht zuletzt der Klimawandel zu ihrer qualitativen Wiederentdeckung. Der Weinberg liegt geradewegs nach Süden, sein bestimmendes Merkmal ist der poröse Kalkstein im Untergrund mit einer flachen Bodenauflage aus schwarzem Kalkmergel. Dank wasserführender Schichten im Berg leidet die Lage praktisch niemals Trockenstress.

94 **2019 Riesling trocken**
Weingut Bremer, Info siehe Seite 342

94 **2019 Riesling trocken**
Weingut Schwedhelm, Info siehe Seite 410

93 **2017 Riesling Alte Reben trocken**

92 **2019 »Unterm Kreuz« Riesling trocken**
Weingut Janson Bernhard, jansonbernhard.de

92 **2019 Riesling GG**
Philipp Kuhn, Info siehe Seite 373

90 **2018 Riesling Alte Reben trocken**
Weingut Wick, www.weingut-wick.com

KALLSTADT | SAUMAGEN

Die Römer haben hier Kalkstein abgebaut – Kalk dominiert auch den opulenten und dennoch stets frischen Weintyp. Die besten Parzellen der sanft nach Süden bis Südosten abfallenden Lage besitzen einen kräftig mit verwittertem Kalk angereicherten Kalkmergelboden. Die weniger guten Teilstücke der insgesamt 40 Hektar sind stärker von Lösslehm bestimmt. Der Saumagen liegt am westlichen Ortsrand und gilt als die beste Lage von Kallstadt, ja als eine der besten Lagen Deutschlands.

95 **2018 Spätburgunder GG**
94 **2019 Riesling GG**
Weingut Rings, Info siehe Seite 406

Das biodynamische Weingut Janson Bernhard

93 **2019 Riesling GG**
Philipp Kuhn, Info siehe Seite 373

93 **2018 Riesling trocken**
Weingut Fußer, Info siehe Seite 353

93 **2018 Riesling trocken**
92 **2017 Riesling trocken**
Weingut Kirchner, www.weingut-kirchner.de

92 **2018 Riesling trocken**
Weingut am Nil, Info siehe Seite 395

92 **2019 Riesling Spätlese trocken**
92 **2018 »Herzstück« Riesling trocken**
Weingut Bühler, www.buehler-pfalz.de

91 **2019 Riesling trocken**
91 **2019 »Horn« Riesling trocken**
Weingut Petri, Info siehe Seite 398

89 **2019 Riesling Kabinett trocken**
WG Kallstadt, Info siehe Seite 366

FORST | PECHSTEIN

Die Böden sind ein Gemisch aus Buntsandsteinverwitterung, Sand und Ton, dazu kommen die namensgebenden schwarzen Basalttrümmer, die aus dem unweit der Lage befindlichen Pechsteinkopf, einem vulkanischem Schlot in der Höhe des Pfälzer Waldes, stammen. Vor Urzeiten verteilte dieser große Mengen von vulkanischem Gestein.

95 **2019 Riesling trocken,**
Heinrich Spindler
www.weingutheinrichspindler.de

94 **2019 Riesling GG**
Georg Mosbacher, Info siehe Seite 389

94 **2019 Riesling GG**
Acham-Magin, www.acham-magin.de

94 **2016 Riesling GG**
Geh. Rat Dr. von Bassermann-Jordan
www.bassermann-jordan.de

93 **2018 Riesling trocken »Grosse Lage«**
Margarethenhof, Info siehe Seite 381

93 **2018 Riesling GG**
Reichsrat von Buhl, Info siehe Seite 344

93 **2019 Riesling GG,**
Weingut Bürklin-Wolf
www.buerklin-wolf.de

93 **2019 Riesling GG**
Geh. Rat Dr. von Bassermann-Jordan
www.bassermann-jordan.de

93 **2018 Riesling GG**
Weingut Karl Schaefer
www.karl-schaefer.com

92 **2019 Riesling Spätlese trocken**
Weingut Eugen Müller, Info siehe Seite 390

92 **2019 Riesling trocken**
92 **2018 Riesling Réserve**
91 **2018 Riesling trocken**
Weingut Lucashof, www.lucashof.de

Forst, Jesuitengarten

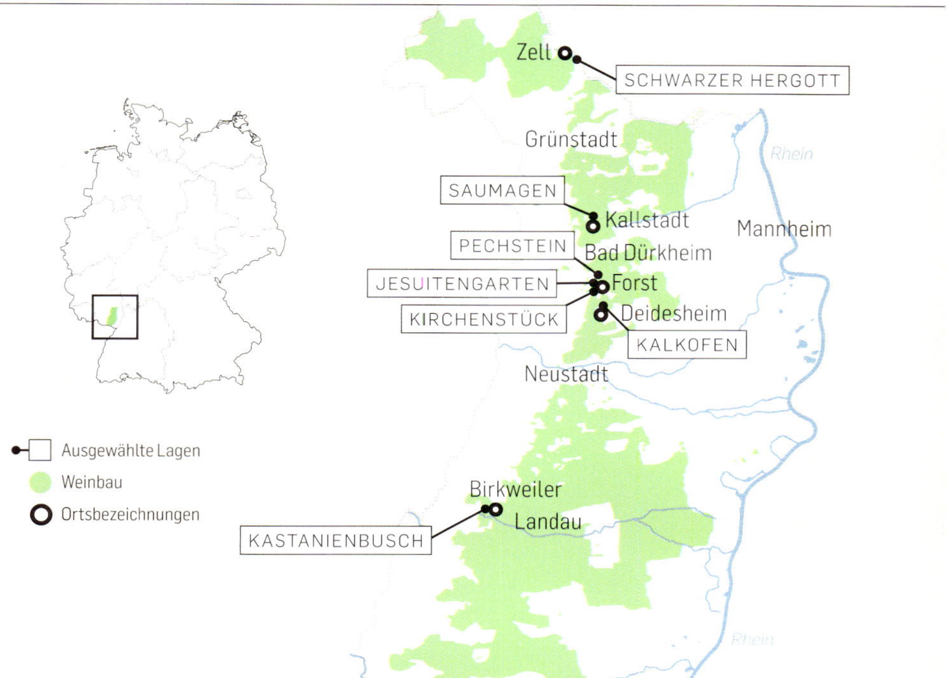

FORST | JESUITENGARTEN

Ein Mix an Bodenbestandteilen: Buntsandstein, Basalt, Kalkmergel, Ton. Die nur 7 Hektar große, schwach in östliche Richtung hängige Lage wurde bereits Anfang des 19. Jahrhunderts von der bayerischen Steuerverwaltung als zweitbeste Lage der Pfalz eingestuft.

94 **2019 Riesling GG**
Georg Mosbacher, Info siehe Seite 389

94 **2018 Riesling GG**
Reichsrat von Buhl, Info siehe Seite 344

94 **2019 Riesling GG**
94 **2014 Riesling GG**
Geh. Rat Dr. von Bassermann-Jordan
www.bassermann-jordan.de

93 **2019 Riesling trocken »Grosse Lage«**
Margarethenhof, Info siehe Seite 381

93 **2019 Riesling GG**
Acham-Magin, www.acham-magin.de

93 **2019 »Grosse Lage« Riesling trocken,**
Heinrich Spindler, www.weingutheinrichspindler.de

92 **2019 Riesling Spätlese trocken**
Weingut Eugen Müller, Info siehe Seite 390

90 **2019 Riesling Kabinett trocken**
Weingut Eugen Müller, Info siehe Seite 390

FORST | KIRCHENSTÜCK

Auf den 3,7 Hektar besteht der Boden aus Buntsandsteinverwitterung, Kalk, Basalt und Ton, in zwei Metern Tiefe stehen Kalkbänke an. Auch wenn die Buntsandsteinmauern um das Kirchenstück weit weniger hoch sind als etwa die Mauer um den Clos de Vougeot, so bieten sie doch etwas Windschutz nach Norden – und verleihen dem nicht zuletzt auch durch menschliche Bearbeitung verdelten Boden Fassung.

98 **2017 Riesling GG**
Weingut von Winning, Info siehe Seite 399

97 **2017 Riesling GG**
Reichsrat von Buhl, Info siehe Seite 344

96 **2018 Riesling GG**
Geh. Rat Dr. von Bassermann-Jordan
www.bassermann-jordan.de

Birkweiler Kastanienbusch – eine der bekanntesten Einzellagen an der Südlichen Weinstraße

95 **2018 Riesling GG**
Acham-Magin, www.acham-magin.de

95 **2018 »Grosse Lage« Riesling trocken,**
Heinrich Spindler
www.weingutheinrichspindler.de

94 **2017 Riesling Spätlese trocken,**
Weingut Eugen Müller, weingut-eugen-mueller.de

DEIDESHEIM | KALKOFEN

An dieser Stelle wurde früher einmal Kalk gebrannt, Kalkmergel und Kalksteingeröll prägen auch den Boden der fünf Hektar großen Lage. Durch seine Position im mittleren, warmen Hangbereich, durch seine – wenngleich flache – Südexposition sowie aufgrund mehrerer Sandsteinmauern an seiner Nordseite genießt der Kalkofen ein besonders mildes Kleinklima. Hier entsteht aromatisch vielschichtiger und dabei ausgeprägt mineralischer Riesling.

94 **2019 Riesling GG**
Geh. Rat Dr. von Bassermann-Jordan
www.bassermann-jordan.de

93 **2019 Riesling »Grosse Lage« trocken**
Weingut Mehling, Info siehe Seite 362

92 **2019 Riesling GG**
Georg Siben Erben, Info siehe Seite 412

92 **2019 Riesling Spätlese trocken**
Weingut Jul. Ferd. Kimich, www.weingut-kimich.de

BIRKWEILER | KASTANIENBUSCH

Eine Insel mit rotem Tonschiefer inmitten der von Buntsandstein und Kalk geprägten Pfälzer Terroirlandschaft. Vor allem der Buntsandstein kommt auch im Kastanienbusch vor – hauptsächlich in einigen höher gelegenen Parzellen der bis auf 300 Meter Höhe ansteigenden Lage. Die 63 Hektar haben eine Hangneigung von 15 bis 30 Prozent und schauen nach Süden bis Südosten. Durch die Kessellage des Weinbergs verfügt der Kastanienbusch über ein besonders mildes Mikroklima. Namensgebend sind die Edelkastanienbäume (»Keschte«), die am Rand des Rebbergs wachsen.

95 **2019 Riesling GG**
Ökonomierat Rebholz, oekonomierat-rebholz.de

94 **2019 »Köppel« Riesling GG**
Dr. Wehrheim, www.weingut-wehrheim.de

91 **2019 Riesling trocken,**
Weingut Emil Bauer und Söhne, Info siehe Seite 334

90 **2018 Riesling trocken,**
Weingut Villa Hochdörffer, Info siehe Seite 417

★

WEINGUT JÜRGEN ANDRES

Langensteinstraße 22, 67435 Neustadt-Speyerdorf
T: +49 (6327) 2847, info@weingut-andres.de
www.weingut-andres.de

Ab-Hof-Verkauf: ja
Kellermeister: Jürgen Andres
Ansprechpartner: Yvonne Andres
Hektar: 21 ha

Jürgen Andres und seine Frau Yvonne haben auch 2019 wirklich frische und animierende Weine gekeltert. Auf den rund 21 Hektar, die sie organisch düngen, reicht das breite Sortenspektrum von Cabernet Blanc über Dornfelder bis hin zu Riesling und den Burgundersorten. Andres setzt auf Spontanvergärung, was den Weinen eine prägnante Fruchtigkeit verleiht. Neben den mittlerweile schon legendären »Helden in Gummistiefeln« hat uns dieses Jahr besonders der knackige Sauvignon Blanc gefallen, der für vergleichsweise kleines Geld große Trinkfreude bietet.

89 2019 »Helden in Gummistiefeln« AU/WB
Klares, helles Gelb. In der Nase Birne, reifer Apfel, etwas Quitte, rund. Am Gaumen gut eingebundene Säure, wieder Birne, eine gewisse Cremigkeit, Apfelschalen, schöner Grip. Gut gewobene Struktur, endet auf hellen Früchten, guter Speisenbegleiter. 12 Vol.-%, DV, €

89 2019 Sauvignon Blanc trocken
Klares, helles Gelb. In der Nase Schwarze Johannisbeere, Zitrusfrucht und etwas frisch geschnittenes Gras. Am Gaumen belebende Säure, Zitrusaromen, Johannisbeeren, klar und frisch, mittlere Struktur und Länge, gut zum gebratenen Fisch. 11,5 Vol.-%, DV, €

88 2019 Riesling trocken
Mittleres, klares Gelb. Anfangs eher verhaltene Nase, dann reife Zitrusfrucht, Mandarine, etwas Limone und Mango. Am Gaumen belebende Säure, frisch und klar, mineralischer Zug, Zitrusfrüchte, mittlere Struktur und Länge, zum Vesper. 12,5 Vol.-%, DV, €

88 2019 Cabernet Blanc trocken
Klares, helles Gelb. In der Nase frische, Schwarze Johannisbeere, etwas Tomatenblatt, rote Paprika, würzig unterlegt. Am Gaumen eher verhaltene Säure, feine Phenole, wieder Cassis und Paprika, mittelgewichtig, endet auf würzigen Noten. 12 Vol.-%, DV, €

88 2019 Gelber Muskateller feinherb

88 2019 Chardonnay Spätlese

88 2019 Gewürztraminer Spätlese

87 2019 Weißburgunder feinherb

87 2019 Grauburgunder trocken

88 2018 Dornfelder trocken

87 2018 Schwarzriesling feinherb

88 2019 Rosé trocken
Himbeerfarben. In der Nase Himbeere, Erdbeere, etwas Würze. Am Gaumen rote Früchte, Himbeere, Erdbeere, rote Früchte, gut eingebaute Säure, feine Phenole, mittlere Struktur, endet auf frischen roten Früchten, erfrischend, schöne Spannung. 12,5 Vol.-%, DV, €

★★

WEINGUT MICHAEL ANDRES

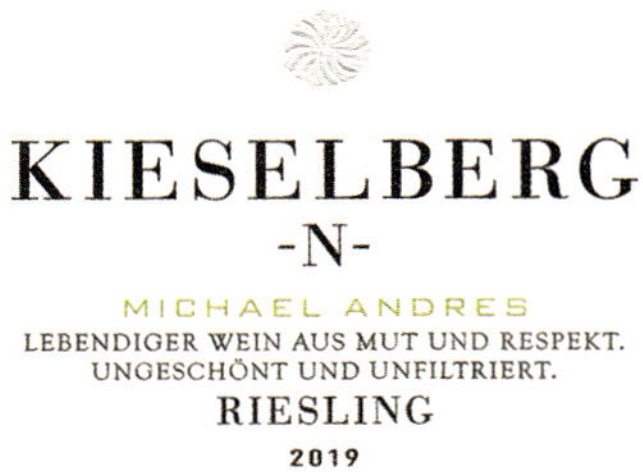

Hauptstraße 33a, 67152 Ruppertsberg
T: +49 (6326) 8667, info@andres-wein.de
www.andres-wein.de
Ab-Hof-Verkauf: Sa 10–16 Uhr, Mo bis Fr nach Vereinbarung
Kellermeister: Michael Andres
Ansprechpartner: Michael Andres
Flaschen/Hektar: 40.000 (85 % weiß, 15 % rot)/7 ha
Anbauweise: Biologisch zertifiziert

Michael Andres' Ideal ist es, Weine in perfektem Einklang mit der Natur zu keltern, weshalb er nach biodynamischen Leitlinien arbeitet. Beim Ausbau im Keller setzt er auf schonende Traubenverarbeitung und »minimal invasives Arbeiten«. Besonders deutlich wird das an den Weinen seiner »N-Linie«, die mit wilden Hefen vergären und nicht filtriert werden. »No Limits«, »Next Level« lauten die Ziele, das Ergebnis ist großartig: Gerade diese Weine glänzen durch Balance und Struktur. Aber natürlich sind die Klassiker ebenso gelungen, allen voran der eng gewobene, mineralische Riesling »Ferus«.

93 2019 »Ferus« Riesling trocken
Klares, sattes Gelb. In der Nase vielschichtig mit reifer Zitrusfrucht, Grapefruit, grüner Apfel, alles mineralisch unterlegt, animierend. Am Gaumen straff und fest, feine Phenole, Zitrusfrüchte, viel Würze, eng gewoben, mineralisch, lang, noch weiteres Potenzial. 12,5 Vol.-%, DV, €€

92 2019 »N-Linie« Deidesheim Leinhöhle Riesling trocken
Sattes, tiefes und klares Gelb. In der Nase viel Kräuterwürze, reife Zitrusfrucht, Holzanklänge, Rauch, tiefgründig. Am Gaumen zupackende Säure, schöner Schmelz, Quitte, Mandarine, mineralischer Zug. Gute Struktur und Spannung, lang, hat Potenzial. 12 Vol.-%, NK, €€

91 2019 »N-Linie« Deidesheim Kieselberg Riesling trocken
Sattes, klares Gelb. Würziger Duft, Melisse, reife Zitrusfrucht, Gesteinsmehl, Rauch, etwas Vanille, warm und satt. Am Gaumen saftig, feine Säure, reife helle Frucht, Mandarine, etwas phenolisch, viel Spannung, burgundische Art, gute Länge, Potenzial. 12 Vol.-%, NK, €€

91 2019 Ruppertsberg Reiterpfad Riesling trocken
Klares, helles Gelb. In der Nase helle Blüten, Pfirsich, rote Grapefruit, Minze, fein ziselierter Duft, anregend. Am Gaumen fein und differenziert, frischer Säurezug, mineralisch unterlegt, Zitrusfrüchte, Würze, elegante Struktur, schöne Länge, balanciert. 12,5 Vol.-%, DV, €€

91 2019 »N-Linie« Grauer Burgunder Landwein trocken

90 2019 »N-Linie« Chardonnay Landwein trocken

90 2019 »Einklang N-Linie« Landwein trocken CH/AU/PG

90 2019 Deidesheimer Herrgottsacker Riesling trocken

89 2019 Chardonnay Auxerrois trocken CH/AU

89 2019 Sauvignon Blanc trocken

91 2018 Spätburgunder trocken

92 2019 Deidesheim Mäushöhle am Kirchenberg Riesling trocken
Klares, helles Gelb. In der Nase knackige Zitrusfrucht, Limone, Mandarine, Melisse, Lorbeerblatt. Am Gaumen frischer Grip, Limone, Grapefruit, Minze, mineralischer Zug, wunderbar klar und direkt, schöne Spannung und Struktur, gute Länge. 12,5 Vol.-%, DV, €€

★★

WEINGUT ANDRES

Weinstraße 6, 67146 Deidesheim
T: +49 (6326) 7708, info@andres-deidesheim.de
www.andres-deidesheim.de
Ab-Hof-Verkauf: Mo bis Fr 9.30–12.30 Uhr und 14–18.30 Uhr, Sa 9–16 Uhr, So 9–12 Uhr
Kellermeister: Michael Andres
Ansprechpartner: Michael und Thomas Andres
Hektar: 22 ha
Anbauweise: Biologisch zertifiziert

Das Familienweingut, das Michael und Thomas Andres 2015 von ihren Eltern übernommen haben, steht für konstant gute Qualität mit exzellenten Spitzen. Die beiden vinifizieren stark vom Terroir der Mittelhaardt – das Spektrum reicht dabei vom kargen Buntsandstein bis zum üppigen Kalkmergel – geprägte Weine. Dabei legen sie Wert auf einen schonenden Umgang mit Natur und Wein. Die Ergebnisse können sich sehen lassen: Exzellent gelungen sind die saftigen, mineralischen Rieslinge aus dem »Ungeheuer« und der »Leinhöhle«, die komplex sind und wunderbar reifen werden.

93 2019 Forst Ungeheuer Riesling trocken
Komplex mit feiner Würze, Gelbfrucht und Mineralität. Am Gaumen saftig ohne Fülle, vielmehr konzentriert und doch schwerelos. Klar und dabei fokussiert. Feine Würze, Tiefe, steinige Mineralik, zitrischer, salziger Säurezug. Fein und komplex. 13 Vol.-%, NK

93 2019 Deidesheim Leinhöhle Riesling trocken
Fein, tief, Gelbfrucht, feine Würze, steinstaubige Mineralik. Am Gaumen fließend. Gleichmaß, klar, verwoben, delikate Saftigkeit. Gefolgt von feiner Phenolik, Gesteinsmehl, herben Anklängen, frischer Zitrusfrucht, verwobene Säure. 12,5 Vol.-%, NK

92 2019 »vom Buntsandstein« Riesling trocken
Rauchig, steinige Noten, helle Gelbfrucht, dahinter zarte Würze und Tiefe. Am Gaumen vollmundig und tief – ergänzt von Struktur und steiniger Mineralik. Zunächst unaufgeregt, dann immer mehr Zug aufbauend. Feinmineralischer Grip, zitrische, straighte Säure. 12,5 Vol.-%, DV

92 2019 Ruppertsberg Reiterpfad Riesling trocken
Fokussiert, gelbe und grüne Frucht, etwas Steinobst, Kamille, Pfeffer, staubige Mineralik. Am Gaumen saftig, aber auch gewisse Kargheit und grünere Noten. Präsente Phenolik, junge Zitrusfrucht und Zeste. Gesteinsmehl, salzig-frische Säurestruktur. 12,5 Vol.-%, NK

92 2019 Königsbach Ölberg Riesling trocken

91 2019 Ruppertsberg Riesling trocken

91 2019 Haardt Chardonnay trocken

90 2019 »Reserve« Chardonnay trocken

90 2019 Haardt Herzog Chardonnay trocken

89 2019 Deidesheim Sauvignon Blanc trocken

89 2019 Haardt Riesling Kabinett

90 2019 Deidesheim Riesling trocken
Würzige Mineralik und Gelbfrucht, Kernobst, Melone, Steinstaub. Gehaltvoller und vollsaftig am Gaumen, süßer Apfel, frische Frucht, ergänzt von steiniger Mineralik, zitrischen Noten und lebendiger Säure. 12,5 Vol.-%, DV

★★★

WEINGUT SANKT ANNABERG

St.-Anna-Straße 203, 76835 Burrweiler
T: +49 (6323) 949260
sankt-annaberg@lergenmueller.de
www.sankt-annaberg.com

Ab-Hof-Verkauf: ja
Kellermeister: Victoria Lergenmüller
Ansprechpartner: Victoria Lergenmüller
Flaschen/Hektar: 21.000 (100 % weiß)/7 ha

Sankt Annaberg entstand, als Napoleon einen Rastplatz für seine Truppen errichten ließ, »es ging hier immer ums Essen und Trinken«, erzählt Victoria Lergenmüller, die 2012 mit 21 Jahren die Verantwortung im Weingut übernahm. Bei ihr steht Riesling im Fokus, den sie auf Kalkstein, Buntsandstein und dem raren Schiefer unterschiedlich interpretiert. Inzwischen keltert Victoria Lergenmüller auch noch einen beachtlichen Spätburgunder. Für die Winzerin war von Anfang an klar, dass sie »Charakterköpfe herausarbeiten will, nichts ist schlimmer als gefällige Weine«. Das gelingt ihr großartig.

92 2018 Burrweiler Schäwer Riesling trocken

Angenehm karge Aromatik, etwas steinig und zurückhaltende Frucht, leicht zitrische Noten. Am Gaumen mineralisch, trockener Stil, der gut zur feinen Säure passt. Alles sehr stimmig, ein Terroirwein, ohne sperrig zu sein. Guter Nachhall, mit viel Geschmack am Gaumen. 13 Vol.-%, NK, €€€

92 2018 »Johanniskreuz« Burrweiler St. Annaberg Riesling trocken

Das Holz für das 500-Liter-Fass, in dem der Wein ausgebaut wurde, stammt aus der Lage Johanniskreuz. In der Nase geht es nicht um Primäraromen, auch am Gaumen bleibt die manchmal vorlaute Rieslingfrucht verhalten. Feste Struktur, wirkt sehr seriös, wird sich gut entwickeln.
13 Vol.-%, NK, €€€

91 2018 Ilbesheim Kalmit Riesling trocken

Individuelle Aromatik, Efeu, Kamille, grüner Apfel, Heu, Blüte und exotische Früchte. Spannend und facettenreich. Am Gaumen von moderater Säure und schmeckbarem Terroir, gute Balance. Leicht salin und von guter Länge. Schnell sein, es gibt nur 750 Flaschen. 13 Vol.-%, NK, €€€

91 2019 »Alte Reben« Gleisweiler Hölle Riesling trocken

Alte Reben, die diese Bezeichnung wirklich verdienen. Teilweise 65-jährig und von Rente weit entfernt. So klar und vital im Duft, nie vordergründig, sondern zart und mehr bei der Kräutrigkeit als bei der Frucht. Am Gaumen mit guter Substanz, Mineralik und Frische. 12,5 Vol.-%, DV, €€

89 2019 »Terrassenlage« Burrweiler St. Annaberg Riesling trocken

90 2018 Burrweiler Sankt Annaberg Spätburgunder trocken

89 2019 »355 NN« Burrweiler St. Annaberg Riesling feinherb

Wechselspiel aus zitrischen und exotischen Aromen in der Nase, Mango, Litschi, aber nicht laut, fein und gut verwoben. Am Gaumen mit guter Balance, Süße und Säure vertragen sich ausgezeichnet, zeigt Frische und Eleganz. Ein toller Vertreter dieses Stils. 11,5 Vol.-%, DV, €€

★★

WEINGUT BÄRENHOF

Weinstraße 4, 67098 Bad Dürkheim
T: +49 (6322) 4137, weingut@baerenhof.de
www.weingut-baerenhof.de

Ab-Hof-Verkauf: Sa 9–16 Uhr, So 10–12 Uhr
Kellermeister: Jürgen Bähr
Ansprechpartner: Jürgen Bähr
Flaschen/Hektar: 550.000 (70 % weiß, 30 % rot)/40 ha

Bei Jürgen Bähr bekommt man richtig viel Wein fürs Geld. Wenn echte Lagencharaktere weniger als zehn Euro kosten – dann werden nicht nur Schnäppchenjäger, sondern auch erfahrene Weinfreunde hellhörig. Der Weilberg mit seiner pikanten Würze aus den Terrarossaböden ist der Primus in einer ganzen Reihe gelungener Charakter-Rieslinge. Sehr gut gefallen hat uns auch der Versuch, einen Chardonnay mit geringem Holzeinsatz zu erzeugen. Wie bei der fast süffig zu nennenden Huxelrebeauslese überzeugen auch die Ausflüge ins Fruchtige (aber eben nicht pappig-Süße).

90 2019 Ungstein Michelsberg Riesling Auslese trocken
Pomelo und Grapefruit, Blutorange und Melisse. Komplex, mit nur einem leisen Hauch von Überreife. Im Mund wuchtig, mit sehr feinen Phenolen, seidig, lebendiger Säurenerv, viel Saft und Frucht, kontrollierte Power, gute Substanz und Länge. 14 Vol.-%, DIAM, €

90 2019 Bad Dürkheim Rittergarten Riesling Spätlese trocken
Eher zurückhaltend im Duft, gelbfruchtig, Mandarine. Im Mund mit feister Säure, recht kompakt und druckvoll, terpenherb, aber elegant, mittelgewichtige Frucht, mineralisch, ein markant extraktreicher, noch verschlossener Riesling. 13 Vol.-%, DIAM, €

90 2019 »Collection« Chardonnay Spätlese trocken
Blumig, kräuterwürzig, sehr frisch im Duft und klar. Frisch gebratene Maisküchlein. Im Mund einiger Schmelz und ein feiner Säurenerv. Dezente Mineralik, feinwürziges Holz im Abklang. Ein ausgewogener Chardonnay, auf zurückhaltende Weise vom Holz beeinflusst. 13,5 Vol.-%, DIAM, €

90 2019 Ungstein Osterberg Huxelrebe Auslese
Konzentrierte Botrytisfrucht, kandierte Aromen, gute Klarheit, Frische. Im Mund mit knackiger Säure, dezenter Viskosität, einer eher zurückhaltenden Süße, deutlich mineralischen Noten und eher mittelgewichtigem Extrakt. Nicht überkonzentriert und dick. 9 Vol.-%, DIAM, €

90 2019 Ungstein Honigsäckel Grauer Burgunder Spätlese trocken

89 2019 Ungstein Honigsäckel Weißburgunder Spätlese trocken

89 2019 Ungstein Herrenberg Riesling Spätlese trocken

89 2019 »Lebenslang« trocken WB/SG/PG

88 2019 Bad Dürkheim Spielberg Chardonnay Spätlese trocken

87 2019 Bad Dürkheim Steinberg »Trockener Bär« Riesling Spätlese trocken

89 2019 Gewürztraminer Spätlese

91 2019 Ungstein Weilberg Riesling Spätlese trocken
Eine recht druckvolle, auch terroirwürzige Nase, Pfirsich, roter Apfel, Eisen, im Mund mit Stoff und Fülle, mit gutem mineralischem Extrakt, pfeilgerader Säure und sehr guter Frische. In der Anmutung nachgerade leichtfüßig, aber auf substanzhaltige Weise. 13,5 Vol.-%, DIAM, €

★★★

WEINGUT EMIL BAUER UND SÖHNE

EMIL BAUER PFALZ

Walsheimer Straße 18, 76829 Landau-Nußdorf
T: +49 (6341) 61754, info@bauerwein.de
www.bauerwein.de

Ab-Hof-Verkauf: Mo bis Fr 9–12 Uhr und 14–18 Uhr, Sa 9–16 Uhr
Kellermeister: Alexander Bauer
Ansprechpartner: Martin Bauer
Hektar: 42 ha

Der bescheidene Auftritt ist nicht die Sache der Bauer-Brüder, wieso auch? Ihre Weine überzeugen, da dürfen sie etwas mutigere Namen tragen, auch wenn man über »No Sex«und »Aber geil« geteilter Meinung sein kann. Solange der Sauvignon Blanc vom Walsheimer Silberberg »Insomnia« so fein balanciert ist und der Viognier »Beachball« aus dem Nußdorfer Herrenberger eine Komplexität besitzt, die man dieser an der Rhône zu Höchstform auflaufenden Rebsorte in der Pfalz kaum zugetraut hätte, ist alles gut. Kurz und knapp: Das Traditionsweingut lebt Innovation – und das mit großem Erfolg. Glückwunsch!

93 2019 »Insomnia« Walsheim Silberberg Sauvignon Blanc trocken
Mittleres Zitronengelb. Ein Duft von Grapefruit, reifem Pfirsich und Limette. Am Gaumen auch Aromen von Veilchen, Passionsfrucht, Zitronenzeste in einem mittelgewichtigem Körper integriert. Balanciert von feiner und lebendiger Säure. Langer Nachhall. 12,5 Vol.-%, DV, €€€

92 2018 »Beachball« Nußdorf Herrenberg Viognier trocken
Komplexer Duft in der Nase mit reifem Pfirsich, Muskat, reifer Birne und Geißblatt. Am Gaumen kommen Aromen von Veilchen, Johannisbeerblatt, Mandarine, Dill und Orangenzeste hinzu. Gute Substanz, sehr gut getragen von feiner Säure und mit langem Nachhall. 12,5 Vol.-%, NK, €€€

93 2017 »Servator« trocken NE/BA
Ein intensiver Duft von dunkler Kirsche, Blaubeere und Nelke. Am Gaumen kommen Aromen von schwarzem Pfeffer, reifer Plaume und Anis hinzu. Das recht junge Tannin und die Frucht werden von lebendiger Säure getragen. Viel Eleganz und zugleich ein ganz kompletter Wein. 14 Vol.-%, NK

91 2017 »Amator« trocken GN/MV/SY
Mittleres Rubin. In der Nase ein fast dezenter Duft von Himbeere, Kirsche und Tomatenblatt. Am Gaumen auch Aromen von süßer Erdbeere Blaubeere und Anis. Balanciert von frischer und lebendiger Säure. Feines, noch junges Tannin. Eine spannende GSM-Cuvée. 14 Vol.-%, NK

91 2019 »Redemption« Nußdorf Im Ochsenloch Riesling trocken

90 2019 Viognier trocken

90 2019 »Feeling so real« Essingen Sonnenberg Grauer Burgunder trocken

90 2019 Birkweiler Kastanienbusch Riesling trocken

91 2018 »Meisterstück« tr. CS/ME/MA/CF/PV

91 2017 »Altor« trocken SN/CS/CF

90 2017 »Cultor« tr. CS/MA/ME/CF/PV/CA

91 2019 Auxerrois trocken
Blasses Goldgelb. In der Nase ein Duft von Aprikose, Nektarine und Mirabelle. Am Gaumen ergänzt durch Aromen von Johannisbeerblatt, Mandel und grünem Apfel. Passende Säure in einem mindestens mittelgewichtigem Körper. Guter Nachhall. 12,5 Vol.-%, DV, €

★★★★★

WEINGUT FRIEDRICH BECKER

Hauptstraße 29, 76889 Schweigen-Rechtenbach
T +49 (6342) 290, wein@friedrichbecker.de
www.friedrichbecker.de

Ab-Hof-Verkauf: ja
Kellermeister: Friedrich Wilhelm Becker
Ansprechpartner: Friedrich Wilhelm Becker
Hektar: 29 ha

Friedrich Wilhelm Becker führt den namhaften Schweigener Betrieb von Erfolg zu Erfolg: Den Kalk in den Weinbergen dies- und jenseits der deutsch-französischen Landesgrenze nützt er für Burgunder, die in allen Farbnuancen – weiß, rot und, wie beim Grauburgunder, kupferfarben – Klasse und Tiefgang mit ausgezeichnetem Reifepotenzial verbinden. Leichte Kost zum schnellen Wegtrinken sind diese Weine auf keinen Fall. Doch wer etwas Geduld zum Lagern seiner Flaschen mitbringt und dann vielleicht auch noch das Passende dazu kocht, wird ausgesprochen reich belohnt.

94 2018 Grauburgunder Réserve
»Gris« in der Farbe mit rotgoldenen Reflexen. Eine strahlende und dabei komplexe Beerenfrucht, sehr viel Pinottypizität. Im Mund mit knackiger Säure und dichten, feinen, zugleich spannungsreichen Phenolen. Mundwässernd stoffig und pikant. Praller Extrakt. 13 Vol.-%, DV, €€€

96 2017 Schweigen Heydenreich Spätburgunder GG
Kräuter wie Liebstöckel in der ersten konzentrierten Nase, Schwarztee, Miso und etwas Teer, dunkle Frucht. Am Gaumen konzentriert und verdichtet, beinahe schmerzhafte Intensität in der Gaumenmitte, klirrende Mineralität, packendes Tannin, großes Potenzial! 13,5 Vol.-%, NK, €€€€

94 2017 Schweigen Sankt Paul Spätburgunder GG
Kirsche und Hagebutte treffen im vielschichtigen Duftbild mit Kräutern, Rauch und Kalkwürze aufeinander. Setzt am Gaumen saftig und geschmeidig an, um sich zu verdichten und Spannung aufzubauen. Die Gerbstoffe sind packend und noch adstringierend, jugendlich. 13,5 Vol.-%, NK, €€€€

94 2017 »KB« Spätburgunder GG
Die Nase ist noch verschlossen, Kräuter, Röstaromen und Rauch in guter Menge. Am Gaumen mit saftiger und präsenter Säure, betont trocken, puristisch, mit kräftigen, adstringierenden Tanninen, gute Substanz, wirkt noch abweisend mit exzellentem Potenzial zur Reifung. 13,5 Vol.-%, NK, €€€€

94 2018 »Mineral« Chardonnay trocken

93 2018 »Reserve« Weißburgunder trocken

91 2019 Schweigen Chardonnay trocken

90 2019 »Kalkgestein« Weißburgunder trocken

90 2019 »Muschelkalk« Riesling trocken

90 2019 »Gelb & Gold Muskateller« tr. GM/GM6

93 2018 Pinot noir Beerenauslese

91 2019 »Kalkmergel« Grauer Burgunder tr.
Lachsfarben (durch Maischestandzeit). In der Nase reifer Pfirsich und Erdbeere. Am Gaumen findet man neben primären Aromen auch schwarze Johannisbeerblätter in einem mittleren Körper. Die lebendige Säure führt den Wein in einen sehr guten Abgang. 13 Vol.-%, DV, €€

★

WEINGUT BECKER

Im unteren Heissbühl , 76831 Ilbesheim
T: +49 (6341) 3595, info@wein-gut-becker.de
www.wein-gut-becker.de

Ab-Hof-Verkauf: ja
Kellermeister: Peter Becker
Ansprechpartner: Helge und Fred Becker
Hektar: 14 ha
Anbauweise: Biologisch zertifiziert

Die Winzerfamilie Becker findet sich in allen Gewichtsklassen zurecht: Gleich fünf Spätlesen und vier Kabinettweine werden aus dem Jahrgang 2019 vorgestellt, am meisten beeindruckt hat uns die Rieslingspätlese aus dem Ilbesheimer Kalmit mit ihrer kalkmineralischen Prägung. Alle Weine weisen eine stimmige, natürliche Balance auf – auch ein Hinweis darauf, dass das Weingut seit 2011 Mitglied beim Bioland-Verband ist und seine Weinberge biologisch bewirtschaftet. Als Symbol dafür ist auch ein Schmetterling auf den Etiketten abgedruckt. Auch die Sekte gelingen gut bei den Beckers.

90 2019 Ilbesheim Kalmit Riesling Spätlese trocken
Reifer Apfel, Steinobst mit etwas Blattgrün, Mirabelle und Zitronenschale. Für eine Spätlese schlank und straff gebaut, saftig und würzig, eingebundene Säure, schöne kalkmineralische Grundierung und Prägung. Unaufgeregte Interpretation der Lage Kalmit. 12 Vol.-%, DV, €

89 2019 Ilbesheim Rittersberg Auxerrois Spätlese trocken
Quitte und Butternutkürbis in der Nase, reife Honigmelone und Birne, kandierte Walnüsse und Gewürze. Saftig und mit Schmelz am Gaumen in einer kräftigen Struktur, milde Säure und feine phenolische Schichten. Eine Spätlese, die man gerne am gedeckten Tisch hat. 13 Vol.-%, DV, €

89 2019 Ilbesheim Rittersberg Chardonnay Spätlese trocken
Saftige Birne in der Nase, Apfel dazu, würzige Noten, auch Reneklode und reife Zitrusfrucht. Wieder würzig am Gaumen mit Saft und Schmelz in einer kräftigen Struktur, trockene Anmutung. Chardonnay, der sich gerne am Tisch sieht, vielseitig geeignet. 13 Vol.-%, DV, €

89 2018 Ilbesheim Kalmit Riesling brut
Reifes Steinobst, Zitrusanklänge, auch Rauch und Hefe. Kräftig gebauter Sekt mit gut ausgebildetem Körper und straffer Säure, harmonisch abgerundet am Gaumen mit süßer Steinobstfrucht in Spätlesequalität. Sekt, der mit seiner Struktur auch bei Tisch gefällt. 13 Vol.-%, VK, €

89 2019 Ilbesheim Kalmit Weißburgunder Spätlese trocken

89 2018 Pinot Blanc Sekt trocken

88 2019 Sauvignon Blanc Kabinett trocken

88 2019 Gewürztraminer Spätlese trocken

88 2019 Grauer Burgunder Kabinett trocken

88 2019 »Blanc de Noir« Spätburgunder Kabinett trocken

88 2019 Spätburgunder Rosé Kabinett trocken

89 2019 Leinsweiler Sonnenberg Riesling Spätlese trocken
Reife Fruchtnoten im Duft, grüner Apfel und Steinobst, Mirabelle, Zitrusfrucht. Schlank gebaut am Gaumen und doch mit guter Substanz und Inhalt: Die ausgewogene Säure steuert durch einen mineralisch grundierten Körper feine phenolische Schichten, kann zulegen. 12 Vol.-%, DV, €

★★★★

WEINGUT BERGDOLT

Dudostraße 17, 67435 Neustadt-Duttweiler
T: +49 (6327) 5027, info@weingut-bergdolt.de
www.weingut-bergdolt.de
Ab-Hof-Verkauf: Mo bis Fr 8–12 Uhr und 14–18 Uhr, Sa 10–16 Uhr
Kellermeister: Rainer und Carolin Bergdolt
Ansprechpartner: Carolin Bergdolt
Flaschen/Hektar: 150.000 (90 % weiß, 10 % rot)/24 ha
Anbauweise: Biologisch zertifiziert

In jedem der Weine von Carolin Bergdolt ist äußerste Sorgfalt zu erkennen, und die Beherzigung des Stilgebots der Frische. Feinste Dichte bei den Burgundersorten und duftigste Reinheit bei den Rieslingen sind beispielhaft. Dennoch ist nichts ostentativ, alles ist ruhig, zuversichtlich und ausgeprägt stilsicher. Es ist eine wahre Freude, diese Weine zu verkosten. Carolin Bergdolt weiß ganz offensichtlich, wie sie die aktuellen und zukünftigen Kapitel des 1754 gegründeten Weinguts und auch die vom Vater begründete Weißburgundertradition weiterschreibt.

94 2019 Ruppertsberg Reiterpfad Achtmorgen Riesling GG
Reife Zitrusfrische ist sofort gegenwärtig. Mandarinenschalen begleiten reifes Steinobst mit ihrer zestig frischen Aromatik und umrahmen den Wein mit Frische. Der Gaumen ist reif, sanft, nahezu viskos und dennoch fein. Bittere Phenolik setzt einen Kontrapunkt. 13 Vol.-%, DIAM, €€€

94 2018 Kirrweiler Mandelberg Weißburgunder GG
Konzentration und Dichte sind schon auf der Nase zu erkennen, mit wunderbarem Schalenduft und markiger Apfelschale. Die Frische am Gaumen ist wunderbar unterschwellig, kühl, in der Tiefe verankert. Sanftheit, Dichte und Fokus auf Textur sind bemerkenswert. 13,5 Vol.-%, DIAM, €€€

93 2019 Deidesheim Mäushöhle Riesling Erste Lage trocken
Geradezu betörend ist die aromatische Kombination von feinster Cremigkeit und dem Duft reifer Mandarinenschalen. Am Gaumen geht es genauso weiter. Mit Aromatik, reifer, mundwässernder Frische, zitrusschaliger Textur und geschmeidigem Körper. 12,5 Vol.-%, DIAM, €€

93 2018 Duttweiler Kalkberg Spätburgunder GG
Etwas Toast und erloschener Kerzendocht verdecken die reifen Kirschen an der Nase, deuten aber auf Tiefe und Textur. Feine, reife Frucht hat Frische, Dichte und feines, straffes Tannin. Eine in sich ruhende, unaufgeregte Interpretation des Jahrgangs. Wirkliche Klasse. 13,5 Vol.-%, DIAM, €€€

92 2019 Duttweiler Mandelberg Lössriedel Weißburgunder Erste Lage trocken

93 2019 Duttweiler Mandelberg Riesling Erste Lage trocken
Reinster Zitrusduft strömt der Nase entgegen: eine köstliche Synthese aus zerstoßenem, aromatischem Zitruslaub, Zitrone und reifen Mandarinenschalen. Am Gaumen findet sich dieselbe reife Zitrusaromatik wieder, belebend, rein, frisch, freudig. Wunderbare Frische und Ausgeglichenheit. 13,5 Vol.-%, DIAM, €€

★★

WEINGUT BERGDOLT-REIF UND NETT

Dudostraße 2, 67435 Neustadt-Duttweiler
T: +49 (6327) 2803, info@weingut-brn.de
www.weingut-brn.de

Ab-Hof-Verkauf: Mo bis Fr 8–17 Uhr, Sa 10–16 Uhr
Kellermeister: Christian Nett
Ansprechpartner: Christian Nett
Flaschen/Hektar: 300.000 (60 % weiß, 40 % rot)/30 ha

Es sind moderne und intensive Weine, die uns Christian Nett und sein Team dieses Jahr vorgestellt hat. Experimentell sind die beiden Rotweine aus den selten anzutreffenden Sorten Cabernet Franc und Lagrein. Offenbar sind die beiden Zuwanderer (der Cabernet Franc stammt von der Loire, Lagrein aus Südtirol) auf bestem Wege, in der Pfalz heimisch zu werden, so reif und fruchtgetragen schmecken die Weine. Angetan waren wir auch vom Sauvignon Blanc aus der Spitzenserie »Avantgarde«, der mit seiner stoffigen Urgewalt nach Flaschenreife verlangt. Das wird ein Aromenfeuerwerk!

92 2019 »Avantgarde« Sauvignon Blanc tr.
Rauchiges Holz und reduktive Sortenfrucht, Pampelmuse, Schwarze Johannisbeere. Im Mund intensiv stoffig, geschmeidig grundiert, festes, aber kultiviertes Säurerückgrat, ein sehr straffer, dichter, salziger Sauvignon Blanc, für die Flaschenreife gemacht. 13,5 Vol.-%, DV, €€

91 2019 »Rebarrique« Weißburgunder trocken
Dezentes Holz, Mandarine, Orangenschale. Ein stattlicher Körper, der bis zum Rand mit Extrakt gefüllt ist, stoffig auf weichem Fond, prononcierte Säure, dicht und sehr lange homogen bleibend, intensiv mineralisch grundiert. Ein kerniger Weißburgunder. 12,5 Vol.-%, DV, €€€

91 2018 »Avantgarde« Lagrein trocken
Sauerkirsche im Duft, Kräuter und eine sehr zarte Holzwürze, intensiv und fruchtig. Im Mund extraktreich, eine satte Dosis feinkörnigen Tannins, süße Frucht, gut stützende, reife Säure, alles sehr dicht, aber ohne Strenge, hat gutes Potenzial. 13 Vol.-%, DV, €€

90 2018 »Edition« Cabernet Franc trocken
Schwarze Johannisbeere, Bittermandel, Holundermark, sehr zurückhaltende, dezent röstige Holznoten, feines Tannin, cremiger Hintergrund, lebendiger Säurenerv, schöne Saftigkeit im Abklang. Fruchtgetragen und zugänglich, die Trauben waren wirklich reif. 13,5 Vol.-%, DV, €€

90 2019 »Edition« Weißburgunder trocken

90 2019 »Nettswerk« Chardonnay trocken
Goldgelb mit grünlichen Reflexen. Üppiger Duft: Spargel und Rosine, etwas Holz. Homogen druckvoll am Gaumen, leicht spritzig, lebendige Säure, kraftvoller Körper, integrierter Alkohol, noch kompakt im Abklang, kann zu großer Opulenz reifen. 14 Vol.-%, DV, €€

★★★

WEINGUT BERNHART

Hauptstraße 8, 76889 Schweigen-Rechtenbach
T: +49 (6342) 7202, info@weingut-bernhart.de
www.weingut-bernhart.de
Ab-Hof-Verkauf: Mo bis Fr 9–13 Uhr und 14–17 Uhr, Sa 9–16 Uhr
Kellermeister: Gerd Bernhart
Ansprechpartner: Gerd Bernhart
Hektar: 17 ha
Anbauweise: Biologisch zertifiziert

Wenn die Bezeichnung »Grenzgänger« auf einen Winzer zutrifft, dann auf Gerd Bernhart. Die Weinberge des Gutes liegen zu zwei Dritteln im Elsass. Am Südhang des Pfälzer Waldes nutzt Bernhart verschiedene Bodenformationen für seinen Reben. Kalkmergel sorgt für mineralische Weiß- und Grau- sowie tiefgründige Spätburgunder. Auf sandigen Stücken wachsen bei ihm Riesling, Cabernet Sauvignon und Merlot. Besonders überzeugend sind die Burgunder ausgefallen. Absolut überragend ist der Spätburgunder Sonnenberg »KT« – das ist Burgund aus der Pfalz.

93 2019 »RG« Schweigen Sonnenberg Weißburgunder GG
Apfel und reife Zitrusfrucht in der Nase, Mandeln, Birne, florale Noten und Würze. Am Gaumen mit guter Balance, reifer Frucht, Schmelz und Saft, gute Substanz und auch Dichte, feine Mineralität, die sich entfaltet; elegant und konsistent, gutes Potenzial. 13,5 Vol.-%, NK, €€€

92 2019 »FG« Schweigen Sonnenberg Grauburgunder Erste Lage trocken
Etwas pfeffrig im Duft, gesalzene Erdnuss, Kalk, auch rotbeerig, Honigmelone, Blütenhonig. Im Mund mit kräftig stoffiger Füllung und mit verdichtetem Säurekern. Markante Spannung in stattlichem Körper. Die Abgangsaromen sind frisch und kräutertönig. 13,5 Vol.-%, NK, €€

94 2017 »KT« Schweigen Sonnenberg Spätburgunder GG
Mittleres Kirschrot, helle Reflexe am Rand. In der Nase viel Würze, Tabak, Leder, reife Kirsche, Gesteinsmehl, Kräuterwürze, Rauch. Am Gaumen rote Früchte, Kirsche, Schmelz, fein ziselierte Gerbstoffe, Druck und Statur, sehr burgundisch, gute Länge. 13 Vol.-%, NK, €€€

93 2017 »RG« Schweigen Sonnenberg Spätburgunder GG
Klares, sattes Rot, hellrote Reflexe am Rand. Am Gaumen druckvolle Kirsche, Würze, Rauch, Brombeere, Johannisbeere. Dicht und pikant. Am Gaumen dicht, rote Früchte, wieder Kirsche, Gewürze, viel Schmelz. Fein gewoben und lang, sehr elegant. Potenzial. 13 Vol.-%, NK, €€€

91 2019 Schweigen Sonnenberg Riesling GG

90 2019 »Kalkmergel« Schweigen Weißburgunder trocken

90 2018 »Tonmergel« Schweigen Chardonnay trocken

90 2019 »Kalkmergel« Schweigen Grauburgunder trocken

90 2019 »WB« Schweigen Sonnenberg Weißburgunder Erste Lage trocken

92 2017 »WB« Schweigen Sonnenberg Spätburgunder Erste Lage trocken

91 2017 »FG« Schweigen Sonnenberg Spätburgunder Erste Lage trocken

91 2018 »Réserve« Chardonnay trocken
Sattes, klares Gelb. In der Nase Rauch, Gesteinsmehl, feine Vanille, Kräuterwürze, alles mit feiner Mineralik unterlegt. Limonenzeste. Am Gaumen fein balancierte Säure, Schliff, Rauch und Toast, gelbe Früchte, viel Spannung, braucht noch Zeit, Potenzial. 13 Vol.-%, NK, €€€

★★

WEINGUT BIETIGHÖFER

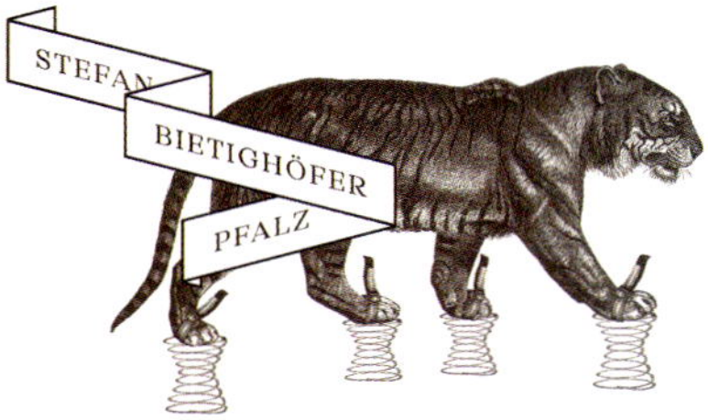

Oberdorfstraße 13, 76831 Billigheim-Ingenheim
T: +49 (6349) 8698, weingut@bietighoefer.de
www.bietighoefer.de

Ab-Hof-Verkauf: Mo bis Fr 9–18 Uhr, Sa 9–14 Uhr
Kellermeister: Stefan Bietighöfer
Ansprechpartner: Julia Jakob
Flaschen/Hektar: 150.000 (60 % weiß, 40 % rot)/40 ha

Es ist ein gewaltiges Rad, das Stefan Bietighöfer zu drehen hat: Der Demeter-Winzer bewirtschaftet 40 Hektar Weinberge nach biodynamischen Regeln. Bietighöfer hat zwar Reben in der Ilbesheimer Kalmit stehen, aber nicht alle seine Weinberge um Billigheim-Ingenheim sind von so hoher Güte. Aber er versteht es, den Weinen mit spürbarem, aber nie zu dominantem Einsatz seine Handschrift zu verleihen. Die Weine sind keine Leichtgewichte, sie zeigen Substanz und Muskulatur. Sie sind auf ein langes Leben angelegt, wie der komplexe und mineralisch durchwirkte Weißburgunder Kalmit. Eindrucksvoll!

93 2017 Ilbesheim Kalmit Weißburgunder tr.
Kreuzkümmel in der Nase, Apfel, Cidre und Kräuter. Am Gaumen bündig gebaut, die Kraft wird in einer seidigen Textur verpackt, feiner, in mehreren Lagen geschichteter Extrakt, taktiler Säurefaden, gute Dichte und Komplexität, mineralisch, burgundische Art. 13,5 Vol.-%, NK, €€€

92 2018 »Grande Reserve« Chardonnay tr.
Anfangs ein fast dezenter Duft von Aprikose, Pfirsich und Zitronenzeste. Am Gaumen kommt eine komplexe Aromatik von Holunderblüte, jungem Apfel, Ananas sowie eine leichte Mineralik hinzu. Sehr gut balanciert von pikanter Säure bei gutem Nachhall. 13,5 Vol.-%, NK, €€

91 2018 Mühlhofen Roter Berg Sauvignon Blanc trocken
Der Duft wird von Röstaromen und Walnuss bestimmt, dazu reifer Pfirsich und Mango. Am Gaumen weich ansetzend mit reifer Säure und feiner Würze, die Kraft ist in einen großzügig angelegten Körper gut integriert, zurückhaltende Gaumenfrucht, für ein langes Leben prädestiniert.
13,5 Vol.-%, NK, €€€

91 2014 »Grande Reserve« Spätburgunder tr.
Granat im Farbton. Sehr reif im Duft von Gewürznelke, reifer Kirsche, Johannisbeere und Tomatenblatt. Am Gaumen mit feiner Säure, die Aromen von Wildbret, Pflaume, Zeder und getrockneter Preiselbeere begleitet. Reifes Tannin führt den Wein in einen guten Nachhall. 13,5 Vol.-%, NK, €€€

90 2018 »Grande Reserve« Weißburgunder tr.

89 2018 »Grande Reserve« Sauvignon Blanc trocken

89 2019 »Reserve« Chardonnay trocken

89 2019 »Reserve« Grauburgunder trocken

89 2019 »Reserve« Sauvignon Blanc trocken

90 2016 »Reserve« Spätburgunder trocken

90 2018 »Dark Chocolate Reserve« trocken PN/PI/CS

90 2019 »Reserve« Weißburgunder trocken
Fast Goldgelb im Glas. In der Nase ein Duft von Zitronenzeste, Honigmelone und nassem Stein. Am Gaumen kommen eine feine Kräuernote sowie Aromen von weißem Pfirsich und Birne hinzu, getragen von lebendiger Säure. Eleganter und spannender Nachhall. 13 Vol.-%, DV, €€

★

WEINGUT BRAUN

Hauptstraße 51, 67149 Meckenheim
T: +49 (6326) 8596, bws@braun-wein-sekt.de
www.braun-wein-sekt.de

Ab-Hof-Verkauf: Mo bis Fr 9–12 Uhr und 13–18.30 Uhr, Sa 10–16.30 Uhr
Kellermeister: Michael Braun und Kristoffer Grass
Ansprechpartner: Martin Braun
Flaschen/Hektar: 300.000 (60 % weiß, 40 % rot)/40 ha

Stillstand kennen Michael und Martin Braun nicht, inzwischen wurde der neue Holzfasskeller eingeweiht, in dem noch die Rotweine aus dem Jahrgang 2018 heranreifen. Das Thema Holz spielt ohnehin eine wichtige Rolle bei den beiden Brüdern, weil auch Weißweine wie der würzige und fest gebaute Riesling »2punkt0« im 500-Liter-Fass ausgebaut werden. Der beeindruckende Portugieser aus dem Jahrgang 2017 zeigt feine Würze, geschmolzene Gerbstoffe und Tiefgründigkeit. Wir sind gespannt auf die Rotweine aus dem Jahrgang 2018 und die weitere Entwicklung.

90 2019 »2punkt0 Unikat« Riesling trocken
Reife Frucht und Holznoten kommen im Duft zusammen, Pfirsich und Aprikose zeigen sich, Rote Johannisbeere. Am Gaumen würzig und saftig mit feiner Restsüße und reifer Säure, der Ausbau im Holz verstärkt die kräftige und feste Struktur, gutes Potenzial zur Reife. 13 Vol.-%, NK

89 2019 »Individuell« Meckenheim Neuberg Chardonnay trocken
Gelbe Blüten im Duft, Aprikose und Nashibirne, Apfel und Orangenzeste. Am Gaumen saftig und würzig mit guter Substanz, gut abgerundet, wieder Apfel und Birne, reife und gut eingebundene Säurestruktur. Ein geschmeidiger Chardonnay, der solo und zum Essen passt. 12,5 Vol.-%, DV

89 2019 »Auf der Höhe« Riesling trocken
Saftiger und frischer Duft, klassische Rieslingnase, Aprikose und Pfirsich, auch Apfel und etwas Zitrusfrucht. Am Gaumen mit Frucht und Saft schlank gebaut und schwungvoll unterwegs, die Säure ist reif und verspielt, geht würzig ins Finale, elegant. 12,5 Vol.-%, DV

90 2017 »anno 1951 Unikat« Portugieser trocken
Würzige Nase mit Herzkirsche und saftiger Pflaume, Kräuter, Mandelkern, etwas Port. Setzt am Gaumen mit süßlicher Frucht weich und saftig an, Pflaume und auch Kirsche, feine Würze und milde, ausgewogene Säure, fein geschmolzener Gerbstoff, tiefgründig. 14 Vol.-%, NK

89 2017 »2punkt0 Unikat« Spätburgunder trocken

89 2019 »Individuell« Ellerstadt Kirchenstück Riesling trocken
Apfelblüten in der Nase, Apfel und Aprikose, etwas Maracuja. Gut balancierter Riesling mit kompakter Struktur, ausgewogener Säure und klarer Frucht, saftig und mit feiner Würze, wieder Apfel und Aprikose als Fruchteintrag, hat Charme und Stil, bleibt lange im Mund. 13 Vol.-%, DV

★★★

WEINGUT BREMER

Brückenstraße 2, 67308 Zellertal
T: +49 (6355) 8639166, info@weingutbremer.de
www.weingutbremer.de

Ab-Hof-Verkauf: Mi bis Fr 14–18 Uhr, Sa 11–17 Uhr, Mai bis Jul So 11–17 Uhr
Kellermeister: Michael Acker
Ansprechpartner: Rebecca Bremer, Brigitte Acker
Flaschen/Hektar: 60.000 (60 % weiß, 40 % rot)/15 ha

Das Weingut der Familie Bremer hat sich dank Rebecca Bremers Kochkünsten zu einem kulinarischen Hotspot im Zellertal gemausert. Dabei werden natürlich auch die gutseigenen Weine in Szene gesetzt. Und diese haben nicht nur unbestritten kulinarische Qualitäten, sie zeigen sich in den aktuellen Jahrgängen auch mit einer schönen Balance zwischen dem mineralischen Fokus und einer gleichwohl präsenten Sortenfrucht. Seit der Übernahme des Weinguts im Jahr 2013 haben Önologe Michael Acker und die Bremer-Schwestern übrigens viele Weinberge neu angelegt – the best is yet to come.

94 2019 Zell Schwarzer Herrgott Riesling trocken
Zitrusduftend, dazu balsamische Kalknoten, Korianderkorn, Kardamom, komplex und frisch. Präsenter, reicher Gaumen, leicht phenolisch, delikater Säurenerv, ein spannungsreicher, mit aromatischen Terpenen geschichteter Gaumen, stattlich, tiefgründig. 12,5 Vol.-%, NK, €€€

93 2019 Zell Königsweg Chardonnay trocken
Dezentes Holz, sehr verschlossen, mit Noten von Flachs, feuchtem Kalk und Stein. Im Mund mit einer Balance, die geschmeidige Motive mit einem straffen Säurezug und einer sich im Abklang intensivierenden Stoffigkeit ins Lot bringt. Endet kompakt, dicht, packend. 13 Vol.-%, NK, €€

92 2019 Kleinkarlbach Frauenländchen Sauvignon Blanc trocken
Sehr zurückhaltend im Duft, Mandarine, Mirabelle, ein Hauch sortenwürziger Pikanz, aber nichts Lautes. Etwas Kalk. Im Mund reif und rund, mit kreidiger Textur und süßer Frucht. Gut eingebundene Säure und mineralische Noten erfrischen den Gaumen. 13 Vol.-%, NK, €€

92 2018 Zell Kreuzberg Philippsbrunnen Pinot Noir trocken
Schwarzkirsche und Pflaume, im Mund geschmeidig und sogar cremig ansetzend, dann von dichtem, körnigem Gerbstoff geprägt, kräftiger Alkohol, milde Säure, sehr extraktgetragen, Lorbeer und Wacholder im Abklang, wird viele Jahre lang reifen können. 13,5 Vol.-%, NK, €€€

91 2019 Gelber Muskateller trocken

89 2019 Sauvignon Blanc trocken

89 2019 Rosé trocken

92 2018 Niefernheim Apotheker Pinot Noir trocken

89 2019 Auxerrois trocken
Ein Duft, der mehr Kalk als Sorte zeigt. Als Oberton hat man zwar durchaus den Auxerrois: mit Noten von Sesam und Heu. Im Mund mittelgewichtig, gut proportioniert, reife Säure, ein unaufdringlicher Speisenbegleiter. 12,5 Vol.-%, DV, €

★

WEINGUT BUCHERT

Zum Ordenswald 34, 67435 Neustadt an der Weinstraße
T: +49 (6321) 670787, info@weingut-buchert.de
pfalz.weingut-buchert.de

Ab-Hof-Verkauf: Di, Do und Fr 15–18 Uhr, Sa 10–12 Uhr und nach Vereinbarung
Kellermeister: Matthias Buchert
Ansprechpartner: Stefanie und Matthias Buchert
Hektar: 5 ha

Aus Konventionen scheinen sich Matthias und Stefanie Buchert, die in Neustadt an der Weinstraße gemeinsam ihr fünf Hektar großes Weingut führen, wenig zu machen: Mancher ihrer Weine ist eigenwillig im positiven Sinn, wie der Riesling »Holz 18«, der merkliche Süße und präsentes Holz verbindet. »Sommelier-Wein« notierte einer unserer Verkoster dazu. Auch der Rosé »Holz 18« entspricht mit seiner Holzwürze und kräftigen Substanz nicht dem Klischee eines Terrassen-Rosés. Gut gefallen hat uns auch die rote »Cuvée 14« mit kräftigem Gerbstoff, die sich zu einem Ossobuco entfalten dürfte.

90 2018 »Holz 18« Riesling
Kräftiges Gelb, reifes Steinobst und Holznoten, etwas Ananas. Ungewöhnlicher Riesling mit straffer Säure und merklicher Restsüße, dazu auch kräftiger Holzeinfluss. Fest in der Struktur, saftig und würzig, von einer selbstbewussten Säure unterlegt. Sommelier-Wein. 13 Vol.-%, DV, €€

89 2018 »Holz 18« Rosé Merlot trocken
Ungewöhnlicher Rosé vom Merlot, der im Barrique ausgebaut wurde. Kräftiger Duft nach Holzwürze und Röstaromen, geröstete Kaffeebohnen, Walderdbeere. Im Mund kräftig gebaut, kein Terrassenwein, hat genug Substanz, um auch aromenstarke Gerichte zu begleiten. 13,5 Vol.-%, DV, €€

90 2014 »Cuvée 14« trocken CS/SY/CF/ME/CI
Cassis und Kirsche im Duft, etwas Blutorange und Salbei, feiner Reifeton, balsamische Würze. Zeigt sich im Mund kraftvoll und kompakt gebaut, robustes Gerbstoffgerüst, etwas pfeffrige Schärfe, Holunder, feine Fruchtherbe, auch Frische. Am Kamin und zu Ossobuco. 14,5 Vol.-%, NK, €€€

89 2013 Spätburgunder trocken
Leichte Reife in der Nase, balsamische Würze, Kräuter, etwas Liebstöckel, Mon Chérie, dunkle Aromen, Gewürze wie Piment, nasser Waldboden. Präsente Säure am Gaumen in einer kräftigen Struktur, die Gerbstoffe sind markant, leicht trocknend, noch frisch. 14 Vol.-%, NK, €

88 2019 »Blanc de Noirs« trocken

89 2019 »Knallweiss 19« SC/CB
Sauvignac und Cabernet Blanc sind die Cuvée »Knallweiss 19«. Würzige Nase mit zitrischen Noten, Limettenabrieb und kandierte Orangenzeste, gelbe Blüten. Am Gaumen übernimmt die präsente Säure die Regie, die klare und süße Frucht wird gut begleitet, viel Würze. 13 Vol.-%, DV, €

★★★★★

WEINGUT REICHSRAT VON BUHL

Weinstraße 18–24, 67146 Deidesheim
T: +49 (6326) 96500, info@von-buhl.de
www.von-buhl.de

Ab-Hof-Verkauf: Mo bis Fr 10–18 Uhr, Sa und So 10–17 Uhr
Kellermeister: Gregor Hofer
Ansprechpartner: Claus Raschka
Flaschen/Hektar: 450.000 (80 % weiß, 20 % rot)/64 ha
Anbauweise: Biologisch zertifiziert

Im Jahr eins nach dem Wechsel an der Spitze des Weinguts werden Änderungen und Neuerungen bereits in Umrissen erkennbar: Uns scheinen die Weine etwas mehr auf Frucht gearbeitet zu sein, und hier und da auch einen Tick süßer als in den vergangenen Jahren. Angesichts des herausragenden Lagenpotenzials, mit dem das Weingut privilegiert ist, darf man hoffen, dass die terroiraffine Art der Rieslinge auch künftig erhalten bleibt. Besondere Beachtung verdienen auch die Sekte, die in den kommenden Jahren von einem reichen Bestand an Reserveweinen profitieren werden.

94 2018 Forst Ungeheuer Riesling GG
Balsamische Spontangärungswürze, dazu Noten von Mirabelle, Apfelschale, Rost. Im Mund mit butterzarten Phenolen, voll und getragen einerseits, aber auch feinnervig und saftig-mineralisch andererseits ein subtiler Lagen- und Jahrgangstyp von großer Distinktion. 13 Vol.-%, NK, €€€

93 2015 »Suez Vintage« Riesling brut nature
Goldgelb in der Farbe. Apfel und Apfelschale, feine Reifepatina. Im Mund sehr linear, lebendiges Mousseux, markanter Säurebogen, viel Stoff, fast zum Kauen dicht, saftig, puristisch in seiner Anlage, sehr trocken, zum Essen.
12,5 Vol.-%, NK, €€€

92 2018 Deidesheim Herrgottsacker Riesling Erste Lage trocken
Deutliches Holz, Kokosnuss und Anisplätzchen. Balsamische Töne. Eher würzig als fruchtig. Im Mund seidig, druckvoll, reife Phenole, ein kraftvoller, stämmiger Bau, hintergründige Viskosität trifft auf frische Mineralik. Der Jahrgangstyp dominiert den Lagentyp. 12,5 Vol.-%, NK, €€

92 NV »Reserve« brut
Hefewürzig, fein und nuanciert, noch verschlossen in der Frucht, im Mund extraktreich, reife, aber feste Säure, mittelfeines Mousseux, kräftiger Körper, ein weiniger Sekt, der sich vor allem als Speisenbegleiter empfiehlt. 12,5 Vol.-%, NK, €€

92 2018 Deidesheim Kieselberg Riesling GG

90 2018 Deidesheim Mäushöhle Riesling Erste Lage trocken

89 2019 Deidesheim Riesling trocken

89 2019 Riesling trocken

88 2019 »Bone Dry« Riesling trocken

90 2017 Rosé brut

89 2019 »Bone Dry« Rosé trocken

90 2019 Forst Riesling trocken
Leicht floral, Blutorange, Hefewürze. Eröffnet mit einer mehligen Schicht von Phenolen, zarter Süße und lebendiger Säure, in der Gaumenmitte satte, süß untermalte Gelbfrucht und einige Geschmeidigkeit, zeigt die Großzügigkeit Forsts in mittlerem Format. 12,5 Vol.-%, DV, €€

★★★★★

WEINGUT A. CHRISTMANN

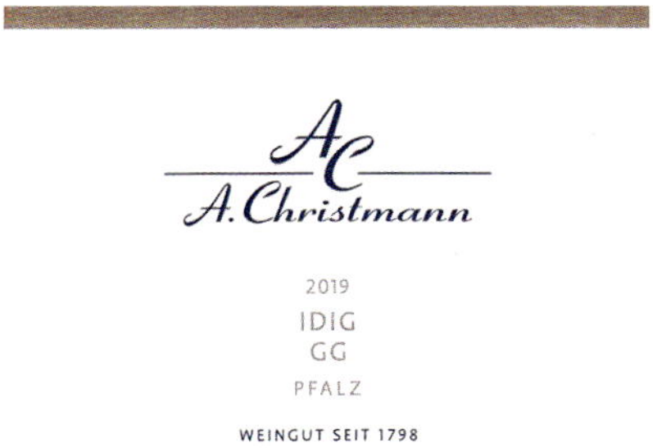

Peter-Koch-Straße 43, 67435 Neustadt-Gimmeldingen
T: +49 (6321) 66039, info@weingut-christmann.de
www.weingut-christmann.de

Ab-Hof-Verkauf: Di bis Fr 8–12 u. 13–18 Uhr, Sa 10 – 16 Uhr
Kellermeister: Steffen und Sophie Christmann, Oskar Micheletti
Ansprechpartner: Steffen und Sophie Christmann
Flaschen/Hektar: 120.000 (75 % weiß, 25 % rot)/21 ha

Im namhaften Gimmeldinger Weingut arbeiten die 7., 8. und 9. Generation Hand in Hand. Senior Fritz Christmann belegt mit seinen 91 Jahren, dass guter Wein den Menschen jung erhält. Steffen Christmann ist der Stratege: Vor 20 Jahren stellte er das Weingut auf Biodynamik um, heute gibt er Tochter Sophie Freiräume, die sie mit großem Talent zu nützen weiß. Soweit man denken kann, waren Christmann-Rieslinge schon immer stilistisch à point. Doch einen so delikaten Spätburgunder wie den 2018er haben wir hier noch nie verkostet. Sophie Christmanns Meisterstück – Chapeau!

94 2019 Königsbach Idig Riesling GG
Anlagen zur Würze im Duft, Kümmel, Feuerstein, Bergamotte. Am Gaumen zunächst geschmeidig, dann mit höchster Feinheit phenolisch texturiert, ein vitaler Säurefaden gibt Saftigkeit und Länge. Leicht taktilmineralisch. Viel Substanz, dezent in Szene gesetzt. 12,5 Vol.-%, NK, €€€€

94 2019 Gimmeldingen Meerspinne im Mandelgarten Riesling GG
Traubig und floral im Duft, gut in Klarheit und Tiefe. Eine Spur Kohlensäure im Auftakt, schlank und saftig, rassiger Säurenerv, spannungsvoll und frisch, fast elektrisierend mineralisch, trotz des gewaltigen Säurekicks harmonisch und völlig in sich stimmig. 12,5 Vol.-%, NK, €€€€

96 2018 Königsbach Idig Spätburgunder GG
Fein gewobener Duft nach Gewürzen, Kirsche und Kräutern, Blutorange und Tee. Griffig und mit Zug am Gaumen, fein poliertes Tannin von hoher Güte, zeigt Grip und eine feine Säureader, elegant und präsent; fein extrahiert und fein verwoben, Intensität und Seide. 12,5 Vol.-%, NK, €€€€

93 2018 Gimmeldingen Biengarten Spätburgunder Erste Lage trocken
Beerige Nase, Kirsche, frisches Lorbeerblatt, feine Holzwürze, rauchige und steinige Noten. Am Gaumen straff und bündig gebaut, feine phenolische Herbe kommt zu saftiger Frucht, unterlegt von kalkmineralischer Würze, fein extrahiertes Tannin, jung, wird gut reifen. 12,5 Vol.-%, NK, €€€

92 2019 Königsbach Ölberg Riesling Erste Lage trocken

90 2019 Riesling trocken
Frischer Zitrusabrieb, Bergamotte, Kräuternoten. Spannungsreich und saftig im Gaumen, ein lebendiges Säurerückgrat trägt den schlanken, aber ausdrucksstarken Körper, mineralisch fundiert, frisch und leichtfüßig, mit sehr guter Länge. Stilvoller Basiswein. 11,5 Vol.-%, DV, €€

★★

WINZERVEREIN DEIDESHEIM

Prinz-Rupprecht-Straße 8, 67146 Deidesheim
T: +49 (6326) 9688 0
v.fromm@winzervereindeidesheim.de
www.winzervereindeidesheim.de

Ab-Hof-Verkauf: Mo bis Sa 9–18 Uhr, So und 10–18 Uhr
Kellermeister: Bruno Klüpfel
Ansprechpartner: Steven Kärgel
Flaschen/Hektar: 2.000.000/165 ha

Was seine Spitzenweine angeht, kann sich der Winzerverein Deidesheim durchaus mit einigen renommierten Pfälzer Winzern messen: Der Riesling »Edition« 2018 aus dem Deidesheimer Grainhübel löste viel Zustimmung am Verkostungstisch aus. Auch der Artgenosse aus dem Deidesheimer Kieselberg ging mit reichlich Applaus aus dem Rennen. Aber ebenso zeigen die anderen Weine ein beachtliches Niveau: Beeindruckend was das Team um Kellermeister Bruno Klüpfel da leistet! Schließlich werden im Jahr rund zwei Millionen Flaschen erzeugt.

93 2018 »Edition« Deidesheim Grainhübel Riesling trocken
Zitronat, Feuerstein im Duft, am Gaumen mollig und getragen, druckvolle milde Phenole, eine ganz samtene und dennoch auch druckvolle Textur, viel Mineralik, viel Substanz, Schmelz und feinnervige Frische, ein großzügiger, sehr kompletter Lagenriesling. 13 Vol.-%, DV, €€

92 2018 »Edition« Deidesheim Kieselberg Riesling trocken
Geriebene Zitronenschale, sehr frisch und klar, leicht rauchige Noten. Im Mund geschmeidig ansetzend, viel Saftigkeit, rund und cremig, seidige Phenole, druckvoll, homogen, lang. Reife, aber tragende Säure. Ein Lagenriesling mit Ausdruck und echter Noblesse. 12,5 Vol.-%, DV, €€

90 2019 »Edition« Chardonnay Im Holzfass gereift trocken
Im Duft süßes Popcorn, Himbeere, Zitrusfrucht, buttrige Untertöne. Auch hefige und kräuterwürzige Noten. Cremig am Gaumen, kräftiger Körper, dezente Holzwürze, feiner, lange anhaltender Säurefaden, ein kulinarischer Chardonnay mit gelungenem Holzeinsatz. 12,5 Vol.-%, DV, €€

90 2018 Deidesheim Grainhübel Riesling Auslese
Markante florale und auch mineralische Nase, Grafit, weißer Honig, frisches Heu. Orangenschale, leichter Petrolton. Im Mund eine feinherbe Süße mit knackiger und auch animierender Säure, zitrusfrischer und auch leicht adstringierender Nachhall. 10 Vol.-%, DV, €€

90 2018 Forst Riesling Kabinett Im Holzfass gereift trocken

89 2019 Deidesheim Leinhöhle Riesling Kabinett feinherb

89 2019 Gewürztraminer Kabinett

90 2019 »Blanc de Noir« Spätburgunder feinherb

89 2018 »Edition« Spätburgunder Im Holzfass gereift trocken

89 2018 Dornfelder trocken

88 2018 Merlot Im Holzfass gereift trocken

91 2018 »Edition« Deidesheim Paradiesgarten Riesling trocken
Verschlossen im Duft, zitrusfruchtig, etwas Grapefruit. Kompakt am Gaumen, präsent, mit etwas Geschmeidigkeit und einer Schicht zarter Phenole, vor allem aber mit lebendiger Säure und einer Spur Süße. Gehaltvoll und balanciert, frisch und spannungsvoll, gute Länge. 12,5 Vol.-%, DV, €€

★★

WEINGUT DENGLER-SEYLER

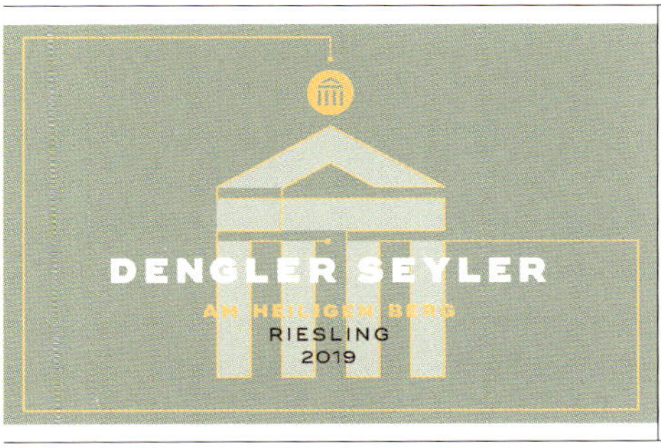

Weinstraße Süd 6, 67487 Maikammer
T. +49 (6321) 5103, info@dengler-seyler.de
www.dengler-seyler.de

Ab-Hof-Verkauf: ja
Kellermeister: Matthias Seyler
Ansprechpartner: Eva Seyler
Flaschen/Hektar: 100.000 (80 % weiß, 20 % rot)/15 ha
Anbauweise: Biologisch zertifiziert

Eva und Matthias Seyler führen in vierter Generation das Familienweingut Dengler-Seyler mit 15 Hektar Weinbergen, die seit 2018 biologisch bewirtschaftet werden. Riesling und Burgunder bilden mit über 80 Prozent den Schwerpunkt, aber auch Muskateller, Scheurebe und Gewürztraminer finden einen Platz im Rebsortenspiegel. »Handarbeit, vom Rebschnitt bis zur Lese, ist ein wesentlicher Baustein unserer Arbeit«, schreibt das Winzerpaar. Wir probierten eine Kollektion mit charaktervollen Rieslingen, einem konzentrierten Spätburgunder und vergnüglichen Muskateller. Rundum gelungen!

91 2019 Maikammer Am Heiligen Berg Riesling trocken
Würzige und florale Anklänge in der Nase, Apfel und Reneklode, warmer Stein und Kräuter wie Thymian. Am Gaumen mit guter Balance und Vielschichtigkeit, die Elemente sind gut miteinander verwoben, saftige, reife Säure, Textur mit klar definierten Proportionen, elegant. 13 Vol.-%, NK, €€

90 2019 Alsterweiler Kapellenberg Weißburgunder trocken
Reife Zitrusfrucht, Mango und Mirabelle im Duft, Röstaromen kommen dazu, etwas Vanille. Am Gaumen kräftige und feste Struktur, reife Säurestruktur, süßlicher Extrakt, gute Substanz und Verdichtung, vielschichtig und reichhaltig. Gutes Reifepotenzial. 13,5 Vol.-%, NK, €€

90 2019 Maikammer Im obern Weinsper Riesling trocken
Pfirsich und Aprikose im klassischen Duftbild, auch Apfel und würzige, steinige Anklänge. Setzt am Gaumen mit fein ziselierter Säure weich und saftig an, kräftig gebaut, pure, süßliche Frucht, elegant und geschmeidig. Klassischer und feiner Stil, gute Länge. 13 Vol.-%, NK, €€

91 2017 Maikammer Heiligenberg Spätburgunder trocken
Neben Herzkirsche blumige Noten im Duft, Veilchen, feine Würze, Orangeat, feiner Rauch. Kräftig gebauter und dichter Burgunder mit Extrakt und Konzentration, Saft, Würze und auch Eleganz, gut eingebundenes Holz, feine Balance, viel Substanz auch für weitere Reife. 12,5 Vol.-%, NK, €€

90 2019 Maikammer Chardonnay trocken

89 2019 Gelber Muskateller trocken
Fruchtige Nase nach Muskatblüte und Muskatnuss, Aprikose und Maracuja. Am Gaumen beschwingt und heiter, schlanker Bau ohne Ballast, reife Frucht mit feiner Süße verknüpft sich mit der frischen Säure, klar und rein im Ausdruck. Für die Terrasse und als Aperitif. 11,5 Vol.-%, DV, €

★

WEINGUT ECK

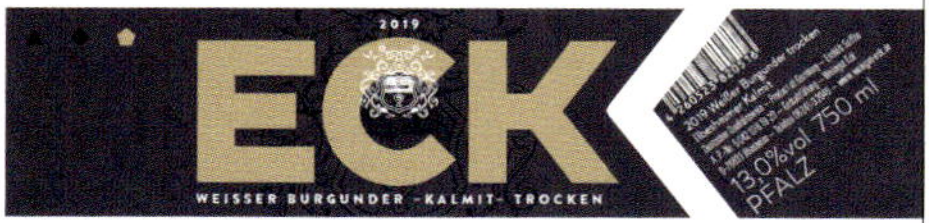

Leinsweiler Straße 31, 76831 Ilbesheim
T: +49 (6341) 32046, info@weingut-eck.de
www.weingut-eck.de

Ab-Hof-Verkauf: Mo bis Sa nach Vereinbarung
Kellermeister: Jasmin und Jürgen Eck
Ansprechpartner: Jasmin Eck
Hektar: 13 ha

Seit über 300 Jahren wird in der Familie Eck schon Weinbau betrieben. Winzermeister Jürgen Eck leitet den Familienbetrieb in Ilbesheim mit 13 Hektar Rebfläche und kümmert sich vor allem um die Weinberge. Tochter Jasmin, die nach dem Studium in Geisenheim noch Erfahrungen in Südafrika sammelte, bringt nun ihre Ideen im Keller ein; auch die Ausstattung der Flaschen wurde überarbeitet. »Leidenschaft und Erfahrung spielen eine wichtige Rolle«, schreibt uns das Vater-Tochter-Gespann. Dass sich hier etwas tut, zeigen Weine wie der fein balancierte Weißburgunder aus der Ilbesheimer Kalmit.

90 2019 Ilbesheim Rittersberg Chardonnay trocken

Etwas Kokosnuss im Duft, feiner Rauch, Quittenschale, Apfel und Birne, auch Gelbfrucht und etwas Honig. Am Gaumen kräftig und fest gebaut, süßlicher Extrakt, Saft und Würze, großzügiger Chardonnay mit etwas internationalem Touch und Pfälzer Handschrift. Kann weiter zulegen. 13 Vol.-%, DV, €

89 2019 »Alte Reben« Riesling trocken

Reife Mirabelle in der Nase, Zitrusfrucht, Apfel und etwas Blattgrün: gut gebauter und auch vielschichtiger Riesling, mit Würze und Saft, gute Fülle, mittlerer Extrakt, zeigt Frische mit einer präsenten Säure; trinkanimierend und geradlinig, zitrisch im Ausklang. 13 Vol.-%, DV, €

88 2019 Sauvignon Blanc trocken

Würzige Nase nach Grapefruit, Johannisbeere, grüner Paprika und auch kräutrigen Noten, Gemüsebeet. Am Gaumen frisch und mit belebender Säurestruktur, geradlinig und mit gutem Zug, feiner Saft, etwas Aprikose und wieder Würze. Guter Terrassenwein und Aperitif. 12,5 Vol.-%, DV, €

89 2018 Göcklingen Kaiserberg Frühburgunder trocken

Kräutrige Nase, feine Holzwürze, Kirsche sowie etwas Pflaume und Vanille, etwas ätherisch. Guter Sortenvertreter mit fruchtiger Fülle und Würze in einem mittelkräftigen Körper, ausgewogene Säure, die Gerbstoffe sind präsent und noch etwas adstringierend, zum Essen. 13 Vol.-%, DV, €

88 2019 Spätburgunder Rosé trocken

90 2019 Ilbesheim Kalmit Weißburgunder tr.

Mandarine, Mirabelle und Aprikose in der Nase, feine Würze und florale Noten, auch Apfel. Eleganter Weißburgunder mit guter Struktur und Balance, Saft und kultivierter, gut eingewobener Säure sowie mineralischer Tönung. Zeigt das Terroir des Kalmit. 13 Vol.-%, DV, €

★★★

WEINGUT EYMANN

Ludwigstraße 35, 67161 Gönnheim
T: +49 (6322) 2808, info@weinguteymann.de
www.weingut-eymann.de

Ab-Hof-Verkauf: Mo bis Fr 8–12 Uhr und 13–19 Uhr, Sa 10–19 Uhr
Kellermeister: Vincent Eymann
Ansprechpartner: Rainer Eymann
Hektar: 18 ha

Das nennt man einen Senkrechtstart: Vincent Eymann, noch keine 29 Jahre alt, stellte seine Weine zum ersten Mal zur Verkostung an und wurde von der Falstaff-Jury auf Anhieb zum »Newcomer des Jahres« nominiert (siehe S. 22). Eymanns Vater Rainer zählte schon Anfang der 1980er-Jahre zu den Biopionieren in Deutschland, 2003 begann er biodynamisch zu arbeiten, seit 2016 ist das Weingut Demeter-Mitglied. Vincent Eymann bewirtschaftet 18 Hektar, sein Fokus liegt auf Riesling, Spätburgunder und Schaumwein. Seine Weine zeigen eine grandiose natürliche Balance und Tiefgründigkeit. Kompliment!

93 2019 Bad Dürkheim Fuchsmantel Riesling trocken
Verschlossen im Duft, dezente Zitrusfrucht, mineralwürzige Noten. Geschmeidiger Ansatz am Gaumen, getragener Stil, sehr feine Säure, mineralisch und vielschichtig, noch sehr jung, ein authentischer Lagenausdruck, mit Finesse und sehr gutem Potenzial. 12,5 Vol.-%, NK, €€€

91 2019 »Toreye Alte Reben« Riesling trocken
In der Nase zitrusfruchtig, kandierte Zitronenschale und helles Steinobst; druckvoller Gaumen, saftige und präsente Säure, gute Gaumenfrucht, fließt trotz seiner Kraft dennoch fein, eine ganz zarte Schicht Phenole. Leicht mineralisch getönt, noch jugendlich. 12 Vol.-%, NK, €€

93 2018 Gönnheim Sonnenberg Pinot Noir trocken
Burgunderduftend, würziges Holz, kirschige und pinotbeerige Frucht. Im Mund dicht, reifer Gerbstoff, fast fleischig in der Anmutung und dann eine unglaublich feine, elegante Würze, klare mineralische Definition, großes Potenzial zur weiteren Reife. 13 Vol.-%, NK, €€€

91 2018 »Toreye« Spätburgunder trocken
Etwas Holz, verschlossen und leicht pikant, rote Beeren, auch würzige Burgunderfrucht im Hintergrund. Im Mund stoffig, aber unbeschwerlich. Mandeltöne, sehr gut eingebundenes Holz, mit viel Stilgefühl gemachter Pinot. Kakao, leichte Röstaromen, aber im passenden Maß. 13 Vol.-%, NK, €€

89 2019 »Toreye Ménage à trois« trocken CH/WB/PG

89 2019 Gönnheim Riesling trocken
Nektarine, intensive Gelbfrucht wie Pfirsich im Duft. Im Mund mit lebendiger Säure, geradlinig gebaut, eine Spur Süße, wieder mit gelbfruchtigen Noten, mittelgewichtig im Extrakt und in der Fülle, schmackhaft und ausgewogen, gute Länge, ein reeller Gutsriesling. 12 Vol.-%, DV, €

★★

WEINGUT FADER KASTANIENHOF

Theresienstraße 62, 76835 Rhodt unter Rietburg
T: +49 (6323) 5193, info@wein-fader.de
www.wein-fader.de

Ab-Hof-Verkauf: Mo bis Sa 8–12 Uhr und 13–18 Uhr
Kellermeister: Knut Fader
Ansprechpartner: Knut Fader
Hektar: 17 ha

Im Zusammenhang mit Knut Fader und seinem Kastanienhof in Rhodt unter Rietburg wird es jetzt mal Zeit ein Loblied auf den Gewürztraminer anzustimmen: Im vergangenen Jahr war es unser Falstaff-Tipp, nun steht sein Gewürztraminer »Réserve« 2019 aus dem Rhodter Rosengarten mit 92 Punkten an der Spitze seines ausgewogenen und durchaus attraktiven Sortiments. Wann beschreibt man schon mal einen Gewürztraminer als »sehr motivierenden Wein mit langem Nachhall«, wie es eine unserer Verkosterinnen verzückt notierte. Anregend wirkt dieser Wein auch unweigerlich auf die kulinarische Fantasie.

90 2019 Rhodt Schloßberg Riesling trocken

Frisch und klar in der Nase. Ein Duft von Zitrone, Limette, grünem Apfel und Ananas. Am Gaumen gesellen sich Birne, Aprikose und Zitronenzeste hinzu, begleitet von feiner Säure in einem mittleren Körper. Ein Wein mit Balance und spannendem Nachhall. 13 Vol.-%, DV, €

90 2019 »Alte Reben« Rhodt Rosengarten Grauer Burgunder trocken

Blasses Goldgelb und ein Duft von weißem Pfirsich, reifer Birne, Zitrone und Haselnuss. Am Gaumen ein mindestens mittelgewichtiger Körper und neue Aromen wie Melone und Orangenzeste. Alles getragen von einer guten Säurestruktur und mit gutem Nachhall. 13,5 Vol.-%, DV, €

89 2019 »Réserve« Hainfeld Letten Chardonnay trocken

Goldgelb in der Farbe. Intensiv im Duft: Rauch, reifer gelber Apfel, Gewürznelke und Ananas. Ergänzt am Gaumen von Aromen wie Vanille, schwarzem Johannisbeerblatt und Zitronenschale, von lebendiger Säure getragen und in einem guten Nachhall endend. 13,5 Vol.-%, DV, €

89 2019 »Réserve« Hainfeld Letten Sauvignon Blanc trocken

Mittleres Zitronengelb. Ein Duft von Aprikose, reifem Apfel und Zitrone. Am Gaumen rebsortentypische Aromen von Stachelbeere, Grapefruit, Honigmelone und junger grüner Paprika bei einer guten Säurestruktur in einem mittelgewichtigen Körper. 13 Vol.-%, DV, €

89 2018 »Réserve« Rhodt Klosterpfad Cabernet Sauvignon trocken

92 2019 »Réserve« Rhodt Rosengarten Gewürztraminer trocken

Ein feiner sortentypischer Duft von jungen Rosenblüten, Zitronenschale, Grapefruit und Litschi im Glas. Am Gaumen balanciert die sehr gute Säure obige komplexe Aromen, ergänzt von Mandarine und Birnenmus. Ein sehr motivierender Wein mit langem Nachhall. 13,5 Vol.-%, DV, €€

★

WEINGUT STEFAN FISCHER

Kirchstraße 2, 76889 Schweighofen
T: +49 (6342) 7197, info@stefan-fischer-weingut.de
www.stefan-fischer-weingut.de

Ab-Hof-Verkauf: ja
Kellermeister: Stefan Fischer
Ansprechpartner: Birgit Fischer
Hektar: 40 ha

Am südlichsten Zipfel der Pfalz, schon in Sichtweite des Elsass, liegt das Weingut von Stefan Fischer in Schweighofen. Gleich nach seiner Ausbildung zum Winzer hatte Fischer den Betrieb Anfang der Neunzigerjahre gegründet – ein absolut bemerkenswertes Wachstum. Ein Blick in unsere Verkostungsnotizen zeigt, warum Familie Fischer so erfolgreich ist: »Unkompliziert, aufgeschlossen und gesellig« seien die Weine, schreiben die Fischers, und wir können dies nur bestätigen: Die Sortentypen sind so klar und harmonisch ausgearbeitet, dass stets ein zweites Glas willkommen ist.

89 2019 »Cuvée 3 Punkt 0« KR/WB/RR
Grapefruit und rauchige Noten, riecht nach Scheurebe, aber dann auch fruchtig nach Blutorange und Orangenkonfitüre, nach Piment und Korianderkorn. Knackige Säure im Mund, viel Saft, guter Gehalt, leichte Viskosität, etwas Süße untermalt die Würze, aromatischer Abklang. 13 Vol.-%, DV, €

89 2019 »Classic« Riesling
Pfirsich und Zitrone im Duft, auch ein leicht nussiger Unterton und Noten von Feuerstein. Am Gaumen saftig, knackige Säure und vergleichsweise großzügige Süße, gute Dichte, hohe Intensität und gutes Spiel, ein appetitlicher feinherber Klassiker. 12,5 Vol.-%, DV, €

88 2019 Sauvignon Blanc trocken
Nektarine, Kiwi und grüne Stachelbeere, rauchige Noten. Saftige Säure, straffer Bau, mittelgewichtig im Extrakt, druckvoll im Alkohol, ein feister Sauvignon Blanc mit markantem Säurerückgrat, das nicht ganz frei von grünlichen Motiven ist. 13,5 Vol.-%, DV, €

88 2019 Grauburgunder trocken
Hellgolden in der Farbe. Üppige, hochreife Frucht, buttrig, Aprikose, leicht pfeffrig, Torf. Korpulent und kompakt am Gaumen, lebendige Säurebegleitung und gut integrierte Restsüße. Ein trocken schmeckender Grauburgunder, der sich als Speisenbegleiter empfiehlt. 13,5 Vol.-%, DV, €

88 2019 Silvaner feinherb

90 2019 Weißburgunder trocken
Nussig im Duft, Frühlingswiese, Kräutertöne, Heu und grüner Apfel. Im Mund weich und geschmeidig im Auftakt, dann mit zarter, nicht zu vorlauter Süße, rund eingebetteter Säure und früh präsenter Abgangswürze. Ein feiner, sehr gut ausgewogener Sortentyp. 13,5 Vol.-%, DV, €

★★★

WEINGUT FITZ-RITTER

Weinstraße Nord 51
67098 Bad Dürkheim an der Weinstraße
T: +49 (6322) 5389, johann.fitz@fitz-ritter.de
www.fitz-ritter.de
Ab-Hof-Verkauf: Mo bis Fr 9–18, Sa 11–17, So 11–17 Uhr
Kellermeister: Achim Eberle und Max Fisch
Ansprechpartner: Johann Fitz und Felix Wagemann
Hektar: 25 ha
Anbauweise: Biologisch zertifiziert

Es ist einiges los im namhaften Bad Dürkheimer Weingut: Den Weinen ist anzuschmecken, dass das Team um Johann Fitz mit Dynamik und Tatkraft bei der Sache ist. Und jetzt stehen auch umfangreiche Bauarbeiten bevor, der neue Keller wird das Arbeiten weitgehend ohne Pumpen ermöglichen und damit zu einer noch schonenderen Weinbereitung beitragen. Schon jetzt ist eine aufwärts zeigende Formkurve unverkennbar: So lässt der Riesling vom Michelsberg nicht nur erstklassige Trauben erkennen, sondern auch viel Fingerspitzengefühl beim Ausbau. Wir sind gespannt, wie es im neuen Keller weitergeht.

93 2019 Bad Dürkheim Michelsberg Riesling GG
Etwas Holz und dazu eine fast burgunderhaft anmutende Frucht: eher beerig als Steinobst oder Zitrusfrucht. Am Gaumen mit einer geradezu noblen Geschmeidigkeit, holzunterstützt in der Phenolstruktur, gute Dichte, nur wenig Süße und gerade darum harmonisch. 13 Vol.-%, NK

92 2019 »De Edle Wilde« Riesling trocken
Etwas Holz. Sehr blumig, Jasmin. Rose. Auch Basilikum und Rosmarinblüte. Mollig und weich ansetzend, geschmeidige Süße, dann eine mittelkräftige Dosis feiner Phenole, die komplett eingelullt wird von Cremigkeit und mildem Fluss. Kultivierte Säure, langer Abklang. 12,5 Vol.-%, NK

91 2016 Bad Dürkheim Hochbenn Riesling Brut
Frische duftige Nase nach weißen Blüten, gebranntem Zucker, Weißen Johannisbeeren, Grasschnitt, Heu, im Mund duftig und schmelzig, saftig, schön feine Perlage, weiches Mundgefühl, fröhlich elegant und weinig! 11,5 Vol.-%, NK

93 2019 Bad Dürkheim Abtsfronhof Gewürztraminer Spätlese
Reif und sehr klar: Rose, Litschi, Rauchtöne. Man sieht förmlich die reifen Beeren vor sich. Im Mund geschmeidig ansetzend, getragene Süße, feine, aber doch Spiel erzeugende Säure, bei aller Rundheit und Fülle doch auch sehr frisch. Stilvoll und elegant! 10 Vol.-%, DV

91 2019 Bad Dürkheim Fuchsmantel Riesling trocken

91 2019 Bad Dürkheim Spielberg Chardonnay trocken

91 2019 Ungestein Herrenberg Riesling GG

89 2019 Wachenheim Grauburgunder trocken

89 2019 »RebArena« Bad Dürkheim Riesling trocken

89 2019 Bad Dürkheim Sauvignon Blanc tr.

91 2015 Spätburgunder trocken

91 2019 Bad Dürkheim Abtsfronhof Riesling trocken
Rauchig, terpengetragen würzig, Grapefruit. Ganz rund und weich im Ansatz, aber auch frisch, feine Säure, elegante Abrundung in der Gaumenmitte, ehe sich wieder würzige Schichten entfalten. Ein sehr delikater, unbeschwerlicher und facettenreicher Riesling. 13 Vol.-%, DV

★★★

WEINGUT MARTIN & GEORG FUSSER

Friedhofstraße 7, 67150 Niederkirchen
T: +49 (6326) 259782, info@mfg-wein.de
www.mfg-wein.de

Ab-Hof-Verkauf: nach Vereinbarung
Kellermeister: Georg und Martin Fußer
Ansprechpartner: Georg Fußer
Flaschen/Hektar: 60.000 (80 % weiß, 20 % rot)/14 ha
Anbauweise: Biologisch zertifiziert

Schon letztes Jahr waren wir sehr angetan von der Kollektion der Fußers, und dieses Jahr können wir feststellen: Auf diesem Niveau benötigt es nicht mehr viel bis zum vierten Stern. Das atemberaubende Wachstum der letzten Jahre scheint jedenfalls ohne qualitative Einbußen vonstatten gegangen zu sein. Jahrgangsgemäß zeigen die Lagenrieslinge aus 2018 gute Substanz und sind etwas weiter gefasst, die aus 2019 sind präzise getroffen. Die beiden Spätburgunder aus der Deidesheimer Mäushöhle und dem Herrgottsacker belegen, dass die Brüder auch Pinot Noir können: eine Kollektion mit Stil.

93 2018 Kallstadt Saumagen Riesling trocken
Beginnende Entfaltung im Duft: balsamisch-kalkwürzige Noten, floral, eine mineralische Reduktion über allem, im Mund druckvoll, weit gefasster Körper, tief gestaffelter Extrakt, Schichten von Geschmeidigkeit und Viskosität, reife Säure, großes Potenzial. 12,5 Vol.-%, DV, €€€

91 2018 Ruppertsberg Reiterpfad Riesling trocken
Eine Spur von Holzwürze, Curry und Zitrus, insgesamt wirken Frucht und Würze noch verschlossen. Geschmeidig im Mund, präsente mineralische Motive, reife Säure, kraftvoller Alkohol, etwas breit in der Anlage, aber mineralisch und mit gutem Extrakt. 12,5 Vol.-%, DV, €€€

93 2017 Deidesheim Mäushöhle Spätburgunder trocken
Anfangs sehr reduktiv im Duft, belüftet sich nur langsam in Noten von Sauerkirsche und Cranberry. Sehr dicht am Gaumen, saftig und feinnervig, mineralisch getönt, dabei ist der Extraktkern geschmeidig hinterlegt. Tight und potenzialreich, ein Pinot mit Stil. 12,5 Vol.-%, NK, €€€

92 2017 Deidesheim Herrgottsacker Spätburgunder trocken
Milchschokolade und dunkle Beeren, Holunder, Brombeere. Im Mund dicht, feinkörniges, frisches Tannin füllt den Körperrahmen gut aus, lebendige, aber kultivierte Säure, ein stoffiger Burgunder mit guter Fruchtdecke, der für die Flaschenreife gemacht ist. 12,5 Vol.-%, NK, €€€

90 2019 Riesling trocken

91 2019 Ruppertsberg Riesling trocken
Pfirsich im Duft, Nektarine, Ananas, eine gut getroffene reife, aber nicht überreife Frucht, geschmeidig im Mund und zugleich auch saftig-feinnervig, leicht salzige Untertöne, sehr gute Substanz für einen Ortswein, makellose Balance, sehr gute Länge. 13 Vol.-%, DV, €€

★ ★

WEINGUT GABEL

Weinstraße 45, 67273 Herxheim
T: +49 (6353) 7462, wein@weingut-gabel.de
www.weingut-gabel.de

Ab-Hof-Verkauf: Mo bis Fr 13–17 Uhr, Sa 10–16 Uhr
Kellermeister: Oliver Gabel
Ansprechpartner: Oliver Gabel
Flaschen/Hektar: 120.000 (60 % weiß, 40 % rot)/21 ha
Anbauweise: Biologisch zertifiziert

Oliver Gabel setzt das Potenzial des heimischen Terroirs souverän um: Die Böden in und um Herxheim am Berg sind vom Kalkstein geprägt. Deshalb legt der junge Winzer seinen Fokus auf die Burgundersorten, insbesondere Weiß- und Spätburgunder. Die Weinberge werden seit 2019 biologisch bewirtschaftet. Gabel legt viel Wert auf den Ausbau seiner Weine im Holz, die ältesten seiner Fässer sind inzwischen über 130 Jahre alt. Die Weine vergären im Holzfasskeller aus dem 19. Jahrhundert. Alle Burgunder zeigen Spannung, Würze, kalkmineralische Tönung und eine klare Handschrift. Stark!

91 2019 Bissersheim Steig Weißburgunder trocken

Gelbe Blüten in der Nase, Apfel, etwas Cidre, gelbfruchtige Anklänge und feine Holzwürze, etwas Hefe. Trocken am Gaumen ohne Kitsch und Klischee, burgundische Anmutung mit Pfälzer Charakter, kräftige, klar gefasste Kontur, zeigt Würze, Substanz und Tiefe, jugendlich. 13 Vol.-%, NK, €€

91 NV »Blanc de Blancs« brut nature

Nuanciert-komplexe Nase mit feiner Würzigkeit, dezenter Frucht, Hefenoten und einem Hauch Jod. Lebendige Säurestruktur, etwas Apfel, herbe Anklänge, saftige Zitrusfrucht. Ein balancierter Sekt, frisch, vielschichtig ergänzt von feiner Salzigkeit. 12,5 Vol.-%, NK, €€

92 2015 »Réserve« Herxheim Honigsack Spätburgunder trocken

Fein gewobene Nase mit etwas Holzwürze und roter Kirsche, Gewürznelke und auch Anis. Kein lauter Pinot, am Gaumen fein balanciert, mit fein ziselierter Säure und reifem, geschmolzenem Gerbstoff, etwas Sauerkirsche und Lorbeerblatt, Mandelkern, elaboriert. 13 Vol.-%, NK, €€€

91 2017 Herxheim Honigsack Spätburgunder trocken

Viel Cassis in der Nase auf würzigem Holzhintergrund, auch Rote Bete und dunkle Aromen, Wacholderbeere. Viel Inhalt in einer relativ schlanken und straffen Struktur, präsente Säure, die Gerbstoffe sind markant und reif, am Gaumenende würzige Frucht. 12,5 Vol.-%, NK, €€€

89 2017 »Tradition« Spätburgunder trocken

90 2019 »Tradition« Weißburgunder trocken

Apfel und Reneklode, Blüten und florale Noten, etwas Holzwürze und Hefe. Schlanker Bau, saftig und cremig am Gaumen, betont trocken, reife und ausgewogene Säure, kalkmineralische Würze, wieder etwas Apfel, etwas weißer Pfeffer. Möchte man gerne auf dem Tisch haben. 12,5 Vol.-%, DV €€

★★

DER GLÜCKSJÄGER

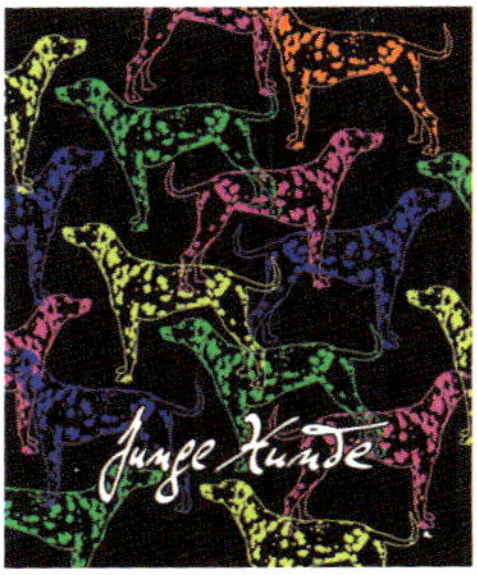

Raiffeisenstraße 5, 67482 Venningen
T: +49 (6323) 5505, info@dergluecksjaeger.de
www.dergluecksjaeger.de

Ab-Hof-Verkauf: nach Vereinbarung
Kellermeister: Andreas Pfaffmann-Wiedemann
Ansprechpartner: Andreas Pfaffmann-Wiedemann
Hektar: 2 ha

Wie schön, wenn frischer Wind weht! Einfallsreichtum, Experimentierfreude, aber auch etwas Greifbares charakterisieren dieses junge Projekt von Andreas Pfaffmann-Wiedemann. Ganz klar sagen die Etiketten, dass man Authentizität und Handwerk auch zugänglich und unkompliziert präsentieren kann. Hier soll ausgefallener, unkonventioneller Genuss einfach Spaß machen. Mit Grünem Veltliner und Cabernet Sauvignon hat man die Traditionspfade der Pfalz verlassen und beim bemerkenswerten Sauvignon Blanc auch. Weißburgunder und Riesling stehen Garde.

91 2019 Sauvignon Blanc Landwein trocken
Etwas Buchsbaum spielt noch auf der cremigen Nase, ebenfalls ein Hauch Maracuja, Rauch und Nessel. Duftig und vielversprechend ist das. Am Gaumen kommt konzentrierte, goldene, reife Steinfrucht und saftigste Zitrone, gebettet auf hefiger, wolkiger Cremigkeit. Köstlich. 13 Vol.-%, NK, €€

91 2019 Weißburgunder Landwein trocken
Ein cremiger, rauchiger Hauch schwebt angenehm und vielversprechend auf der Nase. Am Gaumen ist es rund und frisch und die Cremigkeit ist mit wunderbar zitroniger Frische durchsetzt, die dem ganzen Wein grazile Leichtigkeit verleiht, ohne die sanfte Textur zu opfern. 13 Vol.-%, NK, €€

91 2018 »Reserve« Sauvignon Blanc Landwein trocken
Ausgeprägte Cremigkeit auf der Nase erinnert an Bananenjoghurt. Erst am Gaumen kommt die Frische, die sanfte, reife, aber reine Frucht, der leicht rauchige, nussige Einschlag von Eiche und die von Zitrus umrahmte Eleganz. Frische und Textur haben lange Resonanz. 13,5 Vol.-%, NK, €€€

90 2018 »Reserve« Cabernet Sauvignon Landwein trocken
Wunderbar dunkle Pflaumen- und rauchige Brombeerfrucht flirtet vom Glas. Es gibt sogar einen duftigen Anflug von Cassis. Am Gaumen ist es saftig und die sonst ungestümen Tannine dieser Sorte sind auf einem saftigen, trinkigen, aber aromatischen Körper zu Samt gebändigt. 13,5 Vol.-%, NK, €€€

89 2019 Veltliner Landwein trocken

90 2019 Riesling Landwein trocken
Sowohl frische als auch kandierte Orangenzesten lachen aus dem Glas und überzeugen mit Reife und Frische. Am Gaumen ist es ähnlich, frisch, aber auch rund, reif und wunderbar aromatisch. Eine leicht hefige Textur und zitroniger Abgang machen Lust auf mehr. 13 Vol.-%, NK, €€

★★

WEINGUT GRAF VON WEYHER

Borngasse 7, 76835 Weyher in der Pfalz
T: +49 (6323) 980064, info@graf-von-weyher.de
www.graf-von-weyher.de

Ab-Hof-Verkauf: ja
Kellermeister: Peter Graf
Ansprechpartner: Otmar und Jürgen Graf
Ab-Hof-Verkauf: 180.000 (75 % weiß, 25 % rot)

Es gibt einige Winzer, die in ihren Verkostungsräumen Profile ihrer Böden ausstellen, um die Unterschiede deutlich machen zu können. Im Weingut Graf von Weyher reicht es, wenn man die Rieslinge nebeneinander probiert, um die Merkmale von »Kalkmergel«, »Granit«, »Schiefer« und »Buntsandstein« im praktischen Unterricht zu erfassen – und das verbunden mit reichlich Genuss. Überhaupt hat es Hand und Fuß, was die Brüder Peter und Jürgen Graf auf die Flaschen bringen. Auch der würzige Spätburgunder aus dem Rhodter Rosengarten ist gut gelungen. An diesem Terroirunterricht nimmt man gerne teil.

91 2018 »Buntsandstein« Weyher Michelsberg Riesling trocken
Apfel, Verbene und Aprikose im Duft, Limettenschale, etwas Kreuzkümmel und Anis dazu. Zeigt sich entspannt am Gaumen, gut gebaute Statur, reife Säure, ausgewogen und balanciert, feine Würze und mineralische Noten, die den hinteren Gaumen auskleiden. Klares Profil. 13 Vol.-%, DV, €€

90 2019 »Schiefer« Burrweiler Altenforst Riesling trocken
Klassische Rieslingnase mit Pfirsich und Aprikose, etwas Zitrone und auch feiner Schieferwürze. Am Gaumen mittlerer Extrakt, entspanntes Mundgefühl, reife Säure, schöne Würze und Mineralität, die lange nachklingt. Klassischer Stil mit exaktem Bodenausdruck. 13 Vol.-%, DV, €€

89 2019 »Kalkmergel« Weyher Michelsberg Riesling trocken
Nasser Stein zeigt sich in der Nase, dazu Steinobst wie Weinbergpfirsich und Aprikose. Am Gaumen treten die selbstbewusste Säure und Fruchtsüße zu einem kleinen Duett an, schönes Zusammenspiel, harmonisch abgerundeter Wein, der von kalkmineralischem Schmelz begleitet wird. 13 Vol.-%, DV, €€

89 2018 Rhodt Rosengarten Spätburgunder trocken
Dunkle Kirsche in der Nase mit Würze, Zimtstange, Lorbeerblatt und Gewürznelken, Holznoten und auch Rote Bete. Setzt am Gaumen mit Substanz und Volumen breit und kräftig an, würzig und markante Gerbstoffe. Wieder dunkle, reife Kirschen, für den Tisch gemacht. 13,5 Vol.-%, DV, €

88 2019 Rhodt Schloßberg Cabernet Blanc trocken

90 2019 »Granit« Burrweiler Altenforst Riesling trocken
Riecht wie Weinberg nach einem Sommerregen, nasser Stein, Kräuter, Blattgrün, dazu Apfel und Mandarine. Im Mund mit einer agilen Säure, die von etwas Fruchtsüße begleitet wird, dunklere, steinige Noten, auch etwas stahlige Mineralität, die für Charakter sorgt. 13 Vol.-%, DV, €€

WEINGUT GRASSMÜCK

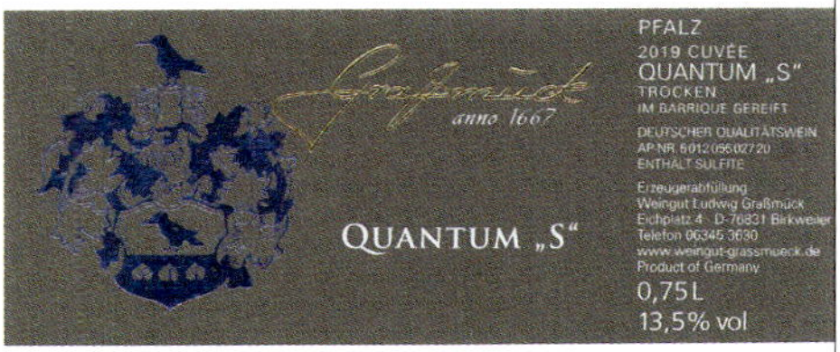

Eichplatz 4, 76831 Birkweiler
T: +49 (6345) 3630, wein@weingut-grassmueck.de
weingut-grassmueck.de

Ab-Hof-Verkauf: ja
Kellermeister: Simon Grasmück
Ansprechpartner: Simon Grasmück
Hektar: 11 ha

»Schöner Ausflug in die Vergangenheit« bemerkte einer unserer Verkoster zur klassischen Grauburgunder-Spätlese aus dem Birkweiler Rosenberg, auf der dazu ein historisches Etikett prangt: Schließlich wurde das Weingut Grasmück in Birkweiler schon 1667 gegründet. Zur Rehkeule mit Preiselbeeren und Spätzle ein Genuss! Aber Simon Grasmück experimentiert auch gerne und zeigt Mut, wie sein »Quantum S« belegt, eine ungewöhnliche, im Barrique ausgebaute Cuvée von Chardonnay, Sauvignon Blanc und Scheurebe, die Dichte und fruchtigen Charme ausweist. Da traut sich einer was!

90 2019 »Quantum S« trocken CH/SB/SÄ
Chardonnay, Sauvignon Blanc und Scheurebe, im Barrique ausgebaut. Würze in der Nase, Rauch, Birne und Cassis, Mango. Am Gaumen saftig und würzig mit ausgewogener Säure, gut dosierte Kraft, Dichte und fruchtiger Charme. Ungewöhnliche Kombination, die gut gelungen ist. 13,5 Vol.-%, NK, €€

89 2019 Birkweiler Rosenberg Grauburgunder Spätlese trocken
Geröstete Walnüsse, Maronenpüree und reife Birne zeigen sich im Duft, auch etwas Rose. Eine klassische trockene Spätlese mit Kraft, Frucht, Saft, Würze und einem Schuss Süße, die auch aus Baden stammen und Ruländer heißen könnte. Schöner Ausflug in die Vergangenheit. 13,5 Vol.-%, DV, €

88 2019 Sauvignon Blanc Kabinett trocken
Kräftige und reife Fruchtnoten von Mango und Schwarzer Johannisbeere in der Nase, üppiges und würziges Bukett, etwas Zitronengras. Auch am Gaumen mit üppiger Frucht, für einen Kabinett stoffig gebaut, lebhafte Säure, die für Schwung sorgt, etwas Süße. 13 Vol.-%, DV, €

89 2018 Birkweiler Mandelberg Pinot Noir trocken
Dunkle Kirschfrucht in der konzentrierten Nase, etwas Sojasauce, Preiselbeermarmelade und Holzparfum. Kräftig und wuchtig am Gaumen mit markantem Tannin und viel Substanz, der Alkohol ist gut eingebunden, die Säure präsent, würzig und konsistent, zum Essen. 14 Vol.-%, NK, €€

87 2019 »Pinot Blanc de Noir« Birkweiler Königsgarten feinherb

90 2019 »Reserve S« Birkweiler Rosenberg Pinot Blanc trocken
Würziger Duft mit Holzwürze vom Barriqueausbau, reife gelbe Frucht, etwas Ananas. Zeigt am Gaumen Volumen, gut gebaut, zeigt Extrakt und Muskulatur, wieder viel Würze und auch Schmelz, Saft und Mineralität, reife Zitrusfrucht, gute Länge, kann zulegen. 13 Vol.-%, DV, €€

★

WEINGUT HAGENBUCH

Weinstraße 63, 76835 Hainfeld
T: +49 (6323) 2770, info@weinguthagenbuch.de
www.lothar-hagenbuch.de

Ab-Hof-Verkauf: ja
Kellermeister: Stefan Hagenbuch
Ansprechpartner: Tobias Hagenbuch
Hektar: 25 ha

Seit fünf Generationen betreibt die Familie Hagenbuch Weinbau, seit 2017 sind Tobias und Stefan Hagenbuch am Ruder des Betriebes, den sie von ihrem Vater Lothar übernommen haben, der die Grundlage für den nächsten Entwicklungsschritt geschaffen hat: »Wir sind voller Tatendrang und wissen die guten Voraussetzungen zu nutzen«, schreiben uns die beiden Brüder. Erneut zeigen sie ihr Geschick mit der würzigen Spätlese vom Grauburgunder, ungewöhnlich ist der Blanc de Noir vom Merlot mit beinahe pfeffriger Würze. Im Nachbarort Flemlingen entsteht gerade ein neues Weingut als Zukunftsprojekt.

90 2019 Grauburgunder Spätlese trocken
Würzige Noten in der Nase, Walnuss, Quitte und Birne, auch Blütenhonig. Im Mund zeigt sich der klassische Spätlesecharakter mit reifer Birne, Honigmelone, Würze und gut integrierter Fruchtsüße, die reife Säure verrichtet ihren Dienst und trägt weit, zum Essen. 13,5 Vol.-%, DV, €

88 2019 Sauvignon Blanc trocken
Riecht intensiv nach reifer Mango, Papaya und Schwarzer Johannisbeere, auch reife Melone. Im Mund mit süßlicher Frucht und einer frischen, gut begleitenden Säurestruktur. Harmonische Balance in einem schlank gefassten Körper. Zeigt reife und frische Elemente. 12,5 Vol.-%, DV, €

88 2019 Spätburgunder Rosé trocken
Erdbeere in der Nase, fruchtig begleitet von Himbeere und floralen Noten, Minze und Tomatenrispe. Am Gaumen mit den Zutaten, die einen stimmigen Rosé ausmachen: klare Frucht, gute Frische und saftige Balance. Schlank gebaut, würzig und animierend. 12,5 Vol.-%, DV, €

89 2019 Gewürztraminer Spätlese
In der Nase leicht verhaltene Kräuternoten, auch Blütenduft nach Veilchen und Liguster, ebenso Noten von reifer gelber Frucht und Quitte. Im Mund cremige Süße mit leichter Säure, am Gaumen bleibt eine zarte appetitanregende Adstringenz, Nachhall eher knapp. 10 Vol.-%, DV, €

88 2019 Weißburgunder trocken

89 2019 Blanc de Noir Merlot trocken
Mandarine und Mirabelle im Duft, auch Himbeere, Johannisbeere und florale Noten. Zeigt sich am Gaumen mit schöner Saftigkeit und Würze, beinahe etwas pfeffrig, reife und zurückgenommene Säure, leichte Pikanz, auch salzig, feine Gerbstoffe. Interessante Interpretation.
12,5 Vol.-%, DV, €

★

WEINHAUS FRANZ HAHN

Kirchstraße 16-17, 76857 Albersweiler
T: +49 (6345) 3421, info@weinhaus-franzhahn.de
weinhaus-franzhahn.de

Ab-Hof-Verkauf: Mo bis Fr 7.30–12 Uhr und 14–17 Uhr, Sa nach Vereinbarung
Kellermeister: Martin Hochdörffer
Ansprechpartner: Martin Hochdörffer
Ab-Hof-Verkauf: 300.000 (60 % weiß, 40 % rot)

Erst 2016 übernahmen Yvonne und Martin Hochdörffer das Weingut Franz Hahn. Da sich Martin Hochdörffer auf den Ausbau der Weine konzentrieren möchte, werden alle Trauben zugekauft. Auch in der aktuellen Kollektion lebt der Kellermeister seine Experimentierfreude aus und verbindet gekonnt den Ausbau in Holz und Stahl. Sein Veltliner »Premium« zeigt die DNA der Rebsorte und doch Pfälzer Charakter, die Kombination von Sauvignon Blanc und Cabernet Blanc ist ungewöhnlich. Es ist ein fair kalkuliertes Sortiment, in dem auch manche Sommelière und mancher Sommelier fündig werden sollten.

89 2019 Riesling Spätlese trocken
Reife Frucht im Duft, Mango und Papaya, Honigmelone, Röstaromen. Auch am Gaumen reife Frucht und ebenso Fruchtsüße, begleitet von reifer Säure, gehaltvoll und vollmundig im Stil einer klassischen Spätlese, aber schlank in der Struktur, feine Phenolik, ausgewogen. 11,7 Vol.-%, DV, €

89 2018 Riesling Auslese halbtrocken
Reifer Weinbergpfirsich und Aprikose in der Nase, dazu Noten vom Holzausbau, Rauch und feine Röstaromen. Setzt am Gaumen saftig und süß an, wieder Noten vom Holzausbau, die sich auch in der festen Struktur zeigen. Präsente Säure sorgt für Betrieb, interessant. 12,7 Vol.-%, DV, €

90 2018 Spätburgunder trocken
Blaubeere und Schwarze Johannisbeere in der Nase, Holzwürze kommt dazu, feine Röstaromen. Am Gaumen mit guter Frische und präsenter Säure in einem kompakt gebauten Körper, die Gerbstoffe sind reif und zeigen Potenzial für weitere Reifung, kann zulegen. 13,2 Vol.-%, DV, €

90 2018 Riesling Auslese
Zartes hellgrünes Glitzern im Glas, die Nase duftet nach Heu und weißem Pfirsich, auch leichte Anklänge nach Petrol, am Gaumen paart sich dann eine knackige Säure mit feingliedriger Süße, sehr erfrischend und animierend, ein feiner Apéro. 7,8 Vol.-%, DV, €

89 2019 Chardonnay Spätlese trocken

89 2019 Cabernet Blanc trocken

89 2019 Riesling trocken

89 2019 Sauvignon Blanc & Cabernet Blanc halbtrocken

88 2019 Sauvignon Blanc trocken

88 2019 Grauburgunder trocken

89 2017 Cabernet Sauvignon trocken

90 2019 »Premium« Veltliner trocken
Kräftiges Gelb, reife Zitrusfrucht im Duft, auch gelbe Blüten. Am Gaumen mit schlanker und fester Struktur saftig und würzig, intensiv und gelbfruchtig, ein Schuss Süße, großzügig und stringent, zeigt die Charakteristik der Rebsorte in Pfälzer Interpretation. 12,5 Vol.-%, DV, €

★ ★ ★

WEINGUT HAMMEL

Weinstraße Süd 4, 67281 Kirchheim
T: +49 (6359) 86401, info@weinhammel.de
www.weinhammel.de

Ab-Hof-Verkauf: Mo bis Fr 8–18.30 Uhr, Sa 9–18 Uhr So 13–16 Uhr
Kellermeister: Christoph Hammel
Ansprechpartner: Christoph Hammel
Flaschen/Hektar: 500.000 (50 % weiß, 50 % rot), 65 ha

Christoph Hammel ist ein Unikum und längst auch eine eigene Marke in der ohnehin nicht um Persönlichkeiten und Typen verlegenen Pfälzer Weinszene. Der Winzer mit dem Rauschebart schafft den seltenen Spagat, Qualität und Zugänglichkeit öffentlichkeitswirksam zu präsentieren, wie etwa seine adrette »Liebfraumilch Schwarze Madonna«. Seine Weine sind ausgewogen, trinkfreudig, nicht zu kompliziert, aber verstehen es zielgenau, Banalität zu vermeiden und Profil zu zeigen. Das ist ein Kunststück: Wenn jemand geschmacksmäßig die Quadratur des Kreises schafft, dann vermutlich Christoph Hammel.

90 2019 »In the Mood for Müller« Müller-Thurgau trocken
Ein klassischer Vertreter seiner Sorte. In der Nase ein Duft von weißem Pfirsich, Zitronenschale, Muskat und Rosenblatt, auch feine Kräuter. Diese mittelintensiven Aromen werden von feiner Säure in einem mittelgewichtigen Körper mit guter Länge balanciert. Stimmig! 12,5 Vol.-%, DV, €

90 2019 »Liebfraumilch Schwarze Madonna« feinherb RR/MT/GV/TR
Noch blass in der Farbgebung, aber intensiv im Duft: reife Birne, Zitronenzeste, Limette und Mango. Am Gaumen bleibt die Restsüße dezent hinter der primären, reifen Frucht und wird von lebendiger Säure balanciert. Mit feinem Süße-Säure-Spiel. Adrett! 12 Vol.-%, DV, €€

91 2017 Kleinkarlbach Herrenberg Spätburgunder trocken
In der Nase mit mittlerer Intensität im Duft von Kirsche, Himbeere, Brombeere und Gewürznelke. Am Gaumen kräftig gebaut mit reifem Tannin und lebendiger Säure, auch Noten von Zeder und Waldboden, sehr gut balanciert. Guter Nachhall. 14 Vol.-%, DV, €€€

91 2016 Kleinkarlbach Herrenberg Spätburgunder trocken
Ein Duft von Sauerkirsche, Holzwürze und schwarzem Pfeffer in der Nase. Am Gaumen hat der Wein Druck und Wucht, reifes Tannin. Er ist eher dicht, aber auch mürb, hat saftige Frucht und eine mollige Geschmeidigkeit im Hintergrund. Ein Wein mit besten Anlagen. 14 Vol.-%, DV, €€€

89 2019 »Gegen Gerade« Riesling feinherb

89 2019 »Blaue Stunde« trocken CH/SB

88 2019 »Tage wie diese« Riesling trocken

88 2017 »Doppelstück« Veltliner trocken

89 2019 »Tonneau« St. Laurent trocken

88 2018 »Tonneau« Portugieser trocken

88 2019 Gewürztraminer trocken

90 2019 »Für mich soll's rote Rosén regnen« trocken Rosé
Blasses Rubin im Glas. In der Nase fast intensive Aromen von roter Kirsche, Holunderblüte, Roter Johannisbeere und etwas Gewürznelke. Am Gaumen von einer zitrischen Note und feiner Säure begleitet. Die komplexe Aromatik führt in einen spannenden Nachhall. 12 Vol.-%, DV, €

★★

WEINGUT HANEWALD-SCHWERDT

Pochelstraße 37, 67098 Bad Dürkheim
T: +49 (6322) 63206, info@hanewald-schwerdt.de
www.hanewald-schwerdt.de
Ab-Hof-Verkauf: Mo bis Fr 9–12 Uhr und 13–18 Uhr, Sa 9–17 Uhr und nach Vereinbarung
Kellermeister: Thomas Hanewald und Stephan Schwerdt
Ansprechpartner: Stephan Schwerdt
Hektar: 25 ha

Die Cousins Thomas Hanewaldt und Stephan Schwerdt zeigen erneut eine überzeugende Auswahl ihrer ambitionierten Weine und ihres großen Lagenpotenzials: Rund 25 Hektar Weinberge kultiviert das Weingut Hanewald-Schwerdt in bekannten Lagen wie dem Ruppertsberger Reiterpfad oder dem Bad Dürkheimer Hochbenn. Der Riesling von diesem Terroir imponiert mit würziger und kühler Mineralik, der aus dem Reiterpfad mit Konzentration und Balance. Die Spätburgunder sind dicht, mit fein extrahierten Gerbstoffen und von facettenreicher Eleganz. Da scheint der Aufstieg zu höheren Weihen nahe zu sein.

91 2018 Bad Dürkheim Hochbenn Riesling trocken
Kräutrige Noten im Duft, Tomatenrispe, Blattgrün, reife Aprikose und Gesteinsmehl. Saftig und geschmeidig zunächst am Gaumen, bald zeigt sich auch eine würzige und kühle Mineralik, die den Wein akzentuiert. Stimmige Balance, mittlerer Extrakt, noch jugendlich. 13 Vol.-%, DV, €€

90 2017 Leistadt Herrenmorgen Riesling trocken
Würzige und kräutrige Nase mit reifer Gelbfrucht und Apfel, Grapefruit, Melisse und Gewürze wie Piment. Kompaktes Format am Gaumen mit saftigem Schmelz und reifer Säure, wieder Apfel und helle Blüten, feine phenolische Herbe, guter Extrakt, steinige Würze. 13 Vol.-%, DV, €€

91 2018 Leistadt Herzfeld Spätburgunder trocken
Im Duft mit Cassis, Kirsche und Holzwürze, Veilchen. Elegant und mit feinen Gerbstoffen, gefühlvoll extrahiert, gekonnter Holzeinsatz, fein ziselierte Säure, schöne Gaumenfrucht, kräftig gebaut und auch mit Dichte, gleitet geschmeidig dahin. Elegant. 13,5 Vol.-%, NK, €€€

90 2015 »Kalkriff« Spätburgunder trocken
Würzige Nase mit reifer Schwarzkirsche und Brombeere, Veilchen und Rauch. Am Gaumen vollmundig und mit relativ fleischiger Frucht, sattes und mürbes Tannin, im großen Volumen zeigt sich eine reife Säurestruktur und viel Würze, zeigt das reife Jahr in guter Interpretation. 13,5 Vol.-%, NK, €€

90 2017 Cabernet Franc trocken

90 2018 Ruppertsberg Reiterpfad Riesling trocken
Konzentrierter Duft nach Aprikose und Apfel, würzige Noten, Kräuter, auch Blüten. Auch am Gaumen mit guter Konzentration und Balance, die ausgewogene Säure gibt das Tempo vor, guter Extrakt, feine phenolische Schicht und mineralische Tönung, konsistent. 13 Vol.-%, DV, €€

★

WEINGUT HAUER

In den Kornwiesen 1, 67098 Bad Dürkheim
T: +49 (6322) 63375, info@weingut-hauer.de
katharinenhof-hauer.de

Ab-Hof-Verkauf: nach Vereinbarung
Kellermeister: Volker und André Hauer
Ansprechpartner: André Hauer
Flaschen/Hektar: 80.000 (60 % weiß, 40 % rot)/12 ha

Gemeinsam mit seinem Sohn André führt Volker Hauer das Weingut Hauer mit knapp zwölf Hektar Reben in Bad Dürkheim, Leistadt und Kallstadt. Einige der Weine tragen plakative Namen wie »Glücksau« oder »Saustark«, aber es ist der Inhalt der Flaschen, der Aufmerksamkeit verdient: Das Vater-Sohn-Gespann erzeugt einige Spezialitäten wie den aromatischen und substanzvollen Cabernet Blanc, der zeigt, dass aus dieser noch unterschätzten Rebsorte Weine mit Profil gekeltert werden können. Auch der Cabernet Mitos »Saustark« gefällt mit fruchtiger Herbe und maskulinem Charakter. Gut gelungen!

89 2019 Bad Dürkheim Goldmuskateller tr.
Duftiges Bukett mit Muskatblüte und frisch geriebener Muskatnuss, etwas Rose und Lavendel, auch Zitrusfrucht. Am Gaumen mit Kraft und Substanz, milde Säure, phenolischer Eintrag und ordentlich Würze, auch etwas rosa Pfeffer. Passt gut zu scharfen Gerichten. 13,5 Vol.-%, DV, €

89 2019 »Glücksau« feinherb TR/RL
Gewürztraminer und Rieslaner sind die »Glücksau«, Rosenblätter im Duft, Litschi, reife Mango. Am Gaumen mit weicher Säure und Saft, die gut eingewobene Süße sorgt für Harmonie und Charme, wieder viel Bukett. Cuvée für Sommeliers und verregnete Sonntagnachmittage.
13,5 Vol.-%, DV, €

90 2018 »Saustark« Cabernet Mitos trocken
Fruchtige, würzige Nase nach Holunderbeeren, Holundermark, Schwarzen Johannisbeeren, auch Tinte und Sojasauce. Wieder Holunderbeere mit einer guten Frische, belegt den Gaumen mit feiner Herbe, griffige Gerbstoffe. Maskuliner Charakter, zeigt seine Stärken zu Fleisch.
13,5 Vol.-%, NK, €

89 2017 Bad Dürkheim Spätburgunder Auslese trocken
Kräftiger Duft nach Kirsche, Mon Chérie und Holzwürze, Gewürze wie Piment, gemahlener Ingwer. Am Gaumen zunächst mit süßer Frucht und einer Portion Süße, viel Substanz und auch Muskeln, der Alkohol dürfte nicht viel stärker sein, für Kamin und kräftige Speisen. 14,5 Vol.-%, NK, €€

88 2019 Bad Dürkheim Gewürztraminer tr.

90 2019 Bad Dürkheim Cabernet Blanc tr.
Kräftiger und substanzvoller Cabernet Blanc, der nach Grapefruit und Limettenabrieb riecht, auch Stachelbeere und Litschi. Saftig, kräftig und mit einem Schuss Süße im Mund, Würze kommt dazu und wieder reife Frucht, guter Extrakt. Erwachsener Wein mit Profil. 13,5 Vol.-%, DV, €

★

WEINGUT HOF

Klingbachstraße 29, 76831 Heuchelheim-Klingen
T: +49 (6349) 1591, info@weingut-joachim-hof.de
www.weingut-joachim-hof.de

Ab-Hof-Verkauf: nach Vereinbarung
Kellermeister: Philipp und Julian Hof
Ansprechpartner: Philipp Hof
Hektar: 22 ha

Das Familienweingut Hof wird seit 2010 von den Brüdern Philipp und Julian Hof geführt. Zum Weingut gehören 22 Hektar Weinberge mit der Klingener Spitzenlage Herrenpfad, in denen Riesling, Burgundersorten, Chardonnay, Merlot und Cabernet Sauvignon stehen. »Unser besonderes Augenmerk liegt aber auch auf dem trockenen Muskateller«, schreibt Philipp Hof. Es sind jedoch vor allem die Rotweine, die in der aktuelle Kollektion zu gefallen wissen, allen voran der finessenreiche Spätburgunder, der Merlot mit schöner Fruchttiefe und der kräftig gefasste Cabernet Sauvignon.

89 2019 Klingen Herrenpfad Chardonnay trocken
Zunächst etwas Ananas in der Nase, dann gelber Apfel und reife Mirabelle, Mango, feine Würze. Kräftig gebaut am Gaumen mit viel Volumen, süßlicher Extrakt, viel Würze und Frucht werden von der reifen Säurestruktur getragen, cremig in der Gaumenmitte, bleibt lange im Mund. 13,5 Vol.-%, DV, €€

89 2019 Klingen Herrenpfad Grauer Burgunder trocken
Kräftiges Gelb mit rötlichen Nuancen, reife Birne im kräftigen Duft, karamellisierte Walnüsse, würzige Holznoten. Kräftige Struktur am Gaumen, in der sich viel Substanz zeigt, Saft, Cremigkeit und Würze, die reife Säure unterstützt den vollmundigen, trockenen Charakter. 13,5 Vol.-%, DV, €€

90 2017 Klingen Herrenpfad Merlot trocken
Brombeere und etwas Pflaume in der Nase, Holzwürze, Kräuter und geröstete Kaffeebohnen. Am Gaumen mit klarer Frucht und süßlichem Extrakt, feine Zimtnote, die präsente und gut eingewobene Säure sorgt für Frische, kräftiger Bau, gepflegte Gerbstoffe, saftig. 13,5 Vol.-%, NK, €€

89 2017 Klingen Herrenpfad Cabernet Sauvignon trocken
In der Nase Cassis und Schwarzkirsche, würzige Noten, Tabak, Gewürznelke, auch Brombeere. Am Gaumen mit schöner klarer Frucht und guter Balance, klar gefasste, kräftige Kontur, die Gerbstoffe sind reif, etwas Bitterschokolade und Holunder, feine Herbe im Ausklang. 13 Vol.-%, NK, €€

88 2019 Gelber Muskateller trocken

91 2018 Klingen Herrenpfad Spätburgunder trocken
Waldbeeren in der Nase und Kirschen, etwas Minze und Eukalyptus, feine Holznote. Am Gaumen kräftiger Bau und gute Frische mit einer präsenten Säurestruktur, reife rote Kirschen kommen dazu, die Gerbstoffe sind reif und feinkörnig. Zeigt Substanz und Finesse. 13,5 Vol.-%, NK, €€

★

WEINGUT JOHLER

Heustraße 159, 67363 Lustadt
T: +49 (170) 4968441, info@wein-johler.de
www.wein-johler.de

Ab-Hof-Verkauf: ja
Kellermeister: Patrick Johler
Ansprechpartner: Patrick und Gerd Johler
Hektar: 12 ha

Liebe Weingenießer«, schreibt das Weingut Johler uns sowie unseren Leserinnen und Lesern, »in dritter Familiengeneration widmen wir uns voller Hingabe und Leidenschaft dem Weinbau. Als Familienweingut, in dem alle aktiv mithelfen, wollen wir Jahr für Jahr eine vielfältige Weinkollektion kreieren, in der jeder das Passende für seinen Geschmack findet.« Dabei sind Patrick und Gerd Johler Könige des feinherben Ausbaus. Mit einem Touch zusätzlicher Süße abgerundet, bedienen diese Weine einen breiten Liebhaberkreis. Und das tun sie mit sehr gutem Fingerspitzengefühl bei der Abstimmung.

89 2019 Sauvignon Blanc feinherb
Apfel und Kümmel, fast eine Vin-Nature-Nase, auch pfeffrige Aromen, Pfefferminze. Im Mund mit vergleichsweise kräftigem Körper, frische Kohlensäure, feste Säure und fruchtig begleitete Süße, ein dichter, würziger Wein mit recht eigenständigem Appeal. 12 Vol.-%, DV, €

88 2019 Chardonnay trocken
Im Duft ein angenehmer, feinwürziger Sortentyp, leicht nussig, leicht zitrisch, Walnuss, im Mund geradlinig, leichte Süße, schlank im Mund, lebendige Säure, ein frischer, unkomplizierter Wein, der sich als Aperitif oder Speisenbegleiter einsetzen lässt. 12 Vol.-%, DV, €

89 2019 Spätburgunder trocken
Im Duft Mandel und Holunder, Minze. Am Gaumen recht dicht, straffes Tannin, feste Säure, leichte Grüntöne sind gut integriert und werden sich im Lauf der Flaschenreife abschleifen, die schöne, klare, kirschige und kräuterwürzige Abgangsfrucht bleibt lange. 12 Vol.-%, DV, €

88 2019 »Cuvée Albert« feinherb DF/PN/DU
Etwas Kakaobohne und Paprika im Duft, Pfeffer. Feines Tannin, behutsam extrahiert, von saftig-süßer Frucht unterlegt, präsente, aber gut integrierte Säure, fruchtgetragener Abklang. Ein adretter feinherber Rotwein. 11,5 Vol.-%, DV, €

88 2019 Kerner lieblich

88 2019 »Cuvée Rosé« feinherb

87 2019 Spätburgunder Rosé feinherb

87 2019 Cabernet Sauvignon Rosé

87 2019 Dornfelder Rosé trocken

88 2019 Spätburgunder feinherb

87 2019 »Cuvée Theo« DF/PN

89 2019 Grauburgunder trocken
Zunächst noch hefegeprägt im Duft, dahinter ein würziger, reifer Sortentyp, Esskastanie, Sesamschnitte. Im Mund rund und vergleichsweise geschmeidig angelegt, nahezu cremig, reife Säure, mittelgewichtiger Extrakt, ein gut definierter Sortentyp. 12 Vol.-%, DV, €

★★★★

WEINGUT JÜLG

Hauptstraße 1, 76889 Schweigen-Rechtenbach
T: +49 (6342) 919090, info@weingut-juelg.de
www.weingut-juelg.de

Ab-Hof-Verkauf: nach Vereinbarung
Kellermeister: Johannes Jülg und Sören Söllner
Ansprechpartner: Werner und Johannes Jülg
Flaschen/Hektar: 200.000 (65 % weiß, 35 % rot)/20 ha

Johannes Jülg ist in bärenstarker Verfassung: Wann immer wir im letzten Jahr einen Wettbewerb ausgeschrieben hatten, war einer seiner Weine mit vorne dabei. Dabei muss man gar nicht bis zum Top-Label »Opus Oscar« gehen, um Außergewöhnliches im Glas zu haben. Die Abstimmung von Holz und Traube gelingt Jülg wie wenigen anderen und die Weine vibrieren vor Dichte und Spannung. Kuriosum: Fast die Hälfte der Weinberge liegt auf der französischen Seite der Landesgrenze. Ein Tipp ist die gutseigene Weinstube, in der bodenständige Pfälzer Kost mit einem Touch frankophiler Finesse serviert wird.

94 2019 »Opus-Oskar« Chardonnay trocken
Burgundisch in der Nase. Ein Duft von gelbem Apfel, Sternfrucht Zirtronenzeste und feinster Vanille. Am Gaumen Veilchen, Birne, Haselnuss und Ananas. Ideal balanciert von sehr lebendiger Säure. Die leichte Phenolik bringt Schmelz. Mit Tiefe und sehr langem Nachhall. 13,5 Vol.-%, NK, €€€

94 2019 Schweigen Sonnenberg Reitschul Weißburgunder trocken
Klar im Glas. Sehr präzise im Duft: reife Ananas, Weinbergpfirsich, Brioche und Geißblatt. Am Gaumen konzentriert und tief. Aromen von nassem Stein, Birne, Zitronenzeste und reife Melone. Ideal eingebundes Holz und ein sehr langer Nachhall. 13,5 Vol.-%, NK, €€€

95 2018 Schweigen Kammerberg Spätburgunder trocken
Mittleres Rubin. Komplex in Duft. Himbeere, Süßkirsche, Veilchen und Gewürznelke. Die feine Säure balanciert die genannten Aromen sowie Orangenzeste und Hibiskus. Spannung, Kraft, reifes Tanin und leichte Mineralik begleiten diesen bedeutenden Wein in einen langen Nachhall.
13 Vol.-%, NK, €€€

94 2018 »Opus-Oskar« Spätburgunder tr.
Teerig, dunkelbeerig, Holundermark, reife Brombeere. Im Mund ein kräftiger Druck aus sehr feinem, griffigem bis mehligem Gerbstoff, feine Säurespur, hohes Fruchtpotenzial, derzeit noch weitgehend verschlossen, aber die kommende Komplexität bereits andeutend. 13 Vol.-%, NK, €€€€

90 2018 »Kalkmergel« Spätburgunder tr.

93 2019 Schweigen Sonnenberg Riesling trocken
Sehr fein und präzise im Duft von reifer Ananas, Apfel und Holunderblüte. Die akzentuierte Säure begleitet die komplexe Aromatik, ergänzt um Limette, Grapefruit, Johannisbeerblatt und Feuerstein im bedeutenden, langen Nachhall. 13,5 Vol.-%, NK, €€

★★

WINZERGENOSSENSCHAFT KALLSTADT

Weinstraße 126, 67169 Kallstadt
T: +49 (06322) 979797, info@wg-kallstadt.de
www.wg-kallstadt.de

Ab-Hof-Verkauf: Mo bis Fr 8–18 Uhr, Sa 9–18 Uhr, So 10–18 Uhr
Kellermeister: Joachim Janß-Schaad
Ansprechpartner: Axel Messer
Flaschen/Hektar: 1.500.000 (60 % weiß, 40 % rot); 240 ha

Wenn man ein mächtiges Schiff steuern will, braucht man wie in der Genossenschaft Kallstadt eine klare Ansage. »Hohen Ehrgeiz legen wir zusammen mit unseren Winzern in die Entstehung exzellenter Trauben, die die Grundlage zur Erzeugung hochwertiger Weine bilden«, so die Genossen. Die verfügen über 240 Hektar Rebberge, darunter berühmte Lagen wie der Kallstadter Saumagen. Sorgfalt in den Weinbergen, handwerkliche Tradition und innovative Wege im Ausbau lassen Weine entstehen, die wie der Weißburgunder »Edition« eine gute Balance zeigen. Das alles zu äußerst fairen Preisen!

90 2018 »Edition« Weißburgunder trocken
Eine sehr klare, vielschichtige Spätlesefrucht, Mandarine, Heu, buttrige Noten. Im Mund geschmeidig und rund, gut eingebundene Säure, eine Spur Süße, stattlicher Körper bei mittelhohem Extrakt, ein kulinarisch gedachter Wein mit gutem Sortenausdruck. 13 Vol.-%, DV, €

90 2019 Kallstadt Kobnert Grauburgunder trocken
Zart cremefarben. Im Duft Heidelbeere, malziger Honig, Esskastanie. Geschmeidig im Mund und voll, reife Säure, eine vergleichsweise trockene Abstimmung, die den Wein zur kulinarischen Verwendung prädestiniert. Geflügel oder Keschte-Saumagen. 12,5 Vol.-%, DV, €

89 2019 Kallstadt Saumagen Riesling Kabinett trocken
Limette, duftig, Kräutertöne. Im Mund schlank, aber leicht kreidig, die Lage kommt durch, auch wenn der Wein mit seiner saftig-feinnervigen Anlage eher leichtgewichtig bleibt. Ein gut abgerundeter, deutlich mineralischer, preiswerter Lagenriesling. 13 Vol.-%, DV, €

90 2018 Rieslaner Auslese
Klares, sattes Gelb. In der Nase nach Belüftung reife Zitrusfrucht, Mango, Papaya und etwas Rauch. Am Gaumen druckvolle Süße, Birnensaft, Aprikose, Papaya und etwas Mandel. Dichte Struktur, gut eingebundene Säure, hat weiteres Reifepotenzial. 8,5 Vol.-%, DV, €

89 2019 Kallstadt Kobnert Kerner Kabinett

89 2018 Kallstadt Saumagen Riesling Kabinett feinherb

88 2019 Kallstadt Kobnert Weißburgunder trocken

88 2019 Sauvignon Blanc trocken

87 2019 »SommerLiebe« feinherb

88 2019 Kallstadt Kobnert St. Laurent trocken

87 2019 Kallstadt Kobnert Regent trocken

90 2019 Gewürztraminer trocken
Kandierte Früchte, Rose, Rauch, recht klar im Duft. Im Mund saftig, stoffig, feste Säure, kräftiger Alkohol, nur ein Hauch Süße, ein appetitlicher, nicht überbordender, gut ausgewogener Sortentyp. Dürfte sehr gut zu Currys passen. 13,5 Vol.-%, DV, €

★★

WEINGUT KASSNER-SIMON

Am Musikantenbuckel 7, 67251 Freinsheim
T: +49 (6353) 989320, info@kassner-simon.de
www.kassner-simon.de

Ab-Hof-Verkauf: ja
Kellermeister: Thomas Simon
Ansprechpartner: Thomas Simon
Hektar: 18 ha

Auf die Weine von Thomas Simon, der das Weingut Kassner-Simon leitet, ist unbedingt Verlass: Es sind keine lauten und Effekt heischenden Tropfen, sondern handwerklich gearbeitete Weine wie die Spätlesen von Chardonnay und Weißburgunder, die man sich immer an einem gut gedeckten Tisch vorstellen sollte. Die trockenen Rieslinge zeigen gute Substanz und Würze, die Rotweincuvée »Kostbar« aus Merlot, Cabernet Franc und Cabernet Sauvignon verbindet Kraft mit Eleganz. Und die Beerenauslese vom Rieslaner aus dem Oschelskopf zeigt seidige Süße, Dichte und Struktur. Gut gelungen!

90 2018 Freinsheim Auf dem vorderen Groß Riesling Spätlese trocken
Reife Frucht im Duft, Mango und Aprikose, auch Ananas und etwas Holzwürze. Kräftig und fest in der Struktur, saftig und würzig, zeigt das warme Jahr, feines Holztannin und auch mineralische Tönung, üppig und auch mit guter Spannung, gute Länge, Potenzial. 13,5 Vol.-%, NK, €€

89 2019 Freinsheim Oschelskopf Riesling Spätlese trocken
Reife Frucht in der Nase, Pfirsich und Zitrusnoten, Aprikose, florale Würze, Sonnenblume. Am Gaumen trocken und würzig, schlanker Bau, ausgewogene Säure, reife Aprikose und Abrieb von der Limette, saftig und mit feiner Herbe, auch phenolischer Eintrag. 12,5 Vol.-%, DV, €

90 2017 »Kostbar« trocken ME/CS/CF
»Kostbar« ist die Cuvée aus Merlot, Cabernet Franc und Cabernet Sauvignon, die kräftig nach Brombeere, Schwarzkirsche und Schwarzer Johannisbeere riecht, auch ordentlich Würze. Zeigt am Gaumen Kraft, Substanz, viel Würze und auch Eleganz, die Tannine sind reif, gute Länge. 14 Vol.-%, NK, €€

93 2018 Freinsheim Oschelskopf Rieslaner Beerenauslese
Kräftige Botrytis, Rosine, türkischer Honig, etwas Dattel, aber auch blumige Noten, Jasmin. Leicht viskos ansetzend, aber nicht überbordend, seidige Süße, festes Säurerückgrat und gute Stoffigkeit, ein Süßwein mit Dichte und Struktur, der sehr gut reifen wird. 10,5 Vol.-%, DV, €€

89 2019 Freinsheim Musikantenbuckel Sauvignon Blanc trocken

90 2019 Chardonnay & Weißburgunder Spätlese trocken
Reife Zitrusfrucht, Blüten, kandierte Orangenschale und Apfel. Stoffig und mit viel Würze am Gaumen, mit einer kräftigen Struktur, gute Substanz, reife Säure, auch Saft und Schmelz, gute Abrundung. Wie gemacht für kulinarische Begleitungen, vielseitig. 13,5 Vol.-%, DV, €

★ ★ ★

WEIN & SEKTHAUS ALOIS KIEFER

Mühlstraße 2, 67487 Sankt Martin
T: +49 (6323) 2099, weinundsekthaus@aloiskiefer.de
www.aloisiushof.de

Ab-Hof-Verkauf: Mo bis Sa 9–12 Uhr und 13–18 Uhr
Kellermeister: Philipp Kiefer
Ansprechpartner: Philipp Kiefer
Flaschen/Hektar: 200.000 (50 % weiß, 50 % rot)/20 ha

Da hat Philipp Kiefer aber mal richtig einen rausgehauen mit seinem Riesling »Am Guckuckberg« aus dem Jahr 2019, der sich dicht und stoffig mit mineralischer Grundierung präsentiert. Er belegt auch, wie gekonnt und gefühlvoll der Kellermeister mit Holz umzugehen versteht. Dieser Riesling ist auch Stellvertreter für eine gute Kollektion und deutet an, was hier noch möglich zu sein scheint: Philipp Kiefer hat ein Händchen für Weine mit Struktur, Tiefe und Würze, wie die beiden Rotweine, der Spätburgunder aus 2018 und der Merlot aus 2017, beweisen. Es sind Weine mit Potenzial und Perspektive.

92 2019 St. Martin Am Guckuckberg Riesling trocken
Vielschichtiger Duft mit Abrieb von der Limettenschale, Limonenöl, Aprikose und mineralischem Timbre. Stoffig und dicht am Gaumen mit phenolischer Schichtung und ausgewogener Säure, gut eingebundenes Holz, feste Struktur und mineralische Grundierung, jung und begabt.
13,5 Vol.-%, NK, €€€

90 2019 St. Martin Am Guckuckberg Sauvignon Blanc trocken
In der Nase dezenter Holzduft, auch Hefe und Cassis, Noten von exotischer Frucht im Hintergrund. Würzig startend im Mund, kräftiger, gut gefasster Bau, etwas Mango als Gaumenfrucht, reife und präsente Säure, Saft und Schmelz, gute Anlagen, kann weiter zulegen. 13 Vol.-%, NK, €€€

91 2018 St. Martin Kirchberg Spätburgunder trocken
Würzige und beerige Nase mit schöner Pinotfrucht, Kirsche, Himbeere, Rauch, auch Veilchen, Wacholderbeere. Setzt am Gaumen weich an, würzige Noten kommen dazu, die Struktur ist kräftig, reife Säure, zeigt die lokalen Verhältnisse auf stimmige Art. 13,5 Vol.-%, NK, €€€

91 2017 »Ambrosia« Merlot trocken
Schwarze Johannisbeere und Kirsche in der Nase, Würze und Rauch, auch Pflaume. Am Gaumen selbstbewusst mit kräftiger Struktur, Dichte und Substanz, auch mit aromatischer Großzügigkeit, reife Frucht, kräuterwürzig, süßer Extrakt, kraftvoll und wuchtig, gute Länge. 14 Vol.-%, NK, €€€

90 2019 St. Martin Kirchberg Riesling trocken

89 2019 »Buntsandstein« Riesling trocken
Fruchtige Nase mit Noten von reifer Zitrusfrucht, Grapefruit und Apfel. Am Gaumen schlank gebaut, fruchtig und saftig, mit präsenter Säure und feiner Fruchtsüße, hat Schwung, zeigt Eleganz, auch mineralische Noten und Würze. Ausgewogener Riesling mit Stil. 12,5 Vol.-%, DV, €

★

WEINGUT DR. JOSEF KÖHR

Hauptstraße 68, 67152 Ruppertsberg
T: +49 (6326) 8909, hof-info@weingut-koehr.de
www.weingut-koehr.de

Ab-Hof-Verkauf: ja
Kellermeister: Dr. C. K. Josef Köhr
Ansprechpartner: Dr. C. K. Josef Köhr
Hektar: 15 ha

Schon seit 1648 betreibt Familie Köhr Weinbau, immerhin seit 200 Jahren ist ihr »Stammwingert«, der Ruppertsberger Nußbien, im Familienbesitz. Mit dem Jahrgang 2019 übernahm Dr. C. K. Josef Köhr die Leitung im Weingut, nach dem Studium in Geisenheim und Auslandsaufenthalten werden neue Wege eingeschlagen: Die Trauben werden spät gelesen, um intensive Aromen zu erhalten. Neben dem Ausbau im Edelstahl wird auf eine traditionelle Vinifikation im Holzfass und im Barrique gesetzt. Wir verkosteten eine spannende Kollektion und sind neugierig, was sich in Ruppertsberg entwickelt.

91 2019 »fumé« Ruppertsberg Nußbien Sauvignon Blanc Spätlese trocken
Wie der Name impliziert, spielt Rauch auch im Duft eine Rolle, dazu Johannisbeere, viel Würze, intensiv, auch etwas grüne Paprika. Ziemlich kraftvoll am Gaumen mit viel Volumen und Substanz, das Holz bindet sich ein. Wer Geduld hat, bekommt einen besonderen Wein. 14,5 Vol.-%, NK, €€

90 2017 »Goldschmied« Ruppertsberg Nußbien Riesling Spätlese trocken
Kräftiges Gelb, reife Aprikose, Mango und Papaya im konzentrierten Duft, dezenter Petrolton. Am Gaumen reife, konzentrierte Frucht, die von einer reifen, würzigen Säure unterlegt wird, auch reife Zitrusfrucht und Schmelz, feste Struktur, guter Extrakt, facettenreich. 13 Vol.-%, NK, €€

89 2019 »fumé« Ruppertsberg Linsenbusch Gewürztraminer Spätlese trocken
Der Duft nach Rosenblättern wird von feinem Rauch begleitet, am Gaumen eine spannende Kombination aus exotischer Fruchtfülle (Mango und Papaya) und Holzausbau. Kräftige, feste Struktur, braucht noch etwas Zeit, um sich zu finden, gute Anlagen, interessant. 13,5 Vol.-%, NK, €€

90 2015 »Casameo« trocken CS/ME
Cuvée von Cabernet Sauvignon und Merlot, Cassis in der Nase, Schwarzkirsche und Brombeere, dunkle Aromen, Waldboden und Tannenharz. Präsent am Gaumen mit einer gut eingebundenen Säure, klare und reife Frucht, kräftige Struktur, die Gerbstoffe sind geschmeidig, gut gelungen. 13,5 Vol.-%, NK, €€

89 2019 Auxerrois Spätlese trocken

90 2019 Hambach Riesling trocken
Reifes Steinobst in der Nase, Aprikose und Pfirsich, auch Apfel und Bergamotte. Gut balanciert am Gaumen mit reifer eingebundener Säure, bündiger Bau, reife Maracuja zeigt sich, elegant mit Saft und Schmelz, mittlerer Extrakt, mineralische Würze, klassisch schön. 13 Vol.-%, DIAM, €

★★★★

WEINGUT KRANZ

Mörzheimer Straße 2, 76831 Ilbesheim
T: +49 (6341) 939206, info@weingut-kranz.de
www.weingut-kranz.de
Ab-Hof-Verkauf: Mo bis Mi 8–12 Uhr, Do und Fr 8–12 Uhr und 14–18 Uhr, Sa 9–16 Uhr
Kellermeister: Boris Kranz
Ansprechpartner: Boris Kranz
Flaschen/Hektar: 120.000 (75 % weiß, 25 % rot)/25 ha
Anbauweise: Biologisch zertifiziert

Die Weine, die Boris Kranz keltert, verkörpern eine ganz und gar unaufgeregte Form der Avantgarde. Das macht sie für die Liebhaberinnen und Liebhaber eines klassischen Stils ebenso attraktiv wie für Menschen, die dem Naturwein zuneigen. Uns hat begeistert, wie beim Kalmit Weißburgunder hinter einem dezenten Spontianklang die Salzigkeit zum Vorschein kommt. Auch die Gerbstoffextraktion des Spätburgunders bekam beste Noten, und der Kalmit Riesling erinnerte eine Verkosterin sogar an ein Stück Wildseide, griffig in der Textur und an Natürlichkeit nicht zu übertreffen.

94 2019 Ilbesheim Kalmit Riesling GG
Tief, intensiv, nuanciert und verwoben. Rote und grüne Frucht, Orangenblüte, Steinobst, süßer Apfel. Rund und saftig am Gaumen. Wie ein Stück Wildseide, vielschichtig texturiert. Fein konzentriert, zarte Schärfe und Phenolik, mineralisch mit zitrischem Säurezug 13,5 Vol.-%, NK, €€€

92 2019 Ilbesheim Kalmit Weißburgunder GG
Weiße und gelbe Blüten sowie Apfel im Duft, Zitrusfrucht, Mandelkern und feine Würze. Am Gaumen wieder mit Apfel und etwas Cidre, reifer und präsenter Säurestruktur, guter Substanz mit festem Kern und feiner salziger Untermalung, zeigt auch Eleganz, gute Länge. 14 Vol.-%, NK, €€€

93 2017 Ilbesheim Kalmit Spätburgunder GG
Feine und würzige Nase nach Kirsche, Kräutern und feinem Rauch, etwas Schwarztee. Am Gaumen präsent mit Zug und Spannung, saftig und mit guter Frische, die Säure ist präsent und gut eingewoben, dabei auch gute Substanz, fein extrahierte Gerbstoffe, elegant. 13 Vol.-%, NK, €€€

92 2017 Arzheim am Fürstenweg Spätburgunder Erste Lage trocken
Tief, in sich ruhend, klar. Dunkle Kirsche, kühle Komponenten, etwas Bleistift. Am Gaumen feinsaftige Frucht und frischer Säurezug, Sauerkirsche, fein strukturiert, zarte Würze und Grip. 13 Vol.-%, NK, €€€

90 2019 Arzheim am Klingenwingert Weißburgunder Erste Lage trocken

92 2019 Ilbesheim Westerberg Riesling Erste Lage trocken
Feingriffig, saftig, kräuterwürzig, erdige Mineralik. Am Gaumen vollmundig, aber frisch, griffig. Saftiger Apfel, Weinbergpfirsich, Melone, getrocknete Zitronenschale, Steinstaub. Feine Phenolik, noch leichte Adstringenz und zitrische Säurestruktur. 13 Vol.-%, NK, €€

★★★

WEINGUT KREBS

Großkarlbacher Straße 10, 67251 Freinsheim
T: +49 (6353) 3149, info@weingut-krebs.eu
www.weingut-krebs.eu
Ab-Hof-Verkauf: Mo bis Fr 10–12 Uhr und 14–18 Uhr, Sa 10–16 Uhr
Kellermeister: Jürgen Krebs
Ansprechpartner: Jürgen Krebs
Flaschen/Hektar: 100.000 (50 % weiß, 50 % rot)/20 ha
Anbauweise: Biologisch zertifiziert

Dass es sich lohnt, die Weine von Jürgen Krebs wegzulegen, zeigen seine Rotweine aus dem Jahr 2017. Der famose Spätburgunder aus dem Himmelreich ist beinahe puristisch im Ausdruck und strotzt vor Mineralität, der Blaufränkisch ist saftig, griffig und tiefgründig. Er brauche keinen »Hokuspokus«, schreibt uns der Winzer, dessen 20 Hektar Weinberge seit 2018 biozertifiziert sind. Krebs hat seine ganz eigene Stilistik gefunden, Primärfrucht spielt bei ihm nicht die erste Geige, sein Umgang mit Holz ist feinfühlig und gekonnt, wie der bestens balancierte Viognier zeigt. Starker Auftritt!

91 2018 Herxheim Himmelreich Riesling tr.

Kräftiges Zitronengelb in der Farbe, würzige Nase mit reifem Steinobst und Apfel, reifer Aprikose, kandierter Orangenschale und Ingwer. In der kräftig gefassten Struktur zeigen sich Saft und reife Frucht, wieder Würze, dicht und kompakt, mit guter Länge. 13 Vol.-%, NK, €€€

93 2017 Herxheim Himmelreich Spätburgunder trocken

Florale Noten im Duft, Veilchen, etwas Hagebutte und Kirsche, ein Hauch Liebstöckel, auch ein leicht ätherischer Ton. Gut gebaut am Gaumen mit Kirsche und auch Sauerkirsche, feine Würze, puristisch im Ausdruck, trocken, betont die mineralischen Aspekte. 13 Vol.-%, NK, €€€

92 2017 »Réserve« Freinsheim Musikantenbuckel Blaufränkisch trocken

Blaubeere und Waldheidelbeere in der Nase, feine Holzwürze, etwas Orangenschale und Salbei, frisch gestoßene Wacholderbeere. Saftig am Gaumen mit etwas Sauerkirsche und schönem Fluss, kompakter Bau, der Gerbstoff ist griffig und reif, tiefgründig, elegant. 13 Vol.-%, NK, €€€

91 2017 Freinsheim Musikantenbuckel Spätburgunder trocken

Kirsche und feiner Rauch, Lorbeerblatt und etwas Wacholderbeere in der Nase. Am Gaumen kompakt gebaut mit guter Frische, Sauerkirsche und leicht zitrischem Ton, auch stoffig, die Säure ist lebendig und unaufdringlich, trocken, wenig Gaumenfrucht, leicht rappiger Gerbstoff. 13 Vol.-%, NK, €€€

90 2017 Freinsheim Spätburgunder trocken

91 2017 »Réserve« Viognier trocken

Mittleres Goldgelb in der Farbe, in der Nase mit kandierter Orangenschale und floralen Eindrücken, Anisbrot und auch Aprikose. Am Gaumen schlank und straff gebaut, mit ausgewogener Säure und wieder reifem Fruchteintrag, trocken und mit leichter Salzigkeit endend. 12,5 Vol.-%, NK, €€

WEINGUT THORSTEN KRIEGER

Theresienstraße 71, 76835 Rhodt unter Rietburg
T: +49 (6323) 704998
info@weingut-thorsten-krieger.de
www.weingut-thorsten-krieger.de

Ab-Hof-Verkauf: nach Vereinbarung
Kellermeister: Thorsten Krieger
Ansprechpartner: Thorsten Krieger, Eva König
Hektar: 26 ha

Das Rhodter Weingut Krieger betreibt schon seit 1652 Weinbau, seit 2001 wird es von Thorsten Krieger geleitet. Die 26 Hektar Weinberge befinden sich in den Rhodter Lagen Rosengarten, Klosterpfad und Schlossberg, aber auch im Burrweiler Schäwer und Edenkobener Bergel. Der Winzer schafft es Jahr für Jahr, seinen Weinen eine klare und deutliche Handschrift zu verleihen, an der Spitze einer homogenen Kollektion steht der würzige Merlot »S« aus dem Rosengarten mit feinkörnigem Tannin. Auch der substanzvolle und stoffige Grauburgunder »S« kann ebenso wie die saftige Scheurebe gefallen.

90 2019 »S« Rhodt Rosengarten Grauburgunder Spätlese trocken

Zur reifen Birne gesellt sich ein Vanilleton im Duft, getrocknete Aprikose, Holzwürze und dunklere Aromen wie Wacholderbeere. Auch am Gaumen reife Fruchtnoten, wieder getrocknete Aprikose und Birne, stoffig und mit Substanz, viel Würze und gute Länge. 13,5 Vol.-%, DV, €€

91 2018 »S« Rhodt Rosengarten Merlot trocken

Blaubeere im Duft, Waldheidelbeere und Kirsche, auch etwas Minze und Kirschjoghurt. Zeigt die Üppigkeit und die Großzügigkeit des Jahrgangs 2018 mit viel Substanz, Volumen und markantem, reifem Gerbstoff. Gute Spannung und auch genügend Frische, gut balanciert. 14 Vol.-%, NK, €€

90 2018 Rhodt Rosengarten Syrah trocken

Würzige und intensive Nase nach Schwarzer Johannisbeere, Schwarzkirsche und Brombeere, Holzwürze und etwas Tang und Teer. Die Intensität der Nase zeigt sich auch am Gaumen mit guter Konzentration und Substanz, die reifen Gerbstoffe verleihen Struktur, Grip und Würze. 13,5 Vol.-%, NK, €€€

89 2019 Gewürztraminer Auslese

In der Nase dominieren Rosenblätter, mit Kräutern unterlegt, etwas Würze. Am Gaumen Pfirsich, Aprikose und Rosenwasser, verhaltene Säure, griffig, mittlere Struktur. Deutlich spürbare Süße, etwas phenolisch, mittlere Länge, zum Gugelhupf sehr schön. 8 Vol.-%, DV, €€

89 2018 Rhodt Rosengarten Pinot Noir trocken

89 2019 Scheurebe trocken

Intensive fruchtige Nase nach Maracuja, Mango, Schwarzer Johannisbeere, Würze und frischem Rasenschnitt. Fruchtig und saftig am Gaumen mit schöner Frische und animierender Säure, bündig gebaut, wieder Würze. Nicht nur als Aperitif, kann auch Fischgerichte begleiten. 13 Vol.-%, DV, €

★★★★

WEINGUT PHILIPP KUHN

Großkarlbacher Straße 20, 67229 Laumersheim
T: +49 (6238) 656, info@weingut-philipp-kuhn.de
www.weingut-philipp-kuhn.de
Ab-Hof-Verkauf: Mo bis Fr 10–12 Uhr und 13.30–17 Uhr, Sa 10–12 Uhr und 13.30–16 Uhr
Kellermeister: Philipp Kuhn
Ansprechpartner: Lars Lander und Philipp Kuhn
Flaschen/Hektar: 200.000 (50 % weiß, 50 % rot)/ 30 + 5 ha

Wer eine Flasche dieses Weinguts in die Hände bekommt, weiß, was ihn erwartet: klare Aromen, kontrollierte Kraft, Ausdruck und Schmackes – alles mit Maß und Proportion. Auch Philipp Kuhns neue Weine machen da keine Ausnahme: Dem Saumagen Riesling quillt der Kalk aus allen Ritzen, während der Bruder aus dem Kirschgarten ein fruchtiges Aromenfeuerwerk abbrennt. Die Spätburgunder bestechen auch im 2017er Jahrgang mit Konzentration und griffigem, reifem Gerbstoff. Und auch abseits von Riesling und Pinot Noir weiß Kuhn zu überzeugen, wie etwa bei der Grauburgunder Réserve.

93 2019 Kallstadt Saumagen Riesling GG
Kalkreduktiv im Duft, Orangeat und Blutorange im Duft. Grapefruit. Im Mund kreidig, und das vom ersten Moment bis in den Abgang hinein, reifer, kultivierter Säurenerv, prägnant verdichtet im Abklang, ein Riesling mit lagentypischer Großzügigkeit. 12,5 Vol.-%, NK, €€€

93 2019 Laumersheim Kirschgarten Riesling GG
Erdige, leicht balsamische Noten, dazu etwas Gelbfrucht, Melisse, frischer Zitrusabrieb. Druckvoll am Gaumen, eine Schicht mehliger Phenole, viel Saftigkeit, spannungsvoller Säurezug, kalkgewürzter Abklang. Wirkt noch sehr jung und unentwickelt. 13 Vol.-%, NK, €€€

93 2017 Laumersheim Kirschgarten Spätburgunder GG
Verschlossen im Duft, Rauch, Röstaromen, schwarze Schuhcreme, Schwarztee, Tang und auch Teer, dahinter dunkle, reife Frucht. Konzentriert und mit stabilem Säuregerüst, kräftiges Tannin in guter Dosis, noch leicht adstringierend; saftig und trocken, jung und talentiert. 13,5 Vol.-%, NK, €€€

93 2017 Laumersheim Steinbuckel Spätburgunder GG
Duft nach dunklen Kirschen, Cassis, Kräutern wie Liebstöckel und Rosmarin, Holzwürze und Rauch, geröstete Kaffeebohnen, Grafit. Im Mund mit guter Konzentration und Substanz, dicht und mit reifem, griffigem Gerbstoff und feinem Säurezug. Betont trocken, Potenzial. 13,5 Vol.-%, NK, €€€

92 2019 Zell Schwarzer Herrgott Riesling GG

91 2018 »Réserve« Großkarlbach Burgweg Grauburgunder Erste Lage trocken
Ein Pinot Gris mit einer nussig-würzigen Aromatik nach angerösteten Mandeln und Salbei. Außerdem besitzt er einen leicht burgunderhaften Ton von Popcorn. Im Mund hat der Wein eine sanfte, aber präsente Säurestruktur und leichte Phenolik. 13 Vol.-%, NK, €€€

★★★

WEINGUT LANGENWALTER

Bahnhofstraße 45, 67256 Weisenheim
T: +49 (6353) 7390, info@weingut-langenwalter.de
www.weingut-langenwalter.de

Ab-Hof-Verkauf: Mo, Di und Fr 10–12 Uhr und 14–18 Uhr, Sa 10–15 Uhr
Kellermeister: Thorsten Langenwalter
Ansprechpartner: Thorsten Langenwalter
Flaschen/Hektar: 180.000 (60 % weiß, 40 % rot)/30 ha

Es sind wahre Balancewunder, die uns Familie Langenwalter vorgestellt hat: Weine, denen man den Sachverstand in Weinberg und Keller anschmeckt und die auf kitschige Arabesken verzichten können: Übertriebene Holztöne sucht man ebenso vergebens wie Überreifefrucht oder aufgeschminkte Süße. Stattdessen rücken die Weine sehr schön die Sortentypen in den Fokus wie beim reifen, runden Gewürztraminer, die kulinarische Eignung wie beim ganz in sich ruhenden Hahnen Weißburgunder oder die mineralische Spannung wie beim Burgweg Riesling. So kann es hier gerne weitergehen.

93 2019 Weisenheim Burgweg Riesling tr.
Pfirsich und Nektarine im Duft, leicht zitrisch, Grapefruit und Blutorange, Mandarine, mineralische Untertöne. Im Gaumen stoffig, aber auch saftig, kernige Säure, hohe Intensität in der Gaumenmitte, dabei noch ganz kompakt und jugendlich, ausgezeichnete Substanz. 13 Vol.-%, NK, €€

92 2019 Weisenheim Hahnen Weißburgunder trocken
Nussig im Duft, Leinsamen. Heu. Hefe. Weiße Schokolade. Rund und geschmeidig im Mund, feiner Fluss, eine passende, zarte Dosis Phenole, mittlere bis mittelhohe Extraktdichte, gut eingebundene, kultivierte Säure. Kulinarisch ohne Chichi, guter Wein. 13,5 Vol.-%, NK, €€

89 »Pinot Blanc et Noir« brut
In der Nase Aromen von Weißburgunder und Pinot Noir, weiße Blüten, Mirabelle, etwas Zitrusfrucht, Himbeere und Kirsche. Prägnante Frische und klare Frucht, schlank und saftig, Schmelz, feine Würze. Geradlinig im Auftritt mit guter Struktur, vielseitig. 12 Vol.-%, NK, €€

91 2018 Weisenheim Halde St. Laurent tr.
Dunkle Schokolade, Blaubeermuffin, merkliches Neuholz, mit Luftkontakt auch kräuterwürzige Aromen. Im Mund weich und geschmeidig ansetzend, dann mit lebendiger Säure, mit zarter Süße in der Frucht und seidigem Gerbstoff, der dem Bau große Eleganz verleiht. 13,5 Vol.-%, NK, €€

89 2019 »Auf dem Kalkstein« Weisenheim Weißburgunder trocken

92 2019 Weisenheim Burgweg Gewürztraminer trocken
Blutorange, Litschi, Rose und Gewürznelke. Geschmeidig und weich im Ansatz, rund und mollig in der Gaumenmitte, einiges Volumen, feine Süße, dezente Stoffigkeit, reife, aber gut Halt gebende Säure, ein Gewürztraminer mit Spätlesekörper und sehr präziser Frucht. 13,5 Vol.-%, DV, €€

★★

WEINGUT LAUERMANN UND WEYER

Leininger Ring 79, 67278 Bockenheim
T: +49 (6359) 4231, info@lauermannundweyer.de
www.lauermannundweyer.de

Ab-Hof-Verkauf: Mo bis Fr 8–12 Uhr und 13–18 Uhr, Sa 9–12 Uhr und 13–16 Uhr
Kellermeister: Hans-Jörg und Hans Heinrich Weyer
Ansprechpartner: Hans Heinrich Weyer
Hektar: 17 ha

Die Brüder Hans-Jörg und Hans Heinrich Weyer vom Bockenheimer Weingut Lauermann und Weyer legen eine facettenreiche und überzeugende Kollektion vor: Die Lagenrieslinge von der Bockenheimer Heiligenkirche und Bockenheimer Kerzenstümmel zeigen Substanz, Komplexität und Stil, aber schon die Gutsweine bieten Sortentypizität und viel Trinkfreude. Die 17 Hektar Rebfläche stehen auf unterschiedlichen Böden wie Ton, Kalkstein oder Letten, die für geschmackliche Differenzierungen sorgen: So eignen sich die Burgundersorten gut als patente Begleiter bei Tisch – zu fair kalkulierten Preisen.

91 2018 Bockenheim Kerzenstümmel Riesling trocken
Vielschichtiges Bukett mit Noten von rotem Apfel, Steinobst und Würze, auch Apfelschale, Kräuter, etwas Kümmel. Gut und kräftig gebaut am Gaumen mit guter Substanz, Dichte und Komplexität, feine phenolische Schichtung, saftig und auch fordernd, kann zulegen. 13,5 Vol.-%, NK, €€

91 2018 Bockenheim Heiligenkirche Riesling trocken
Die Nase zeigt Noten vom Holzausbau, Rauch, sogar feiner Weihrauch, der Apfel und gelbe Frucht umweht. Schlank und straff gebaut am Gaumen mit gut eingewobener Säure, guter Extrakt, feine Phenolik. Riesling mit Potenzial, das noch nicht ganz erschlossen ist. 12 Vol.-%, NK, €€

91 2018 Bockenheim Vogelsang Weißburgunder trocken
Kräftiges Gelb im Glas, rauchige und röstige Noten vom Barriqueausbau, etwas Minze, Birne, Mirabelle und Apfel. Im Mund zeigen sich Kraft und Würze auf weichem Fond, gute Substanz und Extrakt, reife Gelbfrucht zeigt sich mit Apfel. Gute Balance, kann reifen, zum Essen. 14 Vol.-%, NK, €€

90 2018 Bockenheim Vogelsang Riesling trocken
Reifer Apfel und Pfirsich im Duft, gelbe Blüten und auch zitrische Noten. Kräftiger Bau, im Mund saftig und mit schöner Klarheit, reife Säure, wieder Apfel am Gaumen, auch feiner Gerbstoff, facettenreich, ohne zu kompliziert zu sein, leicht salziger Ausklang. 13 Vol.-%, NK, €€

89 2019 Cabernet Blanc trocken

89 2019 Riesling trocken

88 2019 Weißburgunder trocken

88 2019 Chardonnay trocken

88 2019 Sauvignon Blanc trocken

88 2019 Grauburgunder trocken

89 2018 »Ro{3s}é« trocken

89 2019 »Villa Lauermann« Riesling trocken
Klassischer Rieslingduft mit Pfirsich und Aprikose, auch etwas Apfel und frische Minze kommen dazu. Saftig am Gaumen mit guter Frische und Ausgewogenheit, zu der die reife Säure und feine Fruchtsüße beitragen, würzige Noten, mineralische Anklänge, in sich stimmig. 13 Vol.-%, DV, €

★★★

WEINBAU DER LEBENSHILFE

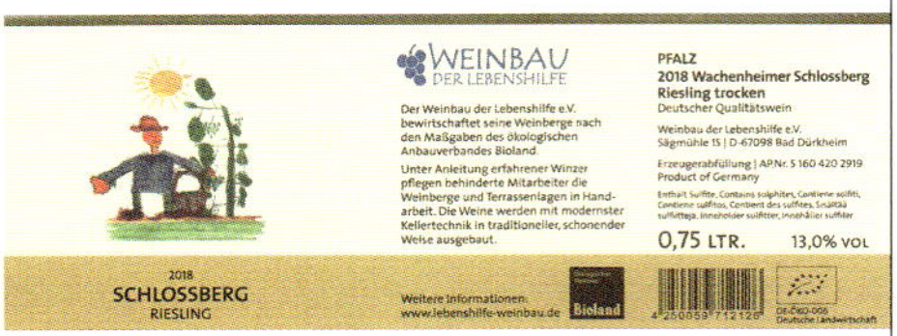

Sägmühle 15, 67098 Bad Dürkheim
T: +49 (6322) 938135, weinbau@lebenshilfe-duew.de
www.lebenshilfe-weinbau.de

Ab-Hof-Verkauf: Mo bis Do 8–12 Uhr und 13–16 Uhr, Fr 8–12 Uhr und 13–18 Uhr, Sa 10–14 Uhr
Kellermeister: Gabriel Huber
Ansprechpartner: Gabriel Huber
Flaschen/Hektar: 120.000 (60 % weiß, 40 % rot)/23 ha
Anbauweise: Biologisch zertifiziert

Wenn man parteiisch wäre, könnte man dem Weinbau der Lebenshilfe von vorne herein schon Sympathiepunkte geben: Denn dort arbeiten drei Dutzend Menschen mit Behinderung Seite an Seite mit einem erfahrenen Winzerteam. Doch Vorschusslorbeer ist überflüssig. Die Weine sammeln Punkte, weil sie gut gemacht sind und souverän dastehen. Der kraft- und spannungsvolle Riesling aus dem Wachenheimer Schlossberg zeigt seine Herkunft, der Ortswein aus Wachenheim vielschichtige Nuancen, der aus Dürkheim animiert zum nächsten Schluck. Einziges Manko: Es wurden nur vier Weine angestellt.

92 2018 Wachenheim Schlossberg Riesling trocken
Reifer Apfel und Steinobst, Kräuter, Apfelschale, Blutorange, Limettenabrieb, kühle mineralische Note. Zeigt sich saftig und mit Schmelz am Gaumen, aber auch mit Kraft und Spannung in einem eher weit gefassten Körper. Gute Balance und eindeutiger Herkunftsnachweis. 13 Vol.-%, NK, €€

90 2019 Wachenheim Riesling trocken
Schön verwobene Nase mit gelber Frucht, floralen Noten wie Blattgrün und steinig-erdigen Noten. Auch gelbfruchtig am Gaumen mit feiner Begleitung von Zitrusfrucht, würzig, reife Säure, unterlegt von mineralischen Akzenten, auf unaufgeregte Art vielschichtig. 12,5 Vol.-%, DV, €

90 2017 »Lebenshilfe Rotwein« trocken CS/CF/ME
Cuvée von Cabernet Sauvignon, Cabernet Franc und Merlot, die fruchtig und dunkelbeerig riecht, Schwarzkirsche und Schwarze Johannisbeere. Am Gaumen gut balanciert mit reifer Frucht, Saftigkeit, geschmeidigem Gerbstoff und der nötigen Portion Frische. 13 Vol.-%, NK, €€

90 2019 Dürkheim Riesling trocken
Da grüßt die Pfalz aus dem Glas mit reifer Gelbfrucht und vollmundiger Trinkanimation. Schlank gebaut mit feiner Balance, eng verwoben zeigt sich die bestens eingewobene Säure, reife, delikate Frucht hakt sich unter, das mineralische Fundament sichert ab. Schön. 12 Vol.-%, DV, €

★★

WEINGUT LEILING

Hauptstraße 3, 76889 Schweigen
T: +49 (6342) 7039, post@weingutleiling.de
www.weingutleiling.de

Ab-Hof-Verkauf: ja
Kellermeister: David Leiling
Ansprechpartner: David Leiling
Flaschen/Hektar: 70.000 (60 % weiß, 40 % rot)/15 ha

Nein, es sind nicht nur die grafisch ungewöhnlichen Weinetiketten, mit denen David Leiling auf sich aufmerksam macht und zeigt, dass er sich etwas traut. Auf den 15 Hektar, ein Großteil der Weinberge liegt auf der französischen Seite, nutzt er das kalkgeprägte Terroir von Schweigen und Umgebung, um präzise Burgunder und Rieslinge zu keltern. Herausgekommen sind dabei unter anderem ein sehr trinkiger Rosé mit dem quasi unaussprechlichen Namen »Prinzessin Vaaleanpunainen« sowie das überaus spannende Spätburgunder-Projekt »Grandfather Clones« – ein Pinot mit exzellenter Lagerfähigkeit.

90 2018 »Prima Ballerina 2.Oak« Grauer Burgunder Spätlese trocken
In der Nase malzig, jodig. Erinnert etwas an Hefeflocken, dazu reife Birne, Haselnuss. Das Holz, auf das in der Weinbezeichnung angespielt wird, ist am Gaumen spürbar. Gewisse Cremigkeit bei feiner Herbe, würziger Nachhall, vom Kalkterroir geprägt. 13 Vol.-%, DV, €€

89 2018 »Le Patron« Riesling Spätlese trocken
Der Riesling duftet intensiv nach Grapefruit und Zitronenzesten. Die Säure im Mund ist intensiv und wird begleitet von einer schönen Mineralik. Ein wirklich runder Wein, der Lust auf ein Glas mehr macht. 12,5 Vol.-%, DV, €

91 2017 »Project Grandfather Clones« Spätburgunder trocken
Würziger Duft, Berglorbeer, Blut, Mandel, Wacholder. Sehr weich grundierter Wein, dann eine mächtige Menge mürben Tannins, gut eingebundene, reife Säure, wirkt in der Struktur noch komplett verschlossen, mehr Würze als Frucht, wird viel Zeit benötigen. 14 Vol.-%, NK, €€€

89 2017 »Die Gefährten« trocken PN/CS/BP
Kandierte Kirsche im Duft, getrocknete Tomate, etwas Schwarze Johannisbeere und Pfeffer. Geschmeidig und druckvoll im Mund, saftige Frucht, feines, mollig-mürbes Tannin, ein zugänglicher, fruchtbetonter und dennoch auch strukturierter Wein. 13,5 Vol.-%, DV, €€

89 2018 »Fräulein Hildegart« Spätlese trocken CH/WB

88 2018 »Hôpital« Grauer Burgunder Spätlese trocken

88 2018 »Prima Ballerina« Grauer Burgunder Spätlese trocken

88 2018 Gewürztraminer Spätlese halbtrocken

89 2018 »Prinzessin Vaaleanpunainen« Spätburgunder Rosé trocken
In der Nase Erdbeere, fein würzig, auch Pflaumenmus und ein Hauch Orangenblüten. Am Gaumen mit schöner Frische und Struktur, geschmeidig. Gut integrierte Säure, die ihm eine schöne Lebhaftigkeit verleiht. Ein Rosé mit Charakter. 12,5 Vol.-%, DV, €

★★★★

WEINGUT JÜRGEN LEINER

Arzheimer Straße 14, 76831 Ilbesheim
T: +49 (6341) 30621, info@weingut-leiner.de
www.weingut-leiner.de

Ab-Hof-Verkauf: ja
Kellermeister: Sven Leiner
Ansprechpartner: Sven Leiner
Flaschen/Hektar: 120.000 (70 % weiß, 30 % rot)/16 ha

Es gab Zeiten, da galten die Weine von Sven Leiner als unzugänglich, spröde und anachronistisch. Das war, als biodynamisch denkende Winzer wie Leiner, der sich schon seit 15 Jahren zur Biodynamie bekennt, noch misstrauisch beäugt wurden. Inzwischen weiß man, dass Leiners Weine vor allem eines brauchen: Geduld. Wenn man die aufbringt, zeigen sich die Weine als individuell, markant, unverfälscht und auch mal querköpfig. Inzwischen transportieren sie auch die Erfahrung und Souveränität des Winzers, der zu einer eigenen Persönlichkeit gereift ist. Großes Winzerhandwerk!

93 »16 17 18« brut nature
Klares Honiggelb. In der Nase Brioche, Mandel, Limonenzeste, helle Blüten, etwas Birne. Am Gaumen feinperlig, lebendige Säure, leicht gerbig, Zitronell, grüner Apfel, ausgewogen. Weiniger Charakter, gute Struktur, feine Länge, elegant. Für den ganzen Abend geeignet. 11,5 Vol.-%, NK, €€€

92 2018 »Kalkbank« Riesling Landwein tr.
In der Nase zeigen sich Apfel, Blüten und feine Holzaromen, ebenso Steinobst wie Aprikose. Kompakter Bau am Gaumen mit saftiger Frucht und gut eingewobener Fruchtsüße, Schmelz und Charme, Würze und auch Tiefe, sehr klar im Ausdruck und unverfälscht. Gute Länge. 13 Vol.-%, NK, €€€

92 2018 »Tonmassiv« Chardonnay Landwein trocken
Kräftiges Gelb im Glas, in der Nase etwas Aprikose, Birne und Apfelschale, feine Würze und Rauch, Vanille. Ist am Gaumen kräftig gebaut, sehr saftig und klar in der Frucht, Apfel und Aprikose, feine Gewürze, etwas frischer Ingwer, durchaus elegant, jung. 12,5 Vol.-%, NK, €€€

93 2018 »Kalkbank« Spätburgunder Landwein trocken
Hagebutte, Hefewürze und Waldbeeren, feiner Rauch und röstige Aromen, Lakritze, Liebstöckel als Beinote. Setzt in einem kompakten Körper auf einem weichen Fond geschmeidig an, Würze mengt sich mit Himbeere, fein geschmolzenes Tannin, kalkmineralische Definition. 13 Vol.-%, NK, €€€

91 2018 »Kalkbank« Weißburgunder Landwein trocken

91 2018 »Lehmdecke« Grauburgunder Landwein trocken

89 2019 »handwerk« Chardonnay Landwein trocken

89 2019 »handwerk« Riesling Landwein trocken

89 2019 »handwerk« Grauburgunder Landwein trocken

89 2019 »handwerk« Weißburgunder Landwein trocken

90 2017 »handwerk« Spätburgunder Landwein trocken

92 2018 »Lehmdecke« Gewürztraminer Landwein trocken
Goldgelb in der Farbe, würzige, intensive Nase nach Rosenblättern, Litschi, Johannisbeere und vollreifer Mango. Vollmundig am Gaumen und ziemlich trocken, fließt leicht viskos dahin, intensiv, üppig und doch nicht kitschig. Grandios zu Leber und asiatischen Gerichten. 13 Vol.-%, NK, €€

★★

WEINGUT LERGENMÜLLER

Weinstraße 16, 76835 Hainfeld
T: +49 (6323) 94926 0, info@lergenmueller.de
www.lergenmueller.com

Ab-Hof-Verkauf: ja
Kellermeister: Jürgen Lergenmüller
Ansprechpartner: Stefan und Jürgen Lergenmüller
Flaschen/Hektar: 750.000 (50 % weiß, 50 % rot)/85 ha

Die Pfalz, das ist bekannt, ist nicht unbedingt die Heimat des Leichtweins. Im Hause Lergenmüller weiß man indes mit der typischen Pfälzer Power umzugehen. Der »Black Ox« aus dem Jahrgang 2018 schafft selbst aus seinen beeindruckenden 15,5 Volumenprozent ein harmonisches Ganzes. Das nennen wir Pfälzer Lokalkolorit in der Liga von Amarone und Primitivo! Wer eher klassischen Proportionen zuneigt, kommt im umfangreichen Sortiment ebenfalls auf seine Kosten, etwa bei kulinarischen Weißweinen wie dem Grauburgunder »Buntsandstein« und dem Weißburgunder »Muschelkalk«.

90 2019 »Muschelkalk« Weißburgunder trocken
Relativ kräftige Farbe. Leicht pfeffrig im Duft. Mirabelle, reife Gelbfrucht. Pfirsich. Geschmeidig ansetzend, dann voluminös, kreidig, gute Frische und fester Säurezug, wirkt trotz seiner Körperkraft dynamisch und spannungsvoll, guter Speisenbegleiter. 13 Vol.-%, NK, €€

93 2018 »Black Ox Blood Edition« tr. CS/TE/DF
Waldbeerkompott, Brombeerkonfitüre, Tannenhonig und Latwerge. Im Mund mit großem Volumen, Cremigkeit und intensiver Beerenfrucht, der feine Gerbstoff gewinnt im Abgang an Dichte, lebendiger Nerv, die Frucht hallt lange nach. Eine Antwort auf Primitivo. 15,5 Vol.-%, NK, €€€

91 2017 »Roter Lehm« Merlot trocken
Pflaumenmus, Kaba, Vanille und Karamell, Rumrosine. Cremig und saftig im Auftakt, feste Säure in kraftvollem Körper, viel Saftigkeit, körniger Gerbstoff guter Reife, abgerundet im Finale, ein wuchtiger Merlot. 14,5 Vol.-%, NK, €€

91 2018 »Angiolino« Spätburgunder trocken
Waldbeeren, Cassis, Halbbitterschokolade, im Mund mit kräftigem Gerbstoff, mit einem Hauch fruchtig-vegetaler Noten, Brombeerblättertee, leichte Süße in der Frucht, cremiger Hintergrund, viel Saftigkeit und gut integrierte Säure, seidiger Abklang. 14,5 Vol.-%, NK, €€

89 2019 »Feuerstein« Sauvignon Blanc trocken

88 2018 »Pur Mineral« Chardonnay trocken

89 2018 »Handschrift« trocken CS/TE

89 2017 »Urgestein« St. Laurent trocken

90 2019 »Buntsandstein« Grauer Burgunder trocken
Dezenter Duft, feine Sortenwürze, nussig und beerig, mit einer Spur von Holzeinsatz. Im Mund unmittelbar fruchtgetragen, reife Charantaismelone, stoffig mit stattlichem Körper, reifer Säure und guter Frische, geschmeidiger Fond, ein charaktervoller Sortentyp. 12,5 Vol.-%, NK, €€

★

WEINGUT LOHR

Weinsheimer Hauptstraße 21, 67551 Worms
T: +49 (6241) 33327, post@weingut-lohr.de
www.weingut-lohr.de

Ab-Hof-Verkauf: Nach Vereinbarung
Kellermeister: Frank Lohr
Ansprechpartner: Frank Lohr

Das Weingut Lohr besteht schon seit 1665, aber jetzt scheint eine besonders dynamische Phase angebrochen zu sein: Die Internetseite des Wormser Weinguts Lohr wird aktualisiert, alles, was man hört, wirkt ein wenig geheimnisvoll. »Das Wort Veränderungen beschreibt am besten unsere aktuelle Arbeit«, lässt uns das Weingut wissen. Gesichert ist, dass sich Johanna Bossert im Weingut engagiert: »Wir gehen einen gemeinsamem Weg«, bestätigt die Winzerin aus Gundersheim. Ziel soll es sein »Weine zu produzieren, die unvergessen bleiben«. Mit den aktuellen Weinen ist ein guter Anfang gemacht.

91 2019 Flomborn Goldberg Riesling trocken
Noten von Spontangärung, Apfel, etwas Malz, Kräutern und reifem Steinobst wie Pfirsich. Am Gaumen mit kräftiger, klar definierter Statur, in der sich saftige, süße Frucht und eine reife Säure zeigt, schönes Spiel, guter Extrakt, phenolischer Eintrag, vielschichtig. 13 Vol.-%, DV, €€€

90 2019 Flomborn Chardonnay trocken
Reife Birne in der Nase, Mandarine und Apfel, auch Blattgrün und würzige Noten. Am Gaumen mit Saft und Schmelz gut gebaut, wieder würzige und kräutrige Anklänge, süßlicher Extrakt, eine Schicht feiner Phenole, leichte Herbe im Ausklang erhöhen die Komplexität. 12,5 Vol.-%, DV, €€

89 2019 Chardonnay trocken
Reifer Apfel in der Nase, Zitrusfrucht und Mirabelle, Kräuter und Blüten kommen dazu. Am Gaumen mit süßlichem Extrakt kräftig gebaut, Saft und Schmelz, reintönige Frucht, reife Aprikose. Die reife Säure ist gut eingebunden, feine Würze, großzügig und charmant. 12,5 Vol.-%, DV, €

89 2016 Riesling brut
Reife Pfirsichfrucht, Würze und ein Hauch Petrol, etwas Safran. Am Gaumen mit kräftigem Mousseux und guter Frische, schlanker Bau, reife und stabile Säure, die den Gaumen ausfüllt. Würzig, fordernd und auch elegant, kompetenter Sekt für einige Anlässe. 12 Vol.-%, NK, €€

89 2018 Merlot trocken

89 2019 Sauvignon Blanc trocken
Würzige und rebsortentypische Nase nach reifer Grapefruit, Stachelbeere und auch Mango, würzige Komponenten, Zitronengras. Am Gaumen mit saftiger, präsenter Säure und schöner Fruchtausprägung, feine salzige und würzige Nuancen, schlanker Bau, dabei vollmundig.
12,5 Vol.-%, DV, €

★★★

WEINGUT MARGARETHENHOF

Wiesenweg 4, 67147 Forst an der Weinstraße
T: +49 (6326) 8302, info@margarethenhof-forst.de
www.margarethenhof-forst.de

Ab-Hof-Verkauf: nach Voranmeldung
Kellermeister: Martin Lucas und Yvonne Libelli
Ansprechpartner: Yvonne Libelli
Hektar: 17 ha

So langsam, liebe Weinfreunde, sollte es sich herumgesprochen haben. Trotzdem wollen wir noch einmal mit Nachdruck darauf hinweisen: In Forst an der Weinstraße steht der Margarethenhof, ein Weingut, das hervorragende Rieslinge zu sehr fairen Preisen feilbietet. Schon der Basisriesling, in der Literflasche präsentiert, zeigt, wo es langgeht. Was Yvonne Libelli und ihr Bruder Martin Lucas anbieten, ist großartig: Die Rieslinge der Forster Top-Lagen Ungeheuer, Musenhang und Pechstein aus dem Jahrgang 2018 erreichen nationales Spitzenniveau. Wir gratulieren zum dritten Stern!

93 2018 Forst Ungeheuer Riesling Grosse Lage trocken
Funkelnd hellgrün im Glas, starke mineralische und dabei kühle Nase, ein wenig Jod mit Blütenwiese und auch Limettenabrieb. Im Mund sehr erwachsen mit Tiefgang und Würze, gut verdichtet mit Eleganz und Vielschichtigkeit, sehr gute Balance, unglaublicher Nachhall! 13 Vol.-%, DV, €€

93 2018 Forst Pechstein Riesling Grosse Lage trocken
Duftige Kräuternase nach Thymian und Lavendel, dann aber auch Blütenwiese und weiße Mandeln, eine Spur Cremeduft. Die Kräuter bleiben am Gaumen fein erhalten, eine gute Säurestruktur balanciert die dosierte Stoffigkeit und verleiht dem Wein frische Eleganz. 13 Vol.-%, DV, €€

93 2018 Forst Jesuitengarten Riesling Grosse Lage trocken
Hübsches, zickiges Hellgrün im Glas, fein blitzend, duftige Nase, fröhliche zarte Noten von blühenden Wiesen, gelbes Steinobst. Im Mund eine tolle Mischung aus Zartheit und Präsenz, leicht und auch dicht, saftig und herb, enormer floraler Nachhall mit viel Eleganz. 13 Vol.-%, DV, €€

93 2019 Forst Musenhang Riesling Erste Lage
Feiner kühler Duft nach Kräutern, auch Minze, dann weißer Honig, fein geröstete Mandeln und Orangenblüten. Im Mund eine frische und köstlich ausbalancierte Süße von eleganter Säure gestützt, gekonnt balanciert, perfekter und köstlicher Nachmittagswein! 9,5 Vol.-%, DV, €

90 2019 »Kernstück« Weißburgunder trocken

89 2019 »Basis« Riesling trocken

89 2019 Forst Riesling trocken

89 2019 »Kernstück« Riesling trocken

89 2019 »Kernstück« Chardonnay trocken

89 2019 »Kernstück« Sauvignon Blanc trocken

89 2019 »Kernstück« Auxerrois feinherb

91 2019 Deidesheim Herrgottsacker Riesling Erste Lage trocken
Strohgelb glitzernder Wein, duftige Nase nach weißen Beeren, auch frischem Heu und grünen Birnen, rauchige Noten. Im Mund trinkig mit knackiger Säure und einer feinen Portion saftiger Süße als harmonische Unterstützung, druckvoller Nachhall, schön! 14 Vol.-%, DV, €€

★★

WEINGUT MEHLING

Weinstraße 55, 67146 Deidesheim
T: +49 (6326) 274, info@weingut-mehling.de
www.weingut-mehling.de

Ab-Hof-Verkauf: Mo bis Sa 9–12 Uhr und 14–18 Uhr
Kellermeister: Kathrin Otte, Christoph Knäbel
Ansprechpartner: Kathrin Otte
Hektar: 10 ha
Anbauweise: Biologisch zertifiziert

Das junge Deidesheimer Paar – Kathrin Otte und Christoph Knäbel – hat mit viel Gusto ein ganz neues Kapitel am elterlichen Weingut eingeschlagen, das den Mittelhaardter Spitzenlagen Rechnung trägt. Die Ersten Lagen sind durchweg schlank, ungekünstelt, ehrlich und handfest – ohne Allüren, aber dafür umso überzeugender – und jahrgangstypisch. Die Abstufung zu den Großen Lagen ist ebenfalls klar. Diese Weine, obwohl sie ein Jahr älter sind, sind noch immer von vielversprechenden und zukunftsweisenden Spontinoten geprägt und haben Charakter, Tiefe und Langlebigkeit. Weiter so!

94 2018 Königsbach Ölberg Riesling Große Lage trocken

Getrocknete Heublumen vermischen sich mit einer angenehmen, sanften Cremigkeit auf der Nase, sodass der Eindruck gedämpfter Ätherik entsteht. Der Gaumen scheint von Hefe gepuffert, obwohl markige Zitronenzesten köstlich mit feiner Frische lauern. 13 Vol.-%, NK, €€€

93 2018 Deidesheim Kalkofen Riesling Große Lage trocken

Wilde, hefige Noten vermischen sich mit den tropischen Mango- und Maracujatönen und machen richtig Lust auf mehr. Am Gaumen kommt noch mehr Leben: Textur, mehr hefige Spontinoten, bittere Zesten und Birnenschale, wunderbare, reife Saftigkeit. Braucht Zeit – aber oho. 13 Vol.-%, NK, €€€

92 2018 Forst Ungeheuer Riesling Große Lage trocken

Birnenschale, getrocknete Zitronenzesten, Quendel und steinige Frische sind geballt an der Nase. Am Gaumen ist es sanfter und reifer, aber so war ja auch der Jahrgang. Die wunderbar griffige Textur sorgt für Struktur und die sonst verhaltene Frische trumpft zum Schluss. 13 Vol.-%, NK, €€€

90 2019 Deidesheim Leinhöhle Riesling Erste Lage trocken

Reife Mandarinen- und Orangenschalen duften sanft. Mehr Luft lässt dann markige Zitrone durchklingen. Am Gaumen klar, rein, sauber. Eine ganz klare Linie der Frische zieht durch den Wein, der das Schlanke, das Markige, das Elegante geradezu unterstreicht. 12,5 Vol.-%, DV, €€

90 2019 Deidesheim Paradiesgarten Riesling Erste Lage trocken

91 2019 Deidesheim Kieselberg Riesling Erste Lage trocken

Reifes Steinobst, Birnenschale, Heublumen: Aromatik charakterisiert die Nase. Der Gaumen ist sehr reif, von rundem Steinobst und Birnenschale geprägt, etwas Apfelkern-Bitternis bietet einen attraktiven Kontrapunkt. Der Abgang könnte noch frischer sein. 12,5 Vol.-%, DV, €€

★★

WEINGUT MEIER

Hübühl 9, 76835 Weyher in der Pfalz
T: +49 (6323) 988599, info@wein-meier.de
www.wein-meier.de

Ab-Hof-Verkauf: Mo bis Fr 14–18 Uhr, Sa 9–16 Uhr
Kellermeister: Georg Meier
Ansprechpartner: Georg Meier
Flaschen/Hektar: 100.000 (70 % weiß, 30 % rot)/20 ha

Georg Meier erweist sich immer mehr als Spezialist für straffe, puristische und mineralisch unterfütterte Rieslinge, die einen ordentlichen Säurezug, Ecken und Kanten haben und über ein enormes Reifepotenzial verfügen. Der im Granitfass ausgebaute Riesling »2G« aus dem Jahrgang 2018 bringt viel Spannung ein und wirkt noch immer jung, der maischevergorene Riesling »Schiefer« aus 2018 zeigt alle Ingredienzen eines Orangeweines auf kultivierte und mineralische Art. Die 20 Hektar Rebfläche befinden sich inzwischen in Umstellung auf ökologischen Weinbau. Es bleibt spannend in Weyher.

92 2018 »2G« Riesling trocken
Zur reifen Gelbfrucht (Aprikose und Pfirsich) in der Nase kommen steinige Noten, auch Würze und etwas Minze. Gute Spannung am Gaumen mit Zug und gut dosierter Kraft, athletische Statur, die intensive Mineralität sorgt für Charakter und Profil. Eigenständig und besonders. 13 Vol.-%, NK, €€

91 2018 »Schiefer« Riesling Landwein trocken
Heller Bernstein in der Farbe, in der Nase mit Salbei, getrockneter Aprikose und feinen malzigen Noten, auch Wermutkraut. Am Gaumen mit reduzierter Geschwindigkeit, aber viel Inhalt: reife Säure, kräftige Gerbstoffe und Phenole, gute Dichte und mineralische Tönung. 12 Vol.-%, NK, €€€

91 2018 Burrweiler Altenforst Riesling trocken
Fein verwobene Nase mit Aprikose und Maracuja, feine Würze und Rauch. Am Gaumen kräftig und fest strukturiert, setzt nicht auf opulente Gaumenfrucht, sondern auf kühle Mineralik, saftig, mit feinen phenolischen Schichten, puristisch und fordernd. 13 Vol.-%, NK, €€€

90 2015 »Réserve« Hainfeld Cabernet Sauvignon trocken
Dunkle Aromen in der Nase, Leder, Grafit, Cassis und Minze, auch ein ätherischer Ton. Kräftig gebaut am Gaumen mit Drang nach vorne und markantem, reifem Gerbstoffgerüst, Sauerkirsche zeigt sich, Schwarzkirsche und reife Pflaume, feine Mineralität. Komplex. 14 Vol.-%, NK, €€€

90 2019 Weyher Michelsberg Riesling trocken

91 2018 Weyher Michelsberg Riesling tr.
Ordentliches Gelb im Glas, Noten von Spontangärung, ziemlich reifes Steinobst, dazu mineralisches Flimmern. Druck und Kraft am Gaumen, tragende Säurestruktur, kompakter Bau, trocken und mit maritimen Noten, kein Kitsch, viel Substanz und auch Mineralik. 13,5 Vol.-%, NK, €€

★★★★

WEINGUT HERBERT MESSMER

Gaisbergstraße 5, 76835 Burrweiler
T: +49 (6345) 2770, messmer@weingut-messmer.de
www.weingut-messmer.de

Ab-Hof-Verkauf: Mi bis So 13–19 Uhr in der Vinothek, Weinstraße 6, Burrweiler
Kellermeister: Bernd Henninger
Ansprechpartner: Martin Meßmer
Hektar: 26 ha

Nachdem Gregor Meßmer noch vor dem Herbst 2019 aus dem Betrieb ausgeschieden ist, steht Martin Meßmer nun alleine an der Spitze des Weinguts. Gemeinsam mit Betriebsleiter Jonas Bosch und Kellermeister Bernd Henninger legt er einen ausgezeichneten Jahrgang vor. Der Riesling vom Burrweiler Schäwer wartet mit einer brenzligen Mineralwürze auf, die Kenner begeistern wird. Wir möchten hier aber auch ganz besonders das Augenmerk auf die Tatsache richten, dass schon Guts- und Ortsweine ausgesprochen verlässlich sind. Eine solche Serie von 90-Punkte-Bewertungen ist nicht alltäglich. Bravo!

93 2019 Burrweiler Schäwer Riesling GG
Leicht hefig im Duft, aber auch von einer brenzligen Schieferwürze geprägt. Dazu eine nuanciere Spätlesefrucht von Orange bis Mirabelle. Trockene Phenole am Gaumen, mittelgewichtige Stoffigkeit, ein Riesling mit Volumen und Feuer, getragen im Tonfall. 13 Vol.-%, NK, €€€

92 2019 Burrweiler Schlossgarten Im Goldenen Jost Weißburgunder GG
Weiße Blüten in der Nase, Mandelkern, Aprikose, Zitrusfrucht und Apfel. Kräftige Textur am Gaumen mit reifer und griffiger Säure, feine Salzigkeit, gut balanciert, hat Eindringlichkeit, aber auch Geschmeidigkeit und Würze, dicht und konsistent, mit Charakter. 13,5 Vol.-%, NK, €€€

91 2019 »einzig & artig« Weyher Michelsberg Riesling Erste Lage trocken
Intensive rauchige Nase, auch Honig und Bienenwachs, dann ein Frühlingsduft wie Flieder und gelbblühende Felder, im Mund saftig und frisch, feine, leicht herbe Säure, die positiv den Appetit anregt, intensiver Nachhall mit zarter Adstringenz. 13 Vol.-%, NK, €€

91 2019 Burrweiler Schlossgarten Chardonnay Erste Lage trocken
Anfänglich sehr verhaltene Nase, nur zögerlich kommt der Duft von Heu, etwas Rauch und Orangenblüten ins Glas, im Mund zuerst eine kühle Frische mit zarter Cremigkeit, Noten von Kokosnuss und Zitronenzeste, auch nasser Kieselstein, langer mineralischer Nachhall .13 Vol.-%, NK, €€

90 2019 Gleisweiler Hölle Grauburgunder Erste Lage trocken

90 2019 »Schiefer« Burrweiler Riesling trocken

90 2019 »einzig & artig Devonschiefer« Burrweiler Riesling trocken

90 2019 »Granit« Hainfeld Riesling trocken

90 2019 Weißburgunder trocken

90 2019 »Muschelkalk« Grauburgunder trocken

91 2019 Gelber Muskateller feinherb
Herrlich duftige Kräuternase nach Cassis und Liebstöckel, Lindenblüten und frischem Heu, kühl und auch mineralisch, am Gaumen saftige Paarung von zarter Süße mit abgepufferter Säure, ein purer Geschmack nach dicken, saftigen Muskattrauben, nur eben in flüssiger Form. 12 Vol.-%, DV, €€

★★★

WEINGUT KARL-HEINZ UND ANDREAS MEYER

Bahnhofstraße 10, 76831 Heuchelheim-Klingen
T: +49 (6349) 5895, mail@meyer-weingut.de
www.meyer-weingut.de

Ab-Hof-Verkauf: Mo bis Fr 9–12 u. 13–17 Uhr, Sa 10–15 Uhr
Kellermeister: Andreas Meyer und Hauke Kerkau
Ansprechpartner: Andreas Meyer
Flaschen/Hektar: 120.000 (70 % weiß, 30 % rot)/17 ha
Anbauweise: Biologisch zertifiziert

Das Familienweingut Meyer bewirtschaftet in Heuchelheim, Klingenmünster und Appenhofen insgesamt 17 Hektar. Seit Andreas Meyer 2008 als Kellermeister in den Betrieb seiner Eltern eingestiegen ist, hat das Gut noch einmal kontinuierlich an Qualität zugelegt – so wie es im Idealfall ist, wenn Innovation auf Erfahrung trifft. Sehr stark ist erneut der Riesling aus dem Heuchelheimer Herrenpfad mit seinem Druck und seiner feinen Mineralik. Ein gutes Beispiel für tolle Qualität zu moderaten Tarifen ist der aromatische Riesling »Buntsandstein«, der noch weiter zulegen wird.

91 2019 Heuchelheim Herrenpfad Riesling trocken
Zitronengelb. In der dezenten Nase entwickelt sich ein Duft von Zitrone, Mandarinenschale und gelbem Apfel. Die attraktive Säure balanciert die klassische Rieslingaromatik ergänzt um leichte Mineralik in einem mittleren Körper bei einem guten Nachhall. 13,5 Vol.-%, NK, €€

91 2019 Heuchelheim Herrenpfad Weißburgunder trocken
Blasses Goldgelb. In der Nase ein Duft von Haselnuss, reifem Pfirsich und Birne. Am Gaumen mit mittelgewichtigem Körper, leichter Phenolik, sehr lebendiger Säure sowie komplexen Aromen von Maracuja, Ananas, Mango und weißem Pfeffer. 13,5 Vol.-%, NK, €€

89 2019 »Muschelkalk« Klingenmünster Weißburgunder trocken
Klar in der Farbe. In der Nase eine mittlere Intensität von Pfirsich, Zitronenschale, Mandel und Gebäck. Am Gaumen mit ausreichender Säure, die obige Aromen sowie eine Note von Walnuss und Schotter entsprechend balanciert. Guter Nachhall. 13 Vol.-%, DV, €

89 2017 Heuchelheim Herrenpfad Spätburgunder trocken
Rubin im Glas. In der Nase ein typischer, intensiver Duft des Spätburgunders von roter Kirsche, Himbeere, Nelke und Hibiskus. Am Gaumen mit expressiver Säure, die vorherige Aromen sowie Holunderblüte bei reifem Taninn in einem mittleren Körper entspannt balanciert. 13,5 Vol.-%, NK, €€

88 2019 »Kalkmergel« Heuchelheim Grauer Burgunder trocken

90 2019 »Buntsandstein« Klingenmünster Riesling trocken
Fast intensiv in der Nase mit einem Duft von Limette, reifem Apfel und Aprikose. Am Gaumen eine leichte Phenolik bei lebendiger Säure, wieder Limette und reifer Apfel sowie Mandarinenschale und etwas Mango. Macht heute schon viel Spaß und wird noch zulegen. 12,5 Vol.-%, DV, €

★★

WEINGUT KLAUS UND MARIUS MEYER

Theresienstraße 80a, 76835 Rhodt unter Rietburg
T: +49 (6323) 93233, info@weingut-meyer.com
www.weingut-meyer.com

Ab-Hof-Verkauf: Mo bis Sa 14–18 Uhr, So 10–12 Uhr
Kellermeister: Marius Meyer
Ansprechpartner: Marius Meyer
Flaschen/Hektar: 180.000 (80 % weiß, 20 % rot)/17 ha

Das Familienweingut im idyllischen Rhodt unter Rietburg keltert Weine mit Struktur und Tiefe. Diesmal hat es uns eine spannende Auswahl mit drei unterschiedlichen Sauvignon Blancs präsentiert, die Kraft, Zug und Eleganz zeigen. Die Spätburgunder sind duftig und konzentriert und machen Lust auf den nächsten Schluck. Auch optisch hat sich etwas getan: Das Design wurde elegant modernisiert. Braun und Sandgrau dominieren nun – sie symbolisieren das größte Kapital des Weinguts: den Boden. Gleichzeitig wurde das Sortiment gestrafft, um den Fokus noch mehr auf die Qualität legen zu können.

91 2019 »Fumé« Rhodt unter Rietburg Sauvignon Blanc trocken
Komplexer Duft mit leichter Röstaromatik, grüner Paprika, Brioche, reifem Pfirsich, Quitte und Zitrone. Am Gaumen trägt die gute Säurestruktur, Grapefruit, Passionsfrucht und Tomatenblatt ergänzen das Aromenspektrum. Ein Wein, der zum Trinken einlädt. 13 Vol.-%, DV, €

91 2019 Rhodt unter Rietburg In der Blenk Sauvignon Blanc trocken
In der Nase eine feine Holznote, Veilchen, Zitronenzeste und reifer Pfirsich. Am Gaumen balanciert die expressive Säure die konzentrierte Aromatik um Stachelbeere, Grapefruit und reifem Pfirsich. Mittelgewichtiger Körper und langer Nachhall. 13,5 Vol.-%, DV, €€

90 2018 Chardonnay trocken
In der Nase eher dezenter Duft von gelbem Apfel, Ananas, Sternfrucht und Gewürznelke. Am Gaumen moderater Holzeinsatz spürbar bei präsenter, balancierter Säure, wieder Apfel, dazu noch etwas Mandel, mittelgewichtiger Körper und schöne Länge. 13 Vol.-%, NK, €€€

90 2018 Rhodt unter Rietburg Rosengarten Spätburgunder trocken
Mittleres Purpur. Am Gaumen ein eher linearer Duft von süßen Kirschen, Wacholder und weißem Pfeffer. Am Gaumen Aromen von Geißblatt, Himbeer sowie Johannisbeerblatt. Eher schlanker Körper bei reifem Taninn, lebendige Säure und guter Nachhall. 13,5 Vol.-%, DV, €€€

89 2018 Edesheim Spätburgunder trocken

90 2019 Sauvignon Blanc trocken
Blasses Zitronengelb. Intensiver Duft von Stachelbeere, grünem Apfel, Birne und Buchsbaum. Am Gaumen etwas junge Paprika, reife Honigmelone, Grapefruit und Zitrone. Eine typischer Vertreter seiner Rebsorte mit lebendiger Säure und gutem Abgang. 12 Vol.-%, DV, €

★★★

WEINGUT STEFAN MEYER

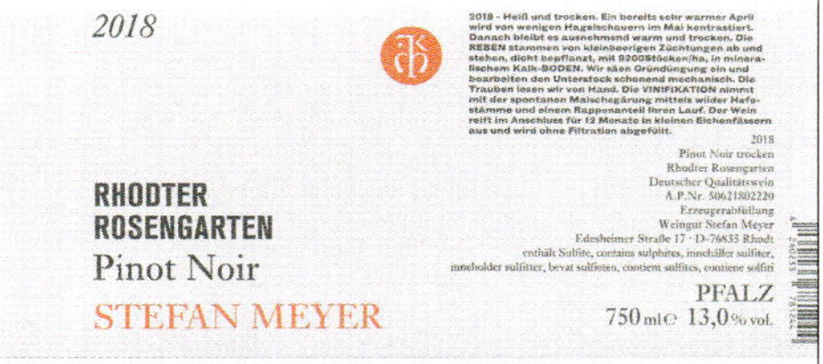

Edesheimer Straße 17, 76835 Rhodt unter Rietburg
T: +49 (6323) 2348, weingut@meyer-rhodt.de
www.meyer-rhodt.de

Ab-Hof-Verkauf: Mo bis Fr 13–18 Uhr, Sa 10–16 Uhr
Kellermeister: Stefan Meyer
Ansprechpartner: Stefan Meyer
Flaschen/Hektar: 95.000 (50 % weiß, 50 % rot)/12 ha

Wir sind es gewohnt, dass Stefan Meyer dichte und substanzvolle Burgunder präsentiert. Aber mit seiner aktuellen Kollektion hat er noch einmal sein handwerkliches Können unterstrichen: Schon der Einstiegs-Pinot-Noir »Aus Rhodt« zeigt Grip und Schwung, der Pinot Noir aus dem Rosengarten steigert sich mit guter Balance und Eleganz. Der Pinot Noir Schwarzer Letten aber ist die Spitze der Burgunderriege mit enormer Dichte und Spannung. Auch die Weißweine wie der saftige Weißburgunder sollte man nicht vernachlässigen. Kompliment nach Rhodt unter Rietburg!

92 2019 Rhodt Rosengarten Weißburgunder trocken

Etwas Kamille, Minze und Apfel zeigen sich in der vielschichtigen Nase, Hefe, reife Zitrusfrucht und etwas Weihrauch. Am Gaumen konzentriert und mit guter Substanz und Saft, die Säure ist selbstbewusst genug, um durch den kompakten Körper zu führen. Jung. 13 Vol.-%, NK, €€

91 2019 Rhodt Rosengarten Chardonnay tr.

Würzige Nase mit Aprikose, rauchigen Noten, Apfel und Zitrusfrucht, Hefewürze; im Mund würzig ansetzend, auf weichem Hintergrund zeigen sich Kraft und gute Substanz, etwas weißer Pfeffer, trocken und mit Spannung, leichte phenolische Bitternote, jugendlich. 13 Vol.-%, NK, €€

93 2018 Edenkoben Schwarzer Letten Pinot Noir trocken

Balsamische Würze in der Nase, etwas Tinte und Teer, dunkle Frucht, viel Schwarzkirsche. Gehaltvoll und vollmundig am Gaumen mit reifer Frucht und reifen Gerbstoffen, viel Substanz, Druck und Spannung in der Gaumenmitte, Würze im Finale, gutes Reifepotenzial. 13 Vol.-%, NK, €€€

92 2018 Rhodt Rosengarten Pinot Noir tr.

Blaubeere und Kirsche in der konzentrierten Nase, Rosenblätter und Veilchen kommen dazu, etwas Darjeeling. Kompakt und bündig gebaut mit guter Balance von Kraft, Spannung, Frische und Eleganz, würzig und mit feiner Herbe, die Gerbstoffe sind präsent und reif, gute Länge. 13 Vol.-%, NK, €€€

91 2018 Rhodt Klosterpfad Syrah trocken

90 2018 »Aus Rhodt« Pinot Noir trocken

Konzentrierte und feine Nase nach Kirschen, feiner Holzwürze und Veilchen, Blaubeeren dazu. Kräftig und klare Kontur am Gaumen mit Spannung und präsentem Gerbstoff, der Grip zeigt. Ein Spätburgunder, der solo und zum Essen Spaß macht, straff und pur. 13 Vol.-%, NK, €€

★★★★

WEINGUT THEO MINGES

Bachstraße 11, 76835 Flemlingen
T: +49 (6323) 93350, info@weingut-minges.com
www.weingut-minges.com
Ab-Hof-Verkauf: Mo bis Fr 9–12 u. 13–18 Uhr, Sa 9–17 Uhr
Kellermeister: Theo Minges, Regine Minges, Fritz Hohlreiter und Lukas Hammelmann
Ansprechpartner: Theo und Regine Minges
Flaschen/Hektar: 180.000 (65 % weiß, 35 % rot)/25 ha
Anbauweise: Biologisch zertifiziert

Es gibt Winzerinnen und Winzer, die den Weinbau mit analytischen Mitteln und Maßstäben angehen, Regine Minges gehört nicht dazu. »Ich bin sehr stimmungsgetragen«, sagt die Winzerin, »ein Herzmensch, neugierig, impulsiv und sehr emotional.« Gemeinsam mit ihrem Vater Theo leitet sie das Weingut der Familie mit 25 Hektar Rebfläche, das seit 2010 biologisch zertifiziert ist. Ihr Puls schlage »im Takt der Natur«. Deren Energie wolle sie »als Mediatorin in die Flasche bringen«, meint Regine Minges. Die Weine sind wie die Winzerin: spannungsgeladen, ausdrucksstark und voller Gefühl. Stark!

94 2019 Burrweiler Schäwer Riesling GG
Blutorange und gelbe Pflaume im Duft. Im Mund mit hintergründigem Schmelz, aber auch mit festem, sowohl mineralisch wie auch phenolisch fundiertem Extrakt. Ein kraftvoller Wein mit Feuer, aber auch mit außergewöhnlichem Extrakt. Sehr aromatisch im Abklang. 13 Vol.-%, NK, €€€

93 2019 Gleisweiler Hölle Unterer Faulenberg Riesling GG
Lieblich blütenduftend, Apfelblüte, Honigbonbon, Kumquat. Dichte, homogene Phenole am Gaumen, kernige Säure, straff und gebündelt, disziplinierer Alkohol, derzeit noch sehr in sich gekehrt, mineralisch, mit besten Anlagen für eine überaus lange Flaschenreife. 13,5 Vol.-%, NK, €€€

92 2019 Böchingen Rosenkranz Im untern Kreuz Weißburgunder GG
Fruchtige, kräftige und auch florale Nase, Blüten, Aprikosen, ein Hauch Marzipan; am Gaumen saftig, würzig, mit guter Verdichtung und Substanz, phenolische Anreicherung; verbindet die klassische und die neue Pfalz, stilvoll und lang, feine Salzigkeit im Finale. 13,5 Vol.-%, NK, €€€

93 2017 Böchingen Rosenkranz Zinkelerde Spätburgunder GG
Pinotduft in der Nase, Veilchen, Rose, Kirschen, gequetschte Wacholderbeeren, Rauch und Holzwürze. Mit guter Substanz und Spannung am Gaumen, kräftiger Säurezug, trocken und saftig, die Gerbstoffe sind markant, noch leicht adstringierend, wird gut reifen. Potenzial. 13,5 Vol.-%, NK, €€€

91 2019 Gleisweiler Hölle Riesling trocken

91 2019 »Kalkmergel« Chardonnay trocken

90 2019 »Muschelkalk« Grauburgunder tr.

90 2019 »Edition Rosenduft« Gewürztraminer trocken

90 2019 Gleisweiler Im oberen Letten Riesling trocken

90 2019 »Buntsandstein« Riesling trocken

92 2017 Böchingen Rosenkranz Spätburgunder trocken

91 2019 Böchingen Rosenkranz Grauburgunder trocken
Zitronengelb im Glas. Mittlere Intensität eines sehr feinen Duftes von Birne, weißem Pfirsich und Geißblatt. Am Gaumen kommen Aromen von frischer Melone, Mandel und Zitronenschale dazu, kräftiger Bau, balanciert von lebendiger Säure. Sehr guter Nachhall. 13,5 Vol.-%, DV, €

★★★★

WEINGUT GEORG MOSBACHER

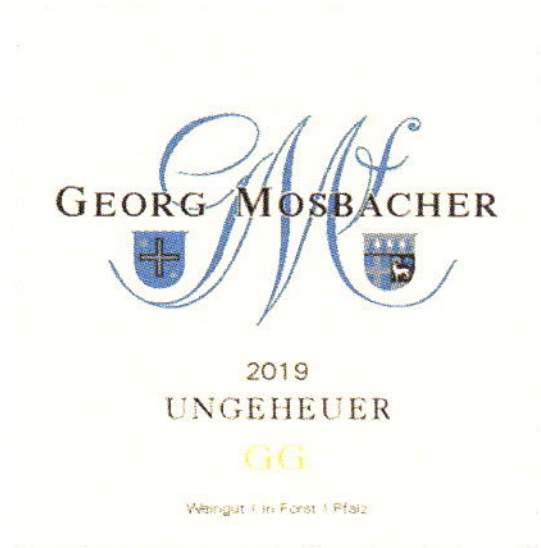

Weinstraße 27, 67147 Forst
T: +49 (6326) 329, info@georg-mosbacher.de
www.georg-mosbacher.de
Ab-Hof-Verkauf: Mo bis Fr 9–12 Uhr und 13.30–18 Uhr, Sa 10–13 Uhr
Kellermeister: Jürgen Düringer
Ansprechpartner: Sabine Mosbacher-Düringer
Hektar: 22 ha
Anbauweise: Biologisch zertifiziert

Die hervorragenden Rieslinge des Weinguts Mosbacher sind immer zugleich auch eine Einweisung in die Terroirs der Forster, Deidesheimer und Wachenheimer Spitzenlagen: Sabine Mosbacher-Düringer und ihr Mann Jürgen Düringer machen diese Unterschiede auf genussvolle Art schmeckbar. Das Große Gewächs aus dem Forster Ungeheuer schiebt sich dabei in den Vordergrund, bei dem »Nerv und Mineralität Starkstrom anlegen«, wie ein Verkoster notierte. Nicht vergessen sollte man den eigenständigen Sauvignon Blanc »Fumé«. Gerne mehr von diesem flüssigen und delikaten Terroirunterricht!

93 2019 Forst Ungeheuer Riesling GG
Pikant fruchtig im Duft: Weinbergpfirsich und ein Hauch Schwarze Johannisbeere, dazu leicht steinige Noten. im Mund ein Idealtyp-Ungeheuer: kraftvoll, aber auch mit Kern, hintergründig mild und geschmeidig, aber Nerv und Mineralität legen Starkstrom an. 13 Vol.-%, NK, €€€

92 2019 Forst Musenhang Riesling Erste Lage trocken
Im Duft zeigen sich Apfel und kandierte Zitrusfrucht, Aprikose, Kräuter und Blüten. Schlank gebaut mit präsenter und eingewobener Säure und Zitrusfrucht, feine Balance der Elemente, zeigt Eleganz und auch seine Herkunft mit ausgeprägtem mineralischem Timbre. 12,5 Vol.-%, NK, €€

92 2019 »Fumé« Sauvignon Blanc trocken
Kompakte und würzige Nase mit reifer Stachel- und Johannisbeere, florale Noten. Setzt am Gaumen saftig und mit schöner Würze an, gut gebaut in stimmigen Proportionen, zeigt Eleganz und die eigenständige, lokale Interpretation einer internationalen Rebsorte. Eindrucksvoll.
13 Vol.-%, NK, €€

91 2019 »Basalt« Riesling trocken
Steinobst in der Nase mit Kräutern, Apfel und Mirabelle, auch warmer Stein. Eröffnet mit einer gepflegten und saftigen Säure am Gaumen, feine Kräuterherbe, reifes Steinobst, leichte Salzigkeit, ein nunancenreicher Riesling, der sich kontinuierlich und gekonnt aufbaut. 13 Vol.-%, NK, €€

90 2018 »SL« Weißburgunder trocken

91 2019 Deidesheim Leinhöhle Riesling Erste Lage trocken
Apfel und Apfelschale in der Nase, feine Aprikose zeigt sich, kräutrige und mineralische Anklänge. Auch am Gaumen mit deutlicher mineralischer Grundierung, Kräuter und Zitrusfrucht, Kumquats und Pampelmuse, gut eingebundene Säure, klare Kontur, klarer Ausdruck. 13 Vol.-%, DV, €€

★★★

WEINGUT EUGEN MÜLLER

Weinstraße 34a, 67147 Forst
T: +49 (6326) 330, kontakt@weingut-eugen-mueller.de
www.weingut-eugen-mueller.de

Ab-Hof-Verkauf: Mo bis Fr 8–12 Uhr und 13.30–18 Uhr
Kellermeister: Stephan Müller und Jürgen Meißner
Ansprechpartner: Stephan Müller
Flaschen/Hektar: 145.000 (90 % weiß, 10 % rot)/17 ha

Die Bewertungen, die Christine und Stephan Müller vom Weingut Eugen Müller für ihre Rieslinge erhalten, klingen wie ein lange anhaltender Applaus. Das ist allemal wohlverdient, denn Stephan Müller schafft es gekonnt, Forsts große Lagen zum Sprechen und Klingen zu bringen, sei es mit der famosen trockenen Spätlese aus dem Kirchenstück oder mit den kaum weniger eindrucksvollen Rieslingen aus den Lagen Ungeheuer, Jesuitengarten und Pechstein. Das ist großes Riesling-Terroir-Kino, das schon mit dem trockenen, mineralisch-würzigen Kabinett beginnt, der unsere Empfehlung ist.

94 2019 Forst Kirchenstück Riesling Spätlese trocken
Feiner Rauch, Aprikose, Hagebutte, kandierte Zitronenschale, steinige Noten. Saftig am Gaumen mit reifer Säurestruktur, ein Schuss Süße, kompakter Bau, leicht phenolisch, Spannung und Zug, deutliche Terroirprägung, Mineralik bestimmt den Ausklang, großes Potenzial. 13 Vol.-%, NK, €€€

93 2018 Forst Kirchenstück Riesling Spätlese trocken
Würzige und rauchige Nase, auch reifes Steinobst, Lorbeerblatt, Gewürze, reifer Pfirsich, Mirabelle. Großzügig am Gaumen mit reifer, süßlicher Frucht und geschmeidiger Säure, beinahe viskos im Fluss, cremig, trotzdem Spannung und auch Lebendigkeit zur Mineralität. 13 Vol.-%, NK, €€€

92 2019 Forst Ungeheuer Im Ziegler Riesling Spätlese trocken
Feiner Duft nach Aprikose und Weinbergpfirsich, feines Holzparfum und Gewürze. Am Gaumen saftig und mit etwas Restsüße, die gut integriert wird, fester und straffer Bau, gutes Volumen und Extrakt, verspielte und doch geradlinige Säure, kühle Mineralik, jung und lang. 12,5 Vol.-%, NK, €€€

93 2019 Forst Kirchenstück Riesling Auslese
Sattes, klares Gelb. Eher verhaltene Nase, nach Belüftung Blütenhonig, Papaya, mineralisch unterlegt, reife Zitrusfrucht, Kräuterwürze. Am Gaumen dicht und vielschichtig, vibrierende Säure, satte Frucht, Schmelz und Spannung, balanciert, große Zukunft, endet lang und frisch. 10 Vol.-%, NK, €€

92 2019 Forst Pechstein Riesling Spätlese trocken

92 2019 Forst Jesuitengarten Riesling Spätlese trocken

90 2019 Forst Ungeheuer Riesling Kabinett trocken

88 2019 Sauvignon Blanc trocken

88 2019 Riesling Kabinett trocken

88 2019 Weißburgunder Kabinett trocken

91 2015 »Alte Reben« Spätburgunder trocken

90 2019 Forst Jesuitengarten Riesling Kabinett trocken
Schon in der Nase zeigen sich Anspruch und Herkunft: Neben feiner gelber Frucht wie Aprikose auch mineralische Anklänge, steinige Würze. Am Gaumen straff und mit guter Frische, geradlinige Säure in einem schlanken Körper, saftig, würzig und mit klarer Mineralik. Schön! 12,5 Vol.-%, DV, €€

★★★

WEINGUT MÜNZBERG

Böchinger Straße 51, 76829 Landau-Godramstein
T: +49 (6341) 60935, wein@weingut-muenzberg.de
www.weingut-muenzberg.de

Ab-Hof-Verkauf: Mo bis Fr 8–12 und 14–18 Uhr, Sa 10–15 Uhr
Kellermeister: Nico Keßler
Ansprechpartner: Gunter Keßler
Flaschen/Hektar: 120.000 (79 % weiß, 21 % rot)/17 ha

Mit Gunter, Nico und Friedrich Keßler arbeitet inzwischen ein Familientrio im malerisch am Fuß des Münzbergs gelegenen Aussiedlerhof. In den letzten Jahren hat das Weingut sein Profil für die Burgundersorten geschärft. Dieser Trend setzt sich fort. Die Weißburgunder haben weniger Pfälzer Rundungen als früher und die Chardonnays kommen fast schon asketisch-streng daher. Dieses Jahr sind wir auch von den Spätburgundern sehr beeindruckt, die stoffige Tiefe mit Eleganz verknüpfen und auch in den Aromen vielschichtig sind. Wir setzen das Weingut auf die Watchlist für einen vierten Stern.

93 2019 Godramstein Stahlbühl Chardonnay Erste Lage trocken
Mittleres Goldgelb. Intensiv in der Nase: ein Duft von Brioche, Vanille, Zitronenzeste, Ananas und reifem gelbem Apfel. Die pikante Säure balanciert weiter Aromen wie Ananas und Sternfrucht. Komplex, saftig und mit sehr gutem Nachhall. 13,5 Vol.-%, NK, €€€

92 2019 Godramstein Schneckenberg Grauburgunder Erste Lage trocken
Cremefarben mit rötlichem Schimmer. Betörend beerig im Duft. Blaubeere, Waldhimbeere, feine Phenolik im Gaumen, sämig, zarter Druck, den feingliedrigen, aber lange anhaltenden Säurenerv unterstützend, substanzreich und sachte im Stil mit strahlender Abgangsfrucht. 13,5 Vol.-%, NK, €€

93 2017 Godramstein Münzberg Schlangenpfiff Spätburgunder GG
Minze in der Nase, dazu Kirschen und Blaubeeren, Rauch, Kräuter und Gewürze; am Gaumen mit Schmelz und Saft, die reife Säure trägt durch den kräftig gebauten Körper, betont trocken, kräftig extrahiertes Tannin, noch leicht adstringierend gutes Potenzial. 13,5 Vol.-%, NK, €€€

93 2017 Godramstein Affolter Spätburgunder Erste Lage trocken
Ein sehr komplexer Spätburgunder! Er duftet nach frischen Himbeeren und Tannennadeln in Verbindung mit einer leicht harzigen Note. Seine Säure ist frisch und doch sehr gut integriert. Ein sehr eleganter und frischer Pinot mit extrem nachhaltiger Mineralik. 13,5 Vol.-%, NK, €€€

92 2019 Godramstein Münzberg Schlangenpfiff Weißburgunder GG

92 2019 Godramstein Ochsenloch Weißburgunder Erste Lage trocken

91 2019 »Kalkgestein« Godramstein Weißburgunder trocken

90 2019 Weißburgunder trocken

90 2019 »Kalkgestein« Godramstein Chardonnay trocken

90 2019 »Löß-Lehm« Godramstein Weißburgunder trocken

89 2019 Godramstein Grauburgunder trocken

92 2019 »Kalkmergel« Godramstein Chardonnay trocken
Zitronengelb im Glas. Feiner Duft von Ananas, reifem Apfel und Vanille. Am Gaumen mit weiteren komplexen Aromen von Zitronenzeste, Aprikose, Brioche und Kreide. Alles balanciert von lebendiger Säure mit leichter Phenolik und sehr gutem Abgang. 13,5 Vol.-%, NK, €€

★★

WEINGUT NAUERTH-GNÄGY

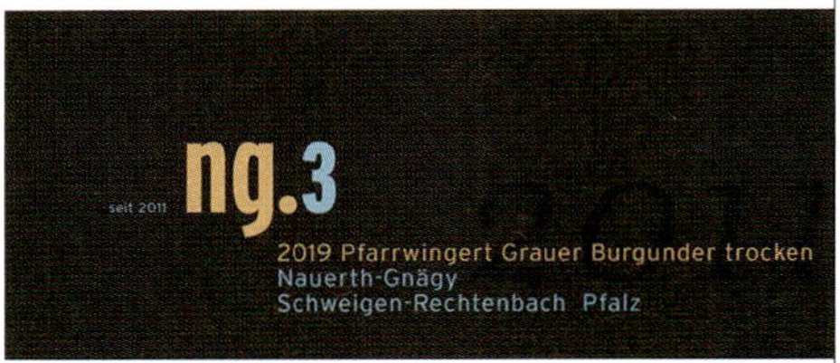

Müllerstraße 5, 76889 Schweigen-Rechtenbach
T: +49 (6342) 919042, info@nauerth-gnaegy.de
www.nauerth-gnaegy.de
Ab-Hof-Verkauf: Sa 9–17 Uhr, Mo bis Fr nach Vereinbarung
Kellermeister: Michael Gnägy und Mareen Nauerth
Ansprechpartner: Nauerth-Gnägy
Flaschen/Hektar: 180.000 (60 % weiß, 40 % rot)/30 ha
Anbauweise: Biologisch zertifiziert

Mareen Nauerth und Michael Gnägy vom erst 2011 entstandenen Weingut Nauerth-Gnägy scheinen sich immer stärker als vierte Kraft in Schweigen hinter den Weingütern Friedrich Becker, Jülg und Bernhart zu positionieren. Dass sich die kalkhaltigen Böden besonders gut für die Burgundersorten eignen, ist bekannt. Dieses Potenzial reizt das Winzerpaar immer besser aus, das seine 30 Hektar Rebfläche biologisch bewirtschaftet; ein Teil der Reben steht auf französischem Boden. Der Weißburgunder zeigt Substanz und kalkmineralische Würze, die Spätburgunder Dichte und Eleganz. Chapeau!

90 2019 »ng.3« Schweigen-Rechtenbach Lorch Weißburgunder trocken
Weiße Blüten im Duft, gelber Apfel und Aprikose, auch feine Holzwürze. Gut gebaut am Gaumen mit Substanz und Volumen, reife Säure fügt sich ein, würzige Noten und Saft, kalkmineralische Tönung, reife Frucht ergeben ein stimmiges und vielschichtiges Gesamtbild. 13,5 Vol.-%, DV, €€

89 2019 »ng.3« Schweigen-Rechtenbach Pfarrwingert Grauer Burgunder trocken
Reife Birne zeigt sich im Duft, geröstete Walnüsse, reife Honigmelone, Bienenhonig und auch rauchige Anklänge. Geschmeidiger Ansatz am Gaumen mit süßlichem Extrakt und weicher Säure, saftig und würzig, kräftige Statur. Grauburgunder, der reifen kann, zum Essen. 14 Vol.-%, DV, €€

91 2015 »ng.3« Schweigen Sonnenberg Spätburgunder trocken
Holzwürzige Noten in der kräftigen Nase, Cassis, Röstaromen und Rauch, Lorbeerblatt, Waldboden. Am Gaumen kraftvoll mit guter Konzentration und Spannung, kräftiges und reifes Tannin, das noch leicht anhaftet, etwas pfeffrig und pikant, mineralische Würze. 13,5 Vol.-%, NK, €€

91 2014 Schweigen-Rechtenbach Herrenwingert Pinot Noir trocken
Cassis in der konzentrierten Nase, schwarze Kirschen, steinige Würze, Rote Bete und frisch gestoßene Wacholderbeeren. Am Gaumen weich ansetzend mit schöner Kirschfrucht, trocken und mit präziser Säureführung, reifes Tanningerüst, mineralische Unterfütterung. 13,5 Vol.-%, DV, €€

89 2019 »ng.2« Gewürztraminer trocken

90 2019 »ng.3« Schweigen-Rechtenbach Herrenwingert Chardonnay trocken
Würziger und saftiger Chardonnay, der die Trefflichkeit der Schweigener Weinberge für Burgundersorten unterstreicht. Riecht nach Kräutern, Apfel, Mirabelle und feinem Rauch, Zitrusfrucht; am Gaumen cremig und mit reifer Säure, konsistent und nicht zu süß, mineralisch. 13,5 Vol.-%, DV, €€

★★

WEINGUT NEHB

Im Auweg 44, 67269 Grünstadt-Asselheim
T: +49 (6359) 6437, info@weingut-nehb.de
www.weingut-nehb.de

Ab-Hof-Verkauf: Mo bis Sa 8–12 Uhr und 13–18 Uhr
Kellermeister: Sascha Nehb
Ansprechpartner: Sascha Nehb
Flaschen/Hektar: 100.000 (50 % weiß, 50 % rot)/15 ha

Sascha Nehb hat ein Faible entwickelt für Rebsorten, die bei anderen Winzern höchstens eine Nebenrolle spielen: Schwarzriesling, Cabernet Mitos und Regent laufen bei ihm regelmäßig zu guter Form auf. Der Schwarzriesling »unfiltriert« aus dem Goldberg zeigt Substanz und eine aparte Herbe in der Frucht, sein Pendant »Terrain Calcaire« gefällt mit feiner kalkmineralischer Untermalung, während der Cabernet Mitos mit seinem würzig-kräutrigen Duft besticht. Aber auch der Riesling »Terrain Calcaire« zeigt Struktur und Stil. Sascha Neb ist immer wieder für angenehme Überraschungen gut!

90 2019 »Terrain Calcaire« Mühlheim Grafenstück Riesling Spätlese trocken
Apfelnoten im Duft, Pfirsich und Kräuter, auch kalkmineralische Anklänge. Am Gaumen würzig und saftig mit guter Struktur und Balance, Frucht und Säure stehen gut zueinander, feiner Zitronensaft fließt dazu, gute Substanz einer Spätlese mit Stil. 13 Vol.-%, DV, €

89 2019 Mühlheim Grafenstück Chardonnay Spätlese trocken
Birne, Zitrusfrucht und Zitronengras, reifer Apfel und Reneklode in der Nase. Würzige Saftigkeit am Gaumen, begleitende Fruchtsüße, kräftiger Bau, hat die Struktur, um kräftige Speisen zu begleiten und Menschen mit kräftigem Durst zufriedenzustellen. 13,5 Vol.-%, DV, €

89 2019 Mühlheim Grafenstück Grauer Burgunder Spätlese trocken
Birnenschale, Quitte und Birne, Hagebutte und Kräuterbeet. Saftiger und sortenreiner Grauburgunder mit Spätlesecharakter, der gut gebaut ist und die fröhliche Fülle der Rebsorte auf stimmige Art abbildet. Dabei aber nicht in die Breite gehend, feine Würze. Zum Essen. 12,5 Vol.-%, DV, €

90 2018 »unfiltriert« Asselheim Goldberg Schwarzriesling trocken
Konzentrierte Nase nach Holunderbeere, Brombeere, etwas Blutorange und Ingwer, Holzwürze. Trocken am Gaumen und ungeschminkt, mit herber Frucht und etwas Zartbitterschokolade, stoffig und mit guter Substanz, die Gerbstoffe sind markant und geben Rückhalt, eigener Charakter. 13 Vol.-%, NK, €€

88 2019 Sauvignon Blanc

88 2018 Mühlheim Grafenstück Blanc de Noir Spätburgunder trocken

88 2018 Mühlheim Grafenstück Spätburgunder Rosé

89 2017 Asselheim Goldberg Cabernet Mitos Barrique trocken

89 2017 Asselheim Höllenpfad Dornfelder Barrique trocken

88 2018 Asselheim Goldberg Schwarzriesling trocken

88 2018 Asselheim Höllenpfad Regent feinherb

89 2018 »Terrain Calcaire« Asselheim Goldberg Schwarzriesling trocken
Holunder, auch Holundermark, Waldhimbeere und Brombeere, feine Holzwürze. Griffig am Gaumen mit straffer, kräftiger Textur und feinherber Frucht, die Gerbstoffe haben den richtigen Biss und die nötige Reife, kalkmineralische Untermalung, zum Essen eine Bereicherung. 13 Vol.-%, NK, €

★

WEINGUT FRIEDHELM NEU

Weidenhof 3, 67098 Bad Dürkheim-Leistadt
T: +49 (6322) 793632, info@weingut-neu.de
www.weingut-neu.de

Ab-Hof-Verkauf: Mo, Do und Fr 15–18 Uhr, Sa und So 11–17 Uhr
Kellermeister: Friedhelm Neu
Ansprechpartner: Friedhelm Neu
Hektar: 20 ha

Eine Fläche von 20 Hektar Reben kultiviert das Weingut Friedhelm Neu aus Bad Dürkheim-Leistadt. »Die Lage am Haardt-Rand ermöglicht unseren Weinen durch Cool Climate eine schöne Säurestruktur auszubilden«, lässt uns Betriebsleiter Friedhelm Neu wissen. In seiner Kollektion gibt es einiges zu entdecken: den würzigen Roten Riesling, den eleganten Riesling »AR« aus dem Leistadter Herrenmorgen oder den geschmeidigen Portugieser »AR«. Dass Friedhelm Neu auch gerne experimentiert, zeigt sein ungeschminkter »Sylvaner Orange«. Spannend!

90 2017 »AR« Leistadt Herrenmorgen Riesling trocken
Reifer Pfirsich im Duft, auch Apfel und zitrische Anklänge, Blattgrün. Saftig und würzig am Gaumen, gut balanciert, ausgewogene Säurestruktur, zeigt zum einen die reife Frucht einer Spätlese, aber ebenso Frische und Rieslingeleganz, auch Tiefe und Ausdruck. 12,5 Vol.-%, DV, €

90 2018 »Sylvaner Orange« Landwein trocken
Würzige und malzige Noten, Hagebutte, Birnenschale, Hopfen, weißer Pfeffer, getrocknete Aprikose, auch ein Hauch Minze. Kräftig gebaut und mit phenolischen Schichten, eher breit angelegt am Gaumen mit reifer Säure, trocken, ungeschminkter Charakter, zum Essen. 13,5 Vol.-%, NK, €€

91 2018 »AR« Leistadt Kirchenstück Portugieser trocken
Weichselkirsche und Pflaume in der Nase, Blutorange, Röstaromen und Kräuter wie getrockneter Rosmarin. Trocken am Gaumen mit ausgewogener Säure in einem kräftigen, klar gefassten Körper, griffiger und reifer Gerbstoff, mineralische Grundierung, gutes Potenzial. 13 Vol.-%, NK, €€

90 2015 Leistadt Herrenmorgen Syrah tr.
Reife Fruchtnoten in der Nase, Waldbeeren, Kirsche, auch Mon Chérie, Blaubeere, Holzwürze, Holzkohle, Wacholderbeere und etwas Rauchfleisch. Am Gaumen kräftig gebaut mit markantem Gerbstoffgerüst, Substanz, gute Frische Sauerkirsche, trockener Charakter. 14 Vol.-%, NK, €€

89 2019 Leistadt Kalkofen Johanniter trocken

89 2018 Leistadt Herrenmorgen Chardonnay trocken

88 2019 Leistadt Weißburgunder trocken

88 2019 Leistadt Grauburgunder trocken

88 2018 »Blanc de Noir« Leistadt trocken

89 2018 Leistadt Cabernet Sauvignon trocken

89 NV »Namenlos« Leistadt tr. CS/DU/SY/DF

90 2019 Leistadt Herzfeld Roter Riesling tr.
Weinbergpfirsich und Mandarinenschale, etwas Orangeat und Blüten, gemahlene Mandeln. Saftig und weich am Gaumen mit zurückhaltender Säure und schöner Würze, reifes Steinobst, auch Zitrusfrucht, kräftig, gute Substanz, Grip zeigt Profil und Charakter, würzig im Finale. 13 Vol.-%, DV, €

★★★

WEINGUT AM NIL

Neugasse 21, 67169 Kallstadt
T: +49 (6322) 8011
www.weingutamnil.de

Ab-Hof-Verkauf: Mo bis Fr 8–12 und 13–17 Uhr
Kellermeister: Till Tempel
Ansprechpartner: Christine Ludt
Flaschen/Hektar: 200.000 (70 % weiß, 30 % rot)/31 ha

Als Ana und Reinfried Pohl junior den Traditionsbetrieb im September 2010 übernahmen, benannten sie das Gut nach der historischen Einzellage Nil, die heute ein Teil des Kallstadter Saumagens ist. Auf einer Rebfläche von über 30 Hektar produzieren sie in Kallstadt und der Umgebung Weine, die das von den Kalkböden geprägte Terroir exzellent vermitteln. Allein in den Spitzenlagen Saumagen und Herrenberg bewirtschaftet das Gut rund 3,7 Hektar. Der Riesling aus dieser Tonlage glänzt mit Balance und Länge, der Spätburgunder aus dem Saumagen ist komplex und verfügt über viel Potenzial.

92 2018 Kallstadt Saumagen Riesling trocken
Klares Zitronengelb, ein feiner Duft von reifem roten Apfel, Zitronenschale, erweitert am Gaumen mit Aromen von schwarzem Johannisbeerblatt, Litschi und einer leichten Note von weißem Pfeffer. Gut balanciert mit lebendiger Säure und langem Abgang. 13,5 Vol.-%, NK, €€€

90 2018 Ungstein Herrenberg Riesling trocken
Mittleres Zitronengelb. In der Nase ein feiner Duft von Zitronenzeste, Limette und gelbem Apfel. Am Gaumen Aromen von reifem Pfirsich, Limette, Nektarine, grünem Apfel und Tomatenblatt, balanciert von fast expressiver Säure bei gutem Nachhall. 13 Vol.-%, NK, €€

90 2019 Ungstein Weilberg Riesling trocken
Mittleres Zitronengelb. Intensiver Duft von reifem Apfel, Birne, Speck. Am Gaumen erweitert von Aromen von Zitrone, Limette und Pfirsich, getragen von ausreichender Säure. Der Wein hat eine spannende, nicht alltägliche Komplexität und eine gute Länge. 12,5 Vol.-%, DV, €€

92 2017 Kallstadt Saumagen Spätburgunder trocken
Im Duft entwickelt sich die anfangs leicht rauchige Nase weiter hinein in komplexe Aromen von Sauerkirsche, junger Himbeere und Gewürznelke. Am Gaumen auch Rote Johannisbeere, nasser Stein und Champignons bei gut integrierter Säure. Potenzial. 13,5 Vol.-%, NK, €€€

90 2019 Kallstadt Riesling trocken

90 2019 Riesling trocken

89 2019 Kallstadt Sauvignon Blanc trocken

88 2019 Kallstadt Chardonnay trocken

88 2019 Grauburgunder trocken

88 2019 Sauvignon Blanc trocken

88 2017 »Púrpura« trocken CF/ME/CS

91 2018 Riesling Brut
Ausgeprägt hefig im Duft, buttrig, Brioche, aber auch kräuterwürzige Rieselingaromen. Frisch und spannungsvoll im Mund, lebendiges Mousseux, feste Säure, gut die Frucht hervorhebende Süße, ein Sortentyp mit Ausdruck, Frische und Saftigkeit. 11,5 Vol.-%, NK, €€

★★

GUT OBERCARLENBACH

Hauptstraße 23, 67271 Kleinkarlbach
T: +49 (176) 23447014, info@Obercarlenbach.de
www.obercarlenbach.de

Ab-Hof-Verkauf: ja
Kellermeister: Bernd Meckel
Ansprechpartner: Bernd Meckel
Hektar: 4 ha

Erst ihren dritten Jahrgang stellen Bernd und Annette Meckel an und die Weine zeigen von Jahr zu Jahr mehr Charakter und Mut: Kellermeister Bernd Meckel verzichtet fast immer auf nivellierende Restsüße, durch den Ausbau im kleinen Holzfass erhalten die Weine eine feste Struktur. Sie sind schlank gebündelt und kompromisslos puristisch wie der Riesling aus dem Herrenberg und der Müller-Thurgau aus dem Liebesbrunnen. Mit etwas Luft zeigen sie ihr ganzes Format. Die Rotweine wie der »Pinot« aus dem Kieselberg zeigen Substanz und Gefühl. Mainstream muss man woanders suchen. Kompliment!

90 2019 Kleinkarlbach Herrenberg Riesling trocken
Noch recht verschlossene Nase mit Hefe und Kräutern, Rauch und Röstaromen. Straff, schlank und bündig gebaut, kompromisslos und betont trocken, feiner Zitronensaft am Gaumen. Ungewöhnlicher Riesling, der Mainstream umgeht und seinen speziellen Charakter zeigt. 12,5 Vol.-%, NK, €€

89 2019 Riesling trocken
Reifer Apfel und auch eine feine Cidrenote in der Nase, Zitrusfrucht, Steinobst wie Aprikose und Mirabelle, weiße Blüten, Muskatblüte. Gut ausgewogen am Gaumen mit charmanter Frucht und gewogener Süße, fein abgerundet, aber auch leichte und aparte Herbe, stimmig. 12 Vol.-%, DV, €

91 2017 »Pinot« Kleinkarlbach Kieselberg Spätburgunder trocken
Eleganter Duft nach roter Kirsche, Johannisbeere, etwas Orangenschale und feinem Rauch. Unaufgeregt am Gaumen mit reif fließender Säure, die Gerbstoffe sind reif und patent eingebunden, gute Balance, ein erwachsener Pinot Noir mit Struktur und Gefühl. 13 Vol.-%, NK, €€

90 2017 »Laurentius Réserve« St. Laurent trocken
Zwetschge in der Nase, reife Schwarzkirsche, auch Brombeere, dunkle Schokolade und kräftige Holzwürze. Am Gaumen kräftig gebaut mit natürlichem Wesen und ohne stützende Süße, das Holz bindet sich ein, viel Würze. Zeigt seinen puren Charakter und Kern. 13 Vol.-%, NK, €€

89 2018 »Rosé Réserve« trocken

90 2019 Dackenheim Liebesbrunnen Müller-Thurgau trocken
Müller-Thurgau, der durch den Ausbau im kleinen Holzfass eine feste Struktur bekommt, schlank gebündelt und trocken, puristisch und doch auch großzügig mit reifem Apfel, Zitrusfrucht und Kräutern, geradlinige Säure, guter Extrakt, schlankes Format mit viel Inhalt. 13 Vol.-%, DV, €

★★

WEINGUT OBERHOFER

Am Linsenberg 1, 67483 Edesheim
T: +49 (6323) 944911, pascal@weingutoberhofer.de
www.weingutoberhofer.de

Ab-Hof-Verkauf: ja
Kellermeister: Pascal Oberhofer
Ansprechpartner: Pascal Oberhofer
Hektar: 25 ha
Anbauweise: Biologisch zertifiziert

Dass der junge Pascal Oberhofer von Edesheim aus in die Welt blickt, ist sofort an seinen Weinen zu erkennen. Sein Ehrgeiz ist augenscheinlich, sein Qualitätsstreben auch. Seine Eltern, die den Betrieb bereits 2008 auf ökologischen Weinbau umstellten, unterstützen ihn voll. Die Kompetenz beim frischen Gewürztraminer liegt in der Familie: Die ältesten Reben in ganz Deutschland pflegen sie im Rhodter Rosengarten und ringen den alten Gewürztraminerstöcken jedes Jahr noch feinsten Nektar ab. Die Spätburgunder lassen jedoch nicht nur auf Ambition, sondern auch auf seltenes Talent schließen.

89 2017 »Chardonnay Crémant Pfalz« brut nature
Etwas Hefe, buttrige Noten, reife Gelbfrucht, Aprikose, am Gaumen stoffig mit Kern, aber nicht aggressiv, frisches Mousseux, lebendiger Säurennerv, durch seine ganz trockene Abstimmung ein sehr guter Aperitif, hat eine herzhafte Herbe. 12,5 Vol.-%, NK, €€

93 2017 Edesheim Kirchberg Spätburgunder trocken
Sowohl Rauch als auch erdige Töne sind sanft und elegant auf der Nase. Am Gaumen ist das Aufeinandertreffen von illuminierender Frische, festen, aber feinsten Tanninen, angenehm bitterer Phenolik und rauchiger Frucht ein einziger Genuss. Ein großer Wurf der Eleganz. 13 Vol.-%, NK, €€

92 2017 Edesheim Apfelgarten Spätburgunder trocken
Nasse Erde und nasses, gefallenes Eichenlaub sind zu vernehmen und auch noch leichte, feuersteinartige Reduktion. Am Gaumen festes Tannin, feine Phenolik, helle, frische, schöne Pinotsäure und elegante Konzentration. Schlank, aber tief. Bravo! 13 Vol.-%, NK, €€€

89 2018 Edesheim Madonnenhöhe Chardonnay trocken
Cremige Eiche und sahnige Großzügigkeit zeichnen sich ganz klar auf der Nase ab. Auch am Gaumen ist die nussig, eichige Resonanz groß; etwas Mirabelle gesellt sich dazu und dezente Frische. Liebhaber geschmeidiger Chardonnays können sich daran wärmen und laben. 14 Vol.-%, NK, €€

89 2019 Riesling trocken

90 2019 Edesheim Forst Gewürztraminer tr.
Duftige, sanfte, cremige Rosentöne vermischen sich mit Orangenschale an der Nase. Am Gaumen kommen die Orangenschalen auch zur Geltung, sind mundwässernd und anregend, und stellen auch viel Textur da. Der Abgang ist frisch und herb, was der Rosenaromatik sehr gut steht. 12,5 Vol.-%, DV, €

★

WEINGUT PETRI

Weinstraße 43, 67273 Herxheim am Berg
T: +49 (6353) 2345, info@weingut-petri.de
www.weingut-petri.de

Ab-Hof-Verkauf: Mo bis Fr 9–12 Uhr und 13.30–18 Uhr
Sa 10–12 Uhr und 13.30–17 Uhr
Kellermeister: Philipp Petri
Ansprechpartner: Maximilian Petri
Flaschen/Hektar: 180.000 (65 % weiß, 35 % rot)/22 ha

Da wollen es aber zwei Brüder wissen: Maximilian und Philipp Petri, die erst seit dem Jahrgang 2018 für das Weingut und den Keller verantwortlich sind, trauen sich etwas. Ihre Riesling sind bewusst schlank gehalten und vermeiden das Üppige, Fleischige und allzu Gelbfruchtige. Dafür zeigen sie die Frucht grüner Äpfel und Zitrusnoten, phenolische Herbe und auch kalkmineralische Würze. Es ist eine Weinstilistik, die provokant wirken mag und nicht jedem schmecken muss: Wir schätzen diese mutige und klare Handschrift und sind gespannt, was sich weiter tut in Herxheim am Berg.

91 2019 Herxheim Honigsack Am Goldberg Riesling trocken
Im Duft mit reifem Apfel, Steinobst, Zitrusfrucht und Orangenschale, Gewürze wie Anis. Auffällig schlank gebaut am Gaumen, nicht auf Reife und Konzentration aus, sondern straff und mit feiner Herbe, grünem Apfel, Zitronensaft. Klare Handschrift, das Schlanke betonend. 11 Vol.-%, NK, €€

91 2019 Kallstadt Saumagen Riesling Spätlese trocken
Keine Nase, die auf Primärfrucht Wert legt, Orangeat, Kräuter, Würze, etwas Aprikose, steinige Noten. In einer schlanken und straffen Form finden sich zitrische Noten und herber Apfel, prononcierte Säure, mineralisch, anregend und ohne ein Gramm Fett. Provokant und gut. 12 Vol.-%, NK, €

91 2019 Kallstadt Saumagen Horn Riesling trocken
Mandarinenschale in der Nase, reifer Boskop, Zitrusfrucht und Kräuter. Schlank und mit fester Struktur am Gaumen, straffe Säure, Zitronensaft und grüner Apfel, vermeidet das Üppige und legt Wert auf Zug, phenolisch und mit leichter Adstringenz. Eigenwillig. 12 Vol.-%, NK, €€

91 2018 Herxheim Himmelreich Cabernet Sauvignon trocken
Reife und volle Frucht, viel Cassis, Brombeere, Tabakrauch, erdige Noten und Holzwürze. Mit einer klaren Zielrichtung am Gaumen: Obwohl der Wein kräftig gebaut ist, zieht es ihn nach vorne, keine Trödelei, saftige Frucht, guter, süßlicher Extrakt, gutes Potenzial. 14,5 Vol.-%, NK, €€

89 2019 Auxerrois trocken

89 2019 Kallstadt Riesling Kabinett trocken
Fein gewobene Nase mit Apfel und Steinobst, ein Hauch Zitronenabrieb, Verbene und auch steinige Noten. Schlank gebauter und saftiger Kabinett mit Noten von Zitrusfrucht, animierende Säure, die sich gut einfügt, auch Apfel und feine Herbe. Kein Kitsch. 12,5 Vol.-%, DV, €

★

WEINGUT HEINZ PFAFFMANN 1616 PFAFFMANN

Hauptstraße 19-25, 76833 Walsheim
T: +49 (6341) 61696, info@pfaffmann-wein.de
www.1616pfaffmann.com

Ab-Hof-Verkauf: Mo bis Fr 9–17 Uhr, Sa 9–15 Uhr
Kellermeister: Eugen Schurk
Ansprechpartner: Gustav Pfaffmann
Hektar: 160 ha
Anbauweise: Biologisch zertifiziert

Es tut sich was in dem mit 160 Hektar Rebfläche größten Bioweingut Deutschlands, das von Gustav Pfaffmann geführt wird und in dem die junge Generation mit Kanupriya und Pawel Hener Akzente setzt: Alle Weine sind von einer stimmigen, natürlichen und beinahe sinnlichen Art getragen, sie sind von feiner Balance, die Extreme und Exzesse meidet. Hervorragend gelungen ist die Beerenauslese von der Huxelrebe, der voluminöse Chardonnay zeigt Reifepotenzial, auch der Merlot gefällt mit Struktur und polierter Frucht. Vornehm gealtert ist der Frühburgunder aus dem Jahr 2008. Weiter im Aufschwung!

91 2017 Chardonnay Kalksteinmergel trocken
Kräftige Nase mit reifer Ananas und Röstaromen, Holzwürze, Bienenwachs, Birne und Papaya. Am Gaumen breit angelegt, mit Volumen und Kraft, etwas Weihrauch blitzt auf, mittlere Dichte, schöne Würzigkeit und Saftigkeit. Opulenter Chardonnay, der weiter reifen kann. 15 Vol.-%, DV, €€€

91 2008 Frühburgunder im Barrique gereift trocken
Am Rand kräftiges Rostrot, auch in der Nase Reifenoten, Sojasauce, Hagebutte, Miso, Aromen von Rauchspeck, aber ebenso noch primäre Fruchtnoten. Am Gaumen mit schöner Präsenz und guter Frische, geschmolzener Gerbstoff, im Nachklang leichte Grüntöne, vornehm gealtert!
14 Vol.-%, NK, €€€

90 2019 Merlot Lößboden trocken
Brombeere und Zwetschge zeigen sich in der Nase, auch Blaubeere und Holunderbeere. Am Gaumen fruchtig und von betonter Klarheit, kräftiger Bau, reifes Tannin, feine Fruchtherbe und feine Säurestruktur. Merlot mit intaktem Gleichgewicht, sehr stimmig. 13,5 Vol.-%, DV, €

94 2015 Nußdorfer Bischofskreuz Huxelrebe Beerenauslese
Sattes, klares Gelb. In der Nase getrocknete Früchte, Quittenmarmelade, etwas Blütenhonig, Rosine, getrocknete Aprikose. Am Gaumen schmelzende Süße, Blütenhonig, kandierte Orange, lebhafte Säure, viel Würze, Spannung und Potenzial. Lang und kraftvoll. 12 Vol.-%, DV, €€€

89 2018 Gewürztraminer Kalksteinfels feinherb

89 2019 Sauvignon Blanc Kalksteinmergel tr.
Für einen Sauvignon Blanc mit einer zurückhaltenden und feinduftigen Nase; Aromen von Grapefruit, Mango und Johannisbeere. Am Gaumen schlank gebaut, saftig, mit milder Säure und feiner Würze, klar im Ausdruck, auf leichten Füßen unterwegs, in sich stimmig. 12,5 Vol.-%, DV, €

★★★

WEINGUT TINA PFAFFMANN

Am Stahlbühl , 76833 Frankweiler

T: +49 (06345) 9496695, info@tina-pfaffmann.de

www.tina-pfaffmann.de

Ab-Hof-Verkauf: Mo bis Fr 10–17 Uhr, Sa 10–15 Uhr

Kellermeister: Tina Pfaffmann

Ansprechpartner: Tina Pfaffmann

Flaschen/Hektar: 200.000 (99 % weiß, 1 % rot)/30 ha

Tina Pfaffmann versteht es, gute Laune zu verbreiten. Und ganz so sind auch ihre Weine: sonnig und unbekümmert, immer adrett gewandet und im Auftreten ohne Fehl und Tadel. Dabei versteht es die Frankweiler Winzerin aber auch, der harmonischen Anlage ihrer Weine einen beständigen Inhalt mitzugeben, etwa bei den beerigen »Exklusiv«-Burgundern in Weiß und Grau. Und mit dem Riesling »Oberer Affolter« schlägt sie schon mal einen Pflock in Richtung eines noch größeren Terroirbezugs ein: Das wird in zwei, drei Jahren ein würziger Hochgenuss sein. Gute Laune garantiert!

91 2019 Frankweiler Königsgarten Oberer Affolter Riesling trocken
Im Glas zitronengelb und klar. In der Nase ein Duft von Zitrone, reifem Apfel, Birne und nassem Stein. Am Gaumen mit pikanter Säure, ergänzt um eine Aprikosennote, ausdrucksstark und sehr gut balanciert. Ein mittelgewichtiger Körper bei langem Abgang. 13 Vol.-%, DV, €€

90 2019 »Exklusiv« Grauer Burgunder trocken
Leicht buttrig im Duft, dazu reife pinotbeerige Noten, Heidelbeere, auch nussig: Cashewkerne. Füllig im Mund mit feinem Süße-Säure-Spiel, weicher Fond, appetitliche Gaumenfrucht, endet saftig und mit zarter Süße. Ein reifer, fruchtgetragener Sortentyp. 13 Vol.-%, DV, €€

90 2019 »Exklusiv« Weißburgunder trocken
Blasses Zitronengelb. In der Nase ein Duft von junger Haselnuss, Limette und reifer Birne. Am Gaumen ein mindestens mittelgewichtiger Körper bei guter Säure, die weitere Aromen von reifem, süßem Pfirsich und Zitronenschale ausreichend balanciert. 13 Vol.-%, DV, €€

90 2019 »Herzglück« Riesling
Der Duft entwickelt sich im Glas: Mango, Pfirsich und Limette. Am Gaumen kommt eine leichte Kräuternote hinzu, begleitet von Honigmelone und Nektarine. Die lebendige Säure balanciert den erkennbaren Restzucker für ein feinherbes Geschmacksbild in idealer Weise. 13 Vol.-%, DV, €€

90 2019 »No 9« Riesling trocken

89 2018 »Ü 40« Riesling trocken

89 2019 Sauvignon Blanc trocken

89 2019 »Blanc de Noir Exklusiv« Spätburgunder trocken

88 2019 Weißburgunder trocken

88 2019 »2.0« Gelber Muskateller trocken

88 2019 »Pink« Rosé

90 2019 »Schick und Schön« Riesling trocken
»Schön« und zitronenschick, pardon: zitronengelb im Glas. Sortentypischer Duft von Zitrone, Limette und grünem Apfel. Am Gaumen mit lebendiger Säure, zarter Süße, zu den Aromen des Duftes treten noch hinzu: Nekatrine, Aprikose und süßer Pfirsich. 13 Vol.-%, DV, €€

★★★★

WEINGUT PFEFFINGEN

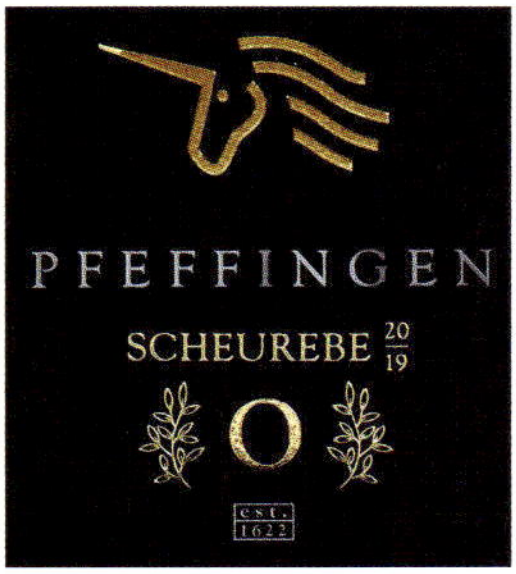

Pfeffingen 2, 67098 Bad Dürkheim
T: +49 (6322) 8607, info@pfeffingen.de
www.pfeffingen.de

Ab-Hof-Verkauf: Mo bis Fr 8–12 Uhr und 13–18 Uhr, Sa 9–12 und 13–16 Uhr
Kellermeister: Rainer Gabel
Ansprechpartner: Doris, Jan und Karin Eymael
Flaschen/Hektar: 100.000 (85 % weiß, 15 % rot)/17 ha

Das Traditionsweingut – die Familie ist seit dem 17. Jahrhundert im Weinbau tätig – ist bekannt für seine konstant gute Qualität. Jan Eymael und Kellermeister Rainer Gabel haben auch 2019 wieder ebenso kräftige wie balancierte Weine gekeltert, an deren Spitze die Großen Gewächse stehen. Ganz besonders gelungen ist der Riesling aus dem Ungsteiner Herrenberg. Die beiden sehr unterschiedlich ausgebauten Scheureben sind ebenfalls sehr spannend und unbedingt einen Versuch wert – Süßweine kann Pfeffingen übrigens auch. Die Rieslingauslese ist reichhaltig und ausgewogen.

93 2019 Ungstein Weilberg Riesling GG
Ein Hauch von Überreife-Würze, etwas Dattel, Kümmel, Anis, im Mund kraftvoll, fast wuchtig, mit einiger Süße in diesem ohnehin schon fülligen Bau, feine Säure und die Mineraliät der Terra Rossa sorgen dafür, dass der Wein dennoch elegant und unbeschwerlich abklingt. 13 Vol.-%, NK, €€€

92 2019 Ungstein Herrenberg Riesling GG
Reife Gelbfrucht, Mirabelle und Pflaume, mit kräuterwürzigen Untertönen und einem Anflug von Blütenhonig. Im Mund recht körperreich, kräftiger Alkohol, fast etwas wärmend, dazu eine feste Säure, süße Gaumenfrucht und eher dezente Mineralik. 14 Vol.-%, NK, €€€

92 2019 Ungstein Herrenberg Weißburgunder GG
Weiße und gelbe Blüten in der Nase, Apfel, Mirabelle und Aprikose, auch Noten von reifer Zitrusfrucht; gute Balance am Gaumen, klare Frucht, gute Substanz, klar gefasst mit phenolischem Anklang und reifer, gut eingebundener Säure. Klassik mit Zukunft. 13,5 Vol.-%, NK, €€€

90 2019 »SP« Scheurebe trocken
Mittleres Goldgelb. In der Nase ein Duft von Zironenschale, Tomatenblatt und Limette. Am Gaumen mit Kraft, lebendiger Säure, welche die Aromen von Pfirsich, Maracuja, Passionsfrucht, Johannisbeerblatt, Biskuit, ergänzt um eine feine Bitternote, wunderbar balanciert. 13,5 Vol.-%, NK, €€

90 2019 »O« Scheurebe trocken

90 2019 Ungstein Herrenberg Riesling Auslese
Zitronengelb. In der Nase eine mittlere Intensität von reifem Apfel, Zitrone und Nektarine. Am Gaumen erweitert um sehr intensive Aromen von gelbem Pfirsich, reifer Mango und Zitronenzeste, balanciert von lebendiger Säure mit einem langen Nachhall. 11 Vol.-%, NK, €€

★★

WEINGUT PFIRMANN

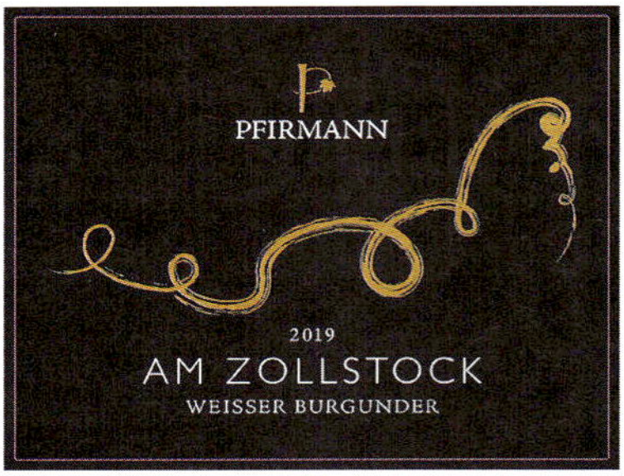

Wollmesheimer Hauptstraße 84
76829 Landau-Wollmesheim
T: +49 (6341) 32584, info@weingut-pfirmann.de
www.weingut-pfirmann.de

Ab-Hof-Verkauf: nach Vereinbarung
Kellermeister: Jürgen Pfirmann
Ansprechpartner: Jürgen Pfirmann
Hektar: 14 ha

Wenn ein Winzer wie Jürgen Pfirmann gleich fünf unterschiedliche Weißburgunder vorstellt, dann darf er getrost als Experte dieser Rebsorte gelten. Der Winzer bearbeitet naturnah 14 Hektar Rebfläche in Lagen wie dem Wollmesheimer Mütterle und Ilbesheimer Kalmit, die ihm verschiedene Bodenprofile liefern und die Möglichkeit, Burgunder unterschiedlich zu interpretieren. Seine kräftige »Réserve« baut er im 500-Liter-Holzfass aus, sie bildet die Spitze seiner stimmigen Qualitätspyramide. Auch der Spätburgunder aus der Kalmit zeigt Herkunft und kalkmineralische Prägung. Kompliment!

91 2018 »Réserve« Weißburgunder trocken
Der Duft ist noch vom Holzausbau geprägt, rauchige Aromen, auch Apfel, Gelbfrucht und Blüten, geröstete Haselnüsse. Kräftig gebaut im Mund, großes Volumen bei mittlerem Extrakt. Gut eingewobene Säure, elegant und von mineralischer Würze unterfüttert, tief und lang.
14 Vol.-%, DV, €€€

91 2019 Ilbesheim Kalmit Weißburgunder trocken
Die Nase wird von kalkmineralischen Noten geprägt, Apfel, Kräuter und Zitrusfrucht kommen dazu. Würze zunächst am Gaumen, breites Volumen mit mittlerem Extrakt, gelbfruchtige Anklänge, reife, tragende Säurestruktur, kalkmineralische Cremigkeit, bleibt lange im Mund. 13,5 Vol.-%, DV, €€

89 2019 »Kalkmergel« Weißburgunder trocken
Aprikose mit Blüten und Zitrusfrucht in der Nase, florale und würzige Anklänge. Kräftig gebaut am Gaumen, geschmeidiger Fond, milde Säurestruktur, feine kalkmineralische Würze, auch Schmelz und Nussaromen. Guter Sortenvertreter, der gerne auf dem Tisch steht. 13,5 Vol.-%, DV, €

91 2017 Ilbesheim Kalmit Spätburgunder trocken
Schöne fruchtige Nase mit Herzkirsche, Himbeere, Veilchen und feiner Holzwürze. Saftig und mit reifer, verspielter Säure am Gaumen, die würzig unterlegt ist. Kräftiger Bau und gepflegte Tannine. Verknüpft Substanz mit Mineralik und Herkunft. Noch jung. 13,5 Vol.-%, DV, €€€

89 2019 »Landschneckenkalk« Weißburgunder trocken

90 2019 Wollmesheim Am Zollstock Weißburgunder trocken
Reifer Apfel in der Nase, Mirabelle, Zitrusfrucht, Haselnuss und helle Blüten. In der Struktur eher breit angelegt, Schmelz und Saft werden von einer reifen Säure begleitet, würzige, herbe Mineralität als Grundierung. Zeigt seine Herkunft und seinen Charakter. 13,5 Vol.-%, DV, €€

★★

WEINGUT REIBOLD

Wallstraße 19, 67251 Freinsheim
T: +49 (6353) 1821, post@weingut-reibold.de
www.weingutreibold.de
Ab-Hof-Verkauf: Mo bis Fr 10–18 Uhr, Sa 10–16 Uhr und nach Vereinbarung
Kellermeister: Philipp und Johannes Reibold
Ansprechpartner: Philipp Reibold
Hektar: 15 ha
Anbauweise: Biologisch zertifiziert

Wenn man bislang über ein Brüderpaar redete, das in Freinsheim formidable Weine erzeugt, dann war von Steffen und Andreas Rings die Sprache. Mit Philipp und Johannes Reibold erwächst nun eine ernst zu nehmende Konkurrenz. Seit 2012 leiten die beiden das Weingut Reibold, die 15 Hektar Rebfläche in den Lagen Freinsheimer Musikantenbuckel, Großkarlbacher Burgweg und Herxheimer Honigsack sind seit 2014 ökologisch zertifiziert. Wir verkosteten eine Kollektion mit Format und einem spannungsvollen Riesling und dem geschmeidigen Spätburgunder »Im großen Garten«. Stark!

92 2019 »Im großen Garten« Großkarlbach Burgweg Riesling trocken
Noch etwas verschlossen im Duft, Steinobst, Apfel und auch Zitrusfrucht zeigen sich, auch Hefe und Noten von nassem Stein. Am Gaumen kompakt gebaut mit guter Dichte und Substanz, Zug und Spannung, tragende Säurestruktur, feine Phenolik, langer Nachhall, charaktervoll.
12,5 Vol.-%, NK, €€€

90 2018 Chardonnay trocken
Riecht nach weißem Pfirsich, Haselnuss, Butter und Röstaromen, auch reife Mango. Kräftig und fest gebaut am Gaumen mit guter Substanz und reifer, würziger Säure, das Holz bindet sich langsam ein, wieder Mango und etwas Ananas. Viel Pfalz und ein Hauch Kalifornien. 13 Vol.-%, NK, €€

89 2019 Chardonnay & Weißburgunder tr.
Frischer Apfel und Birne in der Nase, weiße Blüten, Mirabelle und Mandarine. Klar und aufgeräumt am Gaumen mit linearem Aufbau, reife Fruchtnoten, saftig, feine Restsüße, kompakte Struktur mit ausgewogener Säure und etwas Würze. Sehr sauber vinifiziert. 12,5 Vol.-%, DV, €

91 2017 »Im großen Garten« Großkarlbach Burgweg Spätburgunder trocken
Würzige und kräftige Nase, ein Hauch Liebstöckel, Rauch, Kaffeebohnen, Lakritze und dunkelbeerige Frucht, Cassis und Kirsche. Kompakte Kraft am Gaumen mit gutem Extrakt und fein polierten Gerbstoffen, würzig und geschmeidig in seinem Fluss, ambitioniert. 13 Vol.-%, NK, €€€

88 2019 Sauvignon Blanc trocken

90 2019 »vom Kalkstein« Riesling trocken
In der Nase Mirabelle, Apfel und Zitrusfrucht, Kräuter. Am Gaumen zeigt sich in einer kompakten Textur zunächst saftige Cremigkeit, reife Säure und mineralische Würze, trocken und puristisch, durchaus vielschichtig und facettenreich. Riesling mit Anspruch. 12,5 Vol.-%, DV, €€

★★

WEINGUT REINHARDT

Hintergasse 58, 67150 Niederkirchen
T: +49 (6326) 8372, info@weingut-reinhardt.de
www.weingut-reinhardt.de

Ab-Hof-Verkauf: Mo und Mi 9–12 Uhr und 14–18 Uhr,
Sa 9–12 Uhr und 14–16 Uhr
Kellermeister: Lukas Reinhardt
Ansprechpartner: Lukas Reinhardt
Hektar: 17 ha

Lukas Reinhardt gewinnt von Jahrgang zu Jahrgang an Souveränität und Stilsicherheit: So könnte man die Eindrücke der diesjährigen Verkostung zusammenfassen. Wirkte mancher seiner Weine bisweilen noch etwas überambitioniert, so zeigt der junge Winzer nun ein gutes Maß an Ehrgeiz und Laisser-faire, wo es angebracht ist. Neben den Rieslingen aus den Jahren 2018 und 2019, die allesamt ihren Lagencharakter zeigen, kann auch der feste und im Holz ausgebaute Weißburgunder gefallen. Der Spätburgunder 2016 aus dem Ruppertsberger Nußbien hat sich gut entfaltet. Da entwickelt sich was!

92 2018 Deidesheim Herrgottsacker Riesling trocken
Kräftiges Gelb und eine konzentrierte Nase mit reifem Pfirsich und auch exotischen Fruchtanklängen, Papaya und Maracuja. Kräftig und straff gebaut mit guter Bündelung, großzügig im Extrakt und Volumen, die reife Säure unterstreicht diesen Charakter, kann zulegen. 12 Vol.-%, NK, €€

91 2018 Ruppertsberg Reiterpfad Riesling trocken
Apfel und auch Zitrusfrucht in der Nase, reifes Steinobst und Würze, Bratapfel. Saftig und geschmeidig am Gaumenanfang mit feiner Würze, mittelkräftig in der Statur, das Volumen wird gut ausgefüllt, hat genug Spannung, um sich mit Eleganz ins Finale zu verabschieden. 12,5 Vol.-%, NK, €€

91 2018 Deidesheim Nonnenstück Weißburgunder trocken
Schlank gefasster, trockener Weißburgunder, der auf kitschige Folklore verzichtet. In der Nase Holzwürze zu weißem Pfirsich und Blüten, am Gaumen sorgt der Holzeinsatz für feste Strukturen. Noch jung, wenn sich alles einbindet, wird man Freude an diesem Wein haben. 12,5 Vol.-%, NK, €€€

91 2016 Ruppertsberg Nußbien Spätburgunder trocken
Kirsche und Mon Chérie in der Nase, Mokka dazu, feines Holz und Kräuter. Am Gaumen gut balanciert mit einer gefühlvollen Säure in einer kompakten, klaren Kontur, feine Frucht, Himbeere und Sauerkirsche, die Gerbstoffe sind poliert, zeigt Substanz und Finesse. 13 Vol.-%, NK, €€€

90 2016 »Blanc et Noir« brut nature

90 2019 Deidesheim Riesling trocken
Aprikose und etwas Minze in der Nase, auch Mandarine und Nektarine, Blattgrün. Am Gaumen mit reifer Frucht, aber auch mit schöner Frische in einem leichten und kompakt gebauten Körper, saftig und mit mineralischem Eintrag, der das Terroir der Mittelhaardt zeigt. 12 Vol.-%, DV, €€

★

WEINGUT RINCK

Klingbachstraße 11, 76831 Heuchelheim-Klingen
T: +49 (6349) 8542, info@weingut-richard-rinck.de
www.weingut-richard-rinck.de

Ab-Hof-Verkauf: Mo bis Fr 9–12 Uhr und 14–18 Uhr, Sa 9–16 Uhr
Kellermeister: Niko Leonhard und Annette Rinck
Ansprechpartner: Niko Leonhard und Annette Rinck
Hektar: 13 ha

In Heuchelheim-Klingen an der Südlichen Weinstraße bewirtschaften Niko Leonhard und Annette Rinck 13 Hektar Rebfläche im Klingener Herrenpfad und Mörzheimer Pfaffenberg. Der Fokus liegt dabei auf Riesling, Silvaner und den Burgundersorten. »Beim Weinausbau pflegen wir einen sehr traditionellen Stil mit langen Maischestandzeiten, Einsatz von alten Holzfässern und je nach Jahrgang und Rebsorte Spontangärung«, schreibt uns die Winzerfamilie, die ein ausgewogenes und überzeugendes Sortiment mit einem partiell maischevergorenen Silvaner an der Spitze vorstellt. Beachtliches Debüt!

90 2019 »RR« Silvaner trocken
Roter Apfel, Birne, Hopfenblüte und Rauch, frisches Lorbeerblatt. Saftig am Gaumen mit herber Apfelfrucht, phenolischer Eintrag, trocken, auch etwas Holztannin und Kohlensäure. Kein Mainstream-Silvaner, hat Profil und Kanten, verträgt sich gut mit einem Pilzrisotto. 12,5 Vol.-%, DV, €

89 2018 Klingen Herrenpfad Riesling trocken
Zur reifen Gelbfrucht (Pfirsich und Reneklode) kommen röstige Aromen, Rauch und Gewürze. Kompakt und fest gebaut, die Säure ist präsent und mobil, die feine Fruchtsüße kommt gerne dazu, saftig, wieder würzige Noten. Kann weiter zulegen, wirkt noch jung. 12,5 Vol.-%, DV, €

89 2019 »L'Ambre« trocken TR/PG
Gewürztraminer und Grauburgunder bilden den L'Ambre, der die Aromatik eines Naturweins zeigt: getrocknete Aprikose, Wermutkraut, Malz, dazu Rosenblätter. Am Gaumen schlank gebaut mit reifer, präsenter Säure, phenolisch und aromatisch, mittlerer Extrakt, kann zulegen. 12 Vol.-%, NK, €€

89 2019 Mörzheim Pfaffenberg Grauer Burgunder trocken
Holzwürze in der Nase, Quitte und reife Birne mit etwas Vanille. Im Mund mit kräftiger Struktur und breitem Volumen, mittlerer Extrakt, saftig und würzig, wieder Birne als führende Frucht, milde und cremige Säure, leicht adstringierendes Tannin, zum Essen. 13,5 Vol.-%, DV, €

89 2017 Klingen Herrenpfad Spätburgunder trocken

89 2019 »Fumé« Scheurebe trocken
Reife Stachelbeere, Aprikose und Johannisbeere, rauchige, würzige Anklänge. Am Gaumen schlank gebaut mit einer geradlinigen und gegenwärtigen Säure, betont trocken und etwas puristisch, feine phenolische Schicht, guter Grip, ungewöhnliche Interpretation der Scheurebe. 12 Vol.-%, NK, €€

★★★★

WEINGUT RINGS

Dürkheimer Hohl 21, 67251 Freinsheim
T: +49 (6353) 2231, info@weingut-rings.de
www.weingut-rings.de

Ab-Hof-Verkauf: Mo bis Sa 10–12 Uhr und 13–17 Uhr
Kellermeister: Steffen und Andreas Rings
Ansprechpartner: Andreas Rings
Flaschen/Hektar: 190.000 (60 % weiß, 40 % rot)/35 ha
Anbauweise: Biologisch zertifiziert

Einfach brillant, was die Rings-Brüder abliefern. Der Riesling aus dem Kallstadter Saumagen zeigt, was Weine aus dem Kalk so groß macht: eine rare Verbindung von Volumen und Spiel. Und hier wurde genau das eingefangen und im Holzfass zu großer Ruhe gebracht. Nicht minder gelungen ist das Pendant aus dem Ungsteiner Weilberg mit seinen Terrarossaböden: Eine weiche Mineralität durchdringt den Gaumen und macht auf die entspannteste Weise Druck. Und dann erst die Roten: ein Gerbstoff wie Velours im Leistadter Felsenberg, atemberaubende Dichte und Würze im Saumagen. Mehr davon, bitte!

94 2019 Kallstadt Saumagen Riesling GG
Etwas Holz und deutliche Spontangärungsnoten. Eine verschlossene zitrische Fucht, Limette, Passionsfrucht. Im Mund dicht, aber dabei nicht breit, eine hohe Konzentration von Stoffigkeit, Säure und Mineralität, geschmeidig grundiert. Pointierter Wein mit Zukunft! 13 Vol.-%, NK, €€€

94 2019 Ungstein Weilberg Riesling GG
Im Duft noch verschlossen, leicht pflanzlich, leicht zitrisch, großes Volumen im Mund, eine homogene Präsenz von Mineralität und feinem Stoff, delikate Säure, geschmeidiger Fond, wirkt ganz entspannt und aus einem Guss, mit weich daherkommender Mineralität. 13 Vol.-%, NK, €€€

95 2018 Kallstadt Saumagen Spätburgunder GG unfiltriert
Dunkle, dichte Nase, die sich erst langsam öffnet und Kräuter, Rauch und Mokka zeigt; auch Rote Bete, Sauerkirsche. Am Gaumen dicht und eng verwoben, sehr gute Balance der Elemente, aus einem Guss, stabile und feine Säure, durchaus delikat und mit großem Potenzial. 12,5 Vol.-%, NK, €€€€

94 2018 Leistadt Felsenberg Spätburgunder GG unfiltriert
Rauch und kräutrig in der kräftigen Nase, Kirsche und Röstaromen, etwas Blutorange. Eröffnet am Gaumen saftig mit präsenter, gut eingebundener Säure, reifes Tannin von hoher Qualität und Dosis, zeigt Spannung und Dichte, auch Eleganz, gute Perspektive. 13 Vol.-%, NK, €€€€

93 2018 Kallstadt Steinacker Spätburgunder Erste Lage trocken unfiltriert

93 2019 Ungstein Nussriegel Riesling Erste Lage trocken
Ein feiner Duft von Zitronenzeste, Limette und Holunderblüte. Am Gaumen mit exponierter Säure, dazu eine komplexe Aromatik von Litschi, Pfirsich, nassem Stein und Lavendel. Ideal balancierter, spannender Wein mit bedeutendem Nachhall. 12,5 Vol.-%, NK, €€€

★★

WEINGUT FAMILIE SAUER

Hauptstraße 44, 76833 Böchingen
T: +49 (6341) 61175, info@weingut-sauer.de
www.weingut-sauer.de

Ab-Hof-Verkauf: Mo bis Fr 9–18 Uhr, Sa 10–17 Uhr
Kellermeister: Heiner Sauer und Felix Haertel
Ansprechpartner: Heiner Sauer
Flaschen/Hektar: 180.000 (70 % weiß, 30 % rot)/32 ha
Anbauweise: Biologisch zertifiziert

Im Weingut Sauer ist viel Bewegung und Schwung drin: Im letzten Sommer wurde der lange geplante Bau des neues Weinguts in Nußdorf in Angriff genommen, Valentin, der Sohn von Heiner Sauer, ist inzwischen in den Betrieb eingestiegen und wird die Zukunft gestalten. Heiner Sauer betreibt seit gut 30 Jahren ökologischen Weinbau, seine Weinberge stehen in guter Balance und kommen auch mit wechselhaften Bedingungen, die der Klimawandel mit sich bringt, gut zurecht. Die Weine ruhen in sich, bringen – wie der Weißburgunder »Holz und Ton« – Dichte, Spannung und Frische mit. Hervorragende Kollektion!

92 2018 »Holz und Ton« Weißburgunder tr.

Spannende, vielschichtige Nase nach Kräutern und Gewürzen wie Estragon, Zitronenmelisse, getrocknete Orangenschale weißer Pfeffer, auch Heublumen. Im Mund dann stoffig, das Holz ist sehr gut eingebunden mit zarter Cremigkeit, nicht sättigend, sondern animierend frisch. 14 Vol.-%, NK, €€

91 2019 »Fumé« Böchingen Rosenkranz Sauvignon Blanc trocken

Elegante leicht rauchige Nase nach Flintstein und Grafit, auch Cassis und grüne Stachelbeeren. Im Mund eine feine Balance zwischen Säure und Frucht, ungemein milder Nachhall, gepaart mit klar definierter erfrischender und saftiger Zitrussäure. Schön! 13,5 Vol.-%, DV, €€

90 2019 Böchingen Rosenkranz Grünfränkisch trocken

Fein duftige Nase nach Tabak und Heu, Zitronat, Honigmelone, Mandeln, auch ein wenig Zimt, dabei überhaupt nicht weihnachtlich. Im Mund cremig und stoffig, trotzdem mit viel Saft, Würze, trinkiger Frische und langem, angenehmen Nachhall ausgestattet. 14 Vol.-%, DV, €€

92 2017 Nußdorf Kaiserberg Spätburgunder trocken

Granatrote naturbelassene Farbe, duftige beerige Nase, leicht Grafit und Leder, auch Unterholz und dunkle Schokolade. Im Mund dann Frische mit Saft und Tiefgang, feine geradlinige Struktur, ehrliche Zurückhaltung, sehr langer Nachhall. Schön! 13 Vol.-%, NK, €€

90 2019 Gleisweiler Hölle Riesling trocken

92 2019 »Löss« Nußdorf Grauburgunder trocken

Zarte roségoldene Farbe im Glas, eine duftige Nase nach Melone und Kürbis, auch Mirabellen und Laub, im Mund fein stoffig mit guter Säure und noch verhaltener Frucht, aber eine mineralische, positive Wuchtigkeit ist schon zu spüren. Geduld wird belohnt! 13,5 Vol.-%, DV, €

★★

WEINGUT MICHAEL SCHROTH

Im Auweg 42, 67269 Grünstadt-Asselheim
T: +49 (6359) 8015251, michael@weingut-schroth.de
www.weingut-schroth.de

Ab-Hof-Verkauf: Mo bis Sa 9–17 Uhr
Kellermeister: Michael Schroth
Ansprechpartner: Michael Schroth
Flaschen/Hektar: 250.000 (60 % weiß, 40 % rot)/20 ha

Schon im Weinberg schafft Michael Schroth die Grundlage für seine Weinstilistik, die auf Reife und Substanz abzielt: Die Erträge seiner Reben, die auf kalkigen Böden stehen, reduziert er für seine Premiumweine auf einen Ertrag von 20 bis 30 Hektoliter pro Hektar. Die Weine bleiben lange auf der Hefe liegen und brauchen Zeit, bis sie sich vollends entfalten: Der konzentrierte und kalkwürzige Riesling Goldberg aus dem Jahr 2017 zeigt langsam sein Profil, die »Reserve« 2017 vom Spätburgunder wirkt noch immer jugendlich. Wer Geduld zeigt, wird hier auf alle Fälle belohnt.

91 2017 Asselheim Goldberg Riesling trocken
Im Glas mit einem kräftigen Gelb, in der Nase Honigmelone, karamellisierte Nüsse, Ananas und Mango, üppiges Fruchtbukett. Am Gaumen kräftige Struktur, konzentriert, reife Säurestruktur, Würze, verbindet Opulenz mit mineralischem Schliff, reich in allen Belangen. 13,5 Vol.-%, DV, €€

90 2018 Asselheim St. Stephan Grauburgunder trocken
Kräftige Farbe, auch im Duft konzentriert, Honigwabe, reife Birne und kandierte Walnüsse, rauchige Noten, Würze. Setzt am Gaumen mit viel Schmelz sowie Saft weich und samtig an, milde Säure, verpackt seine Opulenz in Geschmeidigkeit, jung, gutes Potenzial. 13 Vol.-%, DV, €

91 2017 »Reserve« Asselheim Goldberg Spätburgunder trocken unfiltriert
Reichhaltiges Bukett mit schwarzer Kirsche, Schwarzer Johannisbeere, Brombeere, Röstaromen, Tabak, Zedern- und Unterholz. Am Gaumen gehaltvoll und mit viel Substanz, reifer Frucht und Würze, kräftiges und markantes Tannin von guter Qualität, hat noch was vor sich. 14 Vol.-%, NK, €€€

90 2017 Asselheim Goldberg Spätburgunder trocken unfiltriert
Konzentrierte Nase nach schwarzer Kirsche, Brombeere und Hagebutte, präsente Holzwürze, auch Räucherspeck. Kräftig und präsent am Gaumen mit guter Substanz und Konzentration, markante Gerbstoffe, noch etwas adstringierend hat das Potenzial zur weiteren Entwicklung. 14 Vol.-%, NK, €€

89 2015 »Handgeformt« brut

90 2018 Asselheim St. Stephan Chardonnay trocken
Kräftiges Gelb, Ananas, Aprikose und Birne, karamellisierte Mandeln, würzige Noten. Am Gaumen saftig und mit Schmelz, kräftige Statur, reife Frucht und Säure, guter Extrakt und viel Substanz, salzige Noten. Mit der Lizenz zur Reife, kulinarisch prädestiniert. 13,5 Vol.-%, DV, €

★

WEINGUT SCHWEDER

Hauptstraße 211, 76879 Hochstadt
T: +49 (6347) 2008, info@weingut-schweder.de
www.weingut-schweder.de

Ab-Hof-Verkauf: ja
Kellermeister: Henrik Schweder
Ansprechpartner: Henrik Schweder
Flaschen/Hektar: 70.000 (70 % weiß, 30 % rot)/18 ha

Bereits seit 1898 betreibt Familie Schweder ihr Weingut in Hochstadt an der Südlichen Weinstraße. Bei 18 Hektar Rebfläche wird der Fokus besonders auf die Burgunderrebsorten gelegt, die sich auf dem tiefgründigen Lehm-Löss-Boden besonders wohlfühlen. Henrik Schweder ist mittlerweile als fünfte Generation für das Weingut verantwortlich, er arbeitete schon an der Mosel, in der Wachau, im Burgund und in Kalifornien. Diese Erfahrungen fließen in ein sehr stimmiges Sortiment mit gekonnt vinifizierten Weinen ein, von denen der gut gebaute Spätburgunder besonders beeindrucken konnte.

89 2019 »Alter Schwede(r)« trocken

Gelber Apfel in der Nase, reife Mirabelle und Zitrusfrucht, Guave. Die präsente Säure trifft am Gaumen auf feine Restsüße, reife gelbe Frucht, Aprikose und Mango, auch Zitronensaft, würzig, kompakter und linearer Bau, gute Balance, Würze und aparte Herbe. 13 Vol.-%, DV, €

89 2019 Goldmuskateller feinherb

Physalis in der fruchtigen Note, exotische Fruchtnoten wie Papaya, Maracuja und reife Mango. Stimmiges Zusammenspiel von Süße und lebendiger Säure am Gaumen, vielseitiges Fruchtangebot, gute Balance, schlanker Bau, der großzügig gefüllt wird. Charmant. 11,5 Vol.-%, DV, €

88 2019 »S« Weißburgunder trocken

Weiße Blüten im Duft, reife Mirabelle und Reneklode, kandierte Mandeln und Zitrusfrucht, auch feiner Rauch. Setzt am Gaumen mit etwas Fruchtsüße geschmeidig an, etwas Kohlensäure sorgt für Leben, saftig und mit Schmelz. Burgunder für viele Gelegenheiten. 12,5 Vol.-%, DV, €

90 2016 »S« Spätburgunder trocken

Würze, Rauch und Tannenharz in der Nase, Johannisbeere, Kirsche und erdige Noten, nasse Blätter. Kräftige Struktur mit etwas Extraktsüße, gute Substanz, kein Leichtgewicht, erwachsener Burgunder mit einer großen Menge reifen Tannins auf einem balsamischen Fond, viel Wein. 14 Vol.-%, DV, €€

88 2019 Riesling feinherb

89 2019 Cabernet Blanc trocken

Noten von Zitrusfrucht in der Nase, Orangenschale, Apfel und Kräuter. Saftig und mit eingebundener Säure am Gaumen, schlank und straff gebaut, wieder Noten von Zitrusfrucht, Kumquat und Pampelmuse, feine Herbe. Geradliniger Charakter mit guter Trinkanimation. 12,5 Vol.-%, DV, €

★★

WEINGUT SCHWEDHELM

Klosterhof , 67308 Zellertal-Zell
T: +49 (6355) 521, info@schwedhelm-zellertal.de
www.schwedhelm-zellertal.de

Ab-Hof-Verkauf: Mo bis Fr 8–18 Uhr, Sa 10–17 Uhr
Kellermeister: Stephan Schwedhelm
Ansprechpartner: Georg Schwedhelm
Flaschen/Hektar: 130.000 (80 % weiß, 20 % rot)/18 ha

Unsere Heimat stellt unseren größten Schatz dar«, schreiben uns Georg und Stephan Schwedhelm, »die kargen Böden aus Kalk und Ton und das kühle und trockene Klima mit stetigem Wind geben uns einmalige Bedingungen.« Nicht von ungefähr ist das Zellertal gerade Boomregion! Zu den Naturgegebenheiten kommt der jugendliche Elan der Brüder: So entstehen Weine von kühler Pikanz und kristallklar herausgearbeiteter mineralischer Definition. Wir beginnen bei dieser Neuaufnahme in unserem Guide mit einer vorsichtigen Betriebsbewertung. Doch der dritte Stern ist schon zum Greifen nah.

94 2019 Zell Schwarzer Herrgott Riesling trocken
Verschlossen im Duft, mit mehr Kalk als Frucht. Im Mund sehr getragen im Stil, kreidig, präsent und homogen, elegantes Säurespiel, taktilmineralische Frische und Volumen gehen eine innige Liaison ein. Lang. Großzügig. Vor allem gebündelt. Brillant. 13 Vol.-%, DV, €€

93 2017 Zell Klosterstück Spätburgunder trocken
Dezentes Boisée, Wildkirsche, mineralisch, Rote Johannisbeere, zitrische Noten, duftig, très Pinot, eleganter Bau, feingliedriges Tannin, viel Saftigkeit, leicht geschmeidig im Hintergrund, doch der saftige, würzige Kern dominiert bis ins sehr lange Finale. 13 Vol.-%, NK, €€

92 2018 Zellertal Spätburgunder trocken
»Wild« im Duft, Beifuß und Wacholder, Minze, etwas Burgunderbeeren, aber keine plakative Frucht. Dezentes Neuholz. Im Mund seidig und präsent, süße Frucht, ein gehaltvoller Ortswein mit Volumen, aber auch mit Saftigkeit und Finesse. 13 Vol.-%, NK, €

93 2019 Zell Schwarzer Herrgott Riesling Beerenauslese
Helles Goldgelb. Sehr feine Botrytis im Duft, Dattel, kandierte Zitronenschale, pfeffrige Kalknoten. Viskos und cremig, aber auch sehr viel Stoff, reife, konzentrierte Säure, seidige Süße, delikate Abgangsfrucht mit dem Aroma von Cassata, wird lange leben. 9 Vol.-%, NK, €€€€

92 2019 Zell Wotanfels Riesling trocken

91 2019 Zell Kreuzberg Chardonnay trocken

91 2019 Zell Kreuzberg Riesling trocken

90 2019 Zellertal Riesling trocken

90 2019 Zellertal Weißburgunder trocken

90 2019 Zellertal Chardonnay trocken

89 2019 Zell Karlspfad Riesling Kabinett

93 2019 Zell Karlspfad Weißburgunder tr.
Mineralische, kreidige Noten im Duft, Sesam, Heu, nur erahnbar etwas Holz. Stringente, aber auch feine Säure, homogen und lange anhaltend, gute Stoffigkeit, kompakter Bau, konzentriertes pfeffriges Terroir im Abgang, alle Komponenten dicht miteinander verwoben. 12,5 Vol.-%, DV, €€

★★★

WEINGUT SECKINGER

Hintergasse 26, 67150 Niederkirchen
T: +49 (6326) 980217, info@weingut-seckinger.de
www.weingut-seckinger.de

Ab-Hof-Verkauf: ja
Kellermeister: Jonas Seckinger
Ansprechpartner: Philipp, Lukas und Jonas Seckinger
Flaschen/Hektar: 100.000 (80 % weiß, 20 % rot)/20 ha
Anbauweise: Biologisch zertifiziert

Die drei Brüder Jonas, Lukas und Philipp Seckinger setzen auf Entschleunigung und haben sich entschlossen noch mal ihre Spitzenrieslinge aus dem Jahrgang 2017 anzustellen. »Da wir die 2019er Lagenweine noch ein Jahr im Fass reifen lassen, wollen wir dieses Jahr nochmal die 2017er zeigen, da die Jahrgänge 2017 und 2019 recht ähnlich sind«, schreiben die Seckinger-Brüder. Das war eine kluge Entscheidung, finden wir: Die Rieslinge aus 2017 zeigen sich in hervorragender Form und was wir aus 2019 aufgetischt bekamen, lässt die Erwartungen steigen, was da wohl noch aus Niederkirchen kommt.

93 2017 »Wurzelecht« Deidesheim Kieselberg Riesling trocken
Feinwürzige Mineralik, dunkle Gelbfrucht, fest und elegant verwoben. Am Gaumen geschmeidig mit Tiefe, saftig-zitrische Säurestruktur, griffige Mineralik. Helle, gereifte Gelbfrucht, Lebendigkeit und frischer, salziger Säurezug. Fokussiert, unaufgeregt, Zug. 12,5 Vol.-%, NK, €€€

92 2017 Deidesheim Langenmorgen Riesling trocken
In der Nase rund, gehaltvoll, mit reifer gelber Frucht und saftigem Kernobst, dunkler-karamelliger Würze und einem Hauch Petrol. Mundfüllend, mineralisch, frisch. Feiner Grip, dunkle Würzigkeit. Im Finish sich zentrierend mit etwas pflanzlich-zitrischem Saft. 12,5 Vol.-%, NK, €€€

92 2017 Deidesheim In der oberen Petershöhle Riesling trocken
Komplexe Nase. Satte, konzentrierte Gelbfrucht, Steinstaub, petrolige und gelbwürzig-karamellige Anklänge. Kreidige Mineralik, Saft, feine Phenolik, kräutrig-herbe und nussige Noten. Stimmiges Spiel der Komponenten: tief, komplex, mineralisch und pur. 12,5 Vol.-%, NK, €€€

92 2019 »R Pure« Riesling Landwein trocken
Reifer Apfel, Zündholz, rauchig-würzig, gereifte Frucht und steinige Mineralik. Am Gaumen feine Frucht, die ihre Zeit bekam. Weich, bekömmlich, dabei pur, fließend. Nasser Stein, salziger Säurezug. Unaufgeregt, gewisse Tiefe, feiner Grip, leicht. 12 Vol.-%, NK, €€

91 2017 Königsbach Ölberg Riesling trocken

90 2019 »DD Pure« Riesling Landwein trocken

90 2019 »Buntsandstein« Weißburgunder tr.

90 2019 »R Blanc Pure« Ruppertsberg Landwein trocken WB/TR

89 2019 Deidesheim Mäushöhle Riesling Kabinett

89 2019 Ruppertsberg Rosé Landwein trocken

89 2018 »R Rouge Pure« Ruppertsberg Reiterpfad Cabernet Sauvignon Landwein trocken

90 2019 »vom Kalkstein Pure« tr. KR/CH
Feinwürzige, rauchige und auch florale Anklänge, Apfelschale, würzige Wiesenkräuter, Quitte, eingelegte Zeste. Am Gaumen fließend, schwerelos und doch dicht mit feinem Gerbstoffgrip, salziger Mineralik, kühlem Stein, Apfel und Zitrusabrieb. Pur und mit feinster Substanz. 11 Vol.-%, DV, €

★★★

WEINGUT GEORG SIBEN ERBEN

Weinstraße 21, 67146 Deidesheim
T: +49 (6326) 989363, info@weingut-siben.de
www.weingut-siben.de

Ab-Hof-Verkauf: ja
Kellermeister: Andreas Siben
Ansprechpartner: Andreas und Nadine Siben
Flaschen/Hektar: 80.000 (95 % weiß, 5 % rot)/12 ha
Anbauweise: Biologisch zertifiziert

Seit vielen Jahren keltern Nadine und Andreas Siben in Deidesheim grundsolide bis sehr gute Weine in Bioqualität. Das bestätigen sie auch dieses Jahr und belegen, dass man auch in den Ersten Lagen Weiße und Rote mit Kraft und Eleganz erzeugen kann – für preisbewusste Genießer sind diese Weine ein Quell der Freude. Exemplarisch steht dafür der Riesling aus dem Ruppertsberger Reiterpfad, der feine Kräuterwürze, griffige Säure, frische Zitrusaromen, einen feinen mineralischen Faden und solide Länge bietet – ein Wein, der großen Spaß macht – wie das gesamte Sortiment.

91 2019 Ruppertsberg Reiterpfad Riesling Erste Lage trocken
Klares, sattes Gelb mit grünlichen Reflexen. Feine Kräuterwürze in der Nase, dazu Limonenzeste, Rauch, Gesteinsmehl, mineralisch, animierend. Am Gaumen griffige Säure, Zitrus, frisch zupackend, dahinter mineralischer Faden, schöne Struktur, gute Länge. 13 Vol.-%, DV, €

90 2019 Deidesheim Herrgottsacker Riesling Erste Lage trocken
Sattes, klares Gelb. In der Nase frische Zitrusfrucht, Melisse und Minze, frisch und animierend, etwas Papaya, zarte Quitte. Am Gaumen griffige Säure, Zug, auf der frischen Seite, Limone, mineralische Würze, gute Struktur und Länge. Zum Essen sehr gut. 12,5 Vol.-%, DV, €

89 2019 Deidesheim Leinhöhle Riesling Erste Lage trocken
Klares, sattes Gelb. In der Nase Kräuterwürze, Lorbeerblatt, Steinobst, Mandarine, Gesteinsmehl, warmes Heu. Am Gaumen ausgewogen und saftig, helle Früchte, Aprikose, mineralisch unterlegt, Papaya, mittlere Struktur und Länge. 13 Vol.-%, DV, €

89 2019 Deidesheim Paradiesgarten Riesling Erste Lage trocken
Sattes, klares Gelb. In der Nase Rauch, Gesteinsmehl, Zitrusfrüchte, dazu auch etwas Pfirsich, Steinobst, Kräuterwürze. Am Gaumen saftig, Säure gut eingebunden, feiner zitrischer Zug, Mango, mittlere Struktur und Länge, endet würzig. 12,5 Vol.-%, DV, €

89 2019 »Vom Kalk« Riesling trocken

89 2019 Forst Riesling trocken

88 2019 Deidesheim Riesling trocken

89 2019 »Vom Kiesel« Riesling trocken
Klares, sattes Gelb. In der Nase vielschichtiger Duft, Zitrus, Papaya, Melisse, mineralisch unterlegt, animierend. Am Gaumen saftiger, frischer Eindruck, Limone, Kräuter, feine Phenole, griffig, harmonisch, mittlere Struktur und Länge. 12,5 Vol.-%, DV, €€

★★

WEINGUT ERICH STACHEL

Bahnhofstraße 40, 67487 Maikammer
T: +49 (6321) 5112, info@weingut-stachel.de
www.weingut-stachel.de
Ab-Hof-Verkauf: Mo bis Fr 9–12 Uhr und 14.30–18 Uhr, Sa 10–16 Uhr
Kellermeister: Matthias Stachel
Ansprechpartner: Matthias, Karin und Erich Stachel, Nadine Kienle
Flaschen/Hektar: 80.000 (50 % weiß, 50 % rot)/19 ha

Erich Stachel und Sohn Matthias haben Weine in einem ausgesprochen klassischen Stil vorgestellt. Gut in der Dichte, klar in der Frucht, so zeigt sich etwa der im Holzfass ausgebaute Weißburgunder vom Kirrweiler Römerweg. An den Roten erkennt man die Auslandserfahrung von Matthias Stachel. Mit Malbec, Syrah und Cabernet Sauvignon sind drei Exoten im Angebot, die sich aber in der Pfalz ganz offensichtlich wohlfühlen: Die Gerbstoffe sind reif, die Aromen sortentypisch ausgeprägt. Das einzige, was diesen Weinen fehlt, ist noch etwas Reife – doch die kommt bekanntlich von selbst.

91 2017 Kirrweiler Römerweg Weißburgunder trocken
Etwas Holz, Lindenblüte, Paranuss. Eine erste Entwicklung im Duft, aber bis zur vollen Entfaltung fehlt noch etwas weitere Flaschenreife. Im Mund korpulent im Bau, stoffig und dicht. Geschmeidiger Hintergrund, nahtlos integrierte Säure, ein kulinarischer Bau. 13 Vol.-%, NK, €€

90 2018 Chardonnay Sekt brut
Blüten in der Nase, Noten von Walnüssen und reifer Birne, auch Steinobst. Am Gaumen mit schönem Schmelz und feiner Perlage, zeigt reife Säure und gute Substanz, gelungene Balance. Am Gaumen süßliche Frucht, gediegen, ein vornehmer Aperitif. 12 Vol.-%, NK, €€

91 2017 Maikammer Heiligenberg Syrah trocken
Dunkle Schokolade, Rosine, Tobler-o-rum, hefige und kräuterwürzige Untertöne. am Gaumen mit einer straffen Gerbstofffracht, sehr dichtes, leicht adstringierendes Tannin, gute Frische, saftige Auflösung der Extraktspannung, hat Potenz al. 13,5 Vol.-%, NK, €€€

90 2017 Maikammer Heiligenberg Malbec trocken
Amarenakirsche und leicht animalische Würznoten, Trockenfleisch. Im Mund mit gutem Aufbau, saftig grundiert, körniges Tannin in mittelhoher Menge, gute Reife im Gerbstoff, homogene Länge mit guter Fruchtbegleitung und einem Hauch Kalkmineralität. 14,5 Vol.-%, NK, €€€

90 2017 Maikammer Kirchenstück Cabernet Sauvignon trocken

90 2019 Kirrweiler Weißburgunder trocken
Pflanzlich im Duft, etwas Heu und Wiesenkräuter, im Mund saftig und elegant, geradeaus und ganz schnörkellos gebaut, leicht- bis mittelgewichtig im Extrakt, reif in der Säure, ein feiner Sortentyp und unaufdringlicher Speisenbegleiter. 13,5 Vol.-%, DV, €

★★★

WEINGUT STERN

Hauptstraße 199, 76879 Hochstadt
T: +49 (6347) 700580, info@weingut-stern.de
www.weingut-stern.de

Ab-Hof-Verkauf: Mo bis Fr 9.30–12 und 13.30–18 Uhr, Sa 10–16 Uhr
Kellermeister: Dominic Stern
Ansprechpartner: Dominic und Anne-Sophie Stern
Flaschen/Hektar: 100.000 (50 % weiß, 50 % rot)/12 ha

»Weniger ist mehr: Das ist der Weg, den wir verfolgen«, schreibt uns Dominic Stern, der das Weingut in Hochstadt mit elf Hektar Weinbergen führt. Der prägt auch den »Pinot Noir Réserve« aus 2018, den einer unserer Verkoster als »charmantes Kraftpaket« lobte. Trefflich gelungen sind die beiden Rieslinge von den Lagen an der Mittelhaardt, jener aus dem Forster Ungeheuer punktet mit markanter Mineralität. Charakterstark ist auch der Rosésekt »PinoTimes«, der in Zusammenarbeit mit dem Aloisiushof in St. Martin entsteht. Dominic Stern ist noch einiges zuzutrauen.

92 2019 Forst Ungeheuer Riesling trocken

Vielschichtiger und dicht verwobener Duft mit Pfirsich und Aprikose, auch Zitrusfrucht, steinig-mineralische Anklänge. Mit gut dosierter Stoffigkeit am Gaumen, feine Frucht und Saftigkeit, getragen von der markanten Mineralität des Ungeheuers, jung und begabt. 13 Vol.-%, DV, €€€

91 2019 Deidesheim Kieselberg Riesling trocken

Feiner Pfirsich in der Nase, Blattgrün, mineralisches Flimmern, würzige Noten. Am Gaumen saftig und mit klarer und schöner Fruchtausprägung, süßlicher Extrakt, würzige, mineralische Grundierung, schlank gebaut, entfaltet sich elegant und charaktervoll. 12,5 Vol.-%, DV, €€€

91 2018 »Pinot Noir Réserve« trocken

Kräftiger Duft mit rauchigen Noten und Tinte, geröstete Kaffeebohnen, Schwarzkirsche, Wacholderbeere und Weihrauch. Zeigt die Kraft und Substanz des warmen Jahres, viel Würze und Wärme, markante und reife Gerbstoffe, reife Säure, die sich gut einfügt, charmantes Kraftpaket.
13,5 Vol.-%, NK, €€€

90 2019 Forst Ungeheuer Riesling Spätlese

Pfirsich und Aprikose in der Nase, etwas Blattgrün und Honigwaffel. Am Gaumen mit guter Konzentration und ziemlich lebendiger Säure, entfaltet sich schön mit feinfruchtigen Noten, nicht zu üppig, immer im Fluss, mit guter Balance und mineralischen Untertönen, elegant. 7 Vol.-%, DV, €€

89 2019 »Rosé Fumé« Syrah trocken

91 2013 »PinoTimes Rosé« brut

Kupferfarben, kräftige Nase, Hagebutte, Waldmeister, Hopfen, Malz, Karamell und Rauch. Am Gaumen seidig in einer kräftigen Textur, feine Säure und feines Mouseux, gediegen und würzig. Charakterstark, für Sommeliers ein Traum, Risotto mit Safran und Knochenmark.
12,5 Vol.-%, NK, €€

★

WEINGUT PETER STÜBINGER

Hauptstraße 12, 76829 Leinsweiler
T: +49 (6345) 1572, info@weingut-stuebinger.de
weingut-stuebinger.de

Ab-Hof-Verkauf: ja
Kellermeister: Peter Stübinger
Ansprechpartner: Peter Stübinger
Hektar: 18 ha

Peter Stübinger und sein Sohn Daniel aus Leinsweiler stellen ein abwechslungsreiches Sortiment vor, in dem man ohne langes Stöbern wieder das ein oder andere Schnäppchen findet: Eines davon ist der fruchtige und markante Merlot für gerade mal 6,50 Euro! Die Schaumweine wie der »Muskateller Sekt« können überzeugen, die Weißweine sind gut strukturiert und immer auch als kulinarische Begleitung gedacht. Am besten gefallen hat uns aber die rote »Cuvée S« von Cabernet Sauvignon, Syrah und Merlot mit ihrer dunkelbeerigen Würze, Kraft und auch Frische. Da scheint noch einiges zu gehen!

90 2019 Leinsweiler Sonnenberg Weißburgunder trocken
Würzige und florale Anklänge im Duft, reife Aprikose, gelber Apfel, nussige Aromen, geröstete Mandeln, etwas Rauch und getrockneter Ingwer. Stoffig am Gaumen mit saftiger Cremigkeit, kräftige, feste Struktur, wieder Apfel und Gewürze, trockene Anmutung, zum Essen. 13 Vol.-%, NK, €

90 2018 Muskateller Sekt trocken
Zitrone und Lavendel, sehr parfümiert im Duft, Muskatnuss. Im Mund mit dynamischem, aber feinem Mousseux, saftiger Säure, hefigen Gaumenaromen und einer nicht überakzentuierten Süße. Im Körper schlank und fein, im Ausdruck kräftig. Ein adretter Aperitif. 11 Vol.-%, NK, €€

89 2013 Pinot Blanc extra brut
Rund und balanciert in der Nase. Gelbfrucht und Zitronenabrieb. Der Sekt hatte sieben Jahre Hefelager und wirkt am Gaumen kompakter, aber auch nuanciert. Cremig mit schöner Würznote und sich feingriffig einarbeitender Säurestruktur, die Frische und Präsenz verleiht. 12 Vol.-%, NK, €€

90 2018 »Cuvée S« trocken CS/SY/ME
Cuvée von Cabernet Sauvignon, Syrah und Merlot. Dunkelbeerige und würzige Nase, Tabak, Cassis, Holunder und pfeffrige Noten, Holzparfum. Substanzvolle Cuvée mit kräftiger Muskulatur und auch angemessener Frische, präsente Säureader, griffiges und reifes Tannin. 13,5 Vol.-%, NK, €€

88 2019 Leinsweiler Chardonnay trocken

88 2019 Sauvignon Blanc trocken

88 2019 »Kalkstein« Riesling trocken

88 2019 »vom Löss« Scheurebe trocken

88 2019 Gelber Muskateller feinherb

87 2019 »Blanc de Noir« Spätburgunder trocken

87 2019 »Summer Kiss« Rosé halbtrocken

89 2018 Merlot trocken
Reife, fruchtige Nase nach Roter Johannisbeere, Holunder und Kirsche, klar herausgestellt auch am Gaumen, wo Kraft, Würze und Saft aufeinandertreffen, die Gerbstoffe sind markant und noch etwas adstringierend. Gute Substanz und Nachhall, gerne Wild dazu. 13,5 Vol.-%, NK, €

VIERMORGEN WEINKOOPERATIVE

Hauptstraße 36a, 76889 Niederhorbach
T: +49 (173) 9939406, info@viermorgen-wein.de
www.viermorgen-wein.de

Ab-Hof-Verkauf: nach Vereinbarung
Kellermeister: Dr. Boris Peter
Ansprechpartner: Axel Becht und Dr. Boris Peter
Hektar: 1 ha

Vier Morgen, so groß ist die Rebfläche, die Axel Becht und Dr. Boris Peter bewirtschaften und die sie in vier Minuten umrunden können – wie die beiden Südpfälzer »Schrägeinsteiger und Querdenker« gemessen haben. Die Fläche sei klein genug, »damit wir jede einzelne Traube kennen, denn Qualität wächst im Weinberg«, schreiben die beiden Winzer, die ihre in Niederhorbach gelegene »Viermorgen Weinkooperative« 2012 gegründet haben. Ihre Weine verdienen Respekt, allen voran der im Holz ausgebaute »Chardonnay 500« mit burgundischem Touch und die würzige rote »Cuvée No. 1«. Alle Achtung.

90 2019 »Chardonnay 500« Niederhorbach Silberberg trocken
Goldgelbe Farbe, kräftige Nase mit Neuholz, reifer Birne, Apfel und Röstaromen, gelbe Blüten, Dotterblume. Kräftiger Bau am Gaumen mit gutem Volumen und gut eingebundener Säure, saftig und mit Schmelz, Pfälzer Mundart trifft auf burgundischen Touch. 13 Vol.-%, DV, €€

89 2019 Gleiszellen-Gleishorbach Kirchberg Sauvignon Blanc
Muskatblüte und Muskatnuss in der Nase, viel Würze und reife Frucht, reife Stachel- und Johannisbeere. Mit einer selbstbewussten und strahligen Säure am Gaumen, die den Wein trockener erscheinen lässt, als er ist. Die Fruchtsüße sorgt für Charme, balanciert. 12 Vol.-%, DV, €

88 2019 Riesling trocken
Blüten und gelber Apfel in der Nase, Wiesenkräuter und Apfelschale. Der Riesling ist so wie ein Literwein sein muss, gerade in der Pfalz: trinkig, saftig und lebendig mit klarer Frucht und gutem Niveau. Wären alle Schoppenweine so, hätten wir noch mehr Spaß. 12,5 Vol.-%, DV, €

90 2015 »Cuvée No. 1« Gleiszellen-Gleishorbach Kirchberg trocken SY/CF
Cuvée von Cabernet Franc und Syrah, die nach reifer Schwarzkirsche und Brombeere riecht, reife Säure und reife Gerbstoffe zeigen sich am Gaumen, geschmeidig und gehaltvoll bewegt er sich vorwärts. Gut gebaut und patent eingebundenes Holz, würzig, charmant. 13 Vol.-%, NK, €€

88 2019 Shiraz & Cabernet Franc Rosé

89 2019 Klingenmünster Maria Magdalena Weißburgunder trocken
Mirabelle, reifer Apfel, Zitrusfrucht und florale Noten im Duft. Cremig am Gaumen mit etwas Fruchtsüße und reifer Säurestruktur, ausgewogen in seiner Balance, saftige Frucht, Würze und auch feinherbe Noten sorgen für Akzente und Profil. Solo und zum Essen gut. 13 Vol.-%, DV, €

★

WEINGUT VILLA HOCHDÖRFFER

Lindenbergstraße 79, 76829 Landau in der Pfalz
T: +49 (6341) 649630, info@weingut-villa.de
www.weingut-villa.de

Ab-Hof-Verkauf: Mo bis Sa 8–12 Uhr und 14–18.30 Uhr, So 9–12 Uhr
Kellermeister: David Hochdörffer
Ansprechpartner: Lieselotte Hahn-Hochdörffer
Hektar: 45 ha

Tradition und Fortschritt sind die beiden Säulen, auf denen unser Familienweingut steht«, schreibt uns die Familie Hochdörffer, die schon in der siebten Generation Weinbau betreibt und rund 45 Hektar Weinberge bewirtschaftet. Viele der Parzellen sind bereits seit Generationen im Familienbesitz. »Das hat uns geprägt und eine enge Liebe zur Region und zum Wein geschaffen«, betonen die Hochdörffers. Seit dem Jahrgang 2012 ist David Hochdörffer für den Ausbau der Weine zuständig. Wir verkosteten eine ansprechende und facettenreiche Kollektion, die für die Zukunft einiges erwarten lässt.

90 2018 Birkweiler Kastanienbusch Riesling trocken
Intensive rauchige Nase nach Flintstein und Safran, leicht geröstetes Getreide, weht kühl aus dem Glas. Im Mund feines ausbalanciertes Säurespiel, gepaart mit zart cremiger Süße, frischer Nachhall von Zitrusnoten und grünem Apfel, auch ein schöner Speisenbegleiter. 14,5 Vol.-%, DV, €€

89 2018 »Muschelkalk« Chardonnay trocken
Intensive goldgelbe Farbe. Duftige Kräuternase, auch Spargel und Giersch im Duft. Im Mund mit Substanz und kräftigem Bau, cremig mit ein klein wenig gefühlter Süße, gut verwoben, auch saftig mit nicht zu langem und dabei erfrischendem Nachhall. 13 Vol.-%, DV, €

89 2019 Grauer Burgunder trocken
Sehr schöne zarte kupfergoldene Farbe, im Duft verhalten, etwas gelbe Frucht, Birne und Zitrusfrucht, dann eine zarte Kräuternote wie Estragon. Im Mund erfrischend saftig, positiv schlank gebaut, feine Süße zeigt sich, die gut eingebunden ist, solo und zum Essen. 12 Vol.-%, DV, €

91 2017 Nußdorf Kaiserberg Spätburgunder trocken
Milchkaffee und Cappuccino im Duft sowie auch konzentrierte Schwarzkirsche. Für einen kurzen Moment im Mund saftig ansetzend, dann kraftvoll körnig, dichtes, straffes Tannin, präsenter Säurenerv, eher defensive Frucht, aber sehr viel Extrakt für ein langes Leben. 13 Vol.-%, DV, €€

88 2019 »Kalkstein« Riesling trocken

89 2019 »Löß« Weißburgunder trocken
Blitzblank im Glas mit schönen hellgrünen Reflexen, klarer Duft nach Heu, weißen Blüten, grünen Mandelkernen und Mirabellen. Im Mund zuerst schlank mit guter Säure und Noten von Augustäpfeln, dann entwickelt sich ein kräftiger Nachhall, bei Tisch gerne gesehen. 12,5 Vol.-%, DV, €

★★★★

WAGECK WEINE

Luitpoldstraße 1, 67281 Bissersheim
T: +49 (6359) 2216, info@wageck-weine.de
www.wageck-weine.de

Ab-Hof-Verkauf: ja
Kellermeister: Thomas und Frank Pfaffmann
Ansprechpartner: Thomas Pfaffmann
Flaschen/Hektar: 350.000 (50 % weiß, 50 % rot)/39 ha

Thomas Pfaffmann hat uns eine Batterie von Roten aus dem 2017er Jahrgang geschickt, die uns verblüfft, beeindruckt, begeistert hat. Das beginnt schon bei den vorzüglichen Basis-Spätburgundern und schreitet voran bis zu den Lagen-Pinots aus Goldberg, Burgweg und Geisberg. Einzigartig und eigenständig ist der tiefgründige Portugieser aus dem Ertrag einer 1931 gepflanzten Parzelle: eine Werbung für diese vergessene Sorte. Dass Pfaffmann auch Weißwein (und Sekt) beherrscht, ist bestens bekannt, wir wählten dieses Jahr den beschwingten Gutsriesling zu unserem Favoriten.

94 2017 Bissersheim Geisberg Spätburgunder trocken
Dunkle Beeren, Blaubeere, ätherische Obertöne. Komplex, am Gaumen mit sehr hoher Präsenz, eine große Menge feinen Gerbstoffs, dicht gestaffelte Extraktschichten, reife Säure, bei aller Intensität auch differenziert und fein, beginnt sich zu entfalten, großes weiteres Potenzial. 13 Vol.-%, NK, €€€€

93 2017 »HW31 Réserve« Portugieser trocken
Dezentes Holz, etwas Wildpflaume, Menthol, Sauerkirsche, Kampfer. Cremig im Ansatz, eine kräftige Dosis körnigen Gerbstoffs, intensive Kalkmineralität, straffes Tanningerüst, durchaus Feuer, aber auch Schmelz und Frucht, sehr eigenständig – und sicher langlebig. 13,5 Vol.-%, NK, €€€

93 2017 Großkarlbach Burgweg Spätburgunder trocken
Holunderbeere, Baumharz, Blattgrün. Im Mund mit weichem Ansatz und einer sich langsam steigernden, sehr fein gekörnten Tanninfracht. Milde Säure, cremiger Hintergrund, reife Gaumenfrucht. Ein Pinot im opulenten Stil, aber auch mit viel Inhalt. 13,5 Vol.-%, NK, €€€

92 2017 Bissersheim Goldberg Spätburgunder trocken
Kräuterwürze, Salbei, frische Knupperkirsche, Pfeffer und Karamell, im Mund mit druckvollem, feinkörnigem Tannin, reifer Säure und einem Ausklang im Tonfall von Souplesse und Geschmeidigkeit. Ein vollmundiger und dennoch gut gebündelter Burgunder. 13,5 Vol.-%, NK, €€€

90 2019 »Tertiär« Sauvignon Blanc trocken

90 2019 »Tertiär« Chardonnay & Weißburgunder trocken

89 2019 »Tertiär« Grauburgunder trocken

89 2019 »Fundament« Rosé trocken

92 2017 »Réserve« St. Laurent trocken

90 2017 »Tertiär« Spätburgunder trocken

90 2017 »Kalkmergel« Bissersheim Spätburgunder trocken

89 2019 »Fundament« Riesling trocken
Melisse und Rosmarin, blumig, duftig, sehr klar. Im Mund saftig, leicht- bis mittelgewichtig in Extrakt und Körper lebendige Säure, erfreulich trocken abgestimmt und dennoch nicht rau oder hart, ein stilvoller Riesling für den Alltag. 12,5 Vol.-%, DV, €

★★★

WEINGUT FELIX WALDKIRCH

Weinstraße 53, 76835 Rhodt unter Rietburg
T: +49 (6323) 5825, info@weingut-waldkirch.de
www.weingut-waldkirch.de

Ab-Hof-Verkauf: ja
Kellermeister: Felix Waldkirch
Ansprechpartner: Felix Waldkirch
Flaschen/Hektar: 50.000 (80 % weiß, 20 % rot)/9 ha

Für Felix Waldkirch war 2019 ein Jahr, in dem er klassische Rieslinge ernten konnte, für ihn heißt das: reife Trauben mit moderaten Öchslegraden. 2019 sei deshalb ein Jahrgang der »Trinkfreude«, wie er uns geschrieben hat. Und recht hat er! Der trockene Gutsriesling »Felix« ist ausgewogen und würzig, der Gutskabinett »Wanderlust« hat eine dichte Struktur und schöne Länge – ihm tut ein weiteres Jahr Lagerung gut. Besonders gefallen hat uns auch der trockene Muskateller mit seinem niedrigen Alkohol und seinem knackigen Fruchtbukett – ein idealer Aperitif.

90 2019 Weyher Michelsberg Riesling trocken

Klares, mittleres Gelb. In der Nase würzige Zitrusfrucht, Orangenblüte, feines Bergamottöl, Melisse, Minze, animierend. Am Gaumen saftig, ausgewogen, reife Säure, feine Zitrusfrucht, balanciert, schön gewobene Struktur, gute Länge, macht Spaß. 12 Vol.-%, DV, €

89 2019 »Wanderlust« Rhodt Schlossberg Riesling Kabinett

Klares, mittleres Gelb. In der Nase reife Zitrusfrüchte, Limonenzeste, Orangenblüte, Papaya, Minze. Am Gaumen feine Säure, gute Balance mit der Fruchtsüße, Ananassaft, Orange, etwas phenolisch. Insgesamt ausgewogen, mittlere Struktur, schöne Länge. 10,5 Vol.-%, DV, €

89 2019 »Felix'« Riesling trocken

Klares, mittleres Gelb. In der Nase frische Zitrusfrucht, Limone, kernig unterlegt, Kräuterwürze, Melisse. Am Gaumen feine Säure, etwas abgerundet, harmonisch, Zitrusfrucht, etwas phenolisch, feine Würze, mittlere Struktur und Länge, ausgewogen. 12 Vol.-%, DV, €

89 2019 Scheurebe Spätlese

Klares, mittleres Gelb. In der Nase pikante, reife Frucht. Johannisbeere, Limone, exotische Früchte, Mango, Papaya. Am Gaumen schmelzende Süße, eher milde Säure, Ananassaft, eingekochte Orange, dicht, mit Kraft und Struktur, gute Länge, zur Birnentarte. 9,5 Vol.-%, DV, €

88 2019 Dornfelder Rosé trocken

89 2019 Gelber Muskateller trocken

Klares, mittleres Gelb. In der Nase frisch gepresster Traubensaft, etwas Muskat, Holunder. Am Gaumen frische Säure, sehr lebendig, saftige Traubenfrucht, etwas Zitrus, elegant strukturiert und stimmig abgerundet, mittlere Struktur, idealer Aperitif. 11,5 Vol.-%, DV, €

★★★

WEINGUT KARL WEGNER

Am Neuberg 4, 67098 Bad Dürkheim
T: +49 (6322) 989327, info@weingut-wegner.de
www.weingut-wegner.de

Ab-Hof-Verkauf: ja
Kellermeister: Joachim Wegner
Ansprechpartner: Joachim Wegner
Flaschen/Hektar: 100.000 (60 % weiß, 40 % rot)/12 ha

Wenn man die Weine von Joachim Wegner verkostet, kann man immer mit Überraschungen rechnen: Der Winzer hat immer noch ein paar reifere Jahrgänge in der Hinterhand wie die beiden kraftvollen und eleganten Pinot Noirs vom Schenkenböhl aus den Jahrgängen 2013 und 2014 oder der fruchtige und komplexe Syrah aus 2015. Wegner schafft es, seinen Weinen durch den Holzausbau ein langes Leben einzuhauchen und Reifepotenzial mitzugeben. Aber auch mit dem aktuellen Jahrgang 2019 ist Joachim Wegner gut zurechtgekommen: eine gut gelungene, vielschichtige Kollektion.

91 2018 »14« Ungstein Herrenberg Riesling tr.
Goldgelb im Glas, in der Nase Noten von Maischegärung, Kräutern, Waldhonig, Salbei, Malz und Röstaromen. Unkonventionell am Gaumen, kräftige Statur mit einer reifen und geradlinigen Säure, trocken, Holztannin und Phenolik tragen zur Komplexität bei, gutes Potenzial. 13 Vol.-%, NK, €€€

91 2018 »Fumé Blanc« Bad Dürkheim Feuerberg Sauvignon Blanc trocken
Kräftiges Gelb im Glas, viel Würze in der vollen Nase, Gewürze, Holzaromen, Rauch, Fumé, reife Aprikose und etwas Litschi. Auch am Gaumen mit ordentlich Würze unterwegs, schlanker Bau mit gutem Extrakt, straff gefüllt, vermeidet Üppigkeit, zeigt Konzentration. 13 Vol.-%, NK, €€

91 2014 »Kleinod« Bad Dürkheim Schenkenböhl Pinot Noir trocken
Ziegelrote Reflexe, in der Nase Cassis, reife Kirschen und Würze, Holznoten. Am Gaumen eine reife und verspielte Säure, die Eleganz vermittelt. Kräftiger Bau, die Gerbstoffe sind reif und feinkörnig, präsent, gute Länge. 13,5 Vol.-%, NK, €€€

92 2018 »Aureus« Bad Dürkheim Feuerberg Cabernet Blanc Eiswein
Gekochte grüne Paprika, grüne Stachelbeere, recht »laut« im Duft. Im Mund mit pikanter Säure, mittelhohem Extrakt, recht präsentem Alkohol und einer durchaus fein eingebundenen Holzwürze. Ein ungewöhnlicher, vor allem in der Gaumenstruktur sehr gelungener Eiswein. 10,5 Vol.-%, NK, €€€

91 2018 »Lunatic« Ungstein Herrenberg Riesling trocken

89 2019 Bad Dürkheim Schenkenböhl Sauvignon Blanc trocken

91 2015 »Sinnreich« Bad Dürkheim Feuerberg Syrah trocken

91 2014 »Cuvée Philipp« Bad Dürkheim Feuerberg trocken CS/ME/SY

90 2013 »Kleinod R« Bad Dürkheim Schenkenböhl Pinot Noir trocken

90 2016 Bad Dürkheim Nonnengarten Pinot Noir trocken

90 2016 »Wunderrot« Bad Dürkheim Nonnengarten trocken CS/SY/ME

89 2019 Bad Dürkheim Rittergarten Riesling trocken
Saftiger und fein abgerundeter Riesling, der nach reifem Steinobst riecht, Weinbergpfirsich. Reife und würzige Säure, gut eingebundene Fruchtsüße, schlanker und bündiger Bau, charmante Fruchtigkeit, reife Aprikose, feiner mineralischer Anklang. 12,5 Vol.-%, DV, €

★★

WEINBIET MANUFAKTUR

An der Eselshaut 57, 67435 Neustadt an der Weinstraße
T: +49 (6321) 67970, info@weinbiet.de
www.weinbiet.de

Ab-Hof-Verkauf: Mo bis Fr 9–18.30 Uhr, Sa 9–16 Uhr
Kellermeister: Patrick Öttl
Ansprechpartner: Bastian Klohr
Flaschen/Hektar: 2.300.000 (67 % weiß, 33 % rot)
325 ha

Die Weinbiet Manufaktur hat sich unter der Leitung von Bastian Klohr zu einem der interessantesten Genossenschaftsmodelle entwickelt: Über 50 Winzer bewirtschaften gemeinsam 325 Hektar Weinberge unter dem Weinbiet: »Wir tragen stolz den Namen des 554 Meter hohen Bergs, der schützend über uns thront«, schreibt die Manufaktur, der mit Kellermeister Patrick Öttl eine zeitgenössische Interpretation der Pfälzer Weinkultur gelingt. In der Philipp-Bassler-Reihe werden die Spitzenweine präsentiert wie der mineralische Riesling von 70 Jahre alten, wurzelechten Reben. Da ist viel Schwung dahinter!

90 2018 »Philipp Bassler Wurzelecht« Riesling trocken
In der vielschichtigen Nase deutet sich schon an, dass dieser Wein den Gaumen beschäftigen wird: Zitrusfrucht, Grapefruit und Marcauja in der Nase, reifer Pfirsich. Am Gaumen saftig und mit schöner Würze, die Säure ist ausgewogen und delikat, mineralisch, tiefgründig. 13 Vol.-%, NK, €€

90 2019 »Philipp Bassler Fumé« Sauvignon Blanc trocken
Blasses Gold in der Farbe, in der üppigen Nase zeigen sich neben Schwarzer Johannisbeere und Papaya auch rauchige Eichenwürze. Auch am Gaumen großzügig mit reifer Frucht und viel Würze, Saft und Schmelz kommen dazu, mineralische Untertöne, vielschichtig. 13 Vol.-%, NK, €€

88 2019 »Von Ersten Lagen« Chardonnay & Weißburgunder trocken
Weiße Blüten in der duftigen Nase, Mirabelle und Aprikose, Apfel und auch Birne, etwas Holunderblüte. Saftig und cremig am Gaumen, der weiche Eindruck wird durch eine merkliche Würze ergänzt, auch feine Fruchtsüße, mittlerer Körper, klare Kontur, ausgewogene Säure. 13 Vol.-%, DV, €

89 2016 »Philipp Bassler Réserve« Cabernet Sauvignon trocken
Fein gereifter Duft mit Cassis, Schwarzkirsche, schwarzen Oliven, Rosmarin und schwarzem Pfeffer, etwas Menthol. Kraftvoll am Gaumen, ein kerniger und kräftiger Pfälzer mit markantem Gerbstoff, viel Würze und etwas Pfeffer. Zu Fleisch und Steak eine gute Wahl. 14 Vol.-%, NK, €€€

88 2018 Haardt Herrenletten Riesling trocken

89 2018 Haardt Schlossberg Riesling trocken
Frische Nase, die durch Zitrusnoten betont wird, Grapefruit und Apfel, auch Steinobst. Am Gaumen saftig und weich ansetzend, die präsente Säure sorgt für Frische und Bewegung, schlank gebaut, meidet das Üppige, Zitrusfrucht stärkt den frischen Eindruck, feine Würze. 12 Vol.-%, DV, €

★★★

WEIN- UND SEKTGUT WILHELMSHOF

Queichstraße 1, 76833 Siebeldingen
T: +49 (6345) 919147, info@wilhelmshof.de
www.wilhelmshof.de

Ab-Hof-Verkauf: Mo bis Fr 8–12 Uhr und 13–18 Uhr, Sa 9–16 Uhr
Kellermeister: Thorsten Ochocki
Ansprechpartner: Familie Roth-Ochocki
Flaschen/Hektar: 150.000 (70 % weiß, 30 % rot)/18 ha

Das ganze Land befindet sich im Sektboom, überall macht sich die junge Winzergeneration daran, feine Perlen in die Sektkelche zu zaubern. Was dabei leicht übersehen wird: Familie Roth erzeugt schon seit den 1970er-Jahren hochwertige Schaumweine und half mit, das Fundament für den heutigen Aufschwung zu legen. Diese Expertise zeigt sich auch in köstlicher Form im großartigen »Pinot B privé«, der Frische und Sinnlichkeit verbindet. Er ist das Highlight im rundum überzeugenden Sortiment des Wilhelmshofs, der keinen Trends hinterherläuft, sondern auf handwerkliches Können baut.

93 2016 »Pinot B privé« brut

Eine fein ziselierte Burgunderfrucht, Weiße und Rote Johannisbeere, zitrische Noten, Hefe, Passionsfrucht, im Mund mit viel Zug und Spannung, feines Mousseux, dezente Süße, hat einen rassigen und dabei eleganten Kern, aber auch fruchtiges Volumen. Elaboriert! 12 Vol.-%, VK, €€€

91 2019 Siebeldingen Im Sonnenschein Weißburgunder Spätlese trocken

Beerige und duftige Nase, die den Spätlesecharakter ankündigt, Aprikose, Honig und karamellisierte Nüsse, Anisplätzchen. Saftig und weich am Gaumen mit süßlichem Extrakt, zeigt auch die Struktur einer Spätlese, feine Würze und Schmelz, elegant und konsistent. 13,5 Vol.-%, DV, €€

91 2017 Riesling brut

Kräuternoten und geriebene Zitronenschale. Sehr kultivierte Säure, feingliedriger Gaumenfluss, zarte Süße, leicht taktilmineralisch unterlegt. Ein recht subtiler Rieslingsekt, auf sehr stilvolle Weise zugänglich, Eleganz ist mit Ausdruckskraft vereint. 12,5 Vol.-%, VK, €€

91 2018 Siebeldingen Im Sonnenschein Spätburgunder Spätlese trocken

In der Nase zeigen sich noch deutliche Noten vom Barriqueausbau, dazu Wacholderbeeren, Gewürznelken und fruchtige Anteile, Kirsche und Johannisbeere. Am Gaumen mit guter Balance, die Holztannine sind noch etwas vordergründig, Saft, Würze und Eleganz, braucht noch Zeit. 13 Vol.-%, NK, €€€

90 2019 Siebeldingen Im Sonnenschein Grauburgunder Spätlese trocken

89 2019 »Buntsandstein« Frankweiler Riesling Kabinett trocken

Apfel und Aprikose im feinen und unaufdringlichen Duft, Mandarine und Limettenschale. Saftig und cremig am Gaumen mit klarer und reiner Frucht und guter Frische, die Säure ist lebendig und geschmeidig, betont schlanker Bau, würzig und feinmineralisch, unangestrengt. 11,5 Vol.-%, DV, €

★★★

WEINGUT KATRIN WIND

Nauweg 6, 76829 Arzheim
T: +49 (6341) 33339, info@weingut-wind.eu
www.weingut-wind.eu

Ab-Hof-Verkauf: nach Vereinbarung
Kellermeister: Katrin Wind
Ansprechpartner: Katrin Wind
Flaschen/Hektar: 1400 (85 % weiß, 15 % rot)/5 ha

Wir können uns nicht daran erinnern, dass wir einen Frühburgunder aus der Pfalz schon einmal mit satten 94 Punkten belohnt haben: Der von Katrin Wind aus dem Jahr 2018 hat sich die mit brillanter Frucht und fein poliertem Gerbstoff verdient. Auch der spannungsvolle Riesling aus der Kalmit, im Stil eines Vin Naturel vinifiziert, macht mächtig Eindruck. Die Winzerin agiert zum einen mutiger und kompromissloser, aber auch mit großer Feinfühligkeit. Zwischen diesen Polen bewegt sich eine großartige Kollektion. Empfehlen müssen wir auch den ungeschminkten und präzisen »NacktenRiesling«.

94 2019 Arzheim Kalmit Kapellenstück Riesling trocken
Apfel und etwas Cidre, frisches Lorbeerblatt, feiner Rauch. Im athletisch gebauten Körper feiner Zitronensaft, dicht und extraktreich, frisch und spannungsgeladen, phenolische Schichtung, mineralische Grundierung, mutig, im Stil eines gekonnt interpretierten Naturweins. 12 Vol.-%, NK, €€€

91 2019 »vom Landschneckenkalk« Weißburgunder trocken
Dicht verwobene Nase mit Noten von Apfel, Mirabelle und Zitrusfrucht, auch dunklere Noten, Röstaromen, Wacholderbeere. Am Gaumen mit guter Spannung und Dichte, die Säure ist reif und gut eingewoben, wieder zitrische Noten, gute Balance, ausgeprägte Mineralität. 13 Vol.-%, DV, €€

90 2019 »Fumé« Sauvignon Blanc trocken
Keine laute Sauvignonnase, feine Gelbfrucht, gelbe Stachelbeere, etwas Mango und Holzwürze, auch Muskatnuss. Gut balanciert am Gaumen mit feinfühlig eingewobenem Holz, schlanke und bündige Statur, Würze und ausgewogene Säurestruktur, versteht Pfälzer Dialekt. 12,5 Vol.-%, DV, €€

94 2018 Frühburgunder trocken
Blaubeeren und Kirschen in der Nase, feine Kräuter und Holzwürze. Im Mund saftig und mit gutem Extrakt und guter Konzentration, gebündelt, sehr präzise, brillante Frucht, Sauerkirsche, superbe Säure, die Gerbstoffe sind fein extrahiert und präsent, elegant, exzellent. 12,5 Vol.-%, NK, €€€

89 2019 Weißburgunder trocken

91 2019 »NackteRiesling« trocken
Kräutrige Nase, fein dosiert, Apfel, Steinobst und Apfelschale, etwas Sesam. Schlank und straff gebaut, da geht es nur in eine Richtung: nach vorne. Präzise Säureader, feine Zitrusfrucht, mineralisch und ungeschminkt, ohne nivellierende Süße. Nackt und schön. 11,5 Vol.-%, DV, €

WEINGUT VON WINNING

★★★★★

Weinstraße 10, 67146 Deidesheim
T: +49 (6326) 966870, weingut@von-winning.de
www.von-winning.de

Ab-Hof-Verkauf: Mo bis Fr 8–18 Uhr, Sa 10–18 Uhr, So 11–18 Uhr
Kellermeister: Kurt Rathgeber
Ansprechpartner: Stephan Attmann
Flaschen/Hektar: 500.000 (97 % weiß, 3 % rot)/64 ha

Nach den brillanten 2017ern legen Stephan Attmann und sein Team mit ausgezeichneten 2018ern nach: selbstredend etwas fülliger im Stil als die straffen Jahrgangsvorgänger, aber mit ebenso viel Balance und innerer Stimmigkeit. Jede Wette: Das hoch verdichtete und tief mineralische 2018er Kirchenstück wird noch in 20 Jahren Vergnügen bereiten. Der Von-Winning-Stil lässt sich aber auch in den zugänglicheren Preisklassen genießen: Schon die Weine der »WinWin-Serie« oder die ebenso wohlfeile wie vorzügliche Erste Lage Pardiesgarten besitzen Ausdrucksstärke und Eleganz.

98 2018 Forst Kirchenstück Riesling GG
Etwas Holz, aber auch würzig, Kreuzkümmel, Chili Pequin, dazu irisierend mineralische Untertöne. Im Mund mit Weite beginnend, geschmeidig, aber auch unmittelbar stoffig, reife Säure, das hohe Intensitätslevel hält lange an, alles dicht verwoben, sehr, sehr mineralisch. 13 Vol.-%, NK, €€€€

96 2018 »Marmar« Riesling
Zurückhaltendes Boisée, konzentrierte Zitrusaromen, auch etwas Kräuter und brenzlige Gesteinsaromen. Im Mund geschmeidig ansetzend, dann mit sehr feinen Mitteln immer mehr Druck aufbauend, eine homogen und sachte im Mund sich ausbreitende taktile Mineralität. 13 Vol.-%, NK, €€€€

95 2018 Forst Ungeheuer Riesling GG
Etwas Holz, Zitrusfrucht, Mandarine, warmer Ziegelstein, druckvoll am Gaumen, geschmeidiger Extrakt, dezente Süße dominiert die reife Säure, sehr feine, aber auch deutlich präsente Phenole, schmelziger, fülliger und intensiv fruchtgetragener Abklang. 13 Vol.-%, NK, €€€

93 2018 »500« Weißer Burgunder trocken
Verschlossen im Duft. Etwas Holz. Heu. Rosine und Lindenblüte. Geschmeidiger, fast viskoser Ansatz, sofort präsente Extraktsüße, kraftvoller taktilmineralischer Hintergrund, viel Saft hinter der dichten Struktur, zeigt den warmen Jahrgang mit Konzentration, nicht mit Alkohol. 14 Vol.-%, NK, €€€

93 2017 »I« Weißer Burgunder trocken

92 2019 Ruppertsberg Reiterpfad Riesling Erste Lage trocken

92 2018 Deidesheimer Grainhübel Riesling GG trocken

90 2019 »II« Sauvignon Blanc trocken

89 2019 »Win Win« Riesling trocken

89 2019 »Win Win Rosé« trocken

91 2017 »Royale« Pinot Noir trocken

90 2019 Deidesheim Paradiesgarten Riesling Erste Lage trocken
Zitrische Noten im Duft, kandierte Zitronenschale, Grapefruit, etwas Muskat und Melisse. Geschmeidig ansetzend, etwas Kohlensäure, mittelgewichtiger Extrakt, recht linear gebaut mit reifer Säure und dezent die Frucht unterstreichender Süße. Ein zugänglicher Lagentyp. 11,5 Vol.-%, DV, €€

★

WEINGUT JOSEF WÖRNER

Staatsstraße 24, 67483 Edesheim
T: +49 (6323) 3685, hallo@josefwoerner.de
www.josefwoerner.de

Ab-Hof-Verkauf: nach Vereinbarung
Kellermeister: Sebastian und Stefan Wörner
Ansprechpartner: Sebastian und Stefan Wörner

Sebastian und Stefan Wörner haben erst ihren zweiten Jahrgang gekeltert, 2018 übernahmen sie das elterliche Weingut in Edesheim. »Wir haben es uns zur Aufgabe gemacht, Weine zu erzeugen, die zu allen Lebenslagen, zu jeder Uhrzeit und in jedem Moment passen«, schreiben die beiden Brüder. Ihre Weine sollen unkompliziert und frisch sein, keinesfalls zu verkopft und deutungsschwanger: Diesen Vorsatz setzen sie konsequent um, es sind sauber vinifizierte Alltagsweine, die sich gut zum Essen eignen und keine großen Löcher in den Geldbeutel reißen. Unverstellte Pfälzer Weinkultur!

88 2019 Chardonnay trocken
Reife Birne in der Nase, Apfel und frisch aufgeschnittene Ananas, Haselnüsse. Harmonisch abgestimmter und balancierter Chardonnay, der die Typizität der Rebsorte gut vermittelt, reife Säure, auch feine Herbe und Zitrusfrucht, saftig und ausgewogen. Zum Essen. 12,5 Vol.-%, DV, €

88 2019 Sauvignon Blanc trocken
Sauber vinifizierter Sortenvertreter mit klarem Ausdruck, der nach reifer Mango, Schwarzer Johannisbeere und auch Zitronengras riecht. Saftig mit süßlicher Frucht im Mund, ausgewogene Säurestruktur, auch maritime Noten, etwas Jod, solo und zum Essen. 12 Vol.-%, DV, €

88 2018 Grauburgunder trocken
Satte und reife Aromen von Birne, auch Gelbfrucht und nussige Noten, etwas Honig, Kräuter. Am Gaumen saftig und mit Schmelz sowie milder Säure, die Fruchtsüße sorgt für Ausgewogenheit und auch Harmonie, kräftiger und maßvoller Bau, zeigt Kraft und Geschmeidigkeit. 13 Vol.-%, DV, €

88 2019 »Lieblingsmensch Weiß« feinherb WB/SÄ
Weißburgunder und Scheurebe bilden den »Lieblingsmensch«, der nach gelber Stachelbeere, Aprikose, Mandarine und weißen Blüten riecht. Recht geschmeidig am Gaumen mit milder Säure und präsenter Fruchtsüße, eine gut abgerundete Cuvée, patenter Aperitif. 11,5 Vol.-%, DV, €

88 2019 Gelber Muskateller

89 2018 Weißburgunder trocken
Mandarinenschale in der Nase, weiße Blüten, Mandeln, Wiesenkräuter und auch Mirabelle. Saftig am Gaumen mit milder Säure, setzt weich an, mittelkräftiger Bau, hält das Gleichgewicht von Frische und Reife, Zitrusnoten an der Gaumenmitte, die für frische Herbe sorgen. 12,5 Vol.-%, DV, €

★

WEINGUT WOW

Freinsheimer Weg 9, 67281 Bissersheim
T: +49 (6359) 3779, info@wolfgangsweine.de
wolfgangsweine.de

Ab-Hof-Verkauf: ja
Kellermeister: Wolfgang Bender
Ansprechpartner: Wolfgang Bender
Hektar: 13 ha

Dass Wolfgang Bender, der 2011 mit 22 Jahren das Familienweingut in Bissersheim übernahm, seinen eigenen Kopf hat, wird schnell deutlich: Seine trockene Rieslingauslese mit 14 Volumenprozent Alkohol bietet er in der Literflasche feil, seine vielschichtige Rotweincuvée »Time to say Peace« widmet er »Toleranz, Frieden und Menschlichkeit in unruhigen Zeiten«. Einen 30 Jahre alten Weinberg mit Siegerrebe ließ er umveredeln und keltert daraus einen trefflichen Chenin Blanc mit intensiver Würze. Wir schätzen Winzer wie Wolfgang Bender, die ihre unorthodoxen Ideen kompromisslos umsetzen.

90 2018 »Réserve« Chenin Blanc Landwein trocken
Reife Zitrusfrucht und Apfel in der Nase, Grapefruit, Aprikose, Salzzitrone. Mit intensiver Würze im Mund, wieder reife Fruchtnoten, straff gebaut, gute Substanz, phenolisch und auch leicht pfeffrig, reife Säure. Ein Franzose, der sich auch in der Pfalz gut macht. 12,5 Vol.-%, DV, €€

91 2018 »Time to say Peace« Landwein trocken ME/CS
Merlot und Cabernet Sauvignon sind die Friedensbotschafter, eindringliche und würzige Nase nach Cassis und dunklen Beeren, Tee, Tinte und Waldboden. Am Gaumen aufgeräumt mit süßlichem Extrakt und schöner Frucht, kräftige Statur, Würze, viel Substanz, vielschichtig. 14 Vol.-%, NK, €€

90 2015 Cabernet Sauvignon trocken
Kräftiges Bukett, das von Cassis geprägt ist, Holzwürze kommt dazu, Hagebutte und Wacholderbeere. Stramm und kräftig am Gaumen strukturiert, trocken und mit präsenter Säure, bildet das kräftige Jahr ab, zeigt aber auch Frische, puristisch in der Frucht, eigenständig. 13 Vol.-%, NK, €€

90 2017 Merlot trocken
Holznote in der Nase, dunkelbeerige Frucht und Würze, Hagebutte, Brombeere und Schwarzkirsche, Cassis. Am Gaumen mit markantem Gerbstoffgerüst, Kraft und auch Wucht, kein Wein, der auf der leichten Seite steht, aber fruchtige Eleganz und Konsistenz zeigt. 13,3 Vol.-%, NK, €€

89 2017 »Réserve« Weißburgunder & Chardonnay Landwein trocken

89 2019 Grauer Burgunder Landwein trocken

88 2019 Bissersheim Held Riesling Auslese trocken (Liter)

88 2019 Weißburgunder Landwein trocken

89 2018 »Samira Blanc de Noir« Landwein trocken PN/BP

89 2017 »Tilt« Landwein trocken

89 2017 Spätburgunder trocken

90 2018 Silvaner Landwein trocken
Reifer Apfel in der Nase, Kräuterbeet, Hagebutte und Birne. Saftig am Gaumen mit Apfelfrucht, guter Extrakt und Dichte, trocken und direkt, sehr natürlich im Ausdruck, kompakter Bau, eng verwoben und gute Balance, ausgewogene Säure, mineralische Anklänge. 13 Vol.-%, DV, €

★★★

WEINGUT ZELT

Binsenstraße 2, 67229 Laumersheim
T: +49 (6238) 3281, info@weingutzelt.de
www.weingutzelt.de

Ab-Hof-Verkauf: Mo bis Fr 10–12 Uhr und 14–18 Uhr, Sa 10–16 Uhr
Kellermeister: Lotte Iglhaut
Ansprechpartner: Mario Zelt
Flaschen/Hektar: 130.000 (50 % weiß, 50 % rot)/16 ha

Es geht voran im Weingut von Mario Zelt, den ganzen Sommer 2020 über wurde umfassend umgebaut, neu gebaut und neu eingerichtet. Die Lese fand dann schon im neuen Kelterhaus ihren Weg in Tank und Fass. Man darf gespannt sein! Bei den Weinen der Jahrgänge 2017 und 2018, die wir diesmal vorgestellt bekamen, konstatieren wir »business as usual«: Die Rieslinge gehören wie meist hier eher zur korpulenten Fraktion, dafür fallen die Spätburgunder umso saftiger und eleganter aus. Der 2017er Jahrgang hat diesen Stil sogar noch gefördert. Beachtlich auch der Bordeaux-Blend!

90 2018 Laumersheim Kirschgarten Riesling trocken
Tief, »dunkle« Würze, Herbstapfel. Saftig und rund am Gaumen, feiner Grip, pikant mit feiner süßer Fruchtkonzentration, herben Anklängen, etwas Pikanz und Würzigkeit, Kräuterwürze, Kernobst und prägnante Säure. Gute Länge. 13,5 Vol.-%, NK, €€€

93 2017 Laumersheim Kirschgarten Spätburgunder trocken
Dunkle Noten, süße Kirsche, Holzwürze, etwas Jod, dunkle Mineralik. Feinkörniges Tannin. Klar und gut texturiert am Gaumen, Tiefe und Unaufgeregtheit. Ergänzt von feiner Saftigkeit. Noten von Sauerkirsche. Nach hinten raus griffig mit lebendiger Säurestruktur. 13 Vol.-%, NK, €€€

91 2017 »Trilogie« trocken CS/ME/CF
Dicht, feinwürzig, Kirschfrucht, Blaubeere, kühle Nuancen, ein Hauch Minze. Im Mund mit feinem Griff, dunkelwürzig, frische Frucht, herbe Anklänge, körniges Tannin, Gerbstoff guter Reife, Biss und eine saftige, lebendige Säurestruktur. 13,5 Vol.-%, NK, €€€

91 2017 Großkarlbach Burgweg Spätburgunder trocken
Rote Frucht, feinrauchig, Bleistift, leicht rappige Untertöne, ein Hauch weißer Pfeffer und Muskatnuss, Erdbeere, etwas Waldhimbeere, dezente Holzwürze. Am Gaumen klar, frisch, saftig mit feinem Säurezug und guter Griffigkeit. 13 Vol.-%, NK, €€€

88 2018 Laumersheim Kirschgarten Chardonnay trocken

90 2018 Laumersheim Kapellenberg Riesling trocken
Gelbfrucht und »dunkle« Würze in der Nase. Saftig, vollmundig, rund am Gaumen bei prägnanter, etwas betont wirkender Säure. Kernobst, pflanzliche Komponenten. Feiner Grip und kräutrige Würze, helle Zitrusfrucht, ein kraftvoller Jahrgangstyp. 13 Vol.-%, NK, €€

★ ★ ★

WEINGUT ZIMMERMANN

Grabenstraße 5, 67157 Wachenheim
T: +49 (6322) 2384, info@wein-zimmermann.de
www.wein-zimmermann.de

Ab-Hof-Verkauf: Mo bis Fr 9–12 Uhr und 14–18 Uhr, Sa 9–15 Uhr
Kellermeister: Jürgen Zimmermann
Ansprechpartner: Jürgen Zimmermann
Flaschen/Hektar: 80.000 (90 % weiß, 10 % rot)/11 ha

Auch in diesem Jahr bestätigen wir gerne noch einmal: Das Wachenheimer Weingut Zimmermann zählt mit seinen Lagenrieslingen zur Spitze an der Mittelhaardt. Kellermeister Jürgen Zimmermann versteht es gekonnt, die Merkmale und Unterschiede der einzelnen Lagen klar herauszustellen. Sein Riesling Altenburg zeigt auf unaufdringliche Art markante Mineralität, während der aus dem Gerümpel seine Kraft und Substanz ausspielt. Der Riesling aus dem Fuchsmantel zeigt sich schon zugänglich und mit verspielter Eleganz. Wie gut, dass es diese Weine zu kundenfreundlichen Tarifen gibt!

93 2019 Wachenheim Altenburg Riesling trocken

Schon die Nase wird von Mineralität geprägt, dazu Apfel, Zitrusfrucht und feine Holzwürze. Am Gaumen saftig, fruchtsüß und weich in der Textur, sich steigernde Komplexität mit phenolischer Schichtung und markanter Mineralität, am Gaumen lange anhaltend, viel Potenzial. 13 Vol.-%, NK, €€

92 2019 Wachenheim Gerümpel Riesling trocken

Hopfenblüte in der Nase, Orangenschale und etwas Zitrusfrucht, feiner Rauch. Am Gaumen kräftige Textur mit guter Substanz, reife Säure, begleitende dezente Fruchtsüße, dazu phenolische Schichten und die mineralische Prägung, die für Profil sorgt. Jung und begabt. 13 Vol.-%, NK, €€

92 2019 Wachenheim Fuchsmantel Riesling trocken

Eher zurückgenommener Duft mit etwas Gelbfrucht, Aprikose, Apfel und auch Stein. Am Gaumen zunächst saftig und mit süßlicher Frucht, dann zunehmend auch mineralische Noten, geschmeidig agierende Säureader, nicht zu komplex, aber von feiner taktiler Natur. 13 Vol.-%, NK, €

90 2019 Wachenheim Schloßberg Riesling trocken

Der Duft ist vom Ausbau im Holzfass geprägt, geröstete Kastanie, Nussaromen, Gewürze, Kräuter und Rauch. Kräftige und feste Struktur, reifes Steinobst am Gaumen, saftig mit reifer Säure und leicht adstringierendem Tannin. Kein Charmeur, strukturgeprägt mit Potenzial. 13 Vol.-%, NK, €€

88 2019 Weißburgunder trocken

89 2019 Wachenheim Luginsland Riesling trocken

Einladender Duft nach frischem, süßem Pfirsich, Aprikose und etwas Blattgrün, feine florale Würze. Gut balancierter Riesling mit klarer Frucht und gut eingewobener Säure, saftig und mit Schmelz, lebendig und elegant. Patenter Einstieg in das Rieslingsegment. 12,5 Vol.-%, DV, €

Das historische Stadtzentrum
von Neustadt an der Weinstraße

GASTGEBER AUS LEIDENSCHAFT

GEMEINSAM MIT DEN WINZERN DER REGION – ALS UNEINGESCHRÄNKTEN EXPERTEN, WAS DAS LEIBLICHE WOHL ANBELANGT – HAT FALSTAFF DIE BESTEN GENUSSADRESSEN IN SACHEN KULINARIK SORGFÄLTIG AUSGEWÄHLT UND ZUSAMMENGESTELLT.

67098 Bad Dürkheim

Bach-Mayer

Carsten di Lorenzi kredenzt in der Weinstube im alten fürstlichen Jagdhaus gutbürgerliche Regionalgerichte mit französischen, italienischen und österreichischen Akzenten. Die Weine kommen von befreundeten Winzern zum Beispiel rund um Bad Dürkheim, Bensheim oder Deidesheim.

Gerberstraße 13
+49 (6322) 92120
www.bach-mayer.de

Essen:	43	50
Service:	17	20
Getränke:	17	20
Ambiente:	8	10
Gesamt:	85	100

€€

80–84 | 85–89 | 90–94 | 95–100 Punkte

67281 Bissersheim

Knipsers Halbstück

Die Weine der Winzerfamilie Knipser sind gesuchte Gewächse, in ihrem schönen Gutsrestaurant in Bissersheim kann man sie zu herzhaften authentischen Pfälzer Gerichten glasweise genießen. Darüber hinaus bietet die Küche leckere Speisen an, die sich nach den Jahreszeiten richten.

Hollergasse 2
+49 (6359) 9459211
www.halbstueck.de

Empfohlen von: **Weingut WoW**

67098 Bad Dürkheim

Käsbüro

Die Weinstube zählt zu den traditionsreichsten Gaststätten in Bad Dürkheim und ist in einem ehemaligen Äbtissinnenhaus untergebracht. Auf der Karte finden sich gehobene mediterrane Speziaitäten und exzellente Weine aus der Region. Im schönen Innenhof sitzt man unter Weinreben.

Dorfplatz 1
+49 (6322) 680963
www.kaesbuero.de

Empfohlen von: **Falstaff-Redaktion**

76835 Burrweiler

Ritterhof zur Rose

Florian Winters Regionalküche gehört zu den besten der Pfalz, seine Gerichte leben von erstklassiger Produktqualität und bestem Kochhandwerk. Die Speisekarte ist angenehm abwechlungsreich, auch ein kreatives vegetarisches Menü ist im Küchenprogramm. Sehr gute Weinauswahl.

Weinstraße 6a
+49 (6345) 407328
www.ritterhofzurrose.de

Empfohlen von: **Weingut Jürgen Leiner, Weingut Michael Andres**

67281 Bissersheim

Goldberg

Wer einen geselligen und gemütlichen Abend mit deutschen und mediterranen Speisen erleben möchte, ist hier goldrichtig. Neben den regionalen Gerichten sind vor allem die Meeresfrüchte sehr beliebt. Bei warmen Temperaturen sitzt es sich sehr schön im Außenbereich.

Hauptstraße 43
+49 (6359) 960423
www.goldberg-restaurant-bissersheim.eatbu.com

Empfohlen von: **Weingut WoW**

67146 Deidesheim

1718

Bei französisch-internationaler Küche und Weinen aus der Region rund um Deidesheim lassen es sich die Gäste mittags und abends im Restaurant des »Ketschauer Hofs« gut gehen. Wer auch bei kühleren Temperaturen lieber draußen sitzen mag: Die Terrasse ist beheizt.

Ketschauerhofstraße 1
+49 (6326) 70000
www.ketschauer-hof.com

Empfohlen von: **Weingut Reichsrat von Buhl**

67146 Deidesheim

L.A Jordan

Mit seinen ausgefallenen Gourmetkreationen, die heimische Produkte gekonnt mit asiatischen Akzenten verbinden, hat Daniel Schimkowitsch das schicke Restaurant zu einem kulinarischen Hotspot in der Pfalz gemacht. Die bestens sortierte Weinkarte lässt kaum Wünsche offen.

Ketschauerhofstraße 1
+49 (6326) 70000
www.ketschauer-hof.com

Empfohlen von: **Falstaff-Redaktion**

67146 Deidesheim

Schwarzer Hahn

Das Interieur des legendären Gourmetrestaurants wurde etwas aufgefrischt und schick modern gestaltet. Die Küche unter Stefan Neugebauer bleibt ihrer bewährten Linie treu und verbindet regionale Tradition mit kreativen Elementen zu neuen Highlights der gehobenen Küche.

Am Marktplatz 1
+49 (6326) 96870
www.restaurant-schwarzer-hahn.de

Empfohlen von: **Falstaff-Redaktion**

67146 Deidesheim

Leopold

Benannt nach dem Gründer des Weinguts Leopold von Winning, verwöhnen die Küchenchefs Michael Pauli und Christian Meier ihre Gäste im Restaurant mit Spezialitäten der Pfälzer Küche. Dazu werden ausgesuchte Weine vom eigenen Gut sowie von befreundeten Winzern offeriert.

Weinstraße 10
+49 (6326) 9668888
www.von-winning.de

Essen:	**43**	50
Service:	**18**	20
Getränke:	**18**	20
Ambiente:	**9**	10
Gesamt:	**88**	100

P €€

67146 Deidesheim

Restaurant St. Urban

Von der authentischen Pfälzer Landhausküche haben sich schon prominente Politiker wie Frank-Walter Steinmeier überzeugen lassen. Im geschmackvollen Ambiente wird mehr als der legendäre Saumagen serviert. Schöne Terrasse mit Blick auf den historischen Markplatz.

Am Marktplatz
+49 (6326) 96870
www.deidesheimerhof.de

Essen:	**42**	50
Service:	**18**	20
Getränke:	**18**	20
Ambiente:	**8**	10
Gesamt:	**86**	100

P €€

67146 Deidesheim

Siben's Gutsküche

Das traditionsreiche Weingut befindet sich seit rund 300 Jahren im Familienbesitz. Im gutseigenen Restaurant, das im aufwendig umgebauten ehemaligen Pferdestall untergebracht ist, kommen Pfälzer Spezialitäten auf den Tisch, die sich an den Jahreszeiten orientieren.

Weinstraße 21
+49 (6326) 989363
www.weingut-siben.de

Essen:	**43**	50
Service:	**17**	20
Getränke:	**18**	20
Ambiente:	**8**	10
Gesamt:	**86**	100

P €€

80–84 85–89 90–94 95–100 Punkte

67147 Forst an der Weinstraße

Noëls Prinz

Um eine erstklassige Fischsuppe »Marseiller Art« zu essen, muss man zu Noël Matacz. Der gebürtige Elsässer hat seine Küche ganz französisch ausgerichtet und lässt im heimeligen Ambiente die großen Klassikern der »cuisine traditionell« vom freundlichen Personal servieren.

Weinstraße 50a
+49 (6326) 701647
www.noels-prinz.de

Empfohlen von: **Weingut Margarethenhof**

76833 Frankweiler

Robichon

In gemütlicher Wohnzimmeratmosphäre empfangen Hanne und Bruno Robichon ihre Gäste und verwöhnen sie mit echter französischer Cuisine. Immer gut beraten ist man mit einem der beiden Menüs »Plaisir« oder »Gourmet«. Die dazu passenden Weine empfiehlt der charmante Service.

Orensfelsstraße 31
+49 (6345) 3268
www.restaurant-robichon.de

Empfohlen von: **Weingut Katrin Wind, Weingut Villa Hochdörffer**

67147 Forst an der Weinstraße

Zum Schockelgaul

Seit 40 Jahren wird in der urgemütlichen Weinstube Pfälzer Gastlichkeit gepflegt. Alles was auf die Teller kommt, stammt aus der näheren Umgebung, die Weine kommen aus Forster Lagen. Spezialität des Hauses ist das legendäre Cordon Bleu mit Bratkartoffeln wie bei Muttern.

Weinstraße 96
+49 (6326) 5669
www.schockelgaul.de

Empfohlen von: **Weingut Margarethenhof**

67229 Großkarlbach

Karlbacher

Im liebevoll restaurierten Fachwerkhaus aus dem 17. Jahrhundert kocht der gebürtige Elsässer Christian Rubert mit frischen saisonalen Produkten. Die Gäste genießen die kulinarischen Köstlichkeiten in der romantischen Weinstube, im Kreuzgewölbe oder im glasüberdachten Innenhof.

Hauptstraße 57
+49 (6238) 3737
www.karlbacher.info

Empfohlen von: **Weingut Reibold**

Pfälzer Stuben im Hotel Krone

76863 Herxheim-Hayna

Küchenchef Fabio Daneluzzi überzeugt seit Jahren mit seiner ausgezeichneten Pfälzer Küche, die in gepflegt-rustikaler Atmosphäre vom freundlichen Servicepersonal serviert wird. Im Weinkeller des traditionsreichen Familienbetriebes lagern viele Schätze aus der Pfalz.

Hauptstraße 62-64
+49 (7276) 5080
www.hotelkrone.de

€€

Essen:	45	50
Service:	18	20
Getränke:	18	20
Ambiente:	8	10
Gesamt:	89	100

Kapeller Hopfestubb

76889 Kapellen-Drusweiler

Familie Wendel versteht sich auf echte Pfälzer Gastlichkeit, denn zu ihren Weinen gibt es im Restaurant die passenden Speisen. Das muss nicht immer Saumagen und Rumpsteak sein, auch hausgemachte Pasta und norwegisches Lachssteak stehen auf der abwechslungsreichen Karte.

Obere Hauptstraße 8
+49 (6343) 8245
www.hopfestubb.de

€

Essen:	43	50
Service:	17	20
Getränke:	17	20
Ambiente:	8	10
Gesamt:	85	100

Hubertushof

76831 Ilbesheim

Gastgeber Sandra Bernhard und Jochen Sitter haben in der ehemaligen Postkutschenstation einen Wohlfühlort für Genießer geschaffen. Pfälzer Weine und modern interpretierte Küchenklassiker treffen auf ein malerisches mit Reben umranktes Fachwerkhaus mit idyllischem Innenhof.

Arzheimer Straße 5
+49 (6341) 930239
www.restaurant-hubertushof-ilbesheim.de

€€

Essen:	43	50
Service:	18	20
Getränke:	18	20
Ambiente:	9	10
Gesamt:	88	100

Weinstube Hahn

76829 Landau in der Pfalz

Slow Food auf Pfälzisch: Die familiengeführte Weinstube beglückt seit Jahrzehnten ihr Stammgäste mit regionalen Küchenklassikern. Besonders beliebt sind die Fläschknepp mit Meerrettichsauce und Bratkartoffeln. Dazu passen am besten bewährte Weine aus der Pfalz.

Arzheimer Hauptstraße 50
+49 (6341) 33144

€

Essen:	43	50
Service:	18	20
Getränke:	17	20
Ambiente:	8	10
Gesamt:	86	100

Intense

67169 Kallstadt

Hinter historischer Fassade hat Benjamin Pfeifer ein modernes Restaurant etabliert, in dem er regio-nale Gerichte aus heimischen Produkten gekonnt mit japanischen Einflüssen kombiniert. Damit bekommt das Menü spannende aromatische Überraschungseffekte der Extraklasse.

Weinstraße 80
+49 (6322) 9591150
www.restaurant-inten.se

Empfohlen von: **Weingut Gabel, Weingut am Nil**

Alte Pfarrey

67271 Neuleiningen

Am Wochenende sind die wenigen Zimmer des Pfarrey-Hotels schnell ausgebucht, auch für einen Platz im Restaurant sollte man unbedingt reservieren. Empfehlenswert ist eines der vorgeschlagenen Menüs, die einen weiten kulinarischen Bogen spannen. Gut sortierte Weinkarte.

Untergasse 54
+49 (6359) 86066
www.altepfarrey.com

Empfohlen von: **Weingut Zelt**

80–84 | 85–89 | 90–94 | 95–100 Punkte

H'manns

67271 Neuleiningen

Chris Brigitte und Andreas Hegmann sind kulinarische Allrounder, die Brot backen, Eis herstellen, Pasta machen, Kräuter anpflanzen und leidenschaftlich kochen. Ihr Restaurant ist denn auch ein Verwöhnort, ihre tollen Gerichte sind saisonal und regional, klassisch und modern.

Am Goldberg 2
+49 (6359) 5341
www.hmanns.de

Essen:	44	50
Service:	18	20
Getränke:	19	20
Ambiente:	8	10
Gesamt:	89	100

€€

Fritz Walter

76889 Niederhorbach

Das Weinhotel mit seinen schicken Zimmern ist nicht nur für den Wochenendtrip eine gute Adresse. Im angeschlossenen Restaurant erleben die Gäste eine sehr präzise und weltgewandte Küche, die aus besten Produkten klassische und moderne kreative Gerichte zaubert.

Landauer Straße 82
+49 (6343) 936550
www.fritz-walter.de

Essen:	45	50
Service:	18	20
Getränke:	18	20
Ambiente:	8	10
Gesamt:	89	100

€

Eselsburg

67435 Neustadt an der Weinstraße

Die kleine Weinstube von Anette Berberich liegt zwar nicht am Wegesrand, ist aber längst eine Pfälzer Institution mit Kultstatus. Auf der Speisekarte stehen echte Pfälzer Klassiker, die durchdachte Weinauswahl umfasst auch Gewächse von heimischen Spitzenbetrieben.

Kurpfalzstraße 62
+49 (6321) 66984
www.eselsburg.de

Essen:	43	50
Service:	17	20
Getränke:	17	20
Ambiente:	9	10
Gesamt:	86	100

€€

Hofgut Ruppertsberg

67152 Ruppertsberg

Im traditionsreichen Hofgut geht Chefkoch Jean-Philipp Aiguier mit der Saison und setzt dazu für seine Gerichte konsequent auf regionale und biozertifizierte Produkte. Zwei Menüs bietet die Küche, begleitet von Weinen aus fast allen europäischen Anbaugebieten.

Obergasse 2
+49 (6326) 982097
www.dashofgut.com

Essen:	44	50
Service:	18	20
Getränke:	17	20
Ambiente:	9	10
Gesamt:	88	100

€€

Spinne

67433 Neustadt an der Weinstraße

Jörg Friedrich schaut mit seinen kreativen Gerichten gerne über den Tellerrand. Auf der attraktiven Speisekarte stehen neben Filet vom heimischen Zander auch Jakobsmuscheln, Lammkarree und Schwarzfederhuhn mit Trüffel. Für den liebenswürdigen Service sorgt Christiana Mix.

Eichkehle 58
+49 (6321) 9597799
www.restaurant-spinne.com

Essen:	43	50
Service:	17	20
Getränke:	16	20
Ambiente:	8	10
Gesamt:	84	100

€€

Kirchstübel

67487 St. Martin

Die urgemütliche Weinstube ist längst eine Pfälzer Institution, hier werden nur heimische Weine ausgeschenkt. Wenn es eng wird, rückt man zusammen, bestellt klassischen Flammkuchen, kleine Leckereien aus der herzhaften Pfälzer Küche und am Wochenende hausgemachten Kuchen.

Kirchstraße 9
+49 (6323) 949131
www.kirchstuebel.de

Essen:	43	50
Service:	18	20
Getränke:	18	20
Ambiente:	8	10
Gesamt:	87	100

€

67482 Venningen

Bauer's Stuben

Der familiengeführte Gutshof ist seit rund 40 Jahren für seine herzliche Gastlichkeit und die authentische bodenständige Küche bekannt. Pfälzer Spezialitäten kommen hier ebenso auf den Tisch, wie reichlich belegte Flammkuchen und leckere Desserts in vielen Variationen.

Altdorfer Straße 3
+49 (6323) 2734
www.gutshof-bauer.de

Essen:	43	50
Service:	17	20
Getränke:	17	20
Ambiente:	8	10
Gesamt:	85	100

€€

67157 Wachenheim an der Weinstraße

Gerümpelstube

Im Herzen der Deutschen Weinstraße gelegen, ist die Gerümpelstube ein Ort der Pfälzer Gastlichkeit: Hier trifft eine ambitionierte, hochwertige, regionale Pfälzer Küche mit mediterranen Einflüssen auf exzellente Weine aus der Region, die mit Liebe und Bedacht ausgewählt sind.

Hintergasse 4
+49 (6322) 8550
www.geruempelstube.de

Empfohlen von: **Weingut Zimmermann**

67273 Weisenheim am Berg

Admiral

Pfälzer Gemütlichkeit mit Charme und eine Küche die begeistert. Holger Stehr wandert in seinen Kreationen gekonnt durch die internationale Produkt- und Aromawelt, ohne dabei die Heimat aus den Augen zu verlieren. Seine Frau Martina sorgt kompetent für den dazu passenden Wein.

Leistadter Straße 6
+49 (6353) 4175
www.admiral-weisenheim.de

Empfohlen von: **Weingut Gabel**

67157 Wachenheim

Hambel's

Legendäre Pfälzer Traditionsküche von der Metzgerei Hambel, die seinerzeit durch Helmut Kohl weltbekannt wurde. Der Altkanzler liebte den original Pfälzer Saumagen, der inzwischen Kultstatus erlangt hat. Weitere deftige Gerichte: panierte Blutwurst oder Schwartenmagensalat.

Bahnhofstraße 17
+49 (6322) 9563340
www.metzgerei-hambel.de

Empfohlen von: **Weingut Zimmermann**

76835 Weyher in der Pfalz

Winzerstube Weyher

Der Blick von der Terrasse auf die Rheinebene macht ordentlich was her, ebenso die Teller aus der Küche. Eine außergewöhnliche Kombination bekannter Zutaten, raffininiert und mit viel Liebe zum Detail serviert, begeistert die Gäste. Jeden Freitagabend gibt es Fischmenü.

Kirchgasse 19
+49 (6323) 987818
www.volker-krug.de

Empfohlen von: **Weingut Meier**

80–84 85–89 90–94 95–100 Punkte

RHEINGAU

IM GLAS
HÖCHST VERGNÜGLICH

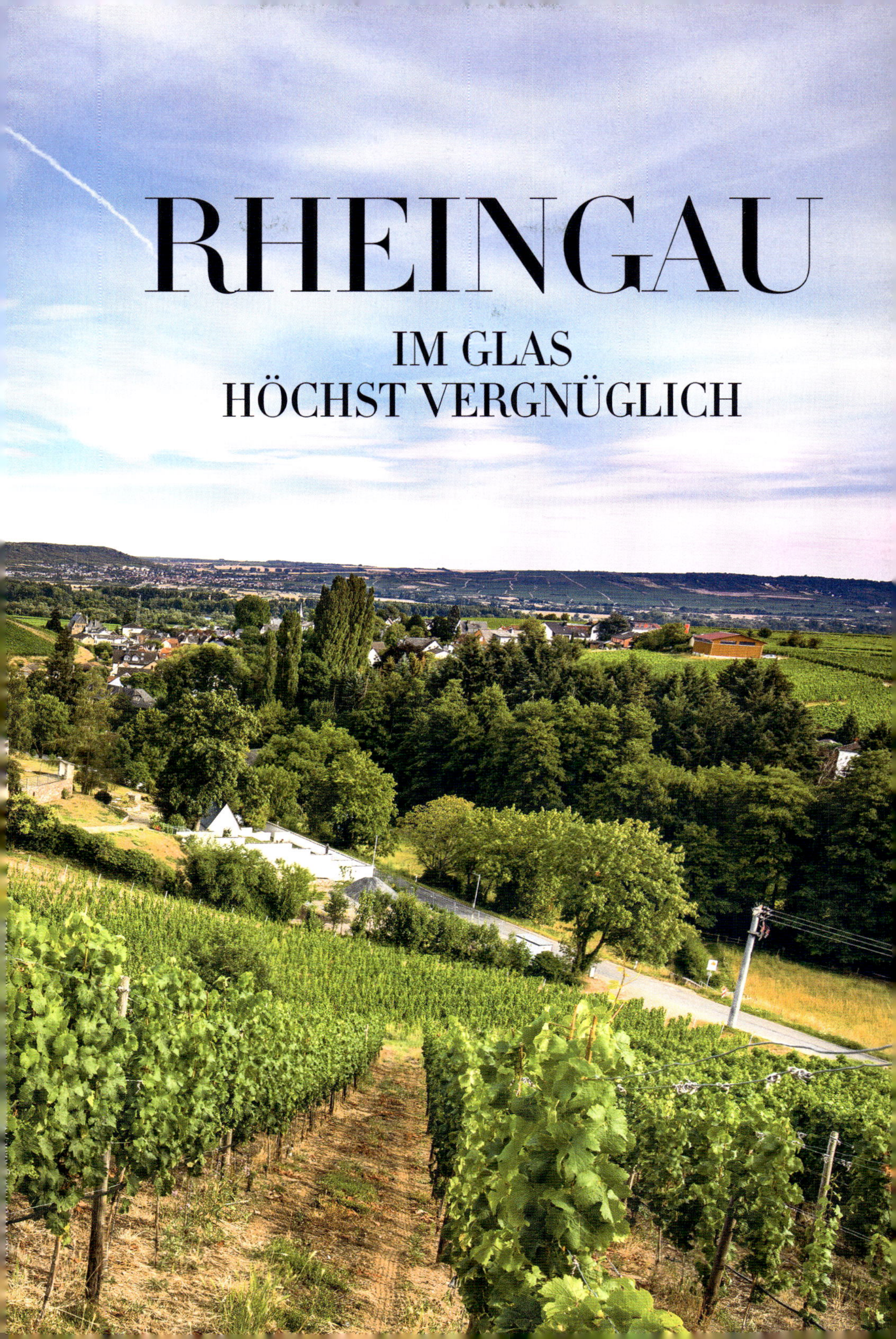

Der Rüdesheimer Berg Schlossberg ist mit 70 Prozent Steigung die steilste Lage des Rheingaus

EINMAL HOCHHEIM – LORCH UND ZURÜCK

Wie lässt sich der Rheingau sinnvoll gliedern? So, dass man die Vielfalt seiner Weine etwas besser in den Griff bekommt? Der Versuch einer Neuvermessung.

TEXT ULRICH SAUTTER

Die Strecke Hochheim – Lorch legt man mit der Deutschen Bahn (DB) in einer Stunde und fünf Minuten zurück. Dabei fährt man an 3185 Hektar Reben vorüber, mehr oder weniger in Sichtweite des Bahndamms. Das ist kein immens großes Gebiet, selbst innerhalb der bescheidenen Dimensionen des deutschen Weinbaus erreicht der Rheingau nur Platz acht in der Flächenstatistik. Trotzdem schwirrt einem schnell der Kopf, wenn man versucht, den roten Faden des Rheingauer Weines zu finden: Gewiss, überall wächst Riesling, aber das sagt auf demjenigen qualitativen Niveau, auf dem man über die Rheingauer Weine zu sprechen hat, nicht wirklich viel aus. Taucht man näher ein in die Details, dann haben die Hochheimer Weine mit den Lorchern nur wenig gemein, und selbst wenn man auf einen engeren Bereich zoomt, dann schmecken die Weine des zurückgezogen in der Höhe und am Waldrand gelegenen Steinbergs komplett anders als, Luftlinie vier Kilometer entfernt, diejenigen aus dem Erbacher Marcobrunn am Rheinufer.

BERG UND TAL

Der erste Entwurf einer Klassifikation der Rheingauer Lagen, 1867 vorgenommen von Friedrich Wilhelm Dünkelberg und vor einigen Jahren vom FAZ-Journalisten und Historiker Daniel Deckers aus der Finsternis eines Archivs befreit, unterstützt jedenfalls einen Gliederungsversuch, der im Diskurs der

Rheingauer Winzer noch heute allgegenwärtig ist: eine Unterteilung in »Berglagen« (die als privilegiert anzusehen sind) und andere. Schaut man auf Dünkelbergs Karte, dann leuchtet es vor allem abseits des Flusses dunkelrot für eine Lage »I. Klasse«: In Rauenthal sind die Lagen Gehren, Wieshell und Rothenberg markiert. Wieshell ist heute in den Lagen Baiken und Gehrn aufgegangen. Und die dunkelrote Markierung des Rothenbergs schließt so, wie sie über der Karte liegt, den Nonnenberg mit ein. Dunkelrot sind auch Gräfenberg und Turmberg in Kiedrich sowie der Steinberg und Schloss Johannisberg. Daneben nehmen sich winzige tiefrote Flächen »I. Klasse« bei der Hochheimer Domdechaney und beim Erbacher Marcobrunn vergleichsweise unbedeutend aus. Geisenheimer Rothenberg und die Lagen des Rüdesheimer Berges nehmen eine Art Mittelstellung ein.

Philip Corvers vom Weingut Dr. Corvers-Kauter ist nach der Verdoppelung seiner Anbaufläche auf 30 Hektar im Rheingau ganz vorne mit dabei

Nun besagt das Klischee der Berglagen, dass die Böden dort sehr steinig und vom Schiefer geprägt seien, die Weine dadurch mineralischer und fester, »kühler«. Und natürlich bedingen 50 oder 80 Höhenmeter einen klimatischen Unterschied. Aber schaut man sich die Bodenkarten der Weinberge an, die das Hessische Landesamt für Bodenforschung in den 1980er- und 1990er-Jahren herausgegeben hat, erhält das Bild vom kargen, steinigen Boden der Berglagen doch deutliche Risse. Nehmen wir den Johannisberg: Bei Dünkelberg ist die »I. Klasse« auf den Kern des Bergkegels begrenzt, wo die Böden zum Typ »tiefgründig, trocken bis frisch, meist kalkhaltig« gehören. Löss mit Terrassenbeimengung (also vermutlich Kies) dominieren dort, im oberen Hangviertel findet man Lösslehm mit Quarzitschutt und Einlagerungen von rotem Tonschiefer.

Rieslingexperte Tom Drieseberg leitet die Geschicke der beiden Spitzenbetriebe J. Wegeler und Krone Assmannshausen

Gutes Klima im historischen Gewölbekeller: Bernd und Andreas Spreitzer vom Weingut Spreitzer

Böden, wie man sie aufgrund des Klischees der Berglage eher erwartet, finden sich genau in dem Bereich, den Dünkelberg bei seiner Klassifikation ausgespart hat. Ganz im Westen des Johannisberg – heute laut VDP klassifiziert – findet man Quarzit mit Einlagerungen von Tonschiefer, dazu Lösslehm mit geringer Meeressandbeimengung, Lösslehm mit Quarzitschuttbeimengung, teils mit Einlagerung von rotem Tonschiefer. Gesamthaft: »mittel- bis tiefgründig, trocken bis frisch, meist kalkfrei«.

Was sagt uns das? Sicher hatten sowohl Dünkelberg als auch der VDP bei ihren Klassifikationen gute Gründe für ihre jeweiligen Entscheidungen. Die Erkenntnis aus dem Dünkelberg'schen Klassifikationsansatz ist, dass auch und gerade der Schieferboden etwas Fett benötigt (sprich Lehm oder Ton und damit Wasserhaltever-

WEINBAUGEBIET RHEINGAU

Anbaufläche
ca. 3100 Hektar
Aufteilung
1 Bereich, 11 Großlagen, 129 Einzellagen
Böden
Quarzit, Kiesel, Lehm, Löss
Wichtigste Rebsorten
Riesling, Spätburgunder

Verbände
Rheingauer Weinwerbung GmbH
Kloster Eberbach-Pfortenhaus
www.kulturland-rheingau.de

mögen), um dauerhaft konstante Resultate zu bringen. Sehr deutlich wird diese Motivation Dünkelbergs auch in Kiedrich, wo er die Stellen mit »Lösshanglehm mit Phyllitbeimengung« höher klassifiziert als jene mit »Phyillitverwitterung mit kalkfreier Lösslehmbeimengung«. Heißt: Viel Lehm mit etwas Phyllitschiefer ist besser als viel Phyllitschiefer mit etwas Lehm. Zu dieser Vielfalt an Einflüssen kommen heute noch die Auswirkungen des Klimawandels hinzu, die vielfach in der aktuellen VDP-Klassifikation berücksichtigt erscheinen: Heute werden die Trauben nicht mehr nur in reinen Südlagen reif. Und wenn in Zukunft Bewässerungsmöglichkeiten die Neigung gewisser Böden zur Trockenheit kompensieren, wird das Mosaik der Rheingauer Lagen sicher noch komplexer werden.

Herr über mageren Schiefer und schweren Lehm: Dr. Matthias Corvers vom Weingut Dr. Corvers-Kauter

DER KALK

Ein Motiv, das man im Rheingau oft übersieht, ist dasselbe, das auch sonst überall in der Welt des Weines Bedeutung hat: der Kalk. Flussnahe Lagen wie Marcobrunn, Sankt Nikolaus und Jesuitengarten profitieren – ähnlich wie auf der anderen Rheinseite die besten Kalklagen Rheinhessens – von kalkreichen Substraten des Mainzer Beckens, das vor etwa 20 Millionen Jahren ein Flachmeer war.

Fred Prinz vom Weingut Prinz bewirtschaftet seine Höhenlagen in Hallgarten biodynamisch

Wenn man den Rheingau also sinnvoll gliedern will, dann kann man sich vielleicht zur Einordnung eines gegebenen Weinbergs die Frage stellen: Wo im Viereck von Tiefgründigkeit des Bodens, Kalkpräsenz, Schiefer/Quarzit-Präsenz und Höhenlage befinden wir uns an einem gegebenen Ort? Normalerweise würde man erwarten, dass Tiefgründigkeit, Kalk und eine Lage im Tal miteinander einhergehen. Die beiden äußeren Fixpunkte Hochheim und Lorch entsprechen diesem Raster: Hochheim mit schwerem Lösslehm und Kalkmergel in Flussnähe, Lorch flachgründig und steinig im Steilhang. Doch im Rheingau gibt es auch Lagen wie den Steinberg, der die Tiefgründigkeit seines Bodens mit Höhe und Schiefer verbindet.

Er bleibt komplex und schwer zu fassen, der Rheingau, und am Ende – sprich: im Glas – ist das höchst vergnüglich so.

INFO

Nähere Infos über den Autor finden Sie im Kapitel »Verkostungsteam« auf S. 12.

Das kleine gallische Spätburgunderdorf inmitten des Rieslingreichs: der Assmannshäuser Höllenberg.

GRANDS CRUS – RHEINGAU

TOP-WEINE AUS PRIVILEGIERTEN WEINLAGEN DER REGION

LORCH | KRONE

Erstmals 1339 erwähnte, südwestlich ausgerichtete Lage auf 80 bis 115 Metern Höhe mit 45 bis 50 Prozent Hangneigung und gut 8 Hektar Rebfläche. Die mittel- bis tiefgründigen, leicht kalkhaltigen Lössböden nebst Hunsrückschiefer- und Taunusquarzitböden sind überwiegend mit Riesling bestockt.

92 2019 Riesling »Großes Gewächs« tr.
Weingut Mohr, Info siehe Seite 476

ASSMANNSHAUSEN | HÖLLENBERG

Abgeleitet vom altdeutschen Wort »Helda« für Steilhang, ist der Höllenberg seit dem Jahr 1470 bestockt. Mit 30 bis 60 Prozent Gefälle umfasst die Rotweinlage gut 45 Hektar Rebfläche mit Weinlagen auf 80 bis 300 Metern Höhe und südsüdwestlicher Ausrichtung auf mittel- bis tiefgründigen Böden aus blättrigen Schichten verwitterten Taunusphyllit-Schiefers mit Lösslehmanteil.

97 2015 Spätburgunder GG
96 2016 Spätburgunder GG
Weingut August Kesseler, Info siehe Seite 467

95 2018 Spätburgunder GG
Weingut Künstler, Info siehe Seite 472

95 2009 Spätburgunder »im Barrique gereift« trocken
94 2013 Pinot Noir trocken
94 2012 Pinot Noir trocken
Bischöfliches Weingut Rüdesheim,
Info siehe Seite 451

94 2018 Pinot Noir trocken
Weingut Chat Sauvage , Info siehe Seite 454

93 2015 Spätburgunder trocken
Weingut Krone Assmannshausen
Info siehe Seite 470

93 2017 »Crescentia« Spätburgunder
Hessische Staatsweingüter, Domäne Assmannshausen

93 2015 Spätburgunder trocken
93 2013 Spätburgunder trocken
92 2016 Spätburgunder trocken
92 2018 Spätburgunder S trocken
Alte Bauernschänke – Konrad Berg,
Info siehe Seite 450

92 **2018 Spätburgunder GG**
Weingut Fritz Allendorf. Info siehe Seite 446

RÜDESHEIM | BERG ROSENECK

Benannt nach den Rosenhecken, die hier früher zu finden waren. Die reine Südlage auf 160 bis 200 Metern Höhe mit bis zu 60 Prozent Neigung wird in einen Ost- und Westteil untergliedert. Der Ostteil ist eher flach mit tiefgründigen Lösslehmböden, während der steile Westteil über mittel- bis tiefgründige, sehr steinige Böden verfügt.

95 **2019 Riesling GG**
Weingut August Kesseler, Info siehe Seite 467

94 **2016 Riesling GG**
Weingut Georg Breuer, Info siehe Seite 452

94 **2014 Riesling Alte Reben trocken**
94 **2011 Riesling Alte Reben trocken**
93 **2016 Riesling Alte Reben trocken**
Bischöfliches Weingut Rüdesheim
Info siehe Seite 451

93 **2018 Katerloch Riesling GG**
Weingut Leitz, Info siehe Seite 473

92 **2018 Riesling GG**
Weingut Fritz Allendorf, Info siehe Seite 446

92 **2019 Riesling trocken**
Weingut Dr. Corvers-Kauter, Info siehe Seite 455

RÜDESHEIM | BERG SCHLOSSBERG

Unterhalb der namensgebenden Burg Ehrenfels wird am Schlossberg seit dem 13. Jahrhundert auf 90 bis 170 Metern Höhe Weinbau betrieben. Mit bis zu 70 Prozent Neigung gehört er zu den steilsten Lagen im Rheingau. Auf 22 Hektar wird auf Böden aus verwittertem Quarzitschiefer mit roten Einlagerungen neben Riesling auch Spätburgunder kultiviert.

97 **2019 Riesling GG**
Weingut August Kesseler, Info siehe Seite 467

96 **2012 Riesling Alte Reben trocken**
95 **2013 Katerloch Alte Reben Riesling tr.**
Bischöfliches Weingut Rüdesheim , Seite 451

95 **2018 Riesling trocken**
Weingut Georg Breuer, Info siehe Seite 452

95 **2017 Riesling GG**
Weingut August Kesseler, Info siehe Seite 467

94 **2019 Riesling GG**
Weingüter Wegeler , Info siehe Seite 487

93 **2018 Ehrenfels Riesling GG**
Weingut Leitz , Info siehe Seite 473

93 **2019 Riesling GG**
Weingut Künstler, Info siehe Seite 472

93 **2018 Riesling »RGG«**
92 **2019 Riesling »RGG«**
Domainenweingut Schloss Schönborn, Info Seite 483

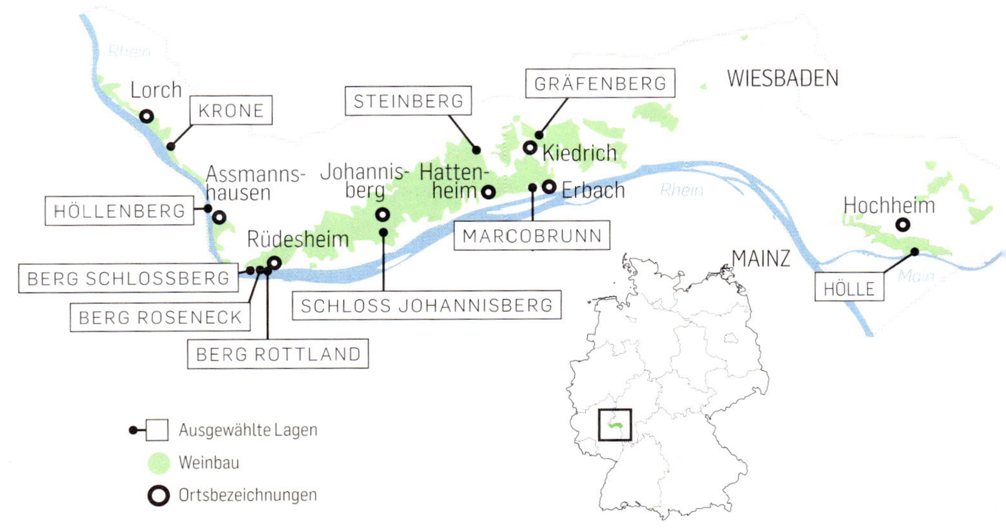

Weinbaugeschichte seit dem 8. Jahrhundert: das Schloss Johannisberg

93 **2019 Katerloch Riesling trocken**
Bischöfliches Weingut Rüdesheim
Info siehe Seite 451

92 **2019 Riesling trocken**
Weingut Dr. Corvers-Kauter, Info siehe Seite 455

92 **2018 Riesling trocken**
Alte Bauernschänke – Konrad Berg, Info s. Seite 450

RÜDESHEIM | BERG ROTTLAND

31 Hektar große Südlage mit überwiegend tiefgründigen Lösslehmböden mit Schiefer, Quarzit und Kiesanteil auf 90 bis 140 Metern Höhe. Die Einzellage Berg Rottland ergibt im Vergleich mit dem Berg Schlossberg die kräftigeren Weine des Rüdesheimer Berges. Der Name geht auf seine Rodung (»rotten«) im 11. Jahrhundert zurück.

94 **2019 Riesling trocken**
Weingut Georg Breuer, Info siehe Seite 452

94 **2013 Riesling trocken**
Bischöfliches Weingut Rüdesheim
Info siehe Seite 451

93 **2019 Riesling GG**
Weingut Künstler, Info siehe Seite 472

93 **2017 Riesling trocken**

92 **2018 Riesling trocken**
Bischöfliches Weingut Rüdesheim
Info siehe Seite 451

92 **2018 Riesling GG**
Weingut Balthasar Ress , Info siehe Seite 481

92 **2017 Hinterhaus Riesling GG**
Weingut Leitz , Info siehe Seite 473

92 **2019 Riesling trocken**
Weingut Dr. Corvers-Kauter, Info siehe Seite 455

92 **2019 Riesling trocken**
Domänenweingut Schloss Schönborn
Info siehe Seite 483

90 **2015 Riesling GG**
Weingut Johannishof, Info siehe Seite 465

HATTENHEIM | STEINBERG

37 Hektar große, umfriedete Lage, unterteilt in zwei Teile: das Zehnstück im mittleren Hang für trockene Weine und das obere Mauerstück mit Spalieranlagen für die (restsüßen) Kabinettweine. Liegt auf 133 bis 235 Metern Höhe bei 15 bis 35 Prozent Hangneigung mit mittel- bis tiefgründigen Böden, sandiger bis tonhaltiger Lehm mit steinigem Schiefer im oberen Teil. Der einstige Versuchsweinberg der Zisterzienser ist ein Alleinbesitz der Hessischen Staatsweingüter Kloster Eberbach.

94 **2018 Riesling GG**

90 **2019 Riesling Kabinett**
Hessische Staatsweingüter, Info siehe Seite 429

JOHANNISBERG | SCHLOSS JOHANNISBERG

Eine Legende ist dieser Weinberg nicht nur, weil hier die Spätlese erfunden worden sein soll. Auch die Naturbedingungen sind einzigartig. Der geschichtsträchtige Berg besitzt mittel- bis tiefgründige Böden aus Löss, Lösslehm mit der Beimengung von eisenoxidhaltigem Schiefer und Quarzit. Die reine Südlage erstreckt sich von 114 bis 182 Metern Höhe.

97 **2019 »Blaulack» Riesling Trockenbeerenauslese**

94 **2017 »Goldlack« Riesling trocken**

94 **2019 »Rosalack» Riesling Auslese**

93 **2019 »Silberlack« Riesling GG**

93 **2019 »Grünlack» Riesling Spätlese**
Domäne Schloss Johannisberg, Info Seite 454

KIEDRICH | GRÄFENBERG

Dieser Ausläufer des Taunusgebirges umfasst gut 11 Hektar Rebfläche mit 40 bis 60 Prozent Hangneigung auf 120 bis 180 Metern Höhe. Seine mittel- bis tiefgründigen, steiniggrusigen Phyllitböden mit Löss- und Lehmanteilen erlauben die tiefe Verwurzelung der Reben und sind ein optimaler Wasserspeicher. Im Alleinbesitz des Weinguts Robert Weil.

98 **2019 Riesling Trockenbeerenauslese**
97 **2019 Riesling GG**
97 **2019 Riesling Beerenauslese**
95 **2019 Riesling Auslese**
Weingut Robert Weil, Info siehe Seite 488

ERBACH | MARCOBRUNN

Südlich exponierte Lage auf 90 bis 100 Metern Höhe an der Grenze zwischen Erbach und Hattenheim. Die gut 7 Hektar Rebfläche haben eine Neigung bis zu 25 Prozent mit exzellenter Wasserversorgung. Die glimmerhaltigen Lösslehmböden sind hier sehr kalkhaltig.

93 **2019 Riesling GG**
Weingut von Oetinger, www.von-oetinger.de

93 **2019 Riesling »RGG«**
92 **2018 Riesling »RGG«**
Domänenweingut Schloss Schönborn, Seite 483

92 **2019 Riesling trocken**
Weingut Dr. Corvers-Kauter, Info siehe Seite 455

92 **2019 Riesling Spätlese**
Domänenweingut Schloss Schönborn, Info Seite 483

HOCHHEIM | HÖLLE

44 Hektar Rebfläche mit 30 Prozent Gefälle auf 75 bis 100 Höhenmetern. Mit südlicher Ausrichtung in Richtung des Mains wird die Hölle vom Taunus beschüzt und vom Rhein begünstigt. Üppige Böden aus Löss mit Kies sowie Tonmergel und Kalkablagerungen.

93 **2019 Riesling GG**
91 **2019 Riesling Im Neuenberg Erste Lage trocken**
Weingut Künstler, Info siehe Seite 472

90 **2019 Riesling trocken**
89 **2019 »Stückfass« Riesling trocken**
Weingut Im Weinegg, Info siehe Seite 489

89 **2019 Riesling Kabinett trocken**
Weingut Peter Flick, Info siehe Seite 461

89 **2018 Riesling trocken**
Domänenweingut Schloss Schönborn
Info siehe Seite 483

89 **2019 Riesling Kabinett trocken**
89 **2019 Riesling Spätlese trocken**
Bio-Weingut Mitter-Velten
Info siehe Seite 475

Berg Rottland westlich von Rüdesheim: Hier sorgt das Kleinklima des Rheins für große Weine.

★★★

WEINGUT FRITZ ALLENDORF

Kirchstraße 69, 65375 Oestrich-Winkel
T: +49 (6723) 91850, allendorf@allendorf.de
www.allendorf.de

Ab-Hof-Verkauf: Mo bis Fr 8–12 Uhr und 13–18 Uhr, Sa 10–16 Uhr
Kellermeister: Max Schönleber
Ansprechpartner: Ulrich Allendorf
Flaschen/Hektar: 500.000 (85 % weiß, 15 % rot)/70 ha

Max Schönleber, Kellermeister im Weingut Allendorf, versteht den Umgang mit Holz: Auch die meisten der Rieslinge baut er im großen Holzfass so aus, dass sie an Struktur gewinnen, ohne dabei an Charme zu verlieren. Gleich drei Große Gewächse vom Riesling aus dem Jahr 2018 stellt Ulrich Allendorf vor, wobei das aus dem Hasensprung auch exemplarisch für die Stilistik des Hauses ist: Ausgewogen in der Kraft, dicht und doch finessenreich. Ebenfalls famos zeigt sich die Auslese aus derselben Lage, aber auch die Spätburgunder gelingen hier. Eine beeindruckende Kollektion ohne Makel!

93 2018 Winkel Hasensprung Riesling GG
Rauchige Noten im kräftigen Duft, Lakritze, reifes Steinobst, florale Anklänge, auch Pfeffer. Im Mund mit kräftiger Kontur, würzige, reife Säure, gute Verdichtung in der Gaumenmitte, getragen, hält das richtige Maß, um Eleganz auszustrahlen. Gutes Potenzial. 12,5 Vol.-%, DV, €€€

92 2018 Rüdesheim Berg Roseneck Riesling GG
Nomen est omen: Duftet nach Buschrosen und reifem Pfirsich, auch feiner Rauch. Am Gaumen mit guter Konzentration, mit süßlichem Saft und Schmelz, beinahe opulent, dabei aber in der Textur klar gefasst. Mittlere Spannung, schöne Mineralität führt ins Finale. 12,5 Vol.-%, NK, €€€

92 2018 Winkel Jesuitengarten Riesling GG
Konzentrierter Duft nach reifem Steinobst, Apfel und Gewürzkiste. Am Gaumen saftig mit recht schmissiger, aber gut in Schmelz verpackter Säure, mit mittlerer Konzentration, leicht phenolischer Herbe und mineralischer Grundierung, pfeffrig-würziger Ausklang. 12,5 Vol.-%, DV, €€€

92 2018 Winkel Hasensprung Riesling Auslese
Sattes, klares Gelb. In der Nase getrocknete Früchte, kandierte Limone und Orange, getrocknete Aprikose, Blütenhonig, dabei Zitrusfrische. Am Gaumen druckvoll, Süße und Säure in Balance, Zitrusfrucht, Maracuja, gut gebaut, lang, schöne Eleganz, aparte Phenolik. Ein Tipp. 8,5 Vol.-%, DV, €€€

90 2019 Roter Riesling trocken

89 2018 »Charta« Riesling

89 2018 Rüdesheim Berg Riesling Erste Lage trocken

89 2019 Riesling Kabinett

91 2016 »Quercus« Spätburgunder trocken

90 2017 Assmannshausen Frankenthal Spätburgunder Erste Lage trocken

89 2019 Winkel Riesling trocken
Fein tarierte Nase mit Aprikose und Pfirsich, auch Zitrusfrucht und etwas Würze. Frischer Riesling mit schlankem Bau und lebhafter Säurestruktur, zeigt auf filigrane Art die Vorzüge der Rebsorte, verspielt und würzig, wieder mit feiner Gelbfrucht. 12 Vol.-%, DV, €

★★★

SEKTKELLEREI BARDONG

Bahnstraße 7, 65366 Geisenheim
T: +49 (6722) 47136, info@bardong.de
www.bardong.de

Ab-Hof-Verkauf: nach Vereinbarung
Kellermeister: Norbert Bardong
Ansprechpartner: Renate und Norbert Bardong

Mancher Sekt von Renate und Norbert Bardong ist wie eine äußerst genussvolle und animierende Zeitreise in die früheren Tage des deutschen Schaumweins: Die Riesling »Reserve« von 1991 führt uns immerhin beinahe 30 Jahre zurück und es ist ganz einfach, sich mit ihrer immer noch lebendigen Art in der Gegenwart zu verorten. 1984 eröffnete die Sektkellerei ihre Produktion und sie ist seitdem ihrem Stil treu geblieben: Ihre Sekte sind lebendig, aber auch von einer gewissen Stoffigkeit unterlegt, was sie zu großartigen Begleitern eines Menüs macht. Man möchte nicht auf sie verzichten.

93 2001 »Reserve« Riesling brut

Hellgolden mit grünlichen Reflexen. Im Duft kräuterwürzig, Minze und Melisse, Korianderkorn, etwas Pfirsich. Im Mund feingliedrig, mild gereift, aber dennoch auch stoffig, nuancenreich, saftig, ganz feines Mousseux, eine delikate Reife in allen Komponenten. 13 Vol.-%, NK, €€€

93 1991 »Reserve« Riesling brut

Golden in der Farbe. Im Duft vielschichtig, leicht tertiär, Apfelspalten. Im Mund konzentriert, lebendige, lange anhaltende Säure, sehr feines, bereits leicht zurückgegangenes Mousseux, eine würzig entfaltete Rieslingfrucht, mineralischer Hintergrund. Famos. 12,5 Vol.-%, NK, €€€€

93 2013 Erbach Honigberg Riesling extra brut

Komplex im Duft, gelbfruchtiger Riesling, Pfirsich, aber auch leicht jodige Töne. Im Mund mit einer reifen, prallen Spätlesefrucht, pfeffrigen Terroirnoten, zarter Süße, feinem, aber auch dynamischem Mousseux, ein sehr elaborierter Rieslingsekt. 12,5 Vol.-%, NK, €€

92 2015 Cabernet Sauvignon brut

Wacholder, Cassis, sehr konzentriert im Duft. Im Mund druckvoll, kraftvolles Tannin, fest zupackend mit nobler Adstringenz, taktilmineralische Noten, gaumenfüllendes Mousseux, tragende Säure. Sehr ungewöhnlicher Schaumwein – aber durchaus stimmig. 12,5 Vol.-%, NK, €€€

92 2015 Chardonnay brut

92 2015 Geisenheim Mönchspfad Weißburgunder brut

Intensiv beerig im Duft, Rote Johannisbeere, in der Art eines Pinot Noir, auch ein leicht »edelsüßer« Unterton. Im Mund voll und reich, das feste Säurerückgrat sorgt für Struktur und Bewegung, mittelfeines Mousseux, konzentrierte Abgangsfrucht. Großzügiger Burgundersekt. 12,5 Vol.-%, NK, €€

★ ★ ★

WEIN- UND SEKTGUT BARTH

Bergweg 20, 65347 Eltville-Hattenheim
T: +49 (6723) 2514, mail@weingut-barth.de
www.weingut-barth.de

Ab-Hof-Verkauf: Mo bis Fr 14–18 Uhr, Sa 11–16 Uhr
Kellermeister: Sarah Broschart
Ansprechpartner: Mark Barth
Flaschen/Hektar: 150.000 (83 % weiß, 17 % rot)/20 ha
Anbauweise: Biologisch zertifiziert

Mark Barths große Leidenschaft ist der Sekt, als Mitglied des VDP-Arbeitskreises Sekt hat er mit großem Engagement an der Einführung des Sektstatus im VDP mitgearbeitet. Im vergangenen Jahr hat Barth auch offiziell das Wein- und Sektgut in Eltville-Hattenheim übernommen, das er nun mit seiner Frau Christine führt. Bei den beiden großartigen Brut-nature-Sekten hat der aus dem Hattenheimer Schützenhaus dieses Mal die Nase vorne. Er wird nur noch von der Riesling-TBA aus 2010 übertroffen, die mit einer beinahe elektrisierenden Säure und seidigem Charme begeisterte. Vom Feinsten!

94 2014 Hattenheim Schützenhaus Riesling brut nature

Glitzernd hell im Glas, feine kühle Nase nach weißen Beeren, auch mineralisch, noch immer frisch im Duft. Auch am Gaumen eine feine Frische mit zartem, elegantem Reifeton, getragen von der ausgewogenen Perlage. Sehr gut gelungen und sehr besonders! 12,5 Vol.-%, DIAM, €€€

92 2014 Hattenheim Hassel Riesling brut nature

Im Glas sonnengelb mit schönen Reflexen, in der Nase der typische Rieslingduft und dazu die elegante Reifenase, sehr fein. Am Gaumen herber als das Schützenhaus, in 2014 eher der kleine Bruder, nicht ganz so elegant, dafür aber fein salzig und rauchig. 12,5 Vol.-%, DIAM, €€€€

91 2019 Hallgarten Schönhell Riesling GG

Zarter Duft nach weißem Honig, Mirabellen, Glaskirschen, weißen Blüten und auch Flieder. Im Mund saftig mit fester Säure, aber auch reicher Süße, straffer Bau, rauchige Flintsteinnoten, mineralische Tönung, angenehme Herbe, eleganter und langer Nachhall. 12,5 Vol.-%, DV, €€€

95 2010 Hallgarten Schönhell Riesling Trockenbeerenauslese

Golden in der Farbe, reif würzig im Duft, Dörrapfel, Kardamom, Kamille, getrocknete Orangenschale, Piment, Aprikose. Im Mund seidig und cremig, eine gerade, elektrisierende Säure, enorm frisch, ganz jung am Gaumen. Traditioneller Rheingau at its best. 8 Vol.-%, VL, €€€€

91 2018 »Singularis« Riesling Barrique

89 2019 Hattenheim Schützenhaus Riesling trocken Erste Lage

Zarte hellgrüne Reflexe im Glas, kühle duftige Nase mit Aromen von Gelb- und Zitrusfrucht. Im Mund frisch und schmelzig, zarte Aromen von weißen Beeren und Zitrusfrüchten, schöne trockene und doch saftige Säure mit knackigem Nachhall, jung und begabt. 12,5 Vol.-%, DV, €€

★★

WEINGUT HANS BAUSCH

Waldbachstraße 103, 65347 Hattenheim
T: +49 (6723) 999203, info@weingut-hans-bausch.de
www.weingut-hans-bausch.de

Ab-Hof-Verkauf: Mo bis So 9–17 Uhr
Kellermeister: Hans Bausch
Ansprechpartner: Hans Bausch
Flaschen/Hektar: 70.000 (85 % weiß, 15 % rot)/16 ha

Bodenständig, ohne Schnörkel, gerade heraus«: So beschreibt sich das Weingut Hans Bausch aus Hattenheim. Und, das können wir ergänzen: Wo Bausch drauf steht, ist auch einhundert Prozent Bausch drin. Das ist ehrliches Winzerhandwerk, ohne große Experimente und avantgardistische Ambitionen. Im trockenen Bereich überzeugt das gut balancierte Große Gewächs aus dem Engelmannsberg, im restsüßen Segment zeigt die substanzreiche Spätlese aus der Lage Wisselbrunnen, was das Jahr 2019 an Möglichkeiten bot. Die Preise sind im Übrigen für Rheingauer Verhältnisse äußerst zivil.

90 2019 »Rheingau Großes Gewächs« Hattenheim Engelmannsberg Riesling tr.
Das »Rheingau Große Gewächs« hat einiges zu bieten: kräftiger Duft nach reifer Aprikose und Mirabelle. Am Gaumen gute Substanz und auch Dichte, viel Saft und Schmelz, ausgewogen balanciert und mit feiner mineralischer Würze. Konsistent mit guter Länge. 12,5 Vol.-%, NK, €€€

89 2019 »1 PS« Hattenheim Rheingarten Riesling feinherb
Reifer Apfel in der Nase, kräutrige Noten und Mirabelle, gelbe Blüten und Karamell. Weich und geschmeidig ansetzend mit süßer Frucht und zurückhaltender Säure; in sich stimmig und gut abgerundet, feine Würze sorgt für Akzente. Schön zur asiatischen Küche. 12,5 Vol.-%, DV, €

88 2019 Hattenheim Riesling trocken
Reifes Steinobst in der Nase, Pfirsich und gelbe Blüten, auch reifer gelber Apfel und etwas weißer Nougat. Saftig und mit klarer Frucht im Mund, großzügig und mit Schmelz, reife Säure und merkliche Süße, unterlegt von Würze, elegant und mit Potenzial. 12,5 Vol.-%, DV, €

91 2019 Hattenheim Wisselbrunnen Riesling Spätlese
Viel reife süße Frucht, Mango und Papaya bestimmen das Bild am Gaumen vollmundig mit süßer Frucht und einer reifen Säure, die eine stimmige Kombination eingehen. Großzügig und mit guter Substanz, auch gutes Potenzial zur weiteren Reife, noch jugendlich. 8 Vol.-%, NK, €

87 2019 Spätburgunder Rosé

89 2019 Hattenheim Schützenhaus Riesling trocken
Apfel und Aprikosenkern im kräftigen Duft, florale Noten und etwas Blattgrün. Saftig und mit Schmelz am Gaumen, die merkliche Restsüße wird von einer reifen Säure begleitet, schöne Würze, mineralische Anklänge, gute Substanz. Gut gelungener Klassiker. 13,5 Vol.-%, DV, €

★★★

WEINGUT KONRAD BERG & SOHN

Niederwaldstraße 23, 65385 Assmannshausen
T: +49 (6722) 49990, info@altebauernschaenke.de
www.altebauernschaenke.de

Ab-Hof-Verkauf: nach Absprache
Kellermeister: Peter Perabo
Ansprechpartner: Konrad Berg
Hektar: 2 ha

Die Alte Bauernschänke wird seit über 50 Jahren von der Familie Berg geführt. Zum Hotel- und Gastronomiebetrieb gehört auch das Weingut mit zwei Hektar Rebfläche in den Lorcher Lagen Pfaffenwies und Krone, im Rüdesheimer Berg Schlossberg und im Assmannshäuser Höllenberg. Der bekannte Rheingauer Önologe Peter Perabo steht dem Weingut als Berater für die Außenbewirtschaftung und die Kellerarbeit zur Seite. Wir waren verblüfft von dieser großartigen Kollektion mit fein austarierten Rieslingen und lagengeprägten Spätburgundern. Eine große Entdeckung und ein echter Geheimtipp!

92 2019 Rüdesheimer Berg Schlossberg Riesling Spätlese trocken
Fein gewobene Nase mit Noten von Apfel (Granny Smith), Aprikose, Kräutern und heißem Stein. Am Gaumen mit gutem Schwung und Zug, reifer Säurestrang, mittlere Substanz, feine Herbe und mineralische Tönung, gute Balance der Elemente, zeigt seine Herkunft. 12,5 Vol.-%, DV, €€

93 2015 Assmannshäuser Höllenberg Spätburgunder trocken
Konzentrierte Nase mit viel Cassis und feinem Holzfasston, würzig, kräutrig und mineralisch. Auch konzentriert am Gaumen mit guter Substanz, viel Extrakt, Würze, die Reife des warmen Jahres verknüpft mit dem mineralischen Charakter der Lage, schon beeindruckend. 14 Vol.-%, NK, €€€

93 2013 Assmannshäuser Höllenberg Spätburgunder trocken
Feine, gereifte Pinotnase mit balsamischer Würze, erdige Töne, Cassis, Blutorange und mineralische Noten. Am Gaumen weich und elegant mit eingewobener Säure und schöner Würze, reifer Gerbstoff, die Mineralität macht die Größe des Weines aus, ungeschminkt. 13,5 Vol.-%, NK, €€€

93 2009 Rüdesheimer Berg Schlossberg Riesling Auslese
Sonnenblumengelber Wein, feine reife Nase nach Safran und Glaskirschen, etwas Petrol. Im Mund die herrliche Süße einer Crème brûlée, saftige Säure mit molligem Unterbau, leichten meerigen und jodigen Noten, ungemein trinkig und mit sehr langem Nachhall. 12 Vol.-%, NK, €€

91 2019 Lorcher Pfaffwies Riesling Spätlese trocken

90 2018 Lorcher Bodenthal Riesling feinherb

90 2015 Lorcher Pfaffwies Riesling Spätlese trocken

92 2018 Assmannshäuser Höllenberg S Spätburgunder trocken

92 2016 Assmannshäuser Höllenberg Spätburgunder trocken

92 2015 Lorcher Bodenthal-Steinberg Riesling Auslese

92 2019 Riesling vom Schiefer Riesling

91 2018 Lorcher Pfaffenwies Riesling Spätlese trocken Riesling
Reife Aprikose im Duft, gelbe Blüten und Apfel, auch Mango und schieferwürzige Noten. Eröffnet mit einer saftigen Säure am Gaumen und reiner Apfelfrucht, gut balanciert und mit geschmeidigem Fluss, feine Herbe und mineralische Würze, Eleganz und Stil. 12,5 Vol.-%, DV, €€

★★★★

BISCHÖFLICHES WEINGUT RÜDESHEIM

Marienthaler Straße 3, 65385 Rüdesheim
T: +49 (6722) 910560, info@bischoefliches-weingut.de
www.bischoefliches-weingut.de

Ab-Hof-Verkauf: Mi bis Fr 13–17 Uhr
Kellermeister: Peter Perabo
Ansprechpartner: Peter Perabo, Silke Trick, Betty Enchelmaier-Tietz
Flaschen/Hektar: 50.000 (75 % weiß, 25 % rot)/9 ha

Warum dieses Weingut so unter dem Radar fliegt, ist schwer zu erklären, denn was geliefert wird, ist außerordentlich. In den besten Lagen gibt es Parzellen und in der allerbesten Rheingauer Tradition gibt man sich dem Riesling ebenso hin wie dem Spätburgunder. Beide Paradesorten haben Handschrift, zeigen ihre Persönlichkeit und sind von Klarheit und Frische charakterisiert. Dass das an der Akribie des Kellermeisters Peter Perabo und seinem Team liegt, ist klar. Vielleicht nehmen sie sich die Worte der heiligen Hildegard zum Geleit: »Wein heilt und erfreut den Menschen.«

93 2019 Rüdesheim Berg Schlossberg Katerloch Riesling trocken
Gesteinsmehl im Duft, dazu eine komplexe Frucht, Blutorange, pfeffrige Noten, balsamische Töne. Im Mund vibrierend vor Energie, dicht, stoffig, geschmeidig, intensiv taktilmineralisch und sehr prägnant in der Säure, pointiert, noch sehr jung. 12,5 Vol.-%, NK, €€

94 2017 »S« Rüdesheim Pinot Noir trocken
Toastige Eiche, Rauch und auch etwas Holunderbeere steigen nahezu ätherisch aus dem Glas. Am Gaumen kommt etwas cremige Vanille hinzu, die den festen, feinen Tanninen aber gut zu Mute steht. Feinste Säure bietet ein aufrechtes Rückgrat. Wirkliche Klasse. 13,5 Vol.-%, NK, €€€

92 2017 Assmannshausen Pinot Noir trocken
Ein Hauch schwarze Holunderbeere schwingt duftig an der Kirschnase mit, Rauch gesellt sich dazu. Am Gaumen ist die Frucht fein, reif, geschmeidig und pur. Feinste Tannine sind straff und wunderbar fest und geben dem Wein seine grazile Struktur. Sehr fein. 13 Vol.-%, NK, €€€

93 2017 Rüdesheim Riesling Auslese
Eine äußerst delikate, echt edle Botrytiswürze, kandierte Frucht im Hintergrund. Im Mund mit pikanter, dichter Säure und mit einigem Schmelz bei mittlerer Viskosität. Zurückhaltend in der Süße, keine überkonzentrierte und extrem süße Auslese. 9 Vol.-%, NK, €€

92 2019 »Episcopus« Rüdesheim Riesling trocken

92 2018 Rüdesheim Berg Rottland Riesling trocken

90 2019 »A Priori« Riesling trocken

89 2018 »Laudate« Rüdesheim Riesling trocken

89 2019 Blanc de Noir Spätburgunder trocken

90 2017 Rüdesheim Pinot Noir trocken

93 2019 »1960« Rüdesheim Berg Rottland Riesling trocken
Im Duft klar, frisch und komplex: frischer Zitrusabrieb, Blutorange, Gewürzkiste. Im Mund auf getragene Weise stoffig, druckvolle feine Phenole, feste, aber reife Säure, ein markanter Lagenwein mit Tiefe, gemacht für ein langes Leben und für die würzige Entfaltung 12,5 Vol.-%, NK, €€€

★★★★★

WEINGUT GEORG BREUER

Grabenstraße 8, 65385 Rüdesheim am Rhein
T: +49 (6722) 1027, info@georg-breuer.com
www.georg-breuer.com
Ab-Hof-Verkauf: ja
Kellermeister: Hermann Schmoranz und Markus Lundén
Ansprechpartner: Theresa Breuer
Flaschen/Hektar: 250.000 (90 % weiß, 10 % rot)/34 ha
Anbauweise: in Umstellung auf Bio

Theresa Breuer beschert uns dieses Jahr ein Feuerwerk aus dem Rüdesheimer Berg: Die 2019er aus Rottland und Schlossberg zeigen sich von reifer Frucht und in ihrer Textur so subtil und fein, wie es nur im Zusammentreffen von hochbegabtem Weinberg und hochbegabter Winzerin entstehen kann. Der 2016er aus dem Roseneck strahlt eine fast schon zeitlose Ruhe aus. Den Kontrapunkt der Kollektion bilden seit der Übernahme des Weinguts Altenkirch nicht mehr alleine die Rauenthaler Weine, sondern auch die aus Lorch: dem Riesling aus der Pfaffenwies flogen auf Anhieb die Herzen unserer Verkoster zu.

95 2019 Rüdesheim Berg Schlossberg Riesling trocken

Erste Öffnung im Duft mit Untertönen von Weinbergpfirsich, Traube und Orangeat. Im Mund seidig mit lebendiger, fein ziselierter Säure, mit zarter Süße und präsenter Gaumenfrucht. Moderater Alkohol, dezente Mineralik, ungemein fein inszenierter Extrakt. 12 Vol.-%, NK, €€€€

94 2016 Rüdesheim Berg Roseneck Riesling trocken

Ein Wein, der mit sehr reifen gelben Fruchtaromen spielt, welche dabei perfekt von der immer noch lebendigen Säure getragen werden. Spannung und Ruhe vereint in einem beeindruckendem Riesling der weiterhin Reifepotenzial hat. 12 Vol.-%, NK, €€€€

94 2019 Rüdesheim Berg Rottland Riesling trocken

Prägnante Nase die an reife Ananas erinnert. Am Gaumen Anflüge von grünem Tee und reifen Südfrüchten. Das Ganze gehalten von reifer Säure und feiner, sanfter Mineralität. Ein Riesling, der schon jetzt Länge und Spannung aufweist. 12 Vol.-%, NK, €€€

93 2019 Lorch Pfaffenwies Riesling trocken

Beginnend mit warmen Tönen von Kamille und Mandel, dann am Gaumen eher florale, leichte Noten. Wundervoll eingebundene Säure, dicht im Extrakt, hat bei aller Leichtigkeit in der Anmutung Zug und Spannung, mit einem unglaublichen Reifepotenzial. 12 Vol.-%, NK, €€€

89 2019 »Estate« Lorch Riesling trocken

91 2019 »Terra Montosa« Riesling trocken

In der Nase Weinbergpfirsich und leichte Rosennoten mit etwas Würze. Am Gaumen deutliche, knackige Säure und eine animierende Mineralität. Eine wundervolle Mischung aus präziser Frucht und mineralischer Tiefe. 12 Vol.-%, NK, €€€

★

WEINGUT STEFAN BREUER

Auf der großen Straße 10, 65345 Eltville am Rhein
T: +49 (06123) 9742136, sb@breuer-wein.de
www.breuer-wein.de

Ab-Hof-Verkauf: ja
Kellermeister: Stefan Breuer
Ansprechpartner: Stefan Breuer
Flaschen/Hektar: 100.000 (80 % weiß, 20 % rot)/10 ha

Stefan Breuer gründete 2006 sein Weingut in Eltville mit einem Hektar Reben, inzwischen liegen seine rund zehn Hektar Weinberge fast ausschließlich im Selztal bei Ingelheim im Rheinhessischen. Seine Top-Lage ist der Groß-Winternheimer Bockstein, wo bis zu 40 Jahre alte Rieslingreben stehen. Der Betriebssitz liegt aber nach wie vor im Rheingau. Neben Riesling baut der Winzer Grauburgunder, Sauvignon Blanc, Weißburgunder, Muskateller, Merlot, Früh- und Spätburgunder an. Stefan Breuer erzeugt zugängliche Weine, von denen uns der in sich ruhende Grauburgunder »Glanzstück« am besten gefällt.

89 2018 »Meisterstück« Groß-Winternheim Bockstein Riesling Erste Lage trocken

In der Nase helle Gelbfrucht, Petrol, dunkle Würze, dahinter klar und Kalksteinmineralik. Saftige Frucht und fließend mit feinem Gerbstoffgrip, Extraktsüße, dunkle, reifere Anklänge. Ergänzt von feinem Zug und zart mineralischer Säurefrische nach hinten raus. 13 Vol.-%, DV, €€

88 2019 »W3 Handwerk« Selztal Weißburgunder trocken

In der Nase helle Frucht wie Aprikose und gelber Apfel, feine Mineralik. Am Gaumen saftig-fließend, süße Birne, Apfel und reife Zitrusnoten. Nach hinten raus etwas purer und steiniger werdend, weiterhin gewisse Fruchtsüße im Finish. 12 Vol.-%, DV, €

88 2017 »Glanzstück« Selztal Merlot trocken

In der Nase tief, dunkle Kirsche, Pflaume, Efeu und dunkle Würze. Am Gaumen feines Volumen mit Fluss und Saft. Kräftig gebaut mit Substanz, dunkle Frucht, pflanzliche Nuancen und leicht adstringierender Gerbstoff sowie dezenter Bitterton im Ausklang. 13,5 Vol.-%, DV, €€

88 2017 »Glanzstück« Ingelheim Schlossberg Spätburgunder trocken

Dunkle Kirsche und Beeren, tief, würzig, ein Hauch trocknende Holznoten. Am Gaumen dunkelwürzig, etwas Sauerkirsche, Teer, herbe Kräuter und pflanzliche Komponenten, dezenter Saft, noch etwas trocknender Gerbstoff, im Finale feine Ätherik und Kirschfrucht. 13 Vol.-%, DV, €€

87 2019 »S3B3 Handwerk« Selztal Sauvignon Blanc trocken

90 2018 »G1 Glanzstück« Selztal Grauburgunder Spätlese trocken

Nuanciert, tief, kompakt und schwerelos mit gut integriertem Holz. Feine Nussigkeit, zart saftiges Kernobst. Am Gaumen anschmiegsam mit subtiler Struktur, in sich ruhend und vielschichtig. Feine Extraktsüße ergänzt von sich unaufgeregt einfügendem feinem Gerbstoff und Säurestruktur. 13 Vol.-%, DV, €€

★★★★★

WEINGUT CHAT SAUVAGE/SCHULZ & SCHÖTTLE GBR

Hohlweg 23, 65366 Johannisberg
T: +49 (6722) 9372586, pinot@chat-sauvage.de
www.chat-sauvage.de

Ab-Hof-Verkauf: ja
Kellermeister: Verena Schöttle
Ansprechpartner: Verena Schöttle
Flaschen/Hektar: 25.000 (20 % weiß, 80 % rot)/8 ha

Es gab in unserem Betrieb keine Veränderungen seit vergangenem Jahr«, lassen uns Verena Schöttle und Günter Schulz wissen. Bei einem Weingut dieser Güteklasse ist das eine gute Nachricht. Und in der Tat bewirbt sich der Chardonnay aus dem »Clos de Schulz« wie in den Vorjahren für den Titel des für das Rheingau untypischsten, weil burgundisch inspirierten weißen Burgunders. Und wie stets hat man beim Pinot Noir die Wahl zwischen dem mineralischen Biss der Lorcher und der Großzügigkeit der Rüdesheimer Lagen oder dem ausgetüftelten Ebenmaß des »Le Schulz«. So darf das bleiben.

94 2017 »Clos de Schulz« Chardonnay trocken
Dezente Holzwürze, Anisbrötchen und Pfeffer, Wermut, dann aber auch Butter und Gelbfrucht. Mehliger Gerbstoff, strammer Körper, dicht, geschmeidige und stoffige Motive sind eng verwoben, konzentrierte Säure, pointierter, deutlich taktilmineralischer Abklang. 13,5 Vol.-%, NK, €€€

94 2017 Rüdesheim Drachenstein Pinot Noir trocken
Wildkirsche, Blut, Eisen, Schwarze und Rote Johannisbeere. Immense Dichte, druckvoll und fein in einem, fest taktilmineralisch, reife, aber ausreichend tragende Säure, dann auch Cremigkeit im Hintergrund, wird sehr lange leben.
14 Vol.-%, NK, €€€€

94 2017 Lorch Schlossberg Pinot Noir trocken
Ätherischer Duft, Wacholder, Baumharz, dunkle Himbeere, dezentes Holz. Im Mund mit handwerklich extrahiertem, mürb-körnigem Tannin, vertikaler Säurestruktur, aber auch mit genug Fleisch und Frucht, um die Struktur in Fülle zu verwandeln. Dicht, lang, immens jung. 13,5 Vol.-%, NK, €€€€

93 2017 »Le Schulz« Pinot Noir trocken
Kräftiges Neuholz, Himbeere und Baumharz im Duft, im Mund ein dichter, aber auch mürber Gerbstoffdruck, leicht anhaftendes Tannin, festes Säurerückgrat, molliger Körper, präsente taktile Mineralität. Ist auf raffinierte Weise extraktreich und zugleich elegant. 14 Vol.-%, NK, €€€€

91 2017 »Selection Schulz« Pinot Noir trocken

93 2017 Rüdesheim Pinot Noir trocken
Wildkirsche, schwarzer Pfeffer, steinige Mineralnoten, verschlossen rotbeerige Aromen. Im Mund mit immensem Gerbstoffdruck, dabei alles fein und mürb, viel Saftigkeit und eine delikate Mineralnote im Hintergrund, stilvoll wird ausgezeichnet reifen. 14 Vol.-%, NK, €€€

★★★★

WEINGUT DR. CORVERS-KAUTER

Rheingaustraße 129, 65375 Oestrich-Winkel
T: +49 (6723) 2614, info@corvers-kauter.de
www.corvers-kauter.de
Ab-Hof-Verkauf: Nov. bis Mrz Mo bis Fr 10–12 Uhr und Mo bis Sa 14–17 Uhr
Kellermeister: Matthias Corvers
Ansprechpartner: Matthias und Brigitte Corvers
Flaschen/Hektar: 180.000 (85 % weiß, 15 % rot)/31 ha
Anbauweise: Biologisch zertifiziert

Auf den ersten Blick mag es verwundern, dass sich kein trockener Riesling auf dem Treppchen der vier am besten bewerteten Weine platzieren konnte. Das aber spricht auf keinen Fall gegen sie: Die Rieslinge mussten sich einfach in einer famosen Kollektion, die Dr. Matthias Corvers und sein Sohn Philipp vorgestellt haben, den noch besseren Weinen beugen. An Klasse und Strahlkraft mangelt es ihnen aber keineswegs. Neben den exzellenten edelsüßen Rieslingen hat uns auch der mineralisch geprägte Spätburgunder aus dem Höllenberg begeistert. Das sind Weine, von denen die Weinwelt spricht!

93 2018 Assmannshausen Höllenberg Spätburgunder trocken
Waldbeeren, Lakritze und Gewürze bilden eine beschwingte Aromenspeerspitze an der Nase, auch schon mineralische Anklänge, Stein. Am Gaumen komplex aufgebaut mit vielen Informationen, gut dosierte Stoffigkeit, feinnervige Säureader, deutlich von Mineralität geprägt. Langlebig. 13,5 Vol.-%, NK, €€€€

97 2019 Erbach Marcobrunn Riesling TBA
Dattel, Aprikosenkompott im Duft, auch ein Hauch Ester. Im Mund enorm cremig und ölig ansetzend, darauf folgt ein ultrafeiner mineralischer Extrakt, beeindruckend, wie alle Komponenten ineinandergewoben sind, homogen und schier endlos lang. Großer Wein, große Zukunft. 6 Vol.-%, VL, €€€€

96 2019 Rauenthal Baiken Riesling TBA
Im Duft zeigen sich Dattel, Bratensaft, grob gemahlener Kaffee und Dörrbirne. Im Mund sehr cremig, viskos und nachgerade ölig, saftige Säure, messerscharf am Gaumen, salzige Noten, endet wieder ölig und fast mit ziemlich Zug zuletzt. Hat noch einiges vor sich. 6 Vol.-%, VL, €€€€

95 2019 Hattenheim Mannberg Riesling TBA
Fast verschlossen im Duft, Zitrus, Melisse, Rosmarin, aber auch Dattel, etwas mineralisch. Am Gaumen ölig im Ansatz, dann eine sehr elegant eingebundene Säure, seidige Süße, griffig und stoffig im Abklang, Kräuter, saftig, feiner, eleganter Stil. 6 Vol.-%, VL, €€€€

92 2019 Rüdesheim Berg Rottland Riesling tr.

92 2019 Erbach Marcobrunn Riesling trocken

92 2019 Rüdesheim Berg Roseneck Riesling tr.

92 2019 Rauenthal Baiken Riesling trocken

92 2019 Rüdesheim Berg Schlossberg Riesling trocken

92 2018 Rüdesheim Drachenstein Spätburgunder trocken

91 2019 Oestrich Doosberg Riesling Spätlese

89 2019 »R3 Remastered« Rheingau Riesling trocken
Einladende Aromatik mit einigen Facetten aus den zitrischen und auch kräutrigen Bereichen, Apfel und gelbes Steinobst. Am Gaumen geradlinig mit straffer, mundwässernder Säure und mineralischem Grip. Ordentlicher Spaß beim Trinken, schöner Einstieg in die Rieslingwelt. 12 Vol.-%, DV, €

WEINGUT DIEFENHARDT

Hauptstraße 9–11, 65344 Eltville-Martinsthal
T: +49 (6123) 71490, weingut@diefenhardt.de
www.diefenhardt.de

Ab-Hof-Verkauf: Di bis Sa 10–12 Uhr und 14–20 Uhr
Kellermeister: Julia und Peter Seyffardt
Ansprechpartner: Julia Seyffardt
Flaschen/Hektar: 100.000 (85 % weiß, 15 % rot)/18 ha

Das Weingut Diefenhardt kultiviert 18 Hektar Weinberge in den Rauenthaler und Martinsthaler Steillagen, ein Großteil des Martinsthaler Bergs befindet sich im Besitz der Winzerfamilie, in der sich zwei Generationen die Verantwortung teilen: Peter Seyffardt und seine Tochter Julia, die in Geisenheim studiert hat und immer stärkere Akzente einbringt. Das merkt man bei den gut austarierten Pinot Noirs, für die sich die junge Winzerin auch Anregungen im Burgund holte. Aber auch die Rieslinge zeigen ihre Handschrift, wie das dichte, im großen Holzfass ausgebaute Große Gewächs. Mehr davon!

92 2019 Martinsthal Schlenzenberg Riesling GG

Strohgelb mit hellgrünen Reflexen, in der Nase noch jugendlich verschlossen, im Mund rauchig markant mit guter und knackiger Säurestruktur, dichter Mineralität, dezenter Süße, alles noch blutjung und verschlossen, schöner Pampelmusennachhall, braucht Zeit! 12,5 Vol.-%, DV, €€€

90 2019 Rauenthal Rothenberg Riesling Erste Lage trocken

Fließt flink blitzend ins Glas, gelbes Steinobst in der Nase, auch florale Anklänge, etwas Blattgrün. Schlank und straff gebaut am Gaumen, saftig, leichte Noten von weißen Blüten, gut ausbalanciertes Säurespiel und mineralische Tönung, erfrischend und elegant. 12,5 Vol.-%, DV, €€

90 2019 Martinsthal Wildsau Pinot Noir Erste Lage trocken

Sieht fast unfiltriert aus, brombeerrot, beerige Nase, frisch und saftig, auch Kirsche und feine Würze. Im Mund leicht spritzig, Brombeere auch hier, Holz gut eingearbeitet, wird mit der Zeit immer saftiger und runder, leicht animalischer Nachhall, lange am Gaumen. 13 Vol.-%, NK, €€

92 2019 Martinsthal Langenberg Riesling Spätlese

Zarte hellgrüne Reflexe im Glas, feiner Honigduft in der Nase, auch gelbes Steinobst, feine Noten von Weinbergpfirsich und auch Kräuter. Im Mund köstliche und zarte Süße, dabei ungemein saftig mit erfrischender Säure, gefühlvoll balanciert, tolle fruchtige Spätlese! 7,5 Vol.-%, DV, €€

90 2019 Martinsthal Wildsau Riesling Erste Lage trocken

90 2019 »Alte Reben J.D.« Martinsthal Riesling trocken

Mineralische und auch leicht kräutrige Nase, auch Rauch und Steinobst, Apfel, Pfirsich und Mandel. Im Mund eine schöne saftige Säure, die feine Süße steht ihm gut, würzig, schlanker Bau, mineralische Noten, langer Nachhall mit erfreulicher Frische. 12 Vol.-%, DV, €€

★★

WEINGUT EGERT

Rheinallee 33, 65347 Eltville am Rhein
T: +49 (6723) 5557, weingut.egert@t-online.de
www.weingut-egert.de

Ab-Hof-Verkauf: jederzeit nach Absprache
Kellermeister: Manfred Egert
Ansprechpartner: Manfred Egert
Flaschen/Hektar: 50.000 (100 % weiß)/9 ha

In diesem Wein steckt 100 Prozent Liebe und Leidenschaft«, das ist das Motto der Familie Egert, das auf dem Rückenetikett ihrer Weine zu lesen ist. Wir bestätigen gerne, dass es mit Konsequenz umgesetzt wird: Von neun Hektar Reben, die sich über die Ortschaften Mittelheim, Oestrich und Hattenheim erstrecken und von denen 85 Prozent als Erste-Gewächs-Lagen klassifiziert sind, keltert Manfred Egert feinfruchtige Rieslinge mit Stil und feinem Süße-Säure-Spiel. Die trockene Spätlese »Hommage à Jean« bietet Substanz und Eleganz. Der Sekt ist puristisch, würzig und mineralisch. Klasse!

91 2019 »Hommage à Jean« Hattenheim Wisselbrunnen Riesling Spätlese trocken
Im Duft gelbe Blüten, Blumenwiese, Grapefruit, reifer Apfel und Mango. Zeigt sich mit guter Substanz und Balance, Grapefruit steuert eine herbe Frische bei, die Säure ist reif und belastbar, die feine Süße passt gut. Eine Spätlese mit Stil und Konsistenz. 13 Vol.-%, DV, €€

90 2019 Kiedrich Sandgrub Weißburgunder Spätlese trocken
Weiße Blüten im Duft, Mirabelle und reife Zitrusfrucht, Apfel und Zimtstange. Stoffig und mit Schmelz am Gaumen, hat Kraft, die sich in klarer Struktur zeigt. Reife und präsente Säurestruktur, gutes Volumen. Spätlese, die ihren Namen verdient, kulinarisch gedacht. 13 Vol.-%, DV, €€

90 2019 Erbach Siegelsberg Riesling Spätlese feinherb
Reife Frucht wie Mango und Pfirsich im Duft, feine Kräuterwürze und ein wenig Hefe, auch Schale von Zitrusfrucht. Saftig und mit viel Schmelz am Gaumen ansetzend, reife Säure, schönes Süße-Säure-Spiel mit Noten von Grapefruit, klar und auch elegant. 13 Vol.-%, DV, €€

90 2019 Rosé Spätburgunder Spätlese tr.
Riecht nach Himbeere, Erdbeere und Gartenkräutern, auch Pfirsich. Gute Substanz am Gaumen, zeigt Frische, aber ebenso Kraft und reife, klare Frucht, die Würze und süße Frucht verstehen sich. Spätlese, die sich auch gut für die Umsetzung kulinarischer Ideen eignet. 13 Vol.-%, DV, €€

89 2019 Oestrich Doosberg Riesling Kabinett trocken

91 2018 »Schwarze Linie« Riesling brut nature
Geradliniger, direkter und puristischer Rieslingsekt, der nach Pfirsich und Apfel riecht. Kommt ohne Kitsch und Kompromisse aus, würzig und auch mineralisch, zeigt das Rheingauer Terroir auf schäumende Art; straffe Säure, feine Perlage, klare Ausrichtung. 13 Vol.-%, NK, €€

★

WINZER VON ERBACH

Ringstraße 28, 65346 Erbach im Rheingau
T: +49 (6123) 62414, info@winzer-von-erbach.de
http://www.winzer-von-erbach.de

Ab-Hof-Verkauf: Mo bis Fr 10–12 Uhr und 13–18 Uhr, Sa 10–13 Uhr
Kellermeister: Steve Eberding
Ansprechpartner: Ronald Müller-Hagen
Hektar: 33 ha

Zum ersten Mal dabei sind die Winzer von Erbach, eine Winzergenossenschaft, bei der 31 Mitglieder ihre Trauben abliefern. Auf 33 Hektar Erbacher, Kiedricher und Rauenthaler Lagen wachsen hauptsächlich Riesling und Spätburgunder. Schon in den Weinbergen wird durch penible Arbeit die Basis für gesundes und aromatisches Lesegut geschaffen. »Klein, aber fein ist unser Motto«, schreibt uns die Genossenschaft und trifft es auf den Punkt: Wir verkosteten ein anspruchsvolles Sortiment mit einem appetitlichen Rieslingsekt, einer feinen TBA und einem fulminanten Pinot Noir. Starkes Debüt!

89 2019 Erbach Steinmorgen Riesling Kabinett feinherb
Zitrusfruchtig, kandierte Zitronenschale, ein aufgeräumtes, frisches Duftbild. Schlank und kabinetttypisch am Gaumen, zurückhaltend gesetzte Süße und ein lebendiges Säurerückgrat, mineralisch begleitet, ein herrlich saftiger, niveauvoller Kabinett. 11 Vol.-%, DV, €

89 2019 Cabernet Blanc
Im Duft recht klar: Holunderblüte, Minze, Paprika. Im Mund ausgewogen, reife Säure, dezent fruchtunterstützende Süße, ein harmonischer Vertreter der Sorte, nicht grünlich, dennoch frisch. Zuletzt mit viel Saftigkeit und sogar ein klein wenig Schmelz. 12 Vol.-%, DV, €

91 2015 Pinot Noir Auslese trocken
Etwas Röstkaffee im Duft, Feigenkompott, kandierte Kirsche und Karamell. Im Mund druckvoll mit feinen Mitteln, cremiger Fond, eine satte Dosis feinkörniger Gerbstoffe, korpulent mit reifer Säure, gut zusammenhaltend und aufgrund des noblen Extrakts potenzialreich. 15 Vol.-%, NK, €€€

91 2015 Erbach Honigberg Riesling Trockenbeerenauslese
Honiggelb, klar. In der Nase getrocknete Früchte, Rosinen, Backobst, Würze, Waldboden, Tannenhonig, Würze. Am Gaumen sehr prägnante Süße, eher verhaltene Säure, wieder Trockenfrüchte, Rosine, dicht gewobene Struktur, Schmelz, gute Länge, langes Leben. 6,5 Vol.-%, NK, €€€€

87 2019 Rosé feinherb

90 2018 Riesling extra brut
Dezent hefig, etwas Melisse, Zitrus, frisch und würzig. Im Mund mit geschmeidigem Auftakt, recht feinem Mousseux, feinem Säurenerv, ein sehr appetitlicher Rheingauer Rieslingsekt, erfreulich trocken und trotzdem nicht herb, wie aus dem Bilderbuch. 12,5 Vol.-%, NK, €€

★★★

WEINGUT AUGUST ESER

Friedensplatz 19, 65375 Oestrich-Winkel
T: +49 (6723) 5032, mail@eser-wein.de
www.eser-wein.de
Ab-Hof-Verkauf: Mo bis Fr 9–12 Uhr und 13–17 Uhr, Sa 9–12 Uhr
Kellermeister: Désirée Eser Freifrau zu Knyphausen
Ansprechpartner: Désirée Eser Freifrau zu Knyphausen und Dodo Freiherr zu Knyphausen
Flaschen/Hektar: 70.000 (90 % weiß, 10 % rot)/11 ha

Das Weingut August Eser, das in zehnter Generation von Désirée Eser Freifrau zu Knyphausen und ihrem Mann Dodo geführt wird, zeigt einmal mehr geballte Rieslingkompetenz und gekonnte Interpretationen aus einigen der besten Rheingauer Lagen: Der Kabinett aus dem Lenchen ist von vornehmem Charakter, die delikate Spätlese aus dem Doosberg mineralisch verdichtet. Es sind Rieslinge mit Potenzial, die über Jahre Vergnügen bereiten werden, so wie der kraftvoll phenolische »W«, ein eigener Charakter. Darüber hinaus gelingen auch Schaumweine und Spätburgunder. Eine starke, facettenreiche Kollektion!

91 2018 Erbach Siegelsberg Riesling Spätlese
Fein gewobene Nase mit Aprikose, Mango und abgeriebener Zitronenschale, Kräuter und Karamell. Am Gaumen saftig, geschmeidig und auch tiefgründig, die Säure ist saftig delikat eingebunden, phenolische Herbe und Zitrusfrucht zeigen sich, feines Karamell. 11 Vol.-%, NK

90 2019 Hattenheim Engelmannsberg Riesling Erste Lage trocken
Mango in der Nase, Aprikose und Pfirsich, auch Apfel. Am Gaumen klar mit kristalliner Säure und phenolischer Herbe, mittlere und feste Statur, guter Extrakt, filigrane Säure. Gut balanciert und mit mineralischer Würze, die bis ins Finale nachklingt. 12,5 Vol.-%, NK, €€

91 2015 Mittelheim St. Nikolaus Spätburgunder Barrique trocken
Kirsche und Röstaromen im kräftigen und aromatischen Duft, auch etwas Veilchen, Hagebutte und Rauchspeck. Im Mund wird die kräftige Textur von einer feinen Säureader durchzogen, trockene Anmutung, gute Substanz und auch Länge würzig, weiteres Potenzial. 13,5 Vol.-%, NK, €€

93 2019 Oestrich Doosberg Riesling Spätlese
Fokussierte Nase mit Pfirsich, karamellisierter Aprikose und Aprikosenkern, auch Kräuter, etwas Rosmarin. Am Gaumen dirigiert die feine Säure und verbindet sich mit der schönen Fruchtsüße, gut verdichtet und mineralische Durchdringung, großes Potenzial. 9 Vol.-%, NK, €€

90 2019 Rüdesheim Bischofsberg Riesling Erste Lage trocken

90 2017 »L« Riesling trocken

90 2018 »W« Riesling trocken

90 2019 Oestrich Lenchen Riesling Kabinett

89 2019 »Vom Aueboden« Winkel Riesling trocken

89 2019 Roter Riesling trocken

89 2018 »Charta« Riesling

91 2018 Riesling brut
Reifer Apfel in der Nase, Hefewürze und Steinobst, straff ansetzend am Gaumen mit einer fokussierten Säure und feinen Würze, gute Bündelung, Schmelz und mineralischer Nerv und Zug. Riesling mit stilvoller Interpretation und lokalem Timbre und Terroir. 12,5 Vol.-%, NK, €€

★★★★

WEINGUT JOACHIM FLICK

In der Straßenmühle, 65439 Flörsheim-Wicker
T: +49 (6145) 7686, info@flick-wein.de
www.flick-wein.de

Ab-Hof-Verkauf: Mo bis Fr 15–19 Uhr, Sa 10–14 Uhr
Kellermeister: Dirk Bohnensack und Reiner Flick
Ansprechpartner: Reiner Flick
Flaschen/Hektar: 180.000 (92 % weiß, 8 % rot)/20 ha
Anbauweise: Biologisch zertifiziert

Auch wenn Reiner Flick darauf verzichtet hat, seine Großen Gewächse aus 2019 anzustellen, gibt es einiges zu loben: Stellvertretend geben die beiden Rieslinge aus den Ersten Lagen Auskunft über die Güte des Jahrgangs, der aus dem Hochheimer Königin Victoriaberg punktet mit klarer Frucht, Frische und mineralischer Verve. Überhaupt wirken die Weine wie der Wicker Riesling, unsere Empfehlung zum fairen Tarif, sehr präsent und fokussiert. Im edelsüßen Bereich zeigen die Spätlesen Druck, Schmelz und lebendige Finesse. Mit Katharina Flick steht die nächste Generation schon in den Startlöchern.

91 2019 Hochheim Königin Victoriaberg Riesling Erste Lage trocken
Noten von Pfirsich, Birne, heller Orange, Stein, dabei klar und frisch. Sehr geschmeidige Textur, Ruhe und weiche Fruchtfülle am Gaumen. Die feinsaftige, zitrische Säure, webt sich dezent ein. Nach hinten raus feiner Bitter, mineralisch, frisch und reduzierter. 12,5 Vol.-%, DV, €€

90 2019 Wicker Nonnberg Riesling Erste Lage trocken
Im Holzfass ausgebaut, zeigt dieser Riesling sich mit einer runden Nase gelbgrüner Frucht, schöner Kräuterwürze und Geschmeidigkeit. Am Gaumen fließt er leicht dahin, bekommt dann mehr und mehr zitrischen Zug und feinsaftige Konzentration. Saftig bis ins Finish. 12,5 Vol.-%, DV, €€

92 2019 Wicker Nonnberg Riesling Spätlese
Zitrusfrisch, Rosmarin, Amalfizitrone, sehr klar und frisch. Im Mund eine Wucht aus Stoffigkeit und Süße, in der Säure beinahe vorsichtig, erst langsam im Gaumenverlauf an Pikanz gewinnend, langer Abgang, fruchtgetragen, aber völlig ohne Primärkitsch. 9 Vol.-%, DV, €€

91 2019 Hochheim Königin Victoriaberg Riesling Spätlese Erste Lage
Klares, mittleres Gelb. Eher verhaltene Nase, Zitrus und Zündholz, Aprikosenkern, Kräuter, Würze, apart. Am Gaumen Schmelz, lebendige Säure und wohlgesetzte Süße, helle Frucht, komplett, gute Struktur und Länge, Reifepotenzial. Endet auf Pfirsichblüten. 10,5 Vol.-%, DV, €€

90 2019 Wicker Nonnberg Riesling Kabinett

89 2019 »F. vini et vita« Riesling trocken

89 2019 »Classic« Riesling

88 2019 Rosé

90 2019 Hochheim Königin Victoriaberg Riesling Kabinett

90 2019 Wicker Riesling trocken
Verwoben in der Nase, Apfel, helle Frucht und Blüte, zarte Kräuterwürze. Der Gaumen zeigt sich puristischer und geprägt vom kalkhaltigen Tonmergel mit feiner Mineralität, Aprikosen- und Zitrusfrucht sowie schönem Säurezug. Tolles Preis-Leistungs-Verhältnis! 12,5 Vol.-%, DV, €

★★

WEINGUT PETER FLICK

Holger-Crafoord-Straße 4, 65239 Hochheim
T: +49 (6146) 6590, info@wein-vom-flick.de
www.wein-vom-flick.de

Ab-Hof-Verkauf: Mi, Do und Fr 14–18 Uhr, Sa 10–14 Uhr
Kellermeister: Peter Flick
Ansprechpartner: Peter Flick
Flaschen/Hektar: 60.000 (85 % weiß, 15 % rot)/8 ha

Erst im Sommer 2018 ist das Weingut Peter Flick entstanden. Nach dem plötzlichen Tod von Emmerich Himmel 2017 stand Peter Flick zunächst Annette Himmel zur Seite, bevor er mit gerade mal 27 Jahren den Betrieb endgültig übernahm. Inzwischen hat Flick seine Meisterprüfung abgelegt und will durchstarten: »Zwischen Himmel und Hölle« – damit meint der Jungwinzer die Hochheimer Spitzenlage – sei ein »verflickst guter Platz« für einen Neuanfang. Die dichte Rieslingspätlese aus der Kostheimer Lage Weiss Erd belegt, dass mit Peter Flick zu rechnen ist. Ein beachtlicher Einstand!

91 2018 »Großes Gewächs« Hochheim Kirchenstück Riesling trocken
Reifes Steinobst, Pfirsichkern, etwas Petrol und Bienenwachs; am Gaumen kräftig und stoffig gebaut mit Substanz und Dichte, würzig und mit feiner Mineralität, klassischer Stil mit Niveau, verdichtet sich in der Gaumenmitte, süßer Extrakt und auch Phenolik, kann reifen. 13 Vol.-%, DV, €€

91 2019 »Großes Gewächs« Wicker Mönchsgewann Riesling trocken
Reifes Bukett mit reifem Steinobst, neben Pfirsich und Maracuja zeigen sich auch Gewürze und leichte Herbe; stoffig am Gaumen mit gutem Volumen und Dichte, leichte Süße, reife Säure, klassisch und auf hohem Niveau. Riesling mit gutem Reifepotenzial. 13,5 Vol.-%, DV, €€

90 2019 »Stückfass« Hochheim Kirchenstück Riesling Spätlese trocken
Reife und vollfruchtige Aprikose in der Nase, Honigmelone, auch Rauch. Stoffig am Gaumen, kräftig strukturiert, großzügig, saftig und elegant mit reifer, adretter Säure. Der Ausbau im Holz verleiht Kontur, dabei elegant und mit Finesse, wird weiter reifen. 13,5 Vol.-%, DV, €€

90 2019 »Alte Reben« Hochheim Kirchenstück Riesling Spätlese trocken
Steinobst, Maracuja und auch frisch aufgeschnittene Ananas in der Nase, würzig am Gaumen mit phenolischer Herbe und dunklem Timbre, deutliche Mineralität, zeugt für die Herkunft und das Alter der Reben, tiefgründig und aromatisch komplex. Mittlere Dichte. 13 Vol.-%, DV, €

89 2019 »Verflickst« Riesling trocken

89 2019 Hochheim Hölle Riesling Kabinett tr.

89 2019 »Classic« Riesling

88 2019 Hochheim Riesling Kabinett trocken

88 2019 Wicker Mönchsgewann Scheurebe feinherb

87 2019 Weißburgunder trocken

87 2019 Wicker Mönchsgewann Riesling Kabinett trocken

92 2019 Kostheim Weiss Erd Riesling Spätlese trocken
Vielschichtige Nase mit reifem Steinobst, Aprikosenkern und Pfirsich, auch Honigmelone. Am Gaumen mit guter Konzentration und Dichte, die geschmeidigem Anteile mit Schmelz werden von Würze und Mineralität unterlegt, kompakt und stoffig, eng verwoben. 13 Vol.-%, DV, €€

★ ★ ★

WEINGUT EVA FRICKE

Elisabethenstraße 6, 65343 Eltville
T: +49 (6123) 703658, info@evafricke.com
www.evafricke.com

Ab-Hof-Verkauf: Mo bis Fr 9–12 Uhr und 13–16 Uhr
Kellermeister: Eva Fricke
Ansprechpartner: Eva Fricke
Flaschen/Hektar: 80.000 (100 % weiß)/15 ha
Anbauweise: in Umstellung auf Bio

Es hat nichts damit zu tun, dass uns die Rieslinge von Eva Fricke nicht mehr gefallen: Aber ihr Schaumwein Pinot Noir Rosé brut nature hat uns dieses Mal mit seiner weinigen Geschmeidigkeit am meisten überrascht. Die Rieslinge sind Eva Fricke auch in 2019 gut gelungen, der Rheingau Riesling ist gekonnt balanciert und unser Falstaff-Tipp. An der Spitze zeigt der Lorcher Riesling Zug und mineralische Spannung, »Mélange« punktet mit Phenolik und Extrakt. Für alle Rieslinge gilt, dass sie ihr Potenzial weiter entfalten werden. Wir üben uns in Geduld und trinken derweil den appetitlichen Sekt.

91 2019 Lorch Riesling trocken
Tiefes Zitronengelb. Sauber und präzise im Duft von gelbem Apfel, Limette und Birne. Am Gaumen trägt die animierende Säure die feine Aromatik von Orangenblüte, Zitrone und schwarzem Johannisbeerblatt. Ein klar fokussierter Riesling mit gutem Nachhall. 12 Vol.-%, DV, €€

91 2019 »Mélange« Riesling trocken
Goldgelb im Glas. Fast dezente Nase mit Düften von Mirabelle, Aprikose und einem Touch Schwarze Johannisbeere. Am Gaumen mit Phenolik und Extrakt sowie obige Aromatik, ergänzt um Zitronenzeste und eine Petrolnote. Lebendige Säure führt in einen guten Nachhall. 13 Vol.-%, NK, €€€

90 2019 Lorch Schlossberg Riesling
Goldgelb. In der Nase gelbe Frucht mit einem klar erkennbaren Duft aus sehr reifem Lesegut und Ausbau. Am Gaumen Pfirsich, Nektarine, Ananaskonfitüre, Limette sowie das Aroma einer leichte Petrolnote. Gute Säure trägt diesen sensorisch restsüßen Wein. 12 Vol.-%, NK, €€€

92 2016 Pinot Noir Rosé brut nature
Hellrosa bis zwiebelschalenfarben, ein sehr feiner, ganz präziser Pinotduft mit roten Beeren und Würze. Im Mund geschmeidig ansetzend, ein Hauch Phenole, dynamisches, gutes Volumen gewinnendes, aber auch nicht grobes Mousseux, extraktherber Abklang. Sehr weinig. 12 Vol.-%, NK, €€€

89 2019 Kiedrich Riesling trocken

90 2019 Rheingau Riesling trocken
In der Nase ein Duft von vollreifem Apfel, Zitrone und Limette. Am Gaumen balanciert die lebendige Säure eine vielseitige Aromatik von Pfirsich, Madarine, Zironenschale. Leichte Mineralik in einem mittelgewichtigen Körper begleitet den Wein in einen guten Nachhall. 8,5 Vol.-%, NK, €€

★

WEINGUT HÖHN

Freudenbergstraße 200, 65201 Wiesbaden
T: +49 (611) 7168789, info@weinguthoehn.de
www.weinguthoehn.de

Ab-Hof-Verkauf: Mo bis Fr 17–19 Uhr
Kellermeister: Jürgen Höhn
Ansprechpartner: Jürgen Höhn
Flaschen/Hektar: 130.000 (86 % weiß, 14 % rot)/21 ha

Der Ursprung des Weinguts Höhn reicht bis ins Jahr 1696 zurück, lange wurde es als landwirtschaftlicher Gemischtbetrieb geführt. Inzwischen wird es von Jürgen Höhn geleitet, der knapp 21 Hektar Rebfläche bewirtschaftet. 2017 konnte der Winzer auch Lagen vom Weingut Langwerth von Simmern, im Erbacher Marcobrunn, Hattenheimer Nussbrunnen und Kiedricher Sandgrub erwerben. Alle Weine zeigen gute Sortentypizität, der Riesling Kabinett ist verspielt und animierend, die großzügige Spätlese aus dem Nussbrunnen charmant, der Spätburgunder fällt monumental aus. Ein Betrieb mit Potenzial!

88 2019 Eltville Sonnenberg Riesling Kabinett halbtrocken

Sonnenblumenfelder in der Nase, reifes Steinobst, Aprikose und Pfirsich, dezente Würze. Am Gaumen schlank gebaut, gute Sortentypizität, die Säure ist reif, aber präsent genug, um für Leben zu sorgen. Klar im Ausdruck, feine Süße, Zitrusfrucht im Finale. 12,5 Vol.-%, DV, €

88 2019 Chardonnay trocken

Reife Melone in der Nase, Birne, geröstete Kastanie, Rauch und Kräuter. Am Gaumen saftig und würzig, gut und bündig gebaut, die Säure ist reif, die Süße ausgeprägt, dadurch harmonisch balanciert. Reintöniger Wein für Freunde des ausgewogenen Geschmacks. 12,5 Vol.-%, DV, €

89 2018 Frauenstein Herrnberg Spätburgunder Auslese trocken

Konzentrierter Duft nach reifer und eingekochter Pflaume, Brombeere und Kirsche, Wacholderbeere, Rote Bete, Röstaromen. Am Gaumen kräftig und weich ansetzend mit reifer Säure, kräftig im Alkohol, der gut integriert ist. Monumentaler Wein mit viel Substanz und Würze. 15 Vol.-%, NK, €€

90 2019 Hattenheim Nussbrunnnen Riesling Spätlese

Reichhaltige Nase mit Pfirsich und Maracuja, auch Papaya ist dabei; am Gaumen beinahe viskos, schöne Cremigkeit, unterlegt von einer reifen Säure, großzügig, auch im Fruchtausdruck, mittlere Dichte, feine Würze und auch gute Länge und Mineralität. 7,5 Vol.-%, DV, €€

88 2019 Sauvignon Blanc trocken

89 2019 Kiedrich Sandgrub Riesling Kabinett trocken

Klassischer Rieslingduft mit Steinobst, auch etwas Zitrusfrucht, Apfel und florale Anklänge. Im Mund finden die frische Säure und die Restsüße gut zueinander, schlank gebaut, ohne Fettpölsterchen, wieder Zitrusfrucht. Stimmiger, gut proportionierter Kabinett. 12 Vol.-%, DV, €

★★★★

DOMÄNE SCHLOSS JOHANNISBERG

Schloss Johannisberg
65366 Geisenheim-Johannisberg
T: +49 (6722) 70090, info@schloss-johannisberg.de
www.schloss-johannisberg.de

Ab-Hof-Verkauf: täglich 10–18 Uhr
Kellermeister: Gerd Ritter
Ansprechpartner: Stefan Doktor
Flaschen/Hektar: 250.000 (100 % weiß)/45 ha

Es läuft rund auf dem Johannisberg«: Das war der Befund im vergangenen Jahr, nachdem wir die Weine von Schloss Johannisberg verkostet hatten. Nun, dem gibt es eigentlich nur noch eines hinzuzufügen: Es läuft noch runder auf dem Johannisberg. Die enormen Anstrengungen der geschäftsführenden Doppelspitze Stefan Doktor und Marcel Szopa zahlen sich aus, es wurde in eine neue Kelterhalle investiert, Michael Städter als Außenbetriebsleiter und Gerd Ritter als Kellermeister verstehen ihr Handwerk. Eine großartige Kollektion mit fein nuancierten und balancierten Rieslingen. Großes Kompliment!

94 2017 »Goldlack« Johannisberg Schloss Johannisberger Riesling trocken
Ruhe, Fluss und Tiefe, dabei feine Phenolik, Mineralität und subtile Spannung. Am Gaumen feinst konzentrierte Gelbfrucht, dunkelwürzige Nuancen, zitrische Frische. Ein eigenständiger Charakter mit Ruhe und Substanz, Saft, Zug, Salzigkeit, feinstem Gerbstoff und Finesse. 12,5 Vol.-%, NK

93 2019 »Silberlack« Johannisberg Schloss Johannisberger Riesling GG
Balance, Verwobenheit, Aussage. Struktur und feine Würze, Gelbfrucht, roter Apfel, Kräuter. Am Gaumen Pfirsich und Zitrusfrucht – Gleichmaß und Fluss, Säuregrip, Saftigkeit, Zeste. Ausgewogener, tiefer Riesling mit feinsalzigem, mineralischem Nachhall. 13 Vol.-%, NK

97 2019 »Blaulack« Johannisberg Schloss Johannisberger Riesling TBA
Reneklode in der fein gewobenen Nase, Salbei, mineralisch, Dattel und Süßkirsche. Im Mund ganz still, weder in Süße noch in Säure auffällig, ganz ruhig und unaufgeregt im Stil, Dörrbirne im Abklang, Dattel, mineralische Tönung, zuletzt stoffig geprägt. 7 Vol.-%, NK

94 2019 »Rosalack« Johannisberg Schloss Johannisberger Riesling Auslese
Fein verwobene und nuancierte Nase mit feiner Mineralik, Steinobst, Blüte, Bergamotte und Zitrusfrucht. Wunderbar balanciert am Gaumen mit distinguierter Fruchtkonzentration, zarter Honignote, perfekt ergänzt von saftiger, zitrischer Säurestruktur. 8 Vol.-%, NK

91 2019 »Bronzelack« Johannisberg Schloss Johannisberger Riesling trocken

91 2019 »Rotlack« Johannisberg Schloss Johannisberger Riesling Kabinett feinherb

90 2019 »Gelblack« Johannisberg Schloss Johannisberger Riesling feinherb

93 2019 »Grünlack« Johannisberg Schloss Johannisberger Riesling Spätlese

90 2019 »Gelblack« Johannisberg Schloss Johannisberger Riesling trocken
Verwobene Textur, Gleichmaß ergänzt von feiner Mineralik und Grip, Gelbfrucht und Pfirsichnoten. Am Gaumen frisch mit konzentrierter Frucht und doch auch Leichtigkeit. Sich ziseliert einwebende Säurestruktur. Sehr schöner Riesling, balanciert, mit Substanz und Finesse. 12,5 Vol.-%, NK

★★★

WEINGUT JOHANNISHOF

Grund 63, 65366 Johannisberg
T: +49 (6722) 8216, info@weingut-johannishof.de
www.weingut-johannishof.de

Ab-Hof-Verkauf: Mo bis Fr 8–12 Uhr und 13–17 Uhr, Vinothek: Sa 15–18 Uhr und So 11–17 Uhr
Kellermeister: Johannes Eser
Ansprechpartner: Johannes und Sabine Eser
Flaschen/Hektar: 155.000 (100 % weiß)/20 ha

Johannes und Sabine Eser, die den Johannishof in Johannisberg führen, haben dieses Mal darauf verzichtet, ihre aktuellen Großen Gewächse zu präsentieren. Dafür verkosteten wir ein Riesling-GG von 2015 aus dem Rüdesheimer Berg Rottland, das sich etwas sperrig zeigte. Was wir aber aus dem Jahrgang 2019 ins Glas bekamen, weckt weitere Erwartungen: Die Rieslinge aus den Ersten Lagen sind präsent, gerade der Ramstein ist fein gearbeitet mit mineralischer Spannung. Großartig gelungen ist die raffinierte Spätlese aus dem Johannisberger Klaus. Da wartet man gerne noch auf die Großen Gewächse.

91 2019 Johannisberg Auf der Höll Riesling Erste Lage trocken
Roter Apfel und frisch abgezogene Orangenschale im Duft. Im Mund sehr präsent, feine Phenole, lebendiges Süße-Säure-Spiel mit leichtem Übergewicht der Süße, guter Körper, gehaltvoll und terpengetragen, mit fruchtbetontem und aromatischem Abklang. 12,5 Vol.-%, DV, €€

90 2019 »Charta Fass 94« Riesling
Beerig, gelbfruchtig, zarte Hefe, eine Spur brenzliger Mineralwürze, im Mund saftig in der Säure, großzügige, fruchtige Süße, mittelgewichtiger Extrakt, ein typischer Vertreter der Charta, der nach ein paar Jahren Flaschenreife in Eleganz strahlen wird. 12 Vol.-%, DV, €€

93 2019 Johannisberg Klaus Riesling Spätlese
Mineralisch im Duft, Mandarine und Feuerstein. Im Mund trotz der präsenten Süße ganz frisch und unkitschig, Säure, Frische und mineralischer Extrakt dominieren die hintergründig cremigen Motive. Lang und kompakt, sehr mineralisch und mit Raffinesse. 9,5 Vol.-%, DV, €€

92 2019 Rüdesheim Berg Rottland Riesling Spätlese
Reifer roter Apfel, ein Hauch Rosine, pfeffrige Noten, warmer Ziegel. Ein stattlicher Körper am Gaumen, stoffig, robuste, leicht grüne Säure, intensiv taktilmineralisch in der Gaumenmitte, kräftiger Alkohol, weit aufstehende Süße-Säure-Schere, braucht viel Zeit. 10 Vol.-%, DV, €€

90 2015 Rüdesheim Berg Rottland Riesling GG

91 2019 Rüdesheim Ramstein Riesling Erste Lage trocken
Zitrusduftend und floral, ein balsamischer Hauch von Rosenholz. Im Mund mit feinsinniger Zurückhaltung, delikate Säure, fein ziselierter Extrakt, im Stil eines trockenen Kabinetts gehalten, taktilmineralisch unter Spannung gehalten, ein subtiler Wein. 11,5 Vol.-%, DV, €€

★ ★ ★

WEINGUT JAKOB JUNG

Eberbacher Straße 22, 65346 Erbach
T: +49 (6123) 900620, info@weingut-jakob-jung.de
www.weingut-jakob-jung.de

Ab-Hof-Verkauf: Mo bis Fr 13–18 Uhr, Sa 10–17 Uhr
Kellermeister: Alexander Jung
Ansprechpartner: Alexander Jung
Flaschen/Hektar: 130.000 (85 % weiß, 15 % rot)/18 ha

Man hat den Eindruck, dass die Weine von Alexander Johannes Jung von Jahrgang zu Jahrgang ein wenig präziser und fokussierter geraten. Was er im Jahrgang 2019 an Weinen erzeugt hat, ist jedenfalls beeindruckend und auch in der Breite der Kollektion sehr ausgewogen auf gutem Niveau. Das Große Gewächs punktet mit feiner Würze, Grip und steiniger Mineralik – es spielt schon in der Spitzengruppe im Rheingau mit. Der Eiswein ist famos und auch die Spätburgunder imponieren. Das Weingut gehörte eine Zeit lang zu den unauffälligeren VDP-Betrieben, jetzt tritt es stärker in den Vordergrund.

93 2019 Erbach Hohenrain Riesling GG
Rotgrüne Frucht im Duft, süße Renekloden, Dichte und feine Mineralik und auch Würze. Fluss und Tiefe am Gaumen, in den steten Fluss webt sich nach und nach immer mehr feiner Grip, steinige Mineralik, salzige Zitrusfrucht und ein Hauch Rauchigkeit. Gutes Potenzial. 13 Vol.-%, DV, €€€

92 2016 »Alexander Johannes« Spätburgunder trocken
Rauchig-kirschige Noten in der Nase, Wildkirsche, auch feines Holz. Am Gaumen weiterhin Kirsche, dazu Tabak, dabei saftig. Das Tannin ist angenehm präsent und strukturgebend. Säure und Mineralik sorgen für einen schönen Trinkfluss. Eleganter Burgunder. 13,5 Vol.-%, DV, €€€

94 2018 Erbach Michelmark Riesling Eiswein
Sehr gut in der Klarheit, Rosine, Dattel. Im Mund viskos, mollig, vergleichsweise dezent in der Säure, zwar schon konzentriert, aber eben Konzentration auf einer jahrgangstypisch milden Säure, extraktreicher Gaumen, rund und reich, honigsüß im Abgang. Langlebig. 8,5 Vol.-%, DV, €€€

92 2019 Erbach Michelmark Riesling Spätlese
Ein Hauch Überreife im Duft, Dörraprikose, kandierter Pfirsich, Ananas, ein wahrer Früchtekorb. Im Mund dicht und stoffig, kräftiger Extrakt, die an sich reiche Süße wird vom Säurenerv komplett absorbiert. Eine sehr dichte Spätlese mit sehr gutem Potenzial. 8,5 Vol.-%, DV, €€

91 2019 Erbach Steinmorgen Riesling Erste Lage trocken

91 2019 »Charta« Riesling trocken

90 2019 Erbach Steinmorgen Riesling Erste Lage feinherb

90 2019 »Alte Reben« Riesling trocken

89 2019 Sauvignon Blanc trocken

89 2019 Riesling trocken

91 2016 Erbach Steinmorgen Spätburgunder Erste Lage trocken

90 2019 Erbach Riesling trocken
Balancierter Duft, helle Frucht, weißer Pfirsich, Stein, etwas Kräuter, frische Orange. Am Gaumen zunächst rund, gefolgt von zitrischem Säurezug, herben Anklängen, etwas Grapefruitsaft und Zeste. Saftig, erfrischend, mit herben Nuancen und feiner Kräutrigkeit. 12,5 Vol.-%, DV, €

★★★★★

WEINGUT AUGUST KESSELER

Lorcher Straße 16, 65385 Rüdesheim am Rhein
T: +49 (6722) 9099200, info@august-kesseler.de
www.august-kesseler.de

Ab-Hof-Verkauf: ja
Kellermeister: Max Himstedt
Ansprechpartner: August Kesseler, Simon Batarseh
Flaschen/Hektar: 250.000 (65 % weiß, 35 % rot)/33 ha

Wenige deutsche Winzer können von sich behaupten, einer historischen Lage ihren Stolz zurückgegeben zu haben – und wenige Namen werden so mit einer Lage verbunden, wie August Kesseler mit dem Assmannshäuser Höllenberg. Kesselers Pionierweg war zunächst steinig und von harter Arbeit geprägt. Heute gehört er zu den Ikonen des deutschen Weinbaus. Und der Spätburgunder steht nicht mehr alleine im Mittelpunkt, auch Kesselers Rieslinge sind großes Kino. Die zwei Jahrgänge Berg Schlossberg, die wir nun vorstellen, sind kulturelle Monumente, gemacht für ein langes Leben.

97 2019 Rüdesheim Berg Schlossberg Riesling GG

Eine taufrische, noch sehr jugendliche Frucht in der Nase: Mandarine. Die Intensität der Zitrusaromen betört auch im Geschmack. Der konzentrierte Gaumen vibriert vor mineralischer Frische, man ahnt den salzigen Stein. Alles ist straff, hell, strahlend.. 13,5 Vol.-%, NK

95 2017 Rüdesheim Berg Schlossberg Riesling GG

Die potenzierte Frucht von saftigen Mandarinen und Orangen sprüht aus dem Glas, dann lenken getrocknete Heublumen sacht die Aromatik ins Ätherische. Am konzentrierten Gaumen sind Zesten und feine, reife Frische zu vernehmen und eine wunderbare, ewige, steinige Tiefe. 14 Vol.-%, NK

97 2015 Assmannshausen Höllenberg Pinot Noir GG

Ätherischer Duft erinnert an Räucherfleisch und salzige, getrocknete Kräuter. Am Gaumen herrschen sowohl unheimliche Transparenz als auch Konzentration. Finesse und Kraft paaren sich. Feinste Frucht scheint über die Steinigkeit hinweg und macht sie nur noch intensiver. 14 Vol.-%, NK

96 2016 Assmannshausen Höllenberg Pinot Noir GG

Die eindringliche, rauchige Nase erinnert fast an Weihrauch. Am Gaumen ist feine Kirschfrucht mit Holunderbeere liiert, beide sind auf Steinigkeit projiziert, was dem Stein Charme und der Frucht Tiefe verleiht. Feinste Säure erhellt alles. Das Echo ist verführerisch. 14 Vol.-%, NK

95 2019 Rüdesheim Berg Roseneck Riesling GG

94 2019 Lorchhausen Seligmacher Riesling GG

Reife Mandarinenschalen sind hocharomatisch auf der klaren Nase. Am Gaumen kommen sogar noch reife Orangennoten hinzu, die frisch, klar und mit ausgeprägter Saftigkeit tanzen. Eine reife Säure hält sich zunächst zurück, kommt aber im Finale zur vollen Geltung. 13 Vol.-%, NK

★★★

KLOSTER EBERBACH

Kloster Eberbach , 65346 Eltville
T: +49 (6723) 6046 0, weingut@kloster-eberbach.de
www.kloster-eberbach.de

Ab-Hof-Verkauf: Vinothek April bis Okt. täglich 10–19 Uhr, Nov. bis April täglich 10–18 Uhr
Kellermeister: Bernd Kutschick / **Önologin:** Kathrin Puff
Ansprechpartner: Dirk Sewe, Dieter Greiner
Flaschen/Hektar: 2.300.000 (85 % weiß, 15 % rot)/238 ha

Mit den 2019er Weinen zeigt Kathrin Puff, die neue Chefönologin von Kloster Eberbach, in welche Richtung sie den 238-Hektar-Betrieb mit seinem reichen Fundus an Spitzenlagen entwickeln möchte: hin zu einer Betonung von Herkunft und Authentizität. Auch sonst tut sich einiges: So sollen künftig vermehrt Steillagen zu Querterrassen umgebaut werden, um die Mechanisierbarkeit zu verbessern. Ein Beitrag zur Wirtschaftlichkeit und damit zum Erhalt der Kulturlandschaft. Zurück zu den Weinen: Der Aufschwung ist so überdeutlich, dass ein baldiger vierter Stern nicht ausgeschlossen ist.

94 2018 Hattenheim Steinberg Riesling GG
Getrocknete Mango, Flieder, und Noten von Gesteinsmehl. Im Mund von großer Ruhe und Ausgeglichenheit: weit gefasst, mühelos mit Inhalt gefüllt: feinste Phenole, Geschmeidigkeit, reife Säure und eine passend zurückgenommene Süße. Schmelziger Nachklang. 13 Vol.-%, DV, €€€

95 2018 Rüdesheim Berg Schlossberg Spätburgunder GG
Etwas Neuholz, aber vor allem »wilde«, beerige Aromen, Zibarte. Im Mund stoffig, dicht, kraftvoll mineralisch eingefärbt, lebendige Säure, sehr gute Substanz, eine Schicht Cremigkeit hinter der straffen und noch kompakten Struktur, beste Anlagen. 12,5 Vol.-%, DV, €€€

93 2017 »Crescentia« Assmannshausen Höllenberg Spätburgunder trocken
Waldbeeren im Duft, etwas Minze, eine Spur Wacholder, etwas Erdbeerkonfitüre. Im Mund mit säurefrischer Eleganz, dabei auch im Gerbstoff gut dotiert, feinkörnig, reif, aber auch saftig und ätherisch. Deutlich mineralisch geprägt. Sehr stilvoll und elegant. 12,5 Vol.-%, DV, €€€

93 2019 »Crescentia« Rauenthal Baiken Riesling Spätlese
Vielschichtig, zitrisch, aber auch Rosine, dazu brenzlige Mineralnoten, Feuerstein. Im Mund saftig, knackig in der Säure, in der Süße eher zurückhaltend, intensiv taktilmineralisch, ganz klassisch im Bau, wird ausgezeichnet reifen. 8 Vol.-%, DV, €€

92 2019 »Crescentia« Rauenthal Baiken Riesling trocken

91 2016 »Crescentia« Rauenthal Baiken Riesling brut

90 2019 »Crescentia« Wiesbaden Neroberg Riesling trocken

90 2019 »Crescentia« Heppenheim Centgericht Grauburgunder trocken

90 2019 »Aus dem Cabinetkeller« Rüdesheim Berg Roseneck Riesling feinherb

90 2017 »Crescentia« Pinot Noir trocken

90 2019 »Crescentia« Hattenheim Steinberg Riesling Kabinett

90 2019 Riesling trocken
Etwas Holunderblüte, aber auch Zitrusabrieb, getrocknete Zitronenschale. Im Mund ziemlich geradeaus gebaut, saftig und knackig mit recht guter Dichte und Intensität, kein Ausbund an Komplexität, aber für einen Gutsriesling höchst respektabel. 12,5 Vol.-%, DV, €

★★

WEINGUT BARON KNYPHAUSEN

Draiser Hof, Erbacher Straße 28, 65346 Eltville-Erbach
T: +49 (6123) 790710, weingut@baron-knyphausen.de
www.baron-knyphausen.de

Ab-Hof-Verkauf: täglich 10–18 Uhr
Kellermeister: Arne Wilken
Ansprechpartner: Frederik zu Knyphausen
Flaschen/Hektar: 60.000 (90 % weiß, 10 % rot)/12 ha

Der Jahrgang 2019 ist im Weingut Baron Knyphausen sehr gut gelungen und hat gleich eine ganze Reihe ansprechender Rieslinge in den Keller gebracht: Allen voran das kompakte und vielschichtige Große Gewächs aus dem Erbacher Hohenrain. Aber auch der Riesling aus dem Steinmorgen weiß mit seiner Substanz und mineralischem Schliff zu beeindrucken. Nicht vergessen wollen wir den klassischen Rheingauer Gemischten Satz mit sieben historischen Rebsorten wie Gelber Orleans, Roter Riesling oder Weißer Heunisch, der dem Weingut ein besonderes Anliegen ist: Er imponiert mit natürlichem Charakter.

92 2019 Erbach Hohenrain Riesling GG
Fokussierte Nase mit Steinobst und würzigem Mineral, florale Noten, schon in der Nase fein. Am Gaumen vielschichtig, würzig, fast pfeffrig, milde Säure, stoffig und kompakt, gute Dichte und Konsistenz, hat Potenzial und wird sich gut weiterentwickeln. 13 Vol.-%, NK, €€€

91 2019 Erbach Steinmorgen Riesling Erste Lage trocken
In der vollen Nase zeigen sich neben den klassischen Gelbfrüchten wie Pfirsich und Aprikose auch würzige, mineralische Noten. Saftig ansetzend am Gaumen mit guter Substanz und schlankem Körper, feinwürzig mit mineralischer Grundierung, charaktervoll. 12 Vol.-%, DV, €€

90 2019 Erbach Riesling trocken
Zitronenzeste in der Nase, reife Aprikose und Pfirsich mit Minze. Schlank und fokussiert am Gaumen, filigraner Bau, umtriebige, aber zivilisierte Säure. Phenolische Herbe, geradlinig und fein gearbeitet. Zeigt Lagencharakter und Profil auf unaufgeregte Art. 12 Vol.-%, DV, €€

90 2019 »Charta« Riesling trocken
Feinfruchtig in der Nase, Steinobst und mineralische Noten, Pfirsich, florale Noten, Lorbeer und Röstaromen. Süßlich in der Frucht mit reifer und präziser Säure, saftig und den Rheingauer Charakter klar fassend. Elegant und mit Handschrift, gut gelungen. 12 Vol.-%, DV, €€

89 2019 Riesling Kabinett

89 2019 1141 Riesling trocken

89 2019 Gewürztraminer trocken

88 2019 Roter Riesling feinherb

88 2019 1818 Riesling feinherb

89 2019 »Knyphausen 7 Historischer Rebensatz« tr. RR/ROR/WH/OR/TR/EL/GS
Kräutriger und würziger Duft, auch Apfel und nussige Aromen, etwas Minze. Saftig beginnend am Gaumen, reife, kultivierte Säure; schlank im Bau und unaufgeregt in seinem Wesen, aber mit inneren Werten: feine Würze, Natürlichkeit und feine Abrundung. 11,5 Vol.-%, DV, €€

★★★★

WEINGUT KRONE ASSMANNSHAUSEN

Niederwaldstraße 2, 65385 Assmannshausen
T: +49 (6722) 2525, info@weingut-krone.de
www.weingut-krone.de

Ab-Hof-Verkauf: ja
Kellermeister: Michael Burgdorf, Dominic Borgwardt und Peter Perabo
Ansprechpartner: Tom Drieseberg
Flaschen/Hektar: 25.000 (20 % weiß, 80 % rot)/6 ha

Krone Assmannshausen – da mag mancher eher an ein gutbürgerliches Landgasthaus denken als an ein hoch dotiertes Rheingauer Weingut. In der Krone arbeitet mit Peter Perabo ein Mann, der nicht nur mit schweren Motorrädern umzugehen weiß, er ist auch ein profunder Pinot-Noir-Könner. Der Kellermeister schafft es mit seinem Team, die mineralische Spannung und Tiefe der Assmannshauser Lagen in seinen Spätburgundern meisterlich herauszustellen; der Spätburgunder »Juwel« ist ein Sinnbild dieser Stilistik. Aber die Krone kann auch Riesling und Weißburgunder. Es sind Weine, die Freude bereiten.

92 2019 Hallgarten Weißburgunder trocken
Apfel und Birne in der feinen Nase, mit einer Portion Zitrusfrucht, Heu und etwas Thymian. Im Mund saftig und würzig mit guter Dichte und Spannung, fest in der Struktur durch den Holzausbau, gute Frische, mineralische Würze, fokussierter Wein mit Potenzial. 13 Vol.-%, NK, €€€

94 2014 »Juwel« Assmannshausen Spätburgunder trocken
Dass ein Pinot aus 2014 sich so lebendig präsentiert, begeistert. In der Nase aromatische Dichte mit Tönen von Sandelholz, eingelegten Erdbeeren und Kirsche. Am Gaumen die Frucht etwas saftiger und kühler. Getragen von feinem Mineral. Rund, harmonisch, zugänglich und tief.
13 Vol.-%, NK, €€€€

93 2015 Assmannshausen Höllenberg Spätburgunder GG
Schon in der Nase würzig, dicht, warme Frucht. Am Gaumen dann genauso: schwarze Süßkirsche, saftige Zwetschge, ein wenig Mandelkern. Würziger Nachklang. Säure und merkliche Mineralität tragen einen geschmeidigen, sehr feinen Wein mit Spannung. 13 Vol.-%, NK, €€€

92 2016 Assmannshausen Frankenthal Spätburgunder Erste Lage trocken
In der Nase noch etwas jugendlich mit Kirschkern, roten Kirschen, würzigen und grünen Tönen. Die Säure noch deutlich, aber mit angenehmer Sauerkirsche unterfüttert. Das Holz sehr schön sanft eingebunden, trägt zum fein ausbalancierten Gesamtbild bei. 13 Vol.-%, NK, €€€

90 2016 Assmannshausen Spätburgunder trocken

89 2017 Spätburgunder trocken

89 2019 »Pinot« Rosé trocken

90 2019 »Alte Reben« Riesling
Klares, helles Gelb. In der Nase feine Zitrusfrucht, Melisse, Minze, Honigmelone. Am Gaumen lebendige Säure, Mandarine, Limette, Melisse, Steinfrucht, lebendig. Mittlere Struktur, angenehm abgerundet. Zum Vesper, angenehmer Begleiter eines Abends. 12,5 Vol.-%, DV, €€

★★★★★

WEINGUT PETER JAKOB KÜHN

Mühlstraße 70, 65375 Oestrich-Winkel
T: +49 (6723) 2299, info@weingutpjkuehn.de
www.weingutpjkuehn.de

Ab-Hof-Verkauf: Mo bis Fr 9–12 Uhr und 13–17 Uhr, Sa 11–17 Uhr
Hektar: 20 ha
Anbauweise: Biologisch zertifiziert

»Seit mehr als 230 Jahren«, schreibt uns Familie Kühn, »betreibt unsere Familie Weinbau im mittleren Rheingau. Über zehn Generationen wurde das Wissen um diese Weinbergslagen und ihre von Phyllitschiefer und Taunusquarzit geprägten Böden weitergegeben und vertieft. Auf diese lange Tradition blicken wir mit größtem Respekt.« Was sollen wir Flachlandtiroler da noch anfügen? Unser Respekt vor den Generationen 9 und 10 der Kühn'schen Familiensaga ist immens. Peter Jakob und Peter Bernhard Kühn leben die Biodynamik und schaffen es, ein ums andere Mal Weine von kristalliner Tiefe zu erzeugen.

95 2018 Oestrich Doosberg Riesling GG

Bereits jetzt bukettreich: balsamisch-gärungsaromatisch und jodig-mineralisch. Im Mund mit großer Dichte bei festem Säurerückgrat, Saft und Spannung dominieren die Gaumenmitte, mineralische und phenolische Noten den Abgang. Großes Aromenpotenzial. 12,5 Vol.-%, NK, €€€

94 2018 Mittelheim Sankt Nikolaus Riesling GG

Eine nuancierte Gelbfrucht, ganz dezentes Holz, im Mund seidig mit feinsten Phenolen, reife, aber dennoch lange anhaltende Säure, ein ungemein finessenreicher Gaumenfluss, Saft und Körper, Struktur und Geschmeidigkeit sind geradezu schwerelos im Gleichgewicht. 12,5 Vol.-%, NK, €€€

92 2018 Oestrich Klosterberg Riesling Erste Lage trocken

Etwas Holz und kräftige Spontangärungsaromen. Viskoser Auftakt, geschmeidig und reich, dann mit Stoffigkeit die mollige Anlage konterkarierend, reife Säure. Ist durchaus ein Jahrgangstyp, hat aber so viel Salz und Extrakt, dass die Balance außer Frage steht. 12,5 Vol.-%, NK, €€€

91 2018 Hallgarten Hendelberg Riesling Erste Lage trocken

Balsamisch, frisch, zitrisch, rauchig-mineralisch in Untertönen. Im Mund mit feiner Säure und relativ präsenter Süße, mit einer »kühlen«, eleganten Anmutung und einer Gaumenstruktur, die nach Flaschenreife verlangt, um die mineralische Finesse zu entfalten. 12,5 Vol.-%, NK, €€€

90 2019 »Rheinschiefer« Hallgarten Riesling trocken

91 2019 »Quarzit« Oestrich Riesling trocken

Mandarine, balsamische Noten im Duft, noch nicht sehr entfaltet. Im Mund kernig, dicht, kräftig mineralisch, fast zum Kauen, ein substanzreicher, terpengetragener Basisriesling mit ziemlich Schmackes. 12,5 Vol.-%, NK, €€

★★★★★

WEINGUT KÜNSTLER

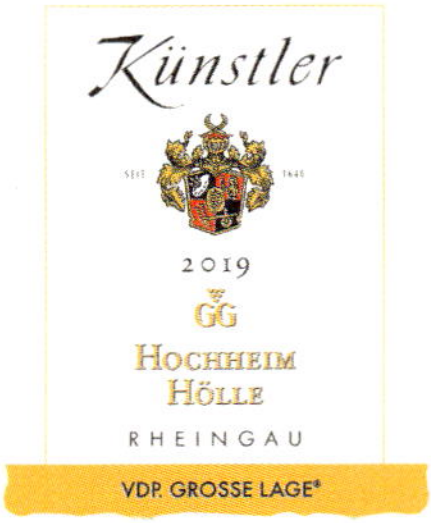

Geheimrat-Hummel-Platz 1a, 65239 Hochheim
T: +49 (6146) 8386 0, info@weingut-kuenstler.de
www.weingut-kuenstler.de

Ab-Hof-Verkauf: Mo bis Fr 8–12 Uhr und 13–18 Uhr
Sa 10–16 Uhr, So 11–16 Uhr
Kellermeister: Gunter Künstler, Rolf Schregel
Ansprechpartner: Monika Künstler
Flaschen/Hektar: 350.000 (90 % weiß, 10 % rot)/43 ha

»Unsere Devise«, schreibt uns das Weingut, »ist schonende und sorgsame Behandlung der Trauben im Weinberg und im Keller. Dazu gehören eine naturnahe Weinbergpflege mit Begrünung der Rebzeilen ebenso wie der Verzicht auf Herbizide.« Natürlich muss man Gunter Künstler und seine Weine nicht wirklich vorstellen. Der Routinier steht für Klassik pur. Auch die jetzt verkosteten 2019er Rieslinge überzeugen mit prononcierter Frucht und klarem Lagenausdruck, wobei die Weine von der Mainseite des Rheingaus tendenziell ein klein wenig süßer und molliger schmecken als die Rüdesheimer Pendants.

93 2019 Hochheim Kirchenstück Riesling GG
Duftig in der Nase mit Gelbfruchtigkeit und Würze. Weißer Pfeffer. Am Gaumen Aromen von karamellisierter Aprikose und Hibiskus. Extraktreich und doch harmonisch, feinnervig mit präsentem, süßem Gegengewicht. Ausgewogen und geschmeidig, und das äußerst fein. 12,5 Vol.-%, DV, €€€

93 2019 Rüdesheim Berg Schlossberg Riesling GG
Im Duft Frucht, Würze und Mineralik: Petersilienwurzel, Liebstöckel mit tropischen Anklängen von Papaya und junger Ananas. Sandstein. Im Mund kraftvolle Phenolik mit stringenter Säure, mittlerer Körperkraft und gutem Zukunftspotenzial. 12,5 Vol.-%, DV, €€€

93 2019 Rüdesheim Berg Rottland Riesling GG
Zitrone und Zitronenmelisse, Gesteinsmehl in der Nase; fester Grip am Gaumen mit Druck sowie feiner und doch bestimmender Würze. Steinobst. Eng verwoben und aus einem Guss. Saftige Säure dominiert bis in den Abgang hinein. 12,5 Vol.-%, DV, €€€

93 2019 Hochheim Hölle Riesling GG
Im Duft Mandarine und Weinbergpfirsich, dazu auch kräuterwürzige Noten. Im Mund animierende Mineralik mit fester Säure und präsenter Süße. Extraktreich. Alles geschmeidig grundiert. Im Finish Zitronenzeste und dezente Phenolik. Braucht Zeit. 13 Vol.-%, DV, €€€

92 2019 Kostheim Weiss Erd Riesling GG

91 2019 Hochheim Hölle Im Neuenberg Riesling Erste Lage trocken

90 2019 »Mainterrassen« Hochheim Riesling trocken

90 2019 Hochheim Herrnberg Riesling Erste Lage trocken

89 2019 Hochheim Domdechaney Riesling Erste Lage trocken

89 2019 Riesling trocken

93 2017 Hochheim Reichestal Spätburgunder GG

91 2019 »Alte Reben« Hochheim Stielweg Riesling Erste Lage trocken
Komplexe Nase mit Aromen von Zitronenzeste und Limettenabrieb, frisches Steinobst, aber auch rauchige Noten. Am Gaumen intensive Rieslingwürze, Salzigkeit und spürbarer Druck. Recht trocken abgestimmt und dabei harmonisch mit guter Länge. 13 Vol.-%, DV, €€

★★★★

WEINGUT LEITZ

LEITZ
WEINGUT
TERRASSEN

Theodor-Heuss-Str. 5, 65385 Rüdesheim am Rhein
T: +49 (6722) 9999100, johannes.leitz@leitz-wein.de
www.leitz-wein.de

Ab-Hof-Verkauf: Mo bis Fr von 8–17 Uhr
Kellermeister: Johannes Leitz, Manuel Zuffer
Ansprechpartner: Johannes Leitz
Flaschen/Hektar: 650.000 (98 % weiß, 2 % rot)/120 ha

Johannes Leitz, der den Familienbetrieb, dessen Wurzeln bis ins Jahr 1744 zurückgehen, 1985 übernommen hat, erzeugt auf seinen rund 120 Hektar durchweg konstant erstklassige Qualität. Das beginnt bei seinem sehr soliden, animierenden Riesling trocken und endet in der Spitze bei den herausragenden Großen Gewächsen. Dieses Mal hat der Rüdesheimer Berg Kaisersteinfels die Nase vorn. Er überzeugt mit viel Druck, überragender Mineralität und großem Reifepotenzial. Nur knapp dahinter liegen die anderen Großen Gewächse – eine tolle Kollektion.

94 2018 Rüdesheim Berg Kaisersteinfels Terrassen Riesling GG
Duftige Nase nach Flintstein und Steinobst, dunkler Honig, brauner Zucker, im Mund füllig und saftig, geschmeidige Säure, positiver hoher Druck, sehr langer zart adstringierender Nachhall, viel Mineralität, enormes Potenzial, sehr erwachsen! 13 Vol.-%, NK, €€€

93 2018 »Monopol« Rüdesheim Rosengarten Riesling GG
Fließt zart hellgrün ins Glas, kühle, ein bisschen pudrige Nase, auch Mirabellen, im Mund cremig mit saftiger Säure, Weiße Johannisbeeren,dann salzige Mineralität gepaart mit herben Zitrusnoten, wirkt sehr jung und im positiven Sinn wuchtig. 13 Vol.-%, NK, €€€

93 2018 Rüdesheim Berg Schlossberg Ehrenfels Riesling GG
Im Duft pikant und frisch mit Noten von Rauch und Hölzern, Kräutern, Moos, Steinobst, Passionsfrucht. Im Mund ebenfalls rauchig, dabei mit einem Zusammengehen von Geschmeidigkeit und Spannung, reife Säure, zurückhaltende Süße, langer stoffiger Nachhall. 12,5 Vol.-%, NK, €€€

93 2018 Rüdesheim Berg Roseneck Katerloch Riesling GG
Blitzende grüngoldene Reflexe, duftige Nase nach weißen Blüten und zart nach mediterranen Kräutern wie Lavendel und Rosmarin, im Mund eine Wucht von Kraft mit reifer, jahrgangstypischer Säure, dezenter Süße und zartherber Saftigkeit. Zuletzt phenolisch-dicht. 13 Vol.-%, NK, €€€

91 2019 Rüdesheim Drachenstein Riesling Erste Lage trocken

89 2019 »Magic Mountain« Rüdesheim Riesling trocken

89 2019 Riesling trocken

89 2019 Rüdesheim Riesling trocken

88 2019 »Eins-Zwei-Dry« Riesling trocken

89 2019 Rüdesheimer Kirchenpfad Riesling Kabinett feinherb

89 »Blanc de Noir« Assmannshausen Spätburgunder trocken

91 2019 Rüdesheim Magdalenenkreuz Riesling Spätlese
Klares Gelb. In der Nase feine Zitrusfrucht, mineralischer Ton, Melisse, Zitrone, Kräuterwürze. Am Gaumen Süße und Säure in einem schönen Gleichgewicht, etwas phenolisch, reifer Apfel, Birne, Aprikose, steinig und fest, gute Struktur, lang, elegant. 8,5 Vol.-%, DV, €€

★

MEHRLEIN

Rieslingstraße 49, 65375 Oestrich-Winkel
T: +49 (6723) 2934, info@weingut-mehrlein.de
www.weingut-mehrlein.de

Ab-Hof-Verkauf: nach Vereinbarung
Kellermeister: Thorsten Mehrlein
Ansprechpartner: Thorsten Mehrlein
Hektar: 62 ha

Stattliche 62 Hektar Weinberge von Oestrich bis Rüdesheim bewirtschaftet Thorsten Mehrlein inzwischen, darunter befinden sich namhafte Lagen wie der Oestricher Doosberg, der Johannisberger Erntebringer oder der Oestricher Klosterberg. 98 Prozent der Rebfläche sind mit Riesling bestockt. Der Rieslingspezialist Mehrlein versteht es, der Rebsorte ihre charmanten Seiten zu entlocken: Die Frucht ist klar herausgestellt, einige Weine zeigen ein apartes Süße-Säure-Spiel, alle sind schlank und geradlinig gebaut und meiden unnötigen Ballast. Eine beeindruckende Kollektion!

91 2019 Oestrich Klosterberg Riesling trocken
Apfel und Aprikose in der Nase, Orangenzeste, Kräuter wie Thymian sind zu schmecken. Gut strukturierter Riesling mit Dichte, gutem Extrakt und feiner Süße, die am Gaumen gut mit Aromen von Zitrusfrucht harmoniert. Die feine Mineralität schafft Profil. 12 Vol.-%, DV, €€

90 2019 »Alte Reben« Riesling trocken
Vielschichtige Nase mit reifem Steinobst, Papaya und Pfirsich, Würze, auch dunklere Noten, Lorbeerblatt. Saftig und tiefgründig am Gaumen mit schöner Würze und Schmelz; gut balanciert, die Elemente sind gut verwoben, schlank und dabei doch intensiv. 12 Vol.-%, DV, €

89 2019 »Gentleman« Riesling trocken
Reife Mango und Pfirsich in der Nase, Pampelmuse, auch Orangenschale und Kräuter. Am Gaumen schlank gebaut, da sitzt alles am rechten Fleck, saftig und mit reifer und präsenter Säure, schönes Süße-Säure-Spiel. Stilvoller Riesling, der weiß, warum er »Gentleman« heißt. 12 Vol.-%, DV, €

89 2019 Johannisberg Erntebringer Riesling
Klares, helles Gelb. In der Nase Maracuja, reife Zitrusfrucht, Pfirsich, üppig. Am Gaumen lebendige Säure und eine feine Süße. Wieder helle Frucht, exotische Süßfrucht, mittlere Struktur und Länge, zur Apfeltarte. 11,5 Vol.-%, DV, €

88 2019 Mittelheim Edelmann Riesling trocken

89 2019 »Quarzit« Riesling trocken
Würzige, kräutrige Nase, in der sich Apfel und Steinobst zeigen, auch warmer Stein. Mit klarer, reintöniger Frucht am Gaumen und viel Saft und Schmelz, gute Balance von Würze, Süße und Frische, schlank gebaut. Hat auch Biss, animiert zum nächsten Glas. 12 Vol.-%, DV, €

★★

BIO-WEINGUT MITTER-VELTEN

Frankfurter Straße 31, 65239 Hochheim am Main
T: +49 (6146) 9101, weingut-mitter@gmx.de
www.weingut-mitter.de
Ab-Hof-Verkauf: Mo bis Fr 10–12 Uhr, Di bis Do 15–18 Uhr, Sa 10–12.30 Uhr
Kellermeister: Martin Mitter
Ansprechpartner: Martin Mitter
Hektar: 8 ha
Anbauweise: Biologisch zertifiziert

In dem von Martin Mitter geführten Weingut Mitter-Velten in Hochheim am Main bekommt man gutes, klassisches Winzerhandwerk im besten Sinne – und das seit 2018 in zertifizierter Bioqualität. Was der Winzer vorstellt, hat Hand und Fuß, man erhält mit Garantie das, was auch auf dem Etikett angesagt wird: Wo Kabinett oder Spätlese drauf steht, ist das auch drin. Oben platziert sich der Riesling »Premium No.7« mit guter Konsistenz und Substanz, der Riesling Kabinett zeigt genretypisches vergnügtes Spiel und schönen Trinkfluss, der Spätburgunder eine würzige Fülle. Stimmig!

90 2019 »Premium No.7« Hochheim Kirchenstück Riesling Spätlese trocken
Reife Maracuja in der vollen Nase, Pfirsich und süße Aprikose. Am Gaumen saftig, stoffig und mit reifer, gut tragender Säure. Zeigt Kraft, Volumen, süße Frucht und auch Eleganz, gute Konsistenz, die feine mineralische Note setzt Akzente. Gutes Potenzial. 13,5 Vol.-%, DV

89 2019 Hochheim Hölle Riesling Spätlese trocken
Reifer Pfirsich und Mango in der kräftigen Nase, auch feine florale Würze. Am Gaumen saftig und mit gut dosierter Kraft und Stoffigkeit, klassische Spätlese mit gutem Volumen, reifer Säure und guter Länge, zeigt Schmelz und Cremigkeit. Patenter Speisenbegleiter. 13 Vol.-%, DV

89 2019 Weißburgunder Spätlese trocken
Kräftiger und stoffiger Weißburgunder, der sich das Prädikat Spätlese redlich verdient. Schon im Duft reife gelbe Frucht, Mirabelle und gelber Apfel. Am Gaumen mit guter Substanz, die Süße ist gut integriert, die Säure reif und tragend. Klassisches Handwerk. 13 Vol.-%, DV

89 2018 Hochheim Hölle Spätburgunder Spätlese trocken
In der Nase reife Herzkirsche und rauchig-röstige Aromen, etwas Rauchspeck, Blutorange und Lorbeerblatt. Am Gaumen kräftig gebaut, mit Volumen und intensiver Würze, guter Extrakt, süßliche Frucht und reifes Tannin in guter Dosis. Großzügig, zum Essen und am Kamin. 14 Vol.-%, DV

87 2019 Spätburgunder Weißherbst halbtrocken

89 2019 Hochheim Hölle Riesling Kabinett tr.
Feine Gelbfrucht im Duft, Pfirsich und Aprikose, auch Blüten und feine Würze. Zeigt sich im Mund saftig und mit klarer Frucht, die dezente Süße wird von der präsenten Säure gut getragen. Klarer Kabinett-Typ, verspielt und präzise, schlank im Alkohol. 12,5 Vol.-%, DV

★ ★

WEINGUT MOHR

Rheinstraße 21, 65391 Lorch
T: +49 (6726) 9484, info@weingut-mohr.de
www.weingut-mohr.de

Ab-Hof-Verkauf: ja
Kellermeister: Jochen Neher
Ansprechpartner: Jochen Neher
Flaschen/Hektar: 70.000 (85 % weiß, 15 % rot)/10 ha
Anbauweise: Biologisch zertifiziert

Mit dem Jahrgang 2019 hat das Weingut Mohr noch einen Schritt nach vorne gemacht: Es ist beeindruckend, welche Qualitäten das biozertifizierte Weingut gekeltert hat! Betriebsleiter und Kellermeister Jochen Neher legt blitzsaubere, bestens balancierte und herkunftsgeprägte Rieslinge vor. Die beiden Großen Gewächse Krone und Bodental-Steinberg sind griffig und von feiner Mineralität durchzogen. Noch spannender präsentiert sich der tiefgründige Riesling »34« aus dem Schlossberg von 1934 gepflanzten Reben. Wenn Jochen Neher diese Flughöhe hält, ist es nicht mehr weit bis zum dritten Stern.

93 2019 »34« Lorch Schlossberg Riesling tr.

In der Nase fein nach Aprikose und Orangenblüte duftend. Am Gaumen direkt präsent mit angenehmer Säure und deutlich würziger Aromatik von reifem Steinobst und Orangenschale. Mit guter Balance, der Abgang ist leicht kräutrig und angenehm fein nachhallend. 13 Vol.-%, VL, €€€

92 2019 »Rheingau Grosses Gewächs« Lorch Krone Riesling trocken

In der Nase weiße Blüten, Pfeffer und weißer Champignon. Am Gaumen zeigt sich feine Säure, die sich wunderbar mit den frisch-herben Aromen verbindet. Die angenehme Schiefermineralik macht den Wein angenehm lang und geschmeidig. Fein ausbalanciert, nicht laut, elegant. 13 Vol.-%, VL, €€€

91 2019 »Grosses Gewächs« Lorch Bodental-Steinberg Riesling trocken

Intensiv in der Nase mit Tönen von sehr reifer Ananas. Gut eingebundene und animierende Säure, die die reifen fruchtigen Aromen gut trägt. Feine Mineralik mit leicht pfeffrigem Abgang. Zugängliches Großes Gewächs, das sich schon jetzt sehr trinkfreudig zeigt. 13 Vol.-%, VL, €€€

89 2019 Lorch Riesling trocken

Präsente Nase von frischer Ananas und Mandelblüte, auch gelbes Steinobst, Pfirsich. Am Gaumen kompakt gebaut, moderate Säure und ein Schuss Süße, feine Mineralität sorgt für Akzente, die reife Frucht bleibt lange am Gaumen stehen, ansprechender Ortsriesling. 13 Vol.-%, DV, €€

88 2019 Riesling trocken

90 2019 »Alte Reben« Riesling trocken

Präsente und animierende Nase mit Tönen von reifer Ananas und frischer Mango. Am Gaumen mir einer reifen Fruchtaromatik, die schön von der präsenten und ausgewogenen Säure getragen wird. Die alten Reben bringen Komplexität und tragen zum Charakter bei. 12,5 Vol.-%, DV, €€

★ ★ ★

WEINGUT GEORG MÜLLER STIFTUNG

Eberbacher Straße 7–9, 65347 Hattenheim im Rheingau
T: +49 (6723) 2020, info@georg-mueller-stiftung.de
www.georg-mueller-stiftung.de

Ab-Hof-Verkauf: Mo bis Fr 9–12 Uhr und 14–17 Uhr
Kellermeister: Tim Lilienström
Ansprechpartner: Peter Winter
Hektar: 19 ha

Das Weingut Georg Müller Stiftung untermauert mit der aktuellen Kollektion seine Stellung im Rheingau. Mit Gutsleiter und Kellermeister Tim Lilienström befindet sich das Weingut seit einiger Zeit im Aufwärtsschwung. Der gebürtige Niedersache versteht es, das Potenzial der 19 Hektar Weinberge in bekannten Lagen wie Wisselbrunnen, Hassel oder Nussbrunnen herauszustellen. Dabei lässt Lilienström seine Handschrift deutlich einfließen, er versteht es, mit Holz umzugehen, in dem auch mancher Riesling ausgebaut wird. Die Großen Gewächse wie auch die edelsüßen Weine und Spätburgunder überzeugen.

92 2018 Hattenheim Nussbrunnen Riesling GG
Präsente und nussige Nase mit floralen Noten. Im Gaumen ein ganz klar strukturierter Riesling: stoffig und betont trocken, mit animierender Mineralität und wundervoll würzig. Harmonisch und voller Spannung, ein toller Speisenbegleiter, zudem mit Reifepotenzial. 13 Vol.-%, NK, €€€

92 2018 Hallgarten Jungfer Riesling GG
Dieser Wein begeistert durch seine intensive Spontangärungswürze und durch rauchig-mineralische Noten. Fruchtigkeit sucht man fast vergebens, dafür bekommt man einen komplexen, animierenden Riesling mit Würze, Schmelz und feinem Süße-Säure-Spiel. 13 Vol.-%, NK, €€€

91 2019 Hattenheim Hassel Riesling GG
In der Nase denzenter, aber vielschichtiger Eindruck von reifen Aprikosen und geröstetem Reis, auch Lakritze. Ein recht stämmiger Bau, kräftige Säure, gut dagegen gesetzte Süße. Zuletzt im Abgang kehren die reifen Aprikosen wieder. Herzhaft mit gutem Trinkfluss. 13 Vol.-%, NK, €€€

92 2019 Oestrich Lenchen Riesling Auslese
Melone, grüner Tee und Litschi duften in der fein gewobenen Nase. Die feine Fruchtigkeit hält sich am Gaumen, ohne zu üppig zu werden. Sehr schön die straffe Säure, die der Auslese einen ungewöhnlichen Trinkfluss verleiht. Gute Balance und Anlagen zur Entwicklung. 7,5 Vol.-%, NK

88 2019 »Alte Reben« Hallgarten Riesling trocken

88 2019 Hattenheim Schützenhaus Riesling Erste Lage trocken

87 2018 Auxerrois trocken

91 2018 Assmannshausen Frankenthal Spätburgunder Erste Lage trocken

90 2017 »Artist Edition Tumarova« Spätburgunder trocken

89 2018 »Daniel« Spätburgunder trocken

91 2019 Hattenheim Nussbrunnen Riesling Spätlese

89 2019 »Rheinstrom« Riesling trocken
Ein frischer Riesling mit zartem Duft von frischem Steinobst in der Nase, Aprikose und Pfirsich. Am Gaumen saftig frisch mit einer überraschend angenehm zurückhaltenden Säure und schönem Trinkfluss. Definitv ein patenter Wein für alle Gelegenheiten! 12 Vol.-%, DV, €

★★

WEINGUT HEINZ NIKOLAI

Ringstraße 16, 65346 Erbach
T: +49 (6123) 62708, weingut@heinz-nikolai.de
www.heinz-nikolai.de

Ab-Hof-Verkauf: Mo bis Sa 10–18 Uhr, So 10–14 Uhr
Kellermeister: Frank Nikolai
Ansprechpartner: Katharina Nikolai
Flaschen/Hektar: 135.000 (85 % weiß, 15 % rot)/16 ha

Bald kann die Familie Nikolai ein großes Jubiläum feiern: Seit 1824 betreibt sie Weinbau im Rheingau und 2020 wurde die 196. Ernte eingebracht. Frank und Katharina Nikolai führen das Weingut in sechster Generation, sie bewirtschaften 16 Hektar Reben auf Taunusquarzit und Löss-Lehm und natürlich spielt der Riesling die Hauptrolle. Die Weine sind auch im Jahr 2019 wieder sehr gut gelungen, vor allem das GG Steinmorgen mit saftiger Frucht und mineralischem Grip hat es uns angetan. Überrascht hat uns der runde Spätburgunder mit seiner würzigen Frucht. Überhaupt gilt: viel Wein zum günstigen Tarif!

90 2019 »Rheingau Großes Gewächs« Erbach Steinmorgen Riesling trocken
Rund und gehaltvoll in der Nase. Grüne Papaya, Apfel, reifes Steinobst, feine Mineralik und Würze. Mundfüllend und geschmeidig am Gaumen mit Frische und Saft. Sämige Pfirsichfrucht, feine herbe Anklänge, Zitrusfrucht und salzig-mineralische Säurestruktur. 13 Vol.-%, DV, €€

89 2019 »Rheingau Großes Gewächs« Erbach Siegelsberg Riesling trocken
Helle Frucht, roter feinsüßlicher Apfel, kleiner Hauch Kümmelwürze, etwas Weißdorn. Geschmeidiges Mundgefühl, charmante Fülle und Saftigkeit. Frische Orange, etwas Blüte, salzig-frische Säurestruktur, etwas für sich stehend. Saftig, vollmundig, frisch. 13 Vol.-%, DV, €€

89 2019 Hallgarten Würzgarten Riesling Spätlese trocken
Satte Gelbfrucht, Kräuter, etwas Apfel und Orange im Duft. Am Gaumen geschmeidig in der Textur, fließend und balanciert. Fein konzentrierte Frucht, delikate Würze, feiner Säuregrip. Reife Amalfizitrone, Orangenzeste und Saftigkeit bis in den Nachhall. 13 Vol.-%, DV

92 2018 »Johann Jakob« Spätburgunder Alte Reben trocken
Etwas Neuholz, Kräuterwürze, aber auch Amarenakirsche. Menthol. Dichte Kirschfrucht im Mund, seidiges Tannin, viel Saftigkeit und Schmelz und trotz dieser mollig-runden wuchtigen Anlage auch ein gutes Säuregerüst. Süße, lange anhaltende Abgangsfrucht. 13,5 Vol.-%, NK, €€

89 2019 »Filetstück« Erbach Michelmark Riesling trocken

89 2019 »Primus Maximus« Riesling trocken

88 2019 Hallgarten Jungfer Riesling Kabinett feinherb

87 2018 Weißburgunder brut

87 2019 Sauvignon Blanc trocken

87 2019 Hallgarten Schönhell Riesling Kabinett trocken

87 2019 »Blanc de Noir« Spätburgunder trocken

89 2019 »Alte Reben« Erbach Steinmorgen Riesling feinherb
Süßer grüner Apfel, Stein, etwas Mandarine. Am Gaumen konzentriert und zugleich leicht mit feiner mineralischer Würze. Saftige, helle Frucht, etwas Blüte, dezente Süße und sich pikant einarbeitende Säurestruktur mit mineralischem Grip und Zug im Finish. 12,5 Vol.-%, DV, €

★★★

WEINGUT PRINZ VON HESSEN

Grund 1, 65366 Geisenheim-Johannisberg
T: +49 (6722) 409180, weingut@prinz-von-hessen.com
www.prinz-von-hessen.com

Ab-Hof-Verkauf: Di bis Sa 12–17 Uhr
Kellermeister: Sascha Huber
Ansprechpartner: Bärbel Weinert
Flaschen/Hektar: 300.000 (95 % weiß, 5 % rot)/47 ha

Wenn, wie es unter Winzern gerne heißt, der Gutsriesling die Visitenkarte eines Weinguts ist, dann handelt es sich bei dem aus dem Hause Prinz von Hessen um ein sehr einladendes Aushängeschild: Saftig, charmant und säurefrisch breitet er sich am Gaumen aus, animierend und beinahe lustvoll. Gerade die Einstiegsqualitäten und die Ortsweine scheinen uns an Frische und Klarheit gewonnen zu haben, seit Bärbel Weinert als Direktorin die Verantwortung übernommen hat. Von einem Paradigmenwechsel zu sprechen ist es noch zu früh, aber wir sind gespannt auf die weitere Entwicklung.

91 2018 »Dachsfilet« Riesling trocken
Gleichmaß und Verwobenheit im Duft, Noten von Steinobst, Zitrus und würzigen Wiesenkräutern. Am Gaumen konzentriert und griffig mit Noten von Pfirsich und Zitrus. Dabei mineralisch, mit feinem Säurezug und saftig-animierender Frische. Stringent und elegant. 13 Vol.-%, DV, €€€

90 2019 Johannisberg Riesling trocken
Im Duft Gleichmaß, Tiefe, saftige, helle Frucht, roter Apfel, zart würzige Kräuter, ein Hauch Rauchigkeit. Geschmeidiges Mundgefühl, dann sich feingriffig einarbeitende Säurestruktur, nach hinten raus sich verjüngend zu einem straighten, zitrischen Nachhall. 12,5 Vol.-%, DV, €€

91 2019 Winkel Hasensprung Riesling Spätlese
Verwoben und feinsämig in der Nase mit Noten von Gelbfrucht Orangenblüte, heller Pfirsich, gelbe Birne und saftiger Zitrusfrucht. Am Gaumen schönes Spiel von frischer, süßer Frucht und delikater Säure, filigraner Bau und doch straff, elegant und raffiniert. 8 Vol.-%, DV, €€€

90 2019 »Steckenpferd« Riesling Spätlese
In der Nase fein konzentriert mit Noten von frischem Weinbergpfirsich und einem Hauch Aprikose, am Gaumen saftig mit feiner Fruchtsüße, fließend und leicht. Feine Griffigkeit und belebender zitrischer Säurezug im Ausklang, gut balanciert und charmant. 10 Vol.-%, DV, €€€

89 2019 »Royal« Riesling Kabinett trocken

88 2019 »Classic« Riesling feinherb

88 2019 Weißburgunder trocken

88 2019 Scheurebe trocken

87 2018 Scheurebe trocken

88 2019 Rosé feinherb

89 2019 Riesling trocken
In der Nase Blüte, Steinobst, rotgrüne Frucht, rund und frisch. Am Gaumen zunächst charmant und mundfüllend, gefolgt von sich belebend einarbeitender Säurefrische, Weinbergpfirsich und saftiger Zitrusfrucht. Animierender und lustvoller Gutsriesling. 11,5 Vol.-%, DV, €

★★★

WEINGUT PRINZ

Im Flachsgarten 5, 65375 Hallgarten
T: +49 (6723) 999847, info@prinz-wein.de
www.prinz-wein.de

Ab-Hof-Verkauf: nach Vereinbarung
Kellermeister: Fred Prinz
Ansprechpartner: Sabine und Fred Prinz
Flaschen/Hektar: 60.000 (93 % weiß, 7 % rot)/10 ha

Fred Prinz erzeugt Weine, die die Bedingungen der Höhenlagen von Hallgarten nach den Kriterien der guten fachlichen (Öko-)Praxis umsetzen. Das Resultat sind Rieslinge wie die Jungfer Spätlese, die sicher frühestens in drei, vier Jahren preiszugeben beginnt, was in ihr steckt. Das trockene Pendant wird sich vermutlich früher öffnen, hat aber zugleich noch mehr Tiefe. Im mittleren Preissegment hatten wir dieses Jahr zwei Lieblinge: den saftigen Gutsriesling und den Hendelberg, der einem einen unwiderstehlichen »sense of place« gibt: »kühl« und straff, mit einem fruchtigen Kern.

93 2019 Hallgarten Jungfer Riesling GG
Noch verschlossen im Duft, aber mit Andeutungen von zitrischer Frischfrucht, kräutriger Würze und rauchigem Terroir. Am Gaumen geschmeidig und getragen zu Beginn, dann mit zarten Phenolen, kultivierter Säure und zurückhaltender Süße. Äußerst stilvoll! 13 Vol.-%, NK, €€€

92 2019 Hallgarten Hendelberg Riesling tr.
Pomelo, florale Noten, Hagebutte, Blutorange. Im Mund mit einer spannungsvollen Strukur: mit geschmeidigem Hintergrund und einer festen, intensiv taktilmineralischen Struktur als Kontrast. Guter Extrakt, sehr schöne Balance, große Zukunft. 13 Vol.-%, NK, €€

91 2019 Hallgarten Frühernberg Riesling tr.
Apfel, Orangenschale, zunächst verschlossen, dann auch mehr und mehr gelbfruchtig, im Mund kraftvoll, gutes Volumen, festes Säurerückgrat, dazu ein recht großzügig dimensioniertes süßes Gegengewicht, kompakt und stoffig im Abklang. 13 Vol.-%, NK, €€

92 2019 Hallgarten Jungfer Riesling Spätlese
Duftig, blumig, beerig, eine Spur Schwarze Johannisbeere, Zitronenblüte, Im Mund: sehr präsente Süße und ein Gegengewicht aus Salzigkeit und stahliger (aber nicht grüner) Säure. Bei aller Süße frisch und mineralisch, dabei kompakt und letztlich noch blutjung. 8,5 Vol.-%, NK, €€€

89 2019 Hallgarten Riesling trocken

90 2019 Riesling trocken
Pflanzlich, kräuterwürzig, im Mund gut proportioniert, festes Säuregerüst, mittlere Dichte, mit leichter Süße hervorgehobene Frucht. Ein betont »kühl« gehaltener Gutsriesling, der würzig ausreifen wird. 12 Vol.-%, DV, €

★★★

WEINGUT BALTHASAR RESS

Rheinallee 7, 65347 Eltville-Hattenheim
T: +49 (6723) 91950, info@balthasar-ress.de
www.balthasar-ress.de

Ab-Hof-Verkauf: Mo bis Fr 9–18 Uhr, Sa und So 12–18 Uhr
Kellermeister: Stephan Sänger
Ansprechpartner: Christian Ress
Flaschen/Hektar: 330.000 (90 % weiß, 10 % rot)/50 ha
Anbauweise: Biologisch zertifiziert

Der umtriebige Christian Ress führt seit 2010 das 1870 gegründete Familienweingut mit 50 Hektar Weinbergen in Lagen wie Hattenheimer Nussbrunnen oder Rüdesheimer Berg Rottland. Von Anfang an war es seine Zielsetzung, das Weingut in die Spitzengruppe im Rheingau zu führen. Das ist ihm gelungen, auch mit Unterstützung von Betriebsleiter Dirk Würtz, der 2018 nach Rheinhessen übersiedelte und von Oliver Schmid abgelöst wurde; mit Stephan Sänger kam auch ein neuer Kellermeister. Die Personalrochade ist geglückt, wir verkosteten eine Kollektion auf hohem Niveau. Kompliment!

92 2018 Hattenheim Nussbrunnen Riesling GG
Tief, reifer Apfel, nussig-karamellige Anklänge, Gelbwürzigkeit, erdige Mineralik. Am Gaumen fließend mit viel Ruhe, saftiges, extraktreiches Kernobst, florale Noten. Zarte Phenolik, sich fein einarbeitende Säurestruktur, charmante Adstringenz zuletzt. 13 Vol.-%, DV, €€€

91 2018 Hallgarten Hendelberg Riesling Spätlese
Im Duft würzig, reife Gelbfrucht, Pfirsich, karamellige Anklänge mit dunkleren Nuancen, fein verwoben. Am Gaumen gelbfruchtig, frische, saftige Säurestruktur und feiner Gerbstoffgrip. Süßer Golden-Delicious-Apfel, Mandarine und Nektarine, zarte Kräuter. 11,5 Vol.-%, DV, €€

93 2015 Hattenheim Engelmannsberg Riesling Auslese
Honiggelb, klar. In der Nase gereifte Noten, Zitrus, Mandel, Zündholz, etwas Rose, Lavendel. Am Gaumen schöne Balance zwischen Süße und Säure, Zitrus, Rosinen, Schmelz, feiner Zug, sehr elegant, fein gereift, zu Mandelkeksen, schöne Länge. Toller Extrakt. 7 Vol.-%, DV, €€

92 1997 Rüdesheim Berg Rottland Riesling Auslese
Golden in der Farbe. Ein Hauch von Fino, Apfelschale, aber auch floral, Flieder, Dörrbirne, im Mund ganz mollig-weich, geschmolzen seidig, reife Säure und eine komplett von Reife abgemilderte Süße, leicht karamellisierte Abgangsaromen, fein gereifte Auslese. 9,5 Vol.-%, NK, €€€

90 2019 »Von Unserm« Riesling trocken

89 2019 Hattenheim Riesling

88 2019 Hallgarten Riesling

90 2018 »Von Unserm - S« Spätburgunder trocken

89 2018 »Von Unserm« Spätburgunder trocken

91 1989 Oestrich Doosberg Riesling Auslese

90 2019 Rüdesheim Riesling trocken
Helles Steinobst, süßer Apfel. Am Gaumen feinsaftig und frisch. Leicht, fließend. Klare Frucht, heller Pfirsich, ganz feine Kräutrigkeit und ziseliert sich einarbeitende Säurestruktur. Zitrische Saftigkeit mit feinem Grapefruitbitter im Nachhall. 12 Vol.-%, DV, €€

★ ★ ★

SCHAMARI-MÜHLE

Grund 65, 65366 Johannisberg
T: +49 (6722) 64537, mail@schamari.de
www.schamari.de

Ab-Hof-Verkauf: Do bis Sa und Mo 10–18 Uhr
Kellermeister: Thomas Grundler
Ansprechpartner: Dr. Peter Reck
Hektar: 5 ha

Das Weingut Schamari-Mühle liegt in Johannisberg unterhalb des Schlosses. Die malerische, jahrhundertealte Mühle ist umgeben von Wiesen und Weiden des Elsterbachtals. Der Schwede Erik Andersson übernahm sie in den 1950er-Jahren, inzwischen ist das Weingut mit fünf Hektar Rebflächen in Johannisberg, Geisenheim, Assmannshausen und Lorch im Besitz von Dr. Peter Reck. Wir verkosteten famose Spätburgunder, den mineralisch durchwirkten »La Déesse« und den frechen, erstaunlich frischen »Scha-to-Marie« aus 2013. Auch die Weißweine sind gut gelungen und der Schaumwein ist ein Genuss!

91 2019 »Scha-to-Marie« Geisenheim Kläuserweg Riesling trocken
Würziger, vielschichtiger Duft mit Aromen von Zitrusfrüchten, Aprikose und Blüten, auch Rauch. Im Mund bündig gebaut mit guter Substanz, fester Struktur und Dichte, feine Würze und mineralischer Grundton, weich und griffig, eine Schicht mehliger Phenole. Potenzial. 13 Vol.-%, DV, €€

90 2019 Geisenheim Kilzberg Chardonnay trocken
Feiner Rauch in der Nase, Melone und etwas Quitte, Walnuss und Kräuter. Kräftig am Gaumen mit guter Substanz und auch Dichte, reife Säure, betont trocken, dabei mit Schmelz und Saft. Klar gefasst und von mittlerer Komplexität, endet mit feiner Würze. 13 Vol.-%, DV, €€

93 2015 »La Déesse« Johannisberg Hölle Spätburgunder trocken
Rauch, Schwarze Johannisbeere, Schwarztee, Curryblätter, Tang, Teer, ätherischer Ton. Am Gaumen mit guter Konzentration und Dichte, die Gerbstoffe sind dicht und fein, geschmeidiger Fond, ausgeprägte Mineralität, zeigt Kraft, Herkunft und Finesse. Großes Potenzial. 14 Vol.-%, DIAM, €€€

92 2013 »Scha-to-Marie« Johannisberg Hölle Spätburgunder trocken
In der Nase Kerbel, Cassis, Sauerkirsche, Rauchspeck und Wacholder. Wirkt am Gaumen frisch und leichtfüßig, obwohl er über ordentlich Kraft verfügt. Griffiges Tannin, gute Konzentration, aber auch viel Pinotgefühl, konsistent, trocken und klar im Ausdruck. 14 Vol.-%, DIAM, €€€

89 2019 Geisenheim Kläuserweg Riesling trocken

93 2018 Assmannshausen Höllenberg brut
Rauchige Nase mit Himbeere und Walderdbeere. Saftiger und auch komplexer Schaumwein, dem seine feine Süße gut steht und die mit den Schiefernoten des Höllenberg gut korrespondiert. Brillante Frucht in einer durchaus komplexen Struktur, anspruchsvoll und mit Stil. 13 Vol.-%, NK, €€

★★★

DOMÄNENWEINGUT SCHLOSS SCHÖNBORN

Hauptstraße 53, 65347 Eltville-Hattenheim
T: +49 (6723) 91810, schloss-schoenborn@schoenborn.de
www.schloss-schoenborn.com

Ab-Hof-Verkauf: Büro: Mo bis Fr 8–14 Uhr
Vinothek: Mi bis So 15–21 Uhr
Kellermeister: Florian Franke
Ansprechpartner: Marcel von den Benken
Flaschen/Hektar: 200.000 (97 % weiß, 3 % rot)/29 ha

Der Aufwärtstrend im Domänenweingut Schloss Schönborn hält weiter an und hat sich verfestigt: Wir verkosteten eine rundum gelungene Kollektion mit hervorragenden trockenen Rieslingen aus Marcobrunn, Berg Schlossberg und Berg Rottland, die den Lagencharakter deutlich herausstellen. Im edelsüßen Bereich gefällt die kraftvolle und doch feine Spätlese aus Marcobrunn, der Spätburgunder aus Berg Rottland ist mineralisch und durchaus delikat. Die 29 Hektar Weinberge befinden sich in Umstellung auf ökologische Landwirtschaft. Wir gratulieren zum wohlverdienten dritten Stern!

93 2019 »Rheingau Großes Gewächs« Erbach Marcobrunn Riesling
Zitronenmelisse im Duft, Blüten, Steinobst, florale Anklänge, warmes Gewächshaus, nasser Stein. Setzt am Gaumen saftig und mit süßer Frucht an, die reife Säure trägt gut durch das bündige Format, phenolische Anklänge, reife Zitrusfrucht, mineralisches Finish. 13 Vol.-%, NK, €€€

93 2019 »Rheingau Großes Gewächs« Rüdesheim Berg Schlossberg Riesling
Aprikose in der Nase, auch Karamell und weiße Blüten, Holunderblütensirup und florale Anklänge. Im Mund gut gebündelt und mit Druck, Substanz und dabei klar gefasst, saftige Würze, feiner mineralischer Akzent, gute Länge und mit Potenzial zur Reifung. 13 Vol.-%, NK, €€€

92 2018 »Rheingau Großes Gewächs« Rüdesheim Berg Rottland Spätburgunder
Reife Herzkirsche und auch Schwarzkirsche im intensiven Duftbild, schöne Pinotaromen, feine Würze und Rauch, etwas Blutorange. Am Gaumen kräftig und bündig gebaut, die kultivierte Säure ist präsent und sorgt für Leben, durchaus delikat und mineralisch. Jung. 13 Vol.-%, NK, €€€

92 2019 Erbach Marcobrunn Riesling Spätlese
Zitronenmelisse und Weihrauch, florale Noten, Lavendel, Zitronenblüte. Ein Hauch Überreife. Im Mund reich und weit, wie es die Lage mit sich bringt, aber auch von guter Stoffigkeit und lange anhaltender, saftiger Säure geprägt, eine Spätlese mit Feinheit und Kraft. 7,5 Vol.-%, NK, €€

92 2019 Rüdesheim Berg Rottland Riesling trocken

91 2019 Hattenheim Wisselbrunnen Riesling trocken

90 2019 Hochheim Kirchenstück Riesling feinherb

89 2019 Hochheim Hölle Riesling trocken

88 2019 Riesling trocken

88 2019 Riesling feinherb

89 2018 »Alte Reben« Pinot Noir trocken

91 2019 Erbach Marcobrunn Riesling Kabinett
Apfel, Orangenzeste und Aprikose, florale Noten und Blattgrün in der feinen Nase. Adrett und geschmeidig am Gaumen, filigrane Struktur, saftig und feinfruchtig mit verspielter Säure, unterlegt von würziger Schiefermineralität, fein balanciert und verwoben. 8 Vol.-%, NK, €€

★★

WEINGUT SOHNS

SELIGMACHER
Riesling Trocken

Nothgottesstraße 33, 65366 Geisenheim
T: +49 (6722) 8940, info@weingut-sohns.de
www.weingut-sohns.de

Ab-Hof-Verkauf: Mo bis Fr 9–12 und 14–18 Uhr, Sa 10–15 Uhr
Kellermeister: Pascal Sohns
Ansprechpartner: Pascal Sohns
Flaschen/Hektar: 80.000 (75 % weiß, 25 % rot)/10 ha

Das Weingut Sohns liegt im nördlichen Teil von Geisenheim, in unmittelbarer Nähe der berühmten Weinbauhochschule. Pascal Sohns und sein Vater Erich arbeiten Hand in Hand zusammen, um »im Einklang mit der Natur Spitzenqualitäten zu erzeugen«. Dabei schafft es Pascal Sohns als Kellermeister, ausdrucksvolle Rieslinge wie das dichte, stoffige »Große Gewächs« aus dem Kläuserweg zu keltern, die gut ihr Terroir spiegeln. Aber auch die Spätburgunder gelingen hier trefflich! In der Vinothek mit Dachterrasse kann man die Weine mit einem fantastischen Blick auf den Rhein genießen.

91 2018 »Rheingau Grosses Gewächs« Geisenheim Kläuserweg Riesling trocken

Kräftige und vielschichtige Nase mit reifem Steinobst, Aprikose und auch Orangenzeste und feinen Kräutern. Stoffig und kräftig am Gaumen mit guter Substanz und Dichte, phenolische Herbe trägt zur Komplexität bei, reife Säure, gutes Potenzial zur Reifung. 13 Vol.-%, DV, €€

90 2018 Lorchhausen Seligmacher Riesling tr.

Schieferwürze in der Nase mit reifer gelber Frucht, Pfirsich, Mango und Zitrusfrucht, florale Noten, heißes Gewächshaus; im Mund gut balanciert, kräftig in der Struktur, reife Säure, feine Würze und Mineralität, stimmiger Vertreter seines Terroirs und seiner Herkunft. 13 Vol.-%, DV, €€

90 2018 »M« Geisenheim Mönchspfad Weißburgunder trocken

In der Nase Röstaromen vom Holzausbau, grüne Walnuss, auch Melone und rauchige Noten. Im Mund cremig, stoffig und saftig, gepflegter Holzeinsatz, der Struktur verleiht; gut eingebundene Kraft. Weißburgunder mit Potenzial und kulinarischer Bestimmung, jung. 13,5 Vol.-%, DV, €€

91 2016 »M« Geisenheim Mäuerchen Spätburgunder trocken

Kompakte und intensive Nase, Schwarzkirsche und Brombeere, viel Würze und auch Rauch. Am Gaumen viel Substanz und Würze bei relativ lebendiger Säure, stoffig, kompakt, der Gerbstoff ist prägnant und noch leicht fordernd, gute Länge und auch Perspektive. 13,5 Vol.-%, NK, €€

90 2017 Geisenheim Mönchspfad Spätburgunder trocken

91 2018 Winkel Hasensprung Riesling trocken

Reife gelbe Frucht in der Nase, etwas Feuerstein und auch Kräuter. Vielschichtig im Mund mit gut verwobenen Komponenten, Frucht, Säure und phenolische Anteile vertragen sich, trocken und auch mit guter Dichte und Mineralität, lang im Mund, Potenzial. 13 Vol.-%, DV, €€

★★★★

SOLVEIGS

Rheinstraße 7c, 65366 Geisenheim
T: +49 (6701) 2024183, mail@solveigs.de
solveigs.de

Ab-Hof-Verkauf: ja
Kellermeister: Jens Heinemeyer
Ansprechpartner: Jens Heinemeyer
Hektar: 2 ha
Anbauweise: Biologisch zertifiziert

Das kleine Weingut mit Keller in Geisenheim und Weinbergen in Lorch und Assmannshausen hat uns dieses Jahr unter anderem einen Ausschnitt aus dem – teils noch verfügbaren – Schaffen vergangener Jahre zur Verkostung übersandt. Wer glaubt, dass deutscher Spätburgunder nicht gut reifen könne, soll sich bitte eimal den 2013er aus dem Presenteberg (»Present«) ins Glas nehmen. Auch die anderen Lagen und Jahrgänge zeigen, welche faszinierende Kombination aus Tiefe und Eleganz Spätburgunder vom Schiefer erlangen können, wenn sie nach den Kriterien des Minimal Winemaking erzeugt werden.

98 2013 »Present« Pinot Noir trocken
Eine Mineralienwolke im Duft, brenzlig-schieferwürzig, dazu kleine rote Beeren, Schokolade und Wacholder. Im Mund mit sattem, aber feinem Tannin, sehr viel Geschmeidigkeit, lebendigem Säurenerv und absolut außergewöhnlicher Präsenz und Länge. Groß! 13,5 Vol.-%, NK, €€€€

95 2013 »Micke« Pinot Noir trocken
Preiselbeere, rauchiges Holz und minzige Töne. Rote und Schwarze Johannisbeere. Mit Luftkontakt immer mehr Kräuterwürze. Im Mund eine Vereinigung von Gegensätzen: dicht und fein, druckvoll und schwerelos, schon leicht geschmolzenes Tannin, mineralisches Fundament. 13,5 Vol.-%, NK, €€€€

95 2016 »Present« Pinot Noir trocken
Pure Schieferwürze im Duft: Rote und Schwarze Johannisbeere, Minze, Menthol und Thymian. Im Mund mit homogenem Druck, Geschmeidigkeit und feinkörnigem Tannin in inniger Liaison, festes Säurerückgrat, dichte, warme Gaumenfrucht, dazu kühle Mineralität. 13,5 Vol.-%, NK, €€€

95 2016 »Micke« Pinot Noir trocken
Himbeere, Rose, Minze, Thymian, getrocknete Orangenschale, ein wahres Duftfeuerwerk. Im Mund cremig ansetzend, dann von feinstem Gerbstoffvelours geprägt, reife Säure, Tabak- und Holunderaromen sowie taktile Mineralität im Abgang. Schon trinkreif! 13,5 Vol.-%, NK, €€€

92 2017 »Rosa von P« Pinot Noir trocken

94 2015 »Steil« Pinot Noir trocken

93 2013 »Koloss« Pinot Noir Précoce trocken

93 2016 »Steil« Pinot Noir trocken

92 2013 »Steil« Pinot Noir trocken

92 2014 »Phyllit« Pinot Noir trocken

91 2011 »Koloss« Pinot Noir Précoce trocken

92 2017 »Phyllit« Pinot Noir trocken
Eine »kühl« anmutende, aber auch komplex würzige Nase, Wacholder und Minze, dazu kleine rote Beeren. Im Mund sehr saftig, feinkörniges Tannin, reife Säure, taktilmineralischer Abklang. Am Beginn der Trinkreife, hat aber noch viele Jahre vor sich. 12,5 Vol.-%, NK, €€

★★★★

WEINGUT JOSEF SPREITZER

Rheingaustraße 86, 65375 Oestrich
T: +49 (6723) 2625, info@weingut-spreitzer.de
www.weingut-spreitzer.de

Ab-Hof-Verkauf: Mo bis Fr 9–12 Uhr und 13.30–18.30 Uhr, Sa 10–16 Uhr
Kellermeister: Andreas Spreitzer
Ansprechpartner: Bernd Spreitzer
Flaschen/Hektar: 190.000 (95 % weiß, 5 % rot)/28 ha

Manchmal ist es ja erfreulich, wenn sich nichts ändert. Vergangenes Jahr stellten wir fest: »Andreas und Bernd Spreitzer bleiben Garanten für hochklassigen Rieslinggenuss zu fair kalkulierten Tarifen.« Dem gibt es nicht viel hinzuzufügen. Außer, dass die 2019er Weine noch eine Spur brillanter sind. Herausragend erneut die »Alten Reben« aus dem Doosberg, die im mittleren Segment stilbildend sind. Bei den Großen Gewächsen hat der Mittelheimer St. Nikolaus mit seiner geschmeidigen, mineralischen Art die Nase vorn. Die Edelsüßen sind balanciert, druckvoll und vielschichtig. Glückwunsch.

94 2019 Mittelheim St. Nikolaus Riesling GG
Komplex und klar: Hagebutte und Orangenkonfitüre, Piment, Rose. Bienenwachs. Im Mund dicht, leicht phenolisch, Saftigkeit und Geschmeidigkeit vereint, zarte mineralische Tönung, der Körper hat Kraft, bleibt aber unbeschwerlich. Terpenige Schichten im Abgang. 13 Vol.-%, NK, €€€

93 2019 Hattenheim Wisselbrunnen Riesling GG
Klares, mittleres Gelb. In der Nase reife, gelbe Frucht, Mango, Pfirsich, dazu etwas weißes Nougat. Saft und Spannung am Gaumen, mineralisch, reife Zitrusfrucht, zart phenolische Schicht, kultiviert. Länge gebende Säure, wird sich schön entwickeln. 13 Vol.-%, NK, €€€

98 2019 Oestrich Lenchen Riesling TBA
Klares Honiggelb. In der Nase getrocknete Früchte, Aprikose, Waldhonig, Dattel, dicht, druckvoll, aber fein und dabei mit kandierter Zitrusfrucht. Am Gaumen schmelzende Textur, ölig, dicht, getrocknete Früchte, feiner Säurefaden sorgt für Spannung, groß, viel Potenzial. 7 Vol.-%, NK, €€€€

97 2019 Hallgarten Hendelberg Riesling TBA
Klares, dunkles Honiggelb. In der Nase tiefe, dunkle Würze, Waldhonig, getrocknete Südfrüchte, Papaya, gebrannte Mandel, dicht und animierend. Am Gaumen dichter Schmelz, mächtige Fruchtsüße, straffer Säurefaden, dicht gewoben, lang, enormes Potenzial. 7,5 Vol.-%, NK, €€€€

93 2019 Oestrich Rosengarten Riesling GG

91 2019 »Alte Reben« Winkel Jesuitengarten Riesling feinherb

91 2019 »Alte Reben« Hallgarten Hendelberg Riesling Erste Lage trocken

90 2019 »Buntschiefer« Hallgarten Riesling trocken

90 2019 »Muschelkalk« Oestrich Riesling trocken

93 2019 Oestrich Lenchen Riesling Auslese

93 2019 »303« Oestrich Lenchen Riesling Spätlese

92 2019 »Alte Reben« Oestrich Doosberg Riesling trocken
Sattes, klares Gelb. Mineralische Nase, Feuerstein, Limone, Ananas, Papaya, anregend, reichhaltig. Am Gaumen zentrierte, reife Säure, mineralische Kühle, Zitrusfrüchte, dicht gewobene Struktur, druckvoll und harmonisch lang, Wein mit viel Potenzial. 12,5 Vol.-%, NK, €€

★★★★

WEINGÜTER WEGELER GUTSHAUS RHEINGAU

Friedensplatz 9–11, 65375 Oestrich-Winkel
T: +49 (6723) 99090, info@wegeler.com
www.wegeler.com

Ab-Hof-Verkauf: Mo bis Fr 8–17 Uhr, Sa und So 11–16 Uhr
Kellermeister: Michael Burgdorf, Andreas Holderrieth
Ansprechpartner: Tom Drieseberg
Hektar: 45 ha

Das arbeitsame Understatement, das der Stammsitz des Weinguts an Oestrichs beschaulichem Friedensplatz ausstrahlt, findet sich auch in den Weinen wieder: Sie wirken niemals laut oder merkantil und doch bringen sie stets eine Art geschmacklichen Common Sense ins Glas. Auch die 2019er machen da keine Ausnahme, man schmeckt ihnen an, dass sie nach den Kriterien der guten fachlichen Praxis ausgearbeitet wurden. Kein Wunder, dass auch die Marken »Geheimrat J« und »Pur« punkten. Und der Geisenheimer Rothenberg tritt dieses Jahr eindeutig aus dem Schatten der Rüdesheimer Lagen heraus!

94 2019 Geisenheim Rothenberg Riesling GG
Facettenreich. Leicht erdige Töne, vermischen sich mit Apfel, Cidre und etwas Hefe. Dann geht es weiter mit kräftiger taktiler Mineralität, durchdringender Säure und guter Konzentration. Ein toller Spannungsbogen, der aber auch eine angenehme Leichtigkeit hat. 13 Vol.-%, NK, €€€€

94 2019 Rüdesheim Berg Schlossberg Riesling GG
Vielschichtiges Bukett, tief und lebendig. Viele Kräuter sind dabei (Kamille, Lavendel). Heimisches Obst. Packend und einladend. Mundwässernd, mineralisch, noch etwas säuregeprägt. Aber sehr gut geordnet. Bereits in diesem Stadium ein großer Wein. 13 Vol.-%, NK, €€€

97 2019 Geisenheim Rothenberg Riesling Trockenbeerenauslese Große Lage
Dörrbirne, Früchtebrot, im Mund mit Cremigkeit und einer gnadenlosen Säure, im Mund mit enormer Konzentration, fast schmerzhaft extraktreich, kernige Säure, intensive Süße, noch geradezu verschlossen, mit immensem Potenzial. 6,5 Vol.-%, NK, €€€€

94 2019 Geisenheim Rothenberg Riesling Auslese Große Lage
Delikate Botrytis, Bratapfel, Rosine, sehr nuanciert im Duft. Im Mund fein abgestimmt, mineralisch-salzig, saftig in der Säure, seidig in der Süße, ein zartbesaiteter Wein, der sich über ätherische Eleganz definiert. 7 Vol.-%, NK, €€€

93 2019 Winkel Jesuitengarten Riesling GG

92 2018 »Geheimrat J« Riesling trocken

90 2019 Oestrich Riesling trocken

89 2019 Riesling trocken

89 2019 Johannisberg Riesling feinherb

92 2019 Rüdesheim Berg Rottland Riesling Spätlese Große Lage

90 2019 Rüdesheim Berg Schlossberg Riesling Kabinett Große Lage

90 2019 »Pur« Geisenheim Riesling
Weihrauch und getrocknete Zitronenschale, rheingauwürzige Untertöne. Im Mund leichtgewichtig und elegant, lebendiges Säurerückgrat, feine Kohlensäurefrische, die Süße ist dezent eingebunden und bleibt im Hintergrund. Ist wirklich pur – und trinkanimierend. 11,5 Vol.-%, DV, €€

★★★★★

WEINGUT ROBERT WEIL

Mühlberg 5, 65399 Kiedrich
T: +49 (6123) 2308, info@weingut-robert-weil.com
www.weingut-robert-weil.com

Ab-Hof-Verkauf: Mo bis Fr 8–17.30 Uhr, Sa 10–17 Uhr, So 11–17 Uhr
Kellermeister: Christian Engel, Fabian Kretschmer
Ansprechpartner: Wilhelm Weil, Jochen Becker-Köhn
Flaschen/Hektar: 650.000 (100 % weiß)/90 ha

Das Kiedricher Weingut zeigt sich unverändert in blendender Verfassung: Das Große Gewächs vom Gräfenberg dringt im 2019er Jahrgang in Punkteregionen vor, in denen man sonst nur die Edelsüßen verortet, die Erste Lage Turmberg hat eine Statur, wie man sie sonst nur bei Großen Gewächsen findet, und zu guter Letzt legt Weil auch noch einen Gutsriesling vor, der mit seiner saftigen Art keinerlei Wünsche offen lässt. Hervorheben möchten wir auch die Spätlese vom Gräfenberg, die Potenzial für 20 oder 30 Jahre mitbringt. Wilhelm Weil und sein ganzes Team verdienen höchsten Respekt.

97 2019 Kiedrich Gräfenberg Riesling GG
Dezente Mineralnoten, blumig, Orangenschale, komplex, aber noch unentfaltet. Im Mund geradezu adstringierend dicht, eindringlich taktilmineralisch, ein fast schmerzhaft dichtes Extraktpaket auf geschmeidig-süßem Fond, mit knackiger Säure und makelloser Balance. 13 Vol.-%, NK, €€€

98 2019 Kiedrich Gräfenberg Riesling TBA
Bernsteinfarbe. Menthol, Steinpilz, Rosine, mit Luftkontakt immer stärker aufkommende Kräuterwürze, im Mund viskos, wie Balsam, dennoch sehr viel Frische, knackige Säure, intensive Mineralität, wird endlos leben. 7,5 Vol.-%, NK, €€€€

97 2019 Kiedrich Gräfenberg Riesling Beerenauslese
Bernsteinfarben, klar. In der Nase hoch konzentrierte getrocknete Früchte, Aprikosenkern, Tannenhonig, Akazie, Rosine. Am Gaumen enorme Fülle, balsamischer Schmelz, gehalten von viriler Säure, Trockenfrüchte, dicht, groß, lang – für die Ewigkeit gemacht. 7,5 Vol.-%, NK, €€€€

97 2019 Kiedrich Turmberg Riesling Beerenauslese
Blumige Noten im Duft, Mirabelle, Rosine, im Mund viel Schmelz, elegant und dicht gleichzeitig, stahlige Säure, von konzentrierter Frucht begleitet, ein schwebender Riese. Sehr, sehr lang. 7,5 Vol.-%, NK, €€€€

94 2019 Kiedrich Turmberg Riesling Erste Lage trocken

92 2019 Kiedrich Klosterberg Riesling Erste Lage trocken

90 2019 Kiedrich Riesling trocken

97 2019 Kiedrich Turmberg Riesling Trockenbeerenauslese

95 2019 Kiedrich Gräfenberg Riesling Auslese

94 2019 Kiedrich Gräfenberg Riesling Spätlese

93 2019 Kiedrich Turmberg Riesling Auslese

90 2019 Riesling trocken
Blutorange, Zitronenschale, duftig und sogar leicht mineralisch. Im Mund feingliedrig und weich ansetzend, dann mit einem lebendigen Säurefaden, saftig und dabei mittelgewichtig in Körper und Extrakt, ein hochwertiger, sehr eleganter Gutsriesling. 12 Vol.-%, DV, €€

★★

WEINGUT IM WEINEGG

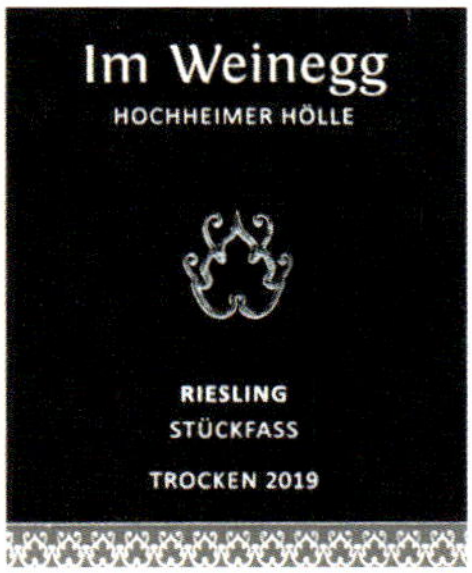

Kirchstraße 38, 65239 Hochheim am Main
T: +49 (6146) 9072229, f.schmidt@weingut-weinegg.de
www.weingut-weinegg.de

Ab-Hof-Verkauf: ja
Kellermeister: Fabian Schmidt
Ansprechpartner: Fabian Schmidt
Flaschen/Hektar: 50.000 (85 % weiß, 15 % rot)/6 ha

Die Weine von Fabian Schmidt gewinnen im Weingut Im Weinegg von Jahrgang zu Jahrgang an Profil und dabei zeigt sich, dass der Winzer alle Disziplinen beherrscht: Ob Rieslinge im trockenen, feinherben oder süßen Bereich, sie zeigen Struktur, Tiefgründigkeit und einen eigenen Charakter wie das »Stückfass« aus dem Hochheimer Reichestal. Delikat ist die Auslese aus derselben Lage. Ein umsichtiger Umgang mit Holz zählt zum Ausbaustiel von Fabian Schmidt, der 2009 begann, das Weingut aufzubauen. Gekonnt vinifiziert sind auch die Rotweine wie der erstaunlich klare und frische Merlot. Chapeau!

91 2019 »Stückfass« Hochheim Reichestal Riesling feinherb

Klares, helles Gelb. In der Nase feine helle Frucht, Pfirsichblüte, etwas Melisse. Am Gaumen viel Schmelz, feine Frucht und zarte Phenolik, geschmeidige Süße mit etwas Mandarine und Honig, gute Struktur, elegant, endet sanft und lang. 12,5 Vol.-%, NK, €€

90 2019 Hochheim Hölle Riesling trocken

Kräuter in der Nase, Steinobst, Pfirsich, Aprikose und Papaya, auch etwas feines Malz. Schlank und straff am Gaumen gebaut mit Saft, klarer Frucht und reifer, präsenter Säure, dezente Restsüße. Gute Substanz, auch phenolisch und mineralisch. Noch jung, kann zulegen. 12,5 Vol.-%, DV, €

90 2018 Hochheim Reichestal Merlot trocken

Fruchtige und kräutrige Nase, Schwarzkirsche, Schwarze Johannis- und Brombeere, feiner Rauch und Röstaromen. Am Gaumen kräftig und präsent, gute Balance von Substanz und Frische, die Frucht ist klar und reintönig; eigenständiger Merlot mit Ausdruck. 14 Vol.-%, DIAM, €€

92 2019 Hochheim Reichestal Riesling Auslese

Sattes Gelb. In der Nase Blütenhonig, getrocknete Aprikose, nasser, heißer Stein, Rosine, sehr dicht und fein. Am Gaumen erst Trockenfrucht, dann feiner Schmelz, Druck und lebendige Säure, Rauch, Honig. Gute Struktur und Länge, Potenzial. 10,5 Vol.-%, NK, €€

90 2018 »Perle Blanche« Hochheim Riesling trocken

89 2019 »Stückfass« Hochheim Hölle Riesling trocken

89 2019 Hochheim Riesling feinherb

88 2019 Hochheim Riesling trocken

88 2019 Riesling trocken

89 2019 Hochheim Spätburgunder trocken

90 2018 Hochheim Hölle Riesling Spätlese

90 2019 »Sur Lie« Hochheim Hofmeister Riesling trocken

Aprikose, Pfirsich und auch Mango in der fruchtigen Nase, am Gaumen gut balanciert, die saftige Frucht trifft auf eine vergnügte Säure in einer schlanken Textur, feine Würze, klar im Ausdruck und auch mit mineralischen Anklängen; viel Wein fürs Geld. 12,5 Vol.-%, DV, €

★ ★ ★

GRIESEL & COMPAGNIE

Grieselstaße 34, 64625 Bensheim
T: +49 (6251) 8696890, info@griesel-sekt.de
www.griesel-sekt.de

Ab-Hof-Verkauf: Mi bis Fr 15–18 Uhr, Sa 10–14 Uhr
Kellermeister: Rachele Crosara
Ansprechpartner: Niko Brandner
Flaschen/Hektar: 85.000 (100 % weiß)/15 ha

Die Etiketten der Bensheimer Sektschmiede sind innerhalb nur weniger Jahre zu einem Markenversprechen geworden, das bei Sektkennerinnen und -kennern ein wohliges Gefühl der Vorfreude auslöst. Hinter diesem ungewöhnlichen Aufstieg stecken sicher sehr viel Arbeit und ganz gewiss auch visionäres Unternehmertum. Aber das wäre alles nichts ohne die Sensibilität, die sich in der Abstimmung der Cuvées ausdrückt. Die deutsche Sektwelt ist bedeutend reicher geworden, seitdem es einen raffinierten Rieslingsekt wie die 2013er Réserve als »Dosage Zéro« gibt – um nur einen zu nennen. Weiter so!

93 2013 »Riesling Réserve Dosage Zéro«

In der Nase komplex. Feine Würze, Kräuter, etwas Gelbfrucht, Zitrusnoten, helle Tabakblätter. Tief und zugleich fokussiert. Konzentrierte Frucht, zitrische und herbe Nuancen, etwas Zeste und Steinobst. Eigener Typ mit wunderbar straightem und feinsalzigem Säurezug. 12,5 Vol.-%, NK, €€€€

93 2016 »Pinot Prestige« brut nature

Komplex und nuanciert und mit »dunklen« Anklängen, Würze und Noten von Apfel. Feine Hefe und Mineralik. Am Gaumen elegant, kraftvoll und tief. Konzentrierte Frucht, dabei wunderbar fokussiert, feinsaftig und zitrisch mit knackigem Säurezug. 12 Vol.-%, NK, €€€

91 2016 »Chardonnay Prestige« brut nature

Gleichmaß und Tiefe im Bukett. Nuanciert, gleichzeitig eine gewisse Kraft und Konzentration mit feiner Würze und Mineralik. Apfel, Zitrusfrucht. Im Mund eine lebendige Säurestruktur, ein eher straffes Mousseux und Saftigkeit mit herben Anklängen. 12 Vol.-%, NK, €€€

92 2016 »Rosé Prestige« extra brut

Feine Vielschichtigkeit und Würze im Duft. Noten von Hagebutte, Apfel, etwas Kräuter. Saftig am Gaumen bei knackiger Säurestruktur, leicht trocknende, schöne Phenolik in der Mitte. Zitrisch, feinwürzig, animierend, komplex. Toll!
12 Vol.-%, NK, €€€

90 2017 »Blanc de Noirs Tradition« brut

92 2017 Griesel & Co Tradition Riesling brut

Die Nase zeigt sich duftig, fein und komplex: Blüten, Quitte, Apfel, Birne, Wiesenkräuter, Brioche. Am Gaumen würzig mit konzentrierter heller Frucht, saftiger Apfel. Säurezug und mineralische Salzigkeit, die zuletzt immer mehr Fahrt aufnehmen. 12,5 Vol.-%, NK, €€

★★

WEINGUT SCHLOSS SCHÖNBERG

Zwischen den Bächen 23–25, 64625 Bensheim
T: +49 (6251) 7030320, info@schloss-schoenberg.com
www.schloss-schoenberg.com

Ab-Hof-Verkauf: Fr 15–18 Uhr, Sa 10–14 Uhr und nach Vereinbarung
Kellermeister: Rabea Trautmann
Ansprechpartner: Rabea Trautmann
Hektar: 23 ha

Ein ganz feines Händchen ist hier in jedem Wein zu erkennen. Sorgfalt, vor allem in der Klarheit der Weine, ist bezeichnend, ebenso der einfühlsame Einsatz feiner, rauchiger Eiche. Rabea Trautmann, die junge Kellermeisterin, feilt gezielt an ihrem Handwerk und an ihrem Stil. Familie Streit ist auch hier, ebenso wie beim Sekthaus Griesel & Compagnie, ein Glücksgriff gelungen. Hier wird ganz bewusst eine eigenständige Qualität geformt, mit wirklicher Abstufung zwischen Guts- und Ortsweinen, welche noch von ein oder zwei Jahren Flaschenreife profitieren werden.

91 2018 Auerbach Silvaner trocken

Rauchige, aber feine Eichennoten dominieren derzeit noch an der Nase, dennoch schimmert feine Birnenfrucht. Auch am Gaumen muss die Eiche noch verdaut werden, feinste Phenolik, Fruchtfülle und gewisse Feingliedrigkeit sind jedoch vielversprechend. 12 Vol.-%, DV, €€

91 2017 Auerbach Grauburgunder trocken

Der sanfte Rauch feiner Eiche vermischt sich an der Nase mit Noten von geschmolzener Butter und reifer, gelber Birne. Der Gaumen versteht es dann, seine ganz eigene Schlankheit und Klarheit mit diesen runden, großzügigen Elementen zu vereinen. 13 Vol.-%, DV, €€

90 2017 Auerbach Auerbach Weißburgunder trocken

Sowohl Zitronenschale als auch ein Hauch Trockenfrüchte spielen auf der Nase. Der schlanke Gaumen ist von den Aromen bereichert, erhellt sie aber durch seine klare Frische und lebt geradezu von Feingliedrigkeit. Zum Schluss kommt noch etwas Butter. 12,5 Vol.-%, DV, €€

92 2018 Auerbach Höllberg Spätburgunder trocken

Saftige, reife Sauerkirsche flirtet aus dem Glas. Auch etwas rauchige Mandel kommt animierend dazu. Die essenzielle Transparenz des Spätburgunders ist wunderbar dargestellt, hat Frische und doch Schmelz. Und das in einem Jahrgang wie 2018 – Chapeau! 13,5 Vol.-%, NK, €€€

90 2019 Spätburgunder Rosé trocken

88 2019 Grauburgunder trocken

Die Nase ist zurückhaltend, etwas erdig, gibt aber sonst nicht viel preis. Der Gaumen ist wunderbar schlank, saftig, ohne ein Gramm Fett. Das macht ihn zu einem untypischen, jedoch unheimlich animierenden Vertreter dieser Sorte, von Frische geprägt. 12,5 Vol.-%, DV, €

Blick auf die Abtei des Klosters Eberbach

GASTGEBER AUS LEIDENSCHAFT

GEMEINSAM MIT DEN WINZERN DER REGION – ALS UNEINGESCHRÄNKTEN EXPERTEN, WAS DAS LEIBLICHE WOHL ANBELANGT – HAT FALSTAFF DIE BESTEN GENUSSADRESSEN IN SACHEN KULINARIK SORGFÄLTIG AUSGEWÄHLT UND ZUSAMMENGESTELLT.

64625 Bensheim

Blauer Aff

Das stimmungsvolle Traditionslokal im blauen Fachwerkhaus hat jede Menge Klassiker auf seiner Karte. Dazu gehören natürlich das halbe Hähnchen, die Wildschweinbratwürste und das Rumpsteak »Selektion Blauer Aff«. Auf der Weinkarte stehen vorwiegend heimische Gewächse.

Kappengasse 2
+49 (6251) 72958
www.blauer-aff.de

Essen:	41	50
Service:	17	20
Getränke:	17	20
Ambiente:	8	10
Gesamt:	83	100

P €

69488 Birkenau

Drei Birken

Im gepflegten und eleganten Ambiente wird eine gehobene gutbürgerliche Küche serviert, für die Karl Gassen seit vielen Jahren steht. Seine Frau Christine kümmert sich derweil liebenswert und charmant um die Gäste und berät auch kompetent in Sachen Wein.

Hauptstraße 170
+49 (6201) 32368
www.restaurant-drei-birken.de

Empfohlen von: **Falstaff-Redaktion**

65343 Eltville

Baiken

Einer der besten Gutsschänken im Rheingau. Mit herrlichem Blick ins Rheintal und umsorgt vom freundlichen kompetenten Service, genießen die Gäste eine aus besten Produkten zubereitete bodenständige Küche mit Pfiff. Tagesaktuelle Gerichte ergänzen das attraktive Speisenangebot.

Wiesweg 86
+49 (6123) 900345
www.baiken.de

Empfohlen von: **Kloster Eberbach**

65347 Eltville

Kronenschlösschen Bistro

Neben dem Gourmet-Restaurant ist das legere-elegante Bistro eine der besten Adressen im Rheingau. Denn die hier servierten Klassiker aus dem internationalen Küchen-Repertoire sind von bester Zubereitungsqualität. Die sensationelle Weinkarte lässt keine Wünsche offen.

Rheinallee
+49 (6723) 640
www.kronenschloesschen.de

Empfohlen von: **Falstaff-Redaktion**

65343 Eltville

Jean

Zum familiengeführten Hotel direkt am Bahnhof gehört neben einem Café mit eigener Konditorei auch das Gourmet-Restaurant von Johannes Frankenbach in der ehemaligen Weinstube. Dessen Küche ist klassisch französisch orientiert, die Gerichte handwerklich perfekt zubereitet.

Wilhelmstraße 13
+49 (6123) 9040
www.hotel-frankenbach.de

Empfohlen von: **Falstaff-Redaktion**

65346 Eltville am Rhein

Schwarzes Häuschen

Der mit einer Mauer umgebene Steinberg war der Hausweinberg der Zisterzienser im nahen Kloster Eberbach. Heute kann man hier am Schwarzen Häuschen die Weine der Hessischen Staatsdomäne probieren, dazu gibt es kleine Vesper-Snaks und den schönen Blick über die Weinberge gratis.

Domäne Steinberg
+49 (6123) 9997065
www.kloster-eberbach.de

Empfohlen von: **Falstaff-Redaktion**

65347 Eltville

Kronenschlösschen

Das schicke Boutiquehotel hat gleich zwei empfehlenswerte Restaurans. Im stilvoll gestalteten Bistro werden sehr gut gemachte Klassiker angeboten, im Gourmet-Restaurant spielt die Küche gekonnt mit Kreativität und Ideenreichtum. Erstklassiger Service, sensationelle Weinkarte.

Rheinallee
+49 (6723) 640
www.kronenschloesschen.de

Empfohlen von: **Falstaff-Redaktion**

60311 Frankfurt am Main

Heimat Essen & Weine

Im Look der 1950er Jahre eingerichtet, hat das Restaurant nostalgisches Flair und ist ein beliebter Treffpunkt für alle, die eine gute Küche schätzen. In entspannter Atmosphäre genießt man internationale Klassiker, feine Brasserie-Gerichte und regionale Spezialitäten.

Berliner Straße 70
+49 (69) 29725994
www.heimat-restaurant.de

Empfohlen von: **Georg Gustav Huff**

Burgrestaurant Schwarzenstein

65366 Geisenheim

Mit einem grandiosen Blick über Johannisberg hinweg ins Rheintal kann das Burgrestaurant aufwarten. Auch die kulinarischen Aussichten sind hier bestens, aus der Küche kommen fein abgeschmeckte bodenständige Gerichte mit Pfiff. Die Weinkarte lässt kaum Wünsche offen.

Rosengasse 32
+49 (6722) 99500
www.burg-schwarzenstein.de

Essen:	44	50
Service:	17	20
Getränke:	18	20
Ambiente:	9	10
Gesamt:	88	100

€€€

Weinschänke Schloss Groenesteyn

65399 Kiedrich

Im gediegenen schicken Ambiente serviert Dirk Schröer seine einfallsreichen und kreativen Gerichte, immer mit einem Touch Raffinesse aus besten Produkten zubereitet. Am besten ist man hier mit dem Menü bedient, die passenden Weinempfehlungen gibt der freundliche Service.

Oberstraße 36
+49 (6123) 1533
www.groenesteyn.net

Essen:	44	50
Service:	18	20
Getränke:	19	20
Ambiente:	8	10
Gesamt:	89	100

P €€

65366 Geisenheim

Schlossschänke Johannisberg

Die Terrasse des Gutsrestaurants bietet einen der schönsten Blicke in das Rheintal, mit etwas Glück bekommt man hier auch ohne Reservierung einen Platz. Auf der Speisenkarte stehen regionale und herzhafte Klassiker, dazu trinkt man natürlich Schloss Johannisberger Wein.

Schloss Johannisberg
+49 (6722) 96090
www.gerdkaefer-rolandkuffler.de

Empfohlen von: **Domäne Schloss Johannisberg**

Adler Wirtschaft

65347 Hattenheim

Im stimmungsvollen und gemütlich dekorierten Wirtshaus steht die ausgesuchte Produkt-Qualität im Vordergrund, darauf können sich die Gäste verlassen. Das Fleisch kommt vom eigenen Bauernhof, ein Großteil der Weine aus dem heimischen Weingut im badischen Oberbergen.

Hauptstraße 31
+49 (6723) 7982
www.franzkeller.de

Essen:	44	50
Service:	18	20
Getränke:	18	20
Ambiente:	8	10
Gesamt:	88	100

P €€

Weinwirtschaft Laquai

65391 Lorch

Im kleinen Fachwerkhaus geht es meist hoch her, denn Susanne Laquai und ihr Team sorgen mit herzhaften Speisen und süffigen Weine für gute Stimmung unter den Gästen. Klassische Wisperforelle, Rumpsteak und Wildbratwürste sind in der gemütlichen Gaststube die Favoriten.

Schwalbacher Straße 20
+49 (6726) 839213
www.weingut-laquai.de

Essen:	42	50
Service:	18	20
Getränke:	18	20
Ambiente:	8	10
Gesamt:	86	100

P €

Brentanohaus

65375 Oestrich-Winkel

Das schmucke Weinlokal der Familie Allendorf ist ein gastronomischer Hotspot im Rheingau. Nicht nur die Gutsküche ist hier mit schmackhaften und sehr leckeren regionalen Gerichten am Start, auch die erstklassige Weinauswahl bietet für jeden Geschmack den richtigen Tropfen.

Am Lindenplatz 2
+49 (6723) 88540
www.brentanohaus.de

€€

Essen:	43	50
Service:	18	20
Getränke:	18	20
Ambiente:	8	10
Gesamt:	87	100

Zwei Mohren

65385 Rüdesheim am Rhein

Im gemütlich eingerichteten Restaurant bietet Küchenchef Torsten Schambach bodenständige Gerichte wie geschmorte Rinderroulade mit Bohnen und Kartoffelpüree, ofenfrischen Spießbraten, Rumpsteak mit Kräuterbutter und zum Abschluss natürlich einen Assmannshäuser Rotweinkuchen.

Rheinuferstraße 1
+49 (6722) 9020
www.hotel-zweimohren.de

Empfohlen von: **Falstaff-Redaktion**

Breuer's Rüdesheimer Schloss

65385 Rüdesheim am Rhein

Mitten in der Drosselgasse ist das Rüdesheimer Schloss eine Oase des guten Geschmacks. Die Weinkarte ist bestens sortiert und bietet Jahrgangstiefe. Auf der Speisenkarte stehen klassische herzhafte Gerichte, die immer mit kleinen modernen Akzenten zubereitet werden.

Steingasse 10
+49 (6722) 90500
www.ruedesheimer-schloss.com

€€

Essen:	42	50
Service:	18	20
Getränke:	19	20
Ambiente:	8	10
Gesamt:	87	100

80–84 | 85–89 | 90–94 | 95–100 Punkte

Zur Schlupp

65396 Walluf

Im Sommer nimmt man im lauschigen Innenhof Platz. Die Weinkarte, die Isabell Ehrhardt mit viel Feingefühl zusammengestellt hat, ist inzwischen auf mehr als 120 Positionen angewachsen. Ihr Mann Michael in der Küche liebst Schmorgerichte und das tun auch seine Gäste.

Hauptstraße 25
+49 (6123) 72638
www.gasthauszurschlupp.de

Essen:	42	50
Service:	18	20
Getränke:	18	20
Ambiente:	8	10
Gesamt:	86	100

€€

Wellenlänge

65428 Rüsselsheim

Mit viel Geschmack eingerichtet, besticht das Restaurant mit einem modern-eleganten Ambiente. Eine Wohlfühloase, die auch kulinarisch auf der Höhe der Zeit ist. Die ambitionierte Küche bietet sowohl regionale Gerichte, als auch internationale Klassiker.

Mainstraße 17
+49 (6142) 961280
www.hoellammain.de

Empfohlen von: **Falstaff-Redaktion**

Landhaus Diedert

65195 Wiesbaden

Das Landhaus im französischen Stil hat Flair und ist mit seinem schönen Garten und der Platanenterrasse ein beliebtes Ausflugsziel. Das kulinarische Angebot ist vielseitig und bietet eine gut gemachte moderne Landhausküche aus vorwiegend regionalen Produkten und Zutaten.

Am Kloster Klarenthal 9
+49 (611) 1846600
www.landhaus-diedert.de

Essen:	43	50
Service:	18	20
Getränke:	18	20
Ambiente:	9	10
Gesamt:	88	100

P €€

Landgraf

64342 Seeheim-Jugenheim

In der frisch renovierten Gaststube herrscht immer gute Stimmung, denn hier wird aufgetischt was die abwechslungsreiche Landhausküche hergibt. Und das sind saftige Steaks und leckere Schnitzel, tolle Wildgerichte aus Odenwälder Jagd und erstklassige Fischgerichte.

Felsbergstraße 49
+49 (6257) 5051795
www.gasthaus-landgraf.de

Essen:	43	50
Service:	17	20
Getränke:	17	20
Ambiente:	8	10
Gesamt:	85	100

P €€

Weinhaus Sinz

65201 Wiesbaden

Der sympathische Familienbetrieb ist bekannt für seine sehr gute saisonale und regionale Küche, ohne Reservierung ist hier nur schwer ein Platz zu bekommen. Alles was auf die Teller kommt ist hausgemacht, zur Jagdsaison empfehlen sich die leckeren Wildgerichte.

Herrnbergstraße 17
+49 (611) 942890
www.weinhaus-sinz.de

Essen:	43	50
Service:	18	20
Getränke:	18	20
Ambiente:	8	10
Gesamt:	87	100

P €€

RHEIN-HESSEN

IM ZEICHEN DER BIODYNAMIK

Von Goethe und Carl Zuckmayer wurde der Wein aus Nierstein geschätzt, hier der Rote Hang

ZÖGERLICHE AKZEPTANZ

Rheinhessen reklamiert für sich, besonders dynamisch und innovativ zu sein. Naturwein-Winzer sehen sich allerdings trotzdem in der Defensive.

TEXT RAINER SCHÄFER

Die Ernte am Roten Hang sei in »bilderbuchartiger Stimmung verlaufen« und er sei glücklich damit, sagt Kai Schätzel. Aber in das Ausrufen ständig wiederkehrender Jahrhundertjahrgänge will er partout nicht einstimmen. »Gute Trauben haben inzwischen fast alle«, sagt der Winzer aus Nierstein, der auch im Vorstand des VDP Rheinhessen aktiv ist. Das Anbaugebiet gilt inzwischen als dynamische Region, in der sich viel bewegt. »Wir haben den Jungwinzer quasi erfunden«, meint der 41-Jährige, der gerne vorangeht. Nachdem Rheinhessens Image einige Jahre lang von Winzern wie Klaus Peter Keller und Philipp Wittmann geprägt worden sei, erkennt Schätzel nach dem »Keller-Wittmann-Stil viel mehr Individualität«. Das entbehrt nicht einer gewissen Ironie, denn Keller und Wittmann galten natürlich früher auch einmal als die Avantgardisten ihrer Zeit. Aber Schätzel fing vor über zehn Jahren an, Weine auf der Maische zu vergären, seine »Querköpfe« sollten auch provozieren. Inzwischen habe er genügend Erfahrungen gesammelt, um jetzt »serienmäßig Naturweine« zu keltern.

Dass ein VDP-Winzer sich so dem Naturwein verschreibt, mag vor allem seine Kollegen irritieren – ein Widerspruch ist es für Schätzel nicht. Schließlich sei der VDP mal aus dem Verband Deutscher Naturweinversteigerer hervorgegangen und Naturweine reflektierten auch am besten die gesellschaftlichen Herausforderungen. »Wir müssen nicht mehr über die Klassifikationspyramide reden«, konstatiert Schätzel, in Zeiten des Klimawandels, brennender Wälder und Wein-

berge »müssen wir uns den echten Themen zuwenden«.
Kai Schätzel lässt sich von der guten Entwicklung in Rheinhessen nicht blenden, für ihn steht fest, dass sich der Weinbau grundlegend verändern muss: Steigende Mostgewichte, Trockenstress, Sonnenbrand, wachsender Wasserbedarf und veränderte pH-Werte in den Weinbergen könne niemand mehr ignorieren. »Weinbau wie wir ihn kennen, wird es bald nicht mehr geben«, sagt Schätzel, auch wenn viele Winzer »lieber an den Symptomen herumdoktern« und darauf hofften, dass es wieder anders werde. Schätzel blickt lieber nach Süden in die heißen Weinregionen, er beschäftigt sich mit Dry Farming am Roten Hang und einem »klimaangepassten Wirtschaften«. In seinen Weinbergen arbeitet er mit einem »Anti-Stress-System«, in trockenen Phasen bringe er die Rebe in eine »natürliche Schutzhaltung«: Fast pergolaartig wachsen seine Reben in einem »Schattensystem«, er wolle die »Rebe nicht zur Kunstform zwingen und ihr die Blätter klauen« – dann produziere sie neue und verbrauche mehr Wasser. Der Wirkung seiner Arbeitsweise nach außen ist sich Schätzel be-

VDP und Naturwein sind für Kai Schätzel kein Gegensatz

wusst: »Da fühlen sich viele Winzer angegriffen.«
Im Süden des Anbaugebiets, im Wonnegau, arbeiten Bianka und Daniel Schmitt vom ökologischen Weingut Schmitt in Flörsheim-Dalsheim nach biodynamischen Richtlinien. Die gebürtige Ungarin studierte Weinbau in Budapest und lernte Daniel Schmitt 2012 in Rheinhessen kennen. Seitdem verbindet das Winzerpaar auch

Daniel und Bianka Schmitt führen ihr Demeter-zertifiziertes Bioweingut nach dem Credo: »Wein nur aus Trauben«

Björn, Corina und Tobias Knewitz vom Weingut Knewitz

die Leidenschaft für »naturbelassene Weine, die in echter Balance zwischen Mensch und Natur entstehen«. Der biodynamische Weinbau helfe auch dabei, besser mit den Folgen des Klimawandels zurechtzukommen. »Dadurch wird das Immunsystem der Reben gestärkt«, erklärt die 29-Jährige, »sie haben die Fähigkeit zu reagieren und werden automatisch wiederstandfähiger.«

Bianka und Daniel Schmitt arbeiten mit Maischestandzeiten und Maischegärung, die Weine vergären in Holzfässern und auch in Amphoren. »Edelstahl lehnen wir ab«, betont die Winzerin, der Ausbau sei zu reduktiv, die Weine bräuchten Sauerstoff, sonst erstickten sie: »Toter Naturwein ist das Schlimmste, was man trinken kann«, sagt sie. Ihre Weine sind unfiltriert

WEINBAUGEBIET RHEINHESSEN

Anbaufläche
ca. 26.500 Hektar
Aufteilung
3 Bereiche, 23 Großlagen, 414 Einzellagen
Böden
Kalkstein, Rotliegend, Porphyr, Löss
Wichtigste Rebsorten
Riesling, Silvaner, Weißburgunder, Spätburgunder

Verband
Rheinhessenwein e.V.
Otto-Lilienthal-Straße 4
55232 Alzey
www.rheinhessenwein.de

und werden ohne oder mit maximal 15 Milligramm Schwefel pro Liter gefüllt. Sie müssen »sauber und fehlerfrei sein«, das sei oberste Priorität. Ihre Erzeugnisse sind keine unzugänglichen und verkopften Bürgerschreck-Weine, sie sollen »so klar wie möglich sein«. Die Serie der trinkfreudigen »Frei.Körper.Kultur«-Weine wurde extra für den deutschen Markt konzipiert, trotzdem gehen 95 Prozent der Weine in 35 andere Länder.
Deutschland ist noch ein Land der Naturwein-Muffel. »Man bekommt hier viel Gegenwind«, weiß Bianka Schmitt. Als sie die Winzermeisterschule in Alzey besuchte, lernte sie im Kurs ausschließlich mit konventionell arbeitenden Winzern. Man werde belächelt, wenn man »etwas anders macht«, erklärt sie. Das sei zunächst auch in ihrem Dorf so gewesen, »aber jetzt sehen die anderen Winzer, dass es bei uns funktioniert«. Die Schmitts glauben an ihre Arbeitsweise und Philosophie. Im kommenden Jahr siedeln sie aus an den Ortsrand von Flörsheim-Dalsheim. Dort sollen auch eine Vinothek und ein gastronomischer Bereich mit wechselnden Gastköchen entstehen – alles im Zeichen der

Für die optimale Entwicklung der Weine setzt das Weingut Schmitt auf möglichst langen Schalenkontakt

Biodynamie. »Wir wollen eine andere Kultur einführen und langsamer und bewusster leben«, sagt Bianka Schmitt.

INFO

Nähere Infos über den Autor finden Sie im Kapitel »Verkostungsteam« auf S.12.

Zwei Weingüter, ein Ehepaar und ein gemeinsamer Weg: H. O. Spanier (Weingut Battenfeld-Spanier) und Caroline Spanier-Gillot (Weingut Kühling-Gillot) produzieren seit 15 Jahren biodynamisch

Die Lage Westhofener Kirchspiel öffnet sich wie ein Amphitheater Richtung Rhein

GRANDS CRUS – RHEINHESSEN

TOP-WEINE AUS PRIVILEGIERTEN WEINLAGEN DER REGION

BINGEN | SCHARLACHBERG

Benannt nach seiner scharlachroten Farbe, die auf den signifikanten Eisenoxidanteil der Schieferverwitterungsböden zurückgeht. Die gut belüfteten 25 Hektar in Südausrichtung liegen auf 110 bis 200 Metern Höhe mit sanften 5 bis markanten 60 Prozent Neigung. In geologischer Sicht zählt der Scharlachberg eher zum Rheingau als zu Rheinhessen.

94 **2019 Riesling GG**
Weingut Wagner-Stempel, wagner-stempel.de

94 **2018 Riesling trocken**
93 **2019 Riesling trocken**
Weingut Riffel, Info siehe Seite 562

93 **2019 Riesling GG**
Weingut Kruger-Rumpf, www.kruger-rumpf.com

93 **2019 Riesling GG**
Weingut Bischel, Info siehe Seite 512

93 **2017 Riesling GG**
Schloss Wallhausen, Prinz zu Salm-Dalberg
Info siehe Seite 308

93 **2019 »105 Grad« Riesling Auslese**
Weingut Riffel, Info siehe Seite 562

92 **2019 Riesling Auslese**
Schloss Wallhausen, Prinz zu Salm-Dalberg
Info siehe Seite 308

92 **2019 Riesling Auslese**
Weingut Bischel, Info siehe Seite 512

92 **2018 Riesling Auslese**
Vinothek und Weinschule Hemmes, Info Seite 538

NACKENHEIM | ROTHENBERG

16 Hektar große Lage und Teil des Roten Hanges, dessen Namensgebung auf die eisenoxidhaltigen, roten Schieferverwitterungsböden zurückgeht, die teils von Sandstein und steinig-schiefrigen Bestandteilen durchzogen sind. Nordöstliche, östliche und südöstliche Ausrichtung auf 50 bis 150 Metern Höhe.

95 **2019 »wurzelecht« Riesling GG**
Weingut Kühling-Gillot, Info siehe Seite 550

95 **2019 Riesling GG**
Weingut Gunderloch, Info siehe Seite 533

NIERSTEIN | PETTENTHAL

31 Hektar große Lage und Teil des Roten Hanges mit bis zu 70 Prozent Hangneigung auf 50 bis 170 Metern Höhe. Die Böden bestehen im Steilhang aus rotem Tonschiefer und Sandstein, im flacheren unteren Teil aus Schwemmland mit Lehm und Ton. Am Hang liegt das Felsband fast offen mit teils sehr geringer Humusauflage und östlicher, südöstlicher bis Südausrichtung.

97 **2019 Riesling GG**
Weingut Gunderloch, Info siehe Seite 533

95 **2019 Riesling GG**
Weingut Kühling-Gillot, Info siehe Seite 550

95 **2019 Riesling GG**
Weingut Schätzel, Info siehe Seite 563

93 **2019 »Rehbacher Steig Sommerseite« Riesling trocken**
Weingut Georg Gustav Huff, Info siehe Seite 542

93 **2019 Riesling GG**
Weingut St. Antony, Info siehe Seite 509

93 **2019 Riesling trocken**
Weingut Manz, Info siehe Seite 553

92 **2019 Riesling trocken**
Weingut Fritz Ekkehard Huff, Info siehe Seite 541

92 **2019 Riesling trocken**
Weingut Gehring, Info siehe Seite 528

92 **2015 Riesling trocken**
Louis Guntrum, Info siehe Seite 534

92 **2019 Riesling GG**
92 **2018 Riesling GG**
Weingut Rappenhof, www.weingut-rappenhof.de

91 **2019 Riesling trocken**
Weingut Eckehart Gröhl, Info siehe Seite 532

WESTHOFEN | KIRCHSPIEL

Homogene Lage von 45 Hektar, die sich wie ein Amphitheater Richtung Rhein öffnet. Mit Ostsüdostausrichtung auf 120 bis 200 Metern Höhe und mit 10 bis 30 Prozent Steigung bestehen die skelettreichen Böden aus Gehängelehm, Tonmergel mit Kalksteineinlagerungen und Kalksteinverwitterungsböden auf mächtigem Kalksteinsockel.

95 **2019 Riesling GG**
Weingut Wittmann, Info siehe Seite 575

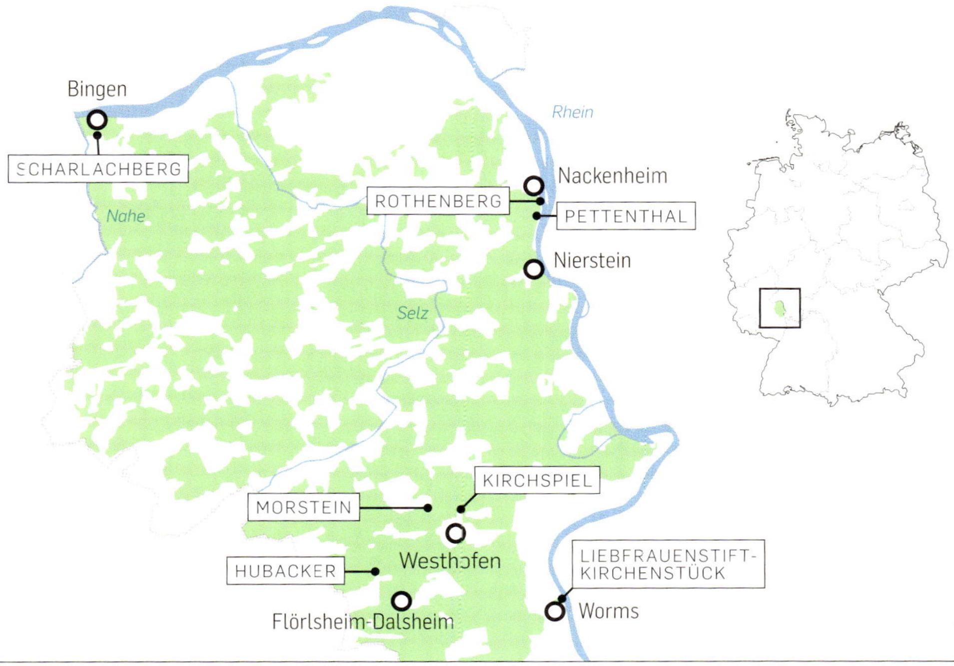

Nierstein, Hipping und Pettenthal

94 **2019 Riesling Grande Réserve**
Weingut Groebe, www.weingut-k-f-groebe.de

93 **2019 Riesling trocken**
Katharina Wechsler, Info siehe Seite 572

91 **2019 Riesling GG**
Weingut Weedenborn, Info siehe Seite 573

WESTHOFEN | MORSTEIN

Älteste, 144 Hektar große Einzellage Westhofens mit reiner Südausrichtung auf einer Höhe von 140 bis 280 Metern und bis zu 20 Prozent Neigung vom Urstromtal bis zum Hochplateau. Nur das Herzstück im mittleren Hang (Größe: 50 Hektar) gilt als privilegiert. Die wasserführenden Kalksteinschichten im Untergrund sind von schwerem Tonmergel mit Kalksteineinlagerungen bedeckt.

97 **2019 Riesling GG**
Weingut Wittmann, Info siehe Seite 575

94 **2019 Riesling GG**
Weingut Gutzler, www.gutzler.de

93 **2019 Riesling trocken**
Alexander Flick, Info siehe Seite 526

93 **2019 Riesling Alte Reben trocken**
Seehof – Familie Fauth, www.weingut-seehof.de

92 **2018 Riesling trocken**
Weingut Dreissigacker, www.dreissigacker-wein.de

92 **2019 Riesling trocken**
Cisterzienser Weingut Michel, Info siehe Seite 518

92 **2019 Riesling trocken**
Weingut Dieter Michel, Info siehe Seite 555

91 **2019 Riesling trocken**
Weingut Keth, Info siehe Seite 547

WORMS | LIEBFRAUENSTIFT-KIRCHENSTÜCK

Von hier stammt die ursprüngliche, historische »Liebfrauenmilch«. Die Lage umfasste einst neun Hektar, ist heute jedoch auf 17 Hektar angewachsen, die besten Parzellen sind rund um die Liebfrauenkirche angelegt. Die Böden bestehen aus allem, was der Rhein an dieser Stelle kurz vor seinem durch den Taunus erzwungenen Schwenk nach Westen an mineralreichem Schwemmland abgelagert hat: Rotliegendes, Kalk, tiefgründiger Kies, Sand.

93 **2016 Riesling trocken**
Château Schembs, www.schembs-worms.de

93 **2019 Riesling GG**
Weingut Gutzler, www.gutzler.de

★★

WEINGUT ACHENBACH

Kirchgasse 1, 55599 Wonsheim
T: +49 (6703) 707, info@weingut-achenbach.de
www.weingut-achenbach.de

Ab-Hof-Verkauf: ja
Kellermeister: Frank Achenbach
Ansprechpartner: Familie Achenbach
Hektar: 23 ha

Massenware muss man im Weingut Achenbach nicht suchen: Die Weine von Kellermeister Frank Achenbach, der auch in Neuseeland und Südafrika Erfahrungen sammelte, tragen alle eine individuelle Handschrift. 23 Hektar bewirtschaftet das Familienweingut in der rheinhessischen Schweiz, die sich in der Umstellung auf ökologischen Weinbau befinden. Das dürfte den Weinen perspektivisch noch mehr Lagen- und Herkunftscharakter verleihen. Wir sind schon jetzt angetan von den mineralischen Rieslingen der Porphyr-Verwitterungsböden wie dem würzigen »Reserve del Rey«. Da geht noch einiges!

91 2017 »Reserve del Rey« Siefersheim Heerkretz Riesling trocken unfiltriert
Aromen von Spontangärung in der Nase, Kräuter, Apfelschale, reife und getrocknete Aprikose, etwas kalte Holzkohle. Im Mund mit saftiger und süßer Gelbfrucht, wieder Aprikose, weich und beinahe viskos im Mundgefühl, dazu kommen Würze und eine kultivierte Säure. 12,5 Vol.-%, DV, €€€

91 2018 Volxheim Mönchberg Weißburgunder trocken
Riecht nach weißen Blüten und Mandeln, auch feine Aprikose und Mandarine sowie würzige Noten. Setzt am Gaumen mit milder Säure weich und samtig an, kräftig gebaut und auch mit einer gewissen Wucht, die geschmeidig verpackt ist, viel Substanz, kann reifen. 14 Vol.-%, NK, €€

90 2015 »Wild Wines« Siefersheim Martinsberg In der Mockenhöll Silvaner tr.
Kräutriger Duft mit Apfel, Birne, feiner Holzwürze und Reneklode. Zeigt sich im Mund mit straffer und fester Struktur, saftig und mit süßlichem Fruchtextrakt, gute Dichte, würzig und gut balanciert, zeigt die Großzügigkeit des Jahrgangs und bleibt dabei fokussiert. 12,5 Vol.-%, DV, €€

89 2018 »AAA« Huxelrebe Trockenbeerenauslese
Anfangs laktische und estrige Noten, die sich aber belüften. Auch getrockneter Steinpilz, Walnuss, Maracuja. Im Mund mit gutem Süße-Säure-Spiel, mittlerer Viskosität, rund und hon gsüß abklingend, von leicht hefigen Aromen begleitet. 9 Vol.-%, NK, €€€€

88 2019 »Urmeer« Scheurebe feinherb

90 2019 »Porphyr« Riesling trocken
Frische Nase, gelbes Steinobst, Mirabelle und Aprikose, zarter Blütenduft. Im Mund cremig dicht, saftig, etwas Süße, gepaart mit einer leicht herben Note, reife und geschmeidige Säurestruktur, wieder Aprikose, feine Mineralität, auch rauchig, solo und zum Essen. 13 Vol.-%, DV, €

★ ★ ★

ADAMSWEIN

Altegasse 28, 55218 Ingelheim am Rhein
T: +49 (6132) 790800, info@adamswein.de
www.adamswein.de

Ab-Hof-Verkauf: ja
Kellermeister: Simone Adams
Ansprechpartner: Simone Adams
Flaschen/Hektar: 45.000 (30 % weiß, 70 % rot)/10 ha

Die Reise geht weiter«, schreibt uns Simone Adams, »das Coronajahr 2020 haben wir im Betrieb genützt, um auf Biodynamie umzustellen. Wir begreifen die Coronazeit als eine Chance für langfristiges Umdenken, als Zäsur.« Da sind wir natürlich gespannt auf die kommenden Jahre. Doch grundsolide ist auch schon der Ausgangspunkt der Reise: Die Weißweine aus 2018 nehmen sehr gekonnt die Vorteile des reifen Jahres auf, ohne darüber mächtig und breit zu werden. Und die Pinots haben das Jahr 2017 in Finesse umgesetzt, in eine ins Trockene transponierte Form Ingelheimer Tradition.

94 2018 »Kaliber 25« Chardonnay trocken

Hefig im Duft, etwas Holz, Kräuter, im Mund mit seidigen Phenolen, die im Abgang etwas fester zugreifen. Mineralisch grundiert, dicht, sehr gute Substanz, ein sehnig-mineralischer, aber dabei nicht zu karger Typus, ungemein finessenreich und subtil in seiner Kraft. 13 Vol.-%, NK, €€€

92 2018 »White Wedding Kaliber 21« trocken VI/PG/CH

Dezentes Holz. Verschlossene Frucht. Im Mund sehr ausgeglichen, mit Saftigkeit und Nerv, aber auch mit Geschmeidigkeit und Anlagen zur Würze. Betont frisch zuletzt, mit taktilmineralischen Noten und einer Spur phenolischer Adstringenz. 12,5 Vol.-%, NK, €€

92 2017 »Kaliber 48« Spätburgunder trocken

Etwas Malz und Feigenkompott, kalkwürzige Untertöne, Cocktailkirsche, Unterboden und Kräuter. Saftig im Ansatz, sehr feines, aber dennoch spannungsreiches Tannin, molliger Fond, reife Frucht, ein fast schon traditionell anmutender Spätburgunder auf hohem Niveau. 12,5 Vol.-%, NK, €€€

91 2017 »Kaliber 12« Spätburgunder trocken

Feinwürzig, Süßkirsche, Rote Johannisbeere, Minze und Wacholder. Im Mund mit hoher Dichte für einen Basiswein, straff gebaut, feste Säure, aber mit ausreichend Frucht und Würze zur Begleitung, kompakter Abklang, schon trinkreif, jedoch mit weiterem Potenzial. 13 Vol.-%, NK, €€

91 2018 »Kaliber 9« Weißburgunder trocken

91 2017 Ingelheim Auf dem Haun Spätburgunder trocken

91 2017 »Kaliber 28« Spätburgunder trocken

93 2018 »Kaliber 19« Grauburgunder trocken

»Gris« in der Farbe, ein helles Altrosa. Beeriger, noch verschlossener Duft. Apfelschalentee. Im Mund eine innige Verbindung von Schmelz und Nerv, Druck und Saftigkeit, Stoffigkeit und Beerenfrucht. Viel Spannung in der Gaumenstruktur und ausgezeichnete Länge. 12,5 Vol.-%, NK, €€

★★★★

WEINGUT ST. ANTONY

Wilhelmstraße 4, 55283 Nierstein
T: +49 (6133) 509110, info@st-antony.de
www.st-antony.de
Ab-Hof-Verkauf: Mo bis Fr 9–18 Uhr, Sa 11–17 Uhr, So 12–18 Uhr
Kellermeister: Sebastian Strub
Ansprechpartner: Dirk Würtz
Flaschen/Hektar: 200.000 (70 % weiß, 30 % rot)/60 ha
Anbauweise: Biologisch zertifiziert

Das Niersteiner Traditionshaus legt eine glänzende Vorstellung hin – fünfmal 93 Punkte sprechen für sich. Dabei macht schon der Niersteiner Ortsriesling richtig Laune: Mit seiner mineralischen Prägung und seiner kraftvollen Statur ist er eine Sonntagsausgabe der Großen Gewächse, die ihrerseits Festtagsweine sind: aromatisch ausgesprochen reich, in der Gaumenstruktur großzügig. Mehr als nur würdige Vertreter ihrer klassischen Herkunft. Auch die Roten sind vorzüglich. Unter Würtz' Ägide scheinen uns die Weine an Differenzierung und an Zwischentönen gewonnen zu haben. Gut so!

93 2019 Nierstein Pettenthal Riesling GG
Reife, gelbe Frucht im Duft, Aprikose, Pfirsich und auch Mango, dazu feine Kräuter und die Mineralität des Roten Hangs. Im Mund wieder mit reifer, gelber Frucht, saftig und mit Schmelz, die Säure ist reif und trägt, gute Substanz und Dichte, mineralisch, lang. 12,5 Vol.-%, DV, €€€

93 2019 Nierstein Hipping Riesling GG
Blumig und würzig im Duft, Lavendel, Ringelblume, Kamille. Terroirtöne vom Rotliegenden. Im Mund seidig, fein ziseliert und weich im Ansatz, dann mit präsenter Süße, kultivierter Säure, ein sachte angelegter Wein, der großes Volumen erlangen kann. 13 Vol.-%, DV, €€€

93 2018 Nierstein Paterberg Spätburgunder GG
Wildkirsche, Milchschokolade, Zimt, Rote Johannisbeere, duftig, floral, Kaltstandzeit. Im Mund ein ziemlicher Bolide: weit gefasst und cremig, dazu eine kräftige Menge körnigen, handwerklichen Tannins, aber auch Saftigkeit, pfeffrig-mineralische Abgangsaromen. 13 Vol.-%, NK, €€€

93 2018 »Rothe Bach« Blaufränkisch trocken
Sauerkirsche, Amarenakirsche, Holunder und merkliche Holzwürze in einem vielschichtigen Duftbild, auch Wacholderbeere. Am Gaumen straff und kompakt gebaut mit guter Dichte und gutem Extrakt, fein extrahierte Gerbstoffe, viel Konzentration in schlanker Form. 12 Vol.-%, NK, €€€

93 2019 Nierstein Orbel Riesling GG

91 2019 »Aus Ersten Lagen« Nierstein Riesling trocken
Apfelkompott, rosa Pfefferbeeren, leicht balsamisch. Druckvoll im Mund, für einen Ortswein recht feist, weitmaschig phenolisch, feste, aber in einen geschmeidigen Fond eingebundene Säure, einiges Volumen, kräftig mineralisch und dezent würzig im Abklang. 13 Vol.-%, DV, €€

★★★★★

WEINGUT BATTENFELD-SPANIER

Bahnhofstraße 33, 67591 Hohen-Sülzen
T: +49 (6243) 906515, kontakt@battenfeld-spanier.de
www.battenfeld-spanier.de
Ab-Hof-Verkauf: nur in Bodenheim bei Kühling-Gillot
Kellermeister: Hans Oliver Spanier, Axel Thieme, Christopher Full
Ansprechpartner: Hans Oliver Spanier und Carolin Spanier-Gillot
Hektar: 28 ha

Alle Achtung! Was H. O. Spanier abliefert, muss sich vor nichts und niemandem verstecken. Die Ortsrieslinge »aus Ersten Lagen«, wie es neuerdings im VDP-Sprech heißt, schmecken wirklich nach klassifizierten Lagen, und die GGs lassen erst recht keinen Wunsch unerfüllt, den man an Grand-Cru-Weine haben kann: Der Frauenberg hat Volumen, der Zellerweg eine kreidige Mineralik, und das Kirchenstück gibt sich so distinguiert und salzig wie noch selten. Der Versteigerungswein vom Zeller Kreuzberg ist ein wahres Kalkkonzentrat. Wir honorieren das mit dem fünften Stern.

95 2019 Zell Kreuzberg Riesling Erste Lage trocken (Versteigerung)

Balsamisches (Neu-)Holz, verschlossene Aromen, zitrusfruchtige Andeutungen, dazu feuchter Stein. Im Mund seidig, ganz nahtlos rund, großzügig und getragen mit langsam anrollender Mineralität. Dicht, und das ganz unbeschwerlich, mit großer Zukunft. 12,5 Vol.-%, NK

95 2019 Hohen-Sülzen Kirchenstück Riesling GG

Steinobst in der Nase, auch Apfel, Kräuter und Rauch, ehemalige Ministranten riechen Weihrauch im Kirchenstück. Vornehm und getragen zunächst am Gaumen mit reifer Frucht und kultivierter Säure, gut balanciert, salzige Noten unterfüttern den athletischen Körper. Dicht und lang. 12,5 Vol.-%, NK, €€€

94 2019 Mölsheim Zellerweg am Schwarzen Herrgott Riesling GG

Kräuterwürzig im Duft, Korianderkorn, Kreuzkümmel, Mandarine. im Mund druckvoll, zarte Phenolik, saftige Säure, deutlich taktilmineralisch und sehr homogen im ganzen Gaumenverlauf, dabei noch jugendlich-kompakt, mit sehr guter Länge und Ahnungen kommender Würze. 12,5 Vol.-%, NK, €€€€

94 2019 Nieder-Flörsheim Frauenberg Riesling GG

Dichte Nase mit Kräutern und Mineral und auch gelber Frucht, würzig, mineralisch. Am Gaumen großzügig und komplett wirkend, mit guter Balance von Frucht, Säure und Substanz, die Säure ist delikat, eng eingewoben in die Struktur, schöne Würze, klarer Ausdruck, Potenzial. 12,5 Vol.-%, NK, €€€€

90 2019 Hohen-Sülzen Riesling Aus Ersten Lagen trocken

92 2019 Mölsheim Riesling Aus Ersten Lagen trocken

Im Duft frisch, Orangenschale, Blutorange, Zitronenschale. Saftige Säure, mittelgewichtig im Extrakt mit zarter Phenolik, feine taktilmineralische Grundierung, früh präsente Abgangswürze, ein sehr eleganter Bau, mit Fokus auf Würze und Mineralität. 12,5 Vol.-%, NK, €€€

★

WEINGUT BEISER

Außerhalb 1, 55578 Vendersheim
T: +49 (6732) 8732, weingutbeiser@t-online.de
www.weingut-beiser.de

Ab-Hof-Verkauf: Mo bis Sa 9–12 Uhr und 13–19 Uhr, So 11–14 Uhr
Kellermeister: Simon Beiser
Ansprechpartner: Familie Beiser
Flaschen/Hektar: 100.000 (70 % weiß, 30 % rot)/23 ha

Auf der Homepage zeigt sich der vielköpfige »Beiser-Clan« fröhlich und ist bester Dinge. Kein Wunder, wenn gleich drei Generationen gemeinsame Ziele verfolgen: Nämlich Weine zu erzeugen, die »Ausdruck und Kraft haben und zeigen, was unsere Lagen im Norden von Rheinhessen draufhaben«, wie es Kellermeister Simon Beiser formuliert. Wir verkosteten eine überzeugende Kollektion, an deren Spitze die Lagenweine aus dem Bingener Schlossberg Schwätzerchen stehen: Der mineralisch definierte Riesling »Quarzit« aus dem Jahrgang 2014 zeigt das große Potenzial des Terroirs. Grandios!

93 2014 »Quarzit« Bingen Schlossberg Schwätzerchen Riesling trocken
Reife Gelbfrucht, Aprikose und Papaya, dazu deutliche mineralische Noten, warmer Stein. Am Gaumen klar gefasst mit gut dosierter Kraft, eng verwoben und dabei doch feingliedrig und nuanciert, ausgeprägte Mineralität, elegant und mit unangestrengter Komplexität. Fließt. 13 Vol.-%, DV, €€

92 2019 »Quarzit« Bingen Schlossberg Schwätzerchen Silvaner Alte Reben tr.
Reife Birne im Duft, Kräuterwürze und gelber Apfel, auch Hagebutte. Komplexer und vielschichtiger Silvaner mit einer kräftigen Struktur, zeigt Substanz und Extrakt, reife, gut eingewobene Säure, viel Würze, Dichte und auch Schmelz, merkliche mineralische Definition. 13 Vol.-%, DV, €€

91 2019 »Quarzit« Bingen Schlossberg Schwätzerchen Riesling trocken
Vielschichtiger Duft nach reifer Gelbfrucht, Guave und Noten aus dem warmen Weinberg, heißer Stein, Feuerstein. Saftig und würzig am Gaumen, etwas Zitronensaft, feiner Fluss mit einer gut eingebundenen Säure, kräftig, dicht und mit gutem Extrakt, mineralisch definiert. 12,5 Vol.-%, DV, €€

90 2018 »Tonmergel« Vendersheim Chardonnay Kleines Fass trocken
Rauchige Noten in der Nase, Melone, Quitte und Birne, auch etwas Rauchspeck. Am Gaumen kräftig und fest gebaut, wieder rauchige Noten, süßlicher Extrakt, gut eingebundene reife Säure, zeigt Saft und Schmelz, jung und talentiert, Potenzial zur Reife. 13,5 Vol.-%, DV, €

89 2019 »Vetter B« trocken GS/CH

89 2019 »Muschelkalk« Sauvignon Blanc tr.

88 2019 »Tonmergel« Sprendlingen Grauer Burgunder trocken

88 2019 »Kalkmergel« Vendersheim Weißburgunder trocken

88 2019 »Tabularasa« Scheurebe trocken

89 2018 »Tonmergel« Vendersheim Frühburgunder trocken

89 2017 »Kalkmergel« Sprendlingen Spätburgunder trocken

89 2019 »Muschelkalk« Vendersheim Riesling trocken
Apfel in der saftigen Nase, Zitrusfrucht und Mirabelle, würzige und florale Noten. Auch am Gaumen würzig und mit einer reifen und selbstbewussten Säurestruktur, wieder Noten von saftiger Zitrone, schöner Trinkfluss, animierend und auch cremig, stimmig. 13 Vol.-%, DV, €

★★★

WEINGUT BISCHEL

Sonnenhof 15, 55437 Appenheim
T: +49 (6725) 2683, info@weingut-bischel.de
www.weingut-bischel.de

Ab-Hof-Verkauf: Mo bis Sa 9–18 Uhr
Kellermeister: Matthias und Christian Runkel
Ansprechpartner: Matthias und Christian Runkel
Flaschen/Hektar: 130.000 (80 % weiß, 20 % rot)/20 ha
Anbauweise: in Umstellung auf Bio

Das VDP-Neumitglied schlägt sich ausgezeichnet in unseren Verkostungen: Die drei Lagenrieslinge vom Appenheimer Hundertgulden, aus dem Binger Scharlachberg und der Siefersheimer Heerkretz wetteifern um die Krone des Sortiments, wobei wir dieses Jahr die Heerkretz als den vielleicht komplettesten Wein dieses Trios leicht vorne sehen. Doch der großzügige Hundertgulden und der mineralisch fest konturierte Scharlachberg verleihen ihrem Terroir auf ebenso hochwertige und gekonnte Weise Ausdruck. Auf diesem Niveau sehen wir hier bald einen vierten Stern kommen.

94 2019 Siefersheim Heerkretz Riesling GG

Apfel und gelbe Frucht vermengen sich in der Nase mit Gesteinsnoten, auch kräutrig, Aprikose und etwas Bienenwachs, florale Eindrücke. Am Gaumen bündig und mit guter Balance, die delikate Säure ist gut eingewoben, mineralisch und würzig, dicht und hochbegabt. 13 Vol.-%, NK, €€€

93 2019 Bingen Scharlachberg Riesling GG

Gelbe Frucht und reifer Apfel, Aprikose, gelbe Blumen, Ginster und Mango, auch Kräuter und warmer Stein. Am Gaumen mit guter Balance, kräftig gebaut mit klarer Kontur; reife, gut eingewobene Säure, hat Saft, Schmelz und Mineralität, aus einem Guss, mit Charme und Profil. 13 Vol.-%, NK, €€€

93 2019 Appenheim Hundertgulden Riesling GG

Vielschichtiger Duft mit Aprikose und Pfirsich, Apfel, florale Anklänge, Würze und sich andeutende Kalkmineralität. Saftig und cremig am Gaumen, auf einem weichen Fond zeigt sich gute Substanz und Dichte, kultivierte Säure, kalkmineralisch unterfüttert, konsistent und elegant. 13 Vol.-%, NK, €€€

92 2019 Bingen Scharlachberg Riesling Auslese

Mittleres, klares Gelb. In der Nase getrocknete Früchte, getrocknete Aprikose, Limettenzeste, fein. Am Gaumen Säure und Süße in einer schönen Balance, reife Zitrusfrüchte, Birne, feine Struktur und schöne Länge, ausgewogen, Potenzial. 7 Vol.-%, NK, €€€

90 2017 Appenheim Spätburgunder Aus Ersten Lagen trocken

91 2018 »Réserve« Weißburgunder trocken

In der Nase feinsaftig und klar. Noten von Stein, etwas Rauchigkeit und dezente Holzwürze. Am Gaumen fließend mit mineralischem Grip. Frische Gelbfrucht, Mandel, Zitrusabrieb, ziselierte Säurestruktur. Elegant, ausgewogen mit feingriffigem Finish. 14 Vol.-%, NK, €€€

★★★

WEINGUT BOSSERT

Hauptstraße 15, 67598 Gundersheim
T: +49 (6244) 905510, info@bossert-gundersheim.de
www.bossert-gundersheim.de

Ab-Hof-Verkauf: ja
Kellermeister: Johanna und Philipp Bossert
Ansprechpartner: Johanna und Philipp Bossert
Hektar: 10 ha

Um mit der Tür ins Haus zu fallen: Die Bossert-Geschwister haben 2018 den besten Höllenbrand-Spätburgunder ihrer noch jungen Karriere gekeltert. Dieser Wein schwingt von der Frucht zur Mineralität und vom Charme zur Ernsthaftigkeit, dass es eine Freude ist – und für viele Jahre bleiben wird. Auch die weißen 2019er haben uns sehr gut gefallen, wobei der knackig-säurefrische und tief mineralische Gundersheimer Ortsriesling manch einem Kenner vielleicht sogar besser gefallen wird als der insgesamt komplettere und reichere Lagenwein Königstuhl. Bitte mehr davon!

92 2019 Gundersheim Königstuhl Riesling tr.
Dezentes Holz, Orangenkonfitüre, Rosenholz, balsamische Obertöne. Reife Beeren, pur und gesund ausgelesen. Gutes Volumen am Gaumen, getragen mit lebendiger, kultivierter Säure und präsenter Süße als Gegengewicht, gut mineralisch definiert, terpeniger Extrakt im langen Abgang. 13 Vol.-%, DIAM, €€€

91 2019 Gundersheim Weißburgunder trocken
Zunächst spontangärungsgeprägt, dann ein Anflug von fast rieslinghaft-zitrischen Noten, schließlich Heu, weiße Blüten. Im Mund mit feinem Säurenerv und seidiger, zart phenolischer Textur, taktilmineralisch unterlegt, spannungsvoll und saftig. Kulinarisch! 12,5 Vol.-%, DIAM, €€

91 2019 Gundersheim Riesling trocken
Eine Spur von Holz. Grapefruit, Bitterorange, Wiesenkräuter. Im Mund knackig, straff, leicht phenolisch, holzwürzig unterlegt, intensiv kalkmineralisch, ein Ortswein voller Frische und Spannung, mit der unverfälschten Kernigkeit des Jahres. 12,5 Vol.-%, DIAM, €€

94 2018 Gundersheim Höllenbrand Spätburgunder trocken
Dezentes Holz, Gewürznelke, Kokos, dazu eine intensive Herzkirschfrucht. Im Mund mit einer guten Dosis mürb-körnigen Gerbstoffs, lebendiges, kultiviertes Säurerückgrat, viel Schmelz im Hintergrund, aber auch Saftigkeit und Kalkmineralität. Große Finesse! 13 Vol.-%, NK, €€€

90 2018 Spätburgunder trocken

89 2019 Riesling trocken
Reife Sortenfrucht, roter Apfel und Pfirsich. Im Mund gehaltvoll, gute Dichte, das Genre Gutsriesling wird hier über die Intensität nicht über die Leichtigkeit der Frucht definiert, Unreife oder das Fehlen von Tiefe. Leichte Süße untermalt die Frucht. 12,5 Vol.-%, DIAM, €€

WEINGUT BOXHEIMERHOF

Wonnegaustraße 31, 67550 Worms-Abenheim
T: +49 (6242) 60180, info@boxheimerhof.de
www.boxheimerhof.de

Ab-Hof-Verkauf: Mo bis Sa 10–18 Uhr
Kellermeister: Johannes Boxheimer
Ansprechpartner: Johannes Boxheimer
Hektar: 25 ha

Johannes Boxheimer vom Weingut Boxheimerhof hat ganz klare Vorstellungen von der Genese und Entwicklung seiner Weine: »Für uns ist Wein ein Kulturprodukt, das durch unsere Hand erschaffen wird«, lässt uns der Winzer wissen. Seine Orts- und Lagenweine lässt er spontan und auch auf der Maische vergären, danach werden sie im Holzfass ausgebaut – was auch den straff gebauten und mineralisch fundierten Rieslingen zugutekommt. Der präzise und elegante Pinot Noir trägt seinen Namen zu Recht, der Riesling »vom Brummelochsenboden« ist uns eine Empfehlung wert. Starkes Debüt!

90 2018 Gundheim Sonnenberg Riesling tr.

Kräftiges Gelb im Glas, Apfel und Zitrusfrucht, gelbe Frucht und Blüten und auch Rauch. Am Gaumen schlank gebaut und mit fester Struktur, reife Säurestruktur, Saft und Schmelz, feine Würze und Süße, eine feine Schicht Phenole, elegant und feingliedrig. 11,5 Vol.-%, DIAM, €€

90 2018 »Alte Reben« Abenheim Klausenberg Riesling trocken

Würziger und rauchiger Duft, gelber Apfel und Aprikose dazu, Kräuter. Die reife und verspielte Säure bestimmt den Gaumen, salzige Nuancen, bündig gefasste und feste Textur; zeigt Tiefgründigkeit, Eleganz und mit der Lizenz für kulinarische Gedankenspiele. 12,5 Vol.-%, DIAM, €€

89 2018 Abenheim Klausenberg Pinot Blanc tr.

Kräftiger Duft nach reifer gelber Frucht, Mirabelle, Aprikose und Apfel, Zitrusfrucht, rauchige Noten, gelbe Blüten. Am Gaumen kräftig und fest gebaut mit lebendiger Säure, merkliche Restsüße kommt dazu, zeigt Schmelz und Eleganz, kulinarisch vielseitig geeignet. 12,5 Vol.-%, DIAM, €€

91 2015 Pinot Noir trocken

Lorbeerblatt im Duft, Rauch und Röstaromen begleiten Kirsche und Schattenmorelle. Am Gaumen mit einer fein ziselierten und nervigen Säure in einer stimmigen Textur, gute Balance, präziser Ausdruck und kultivierte Gerbstoffe, verdient den Namen Pinot Noir zu Recht. 13 Vol.-%, DIAM, €€

88 2019 Abenheim Sauvignon Blanc trocken

89 2019 »vom Brummelochsenboden« Abenheim Riesling trocken

Feine Frucht und Würze in der Nase, Pfirsich und Aprikose, auch etwas Mango. Am Gaumen zeigt sich ein feines Spiel von Süße und Säure, klare, kräftige Kontur; guter Zug und feiner mineralischer Schliff, Saft, Würze und Eleganz; viel Wein fürs Geld. 13 Vol.-%, DV, €

★★

WEINGUT MARKUS BRANDT

Dalbergstraße 27, 67596 Dittelsheim-Heßloch
T: +49 (6244) 5521, kontakt@brandt-weine.de
www.brandt-weine.de

Ab-Hof-Verkauf: nach Vereinbarung
Kellermeister: Markus Brandt
Ansprechpartner: Markus Brandt
Hektar: 12 ha

Das noch junge Weingut – der erste Jahrgang war 2010, 2017 übernahm mit Markus Brandt die junge Generation – hat eine sehr gute Probe seines Könnens vorgestellt. Der Riesling aus dem rheinhessischen Teil des Zellertals erfreut mit einer fein gewobenen, mineralischen Frische, die weißen Burgunder belegen Augenmaß beim behutsamen Ausbau im Holz. Der Pinot-Rosé-Sekt besticht durch seine stoffige Anlage und durch Klarheit. Zu guter Letzt hat Markus Brandt aber auch Ambition und Talent für Bukettsorten und Edelsüßes. Ein rundum gelungenes Debüt in diesem Guide.

92 2019 Mölsheim Zellerweg am Schwarzen Herrgott Riesling trocken

Kandierte Zitronenschale, Mandarine, strahlend frisch, fast kabinettartig. Im Mund mit sehr guter Dichte, Saft und Spannung, terpeniger Extrakt, Kalkmineralität. Ein markanter Lagencharakter, sehr mineralisch, pointiert, kommt dem »echten« Herrgott sehr nahe. 13 Vol.-%, DV, €€

90 NV »Pinot Noir Rosé« brut

Himbeere, Quitte, Süßkirsche, fruchtgetragen. Im Mund mit mittelfeinem Mousseaux, eine Schicht Stoffigkeit, reife Säure, herzhafte Burgunderfrucht, reif, aber recht sauber gelesen, mit guter Substanz und einer passend trockenen Abstimmung, ein weiniger Sekt. 12,5 Vol.-%, NK, €€

92 2018 Bechtheim Hasensprung Gelber Muskateller Beerenauslese

Klares, sattes Gelb. In der Nase getrocknete helle Früchte, Pfirsich, Orangenzeste, Kräuterwürze, Muskat, etwas Rauch. Am Gaumen sehr präsente Süße, lebendige Säure, konzentrierte, dichte Zitrusfrucht, Limette, Schmelz, viel Druck, gute Länge. Potenzial. 9,5 Vol.-%, DV, €€

90 2018 Hessloch Liebfrauenberg Scheurebe Auslese

Eine hoch konzentrierte Grapefruitfrucht im Duft. Dazu eine deutliche Botrytiskomponente, getrockneter Steinpilz. Im Mund ganz rund und dabei fein ziseliert, mit frischem Säurebogen und einer Süße, die den Wein trägt, aber nicht dominiert. 9 Vol.-%, DV, €

89 2019 »Fumé« Weißburgunder trocken

91 2019 »Fumé« Grauburgunder trocken

In der Nase rotbeerig und mit Wiesenkräutern sowie etwas gelbem Apfel. Am Gaumen mit schöner Fülle, ohne darüber barock zu werden, mit feinem Säurespiel. Guter Grip, feine Phenolik und Balance mit spürbarer Spannung lassen keine Langeweile aufkommen. 12,5 Vol.-%, DV, €€

★★

WEINGUT ERNST BRETZ

Langgasse 35, 55234 Bechtolsheim
T: +49 (6733) 356, info@weingutbretz.de
www.weingutbretz.de

Ab-Hof-Verkauf: Mo bis Fr 8–12 Uhr und 13–18 Uhr, Sa 10–17 Uhr
Kellermeister: Harald Bretz
Ansprechpartner: Horst Bretz
Hektar: 40 ha

Nicht nur wegen der fulminanten Trockenbeerenauslese von der Scheurebe befindet sich das Weingut Bretz auf dem Weg nach oben: Der Riesling vom Petersberg aus dem Jahrgang 2019 ist fein gearbeitet, elegant und gut balanciert, den würzigen und präsenten Sauvignon Blanc kann man getrost empfehlen. Den Aufschwung kann man auch an Victoria Bretz, der Tochter von Horst und Heike Bretz, festmachen. Sie bringt nach dem Studium in Geisenheim nun neue Ideen ein und sorgt für Impulse. Gerade der Holzeinsatz scheint präziser auszufallen. Eine Entwicklung, die sicher noch nicht abgeschlossen ist.

90 2019 Bechtolsheim Petersberg Riesling tr.
Feinfruchtige Nase mit Pfirsich, etwas Blattwerk und auch mineralischen Anklängen. Am Gaumen mit eleganter Attitüde schlank gebaut, feiner Saft und Fluss, unterlegt von Würze, gute Frische, filigran gearbeitet. Zitrusfrucht am hinteren Gaumen, gute Balance. 12,5 Vol.-%, NK, €€

90 2019 »Réserve« Bechtolsheim Petersberg Grauburgunder trocken
Riecht kräftig nach Blüten, Birne und reifem Apfel. Gehaltvoller und vollmundiger Wein mit viel Saft und Schmelz, die kräftige Struktur korrespondiert gut mit dem großzügigen Ausdruck, nicht zu süß, mit feiner Würze. Zum Essen. 13,5 Vol.-%, DV, €€

90 2018 Bechtolsheim Petersberg Spätburgunder trocken
Kräftiger und würziger Duft, zu reifer roter und dunkler Frucht kommen Holzwürze und Gewürze, Wacholderbeere, nasser Waldboden. Konzentriert und würzig am Gaumen, gute Substanz, reife Säureader; gelungene Verbindung aus Kraft und Burgunderpersönlichkeit. 13,5 Vol.-%, NK, €€

96 2018 Scheurebe Trockenbeerenauslese
Komplex im Duft: rosa Grapefruit, etwas Bienenwachs, frische Erbse, Aprikose. Im Mund saftig und geschmeidig, nicht im Übermaß viskos, aber durchaus gehaltvoll, reich, süß, mit eher zurückhaltender Säure, die aber vom kraftvollen Extrakt unterstützt wird. 8 Vol.-%, NK, €€€

89 2019 »Réserve« Bechtolsheim Petersberg Riesling trocken

89 2018 Bechtolsheim Petersberg Chardonnay trocken

89 2019 »Réserve« Bechtolsheim Petersberg Weißburgunder trocken

90 2015 »Réserve« Bechtolsheim Petersberg Spätburgunder trocken

90 2015 Bechtolsheim Petersberg Cabernet Sauvignon & Merlot trocken

89 2016 Bechtolsheim Petersberg St. Laurent trocken

89 2019 Bechtolsheim Petersberg Scheurebe Spätlese

89 2019 Bechtolsheim Petersberg Sauvignon Blanc trocken
Würzige und intensive Nase nach Grapefruit, Papaya und grüner Paprika, etwas Zitronengras. Saftig und würzig am Gaumen, schlanke Statur, gute Balance der Elemente, zeigt Frische, Frucht und Schmelz, guter Sortenvertreter mit Anspruch und rheinhessischem Akzent. 12 Vol.-%, DV, €

★★★

WEINGUT LISA BUNN

Mainzer Straße 86, 55283 Nierstein
T: +49 (6133) 59290, info@weingut-bunn.de
www.lisa-bunn.de

Ab-Hof-Verkauf: Di bis Fr 13–17 Uhr, Sa 11–16 Uhr
Kellermeister: Lisa Bunn, Bastian Strebel
Ansprechpartner: Lisa Bunn
Flaschen/Hektar: 80.000 (65 % weiß, 35 % rot)/21 ha

Viel mehr Konstanz geht fast nicht. Lisa Bunn und ihr Mann Bastian Strebel zeigen eine makellose Kollektion. Damit festigen die beiden ihren Ruf als herausragende Winzerpersönlichkeiten in Rheinhessen. Mit 21 Hektar Weinbergen in unterschiedlichen Lagen und mit wechselnden Bodentypen reicht die Bandbreite vom frischen »Fleißigen Lieschen« aus Riesling über den würzigen Sauvignon Blanc »Fumé Reserve« bis hin zum fein mineralischen Riesling aus dem Niersteiner Hipping. Nicht zu vergessen, die balanciert-aromatischen Roten: St. Laurent und Spätburgunder machen richtig Spaß.

92 2019 Nierstein Hipping Riesling trocken
Sattes, klares Gelb. Mineralischer Duft, Gesteinsmehl, Aprikose, rote Grapefruit. Am Gaumen reife Säure, feine Phenole, Zitrus, mineralischer Zug, Spannung und Eleganz, schöne Struktur. In sich ruhend, hat Kraft und Potenzial für viele Jahre. 12,5 Vol.-%, NK, €€€

91 2019 Nierstein Orbel Riesling trocken
Sattes, klares Gelb. In der Nase heißer Stein, mineralisch, reife Limone, rote Grapefruit, etwas Zündholz. Am Gaumen belebende Säure, reife Zitrusfrucht, mineralischer Zug, feine Phenole, schöne Struktur, gute Länge, endet elegant, stimmig. 12,5 Vol.-%, NK, €€

92 2018 »vom Rotliegenden« Nierstein St. Laurent trocken
Sattes, tiefes und klares Kirschrot. In der Nase rote Beeren, Amarenakirsche, Kräuterwürze, Nelken, etwas Zimt und Vanille, aber kühl dabei. Am Gaumen feine, gut ausgewogene Gerbstoffe, Kirsche, Gewürze, Backpflaume, stimmige Säure, gute Länge, endet würzig. 13,5 Vol.-%, NK, €€

92 2018 Wintersheim Spätburgunder trocken
Mittleres Kirschrot, bräunliche Ränder. In der Nase würzige Kirsche, etwas Rauch, Brombeere, frische Pflaume. Am Gaumen feine Gerbstoffe, dunkle rote Früchte, Kirsche, Tabak, Waldboden, schöne Struktur, sehr ausgewogen, gute Länge, toll zum Essen. 13 Vol.-%, NK, €€

91 2019 »Reserve« Dienheim Tafelstein Chardonnay trocken

91 2019 »Reserve« Grauburgunder trocken

90 2019 »Fumé Reserve« Sauvignon Blanc trocken

90 2019 Wintersheim Riesling trocken

90 2019 »vom Rotliegenden« Nierstein Riesling trocken

90 2019 »vom Kalkstein« Riesling trocken

89 2019 »Fleißiges Lieschen« Riesling trocken

90 2018 Pinot Noir trocken
Klares Kirschrot. In der Nase Sauerkirsche, etwas Rauch, Schwarze Johannisbeere, Würze, frisch bleibend. Am Gaumen stimmige, eher weiche Tannine, balancierte Säure, Kirsche, Kräuterwürze, mittlere Struktur und Länge, hat durchaus Charme. 13,5 Vol.-%, NK, €

★★

CISTERZIENSER WEINGUT

Dalbergstraße 28, 67596 Dittelsheim-Heßloch
T: +49 (6244) 4921, info@cisterzienser-weingut.de
www.cisterzienser-weingut.de

Ab-Hof-Verkauf: Mo bis Fr 9–11.30 Uhr und 13–18 Uhr, Sa 9–13 Uhr
Kellermeister: Ulrich Michel
Ansprechpartner: Karen und Ulrich Michel
Hektar: 30 ha

»Wir wollen es noch einmal wissen«, schreiben uns Karen und Ulrich Michel, »deshalb: neues Logo, neue Etiketten, ein ganz neuer Auftritt. Und warum? Weil wir einfach Lust drauf haben!« Gut so. Es hat noch nie geschadet, wenn die Arbeit Spaß macht. Zumal die Erneuerung nicht bei Äußerlichkeiten stehen bleibt, Familie Michel stellt nun auf Bio um, hat einen jungen Kellermeister an Bord geholt und verstärkt sich zudem mit neuen Weinbergen und zusätzlicher Holzkapazität im Keller. Schmeckt man das schon? Eindeutig ja! Wir sind gespannt, was die Zukunft bringt.

92 2019 Westhofen Morstein Riesling trocken
Lavendel, Zitronenblüte, Hefe, Rosmarin, feuchte Kreide. Im Mund gleichermaßen druckvoll und schlank, knackig in der Säure, zurückhaltend in der Süße, saftig und dicht in der Gaumenmitte, noch verschlossen, mit mineralischer Frische und hefiger Abgangswürze. 13 Vol.-%, NK, €€

91 2019 Bechtheim Hasensprung Riesling trocken unfiltered
Verschlossen, zitrisch, Hefe, Melisse. Im Mund mit geschmeidiger Grundierung, packender Säure, mehligen Phenolen, mittelgewichtig in der Konzentration, gut in der mineralischen Komponente, ein noch komplett in sich gekehrter Wein mit guter Perspektive. 13 Vol.-%, NK, €€

90 2018 »Cisterzienser Sekt« Sauvignon Blanc brut
In der Nase Blüten und Stachelbeere, reifes Steinobst, Mango. Im Mund verbinden sich eine präsente Säure mit feiner, süßer Frucht, das Mousseux ist fein, klar und direkt im Ausdruck, stimmig gebaut. Ein Sekt, der nicht nur als Aperitif zu gefallen weiß. 12,5 Vol.-%, VK, €€

90 2015 Merlot trocken
Kirschkern und Kräuter, zurückhaltendes Holz. Druckvolles Tannin, feinkörnig, reif, viel Saftigkeit, eher milde Säure, einiges an Schmelz und Fülle, schöne, klare Abgangsfrucht. Der kräftige Alkohol wirkt von Saftigkeit und Extrakt gut ins Lot gebracht. 14 Vol.-%, VK, €€

91 2018 »Maßwerk« Heßloch Edle Weingärten Grauer Burgunder trocken

89 2019 Chardonnay trocken

89 2019 »Sommersprossen« tr. SB/WB/RR

88 2018 »S« Weißburgunder trocken

88 2019 Merlot Rosé trocken

89 2018 »Monsignore« trocken CS/SL/RE

89 2015 Cabernet Sauvignon Merlot trocken

90 2019 Sauvignon Blanc trocken
Kiwi und Stachelbeere im Duft, am Gaumen saftig und elegant, feingliedrige Säure, seidiger runder Fluss, ein Hauch Süße, unaufdringliche Sortenaromen, eher auf der fruchtigen als der »grünen«, reduktiven Seite. Ein Spaßwein mit Niveau. 12,5 Vol.-%, DV, €

★

WEINGUT DACKERMANN

Gaustraße 15, 67596 Dittelsheim-Heßloch
T: +49 (6244) 7054, info@weingut-dackermann.de
www.weingut-dackermann.de

Ab-Hof-Verkauf: nach Vereinbarung
Kellermeister: Sascha Dackermann
Ansprechpartner: Sascha Dackermann
Hektar: 16 ha

Das Weingut Dackermann erzeugt schon seit 1913 Wein, seit 2011 ist Sascha Dackermann in vierter Generation für Betrieb und Keller verantwortlich. »Beim Weinausbau arbeiten wir sehr schonend und nur mit dem, was uns die Natur Jahr für Jahr schenkt«, umschreibt der Winzermeister seine Herangehensweise. Seine Weine zeigen gute Substanz und auch Kraft, ohne dabei an Balance zu verlieren wie der geschmeidige Riesling »vom Kalkstein«. Trefflich gelingen dem Winzer auch die Bukettsorten wie der sortentypische und feinfruchtige Gelbe Muskateller. Vielversprechendes Debüt in diesem Weinguide!

90 2019 »vom Kalkstein« Hessloch Riesling tr.
Reife Aprikose und Pfirsich in der Nase, klassisch und schön, auch Mango und mineralische Anklänge. Die Säure am Gaumen ist lebendig und gleichzeitig gut abgepuffert, wieder klare Frucht, kalkmineralische Geschmeidigkeit, bündig gebaut, erwachsener Riesling. 13 Vol.-%, DV, €

90 2019 »vom Kalkstein« Hessloch Weißburgunder trocken
Intensive und würzige Nase nach gelben und weißen Blüten, reife Zitrusfrucht, Guave und Aprikose, auch Röstaromen. Kräftige Statur, setzt saftig und weich an, in der Gaumenmitte zunehmende Konzentration und Würze, Schmelz und kalkmineralischer Nerv, jung, zum Essen. 13,5 Vol.-%, DV, €

89 2018 »vom Löss« Bechtheim Grauer Burgunder trocken
Rötliche Farbe im Glas, intensive Nase, riecht kräftig nach Holz und gerösteten Kastanien, auch reife Birne. Am Gaumen mit guter Substanz und angehender Balance, das Holz bindet sich langsam gut ein, reife und präsente Säure, feine Süße, kann gut reifen. 14,5 Vol.-%, DV, €

90 2016 Bechtheim Hasensprung St. Laurent trocken
Intensive Nase, reife und auch gekochte Frucht, Kirsche und Brombeere, etwas Holunder, Röstaromen und Rauch, asiatische Gewürze. Behält bei aller Kraft und Substanz auch die nötige Frische, die Gerbstoffe sind kräftig und leicht adstringierend, zu kräftigen Gerichten. 14,5 Vol.-%, DIAM, €€

89 2017 »Grande Réserve« Chardonnay brut

89 2019 Gelber Muskateller trocken
Klare, sortentypische Nase nach Muskatblüte, Aprikose, Mango, Litschi und reifer Stachelbeere. Im Mund auch mit klarer Frucht, die feine Süße wird von der lebendigen Säure begleitet, gut gebaut, ein Wein, der nicht nur Aperitif kann, auch zum Essen. 13 Vol.-%, DV, €

★

WEINGUT ENGEL

Untergasse 39, 67592 Flörsheim-Dalsheim
T: +49 (6243) 6574, webmaster@der-wein-engel.de
www.der-wein-engel.de

Ab-Hof-Verkauf: Mo bis Fr 8–12 Uhr und 13–18 Uhr, Sa 9–16 Uhr
Kellermeister: Albrecht Engel
Ansprechpartner: Albrecht Engel
Flaschen/Hektar: 100.000 (70 % weiß, 30 % rot), 11 ha

Albrecht Engel absolvierte seine Lehre bei Wittmann, Gutzler und Christmann und ist im Weingut für den Ausbau der Weine zuständig. »Ob im Edelstahltank, großen Holzfass oder Barrique ausgebaut, beim Reifeprozess lautet unsere Philosophie: so wenig Einflussnahme wie nötig«, schreibt er. Die elf Hektar Weinberge werden naturnah bewirtschaftet und liegen in den Nieder-Flörsheimer Lagen Frauenberg und Goldberg, in den Dalsheimer Lagen Bürgel und Hubacker sowie im Mölsheimer Zellerweg am Schwarzen Herrgott. Das Potenzial dieser Lagen setzt Engel gekonnt um. Gelungenes Debüt!

90 2019 Mölsheim Zellerweg Am Schwarzen Herrgott Riesling trocken
Eine intensive Spätlesefrucht, Mirabelle, Pfirsich und Aprikose. Kraftvoller Gaumen, weich und rund, füllig, eher fruchtbetont als mineralisch, dennoch frisch mit feinem Säurespiel, Phenolen, mittlerer Länge und einer Wiederkehr der gelbfruchtigen Aromen im Abgang. 13 Vol.-%, DV, €€€

90 2019 Nieder-Flörsheim Frauenberg Riesling trocken
Sehr kräftige Farbe, krautig im Duft, braucht viel Luft, bekommt dann aber kräuterwürzige Noten, Kümmel, Anis. Im Mund sehr hart, mit markanter Säure und fast schmerzhaftem Gerbstoff, sehr mineralisch. Ein kantiger Riesling, der lange Zeit zum Lagern benötigt. 12,5 Vol.-%, DV, €€

89 2019 Nieder-Flörsheim Goldberg Riesling trocken
Duftig und floral in der Nase, auch Noten von Zitrusfrucht. Im Mund frisch und saftig, zugleich mit gutem Körper, seidige Textur, lebendige Säure, aber auch einige Süße, die die Frucht hervorhebt. Gute Anlagen, muss sich noch etwas harmonisieren. 12,5 Vol.-%, DV, €€

90 2018 Mölsheim Zellerweg Am Schwarzen Herrgott Riesling Spätlese
Klares, helles Gelb in der Farbe. In der Nase Gesteinsmehl, Kalk, reife Zitrusfrucht, Honig, Weiße Johannisbeere und Zitrusfrucht. Am Gaumen feine Säure, balanciert, Zitrusfrucht, Aprikose, Mango, schöne Struktur und Länge, endet frisch, hat gutes Potenzial. 8,5 Vol.-%, NK, €€

89 2019 »Porphyr« Riesling trocken

90 2019 Nieder-Flörsheim Riesling trocken
Kräftige Farbe, zunächst etwas belegt im Duft, mit Luft zeigt sich weißer Pfirsich und Aprikose. Im Mund rund und geschmeidig, fast schon cremig, kräftige Phenolik, betont trocken in der Abstimmung, mineralische Tönung und terpenherber Abklang. Jung. 13 Vol.-%, DV, €€

★★

WEINGUT EPPELMANN

Kirchgasse 10, 55271 Stadecken-Elsheim
T: +49 (6136) 2778, info@eppelmann.de
www.eppelmann.de

Ab-Hof-Verkauf: Di bis Fr 13–18 Uhr, Sa 10–17 Uhr
Kellermeister: Timo, Christian und Corinna Eppelmann
Ansprechpartner: Corinna Eppelmann
Hektar: 20 ha

Das ist die beste Kollektion aus dem Weingut Eppelmann, die wir bislang verkosten konnten. Sie belegt den stilistischen Wandel: Es ist der erste Jahrgang, den die in Geisenheim studierenden Geschwister Corinna und Christian Eppelmann gemeinsam mit ihren Eltern Simone und Timo verantwortet haben. Die Weine werden spontan vergoren und liegen lange auf der Hefe. Riesling und Spätburgunder stehen im Fokus, auch die weißen Burgundersorten sollen ihr Potenzial auf den kalkgeprägten Böden ausspielen. Die Umstellung auf ökologischen Anbau ist 2021 abgeschlossen. Da darf man noch einiges erwarten!

91 2019 Elsheim Bockstein Riesling trocken
Reife Gelbfrucht, Aprikose und Reneklode, würzige Noten, Kräuter, mineralische Anklänge. Vielschichtiger Riesling mit guter Komplexität und Struktur, gute Balance von Kraft, Frische und Eleganz, salzige Noten, reduzierte Gaumenfrucht, kompromisslos trocken, jung. 13 Vol.-%, NK, €€

91 2019 Elsheim Blume Silvaner trocken
Birne und Kürbis in der Nase, feine Wiesenkräuter und rauchige Anklänge. Am Gaumen saftig ansetzend mit Schmelz, Würze und reifer Säure, kräftiger und bündiger Bau, gute Dichte und Konsistenz. An der Gaumenmitte salzige Nuancen, solo und zum Essen ein Genuss. 13 Vol.-%, NK, €€

91 2019 »Réserve« Chardonnay trocken
Birne und Quitte in der Nase, grüne Walnuss, Rauch und Holzaromen. Kräftig und am Gaumen eher breit angelegt, gute Dichte und Extrakt, zeigt Substanz, Saft, Würze und eine reife, tragende Säurestruktur, salzige Noten. Jung und mit dem Potenzial zur Reife. 13,5 Vol.-%, NK, €€

93 2019 Elsheim Blume Riesling Trockenbeerenauslese
Klares, mittleres Gelb. Am Gaumen getrocknete Zitrusfrucht, reife Quitte und Maracuja, klar. Am Gaumen viel Zug und viel Druck, süßer Birnensaft, Würze, exotische Früchte. Bei aller Kraft und Präsenz elegant, großes Potenzial, sehr balanciert. 8 Vol.-%, DV, €€€€

90 2019 Elsheim Riesling trocken

90 2017 »Pinot« brut nature

90 2019 Elsheim Grauburgunder trocken

89 2019 Elsheim Weißburgunder trocken

90 2017 Elsheim Spätburgunder trocken

89 2018 Spätburgunder trocken

89 2019 Elsheim Blume Riesling Spätlese

89 2019 Riesling trocken
Fruchtige und blumige Nase, Aprikose, Pfirsich, Blüten, reifer Apfel und Zitrusfrucht. Frisch und schwungvoll am Gaumen mit lebhafter Säurestruktur und klarer Frucht, schlanker Bau, feine Würze, mineralische Anklänge. Anspruchsvoller Einstieg in das Rieslingsegment. 12,5 Vol.-%, DV, €

★ ★ ★

WEINGUT ESPENHOF

Hauptstraße 81, 55237 Flonheim-Uffhofen
T: +49 (6734) 94040, weingut@espenhof.de
www.espenhof.de

Ab-Hof-Verkauf: Mo bis Sa 8–18 Uhr, So 9–11 Uhr
Kellermeister: Nico Espenschied
Ansprechpartner: Nico Espenschied
Hektar: 30 ha

Nico Espenschied zählt zu den kreativen Geistern der Winzerszene und ist immer dabei neue Projekte auszutüfteln: Dieses Mal überraschte er mit einem Manzoni Bianco, einer italienischen Rebsorte und Kreuzung aus Riesling und Pinot Blanc. Der Wein vergor fünfeinhalb Monate auf der Maische im Steinfass, danach wurde er im alten, kleinen Holzfass 18 Monate »sich selbst überlassen«, schreibt der Winzer. Eine zweite Variante baute er im 500-Liter-Fass aus, minimal geschwefelt. Das Ergebnis sind zwei packende, eigenständige Weine. Gut, dass es so mutige und ideenreiche Winzer gibt.

91 2019 »Herz+Hand« Manzoni Bianco unfiltered trocken

In der Nase gehaltvoll, rund, frisch. Dabei zart rauchig, etwas grasig. Verwoben am Gaumen mit feiner Dichte und Leichtigkeit. Saftige, frische helle Frucht, animierender Säurezug, feine Salzigkeit, zarter phenolischer Grip. Balanciert, spannend, saftig. 13 Vol.-%, DV, €€

90 2018 »Bauchgefühl« Manzoni Bianco natural trocken

Dichte, fein phenolische Nase, Pfirsich, Gelbwürzigkeit, Wildrose, Fruchtschale, Stengel und Zitrustee nach über fünf Monaten Schalenkontakt. Immanente Kraft, pflanzliche Komponenten. Ausgewogen mit Saft, herben, gerbstoffigen Noten und Frische am Gaumen. 13 Vol.-%, DV, €€€

91 2013 »E.P.I.« Pinot Noir trocken

Fokussiert, dabei ausgeglichen mit Kräuterwürze, einem Hauch Ätherik, feinem Grip, pflanzlichen Noten, dunkler Frucht. Am Gaumen verwoben, frische dunkle Kirsche und Würzigkeit. Feine Phenolik, straighter Säurezug. Tiefe trifft auf Spannung, Würze und Frische. 13,5 Vol.-%, DV, €€€

91 2018 »Herz+Hand« Syrah & Cabernet Franc trocken

Violette Nuancen, dunkle Beeren, pflanzliche Komponenten, klar, würzig, etwas Ätherik und ein Hauch trocknendes Holz. Am Gaumen nuanciert. Frisch, konzentriert, Fruchtextrakt, daneben noch recht griffiges Tannin, Adstringenz und lebendiger, saftiger Säurezug. 14 Vol.-%, DV, €€

89 2018 »Hautnah« Sauvignon Blanc natural trocken

90 2019 »Veltenbummler« Veltliner Laura Espenschied trocken

Saftig, gehaltvoll und frisch, Kräuterwiese, etwas Blüte, Stein, saftiger Apfel, heller Pfirsich, ein Hauch Rauchigkeit. Am Gaumen Kernobst, frische, süße Frucht, pflanzliche Noten. Feiner Grip, saftiger Säurezug. Animierend und trinkig mit Aussage. 12,5 Vol.-%, DV, €€

★

WEINGUT FINKENAUER

Außerhalb 7, 55270 Bubenheim
T: +49 (6130) 944206, info@finkenauer.de
www.finkenauer.de

Ab-Hof-Verkauf: nach Vereinbarung
Kellermeister: Yvonne Finkenauer
Ansprechpartner: Yvonne Finkenauer
Flaschen/Hektar: 180.000 (85 % weiß, 15 % rot)/15 ha

Es hat uns gut gefallen, was das Bubenheimer Weingut Finkenauer an Weinen angestellt hat: Gerade die ambitionierten »Meilenstein«-Weine haben noch an Profil und Charakter gewonnen, allen voran der komplexe, mineralische Riesling aus dem Schwabenheimer Schloßberg und der würzig-schmelzige Weißburgunder aus dem Bubenheimer Kallenberg. Beachtlich, was die Selfmade-Winzerin Yvonne Finkenauer mit Unterstützung ihres Teams und ihres Vaters Wilfried auf die Beine gestellt hat. Gemeinsam bewirtschaften sie 15 Hektar Reben in Bubenheim. Da scheint in Zukunft noch einiges möglich zu sein!

91 2018 »Meilenstein« Schwabenheim Schloßberg Riesling trocken
Reifes Steinobst in der Nase, Noten von Aprikose und Pfirsich, auch Zitrusfrucht. Gut und kräftig gebaut am Gaumen mit stimmigem, süßlichem Extrakt, die reife Säure trägt, wieder reife Frucht, mineralisch unterfüttert. Riesling mit Komplexität und Charakter. 13 Vol.-%, DV, €€

91 2019 »Meilenstein« Bubenheim Kallenberg Weißburgunder trocken
Feiner Rauch in der Nase, dezente Holzwürze, Aprikose und Apfel zeigen sich. Am Gaumen mit kräftiger und fester Struktur durch den Holzausbau, guter Extrakt, würzig und mit Schmelz, gutes Gleichgewicht von Kraft und Geschmeidigkeit, reife Säure, gutes Reifepotenzial. 13,5 Vol.-%, DV, €€

90 2019 »Meilenstein« Bubenheim Honigberg Chardonnay trocken
Melone und Birne in der Nase mit feinen Röstaromen und Würze, auch Aromen von Walnuss. Setzt am Gaumen kräftig und breit an, auf weichem Fond kombinieren Kraft, Dichte und Schmelz gut, feste Textur. Gut balancierter und junger Chardonnay mit gutem Reifepotenzial. 13,5 Vol.-%, DV, €€

90 2019 »Meilenstein« Bubenheim Kallenberg Sauvignon Blanc trocken
Reife Papaya, Mango und Litschi im Duft, auch Stachel- und Johannisbeere. Viel Substanz am Gaumen, stoffig und mit gutem Extrakt und viel Würze, der Alkohol ist gut integriert, intensiv und dabei gut balanciert, ein Wein, der sich auch bei Tisch gut macht. 14 Vol.-%, DV, €€

88 2019 Bubenheim Sauvignon Blanc trocken

89 2019 »vom Löss« Bubenheim Honigberg Riesling trocken
Mirabelle und Aprikose im feinfruchtigen Duft, etwas Mango und auch kräutrige Noten. Auf weichem Fond zeigen sich viel Saft und reife Frucht, ein geschmeidiger und eleganter Rieslingvertreter, schlank und athletisch gebaut mit guten Proportionen, Würze und Charme. 12,5 Vol.-%, DV, €

WEINGUT FISCHBORN BERGESHOF

Dalheimer Straße 57, 55278 Dexheim
T: +49 (6133) 60156, info@bergeshof.de
www.bergeshof.de

Ab-Hof-Verkauf: ja
Kellermeister: Martin und Eric Fischborn
Ansprechpartner: Martin und Eric Fischborn
Hektar: 12 ha

Fischborn – born for wine!«: So lautet der Slogan der umtriebigen Brüder Martin und Eric Fischborn, die über ein breit verteiltes Lagenportfolio in drei Anbaugebieten verfügen können: Ihre zwölf Hektar Rebflächen liegen in Rheinhessen, an der Mosel und an der Nahe, wo 2019 Weinberge übernommen werden konnten. Riesling ist ihr Steckenpferd, da trifft es sich gut, dass die unterschiedlichen Bodentypen verschiedene Interpretationen und Spielarten nahelegen: Vor allem die Lagenrieslinge vom Roten Hang zeigen Format und Finesse. Wir sind gespannt, was da noch kommt.

91 2019 »Rotliegend« Nierstein Riesling tr.
Kräftiger Duft, der sofort das Bild vom Roten Hang entwirft mit kräutriger Würzigkeit und gelber Frucht, mineralischen Noten. Am Gaumen aus einem Guss, gute Substanz, stahlige Säure, klare Frucht und mineralische Grundierung, klares Profil. 13 Vol.-%, DV, €

90 2018 Nierstein Hipping Riesling trocken
Rauchige Noten, reife gelbe Frucht und Kräuter, etwas Bienenwachs. Setzt am Gaumen saftig an mit reifer Säure und Schmelz, guter und süßlicher Extrakt, vollmundig und reichhaltig, zeigt die Großzügigkeit des Jahrgangs und der Lage, feine Mineralik, gute Länge. 13,5 Vol.-%, DV, €€

90 2018 Bodenheim Burgweg Cabernet Franc trocken
Intensive und würzige Nase nach Cassis, Paprika und rheinhessischem Kräutergärten, Holzwürze und Rauch, balsamischer Touch. Am Gaumen wuchtig und mit ordentlicher Kraft, mit markantem Gerbstoff, Schmelz und Würze, zeigt Substanz und auch Finesse. Zu Fleisch! 14,5 Vol.-%, NK, €€

90 2019 Nierstein Hipping Riesling Auslese
Klares, sattes Gelb. In der Nase Pfirsich, Aprikose, Mandarine und Kräuterwürze, reichhaltig. Am Gaumen viel Schmelz, pikante Säure, dominierende Zitrusfrucht, Steinobst, straffer Säurefaden, schöne Struktur und Länge, hat Potenzial. 11,5 Vol.-%, DV, €€€

89 2019 »Kalkmergel« Kreuznach Riesling tr.

89 2019 »Kalkstein« Dexheim Riesling trocken

89 2018 Badenheim Weißburgunder trocken

88 2019 »Schiefer« Piesport Riesling Kabinett feinherb

88 2019 »Everybody´s« Riesling trocken

86 2019 »Sundowner« Scheurebe feinherb

90 2018 »Muschelkalk« Badenheim Spätburgunder trocken

90 2019 Dienheim Chardonnay trocken
Rauchige Noten begleiten gelbe Frucht und Birne, florale Noten, frisches Lorbeerblatt. Saftig am Gaumen mit präsenter und kultivierter Säure, zeigt Struktur und Kraft in guter Balance, dicht und guter Extrakt. Ein Chardonnay der solo und am Tisch passt. 13 Vol.-%, DV, €

★

WEINGUT FLEISCHMANN

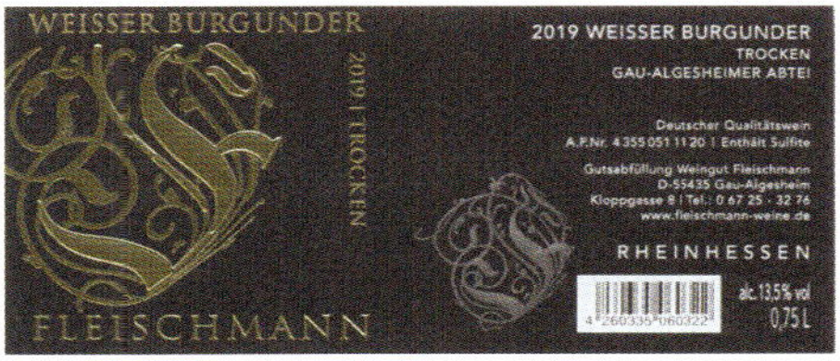

Kloppgasse 8, 55435 Gau-Algesheim
info@fleischmann-weine.de
www.fleischmann-weine.de

Ab-Hof-Verkauf: Mo bis Fr 10.30–13 Uhr und 14.30–18 Uhr, Sa 9.30–16 Uhr
Kellermeister: Quirin und Fabian Fleischmann
Ansprechpartner: Stephanie Fleischmann
Hektar: 17 ha

Wer eintauchen möchte in die Vielfalt der in Rheinhessen angebauten Rebsorten und eine klare, traditionelle Weinstilistik zu schätzen weiß, ist bei der Winzerfamilie Fleischmann in Gau-Algesheim richtig: Hier bekommt man zu äußerst fair kalkulierten Preisen viel Wein geboten, wie zum Beispiel den vielschichtigen und gut ausbalancierten Riesling »Ouvertüre« aus dem Gau-Algesheimer Steinert. Im Weingut arbeiten Quirin und Stephanie Fleischmann mit ihrem Sohn Fabian zusammen, der in Geisenheim Weinbau und Önologie studiert hat. Gemeinsam bewirtschaften sie 17 Hektar Rebfläche. Stimmig!

90 2018 »Symphonie« Grauer Burgunder tr.
Vielschichtiger Duft mit reifem Steinobst, Birne, Melone, Honigwabe und Kräutergarten, würzige Anklänge. Am Gaumen großzügig in allen Dimensionen, hat Kraft, Extrakt, süße Abrundung, Würze, Länge und seidige Eleganz, saftig und mit reifer Säure. Gutes Reifepotenzial. 13,5 Vol.-%, DV, €

90 2019 Gau-Algesheim Goldberg Scheurebe Kabinett
Sehr klar und frisch im Duft, Grapefruit und kandierte Zitronenschale. Präsente Süße, feste Säure, für einen Kabinett relativ kraftvoll, aber die Rassigkeit der Säure und die frische Aromatik geben dem Wein Schwung. 11,5 Vol.-%, DV, €

89 2019 Gau-Algesheim Abtei Weißer Burgunder trocken
In der Nase reife Aprikose und Pampelmuse, Blüten und Wiesenkräuter, saftig und elegant am Gaumen mit klarer Frucht und guter Balance, die Säure weiß, wo es langgeht, viel Schmelz und auch Charme, feine Würze. Schnäppchen für Liebhaber klassischen Stils. 13,3 Vol.-%, DV, €

89 2019 »S« Gau-Algesheim Abtei Grauer Burgunder trocken
Birne, Quitte und Honigmelone in der Nase, auch herbstliche Anklänge, Kräuter, Kastanien und Nüsse. Kräftig gebaut am Gaumen mit guter Struktur und Balance, fein abgerundet mit etwas Süße, zeigt Extrakt und eine belastbare Säurestruktur, zum Essen eine Bereicherung. 13,5 Vol.-%, DV, €

89 2019 »S« Gau-Algesheim Abtei Chardonnay trocken

88 2019 Gau-Algesheim Abtei Grüner Silvaner trocken

87 2019 Rivaner trocken

88 2019 Gau-Algesheim Abtei »Blanc de Noirs« Spätburgunder halbtrocken

87 2019 Gau-Algesheim Abtei Rosé trocken

89 2019 »S« Gau-Algesheim Abtei Frühburgunder trocken

88 2018 Gau-Algesheim Johannisberg Kerner Auslese

90 2019 »Ouvertüre« Gau-Algesheim Steinert Riesling trocken
Feinfruchtige und klassische Rieslingnase nach Aprikose und Pfirsich, auch etwas Mango. Gut gebaut am Gaumen mit Extrakt und guter Dichte, die Säure ist reif und präsent genug, um für Leben zu sorgen, auch mineralischer Grip und Würze, Wein mit Profil. 13 Vol.-%, DV, €

★★★

WEINGUT ALEXANDER FLICK

Brückesgasse 15, 55234 Bechtolsheim
T: +49 (6733) 6814, info@weingut-flick.de
www.weingut-flick.de

Ab-Hof-Verkauf: Do und Fr 13–18 Uhr, Sa 10–17 Uhr
Kellermeister: Alexander Flick
Ansprechpartner: Alexander Flick
Hektar: 24 ha

Alexander Flick hat zwei außergewöhnliche Jahrgänge im Keller, das zeigen der prall mit mineralischem Extrakt bepackte 2019er Morstein Riesling und der volle und dennoch auch balancierte 2018er Blaufränkisch, die beide in sehr hohe Punkteregionen vorstoßen. Sehr eigenständig und hochwertig fanden wir auch den Silvaner aus der Siefersheimer Lage Goldenes Horn, der jeden eines Besseren belehren wird, der der Sorte Silvaner nur Mittelmaß zutraut. Sehr gut auch der stoffige Grauburgunder und die nur äußerst zurückhaltend von Holz beeinflussten Chardonnays.

93 2019 Westhofen Morstein Riesling trocken
Weißfleischiger Pfirsich, florale und zitrische Untertöne. Druckvoll am Gaumen, reich und extraktsüß, aber auch von kultivierter Säure und einer Schicht feiner Phenole im Gleichgewicht gehalten. Intensiv taktilmineralischer Abklang. Pointierer Lagenwein. 13,5 Vol.-%, DV, €€€

91 2019 Siefersheim Goldenes Horn Silvaner trocken
Kräuterwürzuge Noten im Duft und etwas Feuerstein. Auch noch Hefe. Im Mund druckvoll, saftig, trockene Phenole, noch sehr kompakt und in sich gekehrt, sehr gut proportioniert, wirklich trocken, in den Gaumenaromen noch verschlossen, sehr gutes Potenzial. 13 Vol.-%, DV, €€

90 2019 »Réserve« Grauburgunder trocken
Ein beeriger und nussiger Sortentyp, Paranuss, im Mund sehr stoffig, markanter Säurebogen und kraftvolle Phenole, ein anspruchsvoller Bau, dicht und leicht taktilmineralisch unterlegt, ganz trocken und noch sehr jung, braucht zwei, drei Jahre Reife. 12,5 Vol.-%, DV, €€

93 2018 Blaufränkisch trocken
Im Duft Amarenakirsche, weißer Pfeffer, Tannenschösslinge. Geschmeidiger Auftakt, unmittelbar präsente saftige Gaumenfrucht, tolle Fülle, ohne breit zu wirken, feinkörnige Tannine, reich und dennoch frisch, dezent mineralisch, kultivierter reifer Nerv, lang. 13 Vol.-%, DV, €

90 2017 Gau-Odernheim Herrgottspfad Riesling trocken

89 2019 »Jakob« Riesling feinherb

89 2019 »Alexander« Bechtolsheim Klosterberg Chardonnay trocken

88 2019 Gau-Odernheim Riesling trocken

88 2019 Bechtolsheim Weißburgunder trocken

89 2019 »Flickwerk« Rosé trocken

89 2018 »Von Berg und Tal« trocken CU/CD/CS/ME/AC

89 2019 Gau-Odernheim Chardonnay trocken
Sehr duftig, Gewürzbox mit einem Hauch von Muskat, Flachs und Hefe. Rund und geschmeidig im Mund, stabile Säure, ein Hauch von (Extrakt-?)Süße, rund und schmelzig im Abklang. Erfüllt die Erwartungen an einen nur gering holzbeeinflussten Chardonnay. 13 Vol.-%, DV, €

★★

GUTGALLÉ RHEINHESSEN

Langgasse 69, 55237 Flonheim
T: +49 (6734) 8961, info@gutgalle.de
www.gutgalle.de

Ab-Hof-Verkauf: ja
Kellermeister: Klaus Gallé und Jonathan Gallé
Ansprechpartner: Klaus, Ortrud und Jonathan Gallé
Hektar: 13 ha

In diesem Jahr gibt es im GutGallé etwas zu feiern: Vor 25 Jahren gründeten Ortrud und Klaus Gallé ihr Weingut, das eine kontinuierliche Entwicklung vorweisen kann. Inzwischen gibt ihr Sohn Jonathan ästhetisch und auch stilistisch stärker den Ton an, einige der Etiketten fallen mit plakativer Farbenfreude auf, auch die Weine wie der Riesling La Roche mit phenolischer Schichtung und kalkmineralischer Würze zeigen Mut zur Eigenständigkeit. Der Spätburgunder aus derselben Lage steht im roten Segment vorne, der trockene Riesling Kabinett ist sehr filigran gearbeitet. Wir gratulieren!

92 2019 Uffhofen La Roche Riesling trocken
Zitrusfrucht, Apfel in der Nase, Steinobst, Kräuter und würzige Komponenten. Im Mund vollmundig mit saftiger Gelbfrucht, reifer Säure und etwas Zitronensaft, feste und kräftige Struktur, würzige Noten, kalkmineralische Unterfütterung, feine phenolische Schichtung. 13 Vol.-%, VL, €€

90 2019 Flonheim Weißburgunder trocken
Weiße Blüten, Mandelmehl, feine Aprikose, auch Rauch, florale und röstige Aromen. Setzt am Gaumen auf würzigem Hintergrund breit und saftig an, die Säure trägt und ist leicht salzig akzentuiert, phenolischer Eintrag, zeigt Kraft, Substanz und elegante Facetten. 13 Vol.-%, DV, €

90 2019 »Identität« Sauvignon Blanc trocken
Reife Grapefruit und Stachelbeere zeigen sich in der Nase, auch Tomatenrispe und Paprika, würzige Noten, asiatische Gewürze, reife Gelbfrucht. Im Mund mit schönem Saft und Würze, transparenter Ausdruck, reife Struktur, gute Balance und auch Komplexität. 12,5 Vol.-%, DV, €

91 2018 Uffhofen La Roche Spätburgunder tr.
Rote und auch dunkle Kirsche mit Veilchen, Himbeere, schöner Pinotduft mit gut eingebundener Holzwürze. Im Mund mit schöner Würze und mineralischem Hintergrund kompakt und kräftig gebaut, trocken, präsente Säure, gutes Potenzial zur weiteren Reifung. 14 Vol.-%, VL, €€€

90 2017 Flonheim Rotenpfad Silvaner trocken

89 2019 Wöllstein Riesling trocken

88 2019 Chardonnay trocken

88 2019 Grauburgunder trocken

87 2019 »Guter Fruchtiger« Scheurebe

89 2017 »Pétillant Naturel Rosé«

89 2018 Spätburgunder trocken

89 2019 »Guter Leichter« Riesling Kabinett trocken
Fruchtige Noten, Aprikose, Mirabellen, florale Noten und etwas Holunderblüte; betont schlanker Bau am Gaumen mit geringem Alkohol und schönem, geradlinigem Fluss, die Filigranität wird durch eine präsente Säure verstärkt, reine Zitrusfrucht, echter Kabinetttyp. 11 Vol.-%, DV, €

★★

WEINGUT GEHRING

Außerhalb 17, 55283 Nierstein
T: +49 (6133) 5470, info@weingut-gehring.com
www.weingut-gehring.com

Ab-Hof-Verkauf: ja
Kellermeister: Theo Gehring
Ansprechpartner: Theo Gehring
Flaschen/Hektar: 150.000 (88 % weiß, 12 % rot)/12 ha

Das Weingut Gehring ist immer für eine Überraschung gut: Neben dem raren Gelben Orleans, der uns Jahr für Jahr tief in die Punktekiste greifen lässt, wird nun ein »Kleiner Heunisch« präsentiert, der mit seiner würzigen und burgundischen Anmut überzeugt. Die Rieslinge – wie der aus dem Pettenthal – zeigen die typische Mineralität des Roten Hangs auf elegante Art. Und auch die Burgundersorten zeigen Niveau und Stil. Theo und Diana Gehring werden inzwischen von ihrer Tochter Gina unterstützt, die ihre Ausbildung zur Winzerin abgeschlossen hat. Da darf man weitere Überraschungen erwarten.

92 2018 Nierstein Pettenthal Riesling trocken
Reifes Steinobst und Zitrusfrucht in der Nase, die Würzigkeit der Lage und ein Hauch Petrol. Am Gaumen leichtfüßig unterwegs, mittelgewichtiger Extrakt, elegant, feine Süße, filigrane Säure, schöner Fluss und die Mineralität des Roten Hangs; feine Herbe im Ausklang. 12,5 Vol.-%, DV, €€

92 2018 Nierstein Oelberg Gelber Orleans tr.
Würziger und kräutriger Duft nach Apfel, Apfelschale und geröstetem Sesam. Am Gaumen saftig und mit milder Säure, die gut eingewoben ist. Weiche Anmutung und gut verpackte Kraft, die von merklicher Mineralität unterlegt wird. Salzige Anklänge, charaktervoll. 12,5 Vol.-%, DV, €€

91 2019 Nierstein Hipping Riesling trocken
Im Duft reifes Steinobst und der Rote Hang, kräutrig, expressiv, auch dunkle Aromen, Apfelschale, Hagebutte und Aprikose. Reife Säure am Gaumen in einem kräftigen und klar gefassten Körper, gut balanciert, mittlerer Extrakt, feine Phenolik und Mineralität. 13,5 Vol.-%, DV, €€

91 2018 »Alte Reben« Nierstein Oelberg Chardonnay trocken
Riecht nach Mais und Flachs, dazu auch reife Birne und gelbe Frucht, feiner Rauch. Im Mund weich und schmelzig ansetzend, bald zeigen sich auch Kraft, Volumen und Würze, die mit Charme präsentiert werden. Vielschichtig und komplex, wirkt noch jung, gutes Potenzial. 14 Vol.-%, DV, €€

91 2019 »Alte Reben« Nierstein Bildstock Grauer Burgunder trocken

90 2017 Nierstein Schloss Schwabsburg Riesling brut nature

89 2019 Grauer Burgunder trocken

88 2019 Scheurebe feinherb

88 2019 »Blanc de Noir« trocken

90 2018 Nierstein Bildstock Spätburgunder trocken

89 2018 Nierstein Bildstock Frühburgunder trocken

92 2019 »Kleiner Heunisch« Auxerrois tr.
Weiße Blüten, rauchige Noten im Duft, Birne, Apfel, Nektarine. Setzt am Gaumen weich und würzig an, gutes Volumen, mit burgundischer Anmut, feiner Holzeinsatz, süßlicher Extrakt, klar herausgestellte Frucht, zurückgenommene Säure, schöne Interpretation einer raren Rebsorte. 12,5 Vol.-%, DV, €

★★

WEINGUT HELMUT GEIL

Am Römer 26, 55234 Monzernheim
T: +49 (6244) 220, info@geilwein.de
www.geilwein.de

Ab-Hof-Verkauf: ja
Kellermeister: Andreas Geil
Ansprechpartner: Andreas Geil
Flaschen/Hektar: 50.000 (60 % weiß, 40 % rot)/9 ha

Seit der ersten Hälfte des 18. Jahrhunderts ist die Familie Geil in Monzernheim beheimatet. Spross Andreas führt das Gut nun zupackend in die Zukunft – und zwar mit konstant guter Arbeit und gleichbleibend hoher Qualität. Wie schon im Vorjahr hat es uns der saftige, feinherbe Scheurebe-Liter besonders angetan. Wein muss nicht kompliziert sein, um Spaß zu machen – unser Falstaff-Tipp! Sehr gut sind Andreas Geil auch die Rotweine gelungen, allen voran der Bechtheimer St. Laurent aus dem Jahr 2018, der feine Würze mit Eleganz und dicht gewobener Struktur verbindet – dazu bitte einen rosa gebratenen Hirschrücken.

91 2018 Bechtheim St. Laurent trocken
Sattes, klares dunkles Rot. In der würzigen Nase Schlehe und Süßkirsche, dazu auch etwas Zimt und Nelke. Am Gaumen feine Gerbstoffe, würzige Kirsche, Schlehe und auch etwas Rauch, mittlere, elegante Struktur, schöne Länge, sehr gelungen. 13,5 Vol.-%, NK, €

90 2018 Westhofen Spätburgunder trocken
Sattes, klares Kirschrot. In der Nase reife Frucht, Pflaume, Süßkirsche, Brombeere, etwas Rauch und Milchschokolade. Am Gaumen reife, geschmolzene Gerbstoffe, reife, rote Früchte, Amarenakirsche, kraftvoll und mit schöner Länge, traditionell. 14 Vol.-%, NK, €

90 2019 Weißburgunder & Chardonnay tr.
Mittleres, klares Gelb. In der Nase etwas Vanille, feiner Rauch, Pfirsich und Aprikose, mit etwas Zitrus unterlegt. Am Gaumen feiner Schmelz, schöner Säurefaden, reifer Apfel und etwas Haselnuss, gute Struktur und Länge, perfekt zu Nudeln mit Pilzsoße. 12,5 Vol.-%, DV, €

89 2019 Bechtheim Sauvignon Blanc trocken
Klares, helles Gelb. In der Nase Holunderblüten und Schwarze Johannisbeere, etwas Zitrusfrucht. Am Gaumen mittlere Säure, saftig, wieder Holunder und Johannisbeere, etwas Kirsche ist noch dabei, mittlere Länge und Struktur. Schöner Aperitif. 12 Vol.-%, DV, €

89 2019 Westhofen Grauburgunder trocken

89 2019 Riesling trocken

88 2019 Scheurebe trocken

88 2019 Weißburgunder trocken

88 2019 Grauburgunder trocken

88 2019 Westhofen Albalonga Spätlese

88 2019 Huxelrebe Spätlese

89 2019 Scheurebe feinherb
Helles, klares Gelb. In der Nase etwas Rauch und Schwarze Johannisbeere. Am Gaumen feine Zitrusfrucht, etwas Holunderbeere, Cassis, stimmige Säure, fein abgerundet, Mirabelle. Leicht und frisch, mittlere Länge, erfrischender Liter. 11,5 Vol.-%, DV, €

★ ★ ★

WEINGUT OEKONOMIERAT JOHANN GEIL I. ERBEN

Kuhpfortenstraße 11, 67595 Bechtheim
T: +49 (6242) 1546, info@weingut-geil.de
www.weingut-geil.de

Ab-Hof-Verkauf: Mo bis Fr 8–12 Uhr und 13–17 Uhr, Sa 8–12 Uhr und 13–16 Uhr nach Anmeldung
Kellermeister: Johannes Geil-Bierschenk
Ansprechpartner: Elisabeth Geil-Bierschenk
Flaschen/Hektar: 250.000 (70 % weiß, 30 % rot)/32 ha

Das Traditionsweingut mit der inzwischen rund 150-jährigen Geschichte legt seinen Schwerpunkt auf die Rebsorten Riesling, Burgunder und Silvaner, die allesamt unaufgeregt und delikat gelungen sind. Kellermeister Johannes Geil-Bierschenk keltert individuelle Weine, die ausgewogen und überaus anregend sind. Ganz besonders gut hat uns der Riesling aus dem Bechtheimer Geyersberg gefallen, der mit seiner Kraft und seiner saftigen Art großes Reifepotenzial zeigt. Freunde des Silvaners freuen sich über den »S« aus Bechtheim, der würzig und balanciert daherkommt – ein toller Speisenbegleiter.

92 2019 Bechtheim Geyersberg Riesling trocken
Mittleres, klares Gelb. Klarer Duft nach Limonenschale, Pfirsich, Melisse und etwas heißem Stein. Am Gaumen lebhafte, feine Säure, zupackend, Maracujasaft, mineralischer Faden, Minze und Feuerstein. Gute Struktur, schöne Länge, kraftvoll, Potenzial. 13 Vol.-%, NK, €€

91 2019 »Reserve« Weißburgunder trocken
Mittleres, klares Gelb. In der Nase, Vanille, Rauch, Birnenschale, Quitte, feine Würze. Mirabelle kommt durch. Am Gaumen stimmige Säure, viel Schmelz und Druck, Vanille, hat viel Kraft und Druck, reif. Gute Struktur und schöne Länge, Potenzial. 14 Vol.-%, NK, €€€

91 2019 Bechtheim Hasensprung Riesling trocken
Mittleres, klares Gelb. In der Nase Zitrusfrucht, etwas Rauch, Rote Johannisbeere, Grapefruitschale. Am Gaumen virile Säure, Zitrone, Maracuja, Minze, frisch und lebhaft. Hat Zug, mittlere Struktur und eine schöne Länge. 13 Vol.-%, NK, €€

90 2019 »S« Bechtheim Silvaner trocken
Klares, helles Gelb. In der Nase frisch geschnittenes Gras, Melisse, Birne, reifer Apfel, etwas reife Zitrusfrucht. Am Gaumen stimmige Säure und schöner Schmelz, viel Würze, Apfel, Quitte, lebendig, schöne Harmonie, gute Struktur und Länge. 13 Vol.-%, DV, €€

90 2019 »S« Bechtheim Weißburgunder trocken

90 2019 »S« Bechtheim Riesling trocken
Mittleres, klares Gelb. In der Nase Zitrusfrucht, Mango, dazu Würze, insgesamt eher ausladend. Am Gaumen lebhafte Säure, hat Zug, reife Frucht, Mango, Maracuja, rote Grapefruit, verfügt über eine kraftvolle Struktur und eine schöne Länge. 13 Vol.-%, DV, €€

★★

WEINGUT GOLDSCHMIDT

Enzinger Straße 27–31, 67551 Worms
T: +49 (6247) 7044, weingut.goldschmidt@t-online.de
www.wein-goldschmidt.de

Ab-Hof-Verkauf: Fr 13–18 Uhr, Sa 10–18 Uhr
Kellermeister: Uli und Jonas Goldschmidt
Ansprechpartner: Uli, Elke und Jonas Goldschmidt
Flaschen/Hektar: 60.000 (65 % weiß, 35 % rot)/15 ha
Anbauweise: Biologisch zertifiziert

Die Generationen arbeiten im Weingut Goldschmidt eng und gut zusammen, Winzermeister Uli Goldschmidt und sein Sohn Jonas sind für die Weinberge und den Keller verantwortlich. Der Juniorchef steuert mit seiner »Edition Jonas« auch spannende, barriquevergorene Weißweine bei. Überhaupt zeigen alle Weine des seit 2002 biologisch zertifizierten Betriebs eine natürliche Ausstrahlung und Gelassenheit. Der Riesling »S« zeigt Klasse und Finesse, der rare Grünfränkisch würziges Profil und der reife und souveräne Cabernet Sauvignon zeigt eine neue Perspektive auf. Hier hat alles Hand und Fuß!

91 2019 »S« Dalsheim Bürgel Riesling trocken

In der Nase zeigen sich Apfel und kräutrige Noten, auch Abrieb von der Zitronenschale, florale Anklänge. Am Gaumen gut gebaut, schlank und athletisch mit gutem Extrakt, saftig und würzig, wieder Zitronennoten, kultivierte Säure, gute Balance, mineralisches Finale. 12,5 Vol.-%, DV, €

90 2019 »Edition Jonas« Pfeddersheim Kreuzblick Chardonnay trocken

Verschlossene Nase, in der sich rauchige Aromen zeigen, auch Birne und Melone, Aprikose. Kräftiger Bau am Gaumen, ordentlich Saft und Würze, guter, süßlicher Extrakt und auch Dichte, die reife Säure trägt gut. Gute Anlagen auch zur Reife, kulinarisch gedacht. 13 Vol.-%, DV, €€

90 2019 »Edition Jonas« Grauer Burgunder trocken

Walnussschale, Rauch und reife Birne, auch Kräuter und Gewürze, gelbe Frucht. Schlanke und feste Struktur im Mund, guter Extrakt, Saft und Schmelz verbinden sich mit Würze und feiner Süße, reintönige Frucht. Eleganter Burgundertyp, der auf den Tisch gehört. 13 Vol.-%, DV, €€

90 2018 Dalsheim Steig Cabernet Sauvignon trocken

Kräftige Nase nach reifer Schwarzer Johannisbeere, schwarzer Kirsche und fein getunter Holzwürze. Kräftiger Cabernet Sauvignon mit reifen Tanninen und schöner Würze, eindringlich, süßer Extrakt, gute Dichte, lang und konsistent. Auch Rheinhessen kann Cab. Viel Wein. 14,5 Vol.-%, NK, €

89 2019 Sauvignon Blanc trocken

89 2019 Grünfränkisch trocken

Feinwürziger Duft nach grünem Apfel und reifer Zitrusfrucht, auch Kräuter und nussige Aromen. Am Gaumen frisch, saftig und mit feiner Würze, ein ausgeglichener, in sich ruhender Wein mit reifer Säurestruktur und mineralischer Färbung. Rebsorte mit Profil. 12,5 Vol.-%, DV, €

★★★

WEINGUT ECKEHART GRÖHL

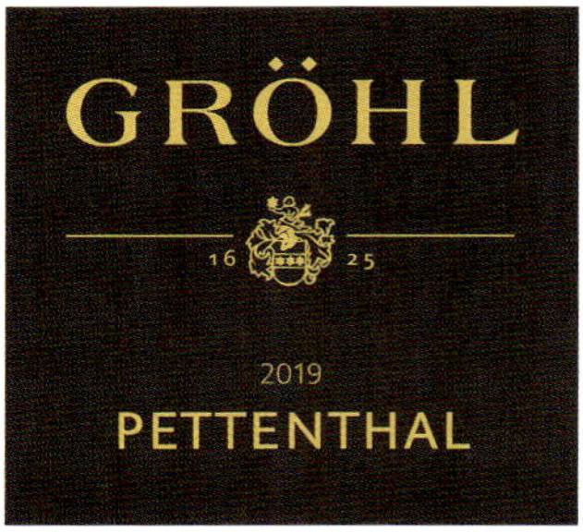

Uelversheimer Straße 4, 55278 Weinolsheim
T: +49 (6249) 809000, info@weingut-groehl.de
www.weingut-groehl.de

Ab-Hof-Verkauf: Mo bis Fr von 8–12.30 Uhr und 14–17 Uhr, Sa 10–16 Uhr
Kellermeister: Eckehart Gröhl
Ansprechpartner: Eckehart Gröhl
Hektar: 25 ha

Um die Zukunft muss man sich in der Winzerfamilie Gröhl keine Sorgen machen: Sie verfügt über ein breit angelegtes Lagenportfolio mit 25 Hektar, das sich von Weinolsheim bis an den Roten Hang in Nierstein erstreckt. Mit Tochter Franziska und Sohn Johannes steht die 13. Generation in den Startlöchern und unterstützt Angela und Eckehart Gröhl mit Tatkraft und frischen Ideen. Wir verkosteten ein vielseitiges und facettenreiches Sortiment mit einigen Spitzen wie dem mineralischen Riesling Pettenthal und dem elegant verwobenen Pinot Noir aus der Niersteiner Hölle. Ohne Fehl und Tadel!

91 2019 Nierstein Pettenthal Riesling trocken
Helle Frucht, fein konzentriert, blumige Nuancen, frisches Steinobst, Aprikose und Mirabelle, feine Mineralität und Struktur. Am Gaumen fein, fließend, steinig, dabei zart saftig, hellwürzig, delikater Bitterton, feingriffige Säurestruktur, zitrischer Zug. 12,5 Vol.-%, NK, €€€

90 2019 Nierstein Ölberg Riesling trocken
Satte, frische Nase mit feinem Grip und gelbgrüner Frucht, einem Hauch heller Pfeffer. Am Gaumen saftig mit mineralisch-frischem Säurezug, Zitronenabrieb, helle Orange und Steinobst, Kräuterwiese. Lebendig, mineralisch und feingriffig nach hinten raus. 13 Vol.-%, NK, €€

91 2016 Nierstein Hölle Pinot Noir trocken
Im komplexen Duftbild Röstnoten, etwas Stein, würzige Akzente, etwas Jod, Eisen, Herbstblumen und Kirsche. Am Gaumen fließend, feinsaftig, leichte Salzigkeit. Schönes Gleichmaß, etwas Kirschfrucht und Veilchen, elegant verwoben mit griffigem Tannin. 13 Vol.-%, NK, €€€

90 2016 Oppenheim Herrenberg Pinot Noir tr.
Duftige Nase mit Röstnoten, herbstliche florale Anklänge, Veilchen, helle Beeren, auch etwas Gebäck. Am Gaumen fein dicht verwoben, dezente Kirschfrucht und ausgewogene Säure, violette Blüten, nussig-röstige Töne, dezenter Saft und griffiges Tannin. 12,5 Vol.-%, NK, €€

89 2019 »Roter Hang« Nierstein Riesling trocken

89 2018 Nierstein Hölle Weißburgunder trocken

88 2019 »Kalkstein« Nierstein Weißburgunder trocken

88 2019 Riesling trocken

88 2019 Sauvignon Blanc trocken

87 2019 Dalheim Grauer Burgunder trocken

89 2019 »Kalkstein« Oppenheim Riesling tr.
Frische Gelbfrucht, Noten von Orange, reife und zugleich frische Anklänge und etwas Kalksteinmineralik. Saftig, rund und vollmundig am Gaumen. Heller Pfirsich, Orangenzeste, feiner Bitterton und pikanter, spielerischer Säurezug. 13 Vol.-%, DV, €

★★★★★

WEINGUT GUNDERLOCH

Carl-Gunderloch-Platz 1, 55299 Nackenheim
T: +49 (6135) 2341, info@gunderloch.de
www.gunderloch.de

Ab-Hof-Verkauf: Mo bis Fr 9–16 Uhr, Sa 11–14 Uhr
Kellermeister: Johannes Hasselbach
Ansprechpartner: Johannes Hasselbach
Hektar: 24 ha

Wenn man die aktuellen Weine verkostet, kann man kaum glauben, dass Johannes Hasselbach das Weingut erst seit fünf Jahren leitet. Seine Handschrift wirkt schwungvoll und routiniert, die Weine haben Feinheit und einen unwiderstehlich klaren Stil. Die Großen Gewächse schaffen es, eine Tonne Extrakt auf einem Stecknadelkopf unterzubringen. Und die Basis fokussiert so gut aufs Mineralische, dass wir Mühe hatten, unseren Falstaff-Tipp auszuwählen: Der Sauvignon zeigt klare Kante, der Kabinett »Jean Baptiste« pure Klassik, der Nackenheimer Ortsriesling ist bezaubernd verspielt.

97 2019 Nierstein Pettenthal Riesling GG
Kräutrige Noten, Apfelschale, Malz und Kräuterbeet, druckvoll in der Nase. Setzt klar und saftig am Gaumen an, präzise im Ausdruck, schlank und straff, kristallin, die Säure ist wie mit dem Lineal gezogen, mineralisch, zeigt den Roten Hang, jung und hochbegabt. 11,5 Vol.-%, DV, €€€

95 2019 Nackenheim Rothenberg Riesling GG
Kräutrige und würzige Noten im Duft, etwas Rauch, Apfelschale, Aprikose, Malz und Hopfenblüten. Am Gaumen schlank und fest gebaut mit reifer und präsenter Säure, phenolisch und gut verdichtet; beachtliche Intensität im schlanken Format, charaktervoll, mineralisch. 11,5 Vol.-%, DV, €€€

92 2019 Nackenheim Riesling Aus Ersten Lagen trocken
Mineralwürzig im Duft, unterlegt mit reifer, aber nicht überreifer Frucht, gelbe Pflaume, Mispel. Im Mund seidig und getragen, feiner Säurenerv, pfeffrig-mineralische Rückaromen, taktilmineralische Komponenten, sehr trocken abgestimmt, aber kein bisschen rau. 11,5 Vol.-%, DV, €€

91 2019 »vom Stein« Sauvignon Blanc trocken
Kiwi und grüne Stachelbeere, ein feinwürziger Sortenduft. Im Mund straff, mit knackiger Säure, stoffig und mineralisch, schnörkellos trocken und gerade in der mineralischen Komponente sehr lange anhaltend. Ein stilvolles Sauvignon-Original vom Roten Hang! 12 Vol.-%, DV, €

90 2019 »vom Roten Schiefer« Riesling trocken

91 2019 »Jean Baptiste« Riesling Kabinett feinherb
Pfeffrig und blumig im Duft, die Mineralik des Roten Hangs ist gut erkennbar. Im Mund saftig, delikate, nicht überakzentuierte Süße, feingliedrige, aber lange anhaltende Säure, ein zartbesaiteter Kabinett, der sein Genre idealtypisch mit Leben füllt. 10,5 Vol.-%, DV, €

★ ★ ★

WEINGUT LOUIS GUNTRUM

LOUIS GUNTRUM
HIPPING | 2018

Rheinallee 62, 55283 Nierstein
T: +49 (6133) 97170, info@guntrum.de
www.guntrum.de

Ab-Hof-Verkauf: Mo bis Do 7–12 Uhr und 13–16.30 Uhr, Fr 7–12 Uhr
Kellermeister: Dirk Roth
Ansprechpartner: Louis Konstantin Guntrum
Hektar: 15 ha

Sehr erfreulich, was Louis Konstantin Guntrum und Kellermeister Dirk Roth uns vorstellen: Die Lagenweine zeigen ihre Herkunft mit Intensität und Frische, den Jahrgang 2019 haben sie in eine Extraportion mineralische Spannung umgesetzt. Man muss es nicht eilig haben mit diesen Weinen, der Oppenheimer Sackträger wird locker fünf Jahre, der Niersteiner Oelberg eine Dekade halten, Hipping noch länger. Zum Glück gibt es Weine wie den Niersteiner Ortsriesling oder den Sekt, die uns das Warten kurzweilig machen. Gut gefallen hat uns auch der kulinarisch gedachte Spätburgunder.

93 2018 »Großes Gewächs« Nierstein Hipping Riesling trocken
Mandarine, balsamische Noten, sehr mineralisch, leicht floral, im Mund seidig und rund, ganz weit gefasst, geschmeidig, feine Phenole, leicht viskose Extraktschichten, nahtlos mit dem Körper verbundene Säure, ein sehr kultivierter Lagenwein, lang. 13 Vol.-%, NK, €€€

92 2019 Nierstein Oelberg Riesling trocken
Roter Apfel, Pflaume, feuchter Sand, schiefrige Noten. Im Mund mit Saftigkeit eröffnend, dann zart phenolisch und intensiv taktilmineralisch. Kultivierte Säure in einem reichhaltigen, auf Zukunft angelegten und sehr gut balancierten Bau. Gute Länge. 13,5 Vol.-%, DV, €€

92 2016 Riesling brut
In der Nase Zitrus, reifes Steinobst (Pfirsich) und auch ein Hauch Petrol. Am Gaumen saftig ansetzend, dann mit konzentrierter Salzigkeit und Terroirnote. Kultivierte Säure und gepflegtes Mousseux, zeigt angehende Reife und kompromisslose Stringenz. 12 Vol.-%, NK, €€

91 2017 »Réserve« Pinot Noir trocken
Würzig und reif im Duft, eher »deutsch« in der aromatischen Ausprägung, Mandel und Kakao, Käuterwürze und helle Kirschen. Viel Saft am Gaumen, feingliedriges, leicht anhaftendes Tannin, spannungsvolle Säure auf kraftvollem Körper, sehnig wirkend und kulinarisch. 14 Vol.-%, NK, €€€

91 2019 Oppenheim Sackträger Riesling trocken

89 2019 Nierstein Riesling trocken
Gelbfruchtig im Duft, Noten von Orangenzeste, im Mund dicht und lebendig, festes Säurerückgrat, viel Saftigkeit, dezente Säure, dezent terpenwürziger Abklang, die leicht mineralische Tönung verleiht dem Wein Eleganz. 12,5 Vol.-%, DV, €€

★★

WEINGUT GYSLER

Großer Spitzenberg 8, 55232 Alzey-Weinheim
T: +49 (6731) 41266, info@weingut-gysler.de
www.weingut-gysler.de

Ab-Hof-Verkauf: ja
Kellermeister: Alexander Gysler
Ansprechpartner: Sebastian Oberhausen
Hektar: 12 ha
Anbauweise: Biologisch zertifiziert

Man kann Axel Gysler für seine konsequente Haltung bewundern: Er arbeitet schon seit 2004 biodynamisch, so lange wie nur wenige Winzer im Land. »Die Arbeit in und mit der Natur ist für uns ein Handwerk, das Ergebnis ist ein Kulturgut und ein Genuss«, schreibt der Winzer, der zwölf Hektar Weinberge rund um Alzey-Weinheim kultiviert. Das etwas kühlere Klima und die stetigen Winde prägen die Weinstilistik. Seine Weine sind aus einem Guss und zeigen Herkunft. Sie tragen Namen wie »Sternenglanz« oder »Klangwerk«: Was poetisch klingt, setzt sich in der materiellen Substanz der Weine durch.

92 2018 »Klangwerk GG« Weinheim Hölle Riesling trocken

Noten von Spontangärung in der Nase, Kräuter, Malz, Apfelschale, dunkle Gewürze. Am Gaumen saftig und würzig in einer kräftigen Struktur, reife Frucht, guter Extrakt, Kraft und auch Spannung, zitrische Noten, an der Gaumenmitte verdichtet, mineralisch und elegant. 13 Vol.-%, DV, €€€

91 2019 »Kammerton« Weinheim Riesling trocken

Apfel und Zitrusfrucht im Duft, Steinobst, fein nuancierte Nase, Würze, etwas Zitronengras. Schlank und straff gebaut mit guten Proportionen, viel Saft, Zug und auch Dichte, die Säure ist gut eingewoben; erstaunlich, was alles in einem schlanken Format Platz findet! 11,5 Vol.-%, DV, €€

91 2015 »Pinot Blanc de Noir« brut nature

Kräftige Farbe und kräftiger Duft nach Waldhimbeere, Kirsche, Blaubeere und feiner Rauch. Am Gaumen stoffig, würzig und mit prägnanter Säure, gut eingebundene Kraft, zeigt Schmelz und eine natürliche Seite. Bleibt lange am Gaumen, kulinarisch vielseitig. 13 Vol.-%, NK, €€

89 2019 »Sternenglanz« Weißburgunder trocken

Würzige und florale Noten. Nektarine und etwas Passionsfrucht, Johannisbeere dazu. Im Mund trocken anmutend und würzig, straff und eng verwoben, phenolische Herbe sorgt für Akzente, Saft von reifen Zitrusfrüchten. Stimmig und aus einem Guss, schlank und reichhaltig. 12 Vol.-%, DV, €

89 2019 »Feldstärke« Grauburgunder trocken

90 2019 »Sandstein« Riesling trocken

Fruchtige Nase nach feiner, reifer Frucht, Guave, Aprikose und Apfel. Saftig am Gaumen, schlanke Struktur, sehr fein und filigran gearbeitet, etwas Zitronenabrieb, feine phenolische Herbe, reife und aktive Säure, bestens verwoben, elegant und feinfühlig. 11,5 Vol.-%, DV, €

WEINGUT HAUCK

Albiger Straße 15 Sonnenhof
55234 Bermersheim vor der Höhe
T: +49 (6731) 1272, vinum@weingut-hauck.de
www.weingut-hauck.de

Ab-Hof-Verkauf: Mo bis Sa 9–17 Uhr
Kellermeister: Heinz-Günter und Jana Hauck
Ansprechpartner: Familie Hauck
Hektar: 30 ha

Wir sind immer wieder erstaunt, wie es die Winzerfamilie Hauck schafft, ihre Weine zu solch kundenfreundlichen Tarifen anzubieten: Gestandene trockene Spätlesen vom Riesling und vom Weißburgunder werden mit gerade mal 7,80 Euro kalkuliert. Jedenfalls bekommt man in diesem Haus sehr viel geboten für sein Geld. Neben den klassischen Spätlesen treten das weiße »kunststück« aus weißem Burgunder und Auxerrois und die rote Cuvée »essential« von Merlot und Cabernet Sauvignon in den Vordergrund. Hier zeigt mit Jana Hauck die junge Generation, wohin die Reise künftig gehen könnte. Spannend!

90 2019 »Alte Reben« Bermersheim Klosterberg Riesling Spätlese trocken
Konzentrierter Duft nach reifer Steinfrucht, Aprikose und Weinbergpfirsich, auch Mango. Am Gaumen treffen Großzügigkeit, Tiefgründigkeit und Frische aufeinander, guter Extrakt, lebendige Säure, die den Ton angibt, feiner mineralischer Schliff, gute Länge. 12,5 Vol.-%, DV, €

90 2019 Bermersheim Hildegardisberg Weißburgunder Spätlese trocken
Birne und Aprikose im Duft, feiner Rauch und Würze kommen dazu, auch etwas Banane. Setzt am Gaumen mit Schmelz und Saft an, geschmeidiger Fond, gut eingebundene Säure, leichte Fruchtsüße. Gute Balance, verpackt seine Vielschichtigkeit auf elegante Art. 13 Vol.-%, DV, €

91 2017 »essential« Bermersheimer Klosterberg trocken ME/CS
Cuvée aus Merlot und Cabernet Sauvignon, kräftiger Duft nach Cassis, Holzwürze, Röstaromen, Waldboden und Blättern. Am Gaumen gut balanciert, guter Extrakt, feine Fruchtsüße, reife und präsente Säureader, markante Gerbstoffe, noch leicht adstringierend. Gutes Potenzial. 13,5 Vol.-%, NK, €

90 2018 »Réserve« Bermersheim Klosterberg Spätburgunder trocken
Kräftige Kirschfrucht mit Holzwürze und Röstaromen, Mon Chérie und Rosmarin. Am Gaumen kräftig und breit angelegt mit Kraft und Wucht, konzentrierter Ausdruck eines warmen Jahres, reife Säure, großzügig in allen Dimensionen und auch elegant, zum Essen und am Kamin. 14 Vol.-%, DIAM, €€

90 2019 Bermersheim Klosterberg Riesling Auslese

89 2019 »Hildegard« Silvaner trocken

89 2019 Bermersheim Hildegardisberg Grauer Burgunder Spätlese trocken

89 2019 Chardonnay & Weißer Burgunder tr.

89 2019 Auxerrois trocken

88 2016 »Pinot« brut

89 2019 »Jana« Rosé trocken

90 2019 »kunststück« trocken WB/AU
Cuvée aus weißem Burgunder und Auxerrois, würziger Duft, Mirabelle, Zitronengras, weiße Blüten, gerösteter Sesam und etwas Butter. Am Gaumen mit reifer, gut integrierter Säure, schlanker Bau, guter Zug, feine Würze, balanciert in stimmigen Proportionen, raffiniert. 12,5 Vol.-%, DV, €

★★

WEINGUT HEILIGENBLUT

Hauptstraße 114, 55232 Alzey
T: +49 (176) 45804433, info@heiligenblut-wein.de
www.heiligenblut-wein.de

Ab-Hof-Verkauf: ja
Kellermeister: Christian und Martin Hannemann
Ansprechpartner: Christian und Martin Hannemann
Hektar: 15 ha

Der Name des Weinguts klingt martialisch, aber man muss keine Angst haben vor den Rieslingen und Scheureben, die am Heiligen Blutberg wachsen, einer nur knapp drei Hektar großen Monopollage. Die Zeiten, als hier christliche Mönche hingerichtet wurden, sind lange vorbei. Heute geschieht Erfeulicheres: Die Brüder Christian und Martin Hannemann übernahmen 2018 in vierter Generation das Weingut ihrer Familie. Und sie geben offenbar richtig Gas und setzen die Bedingungen auf den schwarzen Vulkanböden in gehaltvoll-mineralische, trockene und klassisch fruchtige Kabinettweine um.

92 2019 Weinheim Heiliger Blutberg Riesling trocken
Maracuja und Korianderkorn, Blutorange, ein pikant fruchtiger Duft. Im Mund mit sehr fein in Szene gesetztem, kräftigem Extrakt, deutlich mineralisch eingefärbt, feine Phenolik, reife Säure, zurückhaltende, das Volumen unterstützende Süße. Terroirgeprägt. 12,5 Vol.-%, NK, €€€

92 2019 Weinheim Heiliger Blutberg Riesling Kabinett
Zitrisch und würzig, Kümmel, Mandel, großes Holzfass, die schiere Klassik im Duft und ebenso am Gaumen: leicht, mit rassiger Säure und einer echten Kabinettsüße, die dem Wein keinen wirklich süßen Geschmack gibt. Mineralischer Hintergrund. 9 Vol.-%, NK, €€€

91 2018 Weinheim Heiliger Blutberg Riesling Kabinett
Ein Hauch von Petrol im Duft, Löschpapier, aber auch Mirabelle, Pflaume. Im Auftakt für einen kurzen Moment weich, dann saftig mit festem Säurerückgrat, elegante Kabinettleichtigkeit, etwas mineralisch unterlegt, feinwürziger Abklang. 8,5 Vol.-%, NK, €€€

90 2019 Weinheim Riesling Kabinett
Erdbeer-Rhabarber-Konfitüre im Duft, Zitrone, frisch und klar. Knackige Säure, saftig und leichtfüßig, zurückhaltend gesetzte Süße, hohe Intensität durch die Säure, ein recht klassischer Kabinett. 9,5 Vol.-%, DV, €€

89 2019 Scheurebe Kabinett

90 2019 »Melaphyr« Weinheim Riesling tr.
Leicht floral im Duft, Jasmin, Kirschblüte, Mandarine, auch ein klein wenig brenzlig-mineralisch. Gradeaus gebauter Gaumen, festes Säuregerüst, zurückhaltend gesetzte Süße, frisch und leicht spritzig, viel Saftigkeit im Abklang, eleganter, mineralischer Stil. 12,5 Vol.-%, DV, €€

★★

WEINGUT HEMMES

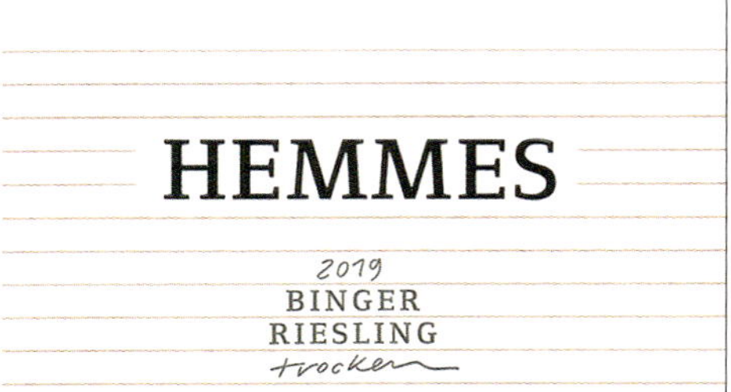

Grabenstraße 13 & 34, 55411 Bingen am Rhein
T: +49 (6721) 12420, info@weingut-hemmes.de
www.weingut-hemmes.de

Ab-Hof-Verkauf: Mo bis Fr 10–12 Uhr und 14–18 Uhr, Sa 10–16 Uhr
Kellermeister: Frank und Felix Hemmes
Ansprechpartner: Frank Hemmes
Flaschen/Hektar: 150.000 (75 % weiß, 25 % rot)/20 ha

Frank und Felix Hemmes machen weiter wie im letzten Jahr: Erneut zeigt das Vater-Sohn-Gespann ein ausgewogenes und anspruchsvolles Sortiment. Man merkt, dass die beiden Generationen gut zusammenarbeiten, seit Felix Hemmes im Weingut eingestiegen ist und seine Ideen einbringt. Mit dem Jahrgang 2018 wurden die Etiketten neu gestaltet, die 20 Hektar Weinberge werden naturnah bewirtschaftet. Die Weine zeigen sich kraftvoll und geradlinig, aber auch raffiniert wie die Rieslingauslese. Zum Weingut gehört eine Vinothek, die in der ehemaligen Dorfschule untergebracht ist.

91 2019 »Urgestein« Riesling trocken
Etwas Pfirsich und Aprikose, aber vor allem balsamische, steinige Noten. Im Mund saftig und rassig, gute mineralische Spannung, dezente Süße, guter kompakter Bau, jetzt schon harmonisch – wird sich aber noch sehr vorteilhaft weiterentwickeln. 12,5 Vol.-%, DV, €

90 2019 Bingen Riesling trocken
Mineralisch im Duft, brenzlig, dazu Noten von Apfelkompott und gelber Frucht, Pfirsich und Aprikose. Im Mund mit einigem Druck, guter Körper, saftiger Stil, Säurezug und Mineralität, in Tiefe und Länge mittelgewichtig, terpenwürziger Abklang. 12,5 Vol.-%, DV, €€

92 2018 Bingen Kirchberg Spätburgunder trocken
Schokoladepulver, Sauerkirsche, Kräuterbitter und Lorbeerblatt. Im Mund mit mehligem Tannin, geschmeidig grundiert, kräftiger Alkohol, reife Säure, sehr gut gebaut, hat in seiner mittleren bis mittelhohen Dichte sehr klassische Proportionen. Eleganz und Potenzial. 13,5 Vol.-%, NK, €€

92 2018 Bingen Scharlachberg Riesling Auslese
Karamellbonbon, Apfelkompott, Rosine im Duft. Im Mund geschmeidig, feine seidige Süße, reife Säure, ganz getragen und rund, feinwürzig-mineralisch in den Aromen und dezent taktilmineralisch in der Struktur, keine Monsterauslese, alles sehr fein in Szene gesetzt. 8 Vol.-%, DV, €€€

89 2019 Scheurebe trocken

89 2018 Bingen Viognier trocken

89 2019 »I sell« Riesling trocken

89 2019 Riesling Kabinett

88 2019 Chardonnay trocken

88 2019 Riesling trocken

90 2016 »Carlot« trocken CS/ME/RE

89 2019 »Blanc de noir« trocken
Cremefarben. Traubig im Duft, Himbeere und Blaubeere zeigen sich, gute Klarheit, fein nuanciert. im Mund mit guter Dichte, Körper, viel Saftigkeit und feiner Süße, kultivierte, gut eingebundene Säure, ein appetitlicher, fruchtgetragener Blanc de Noir. 12,5 Vol.-%, DV, €

★★★

WEINGUT HIESTAND

HIESTAND

Nordhöferstraße 19, 67583 Guntersblum
T: +49 (6249) 2266, info@hiestand-weingut.de
www.hiestand-weingut.de

Ab-Hof-Verkauf: Sa 10–18 Uhr und nach Voranmeldung
Kellermeister: Gunther Hiestand
Ansprechpartner: Gunther Hiestand
Ab-Hof-Verkauf:
Anbauweise: Biologisch zertifiziert

Zunächst dachten wir, das Kürzel »JJ« beim Riesling Kreuz stehe für »Jrosses Jewächs«, und tatsächlich erfüllt dieser Wein mühelos den GG-Anspruch. Aber natürlich liegt Guntersblum nicht im Einflussbereich des rheinischen Dialekts, und das »JJ« bei den besten Lagenweinen steht für den Ahnen Julius Jakob Hiestand (1876–1938). Seine Nachkommen erfreuen uns Jahr für Jahr mit Bioweinen, die handwerklich präzise ausgearbeitet sind: klar in den Aromen, deutlich im Ausdruck, und das alles mit großer Ruhe und Ausgeglichenheit. Wer Freude an Zwischentönen hat, ist hier bestens aufgehoben.

92 2017 Guntersblum Kreuz Riesling »JJ« trocken
Ein Anflug Holz, und eine nuancierte, klare Rieslingfrucht mit Noten von Orange, Passionsfrucht und Grapefruit. Geschmeidige Süße im Auftakt, lebendige und dabei kultivierte Säure, intensive Gaumenfrucht, gehaltvoll und dabei sehr präsent und homogen, lang. 12,5 Vol.-%, NK, €€€

91 2018 Guntersblum Riesling trocken
Etwas Holz im Duft. Orangenblüte, Ringelblume, grüner Pfeffer. Geschmeidiger Gaumen, seidig fließend, zarte Süße, reife Säure, substanzreich und dennoch zurückhaltend und diskret, mit Frische und Saftigkeit trotz der jahrgangstypischen Rundheit. 12,5 Vol.-%, DV, €€

90 2017 Guntersblum Kachelberg Weißburgunder trocken
Reife Würze, aber auch noch intensiv hefige Noten. Pinotbeeren, Kräuter, Wermut, ein leichter Holzakzent. Im Mund mit mehligen Phenolen, einer Schicht Geschmeidigkeit und Süße dabei, vitale Säure, verschlossen-reduktive Noten im Abklang. 13 Vol.-%, NK, €€€

90 2018 Guntersblum Silvaner trocken
Frisch und kräuterwürzig im Duft, leicht nussig – Silvaner pur. Im Mund weit und weich, jahrgangstypisch getragen im Stil, aber auch mit Saftigkeit und Balance. Der Säurenerv bleibt mild, trägt aber gut. Gutmütig, jedoch nicht langweilig! 13 Vol.-%, DV, €€

89 2019 Riesling trocken

92 2018 Gewürztraminer trocken
Rauchige Noten, Rose und Piment, Langpfeffer. Im Mund ist der Wein trocken, aber extraktsüß, hat viel Volumen, gefüllt mit Schmelz und zarten Phenolen, die Säure ist jahrgangstypisch mild, aber nicht flach, die Würze trägt in einen sehr langen Abgang. Superb! 14 Vol.-%, DV, €€

★★★★

WEINGUT HOFMANN

Vor dem Klopp 4, 55437 Appenheim
T: +49 (6725) 300063
info@schiefer-trifft-muschelkalk.de
www.schiefer-trifft-muschelkalk.de

Ab-Hof-Verkauf: Sa 9–12 Uhr und 13–18 Uhr
Kellermeister: Jürgen Hofmann
Ansprechpartner: Carolin Hofmann
Flaschen/Hektar: 240.000 (96 % weiß, 4 % rot)/22 ha

Jürgen Hofmann hat seinen Stil gefunden, die »Appenheimer Schule«, die er mit begründet hat und die für straffe Bündelung und eine Prise Phenolik steht, verbindet er inzwischen mit etwas mehr Zugänglichkeit. Dennoch bleiben die Terroirtypen wie beim strammen Hundertgulden-Riesling oder beim naturgemäß etwas getrageneren Ölberg vom Roten Hang klar erkennbar. Eine Erwähnung wert sind hier stets auch die Weißburgunder, deren kulinarischer Zuschnitt sich schon in der Mittelklasse zeigt: Das »Urmeer« ist kitschfreie Zone und ermöglicht mit seiner Kräutrigkeit feine Marriagen.

92 2019 Nierstein Ölberg Riesling trocken

Im Duft helle Gelbfrucht, etwas Melone, Apfel, Stein. Am Gaumen klar mit feinem Volumen. Saftige Frische und feinsüße Frucht, in den Gaumenaromen etwas Steinobst, Orangenblüte, schöner Grip und reife, lebendige Säurestruktur. 12,5 Vol.-%, DV, €€€

91 2019 Appenheim Hundertgulden Riesling trocken

Tief, feinwürzig, rotgrüne Frucht, auch Steinobst, florale Anklänge, Wiesenkräuter, Stein. Am Gaumen saftig, roter Apfel und helle Zitrusfrucht in den Abgangsaromen. Schnörkellos trockene Frische und saftiger Säurezug. Ein markanter Lagencharakter. 12,5 Vol.-%, DV, €€€

91 2019 »MG« Gau-Algesheim St. Laurenzikapelle Sauvignon Blanc trocken

In der Nase feine Rauchigkeit, helle Frucht, zarte Kräuterwürze, etwas Stängel. Am Gaumen frisch, klar, mit feinem Saft, Phenolik und Grip. Zitrische Säure, mit eigener Charakteristik und animierender Feinsaftigkeit aufs Wesentliche reduziert. 13 Vol.-%, DV, €€€

91 2019 Appenheim Eselspfad Weißburgunder trocken

Frisch, klar, lebendig, mit heller Frucht. Am Gaumen geschmeidig, saftig, herbe Nuancen, feine Fruchtsüße, Orangenblüte, zarte Kräutrigkeit und Grip, reife zitrische Säure, animierend, saftig, leicht. 13 Vol.-%, DV, €€€

88 2019 »vom Muschelkalk« Appenheim Riesling trocken

90 2019 »Urmeer« Appenheim Weißburgunder trocken

Saftige Nase, Noten von Birne, Apfel, Mandel. Klar, gewisse Dichte, dabei Frische. Am Gaumen fließend, saftig, volle grüngelbe Frucht mit dezenter Süße. Dahinter feine Würze, reife Säure, feine Kräutrigkeit und eine insgesamt straffe Struktur. 13 Vol.-%, DV, €€

★★★

WEINGUT FRITZ EKKEHARD HUFF

Hauptstraße 90, 55283 Nierstein
T: +49 (6133) 58003, info@weingut-huff.de
www.weingut-huff.de

Ab-Hof-Verkauf: Mo bis Fr 8–12 Uhr und 13–18 Uhr, Sa 9–17 Uhr, nach Voranmeldung
Kellermeister: Christine Huff und Jeremy Bird-Huff
Ansprechpartner: Christine und Doris Huff
Flaschen/Hektar: 50.000 (75 % weiß, 25 % rot)/9 ha

Eines haben Christine Huff und ihr Mann Jeremy Bird-Huff in den vergangenen Jahren mit beeindruckender Kontinuität geschafft: Das Weingut Fritz Ekkehard Huff mit neun Hektar Weinbergen ist zu einer gefragten Adresse in Nierstein und am Roten Hang aufgestiegen. Auch über die Landesgrenzen hinaus werden Steillagen wie Schloss Schwabsburg, die Christine Huff besonders am Herzen liegt, hoch gehandelt. Der Riesling »Rabenturm« überzeugt wieder mit fester Struktur und mineralischem Grip, beeindruckend ist auch die konzentrierte und fein gewobene Beerenauslese aus derselben Lage. Famos!

92 2019 Nierstein Pettenthal Riesling trocken
In der Nase helle Gelbfrucht, Aprikose und Nektarine, auch steinige Mineralik, am Gaumen kompakt und lebendig. Mit Saft, Steinobst, immanenter Kraft und feiner Extraktsüße. Dabei nuanciert, mit Zug, feiner Salzigkeit und zitrischer, griffiger Säurestruktur. 12,5 Vol.-%, NK/DV, €€€

92 2019 „Rabenturm« Nierstein Schloss Schwabsburg Riesling trocken
Rotgrüne Frucht in der Nase, Apfel, Hagebutte, florale Anklänge, feine Kräutrigkeit. Geschmeidig am Gaumen, verwoben, Fluss, Steinobst, Orangenblüte, saftig-zitrische Säure, ein Hauch Süßholz, cremig mit pikantem Säuregrip und gutem Zug im Finale. 12,5 Vol.-%, NK, €€€

90 2019 Nierstein Orbel Riesling trocken
Feinwürzig, gelbe und rote Frucht, frischer Apfel und auch Wiesenkräuter, dicht und zentriert. Am Gaumen gereifte, lebendige Frucht, Pfirsich und Aprikose zeigen sich, feine Mineralik, straighter Säurezug, nach hinten raus immer fokussierter. 13 Vol.-%, DV, €€

93 2019 Nierstein Schloss Schwabsburg Riesling Beerenauslese
Konzentrierter Duft, dicht und fest, Aprikose, Weinbergpfirsich, frische Zitrusfrucht, reife Frucht und Minze. Im Mund klarer Extrakt, schönes Süße-Säure-Spiel, Konzentration, aber auch Zug, Aprikose und Zitrusfrucht, saftig, im Ausklang wieder frisch und mineralisch. 8 Vol.-%, DV, €€€

88 2019 »The Yellow Bird« Nierstein Sauvignon Blanc trocken

90 2019 Schwabsburg Riesling trocken
Feinkräutrige, vollfruchtige, komplexe und fokussierte Nase mit reifer Frucht, Pfirsich und Aprikose, dazu noch nasser Stein. Saftiger Gaumen, gelbgrüne Frucht, dezente Fruchtsüße und pikanter Säurezug mit feiner, mineralischer Griffigkeit. Zeigt den Roten Hang. 12,5 Vol.-%, DV, €

★ ★ ★

GEORG GUSTAV HUFF

Woogstraße 1, 55283 Nierstein-Schwabsburg
T: +49 (6133) 50514, info@weingut-huff.com
www.weingut-huff.com

Ab-Hof-Verkauf: Mo bis Fr 8–12 Uhr und 13.30–18 Uhr, Sa 9–17 Uhr, So 10–12 Uhr
Kellermeister: Stefan und Daniel Huff
Ansprechpartner: Familie Huff
Hektar: 25 ha

Im Weingut Georg Gustav Huff sind die Kompetenzen klar geregelt: Stefan Huff ist für den Ausbau der Rotweine zuständig, sein Bruder Daniel Huff kümmert sich um die Weißen. Vater Dieter Huff dagegen ist überwiegend in den Weinbergen am Roten Hang zu finden. Da scheint ein Rädchen ins andere zu greifen, anders ist nicht zu erklären, dass die Huffs nach dem letztjährigen Auftritt schon wieder eine hervorragende Kollektion vorstellen. Die Rieslinge bieten Mineralität, Tiefe, Spannung und Eleganz, die Burgunder Substanz und Griffigkeit. Und der Silvaner überzeugt auch Skeptiker.

93 2019 Nierstein Pettenthal Rehbacher Steig Sommerseite Riesling trocken
Komplex, klar, würzig in der Nase; rote und gelbe Frucht, Kräuterwiese, Eisen und süßer, frischer Apfel. Am Gaumen schlanker mit feinsaftiger Frucht. Zunächst fließend, dann mehr würzig, mineralischer Grip. Sich nach hinten zentrierend. Vielschichtig. 13 Vol.-%, NK, €€€

92 2019 »Alte Reben« Nierstein Hipping Riesling trocken
Gleichmaß und Balance in der Nase, tief, verwoben, gelbe Frucht, Orangenblüte, nasser Stein und Kräuter. Am Gaumen in sich ruhend mit feinem Volumen und Fluss. Im Abgang steinstaubige Mineralik, Zitrusnoten und saftger Säurezug. Facettenreich und elegant. 13 Vol.-%, NK, €€

92 2018 »Réserve« Riesling trocken
Rauchige, steinige Nase. Griffigkeit, Fokus und helle Frucht. Verwoben am Gaumen, auch feine Saftigkeit, Noten von Mandarine, Zitrone, etwas Steinobst. Dabei schlank mit straightem, salzigem Säurezug. Mittig leicht trocknend, aber stimmig. Zitrisch-mineralischer Nachhall. 12,5 Vol.-%, NK, €€€

93 2019 Nierstein Schloß Schwabsburg Riesling Beerenauslese
Apfel und Lakritze im feinen Duft, auch deutliche Würze vom Rotliegenden. Im Mund eine beinahe brachiale Säure, die aber gut eingebunden ist in Schmelz und Süße sowie in einen mineralisch gewürzten Stoff. Im Abklang dann rund und geschmeidig. Facettenreich, faszinierend. 6,5 Vol.-%, NK, €€

91 2019 »Réserve« Pinot Blanc trocken

91 2018 »Réserve« Pinot Gris trocken

90 2019 Nierstein Schloß Schwabsburg Riesling trocken

89 2019 »vom Löss« Riesling trocken

88 2019 Nierstein Riesling Kabinett feinherb

89 2017 Nierstein Spätburgunder trocken

90 2017 »Alte Reben« Nierstein Rosenberg Spätburgunder trocken

91 2019 Nierstein Silvaner trocken
Feinsaftig und griffig in der Nase mit Noten von reifer, frischer Zitrusfrucht, Birne, grünem Apfel, Mineralik. Am Gaumen seidig verwoben. In den Schmelz webt sich die saftig-lebendige Säure, feine Salzigkeit, ein Hauch Zitrusabrieb. Wunderbar balanciert. 12,5 Vol.-%, NK, €€

★★

WEINGUT JÄGER

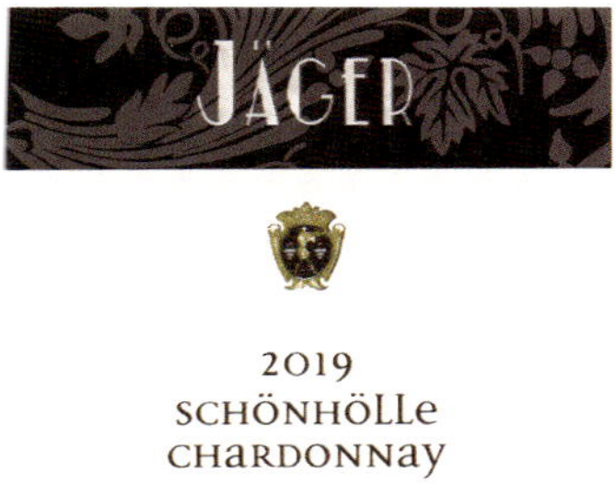

Rheinstraße 17, 55437 Ockenheim
T: +49 (6725) 2330, weingut@jaegerwein.de
www.jaegerwein.de

Ab-Hof-Verkauf: Mo bis Fr 9–17 Uhr, Sa 10–14 Uhr
Kellermeister: Armin Jäger
Ansprechpartner: Diana Jäger
Flaschen/Hektar: 100.000 (50 % weiß, 50 % rot)/15 ha

»Neronet« ist nicht etwa der Name einer Cuvée aus dunkelfarbigen Trauben, sondern eine Neuzüchtung aus Tschechien mit noblem Stammbaum: (St. Laurent x Blauer Portugieser) x (Alicante Bouschet x Cabernet Sauvignon). Im Weingut Jäger, das zugleich eine Rebschule ist, hat man diese Kreuzung weiterbearbeitet und produziert daraus ausgesprochen interessante Weine. Gut gefallen hat uns auch der Blaue Spätburgunder mit seiner jahrgangstypisch etwas feisteren Statur, ebenso der fruchtgetragene Sauvignon Blanc. Auch die anderen Weißen erreichen mühelos das Klassenziel.

89 2019 Ockenheim Schönhölle Chardonnay Spätlese trocken
Weiße Blüten und etwas Holz, Vanillin und Karamell. Im Mund mit einiger Wucht, eine Schicht Phenole und kernige Säure sorgen für den Gegenpol zum kraftvollen Körper, die Gaumenmitte ist dicht und extraktsüß, der Abgang gelbfruchtig. 13,5 Vol.-%, DV, €

88 2019 Ockenheim Hockenmühle Riesling trocken
Zitrusfruchtig im Duft, am Gaumen setzen Alkohol und Säure Akzente, ehe eine Schicht leicht trockener Phenole die Gaumenmitte einnimmt. Hat eine gute Länge, hat Frische und Spannung. Ein guter Begleiter deftiger Speisen, etwa zur Brotzeit. 13 Vol.-%, DV, €€

91 2018 Neronet trocken
Veilchenpastille und Lakritze, Holunder, Blaubeere, ätherische Kräuternoten. Dicht stoffig im Mund, feinkörniges Tannin, dennoch auch viel Saftigkeit, reife Säure, lange homogen bleibend, noch jung, sehr klar und intensiv in der Abgangsfrucht. 13 Vol.-%, KK, €

89 2018 Blauer Burgunder trocken
Bitterschokolade und Kräuter, Thymian, auch pfeffrige Noten. Im Mund cremig grundiert, darauf eine mittelhohe Dosis feinkörnigen Tannins. Die reife Säure passt gut zu Frucht und Körper, dunkelbeerige und pinottypische Abgangsaromen. Ein adretter Burgunder. 13,5 Vol.-%, KK, €

87 2019 Ockenheim Schönhölle Silvaner trocken

89 2019 Sauvignon Blanc trocken
Ein recht appetitlich fruchtiger Duft, rote Stachelbeere, Williams Christbirne, dezente Hefe. Am Gaumen zeigt sich ein guter Körper, das Süße-Säure-Verhältnis ist harmonisch, Druck und leichte Salzigkeit geben dem Wein etwas Apartes. Gute Länge. 11,5 Vol.-%, DV, €

★★

WEINGUT GEORG JUNG

Alzeyer Straße 4, 55278 Undenheim
T: +49 (6737) 246, info@wein-macht-jung.de
www.wein-macht-jung.de

Ab-Hof-Verkauf: nach Anmeldung Mo bis Fr 16–19 Uhr, Sa 9.30–12 Uhr und nach Vereinbarung
Kellermeister: Johannes Jung
Ansprechpartner: Georg Jung
Flaschen/Hektar: 60.000 (70 % weiß, 30 % rot)/17 ha

Obwohl ein Hagelschlag im April 2019 die Erntemenge im Weingut Georg Jung stark dezimierte, »macht der Jahrgang 2019 viel Freude«, schreibt uns Johannes Jung, der als Kellermeister immer stärkere Akzente setzt. In Südafrika hatte er bei einem Praktikum seine Leidenschaft für die Rebsorte Chardonnay entdeckt, die er nun im neuen Barrique ausbaut: Sein Chardonnay aus dem Undenheimer Goldberg steht auch an der Spitze eines insgesamt anspruchsvollen Sortiments. Dass der Winzer auch etwas von Rotwein versteht, zeigt der druckvolle, im Barrique ausgebaute St. Laurent. Weiter im Aufschwung!

91 2018 Undenheim Goldberg Chardonnay trocken
Feiner Rauch in der Nase, der sich über Fruchtaromen von Birne und Aprikose legt, auch Gewürze. Am Gaumen breit angelegt, auf geschmeidigem Fond zeigen sich Würze und etwas pfeffrige Schärfe, gute Balance, viel Stoff, Körper, Mineralität und Gefühl. Kann weiterreifen. 13,5 Vol.-%, NK, €€

90 2017 Undenheim Gib Gern Weißburgunder trocken
Konzentrierte und reife Nase mit frischer und gedörrter Aprikose, Apfel, gelben Blüten, würzigen und floralen Noten. Auch am Gaumen Apfelnoten, guter Extrakt, Dichte und merkliche Süße, viel Substanz, reife und tragende Säurestruktur, mineralisch unterfüttert. 13,5 Vol.-%, NK, €

89 2018 Spiesheim Rindertanz Riesling
Reife Noten in der Nase, Petrol, Pfirsich und Ananassaft, auch rauchige Noten. Kräftig und straff gebaut am Gaumen, Holz trifft auf merkliche Süße; schöne Frucht, reife Säure und mineralischer Anklang; Riesling mit guten Anlagen, der noch etwas Zeit braucht. 13 Vol.-%, NK, €€

88 2019 Undenheim Grauburgunder trocken
Kräftiger Duft nach Birne und auch karamellisierter Birne, Walnuss und floralen Noten, Bienenwabe und Harz. Am Gaumen meldet sich merkliche Süße mit einer präsenten Säure in einem kräftigen und kompakten Körper, süßlicher Extrakt, harmonisch abgestimmt. 13,5 Vol.-%, DV, €

87 2019 Undenheim Chardonnay trocken

91 2018 Selzen St. Laurent Barrique trocken
Rauchige Noten und konzentrierte Waldbeeraromen, Freiselbeere, dezent kräuterwürzig begleitet. Viel Saftigkeit und eine volle, lange anhaltende Gaumenfrucht, süß und druckvoll, der kräftige Alkohol tritt zurück, geschmeidiger Abklang mit mineralischen Tönen. 14,5 Vol.-%, NK, €€

★★

KAPELLENHOF

Kapellenstraße 18, 55278 Selzen
T: +49 (6737) 204, kapellenhof@t-online.de
www.kapellenhof-selzen.de

Ab-Hof-Verkauf: Mo bis Fr 8–17 Uhr, Sa 9–14 Uhr
Kellermeister: Thomas Schätzel
Ansprechpartner: Thomas Schätzel
Flaschen/Hektar: 120.000 (75 % weiß, 25 % rot)/18 ha

Thomas und Sabine Schätzel führen den idyllisch gelegenen Kapellenhof in Selzen nunmehr in fünfter Generation, das Weingut kann auf mehr als 600 Jahre Geschichte und Tradition zurückblicken. Von den 18 Hektar Reben, die vor allem auf mineralreichen Kalkmergelböden wachsen, keltert Thomas Schätzel Jahr für Jahr verlässliche und rebsortentypische Qualitäten. An die Spitze des Sortiments hat sich dieses Mal die vielschichtige und dichte »Selection« vom Riesling geschoben, aber auch alle anderen Weine wissen zu überzeugen. Sie sind immer auch als patente Speisenbegleiter gedacht. Stimmig!

91 2018 »Ökonomierat E« Hahnheim Knopf Riesling trocken Selection Rheinhessen
Intensiver Duft, reifes Steinobst, Pfirsich und Aprikose, auch einen Hauch Petrol und würzige Eindrücke. Am Gaumen kräftig und straff gebaut mit gutem Extrakt, dicht und vielschichtig, die reife Säure ist gekonnt eingebunden, wieder Würze und auch Mineralität. 13 Vol.-%, DV, €€

89 2019 »Kalkmergel« Hahnheim Weißburgunder trocken
Fruchtige Nase nach weißen und gelben Blüten, Aprikose und Apfel, auch Würze, Aromen aus dem warmen Gewächshaus. Gut balanciert am Gaumen, mit reifer Säure und klarer Frucht, kräftiger Bau, feine Würze; gute Substanz, vielschichtig und auch elegant, viel Wein. 13,5 Vol.-%, DV, €

89 2019 Selzen Chardonnay trocken
Würziger Duft, reife Honigmelone und Birne, auch laktische Noten. Saftig und weich am Gaumen, schlanker Bau, milde, gut integrierte Säureader, feine Würze, klar im Ausdruck, gut balancierter Chardonnay für viele Gelegenheiten, macht solo und zum Essen eine gute Figur. 12,5 Vol.-%, DV, €

89 2018 Selzen Silvaner trocken
Würzige und florale Noten, vollreife Birne, gelbe Blüten, etwas Mango-Lassi. Setzt am Gaumen weich und geschmeidig an, milde Säure, süßlicher Extrakt, viel Würze und in der Gaumenmitte auch pfeffrige Noten und leichte Schärfe. Zu kräftigen Gerichten. 13 Vol.-%, DV, €

88 2019 Selzen Am dicken Stein Grauer Burgunder trocken

90 2019 »Kalkmergel« Hahnheim Riesling tr.
Intensiver und kräftiger Duft nach Steinobst, Pfirsich und Mango, gelbe Blüten und Dotterblume, Würze. Am Gaumen mit reifer Säure und Schmelz kräftig und gut gebaut, vielschichtig, würzig und mit kalkmineralischem Akzent, klarer Fruchtausdruck, gute Länge. 13,5 Vol.-%, DV, €

★★

WEINGUT KARLHEINZ KELLER

Landgrafenstraße 74–76, 67549 Worms
T: +49 (6241) 75562, info@weingutkeller.de
www.weingutkeller.de

Ab-Hof-Verkauf: Mo, Di, Do und Fr 9–18 Uhr, Mi 9–13 Uhr, Sa 9–14 Uhr
Kellermeister: Markus Keller
Ansprechpartner: Karlheinz Keller
Flaschen/Hektar: 200.000 (60 % weiß, 40 % rot)/20 ha

Das Weingut Karlheinz Keller, dessen Geschäfte mittlerweile Junior Markus führt, bewirtschaftet etwa 20 Hektar Rebfläche. Der Betrieb liefert beständig gute Qualität zu erstaunlich günstigen Tarifen. Da die Frau von Kellermeister Markus Keller aus Südtirol stammt, hat er sich des Lagrein angenommen, einer kraftvoll bis rauen Rebsorte, die auf der Alpensüdseite verbreitet ist. Das Ergebnis ist beeindruckend: Der im Barrique ausgebaute Rotwein ist würzig, geschmeidig und überaus stoffig – ein gelungenes Experiment in einem durchweg ausgewogenen, gelungenen Sortiment.

92 2019 Pfeddersheim St. Georgenberg Sauvignon Blanc trocken
Wunderbar fruchtig-frisch in der Nase mit Quitte und kandiertem rotem Apfel. Am Gaumen dann dicht und mit guter Substanz. Energetisch, ohne dass die Frucht dominiert. Geschliffen. Balanciert. Bravo! 13 Vol.-%, NK, €

90 2019 Roter Riesling trocken
Dezente Aromatik in der Nase mit roten Früchten wie Roter Johannisbeere. Der Holzeinsatz ist spürbar, aber durchaus integriert. Gute Substanz und Kraft des Weines mit angenehmer Viskosität. Harmonisch. 13 Vol.-%, NK, €€

92 2017 »Cuvée Gabriel« trocken ME/SY/CS
Brombeere, Holunder, Kirsche, Zimt und Nelke, leicht kräuterwürzig angehaucht. Feines Tannin in hoher Menge, viel Druck, geschmeidiger Fond, präsente Gaumenfrucht, nahtlos integrierte, reife Säure, saftiger und fruchtgetragener süßer Abklang, eleganter Wein. 13,5 Vol.-%, NK, €€

91 2018 Lagrein trocken
Kräftiges Neuholz, und deutlich kräuterwürzige Aromen, Thymian, Menthol, Kampfer. Geschmeidig, fast viskos grundiert am Gaumen, körniges Tannin mit guter Reife, kirschige Gaumenfrucht, kräftiger Alkohol, leichte Extraktsüße, stoffiger Abklang. 13,5 Vol.-%, NK, €€

90 2019 Grauer Burgunder trocken

89 2019 Weißburgunder trocken

89 2019 Sauvignon Blanc trocken

89 2019 Riesling trocken

91 2018 Frauenberg Spätburgunder Barrique trocken

89 2018 Pfeddersheimer Hochberg Spätburgunder trocken

89 2017 Pfeddersheim St. Georgenberg Merlot trocken

91 Pinot Noir Brut
Pastellfarben lachsrosa. Hefig im Duft, burgunderbeerig, im Mund mit guter Proportion, frisch, rassige Säure, feines, aber auch dynamisches Mousseux, ein Sekt mit klarer Aromatik und ungekünstelt trockener Abstimmung. Schöner Aperitif. 12,5 Vol.-%, DIAM, €€

★★

WEINGUT KETH

Wormser Straße 33, 67591 Offstein
T: +49 (6243) 7522, vertriebketh@weingut-keth.de
www.weingut-keth.de
Ab-Hof-Verkauf: Mo bis Fr 8–12 Uhr und 13–18 Uhr, Sa 8–17 Uhr und nach Vereinbarung
Kellermeister: Matthias Keth
Ansprechpartner: Matthias Keth
Hektar: 55 ha
Anbauweise: Biologisch zertifiziert

Mit gerade einmal 2,5 Hektar Reben und 600 Litern Wein legte das Weingut Keth 1972 im südlichen Wonnegau los. Inzwischen ist Matthias Keth für den Betrieb verantwortlich, die Rebfläche ist auf stattliche 55 Hektar angewachsen. Spitzenlagen sind der Westhofener Morstein und der Offsteiner Engelsberg. Schon 2007 wurde auf biologische Bewirtschaftung umgestellt. Die Weine imponieren mit ihrer inneren Ruhe und natürlichen Art. Der Riesling Morstein zeigt Komplexität, der St. Laurent weiß mit Würze zu gefallen und die Riesling-Beerenauslese aus dem Morstein zeigt Terroir. Guter Auftritt!

91 2019 Westhofen Morstein Riesling trocken
Konzentrierte Nase mit Noten von Pfirsich und Aprikose, gelber Apfel, Grapefruit, auch mineralisches Ambiente. Im Mund mit gutem Extrakt und Dichte straff und athletisch gebaut, konsistent und balanciert, die Säure ist gut eingebunden, zeigt Herkunft und Profil. 13 Vol.-%, DV

89 2019 »Sonnenspiel« Riesling trocken
Riecht nach Apfel, Aprikose und Grapefruit, am Gaumen saftig und geradlinig mit guter Frische. Schlanker und straffer Bau, da sitzt alles am rechten Fleck, die feine Süße korrespondiert gut mit der agilen Säure, geschmeidig mit feiner Würze, auch mineralisch. 12,5 Vol.-%, DV

90 2018 St. Laurent trocken
Intensive dunkle und würzige Nase, Schwarze Johannisbeere und Kirsche, etwas Rauch, Eukalyptus und auch erdige Noten. Fräsente Säure am Gaumen, mittelkräftiger Körper, klare Frucht und würzige Noten, auch Pfeffer, die Gerbstoffe sind reif und saftig, Potenzial. 13 Vol.-%, NK

92 2018 Westhofen Morstein Riesling Beerenauslese
Blumig, Lavendel, Dörraprikose, Minze. Viskos im Ansatz, dann unmittelbar würzig, vergleichsweise milde Säure, eher durch Cremigkeit als durch Süße den Eindruck der Milde hervorrufend. Eine originelle Terroir-Beerenauslese. 7 Vol.-%, NK

89 2019 »Rebstoff Weiß« trocken CB/MS/PH

88 2019 »Aufspiel Weiß« trocken WB/CH/SB

88 2019 Chardonnay trocken

88 2019 Grauburgunder trocken

89 2018 Syrah trocken

89 2018 Cabernet Franc trocken

88 2017 Offstein Engelsberg Spätburgunder trocken

89 2019 Sauvignon Blanc trocken
In der Nase reife gelbe Stachelbeere, Aprikose und Grapefruit, florale Noten sowie feine Würze. Saftig, mit Schmelz und mit feiner Frucht am Gaumen, reife, gut eingebundene Säure, fein balanciert, unaufdringlich und doch intensiv, mit natürlichem Ausdruck und Charakter. 12,5 Vol.-%, DV

★★★★

WEINGUT KNEWITZ

Rheinblick 13, 55437 Appenheim
T: +49 (6725) 2949, info@weingut-knewitz.de
www.weingut-knewitz.de

Ab-Hof-Verkauf: nach Vereinbarung
Kellermeister: Tobias und Björn Knewitz
Ansprechpartner: Familie Knewitz
Flaschen/Hektar: 150.000 (90 % weiß, 10 % rot)/25 ha

Manchmal fragt man sich, wo das mit Tobias Knewitz noch einmal enden wird: Mit 14 kelterte er seinen ersten Wein, mit 21 übernahm er die Verantwortung im elterlichen Weingut und mit gerade mal 30 Jahren erzeugt er Weine wie ein Großer. Tatkräftig unterstützt wird der frühreife Winzer von seinem Bruder Björn und Vater Gerold, der sich hauptsächlich um die auf 25 Hektar angewachsene Rebfläche kümmert. Begeistert hat uns der Hundertgulden mit feinen Phenolen und durchdringender Mineralität. Wir wissen zumindest eines: Für diese reife Leistung verleihen wir gerne den vierten Stern!

95 2019 Appenheim Hundertgulden Riesling trocken

Rauchige Terroirwürze im Duft, dazu verschlossen zitrische Aromen, Limette, Grapefruit. Hohe Dichte im Mund, sehr feine Phenole, ein Hauch Kohlensäure, aber auch eine durchdringende taktile Mineralität, eine Verdichtung ohne plakative Töne. Groß! 12,5 Vol.-%, NK, €€€

92 2019 Nieder-Hilbersheim Steinacker Riesling trocken

Im Glas blasses Zitronengelb. Frische Kräuter, Limette und Apfel in der Nase. Am Gaumen sehr präzise in der Primärfrucht, ergänzt durch eine feine mineralische Komponente. Kompakt gebaut, gut balanciert, perfekt eingebundene Säure bei langem Nachhall. 12,5 Vol.-%, NK, €€€

92 2019 Gau-Algesheim Goldberg Riesling tr.

Noch verschlossen im Duft. Mehr Stein als Frucht. Gute Dichte im Mund, geschmeidige Grundierung, getragen und mollig, aber auch mit kultiviertem Säurerückgrat und mineralischem Kern. Mandarine und Kumquats im Abklang. Frische und Mineralik, gutes Potenzial. 12,5 Vol.-%, DV, €€€

91 2019 »Kalkstein« Appenheim Riesling tr.

Zitonengelb. Ein Duft von nassem Stein, jungem Pfirsich, Limette und Geißblatt. Am Gaumen balanciert die lebendige Säure die Fruchtaromen, ergänzt um Litschi und Ingwer. Ein präziser, nachhaltiger Wein in einem mittlerem Körper mit gutem Nachhall. 12,5 Vol.-%, NK, €€

89 2019 »Holzfass« Chardonnay trocken

91 2019 »Eisenerz« Nieder-Hilbersheim Riesling trocken

Rauchig-pfeffrig im Duft, Pfirsichkern, Kalkterroir, im Mund dicht, stoffig, geradeaus und ohne Schnörkel gebaut, feste, aber nicht aggressive Säure, saftig, markant, in ausgezeichneter Balance. Kompakt und lange abklingend. Stilvoll und puristisch. 12,5 Vol.-%, NK, €€

★

WEINGUT KÖSTER-WOLF

KÖSTER-WOLF
WEINGUT

2019
SAUVIGNON BLANC
TROCKEN

Langgasse 62, 55234 Albig
T: +49 (6731) 2538, mail@koester-wolf-weingut.de
www.koester-wolf-weingut.de

Ab-Hof-Verkauf: nach Vereinbarung
Kellermeister: Claus Wolf
Ansprechpartner: Bärbel Wolf
Hektar: 35 ha

Das Familienweingut Köster-Wolf besteht seit 1684 und wird inzwischen in der elften Generation von Bärbel und Claus Wolf geführt. Das »Streben nach Qualität ist ein ungeschriebenes Gesetz in unserem Weingut und der Anspruch, an dem wir uns messen«, lässt uns das Winzerpaar wissen. Von rund 35 Hektar naturnah bewirtschafteten Weinbergen werden zu sehr fair kalkulierten Preisen sortentypische, ausdrucksstarke und gut balancierte Weine erzeugt, wie etwa der beschwingte Sauvignon Blanc und der elegante Weißburgunder. Ein gelungenes Debüt des Albiger Weinguts.

89 2019 Albig Schloss Hammerstein Weißburgunder trocken
Apfel und Mirabelle in der Nase, würzige und florale Noten, Zitronengras. Saftig und klar am Gaumen mit schöner Fruchtausprägung, schlanker Bau, gut integrierte Säure und Süße, feiner Schmelz und auch Würze; gute Substanz, sauber gearbeitet, elegant, zum Essen. 12,5 Vol.-%, DV, €

89 2019 »Scheus Traum« Scheurebe feinherb
Fruchtige und würzige Nase nach Stachelbeere, rosafarbener Grapefruit und gelber Frucht, auch Guave mit süßlich-säuerlicher Note. Am Gaumen zeigt sich eine gute Kombination von klarer Frucht, Süße und Frische in einer schlanken Textur, würzig und delikat, fein abgestimmt. 12,5 Vol.-%, DV, €

88 2019 Grauburgunder trocken
Saftige Birne und Apfel in der reintönigen Nase, etwas florale Noten, Gewürze. Saftig im Mund, mit klarer Sortentypizität, reife Säure, feine Würze und Süße, guter, kräftiger Bau; klassischer und unkomplizierter Grauburgunder, der seine Qualitäten am Tisch ausspielt. 13 Vol.-%, DV, €

88 2019 »Loup Blanc« trocken SB/RR/CH
Cuvée aus Riesling, Sauvignon Blanc und Chardonnay, die nach Apfel, Gelbfrucht und Zitrusfrucht riecht. Mit guter und animierender Frische saftig und harmonisch abgestimmt, feine Fruchtaromen und Würze. Ein Wein für die Terrasse an warmen Tagen und zu Vorspeisen. 12,5 Vol.-%, DV, €

87 2019 »Classic« Rivaner trocken

89 2019 Albig Schloss Hammerstein Sauvignon Blanc trocken
Sortentypische Nase, Stachelbeere, Grapefruit, Paprika und etwas Rasenschnitt, feine Würze. Am Gaumen verbinden sich frische Säure, klare Frucht und feine Süße, schlanker Bau, animierend und mit beschwingter Art, gute Sortentypizität mit lokalem Zungenschlag. 12,5 Vol.-%, DV, €

★★★★★

WEINGUT KÜHLING-GILLOT

Ölmühlstraße 25, 55294 Bodenheim
T: +49 (6135) 2333, info@kuehling-gillot.de
www.kuehling-gillot.de
Ab-Hof-Verkauf: Mo-Fr 9–17 Uhr, Sa 11–14 Uhr
Kellermeister: H. O. Spanier, Axel Thieme, Christopher Full
Ansprechpartner: Carolin Spanier-Gillot und Hans Oliver Spanier
Hektar: 18 ha

Welch ein Flight sind Carolin und H. O. Spaniers Große Gewächse vom Roten Hang: ein kristalliner Hipping, ein druckvoller Rothenberg, ein phenolisch herber Pettenthal und ein gleichermaßen cremiger wie salziger Ölberg. Die Ausarbeitung der Lagencharaktere ist überzeugend und auch die Konstanz ist beeindruckend. Und man ist versucht zu sagen: »Natürlich« besitzen auch die Ortsweine in ihrer Klasse dasselbe Niveau: verspielter der Niersteiner, getragener der Nackenheimer. Doch gerade, dass das alles so selbstverständlich wirkt, belegt die harte Arbeit. Gratulation zum fünften Stern.

95 2019 Nierstein Ölberg Riesling GG

Neben reifer Aprikose auch Minze und Myrrhe in der Nase, Weihrauch. Saftig und cremig ansetzend, gerät aber nie in Gefahr zu klassisch zu geraten, dicht verwoben, straffer Säurezug, Salzigkeit; die Großzügigkeit der Lage wird dynamisiert, langes Finale. Potenzial. 12,5 Vol.-%, NK, €€€

95 2019 Nierstein Pettenthal Riesling GG

Reife gelbe Frucht in der Nase, Noten von Terroir, Kräutern, der Rote Hang in der Sommerwärme; setzt saftig an mit saftiger gelber Frucht, um sich zu verdichten und mit phenolischer Herbe zu kontern; hohe Intensität, dicht, dabei schlank und nach vorne strebend. 12,5 Vol.-%, NK, €€€€

95 2019 »wurzelecht« Nackenheim Rothenberg Riesling GG

Satt gelbfarben mit grünlichen Nuancen. Im Duft Blutorange, leichte Holzwürze. Im Mund mit einer kräftigen Dosis feiner Phenole, vitale Säure, dezente Mineralik, fruchtig, viel Druck, rund, harmonisch und homogen, fast burgunderhaft, diskrete Mineralik. 12,5 Vol.-%, NK, €€€€

94 2019 Nierstein Hipping Riesling GG

Steinobst wird im Duft von Kräutern begleitet, Aprikose und Mango, auch roter Apfel und etwas Lakritze. Am Gaumen mit einer gewissen Entspanntheit ansetzend, klar, saftig und kristallin, auch präzise und geradlinig im Ausdruck, feste Struktur, delikat, in sich geschlossen. 12,5 Vol.-%, NK, €€€€

91 2019 Nierstein Riesling Aus Ersten Lagen trocken

92 2019 Nackenheim Riesling Aus Ersten Lagen trocken

Süße Reneklode im Duft, Apfel, balsamisch-würzige und leicht rauchige Untertöne. Im Mund mit zwei Polen: mit knackiger Säure und einigem Schmelz, ein Hauch von Überreife in der Gaumenfrucht, gute Dichte, substanzreich, mit gutem mittlerem Potenzial. 12,5 Vol.-%, NK, €€€

★

WEINGUT LAMBERTH

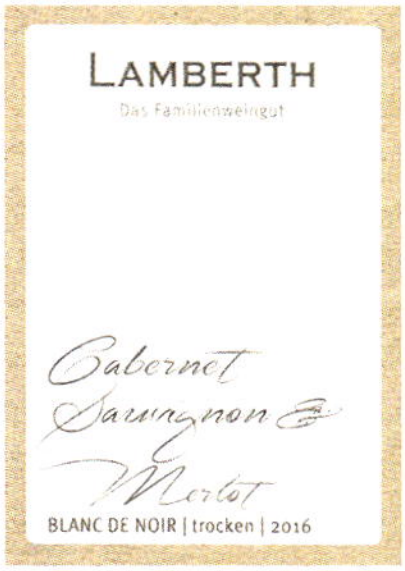

Kirchstraße 20, 55278 Ludwigshöhe
T: +49 (6249) 8611, info@weingut-lamberth.de
www.weingut-lamberth.de

Ab-Hof-Verkauf: Nach Voranmeldung Mo bis Fr 8–12 Uhr und 14–18 Uhr, Sa nach Vereinbarung
Kellermeister: Carsten Lamberth
Ansprechpartner: Carsten Lamberth
Hektar: 19 ha

Neben Weinen aus dem Jahrgang 2019 stellt Carsten Lamberth wieder gereiftere Weine aus den Jahren 2018, 2016 und 2015 vor, sogar ein animierender Sekt aus dem Jahrgang 2008 ist dabei. Dass er ein Händchen für kräftige, im Holz ausgebaute Rotweine hat, ist bekannt: Sein Spätburgunder »Très Fins« aus 2016 mutet mit feiner Säure und weichen Gerbstoffen burgundisch an. Aber auch die Weißweine zeigen sich in guter Form, allen voran der komplexe Grauburgunder Himmelthal und der geradlinige, wie mit dem Lineal gezogene Riesling »Kalkstein«. Hier gibt es immer Überraschendes zu entdecken!

91 2018 Guntersblum Himmelthal Grauburgunder trocken
Leicht rötlicher Schimmer in der Farbe, Kräuter, Lorbeerblatt, Rauch und Röstaromen, Quitte, grüne Walnuss und Birne. Kräftig und dabei mit klaren Konturen gebaut, süßlicher Extrakt, Saft, phenolische Herbe trägt zur Komplexität bei, mineralisch fundiert. 13 Vol.-%, NK, €€

90 2015 »R« Ludwigshöhe Teufelskopf Chardonnay trocken
Kräftiges Gelb, zeigt noch rauchige Noten vom Barriqueausbau, dunkle Aromen, Wurzelwerk, Kräuter und Honigmelone, reife, exotische Frucht. Am Gaumen kräftig und fest gebaut, süßlicher Extrakt, reife Säure, Würze und etwas Holztannin, mit Saft und Schmelz, Potenzial. 14 Vol.-%, NK, €€

90 2008 »Pinot Blanc de Noir« brut
Feine, unaufdringliche Pinotfrucht in der Nase, Himbeere, Erdbeere und auch dezente Gewürze, leichte Firne. Am Gaumen gute Frische mit lebendiger Säure, es zeigt sich auch reife Frucht; schlanker, geradliniger Bau, ein präziser Sekt, guter Aperitif. 12 Vol.-%, NK, €€

91 2016 »Très Fins« Spätburgunder trocken
Würzige Nase, Wacholderbeere, Tannenharz, reife Waldhimbeere und Kirsche, viel Rauch, auch ein leicht ätherischer Ton. Am Gaumen mit feiner und reifer Säurestruktur, trocken, weiche Gerbstoffe, elegant und burgundisch in der Anmutung, leichte, animierende Pikanz. 13,5 Vol.-%, NK, €€€

89 2018 »Kalkstein« Chardonnay Weißburgunder trocken

89 2019 Gewürztraminer trocken

88 2019 Silvaner trocken

88 2019 Sauvignon Blanc trocken

90 2015 »R« Guntersblum Himmelthal Merlot trocken

90 2016 »Kalkstein« Spätburgunder trocken

89 2015 Guntersblum Steig-Terrassen Syrah trocken

90 2018 »Kalkstein« Riesling trocken
Zur gelben Frucht (Aprikose und Pfirsich) kommt in der Nase ein kalkmineralischer Ton, feine Würze. Am Gaumen mit Zug und Drive, aber auch mit Schmelz und klarer Frucht, reife Säureader, straff gebaut, wie mit dem Lineal gezogen, hochmineralisch, eigener Charakter. 12,5 Vol.-%, DV, €

★

WEINGUT LUFF

Hauptstraße 16, 55459 Aspisheim
T: +49 (6727) 5893, info@weingut-luff.de
www.weingut-luff.de

Ab-Hof-Verkauf: ja
Kellermeister: Christian Luff
Ansprechpartner: Kornelia Kilz-Luff
Hektar: 23 ha

Christian Luff ist bunt tätowiert und gibt sich unkonventionell, auch seine Etiketten sind knallbunt, auf der Rückseite ist zu lesen: »Enthält Sulfite und ein bisschen Revolte.« Der Winzer will zeigen, dass Wein »nicht nur für Spießer ist«. Tatsächlich hat auch der Inhalt der Flaschen einiges zu bieten: Die Cuvée »Blickkontakt« verknüpft Würze und Eleganz, der Grauburgunder präsentiert sich mit guter Substanz. Und der Rotwein »Red Barrel« gefällt mit klarer Frucht und animierender Herbe. So kann es weitergehen. Oder wie es Christian Luff sagen würde: »Viva La Vinificación!«

90 2019 »Blickkontakt« Deutscher Wein trocken RR/GS

Cuvée vom Grünen Sylvaner und Riesling, die nach reifen Früchten riecht, Birne, Apfel, Aprikose und Banane. Süßliche Rieslingfrucht übernimmt am Gaumen die Regie, gesteuert von einer lebendigen, würzigen Säure, dazu kommen erdige Noten vom Silvaner, schönes Duett. 12,5 Vol.-%, DV, €€

90 2018 »MMXVIII« Grauburgunder trocken

Schon die Nase zeigt, dass hier einiges an Substanz zu erwarten ist: Rauch, Birne und Quitte zeigen sich, etwas Holzkohle. Kräftig gebaut am Gaumen, vom Ausbau im Barrique geprägt, gute Substanz, trocken, guter Extrakt, auch Schmelz, Saft und Würze. Potenzial. 14 Vol.-%, DV, €

89 2019 Riesling trocken

Reife Aprikose und Papaya in der Nase, würzige und florale Noten im Schlepptau, Blattgrün, auch Zitronengras. Am Gaumen verbinden sich die reife Säure und feine Süße, eine Schicht feiner Phenole sorgt für Akzente, charmant, mit gutem Trinkfluss, dabei nie banal. 12,5 Vol.-%, DV, €

88 2019 Weißburgunder trocken

Würzige und florale Aromen in der Nase, reife Mirabelle und auch Grapefruit. Am Gaumen sorgt die agile Säure für Schwung und Betrieb und balanciert die merkliche Restsüße. Saftig und fruchtig, auch schöne Würze, auf dem Grat zwischen Frische und Harmonie. 11,5 Vol.-%, DV, €

88 2019 »X« Rosé

90 2018 »Red Barrel« trocken DF/RE

Cuvée aus Regent und Dornfelder, die nach Schwarzkirsche und Holunder riecht, auch Lorbeerblatt und Holzwürze. Trocken am Gaumen in einer schlanken Form, beeriger Charakter, unverstellt im Ausdruck, feine und animierende Herbe, muss an den Tisch, zu Fleisch. 12,5 Vol.-%, DV, €

★★★

WEINGUT MANZ

Lettengasse 6, 55278 Weinolsheim
T: +49 (6249) 803008, weingut@manz-weinolsheim.de
www.manz-weinolsheim.de

Ab-Hof-Verkauf: Mo bis Fr 8–16 Uhr, Sa nach Vereinbarung
Kellermeister: Erich und Eric Manz
Ansprechpartner: Eric Manz
Flaschen/Hektar: 250.000 (60 % weiß, 40 % rot)/30 ha

Der Riesling vom Niersteiner Pettenthal aus dem Jahrgang 2019 sorgte am Verkostungstisch für anerkennendes Gemurmel, Verzückung und der entsprechenden Würdigung in Punkten: Er bildet den Charakter und das Terroir des Roten Hangs exakt ab – und ist nur ein Beispiel für die vielen vinologischen Möglichkeiten, die Eric Manz mit seinem ausgezeichneten und auf 30 Hektar angewachsenen Lagenportfolio nützt. Manz versteht es, die Burgundersorten mit der angemessenen Dosis Holzwürze in Szene zu setzen. Und sein reichhaltiger Rotwein »Cuvée M Réserve« genügt auch hohen Ansprüchen. Kompliment!

93 2019 Nierstein Pettenthal Riesling trocken
Spannungsvolle Nase mit warmem Stein, Kräutern und reifer gelber Frucht, zeigt den Charakter des Roten Hangs. Im Mund mit fester und kräftiger Struktur, gute Dichte, ausgewogene Säure, der kräftige Extrakt wird von Saft und Würze begleitet, ausgeprägte Mineralität. 13,5 Vol.-%, NK, €€€

91 2019 Weinolsheim Kehr Riesling trocken
Kompakte Nase mit etwas Rauch, Apfel und Steinobst, relativ verschlossen, öffnet sich langsam. Kräftig und kompakt gebaut mit merklicher Süße, zu der die präsente Säure passt. Phenolische Herbe, gute Balance, Eleganz mit Saft und feiner Würze. Gute Abrundung. 13 Vol.-%, NK, €€

91 2019 »Réserve« Chardonnay trocken
Saftiger Mais in der buttrigen Nase, etwas Kürbis, weiße Blüten und ein rauchiges Ambiente. Voluminös am Gaumen mit kräftiger Struktur, saftig und mit feiner Süße, Schmelz und Würze, die Wucht ist geschmeidig verpackt. Gutes Reifepotenzial und zum Essen. 13,5 Vol.-%, NK, €€

92 2015 »Cuvée M Réserve« trocken CS/CI
Cuvée von Cabernet Sauvignon und Cabernet Mitos, kräftige, würzige Nase nach dunklen Kirschen, Maulbeere, Holunder und Schwarzer Johannisbeere, Röst- und Raucharomen, Pfeffer. Kräftig gebaut mit Kraft, Volumen und präsenter Säure, reichhaltig, mit Druck, Würze und Fülle. 13,5 Vol.-%, NK, €€€

89 2019 »Alte Reben« Grauer Burgunder tr.

91 2019 »*100« Oppenheim Herrenberg Riesling trocken**
Saftiges Steinobst in der Nase, Pfirsich und Aprikose, mineralische Noten. Im Mund saftig und mit feiner Süße, in einer kräftigen Struktur mit guter Substanz und Balance klingen mineralische Noten an, cremig, konsistent und mit guter Länge. 13,5 Vol.-%, NK, €€

★

BURGUNDERHOF MERKEL

Rheinstraße 8, 67598 Gundersheim
T: +49 (176) 70805824, merkel-weine@web.de
www.merkel-weine.de

Ab-Hof-Verkauf: nach Vereinbarung
Kellermeister: Carmen Merkel
Ansprechpartner: Carmen Merkel
Hektar: 5 ha
Anbauweise: Biologisch zertifiziert

Der Burgunderhof Merkel liegt in der Gemeinde Gundersheim und wird in der vierten Generation von der Winzerfamilie Merkel bewirtschaftet. Seit 2016 leitet Carmen Merkel das Weingut und will gemeinsam mit ihrem Vater Dietmar »Tradition und Moderne verbinden«. Die fünf Hektar Weinberge mit bis zu 100 Jahre alten Reben werden schon seit 2004 kontrolliert biologisch bearbeitet. Neben dem Weingut wurde ein Weinberg in Kreis- und Schneckenform angelegt, in dem die Rebstöcke menschenhoch nach oben wachsen. Wir sind gespannt, welche Akzente die junge Generation im Weingut setzen wird.

87 2019 »Alte Reben« Gundersheim Königstuhl Riesling trocken
Riesling von 55 Jahre alten Reben, der nach Zitrusfrüchten und gelber Paprika riecht, auch etwas Karamell und florale Noten. Am Gaumen mit markanter und belebender Säure, wieder Zitrusfrüchte und auch roter Apfel. Kein Schwergewicht. 12 Vol.-%, DV, €€

88 2019 »Alte Reben« Gundersheim Königstuhl Schwarzriesling trocken
In der Nase dunkle Kirsche, würzige Noten, rauchige Nuancen, etwas Kirschjoghurt, ein Hauch Waldhimbeere und auch Minze. Am Gaumen saftig, fruchtsüß, auch Noten von Sauerkirsche, präsentes Tannin, leicht adstringierend, mittlere Komplexität, zeigt Rebsorte und Lage. 14 Vol.-%, DIAM, €€

88 2019 »Alte Reben« Gundersheim Höllenbrand Spätburgunder trocken
Kirsche, Himbeere, Holzwürze, Röstaromen, dunkle Noten, Waldboden, Beerentöne, florale Nuancen, ein Hauch Ätherik. Am Gaumen Süßholzwürze, weich in der Frucht, Sauerkirschsaft, kräftig in der Statur, Volumen, der Alkohol ist gut eingebunden, lang. Zum Essen. 14 Vol.-%, DIAM, €€

88 2019 »Glut« Gundersheim Höllenbrand trocken ME/BP/DF/CI/RE
Violettrot in der Farbe, Würze, Brombeeren, etwas Molke und Minze. Am Gaumen dunkle, süße Frucht, wieder Brombeere und Schwarzkirsche, kräftig gebaut, voluminös mit präsenter Säure, saftig und großzügig, kräftiges Tannin, leichte Adstringenz, gut zu Fleisch. 14 Vol.-%, DIAM, €

87 2019 Gewürztraminer

89 2019 Gundersheim Sauvignon Blanc tr.
Aromatische Nase, sortentypisch mit angenehmer Exotik. Grüne Paprika, Papaya, Granatapfel und Boskop, auch würzige Noten. Am Gaumen schlank gebaut, balanciert und frisch, ohne zu überladen zu sein, wieder Fruchtnoten von Papaya. Harmonischer Abgang, guter Sortenvertreter. 12,5 Vol.-%, DV, €

★★

WEINGUT MICHEL

Dittelsheimer Weg 31, 55234 Hochborn
T: +49 (6735) 283, sebastian@weingut-michel.de
www.weingut-michel.de

Ab-Hof-Verkauf: ja
Kellermeister: Sebastian Michel
Ansprechpartner: Sebastian Michel
Hektar: 20 ha

Sebastian Michel versteht es gekonnt, das Potenzial der Westhofener Spitzenlage Morstein mit ihren Kalkböden auszureizen. Seine Rieslinge baut er im Holz aus, was ihnen zusammen mit der Prägung aus dem Morstein ein individuelles Profil verleiht: Der aus dem Jahrgang 2019 zeigt eine eng verwobene Struktur, feine Phenolik und mineralischen Schliff. Der Riesling »MR« aus dem Jahr 2017 wirkt sehr ambitioniert und noch jugendlich. Auch Silvaner beherrscht Sebastian Michel und die rote Cuvée »Ithaka« zeigt Frucht, Stil und Ausdruck. Es sind Weine, die gut reifen und lange für Genuss sorgen können.

92 2019 Westhofen Morstein Riesling trocken
Feiner Duft nach Aprikose in der Nase, etwas Blattgrün, Florales, feiner Kümmel und dezente Holzwürze. Am Gaumen gut balanciert und eng verwoben, guter Extrakt, reife Säurestruktur, feine Phenolik, fest gebaut in seiner Struktur, elegant und mineralisch, gutes Potenzial. 12,5 Vol.-%, NK, €€€

91 2018 Westhofen Morstein Silvaner trocken
Birne und Apfel, flankiert von würzigen und rauchigen Noten. Am Gaumen saftig und mit feiner Würze, milde Säure, kräftig und fest in der Struktur, die feine Süße fügt sich gut ein, unterlegt von mineralischer Erdigkeit. Silvaner mit gutem Potenzial, zum Essen! 13,5 Vol.-%, NK, €€

91 2017 »MR« Riesling trocken
Vielschichtige Nase mit Noten von Steinobst, Hagebutte, Gewürzen und Holzwürze. Strukturgeprägter Riesling, vom Holzausbau beeinflusst, fest in seiner Substanz, geschmeidig in der Säurestruktur, mineralisch, ambitioniert vinifiziert und noch jugendlich wirkend. 13 Vol.-%, NK, €€€

89 2016 »Prestige Pinot« brut
Schöne Pinotnase, kräftig und würzig, Waldhimbeere, Kirsche und rauchige Noten, etwas Waldmeister. Am Gaumen schlank und würzig, schmelzig mit kalkiger Mineralität, mittlere Länge und Komplexität, dezente Süße, klarer Ausdruck. Als Aperitif und zum Essen. 12,5 Vol.-%, NK, €€

89 2018 »Kalkstein« Chardonnay trocken

90 2018 »Ithaka« trocken CS/CF/ME
Cuvée aus Cabernet Sauvignon, Cabernet Franc und Merlot. Riecht nach Cassis, Brombeere, Holunder, dunkler Schokolade, Waldboden und feiner Kräuterwürze. Stimmige Komposition und Balance, zur Substanz passen die feine Säure, präsente Gerbstoffe und expressive Frucht. 14 Vol.-%, NK, €€

★★

WEINGUT MÜLLER – DR. BECKER

Vordergasse 14–18, 67592 Flörsheim-Dalsheim
T: +49 (6243) 5524, info@mueller-dr-becker.de
www.mueller-dr-becker.de

Ab-Hof-Verkauf: ja
Kellermeister: Jochen Becker
Ansprechpartner: Jochen Becker
Flaschen/Hektar: 120.000 (75 % weiß, 25 % rot)/15 ha

Flörsheim-Dalsheim ist bekanntlich ein weinbaulicher Hotspot in Rheinhessen. Zum Pulsieren dieser Herkunft trägt auch Jochen Becker bei, dessen aktuelle Kollektion zahlreiche Ausrufezeichen setzt. Der Riesling vom Brummelochsenboden ist wunderbar saftig und tight, an diesem Wein wird man lange Freude haben, wengleich eine einzelne Flasche sicher schnell geleert ist. Superb das Trio der Rotweine, bei denen unser Herz dem St. Laurent gilt, einem Angehöriger der Burgunderfamilie, der in der 2018er Version des Weinguts Stoffigkeit und Frucht wunderbar in Einklang bringt.

92 2019 »Vom Brummelochsenboden« Dalsheim Sauloch Riesling trocken

Etwas Holz und frische kräuterwürzige Töne. Melisse. Zitrus. Etwas Hefe. Im Mund gehaltvoll und kompakt, seidig texturiert, saftiger Säurenerv, gutes Gewicht, aber kein Alkoholüberschuss, ein sehr inhalts- und potenzialreicher Wein mit markanter Mineralität. 12,5 Vol.-%, NK, €

90 2019 »MDCXXV« Dalsheim Bürgel Chardonnay trocken

Kräftiger Holzeinsatz, Kokosnuss, zurückhaltende Sortenaromen, Sesam, Maisbrei, geschmeidiger Gaumen, dezente Stoffigkeit, feiner, lange anhaltender Säurenerv, ein Hauch Holztannin, saftiger, mittelgewichtiger Abklang. 13,5 Vol.-%, NK, €€

92 2017 »MDCXXV« Dalsheim Bürgel Spätburgunder trocken

Rauchiges Neuholz, Süßkirsche. Hagebutte. Ein ganz leicht malziger Unterton. Schwarztee und Kräuter. Im Mund mit mürb gewordenem, feinkörnigem (aber dichtem) Gerbstoff, mit cremigem Fond und gut zum Körper passendem Säurefaden. Intensive, klare Abgangsfrucht. 14 Vol.-%, NK, €€

91 2018 »Die Wildsau« Dalsheim Sauloch Frühburgunder trocken

Rauchige Noten, Röstkaffee, Preiselbeere, Nougat, Amarenakirsche. Das Lesegut war sicher sehr reif. Leicht viskos im Ansatz, ein Hauch süßlich, feinkörniges Tannin in mittelhoher Menge, reife Säure, gute Dichte in allen Komponenten, beerige Abgangsfrucht. 14,5 Vol.-%, NK, €€

89 2019 »Arras« Rosé trocken

92 2018 »MDCXXV« Dalsheim Bürgel St. Laurent

Noch verschlossen im Duft, Cranberry, Brombeere und schwarzer Pfeffer, eine »kühle« Kräuternote über allem. Im Mund seidig, sehr fein texturiert, milde Säure, zeigt Saftigkeit und eine sehr intensive Gaumenfrucht bis in den langen Abgang hinein. 14 Vol.-%, NK, €€

★★

WEINGUT MÜNZENBERGER

Lindenplatz 9, 55270 Zornheim
T: +49 (6136) 44573, info@weingut-muenzenberger.de
www.weingut-muenzenberger.de

Ab-Hof-Verkauf: nach Vereinbarung
Kellermeister: Andreas Münzenberger
Ansprechpartner: Andreas Münzenberger
Hektar: 19 ha

Im Weingut Münzenberger herrscht Aufbruchstimmung. Zwei Generationen verbinden ihre Erfahrung in moderner Kellertechnik und die Freude an Innovationen. Andreas Münzenberger, Techniker für Weinbau und Önologie, führt das Weingut mit 19 Hektar Weinbergen. Sohn Dominik, 2018 Jungwinzer des Jahres bei der DLG, studiert in Geisenheim Internationale Weinwirtschaft und baut seine eigene Weinlinie aus. Seine Weine, wie der Riesling »Decoded Poetry«, zeigen Balance und Ambitionen. Gut gelungen sind auch der Muskateller »La Fleur« und der lebendige Riesling »Ringelpiez«. So kann es weitergehen.

89 2019 »Decoded Poetry« Zornheim Riesling trocken
Heller Pfirsich in der Nase, auch würzige Noten und Apfel. Am Gaumen gut balanciert mit zitronig-lebendiger Säurefrische und einem Hauch Fruchtsüße, Pfirsich und Nektarine als Gaumenfrucht; klar, stahlig, saftig, rund und lebendig, mit guter Trinkigkeit. 12,5 Vol.-%, DV, €€

89 2019 »La Fleur« Gelber Muskateller feinherb
Zentriert in der Nase, saftiger Pfirsich, Rosenblätter und Blumenwiese, auch etwas grüne Banane. Am Gaumen saftig, aromatisch und fruchtsüß, ausgewogen in den Elementen, schöner Fluss, süffig mit zarter und zitrischer Säurestruktur. Guter Sortentyp. 11,5 Vol.-%, DV, €

88 2019 »Shiny Day« Scheurebe trocken
Expressive Nase mit süßen Fruchtnuancen, reife Passionsfrucht, Johannisbeere, Mango, Mandarine und grüne Melone. Am Gaumen schlank gebaut, saftig und mundwässernd mit viel Säurefrische, klare Fruchtausprägung, wieder Johannisbeere und Mango, beschwingter Wein. 12,5 Vol.-%, DV, €

90 2019 »Feuerstein« Zornheim Riesling Spätlese
In der Nase heller Pfirsich, Apfel, kräutrig-würzig und klar. Am Gaumen fein konzentrierte Fruchtsüße, Steinobst, Pfirsich und auch frischer Golden-Delicious-Apfel, saftige Säurefrische, ein elegante und gut ausgewogene Spätlese. 9,5 Vol.-%, DV, €

88 2019 »Feuerstein« Hahnheim Riesling tr.

88 2018 »Alte Reben« Zornheim Guldenmorgen Weißburgunder trocken

88 2018 »Alte Reben« Selzen Osterberg Riesling trocken

87 2018 »Chronos« Selzen Gottesgarten Chardonnay trocken

87 2019 »Horizon Effect« Weißer Burgunder & Chardonnay trocken

88 2016 »Alte Reben« Zornheim Vogelsang Spätburgunder trocken

87 2019 »Ursa Major« Zornheim Gewürztraminer

89 2019 »Ringelpiez« Riesling Kabinett feinherb
Helle Frucht, feines, frisches Minzblatt, etwas Weinbergpfirsich. Klar am Gaumen, nicht zu ausladend, zurückhaltende Süße, lebendig und mit Spannkraft. Frisches Steinobst, Zitrusfrucht, klar fokussiert mit zarter mineralischer Würzigkeit und feinem Säurezug. 11,5 Vol.-%, DV, €

★★

WEINGUT NEEF-EMMICH

2019 Bermersheimer Silvaner

Alzeyer Straße 15, 67593 Bermersheim
T: +49 (6244) 905254, info@neef-emmich.de
www.neef-emmich.de

Ab-Hof-Verkauf: nach Vereinbarung
Kellermeister: Dirk Emmich
Ansprechpartner: Dirk Emmich
Hektar: 22 ha

Eine Rebfläche von 22 Hektar bewirtschaftet das Winzerehepaar Antje und Dirk Emmich um Bermersheim im Wonnegau, inzwischen hat auch Sohn Philipp seine Ausbildung zum Winzer abgeschlossen und setzt erste Akzente im Betrieb. Schon im Einstiegsbereich zeigen die Weine klaren Fruchtausdruck und gute Balance. Die beiden Lagerrieslinge aus dem Gundersheimer Höllenbrand und dem Albiger Hundskopf verbinden Komplexität und Eleganz auf eine vornehme, natürliche und klassische Art. Aus diesem Weingut kann man bedenkenlos alle Weine empfehlen, die auch immer die kulinarische Fantasie anregen!

91 2018 Gundersheim Höllenbrand Riesling tr.

Reifer, intensiver Duft nach reifem Pfirsich, ein Hauch Petrol und viel Würze. Am Gaumen schlank und straff gebaut, mit guter Dichte und Extrakt, die Süße ist gut integriert, die Säure selbstbewusst und geradlinig. Endet würzig und mineralisch, gutes Reifepotenzial. 12,5 Vol.-%, NK, €€

91 2018 Albig Hundskopf Riesling trocken

Reife Aromen in der Nase, Pfirsich, Apfel, Rauch, geröstete Kastanie, florale Noten und ein Hauch Petrol. Straff und athletisch gebaut am Gaumen, mit einer aktiven und reifen Säure, salziger Grip und auch phenolische Noten, Zitrone, mineralisches Flair. Potenzial. 12,5 Vol.-%, NK, €€

89 2019 Bermersheim Silvaner trocken

Reintönige und sortentypische Nase nach Apfel, Birne und Wiesenkräutern, auch nussige Aromen. Viel Saft und auch Schmelz am Gaumen, die feine Süße ist so gut integriert wie die reife Säure, sehr klarer Ausdruck, auch erdig im Charakter, patenter Tischbegleiter. 12,5 Vol.-%, DV, €

89 2019 Westhofen Weißburgunder trocken

Weiße Blüten und weißer Pfirsich in der Nase, auch Pfirsichkern, Maracuja und Mandarinenschale. Fruchtig und saftig am Gaumen, vollmundig und mit feiner Süße, dabei schlank und bündig gebaut. Elegant mit gepflegter Säure und schöner Würze, klares Profil. 12,5 Vol.-%, DV, €

89 2018 Albig St. Laurent trocken

89 2019 Dalsheim Riesling trocken

Feinduftige und unangestrengte Rieslingnase mit Pfirsich und Aprikose, Würze und floralen Nuancen. Cremig und saftig am Gaumen, sehr schöner Fruchtausdruck, die aktive Säure ist an feine Süße gekoppelt, charmant und dabe frisch und gegenwärtig, sehr fein gearbeitet.
12,5 Vol.-%, DV, €

★★★★

WEINGUT J. NEUS

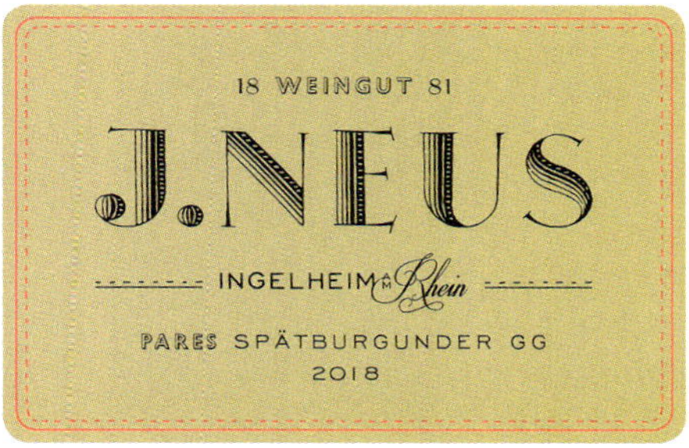

Banhofstraße 96, 55218 Ingelheim am Rhein
T: +49 (6132) 73003, info@weingut-neus.de
www.weingut-neus.de

Ab-Hof-Verkauf: Di bis Fr 9–18 Uhr und nach Vereinbarung
Kellermeister: Toni Frank
Ansprechpartner: Lewis Schmitt
Flaschen/Hektar: 50.000 (20 % weiß, 80 % rot)/13 ha

Es ist schon erstaunlich, wie das Weingut J. Neus mit der Eigentümerfamilie Schmitz, Betriebsleiter Lewis Schmitt und Kellermeister Toni Frank Jahr für Jahr konstante Qualität liefert und zur Renaissance der Burgunderstadt Ingelheim beiträgt. Die enorme Entwicklung geht weiter: Ein Umbau des Kelterhauses soll die Arbeit mit Schwerkraft erleichtern, neue Fässer aus heimischer Eiche werden gefertigt, ein Weinberg mit Cabernet Sauvignon in Spätburgunder umveredelt. Die Spätburgunder aus 2018 versprechen Substanz, Komplexität und fein polierte Frucht. Ingelheim in großer Form!

93 2018 Ingelheim Horn Spätburgunder GG
Noch verschlossen in der Nase, Hefe- und Holzwürze, Johannisbeere, dicht und mit einigem Versprechen. Am Gaumen mit Saft, Würze und präsenter Säure, kompakt gebaut, die elegante Seite nicht vernachlässigend; die Tannine sind zugänglich, gute Komplexität und auch Perspektive. 13 Vol.-%, NK, €€€

93 2018 Ingelheim Pares Spätburgunder GG
Die Nase ist noch von Holzwürze und Hefe geprägt, auch Kräuter und Gewürze, frisch gestoßene Wacholderbeere, etwas Teer. Am Gaumen mit schöner Muschelkalkmineralität, cremig, die Säure ist reif und tragend, die Gerbstoffe sind griffig, jung und begabt. 13 Vol.-%, NK, €€€

92 2018 »Alte Reben« Ingelheim Spätburgunder trocken
Rubin. Feine Nase: etwas Rauch, Holunderblüte, Kirsche und reife Brombeere. Am Gaumen auch Aromen einer Kräuternote und feine Mineralik. Alles balanciert von ideal eingebundener Säure in einem mittleren Körper bei sehr langem Nachhall. Ein elganter Wein. 12,5 Vol.-%, NK, €€€

90 2018 »Muschelkalk« Spätburgunder trocken
Mittleres Rubin. Tiefe Nase von Brombeere, Kirsche, reifer Preiselbeere und Gewürznelke. Am Gaumen auch Aromen von Champignon sowie eine leichte Note von weißem Peffer, fein balanciert durch lebendige Säure in einem mittleren Körper mit langem Nachhall. 12,5 Vol.-%, DV, €€

90 2019 Chardonnay trocken

90 2019 Weißburgunder trocken
Noch hefegeprägt im Duft, leicht brenzlig-mineralisch, Kräuteraromen kommen dazu. Im Mund zunächst weich und getragen, viel Saftigkeit, molliger Bau, verbindet Schmelz und Gradlinigkeit, endet rund und harmonisch, ohne aufgesetzte Süße, feine Mineralik. 12 Vol.-%, DV, €

★★

WEINGUT PAUSER

Im Baumfeld 40, 55237 Flonheim
T: +49 (6734) 8764, info@weingut-pauser.de
www.weingut-pauser.de

Ab-Hof-Verkauf: Mo bis Sa 9–12 und 13–18 Uhr
Kellermeister: Friedrich Pauser und Eva Pauser-Brand
Ansprechpartner: Familie Pauser
Flaschen/Hektar: 200.000 (50 % weiß, 50 % rot), 33 ha

Das Gute muss nicht immer kompliziert sein: Das Weingut Pauser ist ein Garant für gut balancierte und zugängliche Weine zu sehr fairen Preisen. Eva Pauser-Brand, die schon in Kalifornien arbeitete, steht hinter dieser Stilistik, die klare Frucht und Sortentypizität betont. Gemeinsam mit ihren Eltern Cornelia und Friedrich Pauser bewirtschaftet sie vor allem in Flonheim 33 Hektar Weinberge. Wie schon im vergangenen Jahr überzeugt der Cabernet Sauvignon mit feiner Frucht und reifen Gerbstoffen. Der Riesling zeigt Spannung und Balance, der Sauvignon Blanc Grip und Würze. Gut gelungen!

89 2019 Flonheim Klostergarten Riesling trocken
Steinobst wie Aprikose und Mirabelle, auch etwas Stachelbeere und Weiße Johannisbeere, florale Noten. Vollmundig am Gaumen mit reifer Säure und süßlichem Extrakt, harmonische Balance, aber auch mit Würze und Spannung. Noten von Zitrusfrucht im Finish. 12,5 Vol.-%, DV, €

89 2019 Flonheim Weißburgunder trocken
Weiße und gelbe Blüten in der klaren Nase, gelber Apfel und Grapefruit. Saftig am Gaumen mit Zitrusnoten, kräftiger Struktur und agiler, unternehmungslustiger Säure, stoffig, dabei aber auch elegant und nuanciert, im Hintergrund mineralische Noten, gerne auch zum Essen. 13,5 Vol.-%, DV, €

89 2019 Flonheim Geisterberg Grauer Burgunder trocken
Riecht nach Birne und Nüssen, Kräutern und Blumenwiese, auch nach etwas reifem Steinobst. Zeigt am Gaumen Stoffigkeit und Kraft, Saft, Schmelz und Würze, wieder Birne, großzügig und auch mit Finesse, etwas reife Zitrusfrucht. Grauburgunder wie gemacht für den Tisch. 13,5 Vol.-%, DV, €

90 2015 Flonheim Binger-Berg Cabernet Sauvignon trocken
Cassis, Brombeere und etwas Paprika in der fruchtigen Nase, auch Rote Bete und Holzwürze. Am Gaumen mit Kraft und Substanz, aber auch mit Geschmeidigkeit und Weichheit, die Gerbstoffe sind reif, die Frucht ebenso, geschmeidiger Holzeinsatz. Zum Essen! 13,5 Vol.-%, DV, €€

88 2019 »Chillig« Rosé trocken

89 2019 Flonheim Geisterberg Sauvignon Blanc trocken
Grüne Stachelbeere im sortentypischen Duft, Grapefruit Paprika und frisch gemähter Rasen. Kräftig und straff gebaut am Gaumen, die Säurestruktur ist stabil und lebendig, feine Würze und leichte Pikanz, guter Grip, zeigt eine stimmige Balance und Eleganz. 13 Vol.-%, DV, €

★

WEINGUT REIS & LUFF

Am Sonnenberg 16, 55459 Aspisheim
T: +49 (6727) 8881, weine@reis-luff.de
www.reis-luff.de

Ab-Hof-Verkauf: nach Vereinbarung
Kellermeister: Shanna Reis
Ansprechpartner: Shanna Reis
Hektar: 20 ha

In der vierten Generation hat sich das Weingut Reis & Luff in Aspisheim im rheinhessischen Hügelland dem Weinbau verschrieben. »Unsere Weine sind Ausdruck von Lebensfreude. Wein ist nicht kompliziert. Erlaubt ist, was schmeckt«, schreibt uns Shanna Reis, die das Weingut nach ihrem Studium in Geisenheim 2017 übernahm und auch für den Keller verantwortlich ist. Unterstützt wird sie nach wie vor von ihren Eltern und Großeltern. Am besten gefällt uns der knochentrockene und mineralische Riesling »47 m ü NHN«, der nach dem niedrigsten Rheinpegel des Jahres 2018 benannt ist. Gerne mehr davon!

87 2019 Grüner Sylvaner trocken
Grüne Birne in der Nase, dazu Apfel und Birne, auch gelbe Frucht. Am Gaumen saftig, würzig und geschmeidig mit milder Säurestruktur, unkompliziert und trinkig, harmonisch abgeschmeckt mit klarem Fruchtprofil, universeller Begleiter am Tisch, zu Vorspeisen. 12,5 Vol.-%, DV, €

87 2019 Riesling Classic Riesling
Feinfruchtiger Duft nach Mirabelle und Aprikose, auch florale und würzige Noten. Schlank gebaut am Gaumen mit gelungenem Süße-Säure-Spiel, saftig und harmonisch, mit klarem Fruchtausdruck, aber auch mit würzigen Akzenten. Schöner Aperitif. 12 Vol.-%, DV, €

89 2018 Cabernet Sauvignon
Kräftige und würzige Nase mit Schwarzer Johannisbeere, schwarzer Kirsche, Brombeere, Tabak und Kräutern. Am Gaumen mit schöner Würze, reifer und klar herausgestellter Frucht, auch mit der nötigen Frische, feine Herbe sorgt für Betrieb, markante Gerbstoffe. 13 Vol.-%, DV, €

89 2018 Riesling
Mittleres, klares Gelb. In der Nase Bienenwachs, Zitrusfrüchte, getrocknete Früchte, Rosinen, etwas Waldboden. Am Gaumen verhaltene Säure, prägnante Süße, reife Zitrusfrucht. Birnensaft, druckvoll, mittlere Struktur, gute Länge. Hat viel Zug. 9,5 Vol.-%, DV, €

86 2018 Dornfelder

90 2018 47 m ü NHN Riesling Landwein Riesling trocken
Reife Maracuja, Aprikose, Bienenwachs, etwas Anis, Zitrusfrucht, Papaya, ein Hauch Petrol. Am Gaumen kräftig, wuchtig und trocken, zeigt das warme Jahr mit Substanz und Schmelz, die lebendige Säure sorgt für Balance, ausgeprägte Mineralität, eigener Charakter. 14 Vol.-%, DV, €

★ ★ ★

WEINGUT RIFFEL

Mühlweg 14a, 55411 Bingen-Büdesheim
T: +49 (6721) 994690, service@weingut-riffel.de
www.weingut-riffel.de

Ab-Hof-Verkauf: Mo bis Fr 10–12 Uhr und 14–18 Uhr, Sa 10–16 Uhr
Kellermeister: Erik Riffel
Ansprechpartner: Erik und Carolin Riffel
Flaschen/Hektar: 120.000 (88 % weiß, 12 % rot)/18 ha
Anbauweise: Biologisch zertifiziert

Carolin und Erik Riffel können als die Wiedererwecker des Binger Scharlachbergs gelten. Mit »Scharlachberg Meisterbrand« haben ihre Weine ebenso wenig zu tun wie ein Wein aus dem Wormser Liebfrauenstift mit einer Liebfrauenmilch. Es ist sogar ziemlich spektakulär, welch pointierte Weinqualitäten der Biobetrieb keltert, vom eleganten Riesling Brut Nature über die anspruchsvollen Lagenrieslinge bis hin zu dem auf feine Weise phenolischen »Orange - Naked« Landwein und den edelsüßen Deliaktessen, einer schmelzenden Scharlachbergauslese und einer dichten Beerenauslese.

93 2019 Bingen Scharlachberg Riesling trocken
Klares, mittleres Gelb. In der Nase Zündholz, Rauch, mineralische Würze, reife Grapefruit, Minze. Am Gaumen virile Säure, reife Zitrusfrucht, etwas Ananas, heller Pfirsich, gute Struktur, etwas phenolisch, durchaus druckvoll. Schöne Länge, Potenzial. 13 Vol.-%, NK, €€€

93 2019 Bingen Osterberg Riesling trocken
Klares, mittleres Gelb. In der Nase viel Rauch, Stein, Zündholz, dahinter Zitrusfrucht und Minze, mineralisch. Am Gaumen feste, reife Säure, Zitrusfrucht, Würze, etwas grüner Apfel, mineralischer Zug, exzellente Struktur, elegant und kraftvoll, lang. 13 Vol.-%, NK, €€€

93 NV »Edition Winemob« Bingen Scharlachberg Riesling brut nature
Intensiver Duft nach reifem Pfirsich, Hefewürze und Gesteinsmehl, florale Noten. Am Gaumen schlank, straff und gut verdichtet, Herbe macht sich breit, schöne Säure, fordernd und zugleich saftig und elegant. Transportiert deutlich Terroir. Anspruchsvoller Charakter. 12 Vol.-%, DIAM, €€€

93 2019 »105°« Bingen Scharlachberg Riesling Auslese
Tiefes, klares Gelb. In der Nase eingekochte, exotische Früchte, dazu getrocknete Aprikose und Würze, Holunderblütenhonig. Am Gaumen reichhaltig, Schmelz, griffige Säure, Honigwürze, Pfirsich, Mango, gute Struktur, kernig, viel Druck, gutes Potenzial. 8 Vol.-%, DV, €€

93 2019 Bingen Scharlachberg Riesling Beerenauslese

93 2019 Bingen Kirchberg Riesling trocken

92 2017 »Réserve« Bingen Bubenstück Spätburgunder trocken

91 2018 »Réserve« Chardonnay trocken

91 2019 »Quarzit« Bingen Riesling trocken

90 2019 »Pet Nat« trocken WB/SÄ

90 2019 Bingen Scharlachberg Riesling Kabinett

91 2019 »Orange - Naked« Landwein tr. TR/GS
Sattes, leicht trübes Gelb. In der Nase geriebener Apfel, Birne, etwas Rose, Quitte und etwas helle Mandel. Am Gaumen geschmeidige Säure, feine Phenolik, Rosenwasser, Apfel, Quitte, ausgewogen, mittlere Struktur und gute Länge, macht Spaß. 13 Vol.-%, DIAM, €€

★★★★

WEINGUT SCHÄTZEL

Oberdorfstraße 34, 55283 Nierstein
T: +49 (6133) 5512, weingut@schaetzel.de
www.schaetzel.de

Ab-Hof-Verkauf: ja
Kellermeister: Madeline Stößel
Ansprechpartner: Kai Schätzel
Flaschen/Hektar: 75.000 (100 % weiß)/15 ha
Anbauweise: Biologisch zertifiziert

Kai Schätzel hat als junger Wilder begonnen und trägt das Feuer der Innovationskraft nun in ein reiferes Lebensalter, das zeigen Weine wie der 2018er Riesling »Fuchs« aus dem Niersteiner Hipping. Als »Landwein« darf dieses Elixier zwar keinen Lagennamen auf dem Etikett führen. Doch was man im Glas hat, ist mit das Feinste und Elaborierteste, was hierzulande bislang an weißen Maischegärungen entstanden ist. Packend, aber dabei nicht die Extreme suchend, sondern bei aller Kraft auch Raum für Zwischentöne lassend. Wir sind sehr gespannt, wie es hier weitergeht.

96 2018 »Fuchs« Nierstein Hipping Riesling Landwein trocken
»Wild« im Duft, spontangärungsgeprägt, auch fruchtig: frisch gekochtes Apfelkompott, Kumquat. Blumig, Lavendel. Im Mund dicht stoffig, aber nicht überextrahiert. Nuancenreich, deutlich taktilmineralisch, ein fester Kern, der zugleich Großzügigkeit ausstrahlt. 11,5 Vol.-%, NK, €€€

95 2019 Nierstein Pettenthal Riesling GG
Spontinase mit Gemüsebeet, dunkle Aromen mit Hopfen und Malz, die sich zunächst nicht um die Lage bemühen. Am Gaumen schlank und straff gebaut, kompromisslos und eng verdichtet zeigt sich Pettenthal, die frische Säure begleitet gelbe Frucht, es wird nie zu breit und feist. 11,5 Vol.-%, NK, €€€€

94 2019 Nierstein Hipping Riesling GG
Wie bei Kai Schätzel üblich, zeigt sich zunächst die erfolgreich gemeisterte Spontangärung, kräutrig, malzig, dahinter auch Apfel und etwas Gelbfrucht. Am Gaumen salzig ansetzend mit agiler Säure, schlank und straff gebaut, saftig und provokant, viel Potenzial. 11,5 Vol.-%, NK, €€€

94 2019 Nierstein Ölberg Riesling GG
Hagebutte und Kräuter in der Nase, Holzwürze und Rauch, nussige Aromen, dann doch noch Aprikose. Gelbe Frucht zeigt sich zunächst auch saftig am Gaumen, straffe Textur, kein Gramm zu viel, dicht und auch phenolisch aufgeladen, salzig und kompromisslos, dabei elegant. 11,5 Vol.-%, NK, €€€

93 2019 Nierstein Pettenthal Riesling Kabinett Große Lage

91 2019 Nierstein Riesling Kabinett Aus Ersten Lagen

91 2019 Nierstein Riesling Aus Ersten Lagen trocken

90 2019 Riesling trocken

90 2019 «naturweiss« Landwein trocken RR/GS/WB/MT

90 2019 Riesling Kabinett

92 2019 Nierstein Silvaner Aus Ersten Lagen trocken
Blasses Zitronengelb. Sehr feine Nase mit primärem Duft von Mango und Limette, ergänzt um eine Feuersteinnote. Am Gaumen intensive Aromen von Limettenzeste, Pfirsich und eine Prise Salz. Mittlerer Körper, intensive Säure und spannender Nachhall. 11 Vol.-%, DV, €€

★★

WEINGUT SCHERNER-KLEINHANSS

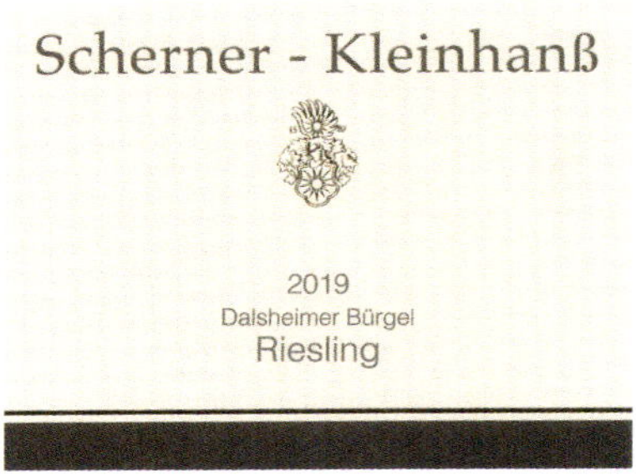

Alzeyer Straße 10, 67592 Flörsheim-Dalsheim
T: +49 (6243) 435, info@scherner-kleinhanss.de
www.scherner-kleinhanss.de

Ab-Hof-Verkauf: nach Vereinbarung
Kellermeister: Klaus Scherner
Ansprechpartner: Klaus Scherner
Flaschen/Hektar: 70.000 (65 % weiß, 35 % rot)/12 ha

Der in seinem Auftreten so zurückhaltende Klaus Scherner hat eine treue Fangemeinde, die seine Arbeitsweise zu schätzen weiß: Die Weine haben stets eine sehr klare Sortenfrucht, sie sind ohne kellertechnische Purzelbäume bereitet sowie trinkfreundlich und trinkfreudig kalkuliert. Nun kann man darüber sinnieren, ob dem Bürgel Riesling etwas weniger Süße vielleicht besser gestanden hätte. Aber Scherner ist niemand, der die Weine quält, damit sie auch das letzte Gramm Zucker vergären. Nach etwas Reifezeit wird die Süße ohnehin sehr charmant wirken. Also: Weiter so!

91 2019 Dalsheim Bürgel Riesling trocken
Zitrusfrisch im Duft, auch etwas kalkwürzig, im Mund mit saftigem Säurenerv und einer recht großzügig dagegen gesetzten Süße, die die mineralischen Komponenten ins zweite Glied verweist. In der Frucht sehr frisch und präzise, in der Struktur feinherb-elegant. 13 Vol.-%, NK

90 2019 Dalsheim Weißburgunder trocken
Leicht nussig im Duft, Strohblumen, Flachs. Im Mund mit schöner Substanz, feinnervig mit dezenter Kohlensäurefrische, nicht übertrieben fett, nicht zu schlank, ein unaufdringlicher, unaffektierter Speisenbegleiter mit dezent salzigen Noten im Abklang. 13 Vol.-%, DV

90 2019 Nieder-Flörsheim Sauvignon Blanc tr.
Ein floraler, pflanzlicher Sortenduft. Grüne Stachelbeere. Frische und spritzig im Mund, gute Dichte, saftige Spannung, schöne mineralische Tönung, ein sehr angenehmer Erfrischungsdrink, und das beileibe nicht nur im Sommer. 12 Vol.-%, DV

91 2018 »Cuvée J« trocken CS/PN/CI
Deutliches Neuholz, Holundermark und Schwarze Johannisbeere, Johannisbeerblätter, Pfeffer und Menthol, im Mund voll und extraktreich, mit körnigem, reifem Gerbstoff in mittelhoher Menge, mit reifer Säure und frischer, saftiger Frucht im Abklang. Gutes Potenzial. 14 Vol.-%, NK

90 2018 Nieder-Flörsheim Steig Weißburgunder trocken

89 2019 Grauer Burgunder trocken

89 2019 Dalsheim Riesling trocken

89 2016 »Pinot Blanc de Noirs« brut
Noten von Himbeere und Walderbeere in der Nase, auch etwas Zitrusfrucht und florale Noten, feine Würze. Cremig und saftig am Gaumen mit reifer Säure und feinem Mousseux, schlanker Bau, feine süße Frucht am Gaumen. Gepflegter Ausdruck, perfekt am Sonntagmorgen. 12 Vol.-%, NK

★★

WEINGUT BIANKA UND DANIEL SCHMITT

Weedenplatz 1, 67592 Flörsheim-Dalsheim
T: +49 () 1733174117, info@biankaunddaniel.de
www.biankaunddaniel.de

Ab-Hof-Verkauf: ja
Kellermeister: Bianka und Daniel Schmitt
Ansprechpartner: Bianka und Daniel Schmitt
Hektar: 17 ha

Bianka und Daniel Schmitt, die beide Weinbautechnik studierten, lernten sich 2012 kennen und entwickelten gemeinsam ihre Leidenschaft für Naturweine. Sie arbeiten mit Maischestandzeiten und Maischegärung, ihre Weine sind unfiltriert und werden ohne oder mit geringer Schwefelgabe abgefüllt. Das Weingut mit 17 Hektar Rebbergen ist seit 2012 Demeter-zertifiziert. »Unser Ziel«, schreiben die beiden, »ist es, in echter Balance zwischen Mensch und Natur große Weine zu schaffen, die maximal naturbelassen sind.« Das gelingt ihnen trefflich: Selten trinkt man Weine, die einen so natürlich berühren.

92 2019 »Feminín« Chardonnay Landwein tr.
Duftet nach Apfel, Eisenkraut, Birne und Gewürzen wie Piment. Setzt am Gaumen relativ breit und saftig an, viel Volumen und Inhalt bei geringem Alkohol, pfeffrig und würzig, mineralische Straffierung, phenolisch, die Rebsorte ist erkennbar, individuelle Interpretation. 12 Vol.-%, NK, €€€

92 2019 »Zöld« Silvaner Landwein trocken
Salbei, Thymian, Apfelschale und Birne, auch etwas Gelbfrucht und Honig; saftig am Gaumen mit reifer, gut eingewobener Säurestruktur, schlank gebaut, trocken, trotzdem weich und saftig, zitrische Noten und feine Würze, phenolische Schicht, animierende Herbe. 11,5 Vol.-%, NK, €€

92 2019 »M« Riesling Landwein trocken
Goldgelbe Farbe, Salbei, Wermutkraut, Apfelschale und Kümmel, etwas Hopfen, leichte Oxidationsnote. Mit leicht süßlichem Extrakt am Gaumen, ist aber knochentrocken, schlanker Bau, etwas üppiger in der Konzentration und Fruchtfülle, phenolisch, würzig und delikat. 12 Vol.-%, NK, €€

92 2019 »Kékfrankos« Blaufränkisch Landwein trocken
Noch etwas reduktiv in der Nase, Kirsche, Brombeere und Blaubeere treten auf, etwas Rote Bete und Holzwürze, Nelke und Zimt. Eng verwoben am Gaumen mit Spannung und doch entspanntem Fluss, pur und natürlich, pfeffrig, wild und würzig. Groß zu Pilzen oder Lamm. 12 Vol.-%, NK, €€

91 2019 »Erdreich« Landwein trocken GM/SÄ

90 2019 Riesling Landwein trocken

90 2019 Müller-Thurgau Landwein trocken

89 2019 »Frei.Körper.Kultur Weiß« Landwein trocken HX/SB/SÄ/GS

89 2019 »Frei.Körper.Kultur Fizz« brut nature

89 2019 »Frei.Körper.Kultur Rosé« Landwein trocken

91 2018 »Piros« Merlot Landwein trocken

90 2018 »Frei.Körper.Kultur Rot« Landwein trocken BP/ME/SL
Riecht nach schwarzen Kirschen, Holunder und Brombeere, auch etwas Holz und Tinte. Saftig und mit fruchtiger Herbe am Gaumen, direkt ansetzend, unverblümt und puristisch, gut strukturiert, die Gerbstoffe sind griffig, würzig und pfeffrig. Fließt. 13 Vol.-%, DV, €€

★★

WEINGUT SCHMITT

In den Weingärten 7, 67582 Mettenheim
T: +49 (06242) 1717, info@schmitt-weine.com
www.schmitt-weine.com

Ab-Hof-Verkauf: nach Vereinbarung
Kellermeister: Daniel Schmitt
Ansprechpartner: Daniel Schmitt
Flaschen/Hektar: 75.000 (70 % weiß, 30 % rot)/17 ha

Nach dem Studium in Geisenheim und Aufenthalten in Neuseeland und Südafrika übernahm Daniel Schmitt 2009 das elterliche Weingut in Mettenheim und erweiterte die Rebfläche von 8 auf 17 Hektar. Schon die Gutsweine wie der trinkanimierende Riesling und der würzig-saftige Silvaner zeigen Niveau, bei den Lagenweinen kommen Substanz und Persönlichkeit dazu: Der Spätburgunder aus dem Bechtheimer Stein verbindet Kraft und Gefühl, der Riesling aus dem Bechtheimer Geyersberg ist gut proportioniert, spannungsgeladen und dicht. Ein rundum gelungener Auftritt, der Lust auf mehr macht.

90 2018 Bechtheim Geyersberg Riesling tr.
Kräftige Nase nach Pfirsich und Aprikose, auch ein feiner Petrolton. Am Gaumen mit Zug und Spannung straff gebaut, guter Extrakt und auch Dichte, reife Säure, salzig unterlegt. Trocken, verzichtet auf Süße und Harmonie, dabei gut balanciert, zeigt Persönlichkeit. 13 Vol.-%, NK, €€

89 2019 Silvaner trocken
Birne im Duft, gelbe Blüten, Apfel und etwas Aprikose. Saftig und mit gut dosierter Stoffigkeit am Gaumen, Schmelz und Würze verstehen sich gut, die Säure ist reif und saftig, gut balanciert, zeigt erdige und elegante Noten, gute Substanz, kulinarisch vielseitig. 13 Vol.-%, DV, €

90 2017 Bechtheim Stein Spätburgunder tr.
Reife Amarenakirsche in der Nase, Holzwürze und Veilchen, auch Blutorange. Kompakt und vielschichtig am Gaumen mit viel Würze und einer delikaten, reifen Säure. Hat Substanz und Kraft, aber auch Pinotgefühl, reifer Gerbstoff. Präsent und mit weiterem Potenzial. 13,5 Vol.-%, NK, €€

91 2019 Huxelrebe Beerenauslese
Sattes, klares Gelb. Anfangs eher verhaltene Nase, eingekochte Quitte, getrocknete Birne und Aprikose, etwas Rauch. Am Gaumen viel Würze, Muskatnuss, Limonenzeste, Grapefruit, druckvolle Süße, verhaltene Säure, viel Kraft und Länge, endet würzig. 11,5 Vol.-%, NK, €€

88 2019 Chardonnay & Weißburgunder tr.

89 2019 Riesling trocken
Ordentliches Gelb im Glas, reife Aprikose und Weinbergpfirsich in der Nase, auch Mango kommt dazu. Fein balancierter Riesling mit präsenter Säure, schöner Frucht und der passenden Portion Süße, schlanker und geradliniger Bau, angenehmer Trinkfluss, feine Würze. 12,5 Vol.-%, DV, €

★

WEINGUT STAUFFER

STAUFFER

Borngasse 24-26, 55234 Flomborn
T: +49 (6735) 1521, info@weingutstauffer.de
www.weingutstauffer.de

Ab-Hof-Verkauf: Mo bis Fr 8–18 Uhr und nach Vereinbarung
Kellermeister: Alexander Stauffer
Ansprechpartner: Doris und Karl-Michael Stauffer
Hektar: 17 ha

Eine Fläche von 17 Hektar bewirtschaftet Familie Stauffer in den kalksteingeprägten Lagen rund um Flomborn und Eppelsheim; in einigen Parzellen stehen bis zu 80 Jahre alte Reben. »Seit August 2018 stellen wir unseren Betrieb auf zertifiziert-ökologischen Weinbau um«, lässt uns Kellermeister Alexander Stauffer wissen, der eine ambitionierte Kollektion zu attraktiven Tarifen vorstellt: Schon der Riesling »Kalkgestein« gibt im Glas präzise Auskunft über seine Herkunft, sein im Holz ausgebauter Artgenosse aus dem Feuerberg zeigt Komplexität und der Sauvignon Blanc Finesse. Starke Leistung!

91 2019 »Reserve« Sauvignon Blanc trocken
Johannisbeere in der Nase, Stachelbeere und reife Paprika, kein lauter Sound, aber rebsortentypisch, unterlegt von feinem Rauch. Am Gaumen mit gefühlvoller Balance der Elemente, die Proportionen stimmen, reife Säure, feste Struktur, elegant und fein gearbeitet. 13 Vol.-%, DV, €

90 2017 Flomborn Feuerberg Riesling trocken
Riesling, der im Duft vom Ausbau im Holz geprägt ist, rauchige Noten, Röstaromen, eher Birne als Pfirsich, kräutrige Noten. Kräftiger und fester Bau, wenig Frucht, strukturgeprägt und mit mineralischer Grundierung, stabile Säurestruktur, kernig, gerne zum Essen. 13,5 Vol.-%, DV, €€

90 2019 Eppelsheim Felsen Chardonnay tr.
Birne und Melone in der Nase, grüne Walnuss, etwas Honig und feine Holzwürze, Rauch. Am Gaumen geschmeidig mit guter Würze, reife Säure und mineralischer Anklang, phenolische Herbe, entspannte Komplexität, mittlere Dichte, endet mit kräutrigen Noten. 13 Vol.-%, DV, €€

89 2019 Eppelsheim Auxerrois trocken
Reife Frucht im Duft, Reneklode, gelbe Blumen und Würze, Rauch. Setzt am Gaumen mit milder Säure und intensiver Würze geschmeidig an, die feine Süße schmiegt sich fein an, ein fein balancierter und harmonischer Wein, der im Detail einiges preisgibt. 13 Vol.-%, DV, €

88 2019 Scheurebe trocken

89 2019 »Kalkgestein« Riesling
Grüne Stachelbeere in der Nase, Mirabelle und feinwürzige Nuancen, Kräuter. Fruchtiger und verspielter Riesling mit präsentem und reifem Säurebogen, schöne Würze, schlank gebaut, mit Schmelz und gelassen in seiner Ausstrahlung, im Ausklang kalkmineralische Noten. 12,5 Vol.-%, DV, €

★ ★ ★

STRAUCH SEKTMANUFAKTUR

Dalbergstraße 14-18, 67574 Osthofen
T: +49 (6242) 913000, is@strauch-sektmanufaktur.de
www.strauch-sektmanufaktur.de
Ab-Hof-Verkauf: Mo bis Fr 8–12 Uhr und 13–18 Uhr
Sa 10–14 Uhr
Kellermeister: Tim Weißbach
Ansprechpartner: Isabel Strauch-Weißbach
Hektar: 25 ha
Anbauweise: Biologisch zertifiziert

Isabel Strauch-Weißbach und Tim Weißbach produzieren auf ihren etwa 25 Hektar deutsche Sekte von konstant guter bis exzellenter Qualität. Dabei gefällt uns ganz besonders, dass sie sehr zurückhaltend mit der Dosage umgehen. Ihre Sekte bleiben dadurch wunderbar frisch und konzentriert, ausgestattet mit kristalliner Säure und Frucht. Erneut überragend der »Vieilles Vignes brut«, der mit seiner Kraft und Eleganz auch zum Essen passt. Sehr gut auch der fein balancierte Rosé – erneut eine gelungene Kollektion der Sektmanufaktur aus Osthofen.

92 NV »Vieilles Vignes« brut
Klares Gelb, mittlere Tönung. In der Nase Toast und Brioche, Limettenzeste, weiße Blüten, reifer Apfel, komplex. Am Gaumen feines Mousseux, griffig, etwas phenolisch, Apfel, Zitrus, kristallin, dennoch eine gewisse Cremigkeit, gut gebaut, tolle Länge, auch zum Essen. 12,5 Vol.-%, NK, €€€

91 NV »Zero« brut nature
Feines Honiggelb. In der Nase Brioche, Toast, Rauch und Mandel, nasser, heißer Stein. Am Gaumen feines Mousseux, Zitrusfrucht, Steinobst, Melisse, Minze. Präsent und kraftvoll, kristallin, gewisse angenehme Strenge, gute Struktur, lang, zum Essen geeignet. 12 Vol.-%, NK, €€

90 NV Pinot Blanc brut
Klares, helles Gelb. In der Nase helle Blüten, feine Aprikose, Haselnuss, reifer Apfel, Birne. Am Gaumen feines Mousseux, frische Früchte, rote Grapefruit, Pfirsich, harmonisch abgestimmt mit guter Struktur und Länge, sehr gut als Aperitif. 12 Vol.-%, NK, €€

90 NV »40 Monate« Riesling extra brut
Klares Gelb. In der Nase geröstete Mandel, Brioche, helle Blüten, Pfirsich. Am Gaumen Limettensaft, vitale Säure, Minze, etwas Ananas, sehr feine Perlung, präsent und erfrischend. Gute Struktur, griffig. Schöne Länge, knackig bis zum Schluss. 12 Vol.-%, NK, €€

90 NV Riesling brut

91 NV »Rosé Prestige« brut
Lachsrot. In der Nase Sauerkirsche, Himbeere, Walderdbeere, Kräuterwürze. Am Gaumen feines Mousseux, griffig und frisch, rote Früchte, Kirsche, Johannisbeere, ausgewogen, balanciert und mit guter Struktur – vor, während und nach dem Essen. 12 Vol.-%, NK, €€

★★★★

WEINGUT THÖRLE

Ostergasse 40, 55291 Saulheim
T: +49 (6732) 5443, info@thoerle-wein.de
www.thoerle-wein.de

Ab-Hof-Verkauf: Mo bis Fr 9–12.30 Uhr und 14–18 Uhr, Sa 9–17 Uhr
Kellermeister: Christoph und Johannes Thörle
Ansprechpartner: Christoph und Johannes Thörle
Flaschen/Hektar: 150.000 (75 % weiß, 25 % rot)/25 ha

Die Weine von Christoph und Johannes Thörle sind keine Geheimtipps mehr – dafür sind sie inzwischen zu bekannt. Tipps sind sie aber schon noch: Auch im neuen Jahrgang balancieren die Brüder mit traumwandlerischer Sicherheit auf dem Grat, Power und Dichte mit Eleganz zu versöhnen. Neben den beiden Lagenrieslingen aus Probstey und Hölle hat es uns dieses Jahr die Chardonnay Réserve angetan, die Holzwürze und aromatisches Potenzial in Einklang bringt. Und ebenso der Spätburgunder aus der Probstey, dessen feines Tannin die passende Grundierung für eine jahrgangstypisch satte Frucht bildet.

92 2019 »Réserve« Chardonnay trocken
Goldgelb. Die Nase zeigt eine Vanillenote, Aromen von reifem gelben Apfel, Ananas sowie Veilchen. Am Gaumen balanciert die feine Säure die Aromen. Den sehr guten Nachhall begleiten leichte Mineralität und Salzigkeit. Zuletzt Noten von Honigmelone und Mirabelle. 13 Vol.-%, NK, €€€

91 2019 Saulheim Hölle Riesling trocken
Mittleres Zitronengelb. Komplexer Duft von Veilchen, Aprikose, Pfirsich und Gras. Am Gaumen mit mittlerem Körper, sehr lebendiger Säure sowie Aromen von nassem Stein, Zitronenzeste und Limette bei langem Nachhhall. 13 Vol.-%, NK, €€€

93 2018 Saulheim Hölle Spätburgunder trocken
Mittleres Purpur. In der Nase reife Kirsche, Himbeere und Salzgebäck. Dezenter Holzeinsatz. Am Gaumen balanciert die expressive Säure den mittleren Körper, feines Tannin sowie Aromen von Wacholder und Waldbeeren führen in einen langen Nachhall. 13 Vol.-%, NK, €€€

93 2019 Saulheim Hölle Riesling Auslese
Sattes, klares Gelb. In der Nase reife Zitrusfrucht, prägnant, dazu Papaya, etwas Blütenhonig. Am Gaumen Würze, Schmelz und Spiel, voller Spannung. Zitrusfrucht, aber auch reife Birne und getrocknete Aprikose, vielseitig. Gute Struktur, tolle Länge, Potenzial. 7,5 Vol.-%, NK, €€€

91 2019 Saulheim Probstey Riesling Beerenauslese

92 2019 Saulheim Probstey Riesling trocken
Mittleres Zitronengelb. In der Nase ein komplexer Duft von reifem Steinobst, junger Zitrone und Akazie. Am Gaumen erneut oben genannte Aromen, kombiniert mit Salbei, mittlerem Körper, sehr lebendiger Säure und sehr gut integriertem, mineralischem Nachhall. 13 Vol.-%, NK, €€€

★★

WEINGUT WASEM

Edelgasse 5, 55218 Ingelheim am Rhein
T: +49 (6132) 2220, weingut@wasem.de
www.wasem.de

Ab-Hof-Verkauf: Mo bis Fr 7.30–18.30 Uhr, Sa 9.30–18 Uhr
Kellermeister: Julius Wasem und Johannes Lutzenburg
Ansprechpartner: Julius Wasem
Flaschen/Hektar: 200.000 (45 % weiß, 55 % rot); 24 ha

Familie Wasem betreibt seit dem Jahr 1726 Weinbau in Ingelheim, in seiner heutigen modernen Form besteht das Weingut seit 1912. Nachdem es allerdings 2019 geteilt wurde, führen heute Holger Wasem und seine Söhne Julius und Philipp diesen einen Teil des Betriebs. Wie es in Ingelheim guter Brauch ist, spielen hier die Rotweine die Hauptrolle – allen voran der Spätburgunder als charaktervoll-stoffiger Terroirtyp. Der Kalk macht's! Familiär mit dem Weingut verbunden ist das mehrfach preisgekrönte Kloster Engelthal mit seinem Restaurant sowie seinen Tagungs- und Veranstaltungsräumen.

93 2017 Ingelheim Sonnenhang Spätburgunder trocken
Wildkirsche, Rote Johannisbeere, kräuterwürzig, dann auch schwarzer Pfeffer und Holunder. Im Mund sehr präsent und druckvoll, feines Tannin in hoher Menge, eine Spur von Rappigkeit dabei, aber dennoch fein, guter Säurenerv, beginnende reife Würze im Abgang. 13,5 Vol.-%, NK, €€

91 2017 Ingelheim Pares Spätburgunder tr.
Wildkirsche, Kirschkern, leicht rauchiges Neuholz, im Mund seidig und geschmeidig, süße Frucht, im Gaumenverlauf langsam zupackendes Tannin, dennoch auch saftig, kalkmineralische Untertöne, elegante Säure, recht frische, kirschige Abgangsfrucht. 13,5 Vol.-%, NK, €€

91 2018 »Sneak Preview« trocken CD/PN/ME
Eine pralle Cabernetfrucht, fast kalifornisch anmutend, Waldhonig, Birnbrot, Latwerge. Geschmeidig und fruchtgetragen im Auftakt, dann von kraftvoll körnigem Gerbstoff bestimmt. Kultivierte Säure. Im Abgang wieder dunkelbeerig, intensiv und lange anhaltend. 13 Vol.-%, DV, €€

90 2017 Spätburgunder trocken
Feine erste Reife, schokoladige Aromen und etwas Lorbeerblatt, Malz und Kirsche. Seidiger, saftiger Gaumenauftakt, im weiteren Verlauf gewinnt das Tannin an Körnigkeit, der feine Säurenerv trägt die Frucht. Sogar etwas mineralisch unterlegt. 13 Vol.-%, DV, €

91 2018 »Late Release« Ingelheim Sonnenhang Grauer Burgunder trocken

90 2018 Elsheim Blume Riesling trocken

89 2019 Sauvignon Blanc trocken

89 2019 Weißburgunder trocken

88 NV Riesling brut

88 2019 Riesling trocken

88 2019 Riesling Liter trocken
Ein ziemlich klarer, frischer Rieslinguft. Frischer Zitrusabrieb, Bergamotte, blumig. Im Mund saftig, mit knackiger Säure und gut dagegengesetzter Süße, ein herzhafter und hochwertiger Schoppen, der Appetit macht – und Lust auf ein zweites Glas. 12 Vol.-%, DV, €

★

WEINGUT WEBER

Herrbornstraße 26, 55435 Gau-Algesheim
T: +49 (6725) 2263, info@weber-weine.de
www.weber-weine.de

Ab-Hof-Verkauf: Mo bis Fr 10–13 Uhr und 14.30–17.30 Uhr, Sa 10–16 Uhr
Kellermeister: Hermann Weber
Ansprechpartner: Hermann und Martina Weber
Hektar: 17 ha

Hermann und Martina Weber führen gemeinsam ihr Weingut in Gau-Algesheim, zu dem 17 Hektar Weinberge gehören. Als Kellermeister pflegt Hermann Weber beim Ausbau seiner Weine einen traditionellen und klassischen Stil im besten Sinne, die Weine zeigen gute Substanz und Kraft, die sie gut bei Tisch zu kräftigen Speisen ausspielen können. Die Rotweine wie der konzentrierte Frühburgunder aus dem Johannisberg sind vom Ausbau im Holz geprägt. In diesem Weingut stößt man auch immer wieder auf überraschende Spezialitäten: Wo sonst bekommt man noch eine Spätlese vom Schönburger?

89 2019 Gau-Algesheim Goldberg Grauburgunder trocken

Vollreife Birne in der Nase, auch gelbe Frucht, Aprikose. Am Gaumen stoffig gebaut mit viel Schmelz, Substanz und einer reifen, tragenden Säurestruktur. Die feine Süße unterstützt den vollmundigen Charakter, klassischer Stil, guter Begleiter von kräftigen Speisen. 13,5 Vol.-%, DV, €

88 2018 »8° Ost« Blauer Silvaner trocken

Reife Birne und Apfel im Duft, Banane, auch laktische Anklänge, etwas Buttermilch. Am Gaumen gut und kräftig gebaut, deutliche Süße bestimmt den Gaumen, die von einer präsenten Säure balanciert wird, viel Saft und auch Schmelz, für Anhänger harmonischer Weine. 13,5 Vol.-%, DV, €

89 2018 »S*« Gau-Algesheim Johannisberg Frühburgunder trocken

Die Nase wird von Holzaromen geprägt, Röstaromen, Holzkohle, dahinter auch rote Frucht, Kirsche und Johannisbeere. Am Gaumen kräftig gebaut mit guter Konzentration und Substanz, feine Säure, etwas Schärfe, der Alkohol ist eingebunden, zu kräftigen Gerichten. 14,5 Vol.-%, VL, €

88 2018 Gau-Algesheim Rothenberg Schönburger Spätlese

Sattes, klares Gelb. In der Nase Rosenwasser, Aprikose, reifer Pfirsich, üppig. Am Gaumen milde Säure, Rosenwasser, spürbare, griffige Süße, helle Frucht. Mittlere Struktur und Länge, zum Gugelhupf. 9 Vol.-%, VL, €

88 2018 »Fumé« Gau-Algesheim Goldberg Dornfelder trocken

89 2019 Gau-Algesheim Johannisberg Gelber Muskateller feinherb

Vollreife Frucht in der Nase, Mango und Papaya, dazu Muskatblüte und frisch geriebene Muskatnuss. Am Gaumen verbinden sich Frische und Süße zu einer vergnüglichen Liaison, wieder reife Frucht; schöne Sortentypizität, schöner Aperitif, klar im Fruchtausdruck. 13 Vol.-%, VL, €

★★★

WEINGUT WECHSLER

Wormser Straße 1, 67593 Westhofen
T: +49 (06244) 211, info@weingut-wechsler.de
www.weingut-wechsler.de
Ab-Hof-Verkauf: Do und Fr 10–12 Uhr und 13–17 Uhr, Sa 11–15 Uhr
Kellermeister: Katharina Wechsler
Ansprechpartner: Katharina Wechsler
Hektar: 16 ha
Anbauweise: Biologisch zertifiziert

Man glaubt es kaum: 2019 war bereits der zehnte Jahrgang von Katharina Wechsler. Sorgte das Weingut auch in der Vergangenheit schon öfter für Furore, darf man nun mit noch größerer Spannung in die Zukunft blicken: Denn Wechsler hat nun die nächste Phase der Betriebsgeschichte eingeleitet und stellt den Betrieb auf Biobewirtschaftung um. In der Gegenwart haben wir ausgeprochen viel Freude an den Lagenrieslingen, die – nach der Formel Spitzenterroir + alte Reben bereitet – puristisch und salzig-frisch im Glas stehen, dass es eine Freude ist. So kann es gerne weitergehen.

93 2019 Westhofen Kirchspiel Riesling tr.
Mineralisch, fokussiert, vielschichtig, helle Blüte, Kräuter. Am Gaumen verwoben, feinwürzig, Saft, helle Gelbfrucht, etwas Blüte, nuanciert. Zunächst sanft im Mundgefühl, dabei zitrisch und frisch. Nach hinten raus immer fokussierter und griffiger mit salziger Mineralik. 13 Vol.-%, NK/DV, €€€

92 2019 Westhofen Benn Riesling trocken
Gehaltvoll, strukturiert, mineralisch, tief, feinwürzig in der Nase. Kräuterwiese mit gelben Blüten, roter Apfel, Kamille. Am Gaumen klares Volumen, zart konzentrierte Frucht, Saft, fließend, dezente Schärfe. Zitrusfrucht, mineralischer Grip und saftige Säure mit zentriertem Finish.
12,5 Vol.-%, NK/DV, €€€

90 2019 »Alte Reben« Westhofen Silvaner tr.
Tief, rauchig in der Nase. Am Gaumen leicht und dabei doch gehaltvoll. Die Säure webt sich fein ein, steinige und salzige Mineralik, Fluss, aber weniger Zug und innere Spannung. Unaufgeregt, salzig, zitrisch im Nachhall. 12,5 Vol.-%, DV, €€

89 2019 »Sexy MF Pinot Noir unfiltered« Landwein trocken
Rauchig, im Duft Noten von Himbeere, auch feine Mineralik, im Moment noch etwas hefig. Am Gaumen fest, fließend, subtil. Feine Säure, helle Zitrusfrucht, im Abklang dann Beerenaromen. Zuletzt immer mehr Griff und Zentriertheit, ein Rosé von guter Substanz. 11,5 Vol.-%, DV, €€

88 2019 Scheurebe trocken

91 2019 Westhofen Riesling trocken
Tief, reife Aromen, dabei Präsenz, feine Mineralik, gelbgrüne Frucht. Am Gaumen klar, fein konzentriert. Nuanciert-gehaltvoll, zart-saftige Fruchtsüße und salzige Mineralik. Sich immer mehr zentrierend. Zitrusfrucht, Steinobst, straighte Säurestruktur. 13 Vol.-%, DV, €€

★★★★

WEINGUT WEEDENBORN

Am Römer 4–6, 55234 Monzernheim
T: +49 (6244) 387, weingut@weedenborn.de
www.weedenborn.de

Ab-Hof-Verkauf: Mo bis Fr nach Vereinbarung
Kellermeister: Gesine Roll
Ansprechpartner: Gesine Roll
Hektar: 16 ha

Gesine Roll überrascht uns dieses Jahr mit einer »Grand Réserve« aus Sauvignon Blanc und einer Prise Chardonnay, die die »Größe« zu Recht im Namen führt: Bei so viel Kalk im Glas spielen die verwendeten Rebsorten schon fast keine Rolle mehr. Auch die anderen Weine zeigen den Betrieb in Höchstform: Die Kühle der Höhenlagen Monzernheims und der Kalk Westhofens werden in Schliff und Eleganz umgesetzt. Unser Falstaff-Tipp ist der Sauvignon »Terra Rossa«: Der rote Boden gibt dem Wein Fülle und Würze. Einen so raffinierten Terroir-Sauvignon findet man für 18 Euro selten.

93 2017 »Grande Réserve« trocken SB/CH
Gelbfrucht, dezente Rauchigkeit, etwas Stängel, Kalksteinmineralik und Würze, helle Blüte. Am Gaumen ausgewogen mit subtiler Kraft. Fluss, Schmelz, feiner Gerbstoffgrip, zitrisch-saftige Säure, zarte Salzigkeit. Vielschichtig, tief und schwerelos. 13 Vol.-%, NK, €€€

93 2018 »Réserve« Sauvignon Blanc trocken
Nuanciert, balanciert mit Tiefe ohne Schwere. Steinstaubige Mineralik, zarte Fruchtsüße am Gaumen. Fluss und verwobene Textur, Noten von Gras, Stachelbeere, Mandarinenzeste, Maracuja. zitrisch-saftige Säurestruktur. Finesse trifft auf Saft und Präsenz. 13 Vol.-%, NK, €€€

92 2018 »Réserve« Chardonnay trocken
Feine Röstnoten, gereifte Frucht, ausgewogen. Gelber Apfel, etwas Mandel, feine Mineralik und Würze. Am Gaumen klar, fließend, verwoben. Feine Dichte und dabei filigran. Schmelz, Lebendigkeit und feiner Grip bis ins Finish. 13 Vol.-%, NK, €€€

91 2019 Westhofen Kirchspiel Riesling trocken
Weinbergpfirsich, Mandarine, Wiesenblumen, nasser Stein, feine Kräuter. Lebendig mit frischer Frucht. Am Gaumen fließend, dann sich immer mehr zentrierend. Feinsaftig mit zitrisch-salzigem Säurezug. Macht Lust auf das nächste Glas. 13 Vol.-%, NK, €€€

90 2019 Westhofen Chardonnay trocken

90 2019 Chardonnay trocken

89 2019 Sauvignon Blanc trocken

92 2019 »Terra Rossa« Sauvignon Blanc tr.
Kompakt, lebendig in der Nase. Rauchig, mineralisch, Stachbeere, Passionsfrucht, Eisen, feine Würze. Am Gaumen saftige Frucht, Struktur, griffiger Säurezug. Balanciert und gehaltvoll, dabei frisch, präsent, vielschichtig und sich hinten raus zentrierend. 12,5 Vol.-%, DV, €€

★★

WEINGUT WERTHER WINDISCH

Schulstraße 3, 55278 Mommenheim
T: +49 (6138) 9417665, info@werther-windisch.de
www.werther-windisch.de

Ab-Hof-Verkauf: nach Vereinbarung
Kellermeister: Jens Windisch
Ansprechpartner: Jens Windisch
Hektar: 13 ha

Jens Windisch gehört nicht zu den Winzern, die ihren Weinen mit Pülverchen auf den Leib rücken, um sie marktgängig und gefällig zu machen. Und auch im Rebbau hat er klare Vorstellungen: keine Herbizide, artenreiche Begrünung zwischen den Zeilen, Düngung mit selbst hergestelltem Kompost. Mit den aktuellen Weinen scheint uns der Mittdreißiger nochmal einen großen Schritt nach vorne gemacht zu haben: Der Harxheimer Schloßberg Riesling aus dem Granitfass zeigt Werthers puristischen Stil in größter Verfeinerung. Wir sind sehr gespannt, wie es hier weitergeht.

92 2019 Harxheim Schloßberg Riesling tr.
Komplex zitrusfruchtig, Kumquat, getrocknete Zitronenschale, Bergamotte. Seidiger, getragener Auftakt, eine ganz runde, fein texturierte Gaumenmitte, eleganter Säurenerv, viel Saftigkeit, mineralisches Spiel. Sehr lang und dabei sehr finessenreich. 12 Vol.-%, DV, €€

91 2019 Harxheim Lieth Silvaner trocken
Gelbfruchtig im Duft, leicht buttrig und deutlich kräuterwürzig. Auch kalkmineralische Töne. Gehaltvoll im Mund, straffe Stoffigkeit in der Gaumenmitte, festes Säurerückgrat, strammer Extrakt, deutlich mineralisch geprägt. Tolle Substanz. 13 Vol.-%, DV, €€

90 2019 »8grad 14minuten« Riesling trocken
Melisse, Zitronenschale, leicht rauchig, zurückhaltend im Duft. Im Mund saftig, relativ weit gefasst und getragen, intensive Zitrusfrucht, reife, sich im Gaumenverlauf langsam steigernde Säure, wenig Restzucker, dadurch deutlich terpenherb im Abklang. 12 Vol.-%, DV, €€

89 2019 »Weiß« trocken BC/MT/GS
Duftig-frisch. Minze, Maiglöckchen und Muskat, weißer Pfeffer und feuchter Sand. Markanter Säurebogen, kräftige taktile Mineralität, auch Kohlensäure, sehr trocken abgestimmt, ein betont frischer Weißer mit nuancierter Abgangswürze. 11,5 Vol.-%, DV, €

89 2019 Riesling trocken

90 2019 »8grad 14minuten« Silvaner trocken
Fein nuanciert im Duft: Heu und Kräuter, leicht nussig unterlegt, ein feiner, sehr klarer Silvanerduft. Seidig und saftig im Mund, mittelgewichtig in Extrakt und Körper, zarte Phenole, grundsolide im Stil, frisch, appetitlich, guter Speisenbegleiter. 12,5 Vol.-%, DV, €€

★★★★★

WEINGUT WITTMANN

Mainzer Straße 19, 67593 Westhofen
T: +49 (6244) 905036, info@wittmannweingut.com
www.weingutwittmann.de

Ab-Hof-Verkauf: Mo bis Fr 9–17 Uhr, Sa 11–15 Uhr
Kellermeister: Philipp Wittmann und Georg Rieser
Ansprechpartner: Philipp Wittmann
Hektar: 28 ha

Die Wittmanns und ihre Vorfahren sind seit dem 17. Jahrhundert Winzer in Westhofen – die Erfahrung von 15 Generationen liegt in allem, was die Familie tut. In der durchweg starken Kollektion, die Philipp Wittmann und seine Frau Eva hervorgebracht haben, überragen die Rieslinge alles andere. Bereits die Ortsweine »aus Ersten Lagen« (»1 G«) besitzen extrem viel Substanz und Charakter, und so geht es weiter bis zum meisterlichen Großen Gewächs Morstein, das einer der besten deutschen Rieslinge des Jahrgangs ist.

97 2019 Westhofen Morstein Riesling GG
Morstein zeigt sich eindrucksvoll auf nuancierte Art und Weise: Im Duft zuerst fein und zurückgenommen, dabei doch präzise. Am Gaumen schlank, seidig und doch von beeindruckender Intensität, fein ziselierte Säure, eng und fein verwoben, gegenwärtig und doch entschwebend. 12,5 Vol.-%, NK, €€€€

95 2019 Westhofen Brunnenhäuschen Riesling GG
Mit der komplexen Nase kann man sich beschäftigen: Im komprimierten Format Gelbfrucht, Würze und Terroir. Am Gaumen mit superber Säure saftig ansetzend, viel Extrakt und hohe Verdichtung, phenolisch, würzig, pfeffrig, meisterliche Balance. 12,5 Vol.-%, NK, €€€€

95 2019 Westhofen Kirchspiel Riesling GG
Verdichteter Duft mit gelber Frucht und rauchigen, würzigen Noten, noch verschlossen. Schlank und straff gebaut mit reifer, selbstbewusster Säure und großer Intensität, dicht und phenolisch, mineralisch gebündelt, mittlere Länge, gute Perspektive zur Entwicklung. 12,5 Vol.-%, NK, €€€

94 2019 Westhofen Aulerde Riesling GG
Vielschichtig im Duft, zu Kräutern und Apfel kommen Gewürze und gelbe Frucht, etwas Kümmel, konzentriert und vielversprechend. Am Gaumen mit guter Balance und Stimmigkeit, saftig, gebündelt und konzentriert mit phenolischem Eintrag, hohe Intensität, großes Potenzial. 12,5 Vol.-%, NK, €€€

93 2019 »1G« Gundersheim Riesling trocken

93 2019 »1G« Westhofen Riesling trocken

91 2019 »1G« Nierstein Riesling trocken

90 2019 Riesling trocken

89 2019 Weißburgunder trocken

88 2019 Grauer Burgunder trocken

89 2019 Scheurebe trocken

92 2018 »Reserve« Spätburgunder trocken
Mittleres Kirschrot. In der Nase Rauch, Sauerkirsche, Johannisbeere, Würze, dicht, pikant und frisch. Am Gaumen geschliffene Gerbstoffe, feiner Säurefaden, Kirschfrucht und Würze dominieren, schöne Struktur und eine schöne Länge, ideal zum Essen. 13 Vol.-%, NK

★★

WEINGUT ZIMMER-MENGEL

Riesling

Ries·ling, En·gel·sta·dter, der, mask., -es, Weingut Zimmer-Mengel, Engelstadt. Eine Komposition unserer besten Rieslingweinberge. Fruchtig-herb und voll spannender Exotik.

Im Adelpfad 1, 55270 Engelstadt
T: +49 (6130) 1788, info@weingut-zimmer-mengel.de
www.weingut-zimmer-mengel.de

Ab-Hof-Verkauf: ja
Kellermeister: Fabian Mengel
Ansprechpartner: Fabian Mengel
Flaschen/Hektar: 100.000 (80 % weiß, 20 % rot)/17 ha

Kleines Preis-Leistungs-Wunder« notierte einer der Verkoster zum Engelstadter Riesling, der für gerade einmal 8,90 Euro viel Vergnügen beschert – auch schon der Gutsriesling zeigt Klasse. Überhaupt hat alles Hand und Fuß im Weingut Zimmer-Mengel, in dem Fabian Mengel die Verantwortung übernommen hat und von seinen Eltern Andreas und Stephanie Mengel tatkräftig unterstützt wird. Die Weine zeigen Sortentypizität, Charakter und Schliff, sie sind immer auch kulinarisch codiert. Die erfolgte Umstellung auf ökologischen Weinbau wird das Profil des Weinguts sicher noch zusätzlich schärfen.

91 2019 Engelstadt Riesling trocken
Fruchtiger und einladender Duft nach Passionsfrucht und Pfirsich, auch Kräuter und feine Holznoten. Mit Zug und Spannung am Gaumen schlank und straff gebaut, aber auch großzügig und würzig mit einer gut eingebundenen Säure und einer Schicht Phenole, viel Wein fürs Geld.
12 Vol.-%, DV, €

89 2019 Scheurebe trocken
Expressiver Duft nach Stachelbeere, Litschi und Passionsfrucht. Am Gaumen schlank und geradlinig gebaut, saftig mit kultivierter Säure und feiner Würzigkeit, dezente Herbe kommt dazu, Scheurebe mit hohem Spaßfaktor, aber dabei nie banal. Auch zum Essen. 12 Vol.-%, DV, €

89 2019 »&é« Rosé Cuvée trocken
Rosé von Cabernet Sauvignon und Merlot, der nach Waldhimbeere und Schwarzer Johannisbeere riecht, auch etwas gelbe Frucht, Pfirsich. Am Gaumen weich, fruchtig und unbeschwert mit milder Säurestruktur, feine Tannine sorgen für Profil, lachsfarbener Gute-Laune-Macher. 12,5 Vol.-%, DV, €

91 2015 Jugenheim Goldberg Portugieser tr.
Würzige, leicht balsamische Nase, Kirsche und Maulbeere, Holznoten und Rauch, frisches Lorbeerblatt, etwas ätherisch. Setzt am Gaumen mit präsenter Säure geschmeidig an, gefasste Struktur, geht nicht in die Breite, etwas Bitterschokolade, elegant und mit Persönlichkeit.
13,5 Vol.-%, NK, €€

88 2019 Grauburgunder trocken

89 2019 Riesling trocken
Feinfruchtige und würzige Nase, Aprikose und Pfirsich, etwas Blattgrün und grüner Apfel. Am Gaumen schlank und geradlinig gebaut, mit guter Frische und lebhafter Säure, klare Frucht, fein eingebundene Süße, aber auch gewisse Tiefgründigkeit. Gutsriesling aus dem Lehrbuch.
12 Vol.-%, DV, €

★

WEINGUT ZINK DIE WEINSCHMIEDE

Vordergasse 13, 67592 Flörsheim-Dalsheim
T: +49 (6243) 7622, info@weingut-zink.de
www.weingut-zink.de

Ab-Hof-Verkauf: Mo bis Fr 9–18 Uhr, Sa 9–16 Uhr, So nach Vereinbarung
Kellermeister: Matthias Zink
Ansprechpartner: Sybille Hofstätter-Zink

Mehr als zwei Jahrhunderte betrieb die Familie Zink eine Hufschmiede, nebenbei wurden Weinberge bewirtschaftet: Während in der Schmiede das Eisen glühte, vergoren im Keller darunter die Weine. Inzwischen dienen drei Werkzeuge als Symbole für die Unterscheidung der Weine: Die für den täglichen Genuss tragen das Hufeisen, der Amboss kennzeichnet die komplexeren Weine, der Hammer steht für Kraft und Filigranität. Interessante Neuzugänge mit einem stilvollen Riesling, einer feinwürzigen Rotwein-Cuvée und einem saftigen Bacchus von alten Reben. Wir sind schon auf den nächsten Jahrgang gespannt!

90 2018 Dalsheim Hubacker Riesling trocken
Gelbfrucht zeigt sich im Duft, Pfirsich, Mango und Aprikose, begleitet von feinem Rauch und Würze. Schlank und fest gebaut am Gaumen, guter Extrakt, zeigt Struktur und auch Dichte, vergnügliches Süße-Säure-Spiel, verbindet Komplexität mit Trinkfreude, mittlere Länge. 12,5 Vol.-%, DIAM

90 2018 Dalsheim Steig Chardonnay Barrique trocken
Honigmelone in der Nase, karamellisierte Walnüsse, Birne und Holzwürze, auch Vanille. Am Gaumen breit angelegt mit kräftiger Textur und guter Substanz, Schmelz und Saft, großzügig in seinen Dimensionen, süßlicher Extrakt. Guter Holzeinsatz, jung, gute Anlagen zur Reife. 13,5 Vol.-%, NK

88 2019 Dalsheim Steig Gewürztraminer Kabinett
Helles, klares Gelb. In der Nase etwas Rosenblüte, dazu Muskat, Zitronenabrieb. Am Gaumen verhaltene Säure, Rosenwasser, spürbare Süße, Pfirsichsaft, Muskatnuss. Mittlere Struktur und Länge. 9,5 Vol.-%, DIAM

90 2019 »Werkstück« trocken DF/PN/BP
Cuvée von Dornfelder, Pinot Noir und Blauem Portugieser, der nach schwarzer Kirsche, Brombeere und Rosinen duftet, feine Holzwürze kommt dazu, Kräuter. Am Gaumen fruchtig und mit feiner Würze, kräftig gebaut mit reifen und saftigen Gerbstoffen, gut balanciert. 13,5 Vol.-%, DIAM

88 2019 »Blanc de Blancs« trocken WB/CH

89 2019 »Alte Reben« Bacchus trocken
Grapefruit und Pampelmuse in der fruchtbetonten Nase, auch reife Mango und Papaya, Würze. Die frische Säure sorgt am Gaumen für Schwung, schlanke Statur, wieder konzentrierte Fruchtfülle. Saftig, würzig, elegant und vergnügt, dabei durchaus mit Charakter. 12 Vol.-%, DIAM

Der »Mäuseturm« von Schloss Ehrenfels nahe Bingen

GASTGEBER AUS LEIDENSCHAFT

GEMEINSAM MIT DEN WINZERN DER REGION – ALS UNEINGESCHRÄNKTEN EXPERTEN, WAS DAS LEIBLICHE WOHL ANBELANGT – HAT FALSTAFF DIE BESTEN GENUSSADRESSEN IN SACHEN KULINARIK SORGFÄLTIG AUSGEWÄHLT UND ZUSAMMENGESTELLT.

55437 Appenheim

Eppard

Eva Eppard hat sich in ihrer wunderschön sanierten Mühle ein kulinarisches Refugium geschaffen, das einen Abstecher lohnt. Ihre Kochkunst ist kreativ und gleichsam bodenständig, für ihre frisch zubereiteten Gerichte verwendet sie vorwiegend Produkte aus der näheren Umgebung.

Hundertguldenmühle / Mühle 2
+49 (6725) 9990210
www.100guldenmuehle.de

Essen:	43	50
Service:	16	20
Getränke:	17	20
Ambiente:	8	10
Gesamt:	84	100

€€

55411 Bingen am Rhein

Burg Klopp

Auf der Burg oberhalb der Stadt Bingen kann herzhaft getafelt werden, dafür sorgen seit 2012 Manuela Heider und Steffen Wenselau. Der Burgsaal mit Blick auf das Rhein-Nahetal ist eine perfekte Location für Veranstaltungen. Die Weine stammen zum Großteil aus Rheinhessen.

Burg Klopp 1
+49 (6721) 15644
www.restaurant-burg-klopp.de

Empfohlen von: **Weingut Prinz Salm**

67596 Dittelsheim-Hessloch

Stöckbauers Weinkastell

Peggy Stöckbauer und ihr Team empfangen ihre Gäste im Eventlokal auf dem Kloppberg, der eine grandiose Aussicht auf das Rhein-Main-Gebiet ermöglicht. Zur kreativen Küche passen die Weine, etwa aus Dittelsheim Heßloch oder von anderen befreundeten Winzern aus Rheinhessen.

Am Kloppberg 1
+49 (6244) 57111
www.stoeckbauers-weinkastell.de

Empfohlen von: **Strauch Sektmanufaktur**

55237 Flonheim

Zum Goldenen Engel

In der gemütlichen Atmosphäre eines barocken Patrizierhauses bieten Sabine und Klaus Mayer ihren Gästen eine kreativ verfeinerte bürgerliche Küche an. Klassiker sind das Rindertatar und der krosse Pulpo, die Weinkarte bietet eine gute Auswahl rheinhessischer Gewächse.

Marktplatz 3
+49 (6734) 913930
www.zumgoldenenengel.com

Empfohlen von: **Weingut Gysler**

65343 Eltville

Anleger 511

Die begehrten Terrassenplätze mit freiem Blick auf den Rhein sind auch bei ungünstigem Wetter schnell und meist lange besetzt. Das wechselnde gastronomische Angebot ist klein und fein, immer eine gute Wahl ist die legendäre Bratwurst oder die Frikadelle »11te Generation«.

Platz von Montrichard 2
+49 (6123) 689168
www.anleger511.de

Empfohlen von: **Kloster Eberbach**

55435 Gau-Algesheim

Elder

Klassiker der deutschen Küche finden sich ebenso auf der Karte wie Spezialitäten aus der Region (herrlicher Flammkuchen). Den Weinen widmet man hier sich besonders den Gewächsen aus dem Rheinhessischen, natürlich geizt man aber auch nicht mit edlen, internationalen Tropfen.

Marktplatz 2
+49 (6725) 3077227
www.restaurant-elder.de

Empfohlen von: **Weingut Weber**

55237 Flonheim

Espenhof

Das in achter Generation familiengeführte Weingut bietet neben der feinen gehobenen Landküche vorzügliche Weine aus eigenem Anbau. Viele naturbelassene Tropfen kann man hier genießen, darunter frische und leichte Weißweine oder elegante, fruchtbetonte Rotweine. Ein Genuss.

Poststraße 1
+49 (6734) 962730
www.espenhof.de

P €€

Essen:	**44**	50
Service:	**17**	20
Getränke:	**18**	20
Ambiente:	**9**	10
Gesamt:	**88**	100

55296 Gau-Bischofsheim

Das Nack

Im lässigen, aber schicken Ambiente hat der Gast die Wahl zwischen regionalen Spezialitäten oder mediterranen Pastagerichten und kreativen Salatvariationen. Probieren sollte man die Frankfurter Grüne Suppe, Nacks Fischsuppe und natürlich das legendäre Wiener Schnitzel.

Pfarrstraße 13
+49 (6135) 3043
www.restaurant-nack.de

Empfohlen von: **Georg Gustav Huff**

80–84 85–89 90–94 95–100 Punkte

55116 Mainz

Bluhm

Ein Weinstuben-Klassiker in der Mainzer Altstadt mit bunt gemischtem Publikum. Das Speisenangebot ist übersichtlich, immer eine gute Wahl ist die legendäre Meenzer Fleischwurst, der Handkäse, Pierres Fischsuppe und der leckere Hackbraten. Dazu trinkt man Schoppen-Weine.

Badergasse 1
+49 (6131) 4906343
www.weinhausbluhm.com

€

Essen:	43	50
Service:	18	20
Getränke:	18	20
Ambiente:	8	10
Gesamt:	87	100

67583 Guntersblum

Weingold

Rheinhessen ist der Hauptdarsteller auf der Weinkarte im »Weingold«. Eine Verbundenheit zur Region, die die beiden Gastgeber auch in der Küche umsetzen. Stefanie und Dirk Löb betreiben das Hotel samt Restaurant seit 2017, davor waren sie in der ganzen Welt unterwegs.

Hauptstraße 33
+49 (6249) 7965
www.weingold-guntersblum.de

Empfohlen von: **Weingut Fischborn Bergeshof, Weingut Hiestand**

55116 Mainz

Bootshaus

Nicht nur die Panoramafenster mit Blick auf den Rhein versprechen gute Aussichten, sondern auch die gutbürgerliche bodenständige Regionalküche: Alles ist hausgemacht und von den Küchenprofis frisch zubereitet. Dazu gibt es die passenden Weine aus nahen Weinbergen.

Victor-Hugo-Ufer 1
+49 (6131) 1438700
www.bootshausmainz.de
täglich 11–23 Uhr

€€

Essen:	43	50
Service:	17	20
Getränke:	18	20
Ambiente:	9	10
Gesamt:	87	100

67487 Maikammer

Zum Winzer

Ein Hauch von Toskana weht durch die mediterran geprägte Küche von Christina und Dirk Albers. Auch die regionalen Spezialitäten profitieren von dieser kulinarischen Inspiration, wechselnde Aktionen wie die Fisch- und Krustentierwochen lohnen immer einen Besuch.

Weinstraße Süd 8
+49 (6321) 5410
www.gasthaus-zum-winzer.de

€€

Essen:	42	50
Service:	18	20
Getränke:	17	20
Ambiente:	8	10
Gesamt:	85	100

55131 Mainz

Favorite

Im Hotelrestaurant verzaubert Küchenchef Tobias Schmitt die Gäste mit raffinierter Gourmetküche, während es in der Weinbar etwas stylisher zugeht. Das Hotel hat mit der Vintage Weinbar einen Hotspot geschaffen, der Lust macht auf Wein und Design. Das Auge trinkt mit.

Karl-Weiser Straße 1
+49 (6131) 8015133
www.favorite-mainz.de

Empfohlen von: **Weingut Kühling-Gillot**

Hofgut Laubenheimer Höhe

55130 Mainz

Allein die herrliche Aussicht von der Terrasse ins Umland ist einen Abstecher wert, aber auch das gastronomische Angebot kann sich sehen lassen. Herzhafte Klassiker aus der Region stehen ebenso auf der Karte, wie Gerichte aus dem internationalen Küchen-Portfolio.

Auf der Laubenheimer Höhe 1-3
+49 (6131) 622260
www.hofgut-laubenheimer-hoehe.de

Essen:	43	I 50
Service:	17	I 20
Getränke:	18	I 20
Ambiente:	8	I 10
Gesamt:	86	I 100

€€

Ladendorfs Weinhaus

55116 Mainz

Bodenständige Wirtshausküche und eine herausragende Weinperformance – eine Kombination, die schmeckt! Roland und Silvia Ladendorf vereinen beides in ihrem Lokal. Die Auswahl an Spitzenweinen mit Jahrgangstiefe aus den spannendsten Regionen ist beeindruckend.

Gaustraße 73
+49 (6131) 2493609
www.ladendorfs-weinhaus.com

Empfohlen von: **Weingut Heiligenblut**

Steins Traube

55126 Mainz

Alina und Philipp Stein habe in der Traube eine Weinkarte zusammengestellt, die abgestimmt auf die Küche des Hauses ist und sowohl Tradition als auch Innovation berücksichtigt. Der Fokus ist auf die Region Rheinland-Pfalz gelegt – Spitzenwinzer und Neuentdeckungen.

Foststraße 4
+49 (6131) 40249
www.steins-traube.de

Empfohlen von: **Weingut J. Neus, Weingut Kühling-Gillot**

Pollers Häusje

55124 Mainz

Mit viel Leidenschaft führen Anja und Jörg Poller ihr Restaurant. Die Hausherrin gilt als anerkannte Weinfachberaterin und Weinbotschafterin. Natürlich liegen ihr die Erzeugnisse der rheinhessischen Winzer besonders am Herzen. Die Küche ihres Mannes ist mediterran beeinflusst.

Grabenstraße 55
+49 (6131) 43730
www.pollers.de

Essen:	43	I 50
Service:	17	I 20
Getränke:	16	I 20
Ambiente:	7	I 10
Gesamt:	83	I 100

P €€

Willems

55116 Mainz

Man merkt der Küche die Lust an, immer wieder neue Gerichte voller Inspiration zu kreieren. Basis sind beste Lebensmittel aus der Region, die meisten mit Bio-Siegel. Weine aus Rheinhessen sowie von den »Great Wine Capitals«, einer Vereinigung internationaler Weinbauregionen.

Kapuzinerstraße 29
+49 (6131) 2109170
www.gasthaus-willems.de

Empfohlen von: **Weingut Riffel**

80–84 | 85–89 | 90–94 | 95–100 Punkte

55268 Nieder-Olm

Das Crass

Die gute und solide Landhausküche hat hier eine Heimat, gekocht wird vorwiegend mit saisonalen und regionalen Produkten. Traditionelles wie Rehroulade und mit Blutwurst gefüllte Fasanenbrust stehen genauso auf der Karte, wie Riesengarnelen und frische Tagliarini.

Pariser Straße 129
+49 (6136) 814480
www.das-crass.de

Empfohlen von: **Falstaff-Redaktion**

55283 Nierstein

Gutsschänke Heise

Am Fusse des Roten Hangs gelegen, bietet das Weingut zu 25 verschiedenen eigenen Gewächsen gute herzhafte Hausmannskost in einer gemütlichen Gaststube. Spezialität sind regionaltypische Gerichte wie Winzersülze mit grüner Soße und der Weinkäse mit frischem Brot.

Karolingerstraße 15
+49 (6133) 5518
www.weinerlebniswelt-heise.de

Empfohlen von: **Falstaff-Redaktion**

55283 Nierstein

Civitas

In gemütlicher Atmosphäre genießen die Gäste allerfeinste deutsch-französische Landküche zu moderaten Preisen. Die kleine feine Speisekarte wird ergänzt durch eine erlesene Auswahl an Weinen von Winzern aus Nierstein und der näheren Umgebung. Viele davon im offenen Ausschank.

Marktplatz 9
+49 (6133) 5714995
www.civitasnierstein.eatbu.com

Empfohlen von: **Georg Gustav Huff, Weingut Fritz Ekkehard Huff**

55283 Nierstein

plan B

In den alten Gemäuern am historischen Marktplatz von Nierstein befindet sich dieses moderne Bistro und Restaurant. Neben Tapas, Bowls und klassischen Burger-Spezialitäten gibt es auch Fleisch und Huhn vom Lavasteingrill. Kleine feine Weinauswahl von Winzern aus der Region.

Marktplatz 3
+49 (6133) 5779850
www.planbnierstein.de

Empfohlen von: **Weingut Lamberth**

Vis à Vis

67574 Osthofen

Aus dem alten Kreuzgewölbe wurde ein schickes und geschmackvoll eingerichtetes Restaurant. Besonders geschmackvoll sind auch die Gerichte die das junge Küchenteam anbietet, zubereitet im weltoffenen Urban-Style mit traditionellen und saisonalen Einflüssen.

Friedrich-Ebert-Straße 53
+49 (6242) 5012973
www.visavis-osthofen.de

Essen:	43	50
Service:	18	20
Getränke:	18	20
Ambiente:	9	10
Gesamt:	88	100

P €€

Zum Gläsernen Trinkhorn

55286 Wörrstadt

Markus Lettau zeigt in seinem Restaurant, dass sich eine bodenständige Küche und kulinarische Höhenflüge keineswegs ausschließen müssen. Der Familienbetrieb punktet auch mit einem herzlichen Service, für das die Hausherrin Alina Lettau verantwortlich ist.

Kegelbahnstraße 3
+49 (6732) 6005809
www.zum-trinkhorn.de

Essen:	42	50
Service:	17	20
Getränke:	15	20
Ambiente:	8	10
Gesamt:	82	100

P €€

Mundart

55291 Saulheim

Um einen Platz im gemütlichem Restaurant oder Innenhof zu bekommen, sollte man unbedingt reservieren. Denn die Küche genießt einen guten Ruf weit über die Grenzen Saulheims, die vielen Gäste schätzen die herrausragende Produkt- und Zubereitungsqualität der Gerichte.

Weedengasse 8
+49 (6732) 9322966
www.mundart-restaurant.de

Essen:	44	50
Service:	18	20
Getränke:	18	20
Ambiente:	8	10
Gesamt:	88	100

P €€

Kaupers

55278 Selzen

Das in einer ehemaligen Scheune eingerichtete kulinarische Refugium von Sebastian Kauper lohnt einen Abstecher nach Selzen. Die ambitionierte Küche des Sterne-Kochs bietet kreativ arrangierte Gerichte, aufs Wesentliche konzentriert und immer von bester Produktqualität.

Kapellenstraße 18a
+49 (6737) 8325
www.kaupers-kapellenhof.de

Empfohlen von: **Weingut Wechsler, Weingut J. Neus**

Zornheimer Weinstuben

55270 Zornheim

Rheinhessisch mit einem mediterranen Schuss genießen, das kann man trefflich in dem nostalgischen Küsterhaus, das Lucas und Marijana Christgen mit viel Herzblut und Leidenschaft betreiben. Beliebt sind neben den frischen Salatvariationen vor allem die saftigen Rumpsteaks.

Röhrbrunnenplatz 1
+49 (6136) 45616
www.zornheimer-weinstuben.de

Essen:	43	50
Service:	18	20
Getränke:	18	20
Ambiente:	9	10
Gesamt:	88	100

€€

80–84 85–89 90–94 95–100 Punkte

SACHSEN, SAALE-UNSTRUT, BRANDENBURG

NEUER SCHWUNG IM OSTEN

Große Gewächse, hauptsächlich Riesling sowie Grau- und Weißburgunder, gedeihen in der historischen Lage Freyburger Edelacker

AM 51. BREITENGRAD

Früher hieß es, die Grenze für professionellen Weinbau liege am 50. Grad nördlicher Breite. Doch in Deutschlands Osten wird nun der 51. Breitengrad zum Slogan für beste Weinqualität – mit Selbstbewusstsein, und das mit gutem Grund.

TEXT MATTHIAS NESKE

Im Katalog des umsatzstärksten deutschen Onlineweinhändlers stehen derzeit über 1200 Weine aus Deutschland. Sechs davon kommen aus Sachsen, von Saale und Unstrut sind es exakt null.
Ein Fall für Sandro Sperk. Er agiert nicht nur als Kellermeister im Weingut Böhme & Töchter seiner Frau Marika. Seit letztem Sommer ist der Weinbetriebswirt auch für den Außenauftritt des Vereins »Breitengrad 51« verantwortlich. Neun Betriebe gehören ihm an, ganz zweifellos die Spitzen von Saale und Unstrut. Seit Sperk die Koordination übernommen hat, haben sich die Mitglieder eine Website gegönnt, ein neues Logo – und den ehrgeizigen Plan, nach dem Vorbild der steirischen STK eine eigene Qualitätspyramide aufzubauen. »Bislang«, erklärt Sandro Sperk, »haben wir nur die in Blindverkostung ermittelte Spitze unserer Produktion mit dem Breitengrad-51-Siegel versehen. Da jeder Betrieb maximal einen Weiß- und einen Rotwein mit dem Siegel haben darf, waren das etwa 10.000 Flaschen im Jahr. Wenn wir die Pyramide komplett haben, werden es auf den unterschiedlichen Stufen vielleicht 700.000 oder 800.000 Flaschen sein.« Keine Frage, dass so etwas für eine ganz andere Wahrnehmung auf dem Markt sorgt.
Mit dem Landesweingut Kloster Pforta ist auch der größte Einzelbetrieb der Region Mitglied bei den Breitengrädern. In den letzten beiden Jahren sind mit Geschäftsführer Bastian Remkes und Kellermeister Olaf Stintzing neue Gesichter an der Klosterpforte erschienen, die mit strategischem

Weitblick das Unternehmen voranbringen wollen. Die Pfortenser können dabei auf wahre Weinbergschätzchen zurückgreifen. Die Monopollage Gosecker Dechantenberg mit ihren markanten Sandsteinmauern beispielsweise wurde vor fast 1000 Jahren erstmals erwähnt und gilt damit als der älteste durchgängig bewirtschaftete Weinberg der Region.
Für Anhänger der Weinromantik ist an Saale, Unstrut und Elbe reichlich gesorgt. Historisch, querterrassiert, kleinparzelliert? Alles da, vom Kaatschener Dachsberg und dem Naumburger Steinmeister über den erwähnten Gosecker Dechantenberg, die verschiedenen Teile des Freyburger Edelackers und den Radebeuler Goldenen Wagen bis zum Meißener Kapitelberg. Apropos Sachsen, zu dem die beiden letztgenannten Lagen gehören: Von dort sind schon leise Stimmen zu vernehmen, ebenfalls der Breitengrad-51-Vereinigung beitreten zu wollen.
Einen ganz anderen Schritt hat ein Winzerpaar in Burgscheidungen an der Unstrut vollzogen. Konni & Evi, wie das Miniweingut heißt, sind Konrad Buddrus und Eva-Maria Wehner. Seit Konni noch

Alles reine Handarbeit: Eva-Maria Wehner und Konrad Buddrus vom Weingut Konni & Evi keltern unfiltrierten, spannenden Naturwein

während seiner Weinbauausbildung in Veitshöchheim eine uralte Parzelle auf Ebay entdeckt und sich kurzentschlossen gesichert hat, sind die beiden Feuer und Flamme. Von Anfang an biodynamisch wirtschaftend, werden die teils winzigen Parzellen rein händisch bearbeitet. Und damit nicht genug. Früh gelesen und

WEINBAUGEBIET SACHSEN

Anbaufläche
ca. 490 Hektar
Aufteilung
2 Bereiche, 4 Großlagen, 17 Einzellagen
Böden
Granit, Syenit, Löss, Sandstein
Wichtigste Rebsorten
Riesling, Weißburgunder, Grauburgunder, Kerner, Traminer

Verbände
Weinbauverband Sachsen e. V.
Fabrikstraße 16, 01662 Meißen
www.weinbauverband-sachsen.de

Marika und Sandro Sperk vom Weingut Böhme & Töchter haben sich mit ihrem für die Region nachgerade exotischen Chardonnay einen ausgezeichneten Ruf erarbeitet

spontan vergoren, wird im Keller weder filtriert noch geschönt und nur bei Bedarf eine minimale Dosis Schwefel zugefügt. Naturweine im engen Sinne, die manchmal karg, manchmal wild, manchmal durchaus geschmeidig, aber immer spannend sind.

Für solche Produkte ist der Markt in Deutschland noch beschränkt, in der Region ohnehin. Also geht bis auf zwei Verkaufsstellen in Deutschland alles in den Export, zu den Weinbars, Bistros und einschlägigen Händlern zwischen New York, Kopenhagen und Tokio.

Nun wird eine derartige Strategie kaum auf die gesamte Winzerschaft des Anbaugebietes zu übertragen sein, denn der Erfolgsfaktor ist ja genau das Besetzen einer

WEINBAUGEBIET SAALE-UNSTRUT

Anbaufläche
ca. 750 Hektar

Aufteilung
3 Bereiche, 4 Großlagen, 34 Einzellagen

Böden
Muschelkalk, Löss, Buntsandstein

Wichtigste Rebsorten
Weißburgunder, Riesling

Verbände
Gebietsweinwerbung Saale-Unstrut
Querfurter Straße 10
06632 Freyburg
www.natuerlich-saale-unstrut.de

WEINBAUGEBIET BRANDENBURG

Anbaufläche
Rebfläche: ca. 35 ha
Aufteilung
Der größte Teil der Rebflächen ist als Landweingebiet Brandenburg ausgezeichnet, kleine Flächen sind als Qualitätsweingebiete den Nachbarregionen Sachsen (Schlieben) und Saale-Unstrut (Werder) zugeordnet.
Böden
tiefgründiger Sand, Mergel
Wichtigste Rebsorten
Müller-Thurgau, PiWis
Verbände
Fachgruppe Weinbau Gartenbauverband Berlin-Brandenburg e.V., Dorfstraße 1, 14513 Teltow
route-brandenburger-weinkultur.de

Nische. Aber sie zeigt, dass an der vermeintlichen deutschen Weinperipherie Dinge passieren, die von Dynamik und Innovation künden. Nehmen wir zu »Breitengrad« und Naturwein noch die außergewöhnlichen Weingüter Dr. Wobar und Wolkenberg hinzu, die auf ehemaligen Lausitzer Tagebauen entstanden sind, steht das Fazit bereits fest: Es ist allerhöchste Zeit, bei einer ausgiebigen Weinprobe den neuen Schwung des Ostens zu entdecken.

INFO

Nähere Infos über den Autor finden Sie im Kapitel »Verkostungsteam« auf S. 12.

Gutsleiter Bastian Remkes und Kellermeister Olaf Stintzing vom Landesweingut Kloster Pforta haben mit der diesjährigen Kollektion das Potenzial ihrer Lagen voll ausgeschöpft

Schon vor fast 1000 Jahren betrieben die Benediktinermönche am Gosecker Dechantenberg Weinbau

GRANDS CRUS – SACHSEN, SAALE-UNSTRUT

TOP-WEINE AUS PRIVILEGIERTEN WEINLAGEN DER REGION

PILLNITZ | KÖNIGLICHER WEINBERG

Die sieben Hektar umfassende Lage vor den Toren Dresdens wurde während der Regentschaft Friedrich August des Gerechten (1750–1827) erschlossen. Sogar an Wächterhäuser und ein Kelterhaus hatte der sächsische König gedacht – offenbar erkannte er den Wert des Bodens aus Granitverwitterung und das nicht minder günstige Mikroklima in der überwiegend terrassierten Süd-

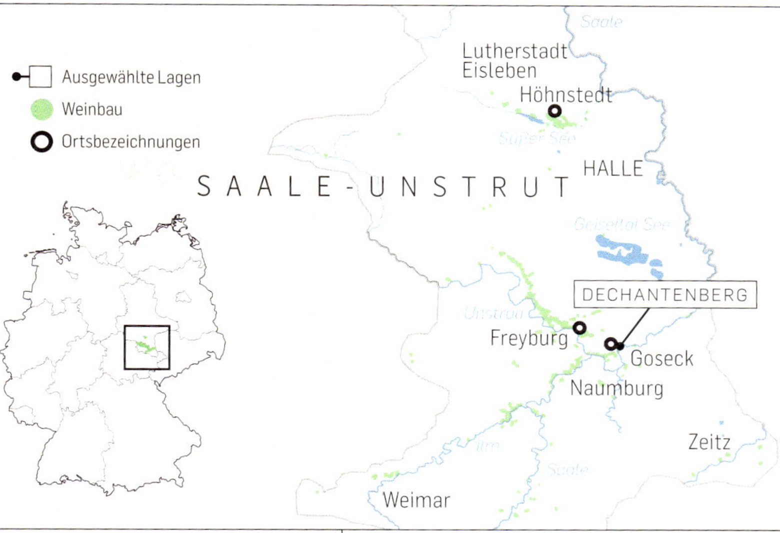

westlage in Höhen von 125–180 Metern. Durch den ausgedehnten Wald in seinem Rücken besitzt der Weinberg zudem einen ausgeglichenen Wasserhaushalt. Die Hangneigung beträgt bis zu 40 Prozent.

93 **2018 Weißburgunder Große Lage**
93 **2018 Riesling Große Lage**
Weingut Klaus Zimmerling
www.weingut-zimmerling.de

RADEBEUL | GOLDENER WAGEN

Der Radebeuler Goldener Wagen ist die östliche der drei Einzelweinlagen der Großlage Lößnitz. Ihr Name leitet sich vom direkt nördlich der Hoflößnitz gelegenen Staatsweinberg Goldener Wagen ab. Die elf Hektar umfassende Lage wurde vermutlich bereits im 13. Jahrhundert angelegt, seit dem 18. Jahrhundert ist der Terrassenweinberg unter seinem heutigen Namen bekannt. In Höhen von 170 bis 240 Metern wachsen die Reben auf Böden vulkanischen Ursprungs auf verwittertem Syenit.

93 **2019 »Protze« Riesling trocken**
93 **2019 »Alte Reben« trocken**
92 **2019 Riesling Auslese**
Schloss Wackerbarth, Info siehe Seite 596

91 **2019 Scheurebe Auslese**
Weingut Drei Herren, Info siehe Seite 592
90 **2019 Traminer Spätlese**
Schloss Wackerbarth, Info siehe Seite 596

GOSECK | DECHANTENBERG

Der vermutlich älteste noch heute bewirtschaftete Weinberg an Saale und Unstrut steht seit dem Jahr 1080 unter Reben, damals bauten die Benediktinermönche an dieser Stelle nahe des Saaleufers Wein an, seit dem Jahr 1903 befindet sich der Weinberg in staatlicher Hand, heute als Alleinbesitz des sachsen-anhaltinischen Landesweinguts Kloster Pforta. Die 3,5 Hektar große Terrassenlage liegt auf Höhen zwischen 110 und 160 Metern, der Hang blickt nach Süden bis Südsüdosten. Die aus Buntsandstein errichteten Weinbergsmauern geben einen Hinweis auf den Boden, der aus verwittertem Buntsandstein besteht und den Weinen viel Spiel und mineralische Eleganz verleiht.

93 **2017 Riesling Beerenauslese**
Landesweingut Kloster Pforta,
Infos siehe Seite 598

★★

WEINGUT DREI HERREN

Weinbergstraße 34, 01445 Radebeul
T: +49 (351) 7956099, info@weingutdreiherren.de
www.dreiherren.de

Ab-Hof-Verkauf: Do und Fr 15–21 Uhr, Sa und So 12–21 Uhr
Kellermeister: Jacob Wiedemann
Ansprechpartner: Prof. Dr. Rainer Beck
Hektar: 5 ha

Der Trend im Weingut des aus dem Schwäbischen neig'schmeckten Kunstprofessors Rainer Beck ist ausgesprochen erfreulich – ein zweiter Stern ist der verdiente Lohn. Überrascht und begeistert hat uns der Cabernet Franc: frische Frucht und polierte Gerbstoffe. Besser kann cool climate kaum schmecken. Aber auch die anderen Weine von Kellermeister Jacob Wiedemann überzeugen, so der ausdrucksstarke Riesling »Spontan« und der finessenreiche Weißburgunder »Jubiläumswein«. Ein Tipp ist auch die sächsische Spezialität Goldriesling mit ihrer Frische und Präzision. Glückwunsch!

91 2019 »Spontan« Riesling trocken
Die Nase hält das, was der Name verspricht: spontan. Würziger und kompakt gebauter Riesling mit Charakter und etwas Eigensinn, phenolisch geschichtet, ungeschminkt und mit guter Spannung, saftig und mit reifer lebendiger Säure. Zeigt Herkunft und Handschrift. 12 Vol.-%, DV, €€

91 2018 »Jubiläumswein« Weißburgunder tr.
Im Duft zeigen sich Blüten, Apfel und gelbe Frucht mit rauchigen Noten und Gewürzen wie getrockneter Ingwer. Am Gaumen mit gut gefasster Textur, saftig und elegant, feine Fruchtsüße, feine Würze. Fein gearbeitet und extrahiert, nuanciert und finessenreich. 13 Vol.-%, DV, €€

91 2019 Radebeul Goldener Wagen Scheurebe Auslese
Mittleres, klares Gelb. Pikante Nase mit viel Schwarzer Johannisbeere, Kräuterwürze, Melisse, Limonenzeste. Am Gaumen Johannisbeere, stimmige Säure, druckvolle Süße, saftig dabei, Limettenfrische, elegante Struktur, federnd und trinkig. 8,5 Vol.-%, DV, €€

92 2018 »Eigensinn« Cabernet Franc trocken
Würzige und vielschichtige Nase mit Noten von Cassis und feiner Holzwürze, etwas gerösteter Paprika, Blutorange, Gewürze wie Piment. Am Gaumen straff gebaut, nicht zu kräftig, mit feiner, saftiger Frucht, eingewobene Säure, feine Gerbstoffe, elegant und mit Charakter! 13 Vol.-%, DV, €€€

90 2016 Sörnewitz Boselberg Riesling trocken

89 2019 Scheurebe Landwein trocken

89 2019 Grauburgunder trocken

89 2019 Gelber Muskateller Spätlese trocken

88 2019 »Weiss« trocken MT/SOG

88 2019 »Blanc de Noir« Spätburgunder tr.

90 2018 »Rot« trocken PN/DF

89 2019 Goldriesling trocken
Transparentes Gelb im Glas. Noten von grünem Apfel in der Nase, Abrieb von der Zitronenschale, kräutrige Noten. Am Gaumen filigran gebaut mit saftiger Säure, Würze und etwas Herbe, Zitronensaft, sehr klar und rein, es geht um Präzision und Frische. 11,5 Vol.-%, DV, €€

★★★

WEINGUT SCHLOSS PROSCHWITZ – PRINZ ZUR LIPPE

Dorfanger 19, 01665 Zadel
T: +49 (3521) 76760, weingut@schloss-proschwitz.de
www.schloss-proschwitz.de

Ab-Hof-Verkauf: täglich 10–18 Uhr
Kellermeister: Carolin Böttger, önologische Beratung Martin Schwarz
Ansprechpartner: Prof. Dr. Georg Prinz zur Lippe
Flaschen/Hektar: 400.000 (76 % weiß, 24 % rot)/70 ha

Dreißig Jahre ist es her, dass Prof. Dr. Georg Prinz zur Lippe Stück für Stück Haus und Hof von Schloss Proschwitz zurückerwerben konnte und mit viel Energie und Leidenschaft auch das Weingut Schloss Proschwitz aufgebaut hat. Das gesamte Eigentum der Familie war 1945 von den Sowjets enteignet worden. Heute ist Schloss Proschwitz nicht nur das älteste private Weingut in Sachsen – es ist eine Institution der Weinkultur. Aktuell werden 70 Hektar Weinberge bewirtschaftet, von denen auf durchgängig hohem Niveau Weine mit klarem Ausdruck und feiner mineralischer Begleitung stammen.

90 2018 Schloss Proschwitz Grauburgunder GG
Ein Würzton an der Nase erinnert an holländischen Honigkuchen und verspricht damit Reichhaltigkeit und Fülle. Der Gaumen ist in der Tat rund, großzügig und nahezu wachsig in der Textur. Etwas phenolische Bitterkeit bietet einen grazilen Gegenton. 14,5 Vol.-%, NK, €€€

90 2019 Kloster Heilig Kreuz Riesling Auslese
Klares, sattes Gelb. In der Nase feine getrocknete Früchte, Aprikose, Quitte, Blütenhonig, Ananas. Am Gaumen Rauch, Unterholz, Mineralik, reife Zitrusfrucht, griffige Säure, für eine Auslese recht wenig Süße, gute Struktur, zu scharfen Gerichten. 13 Vol.-%, NK, €€€

91 2017 Schloss Proschwitz Spätburgunder GG
Herz- und Amarenakirsche in der Nase, auch blumige Noten, Veilchen und Blutorange. Am Gaumen saftig, würzig und mit leichter Pfeffernote, gute Struktur, griffiges Tannin, leicht adstringierend, mittlerer Körper, zielt auf Balance und Eleganz, feine Säure. 13 Vol.-%, NK, €€€

92 2017 Traminer Riesling Auslese TR/RR
Sattes Honiggelb, klar. In der Nase Rose, Blütenhonig, getrocknete Früchte, Feigen, Datteln, gebrannte Nüsse, Mango. Am Gaumen süßer Schmelz, Cremigkeit, Süße und Säure in Balance, dicht gewoben, Honig, reife Frucht, gute Länge, gutes Potenzial. 10,5 Vol.-%, NK, €€€

89 2019 Meißen Grauburgunder trocken

89 2019 Meißen Scheurebe trocken

88 2019 Elbling trocken

88 2019 Goldriesling trocken

89 2019 Meißen »Blanc de Noir« Spätburgunder Spätlese feinherb

88 2019 Rosé trocken

90 2016 »Cuvée Moritz« Meißen tr. DF/PN

90 2019 Meißen Weißburgunder trocken
Ein sanfter Blütenduft ist dezent, trotzdem hat er Effekt. Er ist gefolgt von Cremigkeit und einer feinen Frische, die der leicht rauchig angehauchten Fruchtfülle am Gaumen geradezu entgegenkommt. Textur und Schmelz bestimmen den Wein für den Tisch. 13 Vol.-%, DV, €€

★ ★

ROTHES GUT MEISSEN

Lehmberg 4, 01662 Meißen
T: +49 (03521) 7545467, strasser@rothesgut.de
www.rothesgut.de

Ab-Hof-Verkauf: Mo bis Di 10–16 Uhr, Mi–Sa 10–18 Uhr, So 11–16 Uhr
Kellermeister: Martin Biedermann
Ansprechpartner: Tim Strasser
Flaschen/Hektar: 50.000 (92 % weiß, 8 % rot)/19 ha

Tim Strassers Weine gefallen uns ausgezeichnet. Er klettert aber nicht nur stetig auf der Qualitätsskala, sondern erweitert nebenbei auch seine Rebfläche: Inzwischen bewirtschaftet er 19 Hektar Weinberge nahe der Meißener Albrechtsburg. Dabei entwickelt er sich immer mehr zum Spezialisten für pilzwiderstandsfähige Reben wie Helios oder Hibernal. Daraus keltert er eine charakterstarke Beerenauslese, die sogar an einen Sauternes denken lässt. Die trockenen Weißweine bieten feine Frucht und viel Natürlichkeit wie der eigenständige Sauvignon Blanc. Klasse Kollektion und Glückwunsch zum zweiten Stern!

91 2019 Meißen Ratsweinberg Sauvignon Blanc trocken
Würzige Nase, nicht zu plakativ, wie es die Rebsorte oft zeigt, eher noch verschlossen, etwas Gelbfrucht, Maracuja und Stachelbeere. Im Mund kräftig und kompakt gebaut mit guten Proportionen, dicht und balanciert, etwas Algen, salzig, eigenständige Interpretation. 13,5 Vol.-%, DV, €€

91 2018 Meißen Ratsweinberg Grauburgunder halbtrocken
In der Nase kräftig und mit Wucht, Rauch und Röstaromen, Quitte und Birnenschale, etwas Weihrauch. Eigener Charakter, der am Gaumen viel Substanz, Volumen, Wucht und Charme sowie merkliche Restsüße zeigt. Sollte reifen und dann zum passenden Essen serviert werden. 15 Vol.-%, DV, €€

89 2019 Meißen Scheurebe trocken
Frische, fruchtige und auch würzige Nase, gelbe Frucht, etwas Zitronengras, Grapefruit und Johannisbeere. Im Mund mit selbstbewusster Säurestruktur, schöne und intensive Würze, nicht zu süß, straff und schlank gebaut, auch in seinem Charakter geradlinig, ungeschminkt. 12,5 Vol.-%, DV, €€

92 2018 Meißen Ratsweinberg Hibernal Beerenauslese
Passionsfrucht, grasig-grünliche Noten, kandierte Früchte. Im Mund mit ebenso viel Stoffigkeit wie Süße, die Säure bleibt dezent im Hintergrund. Die Gaumenstruktur hat entfernte Ähnlichkeit mit Sauternes, zwar nördlicher und ohne Holzeinsatz – aber mit ähnlicher Grundidee. 12 Vol.-%, DV, €€€

89 2019 Meißen Ratsweinberg Helios trocken

90 2019 Meißen Müller-Thurgau trocken
Noch etwas verschlossene Nase, Hefe, Apfel und Apfelschale zeigen sich, Reneklode, auch kräutrige Noten. Am Gaumen in einer schlanken Form und von aufgeregter Art, feiner Saft, milde Säure und Kräuter in einer Formation, würzig im Finale, natürlicher Charakter. 12,5 Vol.-%, DV, €

★★

WEINGUT SCHUH

Dresdner Straße 314, 01640 Sörnewitz
T: +49 (3523) 84810, info@weingut-schuh.de
www.weingut-schuh.de

Ab-Hof-Verkauf: Mo bis Fr 12–18 Uhr, Sa 11–16 Uhr
Kellermeister: Matthias Schuh
Ansprechpartner: Katharina Pollmer, Matthias Schuh
Flaschen/Hektar: 60.000 (67 % weiß, 33 % rot)/5 ha

In den vergangenen Jahren investierte das Weingut Schuh, das von Matthias Schuh und seiner Schwester Katharina Pollmer geleitet wird, in eine moderne Kellerei. Diese Bemühungen machen sich inzwischen bezahlt und zeigen sich auch in der Qualität der Weine: Gerade die Lagenweine wie der im Halbstück ausgebaute Riesling aus dem Meißener Kapitelberg und der Weißburgunder aus dem Meißener Klausenberg weisen gute Substanz und Charakter auf. Der »Pét Nat« von der Scheurebe zeugt von Experimentierfreude und die »Schuh«-Linie in Weiß, Rosa und Rot garantiert Trinkfreude auf gutem Niveau.

91 2018 »Halbstück« Meißen Kapitelberg Riesling trocken
In der Nase nussige und kräutrige Noten, dazu reifes Steinobst und Minze, feiner Rauch. Am Gaumen mit fester Struktur und guter Substanz kompakt gebaut, saftige und reife Säure, Würze, balanciert und gut verwoben, guter Holzeinsatz, kann weiter zulegen. 13 Vol.-%, NK, €€

91 2018 Meißen Klausenberg Weißburgunder trocken
Mirabelle in der Nase, heller Tabak, Kräuter, ein feiner Malzton. In einer kräftigen Struktur kommen am Gaumen Substanz, Dichte, Saft und Würze zusammen, reife und saftige Säure, die für Balance sorgt; trocken, zeigt seine Herkunft und hat Potenzial. 13,5 Vol.-%, NK, €€

90 2019 »Pét Nat« Scheurebe trocken
Klares Gelb. In der Nase Schwarze Johannisbeere, Zitronenabrieb, Brombeere, Steinfrucht. Am Gaumen sehr lebendige Säure, feine, unaufdringliche Perlage, Schwarze Johannisbeere, Stachelbeere, Birne, feine Phenole, dazu Zitrus, Limettensaft, kristallin. 12,5 Vol.-%, KR, €€

90 2017 Meißen Kapitelberg Spätburgunder trocken
Würzige und kräutrige Nase mit Liebstöckel und Thymian zeigt zu reifer roter Frucht und Hagebutte, kräftiger Holzton, etwas Weihrauch. Am Gaumen zeigen sich Sauerkirsche mit einer wachen Säure, kräftiger und konsistenter Bau, noch leicht adstringierendes Tannin. 13 Vol.-%, NK, €€

89 2019 Riesling Kabinett feinherb

88 2019 Scheurebe trocken

88 2019 »Der Weisse Schuh« trocken RR/MT

89 2019 »Der Rosa Schuh« trocken

89 2019 »Der Rote Schuh« trocken DF/DU

89 2016 »Premium« Spätburgunder trocken

88 2017 Meißen Klausenberg Dunkelfelder trocken

89 2019 Elbling trocken
Riecht nach grünem Apfel und Zitrusfrucht, auch weißen Blüten und Wiesenkräutern. Gute Frische am Gaumen, schlanke Struktur, saftig und mit feiner Fruchtsüße, auch Würze, reifer Zitronensaft. Filigraner und fruchtiger Elbling, der mit seinem klaren Charakter gefällt. 12 Vol.-%, DV, €€

★★★★

SÄCHSISCHES STAATSWEINGUT SCHLOSS WACKERBARTH

Wackerbarthstraße 1, 01445 Radebeul
T: +49 (351) 89550, kontakt@schloss-wackerbarth.de
www.schloss-wackerbarth.de

Ab-Hof-Verkauf: täglich 10–19 Uhr
Kellermeister: Jürgen Aumüller
Ansprechpartner: Sonja Schilg
Flaschen/Hektar: 600.000 (80 % weiß, 20 % rot)/92 ha

Das Staatsweingut in Radebeul hat sich gemausert. Nicht nur die Bäumchen im Barockgarten sind mit Präzision und Hingabe in Form geschnitten, auch die Weine sind von zunehmender Statur. Auf den 92 Hektar Rebfläche wird aktiver Denkmalschutz betrieben, besonders mit der Instandhaltung der Terrassenlagen am Goldenen Wagen. Zwei Parzellen dort werden zu Recht separat gefüllt und sind Zeugen der tief verwurzelten, historischen Weinkultur des Freistaates. Auch die Sektkompetenz wird in bester Tradition sächsischer Genussfreude eifrig gepflegt. Für so viel Weinkultur gibt es den vierten Stern!

93 2019 »Protze« Radebeul Goldener Wagen Riesling trocken
Sogar ein Hauch Rosenduft schwebt um die reife, geschmeidige, fruchtvolle Cremigkeit der verführerischen Nase. Dass dieser Wein konzentriert ist, steht außer Frage, dass er eine nahezu wachsige Textur aufweist, auch. Diese Kombination von Trockenheit und Reichhaltigkeit sucht ihresgleichen. 13 Vol.-%, NK, €€€€

93 2019 »Alte Reben« Radebeul Goldener Wagen trocken RR/PG/TR
Gemischte Sätze sind unterschätzt, denn sie vereinen in der Regel die Schokoladeseiten der diversen Rebsorten. Duftigkeit, Textur, Dichte, Frische und Aromatik sind hier vereint und verwirkt wie ein kunstvolles Gobelin. Jetzt schon komplex, wird aber noch komplexer. 13 Vol.-%, NK, €€€€

92 2018 Laubach Thonberg Spätburgunder trocken
Sauerkirsche, sehr frisch und saftig, leicht rauchig begleitet. Im Mund dicht stoffig und dicht fruchtig, gehaltvoll und dennoch gebündelt und ohne ein Gramm Fett zu viel. Hintergründige Extraktsüße, Saftigkeit, mineralische Noten, stilvoller Pinot. 14,5 Vol.-%, NK, €€€

94 2019 Radebeul Wackerbarthberg Riesling Beerenauslese
Kräuterwürzig im Duft, kandierte Zitronenschale, zarte Botrytis. Im Mund mit feinem, konzentriertem Säurezug, hoher Dichte und fruchtgetragener Süße, keine dicke Beerenauslese, sondern eine mit Spiel sowie Eleganz und mit deutlich mineralischer Tönung. 8 Vol.-%, NK, €€€€

90 2019 Radebeul Goldener Wagen Traminer Spätlese

90 2019 Radebeul Paradies Riesling Spätlese

90 2018 Scheurebe Sekt

89 2019 Radebeul Paradies Kabinett RR/TR

89 2016 Rosé Sekt brut

90 2018 Blaufränkisch trocken

92 2019 Radebeul Goldener Wagen Riesling Auslese

91 2019 Scheurebe trocken
Buchsbaum und Nessel, Holunderblüte und die Schale reifer Amalfizitronen vereinen sich zu einem betörenden Duft. Am Gaumen geht das aromatische Schauspiel weiter und bietet uns etwas reife, wachsige Textur, aber auch die wunderbare, erhellende, sortentypische Säure. 11,5 Vol.-%, NK, €€

★★

WEINGUT GROBER FEETZ

Mühlstraße 32, 06632 Freyburg
T: +49 (179) 7460967, weinhaus-groberfeetz@web.de
www.grober-feetz.de

Ab-Hof-Verkauf: Mo, Di, Do, Fr und Sa 12–18 Uhr
Kellermeister: Stephanie Grober-Feetz
Ansprechpartner: Stephanie Grober-Feetz
Flaschen/Hektar: 18.000 (75 % weiß, 25 % rot)/2 ha

Kompliment an Stephanie Grober-Feetz und ihren Mann Tino Feetz – mit den 2019er Weißweinen und den 2018er Roten hat uns das Ehepaar sehr angenehm überrascht. Die Weine haben einen guten Zug, Frische und Substanz, sie zeigen auch die feine Mineralik der Terrassenweinberge in den Lagen Freyburger Edelacker, Großjenaer Blütengrund und Zscheiplitzer Himmelsreich. Bei den Weißen setzen sich die beiden Rieslinge an die Spitze, bei den Rotweinen der holzwürzige Spätburgunder Barrique aus dem Edelacker. Für diese reife Leistung vergeben wir sehr gerne den zweiten Stern. Glückwunsch!

91 2019 Freyburg Edelacker Riesling Auslese trocken Holzfass
Zitrusfrisch im Duft, aber auch kräuterwürzig, Orange, Mandarine, leicht mineralische Untertöne. Im Mund saftig, kompakt, festes Säurerückgrat, röstige Holznoten, dicht und stoffig, großes Aromenpotenzial, wird sich hin zu großer Würze entfalten. 13 Vol.-%, KK, €€

90 2019 Freyburger Edelacker Grauburgunder Auslese trocken Holzfass
Etwas Holz, Honignoten, nussige Töne, Pfeffer. Im Mund mit Cremigkeit im Hintergrund und einer ganz runden und homogenen Seidigkeit, feiner Extrakt, voll, reife Säure, leicht holzwürzig begleitete Abgangsaromen. 13 Vol.-%, KK, €€

91 2018 Freyburg Edelacker Spätburgunder trocken Barrique
Pflaume und Himbeere, vollfruchtig, beginnt sich zu entwickeln. Dezenter Holzeinsatz. Im Mund mollig, sehr aromatisch, Kirschfrucht, dezentes Karamell, ganz rund und füllig, feinkörniges Tannin, festes Säurerückgrat, substanzieller Extrakt, kalkmineralischer Abklang. 14 Vol.-%, KK, €€€

90 2016 Zscheiplitz Himmelreich Portugieser Eiswein
Dunkelgolden mit mahagonifarbenen Reflexen. Im Duft Rosine, gedörrter Apfelring, ein Hauch Bienenwachs, Birnbrot. Im Mund geschmeidig, leicht viskos, eine Spur Stoffigkeit, reife Säure, relativ weit vergoren und dadurch kräftig im Alkohol, zu Blauschimmelkäse. 10,5 Vol.-%, KK, €€€

90 2019 »Muschelkalk« Grauburgunder Spätlese trocken

89 2019 »Muschelkalk« Weißburgunder Spätlese trocken

88 2018 »Mühlengang weiß« Spätlese trocken SÄ/GM/MM/RM

90 2018 Großjena Blütengrund Regent Barrique trocken

90 2018 »Muschelkalk« Portugieser trocken

89 2018 Spätburgunder Auslese trocken

89 2018 »Mühlengang rot« tr. RE/BP/DF/PN

91 2019 »Muschelkalk« Riesling Spätlese tr.
Ein feinwürziger Rieslingduft, dezent balsamisch und kalktönig rauchig, Apfel, Pfirsich. Im Mund seidig und nuanciert, gut abgerundet mit feinem, kultiviertem Säurefaden, elegante Anlagen, gute Länge. Die mineralische Tönung verleiht dem Wein Delikatesse. 12 Vol.-%, KK, €€

★★

LANDESWEINGUT KLOSTER PFORTA

Saalberge 73, 06628 Bad Kösen
T: +49 (34463) 300 0, service@kloster-pforta.de
www.kloster-pforta.de

Ab-Hof-Verkauf: täglich 10–18 Uhr
Kellermeister: Olaf Stintzing
Ansprechpartner: Bastian Remkes
Flaschen/Hektar: 320.000 (70 % weiß, 30 % rot)/50 ha

Mit den Weißweinen aus 2019 und den Rotweinen aus 2018 unterstreicht das Landesweingut Kloster Pforta seine Ambitionen: Eine Kollektion von so hoher Qualität konnten wir bislang nicht verkosten! Dem Team um Gutsleiter Bastian Remkes und Kellermeister Olaf Stintzing gelingt es immer besser, das Potenzial der 50 Hektar Weinberge entlang von Saale und Unstrut in Weinen mit Profil und Charakter zur Entfaltung zu bringen. Vor allem die »Breitengrad51«-Weine sind zu Gradmessern der weinbaulichen Möglichkeiten der Region geworden, auch die edelsüßen Weine gelingen hervorragend.

92 2019 »Breitengrad51« Saalhausen Weißburgunder trocken
Burgunderbeerig im Duft, leicht nussig, frisches Weizenkorn, aber auch Spätlesenuancen mit Gelbfrucht und Banane. Im Mund sehr präsent, feinkörnige Phenole, kraftvoller Bau, stämmig, gut in Balance durch die reife Säure, dichte Aromatik und Stoff. 13,5 Vol.-%, NK, €€€

92 2018 »Breitengrad51« Saalhausen Zweigelt trocken
Schwarzkirsche und Dörrpflaume, etwas Kräuter, teerige und dunkelbeerige Hochreifearomen. Öliger Fond, reifer Gerbstoff mittlerer Korngröße, weich und voluminös, leicht salzig, kalkmineralisch, gute Dichte, ein gehaltvoller Roter mit Niveau. 13,5 Vol.-%, NK, €€€

94 2019 Saalhausen Spätburgunder Beerenauslese
Sattes, klares Gelb. In der Nase Blütenhonig und getrocknete Früchte: Aprikose, Dattel, dazu etwas gebrannte Mandel, Papaya. Am Gaumen schmelzende Süße, dicht, Honig, Würze, exotische Früchte. Dicht gewoben, enormer Extrakt, endet lang und würzig, Potenzial. 9,5 Vol.-%, DV, €€€

93 2019 Goseck Dechantenberg Riesling Beerenauslese
Klares, sattes Gelb. In der Nase getrocknete Früchte, Aprikose, Rosine, Orangeat, Melisse, Honigwürze, dicht. Auch am Gaumen dicht, Bergamotte, Lavendel, getrocknete Aprikose, Dattel. Dicht gewoben, feiner Säurefaden, Druck und Länge, Potenzial. 9,5 Vol.-%, DV, €€€

92 2019 Saalhausen Steillage Riesling tr.

91 2018 Saalhausen Weißburgunder Holzfass trocken

90 2019 Weißburgunder trocken

90 2018 Pforta Köppelberg Blauer Silvaner tr.

89 2019 Riesling trocken

90 2018 Saalhausen Spätburgunder trocken

89 2017 »Alte Rebe« Saalhausen Steillage Zweigelt trocken

90 2019 Pforta Köppelberg Weißer Heunisch trocken
Heu und weiße Blüten, dazu etwas Rosine, im Gaumen saftig und schlank, dazu eine gesunde Säure (die aber nicht grün ist!), gute Stoffigkeit, geschmeidiger Hintergrund, sehr gut in Dichte und Balance, ein toller Sortentyp mit Frische, Klarheit und Würze. 12 Vol.-%, DV, €€

★

WEINBAU DR. WOBAR

Seestraße 100, 01983 Großräschen
T: +49 (151) 11622315, info@weinbauwobar.de
www.weinbauwobar.de

Ab-Hof-Verkauf: ja
Kellermeister: Jacques du Preez
Ansprechpartner: Dr. Andreas und Dr. Cornelia Wobar
Flaschen/Hektar: 10.000 (69 % weiß, 31 % rot)/1 ha

Das Weingut Dr. Wobar ist der erste Betrieb aus Brandenburg in diesem Weinguide. Bewirtschaftet wird eine Rebfläche von 1,4 Hektar, die mit pilzresistenten Reben bepflanzt ist. Durch das besondere Mikroklima am Großräschener See mit 2018 Sonnenstunden und 51 Sommertagen gelangen die Trauben zur vollständigen Reife. Der Geschiebemergelboden, die Unterschiede zwischen Tag-Nacht-Temperatur und die Ertragsreduzierung lassen aromatische Weine entstehen. Die werden ausgebaut von Jacques du Preez, dem Kellermeister im Weingut Schloss Proschwitz. Wir sind angetan von dieser Premiere!

90 2019 Solaris trocken
Vielschichtiger Duft nach reifem Apfel, Steinobst und auch Sternfrucht, Würze, Minze und etwas Menthol. Zeigt sich am Gaumen mit Kraft, reifer Frucht und Würze, vollmundig und konzentriert, mit feiner Herbe, vielschichtig und gut geeignet für helles Fleisch. 15 Vol.-%, DV, €€

89 2015 »JACques« brut nature
Im Duft reife gelbe Frucht und auch Zitrusfrucht, leicht laktische Noten. Am Gaumen mit lebhafter Säure und Schwung, auch die Perlage zeigt Dynamik, schlank in der Kontur. Ein Sekt, der mit seiner direkten und animierenden Art und mit guter Würze gefällt. 12 Vol.-%, NK, €€€

90 2016 Pinotin trocken
In der Nase Walderdbeere, Brombeere und Kirsche, Holzwürze und etwas Unterholz, ein leicht ätherischer Ton. Am Gaumen mit guter Struktur und Extrakt schlank gebaut, präsente Säurestruktur und viel Würze. Erreicht eine respektable Komplexität und Länge. 13 Vol.-%, DV, €€

89 2018 Pinotin trocken
Duftige und fruchtige Nase mit Sauerkirsche, Holunder und Waldbrombeere. Am Gaumen mit milder Säure und feiner Würze samtig und fruchtig, schlank gebaut und gefühlvoll extrahiert mit geschmeidigem Tannin. Schöne Herbe. Ein eleganter Pinotin, auch zum Essen. 12,5 Vol.-%, DV, €€

88 2019 Johanniter trocken

90 2019 Cabernet Blanc trocken
In der Nase reife Zitrusfrucht, auch Maracuja, etwas Melisse und Holunderblüten. Vollmundig am Gaumen mit mittelkräftiger Kontur, saftig und mit Würze, gute Balance mit eingebundener Säure, die salzig nachhallt, Noten von Austernschale, solo gut, patent zu Fisch. 13 Vol.-%, DV, €€

Dresdens Altstadt von der Elbe aus gesehen

GASTGEBER AUS LEIDENSCHAFT

GEMEINSAM MIT DEN WINZERN DER REGION – ALS UNEINGESCHRÄNKTEN EXPERTEN, WAS DAS LEIBLICHE WOHL ANBELANGT – HAT FALSTAFF DIE BESTEN GENUSSADRESSEN IN SACHEN KULINARIK SORGFÄLTIG AUSGEWÄHLT UND ZUSAMMENGESTELLT.

08209 Auerbach Vogtland

Renoir

Kreativ, klassisch und frisch! Küchenchef Ulf König beherzigt diese Eigenschaften und bietet Gerichte der klassischen französischen und internationalen Küche. Inhaber und ausgebildeter Sommelier André Baldauf steuert dazu die besten Weine der Welt bei.

Schönheider Straße 235
+49 (3744) 215119
www.restaurant-renoir.de

Essen:	42	50
Service:	17	20
Getränke:	18	20
Ambiente:	7	10
Gesamt:	84	100

P €€

02625 Bautzen

Wjelbik

In dem denkmalgeschützten Gasthaus hat die sorbische und böhmische Küche ihre Heimat, die Küchenchef Thomas Lukasch authentisch zubereitet. Hochzeitssuppe, Quark mit Leinöl oder Bautzener Schlachteplatte sind die Favoriten, dazu gibt es sächsische Weine und Oberlausitzer Bier.

Kornstraße 7
+49 (3591) 42060
www.wjelbik.de

Essen:	43	50
Service:	16	20
Getränke:	16	20
Ambiente:	8	10
Gesamt:	83	100

€

Landgasthof Topfmarktscheune

09235 Burkhardtsdorf

In der wunderschön restaurierten Scheune des Landgasthofes freuen sich die Gäste auf eine ganze Reihe an traditionellen und saisonaler Speisen. Viele der verwendeten Produkte und Zutaten kommen aus der Region, immer eine Empfehlung wert ist der Braten vom Erzgebirge-Reh.

Topfmarkt 7
+49 (3721) 24324
www.topfmarktscheune.de

Essen:	**42**	50
Service:	**16**	20
Getränke:	**16**	20
Ambiente:	**8**	10

€

Gesamt: 82 | 100

Bülow's Bistro

01097 Dresden

Mit seiner leichten deutschen Küche hat Küchenchef Sebastian Bellmann das Bistro im Hotel Bülow Palais zu einem beliebten kulinarischen Treffpunkt in Dresden gemacht. Zur unkomplizierten Küche aus regionalen Produkten werden spannende Weine von jungen Winzern angeboten.

Königstraße 14
+49 (351) 80030
www.buelow-palais.de

Essen:	**44**	50
Service:	**18**	20
Getränke:	**18**	20
Ambiente:	**8**	10

€€

Gesamt: 88 | 100

Fischerhof

08451 Crimmitschau

Bereits in dritter Generation werden die Teiche in Mannichswald von der Familie Lokotsch bewirtschaftet, von hier stammt der fangfrische Fisch für die Küche des hübschen Vierseithofs. Fleisch stammt von den nahen Bauern und der Wein aus den besten Anbauregionen des Landes.

Am Torteich 29
+49 (36608) 20640
www.gasthaus-fischerhof.de

Essen:	**41**	50
Service:	**17**	20
Getränke:	**16**	20
Ambiente:	**8**	10

€€

Gesamt: 82 | 100

Daniel

01309 Dresden

Küchenchef Daniel Chef bevorzugt eine ursprüngliche Küche und bezieht seine Produkte vorwiegend direkt von Erzeugern aus der Region. Dabei steht der respektvolle Umgang mit den Rohstoffen im Vordergrund. Abgerundet wird sein Küchenkonzept durch eine exzellente Weinauswahl.

Gluckstraße 3/Ecke Dürerstraße
+49 (351) 81197575
www.restaurant-daniel.de

Essen:	**43**	50
Service:	**17**	20
Getränke:	**17**	20
Ambiente:	**8**	10

€€

Gesamt: 85 | 100

Neubert's

08451 Crimmitschau

Gastfreundschaft, Qualitätsbewusstsein und Leidenschaft: damit wirbt Volker Neubert für sein Restaurant und er hält was er verspricht. Vor allem die Steak sind von herausragender Klasse und je nach Gusto gegrillt. Dazu gibt es hausgemachte Saucen vom Feinsten.

Jakobsgasse 25a
+49 (3762) 941806
www.neuberts-restaurant.de

Essen:	**43**	50
Service:	**18**	20
Getränke:	**16**	20
Ambiente:	**8**	10

€€

Gesamt: 85 | 100

Elements

01099 Dresden

Entspannte Gourmet-Küche mit legerem Touch und purem Geschmack. Stephan Mießner gelingt das Meisterstück, seine aromastarken Gerichte und Texturen geradlinig und ohne Schnörkel auf die Teller zu bringen. Die bemerkenswerte Weinkarte ist nach Rebsorten geordnet.

Königsbrücker Straße 96
+49 (351) 2721696
www.restaurant-elements.de

Essen:	**46**	50
Service:	**18**	20
Getränke:	**18**	20
Ambiente:	**9**	10

€€

Gesamt: 91 | 100

80–84 85–89 90–94 95–100 Punkte

01099 Dresden

Genuss Atelier

Das Genussatelier der Geschwister Marcus und Nicole Blonkowski ist ein Ort hoher Ansprüche und kreativer Zubereitungsmethoden. Im Überraschungsmenü werden Klassiker der deutschen Küche neu interpretiert. Das Weinangebot ist geprägt von regionalen Tropfen.

Bautzner Straße 149
+49 (351) 25028337
www.genuss-atelier.net

Essen:	44	50
Service:	18	20
Getränke:	16	20
Ambiente:	8	10
Gesamt:	86	100

€€

09599 Freiberg

Genussbar by Ronny Löser

Kreative Küche inspiriert von den besten Produkten der Saison und mit französischen Akzenten: Die Genussbar von Ronny Löser besticht aber auch mit einem gut sortierten Weinkeller. Der Gastgeber findet stets den richtigen Tropfen und serviert manchmal auch eine Zigarre dazu.

Mönchsstraße 1
+49 (3731) 2188290
www.genussbar-freiberg.de

Essen:	43	50
Service:	18	20
Getränke:	18	20
Ambiente:	8	10
Gesamt:	87	100

P €€

01127 Dresden

Petit Frank

In diesem kleinen feinen Restaurant wird die französische Lebensart gefeiert. Ob provencalische Bouillabaisse, Hummerschwanz auf klassischem Ratatouille oder eine Auswahl an feinstem Rohmilchkäse, stets wird dazu der passende Weinbegleiter empfohlen. Lauschiger Garten.

Bürgerstraße 14
+49 (351) 8211900
www.petit-frank.de

Essen:	43	50
Service:	17	20
Getränke:	17	20
Ambiente:	8	10
Gesamt:	85	100

€€

09232 Hartmannsdorf

Laurus

Das modern eingerichtetet Restaurant setzt auf eine gesunde und schmackhafte Küche, die sich nach den Jahreszeiten richtet und mit regionalen Zutaten und Produkten arbeitet. Der hauseigene Kräutergarten spielt für das lobenwerte ganzheitliche Konzept eine wichtige Rolle.

Limbacher Straße 19
+49 (3722) 50521
www.laurus-vital.de

Essen:	43	50
Service:	18	20
Getränke:	17	20
Ambiente:	8	10
Gesamt:	86	100

P €€

01109 Dresden

Schmidt's

Dass die Speisenkarte wöchentlich wechselt, ist eine große Leistung der Küche! Einfallsreichtum und Kreativität zeichen ohnehin das sehenswerte Restaurant mit mediterraner Loftatmosphäre aus, das mittags und abends seine Gäste mit attraktiven Brasserie-Gerichten verwöhnt.

Moritzburger Weg 67
+49 (351) 8044883
www.schmidts-dresden.de

Essen:	43	50
Service:	18	20
Getränke:	17	20
Ambiente:	8	10
Gesamt:	86	100

P €€

01848 Hohnstein

Schwarzbachtal

Im von Wiesen und Wäldern umgebenen Landgasthof findet der Gast nicht nur ein Refugium der Ruhe, sondern auch eine Küche, die rundum verwöhnt. Das attraktive Speisenangebot ist regional und saisonal ausgerichtet, auch für Vegetarier bietet die Karte einfallsreiche Gerichte.

Niederdorfstraße 3
+49 (35975) 80345
www.schwarzbachtal.de

Essen:	42	50
Service:	17	20
Getränke:	17	20
Ambiente:	8	10
Gesamt:	84	100

P €€

02977 Hoyerswerda

Westphalenhof

Küchenchef Alexander Westphal und sein Team wissen, wie man Gäste glücklich macht. Im gemütlichen Restaurant kommen denn auch liebevoll zubereitete bodenständige Gerichte auf die Teller, zu denen auch Klassiker wie Königsberger Klopse und Ochsenschulter im Rotweinsud gehören.

Dorfaue 43
+49 (3571) 913944
www.westphalenhof.de

Empfohlen von: **Rothes Gut Meißen**

01468 Moritzburg

Adams Gasthof

Der Gasthof im historischen Gemäuer ist vor allem für seine schnörkellose bodenständige Küche bekannt. In der holzvertäfelten Stube wird eine kräftige Gasthofbrühe ebenso serviert, wie gebratene Kalbsleber, Hirschgulasch in Pilzsoße oder knusprig gebratene Bauernente.

Markt 9
+49 (35207) 99775
www.adamsgasthof.de

Essen:	**42**	50
Service:	**17**	20
Getränke:	**16**	20
Ambiente:	**9**	10
Gesamt:	**84**	100

€€

01731 Kreischa

Rosenschänke

Aus kleinen Anfängen heraus hat Familie Walther das Anwesen zu einem schicken und stilvollen Landhotel gemacht, das auch kulinarisch einiges zu bieten hat. Gekocht wird bodenständig und gutbürgerlich, nicht ohne jedem Gericht einen kleinen Touch aromatischen Esprit mitzugeben.

Baumschulenstraße 17
+49 (35206) 21870
www.landhotel-rosenschaenke.de

Essen:	**43**	50
Service:	**18**	20
Getränke:	**17**	20
Ambiente:	**8**	10
Gesamt:	**86**	100

€€

04416 Markkleeberg

Weinbeißerei

Alles dreht sich um den Traubensaft. »Weinbeißer« bezeichnet im Österreichischen den Wein bewusst genießenden Weintrinker. Diese Kultur wird hier gepflegt: mit mediterran inspirierten Speisen und den dazu passenden Begleitern aus Österreich und der Region Saale-Unstrut.

Seeblick 4
+49 (341) 3366608
www.weinbeisserei.de

Essen:	**43**	50
Service:	**17**	20
Getränke:	**19**	20
Ambiente:	**8**	10
Gesamt:	**87**	100

€€

06618 Naumburg

Zufriedenheit

Der Name ist Programm im historischen Gasthof, denn das bodenständige kulinarische Angebot lässt kaum Wünsche offen. Ob es das klassische Wiener Schnitzel sein darf, gebratene Entenleber oder das Schkölener Welsfilet: die Küche bringt alles in bester Qualität auf die Teller.

Steinweg 26
+49 (3445) 7912051
www.gasthof-zufriedenheit.de

Empfohlen von: **Falstaff-Redaktion**

80–84 | 85–89 | 90–94 | 95–100 Punkte

Atelier Sanssouci

01445 Radebeul

Eine Oase für Feinschmecker: Gastgeberin Anja Kirsch und ihr Team verwöhnen ihre Gäste an diesem idyllischen Ort umgeben von Weinbergen. Der kreative Küchenchef Konrad Lange sorgt für gehobene Gaumenfreuden, Sommelier John Piotrowsky für die passende Weinbegleitung.

Augustusweg 48
+49 (351) 7956660
www.hotel-villa-sorgenfrei.de

€€€

Essen:	42	50
Service:	17	20
Getränke:	18	20
Ambiente:	10	10
Gesamt:	87	100

Bärwalde

01471 Radeburg

Der sächsische Landgasthof hat sich weit über Moritzburg hinaus einen Namen gemacht - dank der ambitionierten Gourmetküche von Olav Seidel. In gemütlich-gediegener Atmosphäre kommen klassisch französische Gerichte auf den Tisch. Erlesene Weine, auch aus dem Badischen.

Kalkreuther Straße 10A
+49 (35208) 342901

€€

Essen:	45	50
Service:	18	20
Getränke:	17	20
Ambiente:	9	10
Gesamt:	89	100

Gaumenkitzel

01445 Radebeul

Einen schöneren Namen für ein Restaurant hätte man sich kaum ausdenken können. So gelingt es Küchenchef Tilo Hamann tatsächlich, mit seinen mediterran inspirierten Gerichten und vegetarischen Kreationen die Gaumen der vielen zufriedenen Gäste nachhaltig zu kitzeln.

Coswiger Straße 23
+49 (351) 79514393
www.gaumenkitzel-radebeul.de

€€

Essen:	42	50
Service:	17	20
Getränke:	17	20
Ambiente:	9	10
Gesamt:	85	100

Weberstube

02681 Schirgiswalde-Kirschau

Vier Restaurants sind im Hotel »Bei Schumann« untergebracht, eines davon ist die »Weberstube«, die für ihre herzhafte Küche bekannt ist. Frischer Fisch, Schmorgerichte und knusprige Schnitzel stehen auf der Karte, die passenden Getränke empfiehlt der freundliche Service.

Bautzener Straße 74
+49 (3592) 520520
www.bei-schumann.de

€€€

Essen:	44	50
Service:	17	20
Getränke:	18	20
Ambiente:	8	10
Gesamt:	87	100

Zu den Linden

01445 Radebeul

Einfach gut und herzhaft essen, und sich im gemütlichen Ambiente rundum verwöhnen lassen. Das schmucke Gasthaus bietet dafür den richtigen Rahmen und attraktive Küchenklassiker wie Zwiebelsuppe, Rinderroulade oder den Sächsischen Sauerbraten mit hausgemachten Klößen.

Meißner Straße 64
+49 (351) 8362226
www.zudenlinden.de

€

Essen:	41	50
Service:	16	20
Getränke:	16	20
Ambiente:	8	10
Gesamt:	81	100

Zur Grünen Wiese

01855 Sebnitz

Der Gasthof »Zur Grünen Wiese« wurde bereits 1839 erbaut. Heute werden die Gäste an diesem traditionsreichen Ort in gemütlicher Atmosphäre mit gutbürgerlicher Küche aus saisonalen und regionalen Produkten verwöhnt. Schöner Biergarten mit separatem Kinderspielplatz.

Schandauer Straße 80
+49 (35971) 58794
www.zur-gruenen-wiese.de

€

Essen:	41	50
Service:	18	20
Getränke:	15	20
Ambiente:	7	10
Gesamt:	81	100

WÜRTTEMBERG

EINMALIGE KULTURLANDSCHAFTEN

Foto: Shutterstock

Die einmalige Aussicht von der Käsbergkanzel auf die Nordschleife des Neckars

TERRASSEN UND TROLLINGER – AM MITTLEREN NECKAR

Sie heißen Käsberg, Wurmberg oder Mühlbächer, sie sind seit Jahrhunderten mit steilen Terrassen ausgestattet, und dennoch kennt sie kaum jemand außerhalb der Region. Die Rede ist von den Weinbergen am Mittleren Neckar. Ein Ortstermin, um dem Rätsel auf die Spur zu kommen.

TEXT MATTHIAS NESKE

Die Käsbergkanzel ist eine Aussichtswarte, von der aus man die ganze Neckarschleife sehen kann. Linker Hand Mundelsheim, eingebettet in Weinberge, auf der rechten Seite die ersten Häuser von Hessigheim. Und dazwischen, einem Parabolspiegel am Prallhang des Neckars gleich, unzählige winzige Terrassen mit Reben, umschlossen von Mauern, nur durch steile Treppen zu erreichen. Das Königreich der Handarbeit, Winzertum als Knochenjob.

»Auf den Terrassen steht Trollinger, zu 95 Prozent«, sagt Karsten Faschian, dessen Weingut in der Neckarschleife liegt. Im Discounterregal fände man Weine aus Käsberg und Wurmberg für weniger als 4 Euro. »So was kann nur funktionieren«, erklärt Faschian, »wenn die Winzer nicht davon leben müssen. Wenn sie das im Nebenerwerb machen, am Wochenende.« Ohne diese Kleinwinzer würde es die Terrassen längst nicht mehr geben. In früheren Jahrzehnten sei das ein durchaus erfolgreiches Modell gewesen, berichtet Friedrich Fink vom Vorstand der Genossenschaft Lauffen-Mundelsheim. Mittlerweile würden jedoch immer mehr ältere Menschen mit dem Weinbau aufhören, und der bundesweite Preiskampf sei hart. Was kann man also tun? »Andere Rebsorten anpflanzen«, meint Faschian. Und das hat er getan. In Zusammenarbeit mit dem ehemaligen Spitzenmanager Herbert Müller bringt Faschian unter dem Namen »exNicrum« (= »vom Neckar«) dichte Cuvées aus bekannten internationalen Rebsorten auf den Markt. Mit ihrer luxuriösen Ausstattung wollen die beiden in der Sternegastronomie landen.

Auch die Genossen haben die Zeichen der Zeit erkannt und beteiligen sich an einem Anbauversuch. Im Rahmen des EU-Projekts »Steile Weine« wachsen auf einigen Käsbergparzellen nun Tannat und Nero d'Avola. »Klimatisch geeigneter und besser auf dem Markt zu positionieren als halbtrockener Trollinger«, meint Fink. »Aber ich muss auch immer jemanden finden, der bereit ist, solche Veränderungen durchzuführen.« Seinem Gesichtsausdruck nach zu urteilen ist das kein Selbstläufer.

Einen ganz anderen Weg gehen zwei Hessigheimer Weingüter, denen es bereits gelungen ist, überregional für Aufsehen zu sorgen. Alexander und Eva Eisele haben ihr Weingut aus der Genossenschaft herausgelöst, Fabian und Stefanie Lassak ihres sogar ganz neu gegründet. Das Konzept der beiden Weingüter ist dabei ebenso klar wie radikal: heimische Rebsorten,

Karsten Faschian (Weingut Faschian, exNicrum) setzt auf internationale Sorten in den Terrassenlagen statt des tradtionellen Trollingers

biologische Bewirtschaftung und eine große Diversität an Klonen für mehr Widerstandskraft im Weinberg. »Dazu geringere Erträge ohne Bewässerung«, sagt Alex Eisele, »die alten Reben wurzeln tief genug.« Beim Ertrag müsse man dann natürlich Abstriche machen. »40 Hektoliter in einem guten Jahr statt 120 Hektoliter da drüben«, meint Fabian Lassak.

Beiden Winzern merkt man an, dass sie ihre Arbeit lieben und um ihre schwierige

Fabian Lassak vom Weingut Lassak in dessen Steillagen bei Hessigheim: Geerntet wird hier alles von Hand

Fotos: Markus Berner, beigestellt

Eva und Alexander Eisele haben ihre Produktion gänzlich auf biologisch umgestellt

Pioniersituation wissen. »Wir haben den Betrieb komplett umstrukturiert«, berichtet Alex Eisele, »ganz andere Kundschaft, natürlich auch andere Preise. Aber ich fürchte, wenn man die terrassierten Steillagen erhalten will, gibt es keinen anderen Weg.«

Einige Parzellen im Hessigheimer Teil des Käsbergs sind bereits brach gefallen. Dafür steht unten in der Ebene nun eine Neuanlage. »Flächenübertragung« nennt das Karsten Faschian, ein weiterer Mosaikstein in der komplexen Gemengelage. Einerseits zahle das Land einen Zuschuss für den Handarbeitsweinbau in der Steillage. Andererseits fördere es die EU im Rahmen der Steigerung der Wettbewerbsfähigkeit, wenn man die Terrassen aufgebe und dafür ein neues Feld in der Ebene pflanze, »nach 200 Jahren Kartoffelanbau. Verrückt.«

Weinbau in den terrassierten Steillagen am Mittleren Neckar – das ist wunderschön, das ist irritierend, das ist bittersüß. Diese einmalige Kulturlandschaft zu erhalten, stellt eine Mammutaufgabe dar. Dass es sich aber lohnt, wird jedem bewusst, der einmal frühmorgens am Neckar gestanden hat, während die ersten Sonnenstrahlen langsam oben am Hang von Rebstock zu Rebstock wandern.

INFO

Nähere Infos über den Autor finden Sie im Kapitel »Verkostungsteam« auf S. 12.

WEINBAUGEBIET WÜRTTEMBERG

Anbaufläche
ca. 11.400 Hektar

Aufteilung
6 Bereiche, 17 Großlagen, 210 Einzellagen

Böden
Keuper, Muschelkalk, Buntsandstein

Wichtigste Rebsorten
Kerner, Lemberger, Riesling, Trollinger, Schwarzriesling, Spätburgunder

Verband
Weinbauverband Württemberg e. V.
Hirschbergstraße 2, 74189 Weinsberg
www.wvwue.de

Remstal bei Stuttgart mit Blick auf Fellbach

GRANDS CRUS – WÜRTTEMBERG

TOP-WEINE AUS PRIVILEGIERTEN WEINLAGEN DER REGION

FELLBACH | LÄMMLER

Die einst nur drei Hektar große, heute auf 61,3 Hektar ausgeweitete Lage hat Südwest- und Südlagen, aber auch deutlich weniger günstig nach Nordwesten blickende Flurstücke. Auch in seinen Böden ist der heutige Lämmler inhomogen: Man findet Stubensandstein, bunter Mergel, Schilfsandstein, tiefgründigen, sandigen Lehm. Die besten Parzellen liegen in warmer Kessellage, profitieren aber auch von nächtlichen Kaltluftströmungen, die vom nahe gelegenen Schurwald herabfließen.

96 2018 Spätburgunder GG
94 2018 Lemberger GG
Weingut Rainer Schnaitmann, Info siehe Seite 652

94 2018 Spätburgunder GG
94 2018 Lemberger GG
Weingut Aldinger, Info siehe Seite 614

94 2018 Spätburgunder GG
93 2018 Lemberger GG
Weingut Heid, Info siehe Seite 637

92 2018 Lemberger im Barrique gereift »Grosses Gewächs«
Fellbacher Weingärtner, www.fellbacher-weine.de

CANNSTATT | ZUCKERLE

Ein flacher Hangfuß und eine 30 Prozent hängige Parzelle bilden nur den Auftakt zu Steilterrassen, die bis zu 60 Prozent Steigung erreichen. Dabei unterteilen sich auch die Steillagen in zwei Partien: in den Zuckerberg am rechten Neckarufer in Südwestlage sowie in den flussabwärts am linken Ufer gelegenen Mühlhäuser Berg in Südostlage.

92 2018 Merlot trocken
Weingut der Stadt Stuttgart , Info siehe Seite 656

92 2019 Lemberger trocken
Weingut Frank J. Haller, weingutfrankjhaller.de

91 2018 Riesling trocken
Weingut der Stadt Stuttgart, Info siehe Seite 656

90 2019 Lemberger trocken
Weinbau Steiler Zucker, www.steiler-zucker.de

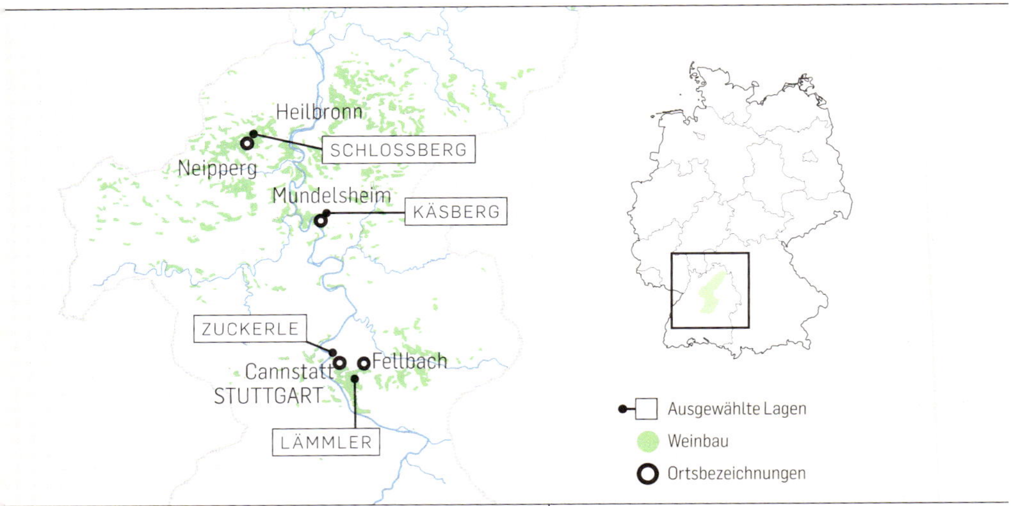

MUNDELSHEIM | KÄSBERG

Die 14,3 Hektar des Käsbergs gehören zu den heißesten Lagen Württembergs, die Südost- bis Südausrichtung mit Steigungsraten bis zu 70 Prozent sorgt dafür, dass Rebsorten wie Trollinger und Spätburgunder mehr und mehr durch Wärme liebende südliche Varietäten ersetzt werden. Der Boden ist Muschelkalk mit tonigem Lehm bei Gründigkeiten zwischen einem halben Meter bis zu zwei Metern.

90 2018 Spätburgunder GG
90 2018 Syrah trocken
89 2018 Trollinger trocken
Weingut Herzog von Württemberg, Info siehe Seite 664

NEIPPERG | SCHLOSSBERG

Die 24,5 Hektar große Lage ist in sich nicht völlig homogen, sie umfasst ein Hochplateau auf etwa 310 Metern Höhe, nach Süden abfallende Querterrassen unterhalb der alten Burg sowie einen ausgedehnten Hang, der von reiner Südlage in zwei Mulden zu reiner Westexposition dreht. Die besten Parzellen auf dem Plateau, in den Terrassen und in der Hangmitte gehören zweifellos zum Besten, was Württemberg zu bieten hat. Der Boden aus verwittertem Schilfsandstein bereitet den Grund für Weine von unvergleichlicher Eleganz. Die unterschiedlichen Höhenstufen des Weinbergs (von 230 bis 310 Metren) liefern Spielmasse beim Ausreifen der Trauben.

96 2018 Lemberger GG
95 2019 Muskateller Beerenauslese
93 2018 Spätburgunder GG
93 2019 Weissburgunder GG
93 2018 Riesling GG
92 2019 Riesling GG
92 2017 Riesling GG
Weingut Graf Neipperg, Info siehe Seite 648

Cannstatter Zuckerle – das schwäbische Diminutiv sorgt spätestens bei der händischen Ernte dieser Steillagen für Freude

★★★★

WEINGUT GRAF ADELMANN

Burg Schaubeck, 71711 Steinheim-Kleinbottwar
T: +49 (7148) 921220, weingut@graf-adelmann.com
www.graf-adelmann.com

Ab-Hof-Verkauf: Mo bis Fr 9–12 und 14–18, Sa 9–13 Uhr
Kellermeister: Ruben Röder
Ansprechpartner: Felix Graf Adelmann
Flaschen/Hektar: 120.000 (35 % weiß, 65 % rot)/21 ha
Anbauweise: Biologisch zertifiziert

Chapeau! Felix Graf Adelmann und Kellermeister Ruben Röder haben ganze Arbeit dabei geleistet, das Kleinbottwarer Traditionsgut in eine neue Zeit zu befördern. Die vorgestellten Weine fanden wir von der Basis weg überzeugend, schon der Guts-Lemberger zeigt alles, was man an dieser Sorte liebt: Würze, Stoff und saftige Eleganz. Der »Schwarze Löwe« präsentiert alles noch nobler, noch feiner, mit noch mehr Tiefe und dennoch ebenso unprätentiös. Auch die Weißweine stehen dem in nichts nach – und wecken kulinarische Fantasie. Wir gratulieren zum wohlverdienten vierten Stern.

93 2019 »Die Mauern von Schaubeck H.A.D.E.S« trocken WB/PG/RR
Zitrusfruchtig im Duft, eine rieslinghaft frische Brise, im Mund dann getragen und seidig, zarte Phenole, viel Schmelz, die feine, eher burgunderhafte Säure gibt dem getragenen Bau Halt und Kraft. Präsente taktile Mineralität, würziger Abklang. 13 Vol.-%, NK, €€

92 2019 Kleinbottwar Lichtenberg Weißburgunder Erste Lage trocken
Dezent floral im Duft, Frühlingswiese, ein Anflug von Holz und eine nuancierte Beerenfrucht. Mit Luft immer kräuterwürziger. Geschmeidig im Ansatz, kräftiger Alkohol, substanzhaltig und frisch, dicht und extraktsüß, verbindet Kraft und Vielschichtigkeit. 13 Vol.-%, NK, €€

94 2017 »Der Schwarze Löwe« Kleinbottwar Oberer Berg Lemberger GG
Eine frische, komplexe Kirschfrucht, ätherische Kräuternoten und ein Holzeinsatz, der nur ganz sanft die Frucht unterstreicht. Im Mund großzügig, eine satte Dosis feinkörniger Gerbstoffe, deutlich taktilmineralisch in der Gaumenmitte, nahtlos integrierte Säure. 12,5 Vol.-%, NK, €€€

92 2018 »Carpe Diem H.A.D.E.S« tr. ME/CD
Schwarze Johannisbeere, Sauerkirsche, Rote-Bete-Saft, Brombeere, leicht rauchiges Holz. Pfeffrig, Zeder. Große Dichte am Gaumen, eine satte Dosis Gerbstoff, eingebettet in einen geschmeidigen, fast öligen Hintergrund. Milde Säure, dunkelbeerige Abgangsaromen. 13,5 Vol.-%, NK, €€€

90 2019 Grauer Burgunder trocken

91 2018 Lemberger trocken
Pfeffrig, Mandel, Apfel, Wildkirsche, Kirschkern, Wacholder. Im Mund sehr komplett in einer mittleren Gewichtsklasse, feiner, aber auch griffiger Gerbstoff, saftige Gaumenfrucht, ein sehr eleganter Roter, der dem Sortentyp hochwertigen Ausdruck verleiht. 12 Vol.-%, DV, €

★★★★★

WEINGUT ALDINGER

Schmerstraße 25, 70734 Fellbach
T: +49 (711) 581417, info@weingut-aldinger.de
www.weingut-aldinger.de

Ab-Hof-Verkauf: Mo bis Fr 9–12 Uhr und 14–18 Uhr, Sa 9–13 Uhr
Kellermeister: Matthias Aldinger
Ansprechpartner: Maik Hildebrand
Flaschen/Hektar: 250.000 (60 % weiß, 40 % rot)/30 ha

»Tja«, hallte es nach dem ersten Schluck des Schaumweins durch die Redaktion, »die können es einfach …« Egal, ob Rot, Weiß oder Rosé, trocken oder süß, im neuen Barrique, im Betonei oder ohne Schwefel ausgebaut, die Weine der Aldinger-Brüder lassen nur wenige Wünsche offen. Bei den Roten zieht sich eine feinnervige Art durch das gesamte Portfolio, die sich auch vom heißen Jahrgang 2018 nicht irritieren lässt. Die Weißen können natürlich allesamt noch etwas Zeit vertragen, aber die Chardonnay »Reserve« deutet zart an, was hierzulande bei dieser Rebsorte machbar ist.

95 2018 »Reserve« Chardonnay trocken
Frisch geöffnet noch reduktive Nase, Röstnoten, braucht Luft. Großartiger Spannungsbogen am Gaumen, eingebundene Zeder, Apfel, Mandel, Fenchel, Anis, Säurepunch und dennoch hohe Eleganz. Burgundvergleiche können nerven, hier sind sie angebracht. 12,5 Vol.-%, NK, €€€

94 2018 »Ovum« Sauvignon Blanc trocken
Ovum deutet zwar auf den (Teil-)Ausbau im Betonei hin, in der Nase dominieren aber Barriquenoten. Keinerlei Sauvignon-Grasigkeit, ganz reif. Im Mund bleibt die Aromatik dezent, der Wein verblüfft mit einer ruhigen Eleganz, ungemein harmonisch. 12,5 Vol.-%, NK, €€€

94 2018 Fellbach Lämmler Lemberger GG
Dunkles Purpur im Glas. In der Nase Brombeere, reif und dicht, ein Anflug nach schwarzer Maulbeere. Am Gaumen mit schön präsenter Frucht, auf den Punkt gereift, souverän. Projekt 20 Jahre Kellerlagerung beim Lemberger, hier kann man es angehen. 13 Vol.-%, NK, €€€

94 2018 Fellbach Lämmler Spätburgunder GG
In der Nase noch leicht animalisch, braucht Luft und Zeit. Dann kommen Zwetschge, Schwarzkirsche und Holundergelee. Am Gaumen gleichzeitig kernig, elegant und mit einer kühlen Reife, die widersprüchlich scheint, aber einfach perfekt zelebriert wird. Das wird. 12,5 Vol.-%, NK, €€€

94 2013 »Aldinger« brut nature

93 2019 Untertürkheim Gips Marienglas Riesling GG

92 2018 Untertürkheim Gips Marienglas Weißburgunder GG

92 2018 Untertürkheim Gips Marienglas Spätburgunder GG

92 2015 »GJA Reserve« trocken ME/CS/CF

90 2018 »Sine« Trollinger trocken

92 2019 Uhlbach Götzenberg Riesling Kabinett

91 2018 »Reserve« Spätburgunder Rosé tr.
Rosé aus dem Barrique. Lachsfarben im Glas, in der Nase leicht laktische Holznoten. Am Gaumen dann mit einer ungeheuren Stoffigkeit und Dichte für einen Rosé, geht blind erst eindeutig als hochwertiger Weißer durch, aber mit feuriger Würze im Abgang. 12,5 Vol.-%, NK, €€

★★

WEINGUT JOHANNES B.

Höhe 1, 70736 Fellbach
T: +49 (711) 534128, info@weingut-johannesb.de
www.weingut-johannesb.de

Ab-Hof-Verkauf: Mi und Fr 16–19 Uhr, Sa 10–14 Uhr
Kellermeister: Johannes Bauerle
Ansprechpartner: Johannes Bauerle
Flaschen/Hektar: 80.000 (50 % weiß, 50 % rot)/22 ha

Am liebsten hätte das Verkostungsteam sofort den Grill angeworfen und ein gutes Stück Rindfleisch daraufgelegt, als das »Dicke B« blickdicht und würzig duftend ins Glas floss. Die als »sehr anregend und maskulin« beschriebene Cuvée aus Cabernet Sauvignon und Blaufränkisch ist Johannes Bauerle trefflich gelungen, ebenso der elegante Spätburgunder »BB«. Die Roten haben dieses Mal einen leichten Vorsprung vor den Weißweinen, die auch selbstbewusst auftreten: Der Riesling »Plan B« ist lebendig, der Sauvignon Blanc »Partie Fumé« verbindet schwäbische Herkunft mit internationaler Stilistik. Well done!

89 2019 »Plan B« Riesling trocken

Fließt dicht ins Glas, feine elegante Nase mit einem Duft von mediterranen Kräutern wie Salbei und Rosmarin, dann auch Pfirsich und gelbe Pflaumen, im Mund etwas frischer und die Säure gut ausgeprägt, sehr anregend. 13 Vol.-%, NK, €€

89 2019 »Mergel & Keuper« Grauer Burgunder trocken

Helle strohgelbe Farbe im Glas, leichte Kräuternase mit Anklängen von Mirabellen in der Nase, Birne, Heu und ein Hauch Vanille. Im Mund mit guter Substanz, zeigt eine anregende Cremigkeit mit schöner unkomplizierter Frische und einem guten Nachhall. Zum Essen. 13 Vol.-%, DV, €€

91 2018 »Dickes B« trocken CS/BF

Fließt dunkelrot blickdicht ins Glas, in der Nase Heidelbeeren und Waldboden, auch dunkle Gewürze. Im Mund stramm und saftig zugleich, sehr anregend, maskulin und auch animalisch, ein richtiges Maul voll Wein, perfekt zu einem großen, gegrillten Stück Rindfleisch! 14 Vol.-%, NK, €€

90 2018 »BB« Spätburgunder trocken

Schöne rubingranatrote Farbe leuchtet im Glas, zarter Duft von roten Beeren, Kirschen, Zimt und Pflaumen. Am Gaumen rund, saftig, dicht und lang, ausbalancierte und kühle Säure. Spätburgunder mit Profil, der sich solo und zum Essen genießen lässt. 13 Vol.-%, NK, €€

88 2019 »Berg & Tal« Weißburgunder trocken

89 2019 »Partie Fumé« Sauvignon Blanc tr.

Sehr duftvoller Wein mit Noten von Cassis, gemähtem Gras, Limettenabrieb, feiner Rauch, auch Giersch und Holunderstängel. Im Mund kompakt und fest gebaut, ausgewogene Säure, cremig, dicht und harmonisch mit langem Nachhall und frischem Heuduft. 12,5 Vol.-%, DV, €€

★★

WEINGUT DR. BAUMANN

Am Ordensschloss 15–21, 74182 Obersulm
T: +49 (7130) 47440, info@weingut-dr-baumann.de
www.weingut-dr-baumann.de

Ab-Hof-Verkauf: Mo bis Fr 9–12 Uhr und 13–17 Uhr, Sa 9–13 Uhr
Kellermeister: Tanja Baumann, Markus Kehrer
Ansprechpartner: Tanja Baumann
Hektar: 40 ha

Die Weine des versierten Kellermeisterduos Tanja Baumann und Markus Kehrer sind von gekonntem Ausbau im Holz geprägt und reifen ausgezeichnet: Das zeigen gerade die Roten aus den Jahren 2015 und 2016 wie der kraftvoll-würzige Lemberger, die kraftvoll-würzige Cabernet-Cuvée oder auch der seriöse Trollinger. Sie überstrahlen gerade die Weißen, denen aber auch einiges zuzutrauen ist. Betont charmant präsentiert sich der glockenklare Gelbe Muskateller, famos sind die beiden Eisweine, die raffinierte, im Barrique ausgebaute »Reserve« und das im Edelstahl vinifizierte Pendant.

91 »Impuls« brut nature
Chardonnay, Schwarzriesling und Pinot Noir formieren sich zum »Impuls«, der würzig nach reifer Frucht und Brioche duftet. Schlank gebaut am Gaumen, aber mit aromatischer, würziger Intensität, dabei seidig, trocken und angenehm fordernd. Gute Komplexität. 12,5 Vol.-%, NK, €€€

91 2015 Lemberger trocken im Barrique gereift
Wacholderbeere, Brombeere, Holz, Schokolade und Blutorange in der Nase; am Gaumen kräftig, stoffig, würzig und auch weich, gute Substanz und gutes Volumen. Ein Lemberger, der Sortentypizität und Individualität zeigt. Großartig zu Wildgerichten. 13,5 Vol.-%, NK, €€€

93 2018 »Reserve« Riesling Eiswein im Barrique gereift
Honiggelb. In der Nase Rauch, Toast, nach Belüftung Trockenfrucht und Honig, würzig. Am Gaumen feines Süße-Säure-Spiel, ausgewogen, das Holzfass ist gut eingebaut, feine Phenole, Honigwürze, Maracuja und getrocknete Aprikose. Schöne Länge und Struktur, Potenzial. 9 Vol.-%, DV, €€€

92 2018 »Reserve« Riesling Eiswein
Honiggelb. In der Nase intensive, würzige Trockenfrucht. Maracuja, Orangeat, getrocknete Aprikose. Am Gaumen viel Schmelz, gutes Süße-Säure-Spiel, Trockenobst, eingekochte Limette, feiner Zug, ziselierte Struktur. Zum Dessert, gute Länge, viel Potenzial. 9 Vol.-%, DV, €€€

89 2017 »Corpus« Weißburgunder trocken

89 2018 Riesling trocken

88 2017 Sauvignon Blanc trocken

90 2016 »Corpus« Spätburgunder trocken

90 2016 »Cuvée Cabernet« tr. CS/CU/CI/CC

90 2016 Merlot trocken

89 2016 Trollinger trocken

90 2019 Gelber Muskateller halbtrocken
Intensive fruchtige Nase, viel Stachelbeere, Mango und Holunderblüte. Schlank gebaut und mit belebender Säure, schönes Zusammenspiel von Süße und Frische, ein animierender Wein, der seine klare Frucht schön herausstellt, patenter Aperitif und kompatibel zu Speisen. 11,5 Vol.-%, DV, €

★★

PANORAMAWEINGUT BAUMGÄRTNER

An der Steige 94, 74343 Hohenhaslach
T: +49 (7147) 6298, info@panoramaweingut.de
www.panoramaweingut.de

Ab-Hof-Verkauf: Mo bis Sa 8–12 Uhr und 13–18 Uhr
Kellermeister: Reinhard Baumgärtner
Ansprechpartner: Reinhard Baumgärtner
Flaschen/Hektar: 80.000 (30 % weiß, 70 % rot)/13 ha

Einen weiten Ausblick hat man von der Terrasse des Panoramaweinguts in Hohenhaslach. Weinberge, Felder und Wald wechseln sich ab in bunter Folge. Eine ebenso bunte Kollektion stellen Reinhard und Josua Baumgärtner in diesem Jahr vor. Das Spektrum reicht dabei vom tropisch-gelben »Madeus B.« bis zu einem sortentypischen Trollinger, bei dem das Glas immer viel zu schnell leer wird. Alle Weine zeichnen sich durch eine schöne Fruchtpräsenz und einen sehr glatten, geschliffenen Fluss aus. Manchen Weinen würden ein paar kleine Kanten allerdings nicht schlecht stehen.

90 2018 »Madeus B.« trocken CH/RR/KR/PG
Weiße Cuvée, Hauptanteil Chardonnay, dann Riesling, Grauburgunder und Kerner. Reife, gelbe Nase, tropische Anklänge, Ananas, Quitte, Zimt, so bunt wie das Spektrum der Rebsorten. Reif im Mund, viskos, weiter gelbfruchtig, mit viel Schmelz und Würze. 13 Vol.-%, VL, €€

89 2018 Hohenhaslach Kirchberg Riesling tr.
Zitronenzeste, gelbe Birne und Lindenblüte in der Nase. Dichte und reife Materie, gewisse Viskosität, dennoch auch mit grünen Aromen nach Limette und Angelika. Diese beiden Seelen müssen sich noch ein bisschen annähern. 13 Vol.-%, VL, €€€

89 2017 Hohenhaslach Kirchberg Spätburgunder trocken
Intensiv duftige, himbeerige und kirschfruchtige Nase, rauchig, klar als deutscher Sortenvertreter zu erkennen. Am Gaumen ganz leicht laktische Noten, feines Holz, sehr glatter Fluss, zusätzlich Walderdbeere und Wacholder, zurückhaltende Würze. 13 Vol.-%, VL, €€€

89 2017 »Mergelkies« Syrah trocken
Intensive Beerennoten, schwarzer Pfeffer und viel Gewürznelke in der Nase. Am Gaumen mit großer Fruchtdichte bei mittlerem Körper, salziger Touch. Keines der breitschultrigen, überreifen Exemplare, sondern extrem fruchtbetont. 12,5 Vol.-%, VL, €€

88 2018 »M&M Cuvée« Malbec Merlot trocken

89 2018 »Bunter Mergel« Trollinger trocken
Hellfarbig im Glas. In der Nase frisch, Erdbeere, rote Pflaume, Minze. Im Mund sehr ruhig gehalten, keine Aggressivität, nichts Vorpreschendes. Schöne Frucht und feine Gerbstoffe. Gut gelungen für den heißen Jahrgang, ein idealer Vesperwein. 12,5 Vol.-%, DV, €€

★★

GRAF VON BENTZEL-STURMFEDER

Sturmfederstraße 4, 74360 Schozach
T: +49 (7133) 960894, weingut@sturmfeder.de
www.sturmfeder.de

Ab-Hof-Verkauf: Mo bis Fr 9–17 Uhr, Sa 10–14 Uhr
Kellermeister: Holger Matz
Ansprechpartner: Holger Matz
Flaschen/Hektar: 100.000 (30 % weiß, 70 % rot)/13 ha

Württembergische Weingeschichte hat der Betrieb von Kilian Graf von Bentzel-Sturmfeder in großen Gefäßen zu bieten. Gegründet 1396 von Ritter Friedrich Sturmfeder, blickt das Weingut am Schozacher Roten Berg bereits auf über 620 Jahre Weinbaugeschichte zurück. Die Lage Schozacher Roter Berg mit ihren schweren Lehm-Keuper-Böden befindet sich im Alleinbesitz. Hier entstehen Weine mit Struktur und Potenzial, von denen im diesjährigen Weinguide allerdings lediglich der Riesling angestellt worden ist. Den sollte man trotz seiner dezenten Art aber keinesfalls unterschätzen.

91 2018 Schozach Roter Berg Riesling GG
Dezente Nase nach Wiesenkräutern, leicht Weißdorn, keine vorspringende Primärfrucht. Weißer Pfeffer am Gaumen, auch hier zurückhaltende Frucht, wirkt mehr über die Substanz. Spürbare Stärke, richtig trocken gehalten, anspruchsvoller Speisenbegleiter. 13,5 Vol.-%, NK, €€€

89 2017 Sauvignon Blanc brut nature
In der Nase sortentypisch, Stachelbeere, Cassis. Am Gaumen schönes Mousseux, sehr reif, extraktsüße Weiße Johannisbeere. Nicht wirklich lebendig, aber mit Barock in der Struktur und Rokoko in der Frucht regt es die Kreativität in der Küche an. 13,5 Vol.-%, NK, €€

88 2018 »Grande Etoile« trocken WB/RR
Intensiv gelbfarbig. Nase deutlich vom Holz geprägt, recht weiche Vanillenote. Am Gaumen Kokosmakrone, gewisse Laktik, gefolgt von einer feinen Frucht nach Ananas und Birne, im Abgang aber wieder alkohollastig wirkend. Derzeit schwierig, abwarten. 13,5 Vol.-%, NK, €€€

88 2018 Sauvignon Blanc * trocken**

88 2017 Spätburgunder * trocken**
Fast schon ein bisschen gezehrt in der Farbe. Getrocknete Feige, Erdbeere, Gewürznelke, durchaus spürbarer Alkohol. Im Mund enorme Würze, viel Pfeffer, Holundermark, mittelgewichtig und eher im rauchig-altdeutschen Stil gehalten. 14 Vol.-%, NK, €€

90 2017 Cabernet Dorsa trocken
Tiefes Purpur im Glas. In der Nase eine schwarzbeerige Frucht, dazu Lorbeer und Wacholder. Im Mund beeindruckt der Wein durch seinen ganz ruhigen Fluss. Stärker frucht- als würzebetont mit Johannisbeergelee und Brombeere, gut eingepegelte Reife. 13 Vol.-%, NK, €€

★

WEINGUT BORTH

Unterheimbacher Straße 35, 74626 Bretzfeld
T: +49 (7946) 2139, info@weingut-borth.de
www.weingut-borth.de

Ab-Hof-Verkauf: ja
Kellermeister: Michael Borth
Ansprechpartner: Michael Borth
Hektar: 7 ha

In Adolzfurt im idyllischen Brettachtal ist das Weingut Borth zu Hause, das 1977 aus einer Besenwirtschaft entstanden ist. Inzwischen bewirtschaftet Michael Borth sieben Hektar Reben, neben klassischen Vertretern wie Riesling, Grauburgunder, Spätburgunder oder Lemberger hat der Winzer auch Cabernet Cubin, Auxerrois und Muskat-Trollinger im Anbau. Auf Experimente verzichtet Borth bei seinen fair kalkulierten Weinen, aus denen der klar gefasste Riesling »MG« heraussticht. In der urigen Weinstube serviert die Familie auch Hohenloher Spezialitäten wie Rostbraten und Schälripple.

90 2018 »MG« Riesling trocken
Kräftiges Gelb, Waldhonig in der Nase, reifes Steinobst, Aprikosentarte und karamellisierte Mandeln. Am Gaumen trocken und klar gefasst, nicht zu breit in den Hüften, reife Säure, großzügig, aber auch klar definiert, ein Riesling mit guter Perspektive. 12,5 Vol.-%, DV, €€

88 2019 Adolzfurt Schneckenhof Weißburgunder Spätlese trocken
Intensiver Duft mit weißen und gelben Blüten, reifer Aprikose und auch Marzipan. Stoffig am Gaumen mit gutem Volumen, die merkliche Süße fügt sich in den weiten Korridor gut ein. Typischer Spätlesecharakter, großzügig und gerade kulinarisch geeignet. 12 Vol.-%, DV, €

89 2018 »Cuvée 07« trocken BF/PN/CU
Kräftig gebautes Cuvée aus Lemberger, Pinot Noir und Cabernet Cubin, auch intensiv im Duftbild, viel dunkle Frucht und Gewürze, frisch gestoßene Wacholderbeere und Rauch. Gutes Volumen und auch Wucht, mittlere Dichte, gute Länge. Kann weiter zulegen. 14 Vol.-%, DV, €

89 2018 Muskat-Trollinger trocken
Intensive Nase mit Muskatblüte und Holunderfrucht, fruchtig, mit präsenten Gerbstoffen am Gaumen, zupackend, aber nicht zu rustikal. Ein Wein mit Regionalcharakter, der sich am Grill und auch zu Gemüsegerichten immer gut macht. Schlank und dabei einprägend. 12,5 Vol.-%, DV, €

88 2018 Grauburgunder mit Auxerrois Spätlese trocken

89 2018 Lemberger trocken
Kräftige Brombeerfrucht im Duft, Tabak, Wacholderbeere und Waldboden, rauchige Noten. Am Gaumen mit klarer Frucht, Brombeere und Schwarzkirsche, kräftige Kontur, durch die sich eine feine Säure zieht. Mittlere Komplexität, bietet aber viel Wein fürs Geld. 13,5 Vol.-%, DV, €

★★

WEINGUT BRUKER

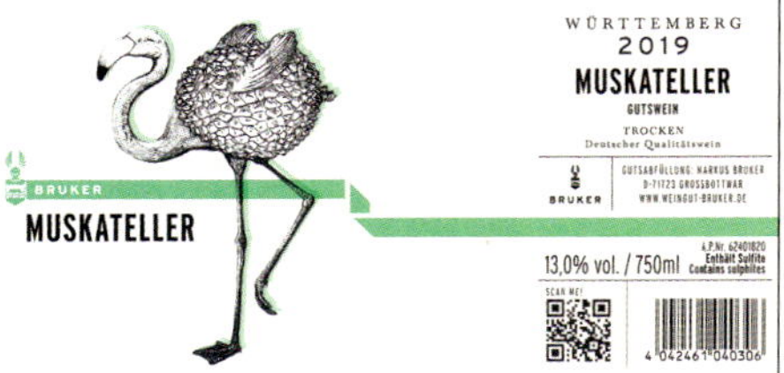

Kleinaspacher Straße 18, 71723 Großbottwar
T: +49 (7148) 921050, info@weingut-bruker.de
www.weingut-bruker.de

Ab-Hof-Verkauf: Mo bis Sa 15–18 Uhr
Kellermeister: Markus Bruker
Ansprechpartner: Markus Bruker
Flaschen/Hektar: 100.000 (40 % weiß, 60 % rot)/12 ha

Biowinzer Markus Bruker hat seinen Gutsweinen nicht nur ein neues Etikettendesign gegönnt, die Weine überzeugen auch mit inneren Werten. Sie zeichnen sich durch Würzigkeit sowie Frische aus und sind ideale Speisebegleiter. Das ist für Bruker nicht unwichtig – die Familie betreibt in Großbottwar ein Hotel inklusive Restaurant mit gehobenem Anspruch. Besonders gefallen hat uns der Chardonnay »Oberstenfeld« mit seinem festen Kern und seiner griffigen Struktur. Sehr schön auch die Riesling Spätlese »Rotkeuper« – perfekt zur Apfeltarte.

90 2019 Oberstenfeld Chardonnay trocken
Klares Gelb, in der Nase etwas Honigmelone, zarter Rauch, reifer Pfirsich und etwas Vanille, reif. Am Gaumen helle Früchte, viel Kraft und Struktur, eher verhaltene Säure, stimmig gebaut, fester Kern und gute Länge. Sehr gut zum Essen. 14 Vol.-%, DIAM, €€

89 2019 Sauvignon Blanc trocken
Helles Honiggelb, in der Nase Limettenschale und Schwarze Johannisbeere, dazu etwas Kräuterwürze, pikant. Am Gaumen klare Frucht, Zitrus, Johannisbeere, Kraft und Struktur, gut integrierte, reife Säure, verhaltene Restsüße, schöne Länge. 14 Vol.-%, DV, €€

89 2019 Gelber Muskateller trocken
Klares, helles Gelb. In der Nase Duft nach frisch gequetschten Trauben, dazu Muskatnuss und Holunder, frisch. Am Gaumen Limettensaft, Würze, lebendige Säure, in guter Harmonie, mittlere Länge. Ideal als Aperitif oder für die Terrasse. 13 Vol.-%, DV, €

89 2019 Grauer Burgunder trocken
Zartes Honiggelb, in der Nase Mandel, reife Birne, etwas Pfirsich, satt. Am Gaumen Schmelz, reife Frucht, etwas Mandel, gut eingebundene, eher verhaltene Säure, gute Länge. Grauburgunder mit Zug und Kraft, zu hellem Fleisch und Pilzgerichten. 13,5 Vol.-%, DV, €

88 2019 Muskattrollinger Rosé trocken

90 2019 »Rotkeuper« Großbottwar Riesling Spätlese
Klares Honiggelb. Reife Zitrusfrucht, Maracuja, etwas Steinmehl, mineralische Anklänge. Am Gaumen klare Frucht, reifer Pfirsich, rote Grapefruit, schönes Spiel zwischen Säure und spürbarer Süße, gute Balance und Länge, wirkt frisch. Zur Apfeltarte. 7,5 Vol.-%, DV, €€

★★

WEINGÄRTNER CLEEBRONN & GÜGLINGEN

Ranspacher Straße 1, 74389 Cleebronn
T: +49 (7135) 98030, info@cleebronner-winzer.de
www.cleebronner-winzer.de

Ab-Hof-Verkauf: Mo bis Fr 8–18 Uhr und Sa 8.30–13 Uhr
Kellermeister: Andreas Reichert
Ansprechpartner: Axel Gerst
Flaschen/Hektar: 1.900.000 (30 % weiß, 70 % rot)
270 ha

Die rund 500 Winzer, die sich in der Weingärtnerei Cleebronn & Güglingen zusammengeschlossen haben, waren immer besonders ehrgeizig – die Genossenschaft gehört zu den besten ihrer Art. Diesen Anspruch untermauern die Schwaben erneut. Dabei keltern sie neben klassischen Sorten wie Lemberger und Riesling auch Reben, die ihre Heimat in Frankreich haben – die Ergebnisse können sich sehen lassen. Besonders beeindruckend ist die druckvolle Spitzencuvée »Roter Hirsch«, in der Lemberger, Merlot, Cabernet Franc und Cabernet Sauvignon zu einem kräftigen, würzigen Rotwein vereint sind.

89 2018 »Emotion CG« Riesling trocken
Sattes, klares Gelb. In der Nase reife Zitrusfrucht, dazu Steinfrucht, Pfirsich und etwas Steinmehl. Am Gaumen eher verhaltene Säure, Grapefruit, grüner Apfel, Limettensaft, etwas Maracuja, fest, mittlere Länge, zum Essen, das etwas deftiger sein darf. 13,5 Vol.-%, NK, €€

91 2017 »Roter Hirsch Cuvée Reserve« trocken ME/CS/CF/BF
Tiefdunkles Rot. Am Gaumen Brombeere, Schwarze Johannisbeere, dunkle Schokolade und Kräuterwürze. Am Gaumen satte, reife Gerbstoffe, lebendige Säure, dunkle Früchte, pfeffrige Zwetschge, Kirsche, Johannisbeerkraut, Zug und Druck, gute Länge. Gutes Potenzial. 13,5 Vol.-%, NK, €€€

90 2017 »Emotion CG Reserve« Lemberger tr.
Sattes Kirschrot. In der Nase dunkle Waldbeeren, reife Kirsche, etwas Rauch und Kaffee, eingelegte Pflaume. Am Gaumen reife Säure, gut eingebundene Gerbstoffe, solide Struktur, viel rote Frucht, Kirsche, Brombeere, gute Länge, zu rotem Fleisch. 14 Vol.-%, NK, €€€

90 2017 »Emotion CG« Lemberger trocken
Sattes Kirschrot. In der Nase Sauerkirsche, Brombeere, Schlehe, Würze. Am Gaumen knackige Frucht, Kirsche, Holundersaft, würzig, lebendige Säure, gut eingepasste, feine Gerbstoffe, mittlere Struktur, ausgewogen, animierend, gute Länge. Macht Spaß. 14 Vol.-%, NK, €€

89 2018 »Emotion CG« Weißburgunder trocken

89 2018 »Emotion CG« Chardonnay & Viognier trocken
Klares Honiggelb. Duft nach Blumenwiese, etwas Rose, Blütentracht-Honig, dazu auch Rauch und eine Spur Vanille, ausladend. Am Gaumen eine frische Säure, wieder helle Blüten, Zitrus, Rose, Aprikose. Mittlere Struktur und Länge, sehr aromatische Cuvée. 13,5 Vol.-%, NK, €€€

★★★★

WEINGUT DAUTEL

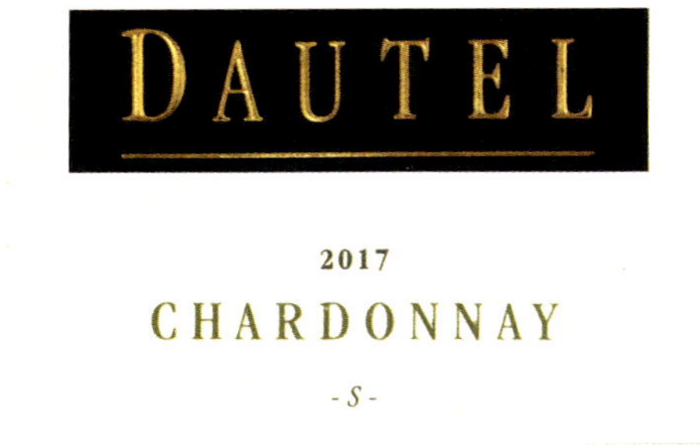

Lauerweg 55, 74357 Bönnigheim
T: +49 (7143) 870326, info@weingut-dautel.de
www.weingut-dautel.de

Ab-Hof-Verkauf: Mo bis Fr 10–12 Uhr und 14–18 Uhr, Sa 10–16 Uhr
Kellermeister: Christian Dautel
Ansprechpartner: Christian Dautel
Flaschen/Hektar: 100.000 (50 % weiß, 50 % rot)/14 ha

Wiederum eine überzeugende Kollektion stellt Christian Dautel im diesjährigen Guide vor. Dabei ist das Spektrum recht breit aufgestellt und reicht von einem mineralischen Spätburgunder-GG über Riesling und substanzreiche Weiße der »S«-Klasse bis zu einem knochentrockenen, floralen Sekt. Als einer der wenigen selbständigen Winzer hat Christian Dautel auch Anteile an den terrassierten Steillagen des mittleren Neckars. Insofern ist unser Falstaff-Tipp auch ein Plädoyer, diese einmalige Kulturlandschaft zu erhalten. Wer etwas mehr Dichte wünscht, ist mit dem Steingrüben-GG gut bedient.

93 2019 Bönnigheim Steingrüben Riesling GG
Schön präsente Nase mit Orangenzeste, Bergamotte und etwas Lindenblüte, eher weich. Am Gaumen dicht, perfekte Süße-Säure-Spannung, dabei keineswegs anstrengend und mit dem nötigen pikanten Extrakt für die kommenden Jahre. Gute Reifeperspektive. 13 Vol.-%, NK, €€€

92 2018 »S« Chardonnay trocken
In der Nase etwas griffiger als der Weißburgunder. Walnussschale, Fenchel, gut eingebundenes Holz. Sehr dichte, reife, viskose Materie am Gaumen, der Jahrgang spiegelt sich wider, lässt den Wein aber nicht aus der Form lappen. Im Mâconnais-Stil. 13 Vol.-%, NK, €€€

91 2016 »Pinot« brut nature
Extrem zurückhaltende, fein florale Nase. Gute Perlage, ganz straff am Gaumen, sogar leichter Gerbstoffgrip, etwas rotbeerige Anmutung. Komplett unkitschig, aromatisch dezent, hätte vielleicht ein etwas längeres Hefelager vertragen können. 12,5 Vol.-%, NK, €€

93 2017 Oberstenfeld Forstberg Spätburgunder GG
Duftige Nase, Süßkirsche, etwas Rose, leicht Gewürznelke. Am Gaumen mittelgewichtig, elegant gehalten, mit präsenter Frucht. Derzeit noch auf der leicht pikanten Seite, punktet schon mit wunderbar mineralischer Frische und wird sich weiterentwickeln. 13 Vol.-%, NK, €€€

91 2018 »S« Weißburgunder trocken

90 2019 Besigheim Wurmberg Riesling tr.
Wunderbar pikante Frucht von Zitronenzeste über Birne bis Walnuss in der Nase. Am Gaumen ist der Wein aus einer terrassierten Steillage durchaus griffig und mittelgewichtig angelegt. Senfmehl und Korianderkörner gesellen sich zu den Fruchtnoten. 12,5 Vol.-%, NK, €€

★

WEINGUT EHRMANN

Feldertor 21, 97990 Weikersheim
T: +49 (7934) 2599820, winzerpaar@ehrmann-weine.de
www.ehrmann-weine.de

Ab-Hof-Verkauf: Di und Do von 17–19 Uhr und nach Vereinbarung
Kellermeister: Miriam und Alexander Ehrmann
Ansprechpartner: Miriam und Alexander Ehrmann
Hektar: 1 ha

Erst im März 2020 eröffnete das Winzerpaar Miriam und Alexander Ehrmann in Weikersheim im württenbergischen Taubertal ihr neues Weingut, davor lieferten die beiden ihre Trauben an die Genossenschaft ab. Das aber, so schreiben die Ehrmanns, reicht ihnen nicht mehr. Jetzt schlagen sie entschlossen eine neue Richtung ein: Mit viel Liebe zum Detail sollen naturnah erzeugte »Handmade-Weine« entstehen mit klarer Handschrift wie der Grauburgunder mit dem treffenden Namen »Der Individuelle«. Ein vielversprechendes Debüt, wir sind gespannt, wie es weitergeht im Taubertal!

91 2019 »Der Individuelle« Weikersheimer Karlsberg Grauburgunder trocken
Kalter Rauch und Birne in der Nase, dazu Apfelschale und gelbe Blüten; am Gaumen saftig und kräftig gebaut, würzig und auch Noten von weißem Pfeffer, die reife Säure verleiht Geschmeidigkeit, die präsenten Phenole Griffigkeit, kulinarischer Burgundertyp. 13,5 Vol.-%, DV, €

89 2019 Weikersheim Karlsberg Grauburgunder trocken
Klare Aromen in der Nase, Birne, gelber Apfel, Aprikose und etwas Zitronengras und Lorbeerblatt. Geschmeidig, mit Schmelz und mit klarer Frucht am Gaumen, kräftig, aber in klarer Kontur. Trocken ausgebaut, ein kulinarisch vielseitiger Grauburgunder. 13 Vol.-%, DV, €

88 2019 Schäftersheim Klosterberg Müller-Thurgau trocken
In der Nase noch Hefe, Apfelschale, Steinobst und auch Gartenkräuter. Im Mund mit guter Frische und Würze, auch Pfeffer, saftig, fruchtig, aber auch mit phenolischem Anklang, der für etwas Komplexität sorgt. Handwerklich erzeugter Müller-Thurgau. 12 Vol.-%, DV, €

83 2019 Schäftersheim Klosterberg Tauberschwarz Rosé trocken
Schwarze Johannisbeere in der duftigen Nase, Kirsche und Himbeere kommen dazu. Am Gaumen mit klarer Frucht und Saft, gute Balance, die fein extrahierten Gerbstoffe passen gut zur dezenten Süße. Ein Stimmungsaufheller für die Terrasse und zu Vorspeisen. 12,5 Vol.-%, DV, €

90 2019 Weikersheim Karlsberg Weißburgunder trocken
Apfel, Steinobst, etwas Cidre und gelbe Blüten in der Nase. Am Gaumen mittelkräftig und vertikal gebaut, durchaus komplex anmutend mit einer Schicht kräftiger Phenole, etwas Malz, die Säure ist präsent und selbstbewusst. Wein mit Stil und Charakter. 12,5 Vol.-%, DV, €

★★

WEINGUT EISSELE

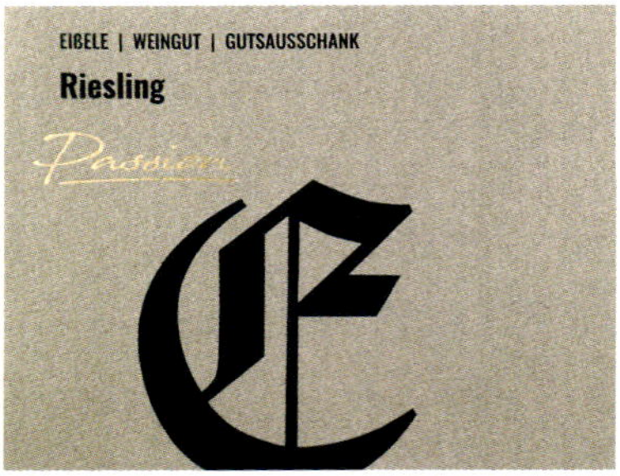

Grundäcker 10, 71394 Kernen im Remstal
T: +49 (7151) 42163, info@eissele-weingut.de
www.eissele-weingut.de

Ab-Hof-Verkauf: ja
Kellermeister: Jochen Eißele
Ansprechpartner: Jochen Eißele
Flaschen/Hektar: 60.000 (50 % weiß, 50 % rot)/8 ha

Das Weingut Eißele bewirtschaftet im Remstal acht Hektar Rebfläche in den Gemarkungen Stetten und Strümpfelbach. Die Reben wachsen auf schweren lehmhaltigen Keuper- und Sandsteinböden. Die traditionellen Rebsorten Riesling und Trollinger werden ergänzt durch Zweigelt, Lemberger, Merlot, die Burgundersorten, Sauvignon Blanc und Chardonnay. »Unser Ziel ist es, Charakter, Eigenarten und Persönlichkeit der Rebsorten zu erkennen und sie mit Verstand und Hingabe zu pflegen«, schreibt uns Jochen Eißele. Gerade die »Passion«-Linie zeigt Anspruch mit gut balancierten Weinen. Gut gelungen!

90 2019 »Passion« Riesling trocken
Im Duft harmonisch, gereifte Zitrusfrucht, Orangenblüte – Präsenz, feine Kräuterwürze und Grip. Am Gaumen saftig und mundfüllend, dabei frisch mit straighter, zitrischer Säurestruktur. Frische Orange, Apfel, etwas Zitruszeste. Animierend, saftig und lebendig. 13 Vol.-%, DV, €

89 2019 »Passion« Chardonnay trocken
Gehaltvolle Nase, Gleichmaß bei Frische und Präsenz mit Noten von Honigmelone, Birne und Zitrusfrucht, auch nussige Aromen. Am Gaumen feine Fruchtsüße, Zitrusfrische, Saftigkeit. Etwas helle Melone, grüner Apfel, reife Zitrone und lebendige Säurestruktur. 13 Vol.-%, DV, €

89 2018 »Passion« Stetten Zweigelt trocken
Dichtes Bukett mit Noten von Schwarzkirsche, etwas Zwetschge, violette Nuancen, ein Hauch Vanille, Tiefe und feine Würzigkeit. Am Gaumen verwoben, gefolgt von zitrischer, straffer Säure und feinkörnigem Tannin, Sauerkirsche mit etwas Kräuterwürze. 13,5 Vol.-%, NK, €€

89 2018 »Passion« Stetten Spätburgunder tr.
Gehaltvolle Nase, viel Würze und dunkle Kirschfrucht, ein Hauch Waldhimbeere, etwas Heu. Gegen die Nase erstaunlich leicht am Gaumen, zeigt relativ wenig Körper. Viel Adstringenz, etwas grüne Säure, Noten von Sauerkirsche, braucht noch etwas Zeit . 12,5 Vol.-%, NK, €€

87 2019 »Neo« Rosé trocken

89 2019 »Passion« Sauvignon Blanc trocken
In der Nase Weiße Johannisbeere, grüne Paprika, gewisse Tiefe und sattere Frucht, bei gleichzeitiger Frische, Stein und etwas Rauch. Am Gaumen kompakt gebaut, das Üppige meidend, animierend saftig, gut verwoben, feine Würze und frische Säurestruktur. 13 Vol.-%, DV, €

★★

WEINGUT EISELE

Steinbeisweg 1, 74394 Hessigheim
T: +49 (7143) 272399, info@weingut-eisele.de
www.weingut-eisele.de

Ab-Hof-Verkauf: ja
Kellermeister: Alexander Eisele
Ansprechpartner: Alexander Eisele
Hektar: 9 ha
Anbauweise: Biologisch zertifiziert

Eva und Alexander Eisele gehen im von traditioneller Genossenschaftskultur bestimmten Hessigheim einen eigenen und mutigen Weg: 2016 übernahmen sie den Betrieb und bewirtschaften nun neun Hektar Reben im Neckarteil, davon etwa zwei in terrassierten Muschelkalk-Steillagen. Das Weingut ist seit 2017 Mitglied bei Bioland. Die Weine werden spontan vergoren, liegen sehr lange auf der Vollhefe, werden nur wenig geschwefelt und als Landwein etikettiert. Eine sehr eigenständige Kollektion mit einem gut gebündelten Riesling und der roten Cuvée »Adam« an der Spitze.

92 2018 »S-line« Riesling trocken
Riecht nach Zitrusfrucht, Amalfizitrone, Apfel, Wiesenkräutern und reifem Steinobst. Gut gebündelt am Gaumen mit Zug und Spannung, auch saftiger Schmelz, eine Schicht leicht herber Phenole sorgt für Griffigkeit und Würze, nahtlos eingebundene Säure. 13 Vol.-%, NK, €€

91 2018 »S-line« Chardonnay trocken
Noch Noten von einer langen Gärung, leicht ätherischer Ton, der sich mit der Zeit legt. Reife Maracuja, Birne und Zitrusfrucht, auch Aromen vom Holzausbau. Am Gaumen kräftig und fest gebaut mit guter Dichte, Extrakt und Schmelz. Braucht noch Zeit, Potenzial. 13 Vol.-%, NK, €€

92 2018 »Adam S-line« trocken ME/CF/CS
Cuvée von Merlot, Cabernet Franc und Cabernet Sauvignon, deutlich von Cabernet, von Cassis geprägte Nase, auch etwas Paprika und viel Würze. Sehr klar im Fruchtausdruck, kräftig mit geschmeidigen Tanninen und guter Dichte, gute Länge und Potenzial. 14 Vol.-%, NK, €€€

91 2018 »S-line« Spätburgunder trocken
Klare und direkte Frucht, würzige Kirsche und auch Wacholderbeere sowie etwas Rauch, straff und kompakt am Gaumen mit viel Präzision und Zug, die Frucht wird schön herausgestellt, fein ziselierte Säure, die nach vorne geht. Eigene und auffällige Stilistik. 13 Vol.-%, NK, €€

90 2018 »Eva S-line« trocken CH/WB

89 2018 »Edition« Weißburgunder trocken

90 2018 »S-line« Merlot trocken

90 2018 »S-line« Lemberger trocken

90 2018 »Edition« Spätburgunder trocken

90 2018 »Edition« Lemberger trocken

90 2018 »Edition« Zweigelt trocken

90 2018 »Edition« Trollinger trocken
Kräuter in der Nase, Rosmarin, Kirsche, Mandelschale, Röstaromen. Am Gaumen straff konturiert, bündig und schlank, klare Frucht, trocken und kitschfrei, mit Zug und Spannung. Das Holz ist gut eingebunden, feiner Säurestrang. Auch so kann Trollinger sein. 12 Vol.-%, NK, €€

★★★★

WEINGUT BERNHARD ELLWANGER

Rebenstraße 9, 71384 Weinstadt-Großheppach
T: +49 (7151) 62131, info@weingut-ellwanger.com
www.weingut-ellwanger.com

Ab-Hof-Verkauf: Mo bis Di 10–12 Uhr und 14–18.30 Uhr, Do bis Fr 10–12 Uhr und 14–18.30 Uhr, Sa 9.30–14 Uhr
Kellermeister: Sven Ellwanger
Ansprechpartner: Yvonne Ellwanger
Flaschen/Hektar: 230.000 (40 % weiß, 60 % rot)/32 ha

Das nennt man eine tadellose Kollektion: Sven Ellwanger präsentiert durchweg gelungene Weine mit sehr prägnanten und herausragenden Spitzen. Wie schon fast traditionell gehört der Sauvignon Blanc »Junges Schwaben Fumé Blanc« zu den spannendsten Weinen von Ellwanger: Rauchig, kernig und mit tiefgründiger Mineralität ausgestattet, bereitet er jetzt schon viel Freude, ist gleichzeitig aber für ein langes Leben bereit. Ebenfalls erneut beeindruckend ist der ungemein würzige und dichte Syrah – die nördliche Rhône liegt von nun an in Schwaben. Ebenfalls gelungen: die schön balancierten edelsüßen Weine.

94 2018 »Junges Schwaben Fumé blanc« Sauvignon Blanc trocken
Glitzernd und sonnengelb im Glas, erst zarter, leicht verhaltener Duft, dann rauchig und kernig in der Nase, komplex und üppig am Gaumen, deutlich spürbarer Feuerstein, fast Zündplätzchen, animierend, sehr jung und elegant, spannend, mit Potenzial. 13,5 Vol.-%, NK, €€€

94 2018 »SL« Großheppach Steingrüble Riesling trocken
Satte goldgelbe Farbe im Glas mit funkelnden Reflexen, kühle duftige Nase nach weißem Bergpfirsich und Kräutern, dicht und komplex, im Mund konzentriert mit feiner, kompakter Säure, markant, anregend, schöner Trinkfluss und ein sehr langer Nachhall. 13 Vol.-%, VL, €€€

94 2017 »Klingenberg SL« Großheppach Wanne Syrah trocken
Tiefdunkle Farbe, sehr würzige Nase nach Kräutern, schwarzem Pfeffer, Kreuzkümmel und Piment, herrlich elegant wuchtig im Mund, auch hier gewinnt der Kreuzkümmel mit saftiger Frische die Oberhand, perfekter Speisenbegleiter zu Braten wie Wildschweinkeule. 13 Vol.-%, NK, €€€

94 2019 »Essenz« Riesling TBA
Im Duft mit sehr prägnanter Honigwürze, vor allem Akazienhonig, dazu konzentrierte Rosine und Tempelblume. Am Gaumen mit sehr viel Schmelz, rund, dann mit lebendiger Säure, balanciert, seidig im langen Finale, eigenständig im Stil. 8 Vol.-%, VL, €€€

93 2018 »Oberholz« Geradstetten Lichtenberg Riesling trocken

90 2018 »vom bunten Mergel« Riesling tr.

89 2019 Großheppach Steingrüble Riesling Kabinett feinherb

90 2017 »vom bunten Mergel« Spätburgunder trocken

90 2016 »Kreation CMX« tr. ME/CS/CU/CF

89 2018 »Steillage« Lemberger trocken

92 2019 »Essenz« Sauvignon Blanc Auslese

94 2018 Geradstetten Lichtenberg Chardonnay trocken
Zarte Nase zu Beginn, die dann kräftig aus dem Glas emporsteigt. Frisch mit feinem Holz, Rauch und Vanille, im Mund elegant und saftig, kräftig, ohne breit zu sein, sehr jung und doch würzig, feine Phenole, burgundischer Typ, sehr gekonnt. 13 Vol.-%, NK, €€

★★★★

WEINGUT JÜRGEN ELLWANGER

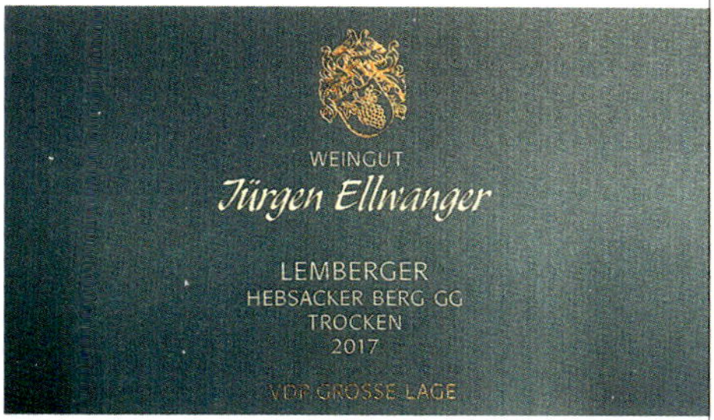

Bachstraße 27, 73650 Winterbach
T: +49 (7181) 44525, info@weingut-ellwanger.de
www.weingut-ellwanger.de

Ab-Hof-Verkauf: Di bis Fr 9–12 Uhr und 15–19 Uhr, Sa 9–15 Uhr
Kellermeister: Jörg Ellwanger
Ansprechpartner: Felix Ellwanger
Flaschen/Hektar: 200.000 (35 % weiß, 65 % rot)/26 ha

Auf gewohnt hohem Niveau zeigen sich die Weine von Jörg und Felix Ellwanger, die noch immer von ihrem Vater Jürgen unterstützt werden, der im Remstal zu den Winzern zählt, die entschlossen gegen Mittelmaß und Stillstand vorgingen. Stromlinienförmiges sucht man hier nach wie vor vergebens: Der Lemberger zeigt Dichte und Würze, der Cabernet Sauvignon ist erstaunlich fokussiert und mit saftiger Frucht. Der »H.A.D.E.S« Grauburgunder demonstriert gekonnten Holzeinsatz und Sortentypizität, während der Weißburgunder mit Dichte, Schmelz und Charme überzeugt. Aus einem Guss!

92 2018 »H.A.D.E.S.« Grauburgunder trocken
Birne, Apfel, Apfelschale in der kräftigen Nase, Walnüsse, Kräuter und Röstaromen. Stoffig am Gaumen mit guter Dichte, Extrakt und phenolischem Eintrag. Das warme Jahr zeigt sich im gut eingebundenen Alkohol. Auf Substanz und lange Reife vinifiziert, Potenzial! 12,5 Vol.-%, NK, €€€

91 2018 Schnait Altenberg Riesling GG
Noten von Pfirsich, Zitrusschale, mineralische Anklänge, weißer Pfeffer, asiatische Gewürze. Am Gaumen mit schöner klassischer Machart, klare Frucht, dezente Süße, reife Säure, die das warme Jahr abbildet, gute Substanz, mittlere Spannung, phenolische Sprengsel. 12,5 Vol.-%, NK, €€€

93 2017 »H.A.D.E.S.« Cabernet Sauvignon tr.
Schöne Cabernetnase mit Cassis und Würze, Tabak. Am Gaumen kraftvoll, fokussiert und fruchtbetont. Erhält sich bei aller Konzentration Frische, die Gerbstoffe in guter Dosis sind präsent und saftig. Gelungene Remstaler Interpretation mit Stil. 13,5 Vol.-%, NK, €€€

92 2017 Hebsack Berg Lemberger GG
Würzige und intensive Nase mit Aromen von Brombeere, Wacholderbeere, Holzwürze und Eukalyptus. Am Gaumen mit gut integrierter Kraft, zeigt Muskeln, Dichte, Saft und auch Charme. In der Gaumenmitte mit mineralischen Noten, präsente Gerbstoffe, gutes Potenzial. 13 Vol.-%, NK, €€€

91 2017 »H.A.D.E.S.« Merlot trocken

92 2018 Winterbach Hungerberg Weißburgunder GG
Akazienblüten, Apfelschale, reife Zitrusfrucht, Rauch und etwas Vanille in der Nase. Am Gaumen vielschichtig und würzig, gute Dichte, Volumen, Mineralität und phenolischer Eintrag, dabei auch Saft und Schmelz. Gutes Potenzial, wird noch weiter zulegen. 13,5 Vol.-%, NK, €€€

★★★

WEINGUT ESCHER

Seestraße 4, 71409 Schwaikheim
T: +49 (7195) 57256, info@wein-escher.de
www.wein-escher.de

Ab-Hof-Verkauf: Di bis Fr 16.30–18.30 Uhr, Sa 9–14 Uhr
Kellermeister: Christian Escher
Ansprechpartner: Christian Escher
Flaschen/Hektar: 90.000 (40 % weiß, 60 % rot)/14 ha

Der Welpenschutz ist abgelaufen. Christian Escher, in der Vergangenheit noch als »ehrgeiziges Winzertalent« bezeichnet, ist mittlerweile in der Profiliga angekommen. Die Lagenweißen bleiben fast bis zur Füllung auf der Hefe, die Lagenroten werden unfiltriert gefüllt. Ein besonderes Geschick besitzt Christian Escher im Umgang mit Holz. All seine Weine weisen eine wunderbare Balance aus, nichts ist plakativ. Besonders die Roten zeigen dabei, weshalb Württemberger im Allgemeinen und Lemberger im Besonderen auf jede ernstzunehmende Weinkarte gehören. Starke Kollektion.

91 2019 »Goldlage« Steinreinach Hörnle Sauvignon Blanc trocken
Sehr angenehmer Naseneindruck für einen Sauvignon, nicht »into your face«, sondern fein verwoben. Stachelbeere, reife Birne, leicht Holz. Am Gaumen schön ausgewogen, saftig, trocken, gute Balance zwischen Säure und Struktur. So geht Sauvignon auch. 12,5 Vol.-%, DV, €€

90 2018 »Goldreserve« Stetten Lindhalde Chardonnay trocken
Feine Holznote in der Nase. Am Gaumen eine gewisse Laktik, viel Stoffigkeit, gleichzeitig eine sehr pikante Säure, welche die Substanz konterkariert. Ein Wein, bei dem die einzelnen Elemente noch harmonischer zueinanderfinden können. Potenzial. 13 Vol.-%, NK, €€€

92 2017 »Goldreserve« Steinreinach Hörnle Spätburgunder trocken
Recht hellfarbig. In der Nase rote Pflaume, Himbeere, Laub und Buchsbaum. Am Gaumen mit enormer Spannung, hoher Pikanz, säurereich, intensiv. Gerade erst beginnende Eleganz. Auch dank des feinkörnigen Tannins ist eine positive Entwicklung garantiert. 13 Vol.-%, NK, €€

92 2017 »Goldreserve« Korb Sommerhalde Zweigelt trocken
Intensiv pflaumige Frucht, Sauerkirsche, eher kühl wirkend. Auch im Mund ist der Wein klar fruchtbestimmt, das Holz fein eingebunden. Der sehr schöne Fruchtkern besitzt noch ein wenig Babyspeck. Jetzt für Fruchttrinker, aber sicheres Lagerpotenzial. 13,5 Vol.-%, NK, €€

90 2019 »Goldlage« Stetten Pulvermächer Riesling trocken

93 2017 »Goldreserve« Korb Sommerhalde Lemberger trocken
Kernige Nase nach Brombeere, Schwarzer Johannisbeere und Veilchen, ein ätherischer Hauch über der Tiefe. Dichte, reife und fast weiche Frucht am Gaumen, perfekt eingebundenes Holz. Trotz der Stoffigkeit sehr schöne Balance und viel Potenzial. 13,5 Vol.-%, NK, €€

★★

WEINGÄRTNER ESSLINGEN

Lerchenbergstraße 16, 73733 Esslingen-Mettingen
T: +49 (711) 918962 0, info@weingaertner-esslingen.de
www.weingaertner-esslingen.de

Ab-Hof-Verkauf: Mo bis Do 8.30–12.30 Uhr und 14–18 Uhr, Fr 8.30–18 Uhr, Sa 9–13 Uhr
Kellermeister: Jochen Clauß
Ansprechpartner: Ramona Fischer
Hektar: 72 ha

Im Mittelalter galt Esslingen als Zentrum des württembergischen Weinbaus, schon damals prägten die Trockenmauern aus Sandstein die Esslinger Weinberge. Heute arbeiten dort die rund 100 Mitglieder der Weingärtner Esslingen im Steilhang. Rund zwanzig Rebsorten werden angebaut, wobei sowohl die klassisch schwäbischen als auch französische Sorten überzeugen können. Im absolut stimmigen Sortiment bilden die Rotweine die Spitze wie die elegante Cuvée »Abt Fulrad« und der druckvolle Lemberger aus dem Schenkenberg. Auch der ungekünstelte Riesling ist uns eine Empfehlung wert!

91 2017 »Abt Fulrad Cuvée Zukunft Keller 11« Esslingen Schenkenberg tr. CS/CF/ME
Cuvée aus Cabernet Franc, Cabernet Sauvignon und Merlot mit intensiver Nase nach Schwarzer Johannisbeere und Roter Bete, würziges Holz, auch Unterholz. Im Mund mit guter Balance, Kraft und reife Säure verstehen sich gut, geschmeidiger Gerbstoff, elegant. 14 Vol.-%, NK, €€

91 2015 »Abt Fulrad Keller 11« Esslingen Schenkenberg Lemberger trocken
Selbstbewusste Nase mit Holznoten, Eukalyptus und reichlich reifer, dunkler Frucht, Brombeere und Schwarze Johannisbeere. Druckvoll und mächtig am Gaumen, prägnante Würze, guter Extrakt, voluminös und muskulös. Gute Balance, am Kamin und bei Tisch gefragt. 14,5 Vol.-%, NK, €€€

90 2016 Esslinger Schenkenberg Merlot Stufe 8 trocken Wein aus Terrassenlage
Pflaume, reife Kirche und etwas Minze in der Nase, dunkle Gewürze, Pfeffer und nasses Laub. Kräftig und voluminös am Gaumen mit reifen, geschmeidigen Gerbstoffen und feiner Würze. Ein patenter Begleiter für kalte Winterabende und zu Schmor- und Wildgerichten. 14 Vol.-%, DV, €€

89 2018 »Stufe 8« Esslingen Schenkenberg Pinot Noir trocken
Intensiver Duft nach reifer Kirsche, Pflaume, Blüten, Kräutern und Kaffeerösterei. Setzt weich und vollmundig am Gaumen an, reife Säure und weiches Tannin, gutes Volumen und mittlere Spannung. Ein Spätburgunder, der gerne kräftige Gerichte begleitet. 13,5 Vol.-%, DV, €

89 2019 Esslingen Schenkenberg »Rosé Stufe 8« trocken

89 2019 Esslingen Burg Riesling trocken
Trocken gehaltener Riesling mit präsenter Säure, der nach Apfel und Pfirsich riecht; am Gaumen kommen Zitrusaromen dazu, schlank und konsistent gebaut, mit feiner Würze und auch mineralischen Anklängen. Klarer und saftiger Sortenvertreter, ungekünstelt. 12 Vol.-%, DV, €

★

BIO-WEINGUT FORSTHOF

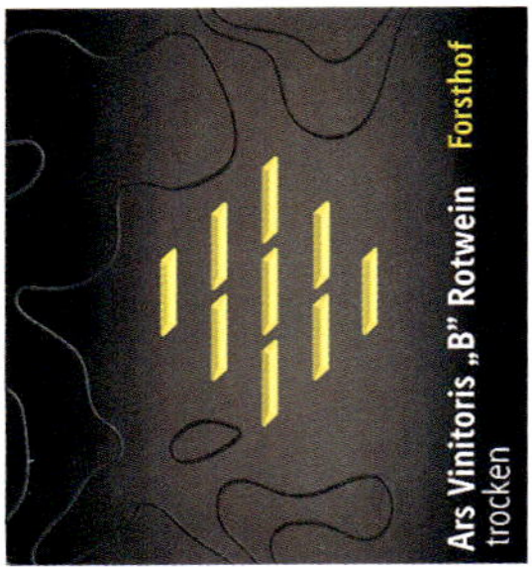

Forsthof 4, 71711 Steinheim-Kleinbottwar
T: +49 (7148) 6134, verkauf@weingut-forsthof.com
www.weingut-forsthof.com
Ab-Hof-Verkauf: Mo bis Fr 8–12 Uhr und 14–18 Uhr, Sa 8–14 Uhr
Kellermeister: Andreas Roth
Ansprechpartner: Andreas Roth
Hektar: 12 ha
Anbauweise: Biologisch zertifiziert

Ein gelungenes Debüt des Bioweinguts Forsthof, der schon seit 1753 existiert. Auf dem Weingut arbeiten die Generationen unter der Leitung von Andreas Roth Hand in Hand. Dieses fruchtbare Zusammenspiel aus Erfahrung, Dynamik und Innovation kommt den sehr natürlich wirkenden und in sich ruhenden Weinen zugute. Auf einer Fläche von zwölf Hektar wird ökologischer Weinbau praktiziert, 60 Prozent der Weine sind rot. Gerade die konzentrierten roten Spitzenweine tragen den Namen »Ars Vinitoris« – die Kunst des Winzers – zu Recht. Wir sind gespannt auf weitere Kunstwerke dieser Art.

89 2019 Grauburgunder trocken
In der Nase Noten von reifer Birne, Walnüssen, Ananas und Gewürzen. Im Mund stoffig, saftig und mit Schmelz, kräftiger Bau mit Volumen, ohne das Maß zu verlieren. Wirkt natürlich und eignet sich trefflich als kulinarischer Begleiter zu Risotto und Gemüse. 13 Vol.-%, DV, €

89 2019 Cabernet Blanc trocken
Birne, roter Apfel und Apfelschale im Duft, Zitrusfrucht und feine Würze, gelbe Blüten. Am Gaumen mit klarer, süßlicher Frucht, Saft, Schmelz und guter Substanz gut balanciert, mittlere Länge und würzig im Finale. Stimmiger Wein mit klarem Ausdruck. 13 Vol.-%, DV, €

91 2018 »Ars Vinitoris B« trocken BF/ME/CAC
Lemberger, Merlot und Cabernet Carbon zeigen sich in der Nase, reife dunkle Frucht, vielschichtig und auch würzig. Mit guter Konzentration, Wucht und Würze am Gaumen, die Gerbstoffe sind mächtig und platzgreifend. Ein Kaminwein mit gutem Potenzial. 14,5 Vol.-%, NK, €€

90 2018 Merlot trocken
Dunkel in der Anmutung, Cassis und Schwarzkirsche in der üppigen Nase, auch Kräuter und Rote Bete; voluminös und einprägend am Gaumen mit kräftigen und prägnanten Gerbstoffen, mächtig und noch jung. Braucht Zeit und hat gute Anlagen zur weiteren Reifung. 14,5 Vol.-%, NK, €€

88 2019 Muskateller halbtrocken

88 2019 »Ars Vinitoris Weiß« tr. WB/RR/PG

88 2019 Weißburgunder trocken

89 2018 Cabernet Carbon trocken

89 2018 »Evolution 2.18« Spätburgunder Auslese trocken

89 2018 Spätburgunder Auslese Barrique tr.

89 2018 »Ars Vinitoris Rot« tr. BF/PN/ME/CAC

89 2018 Lemberger trocken
Brombeere, Kirsche und Minze in der Nase, viel Würze und auch etwas Malz und Schokolade. Präsent am Gaumen mit guter Kraft und Volumen, auch Sauerkirsche und eine frische Anmutung, der Gerbstoff ist griffig, noch leicht adstringierend, wird weiter zulegen. 14 Vol.-%, NK, €

★★

WEINGUT FRANK

Bönnigheimer Straße 29, 74336 Brackenheim
T: +49 (7135) 9361281, info@weingutfrank.de
www.weingutfrank.de

Ab-Hof-Verkauf: Fr 14–19 Uhr, Sa 10–16 Uhr
Kellermeister: Florian Frank
Ansprechpartner: Florian Frank
Flaschen/Hektar: 25.000 (60 % weiß, 40 % rot)/3 ha

Gerade in turbulenten Zeiten hält man im Weingut Frank am erprobten Motto fest: »Wenn du es träumen kannst, kannst du es auch tun. Mache einen Plan und dann geh!« So ist das Weingut in Brackenheim vor gut zehn Jahren entstanden und angewachsen, Schritt für Schritt auch die Qualität der Weine. Der Riesling zeigt sich von der vergnüglichen Seite, der Grauburgunder gute Substanz, gerade die Rotweine wie der tiefgründige Merlot und der würzige Lemberger beweisen, wie gut sie reifen können. Uns gefällt diese Entwicklung: Mit solchen Weinen muss einem wahrlich nicht bange sein.

90 2015 Grauburgunder * trocken**
Reife Birne und feine Würze zeigen sich in der Nase, nussige und röstige Aromen, auch Quitte. Im Mund mit guter Substanz und Struktur, prägnante Würze und salzige Noten; ein trockener Grauburgunder, der noch nicht am Ende seiner Möglichkeiten angelangt ist. 13 Vol.-%, DV, €€

91 2016 Merlot * trocken**
Reife und kräftige Nase, geröstete Kaffeebohnen, Cassis, Blutorange und Gewürze. Weich, samtig und würzig am Gaumen mit polierten Gerbstoffen und süßlichem Extrakt, hat Substanz, Dichte und Kraft, bleibt dabei elegant, konsistent und mit guter Länge. 13,5 Vol.-%, DV, €€

90 2015 Lemberger ** Holzfass trocken
Kräftige und reife Nase mit Brombeere, Schwarzkirsche, Wacholderbeere, etwas Rauchfleisch und Rote Bete, würzig und kräftig am Gaumen, gegenwärtig und in guter Form, mittlere Dichte und die nötige Frische, um Spannung und Trinkfreude hochzuhalten. 13,5 Vol.-%, DV, €€

90 2017 «Cuvée Rot* Vom Bunten Mergel« trocken ME/BF/ZW/AC**
Cuvée aus Blaufränkisch, Zweigelt, Merlot und Acolon, riecht nach Dörrfleisch, Pflaume, Paprika und Roter Bete. Am Gaumen kräftig und mit guter Konzentration, die Säure sorgt für Gleichgewicht, prägnante Gerbstoffe in guter Proportion und mit Grip, zum Essen! 13,5 Vol.-%, DV, €€

89 2019 Sauvignon Blanc ** trocken

89 2019 Riesling ** trocken
Fruchtige Nase nach Pfirsich, Aprikose und Apfel, feine florale und würzige Noten. Am Gaumen wieder mit feiner Steinobstfrucht und präsenter Säure, die gut mit der Restsüße harmoniert. Ein vergnüglicher Riesling mit klarem Ausdruck, Stimmungsheber. 12 Vol.-%, DV, €

WEINGUT GAUFER

Mariannenstraße 24, 74653 Ingelfingen
T: +49 (7940) 57373, info@weingut-gaufer.de
www.weingut-gaufer.de

Ab-Hof-Verkauf: Mi bis Fr 14–19 Uhr, Sa 9–13 Uhr und nach Vereinbarung
Kellermeister: Susanne Schmezer, Gerrit Schmezer
Ansprechpartner: Susanne Schmezer
Flaschen/Hektar: 50.000 (60 % weiß, 40 % rot)/11 ha

Mit dem Weingut Gaufer stellt sich ein neuer Betrieb bei uns vor. Und auch die Region ist nur relativ selten in Weinguides vertreten. Die Familie Schmezer verfügt nämlich über knapp 11 Hektar Weinberge im Kochertal zwischen Künzelsau und Weißbach. Auf Muschelkalkböden in Hanglagen werden hier ansprechende Weine erzeugt. Alle angestellten Weine bewegen sich im Preisbereich zwischen 6 und 15 Euro und signalisieren schon dadurch ihre Bestimmung als Speisenbegleiter. Der 2017er Weißburgunder zeigt dabei, dass Exemplare mit Zug und Struktur durchaus reifen können. Gelungenes Debut!

90 2017 »Erlesenes« Ingelfingen Hoher Berg Weißburgunder trocken
Kräftiges Gelb mit grünlichen Reflexen im Glas. In der Nase laktisch-buttrige Noten, sollte ein wenig geschwenkt werden. Im Mund ein sehr ruhiger, glatter Fluss, viel Glycerin, viel Stoff, schmelzig, aber auch eine feine Säureader. Potenzial ist da. 13 Vol.-%, DV, €€

89 2018 »Erlesenes« Ingelfingen Hoher Berg Riesling trocken
Enorme Pikanz in der Nase, Limette, Zitronentarte, leichte Pudrigkeit und Mineralität. Am Gaumen sehr dicht, eine sehr stoffige, würzige Version. Ein wenig Lagerzeit wird helfen, die einzelnen Komponenten noch stärker zu verknüpfen. 13 Vol.-%, DV, €€

89 2018 »Erlesenes« Ingelfingen Hoher Berg Lemberger trocken
Holunder dominiert in der Nase, Mark und Beeren, dazu Veilchen. Glatter Trinkfluss im Mund, schwarze Pflaume, Extraktsüße, präsente Gerbstoffe. Wirkt noch ein bisschen pausbäckig und sehr fruchtzentriert, dürfte sich aber positiv entwickeln. 14 Vol.-%, DV, €€

89 2016 »Erlesenes« Ingelfingen Hoher Berg Spätburgunder trocken
Im Glas mit gereiftem Granat. In der Nase Walderdbeere, Lorbeer und leicht ledrige Noten. Am Gaumen mittelgewichtig und eher hellrot in der Aromatik von Süßkirsche bis Cranberry. Leicht laktisch bei vorhandener Eleganz. 13 Vol.-%, DV, €€

88 2019 »Geschmackvolles« Ingelfingen Hoher Berg Riesling trocken

87 2018 »Geschmackvolles« Ingelfingen Hoher Berg Weißburgunder trocken

87 2019 »Geschmackvolles« Ingelfingen Hoher Berg Grauburgunder trocken

87 2018 »Geschmackvolles« Niedernhall Burgstall Silvaner trocken

87 2019 »Geschmackvolles« Ingelfingen Hoher Berg Rosé trocken

88 2018 »Geschmackvolles« Niedernhall Burgstall Spätburgunder trocken

87 2018 »Geschmackvolles« Niedernhall Burgstall Schwarzriesling trocken

90 2017 »Erlesenes« Ingelfingen Hoher Berg Rotwein Cuvée trocken CD/BF/DF/ZW
Zwei Drittel Cabernet Dorsa in der Cuvée. Gewürznelke, Schwarzkümmel, zurückhaltende rote und schwarze Beeren. Lebendig am Gaumen mit schönem Trinkfluss, zwar nicht außerordentlich komplex, aber mit feiner Frucht und Ausgewogenheit. 12,5 Vol.-%, DV, €€

★

WEINGUT UND EDELBRENNEREI GEMMRICH

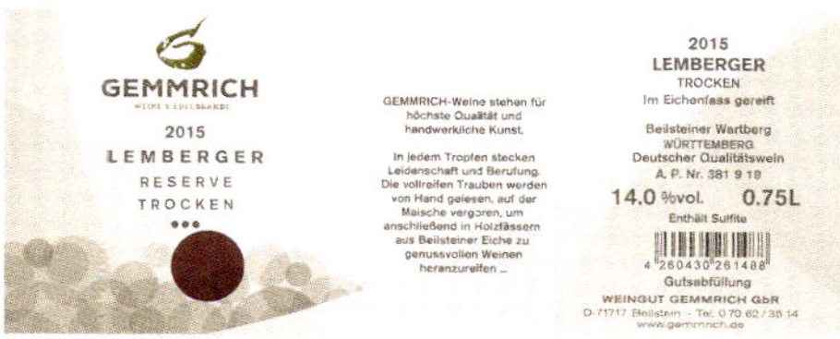

Löwensteiner Straße 34, 71717 Beilstein
T: +49 (7062) 3514, anja@gemmrich.de
www.gemmrich.de

Ab-Hof-Verkauf: Do und Fr 9–18 Uhr, Sa 9–15 Uhr und nach Voranmeldung
Kellermeister: Bernd Gemmrich
Ansprechpartner: Anja Gemmrich
Hektar: 10 ha

Zwar nehmen die PiWis nur 20 Prozent der Fläche des Weinguts Gemmrich aus dem württembergischen Unterland ein. Beim diesjährigen Weinguide sorgten sie jedoch gleich für vier der sechs angestellten Weine. Und die Bandbreite war groß: Vom mächtigen Muscaris, der trotz beängstigender Werte erfreulich fest blieb, über einen harmonisch trockenen Spaß-Weißen bis zum klassischen Lemberger reichte das Spektrum. Kraft haben die Weine alle. Vielleicht bringen Anja und Simon Gemmrich als württembergische »Jungwinzer des Jahres 2019« künftig auch noch ein wenig mehr Finesse hinein.

90 2019 »Unkaputtbar« Beilstein Wartberg Muscaris trocken
Kann das gut gehen, Barrique, staubtrocken, 15 Volumenprozent? Tatsächlich ja. Extrem traubige Nase, leicht gespritet wie ein Muscat de Beaumes-de-Venise. Am Gaumen Eichenholz, hohe Viskosität, aber erstaunlich spannungsgeladen. Wonneproppen und Elixir. 15 Vol.-%, DIAM, €€

90 2015 »Reserve« Beilstein Wartberg Lemberger trocken
Gereifte Farbe, Nase mit viel Pfeffer, Gewürznelke und Dörrpflaume. Hohe Pikanz mit Säure und Würze, Letzteres auch durch den Alkohol. Im Fruchtkern mittelgewichtig, Maraschino-Kirsche, damit keine Lagerpflicht, sondern sofort an- und austrinkbar. 14 Vol.-%, DV, €€

90 2015 »Cerubino Cabernet Cuvée« Beilstein Wartberg trocken CU/CD
Gereift in der Farbe und auch in der Nase, Leder, Lorbeer, Würze und Kraft. Am Gaumen schenkt der Alkohol die pfefferige Würze, aber die Frucht ist nicht matt und bietet ein dunkelbeeriges und pflaumiges Pendant. Zum Wildbret. 14,5 Vol.-%, DV, €

89 2016 »Unkaputtbar« Beilstein Wartberg Cabernet Cortis trocken
Schokolade und Minze, After Eight, duftig, leicht malzig, feine Würze mit erster Entwicklung. Im Mund mit feinkörnigem, straffem Gerbstoff auf kräftigem Alkohol. Cabernet-Verwandtschaft erkennbar, kommt aber mit mehr Wucht daher als beim Original. 14 Vol.-%, DV, €€

88 2019 Beilstein Wartberg Sauvignon Blanc trocken

89 2019 »Unkaputtbar« Cuvée-Weiß Beilstein Wartberg trocken SC/CB
Frisch-florale Nase, die an Sauvignon Blanc erinnert, recht intensiv parfümiert. Am Gaumen mit feiner Säureader und einer gewissen Restsüße, »harmonisch trocken«. Kein Wein mit hohem Anspruch, aber bestens geeignet als Terrassenschlotzer oder Apéro. 12,5 Vol.-%, DV, €

★★

WEINGUT LEON GOLD

Buocher Weg 9, 71384 Weinstadt
T: +49 (7151) 1691215, info@weingut-gold.de
www.weingut-gold.de
Ab-Hof-Verkauf: Mi 17–19 Uhr, Sa 10–13 Uhr und nach Vereinbarung
Kellermeister: Leon Gold
Ansprechpartner: Leon Gold
Hektar: 11 ha
Anbauweise: Biologisch zertifiziert

Leon Gold gehört mit seinem elf Hektar großen Betrieb im Remstal in die Reihe »Neue (erfreuliche) Wege« in Württemberg. Stilistisch vielleicht nur noch mit Jochen Beurer zu vergleichen, sind seine Weine komplett unkitschig, straight, mineralisch und damit eher Noma als gutbürgerliches Restaurant. Eine neue Facette dieses Stils im Weinguide fügt der Chardonnay »Réserve« hinzu, der nicht nur versehentlich ans französische Jura erinnert. Mit seiner reduktiven, röstigen und fordernden Naturweinart besitzt er die Fähigkeit, Diskussionen in der Weingemeinde auszulösen – der weite Horizont.

92 2018 »Réserve« Chardonnay trocken
Deutlicher Holzeinfluss in der Nase, aber nicht süß-vanillig, sondern extrem röstig, Haselnüsse, Holzrauch. Auch am Gaumen straff, kernig, rauchig, mit viel Substanz und viel Potenzial. Erinnert eher an Chardonnay aus dem französischen Jura. 13 Vol.-%, NK, €€€

92 2018 »Cuveé Ida Marie« extra brut
Ganz leicht tertiäre Noten, dazu pinotbeerig, ein raffinierter, vielschichtiger Duft. Im Mund spannungsvoll und saftig, gebündelt, sehr feines Mousseux, elegant, mineralisch, eine prägnante, aber dabei ultrafeine Säure, delikate Abgangsfrucht. 11,5 Vol.-%, NK, €€

91 2018 »Halbstück« Gundelsbach Koih Riesling trocken
Etwas Holzwürze in der Nase, gelbe Frucht, Aprikose und frische Ananas, Rauch und Hefe. Am Gaumen mit Stoffigkeit und Fülle in einer festen, holzgestützten Struktur, mineralische Anklänge, kein oberflächlicher Charmeur, ein strukturgeprägter Riesling mit Tiefgang. Potenzial.
12,5 Vol.-%, NK, €€€

90 2018 Großheppach Cabernet Sauvignon tr.
Dunkles Purpur. In der Nase viel reife, sogar weiche Beerigkeit ohne Cabernet-Paprika. Am Gaumen ist der Wein sehr sauber und dicht, bleibt in der dunkelbeerig-pfeffrigen Aromatik. Kein üppiger Körper, sondern auch als Roter straight und gutstypisch. 13 Vol.-%, NK, €€

89 2018 »Kabi« Riesling

90 2018 Gundelsbach Riesling trocken
Frisch geöffnet reduktive Nase, aber auch später noch eher spröde mit dezenter Kräuternote. Am Gaumen ist der Ortswein richtig trocken und durch die weitgehende Abwesenheit von Frucht (nur leicht aprikosig) und Süße ein idealer Begleiter bei Tisch. 12 Vol.-%, DV, €€

★

WEINGUT GOLTER

Klee 1, 74360 Ilsfeld
T: +49 (7062) 978940, info@weingut-golter.de
www.weingut-golter.de

Ab-Hof-Verkauf: Di, Mi und Fr 10–12 Uhr und 15–17.30 Uhr, Do 15–17.30 Uhr, Sa 9–12 Uhr
Kellermeister: Christoph Golter, Martin Streicher
Ansprechpartner: Christoph Golter
Flaschen/Hektar: 150.000 (35 % weiß, 65 % rot)/20 ha

Ein Kompliment nach Ilsfeld – das ist die beste Kollektion, die das Weingut Golter bislang für diesen Weinguide vorgestellt hat: Christoph Golter, Jahrgang 1992, der mit Martin Streicher den Keller verantwortet, hat vor allem überzeugende Rotweine wie den dichten Lemberger aus der Schozacher Schelmenklinge und den würzig-geschmeidigen Syrah präsentiert. Aber auch der kräftige Riesling aus dem Schlossberg zeigt Potenzial und spielt seine Qualitäten schon aus. Wir konstatieren eine stetige Weiterentwicklung im 1982 von Reinhard und Christine Golter gegründeten Weingut.

90 2019 Helfenberg Schloßberg Riesling tr.
Typische Rieslingnase mit Pfirsich und Aprikose, auch Gewürze und florale Noten. Am Gaumen mit Volumen, guter Stoffigkeit und Würze, die Säure ist reif und belastbar, feine mineralische Grundierung. Auch Saftigkeit und Schmelz, gutes Potenzial zur Reife. 13,5 Vol.-%, DV, €

91 2017 Schozach Schelmenklinge Lemberger trocken
Reifes Duftbild mit reifer Kirsche, Röstaromen, Maulbeere, Brombeere und Gewürznelke. Mit guter Konzentration und Volumen am Gaumen, viel Würze, Pfeffer und auch Piment, an der Gaumenmitte verdichtet. Ambitionierter Lemberger mit guter Länge und Heimatkolorit. 14 Vol.-%, DV, €€€

91 2017 Ilsfeld Rappen Syrah trocken
Intensive Nase, die noch vom kräftigen Holzausbau zeugt, Schwarze Johannisbeere, Rauchfleisch, Wacholderbeere und Nelke. Am Gaumen verbinden sich gute Substanz mit Würze, Tiefe und auch eleganter Geschmeidigkeit. Eigenständige Interpretation von Syrah. 14 Vol.-%, DV, €€€

90 2017 Abstatt Burgberg Lemberger trocken
Vielschichtiges Bukett mit reifer dunkler und roter Frucht, Brombeere, Schwarze Johannisbeere und Schwarzkirsche. Ein markanter und würziger Lemberger mit Kraft und Volumen, viel Würze und einem belastbaren Gerüst von ausgereiften Tanninen, gute Länge. 14 Vol.-%, DV, €€

89 2019 Ilsfeld Sauvignon Blanc trocken

88 2019 Weißburgunder trocken

88 2019 Ilsfeld Riesling trocken

88 2019 Lemberger Rosé feinherb

89 2017 Ilsfeld Schozachtal Lemberger trocken

89 2019 »der Trollinger« Helfenberg trocken
Himbeere, Walderdbeere und Sauermandel in der Nase. Setzt am Gaumen mit reifer Säure und reifer Erdbeere geschmeidig an, trocken und unkitschig in der Anmutung, gute Frische und klare Frucht mit verhaltenem Gerbstoff. Gekühlt zum Vesper eine Freude. 12,5 Vol.-%, DV, €

★★★★

WEINGUT KARL HAIDLE

Hindenburgstraße 21, 71394 Kernen-Stetten
T: +49 (7151) 949110, info@weingut-karl-haidle.de
www.weingut-karl-haidle.de
Ab-Hof-Verkauf: Mo bis Fr 8–12 Uhr und 13–18 Uhr, Sa 9–15 Uhr
Kellermeister: Moritz Haidle
Ansprechpartner: Moritz Haidle
Flaschen/Hektar: 130.000 (60 % weiß, 40 % rot)/23 ha
Anbauweise: Biologisch zertifiziert

Moritz Haidle geht unbeirrt seinen Weg: Es ist bewundernswert, mit welcher Konsequenz der junge Winzer seine ganz eigene Handschrift entwickelt hat, die immer auf Weine abzielt, die Charakter und Herkunft zeigen – und die auch anecken dürfen. Haidle, seit Sommer 2019 im Präsidium des VDP, konzentriert sich inzwischen auf Riesling, Spätburgunder und Lemberger. Der »Ritzling« ist ein patenter Einstiegswein, mit dem Riesling »Schilfsandstein« beginnt schon die Klasse des terroirwürzigen Luxus, die in den packenden, mineralisch aufgeladenen Lembergern gipfelt. Da bleibt einem die Puste weg.

93 2019 Stetten Pulvermächer Riesling Kabinett
Sehr verschlossen im Duft, hefig, ganz auf den Stein fokussiert, nur Andeutungen von (Zitrus-)Frucht. Im Mund mit mundwässernder Säure und zurückhaltender Süße, der kühne Entwurf eines südlichen Kabinetts mit großem Spannungsbogen und Anlagen zur Langlebigkeit.
8,5 Vol.-%, NK, €€

96 2018 Stetten Mönchberg Berge Lemberger GG
Riecht wie ein Hermitage. Ätherische Kopfnoten, Halbbitterschokolade, Schwarzkirsche. Leder. Pfeffrig. Im Mund ganz großzügig und weich grundiert, sehr feines Tannin in hoher Menge, feinnervig begleitet, intensive taktile Mineralität. Viel Saft im Abgang. 13,5 Vol.-%, NK, €€€

95 2018 Stetten Mönchberg Gehrnhalde Lemberger GG
Lakritze, Schwarzkirsche und etwas Dörrpflaume. Im Mund viel Druck mit sehr feinen Mitteln, sehr feine Gerbstoffpixel, weich grundiert, kräftig mineralisch, der Körperrahmen ist bis an den Rand mit Stoff und Inhalt gefüllt und dennoch wirkt alles elegant und frisch. 13 Vol.-%, NK, €€€

92 2018 Stetten Häder Lemberger Erste Lage trocken
Dezentes Holz, Lebkuchen, Schwarzkirsche, Veilchenpastille. Feinkörniger Gerbstoff, lebendige Säure, gute taktile mineralische Präsenz, mittlere Fruchtbegleitung, sehr gute Länge mit einem Übergewicht der Stoffigkeit über der Frucht. Sehr lang. 13 Vol.-%, NK, €€

90 2019 »Pfeffer« Stetten Riesling Kabinett

89 2019 »Ritzling« Riesling trocken

89 2019 »Bunter Mergel« Blaufränkisch tr.

91 2019 »Schilfsandstein« Stetten Riesling trocken
Ausgesprochen vielschichtig: deutliche Terroirnoten, Gips, feuchter Stein, dann auch Kräuter und Gewürze, Lakritze, Kreuzkümmel. Im Mund ungekünstelt, sofort präsent, ganz trocken, feste Säure, taktilmineralisch, gehaltvoll, aber auch trinkanimierend, 12,5 Vol.-%, DV, €€

★★★

WEINGUT HEID

Cannstatter Straße 13/2, 70734 Fellbach
T: +49 (7115) 84112, info@weingut-heid.de
www.weingut-heid.de
Ab-Hof-Verkauf: Mo bis Fr 17–19 Uhr, Sa 9–13 Uhr und nach Vereinbarung
Kellermeister: Markus Heid
Ansprechpartner: Markus Heid
Hektar: 10 ha
Anbauweise: Biologisch zertifiziert

Schon letztes Jahr zeigte Markus Heid mit seinem Weingut eine starke Leistung. Die konnte er mit dem neuen Jahrgang nicht nur halten, sondern sogar noch ein weiteres Schippchen drauflegen. Besonders die 2018er Rotweine sind eine Klasse für sich, gerade das ausgezeichnete Spätburgunder-GG. Dabei zieht sich ein weingutseigener Stil durch das gesamte Portfolio. Matte und alkohollastige Brummer gibt es hier nicht. Stattdessen verfügen die Weine über Biss und innere Spannung, die bekunden: »Hallo, hier ist Leben!« Die Spitzenexemplare fügen der ganzen Pikanz noch eine elegante Note hinzu.

92 2019 Stetten Pulvermächer Riesling GG
Nase feinfruchtig und pikant, primär apfelig, öffnet sich aber zusehends mit mehr Luft. Konsequent trocken im Stil des Weinguts gehalten, erst dezent, dann nachhaltig, relativ leichter Körper. Zeigt Dichte, Spannung und Zug. Noch jugendlich, Potenzial. 12,5 Vol.-%, DV, €€€

92 2019 »Melchisedec« Sauvignon Blanc tr.
Parfümierte Sauvignonnase zwischen Brennnessel und gelber Stachelbeere, fächert sich mit zunehmender Luft auf. Am Gaumen mit pikanter Säure und mittlerem Körper, trocken und aromatisch fein. Ein Wein mit enormer gastronomischer Anwendungsbreite. 13 Vol.-%, DV, €€€

94 2018 Fellbach Lämmler Spätburgunder GG
Nase würzig-pfeffrig mit Schwarzkirsche, Sauerkirsche, Bittermandel. Gute Fruchtpräsenz auch am Gaumen, dazu feine Gerbstoffe. Ein Wein, der die Balance zwischen Kernigkeit und Eleganz, zwischen Säure, Dichte und Gehalt ausgezeichnet meistert. Jugendlich. 12,5 Vol.-%, NK, €€€

93 2018 Fellbach Lämmler Lemberger GG
Dunkles Purpur im Glas. In der Nase Lorbeer, Schwarzkirsche und balsamische Noten. Dichte, intensive und pikante Materie am Gaumen, enorme Spannung. Die Kernigkeit des Goldbergs ist gegenüber einer höheren Eleganz gebändigt. Viel Potenzial. 13 Vol.-%, NK, €€€

91 2019 »Melchisedec« Weißburgunder tr.

90 2019 Fellbach Goldberg Riesling Erste Lage trocken

89 2019 »Steinmergel« Silvaner trocken

92 2018 »Melchisedec« Syrah trocken

91 2018 Fellbach Goldberg Pinot Noir Erste Lage trocken

90 2018 Fellbach Kaiserblick St. Laurent tr.

89 2019 Trollinger trocken

92 2018 Fellbach Goldberg Lemberger Erste Lage trocken
Dunkelfruchtige Nase nach Schwarzkirsche, schwarzer Pflaume, Brombeerbusch. Im Mund herzhafte Säure, weiter schön präsente dunkle Frucht, sehr pikant und in der Intensität von Frucht und Säure durchaus fordernd. Charakterstarke Interpretation. 13 Vol.-%, NK, €€

★ ★ ★

WEINGUT G. A. HEINRICH

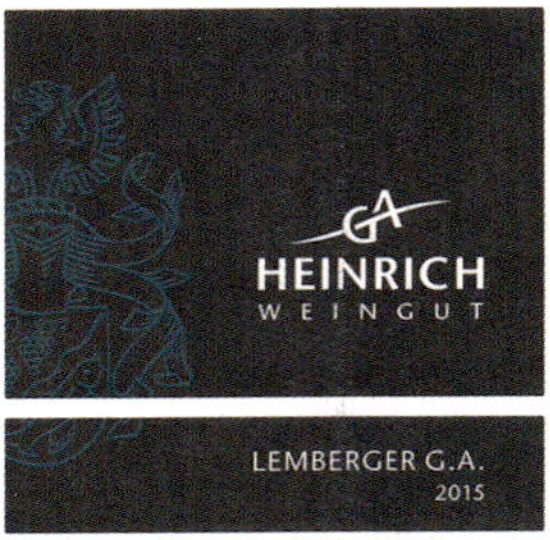

Riedstraße 29, 74076 Heilbronn
T: +49 (7131) 175948, info@weingut-heinrich.de
www.weingut-heinrich.de

Ab-Hof-Verkauf: Mo bis Fr 9–12 Uhr und 13.30–18 Uhr, Sa 10–14 Uhr
Kellermeister: Tobias Heinrich
Ansprechpartner: Björn Heinrich
Flaschen/Hektar: 90.000 (40 % weiß, 60 % rot)/14 ha

Die Brüder Björn und Tobias Heinrich nehmen nach der Betriebsübernahme von ihrem Vater Martin Heinrich im Sommer 2017 weiter Fahrt auf. Der stoffige und mineralisch unterfütterte Weißburgunder unterstreicht die großen Ambitionen genauso wie die dichten, vielschichtigen und würzigen Rotweine. Gerade der perfekt balancierte Spätburgunder aus dem Heilbronner Löwenherz zählt zu den besten seiner Art in Württemberg; aber auch der »Dieb« mit feinkörnigem Gerbstoff und der markante Löwenherz-Lemberger imponieren. In dieser Form ist von den Heinrichs noch einiges zu erwarten!

92 2018 Heilbronn Hinterer Hundsberg Weißburgunder trocken
Braucht noch viel Luft: Momentan dominiert der Hefeausbau den Duft. Beginnt im Mund mit großer Geschmeidigkeit, nachgerade cremig, die Säure bleibt verhalten, trägt den stattlichen Körper jedoch im Verbund mit dichter Stoffigkeit sehr gut. Mineralischer Abklang, Zukunft. 13 Vol.-%, NK, €€€

93 2017 Heilbronn Löwenherz Spätburgunder trocken
Etwas Rosenduft im kräftigen Duft, Röstaromen, Waldhimbeere und auch Waldmeister. Zeigt am Gaumen sehr gute Balance, die Gaumenfrucht ist präsent und klar, trocken und natürlich im Ausdruck, die Gerbstoffe fein poliert, gute Dichte, Saft und Finesse. 12,5 Vol.-%, NK, €€€

92 2016 »Dieb« trocken BF/CU
Kräftige und edle Cuvée aus Blaufränkisch und Cabernet Cubin, die nach Cassis, Holunder, Schwarztee, Kokosnuss und auch Minze riecht. Verbindet am Gaumen Druck und entspannte Eleganz, der sandige Gerbstoff ist gut integriert, sehr gute Perspektive. 13,5 Vol.-%, NK, €€€

92 2017 Heilbronn Löwenherz Lemberger tr.
Vielschichtige Nase mit Aromen von reifer Brombeere, Wacholderbeere, kräftigen Röstaromen und etwas Karamell. Am Gaumen mit gutem Volumen, Dichte und ausgeprägter würziger Art, hat sich die nötige Frische erhalten; prägnantes Tannin, langer Ausklang. 13 Vol.-%, NK, €€€

90 2017 »G.A.« Heilbronn Stiftsberg Lemberger trocken

91 2017 »G.A.« Heilbronn Stiftsberg Spätburgunder trocken
Einnehmende Pinotnase mit feiner Würze, Kirsche, rauchigen Noten, Wacholder. Am Gaumen mit guter Balance, Körper, Präsenz, Frucht und Säure stehen zueinander, die Säure ist reif und tragend, mürbes Tannin und kräutrige, kalkmineralische Würze im Abklang. 12,5 Vol.-%, NK, €€

★★

WEIN & SEKTGUT HIRSCHMÜLLER

La-Ferté-Bernard-Straße 30
74343 Lauffen am Neckar
T: +49 (173) 3763603, info@weingut-hirschmueller.de
www.weingut-hirschmueller.de

Ab-Hof-Verkauf: Fr 17–19 Uhr und nach Vereinbarung
Kellermeister: Wiebke und Tobias Hirschmüller
Ansprechpartner: Wiebke und Tobias Hirschmüller
Flaschen/Hektar: 50.000 (50 % weiß, 50 % rot)/8 ha

Acht Hektar Reben kultivieren Wiebke Krüger und Tobias Hirschmüller auf den Muschelkalkböden in und um Lauffen am Neckar, die Burgundersorten liegen ihnen besonders am Herzen. Bis auf den unbeschwerten Muskateller sind die Weißweine des Winzerpaares noch vom Holzausbau geprägt. Sie zeigen gute Substanz und eine starke kulinarische Bestimmung. Aber in diesem Sortiment gibt es keine Schwachstelle: Der Lemberger zeigt Kraft, reine Frucht und Eleganz und von Sekt verstehen die beiden eine Menge! Das Weingut hat sich längst als feste Größe im württembergischen Weingeschehen etabliert.

91 2018 »Reserve« Chardonnay trocken
Im Duft mengen sich reife Birne, Melone und röstige Aromen zum kräftigen Bild. Weich am Gaumen mit reifer Säure, Schmelz und schöner Würze. Zeigt Kraft und Volumen des warmen Jahres, bringt genug Dichte und Substanz mit, um seine Wucht zu tragen. Jugendlich. 13,5 Vol.-%, DV, €€

91 2018 »Reserve« Riesling trocken
Der Duft zeugt vom Ausbau im Holz, Röstaromen, Heu, etwas Kokosnuss, Melone und reifes Steinobst. Am Gaumen kräftig, sehnig und straff gebaut mit klar definierter Muskulatur, guter Dichte, Volumen und Länge, die reife Säure trägt. Jugendlich, mit Potenzial. 13 Vol.-%, DV, €€€

91 2018 »Reserve« Grauer Burgunder trocken
Kräftige Nase, die von Holz- und Röstaromen bestimmt wird, Quitte, Birne, frisches Heu und reifer Apfel. Am Gaumen mit gutem Volumen, weich ansetzend, Saft und auch Schmelz. Großzügig, steht zu seinen etwas breiten Hüften. Kulinarisch gedacht, mit Potenzial. 13,5 Vol.-%, DV, €€

91 2017 »Reserve« Lemberger trocken
Reife Brombeere und Kräuter in der Nase, geröstete Kaffeebohnen, Tabak und Schwarzkirsche. Am Gaumen mit Volumen, kräftig gebaut, guter Extrakt. Großzügig, mit kräftigem und reifem Gerbstoff, ohne dabei die Eleganz zu vernachlässigen. Zu geschmortem Fleisch. 13,5 Vol.-%, DV, €€

90 »Perlage Blanc« extra brut

89 2019 Gelber Muskateller trocken
Glockenklare, fruchtige Nase mit Mango, reifer Aprikose und Muskatblüte. Ein schwungvoller und animierender Muskateller mit schlanker Textur, präsenter Säure und feiner Würze. Ein Aperitif und Spaßmacher wie aus dem Bilderbuch, der sofort die Laune anheben kann.
11,5 Vol.-%, DV, €

★★★

WEINGUT FÜRST HOHENLOHE OEHRINGEN

Wiesenkelter, 74613 Öhringen-Verrenberg
T: +49 (7941) 94910, info@verrenberg.de
www.verrenberg.de

Ab-Hof-Verkauf: Mo bis Fr 9–18 Uhr, Sa 10–14 Uhr
Kellermeister: Joachim Brand
Ansprechpartner: Joachim Brand
Flaschen/Hektar: 190.000 (60 % weiß, 40 % rot), 28 ha
Anbauweise: Biologisch zertifiziert

Das Traditionsweingut Fürst Hohenlohe Oehringen, das in 27. Generation familiengeführt wird, hat eine homogene und hochwertige Kollektion vorgestellt, aus der die »H.A.D.E.S.«-Weine herausragen. Besonders beeindruckend sind Kellermeister Joachim Brand die roten Top-Cuvées »Ex flammis orior« und »In senio« gelungen, in denen neben Lemberger auch Cabernet Franc, Merlot und Malbec zu finden sind – Rebsorten, deren Heimat eigentlich der Süden ist. Auch der »H.A.D.E.S.«-Chardonnay und der Riesling Verrenberg machen große Freude – das Bioweingut ist in exzellenter Form.

93 2019 »H.A.D.E.S.« Chardonnay trocken
Dezentes Holz, Anklänge an Wiesenkräuter, nussige Noten, Sesam. Am Gaumen seidig und rund, subtil hefewürzig in den Aromen, mineralisch im Hintergrund und dennoch auch getragen und großzügig. Ein sehr stilvoller Chardonnay mit kulinarischer Ader. 14 Vol.-%, NK, €€€

92 2019 Verrenberg Verrenberg Riesling GG
Frisch und zitrisch im Duft. Zitronengras, Mandarine, frischer Zitronenabrieb. Zarte Phenolik, feste, aber auch reife Säure. Ein stattlicher Riesling aus einem Guss, mineralisch unterfüttert, ungekünstelt und mit bester Perspektive.
12,5 Vol.-%, NK, €€€

93 2018 »Ex flammis orior H.A.D.E.S.« trocken BF/CF/ME
Dunkles Kirschrot. In der Nase feine rote Frucht, Kirsche, Schlehe, Him- und Brombeere, etwas Rauch. Am Gaumen edle Gerbstoffe, reife, schön integrierte Säure, Kirsche, Mineralik, elegante, kräftige Struktur, gute Länge, viel Druck bis zum Schluss. 14 Vol.-%, NK, €€€

92 2018 Verrenberg Verrenberg Lemberger GG
Dunkles Rot. In der Nase satte dunkle Frucht, etwas Rauch, Brombeere, reife Kirsche, Himbeere, Würze, sehr attraktiv. Am Gaumen Zug und Stoff, feine Gerbstoffe, lebendige Säure, Kirsche und Brombeere, etwas dunkle Schokolade, gute Länge, druckvoll. 14 Vol.-%, NK, €€€

88 2019 Verrenberg Sauvignon Blanc trocken

88 2018 Untersteinbach Weißburgunder trocken

92 2018 »H.A.D.E.S.« Merlot trocken

91 2018 Verrenberg Verrenberg Spätburgunder GG

90 2018 »H.A.D.E.S.« Malbec trocken

90 2018 »H.A.D.E.S.« Cabernet Franc trocken

90 2018 Verrenberg Lemberger trocken

92 2018 »In senio H.A.D.E.S.« trocken CF/ME/CS/MA
Dunkles, sattes Rot. In der Nase reife Kirsche, Rauch, Würze, Eukalyptus, Zwetschge. Am Gaumen satt und dicht, reife Gerbstoffe, ausgewogene Säure, dunkle Früchte, etwas Kakao, viel Würze und Zug. Gute Struktur, für Powerfans ideal, schöne Länge, zum roten Fleisch. 14 Vol.-%, NK, €€€

★

WEINGUT HOLZAPFEL

Wilfenseeweg 78/1, 74172 Neckarsulm
T: +49 (7132) 37869, info@weingut-holzapfel.de
weingut-holzapfel.de

Ab-Hof-Verkauf: Di 10–13 Uhr, Do 11–18 Uhr, Fr 14–18 Uhr, Sa 9–13 Uhr und nach Vereinbarung
Kellermeister: Bernhard Holzapfel
Ansprechpartner: Bernhard Holzapfel
Hektar: 14 ha

Die Weinberge des Weinguts Holzapfel liegen vor allem am Neckarsulmer Scheuerberg, die Reben wachsen dort auf schweren Keuperböden. Schon seit dem 17. Jahrhundert betreibt die Familie dort Weinbau, heute führen Bernhard und Ursula Holzapfel den Betrieb gemeinsam mit ihrem Sohn Silas. Alle Weine stehen auf einem handwerklich guten Niveau, der Rosé mit der passenden Dosis Gerbstoff ist ein echter Spaßbringer, der Pinot Blanc elegant und mit klarer Frucht, die Roten wie der würzige und konzentrierte Lemberger zeigen gutes Potenzial zur weiteren Reifung. Gerne mehr davon!

90 2015 »B« Neckarsulm Scheuerberg Lemberger trocken
Reife Brombeere in der Nase, auch Rauch, Leder und Weihrauch, dazu florale Noten. Am Gaumen kräftig, konzentriert und würzig, gute Dichte, gute Balance mit einer feinen Säurestruktur, die Gerbstoffe sind weich und gut eingebunden, mittlere Länge, feine Würze. 13 Vol.-%, NK, €€

89 2019 Neckarsulm Scheuerberg Chardonnay trocken
Klare Frucht im Duft, Steinobst, Birne, Apfel, Melone, Zitrusfrucht und Holunderblüte; geschmeidig ansetzend am Gaumen mit süßlichem Extrakt und guter Würze, etwas Piment; gute Balance, fein austarierte, milde Säurestruktur. Eleganter und saftiger Chardonnay. 12,5 Vol.-%, DV, €

89 2019 Neckarsulm Scheuerberg Pinot Blanc trocken
Fruchtige Nase mit weißen Blüten und gelber Frucht, Mirabelle und auch Apfel, florale Noten. Am Gaumen fruchtig und mit reifer und präsenter Säurestruktur, zeigt Schmelz, Klarheit und Trinkfreude, feinwürzig und auch phenolisch. Schön, auch zum Essen. 12 Vol.-%, DV, €

89 2019 Neckarsulm Scheuerberg Muskateller
Reife Stachelbeere, Papaya und Grapefruit in der Nase, dazu Honigmelone; am Gaumen vollmundig mit ausdrucksstarker Frucht und agiler Säure, die weiß, wie man die süße Frucht kompetent begleitet. Schöner Aperitif und auch zu Nachspeisen, verspielter Sortentyp. 10,5 Vol.-%, DV, €

89 2019 »W.H. 1« Neckarsulm Scheuerberg trocken BF/PM/CI

89 2019 Neckarsulm Scheuerberg Lemberger Rosé trocken
Riecht nach Himbeeren und Brombeeren, auch Blattgrün. Straff und schlank gebaut, auch am Gaumen mit schöner Fruchtausprägung, präsenter Säure, gut passendem Gerbstoff und auch Zitrusnoten. Wie gemacht für einen Grillevent an einem warmen Sommerabend. 12 Vol.-%, DV, €

★★

HORNSTEIN AM SEE

Conrad-Forster-Str. 50, 88149 Nonnenhorn
T: +49 (8382) 98780, simon@hornstein-am-see.de
www.hornstein-am-see.de

Ab-Hof-Verkauf: Mo bis Sa 9–12 Uhr und 13–18 Uhr
Kellermeister: Simon Hornstein
Ansprechpartner: Simon Hornstein
Hektar: 6 ha

Es tut sich einiges am bayerischen Bodenseeufer, das kurioser Weise zum Weinanbaugebiet Württemberg zählt: Simon Hornstein ist einer der jungen Winzer, die mit ihren Weinen ins Rampenlicht treten. Umgeben von Alpen und See entstehen handwerklich erzeugte und filigrane Weine, die wie der kompromisslos trockene Grauburgunder und der spannungsreiche Chardonnay in der Jugend noch etwas reduktiv wirken können: Warten lohnt sich, erst nach mehreren Tagen geben sie ihre ganzen Reize preis. Etwas kräftiger sind die Spätburgunder aus dem warmen Jahr 2018 ausgefallen. Guter Auftritt!

92 2019 Nonnenhorn Grauburgunder trocken
In der Nase Hefe, Rauch und Röstaromen, Melone und Quitte, auch Kräuter, Pfeffer und Malz. Am Gaumen weich ansetzend in schlank gefasster Kontur, bald treten Würze und die reife Säure in Erscheinung, kompromisslos trocken und puristisch, gute Länge. 12,5 Vol.-%, DV, €€

91 2019 Nonnenhorn Chardonnay trocken
Kräftiger Rauch in der Nase, Melone, Quitte und Birne, reduktive Noten. Im Mund gut fokussiert, betont trocken und kitschfrei, dezent gehaltene Frucht, das Holz ist noch präsent, knackig und mit Dichte, sehr jugendlich und mit gutem Entwicklungspotenzial. 12,5 Vol.-%, DV, €€

91 2018 Nonnenhorn Seehalde Spätburgunder trocken
Im exponierten Duft Rauch und Hefe, dahinter Kirsche und auch florale, würzige Akzente, Ingwer, weißer Pfeffer. Am Gaumen dicht und würzig, die Struktur zeigt das warme Jahr, aber auch die Finesse des Pinots. Ein Wein mit weiterem Reifungspotenzial. 13,5 Vol.-%, NK, €€€

90 2018 Nonnenhorn Spätburgunder trocken
Hagebutte und Kirsche in der Nase, auch Hefe, Rauch und Blutorange. Kräftig und trocken am Gaumen, trotz süßlichem Extrakt, weich und eher breit angelegt, präsente Gerbstoffe, die sich weiter entwickeln werden, gute Substanz, kann sich weiterentwickeln. 13,5 Vol.-%, NK, €€

89 2018 Spätburgunder trocken

89 2019 Müller-Thurgau trocken
Im Duft Hefe, Apfel, Wiesenkräuter und etwas Malz. Am Gaumen kompromisslos trocken und mit guter Frische, kein Schmeichler am Gaumen, absolut kitschfrei, naturbelassen und direkt im Ausdruck. Guter Zug, mittlere Länge, jugendlich und kulinarisch interessant. 12,5 Vol.-%, DV, €

★★★

KISTENMACHER-HENGERER

Eugen-Nägele-Straße 23-25, 74074 Heilbronn
T: +49 (7131) 172354, www.kistenmacher-hengerer.de
kistenmacher-hengerer-wein@t-online.de

Ab-Hof-Verkauf: Mo bis Fr 16–18.30 Uhr, Sa 9.30–11 Uhr und 13–16 Uhr
Kellermeister: Hans Hengerer
Ansprechpartner: Hans Hengerer
Flaschen/Hektar: 75.000 (40 % weiß, 60 % rot)/12 ha

Hans Hengerer aus Heilbronn gehört zu den Gründungsmitgliedern der Winzergruppe »Junges Schwaben«. Rein biologisch gesehen sind das gestandene Männer im besten Alter, aber im Kopf sind sie jung geblieben. Davon zeugt auch der fein gearbeitete Orangewein »Josephine trägt Orange«. Ein Mann der großen Worte war der VDP-Winzer noch nie, am liebsten ist er im Weinberg und bei seinen Weinen. »Ich möchte, dass meine Weine für sich sprechen«, sagt er, und genau das tun sie auch. Am eloquentesten zeigt sich das superbe Große Gewächs vom Spätburgunder mit seinen seidigen Tanninen.

91 2016 »Sonnenstrahl« Heilbronn Wartberg Riesling GG
Kräftige Nase mit reifer Aprikose und Aprikosentarte, florale Noten und Gewürze. Am Gaumen geschmeidig und charmant, zeigt Volumen und auch Dichte, aber ebenso eine kühle Ader, die Säure ist reif, dabei präsent und tragend. Hat Potenzial zur weiteren Reifung. 13 Vol.-%, NK, €€€

93 2015 Heilbronn Stiftsberg Gewann Klinge Spätburgunder GG
Kirsche, Blutorange und Rote Bete im elaborierten Duft, Rauch und Veilchen. Zeigt sich vornehm und würzig am Gaumen mit geschmolzenem Tannin, seidig und präzise. Zeigt Kraft, reichlich Extrakt, Geschmeidigkeit, Tiefe und Eleganz. Wird weiter zulegen. 13,5 Vol.-%, NK, €€€

92 2015 »Junges Schwaben« Heilbronn Stiftsberg Spätburgunder trocken
Rauchiges Ambiente im Duft, Kräuter, Kirsche und Rote Bete. Am Gaumen mit kräftiger Textur, mittlere Dichte, zeigt eine präsente Säureader und mineralische Würze, mit Spannung und auch elegant. Ist noch nicht am Ende seiner Möglichkeiten angekommen. 13,5 Vol.-%, NK, €€€

92 2015 »Sonnenstrahl« Heilbronn Wartberg Lemberger GG
Volles, würziges Bukett mit reifer Brombeere, Röstaromen, Tabak, Wacholderbeere, ätherisch, kräutrig. Voluminös, großzügig und dicht am Gaumen mit enormer Würze, stattliches Tanningerüst, lang und konsistent, viel Extrakt, hat noch einiges vor sich. 13,5 Vol.-%, NK, €€€

90 2018 »VI« Heilbronn Stiftsberg Riesling Erste Lage trocken

90 2017 »VI« Heilbronn Stiftsberg Grauer Burgunder Erste Lage trocken

89 2019 »von Weiß und Grau« Heilbronn trocken WB/PG/CH

89 2019 »Cuvée Josephine« tr. GM/KR/MT/RR

91 2015 »Frederic Edition Feuer & Flamme« Cabernet Franc trocken

91 2018 »Josephine trägt Rot« Spätburgunder Auslese feinherb

90 2016 »Cuvee Maximilian Edition Feuer & Flamme« trocken ME/CF/CI

91 2018 »Josephine trägt Orange« Deutscher Wein trocken KR/RR
Getrocknete Aprikose in der Nase, Malz und Kräuter. Am Gaumen mit guter Spannung, Dichte und Struktur, mit gut ausgebildeten Phenolen und Gerbstoffen, zeigt Grip und Volumen, animiert und ist elegant, kompatibel mit kräftigen Gerichten. 13,5 Vol.-%, NK, €€

★★★★

WEINGUT KUSTERER

Gayernweg 55, 73733 Esslingen am Neckar
T: +49 (711) 357909
weinwelt.hmkusterer@weingut-kusterer.de
www.weingut-kusterer.de

Ab-Hof-Verkauf: ja
Kellermeister: Maximilian Kusterer
Ansprechpartner: Maximilian Kusterer
Flaschen/Hektar: 40.000 (25 % weiß, 75 % rot)/6 ha

Im Februar 2020 ist Maximilian Kusterer bei der Falstaff Wein-Trophy zum »Newcomer des Jahres« gekürt worden. Im Juli übernahm er das Weingut in Esslingen, seine Eltern Monika und Hans Kusterer arbeiten natürlich weiterhin im Betrieb mit. Kusterers Leidenschaft gilt dem Spätburgunder, dieses Jahr stellte er erstmals in der Verkostung den 2018er Spätburgunder von der Esslinger Neckarhalde vor mit Rebgut aus dem Burgund, das in Dichtpflanzung von 10.000 Stöcken pro Hektar gepflanzt wurde. Ein Weinberg und ein Wein, die in die Zukunft weisen: noch jung, aber enorm vielversprechend.

92 2018 Esslingen Neckarhalde Spätburgunder trocken

Recht dunkel für einen Pinot und sichtlich unfiltriert. In der Nase fein durchscheinende Duftigkeit unter einer Decke von Eukalyptus und nassem Stein. Am Gaumen mit enormer Säurefrische, Kirschfrucht und bewusst schlank gehaltenem Körper. Potenzial, abwarten. 12,5 Vol.-%, DV, €€€

92 2016 Esslingen Schenkenberg Felsen Blaufränkisch trocken

Sehr reife schwarze Beerenfrucht in der kräftigen Nase. Am Gaumen dann aber fester wirkend. Ausgesprochen pikante Säurestruktur, gut eingebundenes Holz, ein ruhiger und eleganter Fluss. Das für den Blaufränkisch typische Kernige grüßt aus der Ferne. 13,5 Vol.-%, DV, €€

92 2015 »Mélac« trocken ZW/CF/ME

Schwarzkirsche, etwas Grafit, Wacholder, reife und dichte Nase. Nach dem ersten Schluck bleibt der verwunderte Blick aufs Etikett: Das sind 14,5 Volumenprozent Alkohol? Robuste Materie, die die Kraft problemlos einbindet. Holunder, spürbare Gerbstoffe, Substanz. 14,5 Vol.-%, DV, €€€

90 2015 Esslingen Schenkenberg Herzogen Zweigelt trocken

Dunkles Purpur im Glas. In der Nase eine sehr dichte Schwarzbeerigkeit, die in ihrer Präsenz die Reife des Jahrgangs ahnen lässt. Spürbare Gerbstoffe am Gaumen, tiefe Frucht, gleichzeitig reif und robust. Wer Schmeichler sucht, muss weitergehen. 14,5 Vol.-%, DV, €€

89 2016 »Steillage« Blaufränkisch trocken

92 2017 Esslingen Neckarhalde Chardonnay trocken

Sehr feine Nase und trotz Barriqueausbaus überhaupt kein Holzkitsch. Am Gaumen Zeder und Weinbirne, sehr dicht gehalten, aber die konsequente Säure durchzieht den Körper des Weines. Geschmeidig und elegant, in dieser Preisklasse eine Referenz und Empfehlung. 13,5 Vol.-%, DV, €€

★

WEINGUT ANITA LANDESVATTER

Schloßstraße 15, 74336 Brackenheim
T: +49 (7135) 9318781, info@weingut-landesvatter.de
www.weingut-landesvatter.de

Ab-Hof-Verkauf: Fr 14–18 Uhr, Sa 11–16 Uhr und nach Vereinbarung
Kellermeister: Anita Landesvatter
Ansprechpartner: Anita Landesvatter
Hektar: 6 ha

Sechs Hektar Reben bewirtschaftet Anita Landesvatter am Strom- und Heuchelberg, wo sie auf Keuper- und Sandsteinböden wachsen. Die Winzerin und Kellermeisterin, die auch in Kalifornien gearbeitet hat, stellt gleich mehrere Rotweine auf gutem Niveau vor wie den feinwürzigen Portugieser und den dunkelbeerigen, substanzreichen Lemberger aus dem Jahrgang 2018. Gut gereift ist der griffige Cabernet Mitos aus dem Jahr 2014. Auch der Riesling aus dem Haberschlachter Dachsberg weiß mit guter Substanz zu gefallen. Und der saftige Lemberger-Rosé löst ungehemmte Schluckreflexe aus.

89 2017 Haberschlacht Dachsberg Riesling ** trocken
Reifes Steinobst in der Nase, Apfel und florale Noten. Am Gaumen mild ansetzend mit guter Substanz und weicher Säure, feiner Würze und floralen Noten. Riesling, der bei mancher Sommelière und manchem Sommelier für kulinarische Assoziationen sorgen dürfte. 13 Vol.-%, DV, €€

90 2018 Diefenbach König Portugieser * tr.**
Holunder und Brombeermark in der würzigen Nase, auch etwas Blutorange und Rote Bete, Rauch, Mokka und herbe Schokolade. Am Gaumen mit Saft und feiner Würze gut gebaut, intensiv und mit Tiefe, die Tannine sind reif und griffig, schöner Sortenvertreter. 13 Vol.-%, NK, €€

90 2014 Diefenbach König Cabernet Mitos tr.
Würzig und auch malzig im Duft, dunkle Frucht, Schwarzkirsche, Holunder, Paprika und Brombeere; immer noch präsent und griffig am Gaumen, kaum Alterungstöne, kräftig und gut gebaut mit Volumen und Spannung, reintönig in der Frucht und auch elegant. 13 Vol.-%, NK, €€

90 2018 Brackenheim Zweifelberg Lemberger * trocken**
Satte Brombeere und Schwarzkirsche in der Nase, auch etwas Vanille, Gewürze und florale Noten. Kräftig am Gaumen mit guter Substanz und Würze, die Tannine sind reif und tragend, die Säure ist reif, auch am Gaumen reife Frucht. Wird weiter zulegen, Potenzial. 13 Vol.-%, NK, €€

88 2019 Diefenbach König Chardonnay tr.

88 2018 Diefenbach König Weißburgunder brut

87 2019 Diefenbach König Gelber Muskateller trocken

87 2019 Diefenbach König Kerner trocken

89 2018 Brackenheim Zweifelberg Trollinger * trocken**

88 2018 »44er« Diefenbach König trocken BF/AC/DF

89 2019 Diefenbach König Lemberger Rosé halbtrocken
Attraktive Nase mit Noten von Brombeere, Schwarzkirsche und Himbeere. Am Gaumen finden die frische Säure und die klare, süßliche Frucht schnell zueinander. Schlanker Rosé mit schwäbischem Zungenschlag, der auch über die Landesgrenzen gefallen dürfte. 12 Vol.-%, DV, €

★★

WEINGUT LANZ

Sonnenbichlstraße 8, 88149 Nonnenhorn
T: +49 (8382) 888579, info@lanzwein.de
www.lanzwein.de

Ab-Hof-Verkauf: nach Vereinbarung
Kellermeister: Benjamin Lanz
Ansprechpartner: Benjamin Lanz
Anbauweise: Biologisch zertifiziert

Nonnenhorn am Bodensee gehört zum Bundesland Bayern, zum Regierungsbezirk Schwaben und zum württembergischen Weinanbaugebiet »Bayerischer Bodensee«. Dieses Durcheinander löst die Weinfamilie Lanz konsequent auf, indem sie ihre Produkte als »Deutscher Wein« einordnet, mithin in die ehemalige Tafelweinkategorie. Pures Understatement, denn was hier im Weinguide-Debüt auf den Tisch kam, war durchaus überzeugend. Pilzwiderständige Rebsorten, in der großen Weinwelt oftmals noch ein wenig belächelt, trumpfen dank kühler Ader und gekonnter Vinifizierung mit Stil und Charakter richtig auf.

92 2018 Lindau Entenberg Souvignier Gris tr.

Etwas Holz und dahinter verborgene blumige Aromen. Grapefruit, Rose. Kraftvoller Körper, einige Wucht, aber auch einige Stoffigkeit, mineralische Noten, gute Dichte, in seiner Struktur fast zum Kauen, sehr gut in Länge und Homogenität. 14 Vol.-%, NK, €€

90 2019 Cabernet Blanc trocken

Sauvignon-Blanc-Noten in der Nase, viel Cassis und Holunderblüte. Am Gaumen ebenfalls Weiße Johannisbeere, Weißdorn, Pflanzliches und Florales dominieren. Schöne Dichte, trocken-geschmeidiger Abgang. Frisches Gartengemüse ruft zur Begleitung. 12 Vol.-%, DV, €€

91 2018 Nonnenhorn Sonnenbichl Cabertin trocken

Nase geprägt von sehr reifer dunkler Beerenfrucht und der mit Cabernet verbundenen grünen Paprikanote. Am Gaumen dann mit hoher Reife, die aber keineswegs marmeladig wirkt, gepuffert durch eine pikante Säure. Feine Gerbstoffe, schöne Beerenfrucht. 14 Vol.-%, NK, €€

90 2018 Nonnenhorn Sonnenbichl Pinotin trocken

Junges Purpurrot im Glas. In der Nase zurückhaltend waldbeerig, Unterholz, Wacholder. Am Gaumen dominieren weiter Waldbeeren bei kühlem Fluss. Mittelgewichtig, aber engmaschig, nur geringe Würze, wirkt fast wie ein Bergwein. Überzeugende Leistung. 12,5 Vol.-%, NK, €€

89 2019 Muscaris

90 2019 Johanniter trocken

Florale Nase, Holunderblüte, Akazie, Weißdorn. Am Gaumen durchaus mit Dichte, herzhafte Säure, feine Fruchtnoten, birnig, leichter Grip. Ein angenehm trockener und vielseitig verwendbarer Wein, auf der Terrasse wie bei Tisch. 12 Vol.-%, DV, €€

★★

WEINGUT LASSAK

Besigheimer Straße 23, 74394 Hessigheim
T: +49 (07143) 408997, info@weingut-lassak.de
www.weingut-lassak.de

Ab-Hof-Verkauf: nach Vereinbarung
Kellermeister: Stefanie und Fabian Lassak
Ansprechpartner: Stefanie und Fabian Lassak
Hektar: 3 ha
Anbauweise: Biologisch zertifiziert

Das nennt man einen Blitzstart: Erst zum zweiten Mal stellen Stefanie und Fabian Lassak ihre Weine an und schon wird ihr Weingut von der Falstaff-Jury als einer von drei Newcomern nominiert (siehe S. 22). Drei Hektar bewirtschaftet das Winzerpaar mit Fokus auf Lemberger, Spätburgunder und Riesling, die vor allem auf Muschelkalk in terrassierten Steillagen stehen. Die Weine tragen alle eine sehr individuelle Handschrift, sie verbinden nahtlos Substanz, Lebendigkeit, Spannung und Frucht. Der Lemberger aus der Hessigheimer Steige zählt zu den besten in Württemberg. Glückwunsch zur Nominierung!

92 2018 Hessigheim Riesling trocken
Balsamisch im Duft, Gewürzkiste, im Mund mit griffigem Tannin, nussig, geschmeidiger Fond, festes Säurerückgrat, mineralisch, in sich völlig stimmig, verbindet Fülle mit Struktur, und das alles auf handwerklich einwandfreiem Niveau. 12,5 Vol.-%, NK, €€

95 2018 Hessigheim Steige Lemberger trocken
Holundermark, Sauerkirschsaft, Rote Bete, Thymian, Latwerge. Im Mund mit gewaltigem Extrakt, der aber sehr fein inszeniert ist. Viel Druck, reife Säure, intensive Fruchtbegleitung, große Länge. Hat Substanz für zehn Jahre Flaschenreife (oder mehr). 13 Vol.-%, NK, €€€

94 2018 Spätburgunder trocken
Wildkirsche im Duft, etwas Schokolade, fast Rosine, Südrhone-Anklänge, dann auch Kräuter. Im Mund geschmeidig und weit ausgreifend, cremiger Hintergrund, feine, elegante Gerbstoffe, die Frische ist gut bewahrt, vielschichtig, gute Länge, verändert sich im Glas. 12,5 Vol.-%, NK

92 2018 Lemberger trocken
Süßkirsche, pfeffrig, Aronia, Bitterschokolade, Holundersaft, schwäbische Macchia, im Mund saftig, mittelgewichtig in Frucht und Extrakt, körniges, straffes Tannin, gut integrierte Säure, zum gegrillten Fleisch. 12,5 Vol.-%, NK, €€

90 2018 Riesling trocken
Etwas Holz und viel Hefe, aber auch Anlagen zur Frucht. Im Mund seidig und rund, nahtlos integrierte Phenole, im Mund Bergamotte, kräutrige Noten, sehr harmonisch, rund abklingend, lang. Das warme Jahr ist kaum zu spüren. 12 Vol.-%, NK, €€

★★★★★

WEINGUT GRAF NEIPPERG

Schloßstraße 12, 74193 Schwaigern
T: +49 (7138) 941400, info@graf-neipperg.de
www.graf-neipperg.de

Ab-Hof-Verkauf: Mo bis Fr 8–12 Uhr und 13–16 Uhr
Kellermeister: Bernd Supp
Ansprechpartner: Karl-Eugen Erbgraf zu Neipperg
Flaschen/Hektar: 180.000 (40 % weiß, 60 % rot)/32 ha

Wenn Graf Neipperg Edelsüßes produziert, darf man einen Jahrgang vom Feinsten erwarten. In 2018 findet man sogar eine Beerenauslese vom Muskateller im Sortiment, das gab schon auf den ersten Blick Anlass zu höchsten Erwartungen. Und diese wurden sogar noch übertroffen, die Lemberger etwa zeigen die Wärme des Jahres, ohne darüber hitzig zu werden. Ein klein wenig üppiger und reifer ist einzig die Erste Lage Mönchsberg, das Ruthe GG erstrahlt in Charme und Schmelz, das Pendant aus dem Schlossberg ist knackig dicht mit viriler Stoffigkeit und immenser Lebenserwartung.

93 2019 Neipperg Schloßberg Weißburgunder GG
Apfel und balsamische Noten, ein Anflug von Spontangärungswürze. Geschmeidiger Ansatz, ganz zurückhaltend und vornehm in der Gaumenmitte, still und in sich ruhend, aber mit sehr guter Substanz und langem, homogen präsent bleibendem Nachhall. 13,5 Vol.-%, NK, €€€

96 2018 Neipperg Schloßberg Lemberger GG
Sauerkirsche, Dill, Minze, dann aber auch Waldheidelbeere. Ein Hauch Menthol. Im Mund ein Ebenmaß von rarer Präzision, viel Saft, feinkörniges, aber nicht zu weiches und eben auch körniges Tannin, extrem dicht und dabei unforciert, eindringlich taktilmineralisch, 13 Vol.-%, NK, €€€

93 2018 Schwaigern Ruthe Lemberger GG
Eine opulente, natürlich wirkende Frucht, Kirsche und Zibarte, ein klein wenig Zimt. Im Mund sehr fein extrahiert, nachgerade sanft und dennoch mit dichtem Extrakt. Milde Säure, cremiger Hintergrund, vollfruchtiger Abklang. Lemberger mit einem mediterranen Touch. 13,5 Vol.-%, NK, €€€

95 2018 Neipperg Schloßberg Muskateller Beerenauslese
Intensive, blumige Nase, Rosentee, Muskatblüte, viel Parfum und Sortentypizität, Maracuja, Litschi und Mirabelle, Blumenwiese. Am Gaumen viel Saft und Geschmeidigkeit, guter Trinkfluss, die Frucht ist plakativ, feine Säure, die gut eingewoben ist. Fein gearbeitet und balanciert. 8 Vol.-%, NK, €€€

92 2019 Schwaigern Ruthe Riesling GG

90 2019 Muskateller trocken

89 2019 Sauvignon Blanc trocken

89 2019 Weißburgunder trocken

93 2018 Neipperg Schloßberg Spätburgunder GG

92 2018 Dürrenzimmern Mönchsberg Lemberger Erste Lage trocken

91 2017 Schwaigern Lemberger trocken

90 2018 Lemberger trocken
Ein archetypischer Sortencharakter im Duft, mit Sauerkirsche und ätherischen Kräuternoten. Am Gaumen ist die Eleganz eines Basisweins auf die Spitze getrieben: saftiges, frisches Tannin, lebendige Säure, mineralische Anklänge. Alles im Lot. Tolle Frische. 13 Vol.-%, DV, €

★★★

PARFUM DER ERDE

Nolten 8, 71384 Weinstadt
T: +49 (170) 5659118
info@parfum-der-erde.de
www.parfum-der-erde.de

Kellermeister: Andi Knauß
Ansprechpartner: Rainer Scholz
Flaschen/Hektar: 7000 (50 % weiß, 50 % rot)/2 ha

Dr. Rainer Scholz und Andi Knauß legen sichtlich – und vor allem schmeckbar – einen Gang zu. Nicht nur bekamen die Flaschen ein neues, schickes Design verpasst, uns scheinen auch die Weine von einer stilistischen Zuspitzung zu profitieren: Der 2018er Spätburgunder hat eine stoffige Tiefe und eine Intensität und Frische der Frucht, wie wir das hier noch nie zuvor probiert haben. Der Riesling kommt mit leichtem Holzeinfluss, seidigem Fluss und ausgesprochen erwachsener Statur daher. Und der stoffig-dichte, nachgerade rieslinghafte Müller-Thurgau ist eine Werbung für die Sorte!

91 2018 Riesling trocken
Mandarine und pfeffrige Noten, kalk- und kräuterwürzige Aromen. Im Mund geschmeidig ansetzend, reife, aber feste und lange anhaltende Säure, runder Fluss in der Gaumenmitte, aufkommende Würzigkeit im Abklang, nachgerade kümmelartige Aromen. Pointierter Wein. 12,5 Vol.-%, NK, €€€

90 2018 »Schillerwein« trocken
Lachsrosa. Intensiver Apfelduft, gesüßte rote Beeren. Geschmeidig und weich im Mund, runde Fülle, zarte Süße, kultivierte Säure, mittelgewichtige Gaumenfrucht, gute Stoffigkeit, Noten von Hagebuttentee, Schwarztee, gerbigem Apfel. Ein straffes Trinkvergnügen. 12,5 Vol.-%, NK, €€

94 2018 Spätburgunder trocken
Sauerkirschsaft, Eisen, Kirschkern, dezentes Boisée (Kokos, Karamell). Eine geradezu strahlende Frucht. Im Mund mit dichtem, körnigem, handwerklich anmutendem Gerbstoff, mollig-geschmeidiger Hintergrund, saftige Eleganz, ein Pinot voller purer Delikatesse. 13 Vol.-%, NK, €€€

91 2018 Regent trocken
Veilchen und Blaubeere, Holunder. Im Mund mit sattem, aber auch mürbem Extrakt, sehr weich grundiert, langsam im Gaumenverlauf sich steigernder Säurenerv, dezent taktilmineralisch begleitet, die saftige Gaumenfrucht hallt lange nach. Sehr gutes Potenzial! 13,5 Vol.-%, NK, €€€

91 2018 Müller-Thurgau trocken
Im Duft kommen die Rieslinggene der Sorte zum Klingen: zitrusfrisch mit nur einem leichten Muskatakzent. Geschmeidiger Auftakt im Mund, großes Volumen, lebendige Säure, eine cremig verpackte Schicht feinster Phenole, etwas Holzfasseinfluss, raffinierter Wein. 12 Vol.-%, NK, €€

★

WEINGUT REBHOF

Conrad-Forster-Straße 23, 88149 Nonnenhorn
T: +49 (8382) 887116, weingut@rebhof-am-see.de
www.rebhof-am-see.de

Ab-Hof-Verkauf: Mo bis Sa 9–12.30 Uhr und 13.30–19 Uhr
Kellermeister: Oliver und Ulrike Schaugg
Ansprechpartner: Oliver und Ulrike Schaugg
Flaschen/Hektar: 25.000 (75 % weiß, 25 % rot)/3 ha

Die Aufbruchstimmung am bayerischen Bodensee ist unverkennbar, einen guten Anteil daran tragen auch Ulrike und Oliver Schaugg vom Rebhof in Nonnenhorn. Während vielerorts die Nachteile des Klimawandels für den Weinbau beklagt wird, gelingt es ihnen in schöner Regelmäßigkeit, schlanke, fokussierte Cool-Climate-Weine zu erzeugen. Darüber hinaus sind die Schauggs auch als Spezialisten für die seltene Rebsorte Souvignier Gris bekannt. Ihre Rotweine sind gefühlvoll extrahiert und setzen nicht auf Kraft, sondern auf Frucht und Eleganz. Hier zeigen Seeweine ein neues, attraktives Profil.

91 2018 »Réserve« Nonnenhorn Seehalde Souvignier Gris trocken
Kräftiges Gelb, auch intensiv im Duft, reifes Steinobst, Mango und auch Stachelbeere, dazu Rauch. Mit gutem Volumen, Kraft und auch Dichte am Gaumen, fest in seiner Struktur, eng verwoben, das Holz ist wie die reife Säure gut eingebunden. Wird noch zulegen. 14 Vol.-%, DV, €€

90 2019 Nonnenhorn Seehalde Souvignier Gris trocken
Kräftige Noten in der Nase, reife gelbe Stachelbeere, Johannisbeere, Aprikose, Röstaromen und Florales. Gut gebaut am Gaumen, hat Kraft und Substanz, bleibt aber schlank in der Kontur. Saftig mit reifer Säure und schöner Würze, gute Balance und Stimmigkeit. 12,5 Vol.-%, DV, €€

89 2019 »Duett« trocken MT/SB
Cuvée aus Müller-Thurgau und Sauvignon Blanc, in der Nase noch Hefe und reduktive Noten, dahinter Stachelbeere und auch Kräuter. Im Mund mit viel Zug und animierender Frische, dabei aber auch mit genügend Substanz. Saftig, charmant und würzig, jung. 11,5 Vol.-%, DV, €

90 2018 »Pinot Poesie« Nonnenhorn Seehalde Spätburgunder trocken
Schwarzkirsche und Röstaromen in der Nase, flankiert von Kräutern (u. a. Liebstöckel) und Roter Bete. Eröffnet saftig und mit Schmelz, etwas Extraktsüße, gutes Volumen, zeigt Extrakt und eine reife, von würzigen Noten begleitete Säure, setzt auf Eleganz. 13,5 Vol.-%, NK, €€

89 2019 Nonnenhorn Seehalde Bacchus halbtrocken

87 2019 »Schaumkrönchen« trocken

89 2018 Nonnenhorn Seehalde Spätburgunder trocken

88 2017 »Rubin« Nonnenhorn Seehalde Regent trocken

88 2019 »Renommée« Nonnenhorn Seehalde Rosé trocken

89 2019 Nonnenhorn Seehalde Müller-Thurgau trocken
Gelber Apfel im Duft, Banane, Wiesenkräuter und Heu. Ein schlank gebauter Müller-Thurgau mit exemplarischer Sortentypizität, schlank, saftig und würzig, kein Gramm zu viel auf den Hüften, glockenklar und rein im Ausdruck. Zeigt die Vorzüge dieser Rebsorte. 11,5 Vol.-%, DV, €

★★

WEINGUT SCHMIDT AM BODENSEE

SCHMIDT AM BODENSEE

Hattnau 62, 88142 Wasserburg (Bodensee)
T: +49 (8382) 9432174
weingut@schmidt-am-bodensee.de
www.schmidt-am-bodensee.de

Ab-Hof-Verkauf: Mo bis Fr 14–18 Uhr, Sa 14–16 Uhr
Kellermeister: Sebastian Schmidt
Ansprechpartner: Fam. Schmidt
Hektar: 13 ha

Wir haben den Eindruck, dass die Weine der Winzerfamilie Schmidt immer mehr an Strahlkraft, Dichte und Finesse gewinnen. Die Stilistik zielt auf Feinheit und Präzision ab, es geht um Proportion und nicht um Wucht. Kellermeister Sebastian Schmidt versteht es, die Weine mit Fingerspitzengefühl zu extrahieren. Im Weingut arbeiten die Generationen eng zusammen, Sebastian und Maximilian Schmidt übernehmen immer mehr Verantwortung und werden dabei tatkräftig von ihren Eltern Margret und Eugen unterstützt. Eine stimmige und starke Kollektion, die den Bodensee in den Fokus rückt!

92 2018 »Réserve« Chardonnay trocken
In der Nase Würze und Hefe, dazu Röstaromen und Rauch, Melone und Quitte. Verknüpft am Gaumen Volumen mit Frische Saftigkeit und Eleganz, mit feinnerviger Säureader und mineralischer Grundierung, dicht und auch lang, gefühlvoll ausbalancierter Wein. 13 Vol.-%, DIAM, €€€

91 2019 Wasserburg Weinhalde Grauer Burgunder trocken
Birne und Melone in der Nase in einem rauchigen Ambiente, kräftige Röstaromen, geröstete Nüsse, Hefe und reduktive Noten. Elegant am Gaumen mit gut getimter Kraft, gute Balance, mit Gefühl extrahiert. Grauburgunder, der auf Stil und Proportion setzt. 13 Vol.-%, DIAM, €€

92 2017 »Réserve« Spätburgunder trocken
Kräuter und Schattenmorelle im ersten Duft, Blutorange, Veilchen, Rote Bete, Rauch und Röstaromen. Setzt am Gaumen zunächst weich und geschmeidig an, danach Druck und Tiefe, guter Extrakt, dicht verwoben, ausgeprägtes Tannin mit leichter Schärfe, gutes Potenzial. 13,5 Vol.-%, DIAM, €€€

91 2018 »Cuvée Noir« trocken ZW/PN
Cuvée von Pinot Noir und Zweigelt, beerige Nase, rote Frucht und rauchige Noten. Am Gaumen saftig, würzig und elegant mit klarer Fruchtausprägung, mittlere Dichte und Komplexität, geschmeidig und mit fein poliertem Gerbstoff. Es geht um Finesse, nicht um Wucht. 13 Vol.-%, DIAM, €€

90 2018 Chardonnay & Spätburgunder Brut

91 2019 Chardonnay trocken
Feiner Rauch in der Nase, Birne und Mirabelle, dazu Feuerstein, Auszüge aus dem Kräutergarten. Klar gefasst am Gaumen, mit feiner Hand extrahiert und balanciert, klare Frucht, feiner Gerbstoff und Säure, mineralische Grundierung, elegant und nuancenreich. 12,5 Vol.-%, DIAM, €€

★★★★★

WEINGUT RAINER SCHNAITMANN

Untertürkheimer Straße 4, 70734 Fellbach
T: +49 (711) 574616, info@weingut-schnaitmann.de
www.weingut-schnaitmann.de
Ab-Hof-Verkauf: Mo bis Fr 9–12.30 Uhr und 13.30–17 Uhr, Sa 9–13 Uhr
Kellermeister: Rainer Schnaitmann
Ansprechpartner: Rainer Schnaitmann
Flaschen/Hektar: 160.000 (50 % weiß, 50 % rot), 24 ha
Anbauweise: Biologisch zertifiziert

Große Weine zeichnen sich oft dadurch aus, dass sie extrem lässig daherkommen, ganz so, als hätten Natur und Winzer diese Brillanz aus dem Ärmel geschüttelt. Genau diese Lässigkeit strahlt das 2018er Spätburgunder GG aus dem Lämmler aus. Mit diesem Meisterwerk dürfte Rainer Schnaitmann endgültig auf dem deutschen Olymp angekommen sein. Auch die Großen Gewächse vom Riesling, im heißen 2018er Jahrgang komplett durchgegoren und mit teils nur 12,5 Volumenprozent Alkohol auf die Flasche gebracht, besitzen eine hohe Strahlkraft und ganz individuelle Noten. On top – nicht nur in Württemberg.

94 2018 Uhlbach Götzenberg Riesling GG
Kräftiges Gelb mit grünlichen Reflexen im Glas. In der Nase extrem jung, braucht viel Luft, weißer Pfeffer, kaum Primärfrucht. Am Gaumen ganz individuelle Aromatik, Zimt, grüne Pflaume, Limette, Senfmehl, richtig trocken. Eigener Stil mit Klasse. 13 Vol.-%, NK, €€€

96 2018 Fellbach Lämmler Spätburgunder GG
In der Nase noch sehr reduktiv, Pflaume und Kakaobohne. Am Gaumen mit Dichte und einer lässigen Eleganz, die für Deutschland lange undenkbar schien. Deutlich präsente Gerbstoffstruktur, dicht, strukturiert, schlichtweg ein brillanter Wein, am Anfang seiner Entwicklung. 13 Vol.-%, NK, €€€€

94 2018 Fellbach Lämmler Lemberger GG
Reduktive Nase, die Zeit braucht. Dahinter verbergen sich Gewürznelke, schwarzbeerige und unterholzige Noten. Am Gaumen dicht, tief und entspannt bei hoch komplexer, frischer und intensiver Gaumenfrucht. Ein völlig unaggressiver Lemberger mit Stil. 13 Vol.-%, NK, €€€

94 2018 »Simonroth« Spätburgunder trocken
Schwarze Johannisbeere, Gewürznelke und Wacholder in der Nase, ein konsequenter, dunklerer Typus. Am Gaumen Unterholz, sehr fein mit guter Säurestruktur und dichten, eingebundenen Tanninen. Trotz 13,5 Volumenprozent ohne Breite und bereits auf GG-Niveau. 13 Vol.-%, NK, €€€

92 2018 Fellbach Lämmler Grauburgunder GG

90 2019 »Iflinger« Fellbach Sauvignon Blanc trocken

89 2019 »Steinwiege« Sauvignon Blanc tr.

89 2019 »Steinwiege« Weißburgunder tr.

88 2019 Muskattrollinger trocken

93 2018 Fellbach Lämmler Riesling GG

92 2018 »Simonroth« Lemberger trocken

90 2019 »Steinwiege« Gelber Muskateller tr.
Sortentypischer Duft in der Nase, frische Trauben, rosenblütig. Am Gaumen richtig schön trocken bei nur 10,5 Volumenprozent. Erfrischend, konsequent im Stil, trinkbereit. Eine rundum überzeugende Gutsweinlinie.
10,5 Vol.-%, DV, €€

★★★★★

WEINGUT ALBRECHT SCHWEGLER

Steinstraße 37, 71404 Korb
T: +49 (7151) 3040137, weingut@albrecht-schwegler.de
www.albrecht-schwegler.de

Ab-Hof-Verkauf: nach Vereinbarung
Kellermeister: Aaron Schwegler
Ansprechpartner: Julia Schwegler
Flaschen/Hektar: 50.000 (26 % weiß, 74 % rot)/11 ha

Mit großer Konsequenz haben Julia und Aaron Schwegler das von Albecht Schwegler gegründete Weingut nach der Betriebsübernahme 2016 neu ausgerichtet: Zusätzlich zur neuen Ausstattung finden sich mittlerweile gleich sieben neue Weine im Portfolio. Die elf Hektar Weinberge werden biologisch bewirtschaftet, »denn große Weine können nur aus gesunden und vitalen Weinbergen entstehen«, schreibt uns Aaron Schwegler, der den Weinen noch mehr Schliff und Grandezza verpasst hat: Der Riesling zeigt große Individualität, die superben Rotweine »Granat« und »Saphir« wahre Größe!

92 2019 »Alte Reben« Riesling trocken
In der Nase gelber Apfel, Steinobst, Zitrusfrucht und auch Rauch. Am Gaumen mit klarer, fester Kontur, geradlinig und schlank gebaut mit gutem Extrakt, Dichte und einer Schicht feiner Phenole, zeigt Eleganz und Individualität, gutes Entwicklungspotenzial. 12,5 Vol.-%, DV, €€€

91 2018 »Reserve« Chardonnay trocken
In der selbstbewussten Nase Melone, Butternutkürbis, Birne und Röstaromen. Im Mund mit gut dosiertem Volumen und Kraft, mittlere Dichte, das Holz ist noch etwas dominant, Noten von grüner Walnuss, die feine Säure ist gut eingebunden, im Finish mit Würze. 13 Vol.-%, NK, €€€

95 2017 »Granat« trocken ZW/CS/ME/CT
Etwas verschlossene Nase, Unterholz. Süße Frucht an der Zungenspitze, schwarze Maulbeere, etwas dichtere Materie als der »Saphir«, aber ein noch längeres Warten auf den optimalen Zeitpunkt. Ein deutsches Schwergewicht ohne jegliche Zweifel. 14 Vol.-%, NK, €€€€

93 2017 »Saphir« tr. BF/ZW/CS/CF/ME/CT
Schwarzfruchtige Nase, Brombeeren, strukturiert, trotz 14 Volumenprozent weit weg von Trinkmarmelade. Nicht nur die Rebsorten zeigen einen burgenländischen Anklang (38 % Blaufränkisch, 28 % Zweigelt). Fordernde Kernigkeit, samtige Tannine, ein Aushängeschild. 14 Vol.-%, NK, €€€

91 2018 Pinot Noir trocken

92 2017 »Beryll« trocken ZW/CF/BF/CT
Reife Beerenfrucht in der Nase, spürbarer Alkohol. Am Gaumen dann wesentlich frischer wirkend, keinesfalls überreif, sondern sogar mit einer kühlen Frucht nach Heidelbeere, Sauerkirsche, Eukalyptus. Schöne Spannung, heimatlicher Weitblick. 14 Vol.-%, NK, €€

★ ★ ★

WEINGUT SIEGLOCH

Albertviller Straße 51, 71364 Winnenden
T: +49 (7195) 177120, info@weingut-siegloch.de
www.weingut-siegloch.de

Ab-Hof-Verkauf: Do und Fr 16–18.30 Uhr, Sa 9–13 Uhr
Kellermeister: David Siegloch, Markus Siegloch
Ansprechpartner: David Siegloch
Flaschen/Hektar: 70.000 (50 % weiß, 50 % rot)/10 ha

Wer von der konventionellen Weinwelt, von Trinkmarmelade bei den Roten und Zuckerwasser bei den Weißen, gelangweilt ist. Wer noch nicht aufgegeben hat, neugierig zu sein, sich Offenheit bewahrt hat oder sie sich gerade zum ersten Mal zugesteht. Kurzum: Wer die Lebendigkeit im Wein liebt, möge hier zugreifen. Die Brüder David und Markus Siegloch, die das elterliche Weingut seit 2014 führen, bieten Weine an, die mit eigenen Worten »frei von Grenzen und Regeln« entstehen. Ein Romanée-Conti ist noch nicht dabei, aber eine bunte Fülle spannender Charaktere. Weiter so!

92 2018 »Sandhase« Riesling Landwein tr.

Kräftiges Gelb, sichtbar unfiltriert. Intensive Naturweinnase mit Noten von Cidre, Mostapfelschale und Stroh. Dieselbe Intensität mit reifem und aprikosenfruchtigem Fruchtkern dann im Mund, vollkommen trocken, herzhafte Säure. Phenolisch, pikant, mutig. 12 Vol.-%, NK, €€

90 2018 »Vogelfrei« Weißburgunder Landwein trocken

Deutlich klarer in der Farbe als der Riesling. Mehr Holzeinfluss, nur zurückhaltende birnige Frucht, florale Noten. Gewisse Phenolik, ansonsten gegenüber dem maischevergorenen Riesling der konventionellere Weintyp. Saftig, leicht oxidativ, pikant. 12,5 Vol.-%, NK, €€

90 2017 »Vogelfrei R« Lemberger Landwein trocken

Holundermark, Pfingstrose und Efeu in der Nase, pflanzlich orientiert. Enorm würzig am Gaumen, Holunderbeere, Schlehe, ganz dunkel gehalten. Sicher der verschlossenste, ernsthafteste und tatsächlich auch konventionellste Wein der Siegloch-Brüder. 13,5 Vol.-%, NK, €€€

89 2019 »Booom« Syrah Rosé Landwein tr.

Soll vor dem Öffnen geschüttelt werden, schäumt dann kirschsaftrot ins Glas hinein. Nase nach süßer Himbeere, gepaart mit leicht gärig-hefigen Noten. Braust deutlich im Mund mit rotfruchtig-weichen Aromen. Ungeschwefelt, ganz sauber, macht Spaß. 11,5 Vol.-%, DV, €€

90 2016 »Pinot R« brut nature

90 2019 »Booom« Trollinger Landwein tr.

Bereits die technischen Werte warnen vor: 10 Volumenprozent, völlig trocken, unfiltriert, ungeschwefelt. Holunder und Wacholder in der Nase, ein bisschen verschlossen. Am Gaumen stellt sich unmittelbarer Schluckreflex ein: herb kühl, herrlich animierend. Yes! 10 Vol.-%, DV, €€

★★

WEINGUT STERNEISEN

Am Hirsch 3, 73630 Remshalden
T: +49 (176) 38641541, info@weingut-sterneisen.de
www.weingut-sterneisen.de

Ab-Hof-Verkauf: ja
Kellermeister: Claudia Dorn
Ansprechpartner: Claudia Dorn
Hektar: 3 ha

Was für ein erfolgreiches Debüt! Claudia Dorn gründete 2017 im wahrsten Sinn des Wortes ein Garagenweingut mit dem Ertrag eines halben Hektars. Inzwischen ist die Produktion auf drei Hektar gewachsen und das Sortiment reicht von stoffigem Riesling über Grauburgunder als »Orange light« bis hin zu vollfruchtigem Lemberger. »Aus der Liebe zum Wein, zu den Weinbergen, zur Arbeit in und mit der Natur« habe sie das Weingut gegründet, schreibt uns Claudia Dorn, und aus der »Faszination, eigene Weine, einen eigenen Stil zu entwickeln.« Wir sind gespannt, wo dieser Weg hinführt.

91 2019 »Herkunft Blue Label« Riesling tr.
Terpenwürzig, Melisse, Bergamotte, balsamische Obertöne. Hohe Dichte am Gaumen, geschmeidiger Fond, straffer Extrakt, feste Säure, zurückhaltende Restsüße, spannungsreich und mineralisch-frisch, gehaltvoller, stilvoller Riesling mit Terroircharakter. 13 Vol.-%, DV, €€

90 2018 »Abendglut« Grauburgunder Landwein trocken
In der Farbe ein kupferfarbener Schimmer. Intensive Spontangärungsnoten, krautig, aber auch Beerenfrucht. Belüftet sich positiv. Im Mund mit deutlicher Phenolik, rassiger Säure, mit Saft und einem markantem Auftreten. Verbindet den Orangetouch mit Frucht. 12,5 Vol.-%, DV, €

92 2018 »Heimat« Lemberger trocken
Kirsche, Kirschkern und Minze. Pfeffrig. Im Mund dicht mit feinkörnigem Tannin gefüllt, dabei auch sehr saftig, reife Säure, großer Extrakt, ohne es groß an die Glocke zu hängen, sehr intensive taktilmineralische Komponente, pralle Abgangsfrucht. 14 Vol.-%, NK, €€

89 2019 »Brücke« Rosé trocken
Mittelkräftig in der Farbe. Erdbeere, Apfelschale. Pfeffer. Guter Gehalt, eine Schicht Gerbstoff, frischer Säurezug, geschmeidiger Fond, gute Klarheit in den Aromen, volle Gaumenfrucht, Quitte, Erdbeere, gute mineralische Definition. 12 Vol.-%, DV, €

89 2018 »Dickhäuter« trocken ME/SY/BF

90 2019 »Herkunft« Riesling trocken
Frisch im Duft, zitrisch und kräuterwürzig, auch leichte Spontangärungsnoten und Minze. Im Mund ausgewogen, feste Säure, ein sehr unaufgeregter Rieslingstil, trocken, substanzreich, ganz in sich ruhend und im Lot. Sehr gute Länge. 12,5 Vol.-%, DV, €

★★★

WEINGUT DER STADT STUTTGART

Sulzerrainstraße 24, 70372 Stuttgart
T: +49 (711) 21657507, timo.saier@stuttgart.de
www.weingutstuttgart.de

Ab-Hof-Verkauf: Di und Mi 10–17 Uhr, Do und Fr 10–18 Uhr
Kellermeister: Frank Haller
Ansprechpartner: Timo Saier
Flaschen/Hektar: 100.000 (50 % weiß, 50 % rot)/13 ha

Wer hätte noch vor wenigen Jahren gedacht, dass sich die Trollinger-Bastion Cannstatter Zuckerle einmal mit Merlot hervortun wird? Aber die Sorte passt hierher, der ausgezeichnete 2017er des Weinguts der Stadt Stuttgart lässt daran keinen Zweifel. Alle Weine stellen der Arbeit von Timo Saier, Frank Haller und ihrem Team ein sehr gutes Zeugnis aus: Die Weine sind heute viel frischer und mutiger als früher, aber sie gehen auch dem Effekt um seiner selbst willen aus dem Weg, wie etwa der »Orange« zeigt: Der dürfte selbst für den traditionellen Vierteleschlotzer akzeptabel sein.

91 2018 Bad Cannstatt Zuckerle Riesling tr.
Zitrusfruchtig, etwas Hefe. Auch Kräuter. Recht komplex im Duft und sehr gut in der Frische. Im Mund schlank, saftig, leicht kohlensäurefrisch, ein eleganter Kabinettstil im Mund, und dies mit Extrakt und sehr guter mineralischer Definition. 12 Vol.-%, DV, €€

91 2019 »Orange« trocken WB/RR
Dunkelgolden. Balsamisch und intensiv kräuterwürzig im Duft, Beifuß und Thymian, Underberg, im Mund mit mehligen Phenolen und unmittelbar präsenter pfeffriger Würze. Nicht zu extrem in der Gaumenstruktur, dicht und saftig, reif in der Säure. Stilvoll. 13,5 Vol.-%, NK, €€

92 2017 Bad Cannstatt Zuckerle Merlot tr.
Kräuterwürzige Aromen, Moos, Rheumasalbe, im Mund mit mehligem Gerbstoff, ziemlich druckvoller Körper, gut eingebundene Säure, im Hintergrund Saft und Schmelz. Ein stilvoller Sortentyp, »klassisch deutsch« interpretiert, mit zurückhaltendem Holzeinfluss. 13,5 Vol.-%, DV, €€

92 2018 Stuttgart Mönchhalde Spätburgunder trocken
Spontangärungsnoten, Wildkirsche, florale Untertöne. Im Mund sehr dicht, trocken, straff und packend, reife Säure, ein Muskelpaket von Wein, das die Sorte von ihrer stoffigen Seite zeigt. Trotz aller Dichte wirkt der Wein aber nicht massiv. 13,5 Vol.-%, DV, €

90 2016 Riesling Brut

89 2018 Stuttgart Mönchhalde Weißburgunder trocken

87 2019 Stuttgart Mönchhalde Sauvignon Blanc trocken

91 2016 Spätburgunder Rosé Brut

90 2017 Stuttgart Mönchhalde Syrah trocken

92 2018 Stuttgart Mönchhalde St. Laurent tr.
Preiselbeerkompott, Milchschokolade, ein nuanciert beeriger Duft. Im Mund fein extrahiert, frisches und feinkörniges Tannin, eine unmittelbar präsente Kräuterwürze, verbindet Eleganz mit Dichte. Ein kulinarischer Roter zu Wildgerichten oder zum Steinpilzrisotto. 13 Vol.-%, DV, €€

★★

WEINGUT UNGERER

Harsberger Straße 15, 74629 Pfedelbach
T: +49 (7949) 940690, info@weingut-ungerer.de
www.weingut-ungerer.de

Ab-Hof-Verkauf: Mo bis Do 17.30–19 Uhr, Fr 14–19 Uhr, Sa 8–13 Uhr
Kellermeister: Karlheinz Ungerer
Ansprechpartner: Karlheinz Ungerer
Flaschen/Hektar: 70.000 (45 % weiß, 55 % rot)/8 ha

Mit den Rotweinen aus dem Jahrgang 2018 hat Karlheinz Ungerer einen weiteren Schritt nach vorne gemacht: Gerade die großzügige Premium-Cuvée »Saltatium Virium« mit Blaufränkisch, Cabernet Franc, Cabernet Mitos und Pinot Noir weiß zu gefallen – wie auch »Respekt«, ein wuchtig-würziges Zusammenspiel von Blaufränkisch und Cabernet Mitos. Eine erstaunliche Entwicklung, wenn man bedenkt, dass Ungerer sein Weingut in Hohenlohe mit einer einzigen Trollinger-Parzelle ins Leben rief! Inzwischen hat er 20 Rebsorten im Anbau und überrascht mit gekonnt vinifizierten Cuvées.

89 2018 »Große Tradition« Gewürztraminer tr.
Hohe Dichte bereits in der Nase, intensiv, Quitte, Litschi. Die alkoholische Würze prägt den ersten Eindruck am Gaumen, Holz besser eingebunden als beim Chardonnay, leichte Süße. Ein wuchtiger Wein, aber stiltreu. Kann reifen.
14 Vol.-%, NK, €€

91 2018 »Saltatium virium« tr. BF/PN/CI/CF
Premium-Cuvée mit Blaufränkisch, Cabernet Franc, Cabernet Mitos und Pinot Noir. Großzügig in der Nase und am Gaumen, reife Schwarzkirsche und dunkle Schokolade zeigen sich mit Kräutern, guter Substanz und Dichte, kräftiger, süßlicher Extrakt. Großzügiger Wein. 13,5 Vol.-%, NK, €€€

91 2018 »Respekt« trocken CI/BF
Cuvée aus Blaufränkisch und Cabernet Mitos, dunkel in der Farbe und auch in der Nase. Viel Cassis, Würze und Tiefe mit Tabak, Zigarre, auch Sojasauce. Gut gebaut und mit Wucht sowie Volumen am Gaumen, kräftiges und reifes Tannin, dicht und konzentriert. 13,5 Vol.-%, NK, €€€

90 2018 »Unglaublich« trocken BF/DF/AC
Cuvée aus Dornfelder, Acolon und Blaufränkisch, kräftige und rauchige Nase mit Cassis, Pflaume und schöner Würzigkeit, dunkle Schokolade und Espresso, feine Kräuter. Gute Balance von Kraft und Geschmeidigkeit, die reife Säure fügt sich gut ein. Gut gelungen. 13,5 Vol.-%, NK, €€

88 2018 Chardonnay Barrique trocken

89 2019 »Sehnsucht« Sauvignon Blanc tr.
Floral, Stachelbeere, aber nicht aufdringlich. Erfreulich leichter Trinkfluss für den doch nicht unbeachtlichen Alkohol. Erfrischende Säure bei nur leichtem Restzucker. Ein sehr angenehmer und vielseitiger Sortenvertreter.
13 Vol.-%, DV, €€

★ ★ ★

WEINMANUFAKTUR UNTERTÜRKHEIM

Strümpfelbacher Straße 47, 70327 Stuttgart
T: +49 (711) 3363810, info@weinmanufaktur.de
www.weinmanufaktur.de

Ab-Hof-Verkauf: Mo bis Fr 9–18 Uhr, Sa 9–14 Uhr
Kellermeister: Jürgen Off
Ansprechpartner: Dr. Stefan Hübner
Flaschen/Hektar: 650.000 (40 % weiß, 60 % rot)/85 ha

Die Weinmanufaktur Untertürkheim mit Betriebsleiter Dr. Stefan Hübner und Kellermeister Jürgen Off genießt auch über die württembergischen Landesgrenzen hinaus einen hervorragenden Ruf: Sie zeigt, dass auch eine Genossenschaft sehr individuelle Weine mit klar herausgestelltem Lagencharakter erzeugen kann. Rund 80 Winzer bewirtschaften eine Rebfläche von 85 Hektar in Lagen wie dem Untertürkheimer Altenberg und Mönchberg, die Weinberge werden nach den Richtlinien von Fair'n Green kultiviert. Wir können jeden der vorgestellten Weine empfehlen, großes Kompliment nach Untertürkheim.

92 2019 Untertürkheim Mönchberg Riesling trocken

Reif und gelbfruchtig im Duft, Mirabelle, Aprikosenkompott, dazu etwas Pfeffer und Kalk. Im Mund Geschmeidigkeit und Nerv, viel Druck, mineralischer Hintergrund, nicht zu süß abgestimmt, gewinnt beim Wiederprobieren immer mehr Tiefe, sehr guter Lagenriesling. 13 Vol.-%, NK, €€

92 2018 »Orange« trocken PG/CH

Dunkle Roséfarbe im Glas. Duftig: Hagebutte und Orangenzeste, florale Töne. Im Mund stoffig, kraftvolles Tannin, mineralische Noten, burgunderbeerige Aromen, eine feste, aber auch reife Säure gibt Struktur und Länge. Nicht nur ein guter Speisenbegleiter. 13,5 Vol.-%, NK, €€€

92 2018 Untertürkheim Altenberg Cabernet Franc trocken

Eine Loire-Nase, Schwarze Johannisbeere, Johannisbeerblättertee und Grafit, dunkle Himbeere, Menthol. Im Mund mit deutlicher Holzprägung, dichtes, körniges, aber makellos reifes Tannin, mineralischer Unterbau, ein sehr guter, stoffiger Sortentyp. 14 Vol.-%, NK, €€

90 2018 Untertürkheim Mönchberg Lemberger trocken

Etwas schokoladig, auch Schwarzkirsche, buttrige Noten, Neuholz, Kräuter. Der Mund wird von einer guten Dosis sandigen Tannins ausgefüllt, homogene Frucht, die Säure trägt den Körper, cremiger Abgang. Ein inhaltsreicher, gemütlicher Jahrgangstyp. 13 Vol.-%, NK, €€€

90 2018 Trollinger*** trocken im Holzfass gereift

90 2019 Grauburgunder trocken

Honigbonbon und Maronipüree im Duft. Am Gaumen zeigt sich ein geradliniger Bau mit festem Säuregerüst, mineralischem Hintergrund, guter Stoffigkeit, aber auch mit Volumen. Ein grundsolider Grauburgunder, der die Sorte auf ausgezeichnetem Niveau zeigt. 13 Vol.-%, DV, €

★★

WEINGUT VINÇON-ZERRER

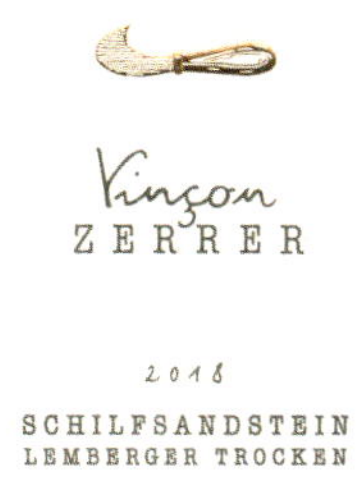

Heilbronner Straße 50, 75038 Oberderdingen
T: +49 (7045) 761, weingut@vincon-zerrer.de
www.vincon-zerrer.de
Ab-Hof-Verkauf: Mi und Fr 10–18 Uhr, Do 10–20 Uhr, Sa 10–16 Uhr
Kellermeister: Benjamin Zerrer
Ansprechpartner: Benjamin Zerrer
Flaschen/Hektar: 70.000 (40 % weiß, 60 % rot)/11 ha
Anbauweise: Biologisch zertifiziert

Vinçon-Zerrer ist ein neuer Name in unserem Weinguide. Benjamin Zerrer übernahm das Weingut ganz im Westen des Anbaugebiets im Jahr 2017 von seinen Eltern. Der neue Jahrgang besticht mit einer geschmackvollen Ausstattung, ist biozertifiziert, handgelesen, spontanvergoren und unfiltriert. Beim Lemberger »Hans & Gloria« wurde sogar der Schwefel bei der Abfüllung weggelassen. Herausgekommen sind Weine, die besonders im roten Bereich ganz auf Purheit setzen. Ohne jegliche Restsüße, dicht an der Frucht, manchmal kommen sie beinahe ein wenig spröde daher. Eine echte Entdeckung!

90 2019 »Vom Löss« Weißburgunder Landwein trocken
Leichte Holztöne in der Nase, aber nicht dominierend. Die reife Birnennote bleibt im Vordergrund. Reif, ausgewogen und sortentypisch. Schöne Säurestruktur und feine Phenolik im Abgang. Viel Substanz, handwerklich gut und keinesfalls polaris erend. 13 Vol.-%, NK, €€

91 2018 »Schilfsandstein« Lemberger Landwein trocken
In der Nase sehr dunkel, sehr reif, dichte Brombeere und schwarze Pflaume, aber auf angenehm dezente Art. Am Gaumen im wenig aufgeregten, dichten und tieffruchtigen Gutsstil gehalten. Der Alkohol bringt etwas Spicyness, präsentes Tannin. Potenzial. 14 Vol.-%, NK, €€

91 2018 »Hans & Gloria« Blaufränkisch Landwein trocken
Anderer Name, anderes Etikett, ungeschwefelt. Leicht animalische Nase, dahinter sehr pur Schwarze Johannisbeere. Am Gaumen dicht, dunkelbeerig, gerbstoffreich, nicht komplex, aber absolut sauber, ganz dicht an der Frucht, konsequent ungeschminkt. 13 Vol.-%, NK, €€

91 2018 »Gipskeuper« Spätburgunder Landwein trocken
Nase deutlich fruchtiger und offener als beim Gutsspätburgunder, dennoch auf der dunkleren, schwarzkirschigen Seite. Eleganter Fluss im Mund, eingebundenes Holz, ruhig und dicht gehalten. Schöne Fruchtpräsenz, gewisse Kühle. Sehr guter Speisenbegleiter. 13,5 Vol.-%, NK, €€

89 2019 »Gipskeuper« Sauvignon Blanc Landwein trocken

89 2019 Weißburgunder Landwein trocken

88 2019 Riesling Landwein trocken

87 2019 Sauvignon Blanc Landwein trocken

90 2018 »Gipskeuper Cabernet Cuvée« Landwein trocken CDo/CD

90 2018 Lemberger Landwein trocken

88 2018 Spätburgunder Landwein trocken

89 2018 »Façon« Landwein tr. BP/CD/DF
Hauptanteil Portugieser, was selten geworden ist in deutschen Weinguides. Reduktive Nase mit dunkler Beerenfrucht dahinter. Guter Reifeeindruck, spürbare Extraktsüße, pikante Brombeere, schöne Würze und einfach viel Wein fürs Geld. 13 Vol.-%, DV, €

★★★★

WEINGUT WACHTSTETTER

Michaelbacher Straße 8, 74397 Pfaffenhofen
T: +49 (7046) 329, info@wachtstetter.de
www.wachtstetter.de

Ab-Hof-Verkauf: Do und Fr 9–12 Uhr und 13.30–18 Uhr, Sa 9–16 Uhr und nach Vereinbarung
Kellermeister: Rainer Wachtstetter
Ansprechpartner: Rainer Wachtstetter
Flaschen/Hektar: 130.000 (35 % weiß, 65 % rot)/20 ha

Rainer Wachtstetter hat ein Händchen für Lemberger: Der »Felix« genannte Einstiegswein ist schon ein Plädoyer für diese Rebsorte und eine besondere Empfehlung wert, das Große Gewächs aus dem Spitzenberg ist dicht verwoben und delikat. Aber dem Winzer, der 20 Hektar Reben an den Südhängen des Heuchelbergs bewirtschaftet und auch zum Ensemble »Junges Schwaben« zählt, gelingen auch Riesling, Rieslaner oder Trollinger. Die Familie betreibt auch die Gaststätte »Adler«, dort einzukehren ist wie eine Zeitreise in eine versiegende Epoche schwäbischer Wirtshauskultur. Empfehlenswert!

92 2017 Pfaffenhofen Mühlberg Riesling GG
Vielschichtige Nase mit Steinobst, Apfel und feinem Rauch, Aprikose und Blüten. Im Mund baut sich eine kräftige Struktur auf mit gutem Extrakt und Volumen, würzig und mit guter Dichte, ein eher strukturgeprägter Riesling, der sich weiterentwickeln wird. 13,5 Vol.-%, NK, €€€

94 2016 Pfaffenhofen Spitzenberg Lemberger GG
Die dunkle Frucht, Schwarzkirsche und Brombeere, wird von Kräutern und Rauch umrahmt. Am Gaumen dicht verwoben und konsistent mit reifem Gerbstoff hoher Güte, Würze und Eleganz verbinden sich, delikat, wirkt bei aller Konzentration lebhaft, gute Perspektive. 13,5 Vol.-%, NK, €€€

92 2017 »Junges Schwaben« Pfaffenhofen Hohenberg Lemberger trocken
Konzentrierte Nase nach Brom- und Maulbeere, kräftigen Röstaromen und Rauchfleisch. Zeigt sich im Mund mit Kraft, Extrakt und guter Dichte, noch vom Barriqueausbau geprägt, Saft, Würze und Schmelz, gute Länge und Konsistenz. Lemberger mit hoher Lebenserwartung. 13,5 Vol.-%, NK, €€€

91 2019 Rieslaner Auslese
Klares, helles Honiggelb. In der Nase kandierte Früchte: Zitrone, Grapefruit, Aprikose, dazu etwas Würze. Helle Blüten, Orangenblüte. Am Gaumen präsente Süße, gehalten von lebendiger Säure, Pfirsichsaft, Orangenzeste, ausgewogen und gut gebaut. 9,5 Vol.-%, NK, €€

90 2018 »Alte Reben« Pfaffenhofen Trollinger trocken

91 2018 »Felix« Pfaffenhofen Lemberger tr.
Präsente Brombeere und Schwarzkirsche im Duft, Röstaromen, Holzkohle, Kräuter und schwarzer Pfeffer. Zeigt Substanz und Konzentration am Gaumen, aber auch reintönige Frucht, würzig und saftig. Ein trefflicher Einstieg in die Lembergerwelt, Chapeau! 13,5 Vol.-%, NK, €€

★★

WEINFACTUM

Rommelstraße 20, 70376 Stuttgart
T: +49 (711) 542266, info@weinfactum.de
www.weinfactum.de

Ab-Hof-Verkauf: Mo bis Fr 9–18 Uhr, Sa 9–14 Uhr
Kellermeister: Thorsten Klimek
Ansprechpartner: Beate Nowak
Flaschen/Hektar: 500.000 (30 % weiß, 70 % rot)/51 ha

Kellermeister Thorsten Klimek möchte mit einer klaren Sortimentslinie punkten – so schreibt uns die Genossenschaft aus Stuttgarts weinseligem Ortsteil Bad Cannstatt. Und das gelingt auf ausgezeichnete Weise: Weinfactum ist in den letzten Jahren bei der Erneuerung der Stilistik in Württembergs Genossenschaften zu einem leuchtenden Beispiel geworden. Die Weine haben jetzt keine Fettröllchen und Pausbäckchen mehr und man muss sie nicht durchs Henkelglas betrachten, um an ihnen Gefallen zufinden. Mit dem »Pinot noir ***« und der »Edition 1923« ist schon die Gebietsspitze in Sichtweite.

90 2019 Riesling * trocken**
Melisse, gelbe Pflaume, Minze und dann auch noch würzigere Aromen: Kümmel und Kardamom. Im Mund streng gebaut, mit kerniger Anlage und knackigem Extrakt, ein Riesling für die Mittel- oder Langstrecke. Momentan noch verschlossen, aber mit guter Substanz. 12 Vol.-%, NK, €€

91 2018 »Edition 1923« * trocken BF/ME/CS**
Komplexe Kirschfrucht, kräuterwürzig und schokoladig begleitet, etwas Nougat. Dichter Gerbstoff, mürbes Korn, geschmeidig grundiert, reife Säure, gut in Dichte und Tiefe, endet mit saftiger, warmer Frucht und kräftig mineralischen Noten. 13,5 Vol.-%, NK, €€

91 2018 Pinot noir * trocken**
Etwas Holz, Kokos, Milchschokolade, Feige, Rote Johannisbeere, Kräuter. Dichter Tannindruck, mehlig in der Qualtität, milde Säure, dann aber zuletzt doch saftig und noch recht elegant ausklingend mit mineralischen Untertönen. Straff, und reifebedürftig. 13 Vol.-%, NK, €€

90 2018 Lemberger * trocken**
Eine sehr expressive Kirschfrucht, offen und leicht holzbegleitet, Karamellbonbon, Vanille. Im Mund mit mürber Dichte im Gerbstoff, reifer Säure und kräftigem Alkohol. Im Abgang wieder eine intensive und sogar etwas »laute« Wildkirschfrucht. Ein wuchtiger Jahrgangstyp. 13,5 Vol.-%, NK, €€

89 2019 Grauburgunder ** trocken

89 2019 Riesling ** trocken

88 2019 Chardonnay ** trocken

88 NV »Travertin Cuvée Weiß« ** tr. KR/CH

88 2016 »Condistat Sekt Cuvée« brut

89 NV »Travertin Cuvée Rosé« ** trocken

89 NV »Travertin Cuvée Rot« ** trocken CD/PN/BF/CS

90 2019 Grauer Burgunder * trocken**
Kräftige Farbe, opulentes Bukett, Birnenkompott, Williams Christbirne, Marzipan. Im Mund straff, viel Saftigkeit, knackiger Säurenerv, dicht und dabei auch mineralisch geprägt, leichte Phenolik, ein stämmiger Grauburgunder mit guter Substanz. 13 Vol.-%, NK, €€

★★

COLLEGIUM WIRTEMBERG

Württembergstraße 230, 70327 Stuttgart
T: +49 (711) 32777580, info@collegium-wirtemberg.de
www.collegium-wirtemberg.de

Ab-Hof-Verkauf: Mo bis Fr 9–12 Uhr und 13–18 Uhr
Sa 9–16 Uhr
Kellermeister: Thomas Eckard
Ansprechpartner: Martin Kurrle
Flaschen/Hektar: 2.000.000 (32 % weiß, 68 % rot), 160 ha

Auch dieses Jahr konstatieren wir wieder eine starke Leistung der 215 Kollegen, die in den Orten Rotenberg und Uhlbach ihre Reben hegen und pflegen. Hier waren die Rieslinge schon immer eine Bank, doch dieses Jahr haben die roten 2016er den Vogel abgeschossen: Der Pinot Noir hat Tiefe und Länge und die »Réserve Cuvée« webt Lemberger und Bordeauxsorten zu einem genussreichen Teppich aus Frucht und Stoff. Wenn wir etwas zu mäkeln fänden, dann höchstens, dass wir den weißen »Reserven« etwas mehr Reifezeit in Tank und Fass wünschen würden: Die 2019er sind blutjung!

90 2019 »Réserve« Chardonnay trocken
Etwas Mais, Heu, dezente Holzwürze. Im Mund mit kerniger, jahrgangstypischer Säure und guter Stoffigkeit, noch etwas Gärungskohlensäure, gute mineralische Noten, für eine »Réserve«-Qualität alles in allem noch etwas jung – aber das gibt sich ja von selbst. 13,5 Vol.-%, NK, €€

92 2016 »Réserve« Spätburgunder trocken
Rauchiges Neuholz, Feige, kleine rote Beeren. Im Mund eine lebendige, lange anhaltende Säure, animierende Saftigkeit mit eindringlich taktilmineralischen Untertönen, ein schönes Spiel am Gaumen, nur das Holz muss noch etwas zurücktreten. 13,5 Vol.-%, NK, €€

92 2016 »Réserve Cuvée Wirtemberg« trocken ME/CF/CS
Schwarze Johannisbeere, Tabak, Tannenharz, Röstkaffee, beginnend reif. Am Gaumen geschmeidig und weit gefasst, süße Frucht, nahtlos eingebundene Säure, deutlich mineralische Grundierung, im Abgang gewinnen Frucht und Holzeinsatz große Präsenz. 14 Vol.-%, NK, €€

90 2017 »Salucci« trocken PN/SY/CS/ME/CU/CF
Cassisduft, Minze, Kräuter, ein Hauch von Räucherspeck. Straffes, leicht körniges Tannin, festes Säuregerüst, der Kern des Weines wirkt noch kompakt und herb-spannungsvoll. Gute, dichte Abgangsfrucht, begleitet von taktilmineralischen Wahrnehmungen. 13,5 Vol.-%, DV, €

89 2019 »Alte Reben« Riesling trocken

89 2019 »Réserve« Sauvignon Blanc trocken

88 2019 »325 n.n.« Weißburgunder Chardonny trocken

87 2019 »Cuvée Blanc« trocken SB/KR/PG

89 2017 »Réserve« Syrah trocken

89 2018 »289 n.n.« Lemberger trocken

88 2017 Pinot Noir trocken

89 2019 Grauburgunder trocken
Etwas Hefe, leicht pikante Noten von Grasschnitt, dann auch burgunderbeerig, im Mund seidig, geschmeidig, mit sehr feiner Gärungskohlensäure und feinnerviger Überleitung ins gut mineralisch dotierte Finale. Proportioniert und schmackhaft. 13 Vol.-%, DV, €

★★★★

WEINGUT WÖHRWAG

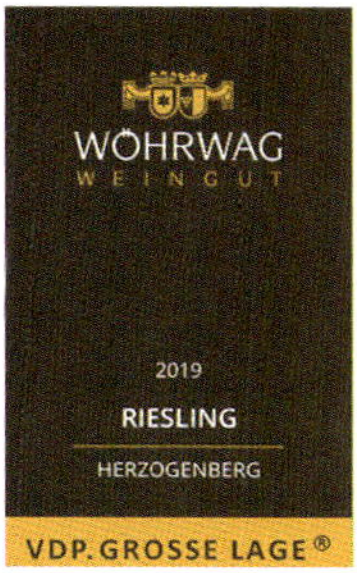

Grunbacher Straße 5, 70327 Stuttgart-Untertürkheim
T: +49 (711) 331662, info@woehrwag.de
www.woehrwag.de

Ab-Hof-Verkauf: Mo bis Fr 8–12.30 Uhr und 14–18.30 Uhr, Sa 9–14 Uhr
Kellermeister: Hans-Peter Wöhrwag, Carsten Kämpf
Ansprechpartner: Christin Wöhrwag
Flaschen/Hektar: 150.000 (60 % weiß, 40 % rot)/20 ha

In der Familie Wöhrwag ist viel Bewegung zu verzeichnen: Sohn Philipp hat sich in die Pfalz verabschiedet, dafür mischt jetzt Tochter Johanna mit, die ihren Aktionsradius so umschreibt: »Hat sich auf anderen Weingütern schlau gemacht und schenkt ihrem Vater innovative Ideen ein. Vom Keller bis auf die Spitzenlagen: Ruhe war gestern.« Aber bei ihren Eltern, Christin und Hans-Peter Wöhrwag, ist Querdenken ohnehin ausdrücklich erwünscht. Wir verkosteten eine starke Kollektion mit der komplexen Rotweincuvée »X«, einem griffigen Cabernet Franc und eleganten, ausdrucksstarken Weißweinen.

92 2019 Untertürkheim Herzogenberg Weißburgunder GG
Kräftiger Duft nach Röstaromen, reifer Mirabelle, Zitrusfrucht, Mandel und gelben Blüten. Am Gaumen stoffig und fest gebaut mit Druck, guter Dichte und Schmelz, der Alkohol ist gut integriert. Ein auf Substanz und Langlebigkeit vinifizierter Wein mit Charme. 13,5 Vol.-%, NK, €€€

91 2019 Untertürkheim Herzogenberg Sauvignon Blanc Erste Lage trocken
Intensive Nase nach grüner Paprika und tropischer Frucht, Papaya und Mango, auch Stachelbeere und Tomatenrispe. Im Mund wieder mit klarer und intensiver Frucht, elegant und saftig, auch mineralisch, gute Bündelung in einer schlanken Kontur. Bleibt lange im Mund. 12,5 Vol.-%, NK, €€

93 2018 »X« Rotweincuvée trocken CS/ME/CF
Cuvée von Cabernet Sauvignon, Merlot und Cabernet Franc. Kräftige, würzige Nase mit Cassis und Brombeere, feine Holzwürze, etwas Schwarztee. Am Gaumen mit guter Substanz und Volumen, zeigt Dichte, Komplexität und Tiefe. Markante Gerbstoffe, großes Potenzial. 13,5 Vol.-%, NK, €€€

92 2018 Cabernet Franc trocken
Im Duft Noten von Wacholderbeere, Lorbeerblatt, dunkle Kirschen, feiner Pfeffer und Rauch. Am Gaumen kraftvoll mit Druck und Dichte, dunkle süßliche Frucht, schöne Würze mit pfeffrigen Noten. Präsentes Tannin in guter Dosis. Jung, talentiert und mit Perspektive. 13,5 Vol.-%, NK, €€€

91 2018 Untertürkheim Herzogenberg Merlot Erste Lage trocken

90 2019 »Goldkapsel« Untertürkheim Herzogenberg Riesling Erste Lage tr.
Attraktive Nase nach reifem Steinobst, Pfirsich und Aprikose, etwas Ananas und floral-würzige Noten. Am Gaumen schlank gebaut, elegant und mit Stil, saftig und mineralisch, die filigrane Säure ist gut eingebunden. Im Abklang mit würzigen, phenolischen Noten. 12,5 Vol.-%, DV, €€

★★★

WEINGUT HERZOG VON WÜRTTEMBERG

Schloss Monrepos, 71634 Ludwigsburg
T: +49 (7141) 221060, weingut@hofkammer.de
www.weingut-wuerttemberg.de

Ab-Hof-Verkauf: Mo bis Fr 10–12 Uhr und 13–18 Uhr
Sa 10–16 Uhr
Kellermeister: Moriz Just
Ansprechpartner: Claudia Krügele
Flaschen/Hektar: 240.000 (48 % weiß, 52 % rot)/40 ha

Seit dem 13. Jahrhundert bauen die Herzöge von Württemberg Wein an – kein Wunder, dass Michael Herzog von Württemberg auf Lagenbesitz in fast allen Landesteilen zurückgreifen kann, vom Remstal bis ins mittlere Neckartal. Standesgemäß fällt die »Ducissa« aus, die »Herzogin«: Sie ist in eine edle Robe gehüllt, verbindet Bodenständigkeit (sprich Lemberger) mit Weltläufigkeit (Merlot und Cabernet) und flankiert innere Stärke mit Anmut. Weniger komplex kommen Basisweine wie der Sauvignon Blanc daher, doch in Schliff und Trinkspaß stehen sie den großen Etiketten nicht nach.

91 2019 Stetten Brotwasser Steingrube Riesling GG

Frischer Zitrusabrieb, Kumquat, dazu mineralische Noten von feuchtem Sand. Getragener Gaumen, weich und geschmeidig ansetzend, eine Schicht Phenole, reife Säure, mittelgewichtig im Extrakt, aber gut definiert in der mineralischen Komponente, elegant. 12,5 Vol.-%, NK, €€€

94 2016 »Ducissa« trocken BF/ME/CS

Komplexe Frischfrucht: Zwetschge, Cranberry, Kirsche, etwas Pfeffer. Ein Oberton Menthol. Im Mund mit feinkörnigem Gerbstoff, druckvoll und satt, reife Säure, leicht holzbegleitet in den Aromen, gut mineralisch fundiert, lange homogen bleibend im Abgang. 13,5 Vol.-%, NK, €€€

92 2018 Untertürkheim Mönchberg Lemberger GG

Kaffee und Nougat im Duft (vom Holz), dazu leicht pfeffrige und minzige Aromen, zuletzt auch Kirschfrucht. Dicht am Gaumen, feinkörniges bis sandiges Tannin, von gutem Säurenerv und kalkmineralischen Tönen begleitet, gute Statur, gute Länge. 13,5 Vol.-%, NK, €€€

90 2018 Mundelsheim Käsberg Syrah trocken

Rauchiges Neuholz, dazu syrahwürzige Noten von Trockenfleisch über Bitterschokolade bis zu Rosine. Amarenakirsche. Im Mund weich und geschmeidig, fast ausladend, im Extrakt und in der Intensität der Frucht dann aber eher mittelgewichtig, ein weicher Sortentyp. 13,5 Vol.-%, NK, €€€

90 2018 Mundelsheim Käsberg Spätburgunder GG

90 2019 Sauvignon Blanc trocken

Frischfruchtig, Grapefruit, Limette, Kiwi und ein Hauch Paprika. Im Mund eher leichtgewichtig im Extrakt, lange anhaltende stabile Säure, ein Hauch Kohlensäure, geschmeidiger Abklang, ein erfrischender Sortentyp.
11,5 Vol.-%, NK, €€

★★★

WEINGUT ZIPF

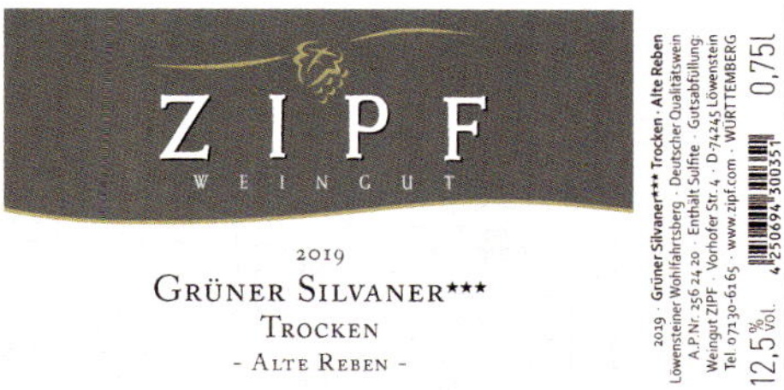

Vorhofer Straße 4, 74245 Löwenstein
T: +49 (7130) 6165, weingut@zipf.com
www.zipf.com

Ab-Hof-Verkauf: Mo bis Fr 13–18.30 Uhr, Sa 9–15.30 Uhr und nach Vereinbarung
Kellermeister: Jürgen Zipf
Ansprechpartner: Jürgen Zipf
Hektar: 13 ha

Geschmack braucht Indiviualität«, schreibt Jürgen Zipf aus Löwenstein, der sich als Mitglied der Winzergruppe »Junges Schwaben« einen guten Namen gemacht hat. Zipf legt viel Wert auf traditionelle und intensive Handarbeit im Weinberg. Dagegen sind »Kunstgriffe im Keller nicht unsere Sache«, deshalb verzichtet der Winzer auf Schönen und Filtrieren; alle Weine werden seit 2016 spontan vergoren. Vor allem die Cuvée »Junges Schwaben« imponiert mit Kraft und Charme, der Lemberger aus dem Wohlfahrtsberg steht da kaum nach. Dass Zipf am Silvaner festhält, gefällt uns besonders gut.

90 2018 Löwenstein Wohlfahrtsberg Riesling trocken ***
Reifer Apfel, Pfirsich und Ananas in der Nase, auch Petrol, Rauch und florale Noten wie Blattgrün. Am Gaumen mit gutem Volumen und fester, kräftiger Struktur, zurückhaltende Gaumenfrucht; tragende, reife Säurestruktur, im Finish Pfefferroten, hat Potenzial. 13 Vol.-%, DV, €€

90 2015 Riesling brut
Im Duft reifer Pfirsich und Mango, Zitrusfrucht, gelbe Blüten und Brioche. Im Mund mit guter Frische und knackiger Säure, verspielte Perlage mit feinem Schaum. Schlank gebauter Sekt mit Charme, der sich gut als Aperitif macht und sich auch im Menü zeigen kann. 12 Vol.-%, NK, €€

92 2015 »Junges Schwaben« Löwenstein Wohlfahrtsberg Cuvée trocken BF/PN/ME
Cassis und Paprika in der ersten Nase, die ergänzt wird von Brombeere und floralen, würzigen Akzenten. Am Gaumen gut balanciert, der kräftige Körper wird von samtigem Charme ummantelt, die Gerbstoffe sind weich und von hoher Qualität, lang und konsistent. 13,5 Vol.-%, NK, €€€

91 2016 Löwenstein Wohlfahrtsberg Lemberger trocken ***
Kräftige und würzige Nase, Brombeere, Wacholderbeere, Schwarzwaldschinken, Schwarzkirsche und auch nasses Leder. Am Gaumen trocken mit Volumen, Kraft und Spannung, strukturgeprägt und konsistent, die Gerbstoffe sind reif und packend. Gutes Potenzial. 13,5 Vol.-%, NK, €€

89 2019 Löwenstein Wohlfahrtsberg Weißburgunder trocken ***

90 2019 »Alte Reben« Löwenstein Wohlfahrtsberg Silvaner trocken ***
Reife Birne und gelber Apfel in der kräftigen Nase, dazu Wiesenkräuter, Gewürze und Röstaromen. Am Gaumen mittelkräftig, saftig und mit schöner Würze, klare Fruchtausprägung, wieder mit Birne und auch Wiesenkräutern, kompakter und ausgewogener Silvaner.
12,5 Vol.-%, DV, €

Tübingen bei Stuttgart, eine der schönsten alten Städte in Europa

GASTGEBER AUS LEIDENSCHAFT

GEMEINSAM MIT DEN WINZERN DER REGION – ALS UNEINGESCHRÄNKTEN EXPERTEN, WAS DAS LEIBLICHE WOHL ANBELANGT – HAT FALSTAFF DIE BESTEN GENUSSADRESSEN IN SACHEN KULINARIK SORGFÄLTIG AUSGEWÄHLT UND ZUSAMMENGESTELLT.

Hirsch Genusshandwerk

75378 Bad Liebenzell

Andreas Sondej versteht sich als Genusshandwerker, was er auch beim Brennen erstklassiger Destillate zeigt. Am Herd folgt er dem Rhythmus der Jahreszeiten, seine regionalen Kreationen tragen immer einen Touch der Küche des Nordens in sich. Eine spannende kulinarische Adresse!

Monbachstraße 47
+49 (7052) 2367
www.hirsch-genusshandwerk.de

Essen:	43	50
Service:	17	20
Getränke:	18	20
Ambiente:	8	10
Gesamt:	86	100

P | € | €€

74354 Besigheim

Marktwirtschaft

Frank Land schätzt die handfeste Küche, regional verwurzelt und bodenständig. Für den ambitionierten Gastwirt müssen die Gerichte einfach gut gemacht sein und vor allem gut schmecken. Und das tun sie in dem gemütlichen Gasthaus, hier genießt man ehrliche gutbürgerliche Küche.

Marktplatz 2
+49 (7143) 9099091
www.marktwirtschaft-besigheim.de

Empfohlen von: **Weingut Eisele**

Maerz

74321 Bietigheim-Bissingen

Heimweh und Fernweh, diese beiden Gefühle stehen über dem gemütlichen Restaurant, das die Brüder Benjamin und Christian Maerz zusammen betreiben. Heimische Produkte, ergänzt mit Zutaten aus der Ferne sind denn auch die erfolgreiche Melange der ausgezeichneten Küche.

Kronenbergstraße 14
+49 (7142) 42004
www.maerzundmaerz.de

Essen:	44	50
Service:	18	20
Getränke:	18	20
Ambiente:	8	10
Gesamt:	88	100

€€€

Schwabenstuben

71691 Freiberg am Neckar

Die gemütlichen Schwabenstuben machen ihrem Namen alle Ehre. Alexander Neuberth und seine Crew pflegen eine herzliche Gastfreundschaft und die gutbürgerliche Küche bringt regionale und saisonale Spezialitäten auf die Teller, die auch Einheimische ins Schwärmen bringen.

Marktplatz 5
+49 (7141) 75037
www.restaurant-schwabenstuben.de

Essen:	43	50
Service:	17	20
Getränke:	17	20
Ambiente:	8	10
Gesamt:	85	100

€€

Villino

88131 Bodolz

Fast 30 Jahre sind Hotel und Restaurant ein verlässlicher Hort des guten Geschmacks. Im schicken und edlen Interieur wird einfallsreich und kreativ aufgetischt, der erstklassigen Küche gelingt mühelos der Spagat zwischen Gourmet-Klassik und modern style.

Mittenbuch 6
+49 (8382) 93450
www.villino.de

Empfohlen von: **Weingut Lanz**

Beichtstuhl

74072 Heilbronn

Genuss ist jede Sünde wert, lautet das passende Motto im »Beichtstuhl«. Eine Besonderheit für Weinfreunde ist die »Kleine Weinprobe«, bei der ein Quartett ausgesuchter Weiß-, Rosé- und Rotweine von renommierten Weingütern aus der Region kredenzt werden.

Fischergasse 9
+49 (7131) 2758985
www.beichtstuhl-hn.de

Empfohlen von: **Kistenmacher-Hengerer**

Aldinger's

70734 Fellbach

In dritter Generation führen Susanne und Volker Aldinger den sympathischen Familienbetrieb, der für seine gute Küche und herzliche Gastlichkeit bekannt ist. Nicht nur internationale Klassiker stehen auf der abwechslungsreichen Karte, auch regionale Spezialitäten sind hier zu Hause.

Schmerstraße 6
+49 (711) 582037
www.aldingers-restaurant.de

Empfohlen von: **Collegium Wirtemberg**

Ratskeller

74072 Heilbronn

Die Küche von Michael Ochmainski ist begrüßenswert vielseitig, im Heilbronner Traditionsbetrieb werden nicht nur schwäbische Heimatgerichte aufgetischt. Auch internationale Klassiker gehören zum gutbürgerlichen Programm, dazu während der Jagdsaison schmackhafte Wildgerichte.

Am Marktplatz 7
+49 (7131) 84628
www.ratskeller-heilbronn.eu

Essen:	41	50
Service:	17	20
Getränke:	16	20
Ambiente:	8	10
Gesamt:	82	100

€€

80–84 85–89 90–94 95–100 Punkte

74673 Heimhausen

Jagstmühle

Herzstück der alten Mühle ist das stilvoll ausstaffierte Restaurant mit seiner guten Landhausküche, die sich vorwiegend regionaler Produkte bedient. Unbedingt probieren sollte man den Mäusdorfer Landgockel in Pfefferkrautsoße und das gratinierte Filetherz vom Hohenloher Rind.

Jagstmühlenweg 10
+49 (7938) 90300
www.jagstmuehle.de

Empfohlen von: **Weingut Gaufer**

73257 Köngen

Alte Vogtei

Schwäbische Küche nach guter Tradition, dazu werden saisonale Highlights serviert von Wildwochen bis zum Spargelessen. Das alles passt perfekt in das Ambiente des historischen Gebäudes, das aus dem 16. Jahrhundert stammt. Im Sommer sitzt man gemütlich im Kräutergarten.

Oberdorfstraße 15
+49 (7024) 5027474
www.vogtei-koengen.de

Empfohlen von: **Weingut Johannes B.**

Zum goldenen Lamm

75203 Königsbach-Stein

Frischer Fisch, Meeresfrüchte, Trüffel und Austern sowie Fleisch in Bioqualität aus der Region werden in dem alten Fachwerkhaus serviert. Begleitet wird die saisonale schwäbisch-badische Küche von einer großen Auswahl an deutschen und internationalen Weinen.

Marktplatz 2
+49 (7232) 1776
www.lammstein.de

P €€

Essen:	43	50
Service:	18	20
Getränke:	17	20
Ambiente:	9	10
Gesamt:	87	100

Restaurant Bundschuh

97999 Igersheim

Ein schöner Spaziergang vom Kurpark Bad Mergentheim führt uns in den Golfclub. Chefkoch Andreas Bundschuh setzt hier auf die Zubereitung bester Produkte, die er von den Bauernhöfen aus der Umgebung bezieht. Großzügige Auswahl offener Weine aus der Region.

Erlenbachtalstraße 36
+49 (7931) 8066
www.andreas-bundschuh.com

P €€

Essen:	42	50
Service:	17	20
Getränke:	15	20
Ambiente:	7	10
Gesamt:	81	100

71634 Ludwigsburg

Lange am Markt

Toller Ausblick auf den Ludwigsburger Marktplatz, sympathisch die Chefin Andrea Lange, die hier auch ihre Kochschule betreibt. Wir werfen einen Blick in die Karte, die mit saisonalen Spezialitäten überzeugt und auch in puncto Weinen eine kleine, aber feine Auswahl bietet.

Marktplatz 4
+49 (7141) 2390445
www.kochschule-lange.de

Empfohlen von: **Weingut Eisele**

74172 Neckarsulm

Museumsstuben

Wie schick und elegant ein altes historisches Gemäuer ausgestattet werden kann, beweisen die Museumsstuben. Die Symbiose ist trefflich gelungen, auch die Küche bietet Traditionelles und modern gemachte Gerichte mit einem Schuss Kreativität. Sehr freundlicher Service!

Urbanstraße 13
+49 (7132) 6472
www.museumsstuben.de

Empfohlen von: **Weingut Holzapfel**

72622 Nürtingen

Belsers

In bester Lage direkt am Marktplatz, ist das Restaurant von Christian Belser mittags und abends ein beliebter Treffpunkt für alle, die eine unkomplizierte und mediterran inspirierte Küche schätzen. Das Angebot der Küche ist abwechlungsreich und von bester Produktqualität.

Brunnsteige 15
+49 (7022) 7195860
www.belsers.com

€€

Essen:	43	50
Service:	17	20
Getränke:	17	20
Ambiente:	9	10
Gesamt:	86	100

88149 Nonnenhorn

Haus am See

Kompromisslose Kochkunst, authentisch und der Region verbunden – Meeresfisch und dergleichen sucht man vergebens. Das was Küchenchef Valentin Knörle in kreativer Zubereitung auf die Teller bringt, hat seinen Ursprung in der Umgebung des Bodensees. So ist das auch bei den Weinen!

Uferstraße 23
+49 (8382) 988510
www.hausamsee-nonnenhorn.de

Empfohlen von: **Weingut Lanz**

72124 Pliezhausen-Dörnach

Zur Linde

Die Auswahl der offenen Weine begeistert, ebenso wie die Kreationen aus der Küche. Erwähnen muss man die Sommelière Irene Goldbach, die mit Erfahrung und viel Feingefühl die Linde zu einem der spannendsten Weinlokale des Landes macht. Im Sommer genießt man auf der Terrasse.

Schönbuchstraße 8
+49 (7127) 890066
www.linde-doernach.de

P €€€

Essen:	43	50
Service:	18	20
Getränke:	17	20
Ambiente:	8	10
Gesamt:	86	100

88149 Nonnenhorn

Torkel

Farbenfrohe Gerichte voller Aromen sind der Ausdruck einer gut gelaunten Küche, die beim Fine-Dining-Menü zur Höchstform aufläuft. Dazu gefällt eine Weinbegleitung aus heimischen und internationalen Tropfen. Später kann man gemütlich an der Hotelbar weitertrinken.

Seehalde 14
+49 (8382) 98620
www.hotel-torkel.de

Empfohlen von: **Weingut Lanz**

73614 Schorndorf

Pfauen

Zum schicken Boutiquehotel gehört auch ein gemütlich elegantes Restaurant, das auf eine spannende Liaison zwischen internationaler und regionaler Küche setzt. Nico Burkhardt gelingt der Spagat trefflich, seine schmackhaften Gerichte basieren vorwiegend auf heimischen Produkten.

Höllgasse 9
+49 (7181) 6699010
www.pfauen-schorndorf.de

Empfohlen von: **Weingut Escher**

80–84 | 85–89 | 90–94 | 95–100 Punkte

Reber's Pflug

74523 Schwäbisch Hall

Hans-Harald Reber hat ein sicheres Händchen für erstklassige Fleischqualität, seine dry aged-Spezialitäten gehören in die Kategorie »Champions League«. Dazu bietet der Küchenchef eine ganze Reihe an kreativen Gerichten, zu denen der Keller den passenden Wein bereit hält.

Weckriedener Straße 2
+49 (791) 931230
www.rebers-pflug.de

Essen:	45	50
Service:	18	20
Getränke:	19	20
Ambiente:	9	10
Gesamt:	91	100

€€€

Foto: Fotostudio Pelz / fotostudio-pelz.de

Bauernstuben Ochsen Post

75233 Tiefenbronn

Die Bauernstuben ist ein uriger Ort mit viel Altholz und wärmendem Kachelofen. Die Küche spezialisiert sich auf Fleischspezialitäten, sogar Kutteln finden hier einen verdienten Platz. Weine aus Deutschland, Frankreich und Schweiz, schöne Auswahl an Schaumweinen und Champagner.

Franz-Josef-Gall-Straße 13
+49 (7234) 95450
www.ochsen-post.de

Essen:	44	50
Service:	18	20
Getränke:	17	20
Ambiente:	10	10
Gesamt:	89	100

€€€

Brunnenstuben

71334 Waiblingen

Petra Beyer und ihr Team haben sich ganz der schwäbischen Küche verschrieben, die sie gekonnt mit mediterranen Akzenten verfeinern. Beste Produkte und Zutaten, teils aus der Region, sind die Basis ihrer Speisen, die einen Besuch im schönen Restaurant unbedingt lohnen.

Quellenstraße 14
+49 (7151) 9441227
www.brunnenstuben.de

Essen:	43	50
Service:	18	20
Getränke:	17	20
Ambiente:	8	10
Gesamt:	86	100

€€

Lamm Rosswag

71665 Vaihingen

Französisch inspiriert, mediterrane Einflüsse, aber immer tief verwurzelt mit der Region. Eine Heimatverbundenheit, die sich auch in der Weinkarte zeigt: Ausschließlich Weine aus Deutschland sind hier gelistet. Aus allen Regionen das Beste. Paradiesisch.

Rathausstraße 4/1
+49 (7042) 21413
www.lamm-rosswag.de

Essen:	45	50
Service:	18	20
Getränke:	18	20
Ambiente:	9	10
Gesamt:	90	100

€€

Gourmet-Restaurant Friedrichsruhe

74639 Zweiflingen-Friedrichsruhe

Seine klassisch französisch geprägte Kochkunst spickt Boris Rommel mit modernen Akzenten und kreiert dabei Gerichte, die jeden Feinschmecker ins Schwärmen bringen. Das Ganze wird im eleganten Ambiente serviert, der freundliche Service berät kompetent bei der Weinauswahl.

Kärcherstraße 7
+49 (7941) 60870
www.schlosshotel-friedrichsruhe.de

Empfohlen von: **Weingut G. A. Heinrich**

MIT BESTER EMPFEHLUNG

Sie sind auf der Suche nach gut sortierten Vinotheken und tollen Weinen? Dann sind Sie hier genau richtig! Bei diesen ausgewählten Weinhändlern finden Sie kompetente Beratung und beste Weine.

BADEN-WÜRTTEMBERG

caffe:adoro

Qualität • Geschmack • Viva la vita

73230 Kirchheim unter Teck
Adornetto GmbH
Teckstraße 12, +49 (176) 10439198
info@cantinaadornetto.de, www.cantinaadornetto.de
Fr 17–20 Uhr, Sa 11–15 Uhr sowie nach tel. Vereinbarung

Vinarium
... hier kann ich Wein erleben!

77815 Bühl-Vimbuch
Vinarium
Vogesenstraße 2a, +49 (7223) 986226
info@vinarium.de, www.vinarium.de
Di bis Fr 14–18.30 Uhr, Sa 9.30–13 Uhr

vinoc.de
RIEGEL-BIOWEINE MIT HERZ

78359 Orsingen
Peter Riegel Weinimport
Steinäcker 12,
weinladen@riegel.de, www.riegel.de
Do bis Fr 15–18 Uhr sowie nach telefonischer Vereinbarung

Weinhaus
STELLWAGEN-BÜCHNER
FREIBURG

79098 Freiburg im Breisgau
Weinhaus Stellwagen-Büchner
Oberlinden 19, +49 (7618) 9759852
info@stellwagen-buechner.de, www.stellwagen-buechner.de
Mo bis Fr 10.30–18.30 Uhr, Sa 10–17 Uhr

DR. HEGER

79241 Ihringen
Weinhaus Heger OHG, Weingut Dr. Heger
Bachenstraße 21, +49 (7668) 995110, info@heger-weine.de, www.heger-weine.de, Mär. bis Okt. Mo bis Fr 9–12 Uhr und 13.30–18.30 Uhr, Sa 10–14 Uhr, Nov. bis Feb. Mo bis Fr 9–12 Uhr und 13.30–17.30 Uhr, Sa 10–14 Uhr, Sep. bis Okt. 10–16 Uhr

89077 Ulm
Wein-Bastion Ulm
Schillerstraße 1, +49 (731) 66993
info@wein-bastion.de, www.wein-bastion.de
Mo bis Fr 9–18.30 Uhr, Sa 9–16 Uhr

97980 Bad Mergentheim
Victoria Weine
Seegartenstraße 4, +49 (7931) 563411
mail@victoria-weine.de, www.victoria-weine.de
Mo, Di, Do und Fr 10–18 Uhr, Mi 10–14 Uhr und Sa 9–13 Uhr

BAYERN

81829 München
Saffer's WinzerWelt – Trudering
Martin-Kollar-Straße 11, +49 (89) 42 00 90 90
trudering@saffers-winzerwelt.de, www.winzerwelt.de
Mo bis Fr 11.30–18.30 Uhr, Sa 10–14 Uhr

84307 Eggenfelden
Vinothek Wahre Werte
Fischbrunnenplatz 4, +49 (8721) 1261985
info@findyourwine.de, www.findyourwine.de
Do bis Fr 11–18 Uhr, Sa 9–13 Uhr

85049 Ingolstadt
Weinschmecker GmbH
Friedrichshofener Straße 1, +49 (841) 99397901
info@weinschmecker-ingolstadt.de
www.weinschmecker-ingolstadt.de
Mo bis Do 10–20 Uhr, Fr 10–22 Uhr, Sa 10–20 Uhr

87509 Immenstadt im Allgäu
Flaschengeist
Bahnhofstraße 25, +49 (8323) 987197
info@flaschengeist-immenstadt.de
www.flaschengeist-immenstadt.de
Mo bis Fr 10–18.30 Uhr, Sa 9–13 Uhr

www.weinhalle.de

90411 Nürnberg
K & U Gebrüder Kössler und Ulbricht
Nordostpark 78, +49 (911) 525153
info@weinhalle.de, www.weinhalle.de
Mo bis Fr 10–18.30 Uhr

90431 Nürnberg
Fruchtecke Schlosser GmbH & Co.KG
Proeslerstraße 30, +49 (911) 32399
info@fruchtecke.de, www.fruchtecke.de
Mo bis Fr 9–11.30 Uhr und 12–18 Uhr, Sa 10–12.30 Uhr

brakhoff

91056 Erlangen
Brakhoff Getränke und mehr
Erlanger Straße 8, +49 (9131) 12040
info@brakhoff.de, www.brakhoff.de
Mo bis Fr 9–18 Uhr, Sa 9–14 Uhr

WEIN
LUTZ

91341 Röttenbach
Wein Lutz
Auf der Höhe 25, +49 (9195) 2040
mail@weinlutz.de, www.weinlutz.de
Mi und Do 13–18 Uhr, Fr 10–18 Uhr, Sa 10–16 Uhr

Weinkontor Sinzing
www.weinkontor-sinzing.de

93161 Sinzing
Weinkontor Sinzing GmbH & Co. KG
Laberstraße 7a, +49 (941) 3075755
info@weinkontor-sinzing.de, www.weinkontor-sinzing.de
Mi bis Sa 10–18 Uhr

... Ihr Weinhändler im Rottaler Bäderdreieck!
Besuchen Sie uns auch in unserer
Vinothek
Seilerberg 4a, Bad Griesbach – Altstadt
Tel. 08532 / 7508
www.aproposwein.de

94086 Bad Griesbach im Rottal
Apropos Wein
Seilerberg 6C, +49 (8532) 7508
info@aproposwein.com, www.aproposwein.com
Mo, Mi, Fr und Sa 10–12 Uhr, Di und Do 16–18 Uhr
sowie nach telefonischer Vereinbarung

BERLIN

10709 Berlin-Halensee
La Cave de Bacchus Weinhandel GmbH
Westfälische Straße 33, +49 (30) 76731764
info@weinhandlung-bacchus.de
www.weinhandlung-bacchus.de
Mo bis Fr 10–19 Uhr, Sa 10–15 Uhr

10717 Berlin
Wein & Glas Compagnie
Prinzregentenstraße 2, +49 (30) 235152
info@weinundglas.com, www.weinundglas.com
Mo bis Fr 10–18.30 Uhr, Sa 10–16 Uhr

14195 Berlin
Weinhandlung Hardy
Thielallee 29, +49 (30) 8312598
feinwein@hardy-weine.de, www.hardy-weine.de
Mo bis Fr 10–19 Uhr, Sa 10–16 Uhr

BREMEN

27572 Bremerhaven
Ludwig von Kapff Weinlager Bremerhaven
Bremer Straße 27, +49 (471) 77077
bremerhaven@ludwig-von-kapff.de
www.ludwig-von-kapff.de
Mo 13–18 Uhr, Di bis Fr 10–18 Uhr, Sa 10–14 Uhr

Lobenbergs
GUTE WEINE

28195 Bremen
Gute Weine – Lobenberg GmbH & Co.KG
Tiefer 10, +49 (421) 696797
gute-weine@gute-weine.de, www.gute-weine.de
Mo bis Fr 8–18 Uhr

28209 Bremen
Ludwig von Kapff Weinlager Schwachhausen
Wachmannstrasse 16, +49 (421) 57799132
schwachhausen@ludwig-von-kapff.de
www.ludwig-von-kapff.de
Mo bis Di 15–19 Uhr, Mi bis Fr 10–19 Uhr, Sa 9–15 Uhr

28217 Bremen
Ludwig von Kapff Weinlager Speicher 1
Konsul-Smidt-Straße 8H, +49 (421) 3994323
speicher1@ludwig-van-kapff.de, www.ludwig-von-kapff.de
Mo 13–18 Uhr, Di bis Fr 10–18 Uhr, Sa 10–15 Uhr

28359 Bremen
Bremer Weinkolleg
Anne-Conway-Straße 4, +49 (421) 33062220
info@bremer-weinkolleg.de
www.bremer-weinkolleg.de

HAMBURG

22301 Hamburg
Ludwig von Kapff Weinlager Krohnskamp
Krohnskamp 17, +49 (40) 2708966
Krohnskamp@ludwig-von-kapff.de
www.ludwig-von-kapff.de
Mo bis Fr 10–19 Uhr, Sa 10–18 Uhr

22303 Hamburg-Winterhube
Ludwig von Kapff Weinlager Am Stadtpark
Saarlandstraße 23, +49 (40) 28781966
amstadtpark@ludwig-von-kapff.de
www.ludwig-von-kapff.de
Mo bis Do 11.30–19 Uhr, Fr 11.30–20 Uhr, Sa 10–16 Uhr

22529 Hamburg-Eimsbüttel
Ludwig von Kapff Weinlager Eimsbüttel
Stresemannallee 118, +49 (40) 225409
eimsbuettel@ludwig-von-kapff.de, www.ludwig-von-kapff.de
Mo bis Do 11–19 Uhr, Fr 10–19 Uhr, Sa 10–14 Uhr

HESSEN

65343 Eltville am Rhein
Ludwig von Kapff Weinlager Eltville
Matheus-Müller-Platz 1, +49 (6123) 606606
eltville@ludwig-von-kapff.de, www.ludwig-von-kapff.de
Mo bis Fr 10–19 Uhr, Sa 10–16 Uhr

65366 Geisenheim
WeinArt Handelsgesellschaft mbH
Winkeler Straße 93, +49 (6722) 7108
info@weinart.de, www.weinart.de
Mo bis Fr 9-18 Uhr

65375 Oestrich-Winkel
Fritz Allendorf Weinhandel GmbH & Co.KG
Kirchstraße 69, +49 (6723) 9185
allendorf@allendorf.de, www.allendorf.de
Mo bis Fr 8–12 Uhr und 13–18 Uhr, Sa 10–16 Uhr

NIEDERSACHSEN

21614 Buxtehude
Ludwig von Kapff Weinlager Buxtehude
Westmoor 2G, +49 (4161) 503850
buxtehude@ludwig-von-kapff.de
www.ludwig-von-kapff.de
Mo bis Fr 10–19 Uhr, Sa 10–18 Uhr

21682 Stade
Ludwig von Kapff Weinlager Stade
Fischmarkt 10, +49 (4141) 2335
stade@ludwig-von-kapff.de, www.ludwig-von-kapff.de
Mo bis Fr 10–18 Uhr, Sa 9–16 Uhr

27404 Zeven
Ludwig von Kapff Weinlager Zeven
Südring 3, +49 (4281) 750 99 80
zeven@ludwig-von-kapff.de, www.ludwig-von-kapff.de
Mo bis Fr 10–18 Uhr, Sa 9–13 Uhr

30659 Hannover
Ludwig von Kapff Weinlager Hannover
Sutelstraße 6, +49 (511) 9040470
hannover@ludwig-von-kapff.de, www.ludwig-von-kapff.de
Mo bis Fr 10–19 Uhr, Sa 10–18 Uhr

30916 Isernhagen-Altwarmbüchen
Alleswein – Christ Weinhandelsgesellschaft
Potsdamer Straße 1, +49 (511) 45960900
info@alleswein.com, www.alleswein.com
Mi bis Fr 11–18 Uhr, Sa 10–14 Uhr sowie nach tel. Vereinbarung

Dehlwisch
Handelshaus für internationale Getränke

49393 Lohne (Oldenburg)
Dehlwisch
Handelshaus für internationale Getränke
Bahnhofstraße 31, +49 (4442) 93920
info@dehlwisch.de, www.dehlwisch.de
Mo bis Fr 8.30–13 Uhr und 14–18.30 Uhr, Sa 8.30–13.30 Uhr

NORDRHEIN-WESTFALEN

pipco's
WEIN COMPILATION

40215 Düsseldorf
Pipco's Wein Compilation
Heimholtzstraße 28, +49 (173) 5190371
mrspipco@me.com, www.weincompilation.de
Mi bis Fr 12–20 Uhr, im Dez. auch Sa 11–16 Uhr

Cabernet & Co.

44139 Dortmund
Cabernet & Co.
Essener Straße 13, +49 (231) 1206420
wein@cabernet-und-co.de, www.cabernet-und-co.de
Mo bis Fr 10–20 Uhr, Sa 10–16 Uhr

45128 Essen
Vino Grande
Von-Schmoller-Straße 8, +49 (201) 796698
info@vino-grande.de, www.vino-grande.de
Di bis Do 14.30–19 Uhr, Fr 14.30–19.30 Uhr, Sa 10–16 Uhr

48268 Greven
Weinhaus Fallnit
Martinistraße 61, +49 (2571) 6281
info@fallnit.de, www.fallnit.de
Mo ab 16 Uhr, Di 14.30–18.30, Mi bis Fr 9.45–13 Uhr und 14.30–18.30 Uhr, Sa 9.30–13.30 Uhr

59320 Ennigerloh
Fröhlig Wein- & Getränke-Therme
Oelder Straße 1, +49 (2524) 2147
info@getraenke-therme.de, www.getraenke-therme.de
Mo bis Fr 8.30–19 Uhr, Sa 8.30–16 Uhr

RHEINLAND-PFALZ

53474 Bad Neuenahr-Ahrweiler
Dagernova Weinmanufaktur
Heerstraße 91–93, +49 (2641) 9472
info@dagernova.de, www.dagernova.de
Mo bis Fr 8–18 Uhr, Sa 8–12 Uhr

54457 Wincheringen
Weingut – Weinhandel Johann Hild e.K.
Bahnhofstraße 33, +49 (6583) 527
info@hild-wein.de, www.hild-wein.de
Mo bis Sa 9–19 Uhr, So 10–18 Uhr

SAARLAND

66287 Quierschied
LöwWeine e.K.
Am Campus 3, +49 (6825) 9541406
info@loewweine.com, www.loewweine.com
Di bis Fr 10–17 Uhr, Sa 10–13 Uhr

66333 Völklingen-Ludweiler
Jacovin GmbH
Am Sandberg, +49 (6898) 448217
info@jacovin.de, www.jacovin.de
Mo bis Fr 9–13 Uhr und 14–18 Uhr, Sa 9–13 Uhr

66333 Völklingen
VIF Weinhandel GmbH
Kreppstraße 6, +49 (6898) 27070
info@vif.de, www.vif.de
Di bis Fr 10–18.30 Uhr, Sa 10–14 Uhr

66538 Neunkirchen
Jacopini Import GmbH
Am Gneisenauflöz 1, +49 (6821) 931530
shop@jacopini-weinhandel.de
www.jacopini-weinhandel.de
Mo bis Fr 10–19 Uhr, Sa 10–17 Uhr

66679 Losheim am See
W. Spies & Co. GmbH
Am Steil 1, +49 (6872) 912
shop@w-spies.de, weine-spirituosen-spies.de
Mo 10–17 Uhr, Di bis Fr 10–18 Uhr, Sa 10–12.30 Uhr

66740 Saarlouis
Stella Weinkauff GmbH
Kavalleriestraße 3–7, +49 (6831) 4104446
info@stella-weinkauff.de, www.stella-weinkauff.de
Mi bis Fr 10–18 Uhr, Sa 10–14 Uhr

SACHSEN

01454 Radeberg
BELViNi
Christoph-Seydel-Straße 1, +49 (3528) 22981
info@belvini.de, www.belvini.de
Mo bis Fr 8–17 Uhr

WEINGÜTER A–Z

N

O

S

DER FALSTAFF WEINGUIDE DEUTSCHLAND 2021

MEDIENINHABER
Falstaff Deutschland GmbH

GESCHÄFTSFÜHRUNG
Mag. Elisabeth Kamper
Ronald Tomandl

VERLAGSLEITUNG
Claudia Roman Navarro

Carlsplatz 18
D-40213 Düsseldorf

T: +49 (211) 9666299 0
F: +49 (211) 9666299 9
www.falstaff.de
info@falstaff.de

ANZEIGEN
Susanne Förster

VERTRIEB UND MARKETING
Dagmar Sebold

DRUCK
parzeller print & media GmbH & Co. KG, Fulda

PEFC zertifiziert
Dieses Produkt stammt aus nachhaltig bewirtschafteten Wäldern und kontrollierten Quellen
PEFC
PEFC/04-31-1308
www.pefc.org

HERAUSGEBER
Wolfgang M. Rosam
Ulrich Sautter

CHEFREDAKTION
Ulrich Sautter

CHEF VOM DIENST
Manuela Dressel, Rainer Schäfer

AUTORINNEN
Thomas Curtius
Heinz Kirchhoff
Matthias Neske
Rainer Schäfer
Elena Scheer

REDAKTION
Atalay Aytan, Michael Breitner, Benedikt Brunmayr, Katharina Holowka-Grünwidl, Georg Morawitz-Holeschofsky, Petra Kirchmayer Victoria Neuner, Nikolaus Zoufaly

LEKTORAT
Jürgen Ehrmann

ARTDIRECTOR
Marcus Wiesner

PRODUKTION/LITHO
Ronald Hatze

WEINGUIDE D 2021
ISBN: 978-3-9822182-0-5
GTIN: 419 08900 1990 2 05
Preis: 19,90 €